2025年度
受験用

神奈川県
公立高等学校

⑥年間
スーパー
過去問

年度	収録内容	別冊
2024	英語・数学・社会・理科・国語	解説・解答用紙
2023	英語・数学・社会・理科・国語	解説・解答用紙
2022	英語・数学・社会・理科・国語	解説・解答用紙
2021	英語・数学・社会・理科・国語	解説・解答用紙
2020	英語・数学・社会・理科・国語	解説・解答用紙
2019	英語・数学・社会・理科・国語	解説・解答用紙

合格者平均点（全日制）

年度	英語	数学	社会	理科	国語	合計
2024	47.0	55.6	54.8	57.3	64.0	278.7
2023	55.3	53.0	58.4	51.0	75.1	292.8
2022	52.1	52.9	62.4	58.9	61.3	287.6
2021	54.6	58.2	72.6	50.1	65.7	301.2
2020	49.4	55.7	58.2	55.9	69.1	288.3
2019	49.8	50.3	42.5	61.3	59.1	263.0

※各教科100点満点　合計は各教科平均点の単純合計です。

★当問題集のバックナンバーは在庫がございません。あらかじめご了承ください。

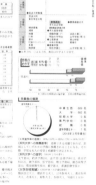

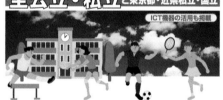

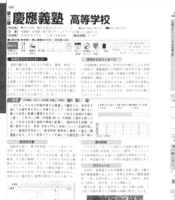

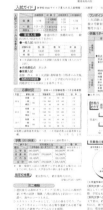

2025年度入試

神奈川県公立高校

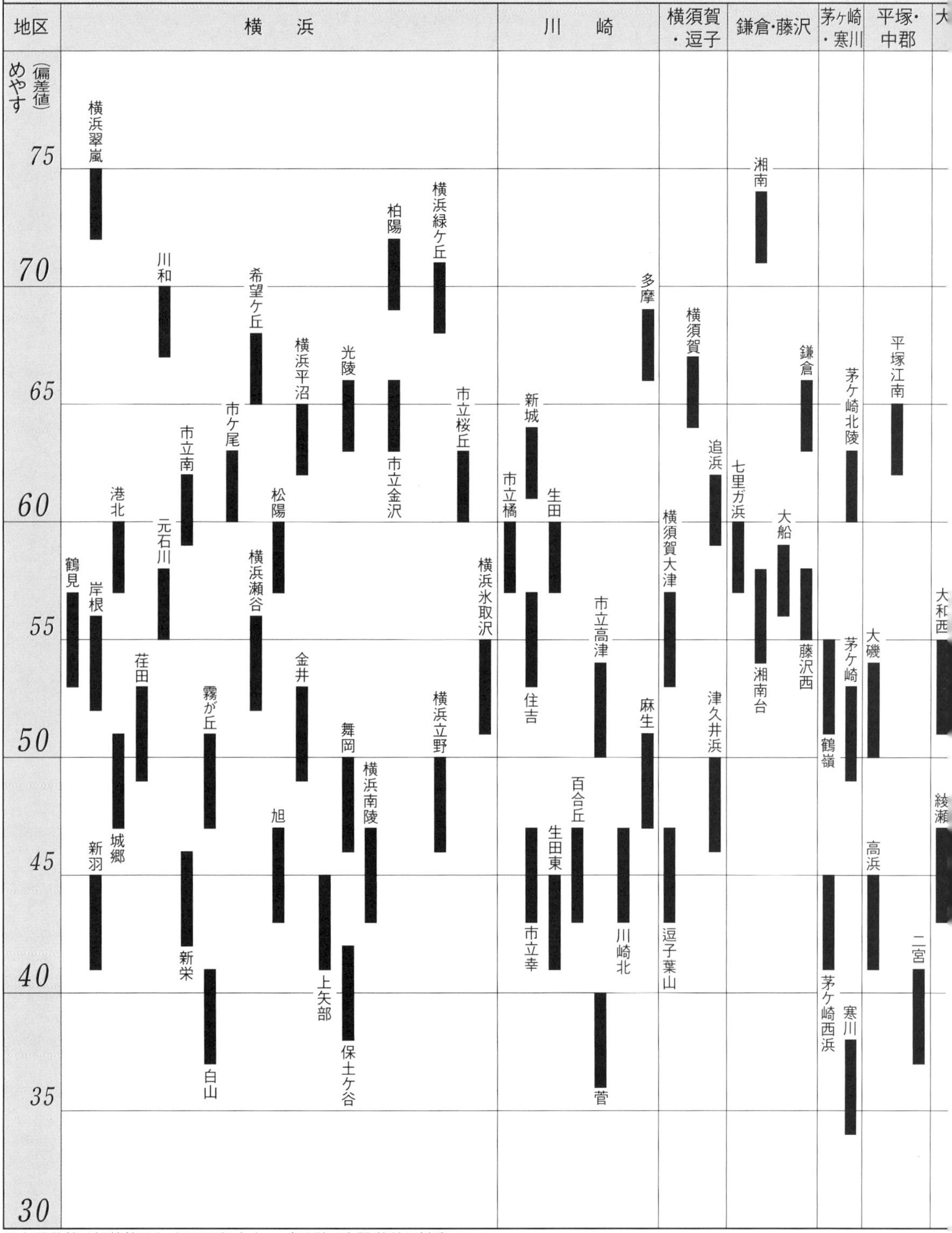

※上記数値は偏差値です。紙面の都合上、一部を除き専門学科は割愛しました。

合格のめやす

普通科・単位制
総合学科・他

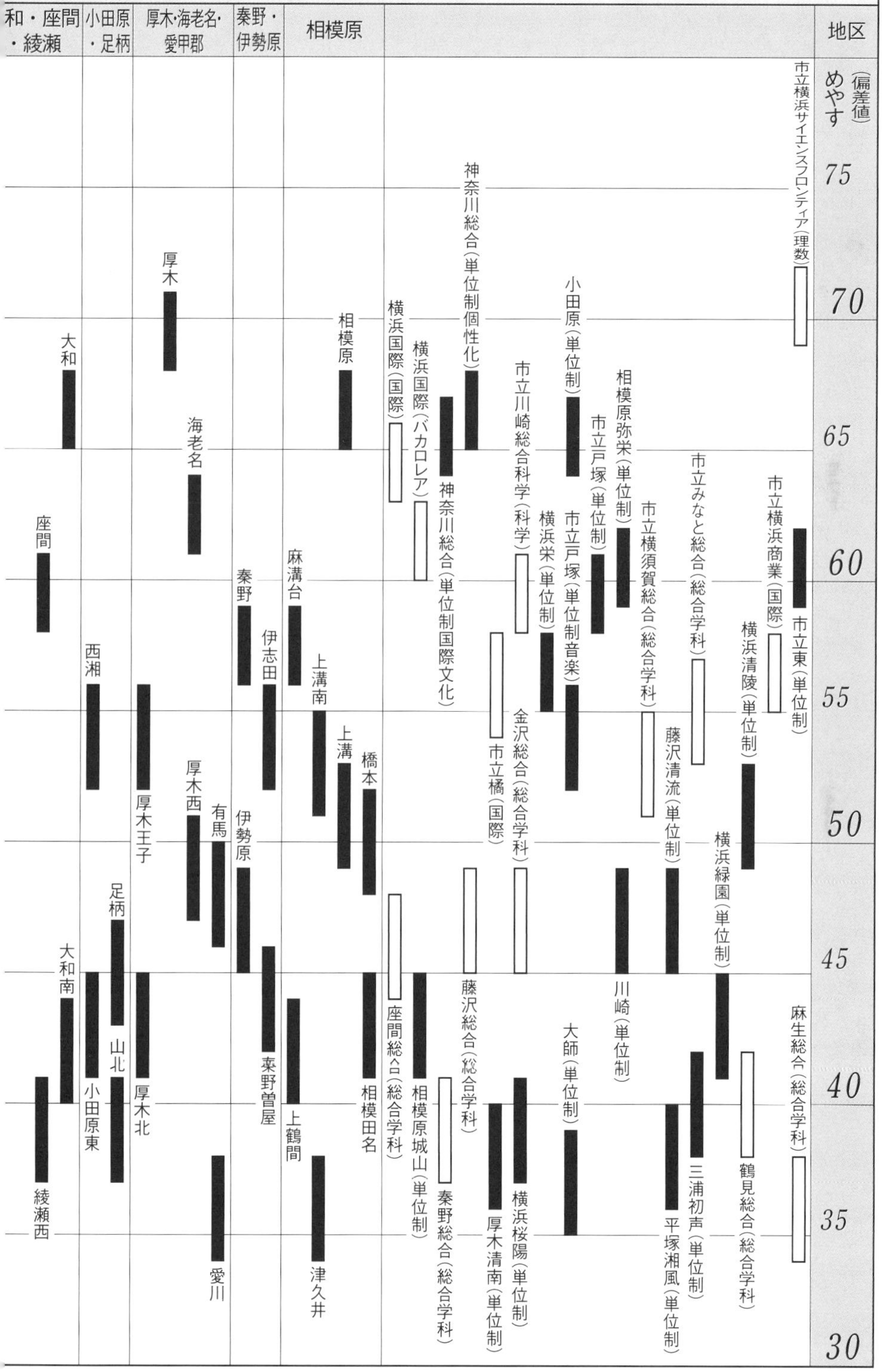

グラフ中の棒は、上の位置が80%、下の位置が60%の合格ライン。■は普通科、□はそれ以外。

2024. 3. 31. 現在

合格のための
入試レーダー

神奈川県

〈参考〉2024年度入試はどう行われたか

●共通選抜（全日制）

1 出願資格

本人および保護者が神奈川県内に住所を有する者で，

ア．中学校を卒業またはこれに準ずる学校(以下「中学校」)を卒業した者。

イ．中学校を2024年３月31日までに卒業する見込みの者，など。

2 学　区

⑴県立高校…県内どこからでも，全ての県立高校に志願できる。

⑵市立高校…横浜市立高校は横浜商業高校，戸塚高校(普通科音楽コース)および横浜サイエンスフロンティア高校が，県内全域が学区となる。横浜市内全域が学区となるのは，金沢高校・南高校(学区外入学限度数各30％)，桜丘高校・戸塚高校(普通科一般コース)・東高校・みなと総合高校(同各８％)。川崎市立高校は川崎総合科学高校・幸高校(ビジネス教養科)・市立川崎高校(福祉科・生活科学科)・橘高校(スポーツ科・国際科)が，県内全域が学区となる。川崎市内全域が学区となるのは橘高校(普通科)・幸高校(普通科)・高津高校(同各８％)。横須賀市立高校は，県内全域が学区となる。

3 出　願

インターネット出願を実施。

募集期間　１月24日(水)～31日(水)

4 志願変更

⑴志願手続きの完了者は，下の志願者変更期間中１回に限り志願変更できる(インターネット出願システムでの手続き)。

⑵志願した課程・学科・コースにかかわらず，他の高等学校(同一校でもよい)の課程・学科・コースに志願変更できる。一般募集と特別募集にまたがる変更も可能。

⑶期間　２月５日(月)～７日(水)

英語リスニングテストの音声について　※コードの使用期限以降は音声が予告なく削除される場合がございます。あらかじめご了承ください。

リスニングテストの音声は、下記アクセスコード(ユーザー名／パスワード)により当社ホームページ(https://www.koenokyoikusha.co.jp/pages/cddata/listening)で聞くことができます。(当社による録音です)

〈アクセスコード〉ユーザー名：koe　パスワード：46133　使用期限：2025年3月末日

5 検　査

⑴検査日　学力：２月14日(水)

集合　午前８時50分　　場所　志願先の高等学校

特色検査：２月14日(水)，15日(木)，16日(金)

⑵時間割(予定)

9：20～10：10(50分)	英語	13：20～14：10(50分)	理科
10：30～11：20(50分)	国語	14：30～15：20(50分)	社会
11：40～12：30(50分)	数学		

※英語はリスニングテストを含む。

受検教科以外の時間については，各高校ごとに決める。

クリエイティブスクール(田奈，釜利谷，横須賀南(普通科)，大井，大和東)は学力検査を実施しない。

6 合格者の発表(web)

２月28日(水)　午前９時

合格者は指定された時刻に志願先の高等学校で書類を受け取る。

●海外帰国生徒特別募集

1 志願資格

共通選抜の志願資格と同じ。さらに，原則として継続して２年以上外国に在住し，2021年４月１日以降に帰国した者(ただし，神奈川総合高校の後期募集については別途定める)。

2 実施校(学区は県内全域)

神奈川総合高校(単位制普通科国際文化コース)，横浜国際高校(単位制国際科・国際科国際バカロレアコース)，新城高校(普通科)，西湘高校(普通科)，鶴嶺高校(普通科)，相模原弥栄高校(単位制普通科)，伊志田高校(普通科)，横浜市立東高校(単位制普通科)

3 選抜日程等

⑴募集期間　１月24日(水)～31日(水)

⑵志願変更　２月５日(月)～７日(水)

＜一般募集または特別募集を実施する他の高等学校または同一の高等学校の他の学科もしくはコースに１回のみ(インターネット出願システムでの手続き)。ただし，神奈川総合高校については別途定める。＞

⑶検査内容　英語，国語，数学，作文(日本語)(各50分)，面接

なお，英語はリスニングテストを含む。

※横浜国際高校(国際科国際バカロレアコース)はこれに加えて特色検査を行う。

⑷検査日　２月14日(水)(学力検査後作文と面接を行う)

※横浜国際高校(国際科国際バカロレアコース)の特色検査は15日(木)

⑸合格者の発表(web)　２月28日(水)午前９時

合格者は指定された時刻に志願先の高等学校で書類を受け取る。

選考の方法(概要)と数値の算出方法

選抜は第1次選考と第2次選考で行われます。それぞれの選考では，選抜資料をもとに算出された数値(S_1値，S_2値)の順に合格者が決まっていきます。ここでは，数値の算出の仕方を見ていきましょう。

用いる数値

数値A＝調査書の評定…(第2学年の9教科の評定合計)＋(第3学年の9教科の評定合計)×2
＝135点満点
※3教科の範囲内で2倍まで特定の教科を重点化する場合がある。

数値B＝学力検査の合計得点…各教科100点満点＝500点満点
※2教科の範囲内で2倍まで特定の教科を重点化する場合がある。

数値C＝「主体的に学習に取り組む態度」の評価…調査書の各教科における第3学年の「主体的に学習に取り組む態度」の評価をA＝3点，B＝2点，C＝1点に換算(27点満点)
※3教科の範囲内で2倍まで特定の教科を重点化する場合がある。

第1次選考

数値(a)・(b)←数値A・Bをそれぞれ100点満点に換算
比率f・g←各高校が定めた比率(f・gはそれぞれ2以上の整数，f＋g＝10)

算　式　$S_1=(a)\times f+(b)\times g$

(例)　調査書(f)：学力検査(g)＝4：6の学校の場合

$(a)=\frac{A}{135}\times100$　　$(b)=\frac{B}{500}\times100$　　$S_1=(a)\times4+(b)\times6$

第2次選考

数値(c)←数値Cを100点満点に換算
比率g′・h←各高校が定めた比率(g′・hはそれぞれ2以上の整数，g′＋h＝10)

算　式　$S_2=(b)\times g'+(c)\times h$

特色検査を実施した場合

数値D＝特色検査の得点　**数値(d)**←数値Dを100点満点に換算　**比率i＝**1以上5以下の整数

算　式　$S_1=(a)\times f+(b)\times g+(d)\times i$

特色検査の第2次選考は，$S_2=(b)\times g'+(c)\times h+(d)\times i'$で求められる値の順に合格者が決まる。

英語　出題傾向と対策

●出題のねらい

中学校３年間で学習する内容について，基本的な英語の力を中心に，英語のコミュニケーション能力を見ることを主なねらいとしている。具体的には，①音声による英語を理解する力，②単語を正しく書く力，文構造や語法を理解する力，③日常生活の場面に応じてふさわしい内容を考え表現する力，資料から情報を整理して表現する力，④まとまりのある文章の概要や要点を把握し内容を理解する力，英文を論理的に構成する力を見る，などとなっている。全体的に，平素の授業に地道に取り組んでいれば，十分に対応できる。

●何が出題されたか

1は放送問題。短い文や対話を聞き，内容についての問いに答えるもの，対話の空所に適切な文を選ぶものなどである。**2**は与えられた英文に合わせて英単語を入れる問題で，基本的な単語の知識が問われる。**3**は文法の知識が問われる適語(句)選択問題。**4**は与えられた語句を並べ替えて文を完成させる問題。文法・構文の知識が問われる。**5**は絵を見て与えられた条件に従って場面にふさわしい内容の英文を記述する問題。**6**は読解総合問題で，空所に当てはまる適切な文を選ぶもの，内容の真偽を問うものなど，読解力を問う。**7**は複数の異なる英文を読ませる読解問題。グラフや図を用いた問題が出されており，それぞれ英文は短いが，読解力を多角的に問うている。**8**は会話文形式の読解総合問題である。

〈英語出題分野一覧表〉

分　野		年　度	2021	2022	2023	2024	2025予想※
音声	放送問題		■	■	■	■	◎
	単語の発音・アクセント						
	文の区切り・強勢・抑揚						
語彙・文法	単語の意味・綴り・関連知識						
	適語(句)選択・補充		●	●	●	●	◎
	書き換え・同意文完成						
	語形変化						
	用法選択						
	正誤問題・誤文訂正						
	その他						
作文	整序結合		●	●	●	●	◎
	日本語英訳	適語(句)・適文選択					
		部分・完全記述					
	条件作文		●	●	●	●	◎
	テーマ作文						
会話文	適文選択						
	適語(句)選択・補充		●	●	●	●	◎
	その他						
長文読解	内容把握	主題・表題					
		内容真偽	●	●	●	●	◎
		内容一致・要約文完成					
		文脈・要旨把握	●	●	●	●	◎
		英問英答	●	●	●	●	◎
	適語(句)選択・補充		●	●	●		◎
	適文選択・補充		●	●	●	●	◎
	文(章)整序						
	英文・語句解釈(指示語など)		●				△
	その他						

●印：１～５問出題，■印：６～10問出題，★印：11問以上出題。
※予想欄　◎印：出題されると思われるもの。　△印：出題されるかもしれないもの。

●はたして来年は何が出るか

これまで通り基本的な事柄が幅広く出題されると予想されるが，より思考力や表現力を試す記述式の問題が増加する可能性がある。放送問題の英問英答では，いわゆる５Ｗ１Ｈ「いつ・どこで・誰が・何を・どのように」などの点に気をつけて聞くとよい。単語の綴りにからむ問題では，例年，語形を変化させるものが頻出なので要注意。読解問題は３題あり，読解総合問題には300～400語程度の長文が使われるのが常で，設問数が多いことからも速読速解力が必要である。なお，中学の学習指導要領で日常的な会話が重視されているので，会話でよく使う慣用表現にも十分注意しておきたい。

●どんな準備をすればよいか

何より教科書の復習を中心に，基本事項を幅広く確実に身につけよう。中学の学習範囲から偏りなく出題されるので，とにかく一度は中１の教科書から順に丹念に復習し直すのが望ましい。語句や文法事項を確かめながら，教科書本文を何度も音読する。基本的な英文に慣れることこそ，速読速解力を養う重要な第一歩である。さらに，各章ごとの基本例文は全て暗記してしまい，その一部を書き換えて作文練習をするとよい。教科書以外では，自分の理解度をチェックするため，中学英語全般をまとめた標準的な問題集を１冊やってみよう。できなかった問題は，納得のいくまで検討すること。また，読解問題に取り組む際は，まず短めの対話文中への適文補充などから始めるとよい。自信をつけながら，徐々に長い文章に挑戦していこう。なお，リスニングテストに関しては，継続して英語の発音に耳を慣らしておくことが大切だ。毎日少しずつ教科書用の教材を聞いたり，ラジオやテレビなどの初級レベルの英会話講座を聞いたりしよう。

数学　出題傾向と対策

●出題のねらい

出題のねらいは，例年とほぼ同様で，中学校３年間で学習する広い領域での基礎的・基本的な知識や計算技能，事象を数理的に考察し解決していく能力など，今後の学習活動への基礎力と応用力が身についているかどうかを見ようというものである。具体的には，数・式と方程式の計算技能，方程式を活用する力，関数とそのグラフについての基本的概念，図形についての操作・計量と論証能力，さらに，確率，データの活用についての基礎的な知識と考え方，および応用力を見るように，出題の工夫がなされている。

●何が出題されたか

出題構成は大問６題，うち３題が独立小問集合形式で，総小問数は24問である。正解を選ぶ形式の問題が18問あった。

[1]～[3]は独立小問集合で，[1]は数・式の基礎的な計算から５問，[2]は方程式，関数などで６問，[3]は図形，データの活用などで計６問となっている。図形では，穴埋め形式の証明問題も出題されている。[4]は関数で，関数 $y=ax^2$ と一次関数のグラフに関する問題。図形の知識も要する。[5]はさいころ２個を利用した確率の問題２問。さいころの出た目による操作でカードを取り除き，最終的に残ったカードの数などについて考えるもの。[6]は空間図形で，展開図を組み立ててできる三角錐について問うもの。体積と，表面上にかいた線が最短になるときの長さが問われている。

〈数学出題分野一覧表〉

分野	年度	2021	2022	2023	2024	2025予想※
数と式	数・式の計算，因数分解	★	★	★	★	◎
	数の性質，数の表し方	●		●		△
	文字式の利用，等式変形	●			●	△
	方程式の解法	●	■	●	●	◎
	方程式の解の利用				●	△
	方程式の応用	●	●	●	●	◎
関　数	比例・反比例，一次関数					△
	関数 $y=ax^2$	●	●	●	●	◎
	関数 $y=ax^2$ とその他の関数	★	★	★	★	◎
	関数の利用，図形の移動と関数など	■		●		△
図　形	（平面）計　量	■	★	■	■	◎
	（平面）証明，作図	●	●	●	●	◎
	（平面）その他					
	（空間）計　量	★	★	★	★	◎
	（空間）頂点・辺・面，展開図					
	（空間）その他					
データの活用	場合の数，確率	■	■	■	■	◎
	データの分析・活用，標本調査	●	●	■	■	◎
その他	特殊・新傾向問題など					
	融合問題					

●印：1問出題，■印：2問出題，★印：3問以上出題。
※予想欄　◎印：出題されると思われるもの。　△印：出題されるかもしれないもの。

●はたして来年は何が出るか

従来通り，独立小問集合題と総合題で構成されるものと思われる。独立小問集合題では，数・式や方程式などの基本的な計算力をはじめ，基礎事項の理解を問うものを中心に幅広い知識が問われるであろう。中には少し難度の高いものが含まれる可能性もある。総合題では，関数，図形が必出で，基本的な知識の理解とともに定理などを活用する力などを問うものになると思われる。この点では大きな変化はないであろう。近年は，いくつかの選択肢の中から正しいものを選ぶ形式の問題が大半を占めるようになっている。今後もこのような出題が続くものと思われる。

●どんな準備をすればよいか

まず，教科書を中心に，中学校３年間で学習した全領域についての総復習から始めよう。教科書の演習問題はもちろん，教科書と同レベル，あるいはややハイレベルの問題集を利用して，忘れていた事項の確認と，理解が不十分なところの補強などに努め，不得意分野をなくすことが大切である。特に，第一の得点源である数・式と方程式の計算は，数多く繰り返し学習し，迅速で正確な処理ができるようにしておきたい。さらに，教科書中心の総復習が終わったところで，本書収録の過去数年間の入試問題に取り組んでみるとよい。できれば入試と同じ時間設定で，模擬試験と考えて挑戦するとより効果的である。複数の分野にまたがる融合題も学習しておきたい。また，証明など，論理的に説明できるよう記述する練習もしておきたい。問題文や条件文をしっかり理解し，事象を数理化して手際よく処理していく能力を養うことが大切である。単なるパターン学習にならないように心がけ，柔軟な思考力を育てていこう。

社会　出題傾向と対策

●出題のねらい

三分野とも基本的な力を幅広く見ようとしており，各分野のいずれにも偏らないよう配慮されている。

地理的分野では世界や日本の各地域についての基本的な知識と，地形図や統計などの資料を読み取る力を，歴史的分野では古代から近現代までの日本の歴史の大きな流れと各時代の特色に関する基本的な知識と，さまざまな資料を活用する力を，公民的分野では日本国憲法，日本の政治・経済についての基本的な知識を，日常の社会生活などと関連づけ，読解力や思考力を見る問題が出されており，多角的な能力が問われている。

●何が出題されたか

今年度は，地理が２題，歴史が１題，公民が２題，総合問題が２題の全７題の大問構成であった。2022年度より，マークシート方式による解答形式が続いている。小問の数や配点から見ると，各分野間のバランスは，ほぼとれている。全体的に，地図やグラフ・表，絵画などの資料を用いた問題が多い。

具体的に見ていこう。1は世界地理，2は日本地理の総合問題。地図や統計資料などをかなり多く使っている。地形図からも出題された。3は歴史，4は歴史・公民総合問題で地図や資料をもとに，古代から現代までの政治や社会の出来事や人権について問われた。資料や年表を使う問題が出された。5と6は公民で，経済，政治，人権，国際社会などにわたって幅広く出題された。7は南アジアを題材とする三分野総合問題。

〈社会出題分野一覧表〉

分野	年度	2021	2022	2023	2024	2025予想※
地理的分野	地形図	●	●	●	●	◎
	アジア			総	地　人	◎
	アフリカ			産		△
	オセアニア			人	地産	◎
	ヨーロッパ・ロシア	総	産			◎
	北アメリカ					△
	中・南アメリカ		地	人		◎
	世界全般	地産人	地産	地産	地　総	◎
	九州・四国			人		△
	中国・近畿	地		人総		◎
	中部・関東		産		地　人	◎
	東北・北海道	地　総				△
	日本全般	地産			地	◎
歴史的分野	旧石器～平安	●	●	●	●	◎
	鎌倉	●	●	●	●	◎
	室町～安土桃山	●	●	●	●	◎
	江戸	●	●	●	●	◎
	明治	●	●	●	●	◎
	大正～第二次世界大戦終結	●	●	●	●	◎
	第二次世界大戦後	●	●	●	●	◎
公民的分野	生活と文化	●		●		◎
	人権と憲法	●	●	●	●	◎
	政治	●	●	●	●	◎
	経済	●	●	●	●	◎
	労働と福祉	●		●	●	◎
	国際社会と環境問題		●	●	●	◎
時事問題						

注）地理的分野については，各地域ごとに出題内容を以下の記号で分類しました。
地…地形・気候・時差，産…産業・貿易・交通，人…人口・文化・歴史・環境，総…総合
※予想欄　◎印：出題されると思われるもの。　△印：出題されるかもしれないもの。

●はたして来年は何が出るか

例年，表や資料を複数組み合わせて解く問題の比重は大きく，思考力などをはかる問題が多くなっている。また，複数の分野を横断する総合問題も出されている。来年度も同様の形式で出題される可能性が高い。地理では，世界各国の特色のほか，日本各地域の自然や産業に関連した問題や地形図の読み取り問題の出題が予想される。歴史では，古代から現代までおよそ全てが出題の対象となっている。時代の流れとともに同時代の世界の動きにも気をつけたい。公民は，日本国憲法と基本的人権，政治では国会や内閣のしくみ，経済では財政や金融政策といった重要事項とともに国際社会の動きに注目しておこう。

●どんな準備をすればよいか

どのような出題がなされても基礎的事項がしっかり定着していれば対応できる問題が多い。大切なのは教科書を十分に活用し，繰り返し学習することである。応用力は基礎力の上に築かれるものだからである。また，その際には地図帳や年表，資料集などを用いて一層理解を深めるよう努めてほしい。試験では資料の読み取り能力や考察力が試される問題があるので，日頃から対応できるよう準備しておこう。また，簡単な計算を必要とするような事柄にも気をつけよう。その他，注意する点は，地理では地図記号や縮尺など地形図関連，さまざまな地図，産業や貿易の統計などがある。歴史では略年表などをまとめて，流れと時代の特色を確実にとらえておきたい。また，近現代までしっかり学習しておこう。公民では時事に関連した問題への対策として日頃から関心を持ってニュースなどにもふれておこう。最後に必ず，過去の問題を解いて自分で出題の傾向や意図を確認し，弱点を補強する機会をつくってほしい。

理科　出題傾向と対策

●出題のねらい

理科の出題のねらいは，中学校理科の学習内容全体から，幅広く自然科学の基礎的な知識と基本的概念についての理解力を見ることにある。出題にあたっては，いずれの分野にも偏らず，また，難易度についても分野によって差が出ないように配慮されている。教科の特徴である実験・観察を重視し，実験の基本的な考え方が理解されているかを確認するとともに，得られた結果を整理・考察して，自然現象や身の回りの観察結果との関わりを論理的に理解する能力を見ることができるように工夫されている。

●何が出題されたか

物理・化学・生物・地学の各領域から２題ずつ，計８題の出題で，全て選択式・記号解答形式である。また，各分野とも，実験や観察を重視している。1は物理，2は化学，3は生物，4は地学の領域の基礎知識を問う問題で，それぞれ独立小問３問で構成されている。5は電流が磁界から受ける力について，その大きさや向き，スピーカーのしくみと出る音の性質，また，交流と直流の違いに関して，知識や科学的な思考力を問う問題。6は水溶液に流れる電流について調べる実験から，電解質・非電解質や中和に関して，知識や考察力を問う問題。7は遺伝の規則性について，知識や理解を問う問題。8は日本の気象について，前線の性質や空気に含まれる水蒸気量，低気圧と前線の移動などに関して，知識や理解を問う問題。

〈理科出題分野一覧表〉

分野＼年度		2021	2022	2023	2024	2025予想※
身近な物理現象	光と音	●	●	●	●	◎
	力のはたらき(力のつり合い)	●				◎
物質のすがた	気体の発生と性質			●		◎
	物質の性質と状態変化	●	●			◎
	水溶液	●		●	●	◎
電流とその利用	電流と回路	●	●	●	●	◎
	電流と磁界(電流の正体)	●		●	●	◎
化学変化と原子・分子	いろいろな化学変化(化学反応式)	●	●	●	●	◎
	化学変化と物質の質量		●	●		◎
運動とエネルギー	力の合成と分解(浮力・水圧)					◎
	物体の運動	●		●	●	◎
	仕事とエネルギー		●	●	●	◎
化学変化とイオン	水溶液とイオン(電池)	●	●		●	◎
	酸・アルカリとイオン			●	●	◎
生物の世界	植物のなかま	●			●	◎
	動物のなかま					◎
大地の変化	火山・地震	●		●		◎
	地層・大地の変動(自然の恵み)		●		●	◎
生物の体のつくりとはたらき	生物をつくる細胞				●	△
	植物の体のつくりとはたらき		●	●		◎
	動物の体のつくりとはたらき	●	●	●	●	◎
気象と天気の変化	気象観察・気圧と風(圧力)		●			△
	天気の変化・日本の気象	●	●	●	●	◎
生命・自然界のつながり	生物の成長とふえ方		●			◎
	遺伝の規則性と遺伝子(進化)	●		●	●	◎
	生物どうしのつながり		●			◎
地球と宇宙	天体の動き	●	●	●	●	◎
	宇宙の中の地球					
自然環境・科学技術と人間						
総合	実験の操作と実験器具の使い方	●	●	●		◎

※予想欄　◎印：出題されると思われるもの。　△印：出題されるかもしれないもの。
分野のカッコ内は主な小項目

●はたして来年は何が出るか

今年度は，中学３年間の学習内容からまんべんなく出題され，学年による偏りは見られなかった。複数学年にまたがる問題もあり，来年度も１学年の学習内容に偏ることのない，中学３年間のまとめ的な問題となるであろう。出題領域のバランス・出題方法には，ほとんど変化は見られないが，設問のレベルについては，思考力や表現力を試すものが増える傾向にある。出題される単元では，「化学変化と原子・分子」「電流とその利用」「生物の体のつくりとはたらき」「大地の変化」が中心となると予想される。教科書に載っている実験・観察，図・表を題材とすることが多い。

●どんな準備をすればよいか

教科書の内容を十分に理解するとともに，周辺事項も含めて知識を豊富にしておくことが大切だ。１学年だけの内容に偏った学習をさけ，各学年を通して総合的に勉強しておくことが必要だろう。実験・観察の題材として，幅広くさまざまなものに目を通しておくことも役に立つ。また，選択式の問題が多いが，選択肢の中に紛らわしいものが多いので，知識を正確にし注意深く問題を解く態度を，平常から養っておかなければならない。また，融合問題が増える可能性もあり，論理的な思考力や表現力が試される問題の出題が増えることが予想される。法則や原理についてよく理解したうえで，問題集を使った反復演習によって力をつけておきたい。さらに，入試が近づいてきたら，本県の過去問を数多く解き，傾向と内容に十分慣れておくようにしよう。表やグラフの読み取りが多いので，そのような問題にも対応して学習すること。実験や観察のノートをきちんとつくるのもよい。特に，結果の整理，考察方法などを自分なりにまとめておこう。

国語 出題傾向と対策

●出題のねらい

中学校３年間の日常的な学習で学んだ文章読解力，表現力，言語に関する基礎的な知識など，国語に関する基本的かつ総合的な力を試そうとするものである。具体的には，一では漢字の読み書きや短歌の理解に関する能力が試され，二は文学的文章の読解力，三は論理的文章の読解力，四は古文の読解力，五は資料の読み取りや情報整理能力を見ようとする問題であった。また記述式の問題は，自分の言葉で説明する問題で出されており，表現力が重視されつつあると見てよいだろう。

〈国語出題分野一覧表〉

分野		年度	2021	2022	2023	2024	2025 予想※
現代文	論説文 説明文	主題・要旨	●	●	●	●	◎
		文脈・接続語・指示語・段落関係	●	●	●	●	◎
		文章内容	●	●	●	●	◎
		表現					
	随筆 日記 手紙	主題・要旨					
		文脈・接続語・指示語・段落関係					
		文章内容					
		表現					
		心情					
	小説	主題・要旨					
		文脈・接続語・指示語・段落関係					
		文章内容		●	●	●	◎
		表現	●	●	●	●	◎
		心情	●	●	●	●	◎
		状況・情景					
韻文	詩	内容理解					
		形式・技法					
	俳句 和歌 短歌	内容理解	●	●	●	●	◎
		技法					
古典	古文	古語・内容理解・現代語訳	●	●	●	●	◎
		古典の知識・古典文法					
	漢文	(漢詩を含む)					
国語の知識	漢字 語句	漢字	●	●	●	●	◎
		語句・四字熟語		●		●	◎
		慣用句・ことわざ・故事成語					
		熟語の構成・漢字の知識			●		△
	文法	品詞	●	●	●	●	◎
		ことばの単位・文の組み立て					
		敬語・表現技法					
	文学史						
作文・文章の構成・資料			●	●	●	●	◎
その他							

※予想欄　◎印：出題されると思われるもの。　△印：出題されるかもしれないもの。

●何が出題されたか

昨年と同様大問５題の構成。設問の難度は例年並みであろう。

一は，国語の知識に関する問題。漢字の書き取りと，読みが４問ずつ，他に，短歌の内容理解の設問が出題された。二は，結婚式当日に父親と生家を出発した女性を描いた小説が課題文。心情に関する設問のほかに文章表現に関する設問も含まれている。三は，コミュニケーションとしてのファッションについての論説文の読解問題。内容理解，要旨などに関する設問のほかに，品詞や対義語の設問が出題された。四は，『古事談』を課題文とした古文の読解問題。内容理解に関する設問が出題された。五は，AIについて２つの文章の内容を整理する問題。ほとんど基本的なレベルの出題である。

●はたして来年は何が出るか

出題内容にここ数年大きな変化は見られず，来年度も，これまで同様に思考力，判断力，表現力などを把握するような出題になると考えられる。具体的には，漢字の読み書き，文法，語句，敬語などの国語の知識に関する問題，文学的文章と論理的文章と古文の読解問題，さらにはグラフなどを使った情報をまとめる問題などの出題が予想される。文学的文章の読解問題では登場人物の心情の理解を問う設問や，論理的文章の読解問題では論旨の展開や要旨の把握を問う設問や，古文の読解問題では現代語訳や内容理解に関する設問が中心となるであろう。また，指定語句を用いた記述式の設問も出されるだろう。

●どんな準備をすればよいか

出題のねらいは基礎学力を試す点にあるので，中学校３年間の総復習をするつもりで勉強に取り組めばよいだろう。まず，漢字は，小中学校で学んだ漢字が全て読み書きできるようにしておきたい。文法，ことわざ・慣用句などの国語の知識については，最初に便覧などで重要事項を確認し，基礎的な問題集に繰り返し取り組んでおこう。長文読解問題は，記述式の問題を含んだ解説の詳しい問題集を購入してほしい。正解に至る考え方の道筋をきちんと確認しながら学習を進めることが大切である。文学的文章では，登場人物の心情をきちんととらえられるように，論理的文章では論旨を正確につかめるように練習すること。読解力を養うために新聞のコラムを読んでみるのもよい。古文は，中世から近世の作品を中心に，簡単な文章を数多く読み，古文特有の表現に慣れておこう。現代語訳がなくても，大まかな意味や主題がとらえられるようにしておきたい。

2024年度 神奈川県公立高校 入試問題

英語

●満点 100点　●時間 50分

■リスニングテストの音声は，当社ホームページで聴くことができます。（当社による録音です。）再生に必要なアクセスコードは「合格のための入試レーダー」（巻頭の黄色の紙）の１ページに掲載しています。

1　**リスニングテスト**（放送の指示にしたがって答えなさい。放送を聞きながらメモをとってもかまいません。）

(ア)　チャイムのところに入るエリカの言葉として最も適するものを，次の１～４の中からそれぞれ一つずつ選び，その番号を答えなさい。

No.1　１．That's the only way.
　２．I did it last year.
　３．Math was my favorite subject.
　４．Ms. Sato did.

No.2　１．She's going to be with us for six months.
　２．She has never been to our house in Japan.
　３．She has been studying Japanese for a year.
　４．She will come back to Japan to stay with us.

No.3　１．We haven't decided yet.
　２．We bought it yesterday.
　３．I'll get there soon.
　４．It's next Sunday.

(イ)　対話の内容を聞いて，それぞれの **Question** の答えとして最も適するものを，あとの１～４の中から一つずつ選び，その番号を答えなさい。

No.1　**Question： Which is true about Janet's and Ken's weekend？**
　１．Janet went to her friend's house, and Ken traveled to Chiba
　２．Janet and Ken visited their Japanese friend's house.
　３．Janet and Ken learned different ways to respect food.
　４．Janet and Ken learned how to cook Japanese food.

No.2　**Question： Which is true about Janet and Ken？**
　１．Janet and Ken are walking home together because they lost their bike keys.
　２．Janet and Ken are going to check another classroom to find Ken's bike key.
　３．Janet thinks Ken should stop worrying and get a new bike.
　４．Ken thinks Janet's idea about his bike key may be right.

(ウ)　留学生のベス（Beth）が友だちのユミの留守番電話にメッセージを残しました。メッセージを聞いて，次のNo.1とNo.2の問いに答えなさい。

No.1　メッセージを聞いてユミが作った次の**<メモ>**を完成させるとき，①～③の中に入れるものの組み合わせとして最も適するものを，あとの1～6の中から一つ選び，その番号を答えなさい。

<メモ>

Trip with Beth

Meeting:

At 9:45 a.m. on [①] at Ueno Station

Beth's plan:

The art museum → [②] → The temple

The second place is [③] the first place.

Call back!

1. ① Saturday　② The science museum　③ inside
2. ① Saturday　② The science museum　③ near
3. ① Saturday　② The zoo　③ inside
4. ① Thursday　② The science museum　③ near
5. ① Thursday　② The zoo　③ inside
6. ① Thursday　② The zoo　③ near

No.2　次の**Question**の答えとして最も適するものを，あとの1～4の中から一つ選び，その番号を答えなさい。

Question: Why did Beth leave the message?

1. To recommend a science event.
2. To make an idea to save money.
3. To change a place they will go to.
4. To decide how to go to Ueno.

<**リスニングテスト放送台本**>は英語の問題の終わりに付けてあります。

2　次の(ア)～(ウ)の文の(　)の中に入れるのに最も適するものを，あとの1～4の中からそれぞれ一つずつ選び，その番号を答えなさい。

(ア) Someone moved in the house next to mine.　The new (　　) came to my house this morning to say hello.

1. course　2. degree　3. neighbor　4. theater

(イ) When you share your opinions on the Internet, you must remember that your words may (　　) someone's feelings.

1. fall　2. fold　3. hurt　4. miss

(ウ) Kamome Computer became a very (　　) computer company because it made fast computers with powerful batteries and sold them at a low price.

1. careful　2. official　3. similar　4. successful

3 次の(ア)～(エ)の文の(　)の中に入れるのに最も適するものを，あとの１～４の中からそれぞれ一つずつ選び，その番号を答えなさい。

(ア) A： Can you put that table by the door?

B： The table looks heavy, so (　　) it without your help will be difficult.

１．move　　２．moving　　３．has moved　　４．is moved

(イ) A： Dad, let's try (　　) different tonight! How about having dinner on the floor?

B： Sounds great. It's like a picnic at home.

１．another　　２．a thing　　３．one　　４．something

(ウ) A： Happy birthday, Mr. Johnson. This is a party for your thirtieth birthday!

B： Oh, thank you, everyone. Let me (　　) a short speech.

１．make　　２．made　　３．making　　４．to make

(エ) A： What do you think about the new Japan national baseball team?

B： I think the members are amazing, but we don't know much about the team because it has played only two games (　　) teams of other countries.

１．against　　２．during　　３．than　　４．until

4 次の(ア)～(エ)の対話が完成するように，(　)内の**六つの語の中から五つを選んで**正しい順番に並べたとき，その(　)内で**３番目と５番目にくる語の番号**をそれぞれ答えなさい。(**それぞれ一つずつ不要な語があるので，その語は使用しないこと**。)

(ア) A： That's my favorite fruit. Jessica, (１．do　２．you　３．what　４．is　５．it　６．call) in English?

B： It's a watermelon.

(イ) A： When are we going to practice for this weekend's concert? Sam, (１．better　２．day　３．which　４．popular　５．for　６．is) you, today or tomorrow?

B： Tomorrow is perfect. I will bring my guitar.

(ウ) A： Excuse me. I forgot where I put my shoes when I entered the temple. That was about an hour ago.

B： All the (１．visitors　２．were　３．shoes　４．off　５．took　６．the) are on that shelf over there.

(エ) A： Did you enjoy playing soccer?

B： Yes. Though it (１．difficult　２．some　３　was　４．understand　５．I　６．to) of the rules, I had so much fun.

5 次のＡ～Ｃのひとつづきの絵と英文は，ミチコ(Michiko)とアン(Anne)の会話を順番に表しています。Ａの場面を表す**＜最初の英文＞**に続けて，Ｂの場面にふさわしい内容となるように，□の中に適する英語を書きなさい。ただし，あとの**＜条件＞**にしたがうこと。

A

＜最初の英文＞

Michiko talked to Anne about the wheelchair basketball game she watched at the Kamome Sports Center last weekend.

B

Michiko said, “The game was really exciting. The players moved very fast, and the wheelchairs hit each other. I'm now a fan of this sport.” Anne said, “Sounds exciting,” and she asked, “［　　　　］ a wheelchair basketball game?”

C

“Twice,” Michiko answered, and she said, “Once with my family and once with my friend. Would you like to watch a game with me this weekend, Anne?” Anne said, “Sure !　I can't wait !”

＜条件＞

① **times** と **watched** を必ず用いること。
② ①に示した語を含んで，［　　］内を **6 語以上**で書くこと。
③ a wheelchair basketball game ? につながる 1 文となるように書くこと。
※ 短縮形(I'm や don't など)は 1 語と数え，符号(, など)は語数に含めません。

6　次の英文は，高校生のチナツ(Chinatsu)が英語の授業でクラスの生徒に向けて行ったスピーチの原稿です。英文を読んで，あとの(ア)～(ウ)の問いに答えなさい。

Green or *gray ?　Nature or *concrete ?　Living together with trees and plants or without them ?　Which should we choose ?　Today, I will talk about green *infrastructure.　In a city, we need different kinds of *buildings or services like hospitals, parks, or train systems to support modern human life.　These things are examples of infrastructure.　Green infrastructure is a way of supporting and protecting modern human life by using nature.

Today, towns and cities have changed because of gray infrastructure. Please look at *Graph 1. This shows 1,500,000 more people started to live in the area around the Kamome River during these 48 years. Gray infrastructure was developed for people living there, and this area is now covered with concrete. In the past, when towns and cities had lots of green areas, *flooding didn't happen quickly because rain water stayed in the ground during heavy rain. However, when nature is lost because of gray infrastructure, rain water runs into the river very fast during heavy rain. **Graph 2** shows the time before flooding from the *rainfall peak in the area around the Kamome River. It was about 10 hours between 1965 and 1969, and it was about 2 hours between 1979 and 1996. From the information in **Graph 1** and **Graph 2**, you will realize that ［　　　　　　］ because the time before flooding from the rainfall peak became shorter.

Graph 1

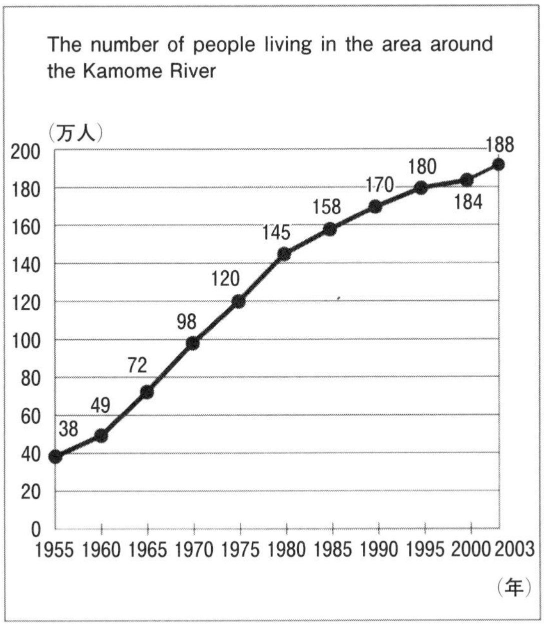

Graph 2

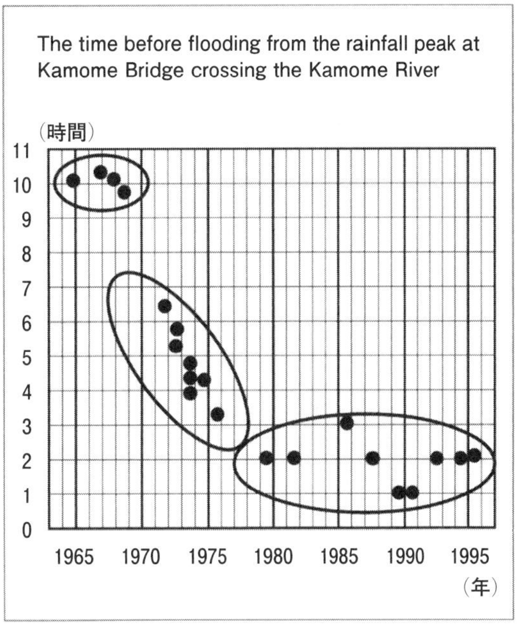

（国土交通省関東地方整備局ウェブサイト掲載資料をもとに作成）

Now I will show you an example of green infrastructure that will protect our cities during heavy rain. Please look at this picture of a rain garden. It's a water system. It holds rain water in the ground. Its ground is covered with trees and plants, and broken *stones are put in the ground. Concrete covers most areas in our cities, but flooding won't happen quickly if we have rain gardens in many places in our cities. (　①　)

Picture

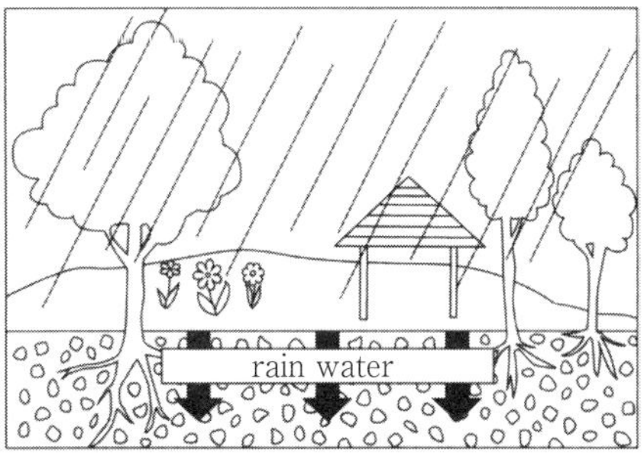

Green infrastructure helps people have active lives in cities. Now, I will introduce the *Singapore Green Plan 2030. Singapore plans to *plant 1,000,000 more trees across the country. In Singapore, green infrastructure is built in the city or near the city, so people can walk to green areas like parks and gardens from their houses easily. Trees create air for humans, and trees clean the air in the city. They also create a cool environment in the city because some of the light from the sun doesn't reach the ground. People can use those green areas in the way they like. They can enjoy the view of beautiful flowers, have a picnic with family members, and play sports with friends. (②) People become more active in cities by spending time in green areas.

Finally, I'd like to introduce my plans for green infrastructure in our school. I believe green infrastructure will make our school life better. I hope to make green areas between the school gate and the school building. Under the trees, the students will enjoy time with friends. Also, I want to create a cool environment in our school by covering the school buildings with *goya* *vines. (③) If you like my idea, please join me.

Green or gray? I don't think that's the right question. Now we have to ask this. How can we all work together to live with nature? Green infrastructure is the key to improving our lives.

* gray：灰色の　concrete：コンクリート
infrastructure：インフラストラクチャー(社会の基礎となる施設)
buildings：建物　**Graph**：グラフ　flooding：洪水　rainfall peak：降雨の最盛時
stones：石　Singapore：シンガポール　plant ～：～を植える　vines：つる

(ア) 本文中の□の中に入れるのに最も適するものを，次の１～４の中から一つ選び，その番号を答えなさい。

1．towns and cities in this area became larger, and many people there may get into dangerous situations faster than before during heavy rain
2．this area's infrastructure is weak when flooding happens, and the number of people living in this area went down
3．more people started to live in this area, and no one there needs to gather information about protecting their towns and cities from flooding
4．the number of people living in this area continued to rise, and people do not need to worry about losing their houses even during heavy rain

(イ) 本文中の(①)～(③)の中に，次の**A**～**C**を意味が通るように入れるとき，その組み合わせとして最も適するものを，あとの１～６の中から一つ選び，その番号を答えなさい。

A．Living together with nature is good for our health.
B．By doing these things, I hope to start my green infrastructure movement here.
C．I'm sure that green infrastructure will make our cities safe.

1．①－**A**　②－**B**　③－**C**　　2．①－**A**　②－**C**　③－**B**
3．①－**B**　②－**A**　③－**C**　　4．①－**B**　②－**C**　③－**A**
5．①－**C**　②－**A**　③－**B**　　6．①－**C**　②－**B**　③－**A**

(ウ) 次のａ～ｆの中から，チナツのスピーチの内容に合うものを**二つ**選んだときの組み合わせとして最も適するものを，あとの１～８の中から一つ選び，その番号を答えなさい。

a．Hospitals, stations, or schools built only with concrete are examples of green infrastructure.

b. Flooding didn't happen quickly in the past because most rain water was used for cleaning and washing.

c. The rain garden is a water system that can collect rain water and keep it in the ground for some time.

d. The Singapore Green Plan 2030 helps people in Singapore find many creative ways to use gray infrastructure.

e. Chinatsu wants to create green areas in her school because she thinks it will improve students' lives.

f. Chinatsu doesn't know how to live without trees and plants in a town or city, so she wants to find a way.

1. a と c　　2. a と e　　3. b と d　　4. b と e

5. c と d　　6. c と e　　7. d と f　　8. e と f

7　次の(ア)の英文と地図，(イ)の記事(**Article**)とポスターについて，それぞれあとの **Question** の答えとして最も適するものを，1～5の中からそれぞれ一つずつ選び，その番号を答えなさい。

(ア)

Toru and Rod are friends. They have just arrived at a zoo, and they are looking at the map at the front gate.

Toru: This map shows us what animals we can see at each place.

Rod: We can see many animals in this zoo!

Toru: Where do you want to go first?

Rod: We are here at the front gate now. How about going to the elephant area first?

Toru: That's a good idea, but how about going this way instead? It's already eleven, and we will be hungry soon. Let's take the fastest way to the restaurant.

Rod: You're right. We can see the pandas along the way.

Toru: Oh, this map tells us that we cannot go this way because of the *roadwork.

Rod: OK. Then, let's go that way and see the animals along the way. Let's see the pandas after lunch.

Toru: Good! What will we see after the pandas?

Rod: This map tells us that we can *feed the *giraffes! Let's do it!

Toru: That sounds interesting! It starts at three o'clock. So, it's a little early to go straight there. Let's see the lions and then the *penguins before feeding the giraffes.

Rod: Perfect! I'm so excited now. We also shouldn't forget to see the elephants before we leave the zoo.

Toru: OK! Let's go!

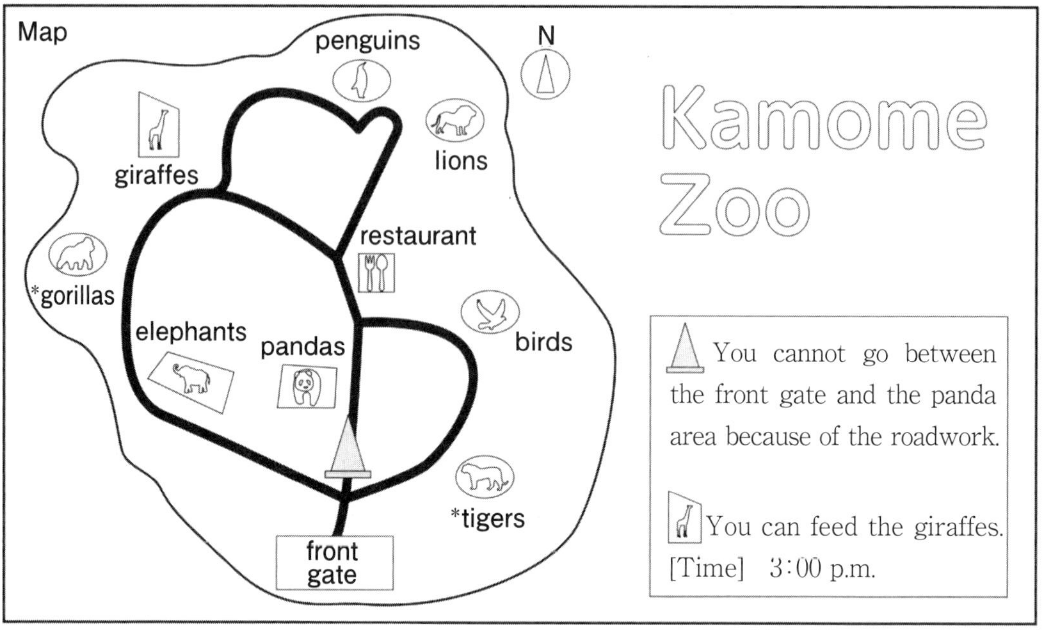

＊ roadwork：道路工事 feed ～：～に餌をやる giraffes：キリン
penguins：ペンギン gorillas：ゴリラ tigers：トラ

Question： What is the fifth animal area Toru and Rod will visit at the zoo？

1．Elephants. 2．Giraffes. 3．Lions. 4．Pandas. 5．Penguins.

(イ)

Ryoji is a high school student. He reads the article of an event on his city's website and makes a poster for the event. He is going to put the poster on Kamome Elementary School's website.

Article

Come to Kamome Beach ! You will have a good time there, and you can save the *earth. Kamome City is going to have an event. It's called Cleaning Kamome Beach. On Sunday, March 5, 12, 19, and 26, you will pick up the trash on the beach from 1 p.m. to 3 p.m.

Joining this event is easy. You don't have to bring anything like trash bags or gloves. You can just come to the event, and you will find everything you need there. During the event, you can join the Trash Picking Contest each day. The person who picks up the most trash wins the contest and gets a special ticket from the Kamome Shopping Mall. With that ticket, you can take singing lessons, Spanish lessons, or swimming lessons at the mall. There are other good points. If you take part in Cleaning Kamome Beach with someone or with more than one person, each person can get a T-shirt. It is designed for this event, and it is made from *recycled plastic. Finally, people who come to this event every Sunday in March can get a special ticket. You can eat "Today's Breakfast" at the Kamome Beach Restaurant with that ticket. Let's save the earth at Kamome Beach !

Poster

Cleaning Kamome Beach

～Pick up the trash, and let's save the earth.～

Time : 1 p.m. to 3 p.m.

Date : Every Sunday in March From March 5

Place : Kamome Beach

Just come to the beach !

Things to use for cleaning are [①] at the beach.

There are nice presents !

・Win the Trash Picking Contest and enjoy learning singing, Spanish, or swimming at the Kamome Shopping Mall.

・Join this event as a group and [②].

・If you join this event [③], you can enjoy "Today's Breakfast" at the Kamome Beach Restaurant.

＊ earth：地球　　recycled：再生された

Question : What will be in [①], [②], and [③] ?

1. ① ready　② receive special clothes　③ for the earth
2. ① useful　② get a special ticket　③ all Sundays in March

3．① ready　② receive special clothes　③ all Sundays in March
4．① useful　② get a special ticket　③ for the earth
5．① useful　② receive special clothes　③ all Sundays in March

8　次の英文を読んで，あとの(ア)〜(ウ)の問いに答えなさい。

Aoi, Kyoko, and Jiro are Kamome High School students. One day, they are talking in the classroom after school. Then, Ms. White, their English teacher, talks to them.

Ms. White : Hi, Aoi, Kyoko, and Jiro. What are you doing ?

Aoi : We are talking about a *discussion event *on *political issues. We will join the event in the *city office next week. Students from three high schools in our city and some foreign students visiting our city will talk about *voting.

Ms. White : Very interesting !

Kyoko : I am excited to talk with students from other countries. Ms. White, I have a *graph here. Researchers asked young people in four countries, "How much are you interested in political issues ?" In ①Graph 1, we can say that about 70% of young people in *Germany were interested or very interested in political issues. The *rate of young people in Japan who were not so interested or not interested was almost 50%. I think that's a problem.

Jiro : Young people don't *vote because they are not interested in political issues. In some countries, people must *pay a fine if they don't vote.

Ms. White : Great job, Jiro ! Did you learn anything else ?

Jiro : Yes. I found this interesting graph when I did my homework given from the city office. ②Graph 2 shows the voting rate in the national *elections from 2010 to 2022 in Japan. The voting rate of people *in their sixties was always above 60%. However, the rate of *teenagers never reached 50%. Now I really think voting is an interesting topic.

Ms. White : Aoi, for the discussion, what question are you going to ask ?

Aoi : It's "What should the *government do to raise the voting rate of young people ?"

Ms. White : What are your ideas, Aoi ?

Aoi : I think our government should use more money for young people. If an election topic is how to use government money for them, more young people will vote for their own future.

Ms. White : That's an amazing idea. Please enjoy the discussion, everyone.

About a week later after the discussion event, Aoi, Kyoko, and Jiro talk to Ms. White.

Jiro : Hello, Ms. White. The discussion event was great ! Do you have time to talk ?

Ms. White : Sure. You talked about the things the government should do, right ? Have you found an answer ?

Jiro : Yes. I asked one student from Australia about paying a fine when people didn't vote in Australia. He said that was not the right message the government should send. At first, I thought paying a fine was a good idea, but now I don't think so. Instead, the government should make voting fun. I think the government should create a new holiday on an election day and have a festival near the voting places.

Kyoko : I said the government should listen to young people's opinions. The government should have meetings with young people before deciding what actions to take.

Aoi : I think that the government should help young people learn about political issues because young people don't know how the system works. Our school had a *mock election last year, and I learned a lot. I think the government should tell all high schools in Japan to have mock elections.

Ms. White : Did anyone help your discussion ?

Aoi : Yes. A *social studies teacher from the U.S. asked us many questions that helped us continue the discussion. For example, she asked Jiro why paying a fine wasn't as good as other ideas. We learned how to have a good discussion from her. Now, Ms. White, ［　　　　］, and we need to decide when to have it. We'll do that because we hope that other students will be more interested in political issues.

Ms. White : That's a great idea, Aoi. Kyoko, will you also tell us what kind of experience you had from the discussion ?

Kyoko : I really enjoyed listening to other people's unique opinions and reasons. Each opinion and each reason was different. How about you, Jiro ?

Jiro : I enjoyed talking to other people about my opinions and reasons. It helped me understand my own ideas well.

Ms. White : I'm glad that you had a great experience !

* discussion：議論　on ～：～について　political issues：政治的な問題
city office：市役所　voting：投票　graph：グラフ　Germany：ドイツ
rate：割合　vote：投票する　pay a fine：罰金を払う　elections：選挙
in their sixties：60歳代の　teenagers：10歳代の人　government：政府
mock：模擬　social studies：社会科

(ア)　本文中の——線①と——線②が表す内容を，①は**ア群**，②は**イ群**の中からそれぞれ選んだときの組み合わせとして最も適するものを，あとの１～９の中から一つ選び，その番号を答えなさい。

ア群

Graph 1

How much are you interested in political issues ?

A.

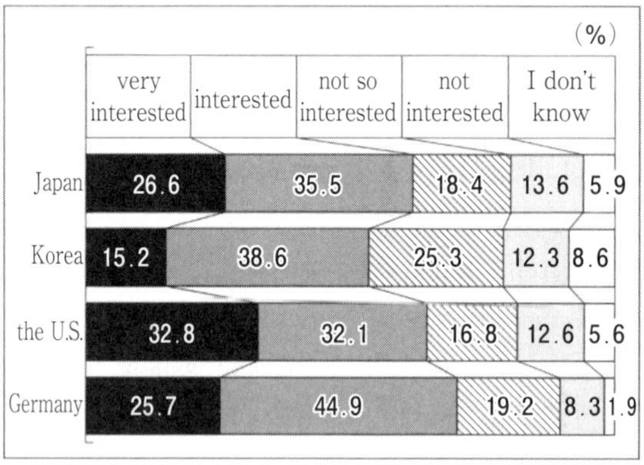

B.

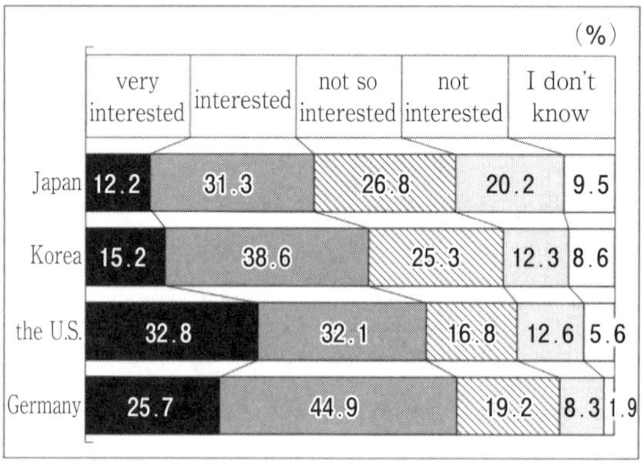

C.

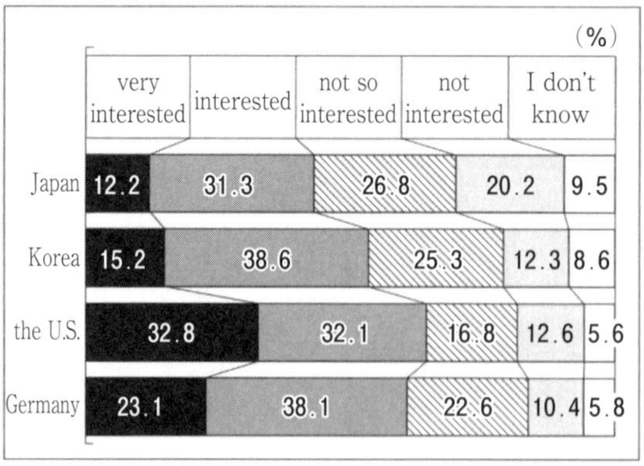

イ群

Graph 2

Voting rate in the national elections in Japan

X.

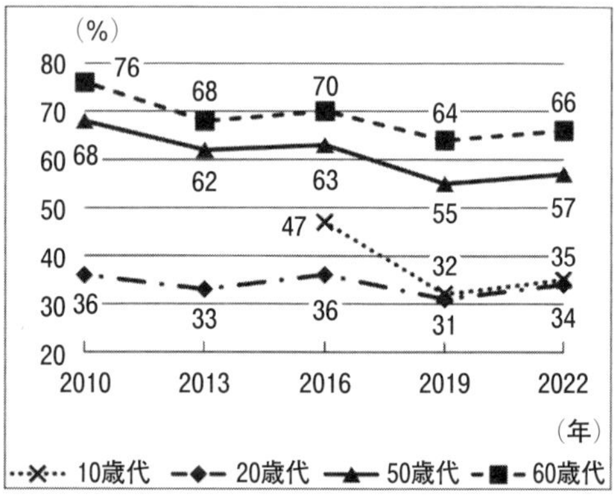

Y.

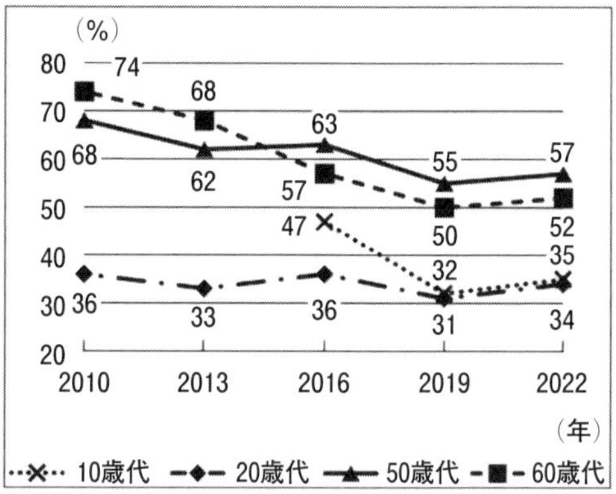

Z.

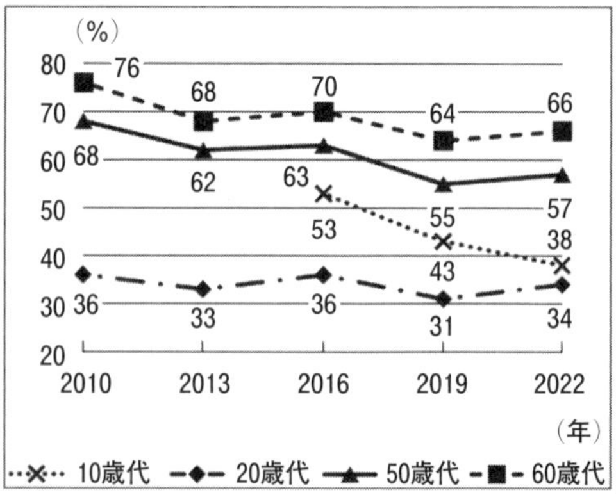

※小数第２位を四捨五入しているため，割合の合計が100％にならないことがある。

1．①：A　②：X　　2．①：A　②：Y　　3．①：A　②：Z
4．①：B　②：X　　5．①：B　②：Y　　6．①：B　②：Z
7．①：C　②：X　　8．①：C　②：Y　　9．①：C　②：Z

(イ) 本文中の□の中に入れるのに最も適するものを，次の1～4の中から一つ選び，その番号を答えなさい。

1．young people can actually find an answer if they have a little help
2．young people had a good discussion on voting and paying a fine with some help
3．we're planning to have a discussion event on political issues at our school
4．we had a good discussion on political issues with other students at our school

(ウ) 次のa～fの中から，本文の内容に合うものを**二つ**選んだときの組み合わせとして最も適するものを，あとの1～8の中から一つ選び，その番号を答えなさい。

a．Jiro found interesting information in his homework for the discussion and became interested in the topic of voting.
b．By doing her homework for the discussion, Aoi learned that the Japanese government used enough money for young people.
c．During the discussion, Jiro's opinion changed the opinion of the student from Australia about paying a fine.
d．Kyoko said that all high schools in Japan should have mock elections, and Aoi said that the government should have meetings with young people.
e．After the discussion event, Kyoko said that everyone had opinions and reasons that were not the same.
f．After the discussion event, Jiro said that he couldn't understand his own ideas well by talking with other people.

1．aとc　　2．aとe　　3．bとd　　4．bとe
5．cとd　　6．cとf　　7．dとe　　8．eとf

＜リスニングテスト放送台本＞

（チャイム音）

これから，1 の**リスニングテストの放送**を始めます。問題冊子の１ページを開けてください。

問題は(ア)・(イ)・(ウ)の三つに大きく分かれています。放送を聞きながらメモをとってもかまいません。

それでは，**問題(ア)**に入ります。**問題(ア)**は，No. 1 ～No. 3 まであります。Max と Erika が話をしています。まず Max が話し，次に Erika が話し，その後も交互に話します。対話の最後で Erika が話す言葉のかわりに（チャイムの音）というチャイムが鳴ります。そのチャイムのところに入る Erika の言葉として最も適するものを，**問題(ア)**の指示にしたがって答えなさい。まず，**問題(ア)**の指示を読みなさい。

それでは，始めます。対話は２回ずつ放送します。

No. 1 ［**Max**:］ **Erika, tell me how you became good at math.**

［Erika:］ I studied math really hard last year because my math teacher told me that it was the only way.

［**Max**:］ **We had two math teachers last year, Ms. Sato and Mr. Yamada. Which teacher taught you math ?**

［Erika:］ （チャイム）

No. 2 ［**Max**:］ **Erika, do you know our class will have a student from New Zealand next month ?**

［Erika:］ Yes. Actually, she's going to stay at my house while she is in Japan.

［**Max**:］ **That's great ! How long is she going to stay with your family ?**

［Erika:］ （チャイム）

No. 3 ［**Max**:］ **Erika, what are you going to do this weekend ?**

［Erika:］ I'm going to go shopping with my brother. My mother's birthday is next week, and we need to get a present for her.

［**Max**:］ **Wow, that's nice ! What are you going to get ?**

［Erika:］ （チャイム）

次に，**問題(イ)**に入ります。**問題(イ)**は，No. 1 と No. 2 があります。それぞれ同じ高校に通う Janet と Ken の対話を放送します。対話の内容を聞いて，問題冊子に印刷されているそれぞれの質問の答えとして最も適するものを，**問題(イ)**の指示にしたがって答えなさい。まず，**問題(イ)**の指示を読みなさい。

それでは，始めます。対話は２回ずつ放送します。

No. 1 ［**Janet**:］ **Ken, I've learned what *itadakimasu* means. I learned it when I visited my Japanese friend's house last weekend.**

［Ken:］ Tell me about it.

［**Janet**:］ **It's not just "let's eat." It's also "thank you for the food."**

［Ken:］ I see. I also learned a thing from my aunt last weekend. She visited my house from Chiba. She said, "Let's eat everything on the table."

［**Janet**:］ **Oh, that's another way to respect food, right ?**

［Ken:］ Yes, she said, "We can respect food by doing this."

No. 2 ［**Janet:**］ **Ken, you said you had to go home quickly after school today. Why are you still here ?**

［Ken:］ Because I've lost my bike key. I can't go home without it. I'm checking every room I used today, and this is the last room.

［**Janet:**］ **Have you checked the area around your bike ?**

［Ken:］ The area around my bike ?

［**Janet:**］ **Yes. When I lost my bike key last month, I found it on the ground in the parking lot.**

［Ken:］ You may be right ! I'll go to the parking lot. Thanks, Janet.

最後に，**問題(ウ)**に入ります。留学生のベスが友だちのユミの留守番電話にメッセージを残しました。メッセージを聞いて，**問題(ウ)**の指示にしたがって答えなさい。このあと，20秒後に放送が始まりますので，それまで**問題(ウ)**の指示を読みなさい。

それでは，始めます。英文は２回放送します。

Hi, Yumi. This is Beth. I'm calling about our trip on Saturday. We are going to meet at Ueno Station and visit the art museum, the zoo, and the temple. Can we change our plan ? Our meeting time is 9:45 a.m., and that's good for me. Then, after going to the art museum, let's go to the science museum. It's going to rain in the morning on that day, so we should stay inside. We can go to the zoo next time. The science museum is just across the street from the art museum. After that, let's have lunch, and then, let's go to the temple in the afternoon. It will be sunny then, so we can enjoy walking around the temple. What do you think about my idea ? Please call me later. Bye !

これで 1 の**リスニングテストの放送**を終わります。解答を続けてください。

（チャイム音） ［計９分22秒］

数学

●満点 100点　●時間 50分

〔注意〕 1．答えに根号が含まれるときは，根号の中は最も小さい自然数にしなさい。
　　　　2．答えが分数になるときは，約分できる場合は約分しなさい。

1　次の計算をした結果として正しいものを，それぞれあとの**1**～**4**の中から1つずつ選び，その番号を答えなさい。

(ア)　$2-8$

1．-10　**2**．-6　**3**．6　**4**．10

(イ)　$-\frac{4}{5}+\frac{1}{4}$

1．$-\frac{21}{20}$　**2**．$-\frac{11}{20}$　**3**．$\frac{11}{20}$　**4**．$\frac{21}{20}$

(ウ)　$\frac{3x-y}{4}-\frac{5x+2y}{9}$

1．$\frac{7x-17y}{36}$　**2**．$\frac{7x-y}{36}$　**3**．$\frac{7x+y}{36}$　**4**．$\frac{7x+17y}{36}$

(エ)　$\frac{10}{\sqrt{5}}+\sqrt{80}$

1．$4\sqrt{5}$　**2**．$4\sqrt{10}$　**3**．$6\sqrt{5}$　**4**．$6\sqrt{10}$

(オ)　$(x-2)^2-(x+3)(x-8)$

1．$-x+20$　**2**．$-x+28$　**3**．$x+20$　**4**．$x+28$

2　次の問いに対する答えとして正しいものを，それぞれあとの**1**～**4**の中から1つずつ選び，その番号を答えなさい。

(ア)　連立方程式 $\begin{cases} ax-by=-10 \\ bx+ay=-11 \end{cases}$ の解が $x=3$，$y=2$ であるとき，a，b の値を求めなさい。

1．$a=-8$，$b=-1$　**2**．$a=-4$，$b=-1$

3．$a=2$，$b=-5$　**4**．$a=4$，$b=-5$

(イ)　2次方程式 $3x^2-5x-1=0$ を解きなさい。

1．$x=\frac{-5\pm\sqrt{13}}{6}$　**2**．$x=\frac{-5\pm\sqrt{37}}{6}$　**3**．$x=\frac{5\pm\sqrt{13}}{6}$　**4**．$x=\frac{5\pm\sqrt{37}}{6}$

(ウ)　関数 $y=ax^2$ について，x の変域が $-3\leqq x\leqq 2$ のとき，y の変域は $0\leqq y\leqq 6$ であった。このときの a の値を求めなさい。

1．$a=\frac{2}{3}$　**2**．$a=\frac{3}{2}$　**3**．$a=2$　**4**．$a=3$

(エ)　1本150円のペンを x 本と1冊200円のノートを y 冊購入したところ，代金の合計は3000円以下であった。このときの数量の関係を不等式で表しなさい。

1．$150x+200y\geqq 3000$　**2**．$150x+200y>3000$

3．$150x+200y\leqq 3000$　**4**．$150x+200y<3000$

(オ)　半径が 6 cm の球の体積を求めなさい。ただし，円周率は π とする。

1．$36\pi\,\mathrm{cm}^3$　　2．$144\pi\,\mathrm{cm}^3$　　3．$162\pi\,\mathrm{cm}^3$　　4．$288\pi\,\mathrm{cm}^3$

(カ)　$x=143$，$y=47$ のとき，x^2-9y^2 の値を求めなさい。

1．284　　2．384　　3．568　　4．668

3　次の問いに答えなさい。

(ア)　右の図 1 のように，円 O の周上に，異なる 3 点 A，B，C を AB＝AC となるようにとる。

また，点 A を含まない $\overset{\frown}{BC}$ 上に 2 点 B，C とは異なる点 D を BD＞CD となるようにとり，線分 AD と線分 BC との交点を E とする。

さらに，∠CAD の二等分線と円 O との交点のうち，点 A とは異なる点を F とし，線分 AF と線分 BC との交点を G，線分 AF と線分 CD との交点を H とする。

このとき，次の(i)，(ii)に答えなさい。

図 1

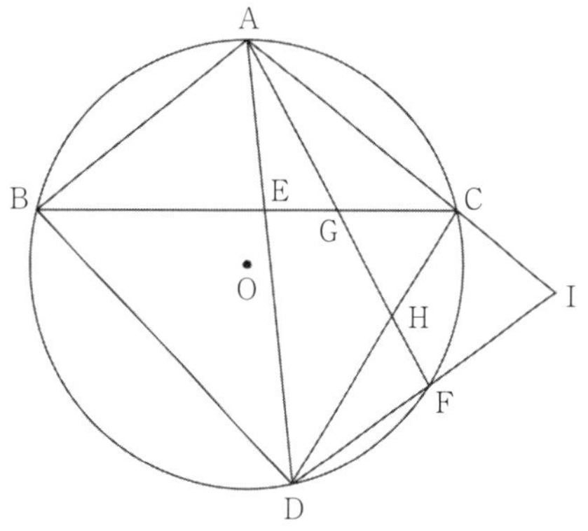

(i)　三角形 ACG と三角形 ADH が相似であることを次のように証明した。(a)，(b) に最も適するものを，それぞれ選択肢の 1 ～ 4 の中から 1 つずつ選び，その番号を答えなさい。

［証明］

△ACG と△ADH において，

まず，線分 AF は∠CAD の二等分線であるから，

∠CAF＝∠DAF

よって，∠CAG＝∠DAH　……①

次に，AB＝AC より，△ABC は二等辺三角形であり，その 2 つの底角は等しいから，

(a)　……②

また，$\overset{\frown}{AC}$ に対する円周角は等しいから，

∠ABC＝∠ADC　……③

②，③より，∠ACB＝∠ADC

よって，∠ACG＝∠ADH　……④

①，④より，(b) から，

△ACG∽△ADH

(a)の選択肢

1．∠ABC＝∠ACB
2．∠ACB＝∠ADB
3．∠AGB＝∠CGF
4．∠BAD＝∠BCD

(b)の選択肢

1．1 組の辺とその両端の角がそれぞれ等しい
2．2 組の辺の比とその間の角がそれぞれ等しい
3．3 組の辺の比がすべて等しい
4．2 組の角がそれぞれ等しい

(ii)　次の ☐ の中の「**あ**」「**い**」にあてはまる数字をそれぞれ 0 ～ 9 の中から 1 つずつ選び，その数字を答えなさい。

線分 AC の延長と線分 DF の延長との交点を I とする。∠AID＝73°，∠DHF＝61° のとき，∠AEB の大きさは **あい** ° である。

(イ) ある地域における，3つの中学校の1学年の生徒を対象に，家から学校までの通学時間を調べることにした。右の図2は，A中学校に通う生徒50人，B中学校に通う生徒50人，C中学校に通う生徒60人の，それぞれの通学時間を調べて中学校ごとにヒストグラムに表したものである。なお，階級はいずれも，5分以上10分未満，10分以上15分未満などのように，階級の幅を5分にとって分けている。

また，調べた通学時間を中学校ごとに箱ひげ図に表したところ，次の図3のようになった。箱ひげ図X～Zは，A中学校，B中学校，C中学校のいずれかに対応している。

このとき，あとの(i)，(ii)に答えなさい。

図2

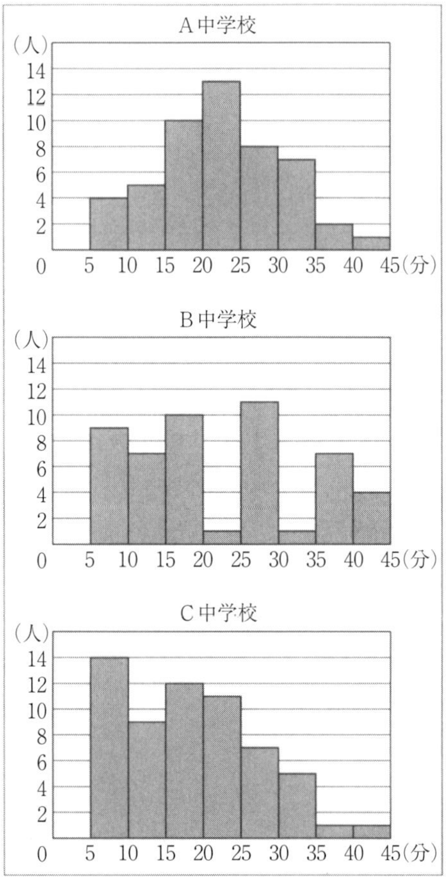

図3

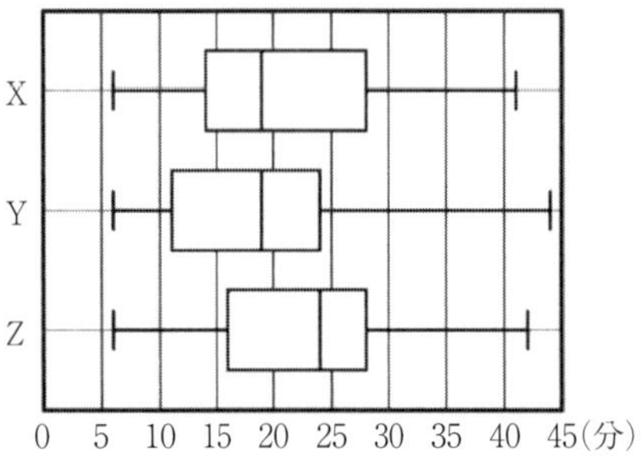

(i) 箱ひげ図X～Zと，A中学校，B中学校，C中学校の組み合わせとして最も適するものを次の**1**～**6**の中から1つ選び，その番号を答えなさい。

1．X：A中学校　Y：B中学校　Z：C中学校
2．X：A中学校　Y：C中学校　Z：B中学校
3．X：B中学校　Y：A中学校　Z：C中学校
4．X：B中学校　Y：C中学校　Z：A中学校
5．X：C中学校　Y：A中学校　Z：B中学校
6．X：C中学校　Y：B中学校　Z：A中学校

(ii) 調べた通学時間について正しく述べたものを次のⅠ～Ⅳの中からすべて選ぶとき，最も適するものをあとの**1**～**6**の中から1つ選び，その番号を答えなさい。

Ⅰ．3つの中学校のうち，通学時間が30分以上の生徒の人数は，A中学校が最も多い。
Ⅱ．3つの中学校のうち，通学時間が10分以上15分未満の生徒の割合は，B中学校が最も大きい。
Ⅲ．3つの中学校において，通学時間が15分以上20分未満の生徒の割合はすべて等しい。
Ⅳ．3つの中学校において，通学時間の平均値はすべて25分未満である。

1．Ⅰ　　**2**．Ⅱ　　**3**．Ⅲ　　**4**．Ⅳ　　**5**．Ⅰ，Ⅱ　　**6**．Ⅲ，Ⅳ

(ウ)　次の［　　］の中の「**う**」「**え**」にあてはまる数字をそれぞれ**0**～**9**の中から1つずつ選び，その数字を答えなさい。

右の図4において，三角形ABCは∠ACB＝90°の直角三角形であり，点Dは辺ABの中点である。

また，2点E，Fは辺AC上の点で，BC＝CEであり，BF∥DEである。

さらに，点Gは線分DEの中点であり，点Hは線分BFと線分CGとの交点である。

AB＝24cm，BC＝12cmのとき，線分GHの長さは［**う**］$\sqrt{\boxed{\text{え}}}$ cmである。

図4

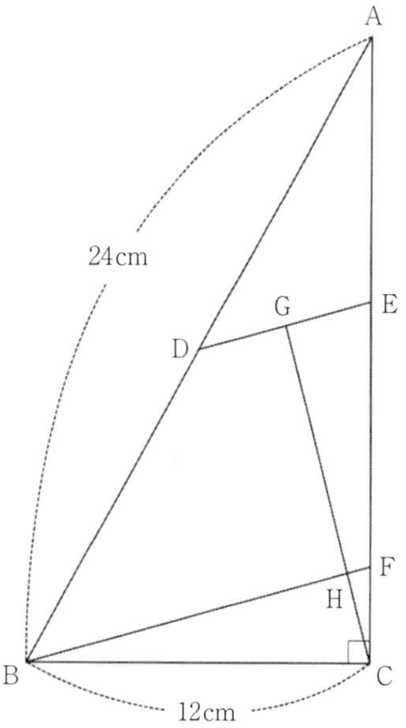

(エ)　4％の食塩水300gが入ったビーカーから，食塩水agを取り出した。その後，ビーカーに残っている食塩水に食塩agを加えてよくかき混ぜたところ，12%の食塩水になった。

このとき，aの値として正しいものを次の**1**～**8**の中から1つ選び，その番号を答えなさい。

1．$a=18$　　**2**．$a=20$　　**3**．$a=21$　　**4**．$a=24$

5．$a=25$　　**6**．$a=28$　　**7**．$a=30$　　**8**．$a=36$

4　右の図において，直線①は関数$y=-x$のグラフ，直線②は関数$y=-3x$のグラフであり，曲線③は関数$y=ax^2$のグラフである。

点Aは直線①と曲線③との交点で，そのx座標は-6である。点Bは曲線③上の点で，線分ABはx軸に平行である。点Cは直線②と線分ABとの交点である。

また，点Dはx軸上の点で，線分ADはy軸に平行である。点Eは線分AD上の点で，AE＝EDである。

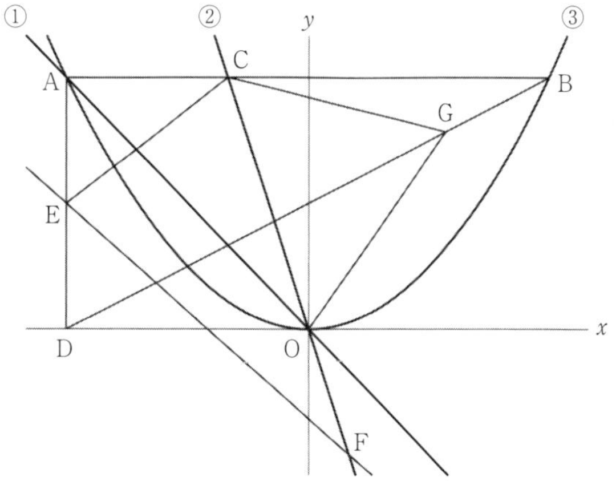

さらに，原点をOとするとき，点Fは直線②上の点で，CO：OF＝2：1であり，そのx座標は正である。

このとき，次の問いに答えなさい。

(ア)　曲線③の式$y=ax^2$のaの値として正しいものを次の**1**～**6**の中から1つ選び，その番号を答えなさい。

1．$a=\frac{1}{9}$　　**2**．$a=\frac{1}{6}$　　**3**．$a=\frac{2}{9}$

4．$a=\frac{1}{3}$　　**5**．$a=\frac{4}{9}$　　**6**．$a=\frac{2}{3}$

(イ)　直線EFの式を$y=mx+n$とするときの(i)mの値と，(ii)nの値として正しいものを，それぞれ次の**1**～**6**の中から1つずつ選び，その番号を答えなさい。

(i)　mの値

1．$m=-\frac{7}{4}$　　2．$m=-\frac{12}{7}$　　3．$m=-\frac{7}{5}$

4．$m=-1$　　5．$m=-\frac{6}{7}$　　6．$m=-\frac{3}{4}$

(ii)　nの値

1．$n=-\frac{11}{4}$　　2．$n=-\frac{18}{7}$　　3．$n=-\frac{15}{7}$

4．$n=-2$　　5．$n=-\frac{13}{7}$　　6．$n=-\frac{11}{6}$

(ウ)　次の□の中の「**お**」「**か**」「**き**」にあてはまる数字をそれぞれ**0**～**9**の中から1つずつ選び，その数字を答えなさい。

線分BD上に点Gを，三角形CEFと三角形COGの面積の比が△CEF：△COG＝3：2で，そのx座標が正となるようにとる。このときの，点Gのx座標は$\frac{\text{おか}}{\text{き}}$である。

5　右の図1のように，1，2，3，4，5，6の数が1つずつ書かれた6枚のカードがある。

図1

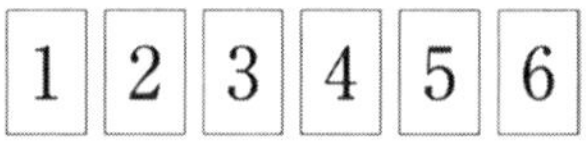

大，小2つのさいころを同時に1回投げ，大きいさいころの出た目の数をa，小さいさいころの出た目の数をbとする。出た目の数によって，次の【操作1】，【操作2】を順に行い，残ったカードについて考える。

【操作1】　aの約数が書かれたカードをすべて取り除く。

【操作2】　bが書かれたカードを取り除く。ただし，【操作1】により，bが書かれたカードをすでに取り除いていた場合は，残っているカードのうち，最も大きい数が書かれたカードを取り除く。

―― 例 ――

大きいさいころの出た目の数が4，小さいさいころの出た目の数が2のとき，$a=4$，$b=2$だから，

【操作1】　図1の，[1]と[2]と[4]のカードを取り除くと，図2のようになる。

図2

【操作2】　【操作1】で[2]のカードをすでに取り除いているので，図2の，最も大きい数が書かれた[6]のカードを取り除くと，図3のようになる。

図3

この結果，残ったカードは[3]，[5]となる。

いま，図1の状態で，大，小2つのさいころを同時に1回投げるとき，次の問いに答えなさい。ただし，大，小2つのさいころはともに，1から6までのどの目が出ることも同様に確からしいものとする。

(ア)　次の□の中の「**く**」「**け**」「**こ**」にあてはまる数字をそれぞれ**0**～**9**の中から1つずつ選び，その数字を答えなさい。

残ったカードが，4 のカード１枚だけとなる確率は $\dfrac{\boxed{\text{く}}}{\boxed{\text{けこ}}}$ である。

(イ) 次の $\boxed{}$ の中の「**さ**」「**し**」「**す**」にあてはまる数字をそれぞれ **0** ～ **9** の中から１つずつ選び，その数字を答えなさい。

残ったカードに，6 のカードが含まれる確率は $\dfrac{\boxed{\text{さ}}}{\boxed{\text{しす}}}$ である。

6 右の図は，点Aを頂点とし，BC＝CD の二等辺三角形BCD を底面，三角形 AEB，三角形 ABD，三角形 ADF を側面とする三角すいの展開図であり，∠AEB＝∠AFD＝90°である。

また，点Gは辺AB 上の点で，AG：GB＝1：2 であり，点Hは辺 AD の中点である。

AE＝10cm，BC＝5cm，BD＝6cm のとき，**この展開図を組み立ててできる三角すい**について，次の問いに答えなさい。

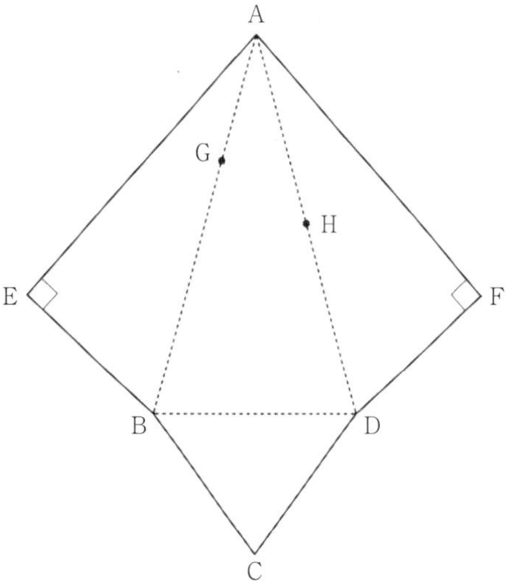

(ア) この三角すいの体積として正しいものを次の **1** ～ **6** の中から１つ選び，その番号を答えなさい。

1．$30cm^3$　**2**．$40cm^3$　**3**．$50cm^3$
4．$100cm^3$　**5**．$120cm^3$　**6**．$160cm^3$

(イ) 次の $\boxed{}$ の中の「**せ**」「**そ**」「**た**」「**ち**」にあてはまる数字をそれぞれ **0** ～ **9** の中から１つずつ選び，その数字を答えなさい。

３点C，E，Fが重なった点をＩとする。この三角すいの側面上に，点Gから辺 AI と交わるように点Hまで線を引く。このような線のうち，最も短くなるように引いた線の長さは $\dfrac{\boxed{\text{せ}}\sqrt{\boxed{\text{そた}}}}{\boxed{\text{ち}}}$ cm である。

社会

●満点 100点　●時間 50分

1　Kさんは，次の**略地図**中にある国々について調べ，**メモ**を作成した。これらについて，あとの各問いに答えなさい。なお，**略地図**中の緯線は赤道から，経線は本初子午線からそれぞれ5度ごとに引いたものである。

略地図

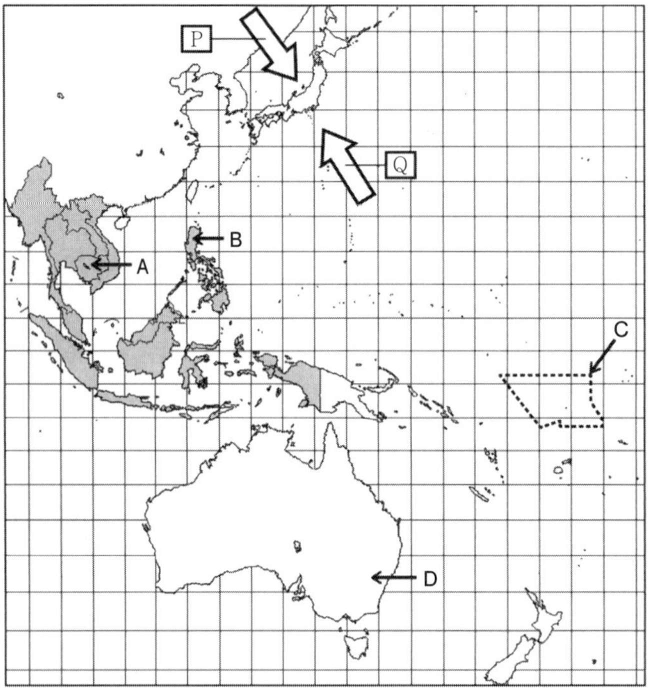

メモ

○　日本には，[あ]の矢印で表された風の影響で，夏には暖かく湿った大気が運ばれます。また，日本の近海には，水深が8,000mをこえる[い]があります。

○　░░で示された**A**，**B**などの国は，①ASEAN加盟国(2023年末現在)を示しています。

○　**B**の国では，②植民地支配にともなって布教された宗教の信者が多数を占めています。

○　**C**の点線で領域が示された国は，三大洋の一つである[う]にあります。

○　**D**の国は，オセアニア州に属しています。近年，③オセアニア州の国々は，アジア州の国々との結び付きを強めています。

(ア)　[あ]～[う]にあてはまる語句の組み合わせとして最も適するものを，次の中から一つ選び，その番号を答えなさい。

1．あ：[P]　い：海溝　う：太平洋
2．あ：[P]　い：海溝　う：大西洋
3．あ：[P]　い：大陸棚　う：太平洋
4．あ：[P]　い：大陸棚　う：大西洋
5．あ：[Q]　い：海溝　う：太平洋
6．あ：[Q]　い：海溝　う：大西洋
7．あ：[Q]　い：大陸棚　う：太平洋
8．あ：[Q]　い：大陸棚　う：大西洋

(イ)　――線①を完全に含む**緯度の範囲**をX，Yから，**略地図**中の**A**の国と**日本との時差**をa～dから，最も適するものをそれぞれ一つずつ選んだときの組み合わせを，あとの1～8の中から一つ選び，その番号を答えなさい。ただし，サマータイムは考えないものとする。

緯度の範囲	X　北緯30度から南緯15度まで　　Y　北緯15度から南緯30度まで
日本との時差	a　1時間　　b　2時間　　c　4時間　　d　6時間

1．Xとa　　2．Xとb　　3．Xとc　　4．Xとd
5．Yとa　　6．Yとb　　7．Yとc　　8．Yとd

(ウ)　――線②について述べた文として最も適するものを，次の中から一つ選び，その番号を答えなさい。

1．シャカがひらいた宗教で，中国や朝鮮半島，日本に伝わった。
2．教典の「コーラン」にもとづく，日常生活に関わる細かい決まりがある。
3．スペイン語やポルトガル語を公用語とする南北アメリカ州の国で，信者が多い。
4．牛が神聖な動物であると考えられており，牛肉を食べない人が多い。

(エ)　右の**写真**は，**C**の点線で領域が示された国の様子を示したものである。この国について述べた文として最も適するものを，次の中から一つ選び，その番号を答えなさい。

写真

（毎日新聞ウェブサイト掲載資料より引用）

1．国土がさんご礁でできているため標高が低く平たんで，波による海岸の侵食が進んでいる。
2．フィヨルドとよばれる地形がみられ，削られた谷に海水が深く入り込んでいる。
3．夏に永久凍土が解けることで，湖ができたり建物が傾いたりするなどの問題がおこっている。
4．梅雨による大雨の影響で，土砂くずれによる被害がもたらされることがある。

(オ)　次の**資料**X，Yと**できごと**a～cから，――線③を示す例として最も適するものをそれぞれ一つずつ選んだときの組み合わせを，あとの1～6の中から一つ選び，その番号を答えなさい。

資料

X　世界の面積と人口の地域別割合（2020年）

面積	アジア 23.9%，アフリカ 22.8%，ヨーロッパ 17.0%，北アメリカ 16.4%，南アメリカ 13.4%，オセアニア 6.5%
人口	アジア 59.5%，アフリカ 17.2%，ヨーロッパ 9.6%，北アメリカ 7.6%，南アメリカ 5.5%，オセアニア 0.5%

（『データブック オブ・ザ・ワールド 2022年版』をもとに作成）

Y　オーストラリアの相手先別貿易額の割合

1965年	イギリス 22.9%，アメリカ合衆国 18.1%，日本 13.0%，西ドイツ 4.6%，ニュージーランド 3.7%，その他 37.7%
2022年	中華人民共和国 28.2%，日本 13.6%，大韓民国 7.7%，アメリカ合衆国 6.3%，台湾 3.9%，その他 40.3%

（国際通貨基金ウェブサイト掲載資料をもとに作成）

できごと

a　オーストラリアが，APECの結成を主導した。
b　オーストラリアで，白豪主義とよばれる政策がとられた。
c　オーストラリアで，土地に関する権利がアボリジニに認められた。

1．Xとa　2．Xとb　3．Xとc　4．Yとa　5．Yとb　6．Yとc

2　Kさんは，茨城県つくば市について調べ，次の**レポート**を作成した。これについて，あとの各問いに答えなさい。

レポート

1　①つくば市の地形

つくば市の大部分は，火山灰が堆積してできた赤土の［　あ　］に覆われています。

2　筑波山について

右の**地形図**は，つくば市の北部にある筑波山の山頂付近を示したものです。等高線の間隔から，筑波山の傾斜を読み取ることができます。

今後の学習の見通し

右下の**年表**は，つくば市のできごとをまとめたものです。②つくば市が発展してきた経緯について，人口の推移と関連付けながら，考えたいと思います。

地形図　※等高線は100mごとに引いています。

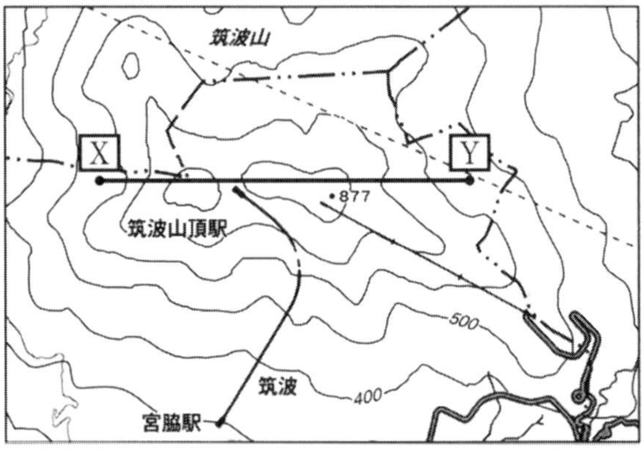

（「地理院地図（国土地理院作成）」一部改変）

年表

年	できごと
1963	③筑波研究学園都市の建設が決定した。
1987	四つの町村が合併し，つくば市が誕生した。
2005	つくば市と東京都千代田区を結ぶ鉄道路線が開業した。

（つくば市ウェブサイト掲載資料をもとに作成）

(ア)　――線①について，次のグラフ**P**～**R**は，つくば市，富山市，高松市の気温と降水量を示したものである。グラフと都市の組み合わせとして最も適するものを，あとの1～6の中から一つ選び，その番号を答えなさい。

P　年降水量　1150.1mm　**Q**　年降水量　2374.2mm　**R**　年降水量　1326.0mm

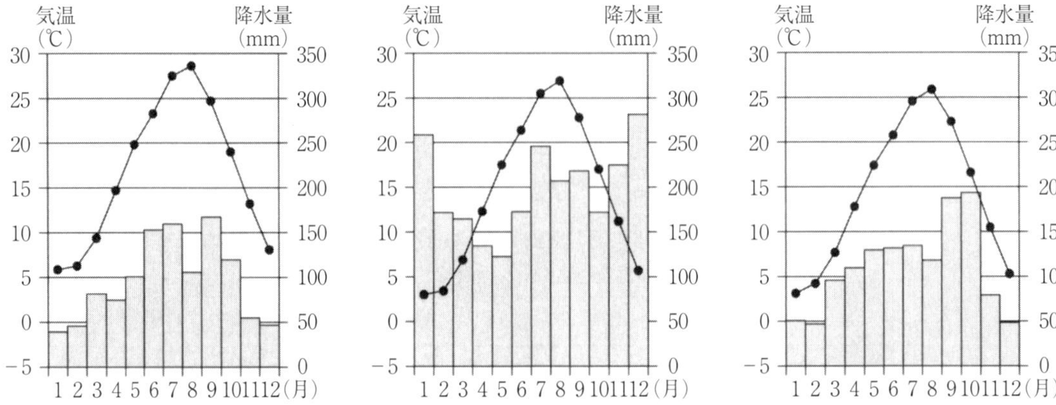

（気象庁ウェブサイト掲載資料（1991～2020年）をもとに作成）

1．**P**：つくば市　**Q**：富山市　**R**：高松市

2．**P**：つくば市　**Q**：高松市　**R**：富山市
3．**P**：富山市　**Q**：つくば市　**R**：高松市
4．**P**：富山市　**Q**：高松市　**R**：つくば市
5．**P**：高松市　**Q**：つくば市　**R**：富山市
6．**P**：高松市　**Q**：富山市　**R**：つくば市

(イ)　［あ］にあてはまる語句として最も適するものを，次の中から一つ選び，その番号を答えなさい。

1．シラス台地(シラス)　2．フォッサマグナ　3．関東ローム　4．カルデラ

(ウ)　**地形図**上の［X］—［Y］の略断面図として最も適するものを，次の中から一つ選び，その番号を答えなさい。

1．
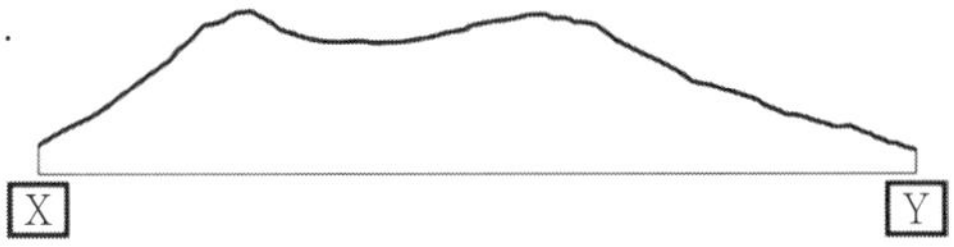

2．
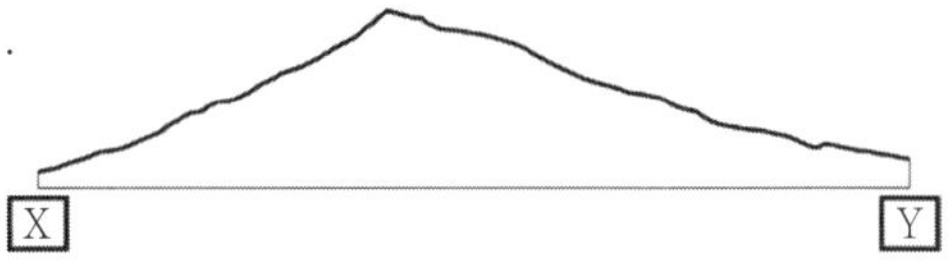

3．
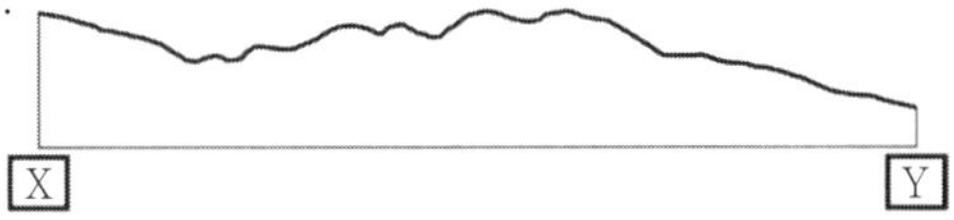

4．

(エ)　——線②について，次の**資料**は，つくば市の昼間人口と夜間人口，昼夜間人口比率(夜間人口に対する昼間人口の割合)を示したグラフである。この**資料**について述べた文X，Yの正誤の組み合わせとして最も適するものを，あとの1～4の中から一つ選び，その番号を答えなさい。

資料

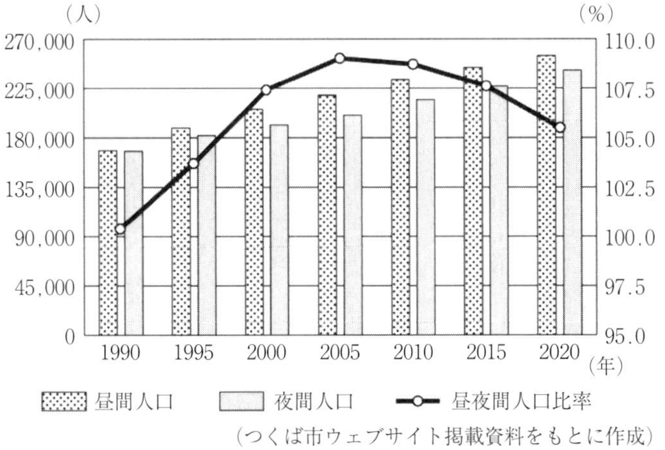

(つくば市ウェブサイト掲載資料をもとに作成)

X　つくば市の昼夜間人口比率が1990年から2005年にかけて上昇したことは，その期間のつくば市で夜間人口の増加数が昼間人口の増加数を上回ったことを意味している。
Y　**年表**中の「鉄道路線」が開業した年から2020年まで，つくば市の人口は減少傾向にあった。

1．X：正　Y：正　2．X：正　Y：誤　3．X：誤　Y：正　4．X：誤　Y：誤

(オ) ──線③について，右の**表**は，2021年の研究費が400億ドル以上の国及び地域について示したものである。この**表**から考えられることについて述べた文として最も適するものを，１～４の中から一つ選び，その番号を答えなさい。

表 （研究費の単位：百万ドル）

国及び地域	研究費	研究費がGDPに占める割合
アメリカ合衆国	806,013	3.46%
中華人民共和国	465,287	2.14%
日本	176,961	3.30%
ドイツ	153,232	3.13%
大韓民国	119,617	4.93%
イギリス	90,094	2.93%
フランス	76,952	2.21%
台湾	55,396	3.78%
ロシア	47,954	1.10%
イタリア	40,940	1.48%

（『世界国勢図会 2023/24』をもとに作成）

1．**表**には，国土の大部分が南半球にある国が含まれている。
2．**表**中の研究費の上位３か国はいずれも，**表**におけるGDPの額の上位５か国に含まれている。
3．**表**中の国のうち，EU加盟国の研究費の合計は，日本の研究費より小さい。
4．**表**には，第二次世界大戦中に日本と同盟を結んだ国は，含まれていない。

3 Kさんは，東大寺について調べ，次の**レポート**を作成した。これについて，あとの各問いに答えなさい。

レポート

1 東大寺と［あ］天皇

［あ］天皇は，仏教の力で国家を守ろうと考え東大寺に大仏をつくらせました。東大寺の正倉院には［あ］天皇の身の回りの品々が伝わっており，その中には，［い］と考えられるものの一つとして，**写真１**の宝物《ほうもつ》があります。

写真１

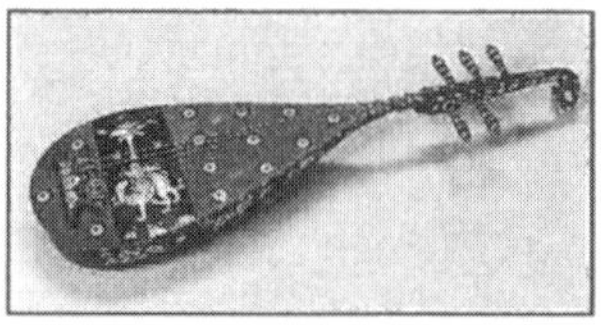

（正倉院宝物）

資料 ８世紀後半につくられた絵図

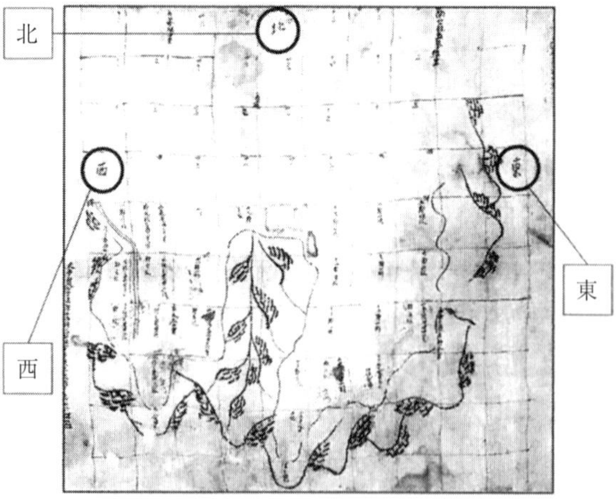

（正倉院宝物）

地形図

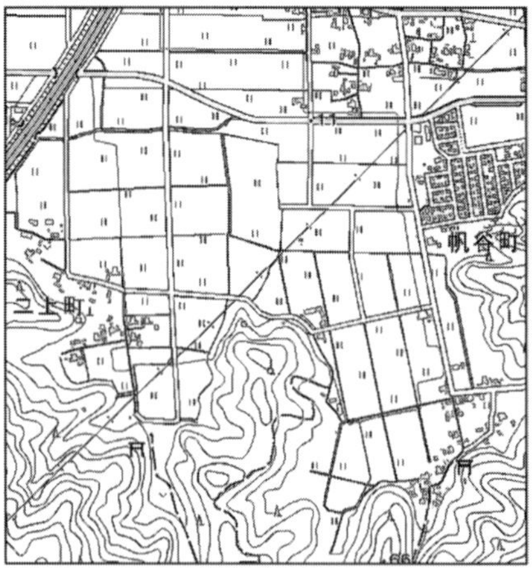

（「２万５千分の１の電子地形図（令和５年調製）国土地理院作成」を拡大して作成）

〈編集部注：編集上の都合により原図の85%に縮小してあります。〉

2　東大寺が所有していた土地

上の**資料**は，東大寺の荘園を示したもので，土地の区画の様子がわかります。また，**地形図**は，**資料**で示された地域として推定されている範囲(現在の福井県の一部)を示したものです。

3　東大寺大仏殿の再建

東大寺大仏殿は，①12世紀後半と16世紀後半の二度焼失しました。一度めの焼失後は，民衆からの寄付を受けて再建されました。②このときにつくられた文化財の一部は，現在でも見ることができます。二度めの焼失後は，幕府の援助により③17世紀末から18世紀初めにかけて再建されましたが，経済的な理由から建物の規模は焼失前と比べて縮小されました。

(ア)　[あ]，[い] にあてはまる語句の組み合わせとして最も適するものを，次の中から一つ選び，その番号を答えなさい。

1．あ：桓武　い：唐風の文化をもとにしながらも，日本の風土や生活に合わせてつくられた
2．あ：桓武　い：西アジアやインドから中国にもたらされ，遣唐使が持ち帰った
3．あ：聖武　い：唐風の文化をもとにしながらも，日本の風土や生活に合わせてつくられた
4．あ：聖武　い：西アジアやインドから中国にもたらされ，遣唐使が持ち帰った

(イ)　次の文ａ～ｄのうち，**資料**について正しく述べた文を二つ選んだときの組み合わせとして最も適するものを，あとの１～４の中から一つ選び，その番号を答えなさい。

ａ　**資料**で示された荘園の南端は，**地形図**を参考にすると，海に接していたと考えられる。
ｂ　**資料**で示された土地の区画の名残が，**地形図**上の「田」に認められる。
ｃ　**資料**で示された土地は，墾田永年私財法の発布後に開墾されたと考えられる。
ｄ　**資料**の絵図がつくられた頃に，東大寺の荘園に地頭が設置されたと考えられる。

1．ａ，ｃ　　2．ａ，ｄ　　3．ｂ，ｃ　　4．ｂ，ｄ

(ウ)　――線①に関して，12世紀から16世紀にかけておこった次のできごとⅠ～Ⅲを年代の古い順に並べたものとして最も適するものを，あとの１～６の中から一つ選び，その番号を答えなさい。

Ⅰ　関東に鎌倉府が置かれ，幕府の将軍の一族が鎌倉公方となり関東の支配を担《にな》った。
Ⅱ　豊臣秀吉が，関東に勢力を保っていた北条氏を滅ぼした。
Ⅲ　後鳥羽上皇に味方した貴族や武士の領地が，幕府に味方した東国の武士に与えられた。

1．Ⅰ→Ⅱ→Ⅲ　　2．Ⅰ→Ⅲ→Ⅱ　　3．Ⅱ→Ⅰ→Ⅲ
4．Ⅱ→Ⅲ→Ⅰ　　5．Ⅲ→Ⅰ→Ⅱ　　6．Ⅲ→Ⅱ→Ⅰ

写真２

(東大寺ウェブサイト掲載資料より引用)

(エ)　右の**写真２**は，――線②の一つである。この文化財について説明した次の文中の [う]，[え] にあてはまる語句の組み合わせとして最も適するものを，あとの１～６の中から一つ選び，その番号を答えなさい。

この文化財は［　う　］とよばれ，武士の気風が反映されています。この文化財がつくられた時代の世界のできごととしては［　え　］ことが挙げられ，のちに日本もそのできごとの影響を受けました。

1．う：金剛力士像　　え：ヨーロッパで宗教改革が始まった
2．う：金剛力士像　　え：モンゴル帝国が建設された
3．う：金剛力士像　　え：唐が滅亡した
4．う：阿弥陀如来像　え：ヨーロッパで宗教改革が始まった
5．う：阿弥陀如来像　え：モンゴル帝国が建設された
6．う：阿弥陀如来像　え：唐が滅亡した

(オ)　――線③を西暦で表した**期間**をX，Yから，その期間の日本でおこった**できごと**をa～cから，最も適するものをそれぞれ一つずつ選んだときの組み合わせを，あとの1～6の中から一つ選び，その番号を答えなさい。

期　間	X　1601年から1700年まで　　Y　1701年から1800年まで
できごと	a　質を落とした貨幣が大量に発行され，物価が上昇した。 b　俸禄(禄)の支給が廃止されるなど，士族の特権が奪われた。 c　天明のききんがおこり，百姓一揆や打ちこわしが急増した。

1．Xとa　2．Xとb　3．Xとc　4．Yとa　5．Yとb　6．Yとc

4　Kさんは，日本の野球の歴史について調べ，社会の授業で学習した日本に関するできごととあわせて次の**表**を作成した。これについて，あとの各問いに答えなさい。

表(できごとは年代の古い順に並べてあり，------は同じ時期のできごとであることを示している。)

日本の野球に関するできごと	授業で学習した日本に関するできごと
①お雇い外国人によって，日本に野球が伝えられた。	岩倉使節団がアメリカ合衆国に到着した。
②(注)全国中等学校優勝野球大会が始まった。	大戦景気の影響で物価が上昇した。
↕ A	
③東京オリンピックで公開競技として野球が開催された。	東京で初めてオリンピックがひらかれた。
④団体交渉の結果，プロ野球の試合が中止になった。	自衛隊がイラクに派遣された。

(公益財団法人野球殿堂博物館ウェブサイト掲載資料をもとに作成)

(注)　各地方大会の優勝校が出場する大会。現在の名称は，全国高等学校野球選手権大会。

(ア)　――線①について述べた文として最も適するものを，次の中から一つ選び，その番号を答えなさい。

1．満州事変について調査をおこなうために，国際連盟から日本に派遣された。
2．日本政府に対して，大日本帝国憲法の改正を指示した。

3．技術者や学者として，日本における近代産業の育成に関わった。
4．「鎖国」中の日本が海外の情報を入手する上で，重要な役割を果たした。

(イ)　――線②の大会には，右の**略地図**中の**あ**，**い**の半島及び**う**の島にあった学校が出場しており，このことは当時の日本の影響下にあった範囲が現在と比べて広かったことを示している。**略地図**に関して述べた次の文X～Zの正誤の組み合わせとして最も適するものを，あとの1～8の中から一つ選び，その番号を答えなさい。

略地図

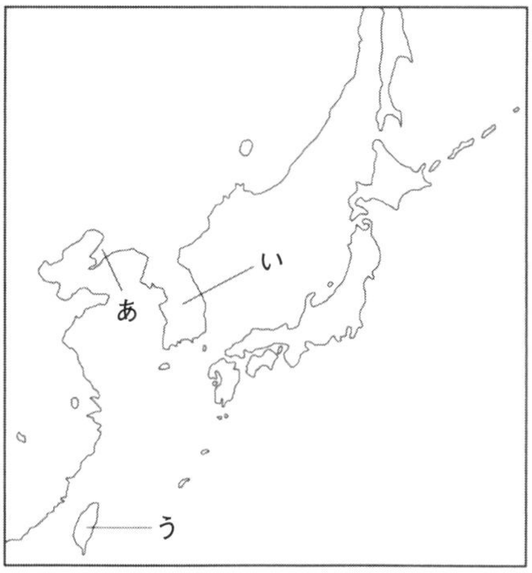

X　日本は，ポーツマス条約によって，**あ**の半島を通る鉄道の権益を得た。
Y　日本は，**い**の半島を統治する国家に対して，二十一か条の要求を示した。
Z　日本は，**う**の島の統治を，第一次世界大戦後に国際連盟から委任された。

1．X：正　Y：正　Z：正　　2．X：正　Y：正　Z：誤
3．X：正　Y：誤　Z：正　　4．X：正　Y：誤　Z：誤
5．X：誤　Y：正　Z：正　　6．X：誤　Y：正　Z：誤
7．X：誤　Y：誤　Z：正　　8．X：誤　Y：誤　Z：誤

(ウ)　Kさんは，あるプロ野球選手が――線③の時期の日本で人気を集めたことを知り，「プロ野球選手がこの時期に人気を集めた背景には，どのようなことがあるのだろうか。」という学習課題を設定した。この学習課題を解決するための調査として最も適するものを，次の中から一つ選び，その番号を答えなさい。

1．この時期に初めて鉄道が敷《ふ》設《せつ》されたことに着目し，移動時間の短縮について調査する。
2．この時期にテレビが一般の家庭に普及したことに着目し，マスメディアの発達について調査する。
3．この時期に義務教育の就学率が初めて90%をこえたことに着目し，識字率の上昇について調査する。
4．この時期に個人による携帯電話の保有が進んだことに着目し，情報化の影響について調査する。

(エ)　Kさんは，――線④の経緯について調べ，次の**メモ**を作成した。また，**資料**は，**メモ**中の＝＝線(a)及び[あ]について規定した法の条文である。[あ]にあてはまる**語句**をX～Zから，**メモ**と**資料**についての**説明**をa～cから，最も適するものをそれぞれ一つずつ選んだときの組み合わせを，あとの1～9の中から一つ選び，その番号を答えなさい。

メモ

プロ野球のチーム数の削減をめぐって，(a)労働組合である日本プロ野球選手会が，経営者側にあたる日本野球機構と団体交渉をおこないましたが，交渉は決裂しました。その結果，日本プロ野球選手会は初めて[あ]を実施し，プロ野球の試合が二日間中止になりました。

資料

勤労者の(b)団結する権利及び団体交渉その他の団体行動をする権利は，これを保障する。

語句	X　レジスタンス　　Y　リコール　　Z　ストライキ
説明	a　**資料**の条文は，労働組合法の条文である。 b　「**メモ**中の＝＝線(a)をつくる権利」は，「**資料**中の＝＝線(b)」にあたる。 c　**表**中の A の期間の日本では，**メモ**中の＝＝線(a)の数は一貫して増加していた。

1．Xとa　2．Xとb　3．Xとc　4．Yとa　5．Yとb
6．Yとc　7．Zとa　8．Zとb　9．Zとc

(オ)　**表**中の A の期間の世界でおこった次のできごとⅠ～Ⅲを年代の古い順に並べたものとして最も適するものを，あとの1～6の中から一つ選び，その番号を答えなさい。

Ⅰ　イタリアでは，ムッソリーニのファシスト党が世論の支持を集めて独裁体制を築き，エチオピアを侵略した。
Ⅱ　アメリカ合衆国とイギリスが大西洋憲章を発表し，民主主義を守り領土の拡張や変更を否定する考えを示した。
Ⅲ　中国では，中国共産党が国民政府との内戦に勝利し，毛沢東を主席とする中華人民共和国が成立した。

1．Ⅰ→Ⅱ→Ⅲ　2．Ⅰ→Ⅲ→Ⅱ　3．Ⅱ→Ⅰ→Ⅲ
4．Ⅱ→Ⅲ→Ⅰ　5．Ⅲ→Ⅰ→Ⅱ　6．Ⅲ→Ⅱ→Ⅰ

5　Kさんは，日本における経済の循環について調べ，次の**図1**を作成した。これについて，あとの各問いに答えなさい。なお，**P**～**S**の矢印はお金の流れを，**T**の矢印はサービスの流れを示している。

図1

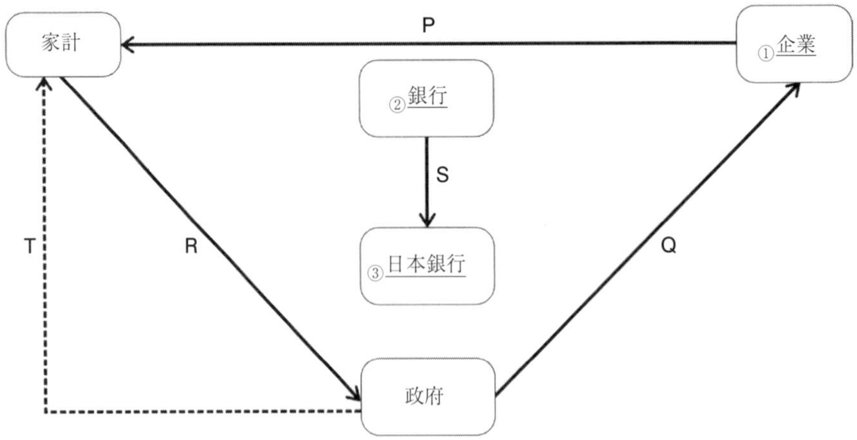

(ア)　**P**～**S**の矢印について述べた文として最も適するものを，次の中から一つ選び，その番号を答えなさい。

1．財(モノ)やサービスの代金が支払われたときのお金の流れは，**P**の矢印で示すことができる。

2．公共事業が実施されたときのお金の流れは，**Q**の矢印で示すことができる。

3．消費税が納付されたときのお金の流れは，**R**の矢印で示すことができる。

4．紙幣が発行されたときのお金の流れは，**S**の矢印で示すことができる。

(イ)　**T**の矢印に関して，社会保障のしくみのもとになっている考え方について規定した**日本国憲法の条文**をＸ～Ｚから，日本における**社会保障の具体例**をａ，ｂから，最も適するものをそれぞれ一つずつ選んだときの組み合わせを，あとの１～６の中から一つ選び，その番号を答えなさい。

日本国憲法の条文	Ｘ　すべて国民は，健康で文化的な最低限度の生活を営む権利を有する。 Ｙ　財産権は，これを侵してはならない。 Ｚ　何人《なんぴと》も，公務員の不法行為により，損害を受けたときは，法律の定めるところにより，国又《また》は公共団体に，その賠償を求めることができる。
社会保障の具体例	ａ　税金と保険料を財源として，介護が必要な人に介護サービスを提供する。 ｂ　税金を使って，道路や港など人びとが共同で利用する施設を整備する。

１．Ｘとａ　　２．Ｘとｂ　　３．Ｙとａ　　４．Ｙとｂ　　５．Ｚとａ　　６．Ｚとｂ

(ウ)　――線①の経済活動がグローバル化の影響を受けていることに興味をもったＫさんは，為替相場（為替レート）の推移について考えるために，右の**表**を作成した。この**表**について述べた次の文中の [あ] ～ [う] にあてはまる語句の組み合わせとして最も適するものを，あとの１～８の中から一つ選び，その番号を答えなさい。

表　東京市場における為替相場

（各年12月末日の数値）

年	１ドルあたりの円の価格
2012年	86.55円
2022年	132.56円

（日本銀行ウェブサイト掲載資料をもとに作成）

○　**表**をもとにドルに対する円の価値の推移について考えると，2022年のドルに対する円の価値は，2012年と比べて [あ] なったといえます。このような推移は，所有するお金を [い] に交換する人や企業が増えたときにみられます。

○　ドルに対する円の価値が [あ] なると，一般的には，主に商品を海外に輸出する日本の企業にとっては，同じ商品を売る場合でも，海外の市場での競争上 [う] になります。

１．あ：高く　い：ドルから円　う：有利　　２．あ：高く　い：ドルから円　う：不利

３．あ：高く　い：円からドル　う：有利　　４．あ：高く　い：円からドル　う：不利

５．あ：低く　い：ドルから円　う：有利　　６．あ：低く　い：ドルから円　う：不利

７．あ：低く　い：円からドル　う：有利　　８．あ：低く　い：円からドル　う：不利

(エ)　――線②に関して，Ｋさんは「銀行はどのようにして収入を得ているのだろうか。」という学習課題を設定し，家計・企業と銀行のあいだのお金の流れについて考えるために，右の**図２**を作成した。このことについて説明した次の文中の [え] ～ [か] にあてはまる語句の組み合わせとして最も適するものを，あとの１～４の中から一つ選び，その番号を答えなさい。

図２

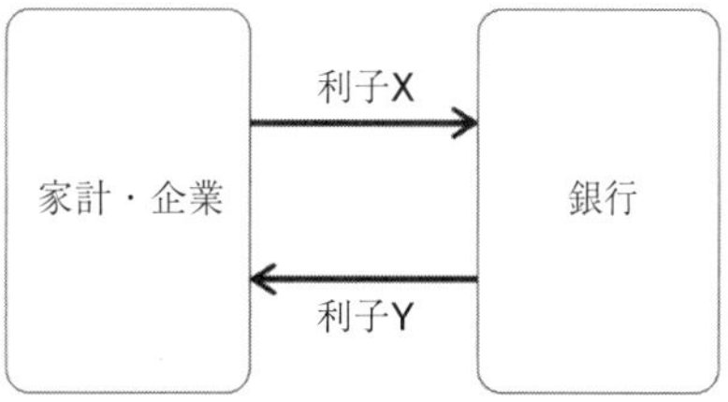

銀行は，［　え　］から利子を受け取り，また，［　お　］に利子を支払っています。これらの利子の差が銀行の収入になります。したがって，預けられたお金の額と貸したお金の額が同じだとすると，一般的には，**図2**中の利子**X**の比率は利子**Y**の比率よりも［　か　］なります。

1．え：銀行にお金を預けた家計・企業　お：銀行からお金を借りた家計・企業　か：高く
2．え：銀行にお金を預けた家計・企業　お：銀行からお金を借りた家計・企業　か：低く
3．え：銀行からお金を借りた家計・企業　お：銀行にお金を預けた家計・企業　か：高く
4．え：銀行からお金を借りた家計・企業　お：銀行にお金を預けた家計・企業　か：低く

(オ)　――線③の役割として最も適するものを，次の中から一つ選び，その番号を答えなさい。

1．一部の財(モノ)やサービスの価格を，公共料金として管理する。
2．不景気のときに減税を実施し，家計や企業の可処分所得を増やす。
3．所得が高い人に対して，所得や財産などに対する税金の割合を高くする。
4．デフレーションがおこっているときに，国債を買い取る。

6　Kさんは，持続可能な開発目標(SDGs)について調べ，次の**レポート**を作成した。これについて，あとの各問いに答えなさい。

レポート

①国際連合は，2015年に定めた「持続可能な開発目標(SDGs)」で「誰一人取り残さない」ことを理念として掲げ，2030年までに達成すべき17の目標を示しました。これらの目標の一つに，「貧困をなくそう」というものがあります。特に［　あ　］では，1日の生活に使える金額が2.15ドル未満の状態にある人びとが多く，このような問題の解決に向けての対応が各国で求められています。

私は，SDGsの達成に向けて日本がおこなっている取り組みについて調べました。②各省がおこなっている取り組みとしては，例えば次のようなものがあります。

(1)　法務省の取り組み

○　開発途上国や市場経済への移行を進める国などに対して，③法制度の整備を支援する。

○　外国人・④障がい者の人権の尊重をテーマとした人権啓発活動に積極的に取り組む。

(2)　防衛省の取り組み

○　自衛隊の航空機に，従来の化石燃料と比べて温室効果ガスを削減する効果がある，［　い　］を用いた燃料を使用する。

(ア)　――線①について述べた文として最も適するものを，次の中から一つ選び，その番号を答えなさい。

1．冷戦の終結が宣言されたことを受けて，国際の平和及び安全を維持するために設立された
2．安全保障理事会を構成するすべての国が，拒否権をもっている。
3．紛争がおこった地域で，停戦や選挙の監視などの活動をおこなっている。
4．加盟国には，核兵器の放棄が義務付けられている。

(イ)　あ ， い にあてはまる語句の組み合わせとして最も適するものを，次の中から一つ選び，その番号を答えなさい。

1．あ：サハラ砂漠以南のアフリカ諸国　い：石炭
2．あ：サハラ砂漠以南のアフリカ諸国　い：バイオマス
3．あ：ペルシア湾岸の西アジア諸国　い：石炭
4．あ：ペルシア湾岸の西アジア諸国　い：バイオマス

(ウ)　――線②の長について述べた次の文X～Zの正誤の組み合わせとして最も適するものを，あとの1～8の中から一つ選び，その番号を答えなさい。

X　いずれの省の長も，衆議院議員総選挙で当選した者の中から任命されなければならない。 Y　内閣を構成し，閣議に出席する。 Z　国会議員による弾劾裁判によって，やめさせられることがある。

1．X：正　Y：正　Z：正　　2．X：正　Y：正　Z：誤
3．X：正　Y：誤　Z：正　　4．X：正　Y：誤　Z：誤
5．X：誤　Y：正　Z：正　　6．X：誤　Y：正　Z：誤
7．X：誤　Y：誤　Z：正　　8．X：誤　Y：誤　Z：誤

(エ)　――線③に関して，最高裁判所について調べたKさんは，右の**メモ**を作成し**資料1**を用意した。**メモと資料1から考えられること**をX，Yから，**最高裁判所の説明**をa，bから，最も適するものをそれぞれ一つずつ選んだときの組み合わせを，1～4の中から一つ選び，その番号を答えなさい。

メモ　2022年5月の最高裁判所の判断

最高裁判所は，外国に住んでいる日本人が最高裁判所裁判官の国民審査をおこなうことを認めていない法律の規定が，日本国憲法に違反していると判断しました。

資料1　**メモ**中の「判断」を受けて改正され2022年11月に公布された，**メモ**中の「法律」の条文

改正後の条文	改正前の条文
審査には，公職選挙法(昭和25年法律第100号)に規定する選挙人名簿及び在外選挙人名簿で衆議院議員総選挙について用いられるものを用いる。	審査には，公職選挙法(昭和25年法律第100号)に規定する選挙人名簿で衆議院議員総選挙について用いられるものを用いる。

メモと資料1から考えられること	X　日本国憲法において「公務員を選定し，及びこれを罷免することは，国民固有の権利である。」と定められていることは，**メモ**中の「判断」と関係が深いと考えられる。 Y　日本国憲法において「国会は，国権の最高機関であつ《(っ)》て，国の唯一の立法機関である。」と定められているため，法律が憲法に違反していないかどうかについての国会の判断は，最高裁判所の判断に優先される。
最高裁判所の説明	a　国家権力を一つの機関に集中させないための工夫として，内閣が，最高裁判所の長たる裁判官を指名することになっている。 b　間違った判決が下されることを防いで人権を守るために，同じ内容について三回まで，最高裁判所で裁判を受けられるしくみがある。

1．Xとa　　2．Xとb　　3．Yとa　　4．Yとb

(オ) 右の**資料2**は，――線④に関する法律の一部を示したものである。**資料2**から考えられることについて述べた文として最も適するものを，次の中から一つ選び，その番号を答えなさい。

資料2

> 事業者は，その事業を行うに当たり，障害者から現に社会的障壁の除去を必要としている旨《むね》の意思の表明があった場合において，その実施に伴う負担が過重でないときは，障害者の権利利益を侵害することとならないよう，当該障害者の性別，年齢及び障害の状態に応じて，社会的障壁の除去の実施について必要かつ合理的な配慮をしなければならない。

1．**資料2**の法律は，「事業者」の経済活動の自由を保障するために制定された。
2．「事業者」によって「社会的障壁」が除去されることは，日本国憲法で定められた「公共の福祉」の考え方によって「障害者の権利利益」が制限される例である。
3．災害が発生した際の案内を聴覚障がい者に対して音声のみでおこなうことは，「事業者」による「必要かつ合理的な配慮」の例である。
4．「事業者」が「必要かつ合理的な配慮」をおこなうことは，「障害者」にとっての「機会の公正」を確保することにつながる。

7

Kさんは，南アジアについて調べ，次の**レポート**を作成した。これについて，あとの各問いに答えなさい。

レポート

2022年，日本は南アジアの国々との関係において，様々な節目を迎えました。私は「日本は南アジアの国々とどのような関係を築いてきたのだろうか。」という学習課題を設定し，右の**略地図**を作成して学習を進めました。

略地図　南アジアの国々（7か国）

1　インドとの外交関係(国交)について

2022年は，日本がインドとの国交を樹立して70周年にあたります。**資料1**は，そのことを祝う会における日本政府の発言の趣旨を示したものです。

2　パキスタンで生産されるサッカーボール

サッカーボールの製造現場で問題となっていた児童労働などの問題を解決するために，製品を先進国の人びとが公正な価格で購入する，［　あ　］の取り組みが広がりました。日本でも，この取り組みによってつくられたサッカーボールが，パキスタンから輸入されています。

資料1

> インドが70年前に，①<u>日本の国際社会への復帰</u>に際し，名誉と平等の立場が確保されるべきとの考えから②<u>個別の平和条約締結を選んだ</u>ことを想起し，この記念すべき日をお祝いできることを大変嬉《うれ》しく思う。

（外務省ウェブサイト掲載資料をもとに作成）

今後の学習の見通し

日本は，南アジアの国々に対して政府開発

援助(ODA)を実施しています。ODA のうち，相手国を直接支援する二国間援助に着目して，③日本の援助の特徴や望ましい援助のあり方について，考えてみたいと思います。

(ア) 南アジアの国々のうち，ネパールとブータンの共通点として最も適するものを，**略地図**を参考にしながら，次の中から一つ選び，その番号を答えなさい。

1．2002年に設立された地域機構である，AU に加盟している。
2．世界で最も面積が大きい国に隣接している。
3．造山帯(変動帯)に位置しており，地震がたびたび発生している。
4．ステップが広がり，一年を通して雨が少ない。

(イ) **資料1**について，──**線①が指すできごと**をＸ～Ｚから，──**線②と関係が深いできごと**をａ，ｂから，最も適するものをそれぞれ一つずつ選んだときの組み合わせを，あとの１～６の中から一つ選び，その番号を答えなさい。

──線①が指すできごと	Ｘ　日本が，独立国としての主権を回復した。 Ｙ　日本が，世界でいち早く，世界恐慌から回復した。 Ｚ　日本が，国際連盟の常任理事国になった。
──線②と関係が深いできごと	ａ　インドは，他国の商品をしめ出すイギリスの経済圏の一部であった。 ｂ　インドは，アメリカ合衆国でひらかれた講和会議に参加しなかった。

1．Ｘとａ　2．Ｘとｂ　3．Ｙとａ　4．Ｙとｂ　5．Ｚとａ　6．Ｚとｂ

(ウ) [あ] にあてはまる語句として最も適するものを，次の中から一つ選び，その番号を答えなさい。

1．フェアトレード　2．エコツーリズム
3．モノカルチャー　4．マイクロクレジット

(エ) ──線③に関して，次の**資料2**～**資料5**から考えられることについて述べたあとの文Ｘ～Ｚの正誤の組み合わせとして最も適するものを，１～８の中から一つ選び，その番号を答えなさい。

資料2　日本の二国間援助に関する説明

ODA は，贈与と政府貸付等に分けられます。贈与は無償で提供される協力のことで，返済義務を課さない無償資金協力と，社会・経済の開発の担《にな》い手となる人材を育成する技術協力の二つに分けられます。政府貸付等の中には，低金利かつ返済期間の長い緩やかな貸付条件で必要な資金を貸し付ける，円借款《しゃっかん》があります。

資料3　日本の二国間援助の実績(2021年)

※援助額10億ドル以上のみ記載。
(単位：百万ドル)

相手国	援助額
インド	3,382.5
バングラデシュ	2,065.7
フィリピン	1,175.1
インドネシア	1,033.1
世界計	17,812.3

資料4　一部の国に対する日本の二国間援助の実績と，相手国の一人あたりの国民総所得(2021年)

相手国	援助額(単位：万ドル)				一人あたりの国民総所得(単位：ドル)
	合計	無償資金協力	技術協力	政府貸付等	
スリランカ	17,732	1,506	742	15,483	3,820
ネパール	9,114	3,350	1,188	4,576	1,230

資料5　途上国が抱える債務に関する問題についての説明

　港湾，鉄道などのインフラ案件は額が大きく，その借入《かりいれ》金の返済は借りた国にとって大きな負担となることがあります。貸す側も借りる側も(注)債務の持続可能性を十分に考慮することが必要で，債務の持続可能性を考慮しない融資は「債務の罠《わな》」として国際社会から批判されています。

(注)　債務の持続可能性：借り手が将来にわたって，債務の返済に必要な資金を調達できるかどうかを判断するための指標。

（**資料2～5**は，外務省ウェブサイト掲載資料をもとに作成）

X　2021年に日本がおこなった二国間援助の実績において，「南アジアの国々に対する援助額の総額が『世界計』の額に占める割合」は，30％を上回っている。
Y　2021年に日本がおこなった二国間援助の実績においてスリランカとネパールを比べると，「一人あたりの国民総所得」が小さい国の方が，「『贈与』の額が『合計』に占める割合」が小さい。
Z　日本の二国間援助のうち「技術協力」による援助は，債務の持続可能性を考慮しない「債務の罠」として，国際社会から批判されている。

1．X：正　Y：正　Z：正　　2．X：正　Y：正　Z：誤
3．X：正　Y：誤　Z：正　　4．X：正　Y：誤　Z：誤
5．X：誤　Y：正　Z：正　　6．X：誤　Y：正　Z：誤
7．X：誤　Y：誤　Z：正　　8．X：誤　Y：誤　Z：誤

理科

●満点 100点　●時間 50分

1　次の各問いに答えなさい。

(ア)　**図1**のように，水平な台の上に光源装置とガラスでできた三角柱のプリズムを置き，空気中で光源装置から出た光がプリズムを通りぬけるときの光の道すじを調べた。**図2**は，**図1**の一部を真上から示したものであり，プリズムの側面Aに入射し，側面Bから出ていく光の道すじを表している。

図2の状態から，プリズムの底面が台に接したまま，**図2**に示した向きにプリズムを少しずつ回転させたところ，側面Bで全反射が起こった。**図2**の状態から側面Bで全反射が起こるまでの，側面Aと側面Bでの入射角の変化についての説明として最も適するものをあとの1～4の中から一つ選び，その番号を答えなさい。

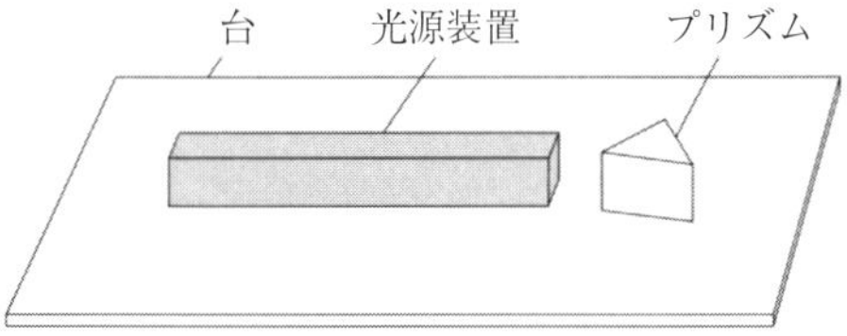

図1

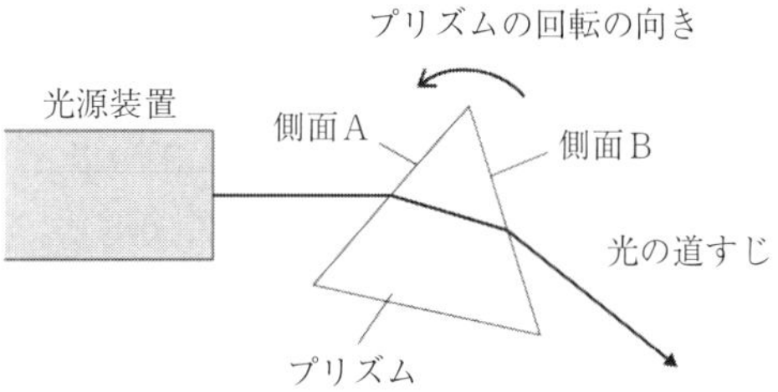

図2

1．側面Aでの入射角と側面Bでの入射角はどちらも，しだいに大きくなった。
2．側面Aでの入射角と側面Bでの入射角はどちらも，しだいに小さくなった。
3．側面Aでの入射角はしだいに大きくなり，側面Bでの入射角はしだいに小さくなった。
4．側面Aでの入射角はしだいに小さくなり，側面Bでの入射角はしだいに大きくなった。

(イ)　次の□は，輪軸を用いて行う仕事についてまとめたものである。文中の(X)，(Y)，(Z)にあてはまるものの組み合わせとして最も適するものをあとの1～8の中から一つ選び，その番号を答えなさい。ただし，滑車はなめらかに回転するものとする。

> 右の図のように，大きい滑車と小さい滑車の中心を重ねて固定し，2つの滑車が同時に軸のまわりを回転するようにしたものを輪軸という。大きい滑車と小さい滑車の半径がそれぞれ50cm，20cmであるとき，小さい滑車につり下げた重さ20Nのおもりをゆっくりと一定の速さで30cm引き上げるためには，大きい滑車につないだひもに（ X ）Nの力を加えて（ Y ）cm引き下げればよい。このとき，おもりを引き上げるために必要な仕事は（ Z ）Jである。

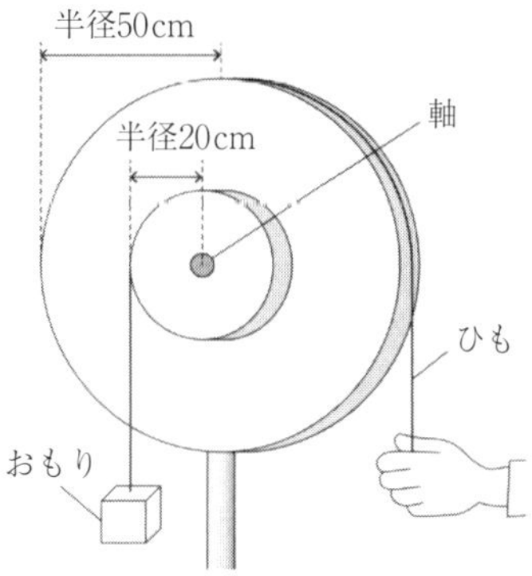

1．X：8.0　Y：30　Z：6.0　　2．X：8.0　Y：30　Z：600
3．X：8.0　Y：75　Z：6.0　　4．X：8.0　Y：75　Z：600
5．X：50　Y：30　Z：6.0　　6．X：50　Y：30　Z：600

7．X：50　Y：75　Z：6.0　　8．X：50　Y：75　Z：600

(ウ)　**図1**のように，Aさんと Bさんが体重計に乗ったところ，体重計の示す値はAさんが57.5kg，Bさんが52.5kgであった。次に，**図2**のように，AさんがBさんの肩に手をおいて，下向きの力を加えたところ，Bさんの体重計の示す値が55.0kgになった。このとき，(i)Aさんの体重計の示す値，(ii)Aさんの手がBさんの肩から受ける力の向きと大きさとして，最も適するものをそれぞれの選択肢の中から一つずつ選び，その番号を答えなさい。ただし，質量100gの物体にはたらく重力の大きさは1.0Nとする。

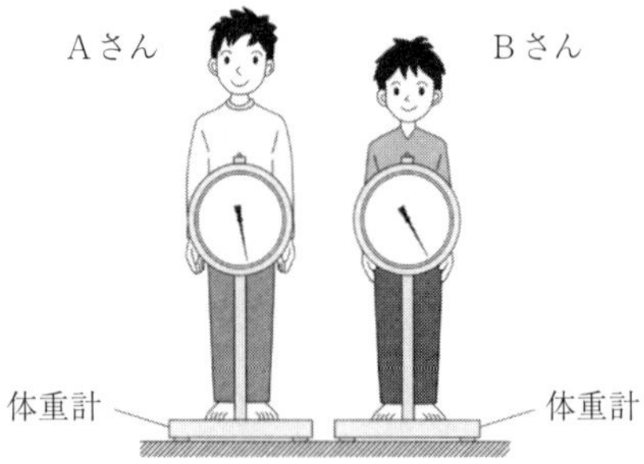

図1

図2

(i)の選択肢　1．55.0kg　2．57.5kg　3．60.0kg

(ii)の選択肢　1．上向きに25N　2．上向きに50N
　3．下向きに25N　4．下向きに50N

2　次の各問いに答えなさい。

(ア)　次の図は，物質Aと物質Bの溶解度を示したものである。80℃の水100gに物質Aが120gと物質Bが30g溶けている水溶液がビーカーに入っており，この水溶液の温度をしだいに下げ，70℃，50℃，30℃，10℃になったときにそれぞれビーカー内にある結晶を確認した。このとき，純粋な物質Aの結晶だけが確認できた温度として最も適するものをあとの1～4の中から一つ選び，その番号を答えなさい。ただし，混合物の水溶液中でも物質Aと物質Bの溶解度は変化せず，物質Aと物質Bは化学変化しないものとする。

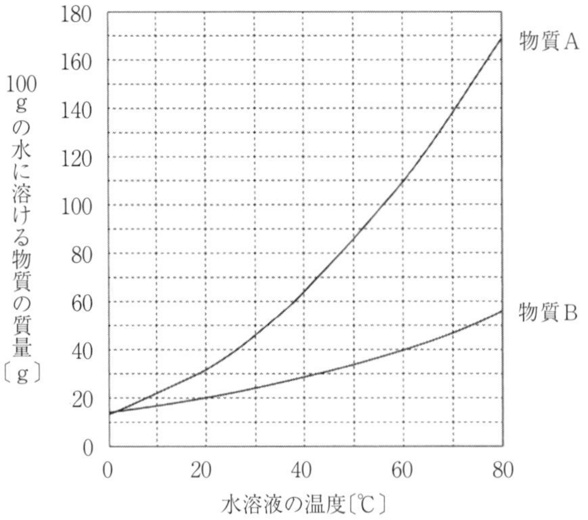

1．70℃　　2．50℃　　3．30℃　　4．10℃

(イ)　次の図は，Kさんが炭酸水素ナトリウムの熱分解を ○，●，⊙，⦶ の４種類の原子のモデルを用いて模式的に表したものである。図中の □ に入る炭酸ナトリウムのモデルとして最も適するものをあとの１～４の中から一つ選び，その番号を答えなさい。

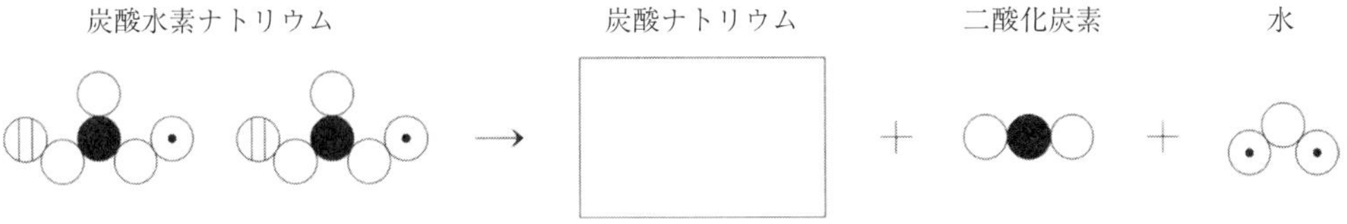

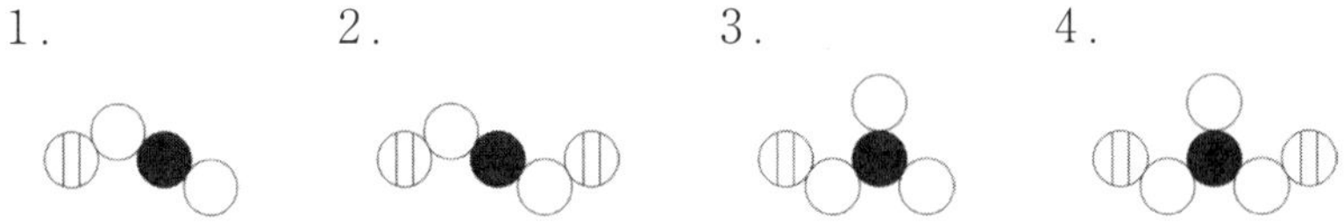

(ウ)　右の図のように，ダニエル電池とプロペラつきモーターをつないで電流を長時間流した。電流を流したあとの亜鉛板と銅板の質量をそれぞれ電流を流す前の質量と比較したところ，亜鉛板の質量は減少し，銅板の質量は増加していた。この電池について，次の(i)，(ii)として最も適するものをそれぞれの選択肢の中から一つずつ選び，その番号を答えなさい。

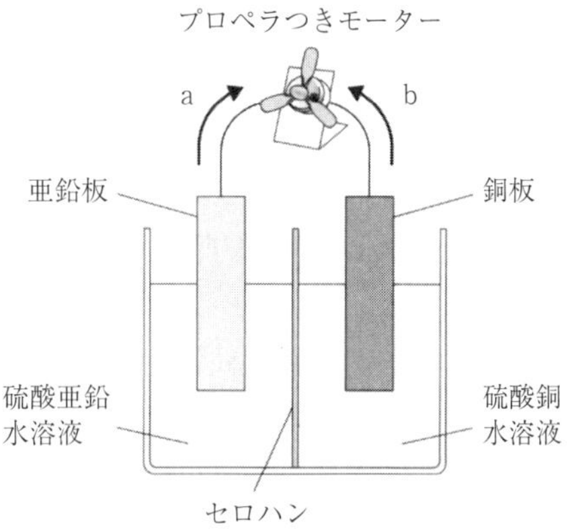

(i)　回路に電流が流れているときの電流の向き
　1．図にａで示した向き
　2．図にｂで示した向き

(ii)　電流が流れているときに亜鉛板と銅板で起こる反応
　1．亜鉛が電子を放出して亜鉛イオンになり，銅イオンが電子を受けとって銅原子になる。
　2．亜鉛が電子を受けとって亜鉛イオンになり，銅イオンが電子を放出して銅原子になる。
　3．亜鉛イオンが電子を放出して亜鉛原子になり，銅が電子を受けとって銅イオンになる。
　4．亜鉛イオンが電子を受けとって亜鉛原子になり，銅が電子を放出して銅イオンになる。

3　次の各問いに答えなさい。

(ア)　アブラナの花とマツの花についての説明として最も適するものを次の中から一つ選び，その番号を答えなさい。
　1．アブラナの花は種子をつくるが，マツの花は種子をつくらない。
　2．アブラナの花にもマツの花にも，花弁やがくがある。
　3．アブラナの花でもマツの花でも，受粉後には果実ができる。
　4．アブラナの花には子房があるが，マツの花には子房がない。

(イ) 右の表は，動物の細胞と植物の細胞を顕微鏡で観察して，それらのつくりについてまとめたものであり，それぞれのつくりがみられる場合は○，みられない場合は×で示している。表中の(あ)～(え)にあてはまるものの組み合わせとして最も適するものを次の中から一つ選び，その番号を答えなさい。

細胞 ＼ つくり	動物の細胞	植物の細胞
核	○	（ え ）
（ あ ）	×	○
（ い ）	○	○
細胞壁	（ う ）	○
液胞	×	○

1．あ：細胞膜　い：葉緑体　う：○　え：○
2．あ：細胞膜　い：葉緑体　う：○　え：×
3．あ：細胞膜　い：葉緑体　う：×　え：○
4．あ：細胞膜　い：葉緑体　う：×　え：×
5．あ：葉緑体　い：細胞膜　う：○　え：○
6．あ：葉緑体　い：細胞膜　う：○　え：×
7．あ：葉緑体　い：細胞膜　う：×　え：○
8．あ：葉緑体　い：細胞膜　う：×　え：×

(ウ) だ液のはたらきについて調べるために，右の図のように，デンプン溶液5 cm^3とうすめただ液2 cm^3の混合液を入れた試験管AとC，デンプン溶液5 cm^3と水2 cm^3の混合液を入れた試験管BとDを用意した。

これら4本の試験管を40℃の湯の中で10分間温めたあと，試験管AとBにヨウ素液を数滴加えたところ，試験管Bの溶液だけが青紫色に染まった。

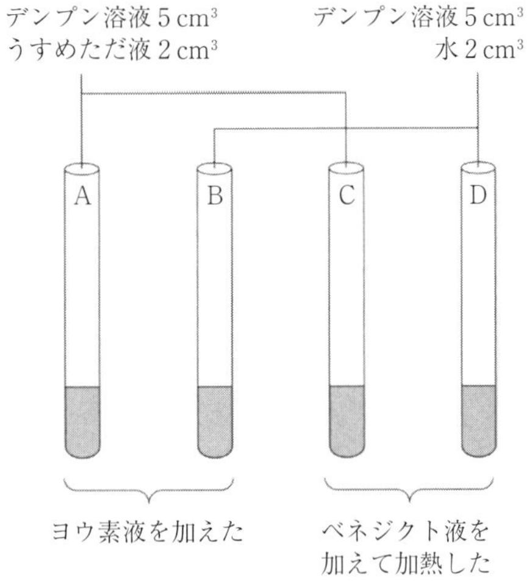

さらに，試験管CとDにベネジクト液を数滴加えて加熱したところ，試験管Cにだけ赤褐色の沈殿が生じた。

この実験において，2本の試験管の結果を比較してわかることの説明として最も適するものを次の中から一つ選び，その番号を答えなさい。

1．試験管AとBを比較すると，だ液のはたらきでデンプンがなくなったことがわかる。
2．試験管AとCを比較すると，だ液のはたらきでデンプンが糖に変化したことがわかる。
3．試験管BとDを比較すると，だ液のはたらきで糖ができたことがわかる。
4．試験管CとDを比較すると，だ液のはたらきで糖がなくなったことがわかる。

4 次の各問いに答えなさい。

(ア) ある露頭Zを観察したところ，**図1**のようにa層～c層がd層をはさんで対称的に並んでいた。**図1**のa層の2か所の**○**で示した部分を近くで観察すると，拡大図に示したような粒の大きさの変化がみられた。資料を調べたところ，この地域の地層は堆積岩でできており，地層の逆転はないこと，また露頭Zはしゅう曲した地層の一部が見えているものであり，しゅう曲のようすは**図2**または**図3**のどちらかであるということがわかった。この地層ができたときの堆積の順序やしゅう曲のようすについての説明として最も適するものをあとの1～4の中から一つ選び，その番号を答えなさい。ただし，**図2**と**図3**には露頭Zの一部を示しており，その上下は**図1**と一致しているものとする。

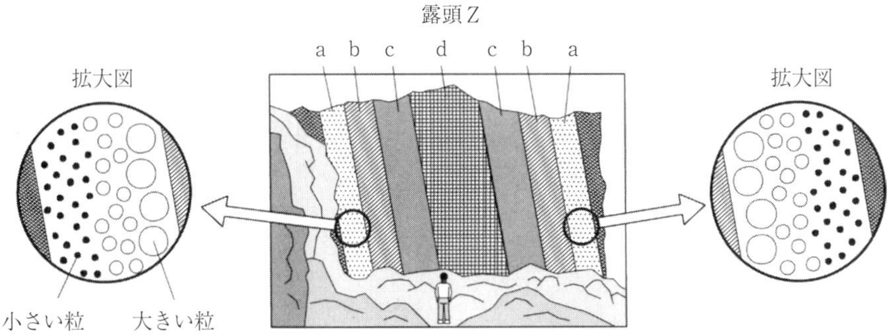

図 1

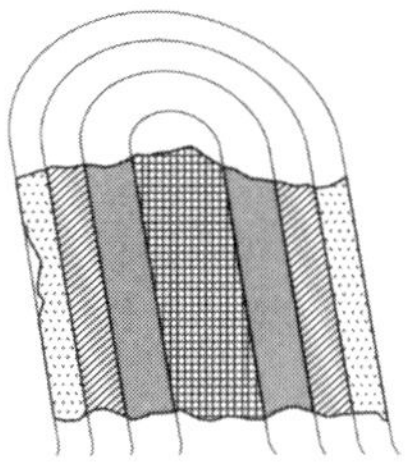
図 2

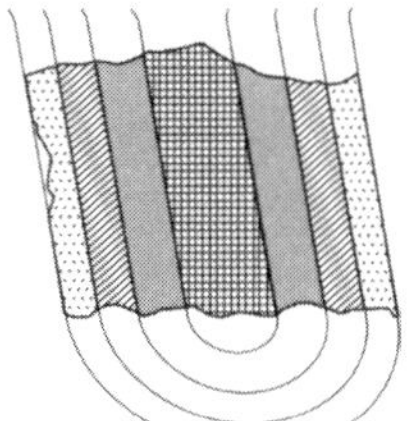
図 3

1．a 層，b 層，c 層，d 層の順に堆積したあと，**図 2** のようなしゅう曲ができた。
2．a 層，b 層，c 層，d 層の順に堆積したあと，**図 3** のようなしゅう曲ができた。
3．d 層，c 層，b 層，a 層の順に堆積したあと，**図 2** のようなしゅう曲ができた。
4．d 層，c 層，b 層，a 層の順に堆積したあと，**図 3** のようなしゅう曲ができた。

(イ) 次の□中のａ～ｄのうち，時期や天候などの条件が満たされれば，神奈川県から観測できるものについての説明の組み合わせとして最も適するものをあとの１～６の中から一つ選び，その番号を答えなさい。

a 真夜中に金星を観測できる。	b 真夜中に火星を観測できる。
c 満月のときに日食を観測できる。	d 新月のときに日食を観測できる。

1．ａとｃ　2．ａとｄ　3．ｂとｃ
4．ｂとｄ　5．ａとｂとｃ　6．ａとｂとｄ

(ウ) 次の□は，太陽光発電パネルの角度と発電効率についてまとめたものである。文中の（Ｘ），（Ｙ）にあてはまるものとして最も適するものをそれぞれの選択肢の中から一つずつ選び，その番号を答えなさい。

太陽光発電パネルの発電効率は，太陽光が太陽光発電パネルに垂直に当たるときに最も高くなる。右の図のように，水平な地面に設置された太陽光発電パネルがあり，パネルの角度が33°であるとき，発電効率が最も高くなる太陽の高度は（ Ｘ ）である。

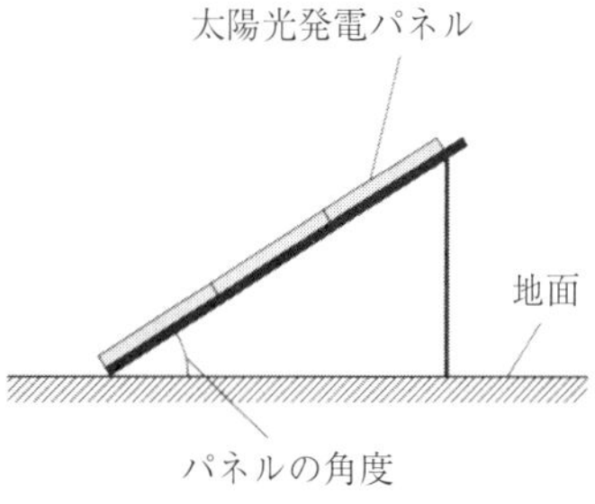

発電効率がなるべく高くなるように，地域によってパネルの角度は適切に設定されている。例えば，神奈川県

と沖縄県のパネルの角度を比べると，沖縄県では神奈川県よりも(　　Y　　)。

Xの選択肢　1．33°　　2．45°　　3．57°　　4．66°

Yの選択肢　1．太陽の年間の平均高度が高いため，パネルの角度が大きく設定されている
2．太陽の年間の平均高度が高いため，パネルの角度が小さく設定されている
3．太陽の年間の平均高度が低いため，パネルの角度が大きく設定されている
4．太陽の年間の平均高度が低いため，パネルの角度が小さく設定されている

5　Kさんは，電流が磁界から受ける力について調べるために，次のような実験を行った。これらの実験とその結果について，あとの各問いに答えなさい。ただし，電子てんびんの測定の機能は磁界の影響を受けないものとする。

〔実験1〕 **図1**のように，直流電源，スイッチ，抵抗器，電流計，コイルをつなぎ，コイルを電子てんびんの上にのせ，コイルの真上にN極を下にした磁石を固定した。回路に流れる電流の大きさを変えながら，電子てんびんの示す値を調べた。**表**は，その結果をまとめたものである。

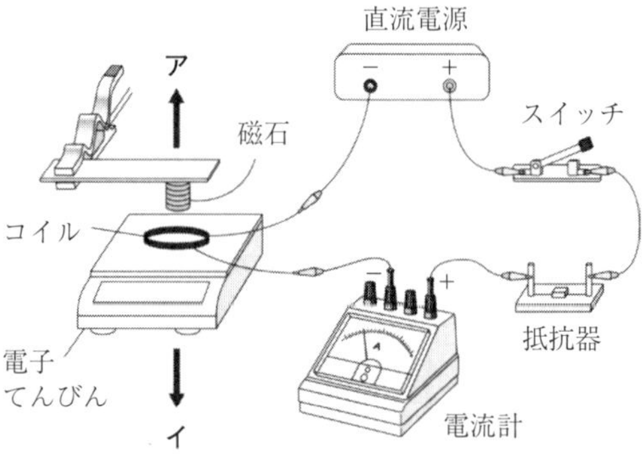

図1

表

電流の大きさ〔mA〕	0	50	100	150	200
電子てんびんの示す値〔g〕	10.80	11.64	12.48	13.32	14.16

〔実験2〕 **図2**のように，プラスチック製のコップの底にはりつけたコイルを交流電源につないで交流を流し，磁石を近づけたところ，コイルを流れる電流が磁石のつくる磁界から力を受けてコイルが振動し，その振動がコップに伝わって音が出た。このとき，交流電源にオシロスコープをつないで表示した交流の波形と，コップから出た音を**図2**のようにマイクロホンで拾ってオシロスコープで表示した音の波形はそれぞれ**図3**と**図4**のようになった。

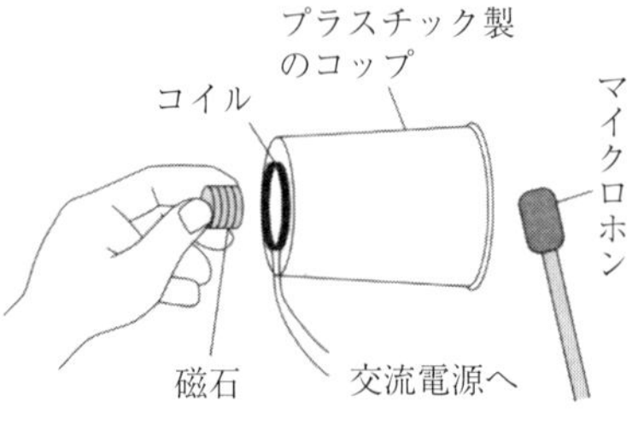

図2

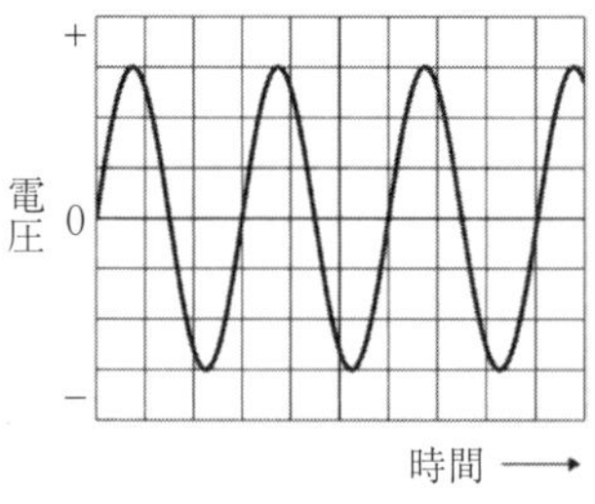

図3　交流の波形

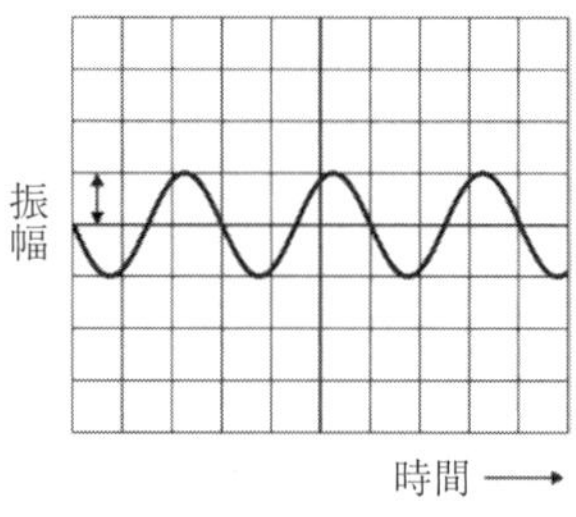

図4　音の波形

(ア)　次の□は，Kさんが〔実験1〕の結果から考えられることをまとめたものである。文中の(X)，(Y)にあてはまるものの組み合わせとして最も適するものをあとの1～4の中から一つ選び，その番号を答えなさい。

> **表**から，コイルは**図1**の(　X　)の向きの力を受けていると考えられる。この力は，コイルを流れる電流が**図1**のコイルの内側に(　Y　)の向きの磁界をつくり，コイルが電磁石のはたらきをすることでコイルと磁石が互いにおよぼし合う力だと考えられる。

1．X：**ア**　Y：**ア**　　2．X：**ア**　Y：**イ**　　3．X：**イ**　Y：**ア**　　4．X：**イ**　Y：**イ**

(イ)　〔実験1〕において，回路に流れる電流を逆向きにして，電流の大きさを100mAにしたときの電子てんびんの示す値として最も適するものを次の中から一つ選び，その番号を答えなさい。

1．0.00g　　2．9.12g　　3．9.96g　　4．10.80g　　5．11.64g　　6．12.48g

(ウ)　〔実験2〕について，Kさんは交流と直流のちがいを確認するために，〔実験3〕を行った。〔実験3〕の②における発光ダイオードの点灯のようすを表す図として最も適するものをあとの1～4の中から一つ選び，その番号を答えなさい。なお，**図7**および1～4では，発光ダイオードの点灯を黒い点や線で表している。

〔実験3〕　①　**図5**の回路図のように交流電源と抵抗器につないだ2個の発光ダイオードを，**図6**のように棒に固定した。棒を持ってすばやく横に動かすと，**図7**のように2個の発光ダイオードが交互に点灯するようすがみられた。

②　次に，**図8**の回路図のように2個の発光ダイオードを直流電源と抵抗器につなぎ，①と同様に棒を動かしたときの発光ダイオードの点灯のようすを調べた。

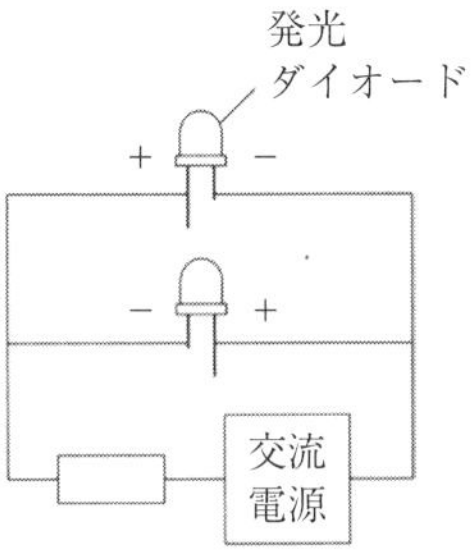

図5

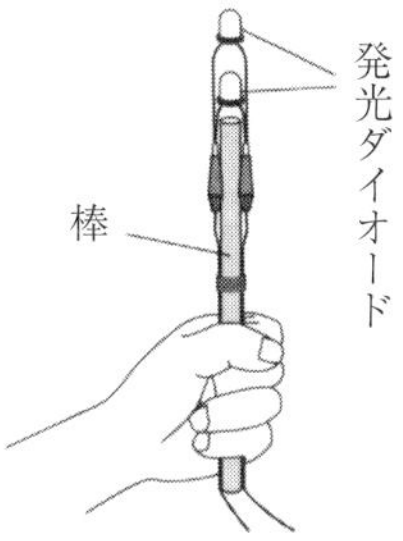

図6

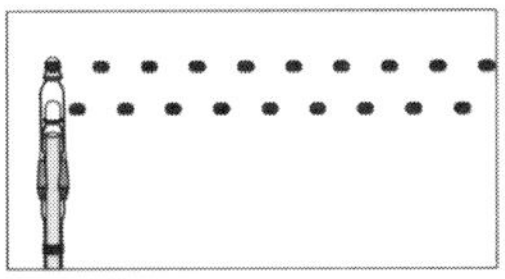

図7

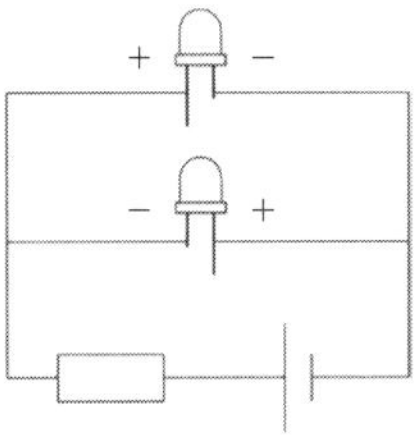

図8

1．

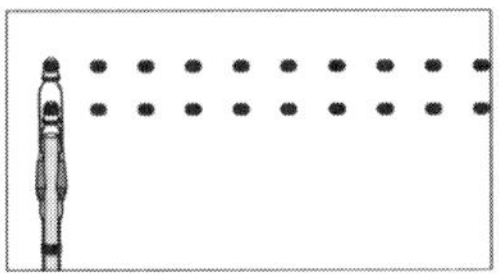

2．

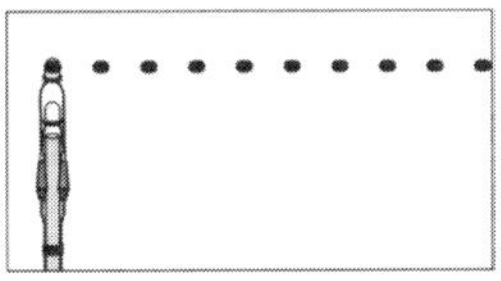

3．

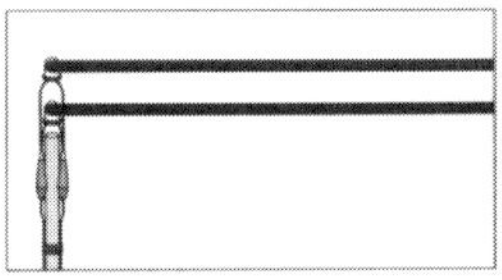

4．

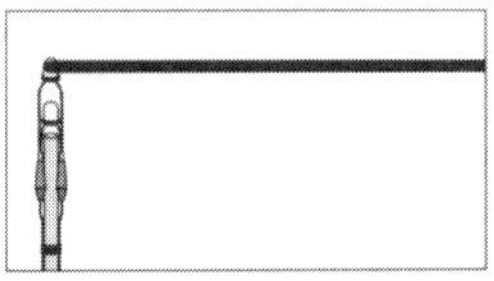

(エ)　〔実験2〕で音が出たとき，コイルと磁石の距離およびコップとマイクロホンの距離を保ったままにして，音の波形を**図9**のようにするためには，次の□中のa～dのうちどの操作を行えばよいか。その組み合わせとして最も適するものをあとの1～4の中から一つ選び，その番号を答えなさい。ただし，**図9**の1目盛りの値は**図4**と同じであるものとする。また，交流電源の周波数を変えても，コップから出る音の大きさは変わらないものとする。

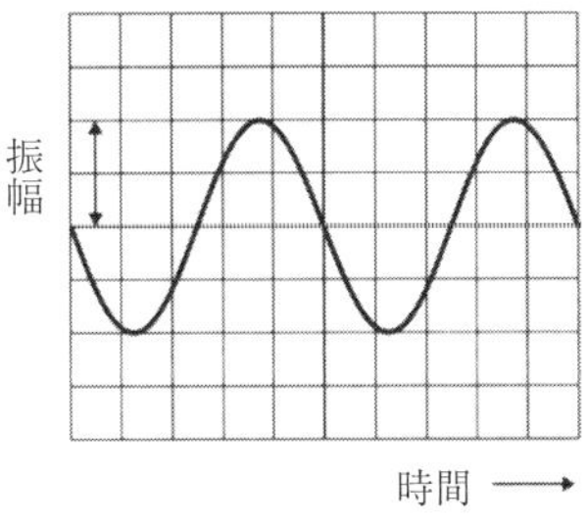

図9　音の波形

a	交流電源の電圧をより大きくする。
b	交流電源の電圧をより小さくする。
c	交流電源の周波数をより大きくする。
d	交流電源の周波数をより小さくする。

1．aとc　　2．aとd　　3．bとc　　4．bとd

6　Kさんは，水溶液に流れる電流について調べるために〔実験１〕を行った。その結果から，「ある体積の水溶液を流れる電流の大きさは，その水溶液中のイオンの数が多いほど大きくなる」と考え，このことを利用して酸とアルカリを混ぜたときの水溶液の性質の変化について調べるために，〔実験２〕を行った。これらの実験とその結果について，あとの各問いに答えなさい。

〔実験１〕　**図１**のような装置を用いて，塩酸，水酸化ナトリウム水溶液，塩化ナトリウム水溶液，砂糖水，蒸留水それぞれ$20cm^3$に一定の大きさの電圧をかけたときに流れる電流の大きさを測定した。蒸留水以外の水溶液における測定は，水溶液の質量パーセント濃度を1.0%，2.0%，4.0%，6.0%，8.0%，10.0%と変えてそれぞれ行った。**グラフ１**は，その結果をまとめたものである。

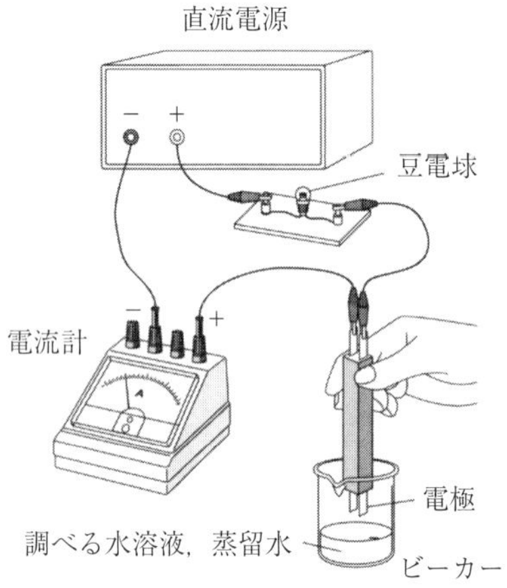

図１

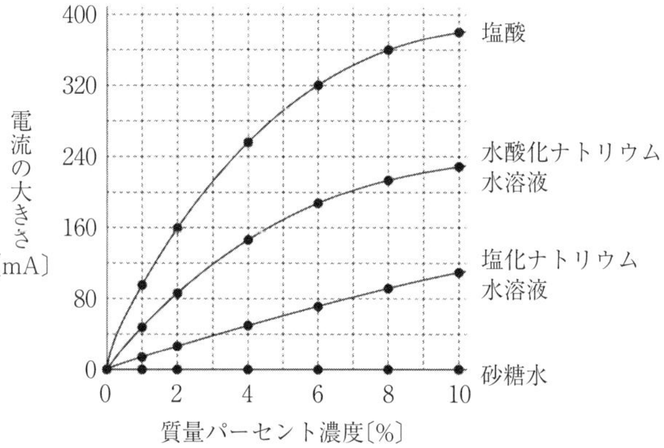

グラフ１

〔実験２〕　**図２**のように，うすい水酸化バリウム水溶液$20cm^3$を入れたビーカーに，うすい硫酸を少しずつガラス棒でよくかき混ぜながら加えた。このとき，うすい硫酸を一定量加えるごとに，〔実験１〕と同じ装置を用いてビーカー内の水溶液に〔実験１〕と同じ大きさの電圧をかけ，流れる電流の大きさを測定した。

次に，うすい水酸化ナトリウム水溶液$20cm^3$にうすい塩酸を少しずつ加えていく場合についても，同様にビーカー内の水溶液に流れる電流の大きさを測定した。**グラフ２**と**グラフ３**は，それらの結果をまとめたものである。

図２

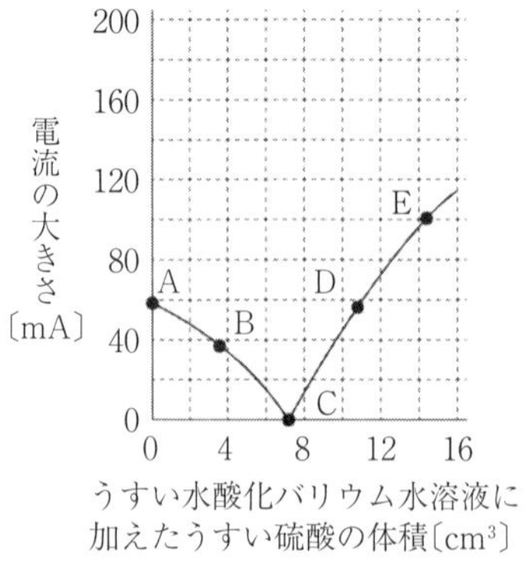

グラフ２

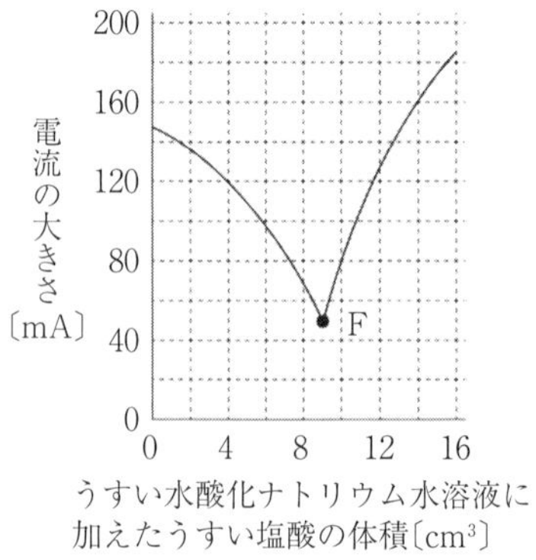

グラフ３

(ア)〔実験１〕と同様の実験を行ったときに，砂糖水と同じ結果になるものとして最も適するものを次の中から一つ選び，その番号を答えなさい。

1．エタノール水溶液　　2．塩化銅水溶液　　3．硫酸　　4．硝酸カリウム水溶液

(イ)〔実験１〕において塩酸に電流が流れているとき，電極付近から気体が発生した。陽極と陰極から発生した気体の組み合わせとして最も適するものを次の中から一つ選び，その番号を答えなさい。

1．陽極：水素　陰極：酸素　　2．陽極：水素　陰極：塩素
3．陽極：酸素　陰極：水素　　4．陽極：酸素　陰極：塩素
5．陽極：塩素　陰極：水素　　6．陽極：塩素　陰極：酸素

(ウ) Kさんは，**グラフ２**の点A～Eにおけるビーカー内の水溶液中のようすを粒子のモデルで表した。**図３**は点Aにおけるモデルであり，次の１～４はそれぞれ点B～Eのいずれかにおけるモデルである。なお，粒子のモデルは化学式で表してあり，H_2O は中和で生じた水分子を表している。点Dにおけるモデルとして最も適するものを１～４の中から一つ選び，その番号を答えなさい。

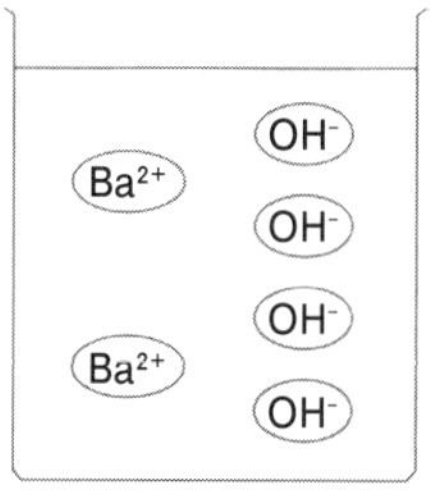

図３

1．

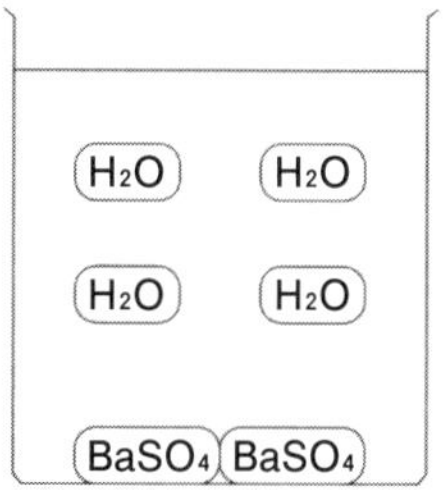

2．

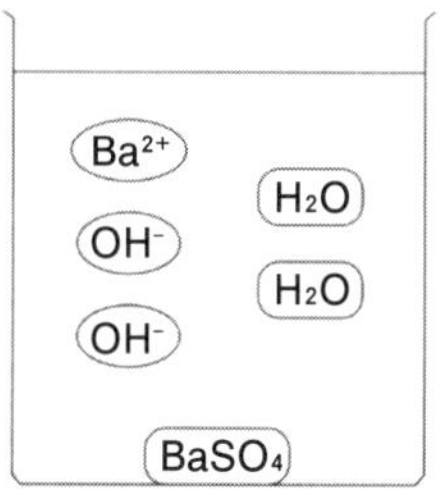

3．

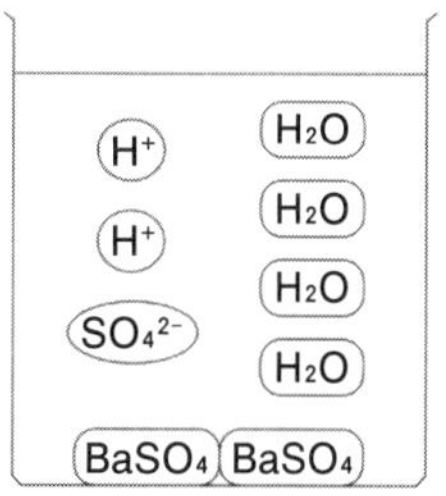

4．

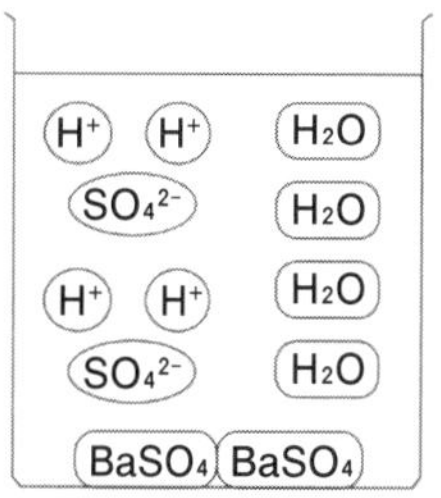

(エ) 次の□は，〔実験１〕と〔実験２〕に関するKさんと先生の会話である。文中の(あ)，(い)にあてはまるものとして最も適するものを，また，文中の下線部(う)の質量パーセント濃度として最も適するものを，それぞれの選択肢の中から一つずつ選び，その番号を答えなさい。

> Kさん「**グラフ２**を読みとると，点Cでは水溶液中に(　あ　)と考えられます。」
> 先　生「そうですね。では次に，**グラフ２**と**グラフ３**を比較して，気づいたことについて説明してみましょう。」
> Kさん「はい。**グラフ３**では，**グラフ２**と異なり，点Fでの電流の大きさが０ではありません。この理由は，点Fでは，(　い　)からだと思います。」
> 先　生「そのとおりですね。では最後に，〔実験１〕の結果を活用して，(う)**グラフ３**の点Fにおけるビーカー内にある，中和で生じた塩の水溶液の質量パーセント濃度を求めてみましょう。」

(あ)の選択肢　1．バリウムイオンと硫酸イオンが多くあった
2．白い沈殿がほぼなかった
3．水酸化物イオンと水素イオンが多くあった
4．イオンがほぼなかった

(い)の選択肢　1．水素イオンが多くあった

2．中和で生じた塩がほぼすべて電離していた

3．水酸化物イオンが多くあった

4．中和で生じた塩がほぼすべて沈殿していた

(う)の選択肢　1．0.4%　　2．1.0%　　3．4.0%　　4．9.1%　　5．50%

7　Kさんは，ペットショップで見かけた毛の色や毛の長さが異なるモルモットに興味をもち，モルモットの毛の色や毛の長さの遺伝について調べたことを次の□にまとめた。これらについて，あとの各問いに答えなさい。

〔調べたこと〕

①　モルモットの毛の色には黒色や茶色があり，これらの形質は毛の色を黒色にする遺伝子Aと茶色にする遺伝子aによって現れる。

②　モルモットの毛の長さには短い毛と長い毛があり，これらの形質は毛を短くする遺伝子Bと長くする遺伝子bによって現れる。

③　黒色の毛の純系と茶色の毛の純系を交配すると，その子はすべて黒色の毛になる。

④　短い毛の純系と長い毛の純系を交配すると，その子はすべて短い毛になる。

⑤　③でできた子と同じ遺伝子の組み合わせをもつものどうしを交配してできた個体を孫とすると，孫には黒色の毛の個体と茶色の毛の個体が一定の比で現れる。

⑥　④でできた子と同じ遺伝子の組み合わせをもつものどうしを交配してできた個体を孫とすると，孫には短い毛の個体と長い毛の個体が一定の比で現れる。

⑦　**図**は，モルモットの体細胞の染色体を模式的に示したものである。**図**のように，毛の色を決める遺伝子と毛の長さを決める遺伝子は別の染色体にある。

⑧　モルモットの毛の色と毛の長さは，互いに影響をおよぼし合うことなく遺伝し，それぞれメンデルが発見した遺伝の規則性にしたがう。

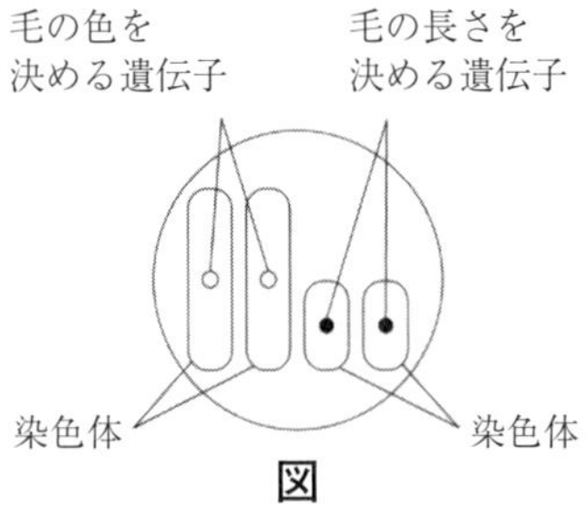

図

(ア)　⑦について，**図**の体細胞をもつ個体がつくる生殖細胞の染色体を模式的に示したものとして最も適するものを次の中から一つ選び，その番号を答えなさい。

1．
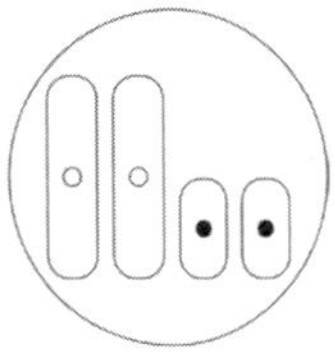

2．
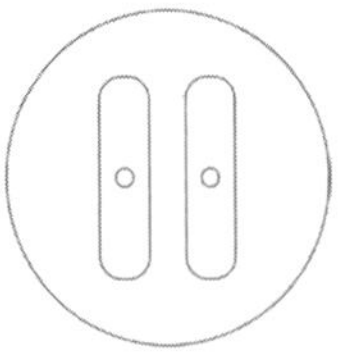

3．
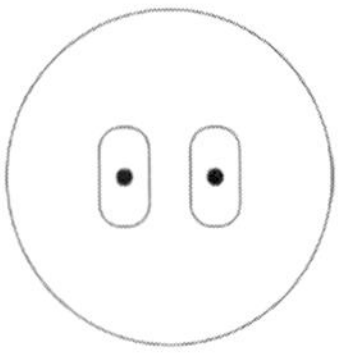

4．
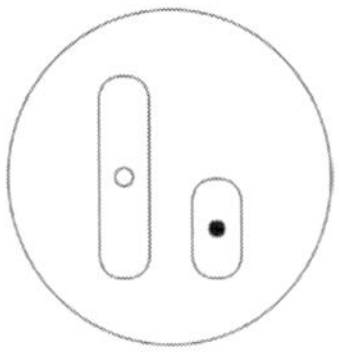

(イ)　③でできる子や⑤でできる孫がもつ，毛の色を決める遺伝子についての説明として最も適するものを次の中から一つ選び，その番号を答えなさい。

1．③でできる子がもつ遺伝子の組み合わせは，2通りである。

2．③でできる子は，茶色の毛をもつ親から遺伝子を受けついでいない。

3．⑤でできる孫のうち約半数は，③でできる子と同じ遺伝子の組み合わせをもつ。

4．⑤でできる孫は，茶色の毛の個体数が黒色の毛の個体数の約３倍となる。

(ウ)　毛の色が黒色のモルモットＸと毛の色が茶色のモルモットＹを交配して複数の子ができたとき，子の毛の色から親のもつ遺伝子を知ることができる。その説明として最も適するものを次の中から一つ選び，その番号を答えなさい。

1．毛の色が黒色の子と茶色の子ができたならば，Ｘは遺伝子の組み合わせＡａをもつといえる。

2．毛の色が黒色の子と茶色の子ができたならば，Ｘは遺伝子の組み合わせＡＡをもつといえる。

3．毛の色が黒色の子のみができたならば，Ｘは遺伝子の組み合わせＡａをもつといえる。

4．毛の色が茶色の子のみができたならば，Ｘは遺伝子の組み合わせＡＡをもつといえる。

(エ)　次の□は，Ｋさんがモルモットの毛の色と毛の長さの２つの形質の遺伝について考えたことをまとめたものである。文中の(あ)，(い)にあてはまるものとして最も適するものをそれぞれの選択肢の中から一つずつ選び，その番号を答えなさい。

実際のモルモットは，「毛の色が黒色で毛が短い」個体や，「毛の色が茶色で毛が長い」個体など，２つの形質が同時に現れる。これらの形質が子や孫にどのように伝わるかを考える。

〔調べたこと〕の⑦から，毛の色が黒色で毛が短い純系のモルモットの遺伝子の組み合わせをＡＡＢＢと表し，毛の色が茶色で毛が長い純系のモルモットの遺伝子の組み合わせをａａｂｂと表すことにすると，〔調べたこと〕の⑧から，これらを交配してできる子は，すべて(　あ　)となる。

子と同じ遺伝子の組み合わせをもつものどうしを交配してできる孫の遺伝子の組み合わせを調べるためには，次のような**表**をつくるとよい。子がつくる精子や卵の遺伝子の組み合わせを**表**に書き入れると，受精卵の遺伝子の組み合わせが決まる。例として，精子の遺伝子の組み合わせがａｂで，卵の遺伝子の組み合わせがａＢのとき，受精卵の遺伝子の組み合わせはａａＢｂとなる。

表を完成させると，孫に現れる形質の個体数の比を求めることができる。例えば，毛の色が黒色で毛が短い個体数と，毛の色が茶色で毛が長い個体数の比は，(　い　)と求めることができる。

表

		精子の遺伝子の組み合わせ			
					ａｂ
卵の遺伝子の組み合わせ					
	ａＢ				ａａＢｂ

受精卵の遺伝子の組み合わせ

(あ)の選択肢　1．遺伝子の組み合わせがＡＡｂｂであり，毛の色が黒色で毛が長い個体
2．遺伝子の組み合わせがＡａＢｂであり，毛の色が黒色で毛が短い個体
3．遺伝子の組み合わせがＡａＢｂであり，毛の色が茶色で毛が長い個体
4．遺伝子の組み合わせがａａＢＢであり，毛の色が茶色で毛が短い個体

(い)の選択肢　1．1：1　　2．3：1　　3．6：1　　4．9：1

8　**図1**は，ある日の午前3時における低気圧と前線の位置を示したものであり，この低気圧は日本付近に近づいている。**図2**は，この日と翌日の2日間の横浜における気温と湿度と気圧の変化をまとめたものであり，**表**は，この2日間の横浜，大阪，熊本の風向をまとめたものである。これらについて，あとの各問いに答えなさい。

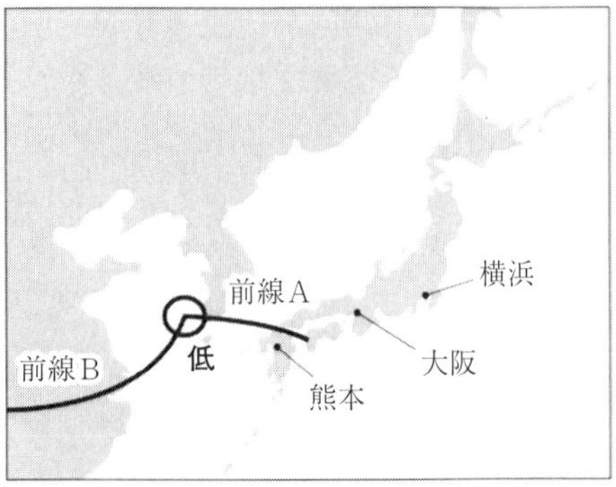

図1

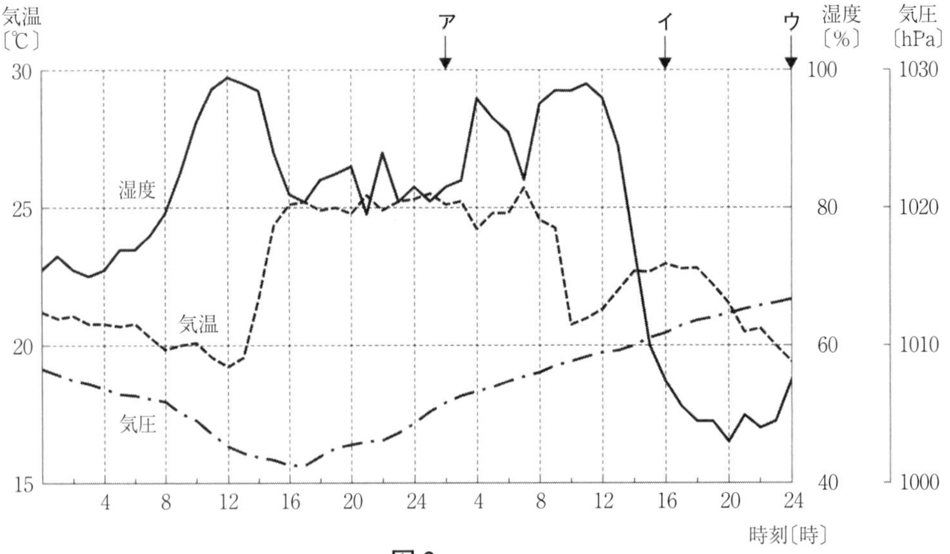

図2

表

	1日目											
時刻〔時〕	2	4	6	8	10	12	14	16	18	20	22	24
横浜	北	西北西	北	北	北西	北	南南東	南南西	南西	南西	南南西	南南西
大阪	北北東	北東	北	北	西南西	南西	南南西	南西	南南西	南南西	南西	南西
熊本	北北東	北	南東	南南東	南南西	南西	南西	南西	南南西	南南東	南	北北西

	2日目											
時刻〔時〕	2	4	6	8	10	12	14	16	18	20	22	24
横浜	南西	南南西	南	南西	北北東	北北東	北北東	北	北	北	北	北
大阪	南西	南南西	南南西	北西	北	北北東	北	北北東	北	北北東	北	北
熊本	北北西	北北西	北西	北西	北	北北東	北北東	北北東	北北東	北	北	北北西

(ア)　**図1**の前線Aについての説明として最も適するものを次の中から一つ選び，その番号を答えなさい。

1．前線Aは温暖前線であり，この前線付近では広い範囲に雲ができることが多い。

2．前線Aは温暖前線であり，この前線付近では上昇気流が生じて積乱雲ができることが多い。

3．前線Aは寒冷前線であり，この前線付近では広い範囲に雲ができることが多い。

4．前線Aは寒冷前線であり，この前線付近では上昇気流が生じて積乱雲ができることが多い。

(イ) **図2**に示した**ア～ウ**の時刻(**ア**：2日目の2時，**イ**：2日目の16時，**ウ**：2日目の24時)を，空気1 m^3あたりの水蒸気量が多い方から順に並べたものとして最も適するものを次の中から一つ選び，その番号を答えなさい。

1．**ア**，**イ**，**ウ**　　2．**ア**，**ウ**，**イ**　　3．**イ**，**ア**，**ウ**

4．**イ**，**ウ**，**ア**　　5．**ウ**，**ア**，**イ**　　6．**ウ**，**イ**，**ア**

(ウ) 横浜で前線の通過にともなう雨が降っていたと考えられる時間帯として最も適するものを次の中から一つ選び，その番号を答えなさい。

1．1日目の16時ごろ　　2．1日目の12時ごろと，2日目の4時ごろ

3．1日目の12時ごろと，2日目の10時ごろ　　4．2日目の4時ごろと，2日目の10時ごろ

5．2日目の4時ごろと，2日目の20時ごろ　　6．2日目の10時ごろと，2日目の20時ごろ

(エ) 次の□は，**図1**の低気圧と前線の移動に関するKさんと先生の会話である。文中の(　)に最も適するものをあとの1～4の中から一つ選び，その番号を答えなさい。

> Kさん「**図1**の低気圧はその後日本付近を通過したと思いますが，前線の位置はどのように変わったのでしょうか。」
> 先　生「この低気圧は，2日目の3時には北海道の東の海上にあったことがわかっています。いま，私が前線Bの位置の候補として1～4の図を用意しました。**表**にある横浜，大阪，熊本の風向の変化から考えて，2日目の3時における前線Bの位置を示す図を，1～4の中から選んでください。」
> Kさん「はい。前線Bの位置を示す図は(　　)だと思います。」
> 先　生「そのとおりですね。」

1．
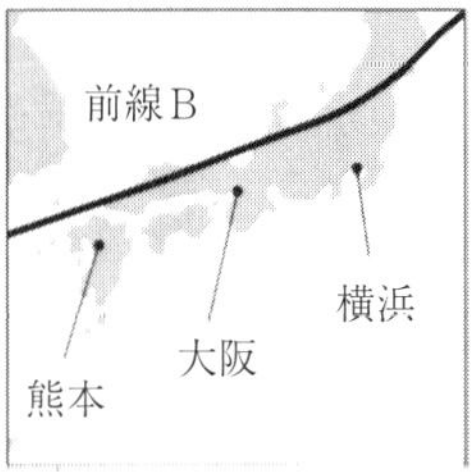

2．
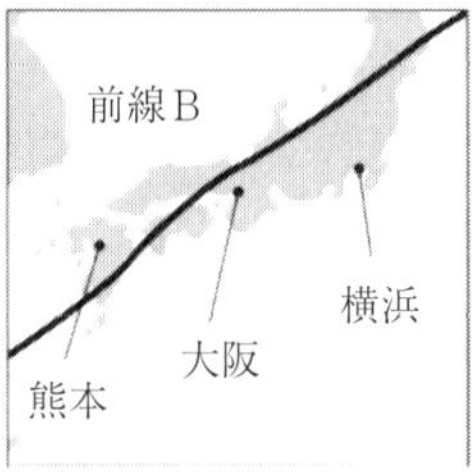

3．
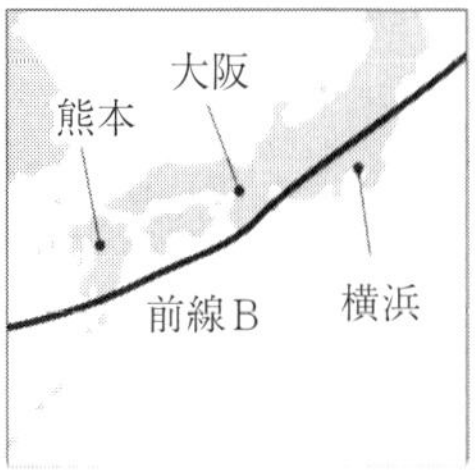

4．
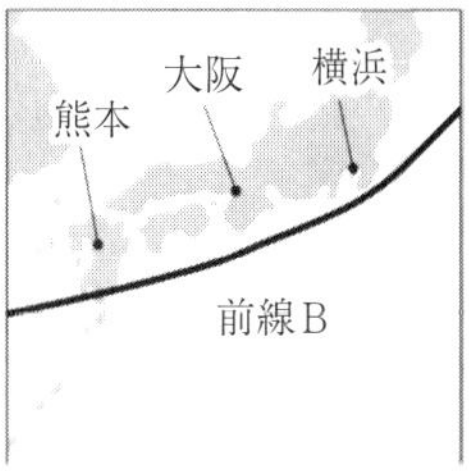

□ように使うことを心がけるべきだ。そうすれば、充実感を得られるとともに自由も守られ、幸せに暮らすことができるのではないだろうか。今後は、ＡＩをうまく活用している事例や別の研究者の考えについて調べてみたい。

① 書き出しの［ＡＩなどの情報技術を、］という語句に続けて書き、文末の［ように使うことを心がけるべきだ。］という語句につながる**一文**となるように書くこと。
② 書き出しと文末の語句の間の文字数が**二十五字以上三十五字以内**となるように書くこと。
③ **【文章１】**と**【文章２】**の内容に触れていること。
④ 「手助け」「偶有性」という二つの語句を、どちらもそのまま用いること。

【Aさんのメモ】

【文章1】

ある情報関係の研究者は、

「情報技術が人間の能力に取って代わる」

・掃除も洗濯も機械でできる。
・ロボットが、注文を聞いたり配達したりお勧めのメニューを見せてくれたりする。

という考えを、

「研究者は［　Ⅰ　］だけでなく人々の幸せで充実した暮らしを大目標にして技術の発明や改良を行うべきだ」

という考えに変えた。

【文章2】

読む本を選ぶとき、AIからのレコメンドやエンカレッジは便利に見える。

しかし、

無意識の次元にある自由は奪われている。

AIに流されたせいではない。

つまり、

人間は、行動するとき［　Ⅱ　］が失われないようにする必要がある

ということ。

関係があるのではないか。

1　Ⅰ　自分の知的好奇心を満足させる
　　Ⅱ　選択が正しいと思える状態

2　Ⅰ　人間が働かずに生活する方法を考える
　　Ⅱ　何を選ぶか自分で決められる状態

3　Ⅰ　技術の進歩の可能性を追求する
　　Ⅱ　他を選ぶ可能性がある状態

4　Ⅰ　人間の肉体的な重労働の軽減を目指す
　　Ⅱ　選ぶべきものを教えてもらえる状態

(イ)　Aさんは【文章1】と【文章2】を読んで考えたことを次のようにまとめた。【Aさんのまとめ】中の［　　］に適することばを、あとの①～④の条件を満たして書きなさい。

【Aさんのまとめ】

【文章1】を読んで、情報関係の研究者の考えを知ることができた。研究者が発明や改良を行った情報技術を使う立場にある私たちは、行動の主体はあくまでも人間であるという意識を持ち、自分で何かを達成するべきだ。そうすることで、充実感を得られ、幸せに暮らすことができると思った。

また、【文章2】を読んで、【文章1】と【文章2】は関係があるのではないかと思った。幸せに暮らすためには自由であることも欠かせないと思うからだ。【文章2】によると、AIからの勧めに従って行動するとき、人間の無意識の次元にある自由は奪われてしまっている。

以上のことを踏まえて考えると、AIなどの情報技術を、

考える必要があるのだろう。

（長谷川眞理子《はせがわまりこ》「ヒトの原点を考える」から。一部表記を改めたところがある。）

【文章２】

ＡＩのご託宣に従っているときは、自分は何も失っていないような気がするわけですよ。読みたくないものを読めと言われているわけでもないし、戦時中のように思想統制があって、これは読んではいけない、と禁じられているわけでもない。むしろ、これを読んだらどうでしょう、と(注)レコメンドされ、(注)エンカレッジされている。何も失うものはなく、いいことずくめ。便利に見えます。

でも、ここで奪われているのは、人間の「無意識」だと思うんです。心の内面の意識されている自由が失われているのではなく、無意識の次元にある自由が毀損され、奪われている。

それは「偶有性」と言えるかもしれません。つまり、「他でもあり得た」ということ。他でもあり得たけれど、いまこれをやっている。それの何が重要なの？　と思うかもしれません。でも、「他でもあり得た」ことが留保されていることがすごく重要で、これがあるから人間って自由なんですよ。「他でもあり得た」というときのその「他」は不確実なものです。しかしレコメンドされると、その「他でもあり得た」未知数の部分が埋められ、最初から、なかったものとされてしまいます。「他の本でもあり得たけど、私はこの本を欲《ほっ》した。」と思って入手するのと、「あなたの欲しいのはこの本ですよ。」とＡＩから教えてもらって飛びつくのは、大違いなんです。

つまり、人間は何か行動をするとき、それが自由であるためには、「他でもあり得たんだけど、これをやった。」と言えなければいけない。この「他でもあり得た」部分が確保されているから自由なのです。ＡＩからレコメンドされて、それに流されてしまうから自由が失われたのではなく、人間が持っている「偶有性」が失われるからこそ、自由が奪われている。

（大澤真幸《おおさわまさち》「無意識が奪われている」から。一部表記を改めたところがある。）

(注)　レコメンド＝勧めること。
エンカレッジ＝促すこと。

(ア)　Ａさんは**【文章１】**と**【文章２】**を読んで、内容を次のようにまとめた。**【Ａさんのメモ】**中の Ⅰ ・ Ⅱ に入れる語句の組み合わせとして最も適するものを、あとの１～４の中から一つ選び、その番号を答えなさい。

揚々と部下たちを登場させたということ。

3 「顕季」が領地の一部を失ってしまって気落ちしていることに同情した「義光」は、部下に命じて「顕季」に対する恩に報いる機会を探らせていたということ。

4 「顕季」が気前よく領地を譲り渡してくれたことに感謝した「義光」は、「顕季」の身に危険が及ばないよう部下に命じてひそかに見守らせていたということ。

(エ) 本文の内容と一致するものを次の中から一つ選び、その番号を答えなさい。

1 「義光」は領地に執着する一方、武士として忠義を貫く人物であり、家来として誠実に尽くす姿を見た「顕季」は、領地を譲ることを自ら「白河法皇」に願い出た自分の判断の正しさを確信した。

2 「顕季」は駆けつけた武士たちから話を聞いて、「義光」には武士として領地を守る性質の他に、他者の命を重んじる一面もあることを知り、不服だった「白河法皇」の裁決にようやく納得した。

3 「顕季」は領地を手放してしばらくたってから、不意に現れた勇ましい甲冑姿の武士たちを目の前にして、「義光」の武士としての側面を初めて実感し、「白河法皇」の配慮の的確さに感服した。

4 「義光」は武士として、領地に対する強い思いを持った人物であり、「顕季」から与えられた領地を命がけで守ろうとする様子を見た「白河法皇」は、武士としての心意気を感じて褒めたたえた。

五

中学生のAさんは、「AIとの関わり方」について考えるために、二つの文章を読んでいる。次の**【文章1】**、**【文章2】**は、そのときのものである。これらについてあとの問いに答えなさい。

【文章1】

先日、ある会合で、情報関係の研究者の話を聴いた。その人は、情報技術が人間の能力に取って代わるのではなく、人間が自分で何かを達成するのを助ける働きをするべきだと考えを変えたそうだ。掃除も洗濯も機械でできます、ロボットがご注文を承ります、配達もします、お勧めメニューもお見せします、ではなく、ある人が何をしたいか、それをその人が自分で達成するにはどんな手助けをしたらよいかという観点から考えたいということだ。

つまり、技術の発明や改良を考えるのが楽しい研究者の側から何ができるかを追求していくだけではなく、人々が幸せで充実感のある生活を送ることを大目標とする。そして、その目標を達成するためには、AI、ロボット、情報技術がどのように役立てられるかを考えるのである。たとえば、テニスが上手になりたいと思う人には、自分で実際に上達するように仕向けるアプリを提供する。目標は本人が上達することであって、バーチャルリアリティの世界でテニスをすることではない。

昔から発明、改良されてきたさまざまな技術の多くは、人間の肉体的な重労働を軽減するものだった。それにもいろいろな副産物があるのだが、これからの技術には、人間が幸せに暮らすとはどういうことかをまずは検討し、その実現のためには何をするべきかについて、より深く雑色を以《もつ》て尋ね問はしむるところ、武士ら云はく、「夜に入りて御供人なくして御退出す。よりて刑部丞殿より御送りのために以てたてまつるところなり。」と云々。ここに心中に御計らひのやむごとなき（特別であったこと）を思惟《しゐ》す。

（「古事談《こじだん》」から。）

（注）六条修理大夫顕季卿＝藤原顕季《ふじわらのあきすえ》（一〇五五～一一二三）。
刑部丞義光＝源　義光《みなもとのよしみつ》（一〇四五～一一二七）。
白河法皇＝白河上皇《しらかわじょうこう》（一〇五三～一一二九）。
匠作＝ここでは、顕季のこと。
不審＝疑いをかけること。
避文＝自分の権益を放棄して他者に譲ることを示す文書。
券契＝財産の権利を示す文書。
侍所＝侍が待機する場所。
二字＝ここでは、服属の意を示すために名前を記すこと。
鳥羽殿＝現在の京都市にあった白河法皇の宮殿。
雑色＝雑用をする者。

(ア)　——線1「このことに至りては理非顕然に候ふ。」とあるが、そのように言ったときの「顕季」を説明したものとして最も適するものを次の中から一つ選び、その番号を答えなさい。

1　「義光」との領地の争いについては正否がわかりきっているにもかかわらず、「白河法皇」にはっきりと判断してもらえないことを不満に思っている。

2　領地に関する言いがかりとも受け取れる「義光」の訴えに対して、いっこうに厳しい罰を与えようとしない「白河法皇」の態度を情けなく感じている。

3　領地が「義光」のものではないと判断するのは難しくないはずなのに、「白河法皇」に何度も呼び出されて説明を求められることを煩わしく思っている。

4　「義光」とともに領地の所有者についての意見を求めているにもかかわらず、全く相談に応じるそぶりを見せない「白河法皇」の様子に失望している。

(イ)　——線2「ここに匠作零涙に及びて」とあるが、そのときの「顕季」を説明したものとして最も適するものを次の中から一つ選び、その番号を答えなさい。

1　自分が領地を所有することの正当性について主張し続けたせいで、「白河法皇」の怒りを買ってしまい、結果的に領地を手放すはめになってしまったことにやり切れない思いを抱いている。

2　「白河法皇」が自分の主張の正しさを認めてくれた上、武士の怒りを買う可能性があることを踏まえ、安全を考慮して判断をためらっていたことを知って恐れ多い気持ちになっている。

3　自分のようにたくさんの領地を持っていないために「義光」がつらい思いをしていることを、「白河法皇」が哀れんで、自分に領地を手放してやるよう勧めたのだと知って感動している。

4　「白河法皇」が武士を恐れるあまり「義光」の味方になってしまったせいで、自分の領地が奪われたことに加え、所有を主張する訴えまで強制的に取り下げられてしまい悲しんでいる。

(ウ)　——線3「青甲を帯びたる武士ら五六騎ばかり、車の前後にあり。」とあるが、それを説明したものとして最も適するものを次の中から一つ選び、その番号を答えなさい。

1　「顕季」が領地を譲ってくれたことに歓喜した「義光」は、領地を失ったばかりか家来まで手薄になってしまった「顕季」を部下に命じて警護させたということ。

2　「顕季」との領地争いに勝利したことで気をよくした「義光」は、「顕季」に自身の威勢のよさを知らしめるため意気

4　テレビや出版物における言語による解釈は、ファッションの意味が変化すれば不要になってしまうが、ある時代のファッションの一面に注目することにより、次の流行を作り出すためには重要である。

(ケ)　本文について説明したものとして最も適するものを次の中から一つ選び、その番号を答えなさい。

1　他者を理解する際にファッションが有効であることを明らかにするとともに、衣服と言語を比較することによって言語特有の性質を把握し、衣服に対して言語が果たすべき役割について論じている。

2　文字が書かれた衣服が情報伝達に役立つことを指摘し、衣服と文字が歴史的にどのような関係を作り上げてきたかを分析することで、ファッションに対するマスメディアの重要性について論じている。

3　衣服が情報伝達の手段となっている現状を踏まえ、学説を複数引用して衣服が言語としての役割を果たしきれないということを明らかにした上で、ファッションと言語の関係性について論じている。

4　情報を伝達する際に衣服が使われている事例を紹介することで、文字のように衣服が使われていることに疑問を投げかけた上で、ファッションにおける流行に惑わされない方法について論じている。

四　次の文章を読んで、あとの問いに答えなさい。

(注)六条修理大夫《ろくでうしゆりのだいぶ》顕季卿《あきすゑきやう》、(注)刑部丞《ぎやうぶのじよう》義光《よしみつ》と所領を相論す(領地を争った)。(注)白河法皇《しらかはほふわう》、何となく御成敗なし。(注)匠作心中に恨みたてまつる間、ある日ただ一人御前に祇候《しこう》す(法皇の前に参上した)。仰《おほ》せられて云《い》はく、「かの義光の(注)不審のこといかに。」と。申して云はく、「そのことに候《さぶら》ふ。相論の習ひ、いづれの輩《ともがら》も我が道理と思ふことにて候へども、1このことに至りては理非顕然に候ふ。未断の条術《ずち》なきことに候ふ(困ったこと)なり。」と云々《うんぬん》。また仰せられて云はく、「つらつらこのことを案ずるに、汝《なんぢ》(お前)は件《くだん》の庄《しやう》一所(領地)なしといへども、全くこと欠くべからず。彼はただ一所懸命の由《よし》、これを聞こしめす。道理に任せて裁許せしめば、子細をわきまへずして、武士もしくは腹黒などや出来《しゆつたい》せんずらん(もしかしたら武士が邪念を起こしたりしないだろうか)、と思ひて猶予するなり。ただ件の所を避りて(譲って)よかしと思ふなり。」と云々。2ここに匠作零涙に及びてかしこまり申して退出の後、義光を召して謁せしめて云はく、「かの庄のこと、つらつら思ひたまふるに、某《それがし》はまた庄も少々侍《はべ》り、国も侍り。貴殿は一所を頼まる、と云々。不便に侍れば、避りたてまつらんと思ふなり。」とて、不日に(注)避文《さりぶみ》を書き、(注)券契を取り具して、義光に与へ了《をは》んぬ。義光喜悦の色あり。座を立ちて(注)侍所に移り居て、たちまちに(注)二字を書きてこれを献《たてまつ》りて退出し了んぬ。その後、殊に入り来たることなし。

一両年(一、二年)の後、匠作(注)鳥羽殿《とばどの》より夜に入りて退出するに、供人なし。わづかに(注)雑色両三人なり。作道《つくりみち》の程より3冑甲《よろひかぶと》を帯びたる武士ら五六騎ばかり、車の前後にあり。怖畏の情に堪へずして、色の衣服を組み合わせることによって、意図したとおりの意味で伝えあうことができるかということ。

(カ) ――線3「強引な読み」とあるが、筆者がそのように述べる理由として最も適するものを次の中から一つ選び、その番号を答えなさい。

1 衣服を解読しようとしても、衣服の意味は社会集団ごとに異なっていることに加え、流行の服は変化が早いため、「新しい」ということ以外に特定の意味を定めることはできないと考えているから。

2 民族衣裳の中には解読できるものもあるが、流行の服に関しては、ファッションへの関心が高い人から注目されている服にしか批評が行われておらず、衣服全体の分析とは言えないと考えているから。

3 ファッションに関する批評として行われる流行の服の解読は、社会集団の違いを考慮せず、「新しい」ということだけに注目して行われており、衣服の解読としては説得力に欠けると考えているから。

4 衣服から意味を読み取ろうとしても、人によって解釈が大きく異なるだけでなく、すみやかに変化していく流行現象に影響され、着ている人の意図を無視した理解に陥ってしまうと考えているから。

(キ) ――線4「豊かなコミュニケーションを成立させている」とあるが、それを説明したものとして最も適するものを次の中から一つ選び、その番号を答えなさい。

1 ファッションは同じものに複数の意味が読み出せるため、個人に合った意味を選択することができ、一人ひとりが自身の人となりを表現してコミュニケーションをとる際に役立っているということ。

2 ファッションは多様な解釈が可能であるため、社会の現状に応じて意味を捉えることができ、同じファッションが何度も新鮮なものとして人々のコミュニケーションを生じさせているということ。

3 ファッションには発信者の込めた意味を想像する余地があるため、世代の異なる人々が、歴史上のファッションについて意見を交わしあうようなコミュニケーションの機会が生まれているということ。

4 ファッションは社会情勢に従って変化し、意味を伝えることが難しいからこそ、人々がコミュニケーションをとる際に考えをめぐらせて新しい表現方法を生み出すきっかけとなっているということ。

(ク) ――線5「そういった無駄とも思える言語活動」とあるが、そのことについて筆者はどのように述べているか。それを説明したものとして最も適するものを次の中から一つ選び、その番号を答えなさい。

1 テレビや出版物で広まる言語による解釈は、衣服を生産する人たちが見せかけで作ったものであり、消費されて跡形もなくなってしまうが、新しいファッションの発想が得られるという点で貴重である。

2 マスメディアが言語を用いて行う説明や批評は、ファッションの一面を切り取ったものでしかなく、時代の移り変わりとともに消えてしまうが、ファッションが社会と密接に関わるためには不可欠である。

3 マスメディアによる説明や批評は、必ず言語を用いて行われるため、ファッションにおける視覚的な情報が意味を持たなくなってしまっているが、思想や芸術や日常生活への注意喚起として有効である。

がりを持つことができるのだし、思想や芸術や日常生活に対して、提案し、警鐘を鳴らすことができるようになる。そこまでを含んでの、ファッションだろう。

いずれにせよ重要なのは、ファッションがコミュニケーションを成立させているということだ。このことに、異論はないだろう。毎年新しい流行がファッションの世界で起こっているのは、コミュニケーションが確実に生じている証拠である。

（井上雅人《いのうえまさひと》「ファッションの哲学」から。一部表記を改めたところがある。）

（注）メディア＝人々の間で意思を伝達できるようにするための手段。
記号論＝あるものごとを別のものに置き換えて表現することによって、対象とするものごとが持つ意味について考える学問。

(ア) 本文中の A ・ B に入れる語の組み合わせとして最も適するものを次の中から一つ選び、その番号を答えなさい。

1 A さらには B ただ
2 A そして B あるいは
3 A なぜなら B やがて
4 A しかし B また

(イ) 本文中の〜〜〜線Ⅰの「の」と同じ意味で用いられている「の」を含む文を、次の中から一つ選び、その番号を答えなさい。

1 休日に姉の作った料理を食べる。
2 お気に入りの本を読む。
3 寒いのに上着を忘れた。
4 降ってきたのは雪だった。

(ウ) 本文中の〜〜〜線Ⅱの語の対義語として最も適するものを次の中から一つ選び、その番号を答えなさい。

1 獲得　2 贈答　3 出費　4 供給

(エ) ――線1「本や新聞のように、普遍的な言語コミュニケーションのメディアとして存在しているわけではないのだ。」とあるが、筆者がそのように述べる理由として最も適するものを次の中から一つ選び、その番号を答えなさい。

1 本や新聞は書かれた文字によって情報が伝達されるが、衣服に文字が書かれている場合は、文字が表すメッセージが衣服から伝わる情報と必ずしも同じであるとは限らないから。
2 本や新聞を初めて読んだ時には書かれている内容が理解できないことがあるが、衣服に書かれている文字を読む際には、初めて会う人に関する情報がわかりやすく伝達されるから。
3 本や新聞は書かれた文字を読むことで情報が伝達されるが、衣服に書かれている文字は、品質を保証するために利用されているに過ぎず、メッセージを伝達する機能はないから。
4 本や新聞は書かれた文字の量によって伝達できる情報量が異なるが、衣服に関しては、文字が書かれているものと書かれていないものとの間に伝達できる情報量の違いはないから。

(オ) ――線2「衣服を言語として考えうるか」とあるが、それを説明したものとして最も適するものを次の中から一つ選び、その番号を答えなさい。

1 衣服を文字や音声と組み合わせることによって、衣服だけを用いた場合には伝えることのできない意味を、見る人に読み取らせることができるかということ。
2 通常は衣服同士を組み合わせることで伝達している情報を、文字を書いたり音声を発したりすることによっても、誤解なく表現することができるかということ。
3 さまざまな形や色を持つ衣服同士の組み合わせによって、文字や音声だけでは表現することが不可能な感情や感覚を、正確に伝えることができるかということ。
4 文字や音声に変換することが可能な情報を、さまざまな形やするのは簡単」ということも手伝って、ほとんどの分析は、強引な精神分析に飛躍してしまっていたり、ただの美辞麗句になってしまっている。

結局、流行の服の解読を試みたところで、ただ「新しい」という社会的な合意しか見つからないのだ。記号論的な読みをしても、精神分析的な読みをしても、衣服のすべてが解読されることなどないだろう。ロシアの民族学者ピョートル・ボガトゥイリョフは、スロヴァキアの民族衣裳《いしょう》を分析した『衣裳のフォークロア』で、確かに民族衣裳は記号として読むことができるが、民族衣裳と「都会の衣服とは何らの共通性もない」ものであり、「都会の衣服は、すみやかに変化してゆく流行現象に支配されている」ので、民族衣裳を読むようにして現在のファッションを読むことはできないと結論づけている。

にもかかわらず、この衣服にはこういった意味があるという3強引な読みは後を絶たない。記号論的な解読は、ファッションに関する批評として最もⅡ需要の高いものであり、実際にそういった批評が「人々を楽しませ、ファッションへの関心を高めるために行われている場合が多い」のも事実である。それはそれで知的な娯楽としては面白いが、常に移り変わる意味の一瞬だけを捉えて、それが恒久的な意味であると解説するのは、やはり嘘《うそ》である。

衣服を使ってのコミュニケーションは、もしそれを活用しようとしても、細かいニュアンスを伝えることができない、意味の変化が早すぎる、広がる範囲が狭すぎるといった不都合に縛られてしまうものだ。[A]伝播《でんぱ》していく過程で、発信者が込めた意味は失われ、意味が多様になってしまうので、遠くにいる人々が受け取った時には、もはや内容を検証できなくなっている。いくら言語のようにコミュニケーションを行おうとしても、コントロールしきれないという問題にぶつかってしまうのだ。

このように、ファッションにおけるコミュニケーションは、多層な意味の読みが可能であり、その点では言語と比べると不完全である。もっとも、むしろ同じ対象に、いくつもの意味を読み出せるから、それが次々に意味を変えては、常に「新しいもの」として歴史上に何度も現れ、4豊かなコミュニケーションを成立させているという側面はある。

しかし、そうは言っても、やはり衣服は、それだけで意味を持つ単語とは言《い》い難《がた》いし、ファッションも、文法の存在する言語の一種とは言い難い。ファッションが言語のように見えるのは、衣服を生産する人たちが、「時代の流儀や規則に支配される倫理的状況と戦略的に連動」させて、言語のように見せているだけという主張には、ある程度の説得力がある。前近代においても、衣服は記号として作用していたとはいえ、言語とは違うシステムであり、言語が交渉の手段であるとすれば、衣服は相手を確認する手段であった。その点は、現在でも基本的に変わらないだろう。

[B]、ファッションが言語コミュニケーションではないと言っても、現在のファッションにおけるコミュニケーションには、テレビや出版物などマスメディアが、不可欠な存在として付随し、視覚的な情報に必ず言葉が添えられる。とはいえマスメディアでは、流行についての解説や評論が、刻々と意味を変えていくファッションの一瞬だけを捕らえて展開されており、そのほとんどは、その言説自体が消費されて跡形もなく消えていく。それを考えると、ファッションにおけるコミュニケーションにおいて、そもそも言語が意味を伝えているのかどうかすら怪しく思えてくる。

だが、ファッションにおけるコミュニケーションが、どのように展開されているかを考えるのであれば、5そういった無駄とも思える言語活動を含めたコミュニケーション全体を捉えていく必要がある。言語活動によってはじめて、ファッションは社会とより深い繋《つな》

三　次の文章を読んで、あとの問いに答えなさい。

ファッションにおけるコミュニケーションとしては、衣服自体を言語コミュニケーションの(注)メディアにしてしまう手法は例外的である。Tシャツにおいても、単純に言語による情報が純粋に交換されているわけではない。たとえば、無地のTシャツよりも、前面に大きく有名ブランドのロゴがプリントされたTシャツの方に価値があるとされる、不思議な傾向がある。ロゴによって品質の保証が周囲にも伝わるという効果があるゆえだが、それだけでなく、そのロゴが模様として認知されたり、単なる名前以上Ⅰの意味を持つからでもある。これを考えるだけでも、Tシャツに文字をプリントすることが、ただ書かれたままのメッセージを伝えているわけではないことがわかる。

そしてそれらは、文字が書かれているからといって、特別な衣服として着られているのではない。文字が書かれていない衣服と、着られる場所や状況が違うということもない。衣服は言語によるメッセージを伝えるメディアとしては、衣服しか持ち得ないような特徴はあるものの、1本や新聞のように、普遍的な言語コミュニケーションのメディアとして存在しているわけではないのだ。

それに、文字が書かれていようがいまいが、衣服がコミュニケーションの手段であることを、私たちは感覚として知っている。初めて会う人の人となりを理解するのにも、衣服は非常に大きな手がかりになる。私たち自身、時と場合によって着るものを選択し、喜怒哀楽を表明してもいる。

しかしそうすると、疑問が湧いてくる。それではファッションは、言語コミュニケーションと何が違うのだろうか、ということだ。感情やその人の人となりを伝えることができる衣服は、文字を使用しない言語の特殊な一形態であると言い切ってしまってはだめなのだろうか。言語も衣服も、同じように社会的な産物である。両者の間には、どのような違いがあるのだろうか。

人の行うコミュニケーションの形態は、通常、言語コミュニケーションと非言語コミュニケーションに分けられる。ただ実際には、音楽やポスターのように、言語が構成要素の一部を担《にな》う非言語コミュニケーションは多いので、明確な境界線は引けない。

それらに比べると、ファッションにおけるコミュニケーションは、文字や音声ではなく衣服や化粧や持ち物などの手段が主なので、非言語コミュニケーションの一つだと、簡単に位置づけられそうだが、ここで問題としているのは、衣服が、形や色の組み合わせによって言語として機能し、意味を伝えうるのではないかという仮説である。つまり衣服は、言語化できない感情や感覚を伝えているのではなく、文字に置き換えることができる情報を別の形で伝えており、習熟すれば正確に読み取ることも、発信することも可能だという考えが、妥当かどうかということだ。

2衣服を言語として考えうるかという論点に対して、もっとも示唆を与えてくれるのは(注)記号論だろう。フランスの思想家ロラン・バルトが、言葉とファッションの関係について鋭い考察を展開しながら『モードの体系』を書いて以来、衣服によって作られる意味世界を、言葉によって解読しようという試みが、数多くなされた。

しかし、ロシアの哲学者ミハイル・バフチンが、「記号の形態は、まず第一に、人びとの社会的組織や、人びとが相互に作用しあう際の身近な条件によって規定されている」と述べているとおり、衣服の意味は、着ている人が所属する社会集団や、あるいは見る人が所属する社会集団によって、まるで異なってしまう。また、ロバート・ロスが指摘しているように、『衣服の文法は他のあらゆる言語の文法よりもはやく変化』するため、それがどんな意味を持つかを確定することはできない。そのため、フィンケルシュタインが警告しているように、「衣服から特定のメッセージを読み、それを誇張

(エ) ――線**4**「やはり父の後ろに座っていてよかった。」とあるが、そのときの「より子」を説明したものとして最も適するものを次の中から一つ選び、その番号を答えなさい。

1　上出来とは言えない自分の菱刺しが施された下ばきを、嫁入りの日を選んで「父」が身につけてくれたことに喜びを感じつつも、自分の表情や思いが「父」に知られることを気恥ずかしく思っている。

2　「父」の顔を見て泣いてしまうのが不安で後ろに座ったことで、幼い頃の自分が菱刺しを施した下ばきが偶然見えたため、「父」が下ばきを大切にはき続けていることが分かって嬉しくなっている。

3　幼い頃に自分が菱刺しを施した下ばきを、「父」が嫁入りの日になってやっと身につけてくれたことに対する喜びを、「父」の背中を見つめながら一人で静かに味わえることに満足感を覚えている。

4　嫁入りの日には泣かないと決めていたものの、自分が幼い頃に菱刺しを施した下ばきを「父」がはいているのを見て涙が出てしまったため、自分の顔が「父」から見えないことに安心感を覚えている。

(オ) ――線**5**「鼻をぐずぐずさせながら、震える声で言い替えた。」とあるが、そのときの「より子」を説明したものとして最も適するものを次の中から一つ選び、その番号を答えなさい。

1　「父」が自分を大切に育ててくれたことを感じるとともに、自分の幼い頃の発言を「父」が気に留めていなかったことを知って安心し、思わず涙をこぼしながら感謝の言葉を伝えようとしている。

2　「父」とのわだかまりがとけたことに喜びを感じて涙が出てきたが、「父」との別れの時が迫っているため、二人きりでいるうちに自分を許してくれたことへの感謝の思いを伝えようとしている。

3　「父」が謝罪の言葉はふさわしくないと言ったことから、気持ちが通じなかったと勘違いして涙があふれてきたが、せめて自分を育ててくれたことへの感謝の言葉だけでも伝えようとしている。

4　「父」が愛情を込めて精一杯の力で自分を育ててくれたことを改めて実感するとともに、謝りたいという思いを受け止めてもらえたことも感じ、涙ながらに感謝の気持ちを伝えようとしている。

(カ) この文章について述べたものとして最も適するものを次の中から一つ選び、その番号を答えなさい。

1　嫁入り先に向かう「より子」が、目の前に広がる故郷の風景を見て心を和ませ、幼い頃の思い出を「父」とともに振り返る様子を、炭焼きや馬など当時の生活を想像させるものを用いて描いている。

2　結婚のため家を離れることになった「より子」が、結婚祝いで洗濯機を贈られたことをきっかけとして、「父」と再び言葉を交わすようになるまでの過程を、複数の登場人物の視点から描いている。

3　生まれ育った故郷を離れることになった「より子」が、一緒に嫁入り先に向かう「父」から励まされ、結婚生活に対する期待を高めていく様子を、会話以外の場面でも方言を交えて描いている。

4　結婚の日を迎えた「より子」が、嫁入り先に向かう時間を「父」と過ごすことで、我が子を思う親の気持ちの深さを感じ取っていく様子を、故郷の豊かな自然の風景を織り交ぜながら描いている。

1　「父」が仕事で汚れた姿を気にしていたことを知らずに、真っ黒な見た目をからかうような言動をしてしまったが、「父」が深く傷ついている様子を見て、自分の振る舞いを恥じているから。

2　学校に「父」が迎えに来ることに対する気恥ずかしさから、本心ではないことを言ってしまったが、必死に傷ついていないふりをする「父」の姿を見て、自分のことを情けなく思っているから。

3　真っ黒に汚れた姿の「父」が学校に来ることを恥ずかしく思うあまり、心ない言葉を浴びせてしまったが、傷ついても無理に笑おうとする「父」の姿を見て、自分の発言を後悔しているから。

4　学校まで迎えに来てくれる「父」に感謝しつつも、周囲の目が気になるため一人で先に帰っていたが、あとから家に戻ってきた「父」の傷ついた顔を見て、自分の行動が許せなくなっているから。

(イ)　――線2「裏の馬小屋から座布団を括りつけた馬を引っ張ってきた父は、戸惑い顔から、はにかみ顔になっていた。」とあるが、そのときの「父」を説明したものとして最も適するものを次の中から一つ選び、その番号を答えなさい。

1　父親と一緒に嫁入り先へ向かうと「より子」が言ったことに照れくささを感じながらも、馬の準備を念入りに行ったことで、娘に恥をかかせることはないと安心して晴れやかな気持ちになっている。

2　ハイヤーに乗らないという「より子」の選択を受け入れて馬の準備を整えるうちに、娘が慣例どおりに行動しないことを恥じる気持ちが薄れ、一緒に嫁入り先へ向かうことに嬉しさを感じ始めている。

3　慣例にならわず馬で嫁入りをしたいという「より子」の思いに応じて準備を整えたところ、一緒に嫁入り先へ向かうことができる喜びとともに、白無垢姿の娘と馬に乗る照れくささが込み上げている。

4　馬に乗って嫁入り先へ向かいたいという「より子」の要望をいったんは受け入れたものの、実際に準備が整うと娘が馬で嫁入りをすることが改めて意識され、恥ずかしさでいっぱいになっている。

(ウ)　――線3「そぅかぁ……。」とあるが、ここでの「より子」の気持ちをふまえて、この部分を朗読するとき、どのように読むのがよいか。最も適するものを次の中から一つ選び、その番号を答えなさい。

1　生まれ育った場所の風景をじっくりと見たことで生家から遠ざかることへの不安が増し、気を紛らわすために馬の話をしてみたものの、ますます気持ちが落ち込んでしまい困惑しているように読む。

2　慣れ親しんだ風景を眺めるうちになつかしい記憶がよみがえってきて、生まれ育った場所を離れることを名残惜しく感じたものの、歩みを止めることはできずに切なさをかみしめているように読む。

3　幼い頃から暮らしてきた場所をじっくりと見渡したことで、自分の人生を見つめ直すとともに故郷にもはや自分の居場所がないことを自覚し、新しい場所で生活するしかないと諦めたように読む。

4　向かう先の山並みが霞んでいるのを見て嫁ぎ先への不安が膨らむ中で、周囲の風景を眺めるうちに自分の故郷のよさに初めて気づき、生まれ育った場所を離れることに疑問を感じているように読む。

より子は歩んできた道を振り向いた。なだらかな名久井岳《なくいだけ》が控えている。
生家がどんどん遠ざかる。
切なくなって視線を落とした。
白い足袋に引っかかる白い草履が、揺れている。その下を、白っちゃけた地面が流れていく。
「ダダ、馬っこは疲れねべか。」
「こいつはぁ丈夫だすけ、大丈夫だ。」
「休まねくていんだべか。」
「なーも、大丈夫だ。」
「3そぅかぁ……。」
どんどん流れていく。
父の袴の裾から、下ばきがちらっと見えた。見覚えがある。
それはより子が子どもの頃に刺した(注)菱刺し《ひしざ》だった。父にあげたものの、一度もはいているのを見たためしがなかったもの。
当時は上出来だと思っていた縫い目は、今見るとガタガタ。
「やあねえ、なして今、それ、はいてらのよ。」
照れくさくて嬉《うれ》しくて、どういう顔をしていいのか決めかねる。
4やはり父の後ろに座っていてよかった。
「この菱刺しはよぉ、おめがわらしの時に最初に刺したもんだ。特別なもんだ。だすけ特別な日にはくべ、と決めてらった。」
父が足を揺らす。馬が首を上下させた。首に下げた鈴が、いい音を出す。
「そった前から？　我まだ七つくらいだったべ。」
「おめの嫁入り道具の桐簞笥はもっと早ぇど。おめが生まれてすぐに桐ば植えたんだおん。」
親というものはどこまで考えているのだろう。
父の背中は、思ったより大きくないことに気づく。どちらかと言えば小柄なほうだ。そんな父は、真っ黒になってより子たちを養ってくれていた。自分はそんな父を、汚いだの恥ずかしいだのと批判してきたのである。
「ダダ、ごめんね。」
やっと父に謝ることができた。
「何、謝ることがある。」
「我、ダダさひどいこと言ってしまった。」
父は深呼吸する。
「今日はめでてぇ日だ。めでてぇ日に『ごめん』は合わねえよ。」
より子は頷《うなず》く。
「ありがっとう、ダダ。」
5鼻をぐずぐずさせながら、震える声で言い替えた。やだぁ、泣いでしまったじゃ。我みったぐねえ、と思った。
「泣ぐな泣ぐな。(注)あもこさなる。」
父の声がからかっている。からかいながらも、その声は震えている。
「ダダってばひどい。」
より子は空を仰いで、あっはっはっはと大きな声で思い切り笑った。

(髙森《たかもり》美由紀《みゆき》「藍色ちくちく」から。一部表記を改めたところがある。)

(注)　ハイヤー＝客の申し込みに応じて営業する貸し切り乗用車。
菱刺し＝ここでは、青森県南部地方の伝統的な刺しゅうのこと。
あもこさなる＝青森県の一部の地域で使われている方言で「おばけになる」ということ。

(ア)　――線1「その時の父の顔をより子は忘れられない。」とあるが、その理由として最も適するものを次の中から一つ選び、その番号を答えなさい。

玄関前に立つ紋付袴《もんつきはかま》の父のもとへ行く。

「馬っこさ乗せてもらってもいい?」

より子の頼みに、父は目を丸くしたし、他の人たちも反対した。みったぐね、と。

みったぐない――。みっともない。ハイヤーがあるじゃないか。馬で嫁入りなど世間体が悪い。

より子は聞かなかった。

父は初めは戸惑っていたものの、白無垢《しろむく》姿で仁王立ちの娘を前にして、ついに折れた。

2 裏の馬小屋から座布団《ざぶとん》を括りつけた馬を引っ張ってきた父は、戸惑い顔から、はにかみ顔になっていた。

普段は父ともども黒く汚れ、網目状に乾いた泥をお腹《なか》や脚にくっつけていた馬は、すっかり磨き上げられていた。栗色《くりいろ》の毛が艶々と天鵞絨《ビロード》のようだし、鬣《たてがみ》はサラサラと揺れる。薄汚れている時は長い睫毛《まつげ》の下ですまなそうに目を伏せていたが、今日は堂々と真《ま》っ直《す》ぐにより子を見つめていた。その瞳は澄み切り、純粋無垢だった。

父が、前に座るよう言う。実際子どもの頃はそうしていたが、より子は父の後ろに横座りになった。

着物のため横座りにならざるを得ない今は、前に座ると自分の顔を見られるし父の顔も見なければならないから。顔を見たら、道中、泣いてしまうかもしれないと思った。今生の別れではないが、それでも籍から抜けるのである。そして、盆と正月くらいしか帰ってこられなくなるのだ。いや、それすらも無理かもしれない。近所に嫁いできた人も泣いていた。だから自分も父の顔を見たら、泣くかもしれない。そんなのはみったぐない。だから、顔を見ることなく向こうまで行ける後ろがいい。

父は無理強いせずに、より子を後ろに乗せて馬の腹を踵《かかと》で軽く蹴った。

馬はグイッと一歩を踏み出す。

より子は父の脇腹につかまる腕に力を込めた。

青い空をトンビが鳴きながら旋回している。おかしみと悲しみが入り混じった鳴き声が青い空に染《し》み渡《わた》っていく。

向かう先の山並《やまな》みが、霞《かす》んで見える。

馬の歩みは力強く、ポクポクとのどかな音を立てる。揺れに身をゆだねる。

リンゴ畑を貫く土の一本道は、乾いて白っちゃけていた。丸太の電信柱は少し傾いている。リンゴの木はびっしりと葉っぱを茂らせ、その下にまだ青い実をたわわにぶら下げている。大きな実にするために、摘果が進められていた。風に乗って、桃の香りもしてくる。

畑と道の境には蚕養のための桑の木が植わっている。小さなぶどうのような黒っぽい実がぎっしり生《な》っていた。学校帰りに友だちと競うように採って食べたものだ。紫色になった舌を見せ合ってよく笑った。甘みも酸味も強かった。

両脇の畑はリンゴ畑から漆の木の畑に変わった。風がよく通るように間隔を空けて植えられた漆の木の畑も、秋になると真っ赤に紅葉して美しいが、うっかり触って白分まで紅葉したかというくらい真っ赤にかぶれたこともあったっけ。あの時は大変だった。臭くてえぐいドクダミ茶をしこたま飲まされたのだ。思い出して、ちょっと笑った。

背後から軽快なラッパの音がした。より子たちが路肩に寄ると、すぐそばをボンネットバスが走り抜けていった。乗客が注目している。より子は手を振った。客や車掌も手を振り返してくれた。その後にオート三輪が続く。ラッパを、拍子をつけて三回鳴らしていった。

日差しは強く、何もかもが日を照り返している。舞い上がった土《つち》埃《ぼこり》が眩《まぶ》しい。中でも白無垢の自分自身が最も眩しかった。

3　八月の昼間に真夏の暑さをしのごうとして滝を見に行ったところ、激しく音を立てて流れ落ちる様子を見て、大きな階段を思い浮かべたということを、体言止めを用いて表現している。

4　八月の暑さの中、次から次へと降りてくる人々の流れによって、階段が滝のようにかがやき動いて見えたことへの感動を、「かがやく」と平仮名を用いることで強調して表現している。

二

次の文章を読んで、あとの問いに答えなさい。

> 昭和三十五年、青森県に住む「より子」は結婚することになり、挙式の当日に実家からの荷物を積み込んで、夫となる相手の家へ向かおうとしている。

この辺りでは女の子が生まれると、桐《きり》の木を植え、それで嫁《よめ》入《い》り箪笥《だんす》を作るのが慣習で、より子の嫁入り道具もそのように調えた。次々トラックに積み込み、最後に積まれた物を見て、より子は驚いた。

洗濯機である。ローラーに洗濯物をはさんで、ハンドルを回すと脱水された洗濯物がのしいかみたいに出てくるのだ。こんな物を買った覚えはない。

それもそのはず、父がこっそり用意した物だった。

父は炭焼きをやっていたからいつも真っ黒なのだ。焼き上げた炭を萱《かや》で編んだ「炭すご」に詰めて、馬に括《くく》りつけ里に下ろしていた。

年頃になったより子は真っ黒な父が恥ずかしかった。

学校の終業時間と仕事終わりが重なると、空っぽになった馬を引いて、学校に寄ってくれることがある。父も馬も真っ黒いままだ。校門の前に立つ父を見留めると、より子は「ひぇえ。」と小さな悲鳴を上げてこっそり帰っていた。

父は置き去りにされたのを分かっていたのかいないのか、帰宅すると「おろ、より子は先に帰ってらったのか。」と目を丸くする。おっぴろげた鼻の穴も真っ黒だ。

ある時、こそこそすることが理不尽に思えた。父が真っ黒に汚れているから自分はこそこそと帰らねばならないのだ、と憤《いきどお》る。

「ダダはいつも汚《きた》ねくてしょしぃ。」と罵った。しょしいというのは、恥ずかしい、という意味だ。

1 その時の父の顔をより子は忘れられない。深く傷ついた顔なのに、眉をハの字にして、情けないような笑みを懸命に浮かべていた。まずいことを言ってしまったとより子はヒヤリとしたが、謝れなかった。

そういうことがあった上での洗濯機なのだろう。亭主に恥ずかしい思いをさせないために。

それが分かっても礼を伝えられないままに、洗濯機は運ばれていった。

嫁入り道具がすべて運び出されると、玄関先で盃《さかずき》を交わす。それがすむと、花嫁と両親、弟の亘《わたる》以下関係者たちは待っている(注)ハイヤーに分乗するのがしきたりだ。

しかし父は、あとから行くと告げて家の前にポツンと残っていた。怪訝《けげん》に思ったより子が視線を母に転ずると、母は物言いた気な顔つきをしている。

聞き出したところ、自分は真っ黒でみっともない。だから一緒には行けない。あとから馬で行く、と決めていたそうなのだ。

より子は発車しかけていたハイヤーから降りた。

夏の強い日差しの中に立つ父の輪郭は、何とも曖昧だった。足元の乾いた土にいびつな丸い影ができている。日が明るければ明るいほど、影は濃くなり存在感を増した。それはまるで、父の足元に深い穴があるように見えた。

国語

●満点100点　●時間50分

〔注意〕解答用紙にマス目（例：□）がある場合は、句読点などもそれぞれ一字と数え、必ず一マスに一字ずつ書きなさい。なお、行の最後のマス目には、文字と句読点などを一緒に置かず、句読点などは次の行の最初のマス目に書き入れなさい。

一

次の問いに答えなさい。

(ア) 次のa～dの各文中の――線をつけた漢字の読み方として最も適するものを、あとの1～4の中から一つずつ選び、その番号を答えなさい。

a 試合の展開に固唾をのむ。
（1 こすい　2 かただ　3 かたず　4 こじょう）

b 評論家が辛辣な意見を述べる。
（1 しんこく　2 しんそく　3 しんれつ　4 しんらつ）

c 彼は十年に一人の逸材だ。
（1 めんざい　2 ばんざい　3 べんざい　4 いつざい）

d 拙い文章だが思いが伝わった。
（1 はかな　2 つたな　3 しがな　4 せつな）

(イ) 次のa～dの各文中の――線をつけたカタカナを漢字に表したとき、その漢字と同じ漢字を含むものを、あとの1～4の中から一つずつ選び、その番号を答えなさい。

a 妹が頬をコウチョウさせて走ってきた。
1 時代のチョウリュウに乗る。
2 夕食の準備でホウチョウを使う。
3 天気が回復するチョウコウがある。
4 サンチョウから景色を撮影する。

b 先生が学校のエンカクを説明する。
1 熱中症予防のためエンブンを摂取する。
2 仲間にセイエンを送る。
3 道具の使い方をジツエンする。
4 川のエンガンに住む。

c 税理士のシカクを取る。
1 友人に結婚式のシカイを頼む。
2 新しい会社にトウシする。
3 定期購読しているザッシが届く。
4 自作のシシュウを出版する。

d 友人の気持ちをオしはかる。
1 軽率な行いをハンセイする。
2 姉は歌舞伎にシンスイしている。
3 事態のスイイを見守る。
4 卒業式で校歌をセイショウする。

(ウ) 次の短歌を説明したものとして最も適するものを、あとの1～4の中から一つ選び、その番号を答えなさい。

八月のまひる音なき刻《とき》ありて瀑布《ばくふ》のごとくかがやく階段
真鍋《まなべ》 美恵子《みえこ》

1 八月の昼の盛りに周囲が静まり返る中で、真夏の光をはね返してまぶしくかがやいている階段を見て、激しく流れ落ちる滝が連想されたということを、直喩を用いて表現している。

2 八月の日中に閑散としていた階段が、夜は人々でにぎわい、激しく音を立てる滝のように感じられたということを、時間と状況を順を追って説明することで具体的に表現している。

Memo

Memo

Memo

2023年度
神奈川県公立高校 入試問題

英語

●満点 100点 ●時間 50分

■リスニングテストの音声は，当社ホームページで聴くことができます。(当社による録音です。) 再生に必要なアクセスコードは「合格のための入試レーダー」(巻頭の黄色の紙)の1ページに掲載しています。

1 **リスニングテスト**(放送の指示にしたがって答えなさい。放送を聞きながらメモをとってもかまいません。)

(ア) チャイムのところに入るケンの言葉として最も適するものを，次の1～4の中からそれぞれ一つずつ選び，その番号を答えなさい。

No.1
1．Yes, he went there alone.
2．Yes, I went there with my family.
3．No, my sister and I went there.
4．No, he stayed in Australia.

No.2
1．I've been practicing soccer for ten years.
2．I practiced very hard with my club members.
3．I practice soccer five days in a week.
4．I practice for two hours in a day.

No.3
1．I was excited when I visited Kyoto with my friends.
2．I'm going to visit a museum with my group members.
3．I liked the temple the best because it had a beautiful garden.
4．My favorite restaurant was not in Kyoto.

(イ) 対話の内容を聞いて，それぞれの**質問**の答えとして最も適するものを，あとの1～4の中から一つずつ選び，その番号を答えなさい。

No.1 **質問： What can we say about Mike ?**
1．He will arrive at Akiko's house at 6:00 p.m. this Sunday.
2．He will make some Japanese food with his family this Sunday.
3．He will start cooking with Akiko's family at 4:00 p.m. this Sunday.
4．He will visit Akiko's house in the morning this Sunday.

No.2 **質問： What can we say about Akiko ?**
1．She has been playing the guitar since she was five years old.
2．She took Mike to a guitar concert with her mother.
3．She has been teaching Mike how to play the guitar for five years.
4．She played the guitar with Mike in a concert.

(ウ) 高校生のケイタ(Keita)が英語の授業でスピーチを行います。スピーチを聞いて，次の**<ワークシート>**を完成させるとき，あとのNo.1とNo.2の問いに答えなさい。

＜ワークシート＞

Keita's Speech

- Keita usually [①] on weekends if it's not rainy.
- Last Saturday, he [②].
- Last Sunday, his family [③].

Question : What is Keita's message to the students in the class ?

[④]

No.1 [①]～[③]の中に入れるものの組み合わせとして最も適するものを，あとの１～９の中から一つ選び，その番号を答えなさい。

① A．reads books　　B．plays tennis
　C．does new things

② A．cooked lunch for his family　　B．practiced tennis at school
　C．read books at home

③ A．ate the lunch he cooked　　B．went to a restaurant in Okinawa
　C．played tennis together

1．①－A　②－A　③－C　　2．①－A　②－B　③－A
3．①－A　②－B　③－B　　4．①－B　②－A　③－C
5．①－B　②－C　③－A　　6．①－B　②－C　③－B
7．①－C　②－A　③－B　　8．①－C　②－B　③－A
9．①－C　②－C　③－A

No.2 [④]の中に入れるものとして最も適するものを，次の１～４の中から一つ選び，その番号を答えなさい。

1．You should practice harder than other people if you want to be a good tennis player.
2．You should try something different when you can't do the things you want to do.
3．You should stay home and read books when it's rainy on weekends.
4．You should cook lunch for your family when it's rainy on weekends.

＜**リスニングテスト放送台本**＞は英語の問題の終わりに付けてあります。

2 次の(ア)～(ウ)の文の(　)の中に入れるのに最も適するものを，あとの１～４の中からそれぞれ一つずつ選び，その番号を答えなさい。

(ア) I can't carry the table because it's very (　　). Will you help me ?

1．bright　2．deep　3．heavy　4．glad

(イ) I hope the (　　) will be sunny tomorrow because I'm going to go fishing.

1．company　2．festival　3．health　4．weather

(ウ) Let me (　　) my friend. His name is Taro. He is from Kamome Junior High School. He likes playing basketball.

1．communicate　2．improve　3．introduce　4．respect

3　次の(ア)～(エ)の文の(　)の中に入れるのに最も適するものを，あとの１～４の中からそれぞれ一つずつ選び，その番号を答えなさい。

(ア)　A：　Tom, you speak Japanese well.
　　B：　I (　　　) in Japan with my family for three years when I was a child.
　1．lived　　2．have lived　　3．live　　4．lives

(イ)　A：　Which would you like to drink, apple juice or orange juice ?
　　B：　Well, it's difficult for me to choose because I like (　　　) apple juice and orange juice.
　1．between　　2．about　　3．both　　4．than

(ウ)　A：　I want to be a doctor and help many people.　How about you ?
　　B：　I haven't decided (　　　) I want to do in the future.
　1．whose　　2．what　　3．when　　4．why

(エ)　A：　Why do you like your English class ?
　　B：　Because I can learn a lot of things by (　　　) with my friends in English.
　1．to talk　　2．have talked　　3．talked　　4．talking

4　次の(ア)～(エ)の対話が完成するように，(　)内の**六つの語の中から五つを選んで**正しい順番に並べたとき，その(　)内で**３番目と５番目にくる語の番号**をそれぞれ答えなさい。(**それぞれ一つずつ不要な語があるので，その語は使用しないこと。**)

(ア)　A：　We're going to watch a soccer game this Sunday.　Is (1．to　　2．anything　　3．I　　4．there　　5．should　　6．bring) ?
　　B：　You'll need something to drink because it will be hot.

(イ)　A：　Please tell (1．will　　2．goes　　3．you　　4．come　　5．me　　6．when) back home.
　　B：　Sure.　I'll be at home at 7:00 p.m.

(ウ)　A：　Eri, (1．have　　2．we　　3．milk　　4．are　　5．any　　6．do) left in the *bottle ?
　　B：　No, I drank it all.

(エ)　A：　Don't (1．afraid　　2．asking　　3．be　　4．to　　5．questions　　6．of) if you have something you don't understand.
　　B：　Thank you.

*　bottle：瓶

5　次のＡ～Ｃのひとつづきの絵と英文は，ケイコ(Keiko)がオーストラリアを訪れていたときのある日のできごとを順番に表しています。Ａの場面を表す**＜最初の英文＞**に続けて，Ｂの場面にふさわしい内容となるように，□の中に適する英語を書きなさい。ただし，あとの**＜条件＞**にしたがうこと。

A

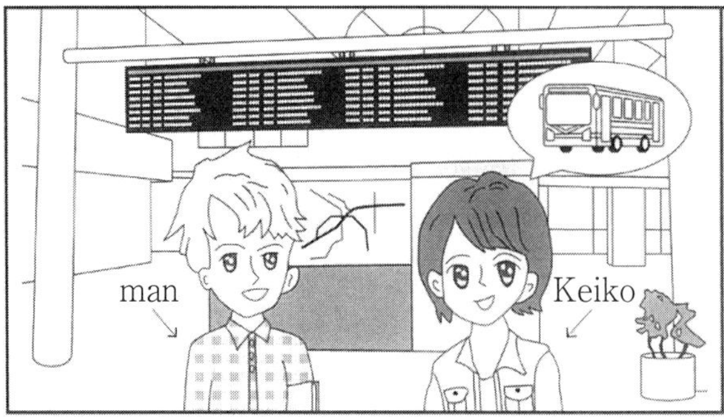

＜最初の英文＞

One day, Keiko tried to go to ABC Park alone. At the station, she asked a man, “Where is the *bus terminal?” The man answered, “It's by the *west exit of the station.”

B

When she got to the bus terminal, there were three buses, a red one, a *blue one, and a *yellow one. Keiko asked a woman there, “I want to go to ABC Park. ＿＿＿＿＿＿ the park?”

C

“Yes, I do. The blue one. The fifth *stop from here is ABC Park. Have a nice day,” the woman answered. “Thank you very much,” Keiko said.

* bus terminal：バスターミナル　west exit：西口　blue：青い　yellow：黄色い
stop：停留所

＜条件＞

① **bus**, **goes** と **know** を必ず用いること。
② ①に示した語を含んで，＿＿＿内を **7 語以上**で書くこと。
③ the park？につながる１文となるように書くこと。
※ 短縮形(I'm や don't など)は１語と数え，符号(，など)は語数に含めません。

6 次の英文は，高校生のカイト(Kaito)が英語の授業で行った人工知能についての発表の原稿です。英文を読んで，あとの(ア)～(ウ)の問いに答えなさい。

Hi, I'm Kaito. Today, I will talk about AI *devices. We use many kinds of AI devices like *robots, *drones, and *smartphones. AI devices collect a lot of information, remember it, and use it to do work given by humans. I think AI devices can make our lives better. There is still a lot of work AI devices cannot do, but they can do some work to make our lives easier. Through my speech, I want you to learn more about AI devices and to imagine how we can live with them in the future.

I didn't know anything about AI devices before I joined an event about them this summer. It *was held by Kamome City. At the event, I learned about many kinds of AI devices. I saw a robot that worked like a doctor. When a woman told the robot that she had some problems with her body, it asked her some questions, and gave her *suggestions to make her feel better. A man from Kamome *City Office said to me, "Though this robot can work like a doctor, (　①　). It cannot *replace a doctor. But there will be more robots working in hospitals in the future." At the event, I started thinking about the ways to make AI devices that can help humans.

After I went to the event, I started to learn more about AI devices. I've learned that AI devices are used in many different ways. For example, AI devices help farmers. Look at this *graph. It shows the *changes in the number of farmers in 2010, 2015, and 2020 in Japan and how old they were in each year. The number of farmers became smaller, and the *percentage of the farmers who were 60 years old and older than 60 years old became larger. And now, AI devices *are expected to be a great help to farmers.

I went to another event to learn how AI devices actually help farmers. One robot I saw there helped farmers pick tomatoes. The robot has a *camera on it to collect a lot of information about the tomatoes. It remembers the shapes and *colors of *ripe tomatoes and decides when to pick the tomatoes. When it decides to pick the tomatoes, it picks them with its arms. Farmers send the tomatoes that the robot has picked to the stores. At this event, I talked with a farmer who used the *tomato-picking robot. I asked him, "What do you think about working with the robot ?" He said, "I don't think robots and humans can do all of the same work. But (　②　). Today, robots have become very important. The number of young people who want to be farmers has become smaller, because a farmer's work is hard and needs much experience. If robots can do the hard work for farmers, they will improve farmers' lives. I hope more young people will want to become farmers."

AI devices are used in our lives in many ways. I've learned that it is difficult for us to live without AI devices in today's world. However, we need to remember AI devices are not perfect. AI devices can remember all the information they collect, but (　③　). So, we always have to think about effective ways of using them. I hope that more AI devices will be used to help people. AI devices, like the doctor robot and the tomato-picking robot, can improve our lives. So, I want to make AI devices that can work well with humans to make our lives better in the future. That's my dream. Thank you for listening.

* devices：機器　robots：ロボット　drones：ドローン　smartphones：スマートフォン
was held：開催された　suggestions：提案　City Office：市役所
replace ～：～に取って代わる　graph：グラフ　changes in ～：～の変化
percentage：割合　are expected to ～：～と思われている　camera：カメラ
colors：色　ripe：熟した　tomato-picking robot：トマト摘みロボット

(ア) 本文中の——線部が表す内容として最も適するものを，次の１～４の中から一つ選び，その番号を答えなさい。

1．

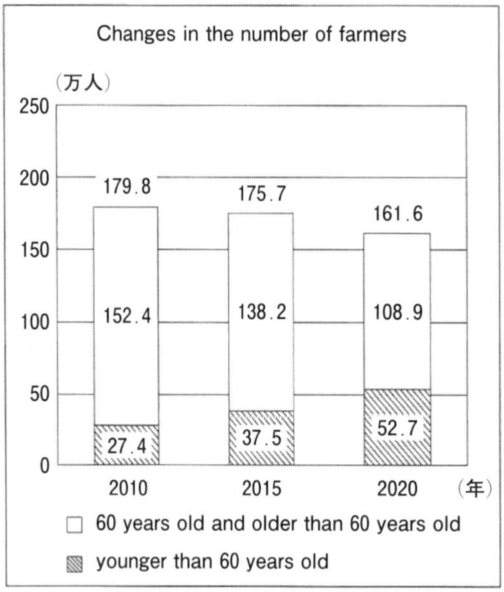

2．

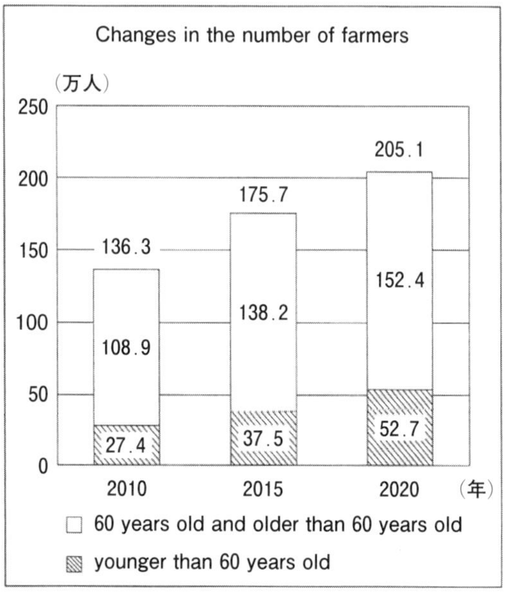

3．

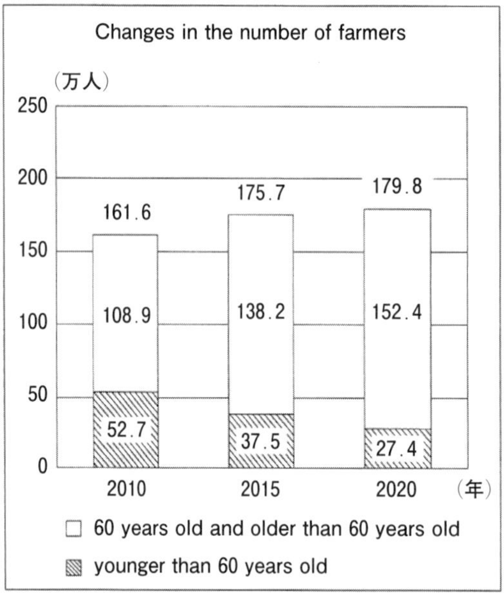

4．

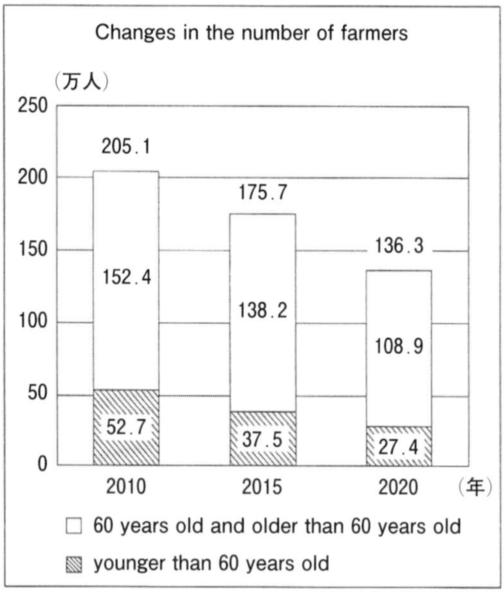

(イ) 本文中の(①)～(③)の中に，次のＡ～Ｃを意味が通るように入れるとき，その組み合わせとして最も適するものを，あとの１～６の中から一つ選び，その番号を答えなさい。

Ａ．there are things it cannot do

Ｂ．humans have to teach the devices how to use it

Ｃ．robots can do some work humans do

１．①—Ａ　②—Ｂ　③—Ｃ　　２．①—Ａ　②—Ｃ　③—Ｂ

３．①—Ｂ　②—Ａ　③—Ｃ　　４．①—Ｂ　②—Ｃ　③—Ａ

5．①－C　②－A　③－B　　6．①－C　②－B　③－A

(ウ)　次のa～fの中から，本文の内容に合うものを**二つ**選んだときの組み合わせとして最も適するものを，あとの1～8の中から一つ選び，その番号を答えなさい。

a．Kaito wants his audience to imagine a future with AI devices in his speech.

b．Kaito found at the event he joined that the doctor robot couldn't give a woman suggestions.

c．Kaito learned at the event he joined that Japanese farmers didn't like using AI devices.

d．The tomato-picking robot does a lot of work such as sending tomatoes to the stores.

e．Robots will improve farmers' lives by doing the hard work that farmers do.

f．Kaito's dream is to make AI devices that can replace humans.

1．aとc　2．aとe　3．aとf　4．bとd
5．bとe　6．cとd　7．cとf　8．dとe

7　次の(ア)の英文とリスト(List)，(イ)の英文とポスター(Poster)やリストについて，それぞれあとの**質問**の答えとして最も適するものを，1～5の中からそれぞれ一つずつ選び，その番号を答えなさい。

(ア)

*Becky is a high school student in Australia. She is going to stay at Miki's house in Kamome City. Miki and Becky are sending messages to each other on their *smartphones.*

Miki (5:30 p.m.): I'm excited to see you here in Japan! You said you wanted to eat *tempura*. I've just sent a list of the *tempura* restaurants in my city. Will you go to one with me on Saturday or Sunday?

Becky (5:40 p.m.): Sure. How about going for lunch on Sunday?

Miki (6:00 p.m.): OK. Let's choose a restaurant!

Becky (6:20 p.m.): I want to go to the one with the *cheapest lunch. If the lunch is cheap, I can use my money for other activities. I want to try many things in Japan.

Miki (6:30 p.m.): OK. Look at the list. We can use a *discount at *lunchtime. What kind of *tempura* would you like?

Becky (6:40 p.m.): I'd like to eat vegetable *tempura*. I want to go to the restaurant which uses local vegetables.

Miki (7:00 p.m.): I see. Let's go to [　　　].

Becky (7:10 p.m.): Sure. After we eat, please show me around your city.

List

Restaurant	*Business hours	*Price of lunch	Discount at lunchtime	Miki's opinion
Wakaba 	It's closed on Sundays.	1,600 yen	Everyone can get a 20% discount.	The vegetable *tempura* is very good. The *chef makes *tempura* in front of us.
Momiji 	It's closed on Tuesdays.	1,600 yen	Groups of four *or more get a 20% discount.	You can make your own *tempura*. You can eat very good fish *tempura*.
Kaede 	It's closed on Mondays.	1,500 yen	Everyone can get a 10% discount.	The fish *tempura* is very good. The chef makes *tempura* in front of us.
Komachi 	It's closed on Tuesdays.	1,500 yen	Groups of two or more get a 10% discount.	The vegetable *tempura* is very good. This restaurant uses vegetables from Kamome City.
Sakura 	It's closed on Mondays.	1,500 yen	Groups of four or more get a 10% discount.	The vegetable *tempura* is very good. This restaurant uses vegetables from Kamome City.

＊ *smartphones*：スマートフォン　cheapest：(値段が)最も安い　discount：割引
lunchtime：ランチタイム　Business hours：営業時間　Price：価格
chef：料理人　～ or more：～以上

質問： What will be in [　　] ?

1．Wakaba　2．Momiji　3．Kaede　4．Komachi　5．Sakura

(イ)

Daisuke is a high school student. He is talking with Mr. Green at school.

Mr. Green： Hi, Daisuke. What are you doing?

Daisuke： I'm looking at this poster. I'm going to join this speech *contest.

Mr. Green： That's great! You have one week before the *deadline. Have you sent the things to take part in the first *round?

Daisuke： No, I haven't. I have just got an *application form and I have decided the topic of my speech.

Mr. Green： Oh, what is the topic of your speech?

Daisuke： I will talk about Japanese culture. I have already found some interesting books about it and I have read them. I'll write a *summary of my speech next.

Mr. Green： Well, I think you should write your *script first. When your script is finished, you can write the summary quickly.

Daisuke： OK. I'll do that. After that, I will practice how to *gesture during my speech. I think gesturing well is important in an English speech.

Mr. Green： I think that is important, too. But speaking well is more important. So, you should practice speaking English before the voice *recording. You should practice gesturing after sending the voice recording for the second round.

Daisuke : Thank you. I'll make a list of the things to do for the speech contest now.

Mr. Green : That's good ! Good luck !

Poster

Kamome City English Speech Contest 2022

Rounds	Things to send	*Details	Deadlines
First round	An application form	Get from our website. Write the speech topic.	*By September 12
	A summary of your speech	50～ 60 words	
	A script of your speech	400～500 words	
Second round	A voice recording of your speech	5 minutes	By September 26
*Final		Give your speech in front of the audience at Kamome Hall on October 9.	

List

Things to do by September 12	Things to do by September 26	Things to do by October 9
□ (①)	□ (③)	□ (⑤)
⇩	⇩	
□ (②)	□ (④)	

(ア) To practice speaking English.
(イ) To write a summary.
(ウ) To practice gesturing.
(エ) To make a voice recording.
(オ) To write a script.

* contest：コンテスト　deadline：締め切り　～ round：～回戦
application form：応募用紙　summary：概要　script：原稿
gesture：身振りで示す　recording：録音　Details：詳細
By ～：～までに　Final：本戦

質問： What will be in (①), (②), (③), (④), and (⑤) on the list ?

1．①—(イ)　②—(オ)　③—(ア)　④—(エ)　⑤—(ウ)
2．①—(イ)　②—(オ)　③—(ウ)　④—(エ)　⑤—(ア)
3．①—(オ)　②—(イ)　③—(ア)　④—(ウ)　⑤—(エ)
4．①—(オ)　②—(イ)　③—(ア)　④—(エ)　⑤—(ウ)
5．①—(オ)　②—(イ)　③—(ウ)　④—(エ)　⑤—(ア)

8　次の英文を読んで，あとの(ア)～(ウ)の問いに答えなさい。

Ayumi and Masao are Kamome High School students. One day in June, they are talking in their classroom after school. Then, Ms. White, their English teacher, talks to them.

Ms. White : Hi, Ayumi and Masao. What are you doing ?

Ayumi : We are talking about the school festival in September. Masao and I are in the cooking club, and our club is going to do something about the future of Japanese rice.

Ms. White : Rice ? That's interesting. Why are you so interested in rice ?

Masao : Because we think we should eat more rice. My grandfather *grows rice in Tohoku and sends his delicious rice to my family every year. He is always happy when my family says we enjoy eating his rice, but he worries about the future of Japanese rice.

Ms. White : Oh, why does he worry about it ?

Masao : He said, "The rice *consumption in Japan has been *decreasing a lot because of *changes in our *eating habits."

Ms. White : Oh, really ?

Masao : Yes. After I heard that, I used the Internet and found ①this *graph. It shows the *amount of rice one person ate in a year in Japan from 1962 to 2020. In 1962, one person ate 118.3 kg of rice. In 2000, one person ate about 55% of the amount in 1962, and, in 2020, one person ate a smaller amount of rice than in 2000.

Ayumi : After Masao showed me this graph, I became interested, too. So we decided to do something about the future of Japanese rice at the school festival. We wanted everyone to become more interested in Japanese rice.

Ms. White : Then, what are your ideas ?

Masao : I joined a *volunteer activity to grow rice last month. The activity began in May and will finish in August. I've been learning how to grow rice. At the school festival, I want to make a presentation about Japanese rice by using the graph and the pictures I took during my volunteer activity.

Ms. White : That's great !

Ayumi : Ms. White, look at ②these two graphs. To know what the students in my school like to eat, I asked 40 students, "Which do you like the best, bread, noodles, or rice ?" Bread is the most popular among them, and more than 80% of them like bread or noodles better than rice. Bread and noodles are *made from *wheat flour. Then, I started to think about making something by using *rice flour *instead of wheat flour.

Masao : Ms. White, look at the other graph. I asked the 40 students, "What do you eat for breakfast ?" More than 50% of them eat bread for breakfast. So, our club decided to make rice flour bread. I think eating bread made from rice flour will *increase rice consumption in Japan.

Ayumi : So, our club will talk about Japanese rice in Masao's presentation and sell rice flour bread at the school festival. We hope everyone will be more interested in Japanese rice and like our rice flour bread.

Ms. White : I think that is a very good idea. I can't wait to listen to Masao's presentation and eat your rice flour bread !

One day in September, after the school festival, Ayumi and Masao are talking in the classroom after school. Then, Ms. White talks to them.

Ms. White : Hi, Ayumi and Masao. The rice flour bread was wonderful, and everyone enjoyed Masao's presentation.

Masao : Thank you. After the school festival, I used the Internet and learned more about rice and *wheat. Japan *imports about 90% of the wheat it uses. What will happen if enough wheat doesn't come from foreign countries ?

Ms. White : I think bread, noodles, and other food made from wheat flour will become very expensive.

Ayumi : But I don't think Japanese people can ［　　　　　　］ because their eating habits have changed a lot, and many Japanese people eat food made from wheat flour.

Ms. White : You may be right. How about rice ?

Masao : Oh, we grow enough rice in Japan, and we should eat more rice. Let's find ways to increase our rice consumption.

Ayumi : Let's do that ! We can create new *recipes to use rice flour.

Ms. White : When your club members cook next time, please let me know !

Ayumi : Sure.

* grows ～：～を育てる　consumption：消費量　decreasing：減っている
changes in ～：～の変化　eating habits：食生活　graph：グラフ　amount：量
volunteer activity：ボランティア活動　made from ～：～で作られた
wheat flour：小麦粉　rice flour：米粉　instead of ～：～の代わりに
increase ～：～を増やす　wheat：小麦　imports ～：～を輸入する
recipes：調理法

(ア) 本文中の――線①と――線②が表す内容を，①は**ア群**，②は**イ群**の中からそれぞれ選んだときの組み合わせとして最も適するものを，あとの１～９の中から一つ選び，その番号を答えなさい。

ア群

The amount of rice one person ate in a year

イ群

(a) Which do you like the best, bread, noodles, or rice ?

(b) What do you eat for breakfast ?

A.

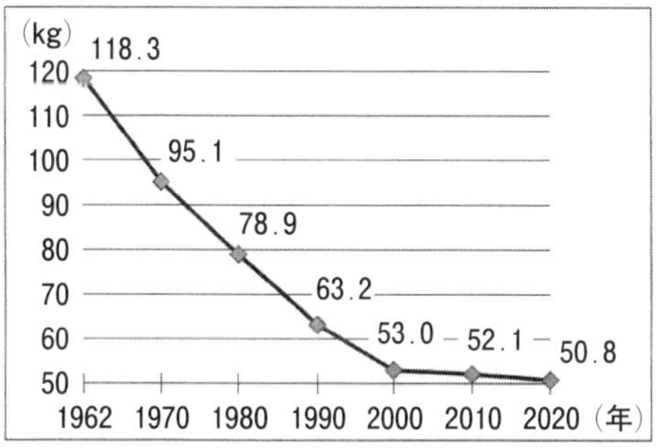

X. (a)　　(b)

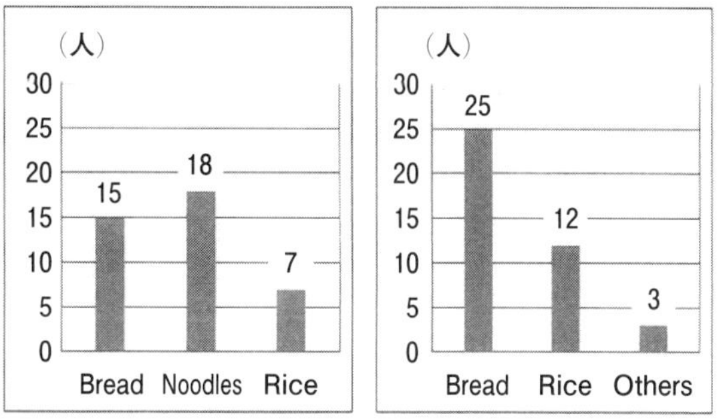

B.

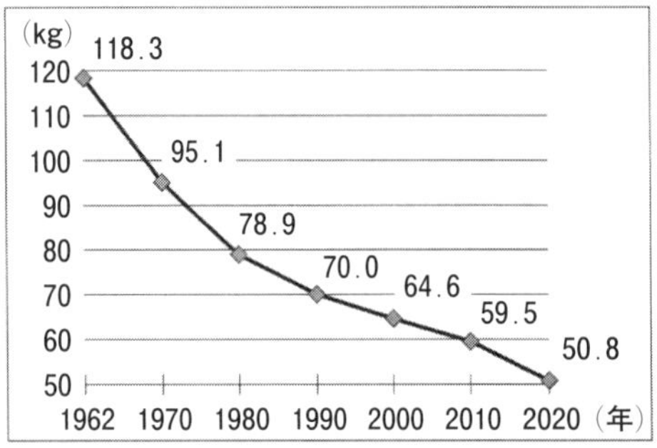

Y. (a)

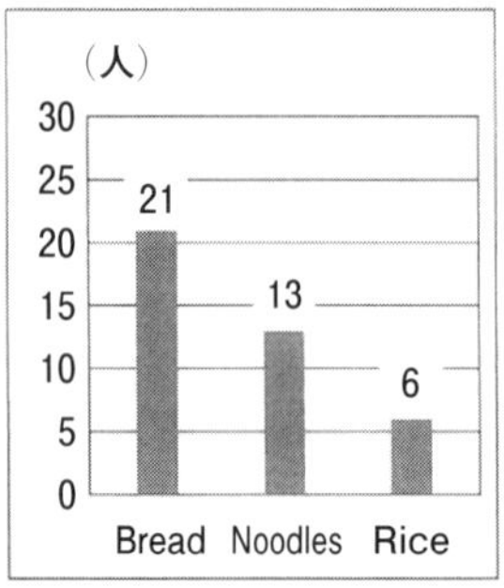

(b)

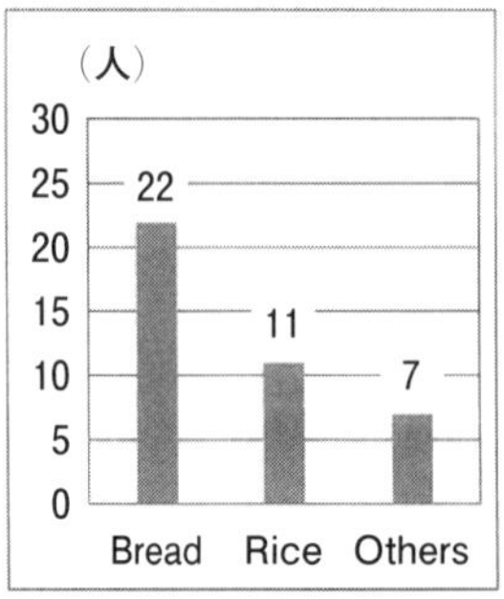

C.

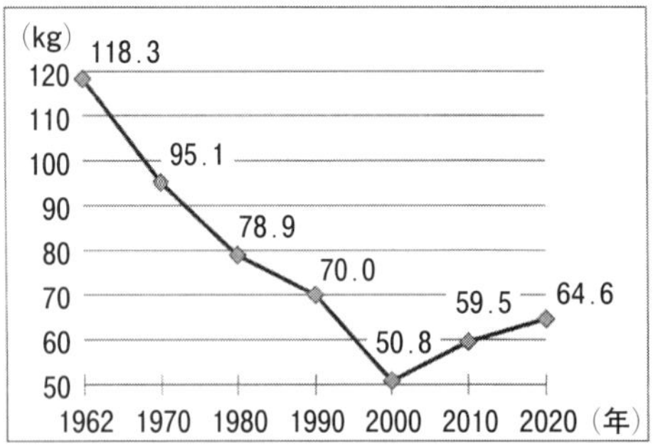

Z. (a)

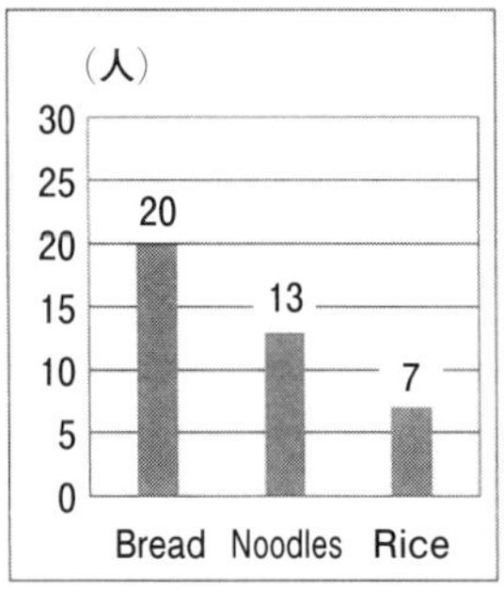

(b)

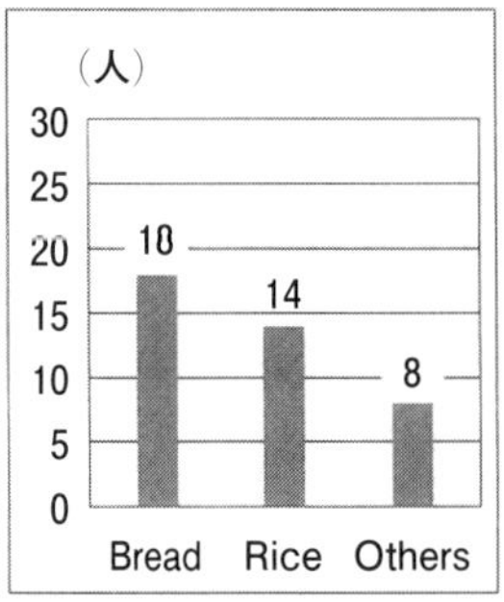

1．①：A　②：X　　2．①：A　②：Y　　3．①：A　②：Z
4．①：B　②：X　　5．①：B　②：Y　　6．①：B　②：Z
7．①：C　②：X　　8．①：C　②：Y　　9．①：C　②：Z

(イ)　本文中の□の中に入れるのに最も適するものを，次の１～４の中から一つ選び，その番号を答えなさい。

1．stop eating food made from wheat flour
2．continue to eat food made from wheat flour
3．increase their wheat consumption
4．eat more rice and stop using rice flour

(ウ)　次のａ～ｆの中から，本文の内容に合うものを**二つ**選んだときの組み合わせとして最も適するものを，あとの１～８の中から一つ選び，その番号を答えなさい。

a．Masao's grandfather always sends his rice to Kamome High School for the school festival.
b．Masao thinks that changes in people's eating habits have increased rice consumption in Japan.
c．Masao decided to make a presentation about Japanese rice by using his experiences during his volunteer activity.
d．Ayumi made bread by using wheat flour because bread was the students' favorite food.
e．Masao thinks that eating more rice flour bread is a good way to increase rice consumption in Japan.
f．Ayumi and Masao want to create new recipes that use wheat flour because rice is not popular.

1．aとc　2．aとd　3．bとd　4．bとf
5．cとe　6．cとf　7．dとe　8．eとf

＜リスニングテスト放送台本＞

（チャイム音）

これから，1のリスニングテストの放送を始めます。問題冊子の1ページを開けてください。

問題は(ア)・(イ)・(ウ)の三つに大きく分かれています。放送を聞きながらメモをとってもかまいません。

それでは，**問題(ア)**に入ります。**問題(ア)**は，No.1～No.3まであります。JudyとKenが話をしています。まずJudyが話し，次にKenが話し，その後も交互に話します。対話の最後でKenが話す言葉のかわりに（チャイムの音）というチャイムが鳴ります。そのチャイムのところに入るKenの言葉として最も適するものを，**問題(ア)**の指示にしたがって答えなさい。まず，**問題(ア)**の指示を読みなさい。それでは，始めます。

対話は2回ずつ放送します。

No.1 **［Judy:］ What did you do during summer vacation, Ken?**
［Ken:］ I visited my friend, Tom, in Australia. He stayed at my house last year. It was good to see him again.
［Judy:］ That's nice! Did you go there with anyone?
［Ken:］ （チャイム）

No.2 **［Judy:］ Ken, I watched your soccer game yesterday. You are a very good soccer player.**
［Ken:］ Thank you! I practice very hard because I want to win every game.
［Judy:］ I see. How long do you usually practice in a day?
［Ken:］ （チャイム）

No.3 **［Judy:］ Ken, our school trip to Kyoto last week was fun! What did your group do there?**
［Ken:］ My group visited a museum and a temple, and my group also had lunch at a nice restaurant.
［Judy:］ That's good! Which was your favorite place?
［Ken:］ （チャイム）

次に，**問題(イ)**に入ります。**問題(イ)**は，No.1とNo.2があります。それぞれ同じ高校に通うMikeとAkikoの対話を放送します。対話の内容を聞いて，問題冊子に印刷されているそれぞれの質問の答えとして最も適するものを，**問題(イ)**の指示にしたがって答えなさい。まず，**問題(イ)**の指示を読みなさい。

それでは，始めます。対話は2回ずつ放送します。

No.1 **［Mike:］ Akiko, I want to learn how to make some Japanese food.**
［Akiko:］ My family loves cooking. Would you like to come to my house and cook with us this Sunday?
［Mike:］ Yes. That sounds great! What time should I come to your house?
［Akiko:］ Well, we usually eat dinner at 6:00. We want to start cooking two hours

before dinner. Can you come then ?

[Mike:] Yes, I can.

[Akiko:] I hope you'll enjoy dinner with us.

No. 2 **[Mike:] Do you play the guitar, Akiko ?**

[Akiko:] Yes. I began to play the guitar when I was five years old.

[Mike:] Really ? You began playing the guitar when you were so young ! Why did you start ?

[Akiko:] My mother took me to a guitar concert, and I loved it. After the concert, my mother bought me a guitar, and I started playing it.

[Mike:] That's great ! I wish I could play the guitar. Can you teach me ?

[Akiko:] Yes, I can. Let's begin today !

最後に，**問題(ウ)**に入ります。高校生のケイタが英語の授業でスピーチを行います。スピーチを聞いて，**問題(ウ)**の指示にしたがって答えなさい。このあと，20秒後に放送が始まりますので，それまで**問題(ウ)**の指示を読みなさい。

それでは，始めます。英文は２回放送します。

Hi, I'm Keita. I'm going to talk about the things that happened last weekend. I like playing tennis, and I usually practice tennis at school on weekends if it's not rainy. However, last weekend, it was rainy, and I couldn't play tennis. So, on Saturday, I read books at home. And on Sunday, I cooked lunch for my family, and they loved it. It was the food I ate in Okinawa during the school trip. At first, I was sad that I couldn't play tennis, but now I realize I like reading and cooking. The rainy days gave me a chance to do things I didn't usually do. So, my friends, if things you don't like happen, you don't need to be sad. It will be a chance for you to find something new. Thank you.

これで 1 の**リスニングテストの放送**を終わります。解答を続けてください。

(チャイム音)　[計９分14秒]

数学

●満点 100点　●時間 50分

〔注意〕 1．答えに根号が含まれるときは，根号の中は最も小さい自然数にしなさい。
　　　　2．答えが分数になるときは，約分できる場合は約分しなさい。

1 　次の計算をした結果として正しいものを，それぞれあとの **1** ～ **4** の中から1つずつ選び，その番号を答えなさい。

(ア)　$-1-(-7)$

1．-8　**2**．-6　**3**．6　**4**．8

(イ)　$-\frac{3}{7}+\frac{1}{2}$

1．$-\frac{13}{14}$　**2**．$-\frac{1}{14}$　**3**．$\frac{1}{14}$　**4**．$\frac{13}{14}$

(ウ)　$12ab^2\times 6a\div(-3b)$

1．$-24a^2b$　**2**．$-24ab^2$　**3**．$24a^2b$　**4**．$24ab^2$

(エ)　$\frac{3x+2y}{7}-\frac{2x-y}{5}$

1．$\frac{x-17y}{35}$　**2**．$\frac{x-3y}{35}$　**3**．$\frac{x+3y}{35}$　**4**．$\frac{x+17y}{35}$

(オ)　$(\sqrt{6}+5)^2-5(\sqrt{6}+5)$

1．$6-5\sqrt{6}$　**2**．$6+5\sqrt{6}$　**3**．$6+10\sqrt{6}$　**4**．$6+15\sqrt{6}$

2 　次の問いに対する答えとして正しいものを，それぞれあとの **1** ～ **4** の中から1つずつ選び，その番号を答えなさい。

(ア)　$(x-5)(x+3)-2x+10$ を因数分解しなさい。

1．$(x-3)(x+3)$　**2**．$(x-5)(x+1)$　**3**．$(x-5)(x+5)$　**4**．$(x+5)(x-1)$

(イ)　2次方程式 $7x^2+2x-1=0$ を解きなさい。

1．$x=\frac{-1\pm 2\sqrt{2}}{7}$　**2**．$x=\frac{-1\pm 4\sqrt{2}}{7}$　**3**．$x=\frac{1\pm 2\sqrt{2}}{7}$　**4**．$x=\frac{1\pm 4\sqrt{2}}{7}$

(ウ)　関数 $y=-2x^2$ について，x の値が -3 から -1 まで増加するときの変化の割合を求めなさい。

1．-8　**2**．-4　**3**．4　**4**．8

(エ)　十の位の数が4である3桁の自然数がある。この自然数の，百の位の数と一の位の数の和は10であり，百の位の数と一の位の数を入れかえた数はこの自然数より396大きい。

　このとき，この自然数の一の位の数を求めなさい。

1．6　**2**．7　**3**．8　**4**．9

(オ)　$\frac{3780}{n}$ が自然数の平方となるような，最も小さい自然数 n の値を求めなさい。

1．$n=35$　**2**．$n=70$　**3**．$n=105$　**4**．$n=210$

3　次の問いに答えなさい。

(ア)　右の図1のように，線分 AB を直径とする円Oの周上に，2点A，Bとは異なる点Cを，AC＜BC となるようにとり，点Cを含まない $\overset{\frown}{AB}$ 上に点Dを，∠ABC＝∠ABD となるようにとる。

また，点Aを含まない $\overset{\frown}{BD}$ 上に，2点B，Dとは異なる点Eをとり，線分 AB と線分 CE との交点をF，線分 AE と線分 BD との交点をG，線分 BD と線分 CE との交点をHとする。

さらに，線分 CE 上に点Iを，DB∥AI となるようにとる。

図1

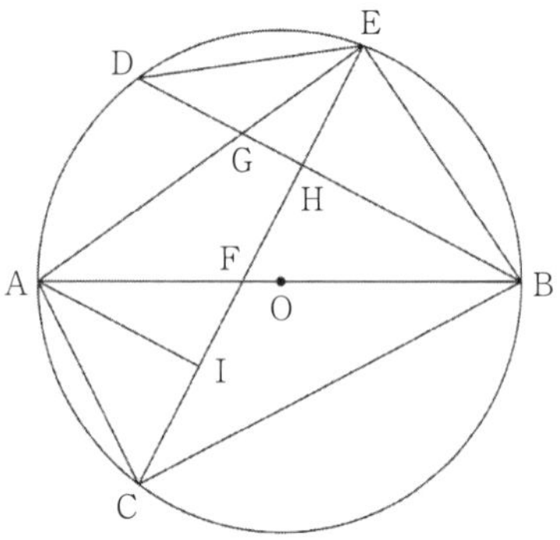

このとき，次の(i)，(ii)に答えなさい。

(i)　三角形 AIF と三角形 EHG が相似であることを次のように証明した。［(a)］～［(c)］に最も適するものを，それぞれ選択肢の **1** ～ **4** の中から1つずつ選び，その番号を答えなさい。

［証明］

△AIF と△EHG において，

まず，DB∥AI より，平行線の同位角は等しいから，

［(a)］

よって，∠AIF＝∠EHG　……①

次に，仮定より，

∠ABC＝∠ABD　……②

また，$\overset{\frown}{AC}$ に対する円周角は等しいから，

∠ABC＝∠AEC　……③

さらに，DB∥AI より，平行線の錯角は等しいから，

［(b)］　……④

②，③，④より，∠AEC＝∠BAI

よって，∠FAI＝∠GEH　……⑤

①，⑤より，［(c)］から，

△AIF∽△EHG

(a)，(b)の選択肢

1．∠ABD＝∠BAI
2．∠AIE＝∠BHC
3．∠AIE＝∠DHE
4．∠EAI＝∠EGB

(c)の選択肢

1．1組の辺とその両端の角がそれぞれ等しい
2．2組の辺の比とその間の角がそれぞれ等しい
3．3組の辺の比がすべて等しい
4．2組の角がそれぞれ等しい

(ii)　次の［　］の中の「**あ**」「**い**」にあてはまる数字をそれぞれ **0** ～ **9** の中から1つずつ選び，その数字を答えなさい。

∠BDE＝35°，∠DBE＝28°のとき，∠CAI の大きさは［**あい**］°である。

(イ)　ある中学校で1学年から3学年まであわせて10クラスの生徒が集まり生徒総会を開催した。生徒総会では生徒会から3つの議案X，Y，Zが提出され，それぞれの議案について採決を行った。

次の資料1は議案Xに賛成した人数を，資料2は議案Yに賛成した人数を，それぞれクラスごとに記録したものである。資料3は議案Zに賛成した人数をクラスごとに記録し，その記録

の平均値，中央値，四分位範囲をまとめたものである。

このとき，あとの(i)，(ii)に答えなさい。

資料１　（単位：人）

19	21	13	17	25
24	17	17	23	14

資料２　（単位：人）

20	26	19	27	25
24	20	15	24	20

資料３　（単位：人）

平均値	23
中央値	21
四分位範囲	6

(i)　資料１の記録を箱ひげ図に表したものとして最も適するものを次の**1**～**4**の中から１つ選び，その番号を答えなさい。

1．

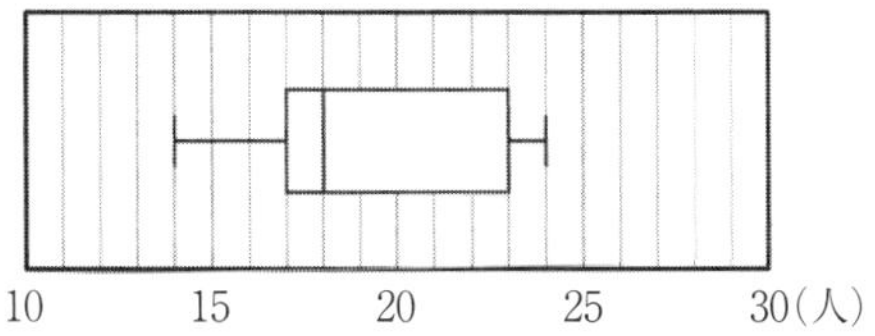

2．

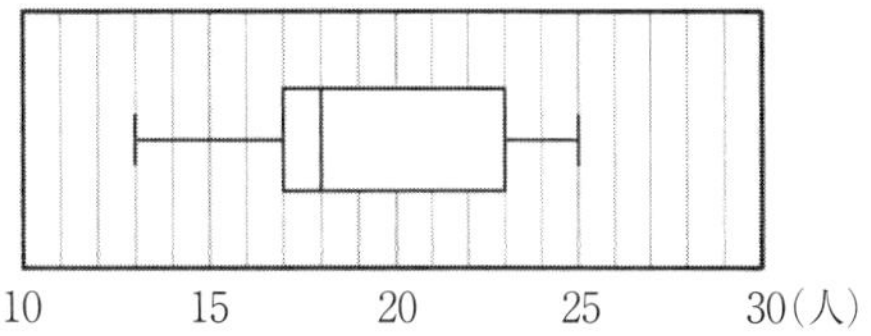

3．

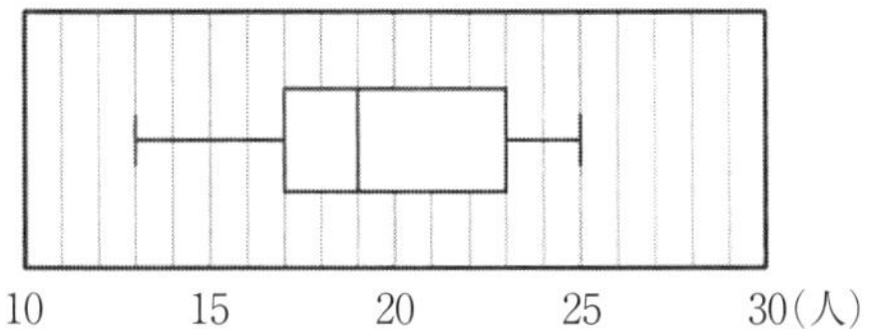

4．

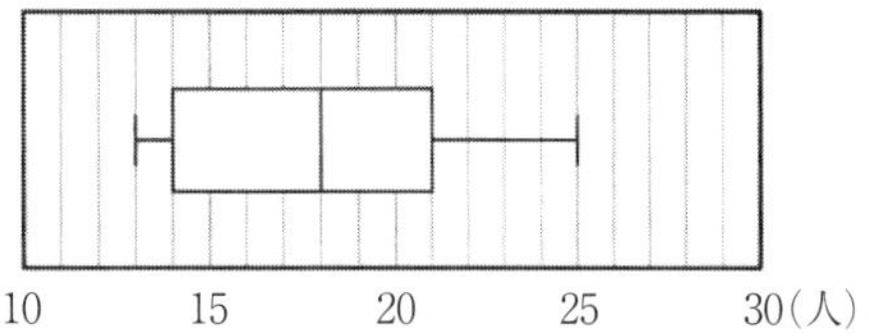

(ii)　資料２と資料３から読み取れることがらを，次のA～Dの中からすべて選んだときの組み合わせとして最も適するものをあとの**1**～**6**の中から１つ選び，その番号を答えなさい。

A．議案Ｙに賛成した人数の最頻値は20人である。

B．賛成した人数の合計は，議案Ｚより議案Ｙの方が多い。

C．賛成した人数の中央値は，議案Ｚより議案Ｙの方が大きい。

D．賛成した人数の四分位範囲は，議案Ｚより議案Ｙの方が小さい。

1．A，B　　**2**．A，C　　**3**．B，D

4．C，D　　**5**．A，B，C　　**6**．A，C，D

(ウ)　学校から駅までの道のりは2400ｍであり，その途中にかもめ図書館といちょう図書館がある。Ａさんと Ｂさんは16時に学校を出発し，それぞれが図書館に立ち寄ってから駅まで移動する中で一度すれ違ったが，駅には同時に到着した。

Ａさんは，かもめ図書館に５分間立ち寄って本を借り，駅まで移動した。Ｂさんは，いちょう図書館に15分間立ち寄って借りたい本を探したが見つからなかったため道を引き返し，かもめ図書館に５分間立ち寄って本を借り，駅まで移動した。

次の図２は，学校，かもめ図書館，いちょう図書館，駅の間の道のりを示したものである。図３は，16時に学校を出発してからx分後の，学校からの道のりをyｍとして，Ａさんが駅に到着するまでのxとyの関係をグラフに表したものであり，Ｏは原点である。

このとき，ＡさんとＢさんがすれ違った時間帯として最も適するものをあとの**1**～**6**の中から１つ選び，その番号を答えなさい。ただし，ＡさんとＢさんの，それぞれの移動中の速さは常に一定であり，図書館での移動は考えないものとする。

図2

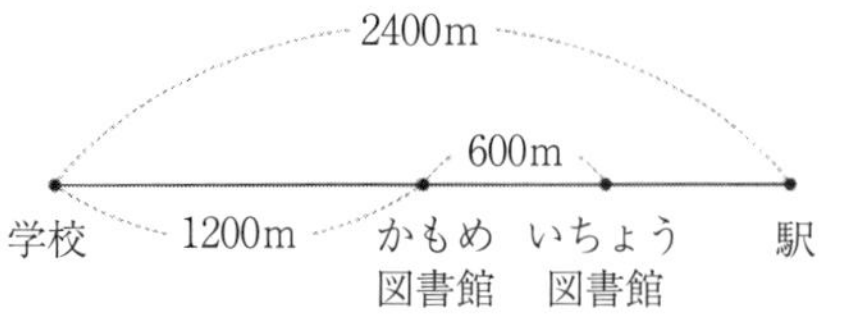

図3

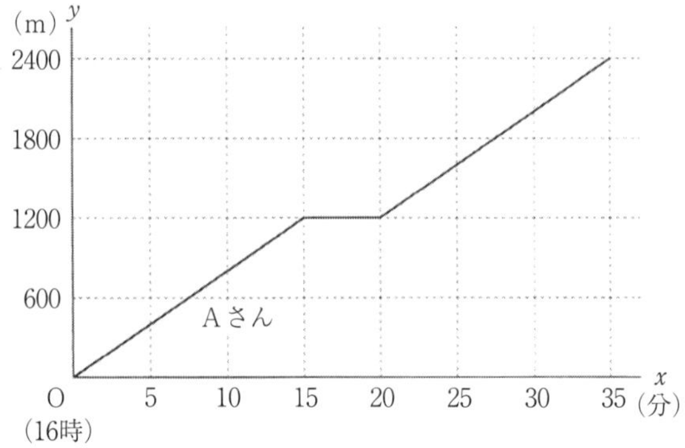

1．16時19分から16時21分までの間　　2．16時21分から16時23分までの間
3．16時23分から16時25分までの間　　4．16時25分から16時27分までの間
5．16時27分から16時29分までの間　　6．16時29分から16時31分までの間

(エ) 次の □ の中の「**う**」「**え**」にあてはまる数字をそれぞれ **0**～**9** の中から１つずつ選び，その数字を答えなさい。

図4

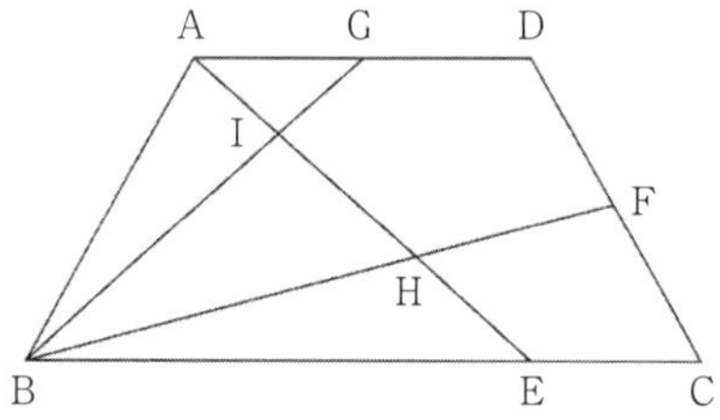

右の図4において，四角形ABCDはAB＝CD＝DA，AB：BC＝1：2の台形である。

また，点Eは辺BC上の点でBE：EC＝3：1であり，2点F，Gはそれぞれ辺CD，DAの中点である。

さらに，線分AEと線分BFとの交点をH，線分AEと線分BGとの交点をIとする。

三角形BHIの面積をS，四角形CFHEの面積をTとするとき，SとTの比を**最も簡単な整数の比**で表すと，$S：T$＝ **う** ： **え** である。

4 右の図において，直線①は関数$y=-x+9$のグラフであり，曲線②は関数$y=ax^2$のグラフ，曲線③は関数$y=-\frac{1}{6}x^2$のグラフである。

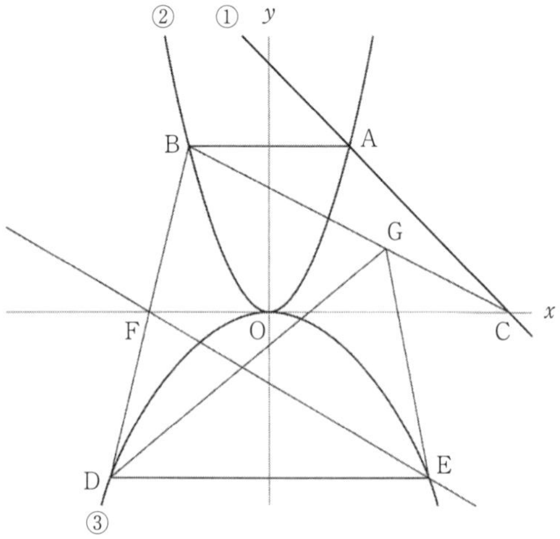

点Aは直線①と曲線②との交点で，そのx座標は3である。点Bは曲線②上の点で，線分ABはx軸に平行である。点Cは直線①とx軸との交点である。

また，2点D，Eは曲線③上の点で，点Dのx座標は-6であり，線分DEはx軸に平行である。

さらに，点Fは線分BDとx軸との交点である。

原点をOとするとき，次の問いに答えなさい。

(ア)　曲線②の式 $y=ax^2$ の a の値として正しいものを次の **1**～**6** の中から１つ選び，その番号を答えなさい。

1．$a=\frac{1}{4}$　　**2**．$a=\frac{1}{3}$　　**3**．$a=\frac{2}{5}$

4．$a=\frac{1}{2}$　　**5**．$a=\frac{2}{3}$　　**6**．$a=\frac{3}{4}$

(イ)　直線EFの式を $y=mx+n$ とするときの(i)m の値と，(ii)n の値として正しいものを，それぞれ次の **1**～**6** の中から１つずつ選び，その番号を答えなさい。

(i)　m の値

1．$m=-\frac{5}{6}$　　**2**．$m=-\frac{5}{7}$　　**3**．$m=-\frac{2}{3}$

4．$m=-\frac{4}{7}$　　**5**．$m=-\frac{1}{3}$　　**6**．$m=-\frac{1}{6}$

(ii)　n の値

1．$n=-\frac{18}{7}$　　**2**．$n=-\frac{5}{2}$　　**3**．$n=-\frac{7}{3}$

4．$n=-\frac{13}{6}$　　**5**．$n=-\frac{15}{7}$　　**6**．$n=-2$

(ウ)　次の $\boxed{\quad}$ の中の「**お**」「**か**」「**き**」「**く**」にあてはまる数字をそれぞれ **0**～**9** の中から１つずつ選び，その数字を答えなさい。

線分BC上に点Gを，三角形BDGと三角形DEGの面積が等しくなるようにとる。このときの，点Gの x 座標は $\dfrac{\boxed{\text{おか}}}{\boxed{\text{きく}}}$ である。

5　右の図１のように，場所P，場所Q，場所Rがあり，場所Pには，１，２，３，４，５，６の数が１つずつ書かれた６個の直方体のブロックが，書かれた数の大きいものから順に，下から上に向かって積まれている。

大，小２つのさいころを同時に１回投げ，大きいさいころの出た目の数を a，小さいさいころの出た目の数を b とする。出た目の数によって，次の【操作１】，【操作２】を順に行い，場所P，場所Q，場所Rの３か所にあるブロックの個数について考える。

図１

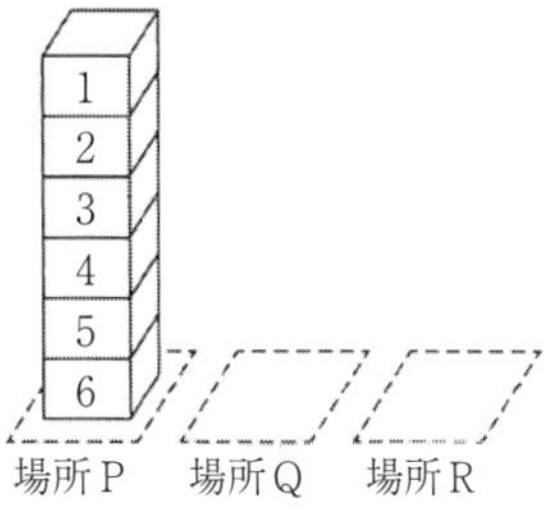

【操作１】　a と同じ数の書かれたブロックと，その上に積まれているすべてのブロックを，順番を変えずに場所Qへ移動する。

【操作２】　b と同じ数の書かれたブロックと，その上に積まれているすべてのブロックを，b と同じ数の書かれたブロックが場所P，場所Qのどちらにある場合も，場所Rへ移動する。

例

大きいさいころの出た目の数が５，小さいさいころの出た目の数が１のとき，$a=5$，$b=1$ だから，

【操作１】　図１の，５が書かれたブロックと，その上に積まれているすべてのブロックを，

順番を変えずに場所Qへ移動するので，図2のようになる。
【操作2】 図2の，1が書かれたブロックを，場所Rへ移動するので，図3のようになる。

図2

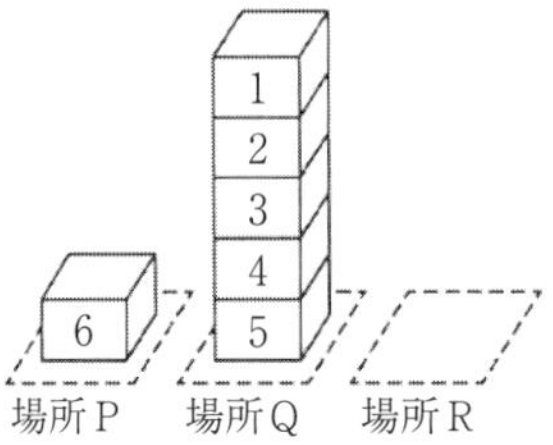

図3

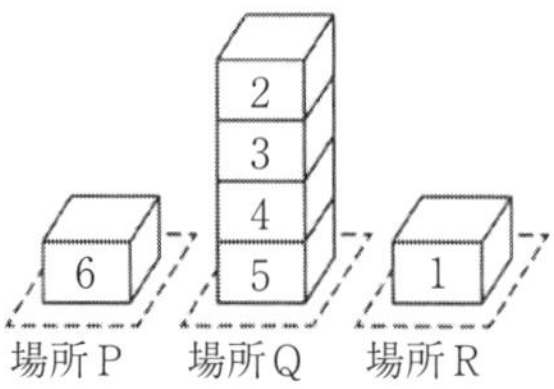

この結果，3か所にあるブロックの個数は，場所Pに1個，場所Qに4個，場所Rに1個となる。

いま，図1の状態で，大，小2つのさいころを同時に1回投げるとき，次の問いに答えなさい。ただし，大，小2つのさいころはともに，1から6までのどの目が出ることも同様に確からしいものとする。

(ア) 次の□の中の「**け**」「**こ**」「**さ**」にあてはまる数字をそれぞれ**0**～**9**の中から1つずつ選び，その数字を答えなさい。

ブロックの個数が3か所とも同じになる確率は $\frac{\text{け}}{\text{こさ}}$ である。

(イ) 次の□の中の「**し**」「**す**」にあてはまる数字をそれぞれ**0**～**9**の中から1つずつ選び，その数字を答えなさい。

3か所のうち，少なくとも1か所のブロックの個数が0個になる確率は $\frac{\text{し}}{\text{す}}$ である。

6 右の図1は，線分ABを直径とする円Oを底面とし，線分ACを母線とする円すいである。
また，点Dは線分BCの中点である。
さらに，点Eは円Oの周上の点である。
AB＝8cm，AC＝10cm，∠AOE＝60°のとき，次の問いに答えなさい。ただし，円周率はπとする。

(ア) この円すいの表面積として正しいものを次の**1**～**6**の中から1つ選び，その番号を答えなさい。

1．24π cm^2　**2**．28π cm^2
3．40π cm^2　**4**．48π cm^2
5．56π cm^2　**6**．84π cm^2

(イ) この円すいにおいて，2点D，E間の距離として正しいものを次の**1**～**6**の中から1つ選び，その番号を答えなさい。

1．$\sqrt{43}$ cm　**2**．7 cm
3．$5\sqrt{2}$ cm　**4**．$\sqrt{57}$ cm

図1

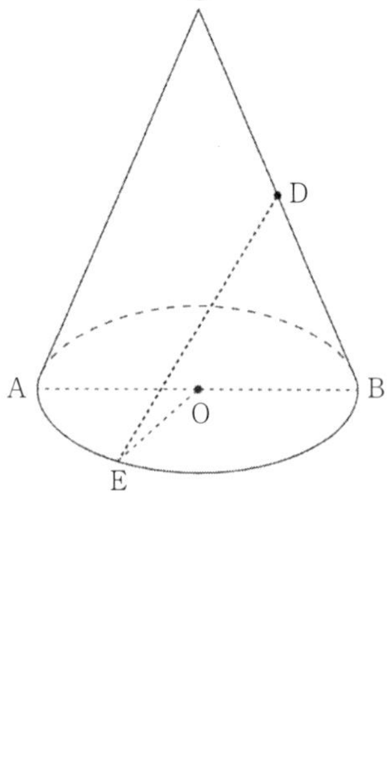

5．$3\sqrt{7}$ cm　　**6**．8 cm

(ウ) 次の［　］の中の「**せ**」「**そ**」にあてはまる数字をそれぞれ**0**～**9**の中から1つずつ選び，その数字を答えなさい。

点Fが線分ACの中点であるとき，この円すいの側面上に，図2のように点Eから線分BCと交わるように，点Fまで線を引く。このような線のうち，長さが最も短くなるように引いた線の長さは［**せ**］$\sqrt{［\textbf{そ}］}$ cmである。

図2

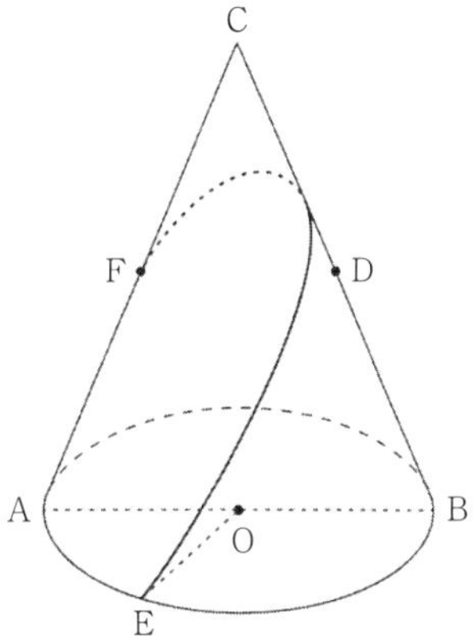

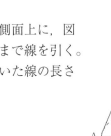

社会

●満点 100点 ●時間 50分

1 Kさんは，国際連合の旗に用いられているデザインについて調べ，地理の授業で学習した内容と関連付けて，次の**レポート**を作成した。これについて，あとの各問いに答えなさい。

レポート

次の**図**は，国際連合の旗に用いられているデザインです。北極を中心とした世界地図を，平和の象徴とされている①オリーブの枝が囲んでいます。

図

○ 私は，**図**をもとに右の**略地図**を作成しました。**略地図**は中心からの距離と方位を正しく表しており，緯線は赤道から30度ごとに，経線は本初子午線から45度ごとに引いています。

○ **P**で示した線は［ あ ］の緯線です。また，**Q**で示した太線の経線は日付変更線の基準です。日付変更線を**R**で示した矢印の方向にこえる場合，日付を１日［ い ］ます。

○ **A**で示した都市を首都とする国では，先住民である［ う ］の文化や社会的地位を守る取り組みが進められています。また，②**B**で示した都市を首都とする国の公用語は，ポルトガル語です。

○ 世界は六つの州に分けられます。③アフリカ州の国ぐには農産物や鉱産資源に恵まれています。

略地図

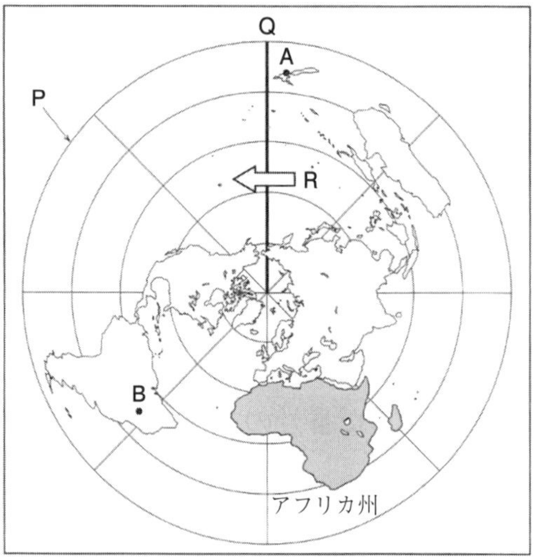

(ア)　──線①に関して，次の**表1**中のX～Zは，オリーブ，とうもろこし，綿花のいずれかを示している。X～Zの組み合わせとして最も適するものを，あとの1～6の中から一つ選び，その番号を答えなさい。

表1　三つの農産物の生産量(上位3か国，2019年)（単位：千トン）

X		Y		Z	
アメリカ合衆国	345,962	スペイン	5,965	インド	6,033
中華人民共和国	260,779	イタリア	2,194	中華人民共和国	4,892
ブラジル	101,126	モロッコ	1,912	アメリカ合衆国	4,335

（『世界国勢図会　2022/23年版』をもとに作成）

1．X：オリーブ　　　Y：とうもろこし　Z：綿花
2．X：オリーブ　　　Y：綿花　　　　　Z：とうもろこし
3．X：とうもろこし　Y：オリーブ　　　Z：綿花
4．X：とうもろこし　Y：綿花　　　　　Z：オリーブ
5．X：綿花　　　　　Y：オリーブ　　　Z：とうもろこし
6．X：綿花　　　　　Y：とうもろこし　Z：オリーブ

(イ)　**レポート**中の あ ， い にあてはまる語句の組み合わせとして最も適するものを，次の1～8の中から一つ選び，その番号を答えなさい。

1．あ：北緯60度　い：進め　　2．あ：北緯60度　い：遅らせ
3．あ：北緯90度　い：進め　　4．あ：北緯90度　い：遅らせ
5．あ：南緯60度　い：進め　　6．あ：南緯60度　い：遅らせ
7．あ：南緯90度　い：進め　　8．あ：南緯90度　い：遅らせ

(ウ)　**レポート**中の う にあてはまる語句として最も適するものを，次の1～6の中から一つ選び，その番号を答えなさい。

1．アイヌ　　2．アボリジニ(アボリジニー)　　3．イヌイット
4．ヒスパニック　　5．マオリ　　6．メスチソ(メスチーソ)

(エ)　──線②に関して，Kさんは「ポルトガル語が，**B**で示した都市を首都とする国の公用語になった歴史的背景には，どのようなことがあるだろうか。」という学習課題を設定した。この学習課題を解決するための調査として最も適するものを，次の1～4の中から一つ選び，その番号を答えなさい。

1．15世紀後半から16世紀にかけて，ヨーロッパ諸国が海外に進出した影響について調査する。
2．産業革命がヨーロッパで始まったことと，社会主義の考え方が生じたことの関連について調査する。
3．19世紀半ばの北アメリカ大陸における，奴隷労働をめぐる考え方の違いについて調査する。
4．欧米諸国の支配を受けていた国ぐにが，第二次世界大戦後に独立を果たした経緯について調査する。

(オ) ——線③に関して，次の**表 2** から読み取れることとして**適切でないもの**を，あとの 1 ～ 4 の中から一つ選び，その番号を答えなさい。

表 2　アフリカ州の国ぐにの輸出と国内総生産(2020年)　(輸出額と国内総生産の単位：億ドル)

国	主な輸出品(輸出額上位 5 品目)の品目ごとの輸出額が，「輸出額の合計」に占める割合	輸出額の合計	国内総生産
Ⅰ　エチオピア	コーヒー豆 31.5%，野菜・果実 22.8%，ごま 14.3%，装飾用切花 7.5%，衣類 5.5%	25	966
Ⅱ　ザンビア	銅 73.5%，銅鉱 2.3%，セメント 1.6%，機械類 1.5%，葉たばこ 1.4%	78	181
Ⅲ　ボツワナ	ダイヤモンド 88.1%，機械類 3.4%，金(非貨幣用) 1.1%，ソーダ灰 0.9%，銅鉱 0.6%	43	158
Ⅳ　南アフリカ共和国	白金族 12.6%，自動車 9.8%，金(非貨幣用) 7.9%，機械類 7.6%，鉄鉱石 7.2%	852	3,021

(『世界国勢図会　2022/23年版』をもとに作成)

1．Ⅰの国の「輸出額上位 5 品目のうち農産物の輸出額が，『輸出額の合計』に占める割合」は，5 割を上回っている。
2．Ⅱの国の「国内総生産に対する『輸出額の合計』の割合」は，**表 2** 中の国の中で最も大きい。
3．Ⅲの国の「輸出額上位 5 品目のうち鉱産資源の輸出額」は，35億ドルを上回っている。
4．Ⅳの国の「輸出額上位 5 品目のうち工業製品の輸出額が，『輸出額の合計』に占める割合」は，**表 2** 中の国の中で最も小さい。

2　K さんは，大阪府堺市の特徴について考えるために，次の**資料 1** ～**資料 5** を作成した。これらについて，あとの各問いに答えなさい。

資料 1　堺市内のある地域を示した地形図

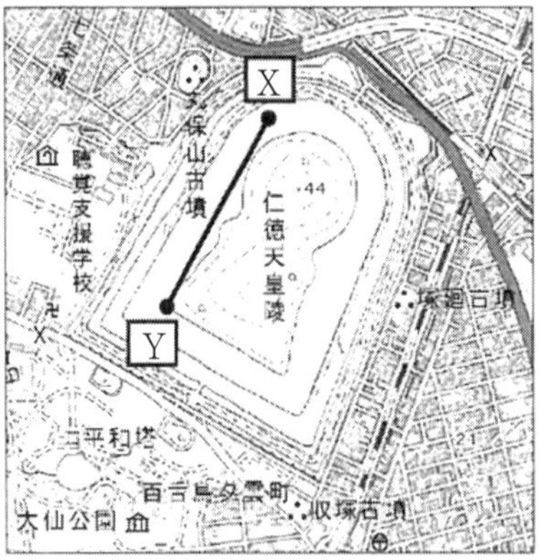

(「2 万 5 千分の 1 の電子地形図　国土地理院作成(令和 4 年調製)」一部改変)

資料 2　堺市内の泉北ニュータウンの人口ピラミッド

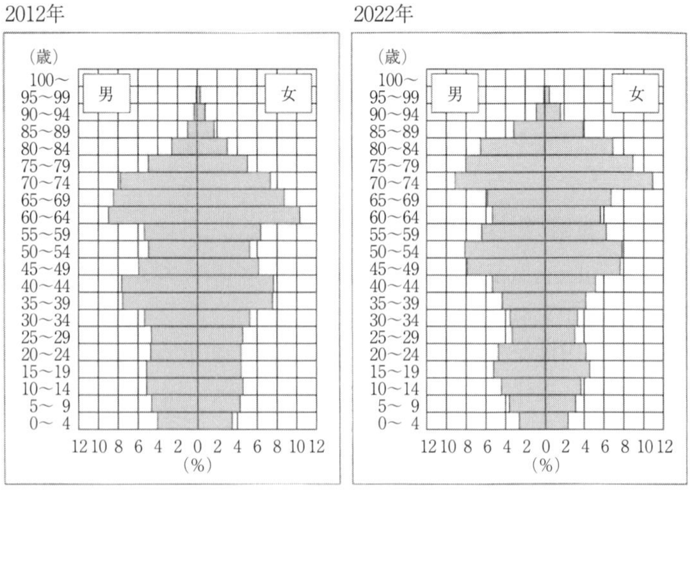

資料３　堺市内の区ごとの人口と面積

区	人口(2022年) (単位：人)	面積 (単位：km^2)
堺　区	148,778	23.66
中　区	119,430	17.88
東　区	84,624	10.49
西　区	133,872	28.62
南　区	134,213	40.39
北　区	158,757	15.60
美原区	36,885	13.20

資料４　堺市内の鉄道網

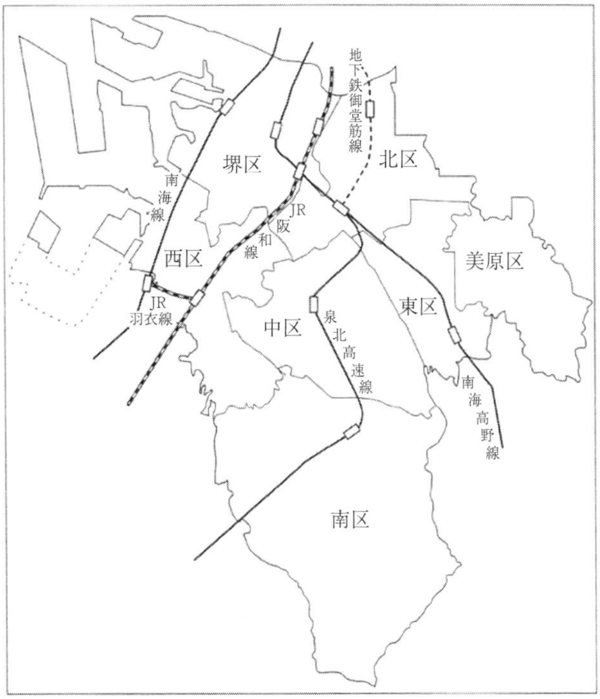

資料５　堺市の姉妹都市及び友好都市と気候

	都市(国)	気候
姉妹都市	バークレー市(アメリカ合衆国)	温帯(地中海性気候)
	ウェリントン市(ニュージーランド)	温帯(西岸海洋性気候)
友好都市	連 雲港《リエンユンカン》市(中華人民共和国)	温帯(温暖湿潤気候)
	ダナン市(ベトナム)	熱帯

(**資料２**～**資料５**は，堺市ウェブサイト掲載資料をもとに作成)

(ア)　**資料１**について説明したものとして**適切でないもの**を，次の１～４の中から一つ選び，その番号を答えなさい。ただし，X—Y の**資料１**上の長さは２cm であるものとする。

1．**資料１**にみられる遺跡の形状から，「仁徳天皇陵」は前方後円墳であることがわかる。
2．**資料１**上の「仁徳天皇陵」には，標高が40m をこえる地点がある。
3．**資料１**上の X—Y の実際の距離は，約1,000m である。
4．**資料１**上の「仁徳天皇陵」の周囲には，「仁徳天皇陵」と比べて小規模の古墳が複数みられる。

(イ)　**資料２**について説明した次の文X，Yの正誤の組み合わせとして最も適するものを，あとの１～４の中から一つ選び，その番号を答えなさい。

> X　65歳以上の人口の割合を比べたとき，2022年の方が2012年より小さい。
> Y　2022年における25～34歳の人口の割合は，2012年における15～24歳の人口の割合より大きい。

1．X：正　Y：正　　2．X：正　Y：誤　　3．X：誤　Y：正　　4．X：誤　Y：誤

(ウ)　**資料３**，**資料４**から読み取れることについて説明したものとして最も適するものを，次の１

～４の中から一つ選び，その番号を答えなさい。

1．「JR 阪和線」は，人口が12万人未満の区を通っている。
2．面積が20km^{2}以上であるいずれの区にも，複数の路線の鉄道が通っている。
3．堺市の中で最も面積が小さい区には，鉄道が通っていない。
4．堺市の中で最も人口密度が高い区には，「地下鉄御堂筋線」が通っている。

(エ)　Kさんは，**資料５**中の四つの都市について調べ，それらの都市ごとの特徴を次の１～４のカードにまとめた。このうち，連雲港市の特徴について説明したカードとして最も適するものを，１～４の中から一つ選び，その番号を答えなさい。

1．
１年を通して気温や降水量の変化が大きく，四季の変化がはっきりしています。海外からの資本の投資や企業の設立が積極的におこなわれています。

2．
気温は７～８月に低く１～２月に高いですが，１年を通して気温と降水量の変化が小さいです。海と丘陵地に囲まれており，博物館や美術館等の文化施設があります。

3．
夏は極端に雨が少なく乾燥しており，冬に降水量が多くなります。国際色豊かな都市として知られ，世界的に有名な大学があり，研究機関が整備されています。

4．
一年中気温が高く，雨季と乾季が分かれています。ビーチリゾートなどの観光開発が進んでおり，2017年にはAPEC首脳会議が開催されました。

3　Kさんは，古代から近世にかけての日本における土地に関するできごとについて調べ，次の**表**を作成した。これについて，あとの各問いに答えなさい。

表（できごとは，年代の古い順に並べてある。）

古代から近世にかけての日本における土地に関するできごと
①ムラとムラのあいだで土地や水の利用をめぐる争いがおこる中で，小さなクニが各地にうまれた。
人口が増加し口分田が不足したことから，農地を増やすために あ が出された。
A
源頼朝が，荘園や公領ごとに い を設置することを，朝廷に認めさせた。
B
太閤検地がおこなわれ，土地の生産量が う という統一的な基準で表されるようになった。
地主となる者が出るなど農民のあいだで貧富の差が拡大する中で，②百姓一揆の発生件数が増加した。

(ア)　**表**中の あ ～ う にあてはまる語句の組み合わせとして最も適するものを，次の１～８の中から一つ選び，その番号を答えなさい。

1．あ：班田収授法(班田収授の法)　い：地頭　う：地価
2．あ：班田収授法(班田収授の法)　い：地頭　う：石高
3．あ：班田収授法(班田収授の法)　い：守護　う：地価
4．あ：班田収授法(班田収授の法)　い：守護　う：石高
5．あ：墾田永年私財法　い：地頭　う：地価
6．あ：墾田永年私財法　い：地頭　う：石高
7．あ：墾田永年私財法　い：守護　う：地価
8．あ：墾田永年私財法　い：守護　う：石高

(イ) **表**中の A の期間における日本の仏教及び仏教の影響を受けた文化について説明したものとして最も適するものを，次の1～4の中から一つ選び，その番号を答えなさい。
1．日蓮は，「南無妙法蓮華経」と題目を唱えれば人も国も救われると説いた。
2．禅宗の僧侶が中国からもたらした水墨画がさかんになり，雪舟が名作を残した。
3．平泉を拠点とする奥州藤原氏によって，中尊寺金色堂が建てられた。
4．飛鳥地方を中心に，日本で最初の仏教文化がおこった。

(ウ) **表**中の B の期間におこったできごとについて説明した次の文Ⅰ～Ⅲを年代の古い順に並べたものとして最も適するものを，あとの1～6の中から一つ選び，その番号を答えなさい。

Ⅰ　イエズス会の宣教師のフランシスコ＝ザビエルが，日本にキリスト教を伝えた。
Ⅱ　博多湾に上陸した元軍が，集団戦法や火薬を使った武器で幕府軍を苦しめた。
Ⅲ　足利義満が，明から与えられた勘合を用いて，明との貿易を始めた。

1．Ⅰ→Ⅱ→Ⅲ　2．Ⅰ→Ⅲ→Ⅱ　3．Ⅱ→Ⅰ→Ⅲ
4．Ⅱ→Ⅲ→Ⅰ　5．Ⅲ→Ⅰ→Ⅱ　6．Ⅲ→Ⅱ→Ⅰ

(エ) **表**中の――線①に関して，Kさんは「この時期の日本における人びとの生活はどのようなものだったのだろうか。」という学習課題を設定し，次の**資料**の遺物について調査した。この遺物が使われ始めたと考えられる時代の様子について説明したものとして最も適するものを，**資料**の遺物を参考にしながら，あとの1～4の中から一つ選び，その番号を答えなさい。

資料(模様の一部を拡大して示してある。)

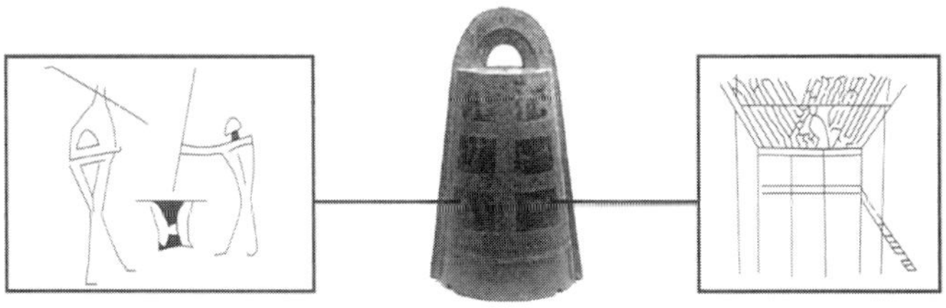

(東京国立博物館所蔵)

1．ユーラシア大陸から移り住んだ人びとが，打製石器を使って大型動物をとらえていた。
2．稲作が東日本にまで広がり，人びとは収穫した米をたくわえるようになった。
3．海面が上昇し海岸に多くの入り江ができたため，人びとは魚や貝を獲得できるようになった。
4．朝鮮半島から移り住んだ渡来人によって，須恵器をつくる技術や漢字などの文物が伝えられた。

(オ) **表**中の――線②に関して，次の**グラフ**は，１年ごとの百姓一揆の発生件数の推移を表したものである。**グラフ**中の[え]，[お]の期間に**発生件数が増加した背景の共通点**について説明した文X，Yと，それらの期間におこった**できごと**について説明した文ａ～ｄの組み合わせとして最も適するものを，あとの１～８の中から一つ選び，その番号を答えなさい。

グラフ

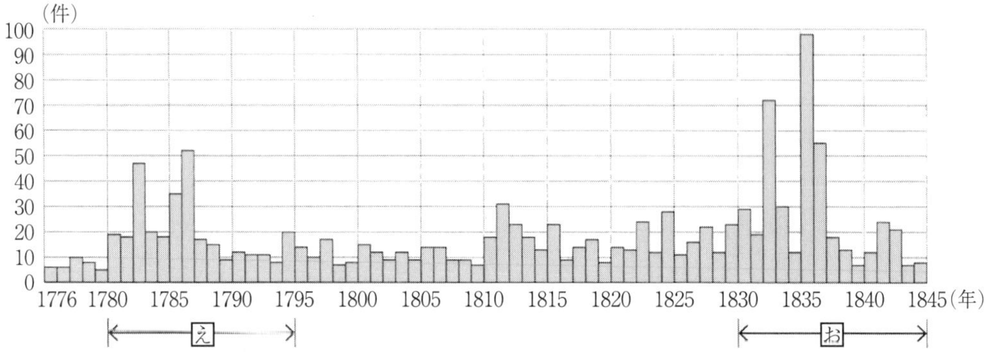

（青木虹二《こうじ》『百姓一揆総合年表』をもとに作成）

発生件数が増加した背景の共通点	X　大規模なききんが発生した。 Y　ロシア船やイギリス船があいついで日本に来航するようになった。
で　き　ご　と	ａ　[え]の期間に，幕府は，農民の都市への出かせぎを制限する政策を進めた。 ｂ　[え]の期間に，幕府は，日本人の出国と入国を初めて禁止した。 ｃ　[お]の期間に，幕府は，商工業者が株仲間をつくることを奨励した。 ｄ　[お]の期間に，幕府は，下田と函館の２港をひらくことを認めた。

１．Xとａ　２．Xとｂ　３．Xとｃ　４．Xとｄ
５．Yとａ　６．Yとｂ　７．Yとｃ　８．Yとｄ

4　Kさんは，近現代の日本と海外の国ぐにとのあいだのできごとについて調べ，次の**表**を作成した。これについて，あとの各問いに答えなさい。

表(できごとは，年代の古い順に並べてある。)

近現代の日本と海外の国ぐにとのあいだのできごと	
ロシアとのあいだで和親条約が結ばれ，①両国間の国境が初めて定められた。	
	A
清とのあいだで講和条約が結ばれ，[　あ　]が日本の領土になった。	
	B
ワシントン会議がひらかれ，[　い　]ことが合意された。	
	C
アメリカ合衆国など48か国とのあいだで，②講和条約が結ばれた。	
	D
③自衛隊の部隊が，国際連合の平和維持活動に初めて派遣された。	

(ア) **表**中の［あ］，［い］にあてはまる語句の組み合わせとして最も適するものを，次の１～４の中から一つ選び，その番号を答えなさい。

１．あ：満州　い：国際連盟を設立する
２．あ：満州　い：海軍の軍備を制限する
３．あ：台湾　い：国際連盟を設立する
４．あ：台湾　い：海軍の軍備を制限する

(イ) ――線①に関して，右の**略地図**は，19世紀後半から20世紀初めにかけてのある期間における国境を示したものである。この**略地図**について説明した文X，Yと，この国境が定められた時期におこった**できごと**について説明した文a～cの組み合わせとして最も適するものを，あとの１～６の中から一つ選び，その番号を答えなさい。

略地図

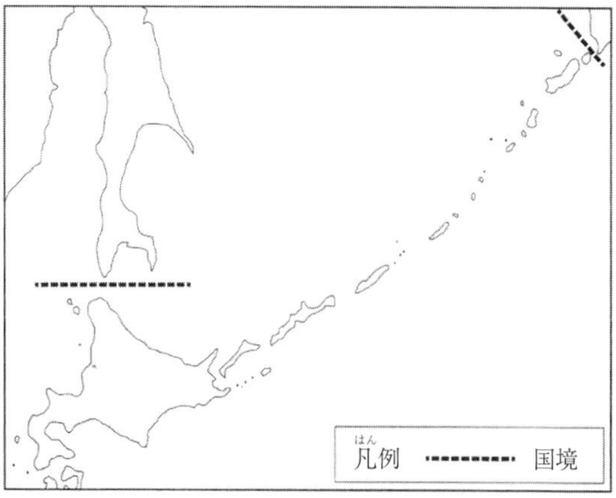

略地図	X　**略地図**には，日露戦争の講和条約によって定められた国境が示されている。 Y　**略地図**には，樺太・千島交換条約によって定められた国境が示されている。
できごと	a　イギリス，フランス，アメリカ合衆国，日本が，共同でシベリアに出兵した。 b　日本政府は，職を失った士族らを屯田兵とし，北方の防備や開拓に従事させた。 c　ソビエト連邦は，日ソ中立条約を破って，樺太や千島列島に侵攻した。

１．Xとa　２．Xとb　３．Xとc　４．Yとa　５．Yとb　６．Yとc

(ウ) 次の**資料１**は，――線②の条約の一部である。この条約について説明したものとして最も適するものを，あとの１～４の中から一つ選び，その番号を答えなさい。

資料１

> 第１条
> (a)　日本国と各連合国との間の戦争状態は，…(中略)…この条約が日本国と当該連合国との間に効力を生ずる日に終了する。…(中略)…
> 第３条　日本国は，北緯29度以南の南西諸島(琉球諸島…(中略)…を含む。)，孀《そう》婦《ふ》岩の南の南方諸島(小笠原群島…(中略)…を含む。)並びに沖の鳥島及び南鳥島を合衆国を唯一の(注１)施政権者とする(注２)信託統治制度の下におくこととする国際連合に対する合衆国のいかなる提案にも同意する。このような提案が行われ且《か》つ可決されるまで，合衆国は，領水を含むこれらの諸島の領域及び住民に対して，行政，立法及び司法上の権力の全部及び一部を行使する権利を有するものとする。
> (注１)　施政：政治をおこなうこと。
> (注２)　信託統治：国際連合の信託を受けた国が一定の領土を統治すること。

１．この条約に基づき，中華人民共和国との国交が正常化された。
２．この条約に基づき，アメリカ合衆国やイギリスとの「戦争状態」が終了した。

3．この条約の調印に先立って，小笠原諸島が日本に返還された。
4．この条約の調印に先立って，日本は国際連合への加盟を正式に認められた。

(エ) 次の**資料 2** は，――線③が発足した時期における日本の経済について説明したものである。あとの１～４のできごとのうち，**資料 2** 中の＝＝線に最も関係が深いと考えられるものを，１～４の中から一つ選び，その番号を答えなさい。

資料 2

> 戦後日本経済の回復の速やかさには誠に万人の意表外にでるものがあった。それは日本国民の勤勉な努力によって培われ，世界情勢の好都合な発展によって育まれた。…(中略)…いまや経済の回復による浮揚力はほぼ使い尽くされた。…(中略)…もはや「戦後」ではない。我々はいまや異なった事態に当面しようとしている。回復を通じての成長は終わった。

(『経済白書』)

1．アメリカ合衆国の軍隊が朝鮮戦争で必要とする物資を日本に発注したため，経済復興が進んだ。
2．戦場となったヨーロッパ諸国が大量の物資を日本に発注したため，好景気になった。
3．第四次中東戦争がおこったことで石油の価格が大幅に上昇し，景気が悪化した。
4．世界恐慌の影響を受けて，農村では米やまゆなどの農産物の価格が暴落した。

(オ) **表**中の A ～ D の期間の日本でおこったできごとについて説明したものとして最も適するものを，次の１～４の中から一つ選び，その番号を答えなさい。
1． A の期間には，立憲政友会から藩閥，官僚勢力に政権が移った。
2． B の期間には，海軍の青年将校が首相官邸をおそい，首相を暗殺する事件がおこった。
3． C の期間には，政府が議会の承認なしに物資や労働力を動員できるようになった。
4． D の期間には，国会議員を選出する選挙において，女性が初めて投票できるようになった

5

Ｋさんは，東京オリンピックに関する二つの時期の社会の様子を比較するために，次の**表**を作成した。これについて，あとの各問いに答えなさい。

表

		1964年	2020年
人口	人口	9,718万人	1億2,623万人
	合計特殊出生率	2.05	1.33
	1世帯あたりの人員	4.05人	2.27人
家計	世帯の収入(月額)	58,217円	579,127円
労働	労働力人口	4,710万人	6,868万人
	第2次産業の就業者数	1,467万人	1,539万人
	平均週間就業時間	47.6時間	36.6時間
物価	テレビ1台の①価格	55,500円	46,504円
経済指標	為替レート	1ドル＝360円	1ドル＝109円
	②株価(日経平均)	1,216.55円	27,444.17円
③医療	一人あたりの医療費	9,700円	340,600円

(総務省ウェブサイト掲載資料をもとに作成)

(ア) 1964年と2020年を比べたときに**2020年の方が高い**ものとして最も適するものを，**表**を参考にしながら，次の１～４の中から一つ選び，その番号を答えなさい。

１．一人の女性が一生に産む子どもの数の平均の値

２．「労働力人口」に占める第２次産業の就業者数の割合

３．ドルに対する円の価値

４．「世帯の収入(月額)」に対するテレビ１台の価格の割合

(イ) **表**で示された内容について説明した次の文Ｘ，Ｙの正誤の組み合わせとして最も適するものを，あとの１～４の中から一つ選び，その番号を答えなさい。

> Ｘ　「１世帯あたりの人員」が**表**のように変化した背景の一つとして，世帯数に占める一人暮らしの数の割合が，1964年から2020年にかけて増加傾向にあったことが考えられる。
>
> Ｙ　**表**における2020年の「平均週間就業時間」は，労働基準法で定められた週あたりの労働時間の上限を上回っている。

１．Ｘ：正　Ｙ：正　　２．Ｘ：正　Ｙ：誤

３．Ｘ：誤　Ｙ：正　　４．Ｘ：誤　Ｙ：誤

(ウ) ――線①に関して，価格や景気の変動について説明したものとして最も適するものを，次の１～４の中から一つ選び，その番号を答えなさい。

１．不況のときには，日本銀行が一般の銀行から国債を買い取ることで，景気の回復が期待できる。

２．好況のときには，政府が減税をおこなうことによって，インフレーションの抑制が期待できる。

３．需要が供給を上回り商品の希少性が高くなると，デフレーションがおこりやすい。

４．電気や水道の料金は，市場での需要量と供給量が一致する均衡価格に基づいて決定される。

(エ) ――線②に関して，株式について説明した次の文中の［あ］～［う］にあてはまる語句の組み合わせとして最も適するものを，あとの１～８の中から一つ選び，その番号を答えなさい。

> ○　株式会社が株式を発行して必要な資金を集める仕組みを，［　あ　］金融という。
>
> ○　一定の基準を満たした企業の株式は，［　い　］等で自由に売買されている。
>
> ○　株式会社が倒産した場合，株主は［　う　］。

１．あ：直接　い：株主総会　　う：会社の借金を返済する義務を負う

２．あ：直接　い：株主総会　　う：出資額を失う以上の責任を負う必要はない

３．あ：直接　い：証券取引所　う：会社の借金を返済する義務を負う

４．あ：直接　い：証券取引所　う：出資額を失う以上の責任を負う必要はない

５．あ：間接　い：株主総会　　う：会社の借金を返済する義務を負う

６．あ：間接　い：株主総会　　う：出資額を失う以上の責任を負う必要はない

７．あ：間接　い：証券取引所　う：会社の借金を返済する義務を負う

８．あ：間接　い：証券取引所　う：出資額を失う以上の責任を負う必要はない

(オ) ――線③に関して，次の**資料**から考えられることについて説明したあとの文Ｘ～Ｚの正誤の組み合わせとして最も適するものを，１～８の中から一つ選び，その番号を答えなさい。

資料　社会保障費の給付額と負担額　　　（金額の単位：億円）

年度	給付額			負担額			（参考）国民所得
	医療	年金	その他	社会保険料	公費	その他	
1965	9,137	3,508	3,392	13,768	7,792	2,436	268,270
	合計 16,037			合計 23,996			
2019	407,226	554,520	277,494	740,082	519,137	64,527	4,006,470
	合計 1,239,241			合計 1,323,746			

（『数字でみる日本の100年　改訂第７版』，『日本国勢図会　2022/23年版』をもとに作成）

X 「『年金』が『給付額の合計』に占める割合」に着目すると，1965年から2019年のあいだに，年金の給付を受けることになる世代の人数が減少する傾向が進んだと考えられる。

Y 「『給付額の合計』が『国民所得』に対する割合」に着目すると，1965年から2019年のあいだに，社会保障における政府の財政上の役割が小さくなる傾向が進んだと考えられる。

Z 「『公費』が『負担額の合計』に占める割合」に着目すると，1965年から2019年のあいだに，社会保障の財源に占める税金の割合が大きくなる傾向が進んだと考えられる。

1．X：正　Y：正　Z：正　　2．X：正　Y：正　Z：誤
3．X：正　Y：誤　Z：正　　4．X：正　Y：誤　Z：誤
5．X：誤　Y：正　Z：正　　6．X：誤　Y：正　Z：誤
7．X：誤　Y：誤　Z：正　　8．X：誤　Y：誤　Z：誤

6　Kさんは，公民の授業で学習した現代社会の特色や日本の政治の特徴についてまとめ，次の**メモ**を作成した。これについて，あとの各問いに答えなさい。

メモ

○　現代の日本には，歴史の中で育まれ受け継がれてきた，①伝統文化があります。
○　日本国憲法は，国の最高法規です。②憲法によって政治権力を制限して人権を保障する考え方がとられる一方で，③「公共の福祉」のために人権が制限されることもあります。
○　日本国民は，④選挙で国民の代表者を選出することを通じて政治に参加しています。私は，⑤地球規模の課題の解決を視野に入れ，投票に備えて多くのことを学びたいと考えています。

(ア)　――線①に関して，日本の伝統文化について説明した次の文Ⅰ～Ⅲを，年代の古いものから順に並べたものとして最も適するものを，あとの１～６の中から一つ選び，その番号を答えなさい。

Ⅰ　田楽や猿楽が，観阿弥・世阿弥によって能（能楽）として大成された。
Ⅱ　歌舞伎が演劇として発達し，近松門左衛門が庶民の共感をよぶ作品を書いた。
Ⅲ　千利休が，質素と静かな雰囲気を大切にするわび茶の作法を完成させた。

1．Ⅰ→Ⅱ→Ⅲ　　2．Ⅰ→Ⅲ→Ⅱ　　3．Ⅱ→Ⅰ→Ⅲ

4．Ⅱ→Ⅲ→Ⅰ　　5．Ⅲ→Ⅰ→Ⅱ　　6．Ⅲ→Ⅱ→Ⅰ

(イ)　――線②に関して，次の**資料**は，ヨーロッパのある思想家の著作の一部である。**資料**の趣旨について説明したものとして最も適するものを，あとの１～４の中から一つ選び，その番号を答えなさい。

資料

同一人，または同一の(注１)執政官団体の掌中に立法権と(注２)執行権が結合されているときには，自由はない。なぜなら，同じ君主あるいは同じ(注３)元老院が暴政的な法律を定め，それを暴政的に執行するおそれがありうるからである。裁判権が，立法権と執行権から分離されていないときにもまた，自由はない。もしそれが，立法権に結合されていれば，市民の生命と自由を支配する権力は恣意《しい》的であろう。なぜならば，裁判官が立法者なのだから。もしそれが執行権に結合されていれば，裁判官は圧制者の力をもちうることになろう。

（注１）　執政官：行政官。
（注２）　執行権：行政権。
（注３）　元老院：立法機関。

1．自由権だけでなく，社会権も基本的人権の一つとして認識されるべきである。
2．一つの内容について，複数回裁判を受けることができる制度を整えるべきである。
3．身分制度は否定され，市民の政治参加が促されるべきである。
4．国の権力を分けて，それぞれ独立した機関に担当させるべきである。

(ウ)　――線③の具体例について説明したものとして最も適するものを，次の１～４の中から一つ選び，その番号を答えなさい。

1．天皇の国事に関する行為には，内閣の助言と承認を必要とする。
2．国は政治に関する情報を開示しなければならない。
3．感染症の感染が確認された患者を，法律に基づき入院させる。
4．地方公共団体の財源の一つである国庫支出金は，使いみちが限定されている。

(エ)　――線④に関して，次の**表１**，**表２**は，日本の国会について示したものである。日本の国会について説明したあとの文ａ～ｆのうち，正しいものの組み合わせとして最も適するものを，**表１**，**表２**を参考にしながら，１～８の中から一つ選び，その番号を答えなさい。

表１　日本の二院制

	議院Ａ	議院Ｂ
議員定数	465人 小選挙区 289人 比例代表 176人	248人 選 挙 区 148人 比例代表 100人
解　　散	ある	ない
選 挙 権	満18歳以上	満18歳以上
被選挙権	満25歳以上	満30歳以上

表２　**表１**中「議院Ａ」の議席数等の推移

選挙がおこなわれた年	議席数	うち与党	議院Ａに議席を有する与党の数
Ⅰ　1958年	467	287	1
Ⅱ　1993年	511	243	7
Ⅲ　1996年	500	256	3
Ⅳ　2009年	480	318	3
Ⅴ　2012年	480	325	2

（総務省ウェブサイト掲載資料をもとに作成）

a　「議院Ａ」の議員は，３年ごとに半数が改選される。
b　「議院Ｂ」では，緊急集会がおこなわれることがある。
c　「議院Ａ」と「議院Ｂ」のいずれの選挙においても，政党ごとの得票数に応じて議席を配分する制度が取り入れられている。
d　「議院Ａ」と「議院Ｂ」のいずれの選挙においても，満18歳以上の者が立候補することができる。
e　**表２**中のⅡ，Ⅲ，Ⅳ，Ⅴの年には，連立政権がつくられた。
f　**表２**中のⅠ～Ⅴのいずれの年においても，「議院Ａ」における与党の議席数は，与党議員の賛成のみで法案を可決するために十分な数である。

1．a，c，e　2．a，c，f
3．a，d，e　4．a，d，f
5．b，c，e　6．b，c，f
7．b，d，e　8．b，d，f

(オ)　――線⑤に関して，Ｋさんは，環境問題に対する国際社会の取り組みについて調べ，次の文章を作成した。この文章中の あ ， い にあてはまる語句の組み合わせとして最も適するものを，あとの１～６の中から一つ選び，その番号を答えなさい。

1997年の第３回気候変動枠組条約締約国会議で京都議定書が採択されましたが，当時世界で最も多くの温室効果ガスを排出していた あ が早期に離脱するといった課題がありました。2015年には， い 等の内容を盛りこんだパリ協定が採択されました。

1．あ：アメリカ合衆国　い：温室効果ガスの削減目標の提出をすべての国に義務づける
2．あ：アメリカ合衆国　い：温室効果ガスの排出量の削減を先進国に義務づける
3．あ：中華人民共和国　い：温室効果ガスの削減目標の提出をすべての国に義務づける
4．あ：中華人民共和国　い：温室効果ガスの排出量の削減を先進国に義務づける
5．あ：ロシア連邦　い：温室効果ガスの削減目標の提出をすべての国に義務づける
6．あ：ロシア連邦　い：温室効果ガスの排出量の削減を先進国に義務づける

7　Kさんは，沖縄県について調べ，社会の授業で学習した内容と関連付けて，次の**レポート**を作成した。これについて，あとの各問いに答えなさい。

レポート

1　沖縄県の自然と暮らしについて

潮の満ち引きがある海岸沿いにみられる常緑広葉樹の[あ]が，波から島を守る天然の防波堤としての役割を果たしています。また，沖縄県の伝統的な家屋には，[い]による被害に備えて家を石垣で囲うといった工夫がみられます。

2　「慰霊の日」について

資料1は，1974年に沖縄県が定めた条例の一部です。

資料1

①我が県が，第二次世界大戦において多くの尊い生命，財産及び文化的遺産を失つ《(っ)》た冷厳な歴史的事実にかんがみ，これを厳粛に受けとめ，戦争による惨禍が再び起こることのないよう，人類普遍の願いである恒久の平和を希求するとともに戦没者の霊を慰めるため，慰霊の日を定める。

3　琉球王国について

15世紀前半から19世紀にかけて，琉球王国がさかえました。**資料2**は，琉球王国の様子を表した歌謡の一部です。

資料2

首里に君臨する(注)太陽の子が
浮島を造られて
②中国船，南蛮船が寄せくる那覇港となさった
首里城に君臨する太陽の子が
(注)　太陽の子：国王。

4　今後調べてみたいこと

沖縄県には，アメリカ合衆国の軍隊が使用することができる施設が多くあります。③アメリカ合衆国の軍隊が沖縄に駐留している背景や，軍隊をめぐる課題について，今後調べたいと思います。

(ア)　**レポート**中の[あ]，[い]にあてはまる語句の組み合わせとして最も適するものを，次の1～8の中から一つ選び，その番号を答えなさい。

1．あ：サンゴ礁　　い：地震　　2．あ：サンゴ礁　　い：台風
3．あ：バナナ　　い：地震　　4．あ：バナナ　　い：台風
5．あ：マングローブ　い：地震　　6．あ：マングローブ　い：台風
7．あ：なつめやし　　い：地震　　8．あ：なつめやし　　い：台風

(イ)　――線①の内容について説明したものとして最も適するものを，次の1～4の中から一つ選び，その番号を答えなさい。

1．原子爆弾が投下された。
2．民間人を巻きこんだ，地上での激しい戦闘がおこった。
3．捕虜となった人びとが，シベリアに送られた。
4．潜水艦が新兵器として初めて登場し，多くの死傷者がでた。

(ウ)　――線②の状況がみられた時期の琉球王国について説明したものとして最も適するものを，次の1～4の中から一つ選び，その番号を答えなさい。

1．日本に倭寇の取りしまりを求めるとともに，木綿や仏教の経典を輸出した。
2．周辺の国ぐにとのあいだで，さかんに中継貿易をおこない繁栄した。

3．東インド会社を設立し，インドネシアを拠点として東南アジアに進出した。

4．朱印状によって渡航が認められた貿易船が来航し，日本町ができた。

(エ)　Kさんは，――線③について考えるために日本を取り巻く国際環境について調べ，次の**資料3**～**資料5**を集めた。あとの文a～eのうち，これらの資料から考えられることの組み合わせとして最も適するものを，1～6の中から一つ選び，その番号を答えなさい。

資料3　日本とアメリカ合衆国とのあいだで結ばれた条約の条文(一部)

> 日本国の安全に寄与し，並びに極東における国際の平和及び安全の維持に寄与するため，アメリカ合衆国は，その陸軍，空軍及び海軍が日本国において施設及び区域を使用することを許される。

資料4　防衛費上位10か国(2021年)

国	防衛費（単位：百万ドル）	国内総生産に対する防衛費の割合
アメリカ合衆国	754,019	3.29%
中華人民共和国	207,340	1.23%
イギリス	71,627	2.30%
インド	65,079	2.21%
フランス	59,342	2.02%
ドイツ	56,051	1.33%
日本	49,254	0.97%
サウジアラビア	46,667	5.54%
大韓民国	46,650	2.56%
ロシア	45,802	2.78%

(『世界国勢図会　2022/23年版』をもとに作成)

資料5　那覇からの距離を示した地図

※距離を示す円は那覇から500kmごとに示してある。

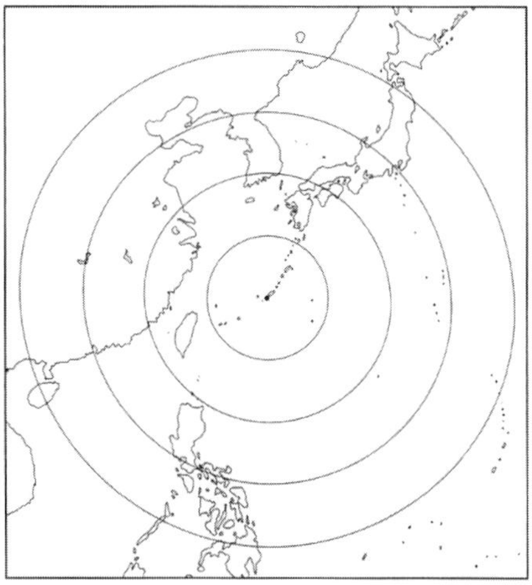

> a　**資料3**の条約が初めて結ばれたのは，アメリカ合衆国を中心とする資本主義陣営が，ソビエト連邦を中心とする社会主義陣営との対立を深めていた時期である。
>
> b　**資料3**の条約は，欧米諸国を模範として近代化を進めていた日本が，幕末に結んだ不平等条約の改正交渉を成功させた結果，結ばれたものである。
>
> c　2021年の東アジアにおいて，防衛費の額が最も大きい国は日本である。
>
> d　2021年の防衛費上位10か国のうち，国内総生産の額が最も小さい国は日本である。
>
> e　那覇から2,000km以内に領土を有している国の中には，核兵器を保有している国が複数ある。

1．a，c　　2．a，d　　3．a，e　　4．b，c　　5．b，d　　6．b，e

理　科

●満点 100点　●時間 50分

1　次の各問いに答えなさい。

(ア)　次の□は，Kさんがモノコードの弦をはじいたときに出る音についてまとめたものである。文中の(X)，(Y)にあてはまるものの組み合わせとして最も適するものをあとの1～4の中から一つ選び，その番号を答えなさい。ただし，**図2**と**図3**の1目盛りの値は同じであり，縦軸は振幅を，横軸は時間を表しているものとする。

> **図1**のようなモノコードのab間の弦をはじき，オシロスコープで音の波形を調べたところ，**図2**のようになった。このモノコードを用いて**図3**のような音を出すためには，弦を張る強さを(　X　)するか，ことじを動かしてab間の弦の長さを(　Y　)して，**図2**と音の大きさが同じになるようにab間の弦をはじけばよい。
>
> 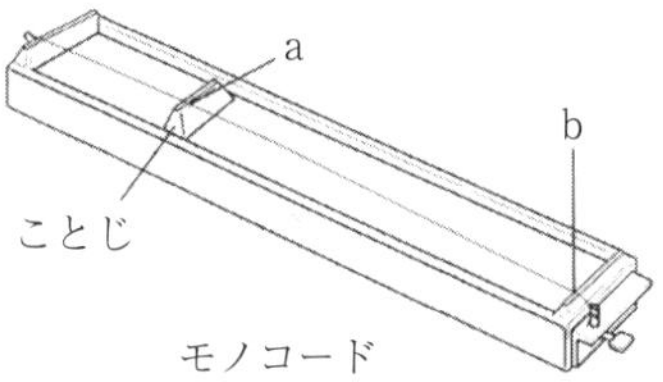
>
>
> **図1**
>
> 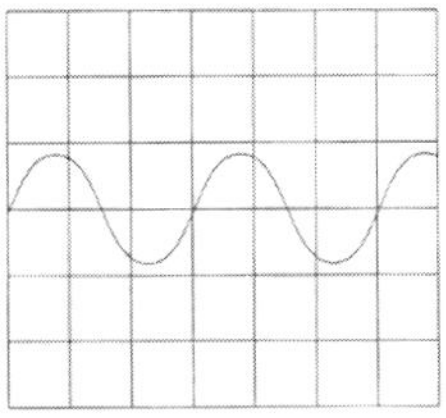
>
> **図2**
>
> 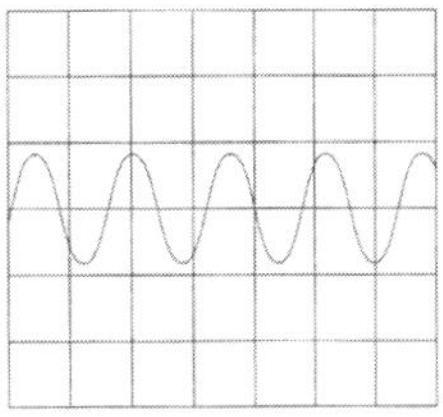
>
> **図3**

1．X：強く　Y：長く　　2．X：強く　Y：短く

3．X：弱く　Y：長く　　4．X：弱く　Y：短く

(イ)　次の□は，電源タップに多くの電気器具をつなぐ「たこ足配線」についてKさんがまとめたものである。文中の(あ)，(い)にあてはまるものの組み合わせとして最も適するものをあとの1～4の中から一つ選び，その番号を答えなさい。

> 右の図のように電源タップに多くの電気器具をつなぐ「たこ足配線」は，危険な場合がある。その理由は，電源タップにつないだすべての電気器具が並列接続になっているため，これらの電気器具に同じ大きさの(　あ　)ことで図中のコードXに大きな電流が流れ，発熱により発火するおそれがあるからである。
>
> 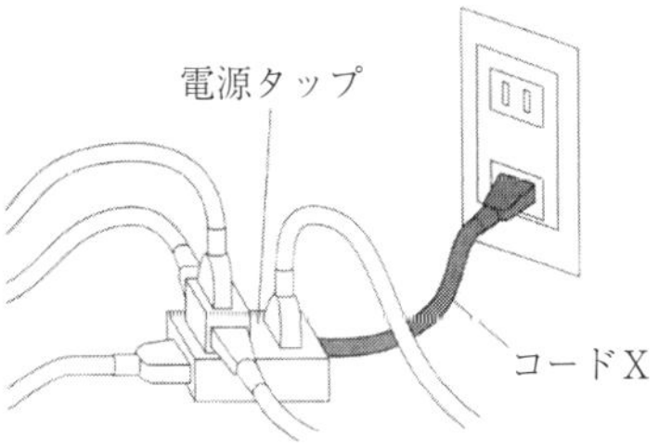
>
>
> 電源タップには，定格電流(図中のコードXに流せる電流の上限)が記載されている。定格電流が15Aである電源タップを電圧100Vの家庭用電源につなぎ，電源タップに消費電力が30Wのノートパソコン，20Wの蛍光灯スタンド，120Wのテレビ，1200Wのドライヤー(いずれも100Vの電圧で使用したときの値)をつないで同時に使用した場合，コードXを流れる電流の大きさは定格電流を(　い　)。

1．あ：電流が流れる　い：こえる　　2．あ：電流が流れる　い：こえない

3．あ：電圧がかかる　い：こえる　　4．あ：電圧がかかる　い：こえない

(ウ)　**図1**のように，円柱を取り付けた台を水平に置き，２つのリング型の磁石Ａ，磁石Ｂ（質量は磁石Ａの方が大きいものとする）をこの順で円柱に通したところ，磁石Ｂが宙に浮いた状態で静止した。**図2**はこのようすを真横から見たものであり，①～⑤の矢印は，磁石Ａ，磁石Ｂが受ける力を図示したものである。これらの力のうち，作用・反作用の関係になっている力の組み合わせとして最も適するものをあとの１～６の中から一つ選び，その番号を答えなさい。ただし，同一直線上にはたらく力であっても，矢印が重ならないように示してある。また，円柱と磁石の間の摩擦は考えないものとする。

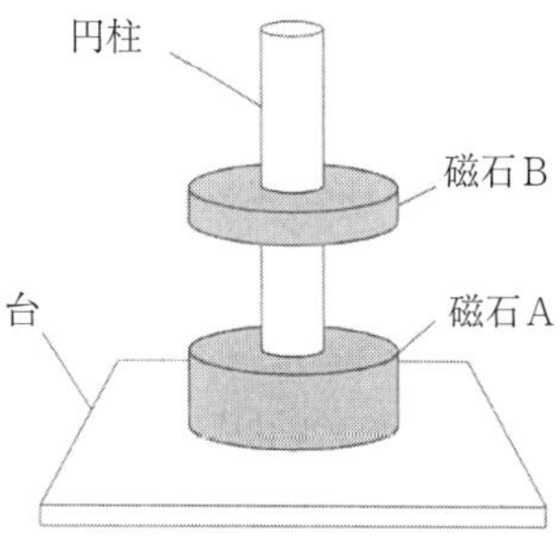

図1

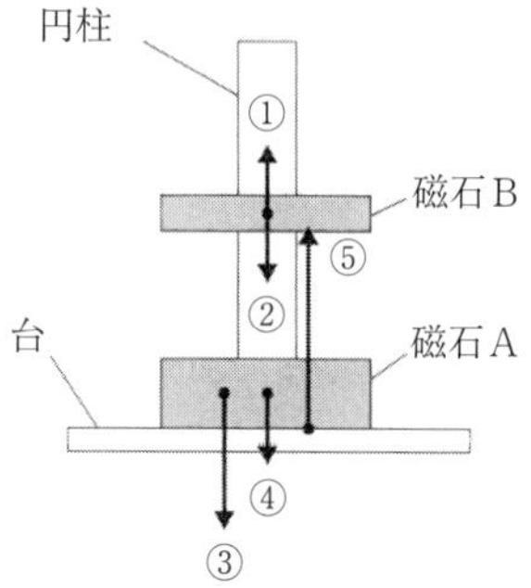

図2

１．①，②　　２．①，③　　３．①，④
４．②，⑤　　５．②，③，④　　６．③，④，⑤

2　次の各問いに答えなさい。

(ア)　右の図のような装置を用いて，水を入れたスポイトを押してアンモニアをみたした丸底フラスコ内に水を入れると，ビーカー内のフェノールフタレイン溶液を加えた水がガラス管を通って丸底フラスコ内に噴き出し，その水が赤く色づいた。次の□中のａ～ｃのうち，この現象からわかるアンモニアの性質として最も適するものをあとの１～６の中から一つ選び，その番号を答えなさい。

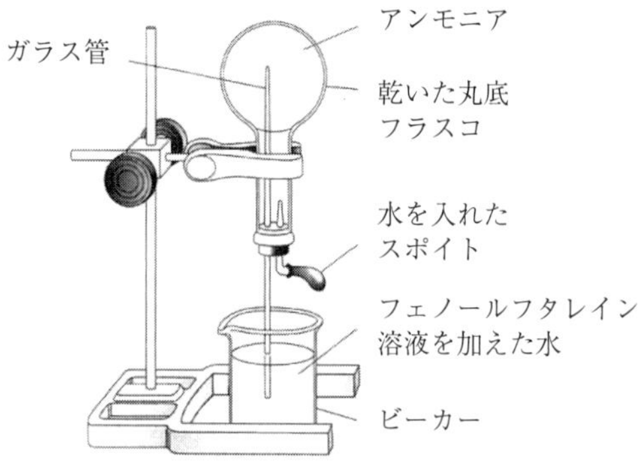

ａ　刺激臭がある。　　ｂ　水に溶けやすい。　　ｃ　水に溶けるとアルカリ性を示す。

１．ａのみ　　２．ｂのみ　　３．ｃのみ　　４．ａとｂ　　５．ａとｃ　　６．ｂとｃ

(イ)　次の表は，硝酸カリウムの溶解度を示したものである。20℃の水100ｇに硝酸カリウムを少しずつ溶かして飽和水溶液としたのち，水100ｇを加えて，60℃になるまで加熱したとき，この水溶液に硝酸カリウムをあと何ｇ溶かすことができるか。あとの１～６の中から一つ選び，その番号を答えなさい。

水の温度〔℃〕	20	40	60	80
水100ｇに溶ける硝酸カリウムの質量〔ｇ〕	32	64	109	169

１．64ｇ　　２．77ｇ　　３．109ｇ　　４．154ｇ　　５．186ｇ　　６．218ｇ

(ウ)　うすい水酸化ナトリウム水溶液を入れたビーカーにフェノールフタレイン溶液を数滴加え，

ガラス棒でよくかき混ぜながら，うすい塩酸を少しずつ加えていき，ビーカー内の水溶液の色を観察した。このとき，うすい塩酸を5mL加えたところでビーカー内の水溶液が無色に変化し，その後うすい塩酸を合計10mLになるまで加えたが，水溶液の色は無色のままだった。うすい塩酸を加え始めてから10mL加えるまでの，ビーカー内の水溶液に含まれるイオンの数の変化についての説明として最も適するものを次の1～4の中から一つ選び，その番号を答えなさい。

1．水素イオンの数は，増加したのち，一定になった。
2．水酸化物イオンの数は，減少したのち，増加した。
3．塩化物イオンの数は，はじめは一定で，やがて増加した。
4．ナトリウムイオンの数は，つねに一定だった。

3　次の各問いに答えなさい。

(ア)　顕微鏡で生物を観察する際，倍率を40倍から100倍に変えたときの視野の広さと明るさについての説明として最も適するものを次の1～4の中から一つ選び，その番号を答えなさい。

1．視野は広くなり，明るくなる。　　2．視野は広くなり，暗くなる。
3．視野はせまくなり，明るくなる。　4．視野はせまくなり，暗くなる。

(イ)　右の図は，ヒトの血液の循環を模式的に示したものであり，器官W，X，Y，Zは肝臓，小腸，腎臓，肺のいずれかである。次のa～dのうち，器官Xと器官Zについての説明の組み合わせとして最も適するものをあとの1～9の中から一つ選び，その番号を答えなさい。

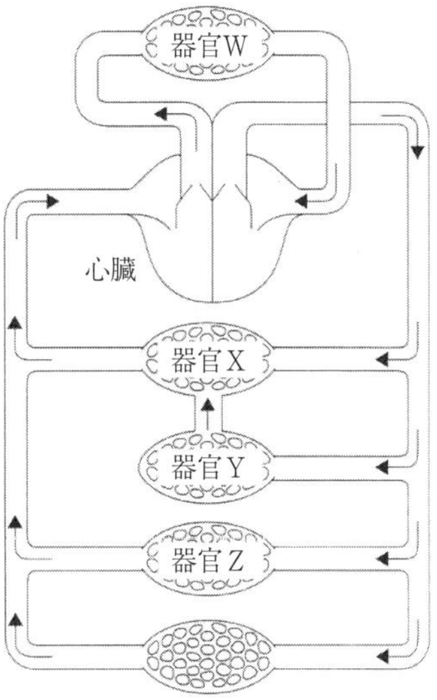

a　この器官では，多数の小さな袋状のつくりを通して，酸素と二酸化炭素の交換が行われる。
b　この器官では，栄養分や水分が主に吸収され，血液中に取りこまれる。
c　この器官では，血液中の尿素などの不要な物質が，余分な水分や塩分とともにこし出される。
d　この器官では，血液中のアンモニアが，害の少ない尿素に変えられる。

1．器官X：a　器官Z：b
2．器官X：a　器官Z：c　　3．器官X：a　器官Z：d
4．器官X：b　器官Z：c　　5．器官X：b　器官Z：d
6．器官X：c　器官Z：b　　7．器官X：c　器官Z：d
8．器官X：d　器官Z：b　　9．器官X：d　器官Z：c

(ウ)　右の図は，ある植物の個体Xと個体Yの体細胞の染色体をそれぞれ模式的に示したものであり，A，aは遺伝子を示している。次の□は，個体Xと個体Yをかけ合わせてできる子についての説明である。文中の(あ)，(い)，(う)にあてはまるものの組み合わせとして最も適するものをあとの1～8の中から一つ選び，その番号を答えなさい。ただし，減数分裂は分離の法則にしたがうものとする。

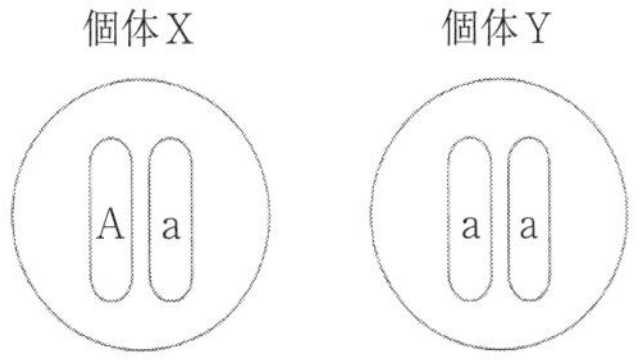

個体Xと個体Yをかけ合わせてできる子は，体細胞の染色体の模式図が（ あ ）である子と（ い ）である子の個体数の比が（ う ）になる。

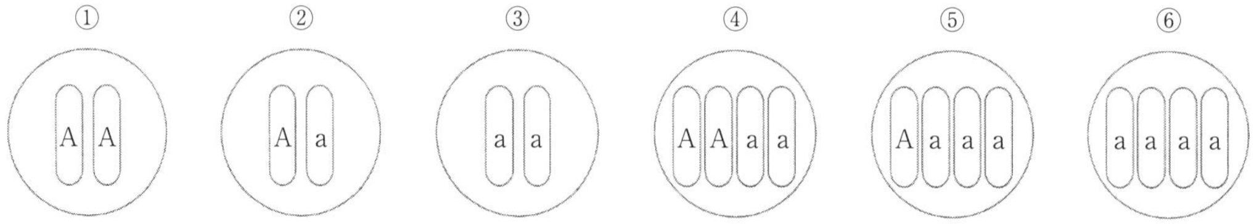

1．（あ） ① （い） ③ （う） 1：1　　2．（あ） ② （い） ③ （う） 1：1
3．（あ） ① （い） ③ （う） 3：1　　4．（あ） ② （い） ③ （う） 3：1
5．（あ） ④ （い） ⑥ （う） 1：1　　6．（あ） ⑤ （い） ⑥ （う） 1：1
7．（あ） ④ （い） ⑥ （う） 3：1　　8．（あ） ⑤ （い） ⑥ （う） 3：1

4 次の各問いに答えなさい。

(ア) 次の図は，ある地震が発生したときの，複数の観測地点でゆれが始まった時刻を示したものであり，図中の数値(02～20)は，19時10分02秒から19時10分20秒までの秒を示している。この地震において，図中の地点A，地点B，地点Cのうち，(i)初期微動継続時間が最も長かったと考えられる地点はどれか。また，(ii)地震のゆれの大きさが最も大きかったと考えられる地点はどれか。(i)，(ii)の組み合わせとして最も適するものをあとの1～9の中から一つ選び，その番号を答えなさい。ただし，地震波はどの方向にも同じ速さで伝わるものとし，地盤の違いによるゆれへの影響は考えないものとする。

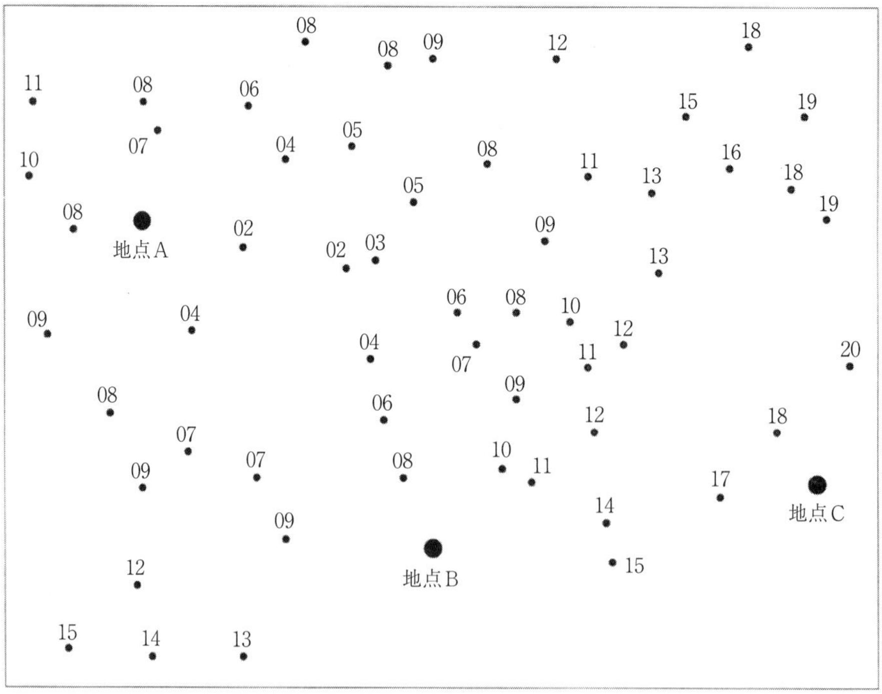

1．(i) 地点A (ii) 地点A　　2．(i) 地点A (ii) 地点B
3．(i) 地点A (ii) 地点C　　4．(i) 地点B (ii) 地点A

5．(i)　地点B　(ii)　地点B　　6．(i)　地点B　(ii)　地点C
7．(i)　地点C　(ii)　地点A　　8．(i)　地点C　(ii)　地点B
9．(i)　地点C　(ii)　地点C

(イ)　次の図は，神奈川県のある場所におけるある日の8時，11時，14時，17時の気温と空気1 m^3あたりの水蒸気量を，飽和水蒸気量を表す曲線とともに示したものである。この日の湿度の変化を表すグラフとして最も適するものをあとの1～4の中から一つ選び，その番号を答えなさい。

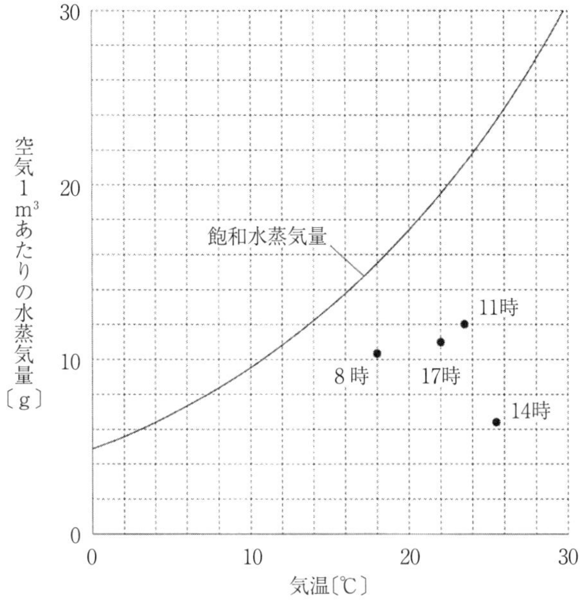

1．
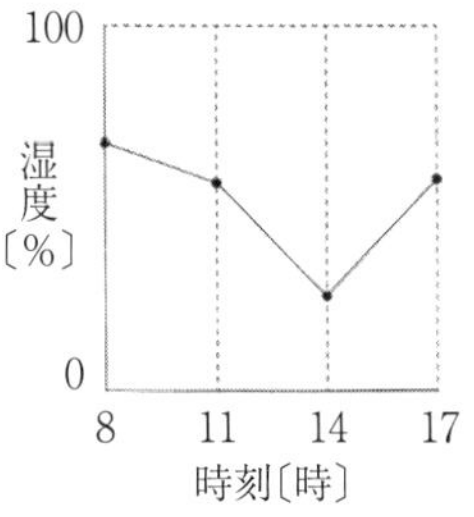

2．
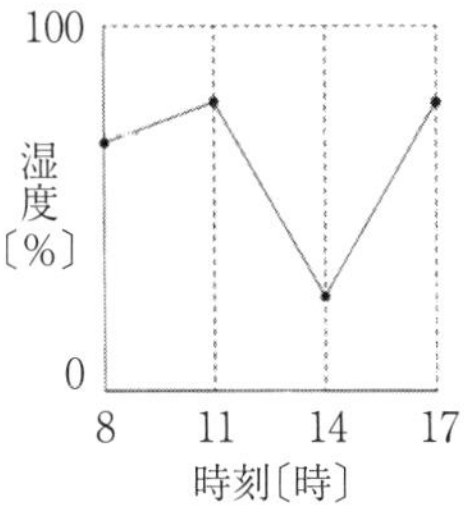

3．
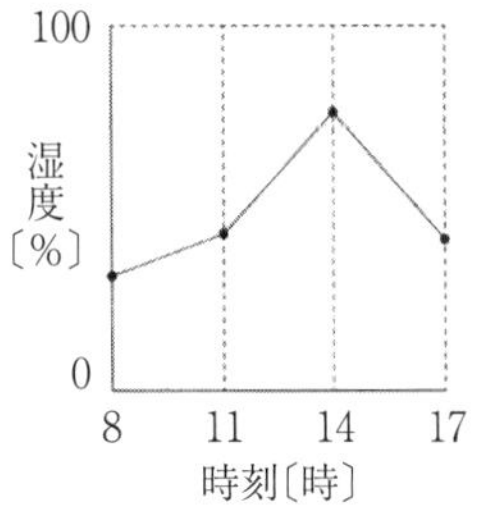

4．
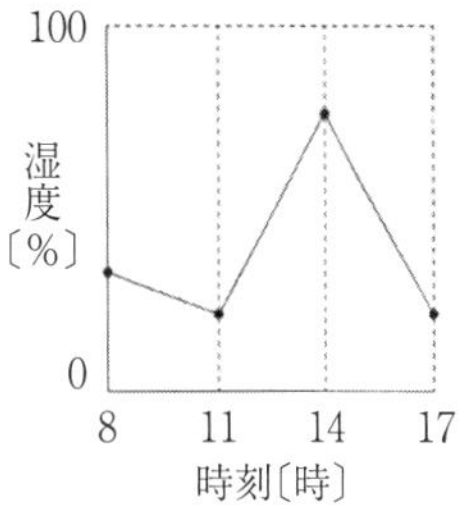

(ウ)　春分に，神奈川県のある場所で太陽の動きを観察したところ，太陽は真東の空からのぼり，南の空を通って真西の空に沈んだ。このときの南中高度は55°であった。次の(i)，(ii)のように観察する場所や時期を変えると，太陽がのぼる方角と南中高度はどのようになると考えられるか。最も適するものをあとの1～6の中からそれぞれ一つずつ選び，その番号を答えなさい。

(i)　観察する日は変えずに，日本国内のより緯度の高い場所で観察したとき
(ii)　観察する場所は変えずに，2か月後に観察したとき

1．太陽は真東の空からのぼり，南中高度は55°より高くなる。
2．太陽は真東の空からのぼり，南中高度は55°より低くなる。
3．太陽は真東よりも北寄りの空からのぼり，南中高度は55°より高くなる。

4．太陽は真東よりも北寄りの空からのぼり，南中高度は55°より低くなる。
5．太陽は真東よりも南寄りの空からのぼり，南中高度は55°より高くなる。
6．太陽は真東よりも南寄りの空からのぼり，南中高度は55°より低くなる。

5　Kさんは，電流が磁界から受ける力による物体の運動について調べるために，次のような実験を行った。これらの実験とその結果について，あとの各問いに答えなさい。ただし，実験に用いるレールや金属製の棒は磁石につかないものとする。また，レールと金属製の棒との間の摩擦，金属製の棒にはたらく空気の抵抗は考えないものとする。

〔実験〕 **図1**のように，金属製のレールとプラスチック製のレールをなめらかにつないだものを2本用意し，水平な台の上に平行に固定した。次に，金属製のレールの区間PQに，同じ極を上にした磁石をすき間なく並べて固定した。また，金属製のレールに電源装置，電流計，スイッチを導線でつないだ。金属製の棒(以下金属棒という)をPに置き，電源装置の電圧を4.0Vにしてスイッチを入れ，金属棒の運動を観察したところ，金属棒は区間PQで速さを増しながら運動し，Qを通過したあと，やがてRに達した。

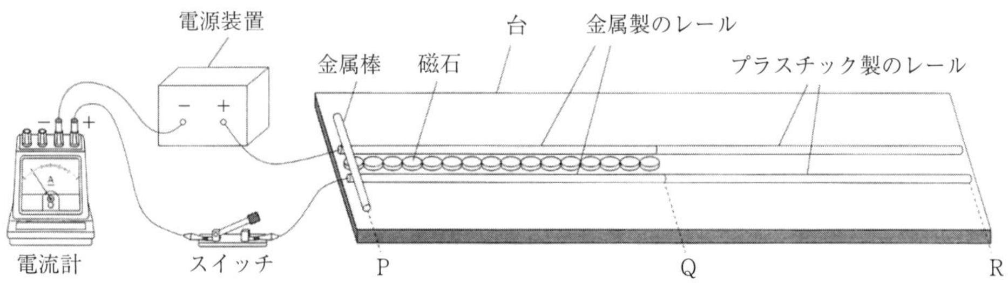

図1

(ア) 〔実験〕において金属棒が区間PQを運動しているとき，金属棒に流れる電流がつくる磁界の向きを表す図として最も適するものを次の1～4の中から一つ選び，その番号を答えなさい。ただし，1～4の図において左側にPがあるものとする。

1．
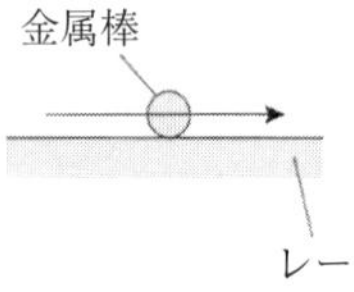

2．
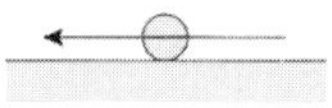

3．
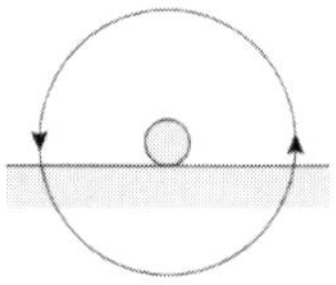

4．
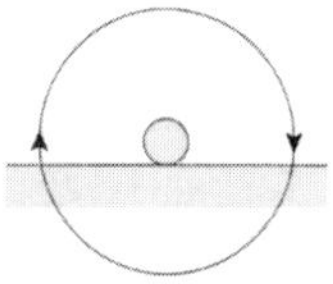

(イ) 〔実験〕において金属棒が区間PQを運動しているとき，金属棒にはたらく力を表す図として最も適するものを次の1～4の中から一つ選び，その番号を答えなさい。ただし，同一直線上にはたらく力であっても，矢印が重ならないように示してある。また，1～4の図において左側にPがあるものとする。

1．
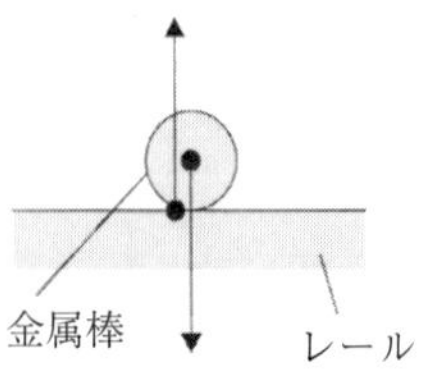

2．
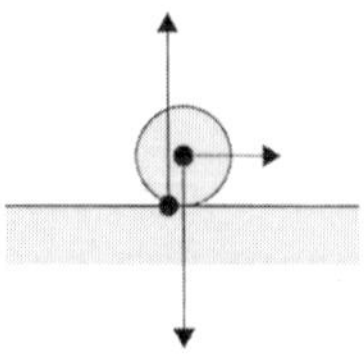

3．
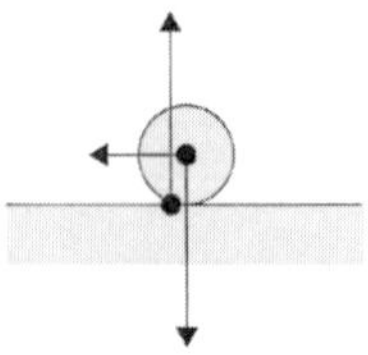

4．
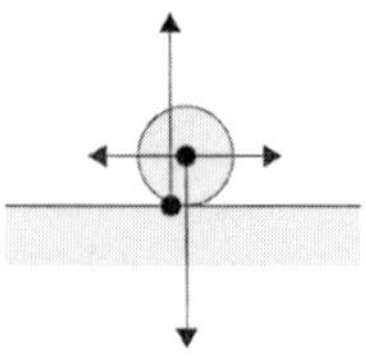

(ウ)　Kさんは，〔実験〕における金属棒の運動を，区間PQでは一定の割合で速くなる運動，区間QRでは一定の速さの運動だと考え，時間と速さの関係を**図2**のように表した。なお，点Aは，金属棒がQに達したときの時間と速さを示している。電源装置の電圧を6.0Vに変えて〔実験〕と同様の操作を行ったときの時間と速さの関係を，**図2**をもとにして表したものとして最も適するものを次の1～4の中から一つ選び，その番号を答えなさい。ただし，1～4には**図2**の点Aを示してある。また，回路全体の抵抗の大きさは〔実験〕と同じであるものとする。

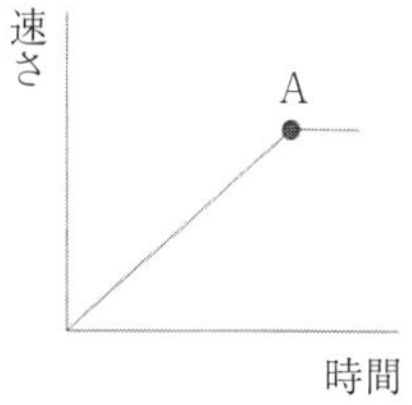

図2

1.
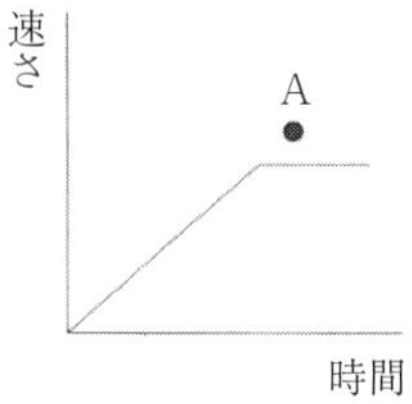

2.
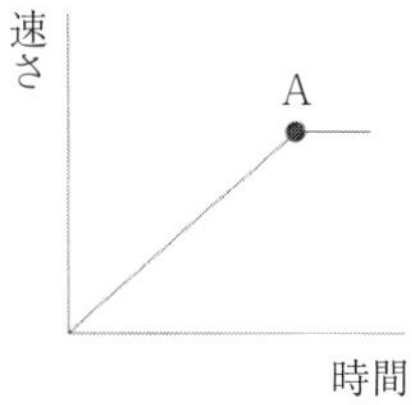

3.
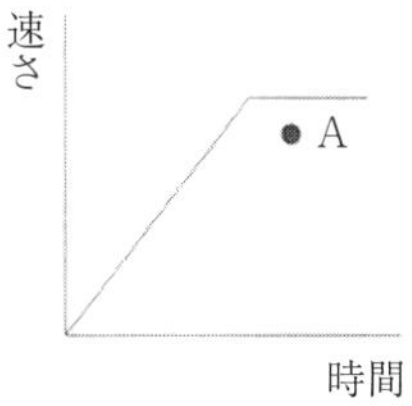

4.
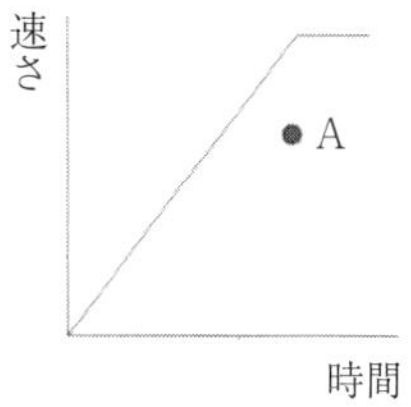

(エ)　Kさんは，〔実験〕の装置が電気エネルギーから力学的エネルギーへの変換装置になっていることに気がつき，その変換効率を求めるために次の〔実験計画〕を立てた。〔実験計画〕中の（　）にあてはまる式として最も適するものをあとの1～4の中から一つ選び，その番号を答えなさい。

〔実験計画〕

図3のように，〔実験〕で用いたレールと磁石が固定された台を傾けて斜面をつくる。〔実験〕と同様にレールには電源装置，電流計，スイッチがつながれているが，**図3**ではそれらを省略してある。電源装置の電圧をV〔V〕にしてスイッチを入れ，重さW〔N〕の金属棒をPに置き，静かに手を離す。金属棒が，Pからの距離と高さがそれぞれL〔m〕とH〔m〕であるQまで斜面を上るのにかかった時間がt〔s〕であり，その間に流れた電流がI〔A〕で一定であったとする。このとき，電気エネルギーがすべて位置エネルギーに変換されたとすると，変換効率は次の式で求められる。

変換効率〔%〕=（　　）×100

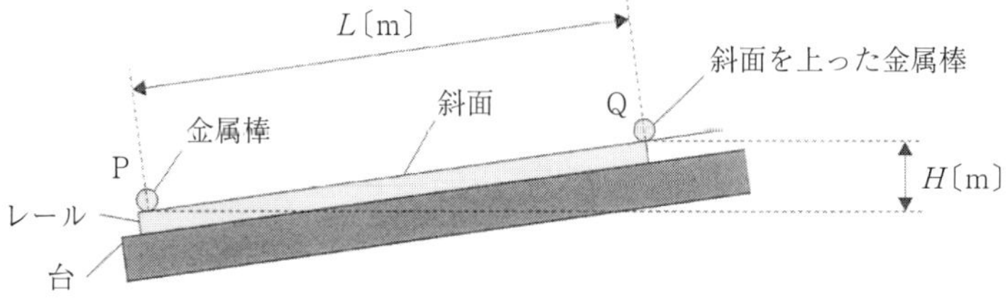

図3

1．$\dfrac{WH}{VIt}$　2．$\dfrac{WL}{VIt}$　3．$\dfrac{VIt}{WH}$　4．$\dfrac{VIt}{WL}$

6 Kさんは，酸化物から酸素をとり除く化学変化について調べるために，次のような実験を行った。また，このような化学変化が利用されている例として，製鉄所での製鉄について調べた。これらについて，あとの各問いに答えなさい。ただし，〔実験〕において，酸化銅と炭素粉末との反応以外は起こらないものとする。

〔実験〕 **図1**のような装置を用いて，酸化銅1.0ｇと炭素粉末0.30ｇの混合物を試験管Ａに入れて加熱したところ，反応が起こり，気体が発生して試験管Ｂ内の石灰水が白く濁った。反応が完全に終わったところで加熱をやめ，試験管Ａをよく冷ましてから試験管Ａ内にある固体の質量を測定し，質量保存の法則を用いて，発生した気体の質量を求めた。

次に，炭素粉末の質量は0.30ｇのまま変えずに，試験管Ａに入れる酸化銅の質量を2.0ｇ，3.0ｇ，4.0ｇ，5.0ｇ，6.0ｇと変えて同様の操作を行い，発生した気体の質量を求めた。**図2**は，これらの結果をまとめたものである。

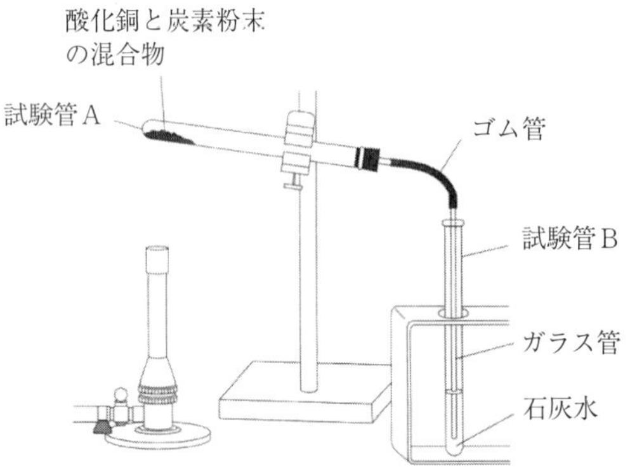

図1

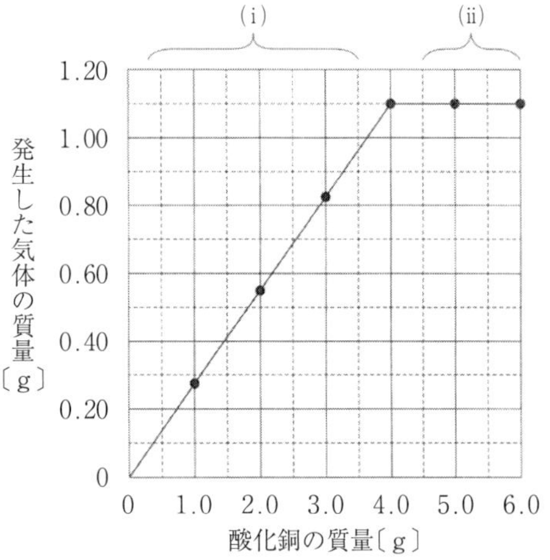

図2

〔製鉄所での製鉄について調べたこと〕

私たちの生活に使われている鉄は，製鉄所で鉄鉱石(酸化鉄)から酸素をとり除くことによって製造されている。

図3のように，高炉《こうろ》に鉄鉱石と，石炭を蒸し焼きにしてできるコークス(炭素)などを入れ，熱風を吹き入れて1500℃以上に加熱すると，酸化鉄がコークスから生じる一酸化炭素と反応して，鉄と二酸化炭素ができる。

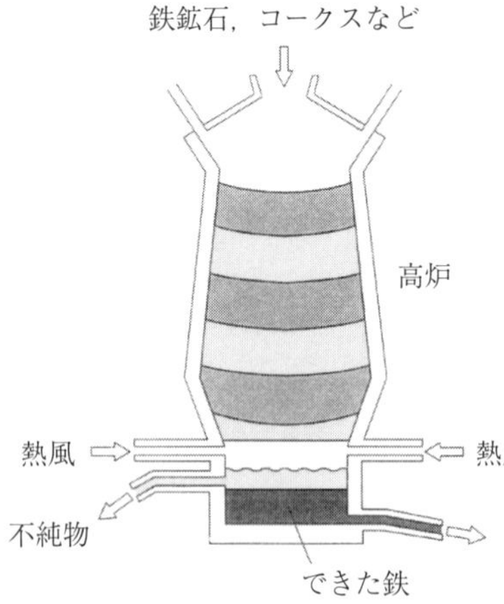

図3

(ア) 〔実験〕の**図2**中に(i)と(ii)で示した酸化銅の質量の範囲において，反応が完全に終わったときに試験管Ａ内にある固体はそれぞれ何であると考えられるか。(i)，(ii)について最も適するものを次の１～４の中からそれぞれ一つずつ選び，その番号を答えなさい。

１．銅　　２．酸化銅と銅　　３．炭素粉末と銅　　４．酸化銅と炭素粉末と銅

(イ) 〔実験〕において，酸化銅6.0ｇと炭素粉末0.30ｇの混合物を加熱したときにできる銅の質量として最も適するものを次の１～５の中から一つ選び，その番号を答えなさい。

1．2.9g　　2．3.2g　　3．4.0g　　4．4.8g　　5．5.2g

(ウ)　次の□は，〔製鉄所での製鉄について調べたこと〕における下線部の反応についてKさんがまとめたものである。(i)文中の(X)，(Y)にあてはまるものの組み合わせ，(ii)文中の(Z)にあてはまるものとして最も適するものをそれぞれの選択肢の中から一つずつ選び，その番号を答えなさい。

> この反応では，酸化鉄が一酸化炭素によって(X)されて鉄ができ，同時に一酸化炭素が(Y)されて二酸化炭素ができる。このように(X)と(Y)が同時に起こる化学変化の例として，〔実験〕でみられた化学変化のほかに，(　　Z　　)化学変化が挙げられる。

(i)　文中の(X)，(Y)にあてはまるものの組み合わせ

1．X：酸化　Y：還元　　2．X：還元　Y：酸化

(ii)　文中の(Z)にあてはまるもの

1．火をつけたマグネシウムリボンを二酸化炭素と反応させて，炭素と酸化マグネシウムができる

2．炭酸水素ナトリウムを空気中で加熱して，炭酸ナトリウムと水と二酸化炭素ができる

3．水酸化バリウム水溶液に硫酸を加えて，水と硫酸バリウムができる

(エ)　〔製鉄所での製鉄について調べたこと〕について，Kさんは下線部の反応を次のように化学反応式で表した。化学反応式中の(あ)，(い)に入れる数字の組み合わせとして最も適するものをあとの1～6の中から一つ選び，その番号を答えなさい。ただし，1～6において，(あ)，(い)に数字を入れる必要がない場合は「空欄」としてある。

酸化鉄　一酸化炭素　　鉄　　二酸化炭素

Fe_2O_3 + (あ)CO → 2Fe + (い)CO_2

1．あ：空欄　い：空欄　　2．あ：空欄　い：2　　3．あ：2　い：2

4．あ：2　い：3　　5．あ：3　い：空欄　　6．あ：3　い：3

7　Kさんは，気孔のはたらきや性質について調べるために，次のような実験を行った。これらの実験とその結果について，あとの各問いに答えなさい。

〔実験〕　**図**のように，水を入れたメスシリンダーにアジサイをさして，メスシリンダー内の水の蒸発を防ぐために少量の油で水面を覆った装置を6個つくり，次の条件①や条件②を変えたものを装置A～Fとした。

条件①　アジサイに，気孔をふさぐためのワセリンを塗る部分

条件②　装置を放置する場所

装置A～Fをしばらく放置し，メスシリンダー内の水の減少量を調べた。その後，すべての葉からワセリンを取り除き，葉を脱色してヨウ素溶液と反応させ，青紫色に染まるかどうかを調べた。

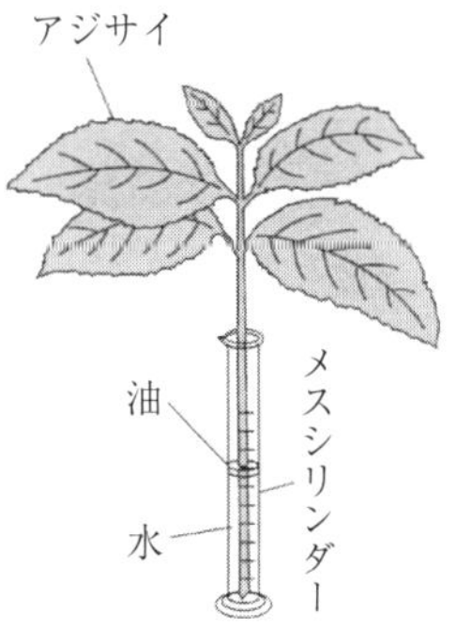

図

表1は，装置A～Fにおける条件①，②と実験の結果をあわせてまとめている途中のものである。なお，装置A～Fに用いたアジサイは，葉の大きさや枚数，茎の太さや長さがほぼ同じであり，実験前に暗室で1日放置したものである。また，装置A～Fを放置した場所は，いずれも気温や湿度がほぼ同じであり，風通しがよい場所である。

表 1

	条件① アジサイにワセリンを塗る部分	条件② 装置を放置する場所	水の減少量〔cm^3〕	ヨウ素溶液と反応させた結果
装置A	すべての葉の表面	日光の当たる場所		
装置B	すべての葉の裏面	日光の当たる場所	2.0	
装置C	すべての葉の表面と裏面	日光の当たる場所	0.2	ほぼ染まらなかった
装置D	なし	日光の当たる場所	10.0	青紫色に染まった
装置E	すべての葉の表面と裏面	暗室	0.2	ほぼ染まらなかった
装置F	なし	暗室	2.3	ほぼ染まらなかった

(ア)　次の□は，植物が物質を運ぶ管についてKさんがまとめたものである。文中の(X)，(Y)，(Z)にあてはまるものの組み合わせとして最も適するものをあとの1～4の中から一つ選び，その番号を答えなさい。

> 植物が生きるために必要な物質を運ぶ管は2種類ある。根から吸い上げられた水や養分は(X)を通って運ばれ，葉でつくられた栄養分は(Y)を通って運ばれる。これらの管は数本が束になっており，この束を維管束という。アジサイの茎を輪切りにした場合，維管束は(　Z　)。

1．X：道管　Y：師管　Z：輪のように並んでいる
2．X：道管　Y：師管　Z：散在している
3．X：師管　Y：道管　Z：輪のように並んでいる
4．X：師管　Y：道管　Z：散在している

(イ)　**表 1** から，アジサイに日光を当てたときの葉の裏面からの蒸散量は何cm^{3}だと考えられるか。最も適するものを次の1～6の中から一つ選び，その番号を答えなさい。

1．1.8cm^3　2．2.0cm^3　3．2.2cm^3
4．7.8cm^3　5．8.0cm^3　6．8.2cm^3

(ウ)　Kさんは，〔実験〕の装置C～Fの結果から，ワセリンや日光の有無と，蒸散や光合成との関係について整理し，気孔のはたらきや性質について考察した。**表 2** は，Kさんが装置C～Fのうち2つの装置の結果を比較してわかることをまとめている途中のものである。

表 2

比較する装置	比較してわかること
(　あ　)	アジサイに日光を当てると，ワセリンを塗らないアジサイでは光合成が行われるが，葉の両面にワセリンを塗ったアジサイでは光合成がほぼ行われない。
(　い　)	ワセリンを塗らないアジサイの蒸散量は，日光を当てたときの方が多い。
装置Cと装置E	葉の両面にワセリンを塗ったアジサイの蒸散量は，日光を当てるか当てないかによらず，ほぼ一定である。
	アジサイにワセリンを塗るか塗らないかによらず，暗室では光合成がほぼ行われない。

(i)　**表 2** 中の(あ)，(い)に最も適するものを次の1～4の中からそれぞれ一つずつ選び，その番号を答えなさい。

1．装置Cと装置D　2．装置Cと装置F
3．装置Dと装置F　4．装置Eと装置F

(ii) 次の□中のa～dのうち，装置C～Fの結果から気孔のはたらきや性質について考察できることとして最も適するものをあとの1～6の中から一つ選び，その番号を答えなさい。

a　葉の気孔の数は，表面よりも裏面の方が多い。
b　気孔には，日光が当たると開き，日光が当たらないと閉じる性質がある。
c　光合成が行われるための気体の出入りは，気孔を通して行われる。
d　光合成には，根から吸い上げた水と，気孔から取り入れた水の両方が使われる。

1．aとb　　2．aとc　　3．aとd
4．bとc　　5．bとd　　6．cとd

8　Kさんは，地層の成り立ちについて調べるために，次のような実験を行った。また，いくつかの地域の露頭を観察した。これらについて，あとの各問いに答えなさい。

〔実験〕 **図1**のように，水を入れた容器を傾けて固定し，容器にれき，砂，泥を混ぜてつくった土砂をのせ，土砂の上から洗浄びんで水をかけて，土砂の流され方を調べた。**図2**は，水をかけ終わったあとの土砂の堆積のようすを真上から観察してスケッチしたものである。

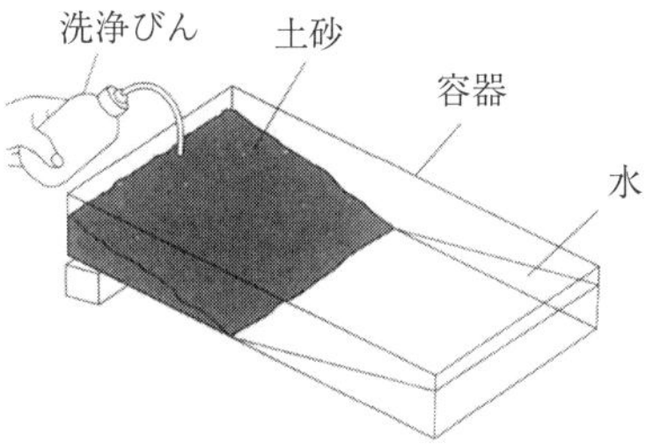

図1

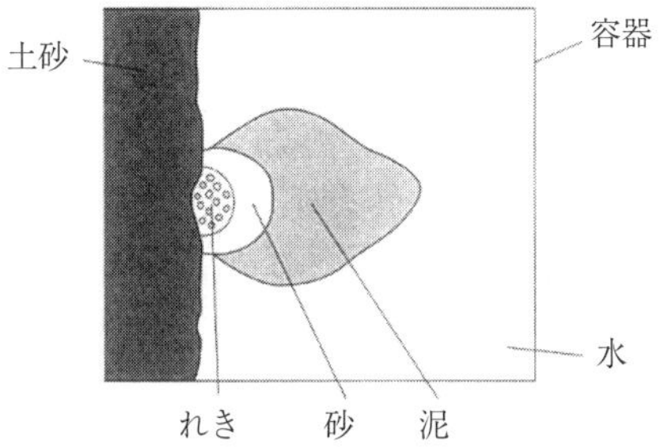

図2

〔観察〕 それぞれ異なる地域にある露頭X，露頭Yを観察した。**図3**と**図4**はそれぞれ露頭Xと露頭Yのスケッチである。

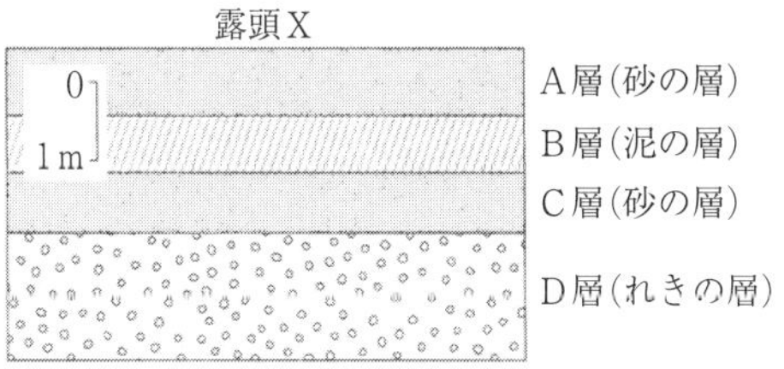

図3

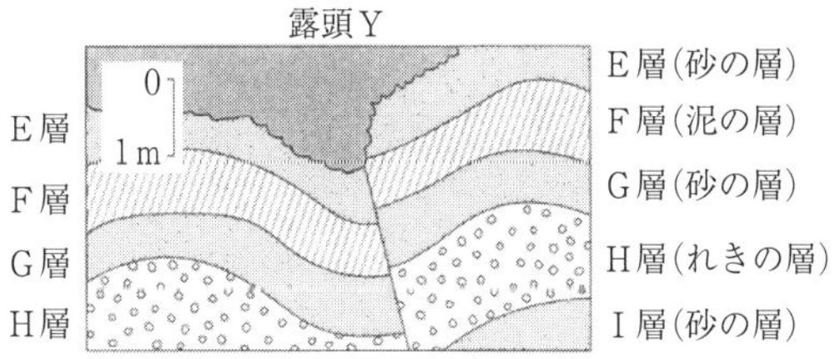

図4

(ア) 〔実験〕の**図2**を参考にして，実際に河口から海に流れ込んだれき，砂，泥が堆積したようすを表す図として最も適するものを次の1～4の中から一つ選び，その番号を答えなさい。

1.

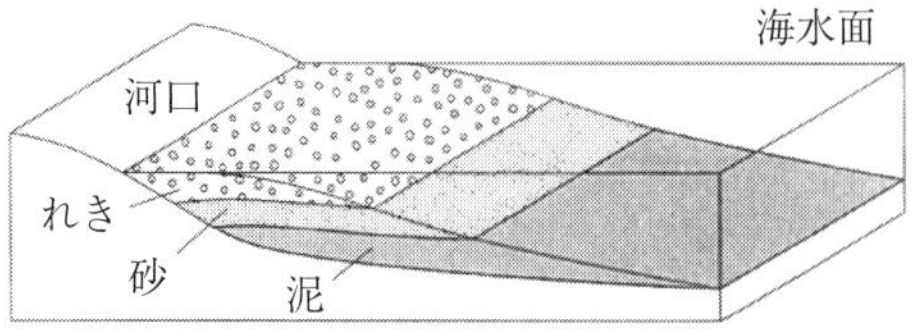

2.

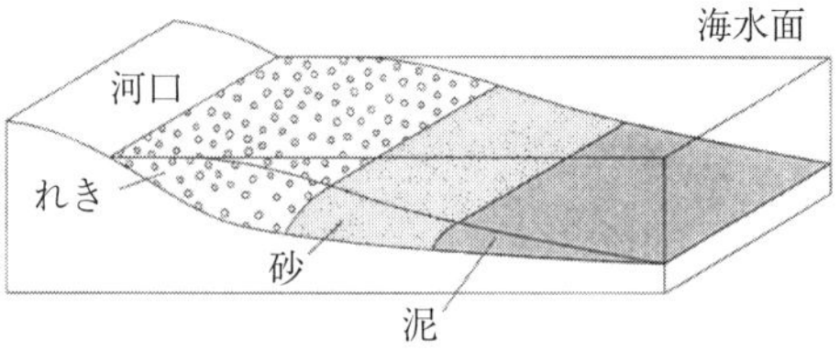

3.

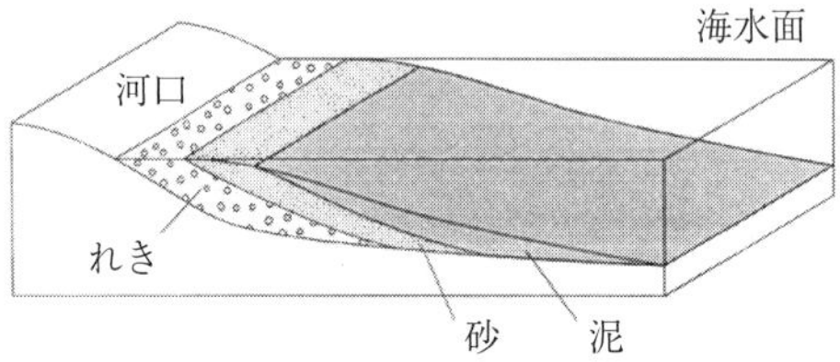

4.

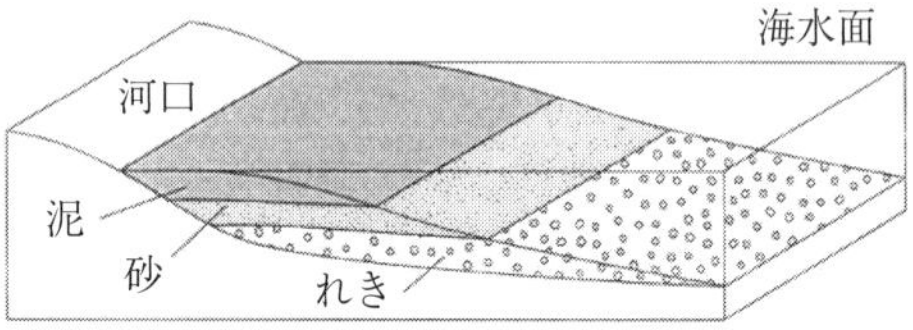

(イ) 次の□は，**図3**の露頭Xにみられる地層の成り立ちについてKさんがまとめたものである。文中の(あ)，(い)にあてはまるものの組み合わせとして最も適するものをあとの1～8の中から一つ選び，その番号を答えなさい。

> 露頭Xにみられる地層の成り立ちを，海水面の変動と関連付けて考える。この地層に上下の逆転がないとすると，D層が堆積した当時，堆積した場所は河口から(　あ　)場所にあり，その後，海水面が(　　い　　)ことで堆積した場所の河口からの距離が変化し，C層，B層，A層が堆積したと考えられる。

1．あ：遠い　い：上昇し続けた　　2．あ：遠い　い：上昇したのち，下降した
3．あ：遠い　い：下降し続けた　　4．あ：遠い　い：下降したのち，上昇した
5．あ：近い　い：上昇し続けた　　6．あ：近い　い：上昇したのち，下降した
7．あ：近い　い：下降し続けた　　8．あ：近い　い：下降したのち，上昇した

(ウ) **図4**の露頭Yにみられる断層やしゅう曲は，地層にどのような力がはたらいてできたと考えられるか。最も適するものを次の1～4の中から一つ選び，その番号を答えなさい。

1．露頭Yの断層としゅう曲はどちらも，地層を押す力がはたらいてできた。
2．露頭Yの断層としゅう曲はどちらも，地層を引く力がはたらいてできた。
3．露頭Yの断層は地層を押す力がはたらいてでき，しゅう曲は地層を引く力がはたらいてできた。
4．露頭Yの断層は地層を引く力がはたらいてでき，しゅう曲は地層を押す力がはたらいてできた。

(エ) Kさんは，露頭の観察以外にも，ボーリング調査によって地層について調べられることを知り，〔観察〕とは異なる地域で行われたボーリング調査の試料を観察した。**図5**は，この調査が行われた地域の等高線と標高を示している。また，**図6**は，**図5**のP，Q，Rの各地点で行われた調査をもとにつくった柱状図である。**図5**のS地点でボーリング調査を行った場合，**図6**の火山灰を含む層は地表から何mの深さに出てくると考えられるか。最も適するものをあとの1～6の中から一つ選び，その番号を答えなさい。ただし，この地域の地層は水平であり，地層の上下の逆転やしゅう曲および断層はないものとする。また，火山灰を含む層はいずれも同時期に堆積したものとする。

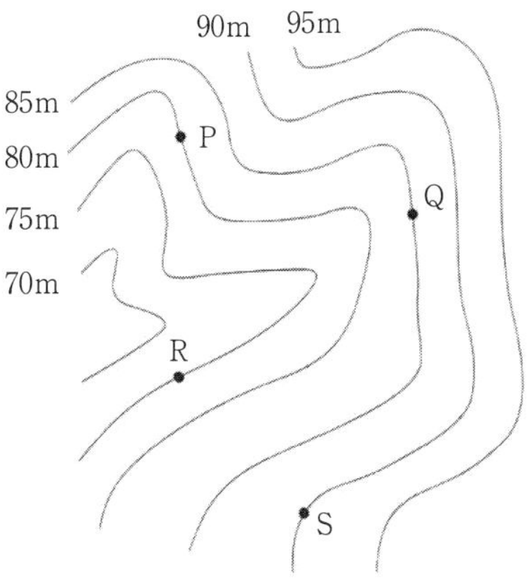

図５

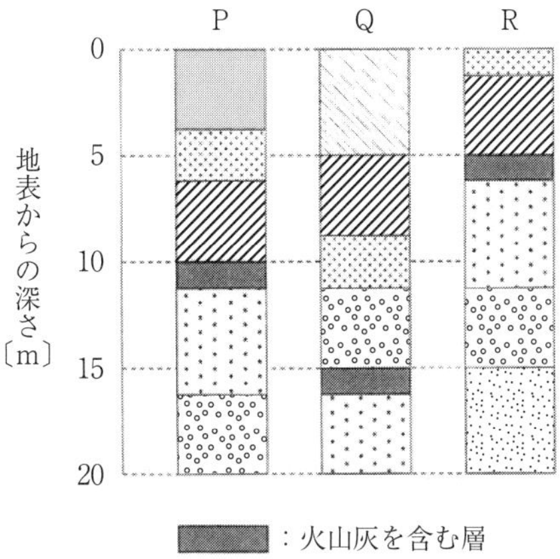

図６

1．５m　　2．10m　　3．15m　　4．20m　　5．25m　　6．30m

Cさん　それについて、**グラフ2**を見ながら考えていきましょう。これは平成二十七年時点の全国に占める振興山村の割合を示したものです。産業の活性化や交通などの生活環境の整備が求められている振興山村では、自然に手を加えて雑木林や農耕地として利用してきました。

Dさん　まさに里山と同様の暮らしが営まれているのですね。**グラフ2**を見ると、日本の林野面積の約六十パーセントが振興山村にあるのに比べて、振興山村の人口は日本の人口の約三パーセントしかないことがわかります。林野と関わりながら暮らす人がとても少ないことが気になりますね。

Cさん　そうですね。そのことは、石油やガスが燃料として主流になって薪や炭を使用する機会が減ったことと関係していて、結果として放棄される雑木林が増えています。雑木林だけでなく、農耕地も放棄されるところが増え、再生利用が困難なほど荒廃してしまったところもあります。

Bさん　なるほど。日本では、林野と関わりながら暮らす人が少ないために、雑木林や農耕地として使われていたところが放棄されているのですね。

Dさん　このような現状もあって野生動物の活動範囲が広がり、シカなどが奥山から人間の生活しているところに出てきてしまうというようなことが起こっているのかもしれません。

Aさん　では、ここまでの話をまとめていきましょう。**資料**と**グラフ2**から読み取ったことをもとに、日本における人間と自然の共生という視点で考えると、[　　　]ことが必要です。

Bさん　そうですね。ただし、人間の生活が変わってしまった以上は、そのことに加えてAIやロボットなどの科学技術を活用し、自然との共生に向けて何か新たな取り組みを始めることも必要ですね。

Aさん　次回は、振興山村の活性化のために実際に行われている取り組みについて調べてみましょう。

(ア)　本文中の[　　]に入れるものとして最も適するものを次の中から一つ選び、その番号を答えなさい。

1　二〇一八年度は二十九歳以下の狩猟免許所持者数が一九七五年度のおよそ十倍に増えているとともに、野生のシカの捕獲頭数も増えている

2　一九七五年度は狩猟免許所持者数のうち三十歳代が最も多かった一方で、野生のシカの捕獲頭数は二〇一八年度のおよそ十分の一であった

3　一九七五年度は狩猟免許所持者の総数が二〇一八年度のおよそ四倍だったが、野生のシカの捕獲頭数は二〇一八年度より大幅に少なかった

4　二〇一八年度は狩猟免許所持者の総数が一九七五年度の半数以下となり平均年齢が高くなっているが、野生のシカの捕獲頭数は増えている

(イ)　本文中の[　　]に適する「Aさん」のことばを、次の①～④の条件を満たして書きなさい。

① 書き出しの[日本における人間と自然の共生という視点で考えると、]という語句に続けて書き、文末の[ことが必要です。]という語句につながる**一文**となるように書くこと。
② 書き出しと文末の語句の間の文字数が**二十五字以上三十五字以内**となるように書くこと。
③ **資料**と**グラフ2**からそれぞれ読み取った内容に触れていること。
④ 「管理」「林野」という二つの語句を、どちらもそのまま用いること。

Dさん　野生のシカは人間の生活への被害を防ぐ目的で捕獲されることが多くなっています。シカに限らず、野生動物によって、農作物や希少な植物の食害、地表の植物が食い荒らされることによる土壌流出、自動車や鉄道車両との接触事故などが起こっており、深刻な状況です。

Aさん　野生動物との関係一つ取ってみても、現在では自然との共生がうまくできていないことがわかります。ここで、人間が自然と共生していく上で必要なことについて考えてみましょう。

Bさん　では、もう一度**資料**を見てください。日本人は自然に手を加えるだけでなく、それを持続的に管理することで自然との共生社会を完成させたと書かれています。一度自然に手を加えて雑木林や農耕地にしたら、管理し続ける必要があるのですね。現状はどうなっているのでしょうか。

グラフ1

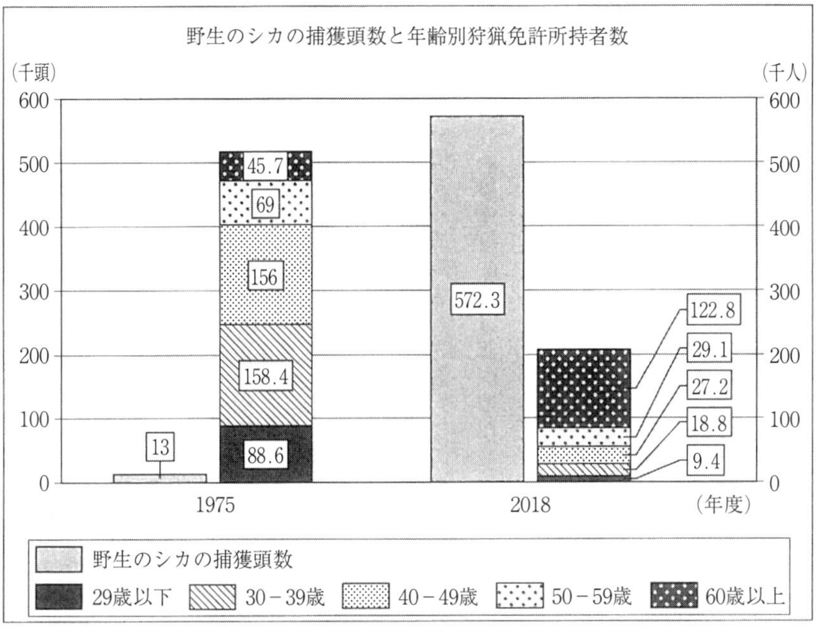

環境省ホームページ「野生鳥獣の保護及び管理」より作成。

グラフ2

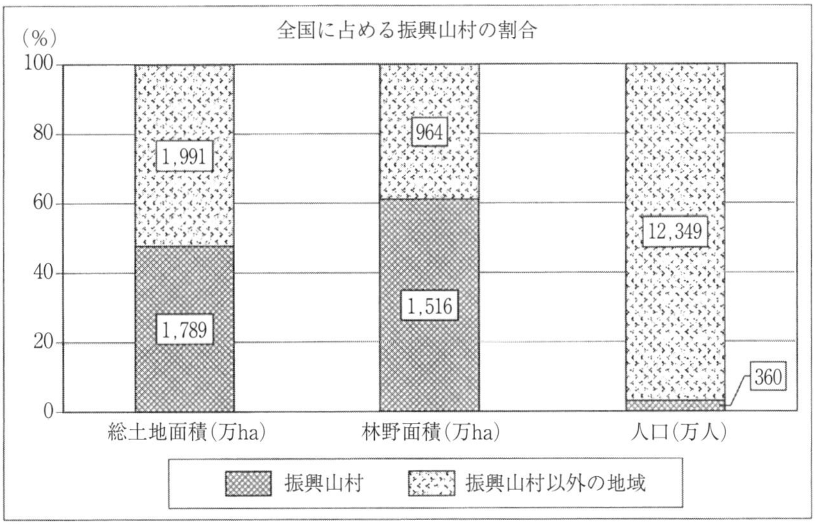

林野庁「令和２年版 森林・林業白書」より作成。

酒焼紅葉」という詩の一節をひそかに学んでいたということがわかり、心を動かされている。

3　「殿守の伴のみやづこ」の行動を「林間煖酒焼紅葉」という詩の一節と照らし合わせることで趣のある振る舞いとして捉え、感心した態度を示している。

4　ずっと前に自分が教えた「林間煖酒焼紅葉」という詩の一節を「殿守の伴のみやづこ」が覚えており、見事に詩の場面を再現してみせたことに驚いている。

(エ)　本文の内容と一致するものを次の中から一つ選び、その番号を答えなさい。

1　目覚めてすぐに紅葉の様子を見に来た高倉天皇は、処罰されることを「蔵人」が恐れる中で「殿守の伴のみやづこ」の行動を褒め、誰にも罰を与えることはなかった。

2　気分良く目覚めた高倉天皇は、「蔵人」の心配をよそに紅葉の様子を受け入れ、「殿守の伴のみやづこ」の働きによって新たな楽しみ方に気がつけたことを喜んだ。

3　いつもより早く目覚めた高倉天皇は、紅葉の様子を見ただけで何が起きたかを把握して「殿守の伴のみやづこ」の行動を許し、「蔵人」に事情を尋ねることはなかった。

4　紅葉の様子を心配して早く起きた高倉天皇は、言い訳ばかりする「蔵人」にあきれ、事情をありのままに報告した「殿守の伴のみやづこ」の正直さを高く評価した。

五

中学生のAさん、Bさん、Cさん、Dさんの四人のグループは、「総合的な学習の時間」で人間と自然の共生について調べ、話し合いをしている。次の**資料**、**グラフ1**、**グラフ2**と文章は、そのときのものである。これらについてあとの問いに答えなさい。

資料

日本人は、古くから森を利用してきました。やがて森を加工し、水田や畑などの農耕地や居住のための開放空間を確保するようになり、その周りに自らの手で森を作り、奥山(自然林)、雑木林、里地という異なる生態系がつながりを持つ里山を作り上げてきました。

日本人は自然に手を加え、それを持続的に管理することで、自然との共生社会を完成させて、実に縄文の時代から一万年もの間、この狭い島国の中だけで完結して生きてきたとされます。

(五箇公一《ごかこういち》「これからの時代を生き抜くための生物学入門」から。一部表記を改めたところがある。)

Aさん　私たちは、人間と自然の共生について調べてきました。今日は、日本に住む私たちがこれからどのように自然と関わっていくのかについて、それぞれが調べてきたことをもとに考えましょう。

Bさん　まずは、**資料**を見てください。日本人が森を利用して生きてきたことが書かれています。日本人は、森に手を加えて作った雑木林から木を切り出して薪や炭にしたり、里地で農耕をしたりしながら、手つかずの自然林である奥山ともつながりを持って生活してきました。

Cさん　人間は、それらの総体である里山という場で自然と関わってきたのですね。自然との関わりの中で、現在ではどのようなことが問題になっているのでしょうか。

Dさん　では、**グラフ1**を見てください。これは、野生のシカの捕獲頭数と年齢別の狩猟免許所持者数をまとめたものです。これを見ると［　　　　］ことがわかります。

Cさん　野生のシカはどのような目的で捕獲されているのですか。

めされつる紅葉を、かやうにしけるあさましさよ。知らず、汝等《なんぢら》《（お前たち）》、只今《ただいま》、禁獄流罪《きんごくるざい》にも及び、わが身もいかなる逆鱗《げきりん》にか預からんずらん。《（天皇からどのようなお叱りをうけることだろう）》」と嘆くところに、主上、いとどしく夜のおとどを出《い》でさせたまひもあへず、《（天皇は、いつもよりいっそう早く御寝所から出てこられるとすぐ）》かしこへ行幸なつて紅葉を叡覧なるに、なかりければ、「いかに。」と御尋ねあるに、蔵人奏すべき方はなし。《（申し上げようがない）》ありのままに奏聞《そうもん》す。《（申し上げる）》（注）天気ことに御心《みこころ》良げにうち笑ませたまひて、「『（注）林間煖酒焼紅葉』といふ詩の心をば、**3**それらには誰《た》が教へけるぞや。やさしうも仕《つかまつ》りけるものかな。《（風流にもいたしたものだな）》」とて、かへつて叡感に《（お褒めに》預かつし《預かった》上は、あへて（注）勅勘なかりけり。

（「平家物語《へいけものがたり》」から。）

（注）承安＝平安時代の年号。一一七一～一一七五年。

北の陣＝天皇の住まいの北側にある門。「縫殿の陣」ともいう。

殿守の伴のみやづこ＝天皇の住まいで、庭の掃除などをする人。

蔵人＝天皇の近くで仕える人。

行幸＝ここでは、天皇が来ること。

天気＝天皇の機嫌。

林間煖酒焼紅葉＝書き下し文では「林間に酒を煖《あたた》めて紅葉を焼《た》く」と書く。中国の詩人、白居易《はくきょい》の詩の一節。

勅勘＝天皇が罪を責めること。

(ア) ——線**1**「終日に叡覧あるになほ飽き足らせたまはず。」とあるが、それを説明したものとして最も適するものを次の中から一つ選び、その番号を答えなさい。

1 高倉天皇は、小山の紅葉を一日中独り占めするのはもったいないと思い、多くの人たちと一緒に紅葉を眺めているということ。

2 高倉天皇は、小山に木を植えさせただけでは満足できず、紅葉が美しい他の山へ出かけて一日中紅葉を眺めているということ。

3 高倉天皇は、小山の紅葉を一日中眺めているうちに物足りなく感じ始め、紅葉している木を増やそうとしているということ。

4 高倉天皇は、小山に植えさせた紅葉を一日中眺めていてもまだ眺め足りないと思うほど、紅葉に夢中になっているということ。

(イ) ——線**2**「蔵人、大きに驚き」とあるが、その理由として最も適するものを次の中から一つ選び、その番号を答えなさい。

1 紅葉した木は暴風で葉が散らされたことで観賞に向かなくなってしまったが、「殿守の伴のみやづこ」が機転をきかせ、高倉天皇が暖をとるための薪として枝や葉を役立てたから。

2 暴風が吹いて散らばった紅葉を「殿守の伴のみやづこ」が片づけ、残っている枝なども酒をあたためるために燃やしてしまった結果、高倉天皇が見る紅葉がなくなってしまったから。

3 見頃を迎えた紅葉が暴風によって散らされてしまったことに「殿守の伴のみやづこ」がいち早く気づき、紅葉の様子を見た高倉天皇が悲しむことのないよう、燃やして片づけたから。

4 酔っ払った「殿守の伴のみやづこ」が紅葉の山に無断で立ち入り、酒をあたためようとして散り落ちた葉に火をつけたことで、高倉天皇が植えさせた紅葉まで燃えてしまったから。

(ウ) ——線**3**「それらには誰が教へけるぞや。」とあるが、そのように言ったときの高倉天皇を説明したものとして最も適するものを次の中から一つ選び、その番号を答えなさい。

1 「林間煖酒焼紅葉」という詩の一節を「殿守の伴のみやづこ」がうまい具合に再現したのを見て、立場に合わない振る舞いをしたものだとからかっている。

2 自分を喜ばせようとした「殿守の伴のみやづこ」が「林間煖

するかもしれないということ。

4　危機の前提となっている常識が根本から変わりそうになると、常識をもとに進められてきた政策に社会全体が関心を示さなくなるかもしれないということ。

(ク)　――線5「社会では次の常識を巡る『まなざしの戦い』が始まる。」とあるが、「まなざしの戦い」に関して筆者はどのような考えを述べているか。それを説明したものとして最も適するものを次の中から一つ選び、その番号を答えなさい。

1　物事の解釈に影響を及ぼすような情報が提示され、中には常識を覆すようなものもあるが、異なる主張にもとづいた膨大な数の情報が入り乱れているため、適切な選択をするのは困難である。

2　物事の解釈を揺るがそうとしてさまざまな情報が示されるが、中には根拠のないようなものも混じっているため、専門的な知識を駆使して検証しない限り、正解を探し出すのは困難である。

3　物事の解釈に影響を与えることを目的として情報が提示されるが、常識が通用しないような情報も存在しているため、複数の観点から捉え直さない限り、妥当性を判断するのは困難である。

4　物事の解釈を揺るがすような情報が提示され、多くの情報がそれらしく見えるようにつくられてはいるが、実体は非科学的で根拠のないものであるため、正確なものを選ぶのは困難である。

(ケ)　本文について説明したものとして最も適するものを次の中から一つ選び、その番号を答えなさい。

1　常識と見方が強く結びついていることを指摘するとともに、社会で常識が果たす役割について確認し、見方を変化させるためには常識を活用することが有効だと論じている。

2　見方の固定化が起こる経緯を述べた上で常識について説明し、多様な見方が生み出されている現代において、常識に対する自身の見方を振り返ることの必要性を論じている。

3　社会に影響を与えている見方が常識によって固定化されたものであることを明らかにし、見方を変化させることの利点を説明しながら、情報発信の際の留意点も論じている。

4　見方と解釈の違いを明確にしながら長年社会で常識とされてきた見方に疑問を投げかけ、常識にとらわれず、自身の見方を強固なものにしていくことが重要だと論じている。

四　次の文章を読んで、あとの問いに答えなさい。

高倉天皇は、幼くして帝位に就いた。

去んぬる(注)承安《しようあん》の頃ほひ、御在位のはじめつかた(天皇になられた初めの頃)、御年十歳ばかりにもならせたまひけん、あまりに紅葉を愛せさせたまひて、(注)北の陣に小山を築《つ》かせ、櫨《はじ》、楓《かへで》の色美しうもみぢたる(紅葉したもの)を植ゑさせて、紅葉の山と名づけて、1終日《ひねもす》に叡覧《えいらん》あるになほ飽き足らせたまはず。

しかるを、ある夜、野分《のわき》はしたなう(暴風が激しく)吹いて、紅葉みな吹き散らし、落葉すこぶる狼藉《らうぜき》なり(乱雑である)。(注)殿守《とのもり》の伴《とも》のみやつこ、朝清めすとてこれをことごとく掃き捨ててんげり。残れる枝、散れる木の葉をかき集めて、風すさまじかりける朝《あした》なれば、縫殿《ぬひどの》の陣《ぢん》にて、酒あたためてたべける薪にこそしてんげれ。奉行の(注)蔵人《くらんど》、(注)行幸より先にと急ぎ行《ゆ》いて見るに、跡かたなし。「いかに。」と問へばしかしかと言ふ。2蔵人、大きに驚き、「あなあさまし。君のさしも執《しつ》し思《おぼ》し(天皇があれほど執着しておられた)

(エ) ――線1「私たちが見方を変えるのは、自分にとって都合の悪いことが起こったときだ。」とあるが、そのことについて筆者はどのような考えを述べているか。それを説明したものとして最も適するものを次の中から一つ選び、その番号を答えなさい。

1 不都合なことが起きた場合には、自身の個人的な欲求で都合よく物事を捉えるのではなく、世間において大多数の人が持っている認識に従おうとする傾向が強い。

2 都合の悪いことが生じたときには、自身の認識にこだわるのではなく、他者の意見や新しい知識を積極的に取り入れることで発想の転換をしようとする傾向が強い。

3 不都合なことが生じたときには、新たな見識を身につけて自身の認識を変えるのではなく、直面している物事を自身が受け止められるように捉え直す場合が多い。

4 都合の悪いことが起きた場合には、自身が長い時間をかけて身につけた認識を改めるのではなく、問題を生じさせている相手に意見を変えるよう求めることが多い。

(オ) ――線2「私たちのまなざしはもう変えられないほど固定化してしまう。」とあるが、それを説明したものとして最も適するものを次の中から一つ選び、その番号を答えなさい。

1 深刻な事態の連続を解消するために新たな答えをつくり出すことが求められる中で、失敗を恐れるあまり一度成功した解決法にこだわってしまい、別の見方ができなくなっていくということ。

2 深刻な事態の連続で答えが定まらない状況から逃れようとして、自身にとって都合のいい側面だけに注目することを繰り返すうちに、自身の見方を改めることができなくなっていくということ。

3 深刻な事態が続いて誰も対応できないという状況に陥ると、自身の信念を揺るぎないものにして社会に貢献しなければならないという使命感が働いて、見方が動かせなくなっていくということ。

4 深刻な事態が続いて他人を信用することができなくなり、自分以外に頼れる人はいないという意識が強まった結果、徐々に自身の見方を絶対的なものとして捉えるようになっていくということ。

(カ) ――線3「そんな常識」とあるが、それを説明したものとして最も適するものを次の中から一つ選び、その番号を答えなさい。

1 一度も教わったことがないにもかかわらず、全ての人間が生まれつき持っている同じような考え。

2 さまざまな時代を経て受け継がれていく中で、人々が何度も正確性を検証してでき上がったもの。

3 幼い頃から多くの人と触れ合い多様な経験をすることによって身につく、人によって異なる考え。

4 無意識のうちに自身の考えのもとになっている、長い間人々の共通認識として扱われてきたもの。

(キ) ――線4「危機に際しても同じことが言える。」とあるが、それを説明したものとして最も適するものを次の中から一つ選び、その番号を答えなさい。

1 危機の前提となっている常識が覆りそうになると、常識を根拠に正当性を主張していた人々が政治家の責任を追及しようとするかもしれないということ。

2 危機の前提となっている常識が根本から変わりそうになると、新たな発見や発明をすることで常識を守ろうとする人が出てくるかもしれないということ。

3 危機の前提となっている常識が覆りそうになると、常識が変わることによって不利益を被る人々が不都合な事実を隠そうと

4 危機に際しても同じことが言える。世界的な危機や混乱を生み出す前提が、もし何らかの理由で間違っており、それが次の常識を生み出してしまったとすれば。その前提をつくることに関与し積極的に吹聴《ふいちょう》してきた人々、例えば専門家や権威、政治家や企業などにとっては、とても不都合なことになる。あるいはその常識にもとづいて社会的に拳を振り上げ、声高に正当性を主張していた人々は拳を下ろす先を失ってしまう。だからもし自分の主張が間違いであったことに気づいたとしても、これまで前提にしてきた見方を変えるにはとても勇気が必要になる。

　それに社会がその者たちに責任を負わせようとすればするほど、素直に見方を変えるどころか都合の悪い事実が表に出ることを隠蔽し、歪曲《わいきょく》し、演出しようとするだろう。あるいは、反感を寄せる社会のほとぼりが冷めるのを待ち、これまでの責任を回避しようとするかもしれない。いずれにせよ、自らの常識を根本的に変えるよりも、物事や出来事、事実の解釈を変えることを選択しがちである。

　だから混乱が大きくなればなるほど、5 社会では次の常識を巡る「まなざしの戦い」が始まる。そこには、さまざまな力が巧みに私たちのまなざしをデザインしようと仕掛けており、どの見方もそれらしく見えるように(注)プレゼンテーションされる。そんな観点からインターネットを注意深く眺めると、多様な見方が並べられていることに気づくだろう。

　その中には科学的でないものも溢《あふ》れているし、客観性を装《よそお》いながら根拠のなさそうなものもたくさん見られる。しかし私たちがこれまで当たり前としてきた社会の仕組みや科学的な常識を覆すような情報や証拠も共有され始めているのだ。それらの全てが妥当性を欠いた説明であるとは必ずしも言い切れないように思える。一方で、あまりにもたくさんの情報に溢れ、そのどれもが正反対を主張する中、今や何が事実で何が正解なのかの判断は簡単には下せなくなっている。そんなときこそ、改めてもう一度、「常識とは何か」について確認する必要があるだろう。

　常識とは何かを改めて考えることは日常の中でそれほど多くはない。人は誰しも自分の常識は正しいと思っている。そして他の人々も自分と同じような常識を持ち、同時に自分も他の多くの人と同じように常識を備えていると考えてしまう。だが私たちが考えている以上に常識とは曖昧で実体のないものである。

（ハナムラチカヒロ「まなざしの革命」から。一部表記を改めたところがある。）

(注) アイデンティティ＝他と区別する自分らしさ。
アインシュタイン＝ドイツ生まれの理論物理学者（一八七九〜一九五五）。
プレゼンテーション＝提示すること。

(ア) 本文中の A ・ B に入れる語の組み合わせとして最も適するものを次の中から一つ選び、その番号を答えなさい。

1 A 例えば　B ただし
2 A しかし　B または
3 A むしろ　B そして
4 A やはり　B つまり

(イ) 本文中の〰〰線Ⅰの語と同じ熟語の構成になっている語を、次の中から一つ選び、その番号を答えなさい。

1 携帯　2 名言　3 送迎　4 尽力

(ウ) 本文中の〰〰線Ⅱの「よう」と同じ意味で用いられている「よう」を含む文を、次の中から一つ選び、その番号を答えなさい。

1 妹はすでに出かけたようだ。
2 明日は早く起きようと思っている。
3 週末は一緒に映画を見ようよ。
4 雨が滝のように降っている。

おり、それには気づかない。私たちは物事の解釈を変更することで、日常の問題であれば何とか乗り切れるかもしれない。だが、深刻な事態が起こったときには、それだけではうまくいかなくなる。生死にまつわるようなこと、自分の(注)アイデンティティの危機、混乱した状況や先行きの全く見えない社会不安。そんな場合に私たちは根本的な見方を変える必要性に迫られる。

　そもそも、見方を変えるのはそう簡単なことではない。これまで長い時間をかけて培《つちか》ってきた自分の根幹に関わることほど、見方を急に変えるのは難しい。それにはとてもエネルギーと努力が必要になるのだ。特に社会に大きな変化が訪れるときや、答えのない深刻な問いが自分に突きつけられ、根本から見方を変えねばならない状況になるほど、私たちはこれまで以上にますます自分のまなざしを固定しがちだ。自分の見方が間違っていると改めるよりも、自分の見方は間違っていないことを確認する方向に物事の解釈を変更する方が私たちには容易《たやす》い。

　しかし、何とかしてようやく自分の認識を変えることができたとしても、また次から次へと深刻な事態が続くような状況に陥るとどうだろうか。今度は、私たちは自ら進んでまなざしを固定化することを選ぶのである。答えが定まらない不安定な状態は、私たちに大きな苦痛を強いる。その不安の激流に流されてしまわないように、何か答えを決めてそこから動きたくない気持ちが強まるのだ。だから状況が厳しくなるほど、自分の都合の悪いものは視界から追いやって、自分が見たい部分や一度信じたことにだけ目を向けがちになる。そんな状態を繰り返しているうちに、2私たちのまなざしはもう変えられないほど固定化してしまう。

　こうして一度信じ込んでしまうと、その物事の別の側面を見せられても、私たちにはそれが事実には見えない。いくら妥当性がある理屈が並べられても、自分の信念に合わないものを間違っているとする方が、私たちには容易い。自分の見方を正当化してくれる情報や理屈、権威を追い求めるようになると、それがまた自分の見方をますます強めていく。［B］次第に自分と反対の見解や立場を突きつける相手を敵視したり、見下したりする態度を示すようになる。

　小さい頃から教育されてきた知識、長年にわたって社会で信じられてきた概念、多くの人が口にする情報。それらは繰り返し唱えられるものほど私たちの中に強く刻まれ、それはいつしか自分自身の信念や考え、感覚として自分の無意識に深く入り込んでいく。自らが固く信じて疑わない見方、つまり私たちのまなざしが固定化した状態は「固定観念」あるいは「偏見」と言い換えられる。それが社会にまで広がったものを、私たちは「常識」と呼ぶ。だが、(注)アインシュタインも常識とは十八歳までに身につけた偏見のコレクションと指摘したと言われるように、常識とはまなざしが固定化したものにほかならない。

　3そんな常識を前提にして、社会ではさまざまなことが動いている。政府の政策、経済の変動、科学の通説、それにもとづいた産業、そして日々の生活。それらはそれぞれ個人の信念だけでなく多くの人々の常識と利害が関係している。だからこれまでの常識とされることが根本的に覆《くつがえ》されることが起こると、それに抵抗する力はより大きくなる。

　何か前提を変えてしまうような世紀の発見があったり、根本から産業構造を覆す新しい発明が起こったようなときでも同様である。それによってこれまでの常識のもとで積み上げてきた莫大《ばくだい》な利益が失われるのであれば、社会は保守的な態度をとるだろう。全ての常識やシステム、教科書や方程式を根本からつくりかえねばならないのであれば、総力を上げてそれをなかったことにしようとするかもしれない。

3 「僕」と一緒に過ごす中で自分の知らない父親の一面が現れたのを見て、「僕」と違って研究に関する話題を共有できず、父親から関心を示してもらえない自分に無力さを感じている。

4 口数の少ない父親が「僕」と一緒にいるときはよく話すということに気づき、「僕」のように話を聞くことに徹すれば、自分も父親とうまく関係を築けるのではないかと期待している。

(オ) ――線5「わからないひとだよ、きみのお父さんは。」とあるが、ここでの「僕」の気持ちをふまえて、この部分を朗読するとき、どのように読むのがよいか。最も適するものを次の中から一つ選び、その番号を答えなさい。

1 息子には得意なことをしてほしいという「藤巻先生」の考えを理解していながらも、まずは目の前にいる「和也」を慰めようと思い、わかっていない様子をよそおっているように読む。

2 熱心な研究者でありながら息子に後を継ぐことを強制しない「藤巻先生」は、自分たちの理解を超えた存在であるということを、「和也」だけでなく自分にも言い聞かせているように読む。

3 「藤巻先生」が学校の成績を気にすることはないと言いながらも家庭教師を依頼したのは、息子に仕事を継がせたいと思っているからだということを、「和也」に訴えかけるように読む。

4 「藤巻先生」の話し相手になっている自分に対し、父親のことを理解できているに違いないと決めつけてくる「和也」の態度に圧倒され、自分も理解できていないと打ち明けるように読む。

(カ) この文章について述べたものとして最も適するものを次の中から一つ選び、その番号を答えなさい。

1 「藤巻先生」と「和也」がすれ違いながらも親子として互いを思っている様子を、夏のひとときを両者とともに過ごした「僕」の視点から描いている。

2 父親に反抗的な「和也」の態度に戸惑いつつも将来のことを「和也」に考えさせようとする「僕」の姿を、多くの擬態語や慣用句を用いて描いている。

3 「僕」と関わる中で誤解に気づいた「藤巻先生」と「和也」が互いを許し歩み寄っていく様子を、親子同士の短い言葉のやりとりによって描いている。

4 父親と関わる「僕」を見たことで研究者になることを決意する「和也」の姿を、幼い頃に描いていた絵にまつわる「和也」の回想をまじえて描いている。

三

次の文章を読んで、あとの問いに答えなさい。

私たちの多くは自分のまなざしが固定化しているとは思っていない。自分は人と比べてⅠ柔軟な視点を持っており、頑固なまなざしを持っているのは相手だと思っている。自分は他者の意見を受け入れ、その違いにも寛容で、自由に発想を変えられると信じている。だから普段、私たちは自分の見方を変えたいと思っていない。［A］柔軟でない相手や融通の利《き》かない物事を変えたいと思っている。

1私たちが見方を変えるのは、自分にとって都合の悪いことが起こったときだ。社会や他者や物事との関係の中で自分にとって不都合な状況が生じたときに、私たちはそれを何とか切り抜けるために見方を変えⅡようとする。アイデアに行き詰まったとき、人間関係がうまくいかないとき、日々の生活で困ったことが生じたとき。そしてその物事がどうにも変えられないとき、経験や知識の範囲で私たちは見方を変えようとする。だがその場合に私たちが変えるのは自分自身への認識ではなく、表面的な物事の解釈であることが多い。

物事の解釈を変えることも見方を変えることではあるのだが、それは自分の欲求に合わせて都合よく見方を変える場合が多い。そこでの見方を方向づける欲求そのものは自分の深い部分で固定化して

が舞いあがり、喜びのままに絵を持ってこようとしている。

2　幼い頃に毎朝絵を描いていたことを父親から評価されてうれしくなったものの、親にほめられて喜ぶ姿を「僕」に見せるのが恥ずかしく、慌てた様子で居場所を変えようとしている。

3　幼い頃に描いた絵の素晴らしさを自覚してはいるものの、父親の前で「僕」にほめられることを想像すると照れくさくなり、不真面目な発言をしてその場から離れようとしている。

4　幼い頃に描いた絵をほめてくれた父親に対して素直に喜びを表すことに抵抗を感じ、気持ちをごまかすような発言をしつつも、うれしさをにじませて絵をとりにいこうとしている。

(イ)　――線**2**「うん、と先生はおざなりな生返事をしたきり、見向きもしない。」とあるが、そのときの「藤巻先生」を説明したものとして最も適するものを次の中から一つ選び、その番号を答えなさい。

1　研究の話をしている最中に、状況を理解しないで絵のことを話しかけてくる「和也」に対して、戒めのためにあえて冷たく振る舞っている。

2　芸術に関しては詳しくなく、絵に対して適切な評価ができないため、「和也」の呼びかけに気づかないふりをして話を続けようとしている。

3　「和也」の呼びかけに応じて絵を見ると、客が始めた話を中断することになると気づき、話が終わるまで待つようにと態度で示している。

4　研究に関係のある話をしているうちに、研究についての思考に没頭してしまい、「和也」の絵のことに対して意識が向かなくなっている。

(ウ)　――線**3**「自室にひっこんでしまった和也を呼びにいく役目を僕が引き受けたのは、少なからず責任を感じたからだ。」とあるが、そのときの「僕」を説明したものとして最も適するものを次の中から一つ選び、その番号を答えなさい。

1　絵に関するやりとりの際に「和也」の気持ちが明るくなったと気づいていながら、「藤巻先生」に絵とは関係ない話をして結果的に「和也」を落胆させてしまったため、何とかしたいと思っている。

2　父親に見せるために「和也」が必死になって絵を探していることがわかっていながら、「藤巻先生」の話を聞くことに夢中で結局「和也」を手伝うことができなかったため、申し訳ないと思っている。

3　「和也」が幼い頃の話をされて嫌がっていることを察していながら、「藤巻先生」が思い出話で盛りあがっていくのをとめられず結局「和也」を怒らせてしまったため、機嫌をとろうと思っている。

4　「和也」が絵をきっかけに父親と将来の話をしたいと思っていることを知っていながら、「藤巻先生」の話を中断できず結果的に「和也」の気持ちを踏みにじってしまったため、心苦しく思っている。

(エ)　――線**4**「親父があんなに楽しそうにしてるの、はじめて見たよ。」とあるが、そのように言ったときの「和也」を説明したものとして最も適するものを次の中から一つ選び、その番号を答えなさい。

1　父親に向かって「僕」が熱く語る姿に憧れを感じつつも、「僕」のように自信を持って取り組めることのない自分が、父親の前で堂々と振る舞えるはずがないと投げやりになっている。

2　「僕」が父親から優秀な研究者として認められていることを感じとり、「僕」と違って勉強が得意ではない自分が、父親の期待に応えて研究者になれるのかどうか不安に思っている。

「どうせ、おればばかだから。親父にはついていけないよ。さっきの話じゃないけど、なにを考えてるんだか、おれにはちっともわかんない。」

僕は小さく息を吸って、口を開いた。

「僕にもわからないよ。きみのお父さんが、なにを考えているのか。」

和也が探るように目をすがめた。僕は机に放り出されたスケッチブックを手にとった。

「僕が家庭教師を頼まれたとき、なんて言われたと思う？」

和也は答えない。身じろぎもしない。

「学校の成績をそう気にすることもないんじゃないか、ってお父さんはおっしゃった。得意なことを好きにやらせるほうが、本人のためになるだろうってね。」

色あせた表紙をめくってみる。ページ全体が青いクレヨンで丹念に塗りつぶされている。白いさざ波のような模様は、巻積雲《けんせきうん》だろう。

「よく覚えてるよ。意外だったから。」

次のページも、そのまた次も、空の絵だった。一枚ごとに、空の色も雲のかたちも違う。確かに力作ぞろいだ。

「藤巻先生はとても熱心な研究者だ。もしも僕だったら、息子も自分と同じように、学問の道に進ませようとするだろうね。本人が望もうが、望むまいが。」

僕は手をとめた。開いたページには、今の季節におなじみのもくもくと不穏にふくらんだ積雲が、繊細な陰翳《いんえい》までつけて描かれている。

「5わからないひとだよ、きみのお父さんは。」

わからないことだらけだよ、この世界は――まさに先生自身が口にした言葉を、僕は思い返していた。

だからこそ、おもしろい。

僕と和也が和室に戻ると、先生は庭に下りていた。どこからかホースをひっぱってきて、足もとのバケツに水をためている。

奥さんが玄関から靴を持ってきてくれて、僕たち三人も庭に出た。縁側に、手持ち花火が数十本も、ずらりと横一列に並べてある。長いものから短いものへときれいに背の順になっていて、誰がやったか一目瞭然だ。色とりどりの花火に、目移りしてしまう。

どれにしようか迷っていたら、先生が横からすいと腕を伸ばした。向かって左端の、最も長い四本をすばやくつかみ、皆に一本ずつ手渡す。

「花火奉行なんだ。」

和也が僕に耳打ちした。

花火を配り終えた先生はいそいそと庭の真ん中まで歩いていって、手もとに残った一本に火をつけた。先端から、青い炎が勢いよく噴き出す。和也も父親を追って隣に並んだ。ぱちぱちと燃えさかる花火の先に、慎重な手つきで自分の花火を近づける。火が移り、光と音が倍になる。

僕と奥さんも火をもらった。四本の花火で、真っ暗だった庭がほのかに明るんでいる。昼間はあんなに暑かったのに、夜風はめっきり涼しい。虫がさかんに鳴いている。

ゆるやかな放物線を描いて、火花が地面に降り注ぐ。軽やかにはじける光を神妙に見つめる父と息子の横顔は、よく似ている。

（瀧羽麻子《たきわあさこ》「博士の長靴」から。一部表記を改めたところがある。）

(ア) ――線1「和也はまんざらでもなさそうに立ちあがった。」とあるが、そのときの「和也」を説明したものとして最も適するものを次の中から一つ選び、その番号を答えなさい。

1　幼い頃に描いた空の絵に対して毎朝空を観察している父親が賞賛の言葉を口にしたことで、絵の出来映えを確信して気持ち

「あなたの部屋じゃない？　納戸《なんど》か、書斎の押し入れかもね。」

奥さんも後ろからついていき、僕は先生とふたりで和室に残された。

「先週貸していただいた本、もうじき読み終わりそうです。週明けにでもお返しします。」

なにげなく切り出したところ、先生は目を輝かせた。

「あの超音波風速温度計は、実に画期的な発明だね。」

超音波風速温度計のもたらした貢献について、活用事例について、今後検討すべき改良点について、堰《せき》を切ったように語り出す。

お絵描き帳が見あたらなかったのか、和也たちはなかなか帰ってこなかった。その間に、先生の話は加速度をつけて盛りあがった。ようやく戻ってきたふたりが和室の入口で顔を見あわせているのを、僕は視界の端にとらえた。自分から水を向けた手前、話の腰を折るのもためらわれ、どうしたものかと弱っていると、スケッチブックを小脇に抱えた和也がこちらへずんずん近づいてきた。

「お父さん。」

2うん、と先生はおざなりな生返事をしたきり、見向きもしない。

「例の、南西諸島の海上観測でも役に立ったらしい。船体の揺れによる影響をどこまで補正できるかが課題だな。」

「ねえ、あなた。」

奥さんも困惑顔で呼びかけた。

と、先生がはっとしたように口をつぐんだ。僕は胸をなでおろした。たぶん奥さんも、それに和也も。

「ああ、スミ。悪いが、紙と鉛筆を持ってきてくれるかい。」

先生は言った。和也が踵《きびす》を返し、無言で部屋を出ていった。

おろおろしている奥さんにかわって、3自室にひっこんでしまった和也を呼びにいく役目を僕が引き受けたのは、少なからず責任を感じたからだ。

父親に絵をほめられたときに和也が浮かべた表情を、僕は見逃していなかった。雲間から一条の光が差すような、笑顔だった。いつだって陽気で快活で、いっそ軽薄な感じさえする子だけれど、あんな笑みははじめて見た。

「花火をしよう。」

ドアを開けた和也に、僕は言った。

「おれはいい。先生がつきあってあげれば？　そのほうが親父《おやじ》も喜ぶんじゃない？」

和也はけだるげに首を振った。険しい目つきも、ふてくされたような皮肉っぽい口ぶりも、ふだんの和也らしくない。僕は部屋に入り、後ろ手にドアを閉めた。

「まあ、そうかっかするなよ。」

藤巻先生に悪気はない。話に夢中になって、他のことをつかのま忘れてしまっていただけで、息子を傷つけるつもりはさらさらなかったに違いない。「様子を見てきます。」と僕が席を立ったときも、なにが起きたのか腑《ふ》に落ちない様子できょとんとしていた。

「別にしてない。」

和也は投げやりに言い捨てる。

「昔から知ってるもの。あのひとは、おれのことなんか興味がない。」

腕組みして壁にもたれ、暗い目つきで僕を見据えた。

「でも、おれも先生みたいに頭がよかったら、違ったのかな。」

「え？」

「4親父があんなに楽しそうにしてるの、はじめて見たよ。いつも家ではたいくつなんだろうね。おれたちじゃ話し相手になれないもんね。」

うつむいた和也を、僕はまじまじと見た。

きを重ねて表すことで、盛んに活動する植物と日が高くなるまで眠りの心地よさを味わっている自身の姿を対照的に描いている。

3　春に向けて庭に植えた多様な植物を「ものの芽」と表現して一般化することで、自身が朝寝をしている間にも土の中で発芽に向けて準備を進める植物の生命力の強さを印象深く描いている。

4　寒さの厳しい冬を乗り越えた植物がゆっくりと芽を伸ばしつつある様子を「朝寝」にたとえ、植物の動きから春の訪れを感じることで生じた自身の気持ちの高まりを情感豊かに描いている。

二　次の文章を読んで、あとの問いに答えなさい。

大学生の「僕」は、気象学の教授である「藤巻《ふじまき》先生」から息子の家庭教師を頼まれ、中学生の「和也《かずや》」に勉強を教えている。ある日、「僕」は藤巻家での夕食に招かれ、「藤巻先生」「奥さん（スミ）」「和也」と食事をすることになった。食事が進む中、「和也」が「藤巻先生」の研究に疑問を投げかけたことをきっかけに、雰囲気が一変した。「奥さん」がとりなしてくれたが、「和也」は納得できない様子で口を開いた。

「やっぱり、おれにはよくわかんないや。」

「わからないことだらけだよ、この世界は。」

先生がひとりごとのように言った。

「だからこそ、おもしろい。」

一時はどうなることかとはらはらしたけれど、それ以降は和也が父親につっかかることもなく、食事は和やかに進んだ。鰻《うなぎ》をたいらげた後、デザートには西瓜《すいか》が出た。

話していたのは主に、奥さんと和也だった。僕の学生生活についていくつか質問を受け、和也が幼かった時分の思い出話も聞いた。中でも印象的だったのは、絵の話である。

朝起きたらまず空を観察するというのが、藤巻先生の長年の日課だという。晴れていれば庭に出て、雨の日には窓越しに、とっくりと眺める。そんな父親の姿に、幼い和也はおおいに好奇心をくすぐられたらしい。よちよち歩きで追いかけていっては、並んで空を見上げていたそうだ。熱視線の先に、なにかとてつもなくおもしろいものが浮かんでいるはずだと思ったのだろう。

「お父さんのまねをして、こう腰に手をあてて、あごをそらしてね。今にも後ろにひっくり返りそうで、見ているわたしはひやひやしちゃって。」

奥さんは身ぶりをまじえて説明した。本人は覚えていないようで、首をかしげている。

「それで、後で空の絵を描くんですよ。お父さんに見せるんだ、って言って。親ばかかもしれないですけど、けっこうな力作で……。そうだ、先生にも見ていただいたら？」

「親ばかだって。子どもの落書きだもん。」

照れくさげに首を振った和也の横から、藤巻先生も口添えした。

「いや、わたしもひさしぶりに見たいね。あれはなかなかたいしたものだよ。」

「へえ、お父さんがほめてくれるなんて、珍しいこともあるもんだね。」

冗談めかしてまぜ返しつつ、1和也はまんざらでもなさそうに立ちあがった。

「あれ、どこにしまったっけ？」

国語

●満点100点　●時間50分

〔注意〕解答用紙にマス目（例：□）がある場合は、句読点などもそれぞれ一字と数え、必ず一マスに一字ずつ書きなさい。なお、行の最後のマス目には、文字と句読点などを一緒に置かず、句読点などは次の行の最初のマス目に書き入れなさい。

一　次の問いに答えなさい。

(ア)　次のa～dの各文中の――線をつけた漢字の読み方として最も適するものを、あとの1～4の中から一つずつ選び、その番号を答えなさい。

a　物音が静寂を破る。
（1　じょうせい　2　せいじゃく　3　じょうせき　4　せいしゅく）

b　事態を収拾する。
（1　しゅうそく　2　しゅうしゃ　3　しゅうしゅう　4　しゅうごう）

c　試供品を頒布する。
（1　はんぷ　2　りょうふ　3　ぶんぷ　4　はいふ）

d　経済成長が著しい。
（1　おびただ　2　はなはだ　3　めまぐる　4　いちじる）

(イ)　次のa～dの各文中の――線をつけたカタカナを漢字に表したとき、その漢字と同じ漢字を含むものを、あとの1～4の中から一つずつ選び、その番号を答えなさい。

a　生物をケイトウごとに分類する。
1　老舗のデントウを守る。
2　強豪校との対戦にトウシを燃やす。
3　国会でトウシュが意見を述べる。
4　水をフットウさせる。

b　書類にインカンを押す。
1　会議でイッカンした方針を示す。
2　結果を聞いてカンセイをあげる。
3　植物の名前をズカンで調べる。
4　洗った服をカンソウさせる。

c　庭の花壇にキュウコンを植える。
1　教室でキュウショクを配膳する。
2　感激のあまりゴウキュウする。
3　犬には鋭いキュウカクがある。
4　大空をキキュウに乗って旅する。

d　木彫りの像に細工をホドコす。
1　学校でうさぎをシイクする。
2　自動車をセイゾウする。
3　地質調査をジッシする。
4　建築の許可をシンセイする。

(ウ)　次の俳句を説明したものとして最も適するものを、あとの1～4の中から一つ選び、その番号を答えなさい。

ものの芽のほぐれほぐるる朝寝かな　　松本《まつもと》　たかし

1　朝寝をして日が高く昇ってから外へ出た自身の様子を「朝寝かな」と余韻を持たせて表し、昼間に活動を始めたことで春の日の光の温かさを植物とともに味わえた喜びを鮮明に描いている。

2　春の朝に植物の芽がほころぶ様子を「ほぐれほぐるる」と動

Memo

2022年度 神奈川県公立高校 入試問題

英語

●満点 100点　●時間 50分

■リスニングテストの音声は，当社ホームページで聴くことができます。（当社による録音です。）再生に必要なアクセスコードは「合格のための入試レーダー」（巻頭の黄色の紙）の１ページに掲載しています。

1　**リスニングテスト**（放送の指示にしたがって答えなさい。放送を聞きながらメモをとってもかまいません。）

(ア)　チャイムのところに入るナオミの言葉として最も適するものを，次の１～４の中からそれぞれ一つずつ選び，その番号を答えなさい。

No.１
1．I have been to my guitar lesson three times.
2．I play the guitar with my brother on weekends.
3．I usually play the guitar in the park.
4．I got a nice guitar last Saturday.

No.２
1．I have already made my speech about India.
2．I live in Japan to learn about the Japanese language.
3．I'll write about Australia because I want to see its animals.
4．I want to listen to other students' speeches.

No.３
1．Sure.　Your friends in your country will help you.
2．Sure.　My friends said the video was interesting.
3．OK.　I told you why I wanted to make it.
4．OK.　I think I have some good ideas.

(イ)　対話の内容を聞いて，それぞれの**質問**の答えとして最も適するものを，あとの１～４の中から一つずつ選び，その番号を答えなさい。

No.１　**質問：　What can we say about Ken ?**
1．He wants to see the movie about the high school baseball team.
2．He has a dream to be the best baseball player in Japan.
3．He knows the story in the book, so he won't read it.
4．He started reading the book because Emily said it was a good book.

No.２　**質問：　What can we say about Emily and Ken ?**
1．Emily and Ken are talking about seeing Tom with their classmates this Saturday.
2．Emily feels sad because Ken will go back to Australia.
3．Ken has agreed to go shopping with Emily and her classmates this Saturday.
4．Ken is going to write a message to Emily, and she will write back to him.

(ウ)　学校の図書館について，図書委員のミホが留学生のマイク（Mike）とジョー（Joe）に説明します。説明を聞いて，次のNo.１とNo.２の問いに答えなさい。

No.1　説明を聞いてマイクが作った次の**＜メモ＞**を完成させるとき，①～③の中に入れるものの組み合わせとして最も適するものを，あとの１～６の中から一つ選び，その番号を答えなさい。

＜メモ＞

About Our Library

- We can use the library from 9:00 in the morning to 4:45 in the afternoon.
- We can use the library when the library teacher is there.
  (On the first Wednesday of every month, she is ① .)
- The number of books we can usually borrow is ten ② , but we can borrow more books during vacations.
- We can't ③ dictionaries.

１．① in　② for two weeks　③ find
２．① late　② for one month　③ borrow
３．① out　② on weekends　③ use
４．① in　② for one month　③ find
５．① out　② for two weeks　③ borrow
６．① late　② on weekends　③ use

No.2　説明を聞いた翌日にマイクがジョーにあてて書いた次の**＜メッセージ＞**を完成させるとき，④，⑤の中に入れるものの組み合わせとして最も適するものを，あとの１～３の中から一つ選び，その番号を答えなさい。

＜メッセージ＞

Mike

Hi, Joe!　How about going to the library after school?　Let's ④ when we do our homework there.　The library is the best place to study together.　Yesterday, we talked about visiting Kamakura, Kyoto, and many other places in Japan.　In the library, we can also ⑤ of the places we want to visit.

１．④ make a speech　⑤ take some pictures
２．④ get the answer　⑤ try some famous food
３．④ help each other　⑤ learn the histories

※＜**リスニングテスト放送台本**＞は英語の問題の終わりに付けてあります。

2　次の英文は，鈴木先生(Mr. Suzuki)とアメリカからの留学生のソフィア(Sophia)の対話です。対話文中の(ア)～(ウ)の(　)の中に入れるのに最も適するものを，あとの１～４の中からそれぞれ一つずつ選び，その番号を答えなさい。

Mr. Suzuki : Sophia, I heard you arrived in Japan two weeks ago.　Why did you decide to come to Japan?

Sophia　　: Well, I have some Japanese friends in my country.　They told me many interesting things about Japan.　So, I wanted to know more.

Mr. Suzuki : What are you interested in ?

Sophia : Japanese culture. I think I can learn many important things from it. I (ア)(　　) it a lot. I'm especially interested in practicing *kendo*, wearing a *kimono*, and writing *haiku*.

Mr. Suzuki : Great ! I think it's a good idea to join the *kendo* club at our school because I want you to have some great (イ)(　　) in Japan.

Sophia : That sounds nice !

Mr. Suzuki : I think learning about (ウ)(　　) cultures will help you understand people living in other countries.

Sophia : I think so, too, Mr. Suzuki. I'll try many things in Japan.

(ア) 1. collect　2. create　3. have　4. respect
(イ) 1. doors　2. experiences　3. schools　4. seasons
(ウ) 1. different　2. few　3. necessary　4. same

3 次の(ア)～(エ)の文の(　)の中に入れるのに最も適するものを，あとの1～4の中からそれぞれ一つずつ選び，その番号を答えなさい。

(ア) One of the boys you met at the park yesterday (　　) my brother.
1. am　2. is　3. are　4. were

(イ) Which school event do you like (　　) ?
1. good　2. well　3. better than　4. the best

(ウ) This is a school which (　　) in 1980.
1. is building　2. built　3. was built　4. were building

(エ) I have been reading this book (　　) 10 o'clock this morning.
1. at　2. before　3. for　4. since

4 次の(ア)～(エ)の対話が完成するように，(　)内の**六つの語の中から五つを選んで**正しい順番に並べたとき，その(　)内で**3番目と5番目にくる語の番号**をそれぞれ答えなさい。(**それぞれ一つずつ不要な語があるので，その語は使用しないこと**。)

(ア) A : A lot of people use English all over the world.
B : Yes. English is (1. by　2. people　3. as　4. many　5. uses　6. spoken) their first language.

(イ) A : What (1. work　2. be　3. you　4. did　5. to　6. want) when you were a child ?
B : A doctor. I was interested in helping many people.

(ウ) A : I'd like to buy a new computer, but I can't (1. should　2. I　3. one　4. to　5. which　6. decide) buy.
B : Oh, let me help you.

(エ) A : Can you play the piano ?
B : Just a little. But I (1. better　2. wish　3. were　4. I　5. could　6. at) playing it.

5 次のA～Cのひとつづきの絵と英文は，ある日のできごとについてのユキコ(Yukiko)とレイカ(Reika)の会話を表しています。Aの場面を表す**<最初の英文>**に続けて，Bの場面にふさわしい内容となるように，［　　］の中に適する英語を書きなさい。ただし，あとの**<条件>**にしたがうこと。

A

<最初の英文>

Yukiko said, "I visited my grandfather last Sunday. He lives in Kamome *Village." Reika said, "I have never been to that village. How did you get there ?"

B

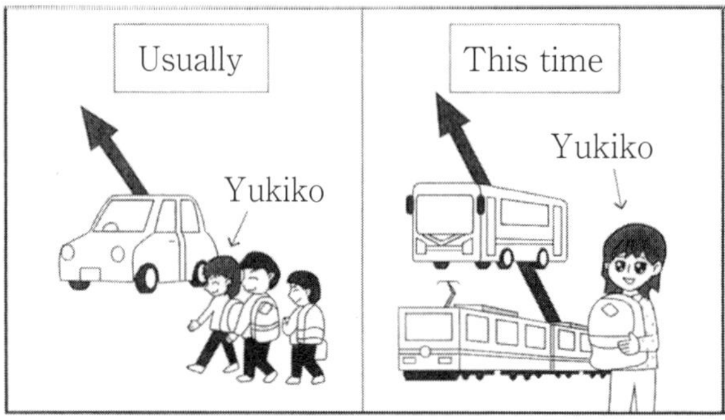

Yukiko said, "I usually go to my grandfather's house with my family by car. But this time I went *by myself by train and bus." Reika asked, "［　　　　　　］ get there when you used the train and the bus ?"

C

Yukiko said, "Two hours. I enjoyed seeing the beautiful mountains from the bus. I talked about my trip with my grandfather. Next time, we can visit Kamome Village together." Reika said, "Oh, I'd like to !"

* Village：村　　by myself：ひとりで

<条件>

① it と long を必ず用いること。
② ①に示した語を含んで，［　　］内を**6語以上**で書くこと。
③ get there when you used the train and the bus ? につながる1文となるように書くこと。
※ 短縮形(I'm や don't など)は1語と数え，符号(, など)は語数に含めません。

6 次の英文は，高校生のハルカ(Haruka)が夏休み後，地元の商店街(shopping district)の取り組みについて英語の授業で行った発表の原稿です。英文を読んで，あとの(ア)〜(ウ)の問いに答えなさい。

Hello, everyone. I am Haruka. I did *research during summer vacation. Today, I want to *share the things I learned in my research.

My research was about the *trash problem in the shopping district in Kamome City. There are some famous places in Kamome City, so many *tourists visit our city. A lot of people, tourists and people living in our city, enjoy buying many kinds of things in the shopping district. But some of them were leaving a lot of trash on the streets. On the news, I learned that there were people who were working to solve the problem, and I decided to do research about it.

Some people who came to the shopping district were leaving *PET bottles, *cans, paper, and other things on the streets. So there was a large *amount of trash. *Volunteers from the shopping district, for example, the *shop owners, sometimes *picked up the trash. They usually collected more than 20 kg of trash in one day. They said that (①). They worked hard but there was always trash on the streets.

So people from the *City Hall and the shop owners met and talked about the problem. They met many times, and after that, they had an idea for a *project. They called it the Kamome Clean Project.

The Kamome Clean Project used *crowdfunding. Crowdfunding is a way to collect money from many people who like a project and want to help it. Please look at this *flyer.

Flyer

KAMOME

Kamome Clean Project (June 1 ~ August 31 in 2021)
～ Make the shopping district clean with crowdfunding ! ～

KAMOME

We want tourists to enjoy visiting our clean shopping district !

☆Please *donate money to the project !
(If you donate money, you will get a *special pass. When you buy something in the shopping district, you get a 10% *discount by showing the special pass.)

☆You can *hand trash (PET bottles or cans, for example) to the shop owners in the shopping district. (They also *accept trash from people who don't donate money.)

☆Kamome City and the shop owners use the money collected from crowdfunding for the trash *removal, making flyers, and things the volunteers need, for example, trash bags.

The project started last June. During my research, I asked one of the shop owners about the project. She said, "After people drink something, (②). We accept the *empty PET bottles or cans from them. So they don't have to carry their trash around the shopping district. Many people like the project."

Next, look at this *graph. It shows the kinds of trash the shops accepted *by percentage for three months. More than 40% of the trash was PET bottles, and about 20% of the trash was cans.

Graph

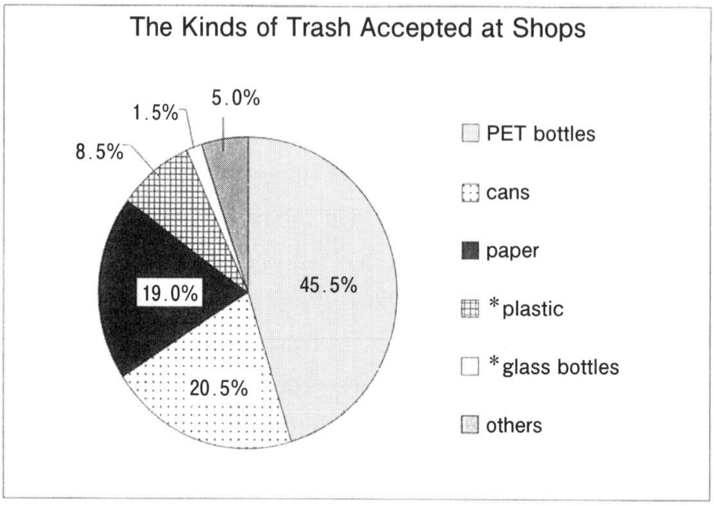

I think some of you may ask, “Why did the shop owners agree to accept trash from everyone visiting the shopping district ?” Because it was also good for the shops ! Some people bought things at the shops after they handed their trash to the shop owners. Some people stayed for a little at the shops and talked with the shop owners.

I talked about this project with my family. They liked it, donated money, and got the special pass. Last month, I went shopping in the shopping district. I bought *a bottle of water. After I drank it, I took the empty PET bottle to a cake shop. I got a 10% discount on a birthday cake for my grandmother. The cake shop owner told me that (③). She also said, “*Thanks to this project, many people have learned that Kamome City and the shopping district are working hard to solve the trash problem. The shopping district is becoming cleaner now because more people have become interested in the trash problem.”

I want to tell you the most important thing I've learned from my research. To solve the trash problem, the people from the City Hall and the shop owners told each other *various ideas. Then, they had the idea for the Kamome Clean Project. Many people joined the project, and the shopping district has become cleaner. Now I think, “　　　　　　 When people work together, problems will be solved.” Thank you for listening.

* research：調査　share ～：～を共有する　trash：ごみ　tourists：観光客
PET bottles：ペットボトル　cans：缶　amount：量　Volunteers：ボランティア
shop owners：店主　picked up ～：～を拾った　City Hall：市役所　project：企画
crowdfunding：クラウドファンディング　flyer：ちらし　donate ～：～を寄付する
special pass：特別な券　discount：割引　hand ～：～を手渡す
accept ～：～を受け取る　removal：撤去　empty：空の　graph：グラフ
by percentage：パーセンテージで　plastic：プラスチック　glass bottles：瓶
a bottle of water：一本の水　Thanks to ～：～のおかげで　various：様々な

(ア)　本文中の(①)～(③)の中に，次のA～Cを意味が通るように入れるとき，その組み合わせとして最も適するものを，あとの1～6の中から一つ選び，その番号を答えなさい。

A．a PET bottle or can is left in their hand

B．it was very difficult for them to clean the streets

C．the shop accepted a lot of trash from many people

1．①－A　②－B　③－C　　2．①－A　②－C　③－B

3．①－B　②－A　③－C　　4．①－B　②－C　③－A

5．①－C　②－A　③－B　　6．①－C　②－B　③－A

(イ)　本文中の[　　]の中に入れるのに最も適するものを，次の1～4の中から一つ選び，その番号を答えなさい。

1．If we solve one problem, we will have another one.

2．If we share ideas and talk about them, we can find the answer.

3．If we meet and talk many times, more trash will be left on the streets.

4．If we start crowdfunding, the volunteers have to work harder than before.

(ウ)　次のa～fの中から，ハルカの発表の内容に合うものを**二つ**選んだときの組み合わせとして最も適するものを，あとの1～8の中から一つ選び，その番号を答えなさい。

a．Many shopping districts in Kamome City worked hard to collect money for the trash removal.

b．The trash problem was solved because some volunteers from the shopping district collected trash.

c．The shop owners accepted PET bottles but they didn't accept paper.

d．Only people who donated money could take their trash to the shops in the shopping district.

e．The graph shows that more plastic was accepted at the shops than glass bottles by percentage.

f．Haruka thinks that the Kamome Clean Project made more people learn about the problem her city had.

1．aとc　2．aとe　3．bとd　4．bとf

5．cとe　6．cとf　7．dとe　8．eとf

7　次の(ア)の英文とウェブサイト(website)上の価格表(Price list)，(イ)の英文と予定表(schedule)について，それぞれあとの**質問**の答えとして最も適するものを，1～5の中からそれぞれ一つずつ選び，その番号を答えなさい。

(ア)

*Sho and Julia are high school students.　They are in the same class and are talking about a *T-shirt which the students in their class will wear at the school festival.*

Sho　:　Julia, look!　This is a website I found.　We can buy T-shirts on it.

Julia :　Wow, I think all of them look good.　Which T-shirt will be the best for our class?

Sho　:　We want to draw pictures on the T-shirts *by ourselves, so let's buy one without a picture on it.

Julia : That's a great idea ! We can make our T-shirts special by doing that !

Sho : Now, let's *choose a T-shirt. How many T-shirts will we buy ?

Julia : Everyone in our class will wear one, so we will buy forty T-shirts. How about buying this one ? This one is good because the *price for one T-shirt is the *lowest.

Sho : Look at the *delivery time ! We can't wait for two weeks. The delivery time should be *less than seven days because the school festival will be next weekend.

Julia : You're right. Then, let's look at the other three T-shirts. Don't forget their *discounts because we will *order forty T-shirts.

Sho : How about this one ? The *total amount is the lowest of the three.

Julia : OK. Let's tell our class.

Price list

T-shirt A		**Price : 1,100 *yen** **Delivery time : 10 days** ***Shipping fee : 400 yen** **10% discount**	**T-shirt D**		**Price : 800 yen** **Delivery time : 3 days** **Shipping fee : 200 yen** **20% discount**
T-shirt B		**Price : 900 yen** **Delivery time : 4 days** **Shipping fee : 800 yen** **30% discount**	**T-shirt E**		**Price : 700 yen** **Delivery time : 6 days** **Shipping fee : 200 yen** **5% discount**
T-shirt C		**Price : 600 yen** **Delivery time : 14 days** **Shipping fee : 400 yen** **5% discount**			

☆ "Price" means "the price for one T-shirt".

☆ If you order forty or more T-shirts, you'll get a discount.

☆ If you order ten or more T-shirts, you don't have to *pay the shipping fee.

＊ *T-shirt*：Tシャツ　by ourselves：私たち自身で　choose ～：～を選ぶ
price：値段　lowest：(値段が)最も安い　delivery：配達
less than ～：～より少ない　discounts：割引　order ～：～を注文する
total amount：合計金額　**yen**：円　**Shipping fee**：配送料　pay ～：～を払う

質問： Which T-shirt did Sho and Julia choose ?

1．**T-shirt A.**　2．**T-shirt B.**　3．**T-shirt C.**
4．**T-shirt D.**　5．**T-shirt E.**

(イ)

Kana and Mary are high school students. They are looking at their schedules for this summer.

Kana : Hi, Mary. Kamome Museum is going to *hold a music festival from July 22 to August 11. Do you want to come with me ?

Mary : That sounds great !

Kana : Every morning at the music festival, they will hold a guitar *concert, a piano concert, and more. I'm especially interested in the popular *musical, *Singing Girls in *New York*. The musical is going to *show every Tuesday, Thursday, and Saturday during the music festival at 2:00 p.m.

Mary : I'd like to see it ! When should we visit the museum ?

Kana : Let me see. July 23 or August 10 is good for me.

Mary : I'm sorry, but I have plans on *both of those days. How about on August 1 or August 3 ?

Kana : I have a tennis lesson every Thursday afternoon. On August 3 and 4, I will go to Kamome *Lake.

Mary : We're really busy. We can't find a day that is good for our schedules.

Kana : Well, I will move one of my tennis lessons to the next day, so we can go to the music festival on that day.

Mary : Thank you. I'm also interested in the piano concert in the morning. How about meeting at 10:00 a.m. at the museum on that day ?

Kana : OK. I can't wait !

<Kana's schedule>

Monday	Tuesday	Wednesday	Thursday	Friday	Saturday	Sunday
7/22	23	24	25	26	27	28
			Tennis Lesson		Visit Grandmother's House	
29	30	31	8/1	2	3	4
Visit Grandmother's House			Tennis Lesson		Go to Kamome Lake	
5	6	7	8	9	10	11
Summer Class (English)			Tennis Lesson			Watch a Movie

<Mary's schedule>

Monday	Tuesday	Wednesday	Thursday	Friday	Saturday	Sunday
7/22	23	24	25	26	27	28
	Guitar Lesson		Go to Kyoto			Piano Lesson
29	30	31	8/1	2	3	4
	Summer Class (Math)					Piano Lesson
5	6	7	8	9	10	11
	Guitar Lesson		Go to Kamome Mountain			Piano Lesson

* hold ～：～を開催する　concert：コンサート　musical：ミュージカル
New York：ニューヨーク　show：上演される　both：両方　Lake：湖

質問： When will Kana and Mary go to the music festival ?

1. July 31.　2. August 1.　3. August 2.
4. August 8.　5. August 10.

8　次の英文を読んで，あとの(ア)～(ウ)の問いに答えなさい。

*Yamato, Mana, and Eri are Kamome High School students. They are talking in the *classroom after school. Then, Ms. Smith, their English teacher, talks with them.*

Ms. Smith : Hi, everyone. What are you talking about ?

Yamato : Hello, Ms. Smith. We are talking about an event for children in our *community.

Mana : Our school and Kamome *Elementary School have worked together to *hold an event for the elementary school students every summer for ten years.

Ms. Smith : That's interesting ! What kind of event is it ?

Eri : We call the event the *Asobi* Classroom. Some *volunteers from our high school go to the elementary school and dance with the students there. We want the students to *discover the fun of *exercise.

Ms. Smith : What a wonderful event !

Yamato : *These days children don't get *enough exercise. It is said that elementary school students need to *exercise for 60 minutes *or more each day. Please look at *Graph 1. ①The graph shows that about 50% of *fifth-grade boys and 30% of fifth-grade girls exercise for 420 minutes or more in one week.

Ms. Smith : I see.

Yamato : The graph also shows that about 8% of fifth-grade boys and 13% of fifth-grade girls exercise for *less than 60 minutes in one week !

Ms. Smith : So, you hope that more children will exercise for 420 minutes or more in one week, right ?

Yamato : Yes. Please look at Graph 2 about *screen time. ②The graph shows that about 40% of fifth-grade boys and about 30% of fifth-grade girls *spend three hours or more on screen time in one day.

Eri : I think that children who watch TV, use *smartphones, or play video games for many hours don't get enough exercise.

Ms. Smith : I think so, too.

Mana : Our event was started ten years ago to improve the *health of children in our community. I *took part in the event five years ago when I was an elementary school student. I remember it well !

Ms. Smith : That sounds nice. What kind of dance will you do in the *Asobi* Classroom this year ?

Eri : We'll make an *original dance and *teach it to the elementary school students. Last year we made a dance called "Kamome Dance". It was difficult for us to make the dance, but we were happy that the elementary school students at the event really liked it ! After they took part in the event, they sent us *thank-you letters.

Ms. Smith : You had a wonderful time !

Yamato : Yes, we did ! However, this year we have a big problem.

Ms. Smith : Oh, what is it ?

Yamato : Well, we usually use the *gym at the elementary school for the event, but we can't use it this year. We need to find another way to hold the event.

Ms. Smith : Do you have any ideas ?

Mana : Well, how about holding the event *online ? If we can hold it online, we don't need the gym.

Ms. Smith : An event online ? Tell me more about it.

Mana : It's an event held through the Internet. Before the event, we should *prepare some *materials. We should make a *booklet that shows how to do the dance and send it to the elementary school.

Ms. Smith : Oh, it will be easier for the elementary school students to understand how to do the dance if they use the booklet. What will you do on the day of the event ?

Mana : High school volunteers will dance here in this classroom. I will bring a *video camera and use it to send our dance to the elementary school students online.

Eri : That's a good idea. The elementary school students can watch it and dance with us. Also, it will be good if they watch it with other people. I hope they will ［　　　　　］.

Ms. Smith : What a nice idea !

Eri : I have another idea that will make the event better.

Ms. Smith : Oh, what's your idea ?

Eri : After the dance, we will ask the elementary school students to make original dances. And they will make videos and send them to us !

Yamato : Good ! The elementary school students will enjoy it !

Eri : I hope the event will *continue in this community because I want the elementary school students to *stay healthy. And like Mana, when the elementary school students who join this event become high school students, they may hold the event. This will make our community better.

Yamato : I think so, too.

Mana : I'm already excited about the event !

* *classroom*：教室　community：地域社会　Elementary School：小学校
hold ～：～を開催する　volunteers：ボランティア　discover ～：～を発見する
exercise：運動　These days：最近　enough：十分な　exercise：運動する
～ or more：～以上　**Graph**：グラフ　fifth-grade：５年生の　less than ～：～より少ない
screen time：テレビ，スマートフォンやビデオゲームの画面を見ている時間
spend ～ on …：～を…のために過ごす　smartphones：スマートフォン　health：健康
took part in ～：～に参加した　original：独自の　teach ～：～を教える
thank-you letters：お礼状　gym：体育館　online：オンラインで
prepare ～：～を準備する　materials：資料　booklet：パンフレット
video camera：ビデオカメラ　continue：続く　stay healthy：健康を保つ

(ア) 本文中の――線①と――線②が表す内容を，①は**ア群**，②は**イ群**の中からそれぞれ選んだときの組み合わせとして最も適するものを，あとの１～６の中から一つ選び，その番号を答えな

さい。

ア群

Graph 1
How much fifth-grade boys and girls exercise in one week

A.

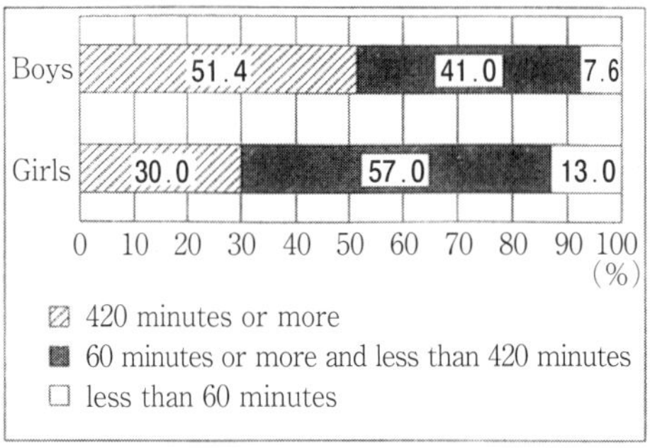

B.

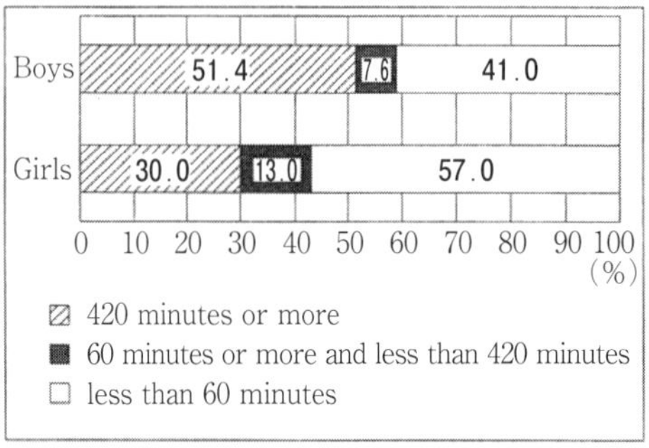

C.

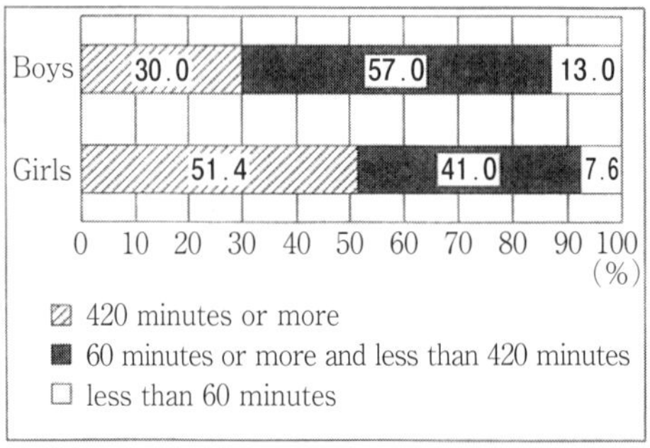

イ群

Graph 2
The screen time of fifth-grade boys and girls in one day

X.

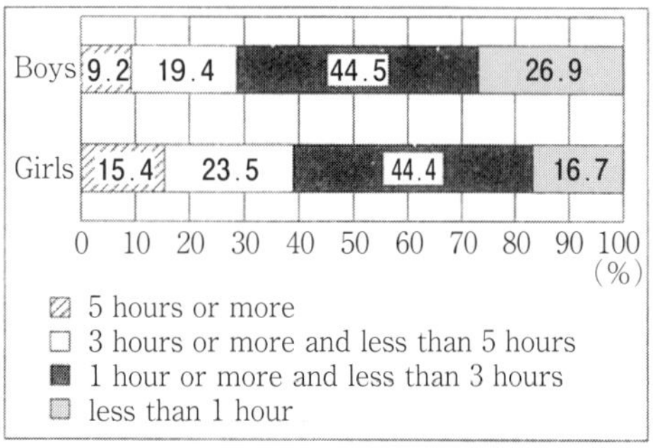

Y.

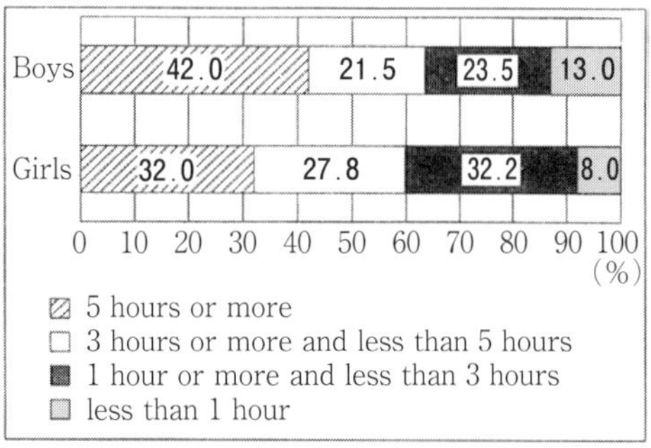

Z.

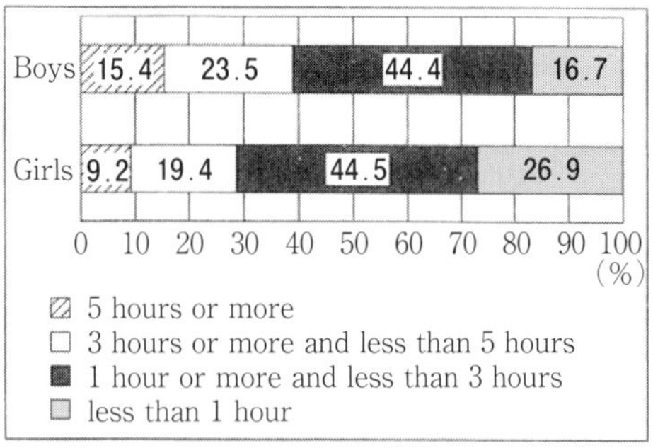

1．①：A　②：Y　　2．①：A　②：Z　　3．①：B　②：X
4．①：B　②：Z　　5．①：C　②：X　　6．①：C　②：Y

(イ)　本文中の［　　］の中に入れるのに最も適するものを，次の１～４の中から一つ選び，その番号を答えなさい。

1．enjoy making the original dance with us
2．enjoy joining the sports event in the gym this summer
3．enjoy making a video about their school life with their friends

4．enjoy dancing with their friends or family

(ウ) 次のａ～ｆの中から，本文の内容に合うものを**二つ**選んだときの組み合わせとして最も適するものを，あとの１～８の中から一つ選び，その番号を答えなさい。

a．Kamome Elementary School has a lot of students, and they need more teachers to teach exercise.

b．The students at Kamome Elementary School can't use the gym, so they don't get enough exercise.

c．Ms. Smith thinks that the booklet will help the elementary school students understand how to do the dance.

d．Mana remembers the event she took part in when she was a junior high school student.

e．Eri hopes that the event will continue because it is good for the elementary school students' health.

f．After children exercise online with their friends or family, they have to write thank-you letters.

１．ａとｂ　　２．ａとｄ　　３．ｂとｄ　　４．ｂとｆ
５．ｃとｅ　　６．ｃとｆ　　７．ｄとｆ　　８．ｄとｅ

＜リスニングテスト放送台本＞

（チャイム音）

これから，1 の**リスニングテストの放送**を始めます。問題冊子の１ページを開けてください。

問題は**(ア)**・**(イ)**・**(ウ)**の三つに大きく分かれています。放送を聞きながらメモをとってもかまいません。

それでは，**問題(ア)**に入ります。**問題(ア)**は，No. 1～No. 3 まであります。Jack と Naomi が話をしています。まず Jack が話し，次に Naomi が話し，その後も交互に話します。対話の最後で Naomi が話す言葉のかわりに（チャイムの音）というチャイムが鳴ります。そのチャイムのところに入る Naomi の言葉として最も適するものを，**問題(ア)**の指示にしたがって答えなさい。まず，**問題(ア)**の指示を読みなさい。

それでは，始めます。対話は２回ずつ放送します。

No. 1　**［Jack :］　Naomi, how was your birthday party last week ?　What did you get ?**
［Naomi :］　It was good, Jack.　My brother gave me a guitar !　I wanted a new one, so I'm very happy.
［Jack :］　What a nice present !　When do you usually play the guitar ?
［Naomi :］　（チャイム）

No. 2　**［Jack :］　Naomi, have you finished Ms. Brown's English homework ?**
［Naomi :］　No, not yet.　We have to write about a country we want to visit.　After that, we'll make a speech in the next English class, right ?
［Jack :］　Yes.　I want to go to India, so I'll write about it.　How about you ?
［Naomi :］　（チャイム）

No. 3　**［Jack :］　Naomi, I want to make a video about our school.**
［Naomi :］　Oh, that's interesting, but why do you want to make it ?

［Jack :］ Well, I want my friends in my country to know about my school life. Can you help me ?

［Naomi :］（チャイム）

次に，**問題(イ)**に入ります。**問題(イ)**は，No. 1 と No. 2 があります。それぞれ同じ高校に通う Emily と Ken の対話を放送します。対話の内容を聞いて，問題冊子に印刷されているそれぞれの質問の答えとして最も適するものを，**問題(イ)**の指示にしたがって答えなさい。まず，**問題(イ)**の指示を読みなさい。

それでは，始めます。対話は２回ずつ放送します。

No. 1 **［Emily :］ Ken, I've read the book that you're reading now. I think the story is very interesting.**

［Ken :］ Oh, have you read it, Emily ? I started reading this last week. I like reading about this high school baseball team that has a dream to be the best team in Japan.

［Emily :］ Well, do you know there is a movie about this story ? We can see it next month.

［Ken :］ Really ? I'm sure that the movie will be great.

［Emily :］ I'm going to see the movie with my friends. Do you want to come with us ?

［Ken :］ Sure. Thank you, Emily. I can't wait !

No. 2 **［Emily :］ Ken, I will go shopping with some of our classmates this Saturday. Would you like to come with us ?**

［Ken :］ I'll have time this Saturday. Where are you going to go ?

［Emily :］ We will go to a shop near the station to buy something for Tom. Have you heard he will go back to Australia next month ?

［Ken :］ Yes, I have. I'm very sad. OK. I'll go with you. What will be a good present for Tom ?

［Emily :］ How about buying something to help him remember his time in Japan ?

［Ken :］ That sounds good ! I think we should write a message to Tom, too.

最後に，**問題(ウ)**に入ります。**問題(ウ)**では，学校の図書館について，図書委員のミホが留学生のマイクとジョーに行った説明を放送します。放送を聞き，**問題(ウ)**の指示にしたがって答えなさい このあと，20秒後に放送が始まりますので，それまで**問題(ウ)**の指示を読みなさい。

それでは，始めます。英文は２回放送します。

Hi, Mike. Hi, Joe. This is the library at our school. There are about 20,000 books. You can read and borrow books, and you can also study here. You can use the library from 9:00 in the morning to 4:45 in the afternoon from Monday to Friday. But, on the first Wednesday of every month, the library teacher is not here. If she isn't here, you can't use the library. Don't eat or drink in the library. You can study with your friends after school here, but, of course, you cannot speak with a big voice. You can usually borrow ten books for two weeks, but, during vacations, you can borrow more books if you want. The library has some dictionaries. You can use them only in the library. You can find the books you want by using the computer in the library. The books in the library will help you learn more about things you are interested in. For example, if you want to learn about Japan, you can find some books about Japanese art, festivals, or history here.

これで 1 の**リスニングテストの放送**を終わります。解答を続けてください。

（**チャイム音**）

数学　●満点 100点　●時間 50分

〔注意〕 1．答えに根号が含まれるときは，根号の中は最も小さい自然数にしなさい。
2．答えが分数になるときは，約分できる場合は約分しなさい。

1 次の計算をした結果として正しいものを，それぞれあとの**1**～**4**の中から1つずつ選び，その番号を答えなさい。

(ア) $-6+(-9)$

1．-15　**2**．-3　**3**．3　**4**．15

(イ) $-\frac{3}{8}+\frac{2}{3}$

1．$-\frac{25}{24}$　**2**．$-\frac{7}{24}$　**3**．$\frac{5}{24}$　**4**．$\frac{7}{24}$

(ウ) $\frac{3x-y}{4}-\frac{x-2y}{6}$

1．$\frac{7x-7y}{12}$　**2**．$\frac{7x-y}{12}$　**3**．$\frac{7x+y}{12}$　**4**．$\frac{11x+y}{12}$

(エ) $\frac{18}{\sqrt{2}}-\sqrt{32}$

1．$\sqrt{2}$　**2**．$5\sqrt{2}$　**3**．$7\sqrt{2}$　**4**．$14\sqrt{2}$

(オ) $(x-2)(x-5)-(x-3)^2$

1．$-13x+1$　**2**．$-13x+19$　**3**．$-x+1$　**4**．$-x+19$

2 次の問いに対する答えとして正しいものを，それぞれあとの**1**～**4**の中から1つずつ選び，その番号を答えなさい。

(ア) 連立方程式 $\begin{cases} 0.2x+0.8y=1 \\ \frac{1}{2}x+\frac{7}{8}y=-2 \end{cases}$ を解きなさい。

1．$x=-11,\ y=4$　**2**．$x=-3,\ y=4$
3．$x=3,\ y=-4$　**4**．$x=11,\ y=-4$

(イ) 2次方程式 $4x^2-x-2=0$ を解きなさい。

1．$x=\frac{-1\pm\sqrt{33}}{4}$　**2**．$x=\frac{-1\pm\sqrt{33}}{8}$　**3**．$x=\frac{1\pm\sqrt{33}}{8}$　**4**．$x=\frac{1\pm\sqrt{33}}{4}$

(ウ) 関数 $y=-\frac{1}{4}x^2$ について，x の変域が $-2\leqq x\leqq 4$ のとき，y の変域は $a\leqq y\leqq b$ である。このときの a，b の値を求めなさい。

1．$a=-4,\ b=-1$　**2**．$a=-4,\ b=0$
3．$a=-1,\ b=0$　**4**．$a=0,\ b=4$

(エ) A班の生徒と，A班より5人少ないB班の生徒で，体育館にイスを並べた。A班の生徒はそれぞれ3脚ずつ並べ，B班の生徒はそれぞれ4脚ずつ並べたところ，A班の生徒が並べたイスの総数はB班の生徒が並べたイスの総数より3脚多かった。このとき，A班の生徒の人数を求めなさい。

1．12人　　**2**．14人　　**3**．17人　　**4**．23人

(オ)　$x=\sqrt{6}+\sqrt{3}$，$y=\sqrt{6}-\sqrt{3}$ のとき，x^2y+xy^2 の値を求めなさい。

1．$2\sqrt{3}$　　**2**．$2\sqrt{6}$　　**3**．$6\sqrt{3}$　　**4**．$6\sqrt{6}$

3　次の問いに答えなさい。

(ア)　右の図1のように，$AB<BC$，∠ABC が鋭角の平行四辺形 ABCD があり，∠BCD の二等分線と辺 AD との交点をEとする。

また，辺 BC の延長上に点Fを，CF＝DF となるようにとる。

さらに，辺 CD 上に点Gを，$CG>GD$ となるようにとり，線分 DF 上に点Hを，DG＝DH となるようにとる。

このとき，次の(i)，(ii)に答えなさい。

図1

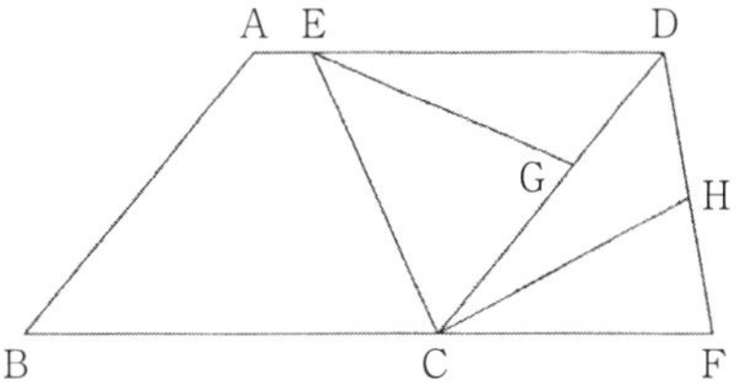

(i)　三角形 DEG と三角形 DCH が合同であることを次のように証明した。(a)～(c) に最も適するものを，それぞれ選択肢の **1**～**4** の中から1つずつ選び，その番号を答えなさい。

［証明］
△DEG と△DCH において，
まず，仮定より，
DG＝DH　……①
次に，CF＝DF より，△FDC は二等辺三角形であり，
その2つの底角は等しいから，
∠CDF＝∠DCF　……②
また，四角形 ABCD は平行四辺形であるから，
AD∥BC
よって，AD∥BF　……③
③より，平行線の錯角は等しいから，
(a)　……④
②，④より，∠ADC＝∠CDF
よって，∠EDG＝∠CDH　……⑤
さらに，線分 CE は∠BCD の二等分線であるから，
∠BCE＝∠DCE　……⑥
また，③より，平行線の錯角は等しいから，
∠BCE＝∠DEC　……⑦
⑥，⑦より，∠DCE＝∠DEC
よって，△DEC は二等辺三角形であるから，
DE＝DC　……⑧
①，(b)，⑧より，(c) から，
△DEG≡△DCH

(a)の選択肢

1．∠ABC＝∠ADC
2．∠ABC＝∠DCF
3．∠ADC＝∠DCF
4．∠BCE＝∠DEC

(b)の選択肢

1．②
2．⑤
3．⑥
4．⑦

(c)の選択肢

1．１組の辺とその両端の角がそれぞれ等しい
2．２組の辺とその間の角がそれぞれ等しい
3．３組の辺がそれぞれ等しい
4．２組の角がそれぞれ等しい

(ii) 四角形CFDEが平行四辺形になるときの，∠ABCの大きさとして正しいものを次の**1**～**4**の中から１つ選び，その番号を答えなさい。

1．45°　**2**．50°　**3**．55°　**4**．60°

(イ) ある中学校の，１年生38人，２年生40人，３年生40人が上体起こしを行った。

右の表は，１年生の上体起こしの記録を，度数分布表にまとめたものである。

次の１年生，２年生，３年生の上体起こしの記録に関する説明から，(i)２年生の上体起こしの記録と，(ii)３年生の上体起こしの記録を，それぞれヒストグラムに表したものとして最も適するものをあとの**1**～**6**の中から１つずつ選び，その番号を答えなさい。

なお，ヒストグラムの階級は，６回以上10回未満，10回以上14回未満などのように，階級の幅を４回として分けている。

階級(回)	度数(人)
以上　未満	
6 ～ 10	1
10 ～ 14	3
14 ～ 18	4
18 ～ 22	8
22 ～ 26	8
26 ～ 30	7
30 ～ 34	5
34 ～ 38	2
計	38

説明

・中央値を含む階級は，１年生と２年生で同じである。
・30回以上の生徒の割合は，１年生より２年生の方が小さい。
・１年生と３年生の最大値は等しい。
・14回未満の生徒の割合は，１年生より３年生の方が小さい。
・２年生と３年生の最頻値は等しい。

1．

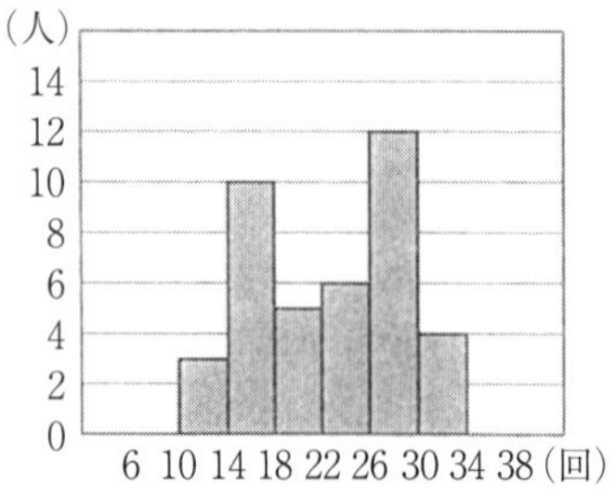

2．

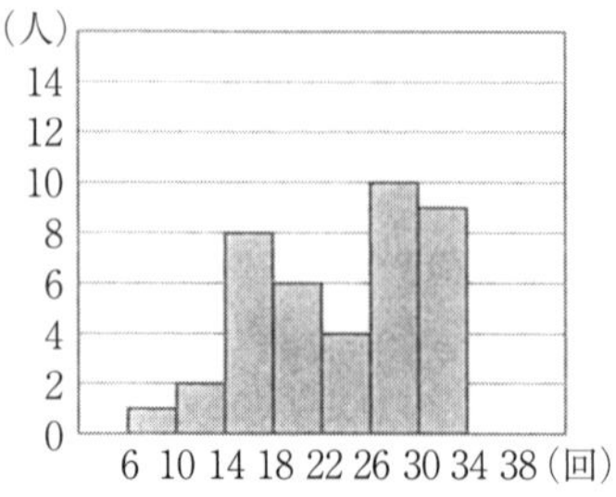

3．

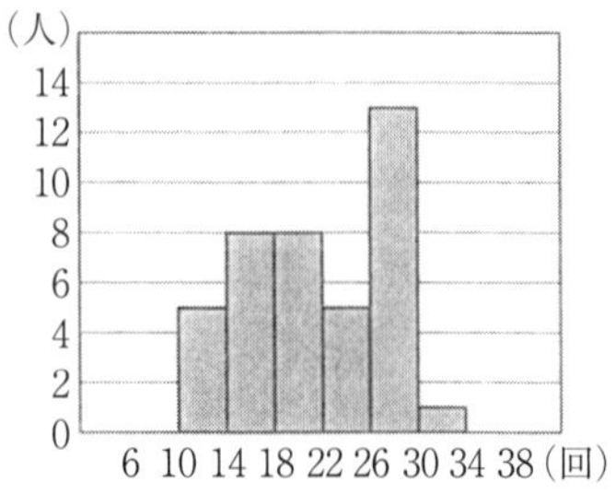

4.

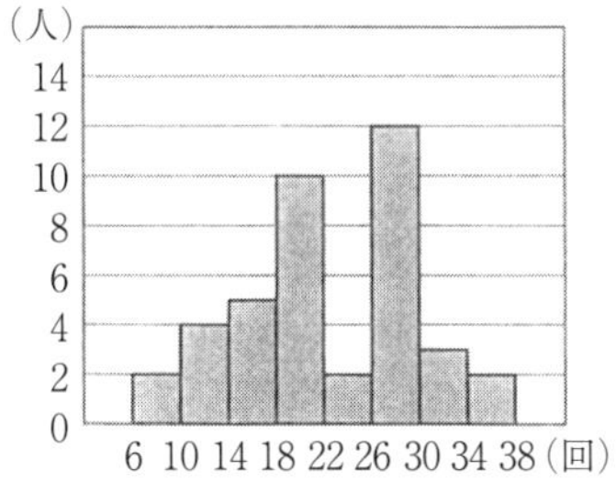

5.

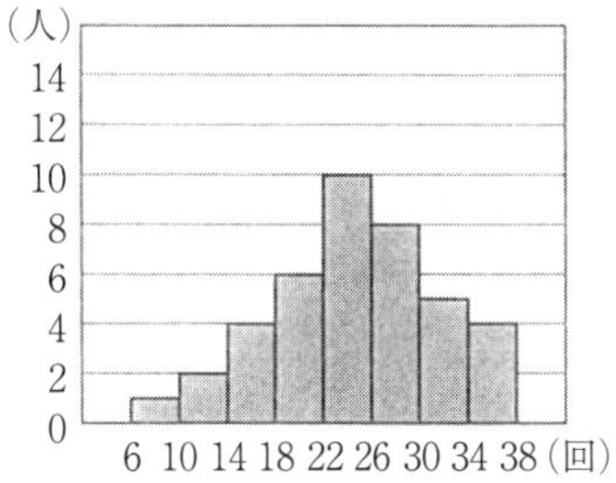

6.

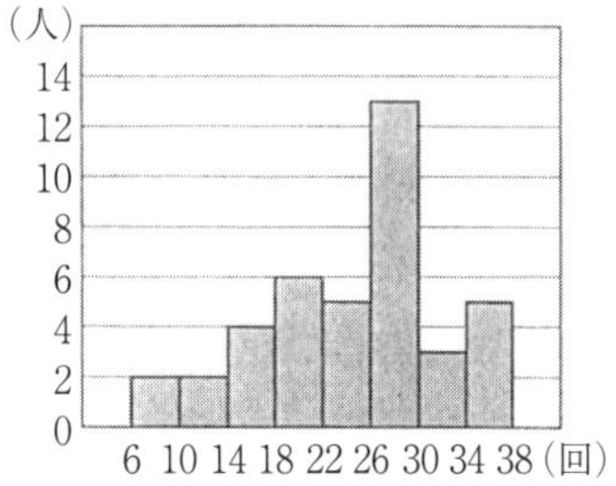

(ウ) 次の□の中の「**あ**」「**い**」にあてはまる数字をそれぞれ**0**～**9**の中から1つずつ選び，その数字を答えなさい。

下の図2において，5点A，B，C，D，Eは円Oの周上の点で，BE//CDであり，線分ADは∠BDEの二等分線である。

また，点Fは線分ADと線分CEとの交点である。

このとき，∠AFE=**あい**°である。

図2

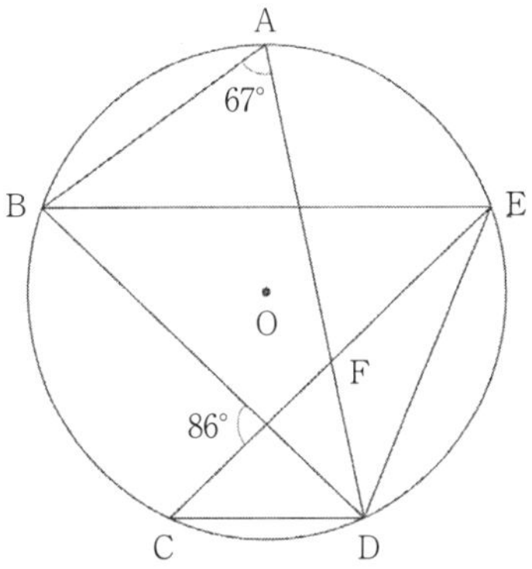

図3

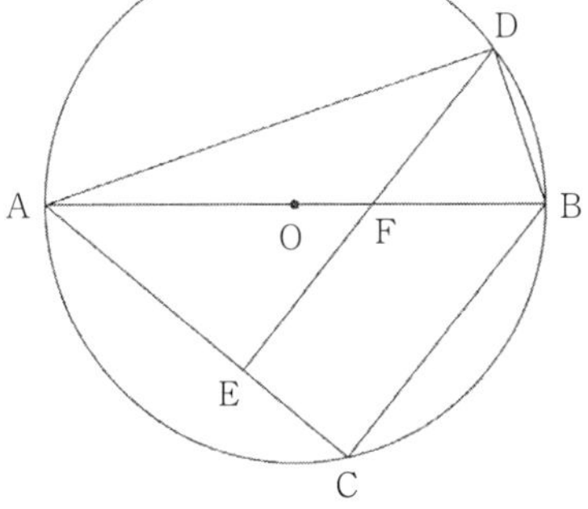

(エ) 次の□の中の「**う**」「**え**」「**お**」「**か**」にあてはまる数字をそれぞれ**0**～**9**の中から1つずつ選び，その数字を答えなさい。

上の図3において，線分ABは円Oの直径であり，2点C，Dは円Oの周上の点である。

また，点Eは線分AC上の点で，BC//DEであり，点Fは線分ABと線分DEとの交点である。

AE=2cm，CE=1cm，DE=3cmのとき，三角形BDFの面積は$\frac{\text{うえ}}{\text{おか}}$ cm^{2}である。

4 右の図において，直線①は関数$y=x+3$のグラフであり，曲線②は関数$y=ax^2$のグラフである。

点Aは直線①と曲線②との交点で，そのx座標は6である。点Bは曲線②上の点で，線分ABはx軸に平行である。点Cは直線①上の点で，線分BCはy軸に平行である。

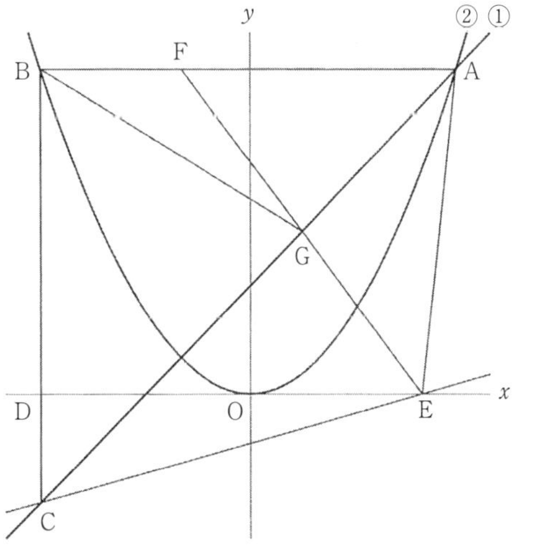

また，点Dは線分BCと x 軸との交点である。

さらに，原点をOとするとき，点Eは x 軸上の点で，DO：OE＝6：5であり，その x 座標は正である。

このとき，次の問いに答えなさい。

(ア) 曲線②の式 $y=ax^2$ の a の値として正しいものを次の**1**～**6**の中から1つ選び，その番号を答えなさい。

1．$a=\frac{1}{6}$　**2**．$a=\frac{1}{4}$　**3**．$a=\frac{1}{3}$　**4**．$a=\frac{1}{2}$　**5**．$a=\frac{3}{4}$　**6**．$a=\frac{3}{2}$

(イ) 直線CEの式を $y=mx+n$ とするときの(i) m の値と，(ii) n の値として正しいものを，それぞれ次の**1**～**6**の中から1つずつ選び，その番号を答えなさい。

(i) m の値

1．$m=\frac{3}{13}$　**2**．$m=\frac{1}{4}$　**3**．$m=\frac{3}{11}$　**4**．$m=\frac{3}{10}$　**5**．$m=\frac{1}{3}$　**6**．$m=\frac{3}{8}$

(ii) n の値

1．$n=-\frac{17}{11}$　**2**．$n=-\frac{20}{13}$　**3**．$n=-\frac{3}{2}$

4．$n=-\frac{18}{13}$　**5**．$n=-\frac{15}{11}$　**6**．$n=-\frac{11}{10}$

(ウ) 次の［　］の中の「**き**」「**く**」「**け**」にあてはまる数字をそれぞれ**0**～**9**の中から1つずつ選び，その数字を答えなさい。

線分AB上に点Fを，三角形AFEの面積が直線①によって2等分されるようにとり，直線①と線分EFとの交点をGとする。このときの，三角形BGFの面積と三角形CEGの面積の比を**最も簡単な整数の比**で表すと，△BGF:△CEG＝［**き**］：［**くけ**］である。

5 右の図1のように，線分PQがあり，その長さは10cmである。

図1

大，小2つのさいころを同時に1回投げ，大きいさいころの出た目の数を a，小さいさいころの出た目の数を b とする。出た目の数によって，線分PQ上に点Rを，PR：RQ＝a：b となるようにとり，線分PRを1辺とする正方形をX，線分RQを1辺とする正方形をYとし，この2つの正方形の面積を比較する。

例

大きいさいころの出た目の数が2，小さいさいころの出た目の数が3のとき，$a=2$，$b=3$ だから，線分PQ上に点Rを，PR：RQ＝2：3となるようにとる。

この結果，図2のように，PR＝4cm，RQ＝6cmで，Xの面積は16cm^2，Yの面積は36cm^{2}であるから，Xの面積はYの面積より20cm^{2}だけ小さい。

図2

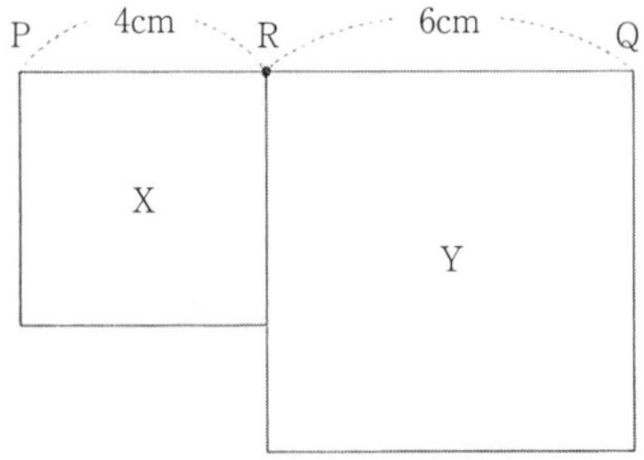

いま，図1の状態で，大，小2つのさいころを同時に1回投げるとき，次の問いに答えなさい。ただし，大，小2つのさいころはともに，1から6までのどの目が出ることも同様に確からしいものとする。

(ア) 次の□の中の「**こ**」「**さ**」にあてはまる数字をそれぞれ**0**～**9**の中から1つずつ選び，その数字を答えなさい。

Xの面積とYの面積が等しくなる確率は $\dfrac{\boxed{こ}}{\boxed{さ}}$ である。

(イ) 次の□の中の「**し**」「**す**」「**せ**」にあてはまる数字をそれぞれ**0**～**9**の中から1つずつ選び，その数字を答えなさい。

Xの面積がYの面積より$25\mathrm{cm}^2$以上大きくなる確率は $\dfrac{\boxed{し}}{\boxed{すせ}}$ である。

6 右の図1は，AB＝5cm，BC＝1cm，AD＝4cm，∠ADC＝∠BCD＝90°の台形ABCDを底面とし，AE＝BF＝CG＝DH＝1cmを高さとする四角柱である。

このとき，次の問いに答えなさい。

図1

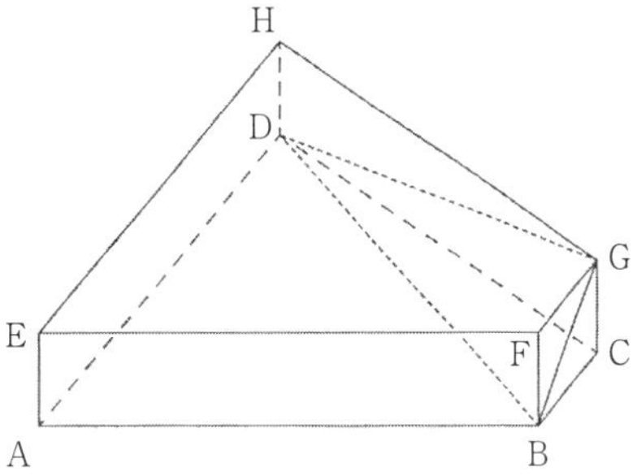

(ア) この四角柱の体積として正しいものを次の**1**～**6**の中から1つ選び，その番号を答えなさい。

1．$8\mathrm{cm}^3$　**2**．$10\mathrm{cm}^3$
3．$16\mathrm{cm}^3$　**4**．$20\mathrm{cm}^3$
5．$24\mathrm{cm}^3$　**6**．$30\mathrm{cm}^3$

(イ) この四角柱において，3点B，D，Gを結んでできる三角形の面積として正しいものを次の**1**～**6**の中から1つ選び，その番号を答えなさい。

1．$\dfrac{\sqrt{17}}{4}\mathrm{cm}^2$　**2**．$\dfrac{\sqrt{33}}{4}\mathrm{cm}^2$　**3**．$\dfrac{\sqrt{17}}{2}\mathrm{cm}^2$

4．$\dfrac{\sqrt{33}}{2}\mathrm{cm}^2$　**5**．$\sqrt{17}\mathrm{cm}^2$　**6**．$\sqrt{33}\mathrm{cm}^2$

(ウ) 次の□の中の「**そ**」「**た**」にあてはまる数字をそれぞれ**0**～**9**の中から1つずつ選び，その数字を答えなさい。

点Iが辺CD上の点で，CI：ID＝7：3であるとき，この四角柱の表面上に，図2のように点Aから辺EF，辺GHと交わるように，点Iまで線を引く。このような線のうち，長さが最も短くなるように引いた線の長さは $\sqrt{\boxed{そた}}$ cmである。

図2

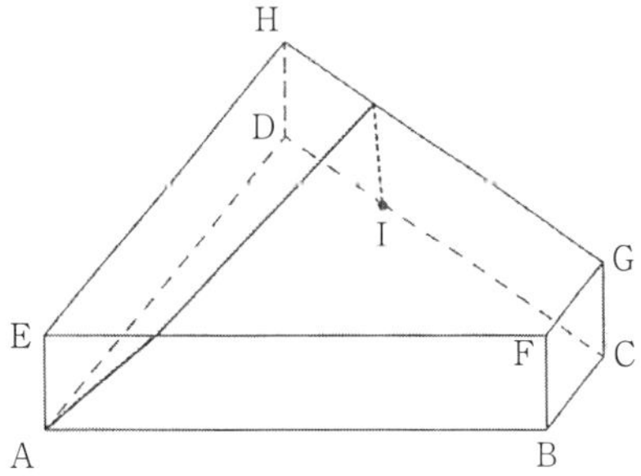

社会

●満点 100点　●時間 50分

1　Kさんは，都市**A**～**D**について調べ学習をおこない，次の**略地図**と**文章**を作成した。これらについて，あとの各問いに答えなさい。**略地図**中の緯線は赤道から，経線は本初子午線からそれぞれ30度ごとに引いたものである。

略地図

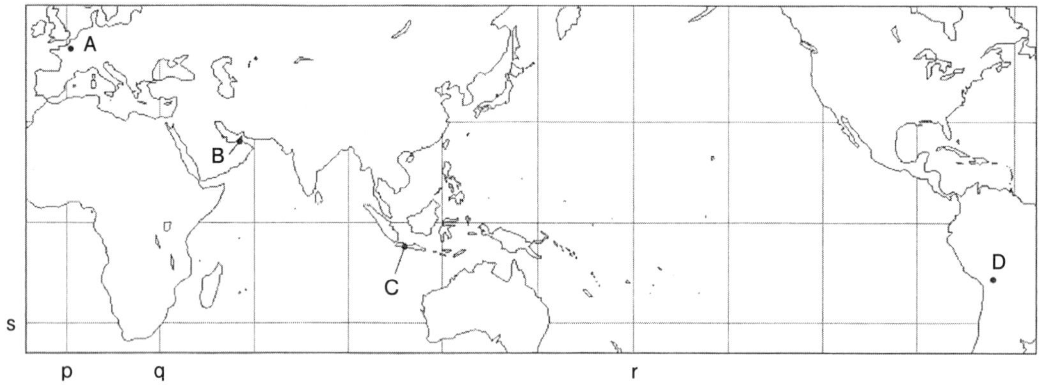

文章

○　地球上の位置は，緯度と経度を用いて表されます。**略地図**において，緯度と経度がともに０度である地点は，赤道と［あ］で示した経線が交わったところにあります。また，**s**で示した緯線と**q**で示した経線が交わった地点に対して，地球の中心を通った反対側の地点の位置は，［い］です。

○　①都市**A**を首都とする国では，2024年にオリンピック・パラリンピックが開催される予定です。

○　都市**B**の近くの海域では，②エネルギー源として利用できる資源が多く産出されます。

○　都市**C**を首都とする国では，油やしや③コーヒー豆などのプランテーションがさかんです。

○　都市**D**は，アンデス山脈の高地に位置しています。

(ア)　**文章**中の［あ］，［い］にあてはまるものの組み合わせとして最も適するものを，次の１～８の中から一つ選び，その番号を答えなさい。

１．あ：**p**　い：北緯30度，西経30度　　２．あ：**p**　い：北緯30度，西経150度
３．あ：**p**　い：北緯60度，西経30度　　４．あ：**p**　い：北緯60度，西経150度
５．あ：**r**　い：北緯30度，西経30度　　６．あ：**r**　い：北緯30度，西経150度
７．あ：**r**　い：北緯60度，西経30度　　８．あ：**r**　い：北緯60度，西経150度

(イ)　――線①における産業の様子について説明したものとして最も適するものを，次の１～４の中から一つ選び，その番号を答えなさい。

１．沿海部に設けられた経済特区に，外国の企業が進出している。
２．周辺の国ぐにで製造された部品をもとに，航空機を組み立てる工場がある。

3．北緯37度以南の温暖な地域で，先端技術産業が発達している。
4．鉄鉱石や石炭，ボーキサイトなどの資源を，他国にさかんに輸出している。

(ウ)　——線②に関して，次の**表1**を参考にしながら，あとの文X，Yの正誤の組み合わせとして最も適するものを，1～4の中から一つ選び，その番号を答えなさい。

表1　主な国の発電量のエネルギー源ごとの割合

国	年	水　力	火　力	原子力	風　力	太陽光	地　熱	その他
日本	2010	7.8%	66.7%	24.9%	0.4%	0.0%	0.2%	0.0%
	2017	8.9%	85.5%	3.1%	0.6%	1.6%	0.2%	0.0%
ブラジル	2017	62.9%	27.0%	2.7%	7.2%	0.1%	0.0%	0.1%
フランス	2017	9.8%	13.0%	70.9%	4.4%	1.7%	0.0%	0.2%

（『世界国勢図会　2020/21年版』『数字でみる　日本の100年　改訂第7版』をもとに作成）
※　小数第2位を四捨五入しているため，エネルギー源ごとの割合の合計が100%にならないことがある。

X　**表1**中の3か国における2017年の発電量の割合について，水力，風力，太陽光，地熱を利用した発電量の割合の合計が最も低い国は，ブラジルである。
Y　日本では，2010年から2017年までのあいだに，東日本大震災での原子力発電所の事故を背景に，原子力を利用した発電量の割合が低下した。

1．X：正　Y：正　　2．X：正　Y：誤　　3．X：誤　Y：正　　4．X：誤　Y：誤

(エ)　——線③に関して，次の**表2**中の品目1～4は，コーヒー豆，米，小麦，バナナのいずれかを示している。コーヒー豆の割合を示したものとして最も適するものを，**表2**中の品目1～4の中から一つ選び，その番号を答えなさい。

表2　農産物の各品目の生産量の州ごとの割合(2019年)

品目＼州	アジア	ヨーロッパ	アフリカ	北アメリカ	南アメリカ	オセアニア
1	89.6%	0.5%	5.1%	1.5%	3.2%	0.0%
2	54.1%	0.5%	18.4%	10.4%	15.1%	1.5%
3	44.1%	34.8%	3.5%	11.5%	3.8%	2.4%
4	31.9%	0.0%	12.0%	12.2%	43.3%	0.6%

（国際連合食糧農業機関ウェブサイト掲載資料をもとに作成）
※　小数第2位を四捨五入しているため，生産量の州ごとの割合の合計が100%にならないことがある。

(オ)　都市Dの気温と降水量を表したグラフとして最も適するものを，次の1～4の中から一つ選び，その番号を答えなさい。

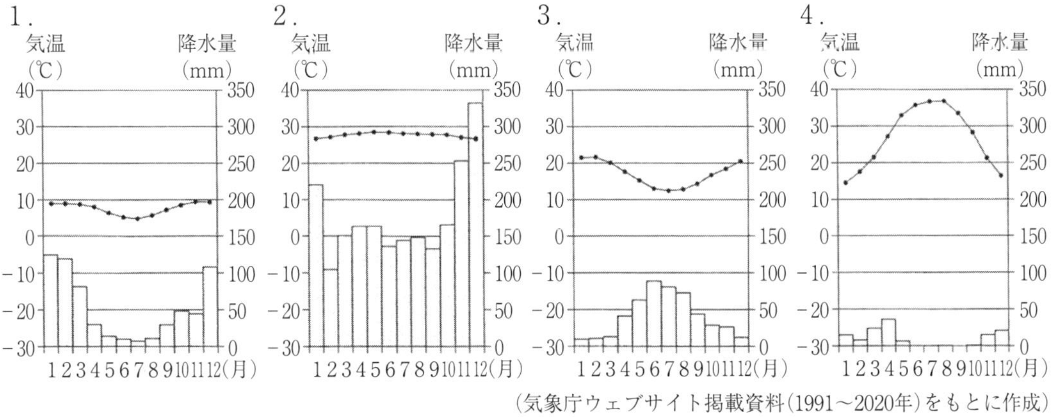

（気象庁ウェブサイト掲載資料(1991～2020年)をもとに作成）

2　長野県の産業について興味をもったKさんは，次の**資料1**～**資料4**を集めた。これらについて，あとの各問いに答えなさい。

資料1　中部地方における県ごとの就業者数と産業別就業者数の割合(2017年)

（就業者数の単位：万人）

	新潟県	富山県	石川県	福井県	山梨県	長野県	岐阜県	静岡県	愛知県
就業者数	116.5	55.4	61.0	42.2	44.2	111.2	105.9	194.5	406.9
第1次産業	5.3%	2.7%	2.9%	3.5%	6.9%	8.5%	3.4%	3.3%	2.1%
第2次産業	29.7%	33.9%	28.2%	31.4%	28.3%	28.7%	32.6%	33.4%	32.7%
第3次産業	65.1%	63.4%	68.9%	65.1%	64.8%	62.7%	64.1%	63.3%	65.3%

（『データでみる県勢　2020年版』をもとに作成）

※　小数第2位を四捨五入しているため，県ごとの産業別就業者数の割合の合計が100%にならないことがある。

資料2　長野県におけるレタス生産及び他の都道府県への出荷についての説明

○　長野県では，6月上旬から10月上旬までレタスの生産がさかんです。長野県のレタスの生産量は，全国第1位です。
○　早朝に収穫して，その日のうちに東京・大阪・名古屋等の大都市圏に出荷します。輸送中に野菜が傷まないように，専用のトラックで運びます。

資料3　レタスの生産量上位3県から東京へ出荷されるレタスの量(2020年)

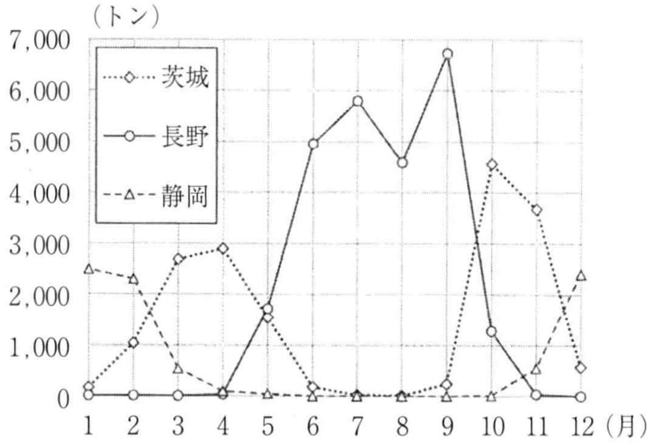

（東京都中央卸売市場ウェブサイト掲載資料をもとに作成）

資料4　長野県白馬村における外国人観光客の延べ宿泊者数の推移

（単位：人）

区分＼年	2015	2016	2017	2018	2019
アジア	33,499	36,596	50,654	57,871	67,113
北アメリカ	7,172	6,762	9,083	16,558	21,444
ヨーロッパ	5,162	6,117	7,017	9,793	9,147
オセアニア	53,517	53,868	46,048	78,756	170,739

（白馬村ウェブサイト掲載資料をもとに作成）

(ア)　**資料1**に関して，次の**産業の名称**X～Zのうち第1次産業に分類されるものと，**資料1**から**読み取れること**について説明した文a，bの組み合わせとして最も適するものを，あとの1～6の中から一つ選び，その番号を答えなさい。

産業の名称	X　サービス業　　Y　建設業　　Z　林業
読み取れること	a　中部地方において，第2次産業の就業者数が最も多いのは富山県である。 b　中部地方における第3次産業の就業者数は，600万人を上回っている。

1．Xとa　　2．Xとb　　3．Yとa
4．Yとb　　5．Zとa　　6．Zとb

(イ)　長野県におけるレタス生産及び他の都道府県への出荷について説明したものとして**適切でないもの**を，**資料2**，**資料3**の内容を参考にしながら，次の1～4の中から一つ選び，その番号を答えなさい。

1．標高が高く夏でも冷涼な気候を生かすことができる地域で，レタスが生産されている。

2．国内の他の産地から東京へのレタスの出荷量が多くなる時期に，長野県からの出荷量も多くなる。

3．道路網の整備を背景として，収穫したその日のうちにレタスを大都市圏に届けられるようになった。

4．保冷車の普及を背景として，鮮度を保ったままレタスを大都市圏に届けられるようになった。

(ウ)　**資料４**から読み取れることについて説明したものとして最も適するものを，次の１～４の中から一つ選び，その番号を答えなさい。

1．2015年の延べ宿泊者数の合計は，15万人を上回っている。

2．2015年から2019年にかけて，年ごとの延べ宿泊者数は，すべての区分で増加し続けている。

3．「アジア」と「オセアニア」を比べたとき，「2015年の延べ宿泊者数」に対する「2015年から2019年にかけて増加した延べ宿泊者数」の割合が高いのは，「オセアニア」である。

4．「北アメリカ」と「ヨーロッパ」はどちらも，「2019年の延べ宿泊者数」が「2015年の延べ宿泊者数」の２倍を上回っている。

(エ)　次の**地形図**は，長野県白馬村の一部を示したものである。この**地形図**から読み取れることについて説明したものとして最も適するものを，あとの１～４の中から一つ選び，その番号を答えなさい。

地形図

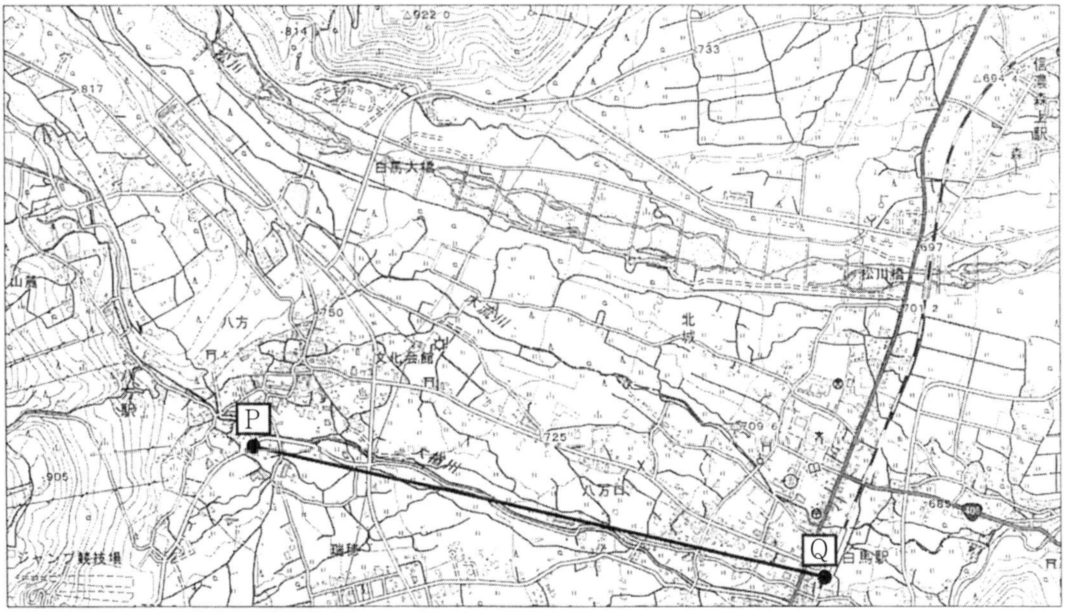

（「２万５千分の１の電子地形図　国土地理院作成（令和３年調製）」一部改変）

1．４方位で考えると，「白馬大橋」の西側には，「田」が広がっている。

2．８方位で考えると，「町・村役場」からみて北西の方位に「消防署」がある。

3．[P]で示した地点の標高は，800mをこえている。

4．[P]―[Q]の地図上の長さが８cmであるとすると，実際の距離は２kmである。

3　Kさんは，仏教の歴史について発表するために，次の**レポート**を作成した。これについて，あとの各問いに答えなさい。

レポート

1　古代から中世にかけての仏教と政治

①仏教は，朝鮮半島から日本に伝わりました。私は，古代から中世にかけての仏教に関するできごとについて年代の古い順に並べ，次の**表**にまとめました。

表

古代から中世にかけての仏教に関するできごと	
伝染病や災害などの不安を取り除き国家を守るため，［　あ　］に大仏がつくられた。	
京都の宇治に，平等院鳳凰堂がつくられた。	↑
足利義満によって，禅宗の様式をとりいれた３層の建築物がつくられた。	A
加賀《かが》(現在の石川県)で，［　い　］の信者が守護をたおして自治をおこなうようになった。	↓

2　中世の絵画に描かれた僧の姿

次の**資料**は，備前《びぜん》(現在の岡山県)における様子を表したものです。

資料

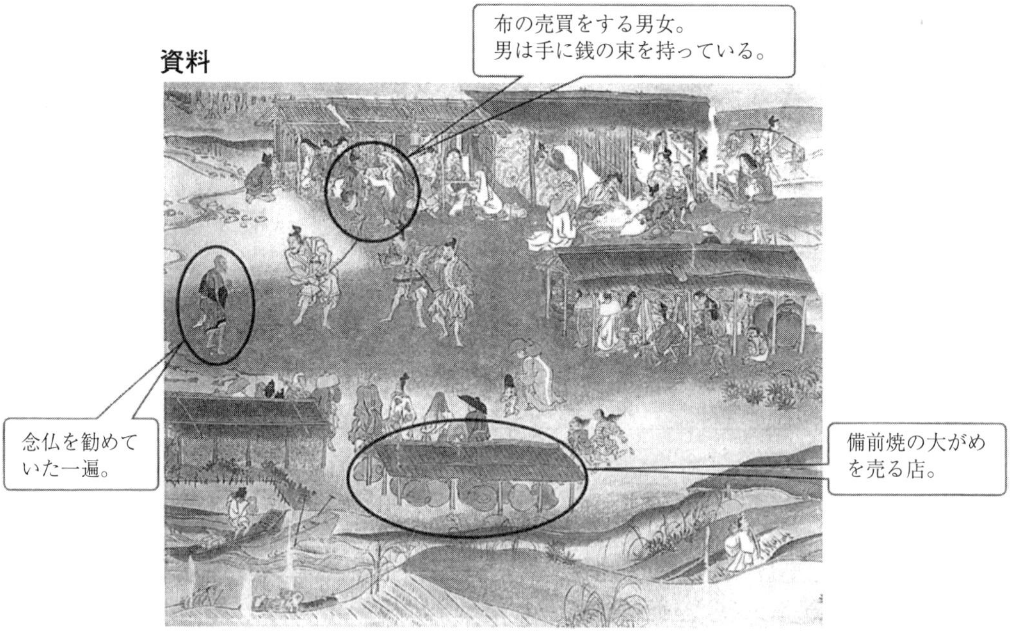
布の売買をする男女。
男は手に銭の束を持っている。
念仏を勧めていた一遍。
備前焼の大がめを売る店。

(国立国会図書館ウェブサイト掲載資料をもとに作成)

3　近世における仏教と人びととのかかわり

②幕府は，宗門改を全国的に制度化し寺院に宗門改帳をつくらせて，人びとが仏教徒であることを証明させました。

(ア) **表**中の あ ， い にあてはまる語句の組み合わせとして最も適するものを，次の１～４の中から一つ選び，その番号を答えなさい。

１．あ：法隆寺　い：真言宗　　２．あ：法隆寺　い：浄土真宗(一向宗)
３．あ：東大寺　い：真言宗　　４．あ：東大寺　い：浄土真宗(一向宗)

(イ) **表**中の A の期間におこったできごとについて説明した次の文Ⅰ～Ⅲを，年代の古いものから順に並べたものを，あとの１～６の中から一つ選び，その番号を答えなさい。

Ⅰ　フビライが日本に服属を要求したが，北条時宗はその要求を拒んだ。
Ⅱ　日明貿易が始まり，明に向かう貿易船は勘合の持参を義務づけられた。
Ⅲ　平清盛によって宋との貿易が推進され，陶磁器や書籍が日本にもたらされた。

１．Ⅰ→Ⅱ→Ⅲ　　２．Ⅰ→Ⅲ→Ⅱ　　３．Ⅱ→Ⅰ→Ⅲ
４．Ⅱ→Ⅲ→Ⅰ　　５．Ⅲ→Ⅰ→Ⅱ　　６．Ⅲ→Ⅱ→Ⅰ

(ウ) ――線①に関して，仏教が日本に伝わったあとの日本でおこったできごとについて説明したものとして最も適するものを，次の１～４の中から一つ選び，その番号を答えなさい。

１．大陸や朝鮮半島から伝わった稲作が，東北地方にまで広まった。
２．大宰府を守るために，水城がつくられた。
３．邪馬台国の卑弥呼が王になり，倭国内の争いがおさまった。
４．現在の大阪府にあたる地域に，日本最大の前方後円墳がつくられた。

(エ) 次の文１～４のうち，――線②のできごとがおこった時期に最も近い時期の日本のできごとについて説明したものを，１～４の中から一つ選び，その番号を答えなさい。

１．オランダの商館が，長崎の海に築かれた出島に移された。
２．ロシア使節のレザノフが長崎に来航し，日本に通商を要求した。
３．長崎において，ポルトガルとの貿易が始まった。
４．田沼意次が，長崎での貿易を活発にするために，海産物の輸出を拡大した。

(オ) **レポート**中の**資料**に関して，次の**資料が表している様子**について説明した文Ｘ～Ｚと，**中世の日本**の様子について説明した文ａ，ｂの組み合わせとして最も適するものを，あとの１～６の中から一つ選び，その番号を答えなさい。

資料が表している様子	Ｘ　成人男子が，布や特産物を自ら都に運んで納めている様子を表している。 Ｙ　交通の要所にひらかれた定期市で，取引がおこなわれている様子を表している。 Ｚ　諸藩の役人が，年貢米や特産物を販売し貨幣を手に入れている様子を表している。
中世の日本	ａ　座禅によって自らの力で悟りをひらこうとする禅宗が，幕府の保護を受けた。 ｂ　検地などの政策によって兵農分離が進み，武士は帯刀などの特権をもった。

１．Ｘとａ　　２．Ｘとｂ　　３．Ｙとａ
４．Ｙとｂ　　５．Ｚとａ　　６．Ｚとｂ

4　Kさんは，**メモ**と**資料**をもとに近現代の歴史に関する**レポート**を作成した。これらについて，あとの各問いに答えなさい。

メモ　19世紀半ばから後半にかけての世界のできごと

○　イギリスが，インドを植民地とし，ビルマ(現在のミャンマー)を支配下においた。
○　フランスが，ベトナムをめぐる清との戦争に勝利し，インドシナに勢力を伸ばした。
○　ロシアが，日本海に面した沿海州に海軍基地をつくり，シベリア鉄道の建設を始めた。
○　アメリカ合衆国が，ハワイを併合し，フィリピンを獲得した。
○　ドイツが，太平洋の島々を植民地にした。

資料　19世紀後半の東アジアを風刺した絵画

(川崎市市民ミュージアムウェブサイト掲載資料をもとに作成)

レポート

1　**メモ**と**資料**の内容について
　19世紀半ばから後半にかけての世界では，**メモ**で示されたできごとからわかるように，[あ]とよばれる考え方がみられました。また，**資料**では，日本を含む4か国が表されており，**資料**から当時の東アジアの国際関係を推測することができます。

2　**メモ**と**資料**の内容をふまえて設定した**学習課題**
　メモで示されたできごとがおこった**時期**の日本は，欧米諸国と国際的に対等な地位を得るために，どのようにして近代化を進めたのだろうか。

(ア)　**レポート**中の[あ]にあてはまる語句として最も適するものを，次の1～6の中から一つ選び，その番号を答えなさい。

1．帝国主義　2．ファシズム　3．民族自決
4．冷戦　5．ルネサンス　6．尊王攘夷

(イ)　次の文a～eのうち，**資料**について正しく説明したものの組み合わせとして最も適するものを，あとの1～6の中から一つ選び，その番号を答えなさい。

a　**ア**，**イ**の人物の衣服などから考えると，**イ**の人物は清を表していると判断することができる。
b　**ア**，**イ**の人物が座っている位置と中国と朝鮮半島の位置関係を関連付けて考えると，**イ**の人物は朝鮮を表していると判断することができる。

c　日露戦争がおこっていたときの，東アジアの国際関係を風刺したものである。
d　日清戦争がおこる前の，東アジアの国際関係を風刺したものである。
e　日本が朝鮮半島を植民地にしたあとの，東アジアの国際関係を風刺したものである。

1．a，c　　2．a，d　　3．a，e　　4．b，c　　5．b，d　　6．b，e

(ウ)　**メモ**中の――線に関して，東南アジアでおこったできごとについて説明した次の文Ⅰ～Ⅲを，年代の古いものから順に並べたものを，あとの1～6の中から一つ選び，その番号を答えなさい。

Ⅰ　日本の陸軍が，イギリス領のマレー半島に上陸し，シンガポールを占領した。
Ⅱ　アジア・アフリカ会議が，インドネシアのバンドンでひらかれた。
Ⅲ　沖縄の基地から出撃したアメリカ合衆国の爆撃機が，北ベトナムを爆撃した。

1．Ⅰ→Ⅱ→Ⅲ　　2．Ⅰ→Ⅲ→Ⅱ　　3．Ⅱ→Ⅰ→Ⅲ
4．Ⅱ→Ⅲ→Ⅰ　　5．Ⅲ→Ⅰ→Ⅱ　　6．Ⅲ→Ⅱ→Ⅰ

(エ)　**レポート**中の**学習課題**を解決するための調査について説明したものとして最も適するものを，次の1～4の中から一つ選び，その番号を答えなさい。

1．この**時期**の日本は，欧米諸国と貿易をおこなう際に，自国の産業を保護するために関税の税率を自由に設定することが可能であったことに着目し，輸出入額の推移について調査する。
2．この**時期**の日本では，成人男性による普通選挙がはじめて実現したことに着目し，政府が欧米諸国を模範として憲法にもとづく政治を進めた経緯について調査する。
3．この**時期**の日本では，ヨーロッパでおこった戦争を背景とする好景気を迎えていたことに着目し，重化学工業を中心としておこった産業の内容について調査する。
4．この**時期**の日本は，外国人が事件をおこした場合に，外国の領事が裁判をおこなう権利を欧米諸国に認めていたことに着目し，欧米諸国と結んだ条約が改正されるまでの経緯について調査する。

(オ)　Kさんは，**メモ**でまとめた国ぐにに関連するできごとを年代の古いものから順に並べ，次の**表**を作成した。**表**中のA～Dの期間における日本のできごとについて説明したものとして最も適するものを，あとの1～4の中から一つ選び，その番号を答えなさい。

表

メモでまとめた国ぐにに関連するできごと	
イギリスが，香港を植民地とし，賠償金を獲得した。	
	A
フランスの思想家ルソーの考え方の影響を受けて，日本で自由民権運動が活発になった。	
	B
レーニンの指導のもとで，ロシアで革命がおこった。	
	C
アメリカ合衆国のサンフランシスコで，講和会議がひらかれた。	
	D
ドイツのベルリンを分断していた壁が，取りはらわれた。	

1．[A]の期間に，はじめての衆議院議員総選挙がおこなわれた。
2．[B]の期間に，治安維持法が制定され，社会運動に対する取りしまりが強まった。
3．[C]の期間に，農地改革がおこなわれ，自作農が増加した。
4．[D]の期間に，国際連合の PKO にはじめて自衛隊の部隊が派遣された。

5　K さんは，米に関する様々なことを調べ，次の**レポート**を作成した。これについて，あとの各問いに答えなさい。

レポート

1　米と日本の食文化

日本の伝統的な食事は，主食である米に一汁三菜(味噌汁やおかず)を組み合わせたもので，栄養バランスが理想的であると言われています。このような食文化は「和食：日本人の伝統的な食文化」として，国際連合の専門機関である[　あ　]の無形文化遺産に登録されています。

2　米が経済において果たしてきた役割

現在の私たちは，①貨幣(通貨)を用いて商品を②企業などから購入していますが，貨幣(通貨)を用いた経済が浸透する以前の日本では，米が貨幣のような役割を果たしていました。

3　政府備蓄米の制度

政府は，米の[　い　]著しく上回る事態に備えて，米を民間から買い入れて必要な量の備蓄米を保有しています。そのための財源として，毎年の③予算に必要な額が計上されています。

4　日本における年ごとの米の輸入量と輸出量の推移

次の**グラフ**は，日本における年ごとの米の輸入量と輸出量の推移について示したものです。米の輸入量と輸出量は，時期によって大きく変化していることがわかりました。

グラフ

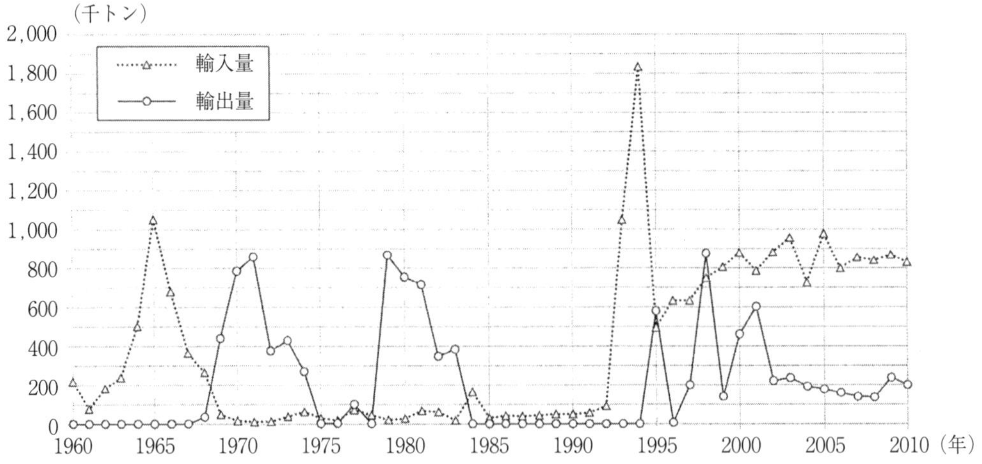

(農林水産省ウェブサイト掲載資料をもとに作成)

(ア)　**レポート**中の[あ]，[い]にあてはまる語句の組み合わせとして最も適するものを，次の1～8の中から一つ選び，その番号を答えなさい。

1．あ：UNESCO　い：需要量が供給量を　2．あ：UNESCO　い：供給量が需要量を
3．あ：UNICEF　い：需要量が供給量を　4．あ：UNICEF　い：供給量が需要量を
5．あ：WHO　い：需要量が供給量を　6．あ：WHO　い：供給量が需要量を
7．あ：IAEA　い：需要量が供給量を　8．あ：IAEA　い：供給量が需要量を

(イ)　——線①に関して，現在の日本における経済活動について説明したものとして最も適するものを，次の1～4の中から一つ選び，その番号を答えなさい。

1．商品を購入するにあたって，代金を常に先払いで支払うクレジットカードが普及している。
2．一般の銀行が資金を融資することができるのは，紙幣を発行する権限をもっているからである。
3．外国の通貨に対し円の価値が高くなると，商品を日本から外国に輸出する企業にとって有利になる。
4．貨幣(通貨)は，財やサービスの価値を価格として表すはたらきをもっている。

(ウ)　——線②に関して，現在の日本における企業について説明したものとして最も適するものを，次の1～4の中から一つ選び，その番号を答えなさい。

1．企業を大企業と中小企業に分類すると，日本の企業数の90％以上は大企業である。
2．企業には，公立病院のように，国や地方公共団体によって運営されるものがある。
3．商品の生産が少数の企業に集中し企業間の競争が弱まると，商品の価格が上がりにくくなる。
4．労働組合法には，企業が労働者に命じる労働時間など，労働条件の基準が定められている。

(エ)　——線③に関して，現在の日本における国の財政について説明した次の文X～Zの正誤の組み合わせとして最も適するものを，あとの1～8の中から一つ選び，その番号を答えなさい。

X　国の予算と決算は，内閣によって議決される。
Y　不景気のときには，景気を回復させるため，政府は公共事業などの支出を減らそうとする。
Z　政府は，累進課税の仕組みを設けることで，所得の極端な格差を調整しようとしている。

1．X：正　Y：正　Z：正　2．X：正　Y：正　Z：誤
3．X：正　Y：誤　Z：正　4．X：正　Y：誤　Z：誤
5．X：誤　Y：正　Z：正　6．X：誤　Y：正　Z：誤
7．X：誤　Y：誤　Z：正　8．X：誤　Y：誤　Z：誤

(オ)　次の文a～fのうち，**グラフ**から読み取れることについて正しく説明したものの組み合わせとして最も適するものを，あとの1～8の中から一つ選び，その番号を答えなさい。

a　1960年から1965年にかけて，年ごとの輸出量は増加し続けている。
b　1965年から1970年までのあいだに，年ごとの輸出量が年ごとの輸入量を上回った。
c　1970年から1990年にかけて，年ごとの輸入量は20万トンを常に下回っている。
d　1970年から1990年にかけて，年ごとの輸出量は70万トンを常に下回っている。
e　2000年における輸入量は，1990年における輸入量の8倍を上回っている。
f　2000年と2010年を比べると，輸入量から輸出量を引いたときの差は小さくなった。

1．a，c，e　2．a，c，f　3．a，d，e　4．a，d，f
5．b，c，e　6．b，c，f　7．b，d，e　8．b，d，f

6　Kさんは，公民の授業で学習した内容について発表するために，次の**メモ**を作成した。これについて，あとの各問いに答えなさい。

メモ

> 現在の社会は急速に変化しており，①日本国憲法には直接的に規定されていない権利が主張されています。このような社会を生きていくために，私は，②日本国憲法の前文にもあるように「主権が国民に存する」ことを自覚し，積極的に政治に参加したいと考えています。そのために，③現在の日本における国や地方公共団体の制度や④国際社会の動向について理解を深めたいと思います。

(ア)　――線①に関して，Kさんは，次の**資料1**～**資料3**を集めた。あとの文a～dのうち，**資料1**～**資料3**の内容について正しく説明したものの組み合わせとして最も適するものを，1～4の中から一つ選び，その番号を答えなさい。

資料1　臓器提供意思表示カードに記載された内容の一部

> 《1．2．3．いずれかの番号を○で囲んでください。》
> 1．私は，脳死後及び心臓が停止した死後のいずれでも，移植の為に臓器を提供します。
> 2．私は，心臓が停止した死後に限り，移植の為に臓器を提供します。
> 3．私は，臓器を提供しません。
> 《1又は2を選んだ方で，提供したくない臓器があれば，×をつけてください。》
> 【心臓・肺・肝臓・腎臓・膵《すい》臓・小腸・眼球】

資料2　臓器移植法の内容

> 移植術に使用するために臓器を摘出することができる場合を次の[1]又は[2]のいずれかとする。
> [1]　本人の書面による臓器提供の意思表示があった場合であって，遺族がこれを拒まないとき又は遺族がないとき。
> [2]　本人の臓器提供の意思が不明の場合であって，遺族がこれを書面により承諾するとき。

資料3　臓器移植に関する説明

> 臓器を提供する意思表示は，15歳以上が有効ですが，実際の提供については本人の拒否の意思が無ければ，15歳未満でも家族の承諾があれば提供が可能です。また，提供しない意思表示については年齢にかかわらず有効です。

（厚生労働省及び日本臓器移植ネットワークウェブサイト掲載資料をもとに作成）

> a　臓器提供意思表示カードには，知る権利を尊重するための内容が記されている。
> b　臓器提供意思表示カードには，自己決定権を尊重するための内容が記されている。

c　15歳未満の者は，自らの心臓が停止する前に，臓器の提供を拒否する意思を書面で表示していた場合であっても，家族が承諾すれば，臓器の提供が認められる。

d　15歳以上の者は，自らの心臓が停止する前に，臓器を提供する意思を書面で表示していた場合，遺族が拒否しなければ，臓器の提供が認められる。

1．a，c　　2．a，d　　3．b，c　　4．b，d

(イ)　――線②に関して，日本国憲法の条文を示した次の文中の [あ] ～ [う] にあてはまる語句の組み合わせとして最も適するものを，あとの1～8の中から一つ選び，その番号を答えなさい。

この憲法の改正は，各議院の総議員の [あ] の賛成で，[い] が，これを発議し，国民に提案してその承認を経なければならない。この承認には，特別の国民投票又は国会の定める選挙の際行は《(わ)》れる投票において，その [う] の賛成を必要とする。

1．あ：過半数　　　　い：内閣　う：3分の2以上
2．あ：過半数　　　　い：内閣　う：過半数
3．あ：過半数　　　　い：国会　う：3分の2以上
4．あ：過半数　　　　い：国会　う：過半数
5．あ：3分の2以上　い：内閣　う：3分の2以上
6．あ：3分の2以上　い：内閣　う：過半数
7．あ：3分の2以上　い：国会　う：3分の2以上
8．あ：3分の2以上　い：国会　う：過半数

(ウ)　――線③について説明したものとして最も適するものを，次の1～4の中から一つ選び，その番号を答えなさい。

1．民事裁判では，検察官が警察と協力して，被疑者を被告人として裁判所に起訴する。
2．国政における行政の長は，国民の直接選挙によって選出される。
3．裁判官は，国会が設置する裁判所の判断によって罷免させられることがある。
4．都道府県知事の選挙については，18歳以上の者に被選挙権が与えられる。

(エ)　――線④に関して，次の**表1**，**表2**は，国際連合の安全保障理事会についてまとめたものである。安全保障理事会について説明したものとして最も適するものを，**表1**，**表2**の内容を参考にしながら，あとの1～4の中から一つ選び，その番号を答えなさい。

表1　地域グループごとの加盟国数及び非常任理事国の数

地域グループ	加盟国数	非常任理事国の数
アジア・(注1)大洋州	54	2
アフリカ	54	3
(注2)ラテンアメリカ	33	2
東ヨーロッパ	23	1
西ヨーロッパ・その他	29	2

(注1)　オセアニア州。
(注2)　北アメリカ州と南アメリカ州のうち，北半球の中緯度から南半球にかけての地域。

表2　常任理事国の一覧

国名
アメリカ合衆国
イギリス
フランス
ロシア連邦
中華人民共和国

(外務省ウェブサイト掲載資料をもとに作成)

1．「非常任理事国１か国あたりの加盟国数」は，すべての「地域グループ」で15を上回っている。
2．第二次世界大戦において枢軸国の陣営に属した国は，「常任理事国」に含まれていない。
3．国連における重要な問題については，「非常任理事国」の１か国でも反対すると決定できない。
4．「常任理事国」と「非常任理事国」をあわせた数は，加盟国数の合計の１割を上回っている。

7　Ｋさんは，海上輸送や船舶の安全について調べ，次の**レポート**を作成した。これについて，あとの各問いに答えなさい。

レポート

海上輸送に大きな役割を果たしているのが，1869年に開通した，［あ］と紅海を結ぶ①スエズ運河です。**略地図１**，**略地図２**で示された地域を経由し，スエズ運河を通って日本からヨーロッパ州に到達する航路の距離は，スエズ運河の開通前に主に使用されていた［い］を回る航路の距離と比べて，とても短くなりました。現在では，多くの船舶がスエズ運河を利用しています。

主要な貿易のほとんどを海上輸送に依存する日本にとって，船舶の安全を確保することは，社会・経済や国民生活の安定にとって必要不可欠です。海上を航行する船舶にとって脅威となっているのが海賊《かいぞく》です。国際社会による海賊対策などの取り組みの結果，②近年では，海賊が船舶を襲撃する件数は減少しています。

略地図１

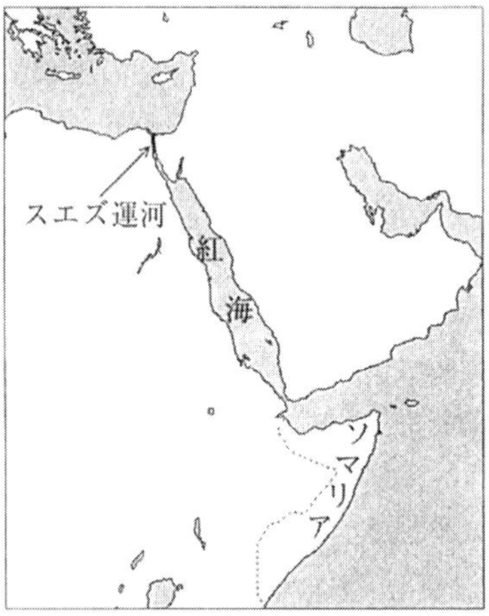

略地図２

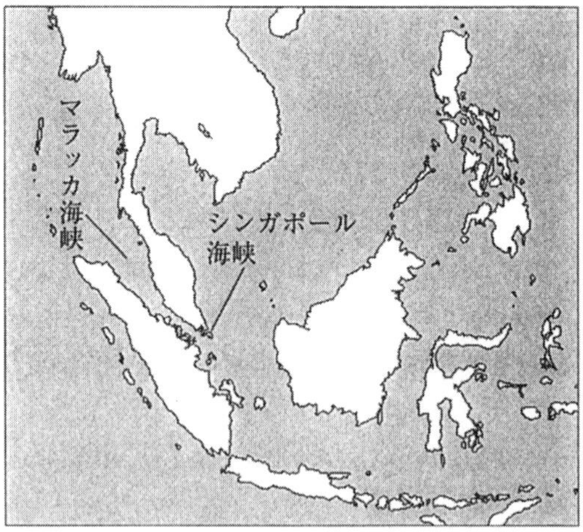

※　**略地図１**と**略地図２**の縮尺は同一ではない。

（海上保安庁ウェブサイト掲載資料をもとに作成）

(ア)　**レポート**中の［あ］，［い］にあてはまる語句の組み合わせとして最も適するものを，**略地図１**，**略地図２**を参考にしながら，次の１～４の中から一つ選び，その番号を答えなさい。
1．あ：インド洋　い：アフリカ大陸の南端
2．あ：インド洋　い：ユーラシア大陸の北側
3．あ：地中海　　い：アフリカ大陸の南端

4．あ：地中海　　い：ユーラシア大陸の北側

(イ)　――線①に関して，スエズ運河が開通したあとのできごとについて説明した次の文Ⅰ～Ⅲを，年代の古いものから順に並べたものを，あとの１～４の中から一つ選び，その番号を答えなさい。

Ⅰ　エジプトが，第四次中東戦争において，スエズ運河を渡りイスラエルの拠点を攻撃した。
Ⅱ　イギリスが，第一次世界大戦において，スエズ運河に軍隊を駐留させた。
Ⅲ　岩倉具視を大使とする使節団が，スエズ運河を航行してヨーロッパから帰国した。

1．Ⅱ→Ⅰ→Ⅲ　　2．Ⅱ→Ⅲ→Ⅰ
3．Ⅲ→Ⅰ→Ⅱ　　4．Ⅲ→Ⅱ→Ⅰ

(ウ)　――線②に関して，次の**資料**は，海賊が船舶を襲撃した件数の推移を地域ごとに示したものである。あとの文ａ～ｅのうち，**資料**から読み取れることについて正しく説明したものの組み合わせとして最も適するものを，１～６の中から一つ選び，その番号を答えなさい。

資料

（単位：件）

地域＼年	2010	2011	2012	2013	2014	2015	2016	2017	2018	2019
アフリカ	259	293	150	79	55	35	62	57	87	71
うちソマリア周辺海域	219	237	75	15	11	0	2	9	3	0
(注1)東南アジア	70	80	104	128	141	147	68	76	60	53
うちマラッカ・シンガポール海峡	5	12	8	10	9	14	2	4	3	12
(注2)世界計	445	439	297	264	245	246	191	180	201	162

（注1）　ベトナム，南シナ海を除く。
（注2）　その他の地域の件数を含む。

（海上保安庁ウェブサイト掲載資料をもとに作成）

ａ　「アフリカ」と「東南アジア」を比べると，2010年の件数に対する2019年の件数の割合は，「アフリカ」が「東南アジア」より大きい。
ｂ　2010年から2012年にかけて，「世界計」の件数に占める「東南アジア」の件数の割合は，いずれの年も５割を上回っている。
ｃ　2013年から2019年にかけて，「世界計」の件数に占める「ソマリア周辺海域」の件数の割合は，いずれの年も１割を下回っている。
ｄ　2011年から2012年にかけて，「ソマリア周辺海域」で減少した件数は，「世界計」で減少した件数より多い。
ｅ　2015年から2016年にかけて，「マラッカ・シンガポール海峡」を除く「東南アジア」で減少した件数は，「世界計」で減少した件数より少ない。

1．ａ，ｄ　　2．ａ，ｅ　　3．ｂ，ｄ
4．ｂ，ｅ　　5．ｃ，ｄ　　6．ｃ，ｅ

(エ)　Ｋさんは，**略地図１**で示された地域にあるソマリアに対して日本がおこなった支援について調べ，次の**メモ**を作成した。**メモ**中の＝＝線の考え方を表した語句として最も適するものを，あとの１～４の中から一つ選び，その番号を答えなさい。

メモ

現在の国際社会では，貧困等の様々な課題を解決するために，国連開発計画が1994年に打ち出した，様々な脅威から一人ひとりの生存，生活，尊厳を守るという考え方を生かして，人びとが安心して生きることができる社会を実現することが求められています。

この考え方を推進するために，1999年，日本の主導により国連に基金が設置されました。ソマリアでは，紛争や干ばつにより国内避難民が発生しており，人びとは貧困状態にあります。2017年には，この基金から約205万ドルの支援がソマリアにおこなわれました。

1．人間の安全保障　　2．公共の福祉　　3．法の下の平等　　4．循環型社会

理　科

●満点 100点　●時間 50分

1　次の各問いに答えなさい。

(ア)　次の□中のａ～ｄのうち，音の性質についての説明として適切なものはどれか。最も適するものをあとの１～６の中から一つ選び，その番号を答えなさい。

> ａ　同じ高さの音が出る２つの音さを並べて一方の音さを鳴らすと，もう一方の音さも鳴り始めるのは，一方の音さから出た音の粒子がもう一方の音さに届くからである。
>
> ｂ　音は水などの液体の中を伝わるが，金属などの固体の中は伝わらない。
>
> ｃ　雷が光ってから音が聞こえるまでの時間に音の伝わる速さをかけると，雷が発生した場所までのおよその距離が求められるのは，光は一瞬で伝わるのに対して音ははるかに遅く伝わるからである。
>
> ｄ　モノコードの弦をはじいたときに弦が１秒間に振動する回数は，弦の長さを短くすると多くなる。

１．ａのみ　　２．ｃのみ　　３．ａとｂ

４．ｂとｃ　　５．ｂとｄ　　６．ｃとｄ

(イ)　手に持っている物体をある高さから真上に投げ上げたところ，物体は最高点に達したのち，落下した。物体を投げ上げてから最高点に達するまでの，物体のもつエネルギーの変化についての説明として最も適するものを次の１～４の中から一つ選び，その番号を答えなさい。ただし，物体にはたらく空気の抵抗は考えないものとする。

１．運動エネルギーはしだいに増加し，力学的エネルギーは一定に保たれる。

２．運動エネルギーはしだいに増加し，力学的エネルギーはしだいに減少する。

３．運動エネルギーはしだいに減少し，力学的エネルギーは一定に保たれる。

４．運動エネルギーと力学的エネルギーはどちらもしだいに減少する。

(ウ)　抵抗の大きさが20Ωの抵抗器Ａ，抵抗の大きさがわからない抵抗器Ｂと抵抗器Ｃ，電源装置を用いて**図**のような回路①と回路②をつくった。これらの回路において，電源の電圧を変えながら，Ｘの部分を流れる電流とXY 間の電圧を測定し，その結果を**グラフ**にまとめた。なお，**グラフ**の２本の直線は片方が回路①，もう片方が回路②の結果を表している。これらの結果から，抵抗器Ｂと抵抗器Ｃの抵抗の大きさの組み合わせとして最も適するものをあとの１～６の中から一つ選び，その番号を答えなさい。

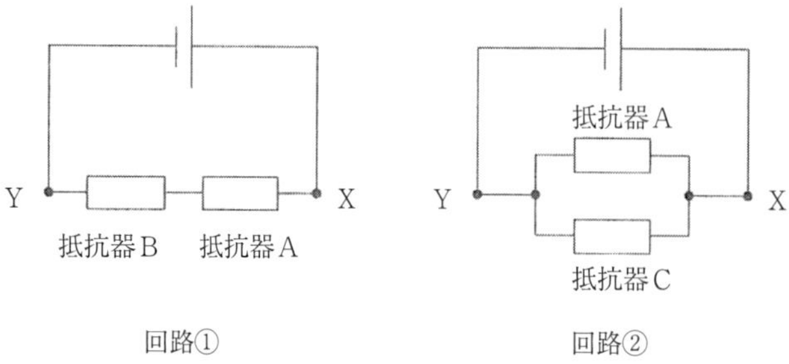

図

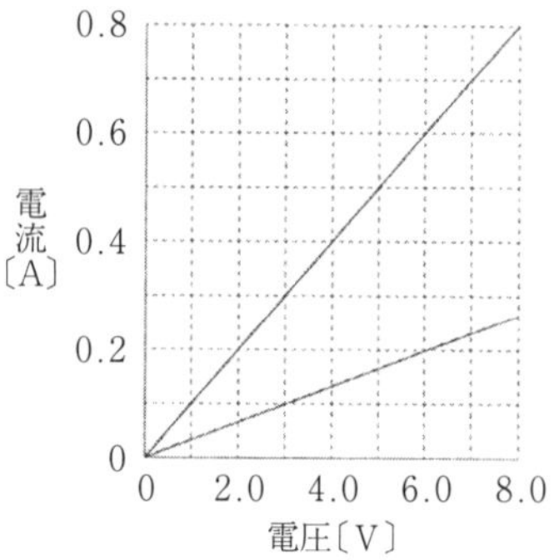

グラフ

1．抵抗器B：10Ω　抵抗器C：10Ω　　2．抵抗器B：10Ω　抵抗器C：20Ω
3．抵抗器B：20Ω　抵抗器C：10Ω　　4．抵抗器B：20Ω　抵抗器C：20Ω
5．抵抗器B：30Ω　抵抗器C：10Ω　　6．抵抗器B：30Ω　抵抗器C：20Ω

2　次の各問いに答えなさい。

(ア)　ビーカーに入れた固体のろうを加熱して液体のろうにし，**図1**のように液面の高さに目印をつけた。その後，液体のろうを常温でゆっくりと冷却して，ろうが固体になったとき，**図2**のようにろうの中央がくぼんだことから，ろうの体積が減少したことがわかった。また，液体のろうが固体になったとき，ビーカー全体の質量は変化しなかった。ろうの体積が減少した理由として最も適するものを次の1～4の中から一つ選び，その番号を答えなさい。

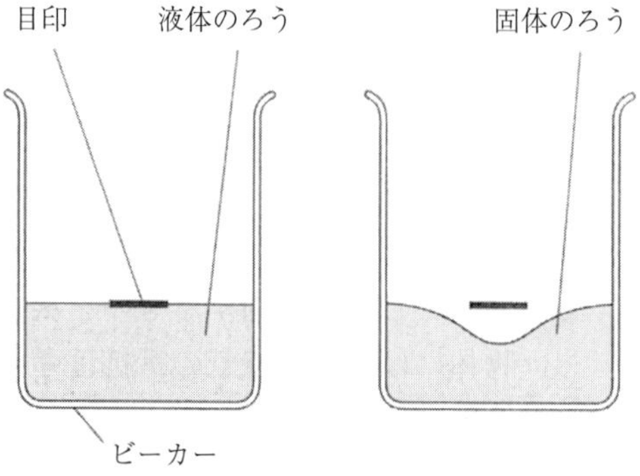

図1　図2

1．ろうを構成する粒子の数が減少したため。
2．ろうを構成する粒子の大きさが小さくなったため。
3．ろうを構成する粒子どうしの間隔が小さくなったため。
4．ろうが蒸発して，ビーカーの外に逃げたため。

(イ)　うすい塩酸に石灰石を加えたときに発生する気体の質量を求めるために，次の①～③の順に操作を行った。発生した気体の質量〔g〕を①～③中の a，b，c を用いて表したものとして最も適するものをあとの1～6の中から一つ選び，その番号を答えなさい。ただし，発生した気体のうち，水に溶けたものの質量とビーカーの中にたまったものの質量は考えないものとする。

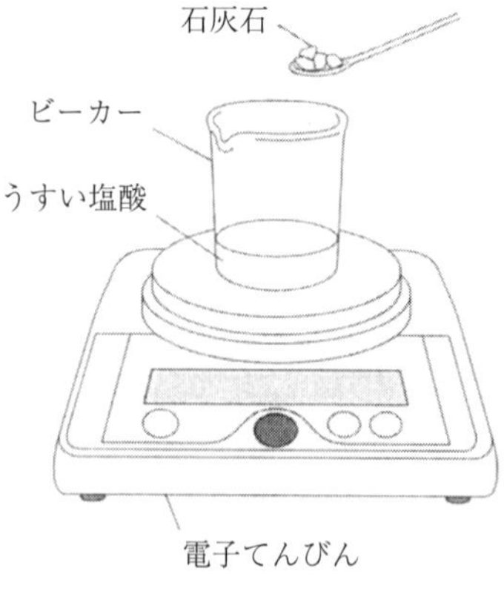

①　図のように，うすい塩酸を入れたビーカーを電子てんびんにのせて質量を測定したところ，a〔g〕であった。
②　ビーカーを電子てんびんにのせたまま，質量 b〔g〕の石灰石をうすい塩酸に加えて反応させたところ，気体が発生した。
③　気体が発生しなくなったときのビーカー全体の質量を測定

したところ，c〔g〕であった。

1．$a-c$　　2．$c-a$　　3．$a+b-c$

4．$a-b+c$　　5．$c-a+b$　　6．$c-a-b$

(ウ)　家庭で用いられるガス燃料にはメタンを主成分とするものとプロパンを主成分とするものがある。メタンが燃焼して二酸化炭素と水ができるときの化学変化のモデルと化学反応式は，それぞれ次のようになる。

化学変化のモデル

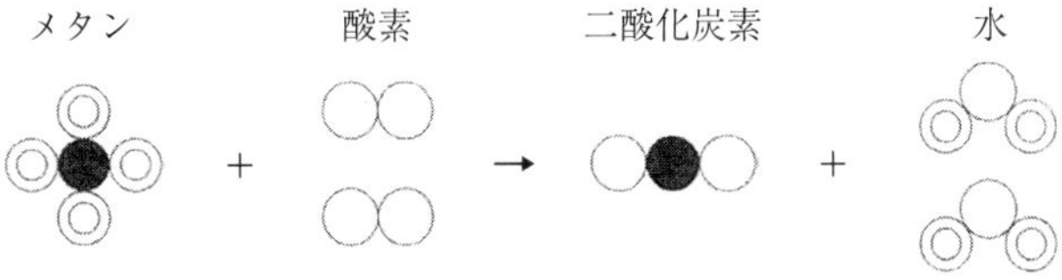

（水素原子を ◎，酸素原子を ○，炭素原子を ● として表してある。）

化学反応式　　$CH_4 + 2O_2 \rightarrow CO_2 + 2H_2O$

Kさんは，プロパンも燃焼すると二酸化炭素と水ができることを知り，その化学反応式を次のように表した。化学反応式中の(あ)，(い)にあてはまる数の組み合わせとして最も適するものをあとの1～4の中から一つ選び，その番号を答えなさい。

プロパン　　酸素　　二酸化炭素　　水

C_3H_8 ＋ (あ)O_2 → $3CO_2$ ＋ (い)H_2O

1．あ：5　い：4　　2．あ：7　い：8

3．あ：10　い：4　　4．あ：14　い：8

3　次の各問いに答えなさい。

(ア)　次の図a～eは，体細胞分裂をしている途中の細胞を模式的に示したものである。a～eを体細胞分裂が進む順番に並べたものとして最も適するものをあとの1～6の中から一つ選び，その番号を答えなさい。

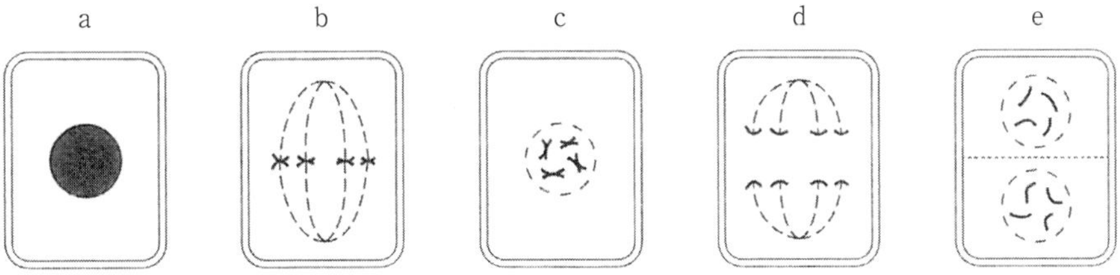

1．a→b→c→d→e　　2．a→b→d→c→e

3．a→c→b→d→e　　4．a→c→d→b→e

5．a→d→b→c→e　　6．a→d→c→b→e

(イ)　Kさんは，光合成に必要な要素を確認するために，次のような〔実験〕を行った。この〔実験〕で，「光合成には二酸化炭素が必要である」ということを確認できたのは，用いた6本の試験管A～Fのうち，どの2本を比較したときか。最も適するものをあとの1～6の中から一つ選び，その番号を答えなさい。

〔実験〕①　水を沸騰させてから冷まし，溶けていた二酸化炭素を取り除いた。

②　図のように，6本の試験管A～Fを用意し，A～Dに同じ量のオオカナダモを入れた。

③　試験管A，C，Eを，①の操作を行った水でみたし，ゴム栓でふたをした。

④　試験管B，D，Fを，水中の二酸化炭素濃度を高くするためにつくった炭酸水素ナトリウム水溶液(①の操作を行った水500cm^3に炭酸水素ナトリウム2.0gを加えたもの)でみたし，ゴム栓でふたをした。

⑤　試験管C，Dの全体をアルミニウムはくで包んだ。

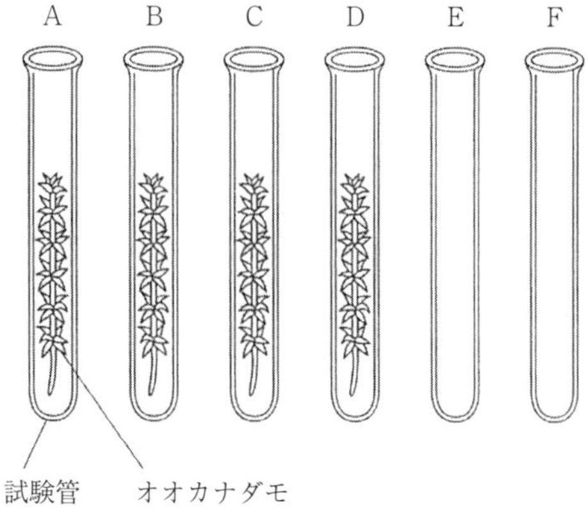

⑥　試験管A～Fを日光の当たる場所に6時間放置したところ，1本の試験管にだけ酸素の発生が見られた。

1．試験管Aと試験管B　　2．試験管Aと試験管C
3．試験管Aと試験管E　　4．試験管Bと試験管D
5．試験管Bと試験管F　　6．試験管Dと試験管F

(ウ)　右の図は，同じビーカーに入れたゾウリムシとシオカメウズムシの個体数の変化を記録したものである。まず，ゾウリムシとそのえさをビーカーに入れて記録を始め，その2日後にシオカメウズムシを加えた。ゾウリムシとシオカメウズムシの個体数の変化を，これらの生物の間の食べる・食べられるの関係と関連付けて説明したものとして最も適するものを次の1～4の中から一つ選び，その番号を答えなさい。ただし，用いたビーカーにはゾウリムシやシオカメウズムシが隠れられる場所はないものとする。

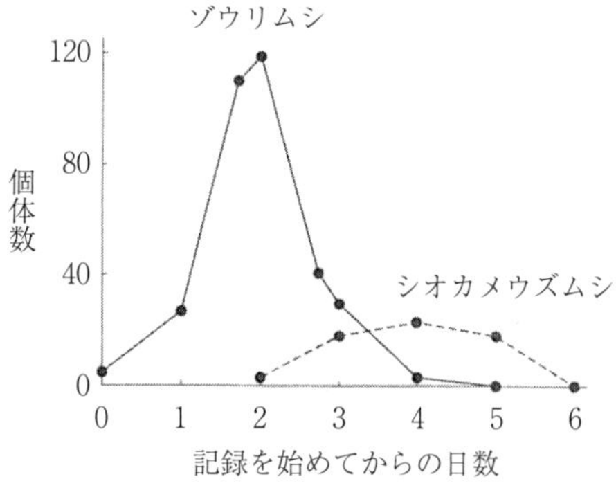

1．記録を始めて2日後から4日後にかけてゾウリムシの個体数が減少したのは，ゾウリムシが食べるシオカメウズムシの個体数が非常に少なくなったからだと考えられる。

2．記録を始めて2日後から4日後にかけてシオカメウズムシの個体数が増加したのは，シオカメウズムシを食べるゾウリムシの個体数が減少したからだと考えられる。

3．記録を始めて4日後から6日後にかけてシオカメウズムシの個体数が減少したのは，ゾウリムシがシオカメウズムシを食べたからだと考えられる。

4．記録を始めて4日後から6日後にかけてシオカメウズムシの個体数が減少したのは，シオカメウズムシが食べるゾウリムシの個体数が非常に少なくなったからだと考えられる。

4　次の各問いに答えなさい。

(ア)　乾球温度計と湿球温度計の2本の温度計からなる乾湿計は，湿球に巻かれたガーゼの水が蒸発するときに湿球から熱をうばうことにより生じる2本の温度計の温度差を利用して湿度を求めるものである。この乾湿計を用いてよく晴れた日に湿度を求めるとき，湿球に巻かれたガーゼが完全に乾いていることに気づかずにそのまま用いたとすると，湿球温度計の示す温度と求めた湿度はガーゼがしめっているときと比べてどうなるか。最も適するものを次の1～4の中から一つ選び，その番号を答えなさい。

1．湿球温度計の示す温度と求めた湿度はどちらも高くなる。
2．湿球温度計の示す温度と求めた湿度はどちらも低くなる。
3．湿球温度計の示す温度は高くなり，求めた湿度は低くなる。
4．湿球温度計の示す温度は低くなり，求めた湿度は高くなる。

(イ)　次の図は，ある日の午前9時と午後9時の日本付近の天気図である。これらの天気図から，この日の午前9時から午後9時にかけての地点Aの風向と気温の変化について考えられることとして最も適するものをあとの1～4の中から一つ選び，その番号を答えなさい。

午前9時

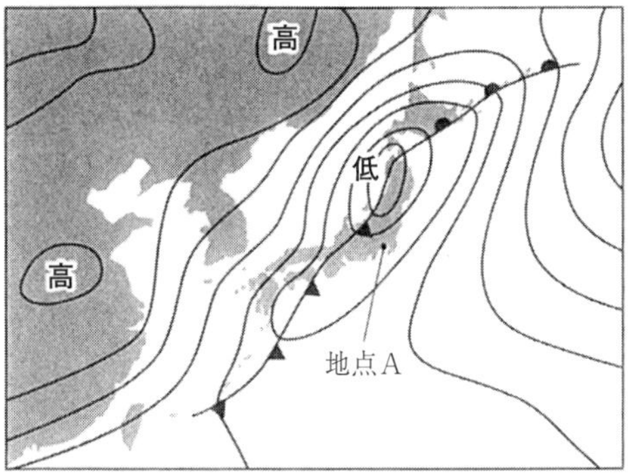

午後9時

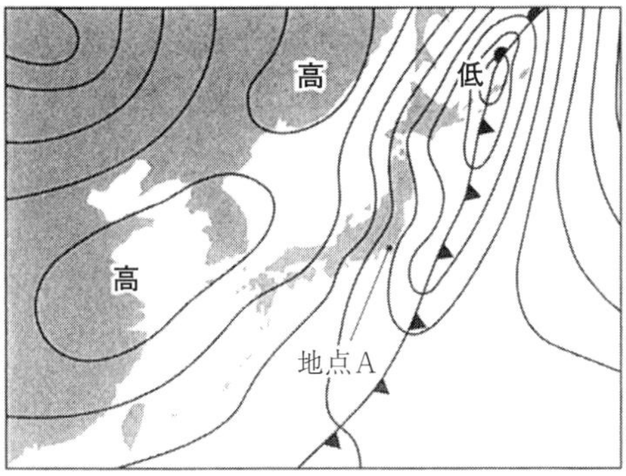

1．北寄りの風から南寄りの風に変わり，気温は上がった。
2．北寄りの風から南寄りの風に変わり，気温は下がった。
3．南寄りの風から北寄りの風に変わり，気温は上がった。
4．南寄りの風から北寄りの風に変わり，気温は下がった。

(ウ)　右の図は，断層を含むある地層を模式的に示したものであり，図中のD層からアンモナイトの化石が見つかったことから，この層は中生代に堆積したと推定されている。このとき，(i)アンモナイトの化石のように，地層が堆積した年代を推定できる化石を何というか。また，(ii)図中のA層～C層のそれぞれの層が堆積したことと，断層ができたことはどのような順序で起こったか。(i)，(ii)の組み合わせとして最も適するものを次の1～4の中から一つ選び，その番号を答えなさい。ただし，地層は逆転していないものとする。

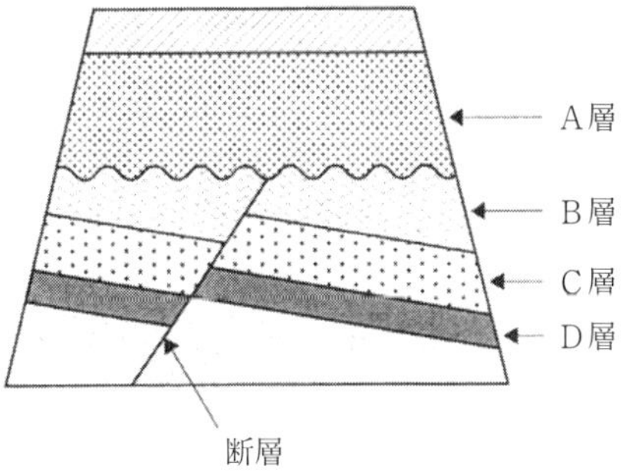

1．(i)：示相化石
　(ii)：C層，B層，A層の順に堆積したあと，断層ができた。
2．(i)：示相化石
　(ii)：C層，B層の順に堆積したあと，断層ができ，その後，A層が堆積した。
3．(i)：示準化石
　(ii)：C層，B層，A層の順に堆積したあと，断層ができた。
4．(i)：示準化石
　(ii)：C層，B層の順に堆積したあと，断層ができ，その後，A層が堆積した。

5　Ｋさんは，凸レンズによる像について調べるために，次のような実験を行った。これらの実験とその結果について，あとの各問いに答えなさい。

〔実験１〕　**図１**のように，光源，物体（Ｋの文字をくりぬいた板），凸レンズ，スクリーンを一直線上に並べた装置を用意した。まず，凸レンズと物体との距離を30cmにして，スクリーンを動かしてはっきりとした像が映るようにし，そのときの凸レンズとスクリーンとの距離を記録した。次に，凸レンズと物体との距離を５cmずつ，60cmまで変えて，それぞれスクリーンにはっきりとした像が映るようにしたときの凸レンズとスクリーンとの距離を記録した。**図２**のＡ～Ｇは，これらの結果をまとめたものである。

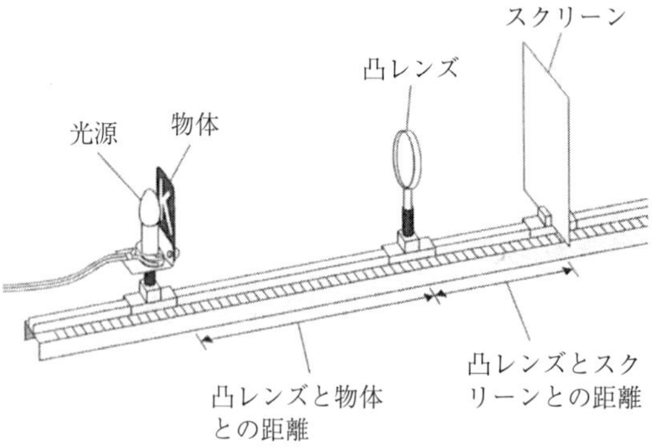

図１

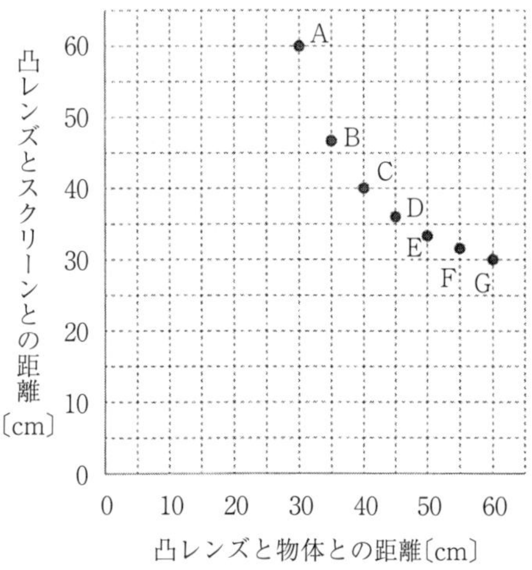

図２

〔実験２〕〔実験１〕のあと，凸レンズと物体との距離を15cmにして，スクリーンを動かしてはっきりとした像が映るかどうかを調べたところ，像は映らなかった。次に，スクリーンを取り外し，スクリーンがあった側から凸レンズをのぞいたところ，凸レンズの向こう側に像が見えた。

(ア)　**図３**は，〔実験１〕においてスクリーンにはっきりとした像が映っているときの，物体のある１点から出た光を模式的に示したものである。①～⑦で示した光のうち，**図３**の凸レンズより右側で１点に集まる光をすべて含むものとして最も適するものを次の１～４の中から一つ選び，その番号を答えなさい。ただし，③は凸レンズの軸（光軸）に平行な光，④は凸レンズの中心を通る光，⑤は凸レンズの手前の焦点を通る光を示している。

1．①，②，③，④，⑤，⑥，⑦
2．②，③，④，⑤，⑥
3．③，④，⑤
4．③，④

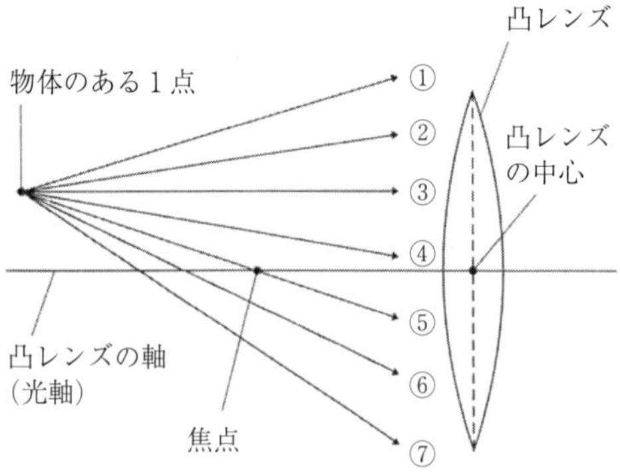

図３

(イ)　〔実験１〕の結果から，この凸レンズの焦点距離として最も適するものを次の１～６の中から一つ選び，その番号を答えなさい。

1．10cm　　2．20cm　　3．30cm　　4．40cm　　5．50cm　　6．60cm

(ウ)〔実験1〕において，(i)**図2**のA～Gのうち，スクリーンに映った像の大きさが物体の大きさよりも小さいものと，(ii)スクリーンに映った像の向きとの組み合わせとして最も適するものを次の1～4の中から一つ選び，その番号を答えなさい。

1．(i)：A，B　　　　　(ii)：物体と同じ向き
2．(i)：A，B　　　　　(ii)：物体と上下左右が逆向き
3．(i)：D，E，F，G　(ii)：物体と同じ向き
4．(i)：D，E，F，G　(ii)：物体と上下左右が逆向き

(エ) 次の□は，〔実験2〕に関するKさんと先生の会話である。(i)文中の(X)にあてはまるもの，(ii)文中の(Y)，(Z)にあてはまるものの組み合わせとして最も適するものをそれぞれの選択肢の中から一つずつ選び，その番号を答えなさい。

Kさん「〔実験2〕においてスクリーンがあった側から凸レンズをのぞいたとき，凸レンズの向こう側に(　　X　　)像が見えました。」
先　生「そうですね。では，凸レンズと物体との距離を5cmにすると，できる像の大きさは，15cmのときと比べてどうなると思いますか。物体から出た光の道すじを作図して考えてみましょう。」
Kさん「はい。凸レンズと物体との距離が15cmのとき，物体のある1点から出た光のうち，凸レンズの軸に平行な光と凸レンズの中心を通る光の道すじをそれぞれ作図すると，これらの光は凸レンズを通ったあと，(　　Y　　)ことがわかります。凸レンズと物体との距離が5cmのときの光の道すじを同様に作図して，できる像の大きさを比べると，凸レンズと物体との距離が5cmのときの像の大きさは，15cmのときの像の大きさよりも(　Z　)と思います。」
先　生「そのとおりですね。」

(i) 文中の(X)にあてはまるもの
1．大きさが物体よりも大きく，物体と同じ向きの
2．大きさが物体よりも大きく，物体と上下左右が逆向きの
3．大きさが物体よりも小さく，物体と同じ向きの
4．大きさが物体よりも小さく，物体と上下左右が逆向きの

(ii) 文中の(Y)，(Z)にあてはまるものの組み合わせ
1．Y：1点に集まる　　　Z：大きくなる
2．Y：1点に集まる　　　Z：小さくなる
3．Y：1点に集まらない　Z：大きくなる
4．Y：1点に集まらない　Z：小さくなる

6 Kさんは，金属のイオンへのなりやすさと電池のしくみについて調べるために，次のような実験を行った。これらの実験とその結果について，あとの各問いに答えなさい。

〔実験1〕 **図1**のように，マイクロプレートの縦の列に銅片，亜鉛片，マグネシウム片，金属X片をそれぞれ入れたあと，横の列に硫酸銅水溶液，硫酸亜鉛水溶液，硫酸マグネシウム水溶液をそれぞれ入れたときに金属片の表面に固体が付着するかどうかを調べた。**表**は，この結果をまとめている途中のものである。

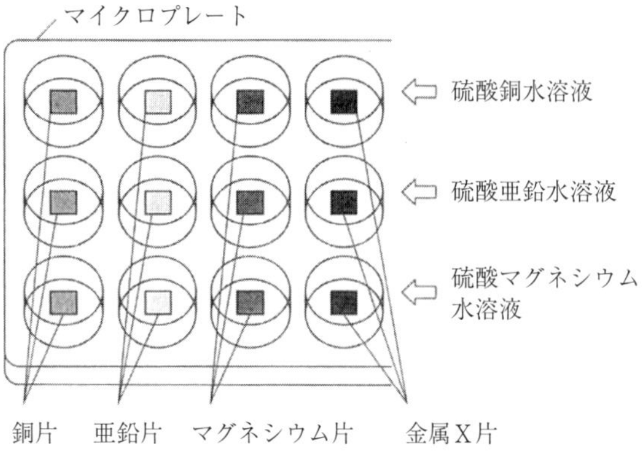

図1

表　(金属片に固体が付着した場合を○，固体が付着しなかった場合を×として記してある。)

	銅片	亜鉛片	マグネシウム片	金属X片
硫酸銅水溶液	×	○		○
硫酸亜鉛水溶液	×	×		×
硫酸マグネシウム水溶液	×	×	×	×

〔実験2〕 **図2**のように，亜鉛板と銅板，硫酸亜鉛水溶液と硫酸銅水溶液，セロハンを用いてダニエル電池をつくり，プロペラ付きモーターと電圧計につないだところ，プロペラは回転し，電圧計の針は右にふれた。

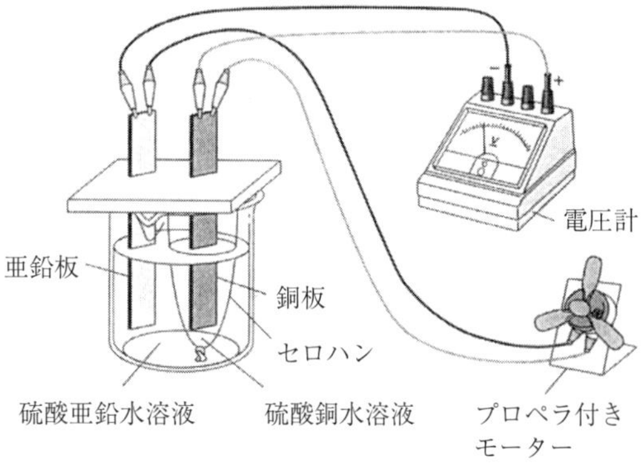

図2

(ア) 〔実験1〕において，**表**の□の結果について説明したものとして最も適するものを次の1～4の中から一つ選び，その番号を答えなさい。

1．水溶液中の銅イオンが固体の銅になるときに放出した電子を，亜鉛が受け取ってイオンになった。

2．水溶液中の硫酸イオンが硫酸になるときに放出した電子を，亜鉛が受け取ってイオンになった。

3．亜鉛がイオンになるときに放出した電子を，水溶液中の銅イオンが受け取って固体の銅になった。

4．亜鉛がイオンになるときに放出した電子を，水溶液中の硫酸イオンが受け取って硫酸になった。

(イ) Kさんは，〔実験1〕の結果から，「銅，亜鉛，マグネシウムをイオンになりやすい順番に並べると，マグネシウム，亜鉛，銅の順である」と判断した。このとき，**表**の□に入れた記号の組み合わせとして最も適するものを次の1～4の中から一つ選び，その番号を答えなさい

1.

○
○

2.

○
×

3.

×
○

4.

×
×

(ウ)〔実験2〕において，プロペラが回転しているとき，電池の＋極と－極で起こった化学変化をイオンの化学式を用いてそれぞれ表したものとして最も適するものを次の1～4の中から一つ選び，その番号を答えなさい。ただし，電子を e^- で表すものとする。

1．＋極：$Zn \rightarrow Zn^{2+} + 2e^-$　－極：$Cu \rightarrow Cu^{2+} + 2e^-$
2．＋極：$Zn \rightarrow Zn^{2+} + 2e^-$　－極：$Cu^{2+} + 2e^- \rightarrow Cu$
3．＋極：$Cu^{2+} + 2e^- \rightarrow Cu$　－極：$Zn \rightarrow Zn^{2+} + 2e^-$
4．＋極：$Cu^{2+} + 2e^- \rightarrow Cu$　－極：$Zn^{2+} + 2e^- \rightarrow Zn$

(エ) Kさんは，金属のイオンへのなりやすさと電池の電圧の関係に興味をもち，〔探究活動〕として，**図2**の亜鉛板と硫酸亜鉛水溶液をマグネシウム板と硫酸マグネシウム水溶液にかえて，マグネシウムと銅を組み合わせた電池をつくり，電圧を測定した。次の□は，〔探究活動〕に関するKさんと先生の会話である。文中の(あ)，(い)に最も適するものをそれぞれの選択肢の中から一つずつ選び，その番号を答えなさい。

> Kさん「〔実験2〕のあと，〔探究活動〕として，マグネシウムと銅を組み合わせた電池をつくって電圧を測定したところ，**図2**の電池よりも高い電圧を示しました。このことと，〔実験1〕でわかった『マグネシウム，亜鉛，銅の順でイオンになりやすい』ということから，用いる2種類の金属のイオンへのなりやすさの差が(　あ　)ほど，電圧が高くなると考えられます。」
> 先　生「そうですね。では〔実験1〕の金属Xと銅を組み合わせた電池の電圧はどうなると思いますか。金属Xについては，〔実験1〕の結果のほかに，『金属Xのイオンと硫酸イオンの水溶液に亜鉛片をひたすと，亜鉛片の表面に金属Xの固体が付着する』ということがわかっています。」
> Kさん「はい。金属Xと銅を組み合わせた電池の電圧は，(　　い　　)と思います。」
> 先　生「そのとおりですね。では実際に確認してみましょう。」

(あ)の選択肢　1．大きい　　2．小さい

(い)の選択肢　1．マグネシウムと銅を組み合わせた電池の電圧よりも高くなる
2．**図2**の電池の電圧よりも低くなる
3．**図2**の電池の電圧よりも高くなり，マグネシウムと銅を組み合わせた電池の電圧よりも低くなる

7　Kさんは，胃腸薬の中に消化酵素が含まれていることを知り，胃腸薬の粉末と脱脂粉乳を用いて次のような実験を行った。これらの実験とその結果について，あとの各問いに答えなさい。ただし，脱脂粉乳に含まれるタンパク質が分解されると，実験で用いた脱脂粉乳溶液のにごりが消えて透明になるものとする。また，酵素液のにごりはないものとする。

〔実験〕①　脱脂粉乳0.5gを水200cm^3に溶かし，脱脂粉乳溶液とした。

②　**表1**のように，5本の試験管に脱脂粉乳溶液の体積と水の体積をそれぞれ変えて入れ，に

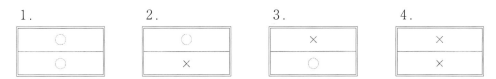

ごりの度合いを０（透明）～４（脱脂粉乳溶液の色）のように定め，これらをにごりの度合いの見本液とした。

表１

にごりの度合いの見本液	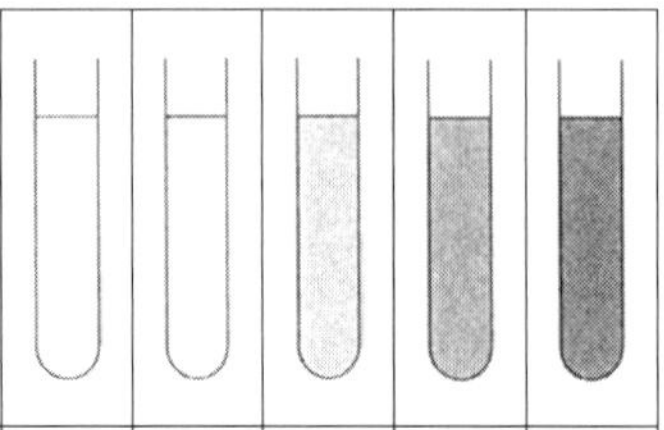				
にごりの度合い	0	1	2	3	4
脱脂粉乳溶液の体積〔cm^3〕	0	2.5	5.0	7.5	10.0
水の体積〔cm^3〕	10.0	7.5	5.0	2.5	0

③　胃腸薬の粉末を水に加えてよく混ぜ，しばらく静置したあと，消化酵素が含まれる上澄み液をビーカーに移した。

④　**表２**のように，③の上澄み液の体積と水の体積をそれぞれ変えて混合し，含まれる消化酵素の量が異なる４種類の酵素液Ⅰ～Ⅳをつくった。

表２

	酵素液Ⅰ	酵素液Ⅱ	酵素液Ⅲ	酵素液Ⅳ
上澄み液の体積〔cm^3〕	20.0	10.0	5.0	2.5
水の体積〔cm^3〕	0	10.0	15.0	17.5

⑤　**表３**のように，４本の試験管Ａ～Ｄに脱脂粉乳溶液を入れ，④でつくった酵素液をそれぞれ加えた。

表３

試験管Ａ	試験管Ｂ	試験管Ｃ	試験管Ｄ
脱脂粉乳溶液 9.0cm^3	脱脂粉乳溶液 9.0cm^3	脱脂粉乳溶液 9.0cm^3	脱脂粉乳溶液 9.0cm^3
酵素液Ⅰ 1.0cm^3	酵素液Ⅱ 1.0cm^3	酵素液Ⅲ 1.0cm^3	酵素液Ⅳ 1.0cm^3

⑥　試験管Ａ～Ｄを湯にひたして温度を40℃に保ち，試験管Ａ～Ｄ中の液のにごりの度合いの変化を**表１**の見本液を参考にして調べた。**図**は，試験管を湯にひたしてからの経過時間と液のにごりの度合いの関係を，Ｋさんが試験管Ａ～Ｃについてまとめたものである。

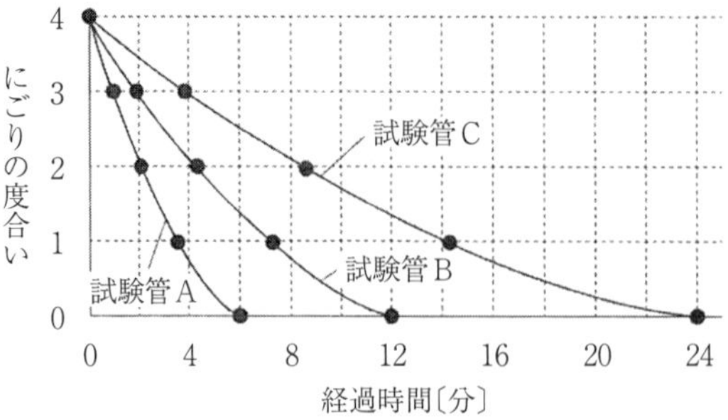

図

(ア)　ヒトの消化液(だ液，胃液，胆汁，すい液)のうち，タンパク質を分解する消化酵素が含まれているものはどれか。最も適するものを次の１～６の中から一つ選び，その番号を答えなさい。

１．だ液のみ　　　２．胃液のみ　　　３．胆汁のみ

４．すい液のみ　　５．だ液と胆汁　　６．胃液とすい液

(イ)〔実験〕において，試験管Ａと比較することにより，「酵素液のはたらきでタンパク質が分解された」ということを確認するためには，どのような対照実験が必要か。最も適するものを次の１～４の中から一つ選び，その番号を答えなさい。

１．脱脂粉乳溶液9.0cm^3に水1.0cm^3を加えた試験管を，25℃に保つ。

２．脱脂粉乳溶液9.0cm^3に水1.0cm^3を加えた試験管を，40℃に保つ。

３．脱脂粉乳溶液9.0cm^3に酵素液Ⅰを1.0cm^3加えた試験管を，25℃に保つ。

４．脱脂粉乳溶液10.0cm^3を入れた試験管を，40℃に保つ。

(ウ)　**図**から，試験管Ｄ中の液のにごりの度合いが０になるまでの時間は何分と考えられるか。最も適するものを次の１～５の中から一つ選び，その番号を答えなさい。

１．３分　　２．６分　　３．12分　　４．24分　　５．48分

(エ)　Ｋさんは，〔実験〕の結果から消化酵素の性質に興味をもち，「消化酵素は，一度はたらいたあとも，くり返しはたらくことができる」という仮説を立てた。この仮説を確かめるための実験とその結果として最も適するものを次の１～４の中から一つ選び，その番号を答えなさい。ただし，〔実験〕において酵素液に含まれるすべての消化酵素がタンパク質にはたらいたものとする。

１．脱脂粉乳溶液18.0cm^3に酵素液Ⅰを1.0cm^3加えた試験管を用意して40℃に保つと，試験管中の液のにごりの度合いが０になるまでの時間が〔実験〕の試験管Ａと同じになる。

２．脱脂粉乳溶液4.5cm^3に酵素液Ⅰを1.0cm^3加えた試験管を用意して40℃に保つと，試験管中の液のにごりの度合いが０になるまでの時間が〔実験〕の試験管Ａと同じになる。

３．〔実験〕のあと，試験管Ａに残った液体に酵素液Ⅰを1.0cm^3加えて40℃に保つと，にごりの度合いが０になる。その後，酵素液Ⅰをさらに加えて同様の操作を数回行っても，にごりの度合いが０になる。

４．〔実験〕のあと，試験管Ａに残った液体に脱脂粉乳溶液9.0cm^3を加えて40℃に保つと，にごりの度合いが０になる。その後，脱脂粉乳溶液をさらに加えて同様の操作を数回行っても，にごりの度合いが０になる。

8　Ｋさんは，北極星と北斗七星の見え方について調べるために，次のような観察を行った。これらの観察とその記録について，あとの各問いに答えなさい。

〔観察１〕　およそ北緯35度，東経139度のある場所で，ある日の午後９時に北の空を観察したところ，北極星と北斗七星が見えた。**図１**は，それらの位置をスケッチしたものである。このあとしばらく観察を続けたところ，北極星の位置は変化せず，北斗七星はその形を変えずに動いた。

〔観察２〕〔観察１〕のあと，別の日の午後８時に同じ場所で北の空を観察したところ，北極星と北斗七星が**図１**とほぼ同じ位置で同じ形に見えた。

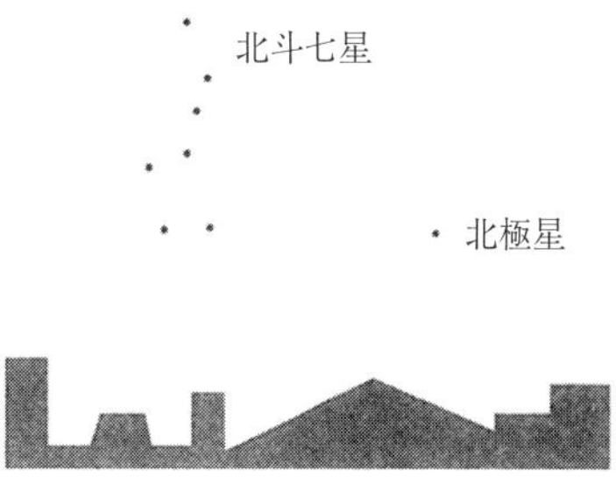

図１

(ア)〔観察1〕においてしばらく観察を続けたとき，北極星の位置が変化しなかった理由として最も適するものを次の1～4の中から一つ選び，その番号を答えなさい。

1．北極星が，北斗七星をつくる恒星に比べて，地球から近くにあるため。
2．北極星が地球の自転に合わせて運動するため。
3．北極星がほぼ地軸の延長線上にあるため。
4．北極星が地球の公転面に垂直な方向にあるため。

(イ)〔観察1〕においてしばらく観察を続けたとき，(i)北斗七星が動いた向きを表す矢印は**図2**のa～dのうちどれか。また，〔観察1〕と〔観察2〕で，(ii)北斗七星の形が変わらなかった理由は何か。最も適するものをそれぞれの選択肢の中から一つずつ選び，その番号を答えなさい。

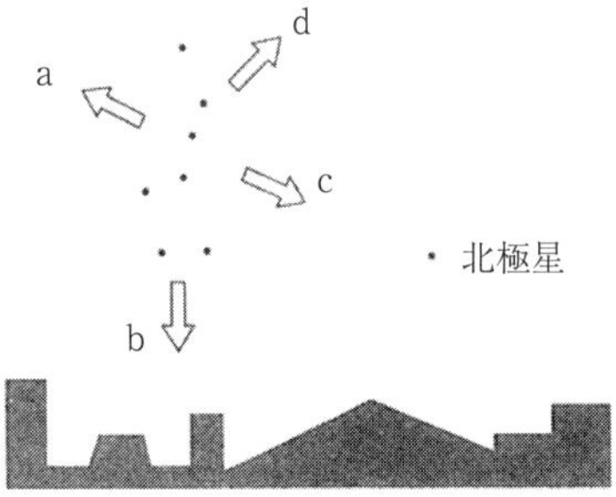

図2

(i) 北斗七星が動いた向きを表す矢印

1．a　　2．b　　3．c　　4．d

(ii) 北斗七星の形が変わらなかった理由

1．北斗七星をつくる恒星がそれぞれ，地球から非常に遠くにあるため。
2．北斗七星をつくる恒星がそれぞれ，地球から同じ距離にあるため。
3．北斗七星をつくる恒星それぞれの間に引力がはたらき，全体の形を保っているため。

(ウ)〔観察2〕を行った日は，〔観察1〕を行った日の何日後か。最も適するものを次の1～4の中から一つ選び，その番号を答えなさい。

1．15日後　　2．30日後　　3．45日後　　4．60日後

(エ)〔観察1〕を行ったときの北極星の高度を調べたところ，約35度であった。次の□は，観察を行う場所の違いによる北極星の高度の違いについて考えられることをまとめたものである。文中の(X)，(Y)に最も適するものをそれぞれの選択肢の中から一つずつ選び，その番号を答えなさい。ただし，観察を行う場所の地形や標高の違いは考えないものとする。

〔観察1〕を行ったとき，北極星は高度35度の位置に見えたことから，もし，およそ北緯43度，東経142度のある場所で同様の観察を行ったとすると，北極星は高度(X)の位置に見えると考えられる。また，このことから，北の空を観察したときに北極星が見える地域には限界があり，(Y)付近が限界であると考えられる。

Xの選択肢　1．8度　　2．23度　　3．35度　　4．43度　　5．47度　　6．55度

Yの選択肢　1．北緯47度　　2．北緯35度　　3．北緯23度　　4．赤道
　　　　　　5．南緯23度　　6．南緯35度　　7．南緯43度　　8．南緯47度

い状況に陥っているようなんです。**資料**を見てください。門《かど》倉《くら》貿易は、主に資源回収に出された衣類を、古着として輸出したり別素材に加工して販売したりしているリサイクル業者です。**資料**には、リサイクル不能品が増えて処理費用がかさんでいる現状への嘆きが書かれています。

Aさん　リサイクル不能品が増加した理由として、化学繊維の服が増えていることがあげられていますね。これについては、［　　］ことも書かれています。

Bさん　そうですね。また、資源回収に出される服の量が増えていることもリサイクル不能品の増加に関係しているようです。要因として、消費者が処分する服の量自体が増えていることが指摘されていますし、実際に七十五万トン程度の服が手放されていることが**グラフ**から読み取れます。

Dさん　消費者のリサイクル意識は低くないとのことですが、手放す量そのものが増えればリサイクル不能品も増加することになります。

Cさん　なるほど。リサイクルを推進していけばサステナブルな暮らしが実現できると安易に考えていました。今ある服を大切にし、まだ着られるものを簡単に捨てないなど、今後は手放す際にも気をつけていこうと思います。

Aさん　そうですね。では、今日の話をまとめていきましょう。サステナブルという視点で考えると、消費者には［　　］ことが求められていると言えます。また、使われている素材に気を配って服を選ぶことも大切なことの一つです。

Cさん　そのような一人ひとりの心がけが大事だということはよくわかります。ただ、おしゃれが楽しめるのかどうか気になってしまいます。

Dさん　資料を探す中で、「自分にできることを続けていくことが大切だ」という言葉を見つけました。無理をしても長続きしないので、できる範囲で行動を変えていくことが肝心です。また、企業も様々な工夫をしており、おしゃれでリサイクルに適した素材の服も作られているそうです。

Aさん　そうなんですね。次回は、企業側に求められていることについて考えていきましょう。

(ア)　本文中の［　　］に入れるものとして最も適するものを次の中から一つ選び、その番号を答えなさい。

1　リサイクルが難しい化学繊維の服は、ＲＰＦ化することで多くの燃料を得ることができるために価値が高いとされている

2　化学繊維の服はリサイクルが困難で大量に廃棄されてしまうことが多く、リサイクルしやすいように改良する必要がある

3　安く手に入る上にＲＰＦ化することで燃料になるため、リサイクル意識の高い消費者は化学繊維の服を多く購入している

4　消費者にとって安価で着心地のよい化学繊維の服が、リサイクル業者にとってはリサイクル困難で厄介なものである

(イ)　本文中の［　　］に適する「Aさん」のことばを、次の①～③の条件を満たして書きなさい。

①　書き出しの［消費者には］という語句に続けて書き、文末の［ことが求められていると言えます。］という語句につながる**一文**となるように書くこと。

②　書き出しと文末の語句の間の文字数が**二十字以上三十字以内**となるように書くこと。

③　**グラフ**と**資料**からそれぞれ読み取った内容に触れていること。

資料

門倉《かどくら》貿易はリサイクル不能品の古着を、一キロあたり約二十円の費用を支払って（注）ＲＰＦ業者に受け入れてもらっている。不能品が年々増えて処理費用がふくらんでいる、と門倉社長は頭を抱える。

「うちもリサイクル業者なので、不能品をただ廃棄するよりはと思ってＲＰＦ化していますが、ビジネスとしては全く成立していない。このペースで不能品が増え続けると大変です。化繊の服は、着る人にとっては安くて快適かもしれないけど、リサイクルがとても難しいということは知ってほしい。せめてすぐに処分しないでほしいです。」

　リサイクル不能品が増えた背景は、ポリエステルなどの化繊の服が増えたこと以外にもある。理由の一つは、古着の回収量そのものが増えていることだ。

「回収量は少しずつ増えていて、十年前に比べれば今は一、二割は多い。やはり、消費者のリサイクル意識の高まりと、その一方で消費者が処分する服の量自体が増えていることが大きいと思います。」

（仲村《なかむら》和代《かずよ》・藤田《ふじた》さつき「大量廃棄社会」から。一部表記を改めたところがある。）

（注）ＲＰＦ＝廃プラスチック等を原料とした固形燃料。

Ａさん　私たちは、ＳＤＧｓに関する発表に向けて、持続可能な服装を意味するサステナブルファッションについて調べてきました。前回の話し合いで、サステナブルファッションの実現には、消費者と企業、両方の取り組みが不可欠だとわかりましたね。今日は、消費者に求められていることについて考えましょう。

Ｂさん　では、**グラフ**を見てください。消費者が所有している衣類の利用状況をまとめてみました。これを見ると、一年間で一度も着用していない服が百四十万トン近くもあることがわかります。

Ｃさん　あまりの量に驚きましたが、私にも、買ったものの一度も着ていない服や、似た服を持っているのに安いからと買ってしまい、まだ着られるのに着なくなった服があると気付かされました。

Ｄさん　私もそういう経験があります。本当に必要かどうか吟味し、不要なものは買わないということの積み重ねが、サステナブルな暮らしにつながっていくのだろうと感じました。

Ｂさん　そうですね。ですが、消費者が気をつけなければならないのは購入時だけではありません。ここで**グラフ**をもう一度見てください。どのように衣類を手放しているかについてもまとめました。古着として人へ譲渡したり古着屋やフリーマーケットなどで再販売したりする、資源として店舗や地域で回収してもらう、可燃ゴミ・不燃ゴミとして廃棄するといった方法があるとわかります。

Ｃさん　手放す際には可燃ゴミや不燃ゴミとして廃棄されることが圧倒的に多いようです。環境のことを考えると、もっと積極的にリユースやリサイクルしていくことが大切ですね。

Ｄさん　私もそう考えていたのですが、リサイクル業界は今、厳し

(エ) 本文の内容と一致するものを次の中から一つ選び、その番号を答えなさい。

1 昇進に対して執着のなかった「成就院僧正」は、弟子だった「京極大殿の御子息」に多くの賞を譲ったおおらかさから、生き仏として賞賛されるようになった。

2 昇進がかなわないこともあった「成就院僧正」だが、素晴らしい人柄もあって多くの賞を「御室」から譲られ、のちには法師関白と評されるようにまでなった。

3 賞とは縁のなかった「成就院僧正」だが、諦めることなく積み重ねた修行が実を結んで、「鳥羽院」の時代には生き仏と思われるほどに高い身分となった。

4 「御室」から多くの賞を譲り受けた「成就院僧正」は、昇進を重ねていくうちにわがままな性格へと変わっていき、法師関白として恐れられるようになった。

五

中学生のAさん、Bさん、Cさん、Dさんの四人のグループは、「総合的な学習の時間」で行われる発表に向けて、サステナブルファッションについて調べ、話し合いをしている。次の**グラフ**、**資料**と文章は、そのときのものである。これらについてあとの問いに答えなさい。

グラフ

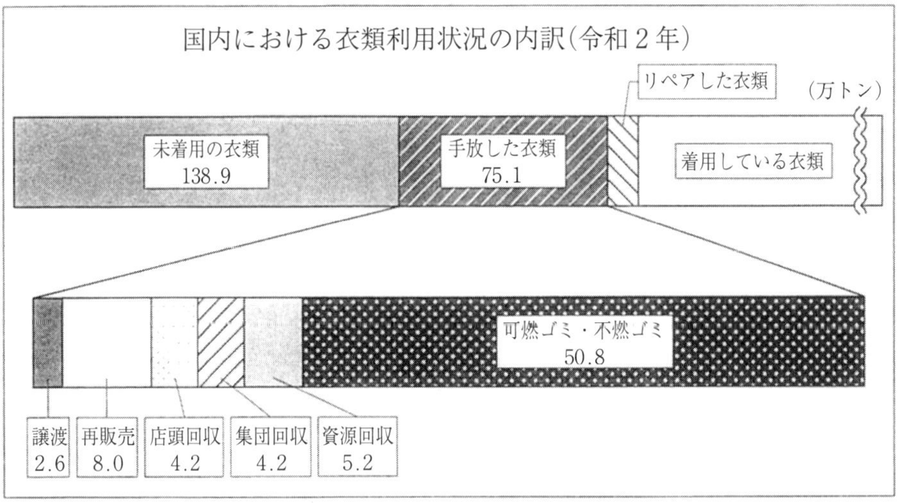

環境省「令和２年度 ファッションと環境に関する調査」より作成。
「着用している衣類」の実数は不明。

いみじかりける人なり。

（「十訓抄《じっきんしょう》」から。）

（注）　仁和寺の大御室＝性信法親王《しょうしんほうしんのう》（一〇〇五～一〇八五）。

成就院僧正＝寛助《かんじょ》（一〇五七～一一二五）。僧正は僧位の一つ。

阿闍梨＝僧位の一つ。

白河＝現在の京都市の地名。

御塔供養＝寺塔を建立《こんりゅう》した際に行われる儀式。

賞＝ほうびとしての位や物品。または、位や物品をもらうこと。

京極大殿＝藤原師実《ふじわらのもろざね》（一〇四二～一一〇一）。

法眼＝僧位の一つ。

鳥羽院＝平安時代後期の人物（一一〇三～一一五六）。

(ア)　――線1「かしこまり申したまふ」とあるが、それを説明したものとして最も適するものを次の中から一つ選び、その番号を答えなさい。

1　賞がもらえた際には是非譲ってほしいと「御室」に頼まれ、「成就院僧正」は謹んで承っている。

2　無事に御塔供養が済んだと「御室」から賞をもらい、「成就院僧正」はもったいなく感じている。

3　御塔供養の際に賞がもらえれば譲ると「御室」が言ったので、「成就院僧正」は恐縮している。

4　約束していた通りに「御室」から賞を譲られたので、「成就院僧正」は恐れ多いと思っている。

(イ)　――線2「あやしく思しめして」とあるが、そのときの「御室」を説明したものとして最も適するものを次の中から一つ選び、その番号を答えなさい。

1　賞の日の朝には姿が見えなかった「成就院僧正」が、昼近くになってからふいに姿を見せたので疑問に感じ、どこに行っていたのか知りたいと思っている。

2　賞の日の朝に気がかりなことがある様子だった「成就院僧正」が、昼近くになって急に出かけたので疑問に感じ、どこへ出かけたのか知りたいと思っている。

3　賞の日の朝にはすでに出かけていた「成就院僧正」が、昼近くになっても一向に戻る気配がないので疑問に感じ、どこまで行ったのか知りたいと思っている。

4　賞の日の朝に修行へ出ていった「成就院僧正」が、昼近くになって慌てて戻ってきたので疑問に感じ、今までどこに行っていたのか知りたいと思っている。

(ウ)　――線3「御室、嬉しくも、あはれに思しめしけれ」とあるが、それを説明したものとして最も適するものを次の中から一つ選び、その番号を答えなさい。

1　「御室」は、「成就院僧正」が法眼の地位を諦めただけでなく、祝いの言葉を述べるために「京極大殿の御子息」を訪ねていたとわかったので、嬉しく感じるとともに、同情する気持ちにもなった。

2　「御室」は、自身の未熟さを痛感した「成就院僧正」が、「京極大殿の御子息」を恨むことなく修行を積んで法眼になったと報告してきたので、嬉しく思うとともに、素晴らしいことだと感動した。

3　「御室」は、手違いで昇進できなかった「成就院僧正」が、法眼になった「京極大殿の御子息」の喜ぶ姿を見て修行に出る決意を固めたと聞き、嬉しく感じるとともに、気の毒なことをしたとも思った。

4　「御室」は、「成就院僧正」が賞をもらえなかったことを恨むどころか、「京極大殿の御子息」の元へ法眼になったことを祝いに行っていたと知り、嬉しく思うとともに、しみじみと心を動かされた。

1　言葉は相手との関係によって使い方が変化するような不安定性を持つものであり、できる限り客観的な表現を用いて正確に伝えていく必要があると考えられているから。

2　言葉は共通の理念がないと成立が難しいような不安定性を持つものであり、よい関係を築くためには話し手の意図をくんで賛同を示す姿勢が大切だと理解されているから。

3　言葉は多義性を内包している上に流動的な性質を持つものであり、どのような表現を用いるかによって話し手と聞き手の関係は変わることがあると理解されているから。

4　言葉は多義性を有するために人によって捉え方が変わる性質を持つものであり、聞き手にあわせて話し手が意見を変えることで良好な関係を保てると考えられているから。

(ケ)　本文について説明したものとして最も適するものを次の中から一つ選び、その番号を答えなさい。

1　普段用いられている言語観の弱点を指摘するとともに、宅配便というたとえを用いて聞き手側から見た言語活動の意義を再確認し、主体の思想があらわれるという言葉の特質について論じている。

2　常識とされている言語観に疑問を投げかけた上で、国語学者の論理を用いて多くの会話が感情の交錯を無意識下で目指していると導き出し、言葉は主体の思想表出であるということを論じている。

3　広く用いられている言語観の難点を指摘しながら、国語学者の論理と対比させることで話し手が発信する伝達意思の重要性を再認識し、言葉には主体の思想が反映されるということを論じている。

4　普遍的な言語観に対する疑問点をあげつつ、宅配便のたとえを交えて共通理解がないと成り立ちにくい日常会話の性質を解き明かし、固定的な要素を持つという言葉の特性について論じている。

四

次の文章を読んで、あとの問いに答えなさい。

(注)仁和寺《にんなじ》の大御室《おほおむろ》の御時《おほんとき》、(注)成就院僧正《じやうじゆゐんそうじやう》の、いまだ(注)阿《あ》闍梨《じやり》と申しけるころ、(注)白河《しらかは》の九重の(注)御塔供養《みたふくやう》ありけり。御室、「このたびの(注)賞あらば、必ず譲らむ。」と御約束ありければ、1かしこまり申したまふほどに、思ひのごとく供養とげられて、賞行はるるときになりて、(注)京極大殿《きやうごくのおほとの》の御子息、阿闍梨にて、御弟子にて候《さぶら》ひたまひけるに、大殿、御対面のついでに、「今度の賞は、小法師《こぼふし》にぞたまはり侍らめ。(私の子どもにいただきましたぞ)」と、かねて(前もって)より喜び申したまひければ、仰《おほ》せられやるべきかたなくて、(何もおっしゃることができなくて)(注)法眼《ほふげん》になりたまひにけり。

御室は、「かの阿闍梨、いかにくちをしと思ふらむ。」と、胸ふさがりて思《おぼ》しめしけるほどに、その日、ふつと見えざりければ、「さるらむ。もし修行に出《い》でたるか。また、うらめしさのあまりにや。」と思しめし乱れたるに、日高くなりて、御前にさし出でたりけるに、2あやしく思しめして、「いづくへ行かれたりつるぞや。」と仰せられければ、「新法眼の御喜びにまかり侍る。」と、うち聞こえて、つゆも恨みたる気色なかりけり。3御室、嬉《うれ》しくも、あはれに思しめしければ、次々の勧賞、あまた譲りたまひて、僧正までなりて、(注)鳥羽院《とばゐん》の御時は、生き仏と思しめしければ、世をわがままにして、法師関白とまで言はれたまひけり。

点で作り出されたもの。

(オ) ——線**2**「もし言葉がコミュニケーションの道具・手段にすぎないなら、それはちょうど宅配便のような流通手続きということになります。」とあるが、そのことについて筆者はどのような考えを述べているか。それを説明したものとして最も適するものを次の中から一つ選び、その番号を答えなさい。

1 言葉を道具として用いることは、前もって決めておいた伝達意思を迅速に発信できる有効な手段だと理論上では言えるが、高い技術が求められるため実現することは難しい。

2 一般的な言語観で言葉のやり取りを捉えると、伝えるべきことを確定させた上で適切に発信すれば伝達意思はそのまま伝わるということになるが、やり取りの実態は異なる。

3 伝達意思を固定化するために言葉を用いると、余計な情報が加わることなく発信できるが、正確性が重視されるあまりコミュニケーションを上手にとることは困難になる。

4 言葉のやり取りにおいては伝達意思を的確に発信することが重視されるべきだが、現実のやり取りでは表現に工夫を凝らすことが大切にされており、ずれが生じている。

(カ) ——線**3**「表現行為の以前に存在する社会的実体としての『言語』という概念を認めなかった」とあるが、それを説明したものとして最も適するものを次の中から一つ選び、その番号を答えなさい。

1 言語活動がなくても言語は存在しているという言語観を肯定することによって、話し手と聞き手の間で交わされるやり取りが軽んじられることを危惧していたということ。

2 言語は時間の経過に沿って生みだされるものだという言語観を容認することによって、話し手と聞き手が言語活動に特別な意味を見つけ出すことを憂慮していたということ。

3 言語は個人の考えに基づいて組み立てられるものだという言語観を許容することによって、話し手と聞き手の思想が言語活動に影響を与えることを警戒していたということ。

4 言語活動と連動して言語は存在するという言語観を支持することによって、話し手と聞き手の間で行われるやり取りが価値あるものとされることを恐れていたということ。

(キ) ——線**4**「聞き手も立派な言語主体です。」とあるが、それを説明したものとして最も適するものを次の中から一つ選び、その番号を答えなさい。

1 言語は、話し手が音声化したものを、聞き手が耳で捉えて概念化した上で理解するという手順を踏むことではじめて成立するため、聞き手も言語を形作る際には欠かせない存在であるということ。

2 言語は、話し手が音声化したもののことではなく、聞き手が受け取った音声を概念として理解した上で構成し直したものを指すため、聞き手が言語を構築する過程にこそ価値があるということ。

3 言語は、話し手が音声化するだけではなく、聞き手が耳で感じ取ったものを概念化したのちに音として表出することも必要となるため、聞き手が言語を構築する過程にも意味があるということ。

4 言語は、話し手が音声化したものを、聞き手が確認をとりながら理解を深めていくという行為を繰り返すことによって成り立つため、聞き手も言語を形作るときには重要な存在であるということ。

(ク) ——線**5**「相手や状況にあわせて表現に気を遣う」とあるが、その理由として最も適するものを次の中から一つ選び、その番号を答えなさい。

ます。

時枝のこの説は、実際の言葉のやり取りというものがどのように展開されていくかということをよく説明しています。送り手の送ったものがそのまま届く宅配便の荷解《にほど》きとはまったく違うのです。同時に、言葉が多義性や不安定性をもともと持つものだという、その理由の解き明かしにもなっています。

梱包した荷物が相手の手元でそのまま荷解きされないのは、多くの日常会話が、ただの事実の伝達を旨《むね》として行われるのではなく、互いの気持ち・情緒・感情の交錯を無意識に目標にしているからです。

人は必ずある気分の下にあるので、いわゆる理性的な会話というものは、そういうモードについての意識的な共通了解がなされていない場面ではたいへん成り立ちにくいものです。いくらでも話し手と受け手との間の気持ち・情緒・感情の交錯によってあらぬ方に展開してしまいますね。言葉というものは、そういう要素をもともと持っています。

したがって、この側面からは、言葉を発したりそれを聞き取ったりする行為は、つねに主体同士の関係をみずから変容させる行為であるという意味を持っています。これは、まったく些細《ささい》で事務的な事実の伝達、たとえば「書類、ここに置いとくよ。」「わかった。」といった種類の会話であっても例外なく当てはまることです。私たちはこのことをよくわきまえていて、だからこそ冷静なときには**5** 相手や状況にあわせて表現に気を遣うのです。

つまり、言葉はただの「道具」「手段」ではなく、そのつどの言語主体である話し手、聞き手の思想表出そのものなのです。

（小浜逸郎《こはまいつお》「日本語は哲学する言語である」から。一部表記を改めたところがある。）

（注）目論見＝計画、設計。
時枝誠記＝日本の国語学者（一九〇〇～一九六七）。
俎上に載せた＝対象としてとりあげた。

(ア) 本文中の A ・ B に入れる語の組み合わせとして最も適するものを次の中から一つ選び、その番号を答えなさい。

1 A したがって　B たとえば
2 A もし　B おそらく
3 A なぜなら　B さらに
4 A また　B しかし

(イ) 本文中の〰〰線Ⅰの「ない」と同じはたらきをする「ない」を含む文を、次の中から一つ選び、その番号を答えなさい。

1 電車がなかなか来ない。
2 今年はあまり寒くない。
3 無駄な動きが少ない。
4 今まで一度も見たことがない。

(ウ) 本文中の〰〰線Ⅱの四字熟語と似た意味をもつ四字熟語として最も適するものを次の中から一つ選び、その番号を答えなさい。

1 一石二鳥　2 三寒四温
3 十人十色　4 千載一遇

(エ) ――線1「スマホと同じようなきわめて便利な『道具』」とあるが、ここでの「道具」を説明したものとして最も適するものを次の中から一つ選び、その番号を答えなさい。

1 人間の能力だけではできないことを補助する目的で開発され、広く普及しているもの。
2 簡単に持ち運べる上に誰にでも使いこなせるという特徴があり、重宝されているもの。
3 多くの機能を有しており、単体でも様々な役割を果たせるという観点で作られたもの。
4 日常生活を送る上で、役に立つ上に使い勝手がよいという視目的と手段とを分離して捉えることは正しいやり方でしょうか。2もし言葉がコミュニケーションの道具・手段にすぎないなら、それはちょうど宅配便のような流通手続きということになります。すると、伝達すべき意思は、まずはじめに固定した荷物として発信者側にあり、それが「言葉」という流通手段を通して受信者側に伝わり、受信者がそれを受け取って梱包《こんぽう》を解いてみると、まさに発信者が送った荷物がそのまま受信者の手元に落ちるという話になります。伝達意思は正確に相手に伝わったことになります。はたして現実の言葉のやり取りはそういうふうになっているでしょうか。まったくそうではない、と筆者は考えます。

もちろん、多くの実用的な言葉のやり取りにおいて、できるだけきちんと手続きを踏みさえすれば正確に「荷物」が届くという実感が抱ける場合も多いことは事実です。だから逆に、コミュニケーションがうまく行かないのは、「手段」としての技巧がまずいからだという論理が導き出せることにもなります。

［B］ここで問題にしているのは、そういうレベルの話ではありません。いくら話術や書き方に高度なテクニックを用いて相手にこちらの意を正確に伝えようとしても思い通りにならないのは、そもそも言語表現というものが「正確に伝える」ということを本旨としていないからだと言いたいのです。とりあえず発話の場合だけに限って話を進めると、発話は、発話者の言葉の選択、発するときの調子、その会話がおかれた生活文脈などによって、受け手の側にどう受け取られるかがⅡ千差万別の結果を引き起こします。

ここで、(注)時枝誠記《ときえだもとき》の言語本質論である言語過程説を紹介しておきましょう。時枝は、『国語学原論』において、言語の本質を概略次のように説きました。

まず話し手が事物や表象を素材としてそれを一定の概念にまとめる。次にそれを脳の中でその概念に対応する聴覚印象に転化する。それは音声として聞き手に向かって表出される。空気を隔てて音波として物理的に聞き手の耳にその聴覚印象が伝えられたとき、聞き手は、話し手とは逆の過程をたどって、聴覚印象→概念→事物・表象へとたどり着き、聞き手は話し手の言わんとすることを理解する。そうしてはじめて言語が成立する。

時枝は、時間的に継起してゆくこの一連の過程以外に、「言語」なるものは存在しないと考えました。彼は、3表現行為の以前に存在する社会的実体としての「言語」という概念を認めなかったのです。

言語過程説では、言語の成立は、すべて話し手と聞き手との間に存在する心理的・生理的・物理的過程にゆだねられています。いったん言語を固定的な要素によって構成された社会的実体とみなすと、主体同士の間で交わされる実際の生きた言語活動の意味や価値がないがしろにされてしまうことを、時枝は、極度に警戒していたようです。

ひいては、社会的実体としての言語を認めることによって、古くからある言語道具観が導かれてしまうことを懼《おそ》れていたとも言えます。その意味で、筆者自身が先に疑問の(注)俎上《そじょう》に載せた、言語を、思想を運ぶ手段、道具、運搬機械とみなす考え方に対して、時枝は有効な対抗論理を対置しているのです。

この説では、話し手の言語構成行為から聞き手の理解と認識までの一連のプロセスそのものが言葉の本質ですから、当然、4聞き手も立派な言語主体です。そうだとすれば、聞き手が話し手の言葉をどう受け取るかは、聞き手の聞き方、つまり聞いた音声をどう言葉として構成し直すかというその仕方にゆだねられていることになりて描いている。

2　「菫さん」へのインタビューを振り返る中で、考えを伝えることの怖さを知り、ラジオドラマを通して悩みを分かち合いたいと思うようになっていく「僕」の姿を、多くの比喩を用いて描いている。

3　「菫さん」や部員たちと言葉を交わす中で、自分や相手の言葉と丁寧に向き合う大切さに気付き、ラジオドラマを通して伝えたいと感じるようになる「僕」の姿を、複数の場面を通して描いている。

4　言葉に対して様々な感じ方があるように、ラジオドラマに対しても部員それぞれの考えがあるとわかり、みんなの思いを大切にしていこうと決意する「僕」の姿を、「菫さん」の視点から描いている。

三　次の文章を読んで、あとの問いに答えなさい。

　言葉の本質をどのように規定するかを突き詰めるためには、次の考え方がもつ難点を克服しなくてはなりません。その考え方とは、言葉は意思伝達のための「道具」であり「手段」であるという考え方です。

　これは、ふつう私たちがとっている言語観です。ある「意」を伝えようと思ったとき、私たちは自分の属する言語共同体の中で通用している言語規範にのっとって、語を選択し語順を整えて一定の表現にまで構成します。その場合に用いられる言語記号には、いろいろな制約や疎通の困難さがともないはするものの、「記号を用いる」という事実からして、その記号が1スマホと同じようなきわめて便利な「道具」であり、意を伝えるという目的にとっての「手段」であることは否定できないように思われます。たしかにそういう側面があることを認めなくてはなりません。

　しかし、「道具」とはそもそもなんでしょうか。固定電話機やパソコンに比べてスマホは両方の機能を兼ね備えながら小型軽量でいつでもどこでも情報収集や情報交換ができるので、ほとんどの人がこちらに乗り換えています。このように、道具とは生活にとっての有用性という観点から編み出された「モノ」のことを意味します。

　［A］「手段」とは、「目的」という言葉と対関係にある概念です。出発点における(注)目論見《もくろみ》はすでに描かれており、その上でその目論見を達成するには、何を使いどういう経路をたどるのが有効かという観点から見た「行動」の観念が「手段」です。この「手段」という概念は、必ず目的とは明確に区別され、目的の概念に従属しています。

　さてこれらのことは、言葉の使用という現象にそのまま重なるでしょうか。私たちは、「大きい」という言葉よりも「でかい」という言葉のほうが有用で便利であるという理由から、後者を選ぶのでしょうか。そうではなくて、特定の生活文脈のなかで自分の思想表現としてはそのほうが適切であると感じるためにそちらを選んでいるのではないでしょうか。

　また、意思伝達という目的にとって、ある表現様式のほうが迅速確実で心的なコストもかからⅠないからといって、人は必ずそちらの言葉のほうを選ぶでしょうか。ある言葉の表出の以前に、人はどういう意思を伝えたいのかという目的を前もって決めておき、その目的にいちばんかなう手段として言葉を選択しているのでしょうか。

　もしそうだとしたら、ある言ってしまった言葉に対していつまでも悔やんだり、感動のあまり思わず驚きや感嘆の言葉を発したり、わざわざ長い時間をかけ、工夫を凝らして文学的表現をするなどということをなぜ人はするのでしょうか。それは、言葉が「意思伝達のための手段」ではなく、むしろそれ自体が「意思伝達＝思想」そのものであるからではないでしょうか。言葉のやり取りにおいて、他人に流されやすい未熟な自分を振り返る中で、自分の視点から今回のできごとを捉え直して伝えてみたいという思いがふくらんでいる。

2　聞く人から高く評価されなければならないという思い込みが、「嘘」につながってしまうこともあるとわかり、脚色せずに真実を伝えることこそやってみたいことだという気持ちが高まっている。

3　思い込みや優しさが重なり合って「嘘」が生まれることは、誰の身にも起こり得ると気付き、一連のできごとを背景も含めて伝えることこそ自分のやりたいことだという思いが湧き起こっている。

4　店の力になってほしいという「菫さん」の期待に応えようとするあまり、事実との食い違いを生んでしまったことを反省し、ありのままの真実を丁寧に伝えていきたいという決意を新たにしている。

(エ)　――線**4**「伝わってるから、続けて。」とあるが、ここでの「南条先輩」の気持ちをふまえて、この部分を朗読するとき、どのように読むのがよいか。最も適するものを次の中から一つ選び、その番号を答えなさい。

1　インタビューの仕方を「僕」から暗に責められ落ち込んだが、みんなの責任だという「赤羽さん」の思いを受けて気持ちを切り替えているとわかるように、明るい調子で読む。

2　「菫さん」から励まされたこともあって勢いよく話し始めたものの、具体的な提案もなく理想ばかり語る「僕」にいらだち、早く解決策を話し合いたいという思いを込めて読む。

3　インタビューの失敗は一人の責任ではないという自身の考えに、「僕」だけでなく「赤羽さん」も気付いてくれたことを嬉しく感じているとわかるように、弾んだ口調で読む。

4　「菫さん」と会って考えたことを懸命に伝えようとしているものの、伝わっているのか自信がなさそうにしている「僕」のことを肯定し、後押ししようという思いを込めて読む。

(オ)　――線**5**「体の脇で拳を握って、僕の言葉を待っている三人に思いの丈を伝えた。」とあるが、そのときの「僕」を説明したものとして最も適するものを次の中から一つ選び、その番号を答えなさい。

1　拒否されることを恐れるあまり、考えを掘り下げて言葉にすることを無意識に避けてきたが、受け止めようと耳を傾けてくれる三人の姿を見て、勇気を出して自身の思いを言葉にしている。

2　事実と異なることを言ってしまう恐怖が拭えず、伝えたい思いと向き合うことから逃げてきたが、間違えたとしても三人と正していけばよいとわかり、思い切って自身の考えを口にしている。

3　誤解されることを恐れるあまり、伝えたいことがあっても本音を隠してきたが、三人に促されて思いを言葉にしたところやはり正しく理解されず、悔しく感じながら自身の考えを伝えている。

4　本音を知られることへの怖さがあり、考えを言葉にすることに抵抗があったが、不安も分け合ってひとつの答えを出そうという三人に心を揺さぶられ、意を決して自身の思いを伝えている。

(カ)　この文章について述べたものとして最も適するものを次の中から一つ選び、その番号を答えなさい。

1　ラジオドラマについて部員たちと話し合い、自身の考えを振り返ることを通して、インタビューでの失敗を乗り越えていく「僕」の姿を、閉店の寂しさを引きずる「菫さん」と対比させ

5体の脇で拳を握って、僕の言葉を待っている三人に思いの丈を伝えた。
　言葉も考えもすれ違うけど、どうかみんなが立ち止まって、振り返って、相手の言葉を受け止められますように。そのやり取りを、他の誰かが貶《おとし》めることがありませんように。
「それが、僕の伝えたいことだと思います。」
　胸の内に浮かんだ気持ちを言葉にするのは怖い。否定されるかもしれないと思うとなおさらだ。でも、赤羽さんも、巌先輩も、南条先輩も、僕の言葉を退けなかった。
　返ってきたのは、三者三様の深い頷きだった。

（青谷《あおや》真未《まみ》「水野瀬高校放送部の四つの声」から。一部表記を改めたところがある。）

（注）齟齬＝食い違い。

(ア) ――線1「僕らのインタビューだけが原因で店を閉めるわけではないのだと知りホッとした反面、疑問もよぎった。」とあるが、そのときの「僕」を説明したものとして最も適するものを次の中から一つ選び、その番号を答えなさい。

1 インタビューが閉店に直結したわけではないと知って気は楽になったものの、店を閉めるきっかけになったことは確かなのに、「菫さん」が笑顔で接してくれることが理解できず不安に感じている。

2 閉店は元から決まっていたと知って少し安心した一方で、店の存在を広めて力になりたいという思いを伝えていたにもかかわらず、「菫さん」がインタビューを受けた理由がわからず戸惑っている。

3 インタビューが閉店の要因ではないとわかって喜んだものの、パンの種類を増やすなど様々な努力を重ねていた「菫さん」が、結局は店を閉めると決断した心境の変化についていけず困惑している。

4 閉店の真相を聞いて納得した一方で、店に迷惑をかけていたことに気付いて申し訳なく感じるとともに、体調不良を隠してまで「菫さん」がインタビューに応じた意図がわからず不審に思っている。

(イ) ――線2「ふふ、と柔らかな声を立てて菫さんは笑う。」とあるが、そのときの「菫さん」を説明したものとして最も適するものを次の中から一つ選び、その番号を答えなさい。

1 学生たちが店を心配してくれたことに対して感謝の念を抱くとともに、当初の予定よりは早くなったものの、多くの人々に惜しまれながら閉店を迎えられたことを思い起こし、喜びに満ちあふれている。

2 パン作りを通して学生たちと触れ合った日々を思い出し、閉店したことへの悲しみが改めて沸き上がってきたが、力になってくれた「僕」を心配させてはならないと感じ、寂しさを隠そうとしている。

3 学生たちと交流することが喜びであり、お客さんが少ないことは大して気にしていなかったのに、インタビューの効果が出なかったと落ち込む「僕」のまっすぐな心に触れ、ほほえましく感じている。

4 インタビューを引き受けたときのことを振り返るうちに、長年続けた店への思いがこみ上げるとともに、通ってくれた学生たちのことがありがたくもなつかしく思い出され、温かな気持ちになっている。

(ウ) ――線3「今度こそ、嘘も飾りもなく届けたい。」とあるが、このときの「僕」を説明したものとして最も適するものを次の中から一つ選び、その番号を答えなさい。

1 あやまちを正直に謝罪した「菫さん」の勇気に後押しされ、

かない方がいいんだって今回のことでわかりました。」
　菫さんは僕を見上げ、そうね、と穏やかな声で相槌《あいづち》を打ってくれる。それに背中を押され、懸命に言葉を続けた。
「誰かが同じような状況に立ったとき、勇気を出して尋ね返したり、言い直したりする、そういうきっかけにこのドラマがなってくれればいいと思ってます。」
　僕の言葉に菫さんは何度も小さく頷《うなず》いて、目元に柔らかな笑《わら》い皺《じわ》を寄せた。
「文化祭って、私たちも見に行けるのよね？」
「は、はい。確か、二日目だったら誰でも……。」
「だったら、私も是非そのドラマを聞きに行きたいわ。」
　店にまつわる話はどんなことでも全部脚本に盛り込んでくれて構わない、と快諾して、菫さんは軽く僕の腕を叩《たた》く。
「楽しみにしてるから、頑張って。」
　ごく軽い力だったのに、腕を叩かれた振動が全身に伝わったようだった。体の芯がぶるりと震える。自然と背筋がまっすぐ伸び、僕は菫さんの目を見て「頑張ります。」と応じた。

　翌日の部活の時間、僕は早速菫さんと話してきたことを放送部のみんなに伝えた。
　焦《あせ》って早口になる僕の言葉を、三人は身じろぎもせず聞いてくれた。
「今回のこと、脚本に盛り込んだ方がいいと思います。内容はかなり変わっちゃうかもしれないんですけど、菫さんがどんな気持ちで事実と異なることを言ったのかは絶対に入れたいんです。菫さんにそう言わせてしまった僕らのことも含めて。」
　気が急《せ》いて何度も話が前後したが、それでもなんとか最後まで言い切った。だが、僕が話を終えても誰も口を開かない。
「あの、あんまり上手《うま》く、伝わらないかもしれませんが……。」
　自分の伝え方が悪いのか、そもそも根本的な考え方が間違っているのか、判断がつかずに口ごもると、南条先輩が「違う。」と鋭く僕の言葉を遮った。
「あんたの言ってることはわかる。そうじゃなくて、ちょっと考えてただけ。菫さんにそんなこと言わせちゃうなんて、あたしのインタビューの仕方が悪かったのかなって……。」
　珍しく肩を落とした南条先輩に、すかさず赤羽さんがフォローを入れる。
「質問内容を考えたのは私たちですから、南条先輩が気に病むことないと思います。」
　赤羽さんの言う通りだ。この件に関しては誰がどれだけ悪かったかなんて決めようがない。南条先輩も頷いて、まっすぐ僕の方を見る。
「4伝わってるから、続けて。」
　巌先輩も頷く。赤羽さんも真剣な顔で耳を傾けてくれている。
　三人の顔を見ていたら、ふいにわかった。
　僕は伝えたいことがなかったわけじゃない。どうせ伝わらないだろうと諦めていただけだ。
　何を伝えたいの、と問われたとき、ふっと頭に浮かぶ言葉があっても深追いしなかった。
　だってどうせ否定されるし、撥《は》ねつけられる。
　それが怖くて、嫌で、だからきちんと自分の胸の底を探って、考えたことを言葉にするのを躊躇《ちゅうちょ》した。その場でウケれば十分だと、わかりやすい身内ネタに走った。
　伝えたいことを問われるたび真っ白な紙の上に立たされたような気分になったが、紙の裏にはたくさんの言葉が走り書きされていた。それを裏返して、誰かに見せるのが怖かっただけだ。

して、それから足しげく通うようになってくれるらしい。南条先輩も、もしかしたらそうだったのだろうか。
「でも、学校全体にうちのお店を紹介しようとしてくれたのは今回が初めてだったの。インタビューに来てくれたみんなは熱心で、どうすれば店にお客さんが来てくれるか一生懸命考えて、この店のいい所がアピールできるような質問をたくさんしてくれたじゃない？　それを見たら、もうすぐお店を閉めるなんて言い出せなくて。」
　がっかりさせてしまいそうだったから、と、菫さんは申し訳なさそうな顔で言う。
「インタビューで嘘《うそ》ついちゃったのも、ごめんなさいね。せっかくだから、何か凄《すご》いお話をしてあげたかったんだけど、こんな小さなお店でしょう？　特に変わった話もできなくて……。学生さんたちにはたくさんお世話になったから、最後に何か役に立ちたかったんだけど。」
　ごめんなさい、と再三謝られてしまい、必死で首を横に振った。
　そんなのちっとも、謝られるようなことではない。むしろ謝るべきは僕たちだ。
　僕たちは全員、初めてのインタビューで舞い上がって、店のことを学校のみんなに知ってもらうのはいいことだと思い込んで、とにかく店に客が集まるようなインタビューを心掛けた。店の成り立ちや、どれほどパン作りに情熱を注いでいるのか、客足が遠のいている現状の苦労など。人が来なくて困っていることが伝われば、きっと学校のみんなも店に足を運んでくれる。そう考えて、知らず知らずのうちに菫さんに、困っている話をするよう仕向けてはいなかったか。
　きっと菫さんは、僕らが期待する回答を敏感に察知した。それでつい、僕らの要望に応えて話を大きくしてしまったのだ。
　だとしたら、菫さんに嘘をつかせたのは僕たちではないか。

言葉もなく立ち尽くしていたら、菫さんに「大丈夫？」と声をかけられた。
　僕はもう一度菫さんに謝ろうとしたが、直前で思い直して別の言葉に変えた。
「来月の文化祭で、放送部のラジオドラマを作ることになったんです。できれば今聞いたお話も脚本に盛り込みたいのですが、構いませんか？」
　きょとんとした顔をする菫さんに、森杉パン屋と放送部の間で起きた一連のできごとをドラマ仕立てで流すのだと説明する。そうしながら、伝えなければ、と強く思った。
　他人に期待をすること。その期待に応えようとすること。そこで生まれる（注）齟齬《そご》。
　きっとこういうことは、日常生活でも起こり得る。振り返れば自分にだって覚えがあった。親や友達から期待されて、調子よく返事をしてしまって、後々自分で自分の首を絞めることなんて珍しくもない。
　実例を伴った言葉は、きっと聞く人の心に残る。
3 今度こそ、嘘も飾りもなく届けたい。実直にパン屋を営み続けた菫さんが、最後まで高校生たちのことを考えてインタビューに応じてくれたことも、僕たち放送部が未熟だったせいでトラブルを起こしてしまったことも。
　——伝えたいことって、こういうことか。
　菫さんに一通りの説明を終え、僕は体の脇で固く拳を握った。
「誰かと喋《しゃべ》っているとき、相手の言葉に違和感を覚えることってあると思います。勢いで口にした自分の言葉が、本心から少し離れてしまうことも。でも、テンポよく流れてる会話を止めるのって難しいです。下手に会話を止めると、空気を読まないって言われてしまうこともあるし。だけどやっぱり、言葉はすれ違ったままにしてお

3　明るさの裏に隠していたかなしみを、葉が生い茂るにつれて徐々に翳っていった一本の樹のさまを示すとともに、イ音を重ねて余韻をもたせることで効果的に描いている。

4　明るい日々のあとにはかなしみがやってくるのだという嘆きを、翳っていく一本の樹のそばで物思いにふける姿を明示しながら、ひらがなを多用して感傷的に描いている。

二

次の文章を読んで、あとの問いに答えなさい。

水野瀬《みずのせ》高校放送部の「僕」と「赤羽《あかば》さん」「南条《なんじょう》先輩」は、「森杉《もりすぎ》パン屋」の「菫《すみれ》さん」にインタビューを行い、昼の放送で流した。しかし、「菫さん」が話を誇張していたという噂《うわさ》が広まり心労で倒れたこと、さらには閉店を考えていることを部員たちは知る。店の悪い印象を変えたいという思いから一連のできごとをラジオドラマ化しようと、「巌《いわお》先輩」も加わって制作を進めていたある日、「僕」は「森杉パン屋」に閉店のお知らせが貼られているのを見つける。そこへ「菫さん」が通りかかった。

「あの、すみませんでした。僕らのインタビューでお店に迷惑をかけてしまって。本当に、こんな、こんなことになってしまって……。」

　謝っても済む問題ではないとわかっているだけに言葉がもつれる。せめて頭を下げ続けることしかできない僕に、菫さんは軽やかな口調で言った。

「謝る必要なんてないわ。あのインタビューを受ける前から、お店は年内で閉めるつもりだったの。」

　驚いて顔を上げた僕に「もともと、あまり体調がよくなかったのよ。」と菫さんは笑いかける。先日倒れたというのも、心労以上に持病が悪化したことが大きかったそうだ。

　1僕らのインタビューだけが原因で店を閉めるわけではないのだと知りホッとした反面、疑問もよぎった。

「だったら、どうしてインタビューに応じてくれたんですか？　僕たち電話で『水野瀬高校の生徒にお店の存在をもっと知ってもらいたい。』『お店を盛り上げるお手伝いをしたい。』ってお話ししましたよね。お店を閉めるつもりならそんなインタビュー受ける必要もなかったんじゃ？　それなのに、どうして……。」

　菫さんは口元に笑みを浮かべると、立ち話もなんだから、と店の引き戸を開けてくれた。

　カーテンを抜け、久々に足を踏み入れた店内は、商品棚にパンが並んでいないせいか、ひどくがらんとして見えた。カーテンが夕日を透かし、全体が薄い緑に染まっている。

　菫さんはレジカウンターに手をついて、猫の子でも撫《な》でるように台を撫でる。

「インタビューの連絡を受けたとき、とっても嬉《うれ》しかったの。だってわざわざ声をかけてきてくれたってことは、この店のパンが好きで、お客さんが少ないことを心配してくれた学生さんがいたってことでしょう。」

　2ふふ、と柔らかな声を立てて菫さんは笑う。

「古くなったお店を直すより、パンの種類を増やしたくて一生懸命パンを作ってるとね、たまに来るのよ。今にも潰れちゃいそうなうちの店を心配してくれる学生さんが。たくさんお友達を連れてきて『また来ます！』って言ってくれる子とか、毎日毎日ひとつだけパンを買っていってくれる子とか……。卒業すると顔を見なくなっちゃうんだけど、でもまたしばらくすると来るの。同じ制服を着た学生さんが。」

　最初は恐る恐る店に足を踏み入れ、店内を見て驚いたような顔を

国語

●満点100点　●時間50分

〔注意〕　解答用紙にマス目（例：□）がある場合は、句読点などもそれぞれ一字と数え、必ず一マスに一字ずつ書きなさい。なお、行の最後のマス目には、文字と句読点などを一緒に置かず、句読点などは次の行の最初のマス目に書き入れなさい。

一　次の問いに答えなさい。

(ア)　次のａ～ｄの各文中の――線をつけた漢字の読み方として最も適するものを、あとの１～４の中から一つずつ選び、その番号を答えなさい。

ａ　煩雑な手順を省略する。
（１　ぼんざつ　２　とんざつ　３　はんざつ　４　ひんざつ）

ｂ　大臣を罷免する。
（１　ひめん　２　のうめん　３　りめん　４　たいめん）

ｃ　寸暇を惜しんで勉強する。
（１　とひま　２　すんぴ　３　すんか　４　そんひ）

ｄ　今日は爽やかな秋晴れだ。
（１　おだ　２　さわ　３　なご　４　にぎ）

(イ)　次のａ～ｄの各文中の――線をつけたカタカナを漢字に表したとき、その漢字と同じ漢字を含むものを、あとの１～４の中から一つずつ選び、その番号を答えなさい。

ａ　ソクセキで作ったチームだが勝利した。
１　与党がギセキを大きく伸ばす。
２　活動のキセキをたどる。
３　コウセキをたたえる。
４　別の球団にイセキする。

ｂ　法案をサイタクする。
１　生地をサイダンする。
２　ヤサイを積極的に食べる。
３　きのこをサイバイする。
４　森林をバッサイする。

ｃ　竜はカクウの生き物だ。
１　物語がカキョウに入る。
２　けが人をタンカで運ぶ。
３　メンカをつむいで糸にする。
４　ゴウカな衣装を身にまとう。

ｄ　米をトぐ。
１　センレンされた文章だ。
２　毎朝センチャを飲む。
３　仲間とボウケンする。
４　大学でケンキュウに励む。

(ウ)　次の短歌を説明したものとして最も適するものを、あとの１～４の中から一つ選び、その番号を答えなさい。

> かなしみは明るさゆゑ《(エ)》にきたりけり一本の樹《き》の翳《かげ》らひ《(イ)》にけり
>
> 前《まえ》　登《と》志《し》夫《お》

１　明るい光の中で一本の樹が翳っていくことに対して抱いたかなしみを、「かなしみは」と普遍的なものとして表すとともに、歴史的仮名遣いを用いて壮大に描いている。

２　明るさがあるからこそかなしみが浮き彫りになるのだという気付きを、一本の樹が翳っていったさまに重ねながら、「けり」を繰り返すことによって印象的に描いている。

Memo

2021年度
神奈川県公立高校 入試問題

英語

●満点 100点　●時間 50分

■リスニングテストの音声は，当社ホームページで聴くことができます。(当社による録音です。) 再生に必要なアクセスコードは「合格のための入試レーダー」(巻頭の黄色の紙) の１ページに掲載しています。

新型コロナウイルス感染症対策のため、学校が臨時休校したことを受けて、出題範囲に配慮がありました。

1 **リスニングテスト**(放送の指示にしたがって答えなさい。放送を聞きながらメモをとってもかまいません。)

(ア) チャイムのところに入るアキラの言葉として最も適するものを，次の１～４の中からそれぞれ一つずつ選び，その番号を答えなさい。

No.1　1. I ask the people working there about history.
　　2. You can learn about the history of our city there.
　　3. You can use the train to go to the library.
　　4. The city library is not near the hospital.

No.2　1. Let's meet at nine thirty tomorrow.
　　2. How about going to a museum ?
　　3. It will be fine tomorrow morning.
　　4. Shall we go to the zoo tomorrow ?

No.3　1. Yes.　I am happy to meet your new dog.
　　2. Yes.　You need to call me when you get there.
　　3. No.　You have to keep the dog in the house.
　　4. No.　I am thinking about what to call him.

(イ) 対話の内容を聞いて，それぞれの**質問**の答えとして最も適するものを，あとの１～４の中から一つずつ選び，その番号を答えなさい。

No.1　**質問：　What can we say about Paul ?**
1. He has fun when he talks about the movie with his classmates.
2. He says that it is very easy to make movies.
3. He wants to make a movie with Miki for the school festival.
4. He made a movie for the festival with his classmates last year.

No.2　**質問：　What can we say about Paul and Miki ?**
1. Miki was happy to hear that Paul enjoyed playing the baseball game.
2. Paul and Miki went to the stadium to watch baseball together.
3. Paul and Miki watched a baseball game on Saturday.
4. Paul asked Miki to watch his baseball game at the stadium.

(ウ) ケイタ(Keita)の高校で行われるオーストラリアへの研修旅行(School Trip)について，ブラウン先生が生徒に説明します。説明を聞いて，次のNo.１とNo.２の問いに答えなさい。

No.1　説明を聞いてケイタが作った次の**<メモ>**を完成させるとき，①〜③の中に入れるものの組み合わせとして最も適するものを，あとの１〜６の中から一つ選び，その番号を答えなさい。

<メモ>

The School Trip to Australia

- We will get to Australia next ①.
- We can ② in the park.
- We are going to study ③ subjects at school.
- We will arrive in Japan on Saturday.

１．① Monday　② take pictures　③ three
２．① Tuesday　② watch birds　③ three
３．① Wednesday　② look at art　③ three
４．① Monday　② look at art　③ four
５．① Tuesday　② take pictures　③ four
６．① Wednesday　② watch birds　③ four

No.2　説明を聞いてケイタがクラスメートのリエ(Rie)にあてて書いた次の**<メッセージ>**の(　)の中に適する**１語**を英語で書きなさい。ただし，**答えは(　)内に指示された文字で書き始め，一つの _ には１文字が入るものとします。**

<メッセージ>

Keita

Hi, Rie.　We will talk about the last day of the school in Australia tomorrow. I want to study (s _ _ _ _ _ _).　I want to learn about the *stars that can be seen from Australia.　I also hope to learn about animals that are from Australia.

＊　stars：星

※**<リスニングテスト放送台本>**は英語の問題の終わりに付けてあります。

2　次の英文は，リク(Riku)とアメリカからの留学生のアン(Ann)の対話です。対話文中の(ア)〜(ウ)の(　)の中にそれぞれ適する**１語**を英語で書きなさい。ただし，**答えはそれぞれの(　)内に指示された文字で書き始め，一つの _ に１文字が入るものとします。**

Riku：Good morning, Ann.

Ann：Hi, Riku.　I saw you in the park yesterday.

Riku：Oh, I usually run there on the weekend.　I want to play basketball in the *U.S. *someday. There are a lot of (ア)(f _ _ _ _ _) teams there.

Ann：Yes.　Many people around the world know about the basketball teams in the U.S.

Riku：I practice basketball with my *teammates after school.　We also try other sports to become better basketball players.　For example, I like (イ)(s _ _ _ _ _ _ _).　I always *move legs a lot in the water because I want to run faster.

Ann：Wow, you try other sports, too!　That's interesting.

Riku :　What do I need to do before I play in the U.S., Ann ?

Ann :　I think you need to study English hard.　People from *different countries play together on one team in the U.S.

Riku :　I see.　English is the (ウ)(l _ _ _ _ _ _ _) everyone on the team speaks.

Ann :　That's right.　I hope you will become a good basketball player !

*　U.S.：アメリカ合衆国　　someday：いつか　　teammates：チームメート
　move ～：～を動かす　　different：異なる

3　次の(ア)～(エ)の文の(　)の中に入れるのに最も適するものを，あとの１～４の中からそれぞれ一つずつ選び，その番号を答えなさい。

(ア)　(　　) do you have for breakfast, rice or *bread ?

1．When　　2．Which　　3．Why　　4．How

(イ)　The new library near the station (　　) great.

1．looks　　2．sees　　3．gives　　4．takes

(ウ)　She (　　) cold water when she arrived at school.

1．drinks　　2．is drinking　　3．drank　　4．has drunk

(エ)　My grandfather lives in Osaka, and I (　　　) him for two months.

1．don't see　　2．was seeing　　3．was seen　　4．haven't seen

*　bread：パン

4　次の(ア)～(エ)の対話が完成するように，(　)内の**六つの語の中から五つを選んで**正しい順番に並べたとき，その(　)内で**３番目と５番目にくる語の番号**をそれぞれ答えなさい。(**それぞれ一つずつ不要な語があるので，その語は使用しないこと。**)

(ア)　A：Who is (1．tennis　2．the　3．of　4．best　5．in　6．player) the five ?

　B：Aya is.　She won the city *tournament last month.

(イ)　A：Do you know the (1．been　2．and　3．guitar　4．playing　5．girl　6．the) singing *over there ?

　B：Yes.　That is Rumi, my sister's friend.

(ウ)　A：Why do you like the book ?

　B：Because it (1．written　2．the　3．reading　4．eyes　5．through　6．is) of a little dog.

(エ)　A：Do you (1．that　2．think　3．want　4．to　5．me　6．open) door ?

　B：Thank you.　You are very kind.

*　tournament：トーナメント　　over there：向こうで

5　次のＡ～Ｃのひとつづきの絵と英文は，トモヤ(Tomoya)のある日のできごとを順番に表しています。Ａの場面を表す**＜最初の英文＞**に続けて，Ｂの場面にふさわしい内容となるように，□の中に適する英語を書きなさい。ただし，あとの**＜条件＞**にしたがうこと。

A

＜最初の英文＞

Mr. Smith asked everyone in class, “What do you do with your family at home on weekends ?” Tomoya answered, “I cook lunch with my family.”

B

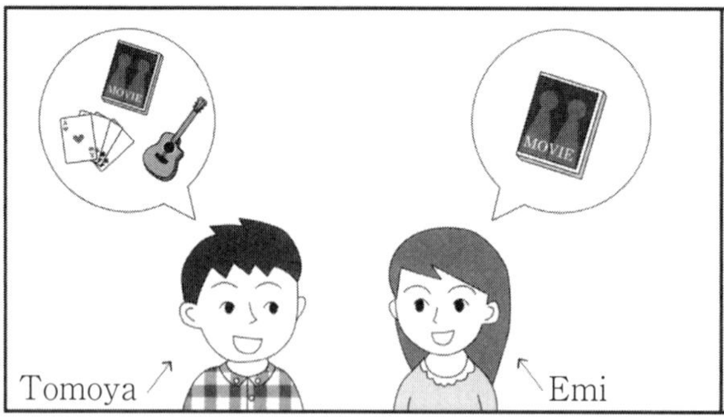

After coming home, Tomoya talked to his sister, Emi, about his friends’ answers. Tomoya said, “The most popular answer was watching movies.” Emi asked, “ [ ] with their families at home on weekends ?”

C

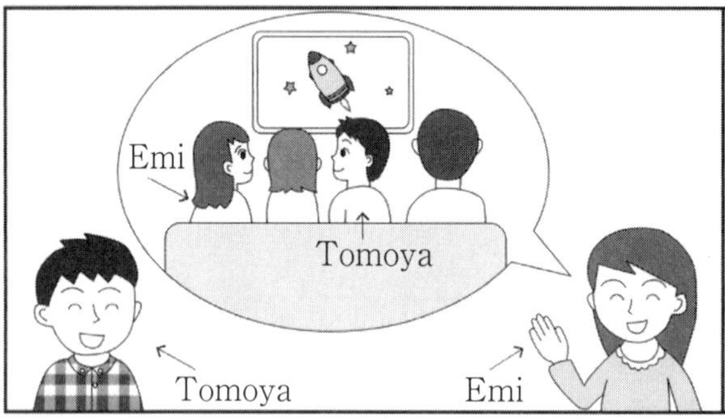

“Fifteen students,” Tomoya answered. He also said, “I want to try it, too.” “OK. Let’s try it next weekend,” Emi said.

＜条件＞

① **students** と **watch** を形を変えずに用いること。
② ①に示した語を含んで，[ ] 内を **5 語以上**で書くこと。
③ with their families at home on weekends ? につながる 1 文となるように書くこと。
※ 短縮形(I’m や don’t など)は 1 語と数え，符号(, など)は語数に含めません。

6 次の英文は，高校生のハナコ(Hanako)が英語の授業でクラスの生徒に向けて行った発表の原稿です。英文を読んで，あとの(ア)～(ウ)の問いに答えなさい。

Hello, everyone. I am Hanako. Today, I am going to talk about food *waste. A lot of food that can *still be eaten is *thrown away at *convenience stores every day. I felt sad when I learned that.

On the New Year’s Day this year, I visited my grandmother’s house with my family. My father’s brother and his family were there, too. We enjoyed a special dinner together. We couldn't eat all the food. My grandmother said to me, "There is (①). Hanako, you can take it to your house and eat it tomorrow." I said, "Thank you," and I *brought the food to my house. I ate it with my family the next day. I was happy because we didn't *throw away the *leftover food.

I learned about food waste on TV last week. There are about one *billion hungry people in the world. More than 30% of the food made in the world is thrown away. I wanted to learn more about the food waste *problem to help hungry people in the world.

Food waste is a problem in Japan, too. We have to *solve it. In 2015, the *amount of food waste *per person in Japan was about 51 kg. We *should *reduce food waste in our country. What can we do? Please look at the *graph.

Graph

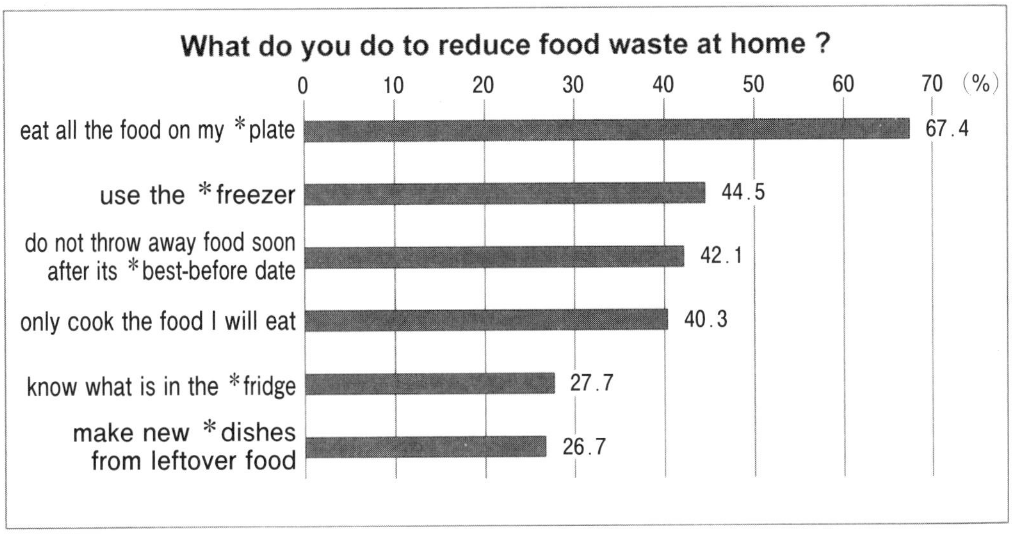

（消費者庁「令和元年度 消費者の意識に関する調査 結果報告書」をもとに作成）

This graph shows what three *thousand people in Japan did to reduce food waste at home in 2019. 67.4% of the people answered that they didn't leave (②). I think that everyone can start doing that today. Now, let's look at the other answers. About 45% of the people used the freezer to keep their food at home. About 40% of the people said that they only cooked the amount of food they could eat. 27.7% of the people said that knowing what was in the fridge was important. I think that's a good idea. I have started to *check what food we have in the fridge and write it on the fridge door every day. If we eat, keep, and cook our food at home in a better way, we will *be able to reduce food waste.

We have to know how we should buy our food. There is too much food in *supermarkets. *Retailers keep a lot of food in stores because they think it is important to give us (③) at any time. I think retailers should stop doing that. Before we ask them to change, we should change now. We should buy our food in a better way. For example, if I don't find the food I want to buy, I will look for it next time. We should wait for two or three days. We may be able to buy it when retailers get the food again. They should reduce the amount of food they keep in stores.

You may say that [ ], but I think we can. I think we will be able to change the world in the future. We should start doing small things. It is important for us to find new ideas that we can try.

＊ waste：廃棄物　still：まだ　thrown away：捨てられる
convenience stores：コンビニエンスストア　brought ～：～を持って行った
throw away ～：～を捨てる　leftover：残り物の　billion：10億　problem：問題
solve ～：～を解決する　amount：量　per person：一人あたりの
should ～：～すべきである　reduce ～：～を減らす　graph：グラフ　**plate**：皿
freezer：冷凍庫　**best-before date**：賞味期限　**fridge**：冷蔵庫　**dishes**：料理
thousand：千の　check ～：～を調べる　be able to ～：～することができる
supermarkets：スーパーマーケット　Retailers：小売業者

(ア) 本文中の(①)～(③)の中に，次のA～Cを意味が通るように入れるとき，その組み合わせとして最も適するものを，あとの1～6の中から一つ選び，その番号を答えなさい。

A．the food we want

B．food on their plates

C．a lot of food left on the table

1．①―A　②―B　③―C　　2．①―A　②―C　③―B
3．①―B　②―A　③―C　　4．①―B　②―C　③―A
5．①―C　②―A　③―B　　6．①―C　②―B　③―A

(イ) 本文中の[ ]の中に入れるのに最も適するものを，次の1～4の中から一つ選び，その番号を答えなさい。

1．we can't ask retailers to keep a lot of food in stores
2．we can't solve the food waste problem around the world
3．we can't find a new way to throw away food
4．we can't throw away the leftover food from a special dinner

(ウ) 次のa～fの中から，ハナコの発表の内容に合うものを**二つ**選んだときの組み合わせとして最も適するものを，あとの1～8の中から一つ選び，その番号を答えなさい。

a．Hanako says that people shouldn't buy the food at convenience stores if they want to reduce food waste.

b．Hanako ate the food from the special dinner at her grandmother's house and at her house, too.

c．Hanako says that the amount of food that was thrown away per person in the world in 2015 was 51 kg.

d．The graph shows that more than 30% of the people cooked new dishes from leftover food.

e．Hanako has started checking the food in the fridge to send it to hungry people in the world.

f．Hanako thinks that retailers will change how much food they keep in stores if people change how they buy food.

1．a と c　　2．a と e　　3．b と d　　4．b と f
5．c と e　　6．c と f　　7．d と e　　8．d と f

7　次の(ア)の英文と地図（Map），(イ)の英文と記事（Article）や表（Chart）について，それぞれあとの**質問**の答えとして最も適するものを，1～5の中からそれぞれ一つずつ選び，その番号を答えなさい。

(ア)

Hiroto is working as a *volunteer *at Kamome Station. He helps people visiting Kamome City. Emily is a* *tourist *from Australia. She is talking to Hiroto now.*

Emily : Excuse me. I want to have lunch and go to the city museum.
Hiroto : OK. What do you want to eat ?
Emily : I want to eat Japanese food.
Hiroto : How about sushi ? There is a good sushi restaurant near the museum.
Emily : Sure. I want to try it. Please tell me the way to get there.
Hiroto : Well, can you see the guitar school *over there ?
Emily : Yes, I can see it from here.
Hiroto : Please walk to the guitar school and turn right. There is a cake shop *next to the hospital. Turn left at the cake shop. The restaurant will be on your right.
Emily : OK. Then, how can I get to the city museum after lunch ?
Hiroto : There is a *bridge by the restaurant. The museum is on your left after you go *across the bridge.
Emily : Thank you. And I want to buy special things in Kamome City for my family in Australia.
Hiroto : You can get nice things for your family at the shop next to the guitar school.
Emily : I see. So, I'll go there after the museum. Thank you very much.
Hiroto : You're welcome. Have a good day !

Map

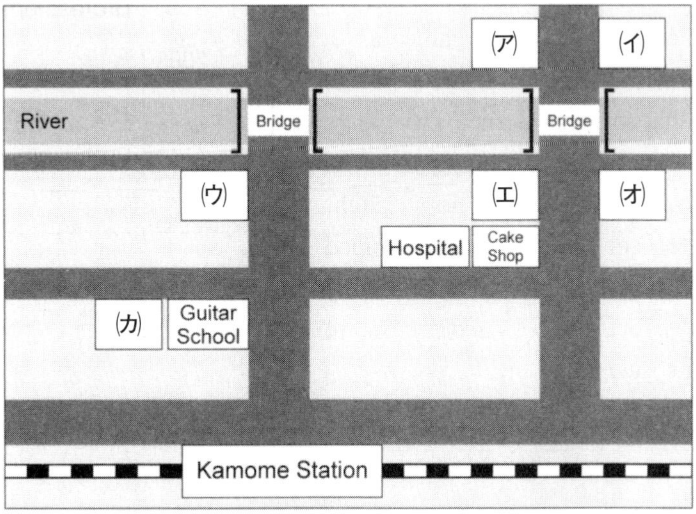

＊ *volunteer*：ボランティア　*tourist*：旅行者　over there：向こうに
next to ～：～の隣に　bridge：橋　across ～：～を越えて

質問： Which places will Emily visit on the map?

1．(エ)→(ア)→(ウ)　2．(エ)→(イ)→(カ)
3．(オ)→(ア)→(ウ)　4．(オ)→(ア)→(カ)
5．(オ)→(イ)→(カ)

(イ)

Yumiko wants to be a *professional soccer player in the future. She is looking at the article and the chart about her favorite soccer player, Kanagawa Taro, on the Internet.

Article

Kanagawa Taro started to play soccer on a team when he was nine. His team had a great *coach. Taro enjoyed playing soccer with his friends. His dream was to *teach soccer to children in the future. When he was in his third year of high school, he was *chosen as the best high school player in the city. When he was 23, he became a professional player and started to play for the *Kamome Victories. He became a popular player in the team. He played for Japan's *national team. In 1999, his daughter *was born. When he was 32, he had his last game as a professional player. In the *same year, his son was born. Two years later, his dream *came true. The children on the team he *taught liked soccer. His son also *joined the Kamome Victories this March. Taro wrote a book about how to teach soccer this May.

July 8, 2020

Chart

Year	Event in Taro's life
1969	He was born in Kamome City.
1978	He started to play soccer.
1987	He was chosen as the best high school soccer player in the city.
1992	He joined the Kamome Victories.
1996	He played in an *international tournament in the *U.S. as *captain of Japan's national team.
2001	He stopped playing as a professional player.
2003	
2020	His son became a professional soccer player.

April 20, 2020

* professional：プロの　coach：コーチ　teach ～：～を教える　chosen：選ばれた
Kamome Victories：カモメビクトリーズ　national：国を代表する
was born：生まれた　same：同じ　came true：実現した　taught ～：～を教えた
joined ～：～に加入した　international tournament：国際大会
U.S.：アメリカ合衆国　captain：主将

質問：What is the event in Taro's life in 2003 ?

1．His son was born.　2．His daughter was born.
3．He wrote a book.　4．He left the team in the U.S.
5．He became a soccer coach.

8　次の英文を読んで，あとの(ア)～(ウ)の問いに答えなさい。

*Naoto, Saori, and Mika are Kamome High School students. They are talking in the *classroom after school. Then, Ms. Green, their English teacher, talks to them.*

Ms. Green： Hi, everyone. What are you doing ?
Naoto： Hello, Ms. Green. We are talking about our *volunteer work at the city library.
Saori： This weekend, we are going to work at the city library. We have some jobs to do, and our most important job is the *program for children.
Ms. Green： That's interesting. Please tell me more.
Mika： The people working at the library think that children *should read more books.
Naoto： I think many children like the Internet and video games more than books.
Saori： I think so, too. To change that, the city library has a program for children every weekend. The people working there give children good *experiences with books.
Ms. Green： What do they do ?
Naoto： They read some *stories to children. They hope that many children will *become interested in books.
Ms. Green： That's nice ! When I was small, my mother read stories to me every night. I loved a story about a little girl and a big bird.
Saori： My father read to me, too !
Mika： We will work from 9:00 *a.m. to 3:00 *p.m. Our important job is to read stories to children, but we will have more things to do. Please look at ①the *timetable.
Ms. Green： Oh, you have a lot of things to do in one day ! You start your day by cleaning the library, and your last job is to *return books to the *bookshelves.
Naoto： Yes. Before lunch, we *collect books that people return at the *counter.
Ms. Green： I see. When will the program you talked about start ?
Mika： After cleaning the library.
Ms. Green： Well, tell me about the program after lunch.
Saori： That is a reading *lesson for *parents. The people working at the library *teach some good ways to read books with children.
Naoto： I thought the library was only a place to read books, but now I know that the library is also a place to learn how to enjoy reading with other people. We can have

many experiences at the library.

Mika : I think so, too.

Ms. Green : That's great! When will you go there?

Saori : We will visit the library on Saturday.

Ms. Green : I hope you will enjoy it. Please tell me about it later.

Next week, the three students visit the teachers' room, and they talk to Ms. Green.

Naoto : Good afternoon, Ms. Green. We had a good day at the library.

Mika : We will visit the library this weekend, too. I can't wait!

Saori : The experience we had last weekend was wonderful.

Mika : There was an *elementary school event in the morning, so the library changed the timetable.

Ms. Green : Oh, I see. How was the timetable changed?

Saori : Here is ②the new timetable. First, we cleaned the library. And then, we watched the program for parents. It was very interesting.

Ms. Green : I remember you also had to collect returned books, right?

Mika : Yes, we did that before our program. Our program started at two in the afternoon. We read three stories to the children.

Naoto : And we returned books to the bookshelves before lunch. We enjoyed the day very much, Ms. Green.

Ms. Green : That's good. What did you enjoy the most?

Naoto : Reading to children was really fun!

Saori : I enjoyed it, too. And most children looked happy.

Mika : I'm a little sad because I didn't do well. It was difficult to read books to children. When I was reading, I was *nervous, so I couldn't look at their faces. Some children started to talk to their friends.

Saori : From the program for parents, we learned that looking at children's faces was important, right?

Naoto : Yes. If we don't look at them when we are reading, the children won't become interested in the story.

Mika : That's right. I learned that from the program.

Saori : I think we will do better this weekend.

Mika : I hope so. I really wanted to say, "You can learn a lot of things from books," but I couldn't. I will say it this weekend.

Naoto : I hope that the children that we will meet this weekend will enjoy reading books with us. When we don't do something well, we should change how we do it the next time. We should find what was not good, and then, we can try a *different way.

Mika : You are right, Naoto.

Ms. Green : That is ③an important thing to learn.

Saori : Yes. We can learn a lot from the volunteer work. I'm going to try another job in the library. I will help people who don't know how to use computers to find books in the library.

Mika : Oh, that's great, Saori !

Naoto : Tell us about your new job next time.

Saori : Sure, I will.

* *classroom*：教室　volunteer：ボランティア　program：プログラム
should ～：～すべきである　experiences：経験　stories：物語
become interested in ～：～に興味をもつようになる　a.m.：午前　p.m.：午後
timetable：予定表　return ～：～を戻す　bookshelves：本棚　collect ～：～を回収する
counter：カウンター　lesson：授業　parents：親　teach ～：～を教える
elementary school：小学校　nervous：緊張して　different：異なる

(ア)　本文中の――線①と――線②が表す内容を，①は**ア群**，②は**イ群**の中からそれぞれ選んだときの組み合わせとして最も適するものを，あとの１～６の中から一つ選び，その番号を答えなさい。

ア群

A.

9:00 a.m.	Cleaning the library
10:00 a.m.	Collecting returned books
11:00 a.m.	Program for parents
	Lunch
1:00 p.m.	Program for children
2:00 p.m.	Returning books to the bookshelves

B.

9:00 a.m.	Cleaning the library
10:00 a.m.	Program for children
11:00 a.m.	Collecting returned books
	Lunch
1:00 p.m.	Program for parents
2:00 p.m.	Returning books to the bookshelves

C.

9:00 a.m.	Cleaning the library
10:00 a.m.	Program for children
11:00 a.m.	Collecting returned books
	Lunch
1:00 p.m.	Returning books to the bookshelves
2:00 p.m.	Program for parents

イ群

X.

9:00 a.m.	Cleaning the library
10:00 a.m.	Program for parents
11:00 a.m.	Returning books to the bookshelves
	Lunch
1:00 p.m.	Collecting returned books
2:00 p.m.	Program for children

Y.

9:00 a.m.	Cleaning the library
10:00 a.m.	Program for parents
11:00 a.m.	Collecting returned books
	Lunch
1:00 p.m.	Returning books to the bookshelves
2:00 p.m.	Program for children

Z.

9:00 a.m.	Cleaning the library
10:00 a.m.	Returning books to the bookshelves
11:00 a.m.	Program for parents
	Lunch
1:00 p.m.	Collecting returned books
2:00 p.m.	Program for children

1．①：A　②：Y　　2．①：A　②：Z　　3．①：B　②：X
4．①：B　②：Z　　5．①：C　②：X　　6．①：C　②：Y

(イ) 本文中の――線③の内容を表したものとして最も適するものを，次の１～４の中から一つ選び，その番号を答えなさい。

1．You should learn from your experiences.
2．You should know how to borrow books.
3．You should try a thing that you are not good at.
4．You should be kind to the people who help you.

(ウ) 次のａ～ｆの中から，本文の内容に合うものを**二つ**選んだときの組み合わせとして最も適するものを，あとの１～８の中から一つ選び，その番号を答えなさい。

a．Children can have good experiences at the city library's weekend program.
b．When Mika was a little girl, she often listened to stories before going to bed.
c．Naoto says that he likes school better than the library because he can read books with other people at school.
d．Naoto, Saori, and Mika showed the parents good ways to enjoy reading books with their children on Saturday.
e．Naoto, Saori, and Mika learned that they had to look at children's faces when they were reading to children.
f．Ms. Green asked Saori to get a new job and to have another good experience at the library.

１．ａとｃ　２．ａとｅ　３．ｂとｄ　４．ｂとｅ
５．ｃとｄ　６．ｃとｆ　７．ｄとｅ　８．ｄとｆ

＜リスニングテスト放送台本＞

（チャイム音）

これから，**1** の**リスニングテストの放送**を始めます。問題冊子の１ページを開けてください。

問題は(ア)・(イ)・(ウ)の三つに大きく分かれています。放送を聞きながらメモをとってもかまいません。

それでは，**問題(ア)**に入ります。**問題(ア)**は，No. 1 ～No. 3 まであります。Sarah と Akira が話をしています。まず Sarah が話し，次に Akira が話し，その後も交互に話します。対話の最後で Akira が話す言葉のかわりに（チャイムの音）というチャイムが鳴ります。そのチャイムのところに入る Akira の言葉として最も適するものを，**問題(ア)**の指示にしたがって答えなさい。まず，**問題(ア)**の指示を読みなさい。

それでは，始めます。対話は２回ずつ放送します。

No. 1　**[Sarah :]　I want to go to the city library after school, Akira.　I'm going to learn about the history of our city there.　Do you know where the library is ?**

[Akira :]　Yes, Sarah.　It's not near our school.　It's by the hospital.　It has a lot of interesting books about our city.　I like the library.

[Sarah :]　That's nice !　How can I get there from school ?

[Akira :]　（チャイム）

No. 2　**[Sarah :]　Akira, let's take your little brother to the zoo tomorrow.**

[Akira :]　Oh, but it will be rainy tomorrow.　Let's visit another place.

［**Sarah :**］ **OK. Where will we go ?**

［Akira :］ （チャイム）

No. 3 ［**Sarah :**］ **I heard you got a dog. Are you happy, Akira ?**

［Akira :］ Yes, I am. He is very cute. My grandmother gave him to me yesterday.

［**Sarah :**］ **That's wonderful ! I want to meet him soon. Does he have a name ?**

［Akira :］ （チャイム）

次に，**問題(イ)**に入ります。**問題(イ)**は，No. 1 と No. 2 があります。それぞれ同じ高校に通う Paul と Miki の対話を放送します。対話の内容を聞いて，問題冊子に印刷されているそれぞれの質問の答えとして最も適するものを，**問題(イ)**の指示にしたがって答えなさい。まず，**問題(イ)**の指示を読みなさい。

それでは，始めます。対話は２回ずつ放送します。

No. 1 ［**Paul :**］ **Miki, what is your class going to do at the school festival ?**

［Miki :］ We are thinking about it. How about your class, Paul ?

［**Paul :**］ **Our class is making a movie. My classmates and I like to watch movies. We have some good ideas for our movie.**

［Miki :］ That's cool ! It's hard to make movies, right ?

［**Paul :**］ **Yes, but it's interesting. We always talk about our ideas. I enjoy it.**

［Miki :］ I hope your movie will be good. I want to watch it at the festival.

No. 2 ［**Paul :**］ **Miki, what did you do on Saturday ?**

［Miki :］ I went to Kamome Stadium to watch a baseball game with my family.

［**Paul :**］ **Really ? I watched that game on TV at home ! There were a lot of people in the stadium, right ?**

［Miki :］ Yes. I enjoyed watching the game with all of the people around us.

［**Paul :**］ **That's nice ! I hope we can watch a game at the stadium together.**

［Miki :］ Sure, let's do that !

最後に，**問題(ウ)**に入ります。**問題(ウ)**では，オーストラリアへの研修旅行についてのブラウン先生の説明を放送します。放送を聞き，**問題(ウ)**の指示にしたがって答えなさい。このあと，20秒後に放送が始まりますので，それまで**問題(ウ)**の指示を読みなさい。

それでは，始めます。英文は２回放送します。

Hello, everyone. The school trip will start next Monday. We are going to leave Japan at seven in the evening and arrive in Australia on the morning of the next day. After we arrive, we will do some exciting things. We will go to a new art museum first, and then we will go to a large beautiful park. Please take some nice pictures in the park and show them to your families later. On Wednesday, you will start to go to school. You will have classes for three days. On Wednesday and Thursday, all of you will study English, history, and music. On Friday, you will study one more subject together. What subject do you want to study ? Let's talk about it tomorrow. We will leave Australia on Saturday morning and arrive in Japan in the evening.

これで 1 の**リスニングテストの放送**を終わります。解答を続けてください。

（チャイム音）　［計９分51秒］

数学

●満点 100点　●時間 50分

〔注意〕 1．答えに無理数が含まれるときは，無理数のままにしておきなさい。根号が含まれるときは，根号の中は最も小さい自然数にしなさい。また，分母に根号が含まれるときは，分母に根号を含まない形にしなさい。

2．答えが分数になるとき，約分できる場合は約分しなさい。

1 次の計算をした結果として正しいものを，それぞれあとの**1**～**4**の中から1つ選び，その番号を答えなさい。

(ア) $-9-(-5)$

1．-14　**2**．-4　**3**．4　**4**．14

(イ) $-\dfrac{5}{6}-\dfrac{3}{4}$

1．$-\dfrac{19}{12}$　**2**．$-\dfrac{1}{12}$　**3**．$\dfrac{1}{12}$　**4**．$\dfrac{19}{12}$

(ウ) $8ab^2\times 3a\div 6a^2b$

1．$4a$　**2**．$4ab$　**3**．$4b$　**4**．$6b$

(エ) $\dfrac{3x+2y}{5}-\dfrac{x-3y}{3}$

1．$\dfrac{2x+5y}{15}$　**2**．$\dfrac{4x-9y}{15}$　**3**．$\dfrac{4x+21y}{15}$　**4**．$\dfrac{14x-9y}{15}$

(オ) $(2+\sqrt{7})(2-\sqrt{7})+6(\sqrt{7}+2)$

1．$-3+2\sqrt{7}$　**2**．$-1+2\sqrt{7}$　**3**．$-1+6\sqrt{7}$　**4**．$9+6\sqrt{7}$

2 次の問いに対する答えとして正しいものを，それぞれあとの**1**～**4**の中から1つ選び，その番号を答えなさい。

(ア) $(x+6)^2-5(x+6)-24$ を因数分解しなさい。

1．$(x-9)(x+2)$　**2**．$(x-8)(x+3)$

3．$(x-3)(x+8)$　**4**．$(x-2)(x+9)$

(イ) 2次方程式 $x^2-3x+1=0$ を解きなさい。

1．$x=\dfrac{-3\pm\sqrt{5}}{2}$　**2**．$x=\dfrac{3\pm\sqrt{5}}{2}$　**3**．$x=\dfrac{-3\pm\sqrt{13}}{2}$　**4**．$x=\dfrac{3\pm\sqrt{13}}{2}$

(ウ) 関数 $y=ax^2$ について，x の値が1から4まで増加するときの変化の割合が-3であった。このときの a の値を求めなさい。

1．$a=-5$　**2**．$a=-\dfrac{3}{5}$　**3**．$a=\dfrac{3}{5}$　**4**．$a=5$

(エ) 1個15kgの荷物が x 個と，1個9kgの荷物が y 個あり，これらの荷物全体の重さを確かめたところ200kg以上であった。このときの数量の関係を不等式で表しなさい。

1．$15x+9y\geqq 200$　**2**．$15x+9y>200$

3．$15x+9y\leqq 200$　**4**．$15x+9y<200$

(オ) $\sqrt{\frac{540}{n}}$ が自然数となるような，最も小さい自然数 n の値を求めなさい。

1．$n=3$　　2．$n=6$
3．$n=15$　　4．$n=30$

(カ) 右の図において，4点A，B，C，Dは円Oの周上の点で，AD∥BC である。
　また，点Eは点Aを含まない $\overset{\frown}{BC}$ 上の点であり，点Fは線分 AE と線分 BD との交点である。
　このとき，∠AFD の大きさを求めなさい。

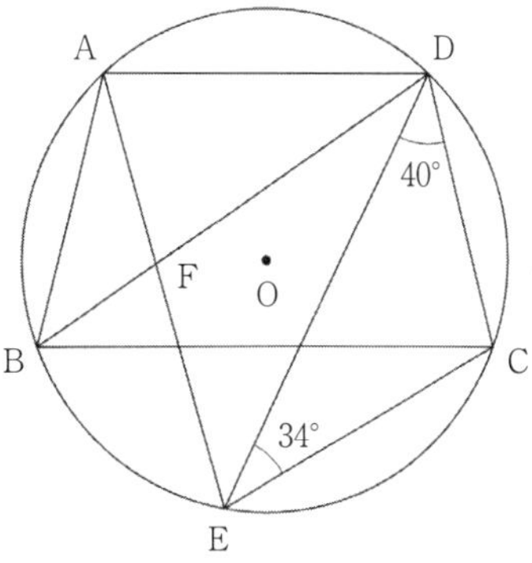

1．72°　　2．74°　　3．76°　　4．80°

3　次の問いに答えなさい。

(ア) 右の図1のように，正三角形 ABC の辺 AB 上に点Dを，辺 BC 上に点Eを，辺 CA 上に点Fを AD＝BE＝CF となるようにとる。
　このとき，次の(i)，(ii)に答えなさい。

図1

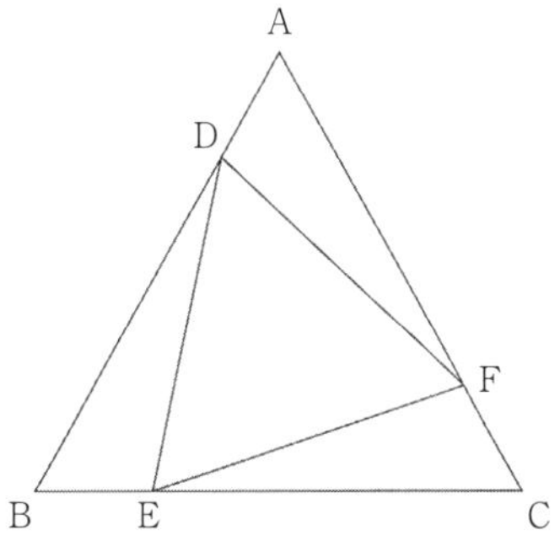

(i) 三角形 ADF と三角形 CFE が合同であることを次のように証明した。(a)～(c) に最も適するものを，それぞれ選択肢の1～4の中から1つ選び，その番号を答えなさい。

[証明]
△ADF と△CFE において，
まず，仮定より，
AD＝BE＝CF ……①
よって，AD＝CF ……②
次に，△ABC は正三角形であるから，
∠BAC＝∠ACB
よって，∠DAF＝∠FCE ……③
さらに，△ABC は正三角形であるから，
AB＝BC＝CA ……④
①，④より，
AF＝CA－ (a) ＝AB－AD ……⑤
CE＝ (b) －BE＝AB－AD ……⑥
⑤，⑥より，AF＝CE ……⑦
②，③，⑦より， (c) から，
△ADF≡△CFE

(a)，(b)の選択肢
1．BC
2．BD
3．CE
4．CF

(c)の選択肢
1．3組の辺がそれぞれ等しい
2．2組の辺とその間の角がそれぞれ等しい
3．1組の辺とその両端の角がそれぞれ等しい
4．斜辺と1つの鋭角がそれぞれ等しい

(ii) AB＝18cm で，AD＜BD とする。三角形 ABC の面積と三角形 DEF の面積の比が12：7であるとき，線分 AD の長さを求めなさい。

(イ) 次の図2は，A中学校の生徒100人とB中学校の生徒150人がハンドボール投げを行ったときの記録をそれぞれまとめ，その相対度数の分布を折れ線グラフに表したものである。なお，階級は，5m以上10m未満，10m以上15m未満などのように，階級の幅を5mにとって分けている。

図2のグラフから読み取れることがらを，あとの**あ**～**え**の中から2つ選んだときの組み合わせとして最も適するものを**1**～**6**の中から1つ選び，その番号を答えなさい。

図2

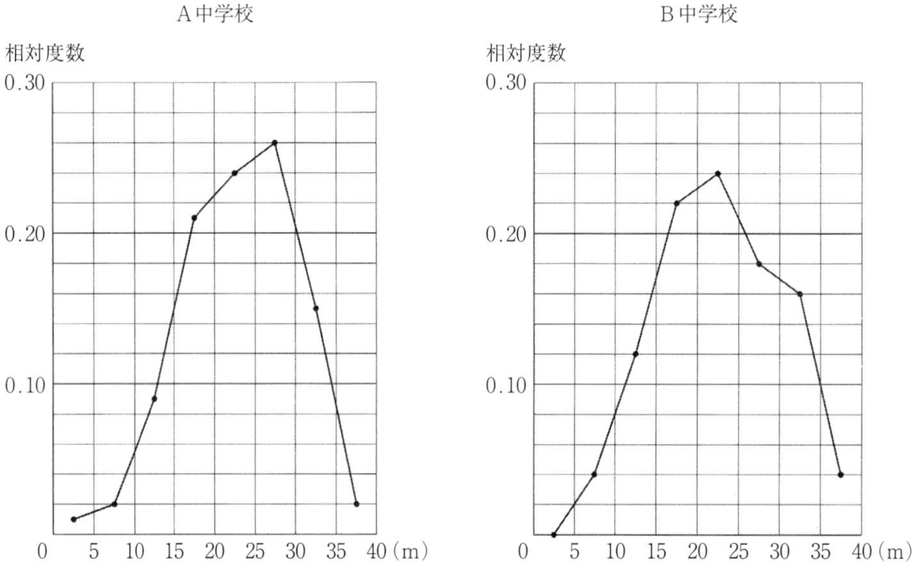

あ．中央値を含む階級の階級値は，A中学校とB中学校で同じである。

い．記録が20m未満の生徒の割合は，A中学校よりB中学校の方が小さい。

う．記録が20m以上25m未満の生徒の人数は，A中学校よりB中学校の方が多い。

え．A中学校，B中学校ともに，記録が30m以上の生徒の人数より記録が25m以上30m未満の生徒の人数の方が多い。

1．**あ**，**い**　**2**．**あ**，**う**　**3**．**あ**，**え**

4．**い**，**う**　**5**．**い**，**え**　**6**．**う**，**え**

(ウ) 右の図3は，底面が縦30cm，横60cmで高さが36cmの直方体の形をした水そうであり，水そうの底面は，高さが18cmで底面に垂直な板によって，縦30cm，横40cmの長方形の底面Pと，縦30cm，横20cmの長方形の底面Qの2つの部分に分けられている。

いま，この水そうが空の状態から，底面Pの方へ毎秒200cm^{3}ずつ水を入れていき，水そうが完全に水で満たされたところで水を止める。

このとき，次の□中の説明を読んで，あとの(i)，(ii)に答えなさい。ただし，水そうや板の厚さは考えないものとする。

図3

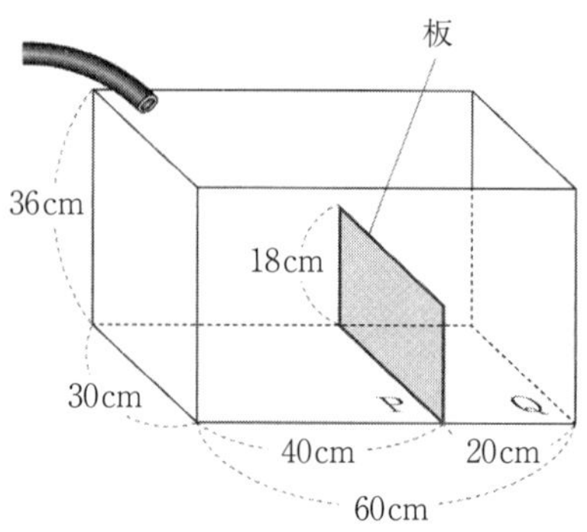

底面Pから水面までの高さに着目すると，水を入れ始めてから a 秒後に水面までの高さが板の高さと同じになり，a 秒後からしばらくは板を越えて底面Qの方へ水が流れるため水面までの高さは変わらないが，その後，再び水面までの高さは上がり始める。

(i) [　　] 中の a の値を求めなさい。

(ii) 水を入れ始めてから x 秒後の，底面Pから水面までの高さを y cm とするとき，水を入れ始めてから水を止めるまでの x と y の関係を表すグラフとして最も適するものを次の1～4の中から1つ選び，その番号を答えなさい。

1．
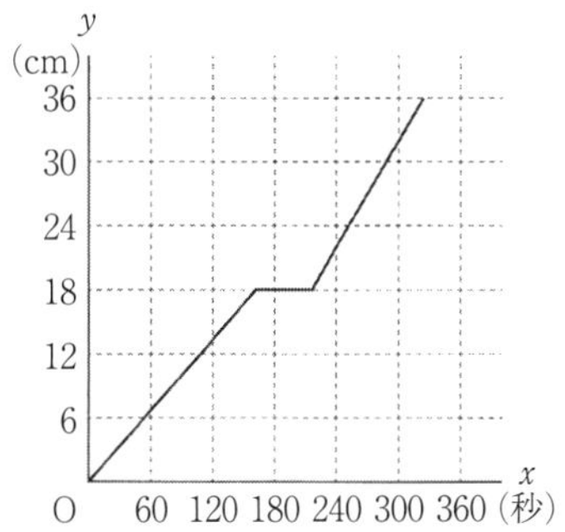

2．
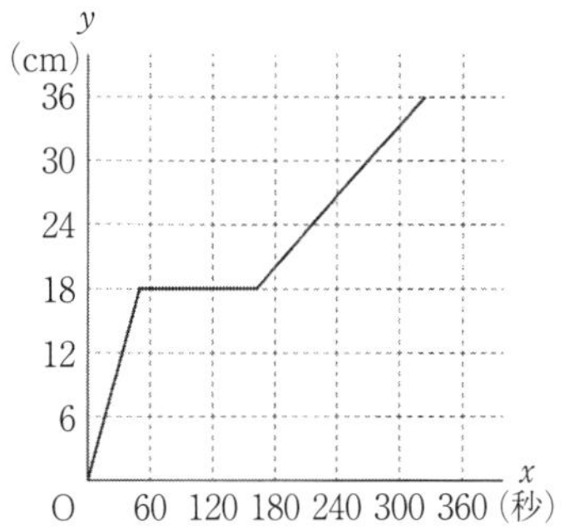

3．
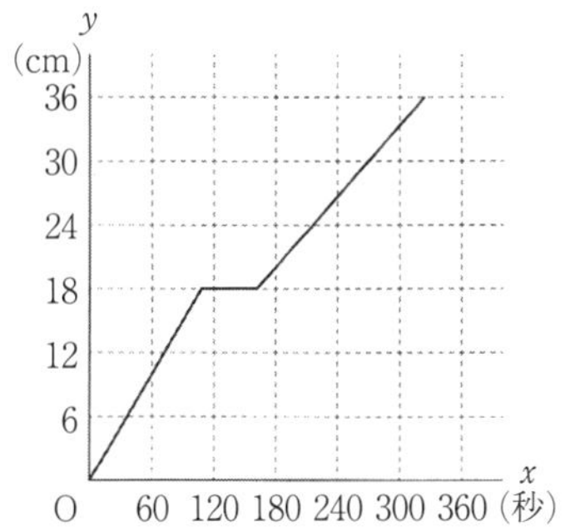

4．
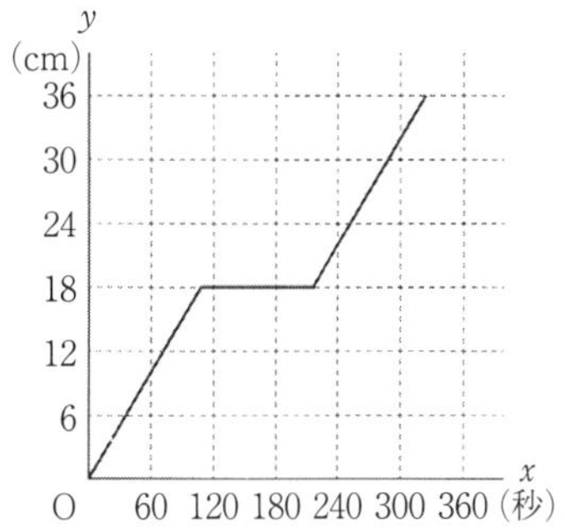

(エ) あるバス停の利用者数を大人と子どもに分けて調べたところ，先週の利用者数は大人と子どもを合わせて580人であった。このバス停における今週の利用者数は，先週に比べ大人が1割増加して子どもが3割増加したため，合わせて92人増加した。

Aさんは，このときの，今週の大人の利用者数を次のように求めた。[(i)] にあてはまる式を，[(ii)]，[(iii)] にあてはまる数を，それぞれ書きなさい。

求め方

先週の大人の利用者数をもとに，今週の大人の利用者数を計算で求めることにする。

そこで，先週の大人の利用者数を x 人，先週の子どもの利用者数を y 人として方程式をつくる。

まず，先週の利用者数は大人と子どもを合わせて580人であったことから，

$x+y=580$ ……①

次に，今週の利用者数は，合わせて92人増加したことから，

[　　(i)　　] $=92$ ……②

①，②を連立方程式として解くと，解は問題に適しているので，先週の大人の利用者数は［ (ii) ］人とわかる。

よって，今週の大人の利用者数は［ (iii) ］人である。

4　右の図において，直線①は関数 $y=-x$ のグラフであり，曲線②は関数 $y=ax^2$ のグラフである。

点Aは直線①と曲線②との交点で，その x 座標は -5 である。点Bは曲線②上の点で，線分ABは x 軸に平行である。点Cは線分AB上の点で，AC：CB＝2：1である。

また，原点をOとするとき，点Dは直線①上の点でAO：OD＝5：3であり，その x 座標は正である。

さらに，点Eは点Dと y 軸について対称な点である。

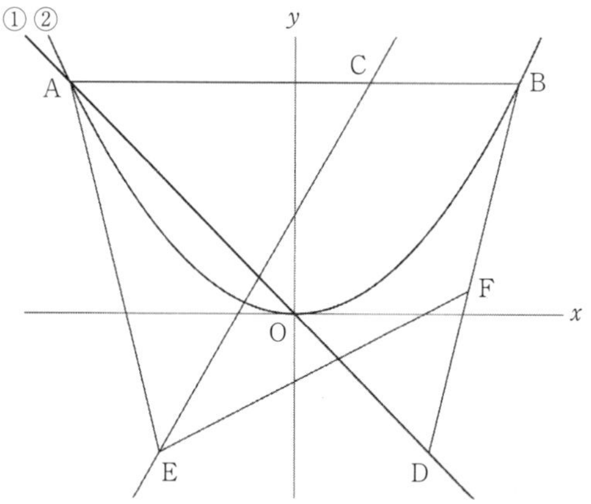

このとき，次の問いに答えなさい。

(ア)　曲線②の式 $y=ax^2$ の a の値として正しいものを次の**1**～**6**の中から1つ選び，その番号を答えなさい。

1．$a=-\frac{1}{2}$　　**2**．$a=-\frac{2}{5}$　　**3**．$a=-\frac{1}{5}$

4．$a=\frac{1}{5}$　　**5**．$a=\frac{2}{5}$　　**6**．$a=\frac{1}{2}$

(イ)　直線CEの式を $y=mx+n$ とするときの(i) m の値と，(ii) n の値として正しいものを，それぞれ次の**1**～**6**の中から1つ選び，その番号を答えなさい。

(i)　m の値

1．$m=\frac{7}{5}$　　**2**．$m=\frac{3}{2}$　　**3**．$m=\frac{8}{5}$

4．$m=\frac{12}{7}$　　**5**．$m=\frac{24}{13}$　　**6**．$m=\frac{27}{14}$

(ii)　n の値

1．$n=\frac{6}{5}$　　**2**．$n=\frac{9}{7}$　　**3**．$n=\frac{3}{2}$

4．$n=\frac{23}{14}$　　**5**．$n=\frac{9}{5}$　　**6**．$n=\frac{15}{7}$

(ウ)　点Fは線分BD上の点である。三角形AECと四角形BCEFの面積が等しくなるとき，点Fの座標を求めなさい。

5　右の図1のように，3つの箱P，Q，Rがあり，箱Pには1，2，4の数が1つずつ書かれた3枚のカードが，箱Qには3，5，6の数が1つずつ書かれた3枚のカードがそれぞれ入っており，箱Rには何も入っていない。

図1

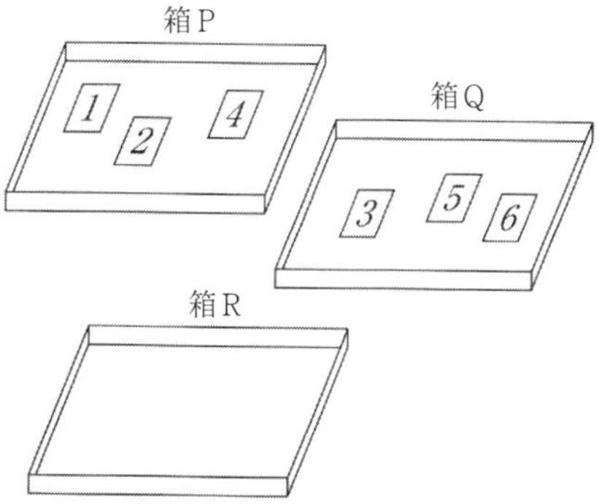

大，小2つのさいころを同時に1回投げ，大きいさいころの出た目の数をa，小さいさいころの出た目の数をbとする。出た目の数によって，次の【操作1】，【操作2】を順に行い，箱Rに入っているカードの枚数を考える。

【操作1】　カードに書かれた数の合計がaとなるように箱Pから1枚または2枚のカードを取り出し，箱Qに入れる。

【操作2】　箱Qに入っているカードのうちbの約数が書かれたものをすべて取り出し，箱Rに入れる。ただし，bの約数が書かれたカードが1枚もない場合は，箱Qからカードを取り出さず，箱Rにはカードを入れない。

例

大きいさいころの出た目の数が5，小さいさいころの出た目の数が3のとき，$a=5$，$b=3$である。

このとき，【操作1】により，カードに書かれた数の合計が5となるように箱Pから[1]と[4]のカードを取り出し，箱Qに入れる。

次に，【操作2】により，箱Qに入っているカードのうち3の約数が書かれたものである[1]と[3]のカードを取り出し，箱Rに入れる。

この結果，図2のように，箱Rに入っているカードは2枚である。

図2

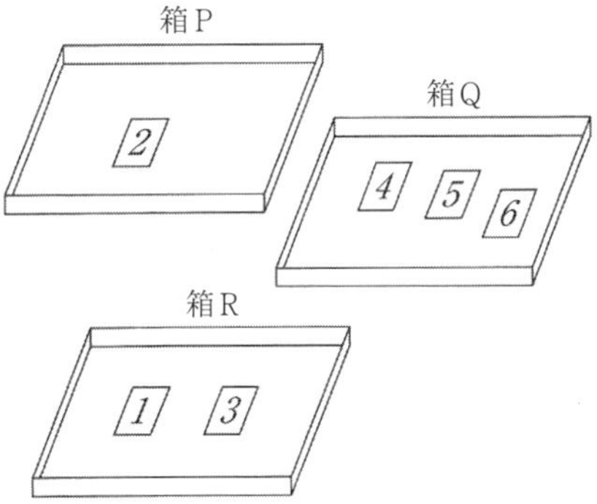

いま，図1の状態で，大，小2つのさいころを同時に1回投げるとき，次の問いに答えなさい。ただし，大，小2つのさいころはともに，1から6までのどの目が出ることも同様に確からしいものとする。

(ア)　箱Rに入っているカードが4枚となる確率として正しいものを次の1～6の中から1つ選び，その番号を答えなさい。

1．$\frac{1}{36}$　　2．$\frac{1}{18}$　　3．$\frac{1}{12}$

4．$\frac{1}{9}$　　5．$\frac{5}{36}$　　6．$\frac{1}{6}$

(イ)　箱Rに入っているカードが1枚となる確率を求めなさい。

6　右の図1は，線分ABを直径とする円Oを底面とし，線分ACを母線とする円すいである。

　また，点Dはこの円すいの側面上に，点Aから点Bまで長さが最も短くなるように線を引き，この線を2等分した点である。

　AB＝6cm，AC＝9cmのとき，次の問いに答えなさい。ただし，円周率はπとする。

図1

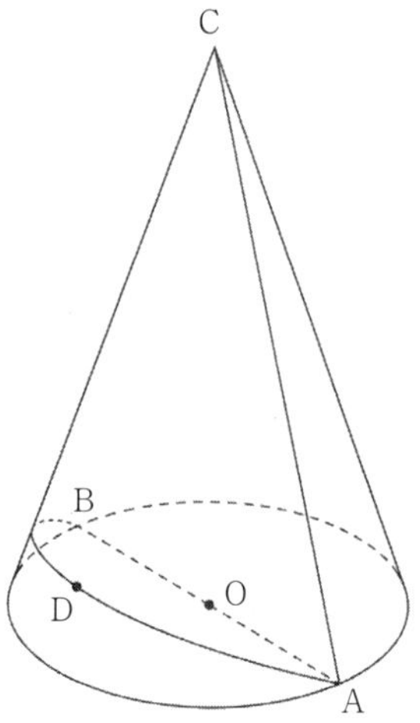

図2

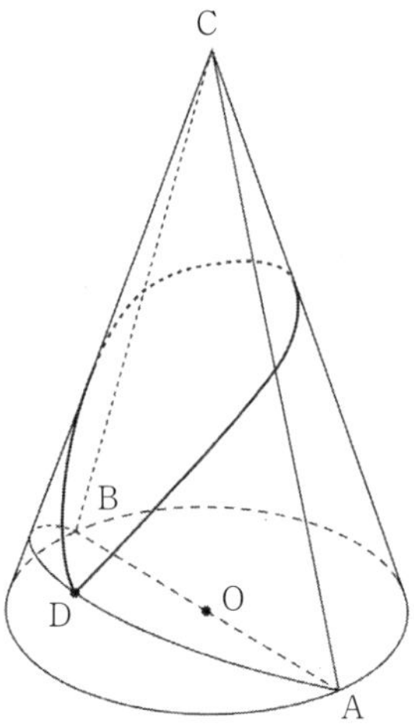

(ア)　この円すいの体積として正しいものを次の**1**～**6**の中から1つ選び，その番号を答えなさい。

1．$9\sqrt{5}\pi\ \mathrm{cm}^3$　　**2**．$18\sqrt{2}\pi\ \mathrm{cm}^3$

3．$27\sqrt{5}\pi\ \mathrm{cm}^3$　　**4**．$54\sqrt{2}\pi\ \mathrm{cm}^3$

5．$36\sqrt{5}\pi\ \mathrm{cm}^3$　　**6**．$72\sqrt{2}\pi\ \mathrm{cm}^3$

(イ)　この円すいの表面積として正しいものを次の**1**～**6**の中から1つ選び，その番号を答えなさい。

1．$\frac{33}{4}\pi\ \mathrm{cm}^2$　　**2**．$9\pi\ \mathrm{cm}^2$

3．$15\pi\ \mathrm{cm}^2$　　**4**．$\frac{117}{4}\pi\ \mathrm{cm}^2$

5．$36\pi\ \mathrm{cm}^2$　　**6**．$63\pi\ \mathrm{cm}^2$

(ウ)　この円すいの側面上に，右上の図2のように点Dから線分AC，線分BCと交わるように点Dまで円すいの側面上に引いた線のうち，長さが最も短くなるように引いた線の長さを求めなさい。

社会　●満点 100点　●時間 50分

〔注意〕 解答用紙にマス目(例：□□□)がある場合は，句読点もそれぞれ1字と数え，必ず1マスに1字ずつ書きなさい。

1 Kさんは，地理の学習について次の**レポート**を作成した。これについて，あとの各問いに答えなさい。**略地図**中の緯線は赤道から，経線は本初子午線からそれぞれ等間隔に引いたものである。

レポート

右の**詩**は，谷川《たにかわ》 俊太郎《しゅんたろう》の「朝のリレー」の一部です。私は，この**詩**に出てくる地名がどの国や大陸にあるかを，**表1**にまとめ，その位置を**略地図**に示しました。

表1

地　名	国	大　陸
カムチャッカ	①ロシア	ユーラシア大陸
メキシコ	メキシコ	北アメリカ大陸
ニューヨーク	アメリカ合衆国	北アメリカ大陸
ローマ	イタリア	ユーラシア大陸

詩

カムチャッカの若者が
きりんの夢を見ているとき
メキシコの娘は
朝もやの中でバスを待っている
ニューヨークの少女が
ほほえみながら寝がえりをうつとき
ローマの少年は
柱頭を染める朝陽《あさひ》にウインクする
この地球では
いつもどこかで朝がはじまっている

（『谷川俊太郎詩集　続』より引用）

略地図

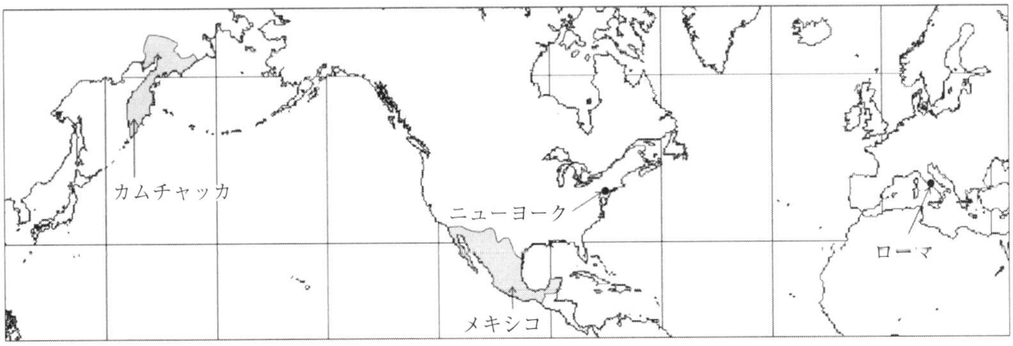

1　**詩**の内容について
　詩の══線の内容は，**詩**に出てくる四つの地名とその位置をふまえて考えると，地理で学習する「　あ　」という知識がもとになっていると，私は考えました。

2　**略地図**について
　北アメリカ大陸の東側かつユーラシア大陸の西側に，②三大洋のうちの一つに数えられる大きな海洋が広がっています。

3　**表1**中の国の宗教や産業について

⑴　宗教　**表1**中の国ぐにでは，多くの人びとが［い］を信仰しています。例えば，メキシコでは，スペインによって植民地がつくられたという歴史的な背景からこの宗教を信仰する人びとが多く，また，イタリアのローマ市内には，この宗教に関係が深いバチカン市国があります。

⑵　産業　アメリカ合衆国は，世界で最も多く③とうもろこしを生産している国です。次の**表2**は，生産量上位4か国におけるとうもろこしの生産量と収穫がさかんな月を示したものです。

表2　（生産量の単位：万トン）

	生産量		収穫がさかんな月（■のマスで示した）											
	2008年	2018年	1	2	3	4	5	6	7	8	9	10	11	12
アメリカ合衆国	30,591	39,245									■	■	■	
中華人民共和国	16,603	25,735								■	■			
ブラジル	5,893	8,229		■	■	■	■	■						
アルゼンチン	2,202	4,346			■	■	■							

（国際連合食糧農業機関ウェブサイト掲載資料をもとに作成）

㋐　**レポート**中の［あ］にあてはまるものとして最も適するものを，次の1～4の中から一つ選び，その番号を答えなさい。

1．世界には，国土が海洋に囲まれている国や，国土が全く海に面していない国がある
2．標高が高い山脈や海洋の島々が連なる造山帯では，地震がおこりやすい
3．各国が定めている標準時子午線の経度が異なると，時差が生じる
4．気温と降水量によって，世界を五つの気候帯に分類することができる

㋑　**レポート**中の［い］にあてはまる**宗教の名称**X，Yと，その宗教についての**説明文**a，bの組み合わせとして最も適するものを，あとの1～4の中から一つ選び，その番号を答えなさい。

宗教の名称	X　キリスト教　　Y　イスラム教
説　明　文	a　聖典の『コーラン』に，生活上の細かいきまりが記されている。 b　日曜日に，礼拝のために教会を訪れる習慣がある。

1．Xとa　　2．Xとb　　3．Yとa　　4．Yとb

㋒　――線①に関して，次の文a～dのうち，ロシアの特徴について説明したものの組み合わせとして最も適するものを，あとの1～4の中から一つ選び，その番号を答えなさい。

a　国土の面積が世界で最も大きい国である。
b　人口が世界で最も多い国である。
c　原油や天然ガスが，パイプラインを通じて外国へ輸出されている。
d　世界全体のパソコンの9割以上が生産されている。

1．a，c　　2．a，d　　3．b，c　　4．b，d

㋓　――線②に関して，この海洋の名称を**漢字3字**で書きなさい。

(オ)　――線③に関して，**表２**から読み取れることについて説明した次の文Ｘ，Ｙの正誤の組み合わせとして最も適するものを，あとの１～４の中から一つ選び，その番号を答えなさい。

> Ｘ　**表２**中の４か国のうち，「2008年の生産量」に対する「2018年の生産量」の割合が最も高い国は，アメリカ合衆国である。
> Ｙ　**表２**中の４か国のうち，首都が南半球にあるすべての国で，９月にとうもろこしの収穫がさかんである。

１．Ｘ：正　Ｙ：正　　２．Ｘ：正　Ｙ：誤　　３．Ｘ：誤　Ｙ：正　　４．Ｘ：誤　Ｙ：誤

2　Ｋさんは，地理の学習について次の**レポートⅠ**，**レポートⅡ**を作成した。これらについて，あとの各問いに答えなさい。

レポートⅠ：北海道地方の土地利用

かつての石狩平野では，農業に適さない［　あ　］が広がっていました。明治時代になると，政府は北海道に開拓使を設置し，［　い　］などによる大規模な開拓をおこなうなど，土地改良が始まりました。

地形図１は大正時代の，**地形図２**は現在の石狩平野を示したもので，二つの**地形図**は同じ地域を示しています。私は，①二つの**地形図**に示された地域でどのような変化があったかについて考察しました。

地形図１

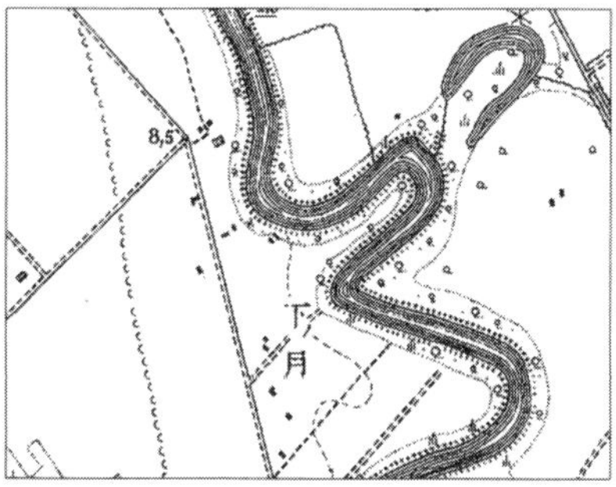

（「２万５千分の１の地形図　大日本帝国陸地測量部作成（大正５年測量）」）

地形図２

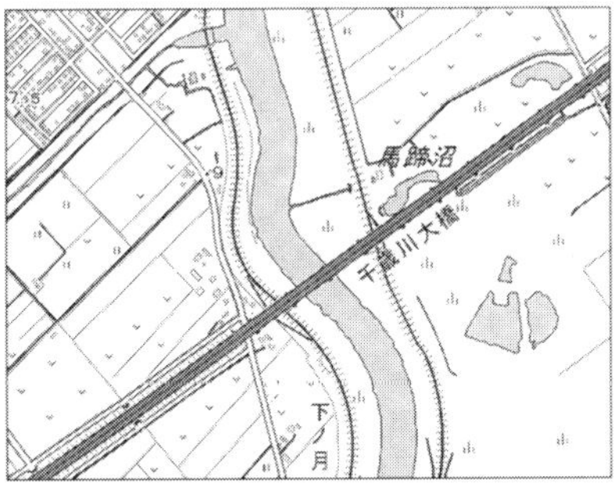

（「２万５千分の１の電子地形図　国土地理院作成（令和２年調製）」）

レポートⅡ：北海道地方と九州地方の比較

１　自然環境について
○どちらの地方にも，②火山の爆発や噴火による陥没などによってできた大きなくぼ地があります。
○③二つの地方を比較すると，気温や降水量は大きく異なっています。
２　産業について
○どちらの地方も，他の地方と比較すると④畜産産出額が大きくなっています。

(ア)　**レポートⅠ**中の［あ］，［い］にあてはまるものの組み合わせとして最も適するものを，次の１～４の中から一つ選び，その番号を答えなさい。

1．あ：シラス台地　い：屯田兵　　2．あ：シラス台地　い：防人
3．あ：泥炭地　　　い：屯田兵　　4．あ：泥炭地　　　い：防人

(イ)　――線①に関して，**地形図１**，**地形図２**から読み取れることについて説明した次の文X，Yの正誤の組み合わせとして最も適するものを，あとの１～４の中から一つ選び，その番号を答えなさい。

X　大正時代から現在までのあいだに，道路が整備され橋が架けられた。
Y　大正時代から現在までのあいだに，河川の流路が大きく蛇行するようになった。

1．X：正　Y：正　　2．X：正　Y：誤　　3．X：誤　Y：正　　4．X：誤　Y：誤

(ウ)　――線②に関して，このくぼ地の名称を**カタカナ４字**で書きなさい。

(エ)　――線③に関して，次の**a**，**b**の**グラフ**は，札幌市，福岡市のいずれかにおける降水量をそれぞれ表したものである。このことについて説明したあとの文中の[う]～[お]にあてはまるものの組み合わせとして最も適するものを，１～４の中から一つ選び，その番号を答えなさい。

グラフ

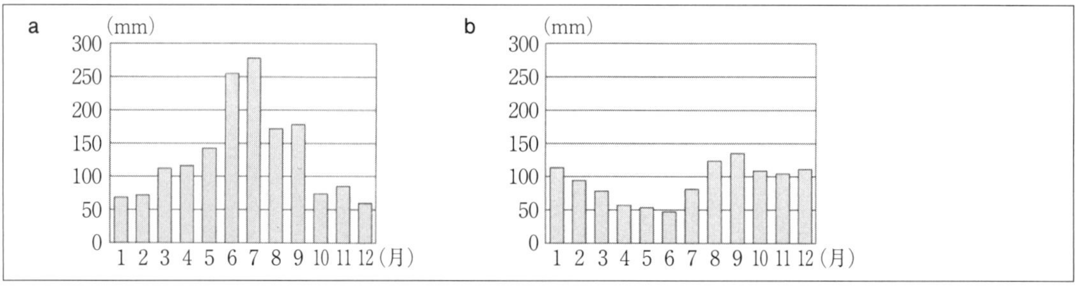

（気象庁ウェブサイト掲載資料(1981 ～ 2010)をもとに作成）

aの**グラフ**から[う]ことが読み取れます。このことと，[え]という知識をあわせて考えると，**a**の**グラフ**は[お]市の降水量を表したものであると判断することができます。

1．う：６～９月における月ごとの降水量が，すべて150mm を上回っている
　　え：夏から秋にかけて九州地方を多くの台風が通過する
　　お：福岡
2．う：６～９月における月ごとの降水量が，すべて150mm を上回っている
　　え：梅雨の時期がないことが北海道地方の気候の特色である
　　お：札幌
3．う：５～７月における月ごとの降水量が，すべて100mm を下回っている
　　え：夏から秋にかけて九州地方を多くの台風が通過する
　　お：福岡
4．う：５～７月における月ごとの降水量が，すべて100mm を下回っている
　　え：梅雨の時期がないことが北海道地方の気候の特色である
　　お：札幌

(オ)　――線④に関して，次の**表**から読み取れることとして最も適するものを，あとの１～４の中から一つ選び，その番号を答えなさい。

表　地方ごとの畜産産出額(平成30年)　　(単位：億円)

地　　方	肉用牛	乳用牛	豚	鶏	その他	地方別合計
九　　州	3,348	830	1,949	2,583	41	8,751
北 海 道	1,016	5,026	439	357	509	7,347
関　　東	684	1,300	1,637	1,480	32	5,133
東　　北	1,042	706	978	1,680	40	4,446
そ の 他	1,326	1,477	1,101	2,899	109	6,912
品目別合計	7,416	9,339	6,104	8,999	731	32,589

(総務省統計局ウェブサイト掲載資料をもとに作成)

1．北海道の「地方別合計」は，「地方別合計」の総額の５割を上回っている。
2．「鶏」の「品目別合計」は，「品目別合計」の総額の５割を上回っている。
3．北海道の「豚」は，北海道における畜産の品目の中で，最も産出額が大きい。
4．九州の「肉用牛」は，他の地方における肉用牛の額と比べたとき，最も産出額が大きい。

3　Ｋさんは，歴史の授業で学習した文化財について，次の**カードⅠ**～**カードⅣ**にまとめた。これらについて，あとの各問いに答えなさい。

カードⅠ

「漢委奴国王」と刻まれた金印
江戸時代に，現在の福岡県で発見されました。歴史書には，①福岡市の付近にあったとされる奴国の王が漢に使いを送り，皇帝から金印を与えられたことが記されています。

カードⅡ

「源氏物語絵巻」
［　あ　］が書いた源氏物語を題材としてつくられました。②源氏物語が書かれた時期の宮廷には，教養や才能ある女性が集められました。

カードⅢ

東大寺
大仏殿などの建物が③武士による争乱で焼失しましたが，宋の技術によって再建されました。南大門には，［　い　］があります。

カードⅣ

浮世絵「東海道五十三次」
歌川広重が，東海道を行きかう人びとの様子を描いたものです。浮世絵は，ヨーロッパの絵画に大きな影響を与えました。

(ア)　**カードⅡ**中の［あ］，**カードⅢ**中の［い］にあてはまるものの組み合わせとして最も適するものを，次の１～４の中から一つ選び，その番号を答えなさい。
1．あ：紫式部　　い：極楽浄土へ生まれ変わることを願うためにつくられた阿弥陀如来像
2．あ：紫式部　　い：運慶や快慶らがつくった金剛力士像
3．あ：清少納言　い：極楽浄土へ生まれ変わることを願うためにつくられた阿弥陀如来像
4．あ：清少納言　い：運慶や快慶らがつくった金剛力士像

(イ)　——線①に関して，このできごとに最も近い時期の日本の様子について説明したものを，次の１～４の中から一つ選び，その番号を答えなさい。
1．ユーラシア大陸から移り住んだ人びとが，打製石器を使って大型動物をとらえていた。
2．食料の煮たきのために，表面に縄目の文様がつけられた土器が使われるようになった。

3．稲作が西日本から東日本へ広まり，ムラとムラのあいだで土地や水の利用をめぐる争いが始まった。

4．班田収授がおこなわれ，６歳以上の人びとに口分田が与えられた。

(ウ) ――線②に関して，次の**系図**は，11世紀前半から半ばにかけての時期における天皇と藤原氏の関係を示したものである。**系図**から**読み取れること**について説明した文Ｘ，Ｙと，その時期における政治についての**説明文**ａ，ｂの組み合わせとして最も適するものを，あとの１～４の中から一つ選び，その番号を答えなさい。

系図　（□で囲まれた人物は，女性であることを示す。）

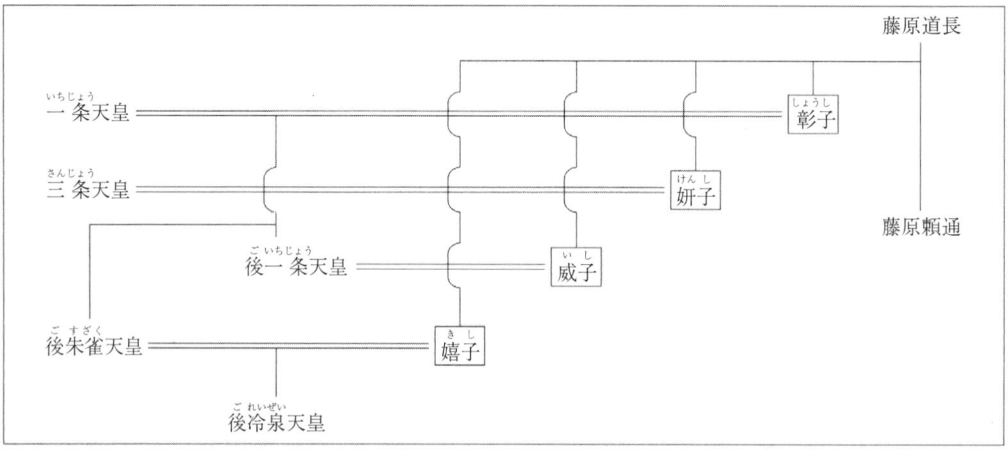

読み取れること	Ｘ　後一条天皇と威子は，婚姻関係にあった。 Ｙ　後一条天皇と後朱雀天皇は，親子関係にあった。
説明文	ａ　藤原氏が，朝廷の高い官職をほぼ独占し，自分の娘の子を天皇に立てた。 ｂ　天皇が，自らの位を幼少の皇子に譲り，上皇として権力をにぎった。

１．Ｘとａ　　２．Ｘとｂ　　３．Ｙとａ　　４．Ｙとｂ

(エ) ――線③に関して，武士による争乱について説明した次の文Ⅰ～Ⅲを，年代の古いものから順に並べたものを，あとの１～６の中から一つ選び，その番号を答えなさい。

Ⅰ　将軍のあとつぎ問題をめぐって有力な守護大名の細川氏と山名氏が対立し，戦乱がおこった。

Ⅱ　全国の武士が北朝，南朝の二つの勢力に分かれ，60年近く戦いが続いた。

Ⅲ　平氏に対する後白河上皇(法皇)らの反発が強まる中で，源頼朝らが挙兵した。

１．Ⅰ→Ⅱ→Ⅲ　　２．Ⅰ→Ⅲ→Ⅱ　　３．Ⅱ→Ⅰ→Ⅲ

４．Ⅱ→Ⅲ→Ⅰ　　５．Ⅲ→Ⅰ→Ⅱ　　６．Ⅲ→Ⅱ→Ⅰ

(オ) Ｋさんは，**カードⅣ**の浮世絵が描かれた時期について調査したいと考えた。この時期に関する調査について説明したものとして最も適するものを，次の１～４の中から一つ選び，その番号を答えなさい。

１．調や庸が都に運ばれたことに着目して，朝廷が人びとに課した負担の特徴について調査する。

２．鉄道が初めて設けられたことに着目して，文明開化が人びとに与えた影響について調査する。
3．明との勘合貿易がおこなわれたことに着目して，東アジアの国ぐにの関係について調査する。
4．庶民が旅を楽しむようになったことに着目して，五街道などの交通の発達について調査する。

4　Kさんは，近現代の歴史について次の**レポート**を作成した。これについて，あとの各問いに答えなさい。

レポート

私は，開業130年を迎えた「帝国ホテル」の歴史に着目して，調べ学習をおこないました。次の**表**は，帝国ホテルに関するできごとと歴史の授業で学習したことを，年代の古いものから順に並べて作成したものです。

表

帝国ホテルに関するできごと	歴史の授業で学習したこと
外国人を迎えるための施設として開業した。	第1回帝国議会が開かれた。
A	
新しい本館が開業した。	関東大震災がおこった。
B	
国際オリンピック委員会の会議が開催された。	東京でオリンピックが開かれた。

（帝国ホテルウェブサイト掲載資料をもとに作成）

外国人を迎えるための施設として帝国ホテルがつくられたことから，外国人の入国者数の推移に興味をもちました。次の**グラフ**は，20世紀前半における，中国とアメリカ合衆国からの入国者数の推移を表したものです。

グラフ

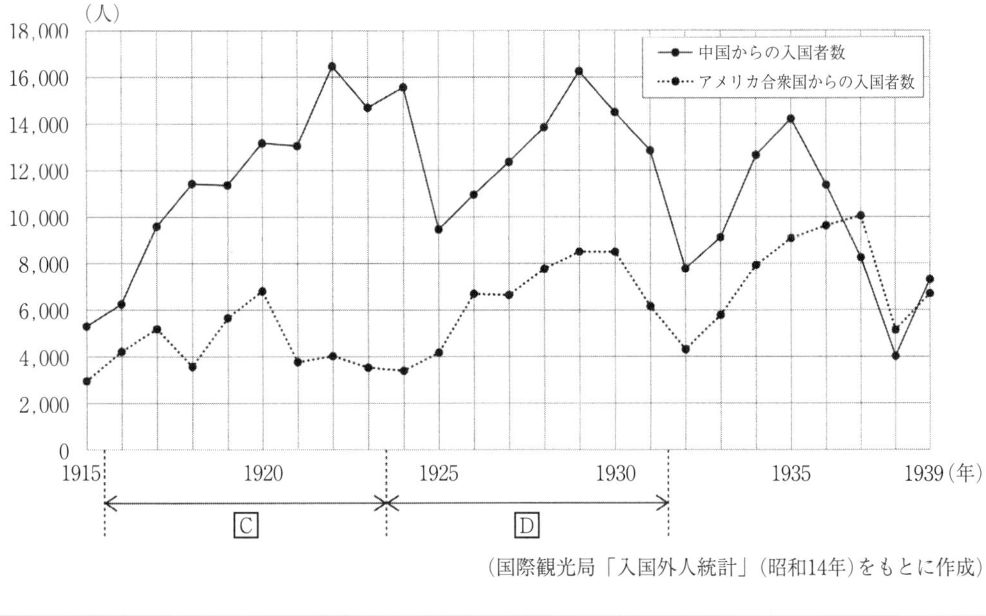

（国際観光局「入国外人統計」（昭和14年）をもとに作成）

(ア) **表**中の――線に関して，帝国議会が開かれるまでに，内閣制度の創設や大日本帝国憲法の制定にかかわった人物として最も適するものを，次の１～４の中から一つ選び，その番号を答えなさい。

１．伊藤博文
２．西郷隆盛
３．板垣退助
４．大隈重信

(イ) 次の文ａ～ｄのうち，**表**中の[A]の時期のできごとについて説明したものの組み合わせとして最も適するものを，あとの１～４の中から一つ選び，その番号を答えなさい。

ａ　野口英世が，エクアドルで黄熱病について研究した。
ｂ　日本でテレビ放送が開始され，スポーツ番組やドラマが人気を集めた。
ｃ　日米安全保障条約の改定をめぐって反対運動がおこり，内閣が退陣した。
ｄ　米騒動がおこり政府への批判が高まる中で，原敬が内閣を組織した。

１．ａ，ｃ　　２．ａ，ｄ　　３．ｂ，ｃ　　４．ｂ，ｄ

(ウ) **表**中の[B]の時期のできごとについて説明した次の文Ⅰ～Ⅲを，年代の古いものから順に並べたものを，あとの１～４の中から一つ選び，その番号を答えなさい。

Ⅰ　帝国ホテルは，サンフランシスコ平和条約が調印されて日本が主権を回復したことを受けて，自由な営業が認められ，一般の宿泊客を受け入れるようになった。
Ⅱ　帝国ホテルは，陸軍の青年将校らが大臣らを殺害し首相官邸や国会議事堂を占拠した事件がおこった際，反乱を鎮圧する部隊の拠点となった。
Ⅲ　帝国ホテルは，日本が敗戦し占領が始まったことを受けて，GHQ（連合国軍総司令部）によって強制的に取り上げられ，GHQ の高官が宿泊するための施設となった。

１．Ⅰ→Ⅱ→Ⅲ　　２．Ⅰ→Ⅲ→Ⅱ　　３．Ⅱ→Ⅰ→Ⅲ　　４．Ⅱ→Ⅲ→Ⅰ

(エ) **グラフ**に関して，あとの各問いに答えなさい。

(i) 右の**略地図**は，1930年代における東アジアの様子を示したものである。この**略地図**について説明した次の文中の□にあてはまる語句を**漢字２字**で書きなさい。

略地図中の二つの都市を含む**ア**の地域には「□国」が建国され，清の最後の皇帝であった人物がこの国の元首になりました。

略地図

(ii) **グラフ**で示された時期におこった**世界のできごと**について説明した文Ｘ，Ｙと，**グラフ**から**読み取れること**について説明した文ａ，ｂの組み合わせとして最も適するものを，あとの１～４の中から一つ選び，その番号を答えなさい。

世界のできごと	Ｘ　Ｃの時期に，日清戦争が始まった。 Ｙ　Ｄの時期に，世界恐慌が始まった。
読み取れること	ａ　中国からの入国者数は，五・四運動がおこった年には，１万人をこえていた。 ｂ　アメリカ合衆国からの入国者数は，日中戦争が始まって以降，1939年まで減少し続けた。

１．Ｘとａ　２．Ｘとｂ　３．Ｙとａ　４．Ｙとｂ

5　Ｋさんは，東京都に関することを調べ，次の**カードⅠ**～**カードⅣ**にまとめた。これらについて，あとの各問いに答えなさい。

カードⅠ

次の文は，東京都の浅草《あさくさ》神社で例年おこなわれている年中行事について説明したものです。

> もともと，［　あ　］は四季の節目を意味していた言葉で１年に４回ありましたが，旧暦で年の始まりにあたった立春が重視され，［　あ　］といえば立春の前日を指すようになりました。この日には，災厄《さいやく》や邪気を祓《はら》う行事がおこなわれますが，その代表的なものに「豆まき」があります。

（浅草神社ウェブサイト掲載資料をもとに作成）

カードⅡ

次の文は，東京都の渋谷《しぶや》区で平成27年から施行されている「渋谷区男女平等及び多様性を尊重する社会を推進する条例」の一部です。

> 日本国憲法に定める個人の尊重及び法の下の平等の理念に基づき，性別，人種，年齢や障害の有無などにより差別されることなく，人が人として尊重され，誰もが自分の能力を活かしていきいきと生きることができる差別のない社会を実現することは，私たち区民共通の願いである。

（渋谷区ウェブサイト掲載資料より抜粋）

カードⅢ

次の**表**は，東京都と日本全体の地方公共団体の財政収入の内訳とその割合を示したものです。

表　東京都と日本全体の地方公共団体の財政収入（平成30年度）　（金額の単位：億円）

	総　額	地方税	地方譲与税	(注)地方交付税	国庫支出金	地方債	その他
東京都	78,688	54,625	2,768	（なし）	3,375	1,427	16,492
割合	100%	69.4%	3.5%	（なし）	4.3%	1.8%	21.0%
日本全体	1,013,453	407,514	26,509	165,482	148,341	105,084	160,523
割合	100%	40.2%	2.6%	16.3%	14.6%	10.4%	15.9%

（注）　地方交付税：地方交付税交付金を都道府県側からみた呼び名。
（総務省及び東京都ウェブサイト掲載資料をもとに作成）

カードⅣ

東京都には，多くの企業が集中しています。次の文は，企業が経済活動をおこなう上で大きな役割を果たしている公正取引委員会が運用する法律について説明したものです。

> 独占禁止法の目的は，公正かつ自由な競争を促進し，事業者が自主的な判断で自由に活動できるようにすることです。市場メカニズムが正しく機能していれば，事業者は，自らの創意工夫によって，より安くて優れた商品を提供して売上高を伸ばそうとしますし，消費者は，ニーズに合った商品を選択することができ，事業者間の競争によって，消費者の利益が確保されることになります。

（公正取引委員会ウェブサイト掲載資料より抜粋）

(ア)　**カードⅠ**中の [あ] にあてはまる語句を**漢字2字**で書きなさい。

(イ)　**カードⅡ**に関して，次の文は，法の下の平等の理念を実現するために制定された法律について説明したものである。この文中の [い] にあてはまるものを，あとのA，Bの中から一つ選び，その記号を書きなさい。また，[う] にあてはまる語句を**カタカナ3字**で書きなさい。

> ○昭和60年に制定された「男女雇用機会均等法」では，雇用における女性差別が禁止されました。この法律では，[い] とされています。
> ○平成9年に制定された「[う] 文化振興法」では，古くから北海道，樺太，千島列島を中心に独自の言葉と文化をもって生活してきた [う] の伝統を尊重することが求められています。この法律は，「[う] の人々の誇りが尊重される社会を実現するための施策の推進に関する法律」が施行されたことを受けて，廃止されました。

A　社会における制度又は慣行が男女の社会における活動の選択に対して及ぼす影響をできる限り中立なものとするように配慮されなければならない

B　事業主は，労働者の募集及び採用について，その性別にかかわりなく均等な機会を与えなければならない

(ウ)　**カードⅢ**に関して，**表**から読み取れることについて説明したものとして最も適するものを，次の1～4の中から一つ選び，その番号を答えなさい。

1．東京都が独自に集めることができる自主財源からの財政収入は，東京都の財政収入の総額の５割に満たない。
2．日本全体の地方公共団体の財政収入の総額は，100兆円に満たない。
3．東京都には，他の地方公共団体と同様に，地方公共団体のあいだの財政格差をおさえるための資金が，国から配分されている。
4．東京都の財政収入の総額に占める「地方債」の割合は，日本全体の地方公共団体の財政収入の総額に占める「地方債」の割合よりも小さい。

(エ) **カードⅣ**に関して，次の文X，Yの正誤の組み合わせとして最も適するものを，あとの１～４の中から一つ選び，その番号を答えなさい。

> X　**カードⅣ**を参考にして考えると，複数の企業が協定を結び，製品の価格を一定の水準以上に維持する行為は，独占禁止法の目的に反する行為である。
> Y　**カードⅣ**によると，「市場メカニズムが正しく機能する」ことで事業者の売上高が伸びるが，消費者の利益は確保されない。

1．X：正　Y：正　　2．X：正　Y：誤　　3．X：誤　Y：正　　4．X：誤　Y：誤

6　Kさんは，きまり(ルール)について調べたことを発表するために，次の**メモ**を作成した。これについて，あとの各問いに答えなさい。

メモ

> きまり(ルール)をつくるためには，人びとのあいだの合意が必要です。合意を得るためには，①「効率」や「公正」という考え方をふまえる必要があります。私たちの暮らしは，合意によってつくられたきまりによって支えられています。
> 日本における主なきまりとしては，国と国民とのかかわりなどを定めた②憲法や，国民から選挙によって選ばれた③国会議員が話し合ってつくる法律，地方公共団体で制定される④条例があります。

(ア) ――線①に関して，「効率」の考え方について説明したものとして最も適するものを，次の１～４の中から一つ選び，その番号を答えなさい。
1．合意の内容が，他人の権利や利益を不当に侵害していないかどうかを重視する考え方。
2．合意の内容が，無駄を省き最大の利益が得られるものになっているかどうかを重視する考え方。
3．関係者の全員が，合意を得るための話し合いに参加できているかどうかを重視する考え方。
4．関係者の全員が，合意を得るための決定方法に納得できているかどうかを重視する考え方。

(イ) ――線②に関して，あとの各問いに答えなさい。
(i) 日本国憲法について説明した次の文X，Yの正誤の組み合わせとして最も適するものを，あとの１～４の中から一つ選び，その番号を答えなさい。

> X　日本国憲法は，国の最高法規であって，条文を改正する仕組みをもっていない。
> Y　日本国憲法には，すべての国民が生存権を有すると定められている。

1．X：正　Y：正　　2．X：正　Y：誤
3．X：誤　Y：正　　4．X：誤　Y：誤

(ii)　次の**事例**は，権利の保障をめぐっておこなわれた実際の裁判について説明したものである。この**事例**中の＝＝線で示した内容に最も関係が深いと考えられる日本国憲法の条文を，あとの1～4の中から一つ選び，その番号を答えなさい。

事例

企業Aは，新規の薬局を開設することを申請した。しかし，新規に開設する薬局と既存の店舗との距離を制限することを認める法律にもとづいて，薬局の開設は認められなかった。企業Aは，この処分を不服として裁判をおこした。最高裁判所は，この法律が日本国憲法に違反し，無効であるとの判決を下した。

1．賃金，就業時間，休息その他の勤労条件に関する基準は，法律でこれを定める。
2．勤労者の団結する権利及び団体交渉その他の団体行動をする権利は，これを保障する。
3．何人も，公共の福祉に反しない限り，居住，移転及び職業選択の自由を有する。
4．天皇は，内閣の指名に基いて，最高裁判所の長たる裁判官を任命する。

(ウ)　――線③に関して，次の文a～dのうち，現在の日本における国会や国会議員を選出するための選挙について説明したものの組み合わせとして最も適するものを，あとの1～4の中から一つ選び，その番号を答えなさい。

a　国会の役割の一つは，予算にもとづいて政策を実施することである。
b　衆議院か参議院に提出された法案は，通常，委員会で審査された後，本会議で議決される。
c　直接国税を一定額以上納める満25歳以上の男性のみに対して，選挙権が認められている。
d　満18歳以上の国民に対して，選挙権が認められている。

1．a，c　　2．a，d　　3．b，c　　4．b，d

(エ)　――線④に関して，次の**資料**は，平成31年に制定された神奈川県の条例の一部である。この**資料**から**読み取れること**について説明した文X，Yと，条例についての**説明文**a，bの組み合わせとして最も適するものを，あとの1～4の中から一つ選び，その番号を答えなさい。

資料

第5条　自転車利用者は，…（中略）…車両の運転者としての責任を自覚し，自転車を安全かつ適正に利用するため，自転車が関係する交通事故の防止についての知識を習得するとともに，自転車の利用に当たって必要な安全上の措置を講ずるよう努めなければならない。

第16条　自転車利用者は，その利用に係る自転車損害賠償責任保険等に加入しなければならない。ただし，当該自転車利用者以外の者が，当該利用に係る自転車損害賠償責任保険等に加入しているときは，この限りでない。

（神奈川県ウェブサイト掲載資料より抜粋）

読み取れること	X 「自転車利用者」は，車両の運転者としての責任を自覚するとともに，自転車が関係する交通事故の防止についての知識を習得することが求められている。 Y 「自転車利用者」は，当該自転車利用者以外の者が，当該利用に係る自転車損害賠償責任保険等に加入していない場合であっても，自転車損害賠償責任保険等に加入する必要はない。
説明文	a　地方議会の役割の一つは，条例を制定することである。 b　条例の制定について内閣総理大臣に請求することは，直接請求権の一つである。

1．Xとa　　2．Xとb　　3．Yとa　　4．Yとb

7　Kさんは，滋賀県を題材に調べ学習をおこない次の**レポート**を作成した。これについて，あとの各問いに答えなさい。

レポート

1　大津市の様子

大津市は，滋賀県の県庁所在地です。次の**地形図**は，大津市の一部を示したものです。

地形図

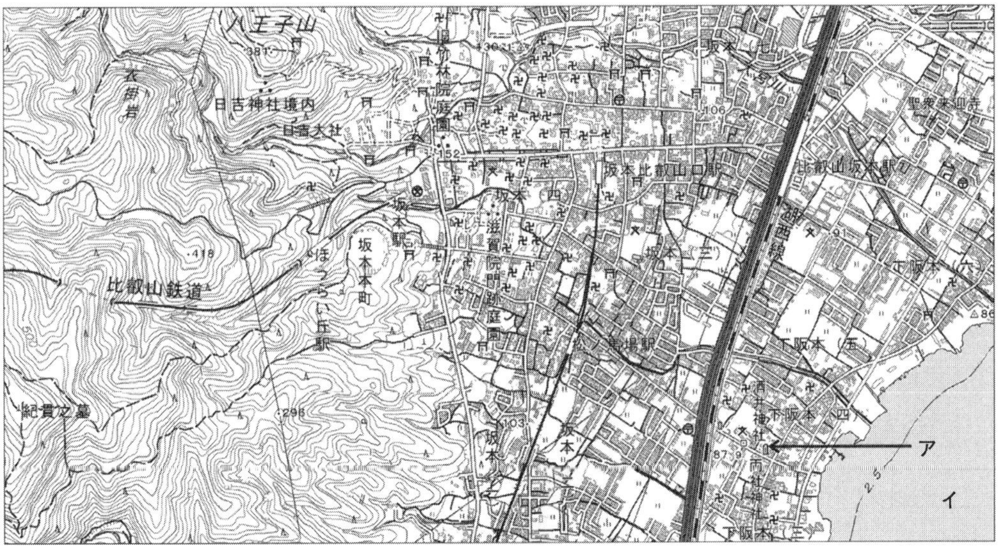

（「２万５千分の１の電子地形図　国土地理院作成(令和２年調製)」一部改変）

〈編集部注：編集上の都合により原図の85％に縮小してあります。〉

地形図上の**ア**で示した  の地図記号は，自然災害に見舞われたときの様子や教訓が刻まれた「自然災害伝承碑」を表したものです。右の**資料１**は，**ア**で示した位置にある碑に刻まれた内容について説明したものです。

資料１

> 明治29(1896)年９月３日から12日の間に1008ミリの雨量を記録し県内で死者・行方不明者34名などの大きな被害をもたらしている。[　あ　] が増水し，下阪本《しもさかもと》村では全村700戸のすべてが浸水した。

（国土地理院ウェブサイト掲載資料をもとに作成）

２　近江《おうみ》国(滋賀県の過去の名称)でおこったできごと

次の**資料２**は，近江国から始まり周辺に拡大した，あるできごとについて示したものです。

資料２

> 正長《しょうちょう》元年，大勢の民衆がいっせいに反乱をおこした。徳政と言い広めながら，酒屋や土倉，寺院などを破壊し，さまざまな物をほしいままに取り，借金の証明書などもすべて破った。管領はこれを取り締まった。…（中略）…日本が始まって以来，民衆の蜂起は初めてである。

（『大乗院日記目録』をもとに作成）

３　近代の滋賀県でおこったできごと

1891年に，現在の大津市でおこったできごとについて，次の**メモ**にまとめました。

メモ

> 日本を訪問していたロシアの皇太子に対し，警備にあたっていた警察官が重傷を負わせました。ロシアとの関係悪化を恐れた日本政府は，この警察官を死刑にするよう裁判所に圧力をかけましたが，裁判所は，日本の刑法にもとづき無期(注)懲《ちょう》役《えき》の判決を下しました。
>
> （注）懲役：刑務所に拘禁《こうきん》し，労働を義務としておこなわせること。

(ア)　**地形図**から読み取れることについて説明した次の文Ｘ，Ｙの正誤の組み合わせとして最も適するものを，あとの１～４の中から一つ選び，その番号を答えなさい。

> Ｘ　「湖西線《こせいせん》」が東西方向に設けられている。
> Ｙ　標高が300ｍをこえる地点に建てられている神社がある。

１．Ｘ：正　Ｙ：正　　２．Ｘ：正　Ｙ：誤　　３．Ｘ：誤　Ｙ：正　　４．Ｘ：誤　Ｙ：誤

(イ)　**資料１**中の [　あ　] にあてはまる，**地形図**上の**イ**で示したものの名称として最も適するものを，次の１～４の中から一つ選び，その番号を答えなさい。

１．日本海
２．霞ケ《かすみが》浦《うら》
３．大阪湾
４．琵琶湖

(ウ) **資料２**で示されたできごとがおこった時期を含む**時代区分**の名称Ｘ，Ｙと，その時期の**社会の様子**について説明した文ａ，ｂの組み合わせとして最も適するものを，あとの１～４の中から一つ選び，その番号を答えなさい。

時代区分	Ｘ　中世　　Ｙ　近世
社会の様子	ａ　馬に荷を乗せて運搬する専門の運送業者が，陸上交通で活躍した。 ｂ　同業者の組織である株仲間が，営業をおこなう特権を得て利益をあげた。

１．Ｘとａ　　２．Ｘとｂ　　３．Ｙとａ　　４．Ｙとｂ

(エ) 次の文は，**メモ**で示されたできごとについて説明したものである。これについて，あとの各問いに答えなさい。

> **メモ**から，「現在の日本における，裁判所が国会や［　い　］して裁判をおこなうという原則」につながる内容が読み取れます。この原則は，公正で中立な裁判をおこなうために必要です。

(i) 文中の［い］にあてはまる内容を，**内閣**という語句を用いて，**６字以上10字以内**で書きなさい。

(ii) ══線に関して，現在の日本において，公正で中立な裁判をおこなうために設けられている仕組みについて説明したものとして最も適するものを，次のＡ，Ｂの中から一つ選び，その記号を書きなさい。

Ａ　心身の故障や弾劾裁判による罷免の場合を除き，裁判官の身分は保障されている。

Ｂ　裁判官は，衆議院議員総選挙の際におこなわれる国民審査によって選出される。

理科

●満点 100点　●時間 50分

〔注意〕 解答用紙にマス目(例：□□□)がある場合は，句読点もそれぞれ１字と数え，必ず１マスに１字ずつ書きなさい。なお，行の最後のマス目には，文字と句読点を一緒に置かず，句読点は次の行の最初のマス目に書き入れなさい。

1 次の各問いに答えなさい。

(ア) 次の□は，真空放電管(クルックス管)で起こる放電についてまとめたものである。文中の(あ)，(い)にあてはまるものの組み合わせとして最も適するものをあとの１～４の中から一つ選び，その番号を答えなさい。

> 誘導コイルを使って真空放電管に高い電圧を加えたところ，図のように蛍光板上に光るすじが見えた。このとき，蛍光板を光らせる粒子は，真空放電管の内部で(　あ　)に向かって流れている。次に，光るすじが見えている状態のまま，別の電源を用意し，電極板Xをその電源の＋極に，電極板Yをその電源の－極にそれぞれつないで電圧を加えたところ，光るすじは(　い　)の側に曲がった。

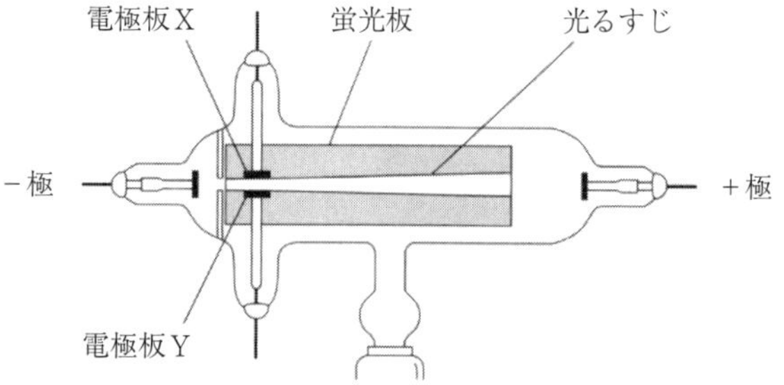

1．あ：＋極から－極　い：電極板X　　2．あ：＋極から－極　い：電極板Y
3．あ：－極から＋極　い：電極板X　　4．あ：－極から＋極　い：電極板Y

(イ) 電圧が等しい電池と，抵抗の大きさが等しい電熱線を用い，図のような３種類の回路A，回路B，回路Cをつくった。回路Aの電熱線の電力の値を a，回路Bの２つの電熱線の電力の値の合計を b，回路Cの２つの電熱線の電力の値の合計を c とするとき，a ～ c の関係を，不等号(<)で示したものとして最も適するものをあとの１～６の中から一つ選び，その番号を答えなさい。

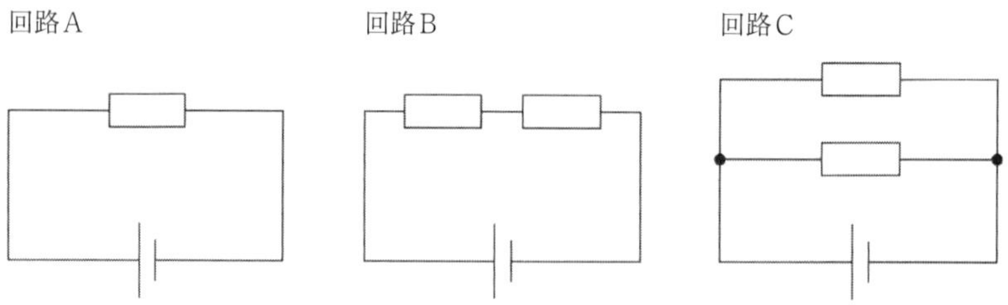

1．$a < b < c$　　2．$a < c < b$　　3．$b < a < c$
4．$b < c < a$　　5．$c < a < b$　　6．$c < b < a$

(ウ) 図のような光学台に，光源，物体(矢印の形をくりぬいた板)，凸《とつ》レンズ，スクリーンを一直線になるように置いた。物体と凸レンズとの距離を20cmにして，スクリーンを移動させたところ，凸レンズとスクリーンとの距離が20cmになったときに，物体と同じ大きさの像がスクリーンにはっきりとうつった。□は，この実験から考えられることをまとめたものである。文中の(X)，(Y)にあてはまるものの組み合わせとして最も適するものをあとの1～4の中から一つ選び，その番号を答えなさい。

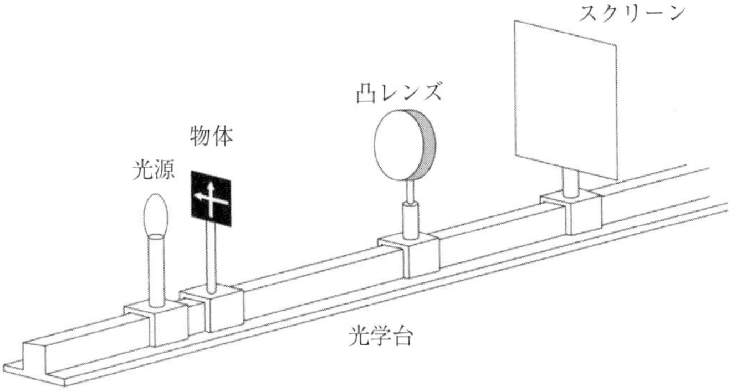

> この実験で用いた凸レンズの焦点距離は(X)cm である。この凸レンズを焦点距離が15cm の凸レンズに取りかえて，物体と凸レンズとの距離を20cm にすると，スクリーンに物体の像がはっきりとうつるときの凸レンズとスクリーンとの距離は，20cm より(Y)と考えられる。

1．X：10　Y：長くなる　　2．X：10　Y：短くなる
3．X：20　Y：長くなる　　4．X：20　Y：短くなる

2　次の各問いに答えなさい。

(ア) ポリエチレンの袋に液体のエタノールを少量入れて密封し，熱湯をかけたところ，この袋は大きく膨らんだ。このとき，袋の中のエタノールの粒子の数，粒子の運動の激しさ，粒子どうしの間隔について説明したものの組み合わせとして最も適するものを次の1～6の中から一つ選び，その番号を答えなさい。

	粒子の数	粒子の運動の激しさ	粒子どうしの間隔
1	増加した	変化しなかった	大きくなった
2	増加した	激しくなった	変化しなかった
3	増加した	変化しなかった	変化しなかった
4	変化しなかった	激しくなった	大きくなった
5	変化しなかった	激しくなった	変化しなかった
6	変化しなかった	変化しなかった	大きくなった

(イ) Kさんは，**図1**のような，原子のモデルを表す丸いカードを複数枚用いて化学反応式のつくり方を学習しており，**図2**は，酸化銀を加熱し，固体の銀と気体の酸素に分解するときの化学変化をこれらのカードを用いて表している途中のものである。これを完成させるには，**図2**の状態からどのカードがあと何枚必要か。最も適するものをあとの1～5の中から一つ選び，その番号を答えなさい。

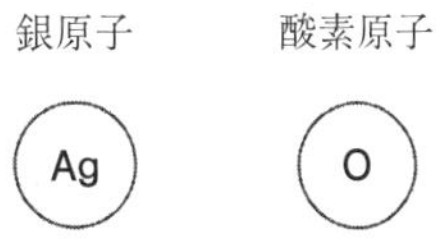

図1

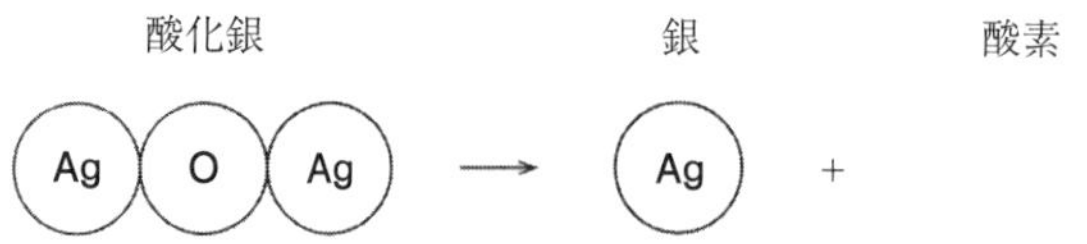

図2

1．酸素原子のカードが１枚
2．銀原子のカードが１枚と，酸素原子のカードが１枚
3．銀原子のカードが１枚と，酸素原子のカードが２枚
4．銀原子のカードが５枚と，酸素原子のカードが２枚
5．銀原子のカードが５枚と，酸素原子のカードが３枚

(ウ) Ｋさんは，電池について調べるために，右の図のような装置を用意した。スイッチを入れると電子オルゴールが鳴り，電圧計の針は右にふれた。次の□は，このときの電子の流れと，起こった反応についてまとめたものである。文中の(Ｘ)，(Ｙ)にあてはまるものの組み合わせとして最も適するものをあとの１～４の中から一つ選び，その番号を答えなさい。

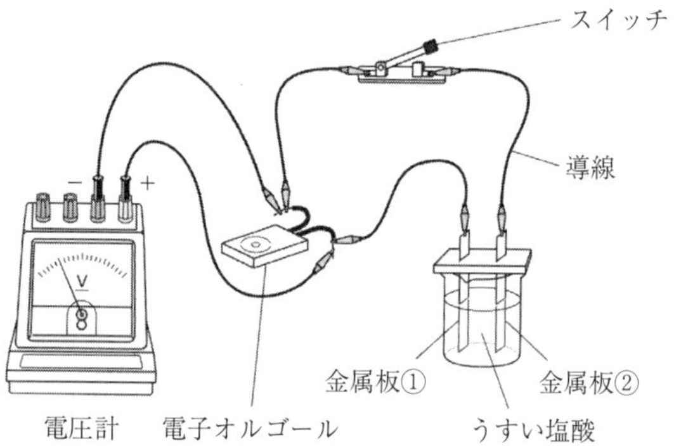

電圧計の針のふれた向きから，電子が導線中を(　Ｘ　)の向きに流れており，金属板①の表面では(　Ｙ　)反応が起こっていたことがわかる。

1．Ｘ：金属板①から金属板②　Ｙ：イオンが電子を受け取る
2．Ｘ：金属板②から金属板①　Ｙ：イオンが電子を受け取る
3．Ｘ：金属板①から金属板②　Ｙ：原子が電子を放出してイオンになる
4．Ｘ：金属板②から金属板①　Ｙ：原子が電子を放出してイオンになる

3　次の各問いに答えなさい。

(ア) 次の□中のＡ～Ｃのうち，顕微鏡の使い方として適切なものはどれか。最も適するものをあとの１～６の中から一つ選び，その番号を答えなさい。

Ａ　観察を始めるときは，対物レンズを最も低倍率のものにする。
Ｂ　プレパラートをステージにのせ，プレパラートと対物レンズとの距離を近づけるときは，接眼レンズをのぞきながら行う。
Ｃ　ピントを合わせるときは，接眼レンズをのぞきながら，対物レンズとプレパラートとの距離を離していく。

1．Ａのみ　2．Ｂのみ　3．Ｃのみ　4．ＡとＢ　5．ＡとＣ　6．ＢとＣ

(イ) 次の**図１**～**図３**は，エンドウ，イヌワラビ，ゼニゴケをそれぞれ表したものであり，エンドウとイヌワラビについては，矢印で示した部分のつくりを□の中に表している。図中のａ～ｇについての説明として最も適するものをあとの１～４の中から一つ選び，その番号を答えなさい。

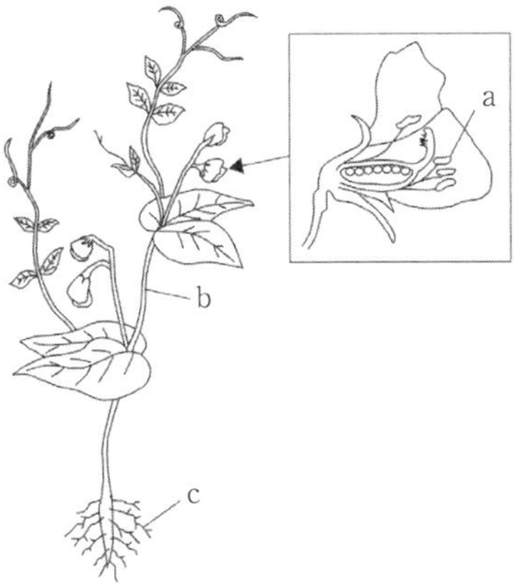

図1

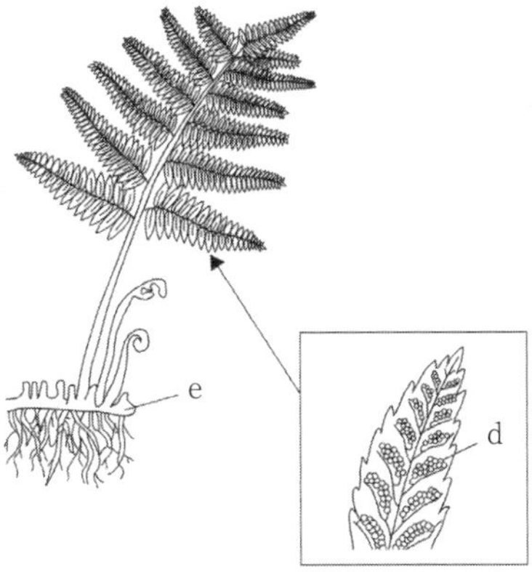

図2

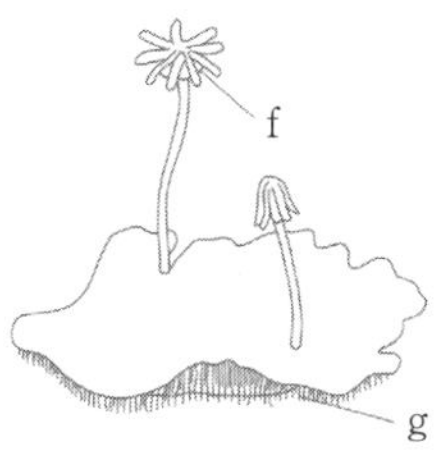

図3

1．aとdの主な役割は，どちらも花粉をつくることである。
2．cとgの主な役割は，どちらも水を吸収することである。
3．bとeはどちらも維管束があるところである。
4．dとfはどちらも精子をつくるところである。

(ウ) **図1**は，ヒトの体を正面から見たときの心臓の断面を模式的に表したものであり，**図1**中の4つの**○**で示した部分は弁である。また，**図2**は，心臓の拍動とそれにともなう血液の流れを模式的に表したものであり，**図2**中の➡は心房と心室の広がりや縮みを，⇨は血液の流れを表している。心臓のようすが**図2**の①→②→③→①→②→③→…の順に変化を繰り返すとき，心臓で起こることを説明したものとして最も適するものをあとの1～4の中から一つ選び，その番号を答えなさい。

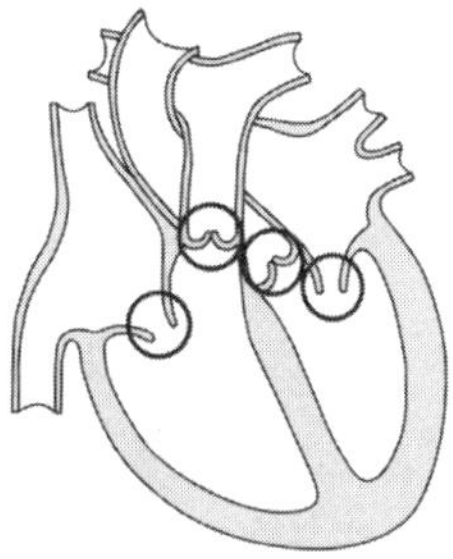

図1

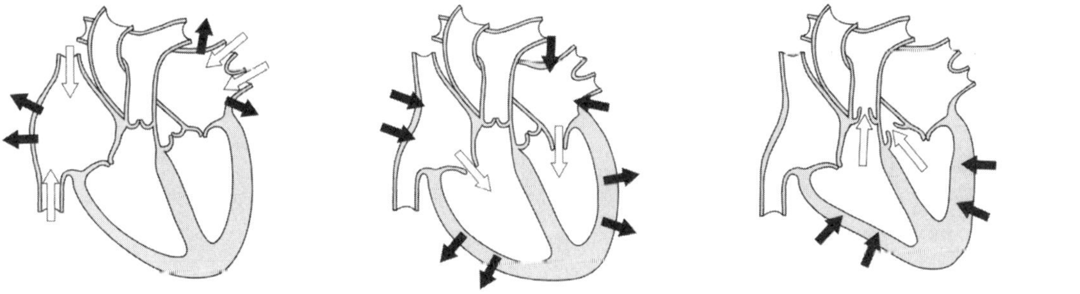

①　②　③

図2

1．左心房が広がるとき，左心房には全身から戻ってきた血液が流れ込む。
2．2つの心室が縮むとき，それぞれの心室から酸素を多くふくむ血液が流れ出す。
3．心房と心室の間にある弁は，心房が広がるときには開いており，心房が縮むときには閉じている。
4．心室と血管の間にある弁は，心室が広がるときには閉じており，心室が縮むときには開いている。

4　次の各問いに答えなさい。

(ア)　地震に関する説明として最も適するものを次の１～４の中から一つ選び，その番号を答えなさい。

1．マグニチュードの値が１大きくなると，地震によって放出されるエネルギーは約1000倍になる。

2．現在，日本における震度は１から７まであり，震度５と震度６はそれぞれ強と弱があるため全部で９段階に分けられている。

3．地震が起こると，震源ではまず初期微動を伝える波が発生し，しばらく時間がたってから主要動を伝える波が発生する。

4．小さなゆれを観測してから大きなゆれを観測するまでの時間は，一般的に震源から遠い場所ほど長い。

(イ)　次の□は，Ｋさんが火成岩について調べ，まとめたものである。文中の(Ｘ)，(Ｙ)にあてはまるものの組み合わせとして最も適するものをあとの１～４の中から一つ選び，その番号を答えなさい。

> 火成岩は，マグマが地表や地表付近で急に冷えてできた火山岩と，マグマが地下深くで長い時間をかけて冷えてできた深成岩に分けられる。深成岩は(　　Ｘ　　)構造をもち，その中でも(　Ｙ　)はセキエイやチョウ石のような無色や白色の鉱物を多くふくむ。

1．Ｘ：肉眼で見分けられる程度の大きさの鉱物が集まっている
　　Ｙ：花こう岩

2．Ｘ：肉眼で見分けられる程度の大きさの鉱物が集まっている
　　Ｙ：はんれい岩

3．Ｘ：肉眼ではわからないほど小さな粒の集まりの中に，比較的大きな鉱物が散らばっている
　　Ｙ：花こう岩

4．Ｘ：肉眼ではわからないほど小さな粒の集まりの中に，比較的大きな鉱物が散らばっている
　　Ｙ：はんれい岩

(ウ)　神奈川県内のある水平な場所で，右の図のように，東西と南北の方向に十分長い２本の直線を引き，その交点に地面と垂直に棒を立て，太陽の光が棒に当たることでできる影の長さと動きを記録した。観察は春分の日，夏至の日，秋分の日，冬至の日に，それぞれ１日を通して行った。この観察の結果として最も適するものを次の１～４の中から一つ選び，その番号を答えなさい。ただし，２本の直線で区切られた４つの部分をそれぞれＡ，Ｂ，Ｃ，Ｄとする。

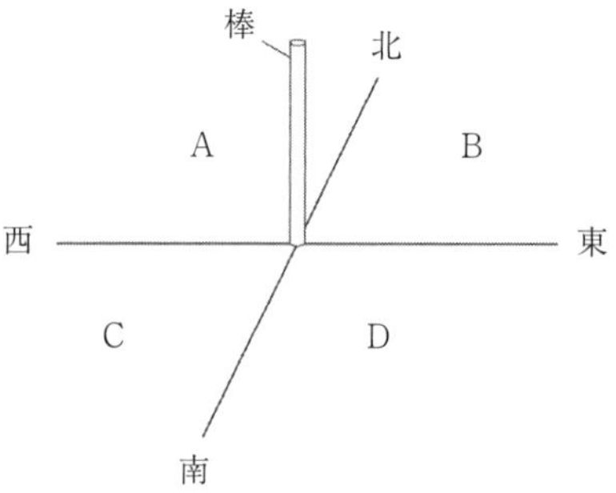

1．春分の日には，棒の影が時間とともにＢからＡに移動した。

2．夏至の日には，棒の影がＣやＤにできる時間帯があった。

3．昼の12時における棒の影の長さは，観察した４日のうち，秋分の日が最も長かった。

4．午前８時における棒の影の長さは，観察した４日のうち，冬至の日が最も短かった。

5　Kさんは，物体の運動について調べるために，次のような実験を行った。これらの実験とその結果について，あとの各問いに答えなさい。ただし，用いた記録タイマーは，１秒間に50打点するものとし，記録タイマーとテープとの間の抵抗，台車と板との間の摩擦，滑車と糸との間の摩擦，台車とおもりにはたらく空気の抵抗，糸と滑車の質量および台車の大きさは考えないものとする。また，糸は伸び縮みしないものとし，台車は滑車と衝突しないものとする。

〔実験１〕　**図１**のように，水平な机の上に平らな板を乗せ，その上に台車を置いてテープをつないだ。台車の他方にはおもりをつけた糸をつなぎ，たるまないように滑車に通した。台車を手でおさえて静止させたあと，記録タイマーのスイッチを入れ，静かに手をはなしたところ，台車とおもりは同時に運動を始めた。おもりの真下にはいすがあり，おもりがいすについたあとも台車は運動を続けた。

図２は，この台車の運動を記録したテープを，打点がはっきりと分離できる適当な点から５打点ごとに切り取り，順に用紙にはり付けている途中のものである。ただし，**図２**における①～⑦のテープの打点は省略してある。

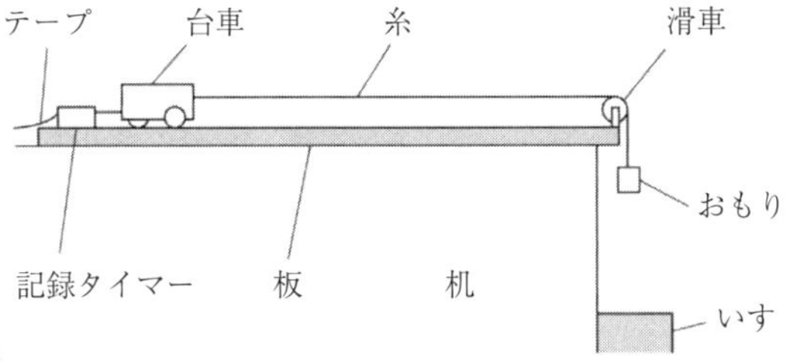

図１

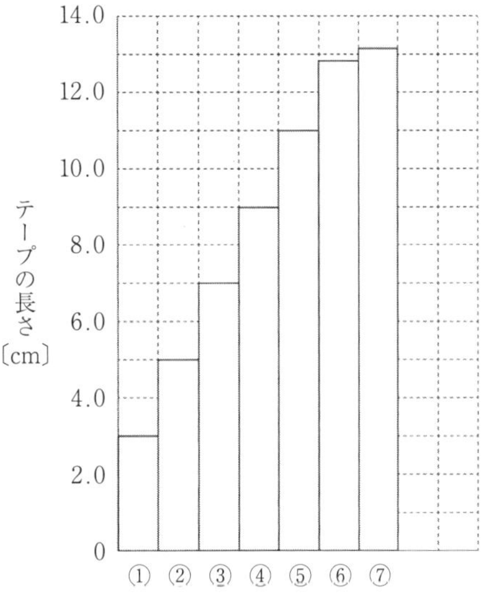

図２

〔実験２〕　**図３**のように，〔実験１〕で用いた板と机の間に木片をはさんで斜面をつくり，その上におもりをつけた糸をつないだ台車を置き，手でおさえて静止させた。この状態から，手をはなしても台車が静止したままになるように斜面の角度を調節した。

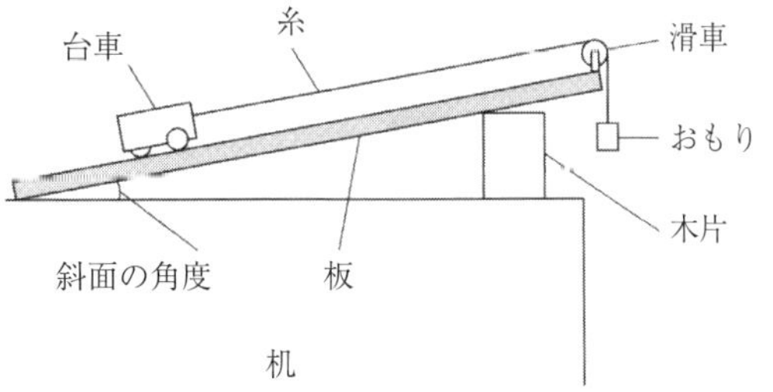

図３

(ア)　〔実験１〕において，おもりがいすにつくまでの台車の運動のようすを説明したものとして最も適するものを次の１～４の中から一つ選び，その番号を答えなさい。

１．５打点ごとに切ったテープの長さが一定なので，台車は一定の速さで運動していた。

２．５打点ごとに切ったテープの長さが一定なので，台車は速さが増す運動をしていた。

３．５打点ごとに切ったテープがしだいに長くなっているので，台車は一定の速さで運動していた。

4．5打点ごとに切ったテープがしだいに長くなっているので，台車は速さが増す運動をしていた。

(イ) 次の□は，台車の平均の速さについて，**図2**におけるテープの長さからわかることをまとめたものである。文中の（X）に適する**値**を書きなさい。また，（Y）に最も適するものをあとの1～3の中から一つ選び，その**番号を書きなさい**。

> **図2**における④のテープの長さは9.0cmであることから，このテープが示す区間での台車の平均の速さは（　X　）cm/sであることがわかる。また，この速さは，①のテープの記録が始まってから⑦のテープの記録が終わるまでの間の平均の速さと比べて（　Y　）ということがわかる。

1．速い　　2．遅い　　3．同じ

(ウ) 〔実験1〕において，**図2**におけるテープのうち，おもりがいすにつく瞬間の台車の運動が記録されたものはどれか。最も適するものを次の1～4の中から一つ選び，その番号を答えなさい。

1．④のテープ
2．⑤のテープ
3．⑥のテープ
4．⑦のテープ

(エ) 次の□は，〔実験2〕についての先生とKさんの会話である。文中の（あ）に最も適するものをあとの1～4の中から一つ選び，その**番号を書きなさい**。また，（い）に適する内容を，会話全体の文脈をふまえて**12字以内**で書きなさい。

> 先　生「〔実験2〕において，手をはなしても台車が静止したままになっている角度のとき，台車には重力，垂直抗力，糸が台車を引く力の3つの力がはたらいています。この状態から，おもりを手で下向きに一瞬引き，すぐに手をはなすことによって，斜面に沿って上向きの力を台車に加えます。おもりから手をはなしたあとの台車の運動のようすはどうなると考えられますか。」
> Kさん「はい。台車は斜面に沿って（　　あ　　）運動をすると思います。」
> 先　生「なぜそのような運動をすると思ったのですか。」
> Kさん「糸が台車を引く力が，台車にはたらく重力と垂直抗力の（　　い　　）からです。」
> 先　生「そのとおりですね。」

1．上向きに，速さがしだいに小さくなる
2．上向きに，速さが一定の
3．下向きに，速さがしだいに大きくなる
4．下向きに，速さが一定の

6　Kさんは，授業で，物質の溶解度の違いを利用して４種類の物質Ａ～Ｄを区別するために，次のような実験を行った。これらの実験とその結果について，あとの各問いに答えなさい。ただし，物質Ａ～Ｄはショ糖（砂糖），硝酸カリウム，塩化ナトリウム，ホウ酸のうちのいずれかであることがわかっており，右のグラフは，それぞれの物質の溶解度曲線を表したものである。

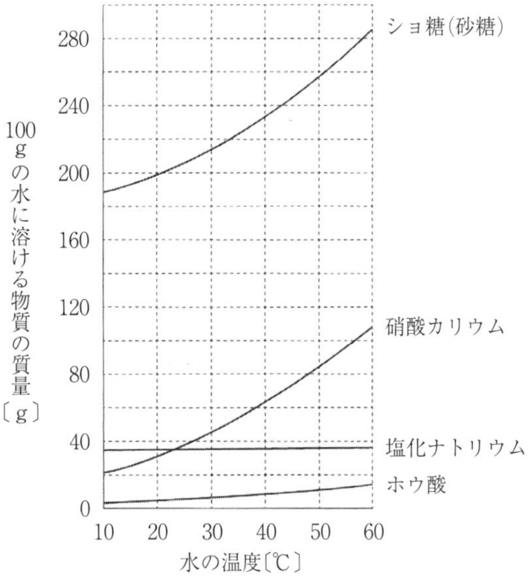

〔実験１〕　物質Ａ～Ｄを20ｇずつ薬包紙にとり，30℃の水100ｇを入れた４つのビーカーにそれぞれ加えてよくかき混ぜたところ，物質Ｂ～Ｄはいずれもすべて水に溶けたが，物質Ａは一部が溶け残った。

〔実験２〕〔実験１〕で用いた物質Ｂ～Ｄの水溶液の温度を30℃に保ったまま，それぞれの物質を30ｇ追加してよくかき混ぜたところ，物質Ｄはすべて水に溶けたが，物質Ｂ，Ｃはどちらも一部が溶け残った。

(ア)〔実験１〕，〔実験２〕の結果から，物質Ａと物質Ｄの組み合わせとして最も適するものを次の１～６の中から一つ選び，その番号を答えなさい。

１．Ａ：ショ糖　　　　　Ｄ：硝酸カリウム
２．Ａ：ショ糖　　　　　Ｄ：ホウ酸
３．Ａ：硝酸カリウム　　Ｄ：ショ糖
４．Ａ：硝酸カリウム　　Ｄ：ホウ酸
５．Ａ：ホウ酸　　　　　Ｄ：ショ糖
６．Ａ：ホウ酸　　　　　Ｄ：硝酸カリウム

(イ)〔実験２〕のあとの物質Ｂと物質Ｃが入ったビーカーを用いて〔実験３〕を行ったところ，片方の物質がすべて水に溶けたことで，物質Ｂと物質Ｃがそれぞれ何であるかがわかった。このときの〔実験３〕の操作として最も適するものを次の１～４の中から一つ選び，その番号を答えなさい。

１．物質Ｂと物質Ｃの水溶液がともに60℃になるまで加熱する。
２．物質Ｂと物質Ｃの水溶液がともに10℃になるまで冷却する。
３．物質Ｂと物質Ｃが入ったビーカーに30℃の水をそれぞれ100ｇずつ追加する。
４．物質Ｂと物質Ｃが入ったビーカーに30℃の水をそれぞれ200ｇずつ追加する。

(ウ)　Ｋさんは，塩化ナトリウムの飽和水溶液から結晶を取り出すために，次の〔実験４〕を行った。

〔実験４〕　塩化ナトリウムの飽和水溶液をペトリ皿に入れ，実験室で１日放置して水を蒸発させたところ，結晶が出てきた。

次の□は，〔実験４〕に関するＫさんと先生の会話である。(i)文中の下線部の写真，(ii)文中の（Ｘ）にあてはまるものとして最も適するものをそれぞれの選択肢の中から一つずつ選び，その番号を答えなさい。

Kさん「これは〔実験4〕で出てきた結晶の写真です。数時間おきにペトリ皿のようすを観察したところ，結晶がだんだん大きくなっていくようすがわかりました。」

先　生「そうですね。では，塩化ナトリウムの飽和水溶液をペトリ皿に入れてから結晶が出てくるまでの，塩化ナトリウム水溶液の濃度について考えてみましょう。ペトリ皿に入れた直後の水溶液の質量パーセント濃度を濃度①，しばらく時間がたち，水が蒸発して量が減ったときの水溶液の質量パーセント濃度を濃度②とすると，2つの濃度の関係はどのようになりますか。ただし，水溶液の温度は一定であったとします。」

Kさん「濃度①の値は(　　X　　)と思います。」

先　生「そのとおりですね。」

(i)　文中の下線部の写真

1.

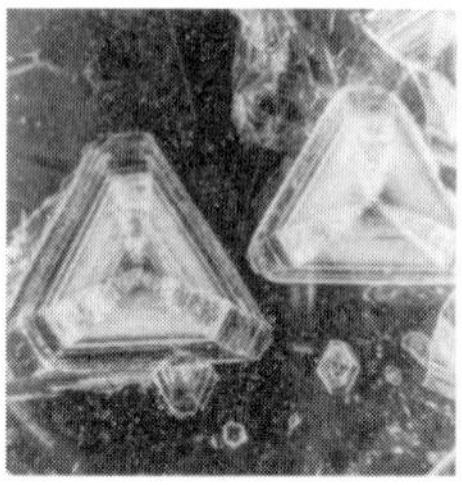

2.

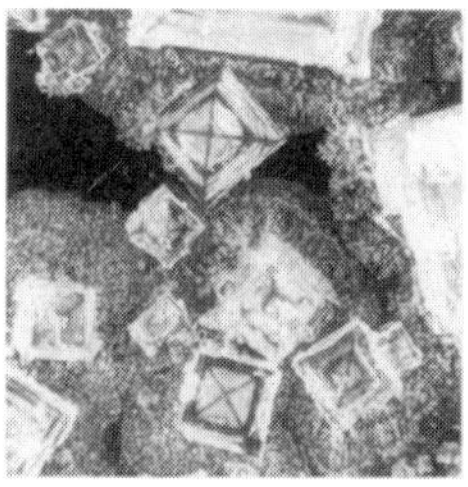

3.

(ii)　文中の(X)にあてはまるもの

1．濃度②の値より大きい　　2．濃度②の値より小さい　　3．濃度②の値と等しい

(エ)　Kさんは，〔実験4〕のあと，水溶液を冷却して結晶が出てくる場合の濃度の変化について考えた。次の□は，そのことについてまとめたものである。文中の(あ)，(い)に最も適するものをそれぞれの選択肢の中から一つずつ選び，その番号を答えなさい。ただし，水の蒸発は考えないものとする。

30℃の水100gを入れたビーカーに硝酸カリウムを30g溶かし，この水溶液を10℃まで冷却したときの水溶液の質量パーセント濃度は(　あ　)であり，この値は水溶液を冷却する前の濃度の値と比べて(　い　)。

(あ)の選択肢　1．8％　　2．13％　　3．18％　　4．23％　　5．28％

(い)の選択肢　1．大きい　　2．小さい　　3．変わらない

7　Kさんは，江戸時代の文化について調べている中で，花や葉の形がアサガオとは思えないような形に変化しているアサガオ(変化朝顔)の存在を知り，アサガオの遺伝の規則性について興味をもった。次の［　　］は，Kさんが変化朝顔の展示をしている植物園を訪れたり，図書館で調べたりしてわかったことをまとめたものである。これらについて，あとの各問いに答えなさい。

わかったこと

1　アサガオは，自然の状態では，1つの花の中の花粉とめしべが受粉する(自家受粉)ことで種子をつくる。

2　アサガオの1つの体細胞がもつ染色体の数は30本である。

3　アサガオの「花弁」には，**図1**のような一重《ひとえ》と八重《やえ》の2つの形質があり，これらが対立形質である。

4　アサガオの「葉の色」には，緑色と黄緑色の2つの形質があり，これらが対立形質である。緑色の純系と黄緑色の純系をかけ合わせてできる種子から育てたアサガオの「葉の色」はすべて緑色になる。

5　「花弁」や「葉の色」の遺伝では，エンドウの「種子の形」の遺伝と同じ規則性で，遺伝子が子孫に受けつがれる。

一重

八重

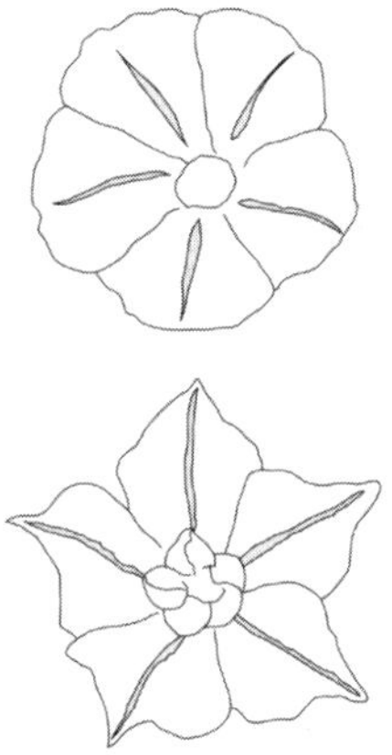

図1

(ア)　次の［　　］は，一般的なアサガオについて説明したものであるが，文中の下線部①〜④には誤って記述されたものもふくまれている。下線部①〜④のうち適切に記述されたものの組み合わせとして最も適するものをあとの1〜6の中から一つ選び，その番号を答えなさい。

アサガオは①種子植物で，発芽すると②2枚の子葉が広がり，その間から出てきた芽がつるを伸ばしながら葉をつけていく。根のつくりは③ひげ根で，花は④合弁花を咲かせる。

1．①，③
2．①，④
3．①，②，③
4．①，②，④
5．①，③，④
6．②，③，④

(イ)　**わかったこと**の**2**と**3**について，アサガオの花弁を一重にする遺伝子をA，八重にする遺伝子をBとするとき，遺伝子の組み合わせがABである個体がつくる卵細胞についての説明として最も適するものを次の1〜4の中から一つ選び，その番号を答えなさい。

1．染色体の数は30本で，Aをもつ卵細胞とBをもつ卵細胞の数の比は1：1になる。
2．染色体の数は30本で，Aをもつ卵細胞とBをもつ卵細胞の数の比は3：1になる。
3．染色体の数は15本で，Aをもつ卵細胞とBをもつ卵細胞の数の比は1：1になる。
4．染色体の数は15本で，Aをもつ卵細胞とBをもつ卵細胞の数の比は3：1になる。

(ウ)　**わかったこと**の**4**について，「葉の色」がすべて緑色になるのはなぜか。その理由を説明したものとして最も適するものを次の1〜4の中から一つ選び，その番号を答えなさい。ただし，アサガオの「葉の色」を緑色にする遺伝子をC，黄緑色にする遺伝子をDとする。

1．子は両親から遺伝子Ｃと遺伝子Ｄを受けつぐが，遺伝子Ｃによる形質が遺伝子Ｄによる形質に対して優性であるため。

2．子は両親から遺伝子Ｃと遺伝子Ｄを受けつぐが，遺伝子Ｃによる形質が遺伝子Ｄによる形質に対して劣性であるため。

3．子は一方の親から遺伝子Ｃを受けつぎ，もう一方の親からは遺伝子Ｄを受けつがないため。

4．子は一方の親から遺伝子Ｄを受けつぎ，もう一方の親からは遺伝子Ｃを受けつがないため。

(エ) **図2**のように，アサガオの「葉の形」には並葉の他に，丸葉がある。次の**表**は，昨年栽培したアサガオの４つの株Ｗ～Ｚの「葉の形」と，それぞれの株から採取した種子を今年栽培した結果をまとめたものである。この結果から，(i)「葉の形」の遺伝における優性形質，(ii)株Ｗ～Ｚを，組み合わせをかえてかけ合わせたときの子についての説明として最も適するものはどれか。それぞれの選択肢の中から一つずつ選び，その番号を答えなさい。ただし，「葉の形」の遺伝では，エンドウの「種子の形」の遺伝と同じ規則性で，遺伝子が子孫に受けつがれるものとする。

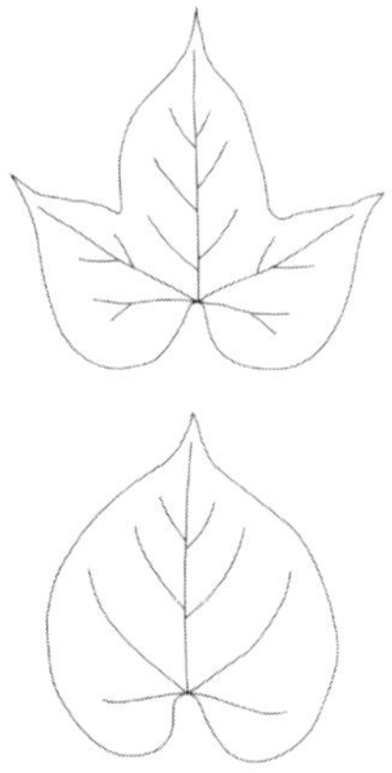

図2

表

	昨年栽培したときの「葉の形」	それぞれの株から採取した種子を今年栽培した結果
株Ｗ	丸葉	すべての株で，丸葉になった
株Ｘ	並葉	すべての株で，並葉になった
株Ｙ	丸葉	すべての株で，丸葉になった
株Ｚ	並葉	並葉になった株と丸葉になった株の数の比が３：１になった

(i)「葉の形」の遺伝における優性形質

1．並葉　　2．丸葉

(ii) 株Ｗ～Ｚを，組み合わせをかえてかけ合わせたときの子についての説明

1．株Ｗと株Ｘをかけ合わせると，子は並葉になる株と丸葉になる株の数の比が約３：１になる。

2．株Ｗと株Ｙをかけ合わせると，子は並葉になる株と丸葉になる株の数の比が約１：１になる。

3．株Ｘと株Ｚをかけ合わせると，子は並葉になる株と丸葉になる株の数の比が約３：１になる。

4．株Ｙと株Ｚをかけ合わせると，子は並葉になる株と丸葉になる株の数の比が約１：１になる。

8　Kさんは，神奈川県で雪が降った翌日に見た現象について次のような〔メモ〕をつくった。また，□は，〔メモ〕についてのKさんと先生の会話である。これらについて，あとの各問いに答えなさい。

〔メモ〕　1月23日の早朝に家の近くの川で，川に霧がかかる川霧という現象を見た。川のまわりには前日に降った雪が積もっていた。川霧の発生はそのときの天気と関係があるかもしれないと思い，1月22日から1月24日までの天気図を調べ，次の3枚を手に入れた。

1月22日

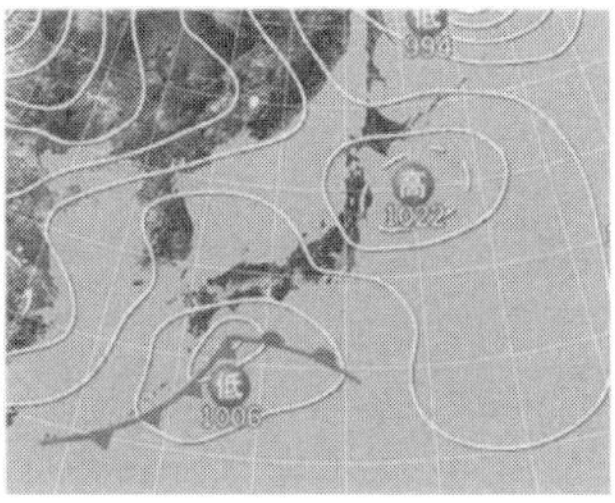

1月23日

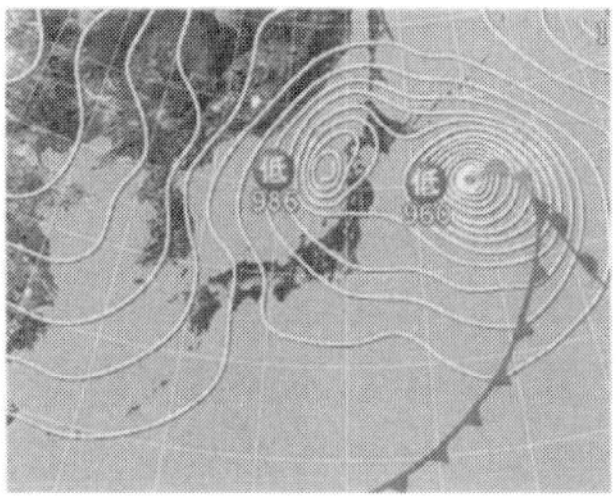

1月24日

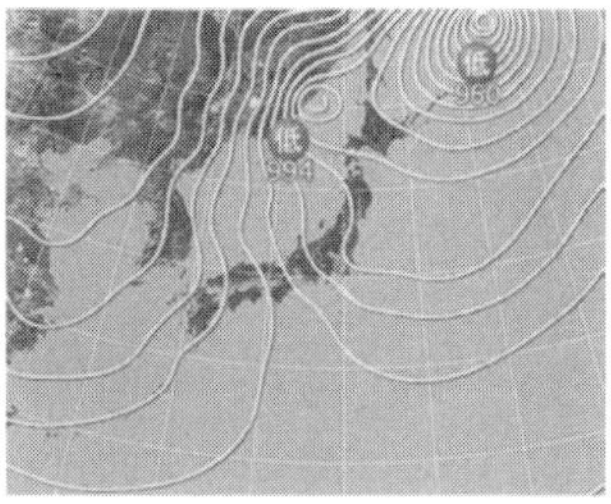

（tenki.jp ウェブサイト掲載資料をもとに作成）

Kさん「1月22日に雪が降ったとき，低気圧が日本列島を通過していたのですね。」

先　生「そうですね。実際に雲のようすを確認してみましょう。ここに3日間の天気図に対応する3枚の雲画像A～Cがありますが，これらを日付の順に並べられますか。」

Kさん「1月22日の天気図の低気圧から（ X ）前線が南西に伸びていることと，低気圧の移動の向きを考えると，3枚の雲画像をこのように日付の順に並べることができます。
1月24日の天気図は（ Y ）の気圧配置になっていて，授業で学んだとおり，雲画像では日本海上にすじ状の雲が現れています。」

先　生「そのとおりですね。実は，川霧が発生したときの川の水面上のようすと，すじ状の雲が発生するときの日本海上のようすには共通点があります。このことから，川霧が発生したしくみを考えてみましょう。」

A

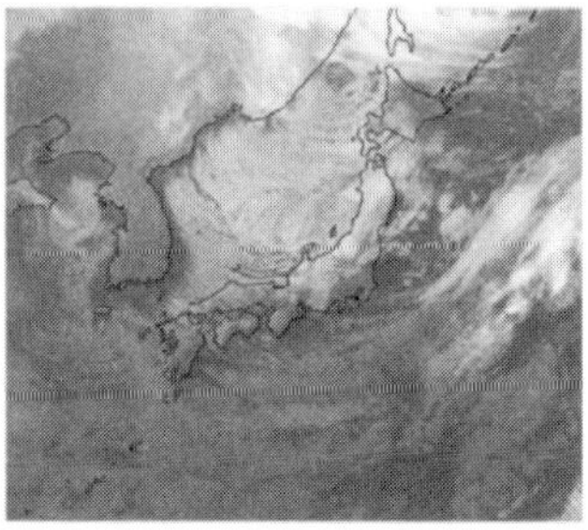

B

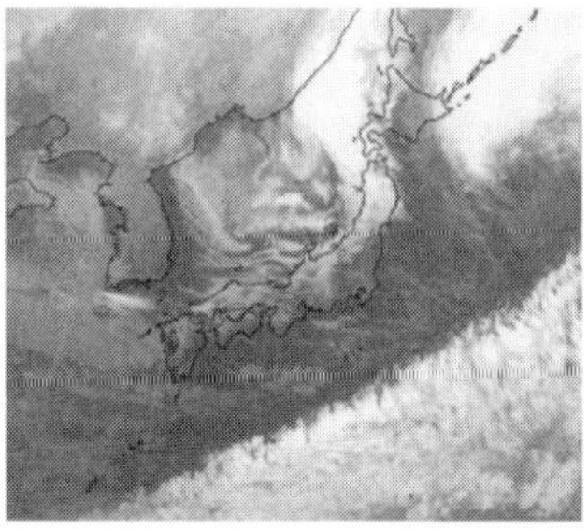

C

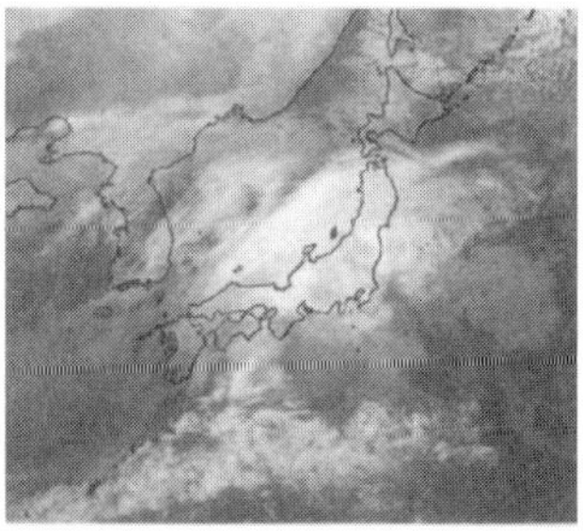

（tenki.jp ウェブサイト掲載資料をもとに作成）

(ア)　文中の（X），（Y）にあてはまるものの組み合わせとして最も適するものを次の1～4の中から一つ選び，その番号を答えなさい。

1．X：温暖　Y：南高北低　　2．X：温暖　Y：西高東低

3．X：寒冷　Y：南高北低　　4．X：寒冷　Y：西高東低

(イ) 文中の下線部について，Kさんが３枚の雲画像Ａ～Ｃを日付の順に並べたものとして最も適するものを次の１～６の中から一つ選び，その番号を答えなさい。

１．Ａ→Ｂ→Ｃ　　２．Ａ→Ｃ→Ｂ　　３．Ｂ→Ａ→Ｃ

４．Ｂ→Ｃ→Ａ　　５．Ｃ→Ａ→Ｂ　　６．Ｃ→Ｂ→Ａ

(ウ) 次の□は，１月23日の早朝に川霧が発生したしくみについてKさんが考察したものである。文中の(あ)，(い)にあてはまるものの組み合わせとして最も適するものをあとの１～６の中から一つ選び，その番号を答えなさい。

> 川霧が発生したときの川の水面上のようすと，すじ状の雲が発生するときの日本海上のようすに共通点があるとすると，川の水温は気温に比べて(　あ　)といえる。その空気の温度が(　い　)水蒸気の一部が水滴になり，川霧が発生したと考えられる。

１．あ：高く，水面付近の空気がふくむ水蒸気量は多かった　　い：上がり，露点を上回って
２．あ：高く，水面付近の空気がふくむ水蒸気量は多かった　　い：下がり，露点を下回って
３．あ：高く，水面付近の空気がふくむ水蒸気量は少なかった　い：下がり，露点を下回って
４．あ：低く，水面付近の空気がふくむ水蒸気量は多かった　　い：上がり，露点を上回って
５．あ：低く，水面付近の空気がふくむ水蒸気量は少なかった　い：上がり，露点を上回って
６．あ：低く，水面付近の空気がふくむ水蒸気量は少なかった　い：下がり，露点を下回って

(エ) Kさんは，霧の発生と飽和水蒸気量との関係に興味をもち，そのことについて調べた。右のグラフは，気温と飽和水蒸気量との関係を表したものである。Kさんが観察した川霧は朝８時に消え，そのときの気温は3.1℃であった。同じ日の昼の12時には気温が9.3℃まで上がり，そのときの湿度は50％であった。朝８時に，ある体積の空気中にふくまれていた水蒸気量を a，昼の12時に，同じ体積の空気中にふくまれていた水蒸気量を b としたとき，その比 $a:b$ として最も適するものを次の１～５の中から一つ選び，その番号を答えなさい。ただし，霧は湿度が100％を下回ると消えるものとする。

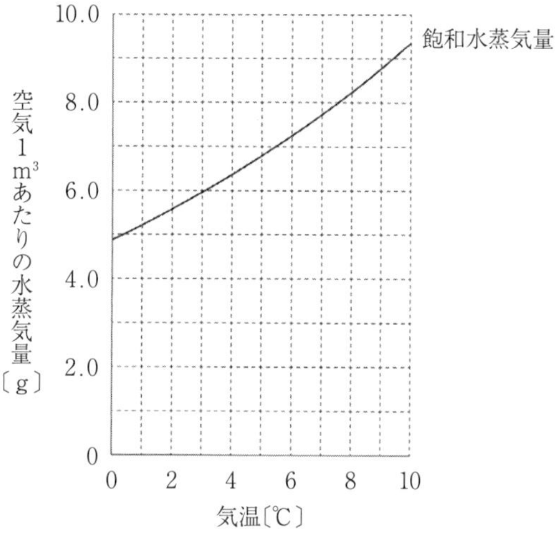

１．1：1　　２．2：3　　３．3：2　　４．3：4　　５．4：3

題における効果についても検討するとともに、反論を退ける際に必要となる資料を集めながら、引き続き準備を進めていきましょう。

(ア) 本文中の□に入れるものとして最も適するものを次の中から一つ選び、その番号を答えなさい。

1 平成30年度は平成5年度と比べて、国内貨物の「総輸送量」が三分の二以下になっている

2 平成30年度の国内貨物の「総輸送量」に占《し》める「自動車」の割合は、九割以上である

3 平成30年度の「鉄道」の貨物輸送量は、「船舶」の貨物輸送量の十分の一以下である

4 平成30年度は平成5年度と比べて、「航空」の貨物輸送量が一割以上減少している

(イ) 本文中の□に適する「Dさん」のことばを、次の①～④の条件を満たして書きなさい。

① 書き出しの[モーダルシフトを進めていくと、]という語句に続けて書き、文末の[という効果があると考えられます。]という語句につながる**一文**となるように書くこと。

② 書き出しと文末の語句の間の文字数が**三十字以上四十字以内**となるように書くこと。

③ **グラフ1**と**グラフ2**からそれぞれ読み取った内容に触れていること。

④ 「環境問題」という語句を、そのまま用いること。

Aさん　今回のディベートのテーマであるモーダルシフトとは、様々な問題を解決するために、ある輸送方式を他の輸送方式に転換することです。日本の貨物輸送の課題に対する取り組みの一つとして、国が推進しているものです。

Bさん　私たちは今回のディベートでは、モーダルシフトを進めることに賛成という立場で意見を述べることになっています。まず、モーダルシフトの利点をまとめるために、日本の貨物輸送の現状を確認しておきましょう。

Cさん　では、**表**を見てください。国内貨物の輸送量を輸送方式ごとにまとめたものです。これを見ると、［　　　　］ことがわかります。

Dさん　また、日本の貨物輸送に関して、地球温暖化や大気汚染といった環境問題や、労働者不足などの問題が生じていることもわかっています。

Aさん　このような問題を解決に導くためにモーダルシフトを進めることは有効であるという方向で、ディベートの準備を進めましょう。

Bさん　ここで**グラフ1**を見てください。一トンの貨物を一キロ運ぶために必要なエネルギー消費量を、輸送方式ごとにまとめたものです。これを見ると、航空や自家用貨物自動車のエネルギー消費量は、他の輸送方式と比べて非常に多いことがわかります。

Cさん　つまり、船舶《せんぱく》や鉄道には、それらと比べてエネルギー消費量を抑えられるという利点があるのですね。貨物自動車よりも船舶の方が大きいのでエネルギー消費量も多いと思っていましたが、そうではないとわかりました。

Aさん　そうですね。では、モーダルシフトを進めていくと、他にはどのような効果が期待できるでしょうか。

Dさん　**グラフ2**を見てください。輸送量あたりの二酸化炭素排出量を輸送方式ごとにまとめたものです。自家用貨物自動車の二酸化炭素排出量は、他の輸送方式と比べて非常に多くなっています。

Cさん　営業用貨物自動車の二酸化炭素排出量は、自家用貨物自動車と比べると少ないものの、船舶や鉄道と比べると多いことがわかります。

Bさん　二酸化炭素は、地球温暖化や、それに伴う異常気象の発生といった問題の要因と言われています。二酸化炭素排出量が少ない船舶や鉄道に輸送方式を転換することは、このような問題を解決する手立ての一つとなりそうですね。

Dさん　これまでの話をまとめましょう。**グラフ1**と**グラフ2**から読み取った内容から、モーダルシフトを進めていくと、［　　　　］という効果があると考えられます。

Bさん　しかし、モーダルシフトは思ったほど進んでいないようです。国がモーダルシフトの推進を表明しているにもかかわらず、期待どおりには進展していない理由として、貨物自動車は他の輸送方式と比べて小回りがきき、便利であることがあげられます。

Cさん　ディベートでは、その点が反論として出てきそうですね。しかし、ただ利便性を追求するのではなく、生じている問題を認識し、何ができるかを考えて行動することが大切だと思います。

Dさん　そのためにも、それぞれの輸送方式の特徴を理解した上で、適している輸送方式を考えて転換していくことが求められそうですね。

Aさん　ここまでは、モーダルシフトを進めることの意義について、環境問題の解決という切り口で話し合ってきました。他の問

グラフ１

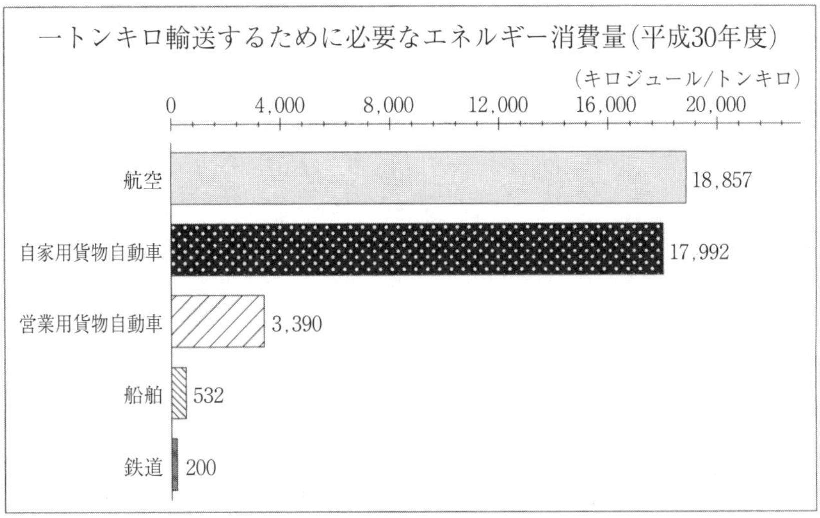

日本内航海運組合総連合会「内航海運の活動・令和２年度」より作成。

グラフ２

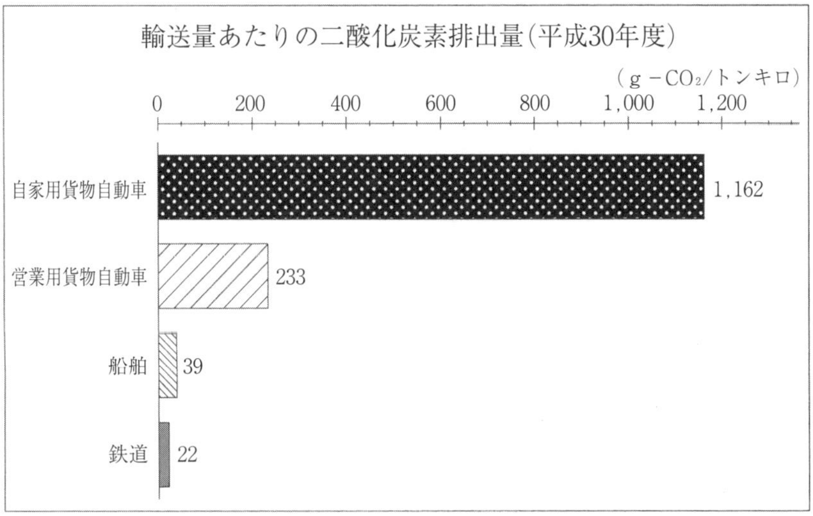

国土交通省ホームページより作成。

て蓄積する力が養われる可能性があるということ。

2　読者は、興味のある事例を調査する過程で正確かつ専門性の高い情報を得る機会に恵まれているため、難解な知識を習得して思考を深化させられる可能性があるということ。

3　読者は、無関係な複数の事例を収集した上で新たな関連性を見つけることを目的として本を読むため、多種多様な知識に対する理解度を高められる可能性があるということ。

4　読者は、本を読むことによって想定外の価値ある事柄や関連する他の事象に出会えることもあるため、単なる情報にとどまらない知識を得られる可能性があるということ。

(ク)　本文について説明したものとして最も適するものを次の中から一つ選び、その番号を答えなさい。

1　本の情報が軽視されている現状を作者性という視点から指摘《してき》した上で、ネットに依存する危険性についても検索システムの特徴を説明する中で触れ、知識の構造を正確に捉える難しさを論じている。

2　本とは異なるネット情報の性質を説明するとともに、ＡＩの発達に伴って失われていく能力にも触れた上で、検索システムを用いずに得られる知識の有用性について具体例を交えつつ論じている。

3　ネットと本の情報についてそれぞれ誰が責任を負うのか述べるとともに、情報と知識の違いを説明した上で、読書による知識の構造化を検索システムを用いた情報処理と比較《ひかく》しながら論じている。

4　誰にでも開かれているために要素のつながりが捉えやすいというネット情報の特徴を述べた上で、検索システムが情報を断片化して扱うことの弊害《へいがい》に触れながら、読書がもたらす効能を論じている。

五

中学生のＡさん、Ｂさん、Ｃさん、Ｄさんの四人のグループは、国語の授業で行われるモーダルシフトをテーマにしたディベートに向け、日本の貨物輸送の現状について調べ、話し合いをしている。次の**表**、**グラフ1**、**グラフ2**と文章は、そのときのものである。これらについてあとの問いに答えなさい。

表

輸送方式ごとの国内貨物輸送量　(万トン)

輸送方式 / 調査年度	自動車	船舶《せんぱく》	鉄道	航空	総輸送量
平成5年度	582,154	52,884	7,926	86	643,050
平成10年度	581,988	51,665	6,037	102	639,791
平成15年度	523,408	44,554	5,360	103	573,426
平成20年度	471,832	37,871	4,623	108	514,432
平成25年度	434,575	37,833	4,410	103	476,922
平成30年度	432,978	35,445	4,232	92	472,747

国土交通省「国土交通白書」より作成。

性質を持っているため、ある程度の正しさが保持されているということ。

2　ネットの情報は、誰もが編集可能であり、訂正が迅速に行われる性質を持つため、本の情報と比べて正しさの度合いが高いということ。

3　ネットの情報は、誰でも閲覧《えつらん》でき、専門家の知恵が集結しやすい性質を持っているため、普遍的《ふへんてき》な正しさが保証されているということ。

4　ネットの情報は、複数の人で点検を行い、随時共有できる性質を持つため、本とは異なり誰にでも正しさの判断が可能だということ。

(エ)　――線**3**「私たちが何か知らない出来事についてのニュースを得たとき、それは少なくとも情報ですが、知識と言えるかどうかはまだわかりません。」とあるが、その理由として最も適するものを次の中から一つ選び、その番号を答えなさい。

1　多くの情報の中から課題解決に役立つものを見つけたとき、初めて知識として皆と共有されるから。

2　新しく情報を得ても、活用して新しい何かを生み出さない限り知識としての価値を持たないから。

3　様々な情報が結びつき体系をなしたとしても、多くの人に知識として認識されるとは限らないから。

4　新たな情報は既知の事柄《ことがら》と統合され、系統立った状態となることで知識と呼べるようになるから。

(オ)　――線**4**「リンゴが実っている樹の幹を見定めたり、そこから出ているいくつもの枝の関係を見極めたりすることができなくなってしまう」とあるが、このリンゴのたとえが示す内容を説明した次の文中の［Ⅰ］・［Ⅱ］に入れる語句として最も適するものを、本文中の▼から▲までの中から、［Ⅰ］については**六字**で、［Ⅱ］については**十字**でそれぞれ抜き出し、そのまま書きなさい。

インターネット検索によって、［Ⅰ］だけを得る習慣がついてしまうと、知識の体系的な仕組みや、その中にある［Ⅱ］を捉《とら》えることができなくなってしまうということ。

(カ)　――線**5**「それらの読書で最も重要なのは、そこに書かれている情報を手に入れることではありません。」とあるが、その理由として最も適するものを次の中から一つ選び、その番号を答えなさい。

1　読書においては、情報を読み取ることに意味があるのではなく、著者の意見を踏まえた上で書かれている記述を結びつけ独創的な結論を導き出すことにこそ意味があるから。

2　読書においては、入手した情報そのものが重要なのではなく、書かれている事柄のつなげ方や論述の仕方などといった著者独自の論理展開を読み解くことこそが大切だから。

3　読書においては、収集した情報を吟味《ぎんみ》することが大切なのではなく、自分なりに著者の論述を読み込んだ上で自らの考えと結びつけて展開していくことにこそ価値があるから。

4　読書においては、読み取った情報自体に価値があるのではなく、情報同士の関連性や引用事例を分析《ぶんせき》することでわかる著者の個性豊かな表現技法を知ることこそが重要だから。

(キ)　――線**6**「本の読者は一般的な検索システムよりもはるかに深くそこにある知識の構造を読み取ることができます。」とあるが、それを説明したものとして最も適するものを次の中から一つ選び、その番号を答えなさい。

1　読者は、本を読んだときに見当外れな情報しか発見できない場合も多くあるため、集めた事柄の関係性を推察して知識としりも優れた仕組みはありません。この点で紙の本の読書は、ネットに敵《かな》わない。わざわざ図書館まで行って、関係のありそうな本を何冊も借りて一生懸命読んでみても、知りたかった情報に行《ゆ》き当《あた》らないというのはよくある経験です。見当違いの本を選んでしまったのかもしれません。借りてきた本を隅《すみ》から隅まで読んでも、肝心なことは書かれていなかったということも起こり得ます。しかしネット検索ならば、はるかに短時間で、関係のありそうな本を読むよりもかなり高い確率で求めていた情報には行き当たります。［B］、ある単一の情報を得るには、ネット検索のほうが読書よりも優れているとも言えるのです。

それでも、**6**本の読者は一般的な検索システムよりもはるかに深くそこにある知識の構造を読み取ることができます。これが、ポイントです。調べものをしていて、なかなか最初に求めていた情報に行きつかなくても、自分が考えを進めるにはもっと興味深い事例があるのを読書を通じて発見するかもしれません。それに図書館まで行って本を探していたならば、その目当ての本の近くには、関連するいろいろな本が並んでいて、そのなかの一冊に手を伸ばすことから研究を大発展させるきっかけが見つかるかもしれません。このように様々な要素が構造的に結びつき、さらに外に対して体系が開かれているのが知識の特徴です。ネット検索では、このような知識の構造には至らない。なぜなら検索システムは、そもそも知識を断片化し、情報として扱うことによって大量の迅速処理《じんそくしょり》を可能にしているからです。

（吉見俊哉《よしみしゅんや》「知的創造の条件」から。一部表記を改めたところがある。）

（注）アクセシビリティ＝情報の利用しやすさのこと。
剽窃＝他人の文章などを自分のものとして発表すること。
コンテンツ＝中身や内容物のこと。

(ア) 本文中の［A］・［B］に入れる語の組み合わせとして最も適するものを次の中から一つ選び、その番号を答えなさい。

1 A ただし　B また
2 A もし　B なぜなら
3 A さらに　B したがって
4 A たとえば　B しかも

(イ) ――線**1**「レポートや記事を書く際」とあるが、その際の考え方について筆者が紹介した内容を説明したものとして最も適するものを次の中から一つ選び、その番号を答えなさい。

1 本や取材内容に基づく必要性に言及する意見がある一方で、変化に対応するためネットの活用も認めるべきという考えもあるうえ、参照物があるという点では何を参考にしても同じという意見もある。
2 ネットの普及で情報が容易に入手可能となり、情報をコピーして使うことへの抵抗《ていこう》は少なくなったが、ネットと本では情報の量や質が大きく異なることに留意しなければならないという意見がある。
3 本に載っている情報は使い古されている可能性が高いので、最新情報をネットで入手することを推奨《すいしょう》する意見もあれば、情報源が何であっても情報自体の価値に大きな差は生じないという意見もある。
4 補助的な資料にとどめさえすればネットの活用は認められるべきだが、完成度を高めるためには、本を調べたり現地を訪れたりすることによって集めた情報を再検証することが必要だという意見がある。

(ウ) ――線**2**「相対的に正しい」とあるが、それを説明したものとして最も適するものを次の中から一つ選び、その番号を答えなさい。

1 ネットの情報は、多数の利用者がともに作成し、確認できる内容について著者が責任を取るのに対し、ネットの場合は、みんなが共有して責任を取る点に違いがあるわけです。

　二つ目の、構造性における違いですが、これを説明するためには、「情報」と「知識」の決定的な違いを確認しておく必要があります。一言でいうならば、「情報」とは要素であり、「知識」とはそれらの要素が集まって形作られる体系です。たとえば、3私たちが何か知らない出来事についてのニュースを得たとき、それは少なくとも情報ですが、知識と言えるかどうかはまだわかりません。その情報が、既存の情報や知識と結びついてある状況を解釈《かいしゃく》するための体系的な仕組みとなったとき、そのニュースは初めて知識の一部となるのです。

　知識というのはバラバラな情報やデータの集まりではなく、様々な概念や事象の記述が相互に結びつき、全体として体系をなす状態を指します。いくら葉や実や枝を大量に集めても、それらは情報の山にすぎず、知識ではありません。情報だけでは、そこから新しい樹木が育ってくることはできないのです。そしてインターネットの検索システムの、さらにはＡＩの最大のリスクは、この情報と知識の質的な違いを曖昧にしてしまうことにあると私は考えています。

▼というのもインターネット検索の場合、社会的に蓄積《ちくせき》されてきた知識の構造やその中での個々の要素の位置関係など知らなくても、つまり樹木の幹と枝の関係など何もわからなくても、知りたい情報を瞬時に得ることができるわけです。つまり、ネットのユーザーは、その森のどのあたりがリンゴの樹《き》の群生地で、その中のどんな樹においしいリンゴの実がなっていることが多いかを知らなくても、瞬時にちょうどいい具合のリンゴの実が手に入る魔法を手に入れているようなものです。それで、その魔法の使用に慣れてしまうと、いつもリンゴの実ばかりを集めていて、その4リンゴが実っている樹の幹を見定めたり、そこから出ているいくつもの枝の関係を見極めたりすることができなくなってしまうのです。

　A　ＡＩに至っては、ユーザーは自分がリンゴを探しているのか、オレンジを探しているのかがわからなくても、目的を達成するにはリンゴが適切であることをＡＩが教えてくれて、しかもまだ検索もしていない間に、適当なリンゴをいくつも探し出してきてくれるかもしれません。結局、私たちは検索システムやＡＩが発達すればするほど、自力で自分がどんな森を歩いているのかを知る能力を失っていく可能性があります。▲

　本を読んだり書いたりすることが可能にするのは、これらとは対照的な経験です。少なくとも哲学《てつがく》や社会学、人類学、政治学、歴史学などの本に関する限り、5それらの読書で最も重要なのは、そこに書かれている情報を手に入れることではありません。その本の中には様々な事実についての記述が含《ふく》まれていると思いますが、重要なのはそれらの記述自体ではなく、著者がそれらの記述をどのように結びつけ、いかなる論理に基づいて全体の論述に展開しているのかを読みながら見つけ出していくことなのです。この要素を体系化していく方法に、それぞれの著者の理論的な個性が現れます。

　古典とされるあらゆる本は、そうした論理の創造的展開を含んでおり、よい読書と悪い読書の差は、その論理的展開を読み込んでいけるか、それとも表面上の記述に囚《とら》われて、そのレベルで自分の議論の権威づけに引用したり、自分との意見の違いを強調したりしてしまうかにあります。最近では、おそらくはインターネットの影響で、出版された本の表面だけをつまみ食いし、それらの部分部分を自分勝手な論理でつないで読んだ気分になって書かれるコメントが蔓延《まんえん》しています。著者が本の中でしている論理の展開を読み取れなければ、いくら表面の情報を拾い集めてみても本を読んだことにはなりません。

　今のところ、必要な情報を即座に得るためならば、ネット検索よ

2　皆で逆境に立ち向かうという「弥兵衛」の信念を尊重しつつ、事態を軽視して人々の要求を安易に受け入れる姿に心配を募らせ、考えの甘さをたしなめるように読む。

3　皆と協同するだけではなく、ひとりでもできることを模索《もさく》していく姿勢が必要だという「弥兵衛」の考えに共感を示すとともに、待ち受ける困難を気遣《きづか》うように読む。

4　懸命に花火を作る姿を示すことこそが、人々に対する励ましになると気付いた「弥兵衛」を誇らしく思いながらも、受ける被害が大きいことを理解させるように読む。

(カ)　この文章について述べたものとして最も適するものを次の中から一つ選び、その番号を答えなさい。

1　自身の正しさを考える中で、「市兵衛」を初めとした多くの人に支えられていることへの感謝の念を抱くとともに、世の中を立て直す覚悟を決めた「弥兵衛」のさまを、多彩《たさい》な比喩を用いて描いている。

2　「鍵屋」の皆とのやり取りの中で、人の事情や気持ちに思いを至らせる大切さに気付いた「弥兵衛」が、世の中を明るくしようという決意を新たにするさまを、江戸っ子の言葉遣いを交えて描いている。

3　皆に自身の気持ちが伝わらないことに苦悩《くのう》していた「弥兵衛」が、自らのあやまちに気付くことにより、上に立つ者としての自覚を持ち大きく成長していくさまを、「鍵屋」の皆の視点から描いている。

4　正しさに対する捉《とら》え方《かた》の相違から、衝突を繰り返していた「弥兵衛」と「市兵衛」が、お互いの本音を打ち明けて話し合うことを通して和解を迎えたさまを、回想を挟《はさ》みこむことによって描いている。

四　次の文章を読んで、あとの問いに答えなさい。

ネット上の莫大《ばくだい》な情報への(注)アクセシビリティの拡大と、それらの情報の編集可能性の拡大は、私たちの知的生産のスタイルを大きく変えました。この変化の中で、今日、ネット情報をコピーしてレポートを作成する学生や、報道機関の記者が十分な取材をしないままネット情報を利用して記事を書いてしまい、後でその情報が間違っていたことがわかって問題となるケースなどが生じています。

こうした状況を受け、1レポートや記事を書く際、ネット情報の利用はあくまで補助的で、図書館に行って直接文献《ぶんけん》を調べ、現場へ足を運んで取材をすべきだと主張する人もいます。他方、そんなことをしていては変化に追いつけないので、ネット検索《けんさく》で得た情報をもとに書くことも認めるべき、さらに踏み込んで、書物や事典を参照して書くことと、ネット検索で得た情報をもとに書くことの間に本質的な差はないと主張する人もいます。ネット情報と図書館に収蔵されている本の間には、そもそもどんな違いがあるのでしょう。

私の考えでは、両者には作者性と構造性という二つの面で質的な違いがあります。まず本の場合、誰が書いたのか作者がはっきりしていることが基本です。本というのは、基本的にはその分野で定評のある書き手、あるいは定評を得ようとする書き手が、社会的評価をかけて出版するものです。ですから、書かれた内容に誤りがあったり、誰か他人の著作の(注)剽窃《ひょうせつ》があったりした場合、責任の所在は明確です。その本の作者が責任を負うのです。

これに対してネット上の(注)コンテンツでは、特定の個人だけが書くというよりも、みんなで集合的に作り上げるという発想が強まる傾向にあります。作者性が匿名化《とくめいか》され、誰にでも開かれていることが、ネットのコンテンツの強みでもあります。そこでは複数の人がチェックしているから2相対的に正しいという前提があって、この仮説は実際、相当程度正しいのです。つまり、本の場合は、その熟な自分は意見できる立場ではないと諦《あきら》め、投げやりになっている。
2　目の前の作業に専念するべきだという「市兵衛」の言葉を聞いて、感動を覚えるとともに、「弥兵衛」や自分たちの考え方が間違っていることが分かったものの、素直に認められずにいる。
3　「鍵屋」の一員である「市兵衛」ならば、自分のやり場のない思いを理解してくれるだろうと思っていたが、共感を得られなかったばかりか取り合ってももらえず、いらだちを覚えている。
4　「弥兵衛」の素晴らしさを「市兵衛」に訴《うった》えたところ厳しく批判され、ともに働いていくことに嫌気が差したものの、今まで「市兵衛」には世話になってきたため、思いを口に出せずにいる。

(ウ)　――線**3**「市兵衛はこちらの苦笑をちらりと一瞥し、それと分からぬくらいに頷くと、もそりと立ち上がって行灯に歩を進めた。」とあるが、そのときの「市兵衛」を説明したものとして最も適するものを次の中から一つ選び、その番号を答えなさい。
1　人に頼ることなく行いを振り返っている「弥兵衛」の姿を目にして大きな成長を認めつつ、見守ることしかできない寂《さび》しさを覚えてその場を離れようとしている。
2　皆の言葉から悩みを解決する手がかりを「弥兵衛」が見つけ出したと分かり、自分の考えは古びていて「弥兵衛」たちには受け入れがたいのだと痛感している。
3　自分の言動を「弥兵衛」が苦々しく感じていると気付いたが、何をするべきか見失っている「弥兵衛」を導くのは自身の役目だと信じて行動しようとしている。
4　振る舞い方を見つめ直してほしいという自分の思いに気付いた様子の「弥兵衛」を見て、口出しせずとも自ら答えを導き出すことができるだろうと感じている。

(エ)　――線**4**「あたしは正しかった。でも、間違ってたんだ。」とあるが、そのときの「弥兵衛」を説明したものとして最も適するものを次の中から一つ選び、その番号を答えなさい。
1　皆で協力すれば世の中は変えられるという考えは正論だったが、世の中のために尽くすよう人々に求めても具体策が浮かばなければ受け入れられなくて当然だと、自身の言動を後悔している。
2　苦しんでいる人々のために力を尽くすという信条は正しかったが、自らの考えを言葉にして伝えようとしなければ人々に理解してもらえないのは当たり前だと、自身の言動を反省している。
3　強い気持ちを持って苦しい状況を乗り越えるべきだという考え方は間違っていなかったが、自分の信念を押し付けるだけでは人々の賛同を得られなくて当然だと、自身の言動を省みている。
4　資金を援助してもらうとともに出店を募って現状を打破するという発想は良案だったが、人々をまとめる力がなければ手を貸してくれないのも無理はないと、自身の言動を振り返っている。

(オ)　――線**5**「うちが全部被る羽目になるかも、ですぜ。」とあるが、ここでの「市兵衛」の気持ちをふまえて、この部分を朗読するとき、どのように読むのがよいか。最も適するものを次の中から一つ選び、その番号を答えなさい。
1　大きな損害を受ける可能性があると分かった上で、それでも人々に寄り添って後押しすることを決断した「弥兵衛」の思いを理解し、覚悟の強さを試すように読む。

日も屋台回りですからね。それから小屋の方、材木の仕入れなんかも遅れないでくださいよ。こき使って申し訳ないけどさ。」
　そして、ひとりずつ顔を見た。
「あたしと喜助さんは茶屋回りだ。元太さんに京さん、火薬は山ほど要りますから、まだまだ作り増してもらいますよ。市兵衛さんも、たっぷり（注）星を固めといてください。」
　市兵衛が、にやりと笑みを見せる。元太と京次は、狐《きつね》に摘《つま》まれたように「へえ。」と返した。
　喜助から、戸惑いがちな問いが向けられた。
「やる、ってのは構わねえんですがね。後払《あとばら》いだの手間賃だのは、どうすんです。」
「聞いてやんなさい。当たり前でしょう。」
　世に明るさを取り戻したい。そのために動こうと言うのなら、高みに立っていてはならないのだ。尻込《しりご》みする者があれば、そこまで下りて行き、まず光明を見せねばならない。全ての人が自分と同じではないのだから。
「5うちが全部被る羽目になるかも、ですぜ。」
　市兵衛が釘《くぎ》を刺した。ただし、この上なく穏《おだ》やかな声である。弥兵衛は「ええ。」と眼差《まなざ》しに力を込めた。
「しくじれば鍵屋は傾くでしょうけどね。それでも、やるんです。言いだしっぺは、あたしなんだ。出店を頼む相手だけじゃない、うちも懸命でなけりゃ……でしょう？」
「まあ、そうでさあね。」
　市兵衛の物腰に、もう嫌なものは見えない。安堵《あんど》したような眼差しだけがある。弥兵衛は自らを恥じる笑みで応じた。
（吉川永青《よしかわながはる》「憂《う》き夜《よ》に花を」から。一部表記を改めたところがある。）

（注）　西詰＝橋の西側の端を指す。ここでは、現在の東京都にある両国橋の西端のこと。
市兵衛＝先代の頃《ころ》から「鍵屋」を支えてきた職人。
銀六さんと仙吉さん＝「弥兵衛」が「鍵屋」へ呼び、夕飯をふるまったことのある町人。
大川端＝現在の東京都を流れる隅田川《すみだがわ》（当時は大川《おおかわ》）下流の右岸一帯。
星＝花火が開いた時に花弁の部分を形作る、火薬を練り固めたもの。

(ア)　――線1「悪口雑言の飛び交う中、小声で自問した。」とあるが、そのときの「弥兵衛」を説明したものとして最も適するものを次の中から一つ選び、その番号を答えなさい。
1　江戸っ子の心意気を茶屋や屋台の人々が失っていることに腹を立てていたが、自分たち以外の人を巻き込もうとすること自体が身勝手なのではないかと悩《なや》み始《はじ》めている。
2　自分たちの考えを理解してくれない茶屋や屋台の人々に対して不満を抱いていたが、世の中の情勢以外にも協力を得られないわけがあるのではないかと思い始めている。
3　世の中のために団結することを渋《しぶ》る茶屋や屋台の人々に対していらだっていたが、怒りに任せて口汚く罵《ののし》ってしまった自分たちは卑劣なのではないかと後悔し始めている。
4　飢饉に対する不満を漏らす皆に同調して世の中を憂《うれ》いていたが、茶屋や屋台の人々が協力的でない原因を時世に求めることが間違っているのではないかと感じ始めている。
(イ)　――線2「言われた元太はむっつりとした顔になり、そっぽを向いて『はいよ。』と応じた。」とあるが、そのときの「元太」を説明したものとして最も適するものを次の中から一つ選び、その番号を答えなさい。
1　人のために奔走《ほんそう》する「弥兵衛」とは違い、「鍵屋」の利益にしか興味がない「市兵衛」の視野の狭さは改めてほしいが、未水茶屋も屋台の衆も、商いの何たるかを忘れている。人々の心が暗闇《くらやみ》に押し込まれ、半年以上も上手《うま》く行かずにきたからだろう。鍵屋も他と同じ、去年の夏はろくに稼《かせ》げず蓄《たくわ》えを吐き出し、切《き》り詰《つ》めて切り詰めて、どうにかなっている格好だ。

それでも、自分は踏ん張ろうとしている。こんなご時世だからこそ、何を糞《くそ》と歯を食い縛らねばならないのだ。父にそう育てられたし、努めてそう生きようと自らを戒めてきた。

だから、それで当然だと思っていた。しかし――。

「河原の蒲公英《たんぽぽ》。」

ぽつりと漏《も》れた。船宿を回った後の(注)大川端《おおかわばた》が、頭に蘇《よみがえ》る。あの日、思ったではないか。お天道様《てんとさま》の機嫌が直れば、野の草はまた花を咲《さ》かせる。だが、人はそう簡単ではないのだと。

「……そうだね。」

誰もが気を塞《ふさ》いだままでは、世の中は良くならない。これは確かな話だ。ひとりひとりが「やってやる。」の意気を持って、初めて全てが良い方に転がる。

しかし、だから自分と同じ心を持てと言って回るのは、違うのかも知れない。周りにいる皆、分かってくれる人ばかりを見て、そこを勘違《かんちが》いしていたのではあるまいか。

「正しい、か。そいつは……腹が立つだろうねえ。」

「へえ?」

市兵衛が口を開いた。

横目に見れば、七十も近い頬《ほお》が少しばかり緩《ゆる》んだかに見えた。それによって、胸を包んだ霧《きり》が晴れたような気がする。参った。これぞ年の功だ。

3市兵衛はこちらの苦笑をちらりと一瞥《いちべつ》し、それと分からぬくらいに頷くと、もそりと立ち上がって行灯《あんどん》に歩を進めた。

そうだ。自分は勘違いしていた。

このところ市兵衛の物言いに嫌気が差していた。しかし、ずっとそうだった訳ではない。水神祭で花火を上げよう、世の中を明るくしようと話した時には、他の面々と同じに奮い立っていたのだ。変わったのは、幕府から金が出ないと決まり、その分を皆から集めようと考えてからである。

両国橋《りょうごくばし》西詰の店に金を出してくれと頼んだ。屋台を呼び、掘《ほ》っ立《た》て小屋《ごや》を作って出店を募《つの》ろうとした。どちらも断られはしたが、間違いなく良案である。そして自分は正しかった。

しかし。花火屋なら手を動かすのが「正しい。」と言われた時の元太を見て、やっと分かった。自分はいい気になっていた。良案を捻《ひね》り出《だ》して、浮かれていたのだ。

何が正しいかは、きっと誰にも分かっているのだろう。とは言いつつ、踏ん切りを付けられるかどうかは人それぞれだ。同じでなど、あろうはずがない。自分が正しいからと言って、他人にも同じであれと押し付ける。それは、驕《おご》りだ。

「4あたしは正しかった。でも、間違ってたんだ。」

誰も口を開かない。弥兵衛はぐっと奥歯を噛んだ。日が傾き、作事場は暗さを増している。左手の奥では、市兵衛がいつもどおりの顔で行灯に火を入れていた。

「あの、旦那様。あっし……どうしたらいいんです?」

新蔵が頼りなげに問う。不思議とおかしさが湧《わ》いてきた。

「はは……。ははは、はは！　あっはははははっ。」

静かに漏れた笑いは、すぐに天を仰いでの大笑いに変わった。市兵衛を除いて皆が身を強張《こわば》らせ、新蔵に至っては「うひぃ。」と腰を抜かしている。

弥兵衛は笑いながら「すみませんね。」と詫《わ》び、涙目《なみだめ》の新蔵に向いて力強く言った。

「どうしたらも何もありません。やると決めたら、やるんです。明らんかねえ——不平不満が撒《ま》き散《ち》らされてゆく。弥兵衛も始めは同じ気持ちだったが、聞いているうちに少し違う思いが生まれてきた。

「……どうして。」

1悪口雑言《あっこうぞうごん》の飛び交う中、小声で自問した。どうしてなのだろう。鍵屋の皆は、こう言ってくれるのに。分かってくれるのに。なぜ、茶屋や屋台には通じないのだろう。(注)西《にし》詰《づめ》の店も同じだ。

今のご時世が悪いからには違いあるまい。が、そのせいだとばかり思うのは、いささか手前勝手に過ぎる気もする。

自分は、何か見落としていないか。

「茶屋も屋台も、しみったれたこと言いやがって。旦那《だんな》はよう、世の中のためにやろうとしてんじゃねえか。」

「ねえ旦那さん。もう、やめちまいましょうよ。何が正しいか分からねえ奴《やつ》らなんて、勝手に野垂れ死にすりゃいいんだ。」

京次と元太が怒りのやり場を探している。弥兵衛は二人の言葉をゆっくり嚙《か》み砕《くだ》いた。

世の中のために。京次の言うとおり、自分はそのつもりである。何が正しいか分からない奴らなど。元太の言うとおり、放って置いても良いはずだ。

だが。

正しいとは何だろう。

世のためとは、いったい何なのだろう。

分からなくなってきた。

作事場の面々はまだ言い足りないらしく、あれこれの文句を繰り返している。

うんざりしたように、(注)市兵衛《いちべえ》が「うるせえなあ。」とぼやいた。

「おい元太。口動かしてる暇があったら、手ぇ動かせ。」

「そうは言うけどねえ、父《と》っつぁんよう。旦那さんは世のため人のため、正しいこと、しようとしてんですぜ。なのに誰も分からねえなんて、情けねえたあ思いやせんか。」

「正しいとか何とかほざくならよ、おめえが何者か考えな。花火屋だろ。だったら夕飯の賄《まかな》いまで、手ぇ動かして火薬作んのが正しいんじゃねえのかい。」

2言われた元太はむっつりとした顔になり、そっぽを向いて「はいよ。」と応じた。

「父っつぁんの仰《おっしゃ》るとおりでごぜえます。手ぇ動かすのが正しい。ええ、正しいですとも。」

いつものやり取りである。だが、そんな珍しくもない言葉が、弥兵衛の胸に深く刺さった。

「正しい……か。ねえ喜助さん。元太さんも。あたしは、本当に正しいんですかね。」

俯《うつむ》いたまま問うた。元太は「え。」と言ったきり何も返せずにいる。

弥兵衛は「おや。」と何かを感じた。誰かの——左側にいる市兵衛の気配が変わっている。ここしばらく癇《かん》に障《さわ》る物腰が続いていたのだが、どうしたのだろう。

そういう戸惑いを余所《よそ》に、正面で背を丸める新蔵が、なよなよした声を寄越した。

「本当に正しいのかって、そんな。こないだの(注)銀六《ぎんろく》さんと仙吉《せんきち》さんでしたっけ。あの二人と旦那様の話……あっし、目頭が熱くなって仕方なかったんですから。今さら、あれが間違いだったたって言われたら、どうすりゃいいんです。同じ気持ちで茶屋の人たちも誘《さそ》ってんでしょう？　だったら正しいに決まってますよ。」

弥兵衛は俯いた顔を上げ、小さく笑みを浮かべて頷《うなず》く。聞きたいのは、そういうことではなかった。

果たして自分は、本当に正しかったのか。

4　絵仏を盗まれた罪悪感を消すため、放生を行いながら歩いていたところ、樹の上に置かれた箱から生き物の声がしたから。

(イ)　――線2「すみやかにその箱を開けてその虚実を見るべし。」とあるが、「市人等」がそのように言った理由を説明したものとして最も適するものを次の中から一つ選び、その番号を答えなさい。

1　放生のために箱を求める「尼」と、生き物は入れていないと主張する「箱の主」が争っていたから。

2　生き物の入った箱を譲《ゆず》ってほしい「尼」と、生き物を手放したくない「箱の主」が争っていたから。

3　自分が放生を行うべきだと訴《うった》える「尼」と、自らの手で放生を行いたい「箱の主」が争っていたから。

4　生き物の声がしたと指摘《してき》する「尼」と、何も入っていないとうそをつく「箱の主」が争っていたから。

(ウ)　――線3「尼を讃め尊び、箱の主の逃げぬることをことわりなりと思ひて、憎みそしりけり。」とあるが、それを説明したものとして最も適するものを次の中から一つ選び、その番号を答えなさい。

1　「市人等」は「尼」の話を聞き、絵仏の入った箱を取り戻した「尼」を祝福するとともに、「尼」の箱を盗んだ「箱の主」が放生に参加せず去ったのは当然だと非難した。

2　「市人等」は「尼」の話を聞き、盗まれた絵仏を見つけた「尼」をたたえるとともに、悪事を働いたことを悔やんだ「箱の主」が人知れず姿を消したのは当然だと非難した。

3　「市人等」は「尼」の話を聞き、絵仏を強く求め続けた「尼」を賞賛するとともに、「尼」の絵仏を盗んだ「箱の主」が逃げ出したのはもっともなことだと非難した。

4　「市人等」は「尼」の話を聞き、生き物の命を救った「尼」をほめるとともに、必要以上に生き物を捕らえていた「箱の主」が逃げたのはもっともなことだと非難した。

(エ)　本文の内容と一致《いっち》するものを次の中から一つ選び、その番号を答えなさい。

1　「仏」が応えてくれると信じて放生を行った「尼」は、絵仏を無事に取り返すことができたため、今後も熱心に絵仏を拝もうと心に決めた。

2　探していた絵仏を見つけることができた「尼」は、「箱の主」や「市人等」に放生を行うことの大切さを説いたのち、絵仏を寺へ持ち帰った。

3　「尼」は絵仏を盗んだ「箱の主」を許しただけではなく、ともに放生を行うことによって罪を悔い改めさせたため、「市人等」から尊敬された。

4　「仏」が箱の中から存在を知らせたおかげで、盗まれた絵仏を無事に取り戻すことができた「尼」は放生を行い、絵仏を元の寺に安置した。

三

次の文章を読んで、あとの問いに答えなさい。

花火屋「鍵屋《かぎや》」の主人である六代目「弥兵衛《やへえ》」は、飢饉《ききん》の影響を受けている江戸《えど》の町や人々を活気づけるため、数か月後に開催される水神祭《すいじんさい》で花火を打ち上げようと計画し、ともに働く「京次《きょうじ》（京《きょう》さん）」「元太《げんた》」「喜助《きすけ》」「新蔵《しんぞう》」も賛同した。「弥兵衛」たちは資金の援助《えんじょ》を頼もうと、手分けして茶屋や屋台、船宿などに出向いたものの、良い返事は得られずにいた。

江戸っ子の心意気ってのを、忘れちまったのかねえ。何をするにも気持ちが第一じゃねえか。皆で元気を出そうってのに、何で分か対する深い思いを、「鴫の空」という語句で象徴的に描いている。

3　行き詰《ゆづ》まっている自身の現状を、「書斎はひくゝあり」という語句で明確に示すと同時に、広い空を飛んでいる鴫を見て抱いた自由への憧《あこが》れを、明るい将来への希望を交えて描いている。

4　書斎に聞こえてくる鴫の声に、開放的な秋空の明るさや高さが想起されるとともに、書斎やそこにいる自身が対照的に意識された感慨《かんがい》を、直接的に「思ふ」という語を用いて描いている。

二

次の文章を読んで、あとの問いに答えなさい。

「尼《あま》」は、自身で仏像を描き写した絵（絵仏）を寺へ安置して熱心に拝んでいたが、しばらく寺を離れている間に、その絵仏は盗まれてしまった。

尼悲しび嘆《なげ》きて、堪ふるに随《したが》ひて（力の及ぶ限り）東西を求むといへども、たづね得ることなし。しかるにこのことを嘆き悲しみて、（注）放生を行ぜむと思ひて、（注）摂津《せっつ》の国の難波《なには》のあたりに行きぬ。河のあたりに徘徊《はいくわい》する間、市より帰る人多かり。見れば荷《にな》へる箱を樹《き》の上に置けり。主《あるじ》は見えず。尼聞けば、この箱の中に種々《くさぐさ》の生類の音（声）あり。これ（注）畜生《ちくしやう》の類を入れたるなりけりと思ひて、1必ずこれを買ひて放たむと思ひて、しばらく留《とど》まりて箱の主の来るを待つ。

やや久しくありて箱の主来れり。尼これに会ひて曰《い》はく、「この箱の中に種々の生類の音あり。われ放生のために来れり。これを買はむと思ふ故になんぢ（あなた）を待つなり。」と。箱の主答へて曰はく、「これさらに生類を入れたるにあらず。」と。尼なほ固くこれを乞《こ》ふに、箱の主、「生類にあらず。」と争ふ。その時に市人《いちびと》等来り集まりて、このことを聞きて曰はく、「2すみやかにその箱を開けてその虚実を見るべし。」と。しかるに箱の主あからさまに（ほんの少しの間）立ち去るやうにて、箱を捨てて失《う》せぬ。たづぬといへども行き方を知らず。早く逃げぬるなりけりと知りて、そののち、箱を開けて見れば、中に盗まれにし絵仏の像おはします（いらっしゃる）。尼これを見て、涙《なみだ》を流して喜び悲しびて、市人等に向かひて曰はく、「われ、前《さき》にこの仏の像を失ひて、日夜に求め恋《こ》ひたてまつりつるに、今思はざるに会ひたてまつれり。うれしきかな。」と。市人等これを聞きて、3尼を讃《ほ》め尊び、箱の主の逃げぬることをことわりなりと思ひて、憎《にく》みそしりけり。

尼これを喜びて、いよいよ放生を行ひて帰りぬ。仏をば元の寺にゐてたてまつりて（お連れ申し上げて）、安置したてまつりけり。

これを思ふに、仏の、箱の中にして音を出《い》だして尼に聞かしめたまひけるが、あはれにかなしく尊きなり。

（「今昔物語集《こんじゃくものがたりしゅう》」から。）

（注）放生＝徳を積むために、捕らえた生き物を放す行いのこと。
摂津の国の難波のあたり＝現在の大阪市周辺。
畜生＝鳥や獣、虫などの総称《そうしょう》。

（ア）──線1「必ずこれを買ひて放たむ」とあるが、「尼」がそのように思った理由を説明したものとして最も適するものを次の中から一つ選び、その番号を答えなさい。

1　絵仏を探す道中で、生き物の声がする箱を見つけ、放生を行って絵仏を盗まれた悲しみを癒《いや》すことを思いついたから。
2　盗まれた絵仏を見つけ出すことができず、放生を行おうと考えて訪れた場所で、生き物の声がする箱を見つけたから。
3　盗まれた絵仏の情報を得ようと訪れた市場で、生き物の入った箱が売られているのを見て、放生に最適だと気付いたから。

国語

●満点100点　●時間50分

〔注意〕解答用紙にマス目（例：□）がある場合は、句読点などもそれぞれ一字と数え、必ず一マスに一字ずつ書きなさい。なお、行の最後のマス目には、文字と句読点などを一緒に置かず、句読点などは次の行の最初のマス目に書き入れなさい。

一

次の問いに答えなさい。

(ア) 次の1～4の各文中の――線をつけた漢字の読み方を、ひらがなを使って現代《げんだい》仮名遣《かなづか》いで書きなさい。

1 元気よく挨拶する。
2 政権を掌握する。
3 惜別の念を抱く。
4 無事に目的を遂げる。

(イ) 次のa～dの各文中の――線をつけたカタカナを漢字に表したとき、その漢字と同じ漢字を含《ふく》むものを、あとの1～4の中から一つずつ選び、その番号を答えなさい。

a エンチュウの体積を求める。
1 ピアノをエンソウする。
2 会議をエンカツに進める。
3 友人とソエンになる。
4 ガンエンを料理に使う。

b 会員としてトウロクする。
1 富士山のトウチョウに成功する。
2 伝家のホウトウを抜く。
3 熊《くま》がトウミンする。
4 国会でトウシュが討論を行う。

c 公民館のキソクを守って楽しむ。
1 太陽の動きをカンソクする。
2 ヤクソクを果たす。
3 管理に関するサイソクを定める。
4 キュウソクをとる。

d 税金をオサめる。
1 関係をシュウフクする。
2 ストーブにキュウユする。
3 運動会をケッセキする。
4 毎日ナットウを食べる。

(ウ) 次の**例文**中の――線をつけた「に」と同じ意味で用いられている「に」を含む文を、あとの1～4の中から一つ選び、その番号を答えなさい。

例文　すでに支度を済ませた。

1 今朝は特に冷え込んだ。
2 彼女は穏《おだ》やかに話す。
3 景色に目を奪われた。
4 寒いのに薄着で過ごす。

(エ) 次の俳句を説明したものとして最も適するものを、あとの1～4の中から一つ選び、その番号を答えなさい。

鵙《もず》の空書斎《しょさい》はひくゝ《(ク)》ありと思《も》ふ《(ウ)》　山口《やまぐち》　青邨《せいそん》

1 書斎で悲しげに鳴く鵙の声を聞き、狭い室内ではなく広い空こそが鵙にとっての居場所だと感じ、放つことを決意したさまを、「鵙」という語を句の頭に置くことで印象深く描いている。
2 しきりに鳴く鵙に誘《さそ》われ、閉じこもっていた書斎から出て実感した秋空の雄大《ゆうだい》さと、季節の移ろいに気付かせてくれた鵙に

Memo

2020年度 神奈川県公立高校 入試問題

英語

●満点 100点　●時間 50分

1 **リスニングテスト**（放送の指示にしたがって答えなさい。放送を聞きながらメモをとってもかまいません。）

(ア) チャイムのところに入るユキの言葉として最も適するものを，次の１～４の中からそれぞれ一つずつ選び，その番号を答えなさい。

No.1　1．We want to visit the lake again.
　　　2．We have never been to the lake in Hokkaido.
　　　3．We will watch birds around the lake.
　　　4．We walked around the lake and ate lunch.

No.2　1．I practice the piano for one hour.
　　　2．I practice the piano every Friday.
　　　3．I've practiced the piano since I was four.
　　　4．I'm going to practice the piano this afternoon.

No.3　1．Let's talk about it with Rika later.
　　　2．We have played tennis three times.
　　　3．We started to play at ten o'clock.
　　　4．A group of four is good for playing tennis.

(イ) 対話の内容を聞いて，それぞれの **Question** の答えとして最も適するものを，あとの１～４の中から一つずつ選び，その番号を答えなさい。

No.1　**Question :　What can we say about Jack ?**
1．He wanted to talk about the cake he made.
2．He was able to finish his homework easily.
3．He thought his homework was very difficult.
4．He ate a piece of cake after doing his homework.

No.2　**Question :　Which is true about Miho ?**
1．She was taught Japanese history by Jack.
2．She will ask her friend to take Jack to the city museum.
3．She will learn Japanese from her friend in London.
4．She worries about talking about Japanese history in English.

(ウ) かもめ高校に来週から来る留学生について，英語部のアキコが全校生徒に紹介するスピーチを行います。次の**＜スライド＞**はスピーチのためにアキコが用意したものです。アキコのスピーチを聞いて，あとのNo.1とNo.2の問いに答えなさい。

＜スライド＞

A new student from the U.S. will come !

- Emma will come to Kamome High School on Monday, [①] 20.
- She speaks [②] languages.
- She will start to play [③] in Japan.
- She will leave our school on December 20.

No. 1　[①]～[③]の中に入れるものの組み合わせとして最も適するものを，次の１～６の中から一つ選び，その番号を答えなさい。

1．① August　② two　③ basketball
2．① June　② three　③ basketball
3．① July　② two　③ basketball
4．① August　② three　③ soccer
5．① June　② two　③ soccer
6．① July　② three　③ soccer

No. 2　アキコのスピーチを聞いたあと，生徒たちはそれぞれ留学生に歓迎のメッセージを書きました。フミヤ(Fumiya)が書いた**＜メッセージ＞**の(　)の中に適する**１語**を英語で書きなさい。ただし，(　)**内の一つの _ には１文字が入るものとします。**

＜メッセージ＞

Dear Emma,
I'm glad you will join our school !　I know a good (_ _ _ _ _ _ _ _ _ _) near our school.　I want you to eat sushi there.　I think you will like it.

Fumiya

※＜**リスニングテスト放送台本**＞は英語の問題の終わりに付けてあります。

2　次の英文は，タク(Taku)と留学生のキャシー(Cathy)の対話です。対話文中の(ア)～(ウ)の(　)の中にそれぞれ適する**１語**を英語で書きなさい。ただし，**答えはそれぞれの(　)内に指示された文字で書き始め，一つの _ に１文字が入るものとします。**

Taku：We are going to make speeches about our future jobs in our English class tomorrow. What do you want to do in the future, Cathy ?

Cathy：I want to work in a zoo because I'm interested in taking care of lions.　I like lions.

Taku：Oh, do you ?　Lions kill and eat large animals, so I'm (ア)(a _ _ _ _ _) of lions.　Why do you like them ?

Cathy：Because they are cool !　Lions are big.　Also, they always work together and catch a lot of other animals.　So, I believe they are the (イ)(s _ _ _ _ _ _ _ _) of all the animals.　Now, tell me about your future job, Taku.

Taku：I want to be a musician and sing songs for a lot of people.

Cathy : That's great! I'm sure you'll be a good musician because you have a beautiful (ウ)(v _ _ _ _).

Taku : Thank you, Cathy. Good luck tomorrow.

Cathy : You, too.

3 次の(ア)～(エ)の文の(　)の中に入れるのに最も適するものを，あとの1～4の中からそれぞれ一つずつ選び，その番号を答えなさい。

(ア) Whose pencils are (　　)?

1. that　2. those　3. them　4. yours

(イ) Can Mt. Fuji (　　) from your classroom?

1. see　2. seen　3. be seen　4. be seeing

(ウ) Mr. Suzuki (　　) us to bring lunch this week.

1. told　2. said　3. spoke　4. talked

(エ) This is a camera (　　) is popular in Japan.

1. what　2. it　3. who　4. which

4 次の(ア)～(エ)の対話が完成するように，(　)内の**六つの語の中から五つを選んで**正しい順番に並べたとき，その(　)内で**3番目と5番目に来る語の番号**をそれぞれ答えなさい。(**それぞれ一つずつ不要な語があるので，その語は使用しないこと**。)

(ア) A : Can I see that picture, please?

B : Sure. Look! This is one of (1. most　2. in　3. mountains　4. picture　5. the　6. beautiful) the world.

(イ) A : What do (1. do　2. watching　3. going　4. you　5. to　6. before) bed?

B : I usually watch news on TV.

(ウ) A : Has your family (1. where　2. been　3. to　4. decided　5. during　6. go) summer vacation?

B : Yes. We will visit Okinawa.

(エ) A : Why do you look so happy?

B : I received an (1. a　2. message　3. enjoyed　4. e-mail　5. with　6. special) from my grandmother.

5　次のA～Cのひとつづきの絵と英文は，チカ(Chika)のある二日間のできごとを順番に表しています。Aの場面を表す**＜最初の英文＞**に続けて，Bの場面にふさわしい内容となるように，□の中に適する英語を書きなさい。ただし，あとの**＜条件＞**にしたがうこと。

A

＜最初の英文＞
Chika was studying hard at night. She wanted to listen to music to *relax after studying.

B

The next day at school, she said to her friend, Ken, "I want to listen to some music after studying. □ when you want to relax ?"

C

He answered, "American popular music. I'll tell you my favorite *band." "Thank you," Chika said.

*　relax：くつろぐ　　band：バンド

＜条件＞

・　**music** と **listen** を必ず含んで，文末が when you want to relax ? で終わる1文となるように，□内を **6 語以上**で書くこと。
※　短縮形(I'm や don't など)は1語と数え，符号(, など)は語数に含めません。

6 次の英文は，高校生のリョウ(Ryo)が英語の授業でクラスの生徒に向けて行った発表の原稿です。英文を読んで，あとの(ア)～(ウ)の問いに答えなさい。

Hi, I'm Ryo. Three months ago, I read a story about a girl on the Internet. She made a speech at an international *conference. In the speech, she said, "Young people can do a lot of things for the earth." She gives power to young people around the world. I believe her words. I am a student and I was able to do a small thing for the earth. Today, I'm going to talk about something I did with my family and I hope you will also believe her words after my speech.

*Plastic bags are very useful. They are *light, waterproof, and cheap. (①) For example, animals and fish die because of *plastic waste. Many countries are now trying to find the answers to these things. I think we should *reduce the number of plastic bags we use. I hope everyone will try to live without plastic bags.

Now I have a question. *How often do you get plastic bags ? Please look at *Graph 1. It shows how often people got plastic bags in Japan in 2014.

Graph 1

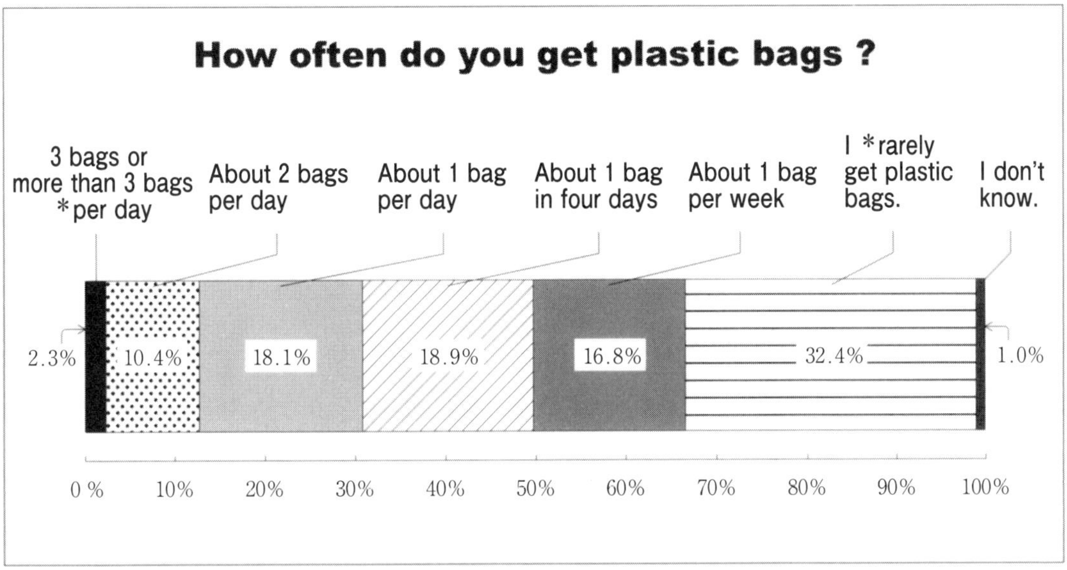

（内閣府政府広報室「『循環型社会形成に関する世論調査』の概要」をもとに作成）

About 30% of the people got one plastic bag or more than one plastic bag per day, and some of them got three or more plastic bags per day. But about 50% of the people only got about one plastic bag per week or rarely got plastic bags. This means that about half of the people didn't get a lot of bags. (②) I wanted to find something I could do, too. I didn't know the number of plastic bags I used at that time, but I wanted to know that. So, I talked with my family.

In January this year, my family started a *four-week *project to reduce the number of plastic bags we got. In Graph 2, you can see the number of plastic bags we got each week. My mother usually used her *own shopping bag, so she only got two plastic bags during the project. My sister and I started to carry our own shopping bags when we started the project. In the first, second, and third week, I sometimes forgot to carry my shopping bag to stores and got some plastic bags, but I got no plastic bags in the last week. My father got one plastic bag every day until the end of the second week. He got plastic bags when he bought coffee or tea at stores. At the end of the second week, my sister and I gave him a *reusable bottle. He started to use it to take coffee or tea from home, and the number of plastic bags he got became smaller the next week. In the last week, my family only got two plastic bags!

I have used too many plastic bags in my life. I think the project was a good chance to learn that. Before I started the family project, I didn't even think about the number of plastic bags my family got every day. Now, we carry our own shopping bags, so we rarely get plastic bags. (③) My mother makes shopping bags from our family's old clothes, and she enjoys it very much. My father's *company works with a *volunteer group that *protects a river. Now he is working hard on that project. My sister and I have started to talk with other people about the future of the earth.

When you think about what to do for the earth, some of you may try to do a big and difficult thing. But you don't have to. Please do a small and easy thing first. Your small idea may become a big one and it may save the earth in the future. I want to say the girl's words again, "Young people can do a lot of things for the earth."

＊ conference：会議　Plastic bags：レジ袋
light, waterproof, and cheap：軽くて耐水性があり安い
plastic waste：プラスチックごみ　reduce ～：～を減らす
How often ～：どのくらいの頻度で～　**Graph**：グラフ　**per** ～：～につき
rarely ～：めったに～ない　four-week：4週間の　project：企画　own：自分の
reusable bottle：水筒　company：会社　volunteer：ボランティア
protects ～：～を保護する

(ア) 本文中の(①)～(③)の中に，次のA～Cを意味が通るように入れるとき，その組み合わせとして最も適するものを，あとの1～6の中から一つ選び，その番号を答えなさい。

A. They did something to reduce the number of plastic bags they got.
B. But do you know that there are many problems with plastic bags?
C. Each of us has also started to do other things for the earth.

1. ①―A　②―B　③―C
2. ①―A　②―C　③―B
3. ①―B　②―A　③―C
4. ①―B　②―C　③―A
5. ①―C　②―A　③―B
6. ①―C　②―B　③―A

(イ) 本文中の――線部を表したものとして最も適するものを，次の1～4の中から一つ選び，その番号を答えなさい。

1．Graph 2

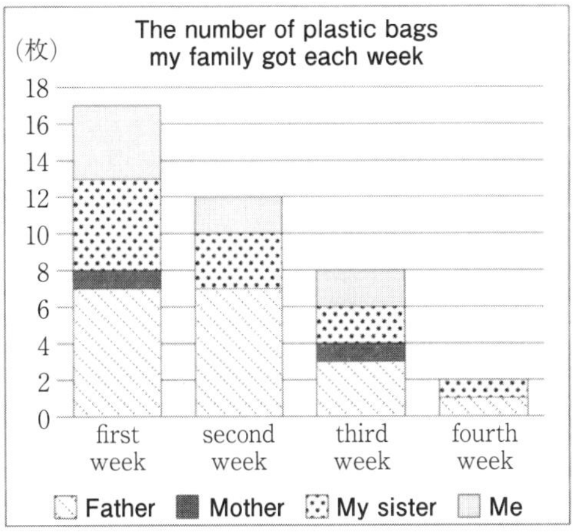

2．Graph 2

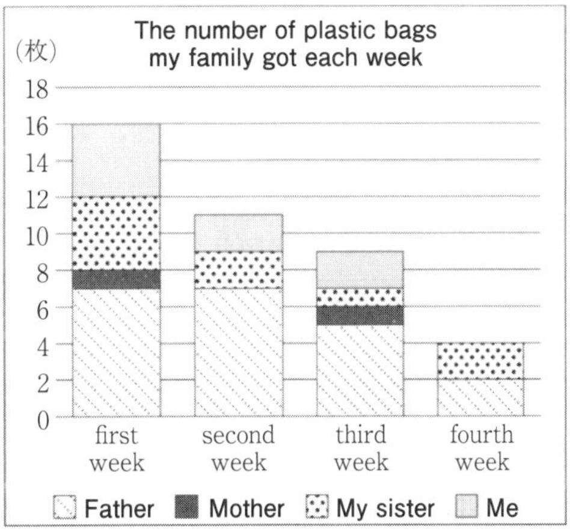

3．Graph 2

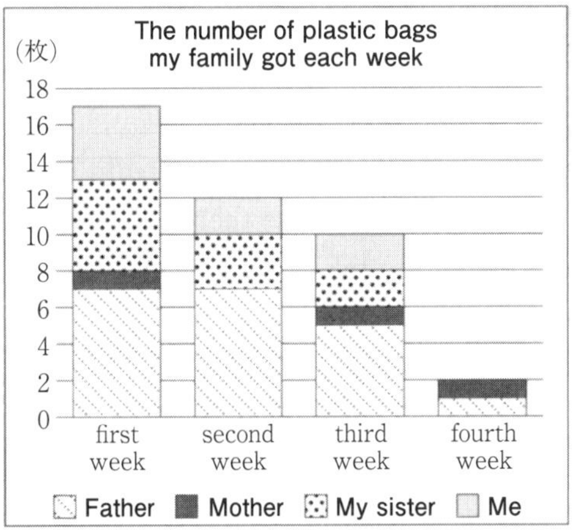

4．Graph 2

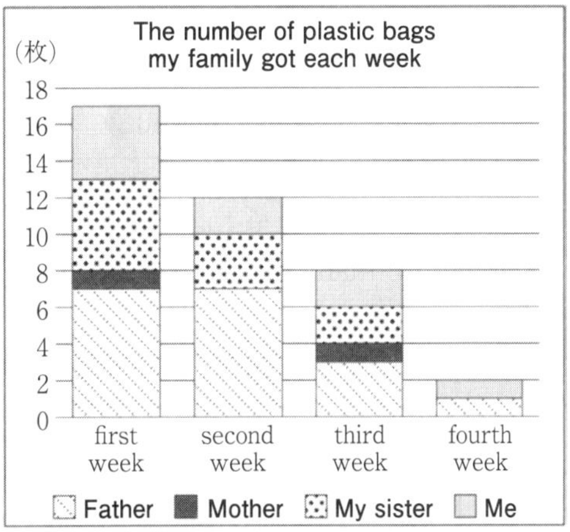

(ウ) 次のａ～ｆの中から，リョウの発表の内容に合うものを**二つ**選んだときの組み合わせとして最も適するものを，あとの１～８の中から一つ選び，その番号を答えなさい。

ａ．Ryo wants his classmates to listen to the speech that the girl will make at a conference.

ｂ．Ryo asked his classmates about the number of plastic bags they got in a week and made a graph.

ｃ．During the family project, Ryo's father bought his own reusable bottle for coffee or tea.

ｄ．Before the family project, Ryo didn't know how many plastic bags he got.

ｅ．Ryo is going to give his classmates the shopping bags his mother made.

ｆ．Ryo wants his classmates to start doing a small and easy thing for the earth.

１．ａとｃ　　２．ａとｅ　　３．ｂとｄ　　４．ｂとｆ
５．ｃとｄ　　６．ｃとｆ　　７．ｄとｅ　　８．ｄとｆ

7 次の(ア)，(イ)の英文と，路線図(**Route Map**)や価格表(**Price List**)について，それぞれあとの **Question** の答えとして最も適するものを，１～５の中からそれぞれ一つずつ選び，その番号を答えなさい。

(ア)

*Mayumi and Saki are going to visit the city stadium to watch a baseball game on Sunday. The stadium is near Kamome Station and they want to meet there. They are sending messages to each other by using their *smartphones.*

Mayumi: Saki, I've got on the Orange Line at Momiji Station. Where are you now ?

Saki: I've just got on a train at Ayame Station.

Mayumi: The Orange Line is stopped between Sakura Station and Kamome Station because of a *train inspection.

Saki: Really ? Then, we can't use trains between the two stations. How about going by bus ? I think I'll get on the bus from Satsuki Station. Will you go by bus, too ?

Mayumi: Yes, I will. I think you should use a different bus, because there are many cars on the bus *route you are going to take. It may take a long time.

Saki: I see. Then, I'll get on the bus with you.

Mayumi: OK. I'll arrive at the station soon, so call me when you get there.

Route Map

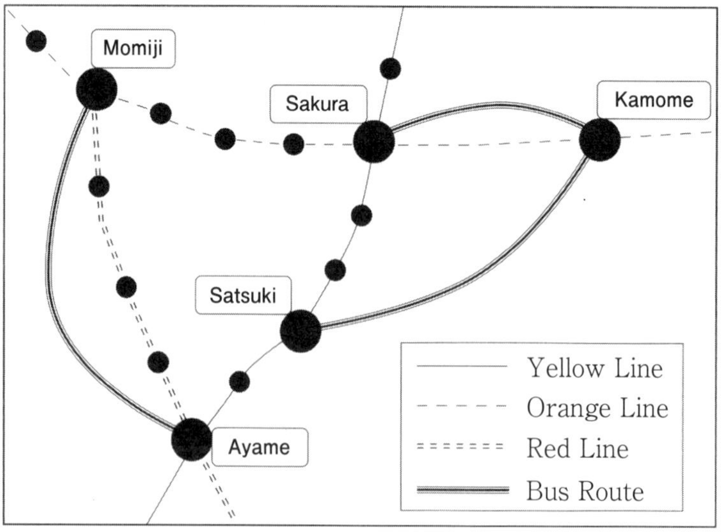

* *smartphones*：スマートフォン　train inspection：車両点検　route：経路

Question : Where will Mayumi and Saki get on the bus ?

1 . At Kamome Station.　　2 . At Sakura Station.

3 . At Momiji Station.　　4 . At Satsuki Station.

5 . At Ayame Station.

(イ)

Mike wants to buy some *bags of rice from Kamome Rice Store. He is looking at the price list and talking to the *staff on the phone.

Price List

Sunny Rice	*1-kg bag	2-kg bag	5-kg bag	10-kg bag
Price	1,000*yen	1,800 yen	4,250 yen	8,000 yen

Flower Rice	1-kg bag	2-kg bag	5-kg bag	10-kg bag
Price	800 yen	1,500 yen	3,500 yen	6,500 yen

● The *delivery charge to one place is 1,000 yen. You don't need to *pay it if you spend more than 12,000 yen for the rice *in total.

● You'll get a special present when you *order rice from our store for the first time !

Mike : Hello. My name is Mike Brown. I'd like to order some rice.

Staff : Sure. Is this your first time to order rice from us ?

Mike : Yes, it is.

Staff : OK. What would you like ?

Mike : I want a 10-kg bag and two 2-kg bags of Sunny Rice.

Staff : All right, Mr. Brown. If you order one more bag of rice, you won't have to pay a delivery charge.

Mike : Oh, really ? Then I'll also buy a 1-kg bag of Flower Rice.

Staff : Thank you very much, Mr. Brown. We'd like to give you a 1-kg bag of Sunny Rice as a present. So, we'll send you 16 kg of rice in total. Is that OK ?

Mike : Yes, of course. Thank you.

＊ _bags_：袋　_staff_：店員　1-kg～：1 kg入りの～　yen：円
delivery charge：配達料　pay ～：～を支払う　in total：合計で
order ～：～を注文する

Question : How much will Mike pay in total ?

1 . 11,600 yen.　2 . 12,000 yen.　3 . 12,400 yen.

4 . 13,400 yen.　5 . 14,400 yen.

8　次の英文を読んで，あとの(ア)～(ウ)の問いに答えなさい。

Manabu, Ryoko, and Kazuki are learning about how to have a good *discussion in Ms. Green's class.　They are talking in the same group.

Ms. Green :　You are going to *plan a city today.　Let's have a good discussion.

Manabu :　Ryoko and Kazuki, what do you want in a city ?

Ryoko :　I think the city should have a *mall.

Kazuki :　If we have a mall in the city, there may be too many cars around it.　That's not good.

Manabu :　If the city has a mall, a lot of people will enjoy shopping there.　They may not buy things at small old shops near their houses.　I worry about those shops.

Kazuki :　Oh, we all have different ideas.　There are many different groups of people living and working in the city.　They all want and need different things.

Ryoko :　You are right.　I will be happy if the city has a mall, [　　　　　　].　So, to plan a good city, we should look at the city from different *points of view.

Ms. Green :　Have you shared your ideas ?　Use these *sticky notes to have a better discussion.　You can share ideas easily by using them.

Kazuki :　All right.　How about writing things we need for the city on sticky notes and putting them on this paper ?　Let's write one idea on one sticky note.

The three students write their ideas on sticky notes.

Ryoko :　I'll tell you my ideas first.　I want a mall.　I also think it's a good idea to have a big *company in the city.

Manabu :　I think we need a *nursery school.　A big park will also be good.

Kazuki :　Do you know that about *one in four people in Japan is older than sixty-five now ?　In 2060, about 40% of the people in Japan will be older than sixty-five.　So, we need a large hospital.　I also think we should build a *wide street.

Ms. Green :　Your group has six different ideas.　Move the sticky notes and put *similar ideas into one *box.

Ryoko :　All right.　If we have a mall and a company, many people will have jobs in the city.　Then, there will be more people who *pay taxes, and the city will become *rich.　So, these two things should be put in the same box.

Manabu :　I think a nursery school and a hospital are similar because both of them help people who need *support.

Kazuki :　I agree.　So, let's put those two things in one box.　I think that a park has a lot of trees and flowers, and it is good for the *environment.

Manabu :　That's good.　If we have a wide street, it will be easier to move around the city.

Ryoko :　OK.　So, let's put the big park and the wide street in two different boxes.　Now, we have put our ideas in four different boxes.

Ms. Green :　Good.　So, if all the things in the boxes are in the city, will it be perfect ?

Kazuki :　Let me see.　That's difficult.　I can't say yes.

Ms. Green :　I agree.　Now let's do one more thing on the paper.　Look at *Signs.　I'll tell you how to use Sign A and Sign B. If the ideas in one box *are in harmony with the ideas in another box, put Sign A between the two boxes. If the ideas in one box are not in harmony with the ideas in another box, put Sign B between the two boxes.

Signs

Sign A : ⇔
Sign B : ⬌

Manabu : OK. I think the wide street is in harmony with the nursery school and the hospital because each of the three things is a great support to many people in the city. People can take children to the nursery school or go to see a doctor easily by using the wide street.

Ryoko : Also, people can go shopping or go to work easily if they have the wide street, so it is in harmony with the mall and the company.

Kazuki : I agree with both of you, but cars are not good for the environment. I think the wide street is needed, but it is not in harmony with the big park.

Ryoko : I see. I think the park is not in harmony with the mall and the company. When the people in the mall and the company visit the park, they may leave *trash in the park. I think it's bad.

Kazuki : I have a different idea, Ryoko. If I work in the company, I want to have lunch in the park. We must think about the trash problem because the park should be beautiful. I think the company can do something. For example, the people working there clean the park.

Manabu : That's interesting! Let's put both signs between the two boxes. I have one more idea about the park. It is good for children and old people because children can play in the park and old people can enjoy talking with their friends there. So, the park is in harmony with the nursery school and the hospital.

Ryoko : That's right. No more ideas? OK, we have finished putting signs on our paper.

Ms. Green : Good job! By looking at your paper, I can understand what your group has talked about.

Manabu : It is difficult to plan a good city for everyone, right?

Kazuki : Yes, I think so. But we had a good discussion because we could *organize our ideas by using sticky notes.

Ryoko : When we had different ideas, we put both signs between the two boxes. I think that was a good way to share ideas.

Manabu : That's true. I've learned that it is important to share many different ideas when we have a discussion. By doing so, we will find better answers.

* *discussion*：話し合い　plan ～：～を設計する　mall：ショッピングモール
points of view：ものの見方　sticky notes：ふせん　company：企業
nursery school：保育園　one in four people：四人のうち一人　wide：広い
similar：似ている　box：囲み　pay taxes：税金を払う　rich：裕福な　support：支援
environment：環境　**Signs**：記号　are in harmony with ～：～と調和する
trash：ごみ　organize ～：～を整理する

(ア) 本文中の□の中に入れるのに最も適するものを，次の１～４の中から一つ選び，その番号を答えなさい。

1．but I know there are people who don't want it
2．but I will be sad if the city doesn't have a mall
3．and I believe that other people also want it
4．and I will buy a car to go to the mall easily

(イ) 本文中の――線部のとき，三人の生徒が作成したものとして最も適するものを，次の１～４の中から一つ選び，その番号を答えなさい。

1．

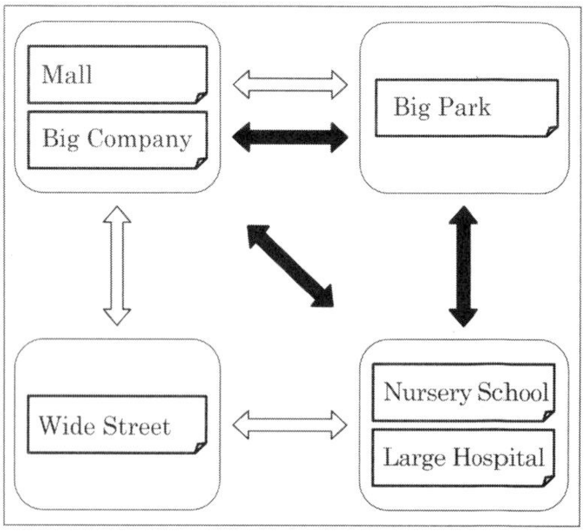

2．

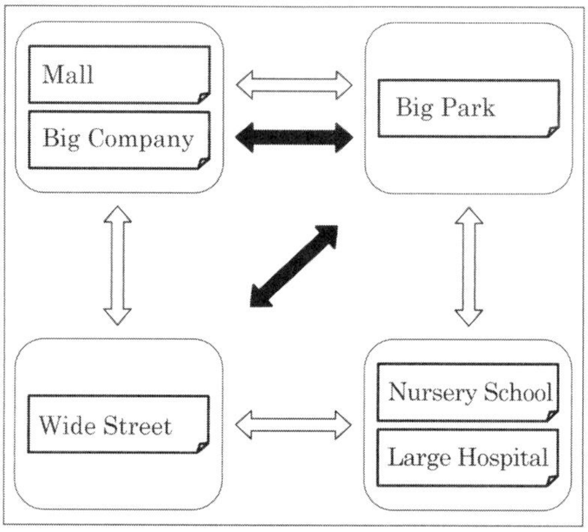

3．

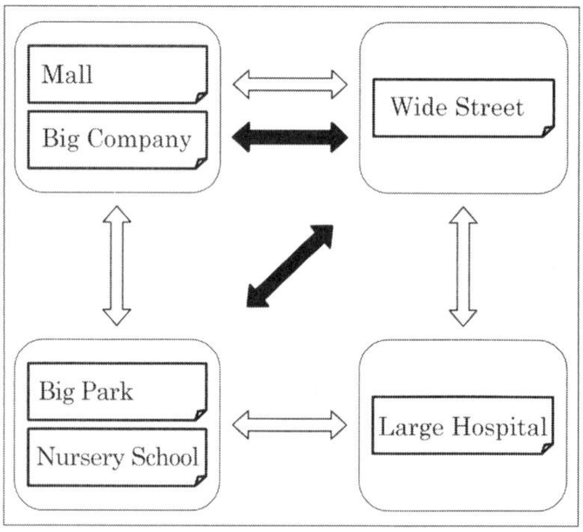

4．

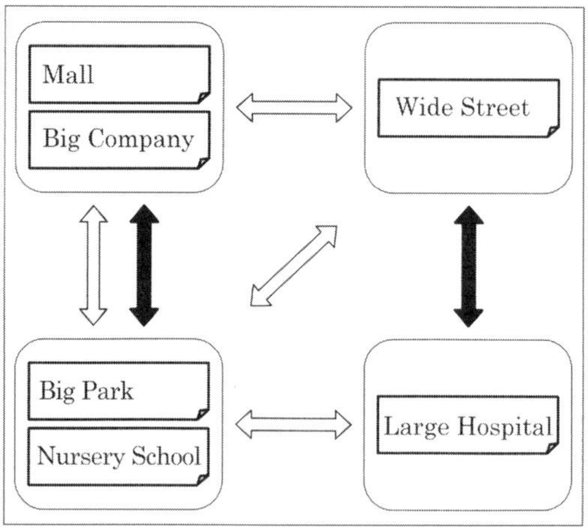

(ウ) 次のａ～ｇの中から，本文の内容に合うものを**二つ**選んだときの組み合わせとして最も適するものを，あとの１～８の中から一つ選び，その番号を答えなさい。

a．Ryoko wants a mall but she worries that there may be too many cars around it.
b．Manabu thinks that it may be difficult for small old shops to sell many things if there is a mall in the city.
c．Kazuki says that about 40% of the people in Japan are older than sixty-five now.
d．The three students agree that the city will become rich and it can build the wide street if there is a big company in the city.

e．Ms. Green says that the city will be perfect if all six things the students want are in the city.

f．Ryoko thinks the trash in the park is a problem, and Kazuki says the company can do something to make the park beautiful.

g．Manabu thinks that the students should share ideas without using sticky notes to find good answers quickly.

1．aとc　2．aとe　3．bとd　4．bとf
5．cとd　6．eとf　7．eとg　8．fとg

＜リスニングテスト放送台本＞

（チャイム音）

これから，**1** の**リスニングテストの放送**を始めます。問題冊子の１ページを開けてください。

問題は(ア)・(イ)・(ウ)の三つに大きく分かれています。放送を聞きながらメモをとってもかまいません。

それでは，**問題(ア)**に入ります。**問題(ア)**は，No.1～No.3 まであります。Paul と Yuki が話をしています。まず Paul が話し，次に Yuki が話し，その後も交互に話します。対話の最後で Yuki が話す言葉のかわりに（チャイムの音）というチャイムが鳴ります。そのチャイムのところに入る Yuki の言葉として最も適するものを，**問題(ア)**の指示にしたがって答えなさい。まず，**問題(ア)**の指示を読みなさい。

それでは，始めます。対話は２回ずつ放送します。

No.1　**［Paul:］ Yuki, tell me about your family trip to Hokkaido.**

［Yuki:］ Sure, Paul.　Look at this picture of us.　We had a good time at a beautiful lake.

［Paul:］ Oh, you look happy in the picture.　What did you do at the lake?

［Yuki:］（チャイム）

No.2　**［Paul:］ You are good at playing the piano, Yuki.**

［Yuki:］ Thank you, Paul.　I take piano lessons every Friday.

［Paul:］ That's nice!　How long have you practiced the piano?

［Yuki:］（チャイム）

No.3　**［Paul:］ Yuki, I hear you will play tennis with Rika this Saturday.　Can I join you?**

［Yuki:］ Sure.　I know your brother also likes tennis.　Ask him to join us.

［Paul:］ OK.　A group of four will be perfect for playing tennis!　What time shall we start?

［Yuki:］（チャイム）

次に，**問題(イ)**に入ります。**問題(イ)**は，No.1 と No.2 があります。それぞれ同じ高校に通う Miho と Jack の対話を放送します。対話の内容を聞いて，問題冊子に印刷されているそれぞれの質問の答えとして最も適するものを，**問題(イ)**の指示にしたがって答えなさい。まず，**問題(イ)**の指示を読みなさい。

それでは，始めます。対話は２回ずつ放送します。

No.1　**［Miho:］ Jack, I think the science homework is very difficult.　Have you finished it**

yet ?

[Jack :] Yes, I have, Miho. It was a piece of cake.

[Miho :] A piece of cake ? I'm not talking about food. I'm asking you about the homework.

[Jack :] I know. Oh, do you know what "a piece of cake" means ?

[Miho :] No, I've never heard that. What does it mean ?

[Jack :] It means that something is very easy.

No. 2 **[Miho :] Jack, my friend from London will visit me next month. I want to take her to a nice place in our city. Can you come with us ?**

[Jack :] Sure. Where will you take her ?

[Miho :] I think I'll take her to the city museum because she is interested in Japanese history. I hope she will learn about it there.

[Jack :] That's good. The museum is my favorite place. Does she speak Japanese ?

[Miho :] No, she doesn't. So, we will talk about Japanese history in English. I'm nervous about it.

[Jack :] No problem, Miho. I can help you.

最後に，**問題(ウ)**に入ります。**問題(ウ)**では，かもめ高校に来週から来る留学生について，英語部のアキコが全校生徒に紹介するスピーチを放送します。放送を聞き，**問題(ウ)**の指示にしたがって答えなさい。このあと，20秒後に放送が始まりますので，それまで**問題(ウ)**の指示を読みなさい。

それでは，始めます。英文は2回放送します。

Hello, everyone. I'm Akiko. Next Monday, a new student from the U.S. will join our school. Her name is Emma. She speaks English, and she can speak Chinese and Japanese, too. Emma likes sports very much. She plays basketball in the U.S. but she wants to try a new sport in Japan. So, she's going to join the soccer club at our school. Emma wants to try many kinds of Japanese food. Can anyone help her ? Please enjoy your favorite Japanese food with her. Emma will stay with us for five months and she will leave our school before the New Year comes.

これで 1 の**リスニングテストの放送**を終わります。解答を続けてください。

(チャイム音) [計9分35秒]

数学

●満点 100点 ●時間 50分

〔注意〕 1．答えに無理数が含まれるときは，無理数のままにしておきなさい。根号が含まれるときは，根号の中は最も小さい自然数にしなさい。また，分母に根号が含まれるときは，分母に根号を含まない形にしなさい。

2．答えが分数になるとき，約分できる場合は約分しなさい。

1 次の計算をした結果として正しいものを，それぞれあとの**1**～**4**の中から1つ選び，その番号を答えなさい。

(ア) $2-(-9)$

1．-11 **2**．-7 **3**．7 **4**．11

(イ) $52a^2b\div(-4a)$

1．$-26b$ **2**．$-13ab$ **3**．$13ab$ **4**．$26b$

(ウ) $\sqrt{28}+\dfrac{49}{\sqrt{7}}$

1．$8\sqrt{7}$ **2**．$9\sqrt{7}$ **3**．$10\sqrt{7}$ **4**．$11\sqrt{7}$

(エ) $\dfrac{3x-y}{3}-\dfrac{x-2y}{4}$

1．$\dfrac{3x+2y}{4}$ **2**．$\dfrac{9x+y}{6}$ **3**．$\dfrac{9x-10y}{12}$ **4**．$\dfrac{9x+2y}{12}$

(オ) $(\sqrt{2}+1)^2-5(\sqrt{2}+1)+4$

1．$2-3\sqrt{2}$ **2**．$8-3\sqrt{2}$ **3**．$2+3\sqrt{2}$ **4**．$12-3\sqrt{2}$

2 次の問いに対する答えとして正しいものを，それぞれあとの**1**～**4**の中から1つ選び，その番号を答えなさい。

(ア) 連立方程式 $\begin{cases} ax+by=10 \\ bx-ay=5 \end{cases}$ の解が $x=2$，$y=1$ であるとき，a，b の値を求めなさい。

1．$a=1$，$b=8$ **2**．$a=3$，$b=4$

3．$a=3$，$b=16$ **4**．$a=7$，$b=4$

(イ) 2次方程式 $x^2-5x-3=0$ を解きなさい。

1．$x=\dfrac{-5\pm\sqrt{13}}{2}$ **2**．$x=\dfrac{-5\pm\sqrt{37}}{2}$

3．$x=\dfrac{5\pm\sqrt{13}}{2}$ **4**．$x=\dfrac{5\pm\sqrt{37}}{2}$

(ウ) 関数 $y=-\dfrac{1}{3}x^2$ について，x の値が3から6まで増加するときの変化の割合を求めなさい。

1．-9 **2**．-3 **3**．3 **4**．9

(エ) ある動物園では，大人1人の入園料が子ども1人の入園料より600円高い。大人1人の入園料と子ども1人の入園料の比が5：2であるとき，子ども1人の入園料を求めなさい。

1．400円 **2**．600円 **3**．800円 **4**．1000円

(オ) $\dfrac{5880}{n}$ が自然数の平方となるような，最も小さい自然数 n の値を求めなさい。

1．$n=6$　　2．$n=10$

3．$n=30$　　4．$n=210$

(カ) 右の図において，線分 AB は円Oの直径であり，3点C，D，Eは円Oの周上の点である。

このとき，∠ODC の大きさを求めなさい。

1．54°　　2．63°

3．68°　　4．72°

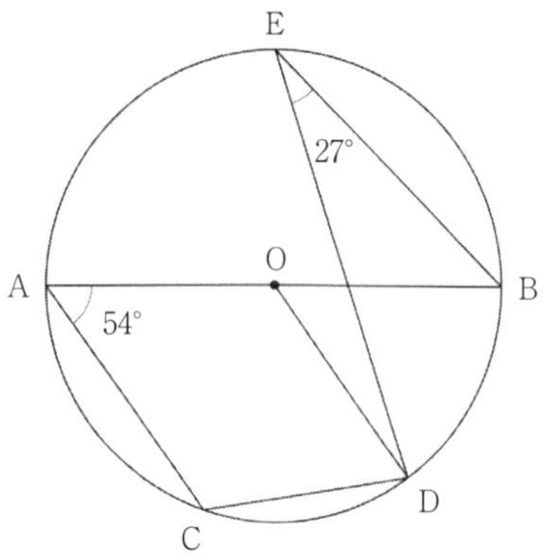

3　次の問いに答えなさい。

(ア) 右の図1のように，円Oの周上に3点A，B，Cをとる。

また，点Bを含まない $\overset{\frown}{AC}$ 上に，2点A，Cとは異なる点Dをとり，∠CBD の二等分線と円Oとの交点のうち，点Bとは異なる点をEとする。

さらに，線分 AE と線分 BD との交点をFとし，線分 AC と線分 BD との交点をG，線分 AC と線分 BE との交点をHとする。

このとき，次の(i)，(ii)に答えなさい。

図1

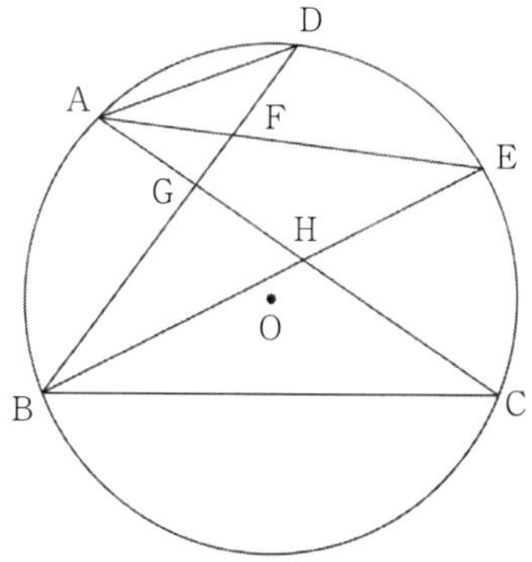

(i) 三角形 AFD と三角形 BHC が相似であることを次のように証明した。[(a)]，[(b)] に最も適するものをそれぞれ選択肢の 1 ～ 4 の中から1つ選び，その番号を答えなさい。

［証明］

△AFD と△BHC において，

まず，[(a)] に対する円周角は等しいから，

∠ADB＝∠ACB

よって，∠ADF＝∠BCH　……①

次に，$\overset{\frown}{DE}$ に対する円周角は等しいから，

∠DAE＝∠DBE　……②

また，線分 BE は∠CBD の二等分線であるから，

[(b)]　……③

②，③より，∠DAE＝∠CBE

よって，∠DAF＝∠CBH　……④

①，④より，2組の角がそれぞれ等しいから，

△AFD∽△BHC

(a)の選択肢

1．$\overset{\frown}{AB}$

2．$\overset{\frown}{AD}$

3．$\overset{\frown}{BC}$

4．$\overset{\frown}{CE}$

(b)の選択肢

1．∠ACB＝∠AEB

2．∠AHB＝∠CHE

3．∠CBE＝∠DBE

4．∠EAC＝∠EBC

(ii) 8つの点A，B，C，D，E，F，G，Hのうちの2点A，Bを含む4つの点が，円Oとは異なる1つの円の周上にある。この円の周上にある4つの点のうち，点Aと点B以外の2点を書きなさい。

(イ) 神奈川県のある地点における1日の気温の寒暖差(最高気温と最低気温の差)を1年間毎日記録し，月ごとの特徴を調べるため，ヒストグラムを作成した。

次の図2のA～Fのヒストグラムは，1日の気温の寒暖差の記録を月ごとにまとめたものであり，1月と11月を含む6つの月のヒストグラムのいずれかを表している。なお，階級は，2℃以上4℃未満，4℃以上6℃未満などのように，階級の幅を2℃にとって分けられている。

これらの6つの月に関するあとの説明から，(i)1月のヒストグラムと，(ii)11月のヒストグラムとして最も適するものを**1**～**6**の中からそれぞれ1つ選び，その番号を答えなさい。

図2

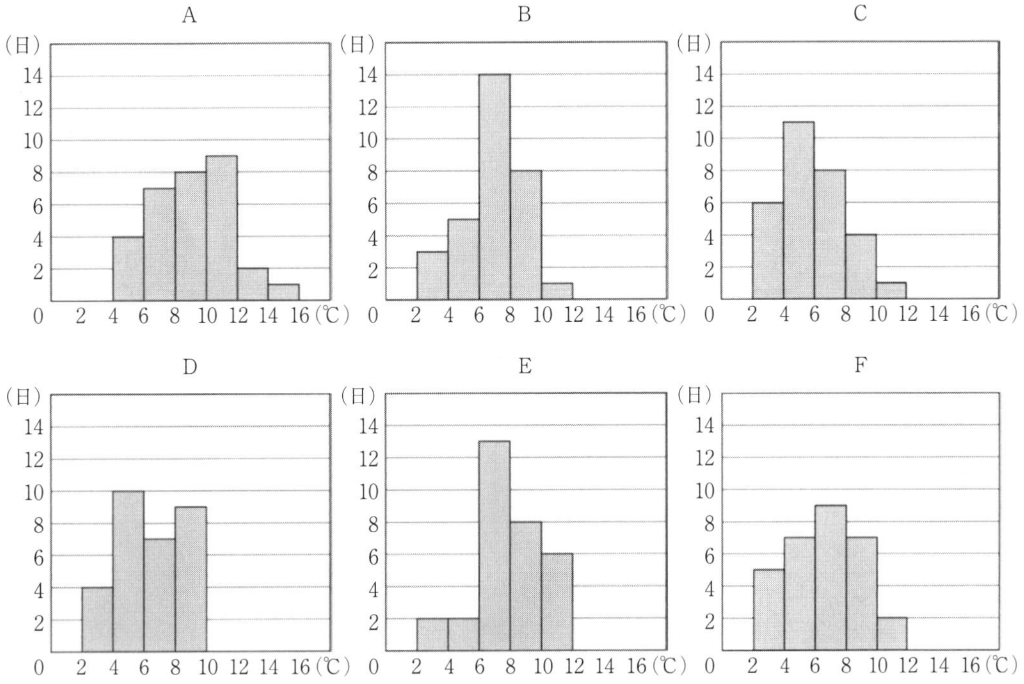

説明

・1月には，寒暖差が10℃以上の日はあったが，寒暖差が12℃以上の日はなかった。

・1月の寒暖差の中央値は，6℃以上8℃未満の階級にあった。

・1月の寒暖差の平均値は，6つの月のヒストグラムから読み取れる寒暖差の平均値の中で2番目に大きかった。

・1月，11月ともに，寒暖差が4℃未満の日は4日以内であった。

・11月には，寒暖差が2.1℃の日があった。

・11月の寒暖差の最頻値は，4℃以上6℃未満の階級の階級値であった。

1．A　**2**．B　**3**．C

4．D　**5**．E　**6**．F

(ウ) 右の図3のような平行四辺形ABCDがあり，辺BC上に点Eを辺BCと線分AEが垂直に交わるようにとり，辺AD上に点FをAB＝AFとなるようにとる。

また，線分BFと線分AEとの交点をG，線分BFと線分ACとの交点をHとする。

AB＝15cm，AD＝25cm，∠BAC＝90°のとき，三角形AGHの面積を求めなさい。

図3

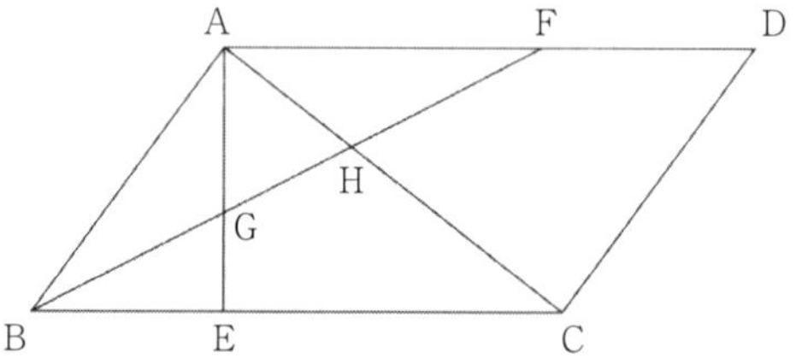

(エ) 右の図4のように，かみあってそれぞれ回転する歯車Pと歯車Qがある。歯数が24である歯車Pを1秒間に6回転させるとき，歯車Qの1秒間に回転する数が，その歯数によってどう変わるかを考える。

Aさんは，歯車Qの1秒間に回転する数について，次のようにまとめた。(i) にあてはまる数を，(ii) にあてはまる式を，それぞれ書きなさい。

図4

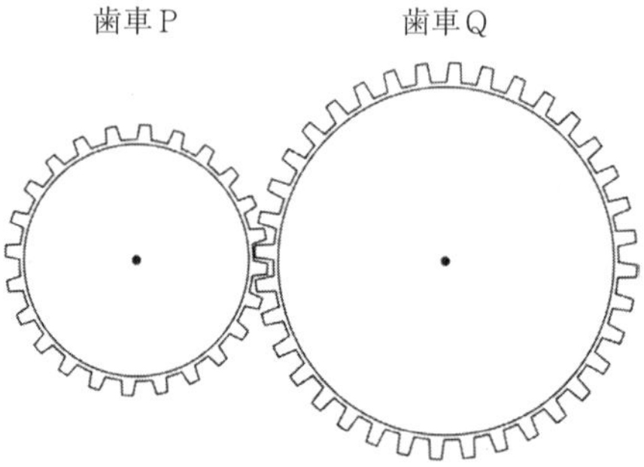

まとめ

歯車Qの歯数が48のとき，歯車Qは1秒間に3回転する。
また，歯車Qの歯数が36のとき，歯車Qは1秒間に [(i)] 回転する。
これらのことから，歯車Qの歯数を x とするとき，歯車Qの1秒間に回転する数を y として y を x の式で表すと，
[(ii)]
となる。

4 右の図において，直線①は関数 $y=x$ のグラフ，直線②は関数 $y=-x+3$ のグラフであり，曲線③は関数 $y=ax^2$ のグラフである。

点Aは直線①と曲線③との交点であり，その x 座標は6である。点Bは曲線③上の点で，線分ABは x 軸に平行であり，点Cは直線②と線分ABとの交点である。点Dは直線①と直線②との交点である。

また，原点をOとするとき，点Eは直線①上の点でAO：OE＝4：3であり，その x 座標は負である。

さらに，点Fは直線②と x 軸との交点であり，点Gは直線②上の点で，その x 座標は5である。

このとき，次の問いに答えなさい。

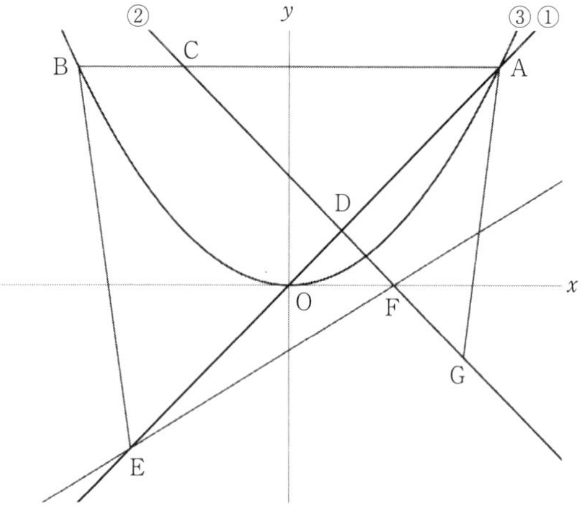

(ア) 曲線③の式 $y=ax^2$ の a の値として正しいものを次の**1**～**6**の中から1つ選び，その番号を答えなさい。

1．$a=\frac{1}{9}$　2．$a=\frac{1}{8}$　3．$a=\frac{1}{6}$　4．$a=\frac{2}{9}$　5．$a=\frac{1}{4}$　6．$a=\frac{1}{3}$

(イ)　直線EFの式を$y=mx+n$とするときの(i)mの値と，(ii)nの値として正しいものを，それぞれ次の**1**～**6**の中から1つ選び，その番号を答えなさい。

(i)　mの値

1．$m=\frac{1}{3}$　2．$m=\frac{2}{5}$　3．$m=\frac{4}{7}$　4．$m=\frac{3}{5}$　5．$m=\frac{5}{8}$　6．$m=\frac{5}{7}$

(ii)　nの値

1．$n=-\frac{15}{7}$　2．$n=-\frac{15}{8}$　3．$n=-\frac{9}{5}$

4．$n=-\frac{12}{7}$　5．$n=-\frac{6}{5}$　6．$n=-1$

(ウ)　三角形ADGの面積をS，四角形BEDCの面積をTとするとき，SとTの比を**最も簡単な整数の比**で表しなさい。

5　右の図1のように，正方形ABCDを底面とし，AE＝BF＝CG＝DHを高さとする立方体がある。

また，図2のように，袋Pと袋Qがあり，その中にはそれぞれB，C，D，E，F，Gの文字が1つずつ書かれた6枚のカードが入っている。袋Pと袋Qからそれぞれ1枚ずつカードを取り出し，次の【ルール】にしたがって，図1の立方体の8個の頂点のうちから2個の点を選ぶ。

図1

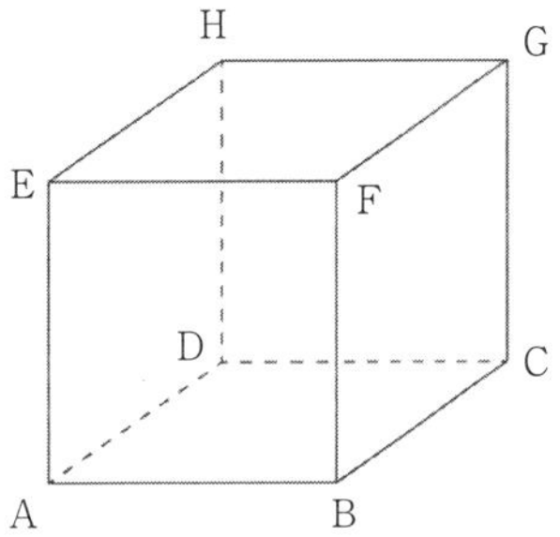

【ルール】

・袋Pと袋Qから取り出したカードに書かれた文字が異なる場合は，それぞれの文字に対応する点を2個の点として選ぶ。

・袋Pと袋Qから取り出したカードに書かれた文字が同じ場合は，その文字に対応する点および点Hを2個の点として選ぶ。

図2

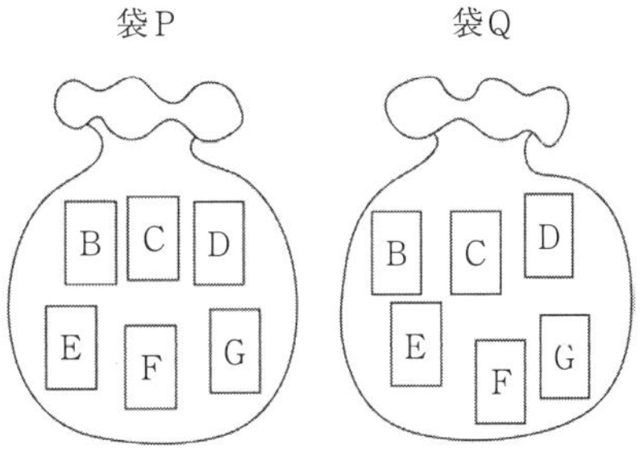

いま，図2の状態で，袋Pと袋Qからそれぞれ1枚ずつカードを取り出すとき，次の問いに答えなさい。ただし，袋Pと袋Qそれぞれについて，袋の中からどのカードが取り出されることも同様に確からしいものとする。

(ア)　選んだ2個の点が，ともに平面ABCD上の点となる確率として正しいものを次の**1**～**6**の中から1つ選び，その番号を答えなさい。

1．$\frac{1}{36}$　2．$\frac{1}{18}$　3．$\frac{1}{12}$　4．$\frac{1}{9}$　5．$\frac{5}{36}$　6．$\frac{1}{6}$

(イ)　選んだ2個の点および点Aの3点を結んでできる三角形について，その3つの辺の長さがすべて異なる確率を求めなさい。

6　右の図の五角形 ABCDE はある三角すいの展開図であり，AB ＝BC＝CD＝DE＝EA＝6cm，∠B＝∠C＝90° である。

また，点Fは線分 BC の中点であり，２点G，Hはそれぞれ線分 AF，DF の中点である。

この展開図を３点B，C，Eが重なるように組み立てたときの三角すいについて，次の問いに答えなさい。

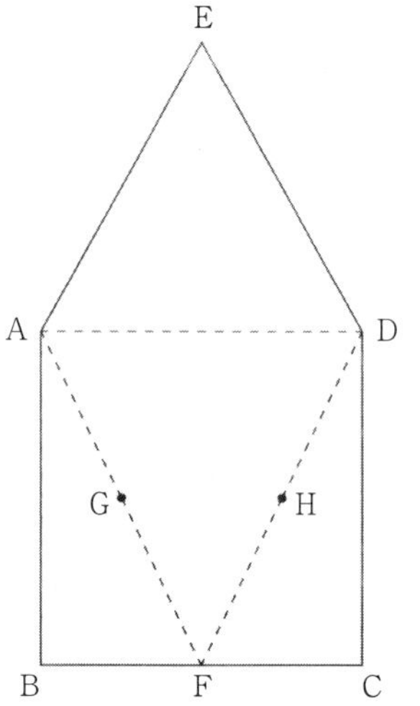

(ア)　この三角すいの表面積として正しいものを次の１～６の中から１つ選び，その番号を答えなさい。

１．$(18+3\sqrt{3})\text{cm}^2$　　２．$(18+6\sqrt{3})\text{cm}^2$

３．$(18+9\sqrt{3})\text{cm}^2$　　４．$(36+3\sqrt{3})\text{cm}^2$

５．$(36+6\sqrt{3})\text{cm}^2$　　６．$(36+9\sqrt{3})\text{cm}^2$

(イ)　この三角すいの体積として正しいものを次の１～６の中から１つ選び，その番号を答えなさい。

１．$\dfrac{3\sqrt{3}}{2}\text{cm}^3$　　２．$3\sqrt{3}\text{cm}^3$　　３．$\dfrac{9\sqrt{3}}{2}\text{cm}^3$

４．12cm^3　　５．$9\sqrt{3}\text{cm}^3$　　６．18cm^3

(ウ)　３点B，C，Eが重なった点をＩとする。この三角すいの表面上に，点Gから辺 AI，辺 DI と交わるように点Hまで，長さが最も短くなるように線を引いたときの線の長さを求めなさい。

社会

●満点 100点　●時間 50分

〔注意〕 解答用紙にマス目(例：□□□)がある場合は，句読点もそれぞれ1字と数え，必ず1マスに1字ずつ書きなさい。

1 次の**略地図**は，地図の中心からの距離と方位が正しく表されたものであり，南緯60度より南側の範囲が省略されている。緯線は北極点から，経線は本初子午線からそれぞれ等間隔に引いたものである。また，**表1〜表3**は，**略地図**中の様々な国の宗教や産業についてまとめたものである。

これらの**略地図**及び**表1〜表3**について，あとの各問いに答えなさい。

略地図

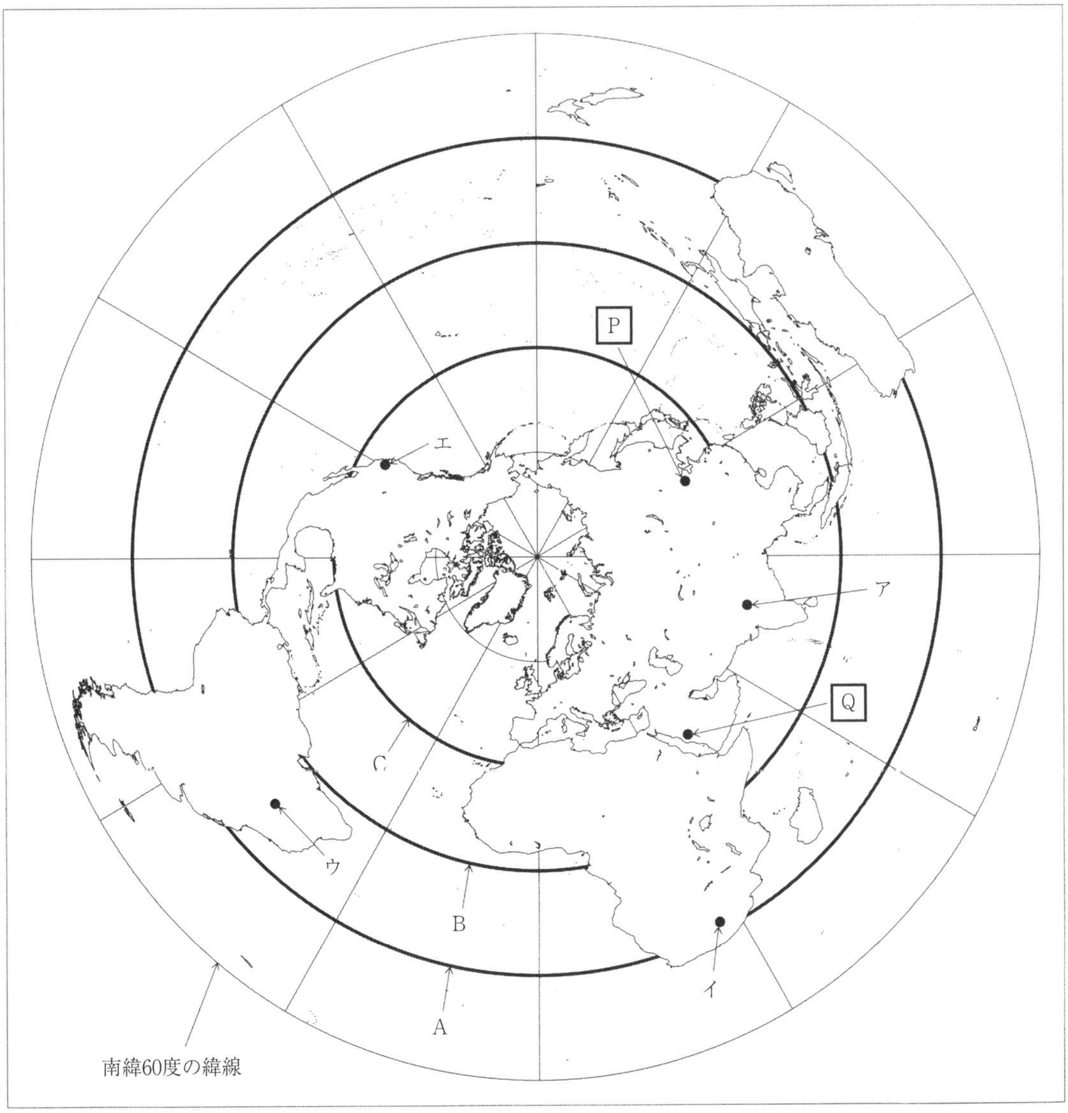

表1　**略地図**中の国及び世界全体の主な宗教・宗派別人口の割合

	人口	主な宗教・宗派別人口の割合
都市アを首都とする国	13億3918万人	ヒンドゥー教79.8%，イスラム教14.2%，キリスト教2.3%
都市イを首都とする国	5672万人	プロテスタント36.6%，カトリック7.1%，他のキリスト教36.0%，イスラム教1.5%
世界全体	75億5026万人	キリスト教31.4%，イスラム教23.2%，ヒンドゥー教15.0%，仏教7.1%

表2　鉄鉱石の生産量(2014年)

国	生産量（単位：千トン）
オーストラリア	468,000
都市ウを首都とする国	262,000
中華人民共和国	254,000
都市アを首都とする国	80,000
ロシア	61,700
世界計	1,430,000

注：「世界計」は，その他の国の生産量を含む。

表3　都市ウを首都とする国の輸出品(2015年)

品目	輸出額（単位：百万ドル）
大豆	20,984
機械類	15,246
肉類	14,410
鉄鉱石	14,076
原油	11,781
総額	191,127

注：「総額」は，その他の品目を含む。

（**表1**～**表3**はすべて，『世界国勢図会　2017/18年版』をもとに作成）

(ア)　**略地図**について説明した次の文中の［あ］，［い］にあてはまる語句の組み合わせとして最も適するものを，あとの1～6の中から一つ選び，その番号を答えなさい。

> この**略地図**は，［P］で示した地点から見た［Q］で示した地点の方位を正しく表して［あ］。また，A～Cの緯線のうち，実際の距離(全周)が最も長いのは［い］である。

1．あ：いる　い：A　2．あ：いる　い：B　3．あ：いる　い：C
4．あ：いない　い：A　5．あ：いない　い：B　6．あ：いない　い：C

(イ)　次の文a～fのうち，**表1**～**表3**について正しく説明したものの組み合わせとして最も適するものを，あとの1～8の中から一つ選び，その番号を答えなさい。

> a　**表1**によると，都市イを首都とする国でキリスト教を信仰している人びとの数は，その国の人口の5割を下回っている。
> b　**表1**によると，「世界全体」で仏教を信仰している人びとの数は，都市アを首都とする国でヒンドゥー教を信仰している人びとの数より少ない。
> c　**表2**によると，都市ウを首都とする国の鉄鉱石の生産量が「世界計」に占める割合は，10%を下回っている。
> d　**表3**によると，工業製品と鉱産物の合計額が「総額」に占める割合は，10%を上回っている。
> e　**表2**をもとに，鉄鉱石の生産量の割合を国ごとに比較するときには，円グラフよりも折れ線グラフが適している。
> f　**表3**をもとに，都市ウを首都とする国からの輸出額の品目ごとの割合を示すときには，折れ線グラフよりも円グラフが適している。

1．a，c，e　2．a，c，f　3．a，d，e　4．a，d，f
5．b，c，e　6．b，c，f　7．b，d，e　8．b，d，f

(ウ) **略地図**中の都市エの郊外のようすについて説明した文として最も適するものを，次の１～４の中から一つ選び，その番号を答えなさい。

1．情報通信技術（情報技術）に関連する産業が集中し，高度な技術の開発が進められている。

2．北大西洋海流や偏西風の影響による温暖な気候を利用した，混合農業や酪農がさかんである。

3．火山のはたらきによってできた島や，さんご礁が発達してできた島が多くみられる。

4．プランテーションにおいて，天然ゴムやバナナなど輸出用の作物が栽培されている。

2　Ｋさんは，富山県黒部《くろべ》市を題材に調べ学習をおこない**レポート**を作成した。これについて，あとの各問いに答えなさい。

レポート

私は，新幹線に乗って日本アルプスの東側を通りました。①この一帯には断層が集まっており，ここを境にして本州の東と西では自然環境が大きく異なっているそうです。その後，②北陸地方に入り富山県の③黒部市に到着した私は，市のパンフレットに掲載されていた**案内図**を使って調査を始めようとしました。しかし，**案内図**では方位や一部の道路などが省略されていたので，**地形図**を用意して調査にのぞむことにしました。

案内図

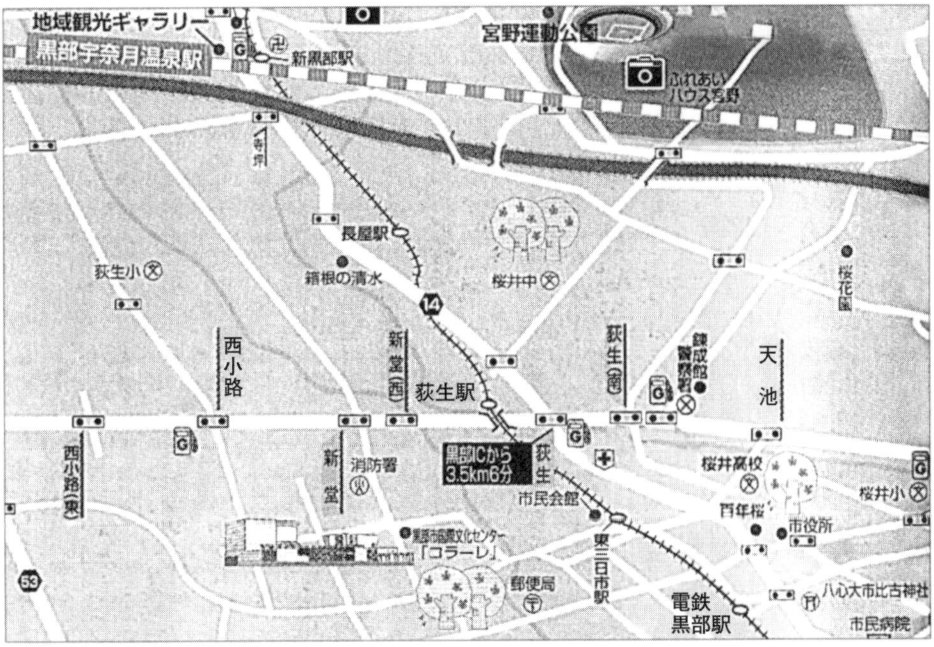

（『KUROBE マガジン』（黒部市商工観光課）を一部改変）

地形図

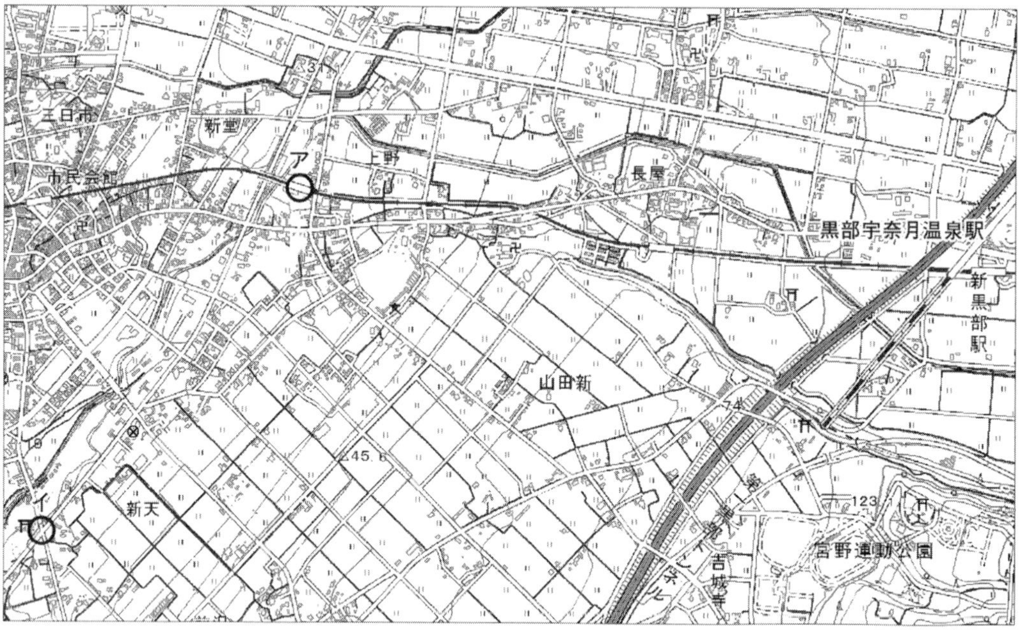

（『２万５千分の１電子地形図　国土地理院作成（2019年８月調製）』をもとに作成）
〈編集部注：編集上の都合により原図の90％に縮小してあります。〉

(ア)　──線①に関して，この一帯の名称を**カタカナ７字**で書きなさい。

(イ)　──線②に関して，この地方に含まれる**都市**の名称とその都市の気温と降水量を表した**グラフ**の組み合わせとして最も適するものを，あとの１～８の中から一つ選び，その番号を答えなさい。

都　市	W　金沢市　　X　札幌市　　Y　仙台市　　Z　名古屋市
グラフ	a 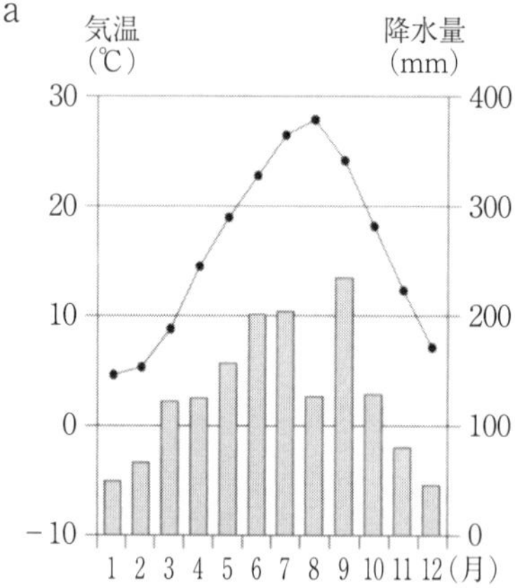 b 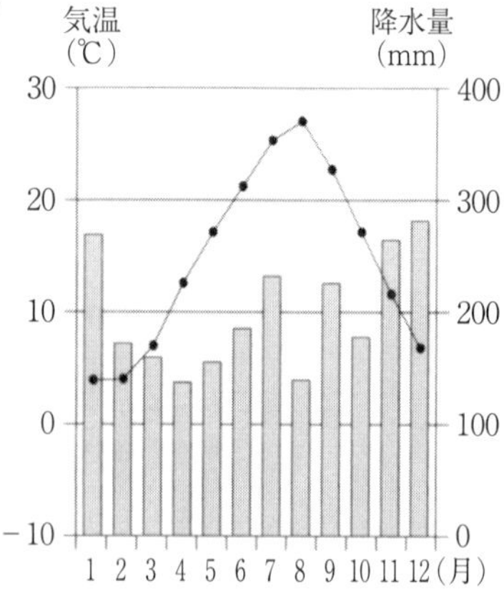 （気象庁ウェブサイト掲載資料（1981～2010）をもとに作成）

１．Wとａ　　２．Wとｂ　　３．Xとａ　　４．Xとｂ
５．Yとａ　　６．Yとｂ　　７．Zとａ　　８．Zとｂ

(ウ)　──線③に関して，黒部市の人口の推移を示した次の**グラフ**から読み取れることについて説明した文として最も適するものを，あとの1～4の中から一つ選び，その番号を答えなさい。

グラフ

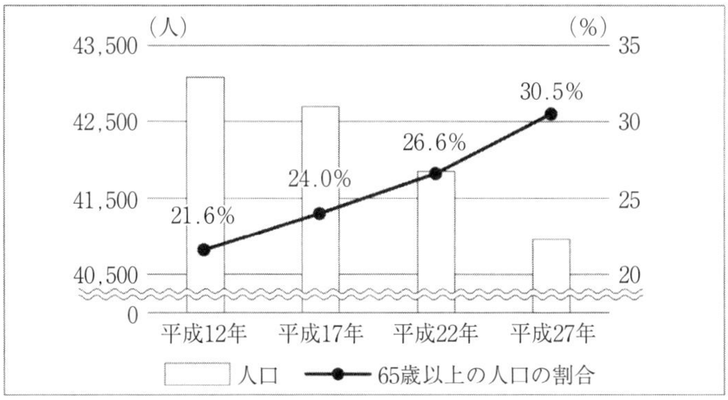

（黒部市ウェブサイト掲載資料をもとに作成）

1．平成12年から平成27年にかけて，65歳以上の人口の割合が低下し続けている。
2．平成12年から平成27年にかけて，出生率が低下し少子化が進んでいる。
3．平成27年には，65歳以上の人口が64歳以下の人口を上回っている。
4．**グラフ**に示された4つの年のすべてで，65歳以上の人口は8千人をこえている。

(エ)　**地形図**上の**ア**，**イ**で示した地点に対応する**案内図**上の場所の組み合わせとして最も適するものを，次の1～4の中から一つ選び，その番号を答えなさい。

1．**ア**：電鉄黒部駅　**イ**：「天池《あまいけ》」の交差点　　2．**ア**：電鉄黒部駅　**イ**：「西小路《にしょうじ》」の交差点
3．**ア**：荻生《おぎゅう》駅　**イ**：「天池」の交差点　　4．**ア**：荻生駅　**イ**：「西小路」の交差点

3　Kさんは，夏休みを利用して大分県を訪れ，**レポート**を作成した。これについて，あとの各問いに答えなさい。

レポート

古代から近世にかけて，現在の大分県にあたる範囲の北部の地域は豊前《ぶぜん》，中部から南部にかけての地域は豊後《ぶんご》とよばれていたそうです。7世紀以降の大分県に関係のあるできごとや中学校までに学習した内容について，年代の古い順に**表**にしました。

表

大分県に関係のあるできごと	中学校までに学習した内容
	倭国の軍勢が，朝鮮半島で唐・新羅の連合軍に敗れた。
あ　A	
	壇ノ浦で，平氏の軍勢が源氏の軍勢に敗れた。
い	
	京都で，多くの守護大名を巻きこんだ戦乱がおこった。
B	
	大阪城が攻められ，豊臣家が滅亡した。
う　C	
	貿易の利益を守ろうとするイギリスが，清と戦った。

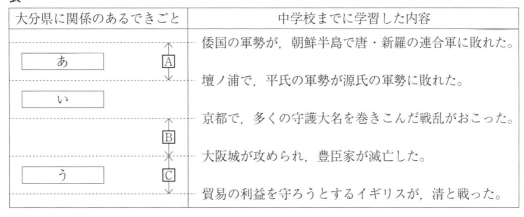

(ア) **レポート**中の――線に関して，この期間を西暦で表すと何年から何年までか，その始まりの年と終わりの年をそれぞれ**算用数字**で書きなさい。

(イ) **表**中の あ ～ う にあてはまる次の文Ⅰ～Ⅲの組み合わせとして最も適するものを，あとの1～6の中から一つ選び，その番号を答えなさい。

> Ⅰ　豊後についての地理や産物，伝承などをまとめた風土記がつくられた。
> Ⅱ　複数の藩があった豊後に，幕府の直接の支配地(直轄領)が設けられた。
> Ⅲ　大友氏泰《うじやす》が，足利尊氏に味方した功績によって豊前や豊後などの守護に任じられた。

1．あ：Ⅰ　い：Ⅱ　う：Ⅲ　　2．あ：Ⅰ　い：Ⅲ　う：Ⅱ
3．あ：Ⅱ　い：Ⅰ　う：Ⅲ　　4．あ：Ⅱ　い：Ⅲ　う：Ⅰ
5．あ：Ⅲ　い：Ⅰ　う：Ⅱ　　6．あ：Ⅲ　い：Ⅱ　う：Ⅰ

(ウ) **表**中の Ａ の時期のできごとについて説明した次の文Ⅰ～Ⅲを年代の古いものから順に正しく並べたものを，あとの1～4の中から一つ選び，その番号を答えなさい。

> Ⅰ　大宝律令が制定され，天皇を頂点に太政官が政策を決める仕組みが定められた。
> Ⅱ　藤原道長が，天皇が幼いときに政治を代行する職につき，政治を主導した。
> Ⅲ　後白河上皇に仕える人びとの勢力争いに勝利した平清盛が，政権をにぎった。

1．Ⅰ→Ⅱ→Ⅲ　　2．Ⅰ→Ⅲ→Ⅱ
3．Ⅱ→Ⅰ→Ⅲ　　4．Ⅱ→Ⅲ→Ⅰ

(エ) 次の**資料**は，**表**中の Ｂ の時期のようすを描いた屏風《びょうぶ》の一部である。この**資料**に関する**説明文**と，Ｂ の時期におきた**世界のできごと**の組み合わせとして最も適するものを，あとの1～6の中から一つ選び，その番号を答えなさい。

資料

従来の仏教寺院を改造してつくられた教会。その屋根には十字架が取り付けられている。
東南アジアから連れてこられた虎。商人によって運ばれている。

(神戸市立博物館ウェブサイトから引用)

説明文	X　朝鮮の人びとが，幕府の新たな将軍が就任した際に，外交使節として日本を訪れたようすを表している。 Y　ヨーロッパの人びとが，貿易やキリスト教の布教のために，日本を訪れたようすを表している。
世界のできごと	a　キリスト教徒で構成された十字軍が，エルサレムに遠征した。 b　元が，高麗を従わせて日本を攻めた。 c　ルターやカルバンらによって，宗教改革がおこなわれた。

1．Xとa　　2．Xとb　　3．Xとc　　4．Yとa　　5．Yとb　　6．Yとc

(オ) **表**中の C の時期の日本でみられた文化について説明した文として最も適するものを，次の1～4の中から一つ選び，その番号を答えなさい。

1．宮廷に才能ある女性が集まる中で，清少納言がかな文字を使って随筆を書いた。
2．武家の文化が公家の文化ととけ合っていく中で，京都の北山に金閣がつくられた。
3．武士の力が伸びたことを背景に軍記物が生まれ，琵琶法師によって『平家物語』が語られた。
4．商業の発達や都市の繁栄を背景に，上方の町人である井原西鶴が浮世草子を書いた。

4　Kさんは，日本と海外とのかかわりに関するできごとを年代の古い順に並べた**表**を作成した。これについて，あとの各問いに答えなさい。

表

日本と海外とのかかわりに関するできごと	
アメリカ合衆国のペリーが，艦隊を率いて日本に開国を求めた。	
	A
ロシアが，ドイツやフランスとともに，戦争で得た領土の一部を返還するよう日本に要求した。	
	B
満州にいた日本の軍隊が，南満州鉄道の線路を爆破し，満州全体を占領した。	
	C
日韓基本条約が結ばれ，日本と大韓民国のあいだで国交が樹立された。	
	D
日朝首脳会談がおこなわれ，拉致《らち》被害者の一部の帰国が実現した。	

(ア) **表**中の A の時期に結ばれた条約について説明した次の文Ⅰ～Ⅲを年代の古いものから順に正しく並べたものを，あとの1～4の中から一つ選び，その番号を答えなさい。

Ⅰ　イギリスとのあいだで条約が結ばれ，日本国内で罪を犯した外国人に対して，領事が本国の法で裁判をおこなう仕組みが廃止されることになった。
Ⅱ　岩倉具視を大使とする使節団が，条約の不平等な点を改正する準備のために，欧米諸国に派遣された。
Ⅲ　欧米諸国とのあいだで条約が結ばれ，輸出入品に課す税の税率を日本が決めることができない仕組みのもとで，欧米諸国との貿易が始まった。

1．Ⅱ→Ⅰ→Ⅲ　　2．Ⅱ→Ⅲ→Ⅰ　　3．Ⅲ→Ⅰ→Ⅱ　　4．Ⅲ→Ⅱ→Ⅰ

(イ) **表**中の[B]の時期における人びとの生活について説明した文として最も適するものを，次の1～4の中から一つ選び，その番号を答えなさい。

1．電気洗濯機，電気冷蔵庫，テレビなどの家庭電化製品が普及した。
2．雑誌や新聞が普及するとともに，新たにラジオ放送が始まった。
3．太陽暦を採用することが定められるなど，欧米の文化や生活様式が取り入れられた。
4．空襲が激しさを増す中で，都市の小学生が集団で農村へ疎開した。

(ウ) **表**中の[C]の時期のできごとについて説明した次の文中の[あ]，[い]にあてはまる語句の組み合わせとして最も適するものを，あとの1～6の中から一つ選び，その番号を答えなさい。

> 日本と[　あ　]との戦争中に，日本では国家総動員法が制定された。この法によって，大日本帝国憲法(明治憲法)で議会に認められている[　い　]に関する機能は大きく制限され，政府は国民や物資を優先して戦争にまわすことができるようになった。

1．あ：アメリカ合衆国　い：法律の制定
2．あ：アメリカ合衆国　い：軍隊の指揮
3．あ：中華民国　い：法律の制定
4．あ：中華民国　い：軍隊の指揮
5．あ：ドイツ　い：法律の制定
6．あ：ドイツ　い：軍隊の指揮

(エ) **表**中の[D]の時期について，あとの各問いに答えなさい。

(i) 次の**資料**は，この時期に日本と中華人民共和国の両国政府が共同で発表したものの一部である。**資料**中の[う]にあてはまる**語句**と，中華人民共和国の政治を建国当初から主導していた**人物**の組み合わせとして最も適するものを，あとの1～4の中から一つ選び，その番号を答えなさい。

資料

> …（略）…日中両国は，(注)一《いち》衣《い》帯水《たいすい》の間にある隣国であり，長い伝統的友好の歴史を有する。両国国民は，両国間にこれまで存在していた不正常な状態に終止符を打つことを切望している。戦争状態の終結と日中[　う　]という両国国民の願望の実現は，両国関係の歴史に新たな一頁《ページ》を開くこととなろう。…（略）…
>
> (注)　一衣帯水：一筋の帯のような狭い川・海。その狭い川や海峡をへだてて近接していることをいう。

(外務省ウェブサイトから引用)

語句	X　国交の正常化	Y　軍事同盟の構築
人物	a　毛沢東	b　蔣介石

1．Xとa　2．Xとb　3．Yとa　4．Yとb

(ii) 次の**グラフ**は，この時期における日本とアメリカ合衆国のあいだの貿易額の推移を示したものである。この**グラフ**から**読み取れること**と，**グラフ**中の時期の日本についての**説明文**の組み合わせとして最も適するものを，あとの1～4の中から一つ選び，その番号を答えなさい。

グラフ

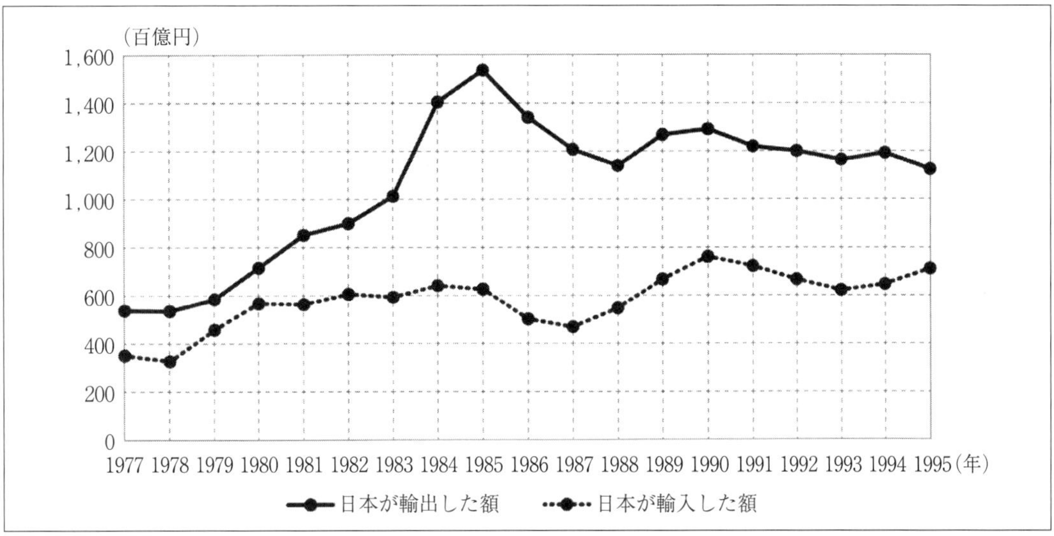

(総務省統計局ウェブサイト掲載資料をもとに作成)

読み取れること	X　1985年に日本が輸入した額は，同年に日本が輸出した額の約2.5倍である。 Y　1985年に比べて，1993年のアメリカに対する日本の貿易黒字は小さくなった。
説明文	a　エネルギー資源を石炭から石油へ転換する動きが始まった。 b　自動車などの輸出をめぐって，アメリカとのあいだで貿易摩擦がおきた。

1．Xとa　　2．Xとb　　3．Yとa　　4．Yとb

5　Kさんは経済について学習し，**感想文**を作成した。これについて，あとの各問いに答えなさい。

感想文

私は，①インターネットを利用して日本の経済について学習しました。私たちが過ごしている社会の経済活動は，②家計・③企業・政府という3つの経済主体によって成り立っており，これらをつなぐ④銀行の役割も重要です。中学生である私たちは，⑤価格が高いか低いかなど，消費者としての視点のみを重視しがちです。しかし，企業を通しての視点，納税者としての視点など，様々な見方を活用して経済を考えていくべきだと思いました。

(ア)　――線①について説明した次の文X，Yの正誤の組み合わせとして最も適するものを，あとの1～4の中から一つ選び，その番号を答えなさい。

X　インターネット上に書きこんだ内容から，個人情報が広く流出することがある。 Y　インターネットを利用して，店舗に行かずに商品を購入できる。

1．X：正　Y：正　　2．X：正　Y：誤　　3．X：誤　Y：正　　4．X：誤　Y：誤

(イ)　――線②に関して，医療費の負担についての次の**事例**に最も関係が深いものを，あとの1～4の中から一つ選び，その番号を答えなさい。

事例

太郎さんは，目の検査のために眼科を受診しました。その際に総医療費の一部を負担し，次の領収書を受け取りました。

診療費領収書　　　　**かもめ中央病院**

神奈川　太郎　様

入・外	領収書番号	診療科	負担割合	本・家	発行日
外来	***	眼科	30%	家族	2019年11月1日

	初・再診料	投薬	注射	処置	手術	麻酔	検査	リハビリテーション	入院料等	その他	小計
保険分	74点	72点	点	点	点	点	442点	点	点	点	588点
保険外分	円	円	円	円	円	円	円	円	円	円	0円

自費		
	予防注射	円
	室料差額	円
	その他	円
	小計	0円

	保　険	保険外	自　費
総医療費	5,880円	0円	
自己負担額	1,760円		0円
請求額合計	1,760円		

領収印
1．11．1
かもめ中央
病院

1．1点は10円となります。　2．四捨五入になっています。

1．社会資本　　2．社会保障　　3．循環型社会　　4．情報社会

(ウ)　――線③に関して，次の**表**は，非正規雇用で働く人について，性別及び年齢層ごとに示したものである。この**表**から読み取れることについて説明した文として**適切でないもの**を，あとの1～4の中から一つ選び，その番号を答えなさい。

表　「非正規雇用で働く人の数」及び「非正規雇用で働く人の数が雇用者の数に占める割合」

		年齢層／計	15～24歳	25～34歳	35～44歳	45～54歳	55～64歳	65歳以上
男性	数	669万人	127万人	83万人	65万人	60万人	145万人	189万人
	割合	22.2%	46.2%	14.3%	9.2%	8.6%	29.2%	72.4%
女性	数	1,451万人	145万人	181万人	307万人	365万人	284万人	169万人
	割合	56.0%	53.1%	37.8%	52.5%	58.2%	67.9%	81.3%
合計	数	2,120万人	273万人	264万人	371万人	425万人	429万人	358万人
	割合	37.8%	49.8%	24.9%	28.8%	32.1%	46.9%	76.3%

（総務省「労働力調査(2018)」をもとに作成）

1．「非正規雇用で働く人の数」の半数以上は，女性である。

2．65歳以上の年齢層について見てみると，男性と女性の両方において，「非正規雇用で働く人の数」が他の年齢層と比べて最も多い。

3．45歳以上の男女の合計について見てみると，年齢層が高くなるほど，「非正規雇用で働く人の数が雇用者の数に占める割合」が増加している。

4．25歳以上54歳以下の女性について見てみると，年齢層が高くなるほど，「非正規雇用で働く人の数が雇用者の数に占める割合」が増加している。

(エ) ——線④について説明した次の文中の[あ]にあてはまる語句を**漢字2字**で書きなさい。また，[い]にあてはまる語句として最も適するものを，あとのA，Bの中から一つ選び，その記号を書きなさい。

> (1) 一般の銀行について：企業や家計などの資金の借り手は，銀行に対して借り入れた金額(元金)を返済するだけでなく，一定期間ごとに[　あ　]を支払わなければなりません。元金に対する[　あ　]の比率を金利といいます。
> (2) 中央銀行について：日本の中央銀行は，[　い　]など，さまざまな役割を果たしています。

A　日本国内で流通している紙幣(日本銀行券)を発行する
B　企業が不当な価格操作をおこなわないように監視する

(オ) ——線⑤に関して，次の文a～dのうち，価格や景気の変動について正しく説明したものの組み合わせとして最も適するものを，あとの1～4の中から一つ選び，その番号を答えなさい。

> a　供給量が需要量より多い場合，価格は高くなり，供給量は増える。
> b　生産者が1人や少数である場合，生産者は供給量を減らして価格を上げることができる。
> c　好況(好景気)の際には，物価が下がり続けるデフレーションが発生する傾向にある。
> d　不況(不景気)の際には，減税をおこなうことで，景気の回復が期待できる。

1．a，c　2．a，d　3．b，c　4．b，d

6　公民の学習を終えたKさんは，ふり返りのための**レポート**を作成した。これについて，あとの各問いに答えなさい。

レポート

> ①日本国憲法にもとづいて実際の政治をおこなっているのは，②国や地方公共団体(地方自治体)です。私たちが生きている現代社会には，国や地方公共団体の枠にとどまらず，考えていかなければならない地球規模の課題がたくさんあります。世界の人びとと共存し，より良い③国際社会を実現するためにできることについて，考えるべきだと思いました。

(ア) ——線①について説明した次の文X，Yの正誤の組み合わせとして最も適するものを，あとの1～4の中から一つ選び，その番号を答えなさい。

> X　日本国憲法では，抑留《よくりゅう》または拘禁《こうきん》された後に無罪の裁判を受けたとしても，国にその補償を求めることができない。
> Y　日本国憲法では，勤労者に対して，団体で行動しストライキなどをおこなう権利が保障されている。

1．X：正　Y：正　2．X：正　Y：誤　3．X：誤　Y：正　4．X：誤　Y：誤

(イ) ——線②について説明した文として**適切でないもの**を，次の1～4の中から一つ選び，その

番号を答えなさい。

1．国や地方公共団体の公務員が，行政の仕事を分担して実行している。

2．最高裁判所の裁判官は身分を保障されているが，国民審査によって罷免される仕組みがある。

3．地方公共団体の議会の解散を請求するためには，有権者の50分の1以上の署名が必要である。

4．政治活動に必要な資金の一部を，政党交付金として政党に補助する仕組みがある。

(ウ) ——線③について，あとの各問いに答えなさい。

(i) 次の文中の [あ] にあてはまる語句を**漢字2字**で書きなさい。また，[い] にあてはまる語句として最も適するものを，あとのA，Bの中から一つ選び，その記号を書きなさい。

> 国際社会における [あ] とは，他の国がおかすことができない，それぞれの国がもつ権利のことであり，[あ] をもつ国家同士は対等である。[あ] が及ぶ領域には，領土・領海・領空があり，領海の外にある排他的経済水域では，[い] ことができる。

A　沿岸国以外の国が航海や漁業を自由におこなう

B　沿岸国が漁業資源や鉱産資源を自国のものとする

(ii) 日本による国際貢献について説明した次の文X，Yの正誤の組み合わせとして最も適するものを，あとの1～4の中から一つ選び，その番号を答えなさい。

> X　戦争や内戦で生活がこわされた地域の人びとに対する支援として，政府開発援助(ODA)による経済援助や非政府組織(NGO)による開発協力がおこなわれてきた。
>
> Y　日本の自衛隊は，法律にもとづいて国際連合の平和維持活動(PKO)に参加するとともに，21世紀のはじめには，イラクに派遣され活動した。

1．X：正　Y：正　　2．X：正　Y：誤

3．X：誤　Y：正　　4．X：誤　Y：誤

(iii) 次の**表**は，2015年における1人あたりの国内総生産，国内総生産に対する医療関連支出の割合，乳児死亡率の3つを国家間で比較したものである。この**表**から読み取れることについて説明した文として最も適するものを，あとの1～4の中から一つ選び，その番号を答えなさい。

表

	1人あたりの国内総生産	国内総生産に対する医療関連支出の割合			(注)乳児死亡率
		合計	政府から支出された割合	家計などから支出された割合	
日本	34,629ドル	10.9%	9.2%	1.7%	2.0
韓国	27,397ドル	7.0%	4.1%	2.9%	2.9
インド	1,614ドル	3.6%	0.9%	2.7%	37.9
南アフリカ共和国	5,773ドル	8.2%	3.5%	4.7%	33.6
フランス	36,304ドル	11.5%	8.8%	2.7%	3.5
アメリカ合衆国	56,054ドル	16.7%	14.2%	2.5%	5.6

(注)　出生児1,000人のうち，満1歳未満で死亡した人数で表したもの。

（経済協力開発機構ウェブサイト掲載資料及び『世界国勢図会　2017/18年版』をもとに作成）

1．日本では，家計などから支出された医療関連支出の割合が，政府から支出された医療関連支出の割合の５倍を上回っている。

2．インドは，**表**中の６か国の中で乳児死亡率が最も高く，家計などから支出された医療関連支出の割合が最も低くなっている。

3．乳児死亡率が10人を下回っている４か国では，政府から支出された医療関連支出の割合が，家計などから支出された医療関連支出の割合を下回っている。

4．１人あたりの国内総生産が25,000ドルを上回っている４か国は，乳児死亡率が10人を下回っている。

7　アメリカ合衆国のニューヨークへ旅行に行ったＫさんは，ニューヨークを題材とする**レポート**を作成した。これについて，あとの各問いに答えなさい。

レポート

1　旅行の日程表(主なものを抜粋)

日次	現地時刻	スケジュール
1	あ	JFK 空港着
		（途中省略）
2	午前10時 午後３時 午後６時	①国際連合本部ビルを見学 ウォール街を散策 ミュージカルを鑑賞
3	午前10時 午後８時	メトロポリタン美術館を見学 チャイナタウンを散策
4	午前10時 午後４時	自由の女神像を観光 JFK 空港発

○私は，ニューヨーク郊外のJFK 空港まで，直行便で13時間かかる飛行機を使いました。その飛行機は，日本時間の12月28日午前10時に羽田空港を出発し，予定通りの時刻にJFK 空港に到着しました。

○左の日程表にある現地時刻は，西経75度の経線を基準とする時刻です。

2　**旅行の感想**

aニューヨークには，さまざまな大陸からやってきた人びとやその子孫が生活していて，興味深い。自由の女神像を見て，b明治維新から影響を受けてアメリカ独立戦争がおこり，アメリカが建国されたことに思いをはせた。cアメリカによるアフガニスタンへの攻撃につながった同時多発テロの現場は，大変な出来事があったと思えないくらいきれいに整備されていた。現地での観光のために日本円をドルと交換したのだが，dその時よりも円高ドル安になっていたら，同じ金額の日本円をさらに多くのドルと交換できたのに，と思った。

3　ニューヨークと世界のつながりについて

20世紀前半，ウォール街の証券取引所で株価が暴落したことで恐慌が始まりました。次の**グラフ**は，②その前後の時期のアメリカ合衆国における失業率の推移を示したものです。

グラフ

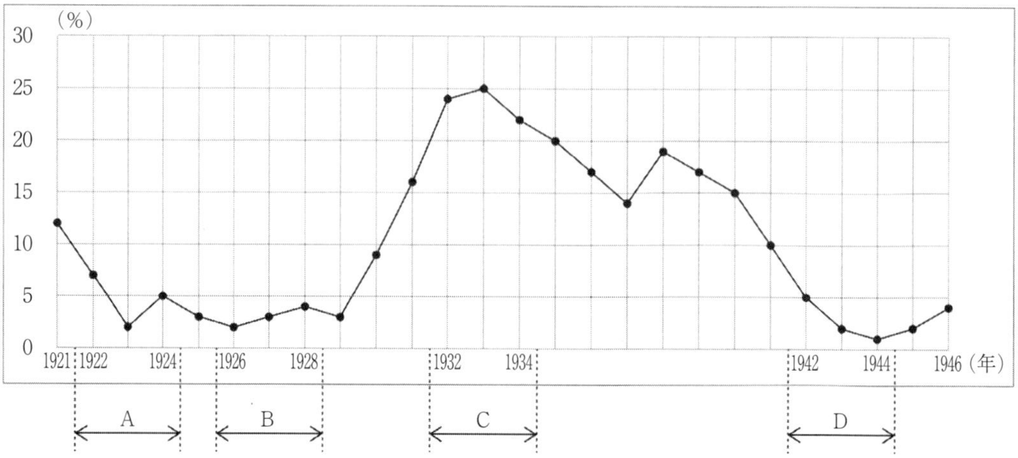

(『アメリカ歴史統計・第Ⅰ巻〈新装版〉』(1999)をもとに作成)

(ア) **レポート**中の あ にあてはまる**時刻**と，その**日付**の組み合わせとして最も適するものを，あとの１～６の中から一つ選び，その番号を答えなさい。

時刻	X　午前３時	Y　午前９時	Z　午後７時
日付	a　12月28日	b　12月29日	

1．Xとa　2．Xとb　3．Yとa
4．Yとb　5．Zとa　6．Zとb

(イ) ——線①について説明した次の文中の い ， う にあてはまる語句の組み合わせとして最も適するものを，あとの１～４の中から一つ選び，その番号を答えなさい。

(1) 次の条文(国際連合憲章)から，国際連合は い を使用することができると考えられる。

第41条　安全保障理事会は，…（略）…兵力の使用を伴わないいかなる措置を使用すべきかを決定することができ，且《か》つ，この措置を適用するように加盟国に要請することができる。この措置は，経済関係及び鉄道，航海，航空，郵便，電信，無線通信その他の運輸通信の手段の全部又は一部の中断並びに外交関係の断絶を含むことができる。

第42条　安全保障理事会は，第41条に定める措置では不充分であろうと認め，又は不充分なことが判明したと認めるときは，国際の平和及び安全の維持又は回復に必要な空軍，海軍または陸軍の行動をとることができる。…（略）…

(2) 国際連合が採択した う では，「すべての人間は，生まれながらにして自由であり，かつ，尊厳と権利とについて平等である。」と掲げられている。

1．い：軍事的な措置　う：世界人権宣言
2．い：軍事的な措置　う：児童(子ども)の権利に関する条約
3．い：経済的な措置のみ　う：世界人権宣言
4．い：経済的な措置のみ　う：児童(子ども)の権利に関する条約

(ウ) **旅行の感想**中の〰〰線a～dのうち，**事実として誤りのあるもの**を，次の1～4の中から一つ選び，その番号を答えなさい。

1．a　　2．b　　3．c　　4．d

(エ) ――線②に関して，**グラフ**中の時期におこったできごとについて説明した次の**カード**及びその**説明文**について，あとの各問いに答えなさい。

カード

> アメリカ合衆国では，テネシー川流域開発公社がつくられ，この公社の事業によって多くのダムが建設されました。公社とは，国家が出資してつくられた法人のことです。

説明文

> **カード**で説明された事業は，公共事業であり，［　え　］効果をもっています。
> この効果をふまえて考えると，この事業は，**グラフ**中の［　お　］の時期におこなわれたと考えることができます。

(i) **説明文**中の［え］にあてはまる語句を，**雇用**の語を用いて**4字以上8字以内**で書きなさい。

(ii) **説明文**中の［お］にあてはまる時期を，**グラフ**中のA～Dの中から一つ選び，その記号を書きなさい。

理　科

●満点 100点　●時間 50分

〔注意〕 解答用紙にマス目(例：□□□)がある場合は，句読点もそれぞれ１字と数え，必ず１マスに１字ずつ書きなさい。

1 次の各問いに答えなさい。

(ア) 次の□は，ジェットコースターのもつエネルギーについてまとめたものである。文中の(Ｘ)，(Ｙ)にあてはまるものの組み合わせとして最も適するものをあとの１～４の中から一つ選び，その番号を答えなさい。

> ジェットコースターがコース上の最も高い位置で静止したのち，そこから動力を使わずに下降した。摩擦や空気抵抗がないとすると，高さが最も低い位置でのジェットコースターの速さは(　Ｘ　)となる。ジェットコースターの位置エネルギーと運動エネルギーの和は最も高い位置で静止したジェットコースターの位置エネルギーの大きさと等しくなることから，ジェットコースターは下降し始めた高さと同じ高さまで再び上昇できると考えられる。
>
> しかし，実際に鉄球をジェットコースターに見立てて実験をすると，鉄球は手を離したときと同じ高さまで上昇することができない。これは，鉄球がもつ力学的エネルギーが熱エネルギーや(　　Ｙ　　)などの別の種類のエネルギーに変わるためである。

１．Ｘ：最小　Ｙ：電気エネルギー　　２．Ｘ：最小　Ｙ：音エネルギー
３．Ｘ：最大　Ｙ：電気エネルギー　　４．Ｘ：最大　Ｙ：音エネルギー

(イ) 次の□は，磁界と磁針(方位磁針)の関係についてまとめたものである。文中の(あ)，(い)，(う)にあてはまるものの組み合わせとして最も適するものをあとの１～４の中から一つ選び，その番号を答えなさい。

> 地球のまわりには磁界があり，磁力線は地球の(　あ　)付近から出て，(　い　)付近に向かっている。このため，**図１**のように，磁針のＮ極がほぼ北をさす。また，導線に電流を流すと，導線を中心に磁界ができる。磁界の向きは電流の向きによって決まり，磁針の向きが**図２**のような場合，電流は(　う　)の向きに流れている。

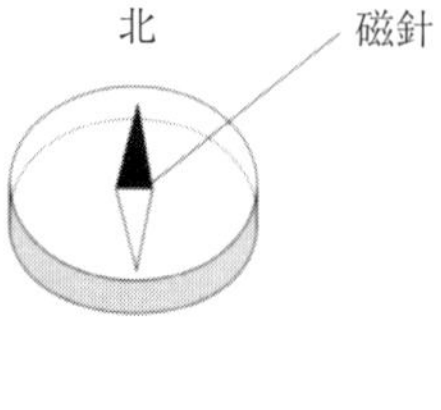

図１

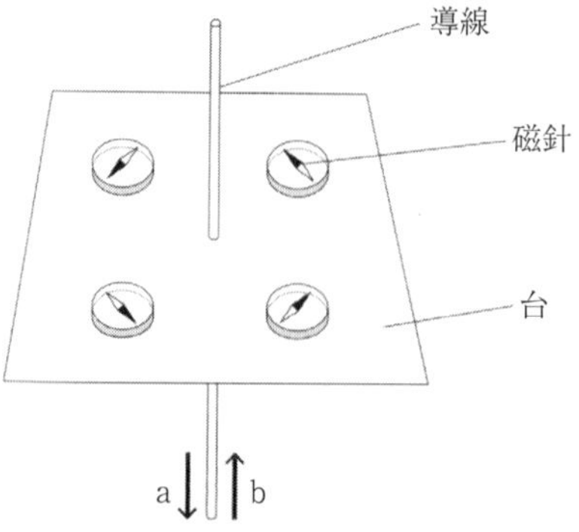

図２

1．あ：北極　い：南極　う：a　　2．あ：北極　い：南極　う：b
3．あ：南極　い：北極　う：a　　4．あ：南極　い：北極　う：b

(ウ)　右のグラフは，ばねA，ばねB，ばねCのそれぞれについて，ばねを引く力とばねののびの関係を示したものである。これらのばねA～Cをそれぞれスタンドにつるし，ばねAには200 gのおもりを1個，ばねBには150 gのおもりを1個，ばねCには70 gのおもりを1個つるした。おもりが静止したときのばねAののびをa〔cm〕，ばねBののびをb〔cm〕，ばねCののびをc〔cm〕とする。このときのa～cの関係を，不等号(<)で示したものとして最も適するものを次の1～6の中から一つ選び，その番号を答えなさい。ただし，質量100 gの物体にはたらく重力を1.0 Nとし，実験でつるしたおもりの重さにおいてもグラフの関係が成立するものとする。また，ばねA～Cの重さは考えないものとする。

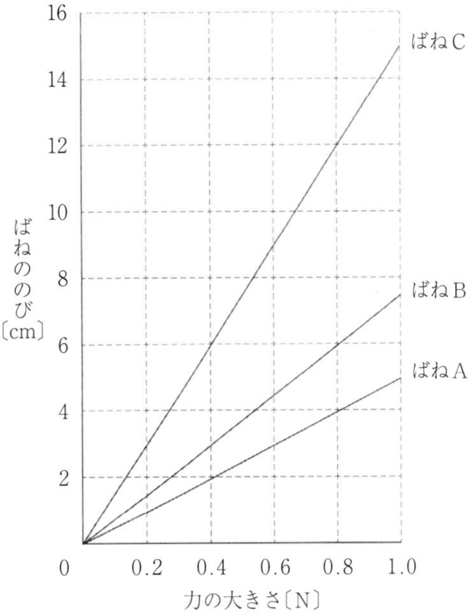

1．$a < b < c$　　2．$a < c < b$　　3．$b < a < c$
4．$b < c < a$　　5．$c < a < b$　　6．$c < b < a$

2　次の各問いに答えなさい。

(ア)　次の表は，20℃における様々な気体の密度をまとめたものである。空気が窒素80％と酸素20％の混合物であるとすると，表の5種類の気体のうち，同じ条件で比べたときに同じ体積の空気よりも重いものとして最も適するものをあとの1～6の中から一つ選び，その番号を答えなさい。

気体の種類	窒素	酸素	二酸化炭素	アンモニア	塩素
密度〔g/L〕	1.17	1.33	1.84	0.72	3.00

1．窒素，アンモニア
2．窒素，酸素，二酸化炭素
3．窒素，酸素，アンモニア
4．酸素，二酸化炭素，塩素
5．酸素，二酸化炭素，アンモニア，塩素
6．窒素，酸素，二酸化炭素，塩素

(イ)　右の**図**のような装置を組み立て，大型試験管に水とエタノールの混合物を入れ，ゆっくりと加熱した。出てくる液体を2 cm^{3}ずつ順に3本の試験管に集め，そのときの温度をデジタル温度計で測定した。液体を3本の試験管に集めたところでガスバーナーの火を消し，それぞれの試験管に集め

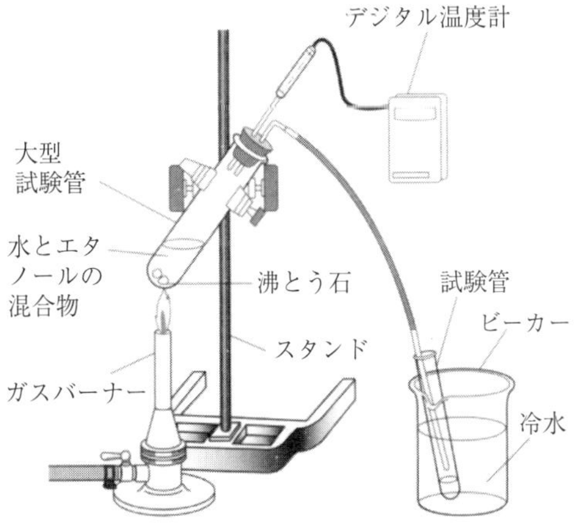

図

た液体のにおいを確かめた。また，それぞれの試験管に集めた液体にろ紙をひたし，ろ紙にマッチの火を近づけたときのようすを調べた。**表**は実験の結果をまとめたものである。この実験結果からわかる内容として最も適するものをあとの１～６の中から一つ選び，その番号を答えなさい。

表

	１本目の液体	２本目の液体	３本目の液体
温度〔℃〕	73.5～81.5	81.5～90.5	90.5～95.5
におい	エタノールのにおいがした。	エタノールのにおいが少しした。	ほとんどにおいがしなかった。
ろ紙に火を近づけたときのようす	よく燃えた。	少しだけ燃えた。	燃えなかった。

1．水は100℃にならないと蒸発しない。
2．エタノールの沸点は78℃である。
3．水は73.5～81.5℃で最も蒸発する量が多い。
4．エタノールは81.5～90.5℃では蒸発しない。
5．水の沸点は100℃である。
6．エタノールは水よりも低い温度で蒸発しやすい。

(ウ) 次の□は，たたら製鉄についてまとめたものである。文中の(X)，(Y)にあてはまるものの組み合わせとして最も適するものをあとの１～４の中から一つ選び，その番号を答えなさい。

> たたら製鉄は，砂鉄から鉄をつくる日本古来の製鉄法である。炉の中で砂鉄と一緒に木炭を燃やすことにより，木炭の炭素が砂鉄を（ X ）し，鉄をつくることができる。
> 銅の場合も同様の化学反応を利用し，（　Y　）のように単体にすることができる。

1．X：酸化　Y：$2CuO + C \rightarrow 2Cu + CO_2$　　2．X：酸化　Y：$2Cu + O_2 \rightarrow 2CuO$
3．X：還元　Y：$2CuO + C \rightarrow 2Cu + CO_2$　　4．X：還元　Y：$2Cu + O_2 \rightarrow 2CuO$

3　次の各問いに答えなさい。

(ア) オランダイチゴは種子によって子孫をふやす以外に，右の図のように茎の一部がのび，その茎の先に新しい個体をつくることもできる。右の図のオランダイチゴの葉の細胞に含まれる染色体に関する説明として最も適するものを次の１～４の中から一つ選び，その番号を答えなさい。

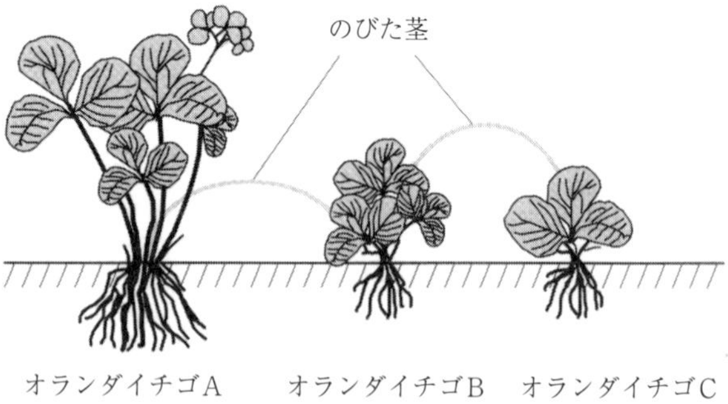

1．オランダイチゴAの葉の細胞１個に含まれる染色体にある遺伝子は，オランダイチゴCの葉の細胞１個に含まれる染色体にある遺伝子と同じである。
2．オランダイチゴBの葉の細胞１個に含まれる染色体にある遺伝子は，オランダイチゴCの葉の細胞１個に含まれる染色体にある遺伝子と異なる。
3．オランダイチゴAの葉の細胞１個に含まれる染色体の数は，オランダイチゴBの葉の細胞１個に含まれる染色体の数の半分である。

4．オランダイチゴAの葉の細胞１個に含まれる染色体の数は，オランダイチゴCの葉の細胞１個に含まれる染色体の数の２倍である。

(イ) 次の表は，Kさんが一般的なセキツイ動物の特徴をまとめている途中のものであり，A～Eは，魚類，両生類，ハチュウ類，鳥類，ホニュウ類のいずれかである。A～Eに関する説明として最も適するものをあとの１～５の中から一つ選び，その番号を答えなさい。

	A	B	C	D	E
背骨がある	○	○	○	○	○
親は肺で呼吸する				○	×
子は水中で生まれる		○		×	○
体温を一定に保つことができる	○	×		×	
胎生である	×	×		×	

1．Aのからだの表面は体毛でおおわれ，肺で呼吸する。
2．Bのからだの表面はうろこでおおわれて乾燥しており，親は陸上で生活する。
3．Cのからだの表面は羽毛でおおわれ，空を飛ぶのに適したからだのつくりをしている。
4．Dのからだの表面は常にしめっており，親は陸上で生活する。
5．Eのからだの表面はうろこでおおわれ，えらで呼吸する。

(ウ) 右の**図１**はマツの花を，**図２**はアブラナの花のつくりを模式的に表したものである。これらの花の説明として最も適するものを次の１～４の中から一つ選び，その番号を答えなさい。

1．aとdはどちらも花粉がつくられるところである。
2．bとeはどちらも受精が行われるところである。
3．aとcはどちらも受粉が行われるところである。
4．bとeはどちらにも胚珠があり，子房につつまれているかいないかの違いがある。

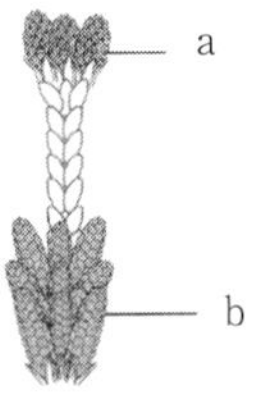

図１

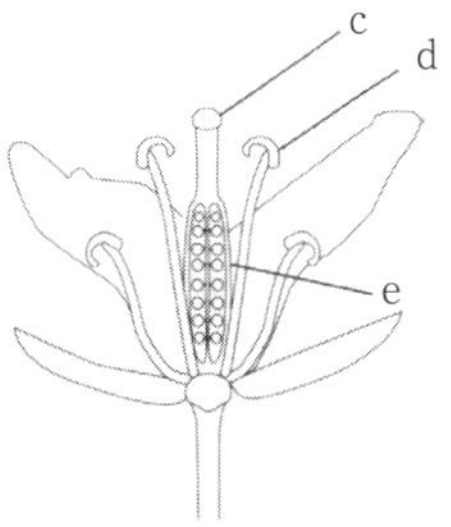

図２

4 次の各問いに答えなさい。

(ア) 右の図のような前線について，X－Yの線での地表から鉛直方向の断面を模式的に表した図として最も適するものを次の１～４の中から一つ選び，その番号を答えなさい。

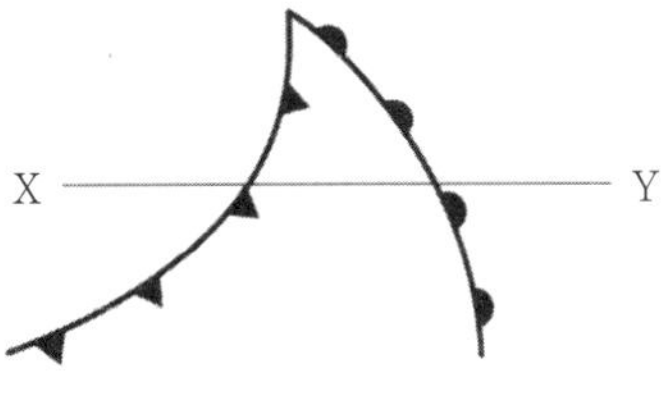

1．
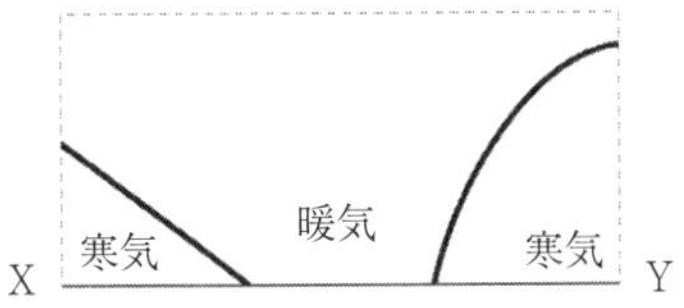

2．
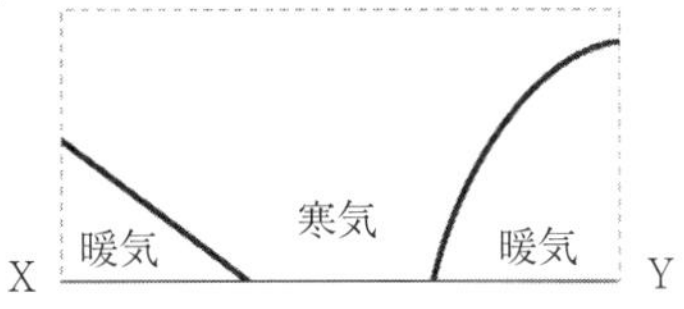

3．
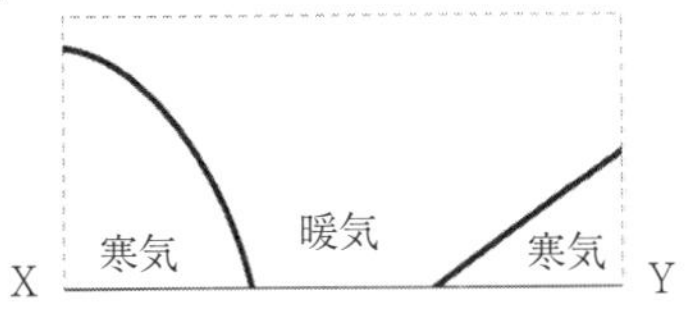

4．
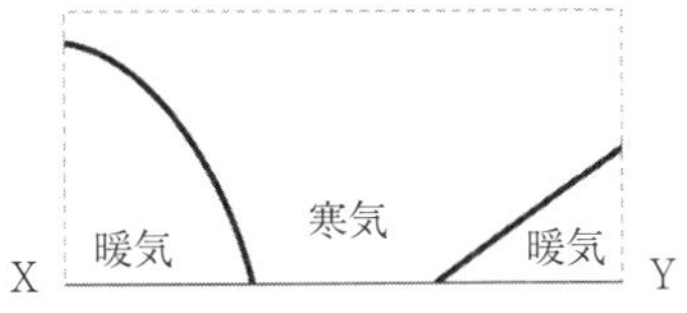

(イ)　Kさんは，下の図のような装置を使って雲の発生について調べる実験を行った。次の□は，Kさんが実験についてまとめたものである。文中の(あ)，(い)，(う)にあてはまるものの組み合わせとして最も適するものをあとの1～6の中から一つ選び，その番号を答えなさい。

> 　フラスコ内を湿らせ，線香の煙を入れたのち，フラスコにデジタル温度計と注射器をつないで密閉した。注射器のピストンを(　あ　)と，フラスコ内がくもった。これは，空気が(　　い　　)，温度が下がることで露点に達したためである。
> 　このことから，大気中では空気が(　う　)することによってまわりの気圧が変化し，フラスコ内と同様の現象が起こり，雲が発生していると考えられる。

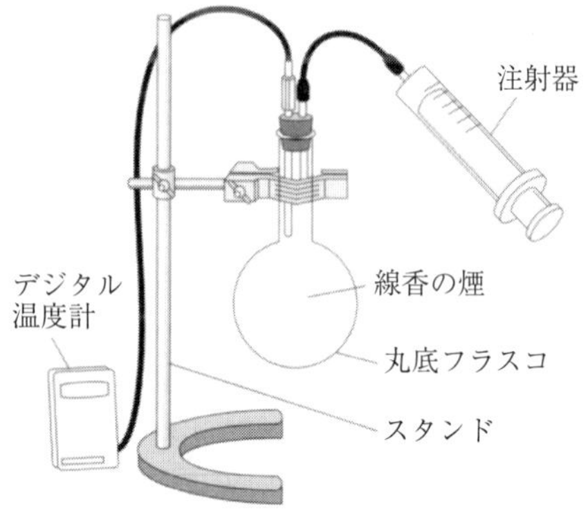

1．あ：引く　い：膨張し　　う：上昇　　2．あ：押す　い：圧縮され　う：下降
3．あ：引く　い：膨張し　　う：下降　　4．あ：押す　い：圧縮され　う：上昇
5．あ：引く　い：圧縮され　う：下降　　6．あ：押す　い：膨張し　　う：上昇

(ウ)　右の図は，太平洋上の島や海底の山である海山が列をつくって並んでいるようすを表したものである。これらは，現在のハワイ島付近でできた火山が，図中の ⟹ のように太平洋プレートが移動することで形成されたと考えられている。太平洋プレートが年間で平均8.5cm 移動し，ハワイ島から海山Bまでの距離がおよそ3500km，海山Bから海山Aまでの距離がおよそ2500km であるとすると，(i)海山Aがハワイ島付近でできた時期，(ii)その時期を含む地質年代に地球上で起きた主なできごととして最も適するものをそれぞれの選択肢の中から一つずつ選び，その番号を答えなさい。

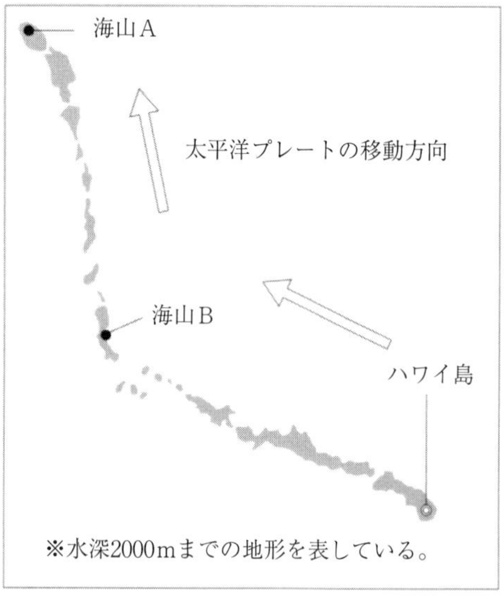

※水深2000mまでの地形を表している。

(i)　海山Aがハワイ島付近でできた時期
　1．およそ7万年前　　2．およそ70万年前　　3．およそ700万年前
　4．およそ7000万年前　　5．およそ7億年前

(ii)　その時期を含む地質年代に地球上で起きた主なできごと
　1．生命が誕生した。　　2．恐竜が繁栄した。　　3．人類が誕生した。

5　Kさんは，音の性質を調べるために，次のような実験を行った。これらの実験とその結果について，あとの各問いに答えなさい。

〔実験1〕　音が出ているブザーを容器の中に入れ密閉したところ，ブザーの音は容器の外まで聞こえた。真空ポンプを使い，この容器内の空気を抜いていくと，ブザーの音は徐々に小さくなり，やがて聞こえなくなった。

〔実験２〕 **図１**のようなモノコードを用意し，ことじとａの間の弦の長さを50cmにした。ことじとａとの間の弦をはじき，オシロスコープで音の波形を調べたところ，**図２**のようになった。**図２**の縦軸は振幅を，横軸は時間を表している。

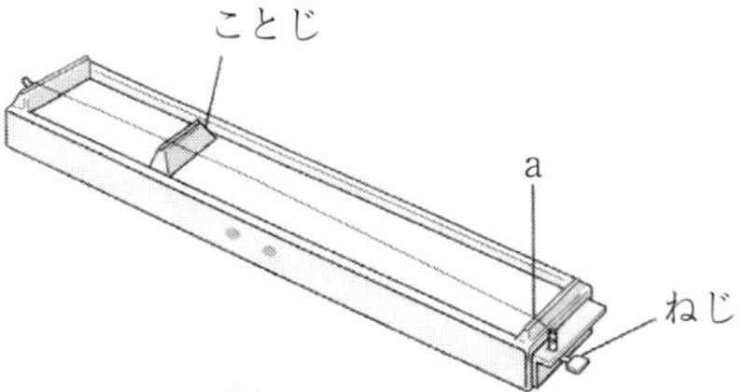

図１

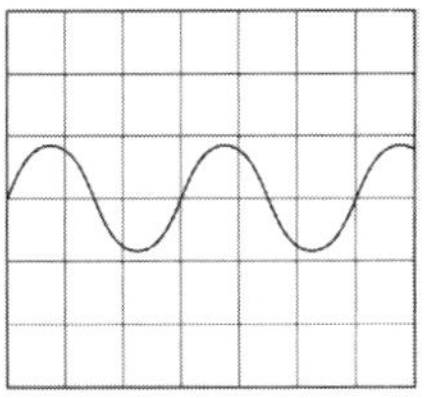
図２

〔実験３〕 **図１**のモノコードのことじとａの間の弦の長さ，弦の太さ，弦を張る強さを変え，ことじとａの間の弦を同じ強さではじき，様々な条件で発生した音の振動数を調べた。**表**は，Ｋさんが実験結果をまとめたものである。

表

条件	弦の長さ〔cm〕	弦の太さ〔mm〕	弦を張る強さ	発生した音の振動数〔Hz〕
Ⅰ	25	0.6	弱い	600
Ⅱ	25	0.6	条件Ⅰより強い	800
Ⅲ	50	0.6	条件Ⅱと同じ	400
Ⅳ	50	0.6		200
Ⅴ	50	0.9		400
Ⅵ	50	0.9		200

(ア) 次の［　　］は，Ｋさんが〔実験１〕と〔実験２〕についてまとめたものである。文中の(あ)，(い)，(う)にあてはまるものの組み合わせとして最も適するものをあとの１～６の中から一つ選び，その番号を答えなさい。

> 〔実験１〕の結果から，真空中で音が（ あ ）ことがわかる。また，〔実験２〕からモノコードの弦をはじくと，弦の振動が（ い ）として空気中を伝わることがわかる。ヒトが音を聞くことができるのは，空気中を伝わった振動により耳の（ う ）が振動するためと考えられる。

１．あ：伝わる　　　い：粒子　う：聴神経
２．あ：伝わる　　　い：粒子　う：鼓膜
３．あ：伝わる　　　い：波　　う：鼓膜
４．あ：伝わらない　い：波　　う：聴神経
５．あ：伝わらない　い：波　　う：鼓膜
６．あ：伝わらない　い：粒子　う：聴神経

(イ) 〔実験２〕においてモノコードの弦をはじくときの条件を次の(i)，(ii)のように変えたときの音の波形として最も適するものをあとの１～４の中からそれぞれ一つずつ選び，その番号を答えなさい。ただし，いずれもことじとａとの間で弦をはじき，１～４のオシロスコープの１目盛りの値は**図２**と同じであるものとする。

(i) 〔実験２〕のことじの位置は変えず，〔実験２〕よりも弦を強くはじいたときの音の波形。

(ii) ことじの位置を〔実験２〕よりもａの側に近づけ，〔実験２〕と音の大きさが同じになるように弦をはじいたときの音の波形。

１．

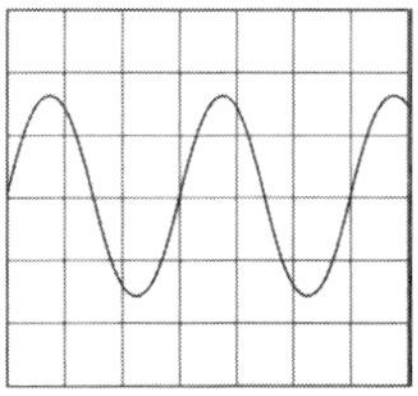

２．

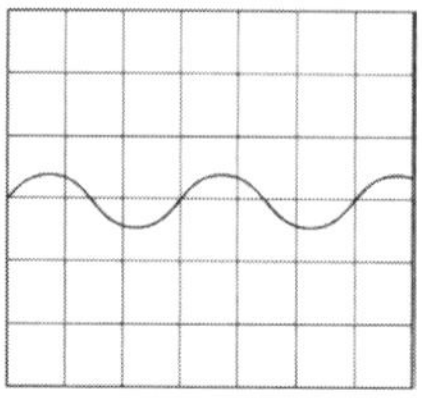

３．

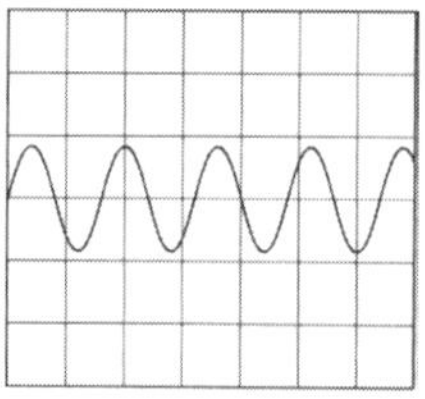

４．

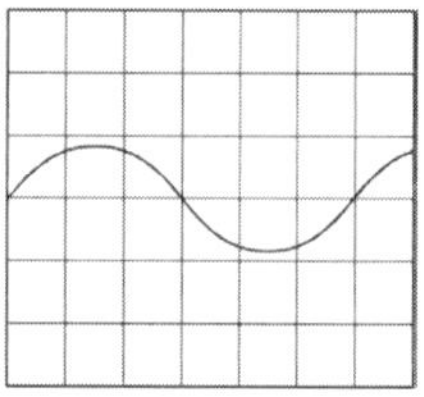

(ウ) 次の［波線の枠］中のＡ～Ｄのうち，〔実験３〕の条件Ⅰ～条件Ⅲの結果から考えられることはどれか。最も適するものをあとの１～６の中から一つ選び，その番号を答えなさい。

Ａ　弦の太さと弦を張る強さが同じときは，弦の長さを長くすると音は高くなる。
Ｂ　弦の太さと弦を張る強さが同じときは，弦の長さを長くすると音は低くなる。
Ｃ　弦の長さと弦の太さが同じときは，弦を張る強さを強くすると音は高くなる。
Ｄ　弦の長さと弦の太さが同じときは，弦を張る強さを強くすると音は低くなる。

１．Ａのみ　　２．Ｂのみ　　３．ＡとＣ
４．ＡとＤ　　５．ＢとＣ　　６．ＢとＤ

(エ) 次の［枠］は，〔実験３〕についてのＫさんと先生の会話である。文中の（Ｘ），（Ｙ）に最も適するものをあとの１～３の中からそれぞれ一つずつ選び，その番号を答えなさい。

Ｋさん「〔実験３〕の条件Ⅳ～条件Ⅵで弦を張る強さの記録をするのを忘れてしまいました。」
先　生「それで記録が抜けているのですね。実は，弦の長さと弦を張る強さが同じならば，弦が太い方が音は低くなります。このことから，〔実験３〕の条件Ⅳ～条件Ⅵでの弦を張った強さを考えることができます。では，〔実験３〕の条件Ⅳ～条件Ⅵのうちで，弦を張った力が最も強いものと弱いものはそれぞれどれだと考えられますか。」
Ｋさん「条件Ⅳ～条件Ⅵで，弦を張った力が最も強いものは（　Ｘ　），最も弱いものは（　Ｙ　）だと思います。」
先　生「そのとおりですね。」

１．条件Ⅳ　　２．条件Ⅴ　　３．条件Ⅵ

6　Ｋさんは，いろいろな水溶液に電流を流したときの反応について調べるために，次のような実験を行った。これらの実験とその結果について，あとの各問いに答えなさい。ただし，電気分解を行うときに使用する電極は，それぞれの水溶液に適したものとする。

〔実験１〕　**図１**のような装置を組み立て，うすい塩化銅水溶液を入れたビーカーに電極を入れて，直流電流を流したところ，陰極には赤色の物質が付着した。

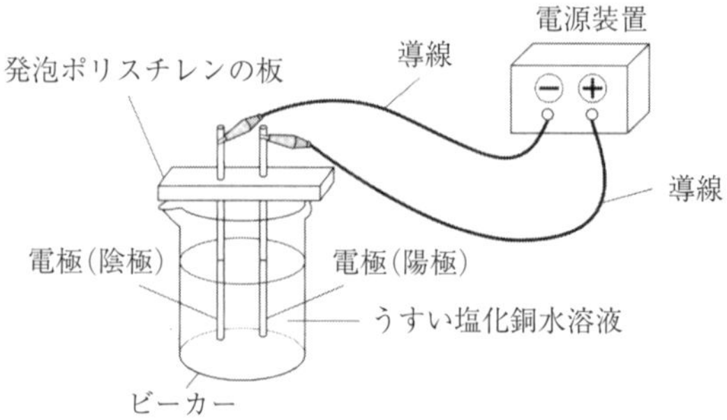

図１

また，陽極で気体が発生しているときに陽極付近の液をこまごめピペットでとり，赤インクで色をつけた水が入った試験管に入れて色の変化を観察したところ，インクの赤色が消えた。

〔実験２〕 **図２**のように電気分解装置にうすい水酸化ナトリウム水溶液を満たし，電源装置につないで電圧をかけたところ，陰極には水素が，陽極には酸素が発生した。**表１**は電圧をかけた時間とたまった気体の体積をまとめたものである。ただし，かけた電圧の大きさは一定であるものとする。

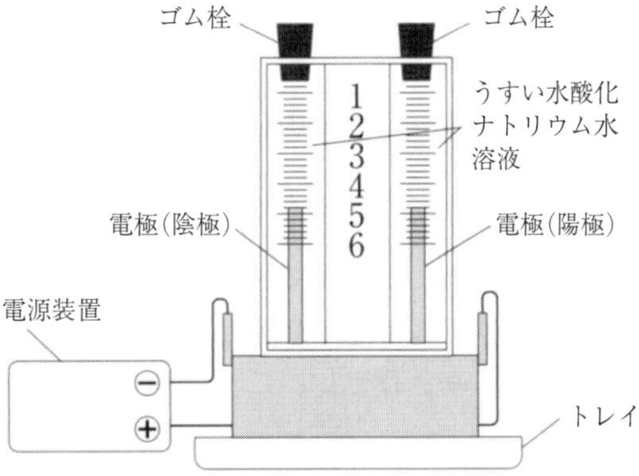

図２

表１

電圧をかけた時間〔分〕	0	2	4	6
陰極にたまった水素の体積〔cm^3〕	0	1.2	2.4	3.6
陽極にたまった酸素の体積〔cm^3〕	0	0.6	1.2	1.8

〔実験３〕 **図２**のうすい水酸化ナトリウム水溶液のかわりに，うすい塩酸を満たし，電圧をかけたところ，陰極と陽極それぞれで気体が発生した。**表２**は電圧をかけた時間とたまった気体の体積をまとめたものである。ただし，かけた電圧の大きさは一定であるものとする。

表２

電圧をかけた時間〔分〕	0	2	4	6
陰極にたまった気体の体積〔cm^3〕	0	1.2	2.4	3.6
陽極にたまった気体の体積〔cm^3〕	0	—	—	—

※　—：気体は発生していたが，たまった量が少なく測定ができなかった。

(ア) 〔実験１〕の下線部について，(i)赤色の物質の名称，(ii)その特徴として最も適するものをそれぞれの選択肢の中から一つずつ選び，その番号を答えなさい。

(i) 赤色の物質の名称

1．塩化銅　　2．銅　　3．塩化水素　　4．塩素

(ii) その特徴

1．ろ紙にとり，薬さじでこすると光沢が出る。
2．ろ紙にとり，空気中にしばらく置くと蒸発する。
3．水によく溶ける。
4．磁石につく。

(イ) 〔実験２〕で，電圧を９分間かけたときにたまる水素の体積と酸素の体積の差は何cm^3になると考えられるか。その**値**を書きなさい。

(ウ) 次の□は，〔実験２〕と〔実験３〕に関するＫさんと先生の会話である。文中の X に適する内容を，〔実験３〕の**陽極で発生した気体名を用いて10字以内**で書きなさい。

Ｋさん「〔実験２〕の結果から，電圧をかけた時間とたまった気体の体積には比例関係があると考えられます。」

先　生「そうですね。〔実験３〕では，陽極からも気体は発生していたのに，測定できるほ

ど気体がたまらなかったのはどうしてだと思いますか。」
Kさん「〔実験３〕の陽極に測定できるほど気体がたまらなかったのは，陽極で発生した［　X　］ためだと思います。」
先　生「そのとおりですね。」

(エ) 電気分解をしたときに陰極と陽極に出てくる物質は，水溶液中で電解質が電離してできるイオンの種類によって決まる。〔実験１〕～〔実験３〕の結果から，**図２**の電気分解装置にうすい塩化ナトリウム水溶液を満たし，電源装置につないで電圧をかけたときに陰極と陽極に出てくる物質の組み合わせとして最も適するものを次の１～６の中から一つ選び，その番号を答えなさい。

1．陰極：水素　陽極：酸素　　2．陰極：ナトリウム　陽極：酸素
3．陰極：水素　陽極：塩素　　4．陰極：ナトリウム　陽極：塩素
5．陰極：水素　陽極：塩化水素　　6．陰極：ナトリウム　陽極：塩化水素

7　Kさんは，刺激に対する反応のしくみについて調べるために，次のような実験を行った。これらの実験とその結果について，あとの各問いに答えなさい。

〔実験１〕　次の①～④の手順で実験を行った。
① Kさんを含めたクラスの生徒８人で，Kさんから順に**図１**のように手をつないだ。最初に，Kさんが左手でストップウォッチをスタートさせると同時に右手でとなりの人の左手をにぎった。
② 左手をにぎられた人は，すぐに右手で次の人の左手をにぎった。
③ ②を繰り返し，最後の人は自分の左手をにぎられたら右手を挙げた。
④ 最後の人の右手が挙がったのを見て，Kさんはストップウォッチを止めた。

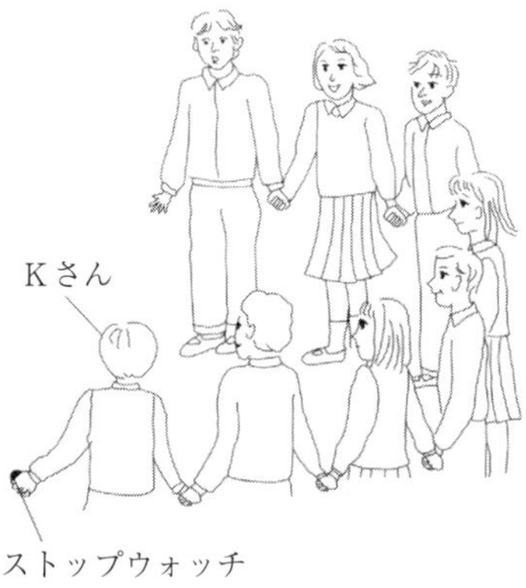

図１

〔実験２〕　次の①～③の手順で実験を行った。
① **図２**のように，Lさんがものさしの上部をつまみ，Kさんはものさしにふれないように０の目盛りの位置に指をそえた。
② Lさんが合図をせずにものさしを離し，ものさしが落ち始めたらすぐにKさんは手の高さを変えずにものさしをつかみ，ものさしが落ちた距離を測定した。この手順を５回行い，ものさしが落ちた距離をもとにものさしをつかむまでにかかった時間を求め，**表**の記録１の欄にまとめた。

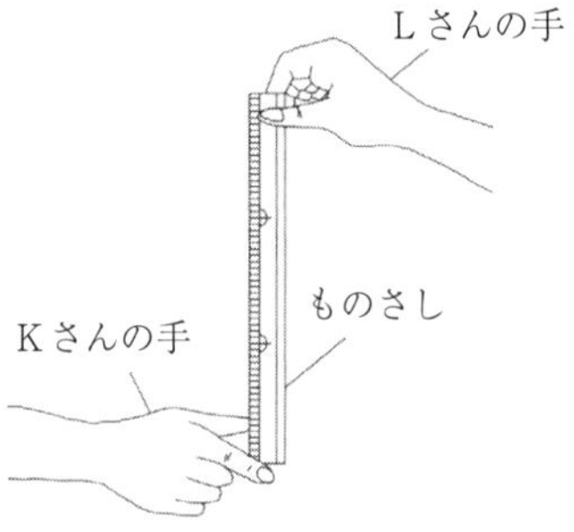

図２

表

	１回目	２回目	３回目	４回目	５回目
記録１〔秒〕	0.18	0.16	0.16	0.15	0.16
記録２〔秒〕	0.12	0.12	0.12	0.13	0.11

③ 次に①の手順のあと②において，Kさんが目を閉じてものさしをつかむようにした。Lさんがものさしを離す瞬間がわかるように声で合図し，その声によってKさんがものさしをつかむまでに落ちた距離を測定した。この

手順を5回行い，ものさしをつかむまでにかかった時間を求め，**表**の記録2の欄にまとめた。

(ア)〔実験1〕②において，左手の皮膚で刺激を受けとってから信号が右手の筋肉に伝わるまでの経路を，**図3**のA～Fを用いて表したものとして最も適するものを次の1～6の中から一つ選び，その番号を答えなさい。

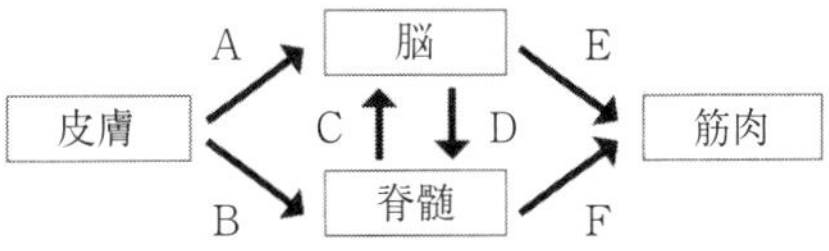

図3

1．A→E　　　2．A→D→F
3．A→D→C→E　　　4．B→F
5．B→C→E　　　6．B→C→D→F

(イ)〔実験1〕の結果，ストップウォッチの値は2.2秒であった。Kさんは，皮膚で刺激を受けてからとなりの人の手をにぎる反応に要する時間の一人あたりの平均の値を，2.2÷8という式で求めようとした。しかし，〔実験1〕の手順の中にこの式で求める上で適さない経路があることに気がついた。次の□は，Kさんがそのことについてまとめたものである。文中の(X)，(Y)に最も適するものをそれぞれの選択肢の中から一つずつ選び，その番号を答えなさい。

> 〔実験1〕の手順の中で適さない経路となるのは(　X　)という部分である。これは(　Y　)という経路であるため，皮膚で刺激を受けてからとなりの人の手をにぎる反応に要する時間にならないと考えられる。

Xの選択肢

1．Kさんが左手でストップウォッチをスタートさせると同時に右手でとなりの人の左手をにぎった
2．左手をにぎられた人は，すぐに右手で次の人の左手をにぎった
3．最後の人の右手が挙がったのを見て，Kさんはストップウォッチを止めた

Yの選択肢

1．皮膚で刺激を受け，脳が筋肉に命令し，筋肉を動かす
2．目で刺激を受け，脳が筋肉に命令し，筋肉を動かす
3．耳で刺激を受け，脳が筋肉に命令し，筋肉を動かす

(ウ) Kさんは，〔実験2〕を「自転車で走っているときに，障害物があることに気づいてブレーキをかけ，自転車を止める。」という場面に置きかえて考えてみた。〔実験2〕②のものさしが落ちたことを確認してからものさしをつかむまでに要する時間に相当するものとして最も適するものを次の1～4の中から一つ選び，その番号を答えなさい。

1．障害物に気づくまでの時間
2．障害物に気づいてから，ブレーキをかけるまでの時間
3．障害物に気づいてから，自転車が止まるまでの時間
4．ブレーキをかけてから，自転車が止まるまでの時間

(エ)〔実験2〕の**表**から立てられる仮説として最も適するものを次の1～4の中から一つ選び，その番号を答えなさい。

1．ヒトが刺激を受けてから反応するまでにかかる時間は，音の刺激の方が光の刺激よりも短い。
2．ヒトが刺激を受けてから反応するまでにかかる時間は，音の刺激，光の刺激，皮膚への刺激のうち，音の刺激が最も短い。

3．ヒトが刺激を受けてから反応するまでにかかる時間は，光の刺激の方が音の刺激よりも短い。

4．ヒトが刺激を受けてから反応するまでにかかる時間は，音の刺激，光の刺激，皮膚への刺激のうち，光の刺激が最も短い。

8　Kさんは，神奈川県のある場所で次のような天体の観察を行った。これらの観察とその記録について，あとの各問いに答えなさい。

〔観察〕 ある日の午前6時に空を観察すると，木星と月と金星が見えた。また，木星の近くにはさそり座の1等星であるアンタレスが見えた。**図1**は，それらの位置をスケッチしたものである。

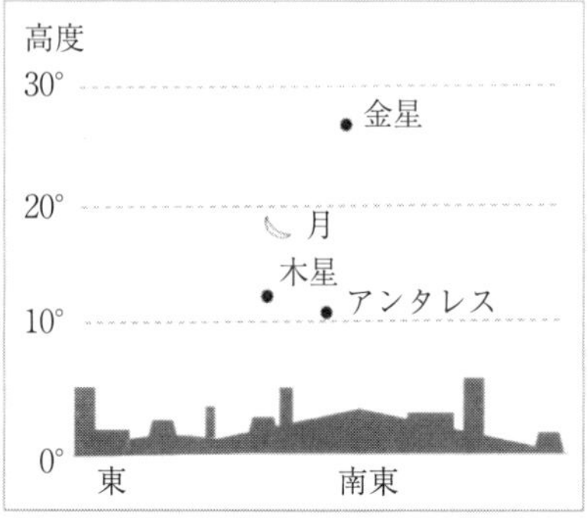

図1

(ア) **図2**は，月が地球のまわりを公転するようすを模式的に表している。〔観察〕を行ったときの月の位置として最も適するものを**図2**の1～8の中から一つ選び，その番号を答えなさい。

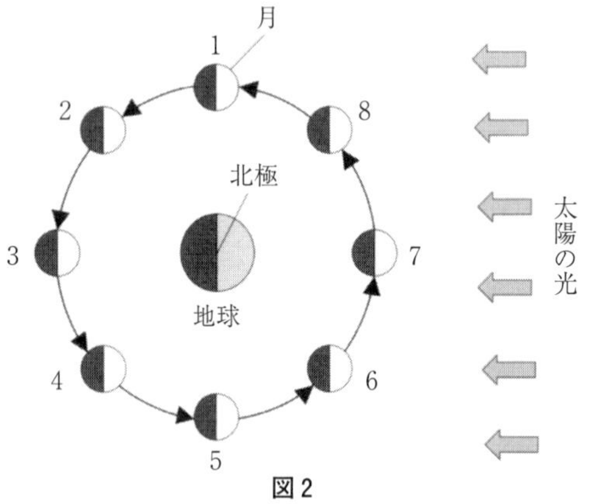

図2

(イ) **図3**は，地球が太陽のまわりを公転するようすを模式的に表している。(i)さそり座が夜中に南中する季節の地球の位置，(ii)〔観察〕を行った季節の地球の位置として最も適するものを**図3**の1～4の中からそれぞれ一つずつ選び，その番号を答えなさい。

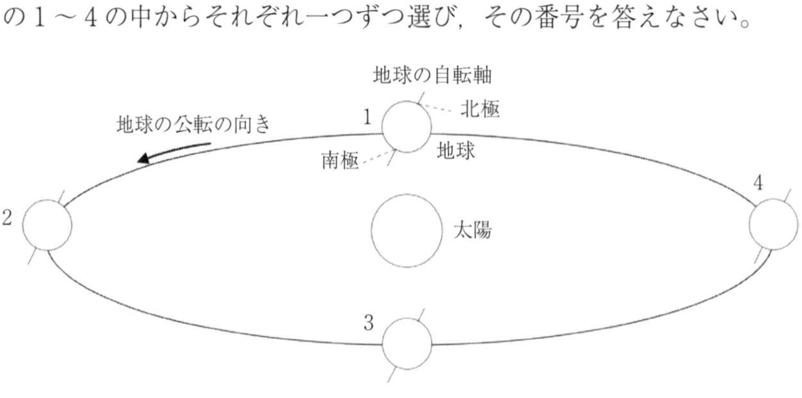

図3

(ウ) 〔観察〕から1か月後に，さそり座のアンタレスが〔観察〕を行ったときとほぼ同じ位置に見えるのは何時か。その時間を**午前**または**午後**という語句を必ず用いて書きなさい。

(エ) 次の□は，〔観察〕についてのKさんと先生の会話である。また，**図4**は，天の北極側から見た金星と地球のそれぞれの公転軌道と太陽との位置の模式図である。文中の(X)，(Y)に最も適するものをそれぞれの選択肢の中から一つずつ選び，その番号を答えなさい。

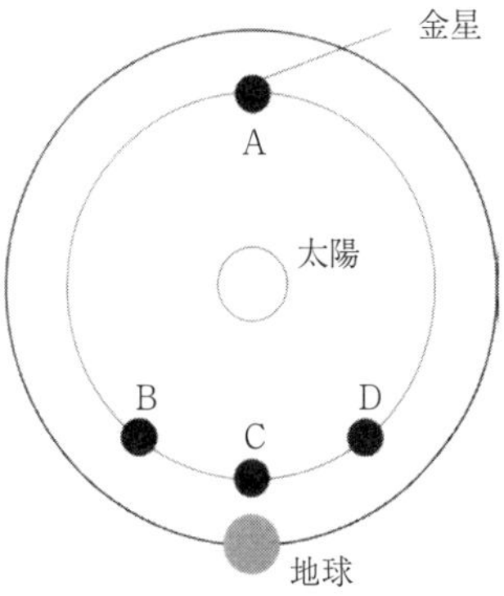

図4

Kさん「〔観察〕で，金星を天体望遠鏡で観察したところ，欠けて見えました。」
先　生「金星は，月のように満ち欠けして見えますね。では，〔観察〕で見たとき金星の位置は**図4**のA～Dのどこだと思いますか。」
Kさん「このときの金星の位置は(　X　)だと思います。」
先　生「そのとおりですね。」
Kさん「以前，木星を何回か天体望遠鏡で観察しましたが，欠けて見えることがありませんでした。」
先　生「そうですね。実は火星を天体望遠鏡で観察すると少し欠けて見えることがありますが，金星のように三日月のような形にはなりません。これらのことから，木星が欠けて見えることがないのはどうしてだと思いますか。」
Kさん「それは，(　　Y　　)からだと思います。」
先　生「そのとおりですね。」

Xの選択肢
1．A　　2．B　　3．C　　4．D

Yの選択肢
1．木星の赤道半径が，金星の赤道半径よりも大きい
2．木星の赤道半径が，地球の赤道半径よりも大きい
3．木星が，太陽のように自ら輝いている
4．木星は，地球よりも外側を公転しており，火星よりも地球からの距離が近い
5．木星は，地球よりも外側を公転しており，火星よりも地球からの距離が遠い

果を、年ごとにまとめたものです。「節水している」と答えた人は、昭和六十一年では五十パーセント程度でしたが、平成二十年では七十パーセントを超えています。

Cさん　平成二十年の調査で「豊富に使っている」と答えた人の中にも、節水は必要だと考えている人は全体の二十パーセント程度いますから、実践しているかどうかは個人差があるものの、九十パーセントを超える人が節水の必要性を認識していると言えますね。

Dさん　一方、「節水は考えず豊富に使う」と答えた人は、昭和六十一年では十二・三パーセントでしたが、平成二十年では四・〇パーセントとかなり低い割合になっています。節水に対する意識がこれほど変化しているとは知りませんでした。

Aさん　これまでの話を総合すると、**表1**と**表2**から読み取った内容から、家庭用水の使用量が減った主な理由は、［　　　］からだと考えられます。

Dさん　そうですね。本日の話し合いをきっかけに、改めて限りある水を大切に使っていきたいと思いました。

(ア) 本文中の［　］に入れるものとして最も適するものを次の中から一つ選び、その番号を答えなさい。

1 平成27年度の家庭用水の使用量の中で、「風呂・シャワー」の使用量は、「トイレ」の使用量の半分以下になっている

2 平成27年度の家庭用水の使用量の中で、「洗濯」の使用量は、「風呂・シャワー」の使用量の三分の一以下になっている

3 平成27年度は平成14年度と比べて、「トイレ」の使用量は三割程度減少しており、「洗濯」の使用量は二割程度減少している

4 平成27年度は平成14年度と比べて、家庭用水の使用量全体に占める「炊事」の使用量の割合が、三分の一以下に減少している

(イ) 本文中の［　］に適する「Aさん」のことばを、次の①～④の条件を満たして書きなさい。

① 書き出しの［家庭用水の使用量が減った主な理由は、］という語句に続けて書き、文末の［からだと考えられます。］という語句につながる**一文**となるように書くこと。

② 書き出しと文末の語句の間の文字数が**二十五字以上三十五字以内**となるように書くこと。

③ **表1**と**表2**から読み取った具体的な内容に触れていること。

④ 「技術」「意識」という二つの語句を、どちらもそのまま用いること。

表2

水の使い方

調査年	豊富に使っている		節水している		特に気にしていない・その他
	節水は考えず豊富に使う	節水は必要だが豊富に使う	ある程度節水している	まめに節水している	
昭和61年	12.3%	27.3%	41.5%	9.7%	9.2%
平成6年	9.5%	25.4%	50.8%	9.1%	5.1%
平成11年	6.0%	21.7%	50.3%	13.9%	8.3%
平成13年	5.1%	24.5%	54.2%	10.7%	5.4%
平成20年	4.0%	21.8%	58.3%	14.0%	1.8%

内閣府「『節水に関する特別世論調査』の概要」より作成。

Aさん　私たちは水の使用量について、様々なことを調べてきましたね。近年、家庭用水を含む生活用水の使用量は減少傾向にあり、一人が一日あたりに使用する量も減っているそうです。

Bさん　ここで**グラフ**を見てください。一般家庭において、一人が一日あたりに使用している水量を目的別に分け、年ごとに示したものです。これを見ると［　　　　］ことがわかります。

Cさん　なるほど。他には、一人が一日あたりに使用する家庭用水の使用量全体が減っていることもわかりますね。

Dさん　水の使用量の変動には、気候や生活スタイルの変化などの影響もあると思いますが、なぜ家庭用水の使用量は減ったのでしょうか。

Cさん　それを考えるために、**表1**を見てみましょう。便器で使用する一回あたりの水量を発売年ごとにまとめたものです。ここからは大きな変化が読み取れますね。使用者が用途ごとに水量を切り替えられる機能も開発されており、公共施設でもそのような機能が搭載された節水便器を見かけることが多くなってきました。

Bさん　便器以外の水利用機器で言えば、風呂《ふろ》水《みず》をくみ上げる機能がついた洗濯機も販売されています。また、手で洗うときの十分の一程度の水量で洗える食器洗い乾燥機もあるそうです。

Aさん　便器や洗濯機などの水利用機器は進歩してきたのですね。新しい技術は私たちの生活を快適にしてくれるだけでなく、限りある資源を有効に使うことにも役立ちそうです。

Dさん　では、これからも新しい水利用機器の開発が進んでいけばよいということですね。

Bさん　本当にそれだけでよいのでしょうか。**表2**を見てください。普段の生活でどのような水の使い方をしているか調査した結

五

中学生のAさん、Bさん、Cさん、Dさんの四人のグループは、「総合的な学習の時間」で水の使用量について調べ、話し合いをしている。次の**グラフ**、**表1**、**表2**と文章は、そのときのものである。これらについてあとの問いに答えなさい。

グラフ

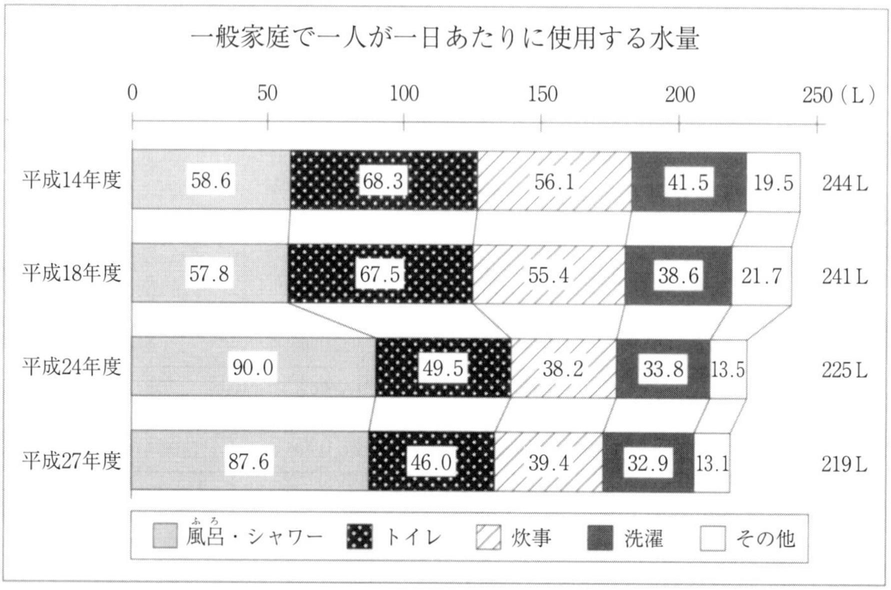

東京都水道局「一般家庭水使用目的別実態調査」より作成。

表1

便器の一回あたりの洗浄水量（L）

発売年＼機能	大	小	eco 小
昭和51年	13.0		
平成５年	8.0	6.0	
平成18年	6.0	5.0	4.5
平成19年	5.5	4.5	4.0
平成21年	4.8	4.0	3.8
平成24年	3.8	3.3	3.0
平成29年	3.8	3.3	3.0

一般社団法人日本レストルーム工業会「各社節水便器の変遷」より作成。
表1内の「eco 小」はごく少量の水を流す場合に使用する機能をさす。

いるか。それを説明した次の文中の Ⅰ ・ Ⅱ に入れる語句として最も適するものを、本文中の▼から▲までの中から、 Ⅰ については**六字**で、 Ⅱ については**七字**でそれぞれ抜き出し、そのまま書きなさい。

> 権威の高さと情報の確度を同一視する手法は、 Ⅰ という利点はあるが、行き過ぎてしまえば何かにすがりたいという心理と結びつき、権威あるものは正しいというような Ⅱ に陥りかねない。

(カ) ――線**5**「権威主義が〝科学の生命力〟を蝕む」とあるが、その理由として最も適するものを次の中から一つ選び、その番号を答えなさい。

1　権威主義者は、人々の不安を解消して信頼を勝ち取ることを重視し、揺るぎない真実を世間に広めるという科学の目的を軽視してしまうから。

2　権威主義者は、自分の支持する学説が他の学説より優位であることを示すため、科学の特徴である一貫性を無視して次々と仮説を修正するから。

3　権威主義者は、正しさよりも世間の関心を集める話題性を優先するため、真実を追究して変化するという科学の長所を消し去ってしまうから。

4　権威主義者は、権威を失うことや自分の信じた価値が崩れることを恐れ、科学の本質である修正や変化を受け入れられず現状に固執するから。

(キ) ――線**6**「ランダムな方向を持ったものの集合体で良い」とあるが、その理由として最も適するものを次の中から一つ選び、その番号を答えなさい。

1　科学で重要なことは、ある学説を先入観なく理解しようとするひたむきな姿勢であり、専門家でない人々が思考したものにこそ意味があるから。

2　科学を支えているのは、過去に提唱された学説に基づいて判断しようとする誠実な態度であり、正しいかどうかを追究することは必要ではないから。

3　科学で大切なのは、ある学説が信頼に足るものかどうかを深い知識を用いて証明することであり、専門家による思考の集積にこそ価値があるから。

4　科学において必要なことは、様々な考えを持つ人々が自ら情報を集めて思考を深化させることであり、一つに集約することは重要ではないから。

(ク) 本文について説明したものとして最も適するものを次の中から一つ選び、その番号を答えなさい。

1　様々な個性を持つ研究者の中から次代を担う科学者が現れている意義を、生物の遺伝子変異の過程と重ねて説明した上で、「科学」の伝統は守るべきだと論じている。

2　世界の姿を解明するために変化し続けていく科学のあり方を、権威主義との関係にも触れながら説明した上で、誰もが「科学」に携わることができると論じている。

3　自ら情報を集めて真摯に考える職業的科学者の重要性を、「科学」の歴史を根拠に説明した上で、あらゆる分野において専門家の意見に従うのが良いと論じている。

4　再現性の高さ故に信頼を得てきた科学の姿を、人間の心理が持つ弱点と関連付けながら説明した上で、すべての人が「科学」に寄与しなければならないと論じている。

峻別＝厳しく区別すること。
ネイチャー＝学術雑誌のうちの一つ。
瓦解＝壊れること。
伽藍＝寺の建物の総称。
バザール＝市場のこと。

(ア)　本文中の A ・ B に入れる語の組み合わせとして最も適するものを次の中から一つ選び、その番号を答えなさい。

1　A　もちろん　B　しかし
2　A　なぜなら　B　そこで
3　A　たとえば　B　もし
4　A　ところで　B　だから

(イ)　――線1「それはまるで生態系における生物の『適者生存』のようである。」とあるが、それを説明したものとして最も適するものを次の中から一つ選び、その番号を答えなさい。

1　科学的知見が評価される際に、科学者が他の仮説を批判することで自説の価値を高めてきたさまは、環境に適さないものを犠牲に繁栄する生物のあり方と似ているということ。
2　ある科学的知見が人々の需要に合わせて修正される中で、他の仮説を排除して不動のものへと進化してきたことは、強い生物だけが生き延びていくさまと似ているということ。
3　様々な科学的知見が選別される過程において、残った仮説がさらに良いものへと進化してきたことは、より環境に順応した生物が生き残っていくさまと似ているということ。
4　多くの科学的知見が存在する中で、科学者が互いの学説を参考にし合って適応度を上げてきたさまは、互いの特長が影響し合って進化する生物のあり方と似ているということ。

(ウ)　――線2「科学という体系が持つ構造的な宿命」とあるが、その内容を説明したものとして最も適するものを次の中から一つ選び、その番号を答えなさい。

1　科学の価値は時代によって変動するため、永遠に有用性を維持することはできないという宿命。
2　科学は変化を前提とするものであるため、絶対的に正しい科学的知見は存在し得ないという宿命。
3　科学の価値は進化し続ける点にあるため、科学者も成長し続ける努力を強いられるという宿命。
4　科学は学説の公平性を最優先するため、科学者は科学的知見の修正から逃れられないという宿命。

(エ)　――線3「より正確な判断のために、対象となる科学的知見の確からしさに対して、正しい認識を持つべきだ」とあるが、そのことについて筆者はどのように述べているか。それを説明したものとして最も適するものを次の中から一つ選び、その番号を答えなさい。

1　様々な科学的知見の確度の違いを見極めていくことが必要となるが、情報の収集や確度の判定には課題も多くあり、専門家でない人々が高度な判断をすることには難しさが伴う。
2　科学的知見についての完全な情報が公開されていないことに加え、専門家と非専門家が同じ条件下で議論をかわすことは無意味なため、確度を正しく認識することは現実的ではない。
3　現在残っている科学的知見は確度の高いものばかりだが、情報公開の程度や調査規模を判断する方法には問題もあり、非専門家が分析して行動の指針とすることには危険が伴う。
4　科学的知見の質や研究手法に対して疑義を唱える専門家がいることに加え、どの分野も画一的な視点によって調査されているため、確度を正確に判別することは専門家でも困難だ。

(オ)　――線4「権威の高さと情報の確度を同一視して判断するというやり方」とあるが、そのことについて筆者はどのように述べてい、そんな心理をどこかに持っているのではないかと思うのだ。拠《よ》りどころのない「分からない」という不安定な状態でいるよりは、とりあえず何かを信じて、その不安から逃れてしまいたいという指向性が、心のどこかに潜んでいる。権威主義は、そこに忍び込む。

そして行き過ぎた権威主義は、科学そのものを社会において特別な位置に置くことになる。倒錯した権威主義の最たるものが、科学に従事している研究者の言うことなら正しい、というような誤解であり、また逆に科学に従事する者たちが、非専門家からの批判は無知に由来するものとして、専門用語や科学論文の引用を披露することで、高圧的かつ一方的に封じ込めてしまうようなことも、よく見られる現象である。科学の知見は決して一〇〇％の真実ではないにもかかわらず、である。

「権威が言っているから正しい」というのは、本質的に妄信的な考え方であり、いかに美辞を弄しようと、とどのつまりは何かにしがみついているだけなのだ。▲

また、もう一つ指摘しておかなければならないことは、5 権威主義が〝科学の生命力〟を蝕《むしば》む性質を持っていることだ。権威は人々の信頼から成り立っており、一度間違えるとそれは失墜し、地に落ちてしまう。この失墜への恐怖感が〝硬直したもの〟を生む。「権威は間違えられない」のだ。また、権威主義者に見られる典型的な特徴が、それを構築する体系から逸脱するものを頑《かたく》なに認めない、という姿勢である。それは権威主義が本質的に人々の不安に応えるために存在しているという要素があるからであり、権威主義者はその世界観が(注)瓦解《がかい》し、その体系の中にある自分が信じた価値が崩壊する恐怖に耐えられないのである。

現代の民主主義国家では、権威主義による強権的な異論の封じ込めはもう起こらないと信じたいが、特定の分野において「権威ある研究者」の間違った学説が、その人が存命の間はまかり通っているというようなことは、今もしばしば見られるようには思う。権威主義に陥ってしまえば、科学の可塑性、その生命力が毒されてしまうことは、その意味で、今も昔も変わらない。科学が「生きた」ものであるためには、その中の何物も「不動の真実」ではなく、それが修正され変わり得る可塑性を持たなければならない。権威主義はそれを蝕んでしまう。

そして、何より妄信的な権威主義と、自らの理性でこの世界の姿を解き明かそうとする科学は、その精神性において実はまったく正反対のものである。科学を支える理性主義の根底にあるのは、物事を先入観なくあるがままに見て、自らの理性でその意味や仕組みを考えることである。それは何かに頼って安易に「正解」を得ることとは、根本的に真逆の行為だ。

だから、科学には(注)伽藍《がらん》ではなく、(注)バザールが似合う。権威ではなく、個々の自由な営為の集合体なのだ。〝科学的に生きる〟ことにとっては、〝信頼に足る情報を集め、真摯に考える〟、そのことが唯一大切なことではないかと思う。その考えが正しいか間違っているかは、厳密に言えば答えのない問いのようなものである。それが真摯な営みである限り、様々な個性を持った個々人の指向のまま、生物の遺伝子変異のように、6 ランダムな方向を持ったものの集合体で良いのだ。

そういった様々な方向で進む人々の中から、より適したやり方・仮説が生き残り、次の世界を担《にな》っていく。それが生きている「科学」の姿であり、職業的科学者だけでなく、すべての人がその生き様を通して参加できる〝人類の営み〟ではないかと思うのである。

（中屋敷《なかやしき》 均《ひとし》「科学と非科学」から。一部表記を改めたところがある。）

（注）　教条主義＝ある特定の原理や原則に基づいて物事を説明しようとする応用のきかない考え方。

プロセス＝手順。方法。

「不動の真理」ではない、ということに論理的に帰結してしまうのだ。科学の知見が常に不完全ということは、ある意味、2科学という体系が持つ構造的な宿命であり、絶え間ない修正により、少しずつより強靭《きょうじん》で真実の法則に近い仮説ができ上がってくるが、それでもそれらは決して一〇〇%の正しさを保証しない。

より正確に言えば、もし一〇〇%正しいところまで修正されていたとしても、それを完全な一〇〇%、つまり科学として「それで終わり」と判定するような(注)プロセスが体系の中に用意されていない。どんなに正しく見えることでも、それをさらに修正するための努力は、科学の世界では決して否定されない。だから科学的知見には、「正しい」「正しくない」という二つのものがあるのではなく、その仮説がどれくらい確からしいのかという確度の問題が存在するだけなのである。

では、我々はそのような「原理的に不完全な」科学的知見をどう捉えて、どのように使っていけば良いのだろうか？　一体、何が信じるに足るもので、何を頼りに行動すれば良いのだろう？　優等生的な回答をするなら、3より正確な判断のために、対象となる科学的知見の確からしさに対して、正しい認識を持つべきだ、ということになるのだろう。

「科学的な知見」という大雑把なくくりの中には、それが成熟した分野のものか、まだ成長過程にあるような分野なのか、あるいはどんな手法で調べられたものなのかなどによって、確度が大きく異なったものが混在している。ほぼ例外なく現実を説明できる非常に確度の高い法則のようなものから、その事象を説明する多くの仮説のうちの一つに過ぎないような確度の低いものまで、幅広く存在している。それらの確からしさを正確に把握して(注)峻別《しゅんべつ》していけば、少なくともより良い判断ができるはずである。

しかし、非専門家でも理解しやすい情報が、どんな科学的知見に対しても公開されている訳ではもちろんないし、科学的な情報の確度というものを単純に調査規模や分析方法といった画一的な視点で判断して良いのか、ということにも、実際は深刻な議論がある。一つの問題に対して専門家の間でも意見が分かれることは非常に多く、そのような問題を非専門家が完全に理解し、それらを統合して専門家たちを上回る判断をすることは、現実的には相当に困難なことである。

▼こういった科学的知見の確度の判定という現実的な困難さに忍び寄って来るのが、いわゆる権威主義である。たとえばノーベル賞を取ったから、『(注)ネイチャー』に載った業績だから、といった4権威の高さと情報の確度を同一視して判断するというやり方だ。この手法の利点は、なんと言っても分かりやすいことで、現在の社会で「科学的な根拠」の確からしさを判断する方法として採用されているのは、この権威主義に基づいたものが主であると言わざるを得ないだろう。

［A］こういった権威ある賞に選ばれたり、権威ある雑誌に論文が掲載されるためには、多くの専門家の厳しい審査があり、それに耐えてきた知見はそうでないものより強靭さを持っている傾向が一般的に認められることは、間違いのないことである。また、科学に限らず、専門家は非専門家よりもその対象をよく知っている。だから、何事に関しても専門家の意見は参考にすべきである。それも間違いない。多少の不具合はあったとしても、どんな指標も万能ではないし、権威主義による判断も分かりやすくある程度、役に立つなら、それで十分だという考え方もあろうかと思う。

［B］、この権威主義による言説の確度の判定という手法には、どこか拭《ぬぐ》い難《がた》い危うさが感じられる。それは人の心が持つ弱さと言えばいいのか、人の心理というシステムが持つ弱点と関連した危うさである。端的に言えば、人は権威にすがりつき安心してしまいた

る「牧子」の姿が想起されたが、惜しみない努力で家族は結ばれていたとわかり、人知れず涙にくれる日々もあったのだと考え直している。

(オ) ――線5「まぁ、染みのついたシャツの一枚ぐらいは、私も残しておくとしますか。」とあるが、そのときの「長門」を説明したものとして最も適するものを次の中から一つ選び、その番号を答えなさい。

1 染みに対する独特な考え方は受け入れられないが、頑固な「洋二郎」と相反する柔軟さには魅力を感じ、前途多難かもしれないが自分も「三十次郎」とともに成長していこうと心に決めている。

2 染みに対する「三十次郎」の考え方には感激したものの、経験不足からくる店長としての未熟さは無視することができず、いまは亡き「洋二郎」の代わりに自分が育てていきたいと感じている。

3 染みに対する考え方に共感はできないものの、信念を持っているところには「洋二郎」と通じるものを感じ、「三十次郎」に寄り添いながらこれからも見守っていこうと思いを新たにしている。

4 染みに対する考えを押し付けてくる「三十次郎」に腹は立つが、世話になった「洋二郎」の息子である以上は意見することもできず、あきらめて支えていくしかないと自分に言い聞かせている。

(カ) この文章について述べたものとして最も適するものを次の中から一つ選び、その番号を答えなさい。

1 「洋二郎」との心温まる思い出を「長門」と分かち合ったことで、自覚していなかった魅力に「三十次郎」が気づいていくさまを、染みに関する話や多くの比喩を用いて生き生きと描いている。

2 優秀な職人である「長門」と関わる中で、「洋二郎」に叱られてばかりだった「三十次郎」が店長として大きく成長していくさまを、兄との対比や家族の思い出を交えて感動的に描いている。

3 「洋二郎」とは異なる奔放な振る舞いに隠れた信念に触れたことで、頑固な「長門」が「三十次郎」に深くのめり込むさまを、家族の過去やさまざまな料理の描写を用いて鮮やかに描いている。

4 これまで知り得なかった「洋二郎」の話を聞く中で、「長門」が気づいていなかった「三十次郎」の姿が浮かびあがってくるさまを、回想やハンカチにまつわる話を通して印象的に描いている。

四

次の文章を読んで、あとの問いに答えなさい。

玉石混交の科学的知見と称されるものの中でも、現実をよく説明する「適応度の高い仮説」は長い時間の中で批判に耐え、その有用性や再現性故に、後世に残っていくことになる。そして、その仮説の適応度をさらに上げる修正仮説が提出されるサイクルが繰り返される。1それはまるで生態系における生物の「適者生存」のようである。ある意味、科学は「生きて」おり、生物のように変化を生み出し、より適応していたものが生き残り、どんどん成長・進化していく。それが最大の長所である。現在の姿が、いかに素晴らしくとも、そこからまったく変化しないものに発展はない。(注)教条主義に陥らない〝可塑性〟こそが科学の生命線である。

しかし、このことは「科学が教えるところは、すべて修正される可能性がある」ということを論理的必然性をもって導くことになる。科学の進化し成長するという素晴らしい性質は、その中の何物も

4　家族を和ませるための実験を喜ぶ言葉を「洋二郎」が残していたと「醤生」から聞いたことを思い出し、戻らない過去を寂しく感じるとともになつかしさも覚えている。

(イ)　――線2「そう、ですか。そんなことを言いましたか。」とあるが、ここでの「長門」の気持ちをふまえて、この部分を朗読するとき、どのように読むのがよいか。最も適するものを次の中から一つ選び、その番号を答えなさい。

1　「洋二郎」が「三十次郎」のことも気にかけていたとわかって驚くとともに、新たに知った「洋二郎」の一面を心に描いて感慨にふけっていることがわかるように、ゆっくりと噛みしめながら読む。

2　「洋二郎」が「三十次郎」の無責任さを黙認していたと知って落胆するとともに、以前から抱いていた「三十次郎」への不信感をあらわにしていることが伝わるように、厳しく責める口調で読む。

3　「洋二郎」がハンカチを染めた「三十次郎」のことを許していたと知り、染み抜き職人として「洋二郎」に裏切られたと気づいた怒りを抑えていることがわかるように、声を押し殺しながら読む。

4　「洋二郎」は「三十次郎」を怒鳴りつけてばかりいたが、跡継ぎとして「三十次郎」に期待するがゆえの行動であったことに気づいて納得していることが伝わるように、明るく朗らかな調子で読む。

(ウ)　――線3「長門は泣きたいような笑いたいような気持ちを抑え、ゆっくり首を振った。」とあるが、そのときの「長門」を説明したものとして最も適するものを次の中から一つ選び、その番号を答えなさい。

1　「三十次郎」の話に聞き入っていた自分に気づき、人の心をつかむのが上手な「三十次郎」を見直したものの、気持ちを素直に伝えることは腹立たしく思えてごまかそうとしている。

2　頼りなく見える「三十次郎」に「中島クリーニング」が救われたのではないかと思ったものの、こみ上げてくる思いを伝えることはせず、自分の胸にとどめておこうとしている。

3　楽天的な性格の「三十次郎」に「牧子」まで希望を持っていたことが許せず、染み抜き職人として尽力してきた過去の自分が愚かに感じられ、うそであってほしいと思っている。

4　「三十次郎」のつけた染みが「中島クリーニング」のためには不可欠だったと理解はしたが、染みは抜くべきものだという信念が揺らいだことを、すぐには受け入れられずにいる。

(エ)　――線4「そこにいまは、レースに縁取られた家族の日々が透けて見える。」とあるが、そのときの「長門」を説明したものとして最も適するものを次の中から一つ選び、その番号を答えなさい。

1　スワトウのハンカチを見て、家族のことに思い悩む「牧子」の姿が想起されたが、それぞれを思いやる気持ちで家族はつながっていたとわかり、温かい思い出も確かにあったのだと認識を改めている。

2　スワトウのハンカチを見て、家族の危機にも気丈に振る舞う「牧子」の姿が想起されたが、思いも寄らなかった家族それぞれの哀しみを知り、本当の気持ちを見ようとしていなかったと痛感している。

3　スワトウのハンカチを見て、家族のことに絶望する「牧子」の姿が想起されたが、一つの目標に向かって互いに励まし合ってきた家族の歩みを知り、強いきずなに気づいていなかったと実感している。

4　スワトウのハンカチを見て、家族の危機にも希望を抱き続けっていいんでないの。」
長門はさめたウーロン茶を噴きそうになりながら、亡《な》き先代の言葉を心でたどる。
クリーニング屋の、店長とも、あろうべき者が。
「長さん食べないなら、この餃子《ギョーザ》、最後の一個もらってもいい？」
あ。長門がこたえるより先に、三十次郎がひとつだけ残っていた海老《えび》餃子にさっと箸を伸ばした。相手が食べないのを見届けてからおもむろに取ろうと、さっきから長門が虎視眈々《こしたんたん》とタイミングを狙っていた皿だ。そのとたん、だらりと下がっていた三十次郎の皺《しわ》だらけのシャツの袖口が、小皿のラー油醤油《ゆじょうゆ》に浸《つ》かった。
左の袖口と律儀に対になるように、右の袖口にも赤茶の染みが広がる。長門は慌てておしぼりの端をコップの水に浸す。その手を伸ばしたところで「いいよいいよ。」と制された。
「でも唐辛子と油が入っていますから。軽く処理をしておけば、あとで落ちやすくなります。」
「いいのいいの。これはじゃましない染みだから。」
「なんと？」
「長さんと中華街で飯食ったっていう、記念の染みだからさ。」
三十次郎は首をすくめてみせると、最後の一個の餃子を旨《うま》そうに咀嚼《そしゃく》する。むろん、もう片方の袖についている醤油染みのことなど、はなから気づいてもおらぬようだ。
前途多難、という言葉が長門の胸に落ち、曖昧な輪郭の染みとなった。
帰《かえ》り際《ぎわ》、中国語のネオンがにぎやかに光る通りを先刻くぐりぬけた門を目指し歩いた。横を歩く三十次郎は満足げに、肉まんや腸詰《ちょうづめ》の土産で膨らんだ袋をゆらしている。その袖についた「長門と中華街で飯を食った記念」なる染みも、いまや薄い闇にまぎれている。
だが染みがそこにあるかぎり、抜かねばならない。長門の気持ちも、宵闇に漂う。
頼りなさそうに見えても、やはりあなたの息子ですな。妙なところが頑《かたく》なだ。**5**まぁ、染みのついたシャツの一枚ぐらいは、私も残しておくとしますか。
いまは何を問うこともできなくなった遠い姿を思い浮かべ、長門は声もなく語りかけた。

（野中《のなか》ともそ「洗濯《クリーニング》屋三十次郎」から。一部表記を改めたところがある。）

（注）せがれ＝息子のこと。
健啖家＝大食いの人のこと。
このハンカチ＝「三十次郎」は、「牧子」が好んでいた、中国の都市スワトウで作られたレース地のハンカチを飲食店に入る前に見つけ、プレゼントするために購入している。
スワトウ＝中国の都市。レースや刺繍《ししゅう》が有名である。

(ア)　――線1「その顔がその日初めて、まぶしい陽射しに困惑するみたいな不可思議な色に染まっている。」とあるが、そのときの「三十次郎」を説明したものとして最も適するものを次の中から一つ選び、その番号を答えなさい。
1　跡継ぎとして頼りにするような言葉を「洋二郎」が残していたと「醤生」から聞いたことを思い出し、誇らしく思うものの応えられていないことを歯がゆく思っている。
2　ハンカチを色水で染めた作品を褒める言葉を「洋二郎」が残していたと「醤生」から聞いたことを思い起こし、喜びを覚えるものの店長としては未熟な自分を恥じている。
3　自分の将来を楽しみにしているというような言葉を「洋二郎」が残していたと「醤生」から聞いたことを思い起こし、改めて嬉しく思うとともに照れくさくも感じている。

「それ聞いた母さんが、なんでだかとても嬉《うれ》しそうな顔したらしいんだよ。そうよ、全部は洗わなくていいわって、染まったハンカチを一枚抜き取るもんだから、兄貴、すげえ悔しかったらしくてさ。『せっかく僕がぜんぶ綺麗《きれい》にしてやるって言ってんのに!』って。それでよく覚えてるらしいんだ。兄貴もへんなとこ、記憶力いいからなぁ。」

「2そう、ですか。そんなことを言いましたか。」

「違うもんどころか、いまだなぁんもなってないけどね、俺。」

へらへら笑う三十次郎は、口にはしない。

父の言葉を伝え聞いたから、ためらっていた店を継ぐ気になったのだ、とは。いつでも言葉が足りないか、発された言葉もあさっての方角に飛んでいってしまう子だった。

「この杏仁豆腐、うまいよねぇ。お土産にもう一個たのもっかな。長さんもどう。」

だがそんなことをつぶやく三十次郎の目じりに、嬉しさが染みている。幼いころ好物だったところてんを盛大に啜ったときみたいに、透明な喜びを噛《か》みしめる顔をしている。

あの夏。日陰の暗さにとりこまれそうだった遠いひと夏。長男だけをあからさまに贔屓《ひいき》していたような洋二郎も、まだ「家族」を見ていたのだ。背を向けては、いなかったのだ。牧子もまたそのことを知って、嬉しかったのだろうか。

まだ、この家は大丈夫だ。そんなほのかな希望を、胸に灯《とも》らせたのだろうか。

「どうかした? 長さん。」

レンゲを宙に浮かせたままでいる長門を、三十次郎が不思議そうな顔で覗き込む。

あのとき、中島クリーニングが崩れ落ちるのを食い止めたのは、ひょっとしてこの薄ぼんやりした男のつけた、ハンカチの染みだったのかもしれない。

3長門は泣きたいような笑いたいような気持ちを抑え、ゆっくり首を振った。

「いえ、あまさが歯にしみまして。」

「それにしても、まさかお袋までオーストラリアについていくとは思わなかったよなぁ。結局、残された次男より孫なんだよな。日本食に飢えてる日本人主婦たちを集めて、和食教室をやるなんて張り切ってるらしいけどさ。うまくいくのかなあ。ホームシックで(注)このハンカチで涙を拭く、なぁんてことにならなきゃいいけど。」

三十次郎が袋から出してみせたハンカチを、長門も見やる。

「そんなことにはならんでしょう。お強い方ですから。それより店長、言っておきますが、くれぐれもそのハンカチは白いままで送ってあげてくださいよ。」

「はは、わかってるって。もう色水遊びなんてする歳《とし》じゃないんだから。」

「どうだかわかりませんな。」

哀《かな》しくたたずむ母親の姿を縫い取るように映し出していた(注)スワトウのハンカチ。

4そこにいまは、レースに縁取られた家族の日々が透けて見える。その端に、遠巻きにたたずんで彼らを見守る自分の姿までもが、淡く縫いこまれている気がした。

長門はゆっくりまばたきをしてから、気を取り直すように咳払《せきばら》いした。

「三十次郎さん、いや店長。念のため、ひとつおうかがいしたいのですが……その、じゃましない染み云々《うんぬん》というのは、いまも思っていることでしょうか。」

「うん、思ってるよ。そういう染みは、あえて綺麗に抜かなくた醤生が弟を叱ったり、そんな真似《まね》はやめろと言うのも見たことがなかったな。長門はふいに思い出す。母の牧子《まきこ》も困った顔で言い聞かせはしたが、怒ったりしなかった。
洋二郎だけが怒鳴り声を散らし、三十次郎の首ねっこを猫の子みたいにひっつかみ、店からはじき出していた。クリーニング屋の(注)せがれのくせに、と背中に荒い声を投げつけて。
洋二郎は、醤生の就職先のことを手放しで褒めていた。
「すげえな。総合商社ってところはクリーニングもあつかうのか。それも高度な無菌クリーニングだっつうんだから。よくわかんねぇけど、たいした仕事じゃねえか、なあ。」
だが三十次郎の製紙業に関しては「ふうん、紙屋でノートでもつくんのか。」と仏頂面《ぶっちょうづら》で的外れな感想を口にしただけだ。
自分に関心のこもった視線などついぞ向けなかった父の跡を、兄の願いをかなえるためとはいえ、継ぐことになったのだ。三十次郎もさぞ戸惑っているのではなかろうか。
しかし目前で、デザートの胡麻団子《ごまだんご》と杏仁豆腐《あんにんどうふ》をどちらにするかさんざん迷っている男からは、不安も気概も伝わってこない。もしかして根っから楽天的な性格なのか。単に何も考えていないだけか。いずれにせよ心配になってくる。三十次郎もつられて家族連れに目をやっている。
「あーあ。あの子ら、あんなに染みつけちゃって。親父《おやじ》だったら雷おとすとこだよなぁ。」
さすがの三十次郎も、少しは気になるらしい。長門は心で大いにうなずく。
そうだ、染みというのはじゃまなものだ。そこにあるかぎり、抜かねばならんものなのだ。
「蟹は手で食うもんだ、と言いながらも、厳重にエプロンはつけさせるでしょうな。」
(注)健啖家《けんたんか》だった洋二郎の豪快な食べ方を思い出し、長門もそこは同意した。
醤生とは洋二郎のこと、主に店の引継《ひきつ》ぎに関しては仕事中にさまざまな言葉をかわしたものだ。だが三十次郎と洋二郎について語ることなど、いままでになかったなと気づく。
「じつは、これも兄貴から店のことを頼まれるときに聞いた話なんだけどね。親父が昔、おかしなこと言ってたらしいんだよ。」
三十次郎は、円卓ではしゃぐ兄弟に投げていた視線を長門のもとに戻した。
「またお袋のハンカチの話に戻るけどさ。箪笥《たんす》の引き出しにたくさん入ってたハンカチを俺、一気にごっそり取り出して、いろんな色水で染める実験をしたことあったんだよね。」
一気にとは、ますます救いがたい。長門は嘆息し、運ばれてきた杏仁豆腐を啜《すす》った。
「それを兄貴に見つかって。兄貴、また律儀《りちぎ》に全部染み抜きしようとして、親父に意気揚々と見せたらしいんだけどさ。親父、言ったんだって。一枚ぐらいそのままにしといてやれ。三十次郎ががんばって染めた、作品みてえなもんだろって。」
「先代が、洋二郎さんが、そう言われたのですか？」
レンゲを持つ手をふいに止め、長門は訊《たず》ねた。三十次郎がうなずく。1その顔がその日初めて、まぶしい陽射《ひざ》しに困惑するみたいな不可思議な色に染まっている。
「あいつは店を継がせるには頼りねえが、なんか違うもんにでもなんだろ。楽しみに見てやろうじゃねえか、とか。兄貴もうろ覚えらしいけどね、そんなふうなこと言ったって。」
「見てて、やろうと？」
長門の喉を、杏仁豆腐よりもあまくて滑らかなつめたさが、すうと流れ落ちる。

(イ) ――線2「件の井戸へ押し入れけり。」とあるが、「盗人」がそのようにした理由として最も適するものを次の中から一つ選び、その番号を答えなさい。

1 水が飲みたいという「僧」の願いをかなえれば、悪念は消え去って善人になれると確信したから。

2 「僧」が祈りに専念していなかったことを隠そうとしたため、仕返しをしようと思いついたから。

3 出家したいという願いに耳を貸さず、自身の望みを優先する「僧」の身勝手さに腹が立ったから。

4 喉が渇いたという「僧」の言葉を聞いたので、満足するまで水を飲んでもらおうと思ったから。

(ウ) ――線3「いかが祈禱も験あるべきや。」とあるが、それを説明したものとして最も適するものを次の中から一つ選び、その番号を答えなさい。

1 人を導く立場にもかかわらず、石に執着して修行をおろそかにするような愚かな「僧」の祈りには効果など期待できないということ。

2 自ら石にしがみついておきながら、引き上げてほしいと訴えるような愚かな「僧」の祈りには効果など期待できないということ。

3 重い石を離さずに、引き上げてくれないと文句ばかり口にするような愚かな「僧」の祈りには効果など期待できないということ。

4 水を全く飲むことなく、落ちている石に気をとられてばかりいるような愚かな「僧」の祈りには効果など期待できないということ。

(エ) 本文の内容と一致するものを次の中から一つ選び、その番号を答えなさい。

1 「盗人」は、出家したいという訴えを一度は断られたが、困っていた「僧」の手助けをしたことが高く評価され、弟子になることが認められた。

2 「盗人」は、強い悪念ゆえに改心は難しいと皆から言われていたが、あきらめることなく「僧」が祈り続けたおかげで、善人になることができた。

3 「盗人」は、「僧」が持つ祈りの力ばかりをあてにしていたが、まず自身が悪念を捨てようとしなければならないと説かれ、すっかり心を改めた。

4 「盗人」は、「僧」が持つ祈りの力を信じられず心を閉ざしていたが、修行の大切さを懸命に伝えようとする熱意に心を動かされ、出家を決めた。

三

次の文章を読んで、あとの問いに答えなさい。

「三十次郎《みそじろう》」は、オーストラリアへ行った兄「醬生《ひしお》」に代わり、一時期は経営が傾いていた「中島《なかじま》クリーニング」を引き継いだばかりである。父「洋二郎《ようじろう》」の代から「中島クリーニング」を支えてきた染《し》み抜き職人「長門《ながと》（長《ちょう》さん）」と「三十次郎」は、連れだって中華街へ出かけ、飲食店に入った。

近くの円卓で家族連れが和やかに談笑している。小さな兄弟が皿にのった蟹炒《かにいた》めを覗《のぞ》き込《こ》んでは、指でつついている。弟が脂ぎったソースを服で拭うと、兄は止めるでもなく笑って同じことをしている。こらこら、そんなことをしたら染みになってしまうのに。ナプキンを使いなさい、ナプキンを。長門は他人事《ひとごと》ながらそわそわとし、兄弟のやんちゃな指先を目で追った。両親は楽しげに喋《しゃべ》っているだけで、子どもたちの素行には構いもしない。

あせたさまを自らとの距離として示すことによって、効果的に描いている。

3 街を染める夕焼を擬人的に表し、あっけなく夜が訪れたことへの孤独を暗示することで、あらがうことのできない自然を壮大に描いている。

4 激しい音が響く中で目にした夕焼を直喩で示し、赤色が薄れて闇に包まれた後の静けさと対比させることによって、感傷的に描いている。

二

次の文章を読んで、あとの問いに答えなさい。

> ある日、「盗人」は道で「僧」と出会い、祈りの力によって善人にしてほしいと頼んで別れた。その後、「盗人」と「僧」は再び出会った。

盗人、僧の袖を控へて《（引きとめて）》、怒つて申しけるは、「われ御辺《（あなた）》を頼むといへども、その甲斐《かひ》なし。祈誓したまはずや。」と申しければ、僧答へて曰《い》はく、「われその日より片時《へんし》のいとまもなく、御辺のことをこそ祈り候《さうら》へ。」とのたまへば《（おっしゃるので）》、盗人申しけるは、「おこと《（あなた）》は出家の身として、**1**虚言《そらごと》をのたまふものかな。その日より悪念のみこそおこり候へ。」と申しければ、僧の謀《はかりごと》に、「にはかに喉渇きてせんかたなし《（仕方がない）》。」とのたまへば、盗人申しけるは、「これに井戸の侍《はべ》るぞや。われ上より縄をつけて、その底へ入れ奉《たてまつ》るべし《（お入れしましょう）》。飽くまで水飲みたまひて、上がりたく思《おぼ》しめし候はば、引き上げ奉らん。」と契約して、**2**件《くだん》の井戸へ押し入れけり。かの僧、水を飲んで、「上げたまへ。」とのたまふとき、盗人力を出《い》だしてえいやと引けども、いささかも上がらず《（全く上がらない）》。いかなればとて、さしうつぶして見れば、何しかは上がるべき《（どうして上がるはずがあろうか）》、かの僧、そばなる石にしがみつきておるほどに、盗人怒つて申しけるは、「さても御辺は愚かなる人かな。その儀にては、**3**いかが祈禱《きたう》も験《しるし》あるべきや。その石放したまへ。やすく引き上げ奉らん。」と言ふ。僧、盗人に申しけるは、「さればこそ、われ御辺の祈念をいたすも、このごとく候ふぞよ。いかに祈りをなすといへども、まづ御身の悪念の石を離れたまはず候ふほどに、御辺のごとく強き悪念は、善人になりがたふ候ふ。」と申されければ、盗人うちうなづゐて、かの僧を引き上げ奉り、足元にひれ臥《ふ》して、「げにもかな《（もっともなことであるなあ）》。」とて、それより元結《もとゆひ》切《き》り《（髪を切って出家し）》、すなはち僧の弟子となりて、やんごとなき善人とぞなりにけり。

（「伊曾保物語《いそほものがたり》」から。）

(ア) ――線1「虚言をのたまふものかな。」とあるが、「盗人」がそのように言った理由として最も適するものを次の中から一つ選び、その番号を答えなさい。

1 「盗人」の悪念を消し去るために力を尽くしていると「僧」は言うものの、いまだに効果が表れていないから。

2 「盗人」の出家を手助けするために準備していると「僧」は主張するものの、少しも進展が見られないから。

3 改心しようと決めたときから「僧」に教わったように祈りをささげてきたが、悪念は消えることがないから。

4 善人になりたいと思ったときから「僧」に言われたとおり修行に励んできたが、全く心穏やかにならないから。

国語

●満点100点　●時間50分

〔注意〕　解答用紙にマス目（例：▯）がある場合は、句読点などもそれぞれ一字と数え、必ず一マスに一字ずつ書きなさい。なお、行の最後のマス目には、文字と句読点などを一緒に置かず、句読点などは次の行の最初のマス目に書き入れなさい。

一　次の問いに答えなさい。

(ア)　次の1～4の各文中の――線をつけた漢字の読み方を、ひらがなを使って現代仮名遣いで書きなさい。

1　彼女はとても勇敢だ。
2　自転車で疾走する。
3　俊敏な身のこなしに感心する。
4　服の綻びを丁寧に繕う。

(イ)　次のa～dの各文中の――線をつけたカタカナを漢字に表したとき、その漢字と同じ漢字を含むものを、あとの1～4の中から一つずつ選び、その番号を答えなさい。

a　人材確保がキュウムとなっている。
1　カンキュウをつけて読む。
2　キュウカをとって旅行する。
3　強いダキュウを捕る。
4　セイキュウされた金額を確認する。

b　マイゾウされた宝を探す。
1　ドウゾウを建てる。
2　カンゾウをいたわる。
3　内容をゾウホする。
4　野菜をレイゾウする。

c　ダキョウを許さない。
1　ソッキョウで演奏する。
2　新聞社がキョウサンしている。
3　キョウエイの選手をめざす。
4　商品のキョウキュウが追いつかない。

d　目上の人をウヤマう。
1　具体的なセイサクを考える。
2　望遠鏡でエイセイを観察する。
3　警察官がケイレイする。
4　不可能と判断するのはソウケイだ。

(ウ)　次の**例文**中の――線をつけた「が」と同じ意味で用いられている「が」を含む文を、あとの1～4の中から一つ選び、その番号を答えなさい。

例文　新しい電子辞書が欲しい。

1　彼は足も速いが力も強い。
2　友達を訪ねたが留守だった。
3　授業で我が国の歴史を学ぶ。
4　先月公開された映画が見たい。

(エ)　次の短歌を説明したものとして最も適するものを、あとの1～4の中から一つ選び、その番号を答えなさい。

はなやかに轟《とどろ》くごとき夕焼《ゆふやけ》(ウ)はしばらくすれば遠くなりたり
佐藤《さとう》　佐太郎《さたろう》

1　空に赤色が広がるさまをひらがなで表し、夕暮れ時のもの悲しさを忘れて見入った姿を明示することで、静かな喜びを鮮明に描いている。
2　赤く染まった空の美しさを聴覚的に捉え、時間が経過して色

Memo

Memo

2019年度 神奈川県公立高校 入試問題

英語

●満点 100点 ●時間 50分

1 **リスニングテスト**（放送の指示にしたがって答えなさい。放送を聞きながらメモをとってもかまいません。）

(ア) チャイムのところに入るケンジの言葉として最も適するものを，次の１～４の中からそれぞれ一つずつ選び，その番号を答えなさい。

No.1
1．Sure. Let's visit him at lunch time.
2．Yes. He is good at teaching tennis.
3．OK. I like teaching math to students at school.
4．I see. I finished it last night.

No.2
1．He is happy to hear that you are in the United States.
2．He isn't studying but he will work in the United States.
3．He is going to go there to learn about music history.
4．He is interested in making movies and is learning how to make movies.

No.3
1．We'd like to cook and sell food at the school festival.
2．We sang some popular songs in front of a lot of people.
3．We have some good ideas about food to sell at the event.
4．We are going to make a movie about our school events.

(イ) 対話の内容を聞いて，それぞれの **Question** の答えとして最も適するものを，あとの１～４の中から一つずつ選び，その番号を答えなさい。

No.1 **Question : Which is true about Miki's brother, Taro ?**
1．Taro wants to visit the museum with his sister this spring.
2．Taro wants his sister to know more about the science club at school.
3．Taro is interested in the stars and often watches them at school.
4．Taro would like to join the science club when he is in junior high school.

No.2 **Question : What can we say about Miki ?**
1．Miki doesn't think her team has to practice before class every day.
2．Miki wants Frank to watch the soccer game on TV this weekend.
3．Miki didn't watch the soccer game on TV and she went to bed early.
4．Miki is in the soccer club which had an important tournament last night.

(ウ) かもめ高校の新入生に，学校行事についてのアンケートを実施し，生徒300人が一人一つずつ選びました。**＜メモ＞**はアンケート結果をまとめている途中のものです。アンケートの結果について生徒会長が行う新入生へのあいさつを聞いて，あとのNo.１とNo.２の問いに答えなさい。

＜メモ＞

“What school event do you want to enjoy the most ?”

Answer	The Number of Students
The running event	
The music event	①
The school trip	85
The sports festival	
The school festival	②
Other things	10
Total（合計）	300

If the ③ is not good on that day, the date of the sports festival will be changed.

No.1 ① と ② の中に入れる数字の組み合わせとして最も適するものを，次の１～６の中から一つ選び，その番号を答えなさい。

１．① 40 ② 60　　２．① 25 ② 75　　３．① 45 ② 60

４．① 55 ② 50　　５．① 45 ② 75　　６．① 25 ② 135

No.2 ③ の中に適する**１語**を英語で書きなさい。

※**＜リスニングテスト放送台本＞**は英語の問題の終わりに付けてあります。

2 次の英文は，ショウヘイ(Shohei)と留学生のボブ(Bob)の対話です。対話文中の(ア)～(ウ)の(　)の中にそれぞれ適する**１語**を英語で書きなさい。ただし，**答えはそれぞれの(　)内に指示された文字で書き始め，一つの _ に１文字が入るものとします。**

Shohei : I hear you can speak Chinese very well. Did you live in China ?

Bob : Yes, I was (ア)(b _ _ _) in China and I lived there until I was ten years old.

Shohei : What do you remember about living in China ?

Bob : I enjoyed a lot of things with my friends. For (イ)(e _ _ _ _ _ _), we played soccer, baseball, and games. We had a lot of fun.

Shohei : You had a lot of good friends there, right ?

Bob : That’s right. We still (ウ)(c _ _ _ _ _ _ _) to send e-mails in Chinese to each other.

Shohei : Oh, you’ve been good friends for a long time. That’s great !

3 次の(ア)〜(エ)の文の（　）の中に入れるのに最も適するものを，あとの１〜４の中からそれぞれ一つずつ選び，その番号を答えなさい。

(ア) One of the birds I bought yesterday (　　　) singing now.

1．is　　2．are　　3．was　　4．were

(イ) When did the cat become as (　　　　　)?

1．the big cat

2．big as its mother

3．bigger than its mother

4．the biggest of the three

(ウ) When Takuya was ten years old, he (　　　) a book written by a famous soccer player.

1．read　　2．reads　　3．is read　　4．has read

(エ) The city is visited by many people (　　　) a famous festival in February.

1．when　　2．which　　3．between　　4．during

4 次の(ア)〜(エ)の対話が完成するように，（　）内の**六つの語の中から五つを選んで**正しい順番に並べたとき，その（　）内で**３番目と５番目に来る語の番号**をそれぞれ答えなさい。（**それぞれ一つずつ不要な語があるので，その語は使用しないこと。**）

(ア) A：Sayaka, (1．eat　2．what　3．you　4．food　5．like　6．do) the best?

B：I like *sushi* the best.

(イ) A：How was your weekend?

B：I went to the zoo with my family. My sister (1．the　2．see　3．at　4．looked　5．happy　6．to) animals there.

(ウ) A：Happy birthday, Ayako!　This is a present for you.

B：Thank you, Mom.　It's wonderful.　I've wanted (1．something　2．watch　3．a　4．like　5．have　6．to) this.

(エ) A：Do you know the (1．the　2．girl　3．tall　4．of　5．name　6．about) singing under the tree?

B：Yes.　Her name is Maiko.

5　次のA～Cのひとつづきの絵と英文は，アキ(Aki)のある日のできごとを順番に表しています。Aの場面を表す**＜最初の英文＞**に続けて，Bの場面にふさわしい内容となるように，□の中に適する英語を書きなさい。ただし，あとの**＜条件＞**にしたがうこと。

A

＜最初の英文＞

Aki was enjoying the flowers in Kana Park. She wanted her friend, Lucy, to see them. Lucy was going to come from Australia the next week.

B

Aki said to a guide, "I have a question about these flowers. I'd like to come here again with my friend. Next week, □"

C

He answered, "Yes, you will. They will be beautiful until next week." Aki said, "We will come here then. Thank you."

＊　Guide：案内者

＜条件＞

① **able**，**see** と **we** を必ず含んで，文頭の Next week, に続く1文となるように□内を**7語以上**で書くこと。
② 文末は「？」で終わること。
※ 短縮形(I'm や don't など)は1語と数え，符号(，や？など)は語数に含めません。

6 次の英文は，高校生のサチ(Sachi)が出席した高校生議会(the city assembly for high school students)について英語の授業で行った発表の原稿です。英文を読んで，あとの(ア)～(ウ)の問いに答えなさい。

Hello, everyone. I'm Sachi. This summer, I joined the city assembly for high school students. It is an event my city has every summer, and I joined it last year, too. Every year, about 30 students from the high schools in my city join the event for three days. This year, we made three groups, and each group talked about how to make our city better. I was in the *agriculture group. Today, I want to talk about the event.

On the first day, our group visited a *farmer in our city. We *helped the farmer with the *farm work and talked with him. We had a chance to eat the *vegetables he grew. They were really *fresh and delicious. He works hard to grow delicious food, and he hopes that more people in our city will eat *local food.

After talking with the farmer, we became interested in the *production and consumption of local food. This means we buy and eat food which is grown and made in our city. There are many good things about the production and consumption of local food. When we buy food at a *farmer's market, we can know who grew it. If we have a chance to talk with farmers, we can learn how they grow food and how we can cook it. That *helps us feel *safe about the food we eat. Now, I want to know where our food comes from and how farmers grow it. We should be more interested in the food we eat every day.

The farmer also talked about the *distance which food travels. (　①　) This uses a lot of energy and is not good for the earth. Please look at the picture. This picture shows two different distances that *soybeans travel. In the picture, the distance between the U.S. and the *tofu* *factory in our city is 19,968km, and this *produces 245.9kg of CO_2. The distance between the farm in our city and the *tofu* factory is 3.4km, and this produces 0.6kg of CO_2. [　　　　　] That is better for the earth because traveling from the farm in our city produces *less CO_2 than traveling from the U.S. (　②　) I think so. When we eat local food, the distance between *the place where the food is grown and the place where it is eaten is shorter. For our future, I want to eat food which produces less CO_2.

Picture

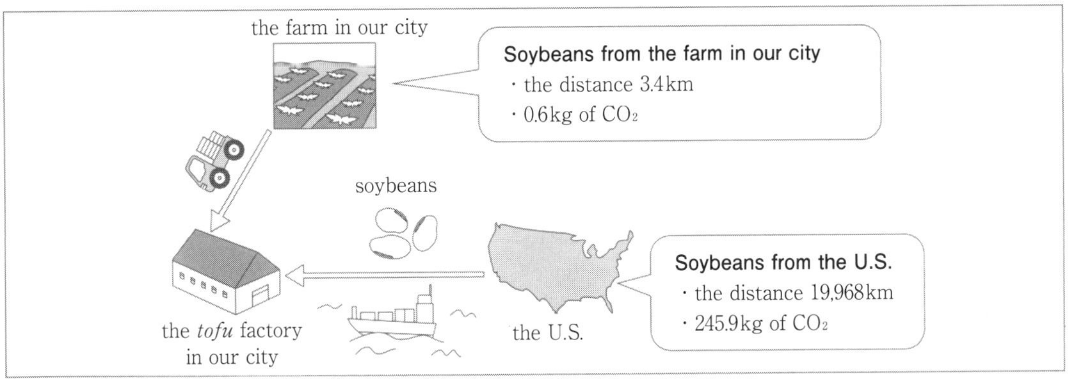

(農林水産省ウェブサイト掲載資料をもとに作成)

Next, please look at the *graph. This graph is about Japan's *food self-sufficiency ratio.

This graph shows that in 1960, Japan's food self-sufficiency ratio was about 80%. In 2015, it was about 40%. The *rest comes from other countries! Japan's food self-sufficiency ratio has gone down. If we become interested in local food and eat it more, Japan's food self-sufficiency ratio may go up.

Graph

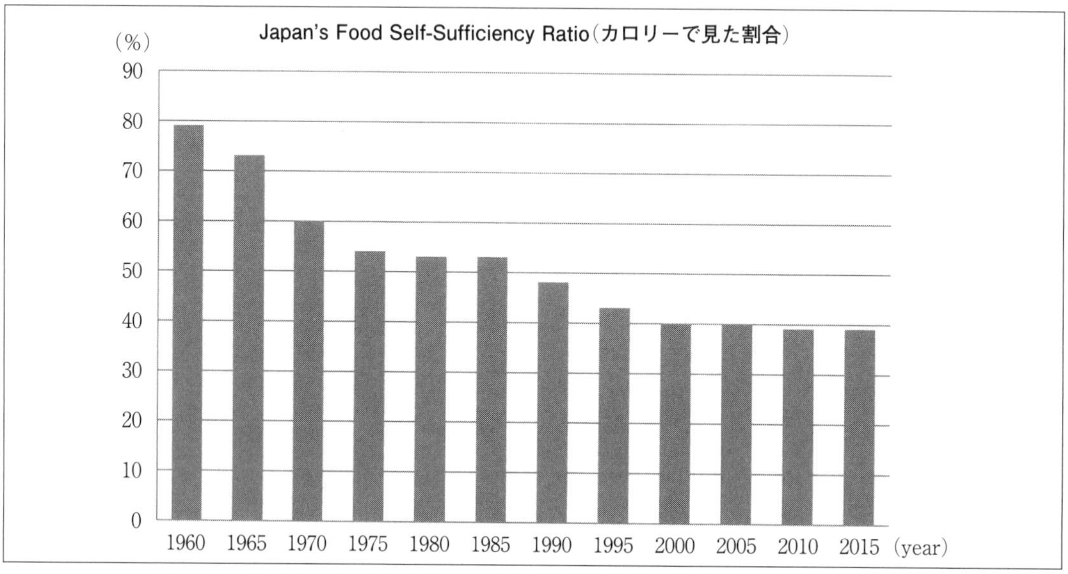

（農林水産省ウェブサイト掲載資料をもとに作成）

The next day, our group talked about the production and consumption of local food. We want people living in our city to eat our local food more. What can we do for our local food? （ ③ ） So, we think it is good to make some events. We have some ideas. People living in our city will visit farmers in our city, work with them, and eat our local food. We will also have a food festival and sell the fresh local food there. We'll use the Internet to tell people good things about the production and consumption of local food.

On the last day, we went to the *city assembly and shared our ideas there. The *mayor of the city agreed with our ideas. He said, "I like your ideas very much and I'd like to use them. Please come to the city assembly next year, too." We were happy to hear that. I'd like to join this event next year again and try to do more to make our city better. Thank you for listening.

* agriculture：農業　farmer：農場経営者　helped ～ with …：～が…するのを手伝った
farm work：農作業　vegetables：野菜　fresh and delicious：新鮮でおいしい
local food：地元産の食べ物　production and consumption：生産と消費
farmer's market：農作物の直売所　helps ～ …：～が…するのを助ける
safe：安全な　distance：距離　soybeans：大豆
factory：工場　produces ～：～を産出する　less：より少ない
the place where ～：～する場所　graph：グラフ
food self-sufficiency ratio：食料自給率　rest：残り
city assembly：市議会　mayor：市長

(ア)　本文中の(①)～(③)の中に，次の**A**～**C**を意味が通るように入れるとき，その組み合わせとして最も適するものを，あとの１～６の中から一つ選び，その番号を答えなさい。

A．Do you think choosing local food is good for the earth ?

B．We want people in our city to know more about our local food.

C．If the food we eat comes from other countries, it travels a long distance.

１．①―**A**　②―**B**　③―**C**　　２．①―**A**　②―**C**　③―**B**

３．①―**B**　②―**A**　③―**C**　　４．①―**B**　②―**C**　③―**A**

５．①―**C**　②―**A**　③―**B**　　６．①―**C**　②―**B**　③―**A**

(イ)　本文中の□の中に入れるのに最も適するものを，次の１～４の中から一つ選び，その番号を答えなさい。

１．I'd like to try food made from these two different soybeans.

２．I'd like to visit the U.S. to study how to make soybeans.

３．I think we should learn how soybeans travel from Japan to the U.S.

４．I think we should eat our local food made from the soybeans in our city.

(ウ)　次のａ～ｆの中から，サチの発表の内容に合うものを**二つ**選んだときの組み合わせとして最も適するものを，あとの１～８の中から一つ選び，その番号を答えなさい。

ａ．This year, Sachi joined the city assembly for high school students for the first time.

ｂ．Through the experience on the farm on the first day, Sachi became interested in the production and consumption of local food.

ｃ．In 1995, Japan got about 40% of its food from other countries.

ｄ．Sachi thinks that people should eat food which travels a long distance for the future.

ｅ．On the second day, Sachi's group talked about local food in their city and thought about what to do.

ｆ．The mayor of the city will use the Internet to understand the agriculture group's ideas.

１．ａとｃ　２．ｂとｄ　３．ｃとｅ　４．ｂとｆ

５．ａとｄ　６．ｂとｅ　７．ｃとｆ　８．ｄとｅ

7　次の(ア)，(イ)の英文と，ピアノのレッスンの案内(**Leaflet**)や電車の乗換案内(**Route Search**)について，それぞれあとの **Question** の答えとして最も適するものを，１～５の中からそれぞれ一つずつ選び，その番号を答えなさい。

(ア)

Akari is a high school student and she is sixteen years old.　Now, she is talking with her mother.　Akari wants to start taking piano lessons.

Akari：Mom, I got this leaflet at the station and I want to take one of these piano lessons.

Mother：Oh, that's great.　How often do you want to go ?

Akari：I want to take a lesson every Thursday.

Mother：What time would you like ?

Akari：I want to go after school from 4:30 to 5:00 p.m.

Mother：OK.　Playing the piano will be a lot of fun !

Akari : Thank you, Mom.

Mother : When do you want to start ?

Akari : Next month, in May.

Leaflet

Piano Lessons *Monthly Price			
	Thursday or Friday Two lessons every month 30 minute lessons	Every Tuesday or Thursday 30 minute lessons	Every Monday, Thursday, or Saturday 60 minute lessons
3 ～ 6 years old	4,000 *yen	7,000 yen	10,000 yen
7 ～ 12 years old	4,500 yen	8,000 yen	12,000 yen
13 ～ 15 years old	5,000 yen	9,000 yen	14,000 yen
16 ～ 18 years old	5,500 yen	10,000 yen	16,000 yen
19 years old ～	6,000 yen	11,000 yen	18,000 yen
・You *pay only 50% of the first monthly price. ・You need to pay 3,000 yen for the music book in the first month.			

* Monthly Price：月謝　yen：円　pay ～：～を払う

Question : How much will Akari pay for May ?

1．5,500 yen.　2．5,750 yen.　3．8,000 yen.

4．11,000 yen.　5．13,000 yen.

(イ)

*Mari and Yumi are going to go to a *concert at Kamome Stadium. It is near Kamome Station. They are going to go there by train. There are five *routes. They will start from Kita Station.*

Mari : I found five routes to go to Kamome Station from Kita Station on the Internet. Which route will we take ?

Yumi : How about Route A ?

Mari : Well, it takes about an hour, and we have to change trains three times.

Yumi : If we *miss the *transfer, it will take more time.

Mari : That's right. So, let's take another route. Which route is the easiest for us to change trains ?

Yumi : I think this one. We only need to change trains once, but it *costs about 800 *yen.

Mari : Oh, let's see *the other three routes. We need to change trains two times. Have you ever been to these transfer stations ? I have been to Sakura Station only once.

Yumi : I've been to Kawa Station. I often change trains there.

Mari : Oh, that's good. Let's take this route. It doesn't cost more than 600 yen and you know how to change trains.

Yumi : OK.

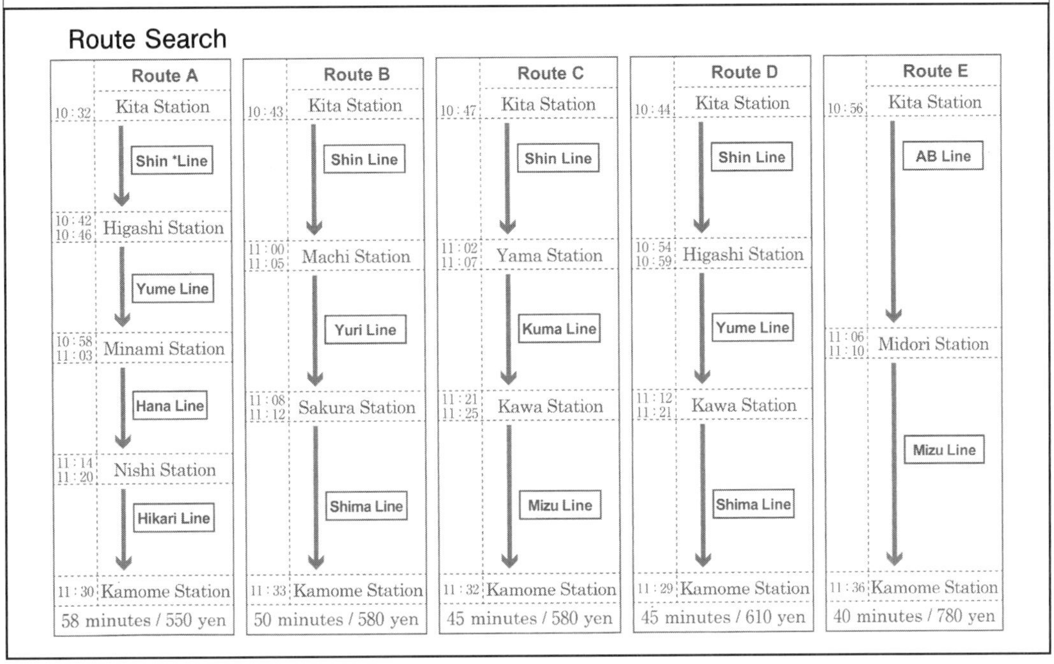

* *concert*：コンサート　*routes*：ルート　miss ～：～をしそこなう
transfer：乗り換え　costs ～：(～の費用が)かかる　yen：円
the other：その他の　**Line**：路線

Question : Which route are they going to take ?

1. Route A.　2. Route B.　3. Route C.　4. Route D.　5. Route E.

8 次の英文を読んで，あとの(ア)～(ウ)の問いに答えなさい。

Three students, Naoto, Keiko, and Mari are Kamome High School students. They are talking in the classroom after school. Then, Mr. Brown, their English teacher from Australia, comes into the classroom and talks to them.

Mr. Brown : Hello, everyone. What are you doing ?

Naoto : We are doing our homework about *disaster prevention.

Mr. Brown : Oh, tell me more.

Keiko : We were just talking about an *emergency drill.

Mr. Brown : Last weekend, I joined an emergency drill at a junior high school in my *neighborhood. I walked to the school with the people in my neighborhood and learned how to *prepare for *disasters.

Keiko : Many cities have this kind of event at schools for the people living near the school. I also joined one last year.

Naoto : Really ? I've heard about emergency drills, but I've never joined one. What did you do at the event, Keiko ?

Keiko : I made an *emergency kit. We put things like medicine, water, food, and a *radio into it.

Mr. Brown : After a *flood or an *earthquake, *relief goods may not be sent quickly. We should have an emergency kit to live without *help for a few days. In an *emergency, the radio is useful. It can give us *information about our city when we can't watch TV or use the Internet.

Mari : I joined the Kamome City Emergency Drill last month. It taught me ways to *survive *dangerous *situations like a flood or an earthquake. I join it with my family every year.

Mr. Brown : Great ! You also learn important things there, right ?

Mari : Yes. This year, we made a *hazard map at the event.

Keiko : I also made one at a different event last year.

Naoto : What's a hazard map ?

Keiko : It is a map which shows us dangerous places or important places in a disaster. I think [　　　　] because there is important information on it for us to survive dangerous situations together.

Naoto : Can you show me how to make it, Mari and Keiko ?

Mari : Sure. We need a map around our school.

Keiko : Let's go to the computer room to get it from the Internet.

They get the map in the computer room. Mari and Keiko show Naoto how to make a hazard map.

Naoto : Look, my house is here. When I walk from school, it takes ten minutes. So, what should we do first ?

Mari : We have to find dangerous places around our school. What do you see ?

Naoto : Well, the Suzume River is near our school. When it rains a lot, it is dangerous to walk along the river.

Keiko : Look at this *bridge. It may break in a flood or a strong earthquake.

Mr. Brown : That's right. We can't use this way then.

Keiko : There are a lot of buildings along Kaede Street, and some buildings are very old. They may break in a strong earthquake, too.

Mari : Put black *stickers on these dangerous places, Naoto.

Naoto : I see.

Mari : Next, let's put white stickers on important places like hospitals, and *safe places like parks.

Naoto : We have a hospital along Sakura Street, and Tsubame Park is near my house.

Keiko : Tsubame Park is a large park, so many people can stay there in an emergency.

Naoto : It's also a good place to meet my family in an emergency because it is an *evacuation point, and it only takes a few minutes to get there from my house.

Mari : That's a good idea. Also, there is a *water supply station at the park. It has an *underground water tank, so we can get water from it in an emergency. We should remember that and put a sticker on the park.

Keiko : Oh, there is a store in front of the park, too. It will be useful.

Naoto : OK. I'll put a white sticker on it.

Mari : Finally, choose the best way to take from our school when we are in a dangerous situation.

Keiko : Naoto, when you are at school and there is an earthquake, which way will you take ? Will you find the best way and show it to us ? You can use this pen.

Naoto : Well, I'll take this way to go to the park. I can meet my family there.

Mr. Brown : That's right. Naoto, you should show (イ)this map to your family tonight. It is very important to talk with your family about what to do in a dangerous situation.

Naoto : Sure. I will talk about it tonight.

Keiko : I think there are other dangerous places around our school. How about walking around our school and finding them together ?

Naoto : That's a good idea ! Then we can make a better map.

Mari : When we are in a difficult situation, we should help each other. I think students like us can do something for the people living in our city.

Mr. Brown : That's true. When we take lessons at such an event like the Kamome City Emergency Drill, we can start thinking about how to help each other. That will make our *community stronger. I want you to think about the things you need in an emergency and talk with your family, friends, and the people in your neighborhood about disaster prevention. Please share your ideas.

Mari : Let's join the Kamome City Emergency Drill together next time.

Naoto : I'm sure that I'll join it next time. I learned a lot of things today.

* disaster prevention：防災　emergency drill：防災訓練　neighborhood：近所
prepare for ～：～に備えて準備する　disasters：災害　emergency kit：防災セット
radio：ラジオ　flood：洪水　earthquake：地震　relief goods：救援物資　help：援助
emergency：緊急事態　information：情報　survive ～：～を生き残る
dangerous：危険な　situations：状況　hazard map：防災地図　bridge：橋
stickers：シール　safe：安全な　evacuation point：避難場所
water supply station：給水所　underground water tank：地下にある貯水槽
community：地域社会

(ア) 本文中の□の中に入れるのに最も適するものを，次の１～４の中から一つ選び，その番号を答えなさい。

1. we should learn ways to live without it
2. we should share it with the people living in our neighborhood
3. people should take a lesson for making an emergency kit
4. people should get information about our city from the radio

(イ) 本文中の――下線部(イ)を表したものとして最も適するものを，次の１～６の中から一つ選び，その番号を答えなさい。

● … black sticker　　○ … white sticker

1.

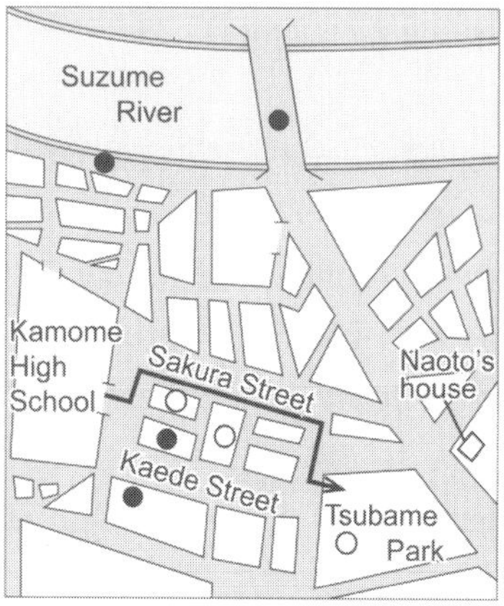

2.

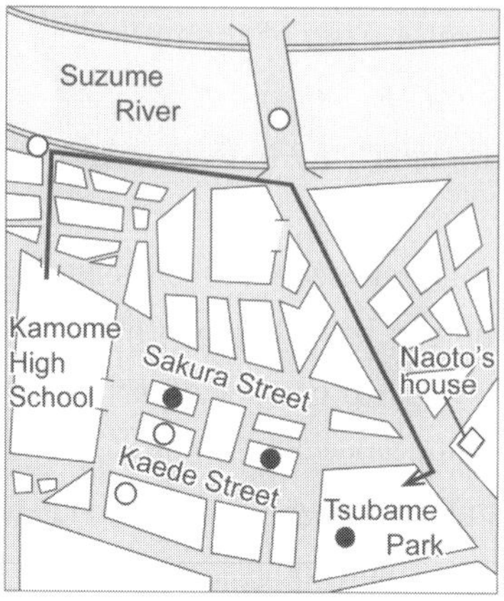

3.

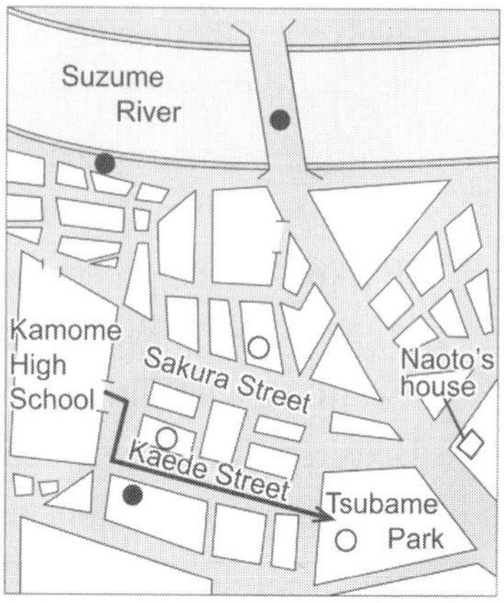

4.

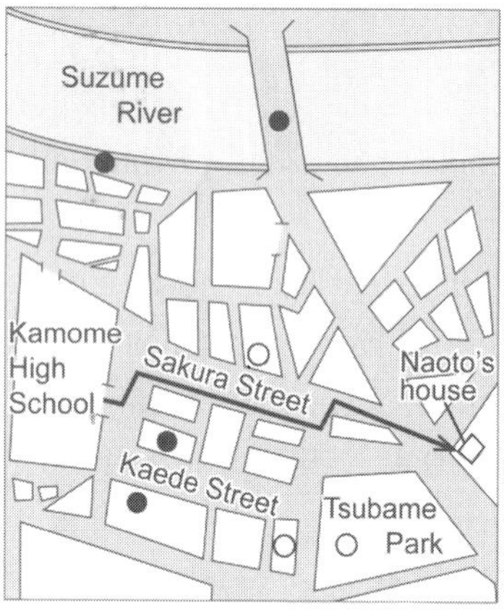

5.

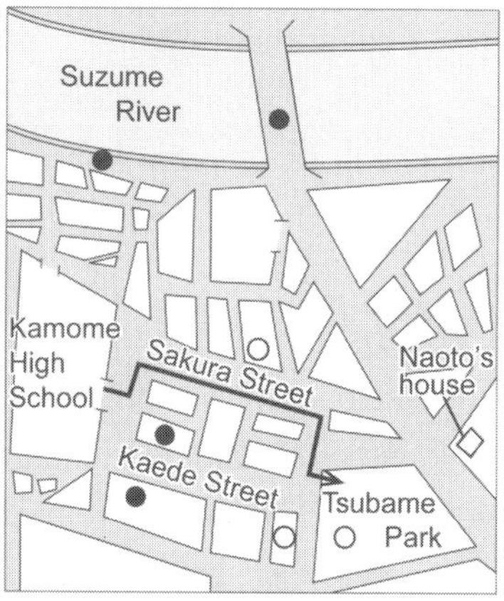

6.

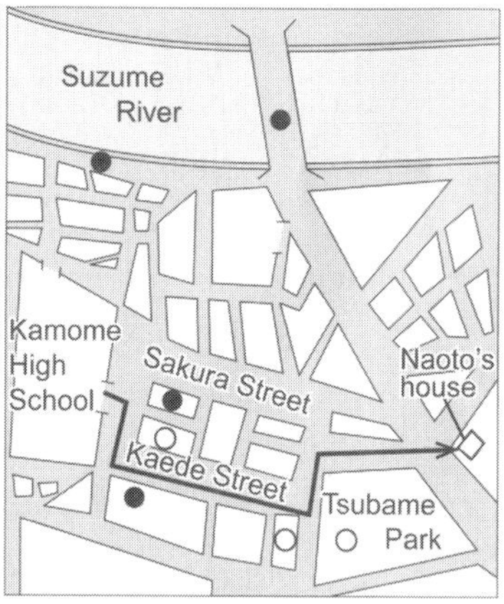

(ウ)　次のａ～ｆの中から，本文の内容に合うものを**二つ**選んだときの組み合わせとして最も適するものを，あとの１～８の中から一つ選び，その番号を答えなさい。

a．Keiko and Mari joined the Kamome City Emergency Drill together and took a lesson to prepare for disasters.

b．Mr. Brown says that relief goods may not arrive for a few days, and he also says that people have to make a hazard map to know where important places are.

c．Keiko made an emergency kit at her city's event, and she says that she wants Naoto and Mari to make it to live without help.

d．Naoto has learned the best way to go to the park from his school, so he will show it to his family and talk about what to do in an emergency.

e．Keiko, Naoto, and Mari have found all of the dangerous places after walking around their school.

f．Mr. Brown thinks that thinking about other people and helping each other will make their community stronger.

１．ａとｃ　２．ｂとｄ　３．ｃとｅ　４．ｄとｆ
５．ａとｄ　６．ｂとｆ　７．ｃとｆ　８．ｄとｅ

＜リスニングテスト放送台本＞

（チャイム音）

これから，1のリスニングテストの放送を始めます。問題冊子の1ページを開けてください。

問題は(ア)・(イ)・(ウ)の三つに大きく分かれています。放送を聞きながらメモをとってもかまいません。

それでは，**問題(ア)**に入ります。**問題(ア)**は，№1～№3まであります。Mary と Kenji が話をしています。まず Mary が話し，次に Kenji が話し，その後も交互に話します。対話の最後で Kenji が話す言葉のかわりに（チャイムの音）というチャイムが鳴ります。そのチャイムのところに入る Kenji の言葉として最も適するものを，**問題(ア)**の指示にしたがって答えなさい。まず，**問題(ア)**の指示を読みなさい。

それでは，始めます。対話は2回ずつ放送します。

№1 **[Mary:] Kenji, have you finished the math homework? It is too difficult for me.**
[Kenji:] I did it for two hours last night, but I couldn't finish it.
[Mary:] Well, how about asking Mr. Tanaka about the homework today?
[Kenji:] （チャイム）

№2 **[Mary:] Kenji, I hear your brother is in the U.S. now.**
[Kenji:] Yes, he started studying in the United States last week.
[Mary:] Really? I hope he will have a wonderful experience. What is he studying?
[Kenji:] （チャイム）

№3 **[Mary:] Kenji, the school festival is in November. I think it will be fun.**
[Kenji:] Yes. Next week our class will talk about the school festival. Do you have any ideas?
[Mary:] I want to cook and sell food. What did you do last year?
[Kenji:] （チャイム）

次に，**問題(イ)**に入ります。**問題(イ)**は，№1と№2があります。それぞれ同じ高校に通う Frank と Miki の対話を放送します。対話の内容を聞いて，問題冊子に印刷されているそれぞれの質問の答えとして最も適するものを，**問題(イ)**の指示にしたがって答えなさい。まず，**問題(イ)**の指示を読みなさい。

それでは，始めます。対話は2回ずつ放送します。

№1 **[Frank:] Miki, what did you do last weekend?**
[Miki:] Well, I went to the science museum with my brother, Taro.
[Frank:] That's nice! How old is your brother?
[Miki:] He is twelve years old. This spring he will be a junior high school student and he wants to join the science club at school.
[Frank:] That's wonderful! What is he interested in?
[Miki:] He often watches the stars at home. He would like to know more about them.

№2 **[Frank:] Did you watch the soccer game on TV last night, Miki? It was so exciting!**

[Miki:] No, I didn't. Last night I went to bed early because I had to come to school to practice basketball early this morning.

[Frank:] Why did you practice before class ? Will you have a game ?

[Miki:] Yes. We have an important tournament this weekend. Our team is not strong, so we have to practice hard every morning and after school every day.

[Frank:] I see. I hope that your team will win the tournament. Good luck, Miki.

[Miki :] Thank you, Frank.

最後に，**問題(ウ)**に入ります。**問題(ウ)**では，かもめ高校の新入生に行ったアンケートの結果について生徒会長が行うあいさつを放送します。放送を聞き，**問題(ウ)**の指示にしたがって答えなさい。このあと，20秒後に放送が始まりますので，それまで**問題(ウ)**の指示を読みなさい。

それでは，始めます。英文は２回放送します。

Hello, everyone. Thank you for answering the question, “What school event do you want to enjoy the most ?” I'm going to talk about the answers. 25 students chose the running event. It started 10 years ago and we run along the river. More students want to enjoy the music event. Each class plays music in front of all the students. We have to practice very hard for one month before the event. Also, 85 students want to enjoy the school trip. You're going to go to Okinawa to enjoy the beautiful sea in October next year. 135 students want to have fun at the festivals. We have two festivals, the sports festival and the school festival. Which one is more popular ? The sports festival is ! 75 students chose this festival. We will have it next month on May 25. I hope it will be sunny. If it is rainy, we will have it the next week. Let's enjoy all these school events together !

これで 1 の**リスニングテストの放送**を終わります。解答を続けてください。

（チャイム音）　［計９分57秒］

数学

●満点 100点　●時間 50分

〔注意〕 1．答えに無理数が含まれるときは，無理数のままにしておきなさい。根号が含まれるときは，根号の中は最も小さい自然数にしなさい。また，分母に根号が含まれるときは，分母に根号を含まない形にしなさい。

2．答えが分数になるとき，約分できる場合は約分しなさい。

1 次の計算をした結果として正しいものを，それぞれあとの **1** ～ **4** の中から1つ選び，その番号を答えなさい。

(ア) $(-7)+(-13)$

1．-20　**2**．-6　**3**．6　**4**．20

(イ) $-\dfrac{3}{5}+\dfrac{3}{7}$

1．$-\dfrac{36}{35}$　**2**．$-\dfrac{6}{35}$　**3**．$\dfrac{6}{35}$　**4**．$\dfrac{36}{35}$

(ウ) $32ab^2\div(-4b)$

1．$-16a$　**2**．$-16ab$　**3**．$-8ab$　**4**．$-8a$

(エ) $\sqrt{63}+\dfrac{42}{\sqrt{7}}$

1．$6\sqrt{7}$　**2**．$9\sqrt{7}$　**3**．$12\sqrt{7}$　**4**．$15\sqrt{7}$

(オ) $(x+4)^2-(x-5)(x-4)$

1．$-x-36$　**2**．$-x-4$　**3**．$17x-36$　**4**．$17x-4$

2 次の問いに対する答えとして正しいものを，それぞれあとの **1** ～ **4** の中から1つ選び，その番号を答えなさい。

(ア) $(x-4)^2+8(x-4)-33$ を因数分解しなさい。

1．$(x+7)(x-7)$　**2**．$(x-1)(x-15)$　**3**．$(x+4)(x-9)$　**4**．$(x+4)(x+9)$

(イ) 2次方程式 $3x^2-8x+2=0$ を解きなさい。

1．$x=\dfrac{-4\pm\sqrt{10}}{6}$　**2**．$x=\dfrac{4\pm\sqrt{10}}{3}$　**3**．$x=\dfrac{-4\pm2\sqrt{10}}{3}$　**4**．$x=\dfrac{4\pm2\sqrt{10}}{3}$

(ウ) 関数 $y=-\dfrac{2}{3}x^2$ について，x の変域が $-3\leqq x\leqq2$ のとき，y の変域は $a\leqq y\leqq b$ である。このとき，a，b の値を求めなさい。

1．$a=-6$，$b=0$　**2**．$a=-6$，$b=-\dfrac{8}{3}$

3．$a=-\dfrac{8}{3}$，$b=0$　**4**．$a=0$，$b=6$

(エ) ある商店では，12月の1か月間はすべての商品を通常の価格の3割引きで販売している。12月にこの商店で，通常の価格が a 円の商品を2つと通常の価格が b 円の商品を1つ購入したとき，支払った代金の合計は5000円より少なかった。このときの数量の関係を不等式で表しなさい。

1．$\frac{3}{10}(2a+b)>5000$　　**2**．$\frac{3}{10}(2a+b)<5000$

3．$\frac{7}{10}(2a+b)>5000$　　**4**．$\frac{7}{10}(2a+b)<5000$

(オ)　3つの数$5\sqrt{3}$，8，$\sqrt{79}$の大小を不等号を使って表しなさい。

1．$5\sqrt{3}<\sqrt{79}<8$　　**2**．$8<\sqrt{79}<5\sqrt{3}$

3．$8<5\sqrt{3}<\sqrt{79}$　　**4**．$\sqrt{79}<8<5\sqrt{3}$

(カ)　ある工場で製造された製品から500個を無作為に抽出したところ，その中に不良品が6個あった。この工場で製造された30000個の製品には，不良品がおよそ何個含まれていると考えられるか。

1．72個　　**2**．240個　　**3**．360個　　**4**．720個

3　次の問いに答えなさい。

(ア)　右の図1において，3点A，B，Cは円Oの周上の点で，AB＝ACである。

また，点Dは線分BOの延長と線分ACとの交点である。

このとき，∠BDCの大きさを求めなさい。

図1

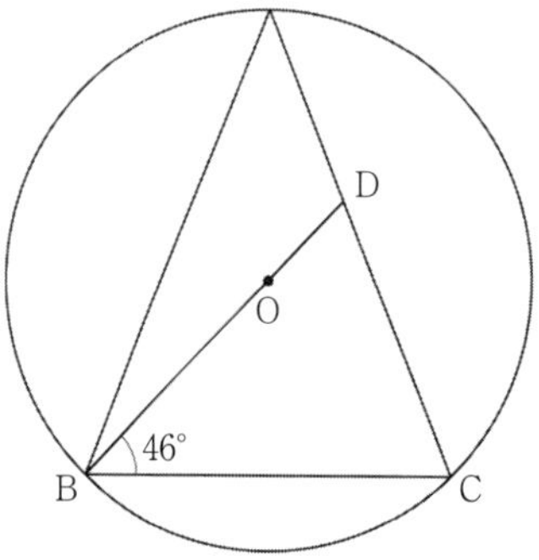

図2

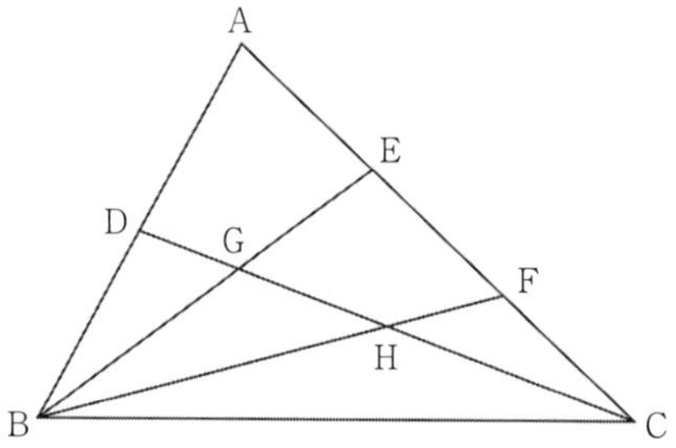

(イ)　右の図2のように，三角形ABCがあり，辺ABの中点をDとする。

また，辺ACを3等分した点のうち，点Aに近い点をE，点Cに近い点をFとする。

さらに，線分CDと線分BEとの交点をG，線分CDと線分BFとの交点をHとする。

三角形BGDの面積をS，四角形EGHFの面積をTとするとき，SとTの比を**最も簡単な整数の比**で表しなさい。

(ウ)　箱に入っているみかんを，何人かの子どもで同じ数ずつ分けることにした。1人6個ずつ分けると8個足りず，1人5個ずつ分けると5個余る。

Aさんは，このときの箱に入っているみかんの個数を次のように求めた。(i) にあてはまる式を，(ii) にあてはまる数を，それぞれ書きなさい。

求め方

箱に入っているみかんの個数をx個として方程式をつくると，

(i)

となる。

この方程式を解くと，解は問題に適しているので，

箱に入っているみかんの個数は (ii) 個である。

4　右の図において，直線①は関数 $y=-x$ のグラフであり，曲線②は関数 $y=\frac{1}{3}x^2$ のグラフ，曲線③は関数 $y=ax^2$ のグラフである。

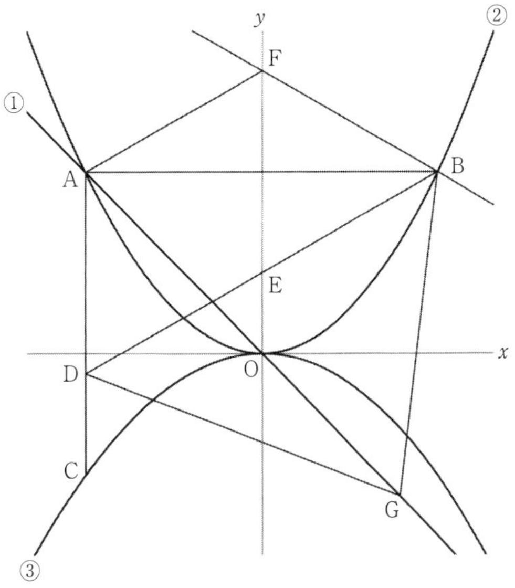

点Aは直線①と曲線②との交点であり，その x 座標は -3 である。点Bは曲線②上の点で，線分ABは x 軸に平行である。

また，点Cは曲線③上の点で，線分ACは y 軸に平行であり，点Cの y 座標は -2 である。点Dは線分AC上の点で，AD：DC＝2：1である。

さらに，点Eは線分BDと y 軸との交点である。点Fは y 軸上の点で，AD＝EFであり，その y 座標は正である。

原点をOとするとき，次の問いに答えなさい。

(ア)　曲線③の式 $y=ax^2$ の a の値として正しいものを次の**1**～**6**の中から1つ選び，その番号を答えなさい。

1．$a=-\frac{2}{3}$　**2**．$a=-\frac{1}{2}$　**3**．$a=-\frac{4}{9}$

4．$a=-\frac{1}{3}$　**5**．$a=-\frac{2}{9}$　**6**．$a=-\frac{1}{9}$

(イ)　直線BFの式を $y=mx+n$ とするときの(i) m の値と，(ii) n の値として正しいものを，それぞれ次の**1**～**6**の中から1つ選び，その番号を答えなさい。

(i)　m の値

1．$m=-\frac{2}{3}$　**2**．$m=-\frac{5}{9}$　**3**．$m=-\frac{4}{9}$

4．$m=-\frac{1}{3}$　**5**．$m=-\frac{2}{9}$　**6**．$m=-\frac{1}{6}$

(ii)　n の値

1．$n=4$　**2**．$n=\frac{25}{6}$　**3**．$n=\frac{13}{3}$

4．$n=\frac{14}{3}$　**5**．$n=\frac{29}{6}$　**6**．$n=5$

(ウ)　点Gは直線①上の点である。三角形BDGの面積が四角形ADBFの面積と等しくなるとき，点Gの x 座標を求めなさい。ただし，点Gの x 座標は正とする。

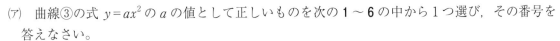

5 右の図1のように，1，2，3，4，5の数が1つずつ書かれた5枚のカードがある。

図1

大，小2つのさいころを同時に1回投げ，大きいさいころの出た目の数を a，小さいさいころの出た目の数を b とする。出た目の数によって，次の【ルール①】にしたがって自然数 n を決め，【ルール②】にしたがってカードを取り除き，残ったカードに書かれている数について考える。

【ルール①】 $a > b$ のときは $n=a-b$ とし，$a \leqq b$ のときは $n=a+b$ とする。

【ルール②】 図1の5枚のカードから，1枚以上のカードを取り除く。このとき，取り除くカードに書かれている数の合計が n となるようにする。また，取り除くカードの枚数ができるだけ多くなるようにする。なお，取り除くカードの枚数が同じ場合には，書かれている数の最も大きいカードを含む組み合わせを取り除く。

例

大きいさいころの出た目の数が1，小さいさいころの出た目の数が4のとき，$a=1$，$b=4$ だから，$a < b$ となり，【ルール①】により，$n=1+4=5$ となる。

図2

【ルール②】により，取り除くカードに書かれている数の合計が5となるのは $\boxed{5}$ のみの場合，$\boxed{1}$ と $\boxed{4}$ の場合，$\boxed{2}$ と $\boxed{3}$ の場合の3通りがある。ここで，取り除くカードの枚数ができるだけ多くなるようにするので，$\boxed{1}$ と $\boxed{4}$ の場合，$\boxed{2}$ と $\boxed{3}$ の場合のどちらかとなる。書かれている数の最も大きいカードは $\boxed{4}$ であるから，このカードを含む組み合わせである $\boxed{1}$ と $\boxed{4}$ のカードを取り除く。

この結果，残ったカードは図2のように，$\boxed{2}$，$\boxed{3}$，$\boxed{5}$ となる。

いま，図1の状態で，大，小2つのさいころを同時に1回投げるとき，次の問いに答えなさい。ただし，大，小2つのさいころはともに，1から6までのどの目が出ることも同様に確からしいものとする。

(ア) 残ったカードが，5と書かれているカード1枚だけとなる確率として正しいものを次の**1**～**6**の中から1つ選び，その番号を答えなさい。

1. $\frac{1}{36}$　**2**. $\frac{1}{18}$　**3**. $\frac{1}{12}$　**4**. $\frac{1}{9}$　**5**. $\frac{5}{36}$　**6**. $\frac{1}{6}$

(イ) 残ったカードに書かれている数の中で最小の数が3となる確率を求めなさい。

6　右の図1は，AB＝3cm，BC＝4cm，∠ABC＝90°の直角三角形ABCを底面とし，AD＝BE＝CF＝2cmを高さとする三角柱である。

また，点Gは辺EFの中点である。

このとき，次の問いに答えなさい。

図1

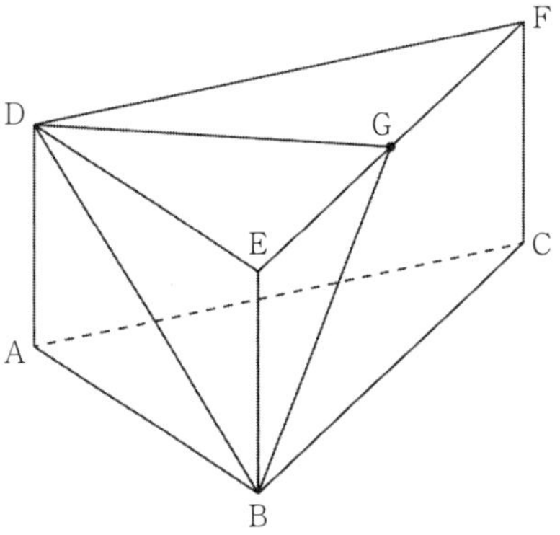

(ア)　この三角柱の表面積として正しいものを次の**1**～**6**の中から1つ選び，その番号を答えなさい。

1．$20\,\mathrm{cm}^2$
2．$24\,\mathrm{cm}^2$
3．$26\,\mathrm{cm}^2$
4．$30\,\mathrm{cm}^2$
5．$36\,\mathrm{cm}^2$
6．$48\,\mathrm{cm}^2$

(イ)　この三角柱において，3点B，D，Gを結んでできる三角形の面積として正しいものを次の**1**～**6**の中から1つ選び，その番号を答えなさい。

1．$\sqrt{10}\,\mathrm{cm}^2$
2．$\sqrt{11}\,\mathrm{cm}^2$
3．$\sqrt{13}\,\mathrm{cm}^2$
4．$\sqrt{22}\,\mathrm{cm}^2$
5．$2\sqrt{11}\,\mathrm{cm}^2$
6．$2\sqrt{22}\,\mathrm{cm}^2$

(ウ)　この三角柱の表面上に，図2のように点Bから辺EF，辺DFと交わるように，点Cまで線を引く。このような線のうち，長さが最も短くなるように引いた線の長さを求めなさい。

図2

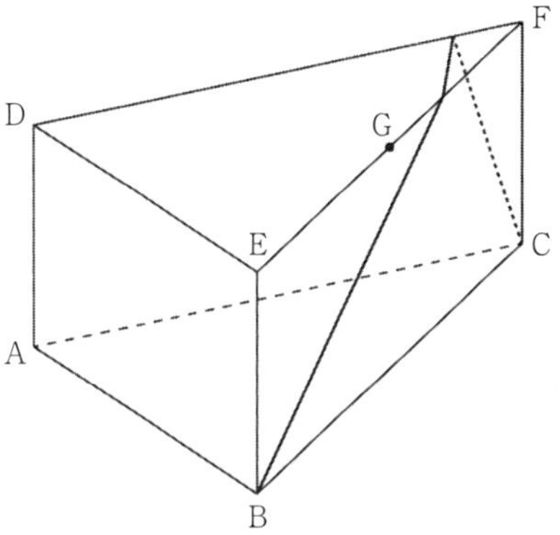

7 右の図1のように，円Oの周上に3点A，B，Cを，三角形ABCの辺が長い方から順にAC，AB，BCとなるようにとる。

また，点Bを含まない$\overset{\frown}{AC}$上に2点A，Cとは異なる点Pをとり，線分ACと線分BPとの交点をQとする。

このとき，次の問いに答えなさい。

図1

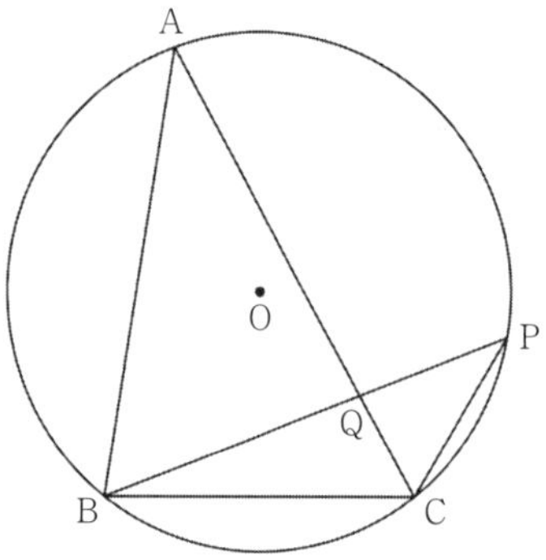

(ア) 三角形ABQと三角形PCQが相似であることを次のように証明した。[(i)]，[(ii)] に最も適するものをあとの**1**～**6**の中からそれぞれ1つ選び，その番号を答えなさい。

［証明］

△ABQと△PCQにおいて，

まず，[(i)] から，

∠BAC＝∠BPC

よって，∠BAQ＝∠CPQ ……①

次に，[(ii)] から，

∠AQB＝∠PQC ……②

①，②より，2組の角がそれぞれ等しいから，

△ABQ∽△PCQ

1．対頂角は等しい

2．$\overset{\frown}{AB}$ に対する円周角は等しい

3．$\overset{\frown}{BC}$ に対する円周角は等しい

4．$\overset{\frown}{CP}$ に対する円周角は等しい

5．$\overset{\frown}{PA}$ に対する円周角は等しい

6．三角形の外角は，それととなり合わない2つの内角の和に等しい

(イ) 点Pが，点Bを含まない$\overset{\frown}{AC}$上の2点A，Cを除いた部分を動くとき，次の［　］中の［　］に適するものを書きなさい。ただし，「AB」を必ず用いること。

三角形ABQと三角形PCQは常に相似であり，AB＝CPとなるとき，三角形ABQと三角形PCQは合同である。

また，三角形ABQと三角形PCQがともに二等辺三角形となるのは，AB＝AQのときや［　　　　］のときである。

図2

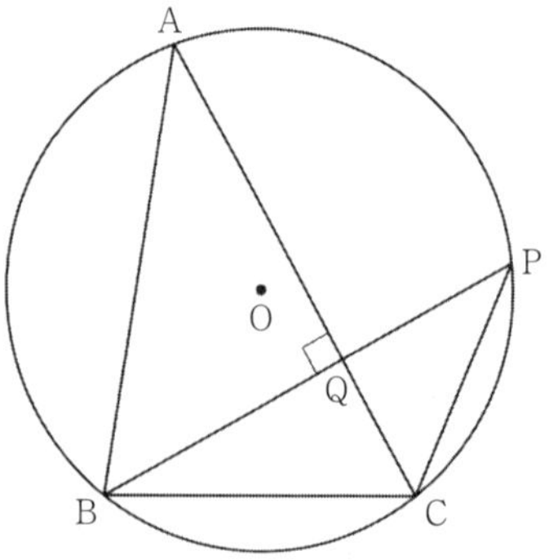

(ウ) 図2のように，点Pを，線分ACと線分BPが垂直に交わるようにとる。

AB＝7cm，AC＝8cm，BC＝5cmのとき，線分BPの長さを求めなさい。

社会

●満点 100点　●時間 50分

〔注意〕 解答用紙にマス目(例：□□□)がある場合は，句読点もそれぞれ１字と数え，必ず１マスに１字ずつ書きなさい。

1 次の**資料**は，探検家マゼランが率いた遠征隊の乗組員が記録したものの一部である。また，**略地図Ⅰ～Ⅳ**は，現在の世界の様々な地域を表しており，それぞれ緯線は赤道から20度ごと，経線は本初子午線から20度ごとに引いたものである。これらの**資料**及び**略地図Ⅰ～Ⅳ**について，あとの各問いに答えなさい。

資料

> 九月六日 土曜日，われわれは*サンルカルの港へ入っていった。このサンルカルの港を出てから今日まで，われわれは約八万一千キロを航行し，地球を東から西へ一周したのである。
> ＊サンルカル：スペインの港町

（『マゼラン 最初の世界一周航海』長南 実 訳）

略地図Ⅰ

略地図Ⅱ

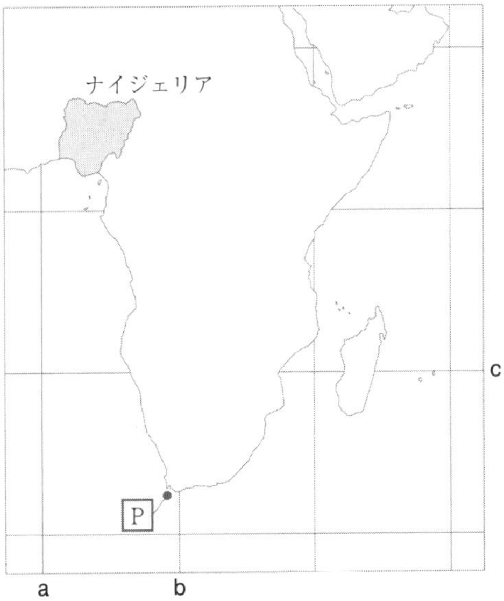

略地図Ⅲ

略地図Ⅳ

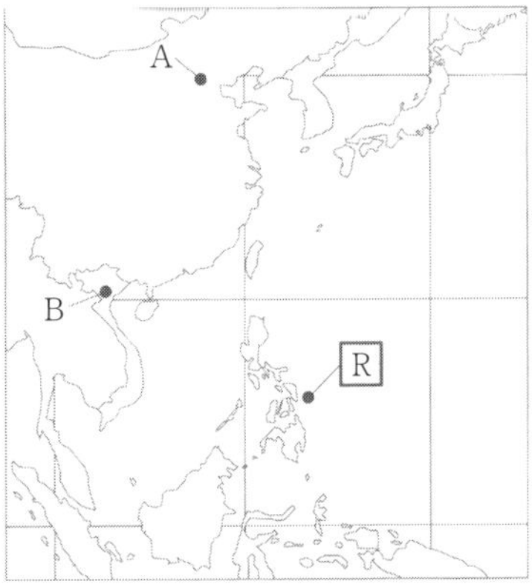

(ア)　**資料**中の――線について，あとの各問いに答えなさい。

(i)　**略地図Ⅱ**，**Ⅲ**，**Ⅳ**にある[P]，[Q]，[R]は，この遠征隊が，**略地図Ⅰ**にあるスペインを出発してから地球を西へ向かって一周する航海で通過した場所を示している。[P]，[Q]，[R]を通過した順に並べたものとして最も適するものを，次の1～6の中から一つ選び，その番号を答えなさい。

1．[P]→[Q]→[R]　　2．[P]→[R]→[Q]　　3．[Q]→[P]→[R]
4．[Q]→[R]→[P]　　5．[R]→[P]→[Q]　　6．[R]→[Q]→[P]

(ii)　この遠征隊の航海について説明した，次の［　］中の[あ]，[い]にあてはまるものの組み合わせとして最も適するものを，あとの1～4の中から一つ選び，その番号を答えなさい。

> 遠征隊の航海が終わりに近づいた頃，彼らは自分たちの記録による日付と立ち寄った上陸地の日付が1日ずれていることに気がついた。現在は，ほぼ[あ]の経線に沿って設けられている日付変更線を東から西へ越える場合には，日付を1日[い]必要がある。

1．あ：90度　い：進める　　2．あ：90度　い：遅らせる
3．あ：180度　い：進める　　4．あ：180度　い：遅らせる

(イ)　**略地図Ⅱ**及び**略地図Ⅲ**について，あとの各問いに答えなさい。

(i)　次の［　］中の[う]，[え]にあてはまるものの組み合わせとして最も適するものを，あとの1～4の中から一つ選び，その番号を答えなさい。

> **略地図Ⅱ**の[う]で示した線は，本初子午線を表している。また，**略地図Ⅱ**のcで示した線と**略地図Ⅲ**の[え]で示した線の緯度は同じである。

1．う：a　え：d　　2．う：a　え：e
3．う：b　え：d　　4．う：b　え：e

(ii)　次の**表**は，ナイジェリア及びベネズエラの輸出品目をまとめたものである。**表**中の[お]にあてはまる品目として最も適するものを，あとの1～4の中から一つ選び，その番号を答えなさい。

表

ナイジェリア(2014年)

	輸出額(百万ドル)
[お]	75,033
液化天然ガス	8,751
石油製品	6,257
その他	12,837
合計	102,878

ベネズエラ(2013年)

	輸出額(百万ドル)
[お]	74,851
石油製品	11,020
有機化合物	657
その他	1,433
合計	87,961

(『世界国勢図会　2017/18年版』をもとに作成)

1．銅　　2．原油　　3．石炭　　4．鉄鉱石

(ウ)　**略地図Ⅲ**にあるブエノスアイレスは，東京と同じく温暖湿潤気候である。**グラフⅠ**のうち，ブエノスアイレスの月ごとの平均気温と降水量を表したものと，この国の**農業の様子**を説明したものの組み合わせとして最も適するものを，あとの1～8の中から一つ選び，その番号を答

えなさい。

グラフⅠ

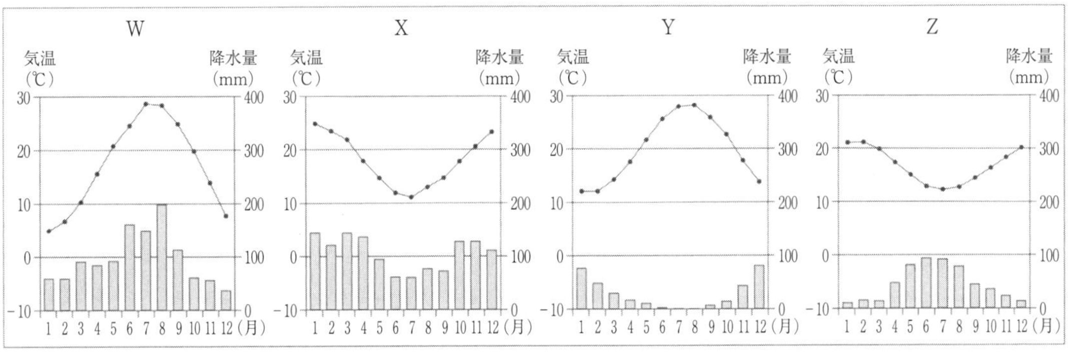

（『理科年表　平成28年』をもとに作成）

農業の様子

①　パンパと呼ばれる平原地帯では，牧畜や小麦栽培を中心とした農業が発達している。
②　コーヒーや天然ゴムが大規模に栽培されているプランテーションが発達している。

1．Wと①　　2．Wと②　　3．Xと①　　4．Xと②

5．Yと①　　6．Yと②　　7．Zと①　　8．Zと②

(エ)　次の**グラフⅡ**は，**略地図Ⅳ**にあるＡ及びＢで示した地点を首都とする国に，それぞれ進出している日系企業の拠点数の推移についてまとめたものである。これについて説明した，あとの［　　］中の［か］，［き］にあてはまるものの組み合わせとして最も適するものを，１～８の中から一つ選び，その番号を答えなさい。

グラフⅡ

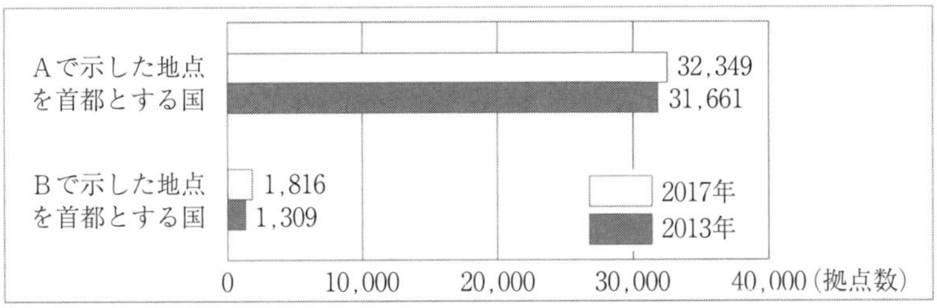

（外務省『海外在留邦人数調査統計』をもとに作成）

Ａ及びＢで示した地点を首都とする国について，2013年の日系企業の拠点数に対する，2013年から2017年にかけて増加した日系企業の拠点数の**割合**を比較すると，両者のうち，［　か　］で示した地点を首都とする［　き　］の方が大きい。

1．か：Ａ　き：韓国　　2．か：Ａ　き：ベトナム

3．か：Ａ　き：中国　　4．か：Ａ　き：タイ

5．か：Ｂ　き：韓国　　6．か：Ｂ　き：ベトナム

7．か：Ｂ　き：中国　　8．か：Ｂ　き：タイ

2　Kさんは，夏休みを利用して福岡県について調べ，**メモ**を作成した。これについて，あとの各問いに答えなさい。

メモ

> 明治時代に官営の製鉄所が建設されてから，この地域は，九州北部で産出される石炭を背景に，①日本の工業を支えてきました。その一方で，工場から排出される有害物質により大気は汚染され，水質の悪化も進みました。その後，環境問題に対する関心が高まり，現在では公害の防止技術が実用化されています。また，全国でも有数の規模の②太陽光発電施設が多く設置されています。

(ア)　――線①に関して，次の**表**は，福岡県の工業における製造品の出荷額を表したもので，すべての工業を三つの類型に分類して示している。また，**グラフ**のうち，AとBは，世界の石炭の産出量に対する主な産出国の割合，または日本の石炭の輸入額に対する主な輸入先の割合のいずれかを表している。これらについて説明した，あとの［　　］中の［あ］，［い］にあてはまるものの組み合わせとして最も適するものを，1～4の中から一つ選び，その番号を答えなさい。

表　　（億円）

	1970年	2010年
鉄や石油など産業の基礎素材を製造するもの	11,300	28,300
自動車やテレビなどの加工製品を製造するもの	2,700	34,300
衣食住に関連する製品等を製造するもの	4,600	19,400

（福岡県ウェブサイト掲載資料をもとに作成）

グラフ

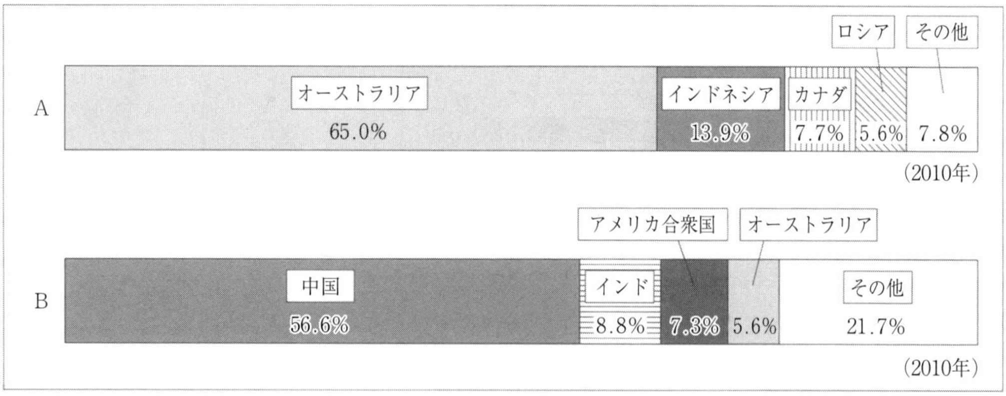

（『数字でみる　日本の100年　改訂第6版』などをもとに作成）

> **表**からは，2010年は，1970年に比べて出荷額の合計に対する鉄や石油など産業の基礎素材を製造するものの割合が［あ］したことがわかる。また，現在の日本は石炭の多くを輸入に頼っており，**グラフ**からは，輸入の50%以上を［い］に依存していることがわかる。

1．あ：増加　い：オーストラリア　　2．あ：増加　い：中国
3．あ：減少　い：オーストラリア　　4．あ：減少　い：中国

(イ) ——線②に関して，太陽光と同じく再生可能エネルギーといわれるものとして最も適するものを，次の１～４の中から一つ選び，その番号を答えなさい。

1．石油
2．地熱
3．天然ガス
4．石炭

(ウ) Ｋさんは，福岡県の太宰府《だざいふ》市について調べたことを発表するために，一辺の長さが８cmの正方形の**地形図Ⅰ**，**地形図Ⅰ**上の[P]で示した地点で撮影した**写真**，**地形図Ⅰ**で表された範囲を含む**地形図Ⅱ**を用意した。これらに関して，あとの各問いに答えなさい。

地形図Ⅰ

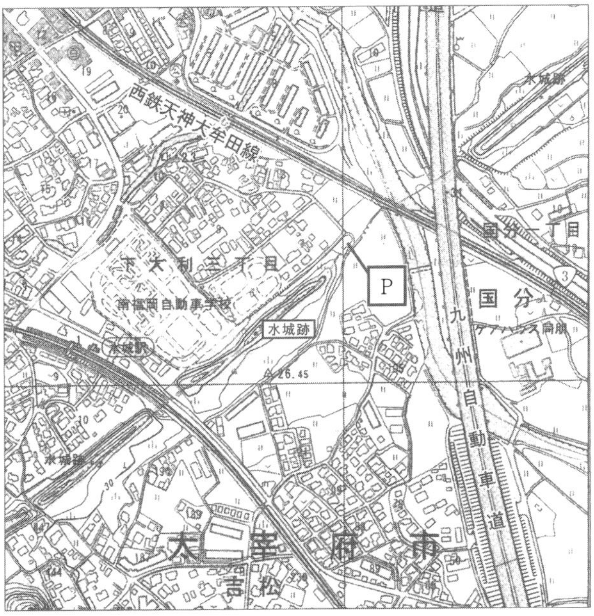

(「１万分の１の地形図　国土地理院作成(2002年発行)」一部改変)

写真

地形図Ⅱ

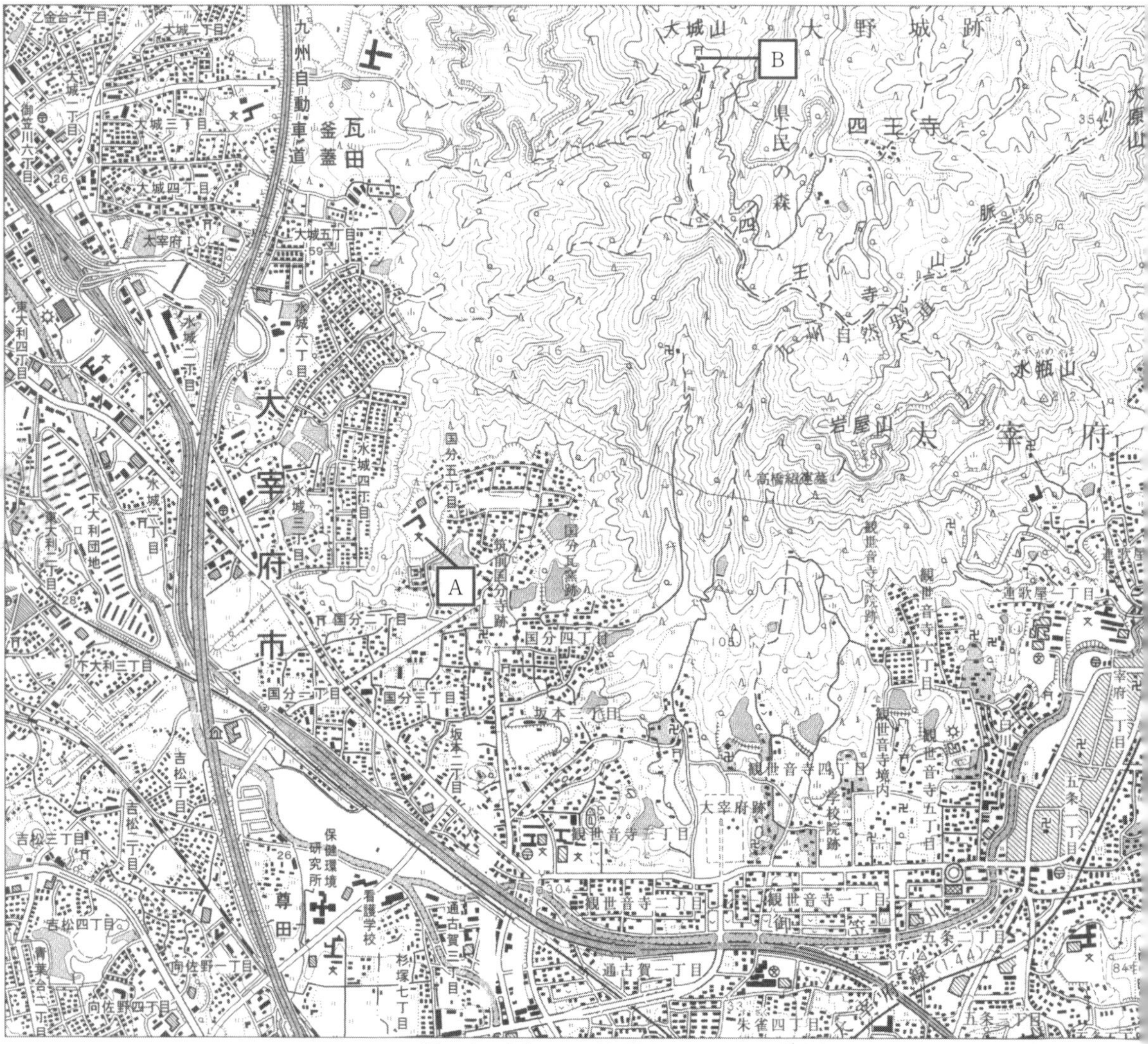

（「２万５千分の１の地形図　国土地理院作成（1998年，2012年発行）」をもとに作成）

(i)　次の［　　］中の［う］にあてはまるものとして最も適するものを，あとの１～４の中から一つ選び，その番号を答えなさい。

> **地形図**Ⅰ及び**写真**の水城《みずき》跡は，外敵の侵入を防ぐため，土を盛ってつくられた土塁の遺跡で，片側には水が満たされた堀《ほり》(濠)が設けられていた。大宰府《だざいふ》を防衛するため，［　う　］の軍勢の襲来に備えて設けられたものである。

１．百済《ベクチェ》《くだら》や高句麗《コグリョ》《こうくり》　２．唐や新羅《シルラ》《しらぎ》　３．元や高麗《コリョ》《こうらい》　４．明《みん》や朝鮮

(ii)　**地形図**Ⅱの［A］で示した地点にある学校から見たときの，**地形図**Ⅰの［P］で示した地点の方位として最も適するものを，次の１～４の中から一つ選び，その番号を答えなさい。

１．南東　２．北東　３．北西　４．南西

(iii)　**地形図**Ⅱ上に，**地形図**Ⅰで表された範囲を示したとき，この範囲を示す正方形の一辺の長さとして最も適するものを，次の１～４の中から一つ選び，その番号を答えなさい。

１．2.6cm　２．3.2cm　３．10.2cm　４．20cm

(iv) **地形図Ⅱ**の B で示した地点の標高として最も適するものを，次の１～４の中から一つ選び，その番号を答えなさい。

１．236m　２．368m　３．410m　４．610m

3 　Ｋさんは，交通や交易に関するできごとの中からいくつかを選び，おきた順に並べた**表**を作成した。これについて，あとの各問いに答えなさい。

表

交通や交易に関するできごと	
①奴《な》国の王が，中国の皇帝に使節を派遣し，金印を授けられた。	
日本に②律令《りつりょう》制が導入され，道路整備が進むとともに③平城京の建設が始まった。	
④後醍醐《ごだいご》天皇の冥福を祈るため，寺院を造営する費用を得ようと中国に貿易船が派遣された。	
⑤足利義満《あしかがよしみつ》により，勘合貿易が開始された。	↑
	X
織田信長《おだのぶなが》により，関所の廃止，⑥楽市・楽座の命令が出された。	↓

(ア) ──線①に関して，この頃の，**世界の様子**と宗教に関する**できごと**を説明したものの組み合わせとして最も適するものを，あとの１～４の中から一つ選び，その番号を答えなさい。

世界の様子	Ａ：インダス川流域にインダス文明が誕生し，計画的な都市が建設された。 Ｂ：ローマによって初めて地中海地域が統一され，大きな帝国が築かれた。

できごと	ａ：パレスチナにイエスがあらわれ，ユダヤ教をもとに新たな教えを説いた。 ｂ：ムハンマド(マホメット)がアラビア半島でイスラーム(イスラム教)を創始した。

１．Ａとａ　２．Ａとｂ　３．Ｂとａ　４．Ｂとｂ

(イ) ──線②に関して，次の**資料Ⅰ**について説明した，あとの □ 中の あ にあてはまる語句を**漢字２字**で書き， い にあてはまるものとして最も適するものをＡ～Ｃから一つ選び，その記号を書きなさい。

資料Ⅰ

> 今より以後，任《まま》に私財となして，三世一身を論ずること無く，みな悉《ことごと》に永年取ることなかれ。

> 律令には，班田収授の法により６歳以上の男女に あ 田とよばれる農地を支給することが定められているが，次第に農地が不足したため，朝廷は，**資料Ⅰ**の い という内容の法令を出して開墾を勧めた。

Ａ．新たに開墾した土地について，三世代あるいは本人一代の間の私有を認める。

Ｂ．新たに開墾した土地について，私有することを永久に認める。

Ｃ．新たに開墾した土地について，その田地から税を徴収することを永久に禁止する。

(ウ) ――線③に関して，このとき以降のできごとを説明した次の１～５について，古いものから順に並べたときに**４番目**にあたるものの番号を答えなさい。

1．ローマ教皇は，日本のキリシタン大名が派遣した４人の少年を歓迎した。
2．ヨーロッパでは，日本で生まれた錦絵が紹介されて多くの画家が影響を受けた。
3．イタリアの商人マルコ＝ポーロは，長旅の後，元の皇帝であるフビライに仕えた。
4．日本では，国際色豊かな工芸品などが納められた正倉院が建設された。
5．ポルトガルのバスコ＝ダ＝ガマがインドに到達して，アジアへの航路が開かれた。

(エ) ――線④に関して，次の**資料Ⅱ**は，京都にある後醍醐天皇の住まいの近くに立てられたと伝わる札に書かれた内容の一部である。これについて説明したものとして最も適するものを，あとの１～４の中から一つ選び，その番号を答えなさい。

資料Ⅱ

このごろ都にはやるもの　夜討ち　強盗　＊謀綸旨《にせりんじ》　＊召人《めしうど》　早馬　虚騒動
＊謀綸旨：偽りの天皇の命令　　＊召人：囚人

1．上皇(院)から出された命令が新たな権威をもつようになり，天皇が出した命令の多くが権威を失っている状況を示している。
2．天皇を中心とした政治が始まったが，新しい仕組みに不満をもつものも多くおり，偽りの命令が出回り混乱している状況を示している。
3．南と北に分かれた朝廷が，相手の命令は偽りであり，自分たちこそ正統であると主張して，互いに対立している状況を示している。
4．幕府を倒すことについての天皇の命令が出されたため，幕府は政権を朝廷に返上するとともに，各地に早馬を走らせて事態の収拾に努めている状況を示している。

(オ) ――線⑤に関して，日本からの輸出品と日本への輸入品の組み合わせとして最も適するものを，次の１～４の中から一つ選び，その番号を答えなさい。

1．輸出品：生糸　輸入品：銅銭
2．輸出品：生糸　輸入品：硫黄や刀剣
3．輸出品：銅　　輸入品：銅銭
4．輸出品：銅　　輸入品：硫黄や刀剣

(カ) ――線⑥に関して，次の**資料Ⅲ**は，**表**中[X]の期間に，幕府の将軍の命令を伝えたものの一部である。また，**資料Ⅳ**は，織田信長が発した楽市・楽座令の一部である。信長が楽市・楽座令を発した目的について説明した，あとの[　　]中の[う]にあてはまる語句を，**資料Ⅲ**中の――線から読み取れる商人の特権の内容がわかるように**６字以内**で書き，[え]にあてはまるものとして最も適するものをＡまたはＢから選び，その記号を書きなさい。

資料Ⅲ

石清水八幡宮《いわしみずはちまんぐう》に従属する油座の商人たちに対しては，税が免除される。また，散在する土民たちが勝手に油の原料となる荏胡麻《えごま》を売買しているので今後は，彼らの油器を破壊せよ。

（『離宮八幡宮文書』）

資料Ⅳ

一　安土《あづち》の城下は楽市とするので，座の規制や雑税などは，すべて免除する。
一　領国内で徳政令が実施されたとしても，この町では免除する。

（『近江《おうみ》八幡市共有文書』）

　資料Ⅲの命令などにより，座の商人たちは，有力者の保護下で商売をすることができた。しかし，**資料Ⅳ**にあるように，信長は，座の商人たちが製造や販売を［　う　］を否定し，［　え　］などの命令を出すことで，各地から人を集め，座の影響力を排除して城下町の商業を繁栄させることなどを目指した。

A．徳政令が実施されたとしても，この町では借金を帳消しにすることはない
B．徳政令が実施されたとしても，この町では借金はすべて帳消しとなる

4　Kさんは，アジアに影響を与えたできごとの中からいくつかを選び，**カードⅠ～Ⅲ**を作成した。これらについて，あとの各問いに答えなさい。

カードⅠ

　19世紀半ばには，欧米諸国がアジアに進出し，①アヘン戦争や②インドで大反乱がおきた。

カードⅡ

　19世紀末～20世紀前半には，③日清《にっしん》戦争，日露戦争及び④第一次世界大戦がおきた。

カードⅢ

　20世紀後半には，⑤国際連合は，各地の紛争を解決することで地域の安定を目指した。

(ア)　――線①に関して説明した，次の［　　］中の［あ］，［い］にあてはまるものの組み合わせとして最も適するものを，あとの1～4の中から一つ選び，その番号を答えなさい。

　この戦争で，［　あ　］がイギリスに敗れたことを知った江戸幕府は，今後，外国船が日本の港に入ってきた場合，［　い　］立ち去らせる対策をたてた。

1．あ：明《みん》　い：砲撃をしかけることで
2．あ：明　い：水や燃料を提供して
3．あ：清《しん》　い：砲撃をしかけることで
4．あ：清　い：水や燃料を提供して

(イ)　　線②に関して，次の**グラフ**は，ある商品について，AまたはBのいずれか一方で，この商品がアジアから西の方向へ向かった輸出額の推移を表し，もう一方で，この商品がイギリスから東の方向へ向かった輸出額の推移を表している。これについて説明した，あとの［　　］中の［う］，［え］にあてはまるものの組み合わせとして最も適するものを，1～4の中から一つ選び，その番号を答えなさい。

グラフ

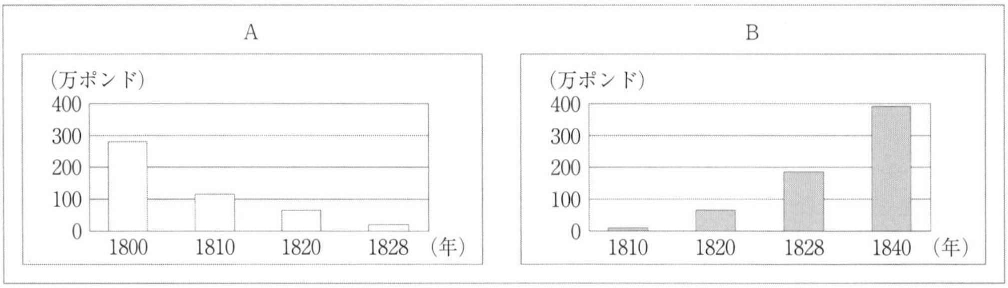

(松井　透『世界市場の形成』をもとに作成)

グラフからは，[　う　]へ向かった[　え　]の輸出額が次第に減少していることがわかる。この間，インドでは手工業に携わる多くの職人が職を失うとともに，イギリスに対する不満が高まっていった。

1．う：イギリスから東の方向　え：綿花　　2．う：イギリスから東の方向　え：綿織物
3．う：アジアから西の方向　　え：綿花　　4．う：アジアから西の方向　　え：綿織物

(ウ)　――線③に関して，次の[　　]中のａ～ｃについて古いものから順に並べたものを，あとの１～６の中から一つ選び，その番号を答えなさい。

ａ．ロシアはフランスやドイツとともに，日本の遼東《リャオトン》《りょうとう》半島の領有に反対し，清への返還を勧告した。
ｂ．朝鮮半島において，東学を信仰する農民たちを中心とする勢力が反乱をおこした。
ｃ．日本は，ロシアとの交渉の結果，満州に建設されていた鉄道の利権などを得た。

1．ａ→ｂ→ｃ　　2．ａ→ｃ→ｂ　　3．ｂ→ａ→ｃ
4．ｂ→ｃ→ａ　　5．ｃ→ａ→ｂ　　6．ｃ→ｂ→ａ

(エ)　――線④に関して，次の**資料Ⅰ**は，日本の参戦を決定した内閣の外務大臣の発言である。また，**資料Ⅱ**は，この戦争が終結した年以降に掲載された新聞記事の一部である。資料中の[お]～[き]にあてはまるものの組み合わせとして最も適するものを，あとの１～８の中から一つ選び，その番号を答えなさい。

資料Ⅰ

一つは、[お]からの依頼に基づく同盟のよしみと、一つは、この機会に[か]の根拠地を東洋から一掃して日本の地位を高める利益から参戦を断行するのが良策と信ずる。

(『加藤高明《かとうたかあき》(全二巻)下巻』加藤高明伯伝編纂《さん》委員会編)

資料Ⅱ

[き]会議
協約案の内容
　太平洋の領域保全と
　将来における戦争防止
第一　太平洋諸領域の領土保全を確定し締約国は他の締約国の領土保全を侵撃せぬこと。
…
第四　本協定批准と共に[お]との同盟は廃棄すること。

(東京毎日新聞)

1．お：米国　か：独逸《ドイツ》　き：ワシントン　　2．お：米国　か：独逸　き：パリ
3．お：米国　か：露西亜《ロシア》　き：ワシントン　　4．お：米国　か：露西亜　き：パリ
5．お：英国　か：独逸　き：ワシントン　　6．お：英国　か：独逸　き：パリ
7．お：英国　か：露西亜　き：ワシントン　　8．お：英国　か：露西亜　き：パリ

(オ)　――線⑤に関して，あとの各問いに答えなさい。

(i)　国際連合の発足以降のできごとについて説明した，次の□中の［く］にあてはまる首相の**名字のみ**を**漢字**で書き，［け］にあてはまるものとして最も適するものを，あとのA～Dから一つ選び，その記号を書きなさい。

> 日本は，［　く　］内閣のときに，サンフランシスコ平和条約を結び，独立を回復することになった。また，これと同時期に［　け　］ことになった。

A．極東国際軍事裁判が東京で開始される　　B．アメリカ軍が引き続き日本に駐留する
C．国際連合への日本の加盟が認められる　　D．沖縄がアメリカから日本に返還される

(ii)　国際連合の発足以降のできごとを説明したものとして最も適するものを，次の1～4の中から一つ選び，その番号を答えなさい。

1．北京《ペキン》郊外における軍事衝突をきっかけに，日中戦争が始まった。
2．大陸における日本の行動が承認されず，日本は国際連盟を脱退した。
3．ソ連との協力関係を強化しようと考えた日本は，日ソ中立条約を結んだ。
4．北朝鮮が武力による統一を目指して韓国に侵攻し，朝鮮戦争が始まった。

5　次の**メモ**は，Kさんが，次回の生徒会の会議で話す内容をまとめたものである。これについて，あとの各問いに答えなさい。

メモ

> 前回の会議では，休み時間に体育館を使用するルールについて議論しましたが，全員が納得できるものを作成することはできませんでした。①憲法に，国民の②権利とともに教育，勤労，③納税の義務についての規定がそれぞれあるように，ルールを作成するには，権利と義務について明確にすることが必要です。私たちも④合意を目指して力を合わせなければいけないと思います。

(ア)　――線①に関して，日本の憲法について正しく説明したものの組み合わせとして最も適するものを，あとの1～6の中から一つ選び，その番号を答えなさい。

a．日本国憲法では，国会が国権の最高機関に位置づけられ，内閣は国会の信任に基づいて成立し，国会に責任を負う議院内閣制が採用されている。
b．大日本帝国憲法は，伊藤博文らが作成した案をもとに，貴族院や衆議院からなる帝国議会で審議されたのち，制定された。
c．日本国憲法では，社会権の一つとして「健康で文化的な最低限度の生活を営む権利」である生存権が保障されている。
d．大日本帝国憲法では，天皇について「日本国の象徴であり日本国民統合の象徴」であることが述べられている。

1．aとb　　2．aとc　　3．aとd　　4．bとc　　5．bとd　　6．cとd

(イ)　――線②に関して，あとの各問いに答えなさい。

(i)「新しい人権」について説明した，次の[　　]中の[あ]，[い]にあてはまるものの組み合わせとして最も適するものを，あとの1～4の中から一つ選び，その番号を答えなさい。

> 日本国憲法に直接の記載はないが，環境権などの「新しい人権」が主張されている。1999年には，「新しい人権」の一つとされる[　あ　]を保障するため，[　い　]に対して情報の開示を請求することを認める情報公開法が制定された。

1．あ：知る権利　い：行政機関の長　　2．あ：知る権利　い：企業の代表
3．あ：請求権　　い：行政機関の長　　4．あ：請求権　　い：企業の代表

(ii)　人権の保障について説明した，次の[　　]中の[う]，[え]にあてはまるものの組み合わせとして最も適するものを，あとの1～4の中から一つ選び，その番号を答えなさい。

> 警察は，原則として，[　う　]が出す令状がなければ逮捕をすることはできない。被疑者は，取り調べられた結果に基づいて起訴されるか，あるいは不起訴となる。なお，[　え　]で構成された検察審査会は，不起訴となったことが妥当かを審査する。

1．う：裁判官　え：国民から選ばれたもの
2．う：裁判官　え：国会で指名されたもの
3．う：検察官　え：国民から選ばれたもの
4．う：検察官　え：国会で指名されたもの

(ウ)　――線③に関して，あとの各問いに答えなさい。

(i)　人びとが負担する税金をもとにした，財政の役割について説明したものとして**誤っているもの**を，次の1～4の中から一つ選び，その番号を答えなさい。

1．防潮堤の建設などの公共工事をすすめて，将来の災害に備える。
2．所得税の減税を実施して，家計や企業の消費や投資を活発にさせる。
3．社会保障の仕組みを通じて，収入の少ない人や病気の人を支える。
4．国債の売買を通じて，市中に流通する通貨の量を調節する。

(ii)　次の**グラフⅠ**は，歳入に占める**租税収入**と**公債金収入**の割合の推移を，また，**グラフⅡ**は，歳出に占める**社会保障関係費**，**公共事業費**，**国債費**の割合の推移を，それぞれ1955年～2015年について表したものである。このうち，**公債金収入**と**国債費**を表す記号の組み合わせとして最も適するものを，あとの1～6の中から一つ選び，その番号を答えなさい。

グラフⅠ

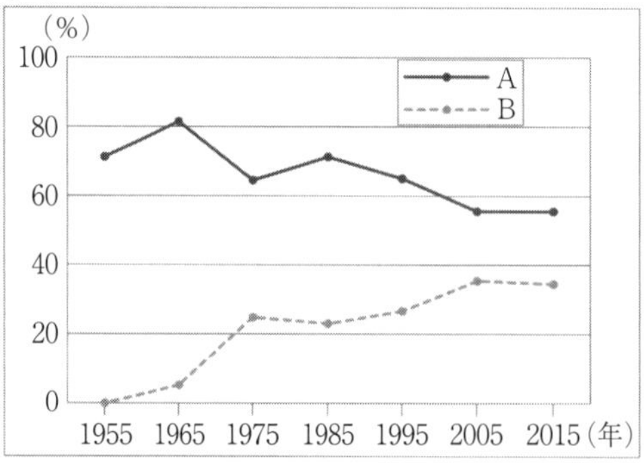

グラフⅡ

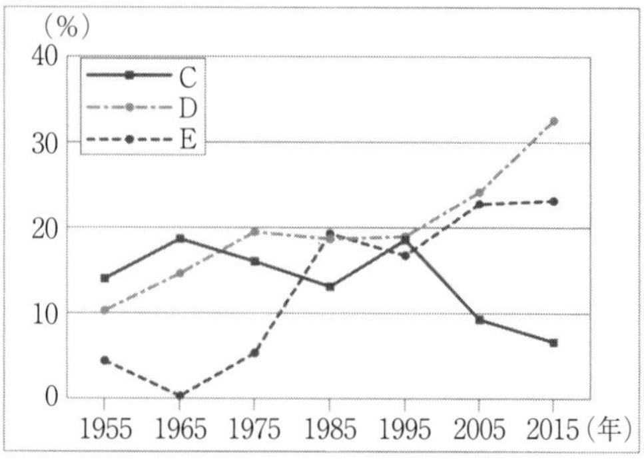

(財務省ウェブサイト掲載資料をもとに作成)

1．AとC　　2．AとD　　3．AとE
4．BとC　　5．BとD　　6．BとE

(エ)　――線④に関して，次の［　］中の［お］，［か］にあてはまるものの組み合わせとして最も適するものを，あとの1～4の中から一つ選び，その番号を答えなさい。

> 合意を形成する際には，効率と公正の視点が重要である。このうち，合意された結果が，無駄がなく最大の利益をもたらすものであることを大切にするのは［　お　］の視点である。
> また，合意を形成するために「多数決」を用いる場合がある。多数決には様々な方法があるが，一度の投票で，賛成の票を最も多く集めたものを全体の合意とする方法では，決まった結果に賛成の票を入れた人の数は，賛成の票を入れなかった人の数より［　か　］。投票の方法を事前に確認することが必要である。

1．お：効率　か：必ず多くなる　　2．お：効率　か：多くなるとは限らない
3．お：公正　か：必ず多くなる　　4．お：公正　か：多くなるとは限らない

6　Kさんは，「国際社会が抱える課題」というテーマで発表を行うために，次の**メモ**を作成した。これについて，あとの各問いに答えなさい。

メモ

> 世界は今，いくつもの課題を抱えています。例えば，①貿易をめぐり国と国が対立することがあります。私たちは，②消費者である自分の立場だけでなく，生産者や他国の人びとなど，多様な視点から課題を考える必要があります。また，③地球温暖化が原因とされ，近年頻繁におこる異常気象も大きな課題です。どちらの課題も，国際社会の合意がないと解決には向かわないと思います。

(ア)　――線①に関して，あとの各問いに答えなさい。

(i)　アメリカ合衆国の通貨であるドルと，EUの通貨であるユーロとの為替相場を表した次の**表**を見て，あとの［　］中の［あ］～［う］にあてはまるものの組み合わせとして最も適するものを，1～8の中から一つ選び，その番号を答えなさい。

表

	2014年	2015年
為替相場の年平均	1ドル＝0.7537ユーロ	1ドル＝0.9017ユーロ

（『世界国勢図会　2017/18年版』をもとに作成）

> 2015年は，2014年に比べて［　あ　］に替える動きが強まり，ドルに対するユーロの価値が［　い　］なったことが読み取れる。この為替相場の動きは，ユーロを通貨としている国からアメリカ合衆国へ輸出をする企業にとって［　う　］である。

1．あ：ドルをユーロ　い：高く　う：有利
2．あ：ドルをユーロ　い：高く　う：不利
3．あ：ドルをユーロ　い：低く　う：有利
4．あ：ドルをユーロ　い：低く　う：不利

5．あ：ユーロをドル　い：高く　う：有利
6．あ：ユーロをドル　い：高く　う：不利
7．あ：ユーロをドル　い：低く　う：有利
8．あ：ユーロをドル　い：低く　う：不利

(ii)　次の**グラフ**は，2007年～2013年における日本の輸出額と輸入額の推移を表したものである。あとのa～dのうち，この**グラフ**から読み取れるものの組み合わせとして最も適するものを，1～4の中から一つ選び，その番号を答えなさい。

グラフ

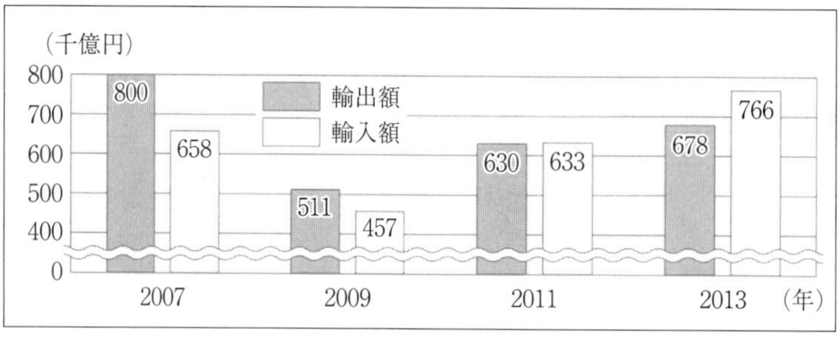

（財務省ウェブサイト掲載資料をもとに作成）

a．2009年は，2007年に比べて貿易黒字の額が小さくなっている。
b．2009年は，2007年に比べて貿易赤字の額が小さくなっている。
c．2013年は，2011年に比べて貿易黒字の額が大きくなっている。
d．2013年は，2011年に比べて貿易赤字の額が大きくなっている。

1．aとc　　2．aとd　　3．bとc　　4．bとd

(イ)　――線②に関して，次の**資料Ⅰ**，**資料Ⅱ**は，消費者向けに契約の注意点などを掲載したパンフレットの一部である。**資料Ⅰ**中の［　え　］にあてはまる語句を書き，**資料Ⅱ**中の［　お　］にあてはまる語句として最も適するものを，あとのA～Cから一つ選び，その記号を書きなさい。

資料Ⅰ

①　［　え　］・オフってなに？
消費者を守る特別な制度です。消費者が訪問販売などの取引で契約した場合に，一定期間であれば無条件で契約を解除できる制度です。

②　手続き方法
［　え　］・オフは，必ず書面で行いましょう。はがきでできます。右は通知はがきの記載例です。

通知書
次の契約を解除します。

契約年月日　平成〇〇年〇月〇日
商品名　〇〇〇〇〇
契約金額　〇〇〇〇〇〇〇円
販売会社　株式会社××××
□□営業所
担当者△△△△
支払った代金〇〇〇〇〇円を返金し，商品を引き取って下さい。

平成〇〇年〇月〇日
〇〇県〇市〇町〇丁目〇番〇号
氏名　〇〇〇〇〇〇

（国民生活センターウェブサイト掲載資料をもとに作成）

資料Ⅱ

> 決済方法は大きく「前払い」,「即時払い」,「後払い」に分類できます。
> 「前払い」　…商品・サービスの提供を受ける前に支払いをする方法。
> 「即時払い」…商品・サービスの提供を受けると同時に支払いをする方法。
> 「後払い」　…商品・サービスの提供を受けた後に支払いをする方法。
> このうち,［お］の代表であるクレジットカード決済では,インターネット上でカード情報を入力するため,情報漏えいのリスクがあります。

（消費者庁ウェブサイト掲載資料をもとに作成）

A．前払い　　B．即時払い　　C．後払い

(ウ) ——線③に関して,次の［　］中の［か］,［き］にあてはまるものの組み合わせとして最も適するものを,あとの1～4の中から一つ選び,その番号を答えなさい。

> 1992年には,温室効果ガスの濃度を安定化させることを究極の目標とする［か］に多くの国が調印をし,地球温暖化対策に世界全体で取り組んでいくことに合意した。［か］に基づき,1995年に第1回締約国会議が開催されてから,今年までに20回を超える締約国会議が開催されている。国際社会の合意形成がなければ,今後,地球をとりまく温室効果ガスの濃度はますます高まり,地球の温暖化による［き］や農作物への影響などが懸念《けねん》される。

1．か：京都議定書　　　　き：紫外線の増大
2．か：京都議定書　　　　き：海面の上昇
3．か：気候変動枠組条約　き：紫外線の増大
4．か：気候変動枠組条約　き：海面の上昇

理科

●満点 100点　●時間 50分

〔注意〕 解答用紙にマス目(例：□□□□)がある場合は，句読点もそれぞれ１字と数え，必ず１マスに１字ずつ書きなさい。なお，行の最後のマス目には，文字と句読点を一緒に置かず，句読点は次の行の最初のマス目に書き入れなさい。

1 次の各問いに答えなさい。

(ア) 次の□は，Ｋさんが白熱電球とLED電球(発光ダイオードを使用した電球)についてまとめたものである。文中の(Ｘ)，(Ｙ)，(Ｚ)にあてはまるものの組み合わせとして最も適するものをあとの１～４の中から一つ選び，その番号を答えなさい。

> 白熱電球とLED電球はともに(Ｘ)エネルギーを(Ｙ)エネルギーに変換し，利用している。このエネルギーを変換する過程で，LED電球は白熱電球に比べ放出する(Ｚ)エネルギーが小さいため，LED電球への切りかえが進んでいる。

１．Ｘ―光　Ｙ―電気　Ｚ―熱　　２．Ｘ―電気　Ｙ―光　Ｚ―熱
３．Ｘ―電気　Ｙ―熱　Ｚ―化学　　４．Ｘ―熱　Ｙ―光　Ｚ―化学

(イ) **図1**のように，半円形レンズのうしろ側にトというカードを点線の位置に置き，光の進み方について調べた。**図2**は，**図1**を真上から見たときの半円形レンズとカードの位置関係を示したものである。**図2**の矢印の方向から半円形レンズの高さに目線を合わせてカードを観察すると，トというカードはどのように見えるか。最も適するものをあとの１～４の中から一つ選び，その番号を答えなさい。ただし，カードは半円形レンズと接しているものとする。

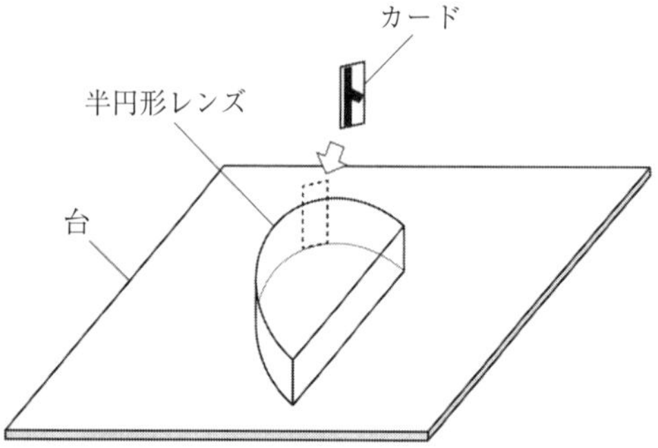

図1

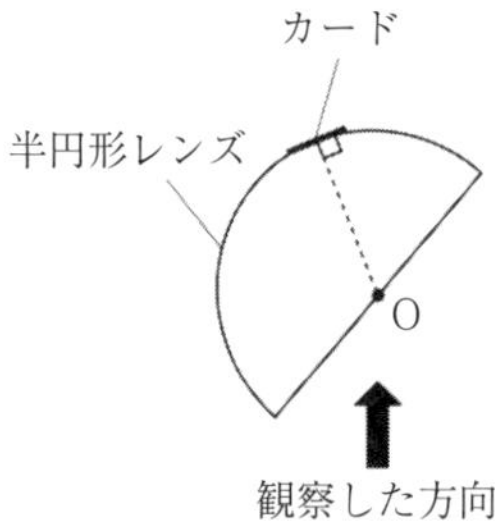

図2

１．
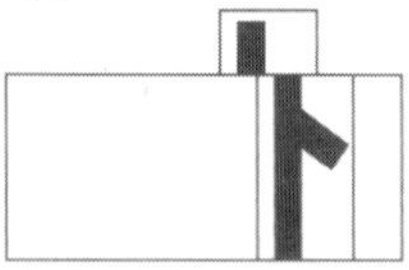

２．
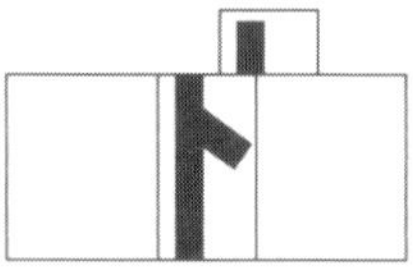

３．
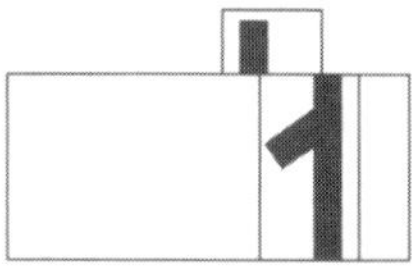

４．
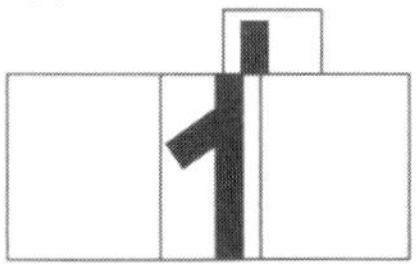

(ウ) 同じ電圧の電池４個と抵抗の大きさの等しい抵抗器４個を用い，図のような２種類の電気回路をつくった。図中のＡ，Ｂの部分に流れる電流の大きさを測定したとき，Ａの部分に流れる電流の大きさは，Ｂの部分に流れる電流の大きさの何倍になるか。最も適するものをあとの１～６の中から一つ選び，その番号を答えなさい。

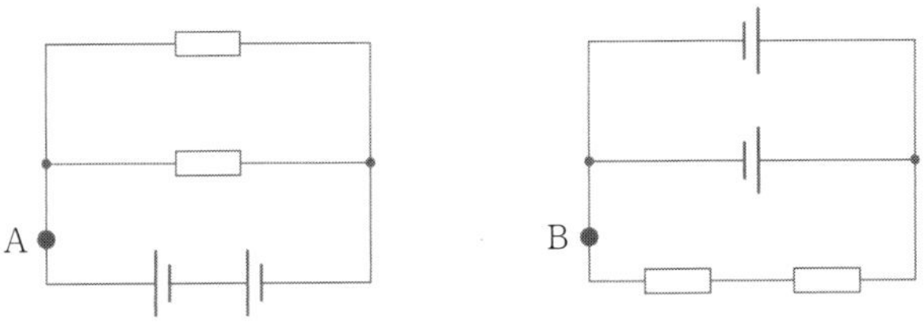

1．0.5倍　　2．1倍　　3．2倍
4．4倍　　5．8倍　　6．16倍

2　次の各問いに答えなさい。

(ア)　右の図は，点火したガスバーナーの空気の量が不足している状態を示している。ガスの量を変えずに空気の量を調節し，炎を青色の安定した状態にするために必要な操作として最も適するものを次の1～4の中から一つ選び，その番号を答えなさい。

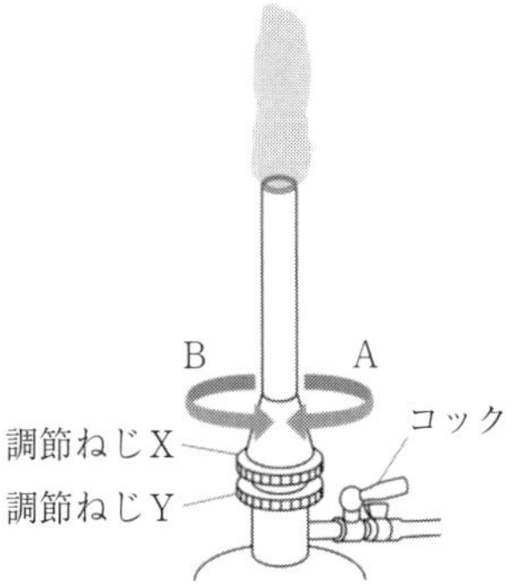

1．調節ねじYをA方向に回す。
2．調節ねじYをB方向に回す。
3．調節ねじYをおさえて，調節ねじXだけをA方向に回す。
4．調節ねじYをおさえて，調節ねじXだけをB方向に回す。

(イ)　うすい塩酸が入ったビーカーに亜鉛を入れたところ，反応して気体が発生した。この反応において，亜鉛を入れる前のビーカー全体の質量をa，亜鉛の質量をb，反応が終わった後のビーカー全体の質量をc，発生した気体の質量をdとする。これらの質量の関係を，不等号や等号で示したものとして最も適するものを次の1～4の中から一つ選び，その番号を答えなさい。

1．$a+b<c+d$　　2．$a+b>c+d$　　3．$a+b=c+d$　　4．$a+b=c-d$

(ウ)　表のように，試験管A～Eにそれぞれうすい塩酸とうすい水酸化ナトリウム水溶液を入れた。さらに，BTB溶液を2滴ずつ加えてよく混ぜ，水溶液の色を記録した。このときの試験管A～Eの水溶液に関する記述として最も適するものをあとの1～6の中から一つ選び，その番号を答えなさい。

試験管	A	B	C	D	E
うすい塩酸の体積〔cm^3〕	3.0	3.0	3.0	3.0	3.0
うすい水酸化ナトリウム水溶液の体積〔cm^3〕	1.0	2.0	3.0	4.0	5.0
水溶液の色	黄色	黄色	緑色	青色	青色

1．試験管A～Eの水溶液中の水素イオンの数は，ほぼ同じである。
2．試験管Aの水溶液中の水素イオンの数と塩化物イオンの数は，ほぼ同じである。
3．試験管Bの水溶液中では，中和は起こらなかった。
4．試験管Cの水溶液中の水酸化物イオンの数は，ナトリウムイオンの数より多い。
5．試験管Dの水溶液中の水素イオンの数は，ナトリウムイオンの数より多い。
6．試験管Eの水溶液中の塩化物イオンの数は，ナトリウムイオンの数より少ない。

3 次の各問いに答えなさい。

(ア) 次の□は，顕微鏡を操作する手順について示したものである。文中の(X)，(Y)，(Z)にあてはまるものの組み合わせとして最も適するものをあとの1～4の中から一つ選び，その番号を答えなさい。

> 手順① 対物レンズを最も(X)のものにし，接眼レンズをのぞきながら反射鏡を調節して，視野が最も明るくなるようにする。
> 手順② プレパラートをステージにのせ，対物レンズを横から見ながら調節ねじを回して，対物レンズとプレパラートをできるだけ(Y)。
> 手順③ 接眼レンズをのぞきながら調節ねじを回し，対物レンズとプレパラートを(Z)，ピントを合わせる。

1. X—低倍率　Y—遠ざける　Z—近づけて
2. X—低倍率　Y—近づける　Z—遠ざけて
3. X—高倍率　Y—近づける　Z—遠ざけて
4. X—高倍率　Y—遠ざける　Z—近づけて

(イ) 右の図は，ある生態系において，生産者である植物，その植物を食べる草食動物と，その草食動物を食べる肉食動物の数量の関係を模式的に表したものである。図のつり合いのとれた状態から肉食動物の数量が減ったとき，その後，もとのつり合いのとれた状態に戻るまでにどのような変化が起こると考えられるか。次の□中のa～dの変化が起こる順番として最も適するものをあとの1～4の中から一つ選び，その番号を答えなさい。

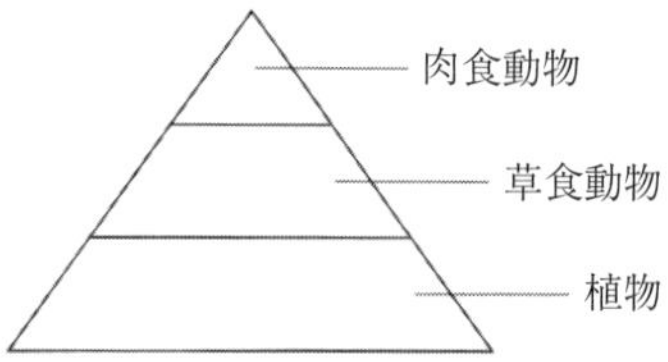

> a：草食動物が増える。
> b：植物が減るとともに，肉食動物が増える。
> c：肉食動物が減るとともに，植物が増える。
> d：草食動物が減る。

1. d→b→a→c　　2. a→c→d→b
3. a→b→d→c　　4. d→c→a→b

(ウ) 次の□は，Kさんが学校周辺で観察した植物である。そのからだのつくりに着目し，なかま分けをしたときの記述として最も適するものをあとの1～4の中から一つ選び，その番号を答えなさい。

> ユリ　　イヌワラビ　　ゼニゴケ　　タンポポ　　サクラ

1. イヌワラビとゼニゴケは，根の違いだけではなかま分けができないが，維管束の違いに着目すればなかま分けができる。
2. ユリとタンポポは，根の違いだけではなかま分けができないが，葉脈の違いに着目すればなかま分けができる。
3. ユリとサクラは，根の違いだけではなかま分けができないが，子葉の違いに着目すればなかま分けができる。

4．タンポポとサクラは，根の違いだけではなかま分けができないが，花弁の違いに着目すればなかま分けができる。

4 次の各問いに答えなさい。

(ア) 図のA，Bはマグマのねばりけが異なる火山の断面の模式図である。図のA，Bのような火山の説明として最も適するものをあとの1～4の中から一つ選び，その番号を答えなさい。

A

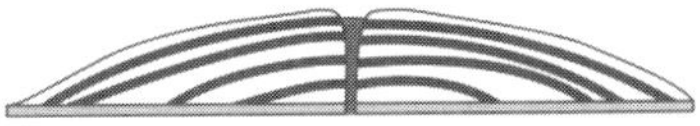

B

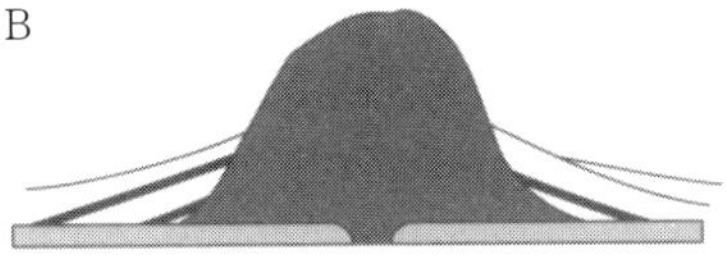

1．Aのような火山はマグマのねばりけが強く，火山灰は比較的黒っぽいものが多い。
2．Aのような火山はマグマのねばりけが弱く，比較的穏やかな噴火が多い。
3．Bのような火山はマグマのねばりけが強く，火山灰は比較的黒っぽいものが多い。
4．Bのような火山はマグマのねばりけが弱く，比較的穏やかな噴火が多い。

(イ) 右の図のように，仕切り板で水そうを2つに分け，右側の空気のみを保冷剤で冷やし，空気の動きがわかるように線香の煙で満たした。その後，静かに仕切り板を外したときに水そう内で起こる現象として最も適するものを次の1～4の中から一つ選び，その番号を答えなさい。

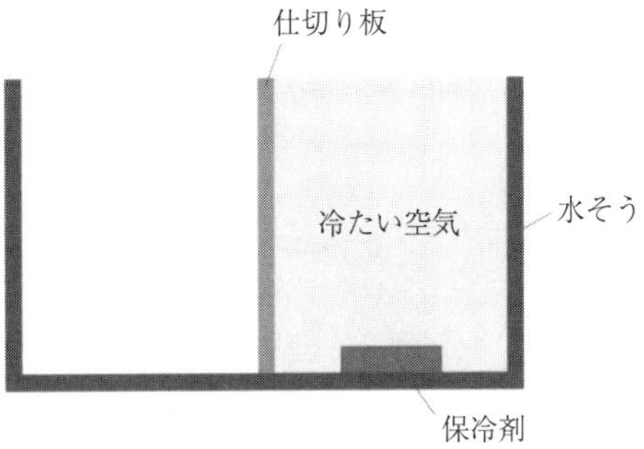

1．右側の冷たい空気が，左側の空気の下にもぐりこむ。
2．左側の空気が，右側の冷たい空気の下にもぐりこむ。
3．右側の冷たい空気と左側の空気は混ざらず，そのままの状態が続く。
4．右側の冷たい空気と左側の空気が一瞬で混ざり，全体が均一な状態になる。

(ウ) 図は，ある地点Xで観測された地震波の記録である。地点Xと震源との距離として最も適するものをあとの1～6の中から一つ選び，その番号を答えなさい。ただし，P波の速さは6.0km/s，S波の速さは4.0km/sとする。

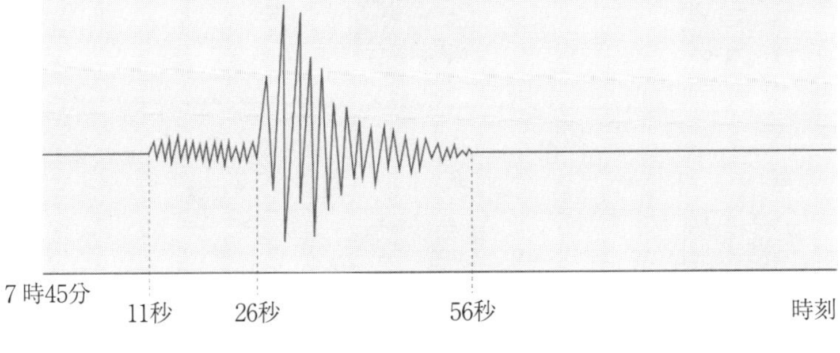

1．30km　2．60km　3．90km　4．120km　5．150km　6．180km

5　Kさんは，物体にはたらく浮力について調べるために，次のような実験を行った。これらの実験とその結果について，あとの各問いに答えなさい。ただし，質量100gの物体にはたらく重力は1.0Nとする。また，糸の質量と体積は考えないものとする。

〔実験1〕　**図1**のように，物体Xをばねばかりにつるし，a～dの位置におけるばねばかりの値を測定した。また，物体Xを材質が異なる物体Y，物体Zにかえて同様の操作を行った。**表**は，これらの結果をまとめたものである。

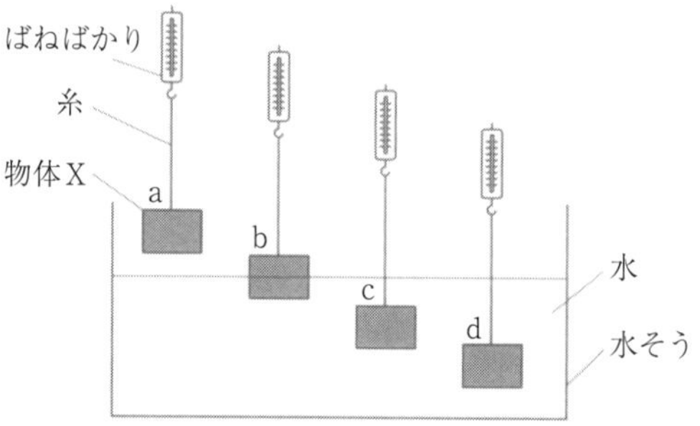

図1

表

物体の位置	a	b	c	d
物体Xのばねばかりの値〔N〕	0.50	0.40	0.30	0.30
物体Yのばねばかりの値〔N〕	0.40	0.30	0.20	0.20
物体Zのばねばかりの値〔N〕	0.50	0.45	0.40	0.40

〔実験2〕　**図2**のように，質量150gの鉄のおもりと質量150gの鉄で作った船を用意し，これらを水そうの水に静かに入れたところ，**図3**のようになった。

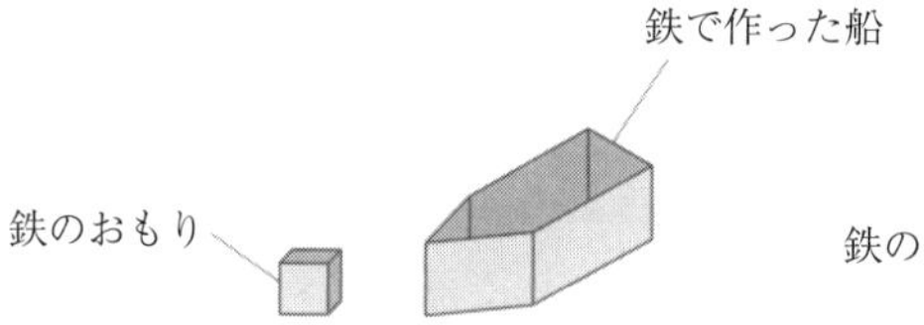

図2

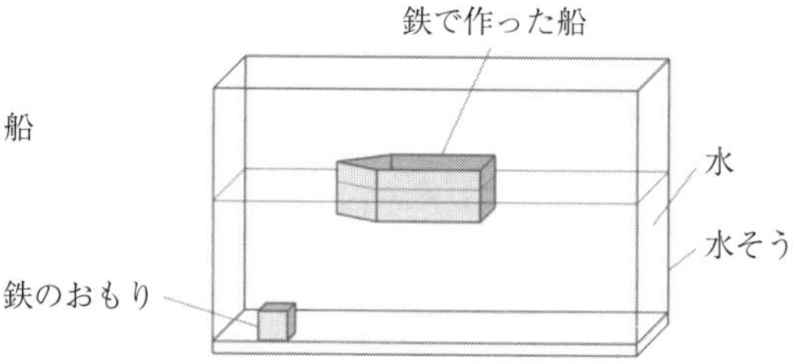

図3

(ア)　**図1**のdの位置のように物体が水中に沈んでいるとき，物体にはたらく水圧の様子として最も適するものを次の1～6の中から一つ選び，その番号を答えなさい。ただし，矢印の長さは，水圧の大きさを表している。

1.
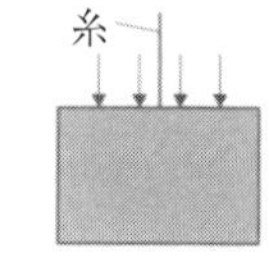

2.
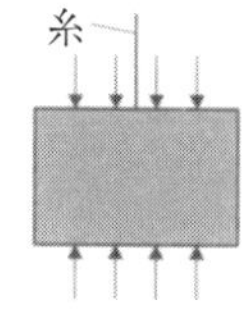

3.
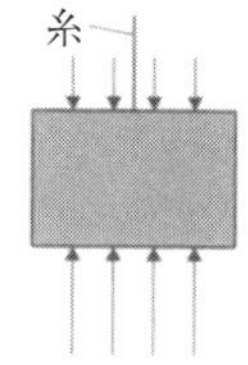

4.
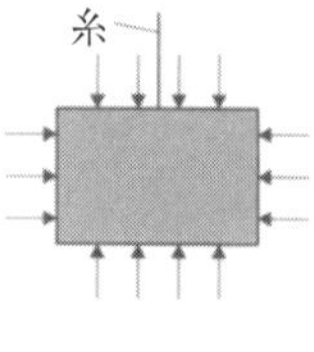

5.
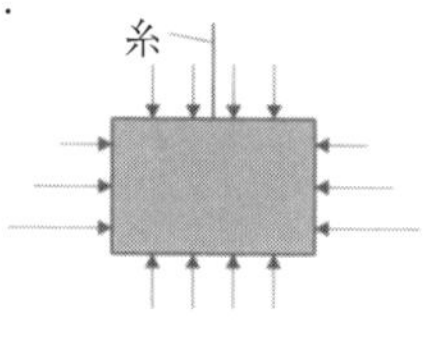

6.
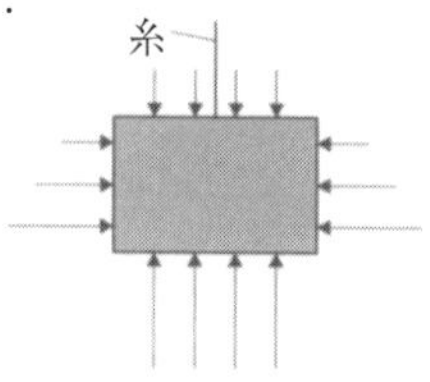

(イ)　**図1**のdの位置における物体Xにはたらく浮力の大きさは何Nか。最も適するものを次の1～5の中から一つ選び，その番号を答えなさい。

1．0N　　2．0.10N　　3．0.15N　　4．0.20N　　5．0.30N

(ウ)　物体X～Zについて述べたものとして最も適するものを次の1～5の中から一つ選び，その番号を答えなさい。

1．物体Xと物体Yの密度は等しい。
2．物体Xと物体Zの密度は等しい。
3．物体X～Zの中では，物体Xの密度が最も大きい。
4．物体X～Zの中では，物体Yの密度が最も大きい。
5．物体X～Zの中では，物体Zの密度が最も大きい。

(エ)　次の□は，Kさんが〔実験1〕，〔実験2〕についてまとめたものである。文中の(あ)に適する内容を，**船**と**浮力**という二つの語を用いて**20字以内**で書きなさい。また，(い)に最も適するものをあとの1～4の中から一つ選び，その**番号を書きなさい**。

　〔実験1〕の結果から，物体の水中に沈んでいる部分の体積が大きいほど，物体にはたらく浮力が大きくなることがわかる。このことから，〔実験2〕では，鉄で作った船を静かに水そうの水に入れていくと，船にはたらく浮力は増加していき，(　　あ　　)ところで船は水に浮き，静止したと考えられる。
　このとき，この船にはたらいている浮力は(い)となる。

1．0N　　2．0.5N　　3．1.0N　　4．1.5N

6　Kさんは，鉄と硫黄の反応について調べるために，鉄粉と硫黄の質量の組み合わせを変えて，次のような実験を行った。**図1**は用いた装置と加熱の様子を，**図2**の点a～eは鉄粉と硫黄の質量の組み合わせを示している。これらの実験とその結果について，あとの各問いに答えなさい。ただし，鉄粉と硫黄の混合物を加熱したときは，硫化鉄ができる反応だけが起こるものとする。

〔実験1〕　次の①～⑤の順に操作を行った。

①　**図2**の点aが示す質量の鉄粉と硫黄を乳ばちに取り，よく混ぜ合わせた。
②　乳ばちから①の混合物を4.0g取り出して試験管Aに入れ，加熱した。
③　加熱した混合物の色が赤く変わりはじめたところで加熱をやめ，変化の様子を観察した。
④　反応が終わり，試験管Aの温度が下がったところで試験管Aに磁石を近づけ，磁石に引きつけられる物質があるかを観察した。

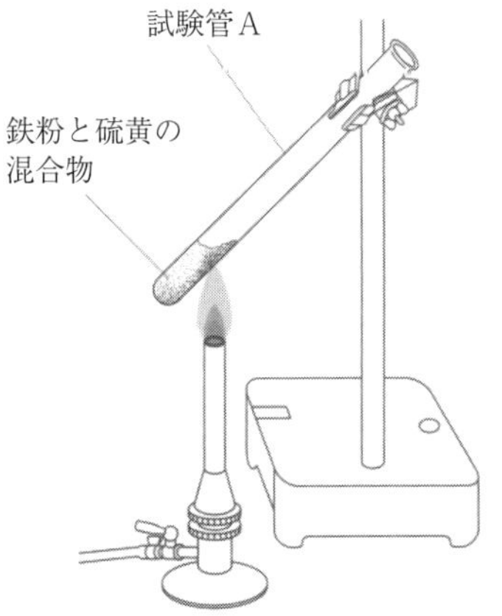

図1

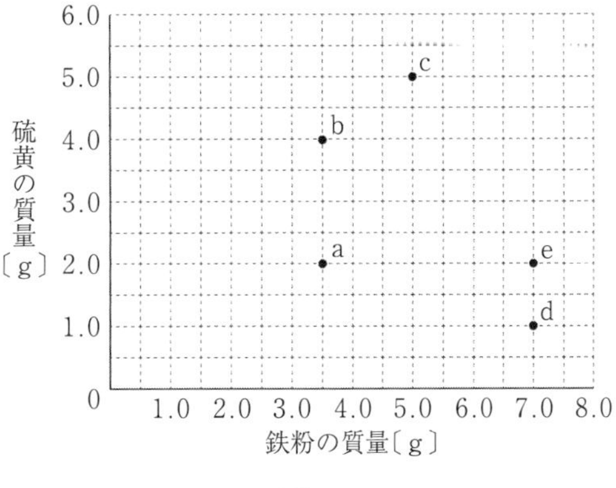

図2

⑤　試験管Aの中身を少量取り出し，5％の塩酸と反応させ，発生した気体のにおいを調べた。

〔実験2〕　鉄粉と硫黄を**図2**の点b～eが示す質量の組み合わせにかえ，〔実験1〕と同様の操作を行った。このとき，点bの質量の組み合わせには試験管Bを用い，同様に，点cには試験管Cを，点dには試験管Dを，点eには試験管Eを用いた。

(ア)　〔実験1〕の②で乳ばちに残った混合物を別の試験管に入れ，5％の塩酸を加えたところ気体が発生した。この気体に空気中で火をつけると音を立てて燃えた。このことからわかることとして最も適するものを次の1～4の中から一つ選び，その番号を答えなさい。

1．硫黄が塩酸と反応して水素が発生した。
2．鉄粉が塩酸と反応して水素が発生した。
3．鉄粉が塩酸と反応して硫化水素が発生した。
4．硫化鉄が塩酸と反応して硫化水素が発生した。

(イ)　〔実験1〕の④で，磁石に引きつけられる物質はなかった。このとき，⑤で発生した気体の性質として最も適するものを次の1～4の中から一つ選び，その番号を答えなさい。

1．卵の腐ったような特有のにおいがあり，有毒である。
2．においがなく，空気中で火をつけると音を立てて燃える。
3．においがなく，ものを燃やすはたらきがある。
4．黄緑色で刺激臭があり，漂白作用がある。

(ウ)　鉄の原子を●，硫黄の原子を○としたとき，鉄と硫黄から硫化鉄ができる反応を表したモデルとして最も適するものを次の1～4の中から一つ選び，その番号を答えなさい。

1．●●　+　○　→　●○●
2．●　+　○○　→　○●○
3．●　+　○　→　●○
4．●　+　○　→　◐　◐

(エ)　次の□は，〔実験1〕と〔実験2〕に関する先生とKさんの会話である。文中の(X)に適する**値**を書きなさい。また，(Y)に最も適するものをあとの1～6の中から一つ選び，その**番号を書きなさい**。

> 先　生「〔実験1〕の試験管Aでは鉄粉がすべて反応したと考えられます。実は，3.5gの鉄粉をすべて反応させるのに必要な硫黄の質量は2.0gであることがわかっています。では，7.0gの鉄粉をすべて反応させるには何gの硫黄が必要だと考えられますか。」
> Kさん「(　X　)gの硫黄が必要だと考えられます。」
> 先　生「鉄粉7.0g，硫黄(　X　)gのときの点を**図2**にかき入れ，この点と点aを通る直線を引くと，この直線は原点を通ることがわかりますね。この直線から〔実験2〕の試験管B～Eのうち，反応後に鉄粉が残るものと硫黄が残るものを予想できますね。」
> Kさん「たしかに〔実験2〕の④では，試験管(　Y　)で磁石に引きつけられる物質がありました。」

1．B，D　　2．C，E　　3．D，E
4．B，C，D　　5．B，C，E　　6．C，D，E

7　Kさんは，だ液のはたらきを調べるために，次のような実験を行った。これらの実験とその結果について，あとの各問いに答えなさい。ただし，実験で用いるだ液は，すべて同じ条件でうすめたものとする。

〔実験1〕　試験管Aにデンプン溶液10cm^3とだ液1cm^3を入れ，図のように40℃の湯で10分間温めた。10分後，ヨウ素液とベネジクト液を用いて試験管Aの溶液の色の変化をそれぞれ確認した。

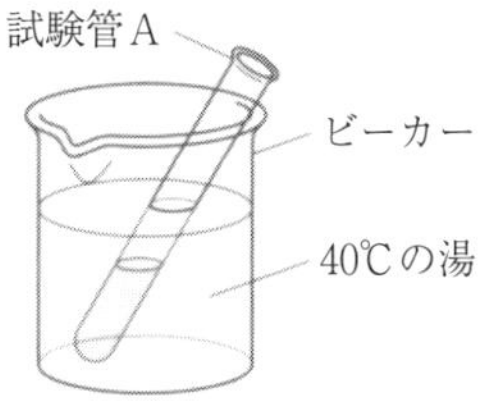

〔実験2〕「だ液がデンプンを糖に変化させている」ことを確認するために試験管Bを用意し，試験管Aとは入れるものをかえて〔実験1〕と同様の操作を行った。

(ア)　(i)だ液に含まれるデンプンを分解する消化酵素の名称，(ii)デンプンが分解されてできる栄養分が吸収される器官として最も適するものをそれぞれの選択肢の中から一つずつ選び，その番号を答えなさい。

(i)の選択肢

1．アミラーゼ
2．ペプシン
3．トリプシン
4．リパーゼ

(ii)の選択肢

1．口
2．胃
3．小腸
4．大腸

(イ)　次の表は，〔実験1〕，〔実験2〕の結果をまとめたものである。試験管Bについて，表の□にどのような記録が入ると「だ液がデンプンを糖に変化させている」ことを確かめることができるか。最も適するものをあとの1～4の中から一つ選び，その番号を答えなさい。

	試験管A	試験管B
試験管に入れたもの	デンプン溶液10cm^3 だ液1cm^3	
ヨウ素液の変化	変化なし	
ベネジクト液の変化	赤かっ色	

1．

デンプン溶液10cm^3
変化なし
変化なし

2．

デンプン溶液10cm^3
青紫色
赤かっ色

3．

デンプン溶液10cm^3 水1cm^3
変化なし
変化なし

4．

デンプン溶液10cm^3 水1cm^3
青紫色
変化なし

(ウ)　次の□は，〔実験1〕で疑問をもったKさんが〔課題〕を設定し，〔実験3〕を行ったときの記録である。〔考察〕の下線部の結論を導く根拠となる[X]の記述として最も適するものをあとの1～4の中から一つ選び，その番号を答えなさい。

〔課題〕

だ液が試験管の中のデンプンをすべて分解するのに必要な時間を調べる。

〔実験３〕

デンプン溶液10cm^3とだ液１cm^3を入れた試験管を７本用意し，40℃の湯が入ったビーカーで温めた。温め始めてから２分ごとにビーカーから試験管を１本ずつ取り出し，ヨウ素液を用いて色の変化を確認した。

〔結果〕

試験管を温めた時間〔分〕	2	4	6	8	10	12	14
ヨウ素液の変化	○	○	○	－	－	－	－

○：青紫色　　－：変化なし

〔考察〕

試験管を温め始めてから［　X　］ので，試験管の中にあるデンプンがだ液によってすべて分解されるためには，６分間より長い時間が必要であるということが確認できた。

1．８分後にデンプンの分解が始まった
2．６分間でデンプンがすべて分解された
3．２分後よりも６分後の方が青紫色は濃くなっている
4．６分までは青紫色になっているが，８分からは変化していない

(エ)　Ｋさんは，〔実験３〕の〔結果〕から「だ液の量を１cm^3から２cm^3に増やすと，どのような結果になるか」という疑問をもった。次の［　　］は，その疑問から，Ｋさんが立てた仮説である。Ｋさんが立てた仮説①～③について，〔実験３〕と同様の方法でだ液の量を変えることにより検証できる仮説はどれか。最も適するものをあとの１～６の中から一つ選び，その番号を答えなさい。

〔仮説〕

仮説①：だ液の量を２倍にすると，デンプンが分解されてできる糖の量は２倍になる。

仮説②：だ液の量を２倍にすると，ヨウ素液を加えたときの色の変化が見られなくなるまでの時間は短くなる。

仮説③：だ液の量の違いは，デンプンがすべて分解されるまでの時間に関係ない。

1．仮説①
2．仮説②
3．仮説③
4．仮説①と仮説②
5．仮説②と仮説③
6．仮説①と仮説③

8　Ｋさんは，夏至の日に，日本国内のある都市の地点Ｘで太陽の動きの観察を行い，南中高度をはかった。これらの観察とその結果について，あとの各問いに答えなさい。ただし，夏至の日の太陽の南中高度は次の式で求められるものとする。

夏至の日の太陽の南中高度＝90°－(観察した地点の緯度－23.4°)

〔観察〕 **図1**のように9時から14時まで1時間おきに，透明半球の球面上に油性ペンで太陽の位置を記録した。さらに，その記録した点をなめらかな線で結び，厚紙と交わるまで延長した。また，この日の太陽の南中高度をはかったところ70.3°であった。

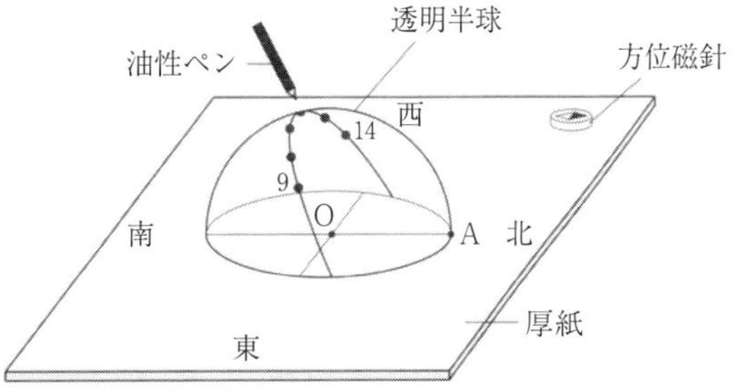

図1

(ア) 次の□は，〔観察〕についてまとめたものである。(あ)，(い)，(う)にあてはまるものの組み合わせとして最も適するものをあとの1～4の中から一つ選び，その番号を答えなさい。

太陽の位置を透明半球の球面上に正しく記録するために，油性ペンの先の影が点(あ)にくるようにし，●印を記入した。●印の記録から，太陽は地球から見ると一定の速さで(い)の方向に動いていることがわかる。これは，地球が(う)の方向に自転しているためである。

1．あ―A　い―東から西　う―西から東
2．あ―A　い―西から東　う―東から西
3．あ―O　い―東から西　う―西から東
4．あ―O　い―西から東　う―東から西

(イ) Kさんは，観察した日の地点Xにおける太陽の南中時刻と，地点Xと同じ緯度の地点Yにおける太陽の南中時刻を調べた。その結果，地点Xの南中時刻は，地点Yに比べて10分遅いことがわかった。この日の，地点Xと地点Yにおける日の出と日の入りについて説明したものとして，最も適するものを次の1～4の中から一つ選び，その番号を答えなさい。ただし，観察した地点における地形の違い等は考えないものとする。

1．日の入りの時刻は，地点Yの方が地点Xより10分早い。
2．日の入りの時刻は，地点Yと地点Xのどちらも同じ時刻である。
3．日の出の時刻は，地点Yの方が地点Xより10分遅い。
4．日の出から日の入りまでの時間は，地点Yの方が地点Xより10分短い。

(ウ) 〔観察〕ではかった太陽の南中高度から(i)Kさんが観察を行った地点Xの緯度を計算し，その**値**を書きなさい。また，(i)で求めた緯度の**値**から考えると，(ii)Kさんが観察を行った都市は**図2**のうちどこか。最も適するものをあとの1～5の中から一つ選び，その**番号を書きなさい**。

(i) Kさんが観察を行った地点Xの緯度の**値**
(ii) Kさんが観察を行った都市

1．札幌　2．仙台
3．横浜　4．鹿児島
5．那覇

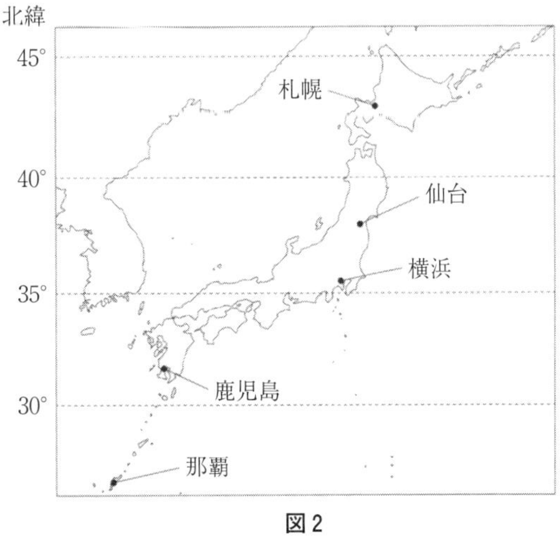

図2

(エ)　次の□は，地軸の傾きが現在の23.4°から変化した場合についてのＫさんとＬさんの会話である。文中の（ａ），（ｂ）に最も適するものをあとの１～３の中からそれぞれ一つずつ選び，その番号を答えなさい。

Ｋさん「地球の地軸の傾きは，長い年月の間では変化することがあると聞きました。」

Ｌさん「そうですね。もし地軸の傾きが26.0°に変化した場合，地点Ｘでの夏至と冬至の日の太陽の南中高度の値の差は，現在と比べてどのようになると考えられますか。」

Ｋさん「夏至と冬至の日の太陽の南中高度の値の差は，現在と比べて（　ａ　）と考えられます。」

Ｌさん「では，同様に地軸の傾きが26.0°に変化した場合，地点Ｘでの春分と秋分の日の太陽の南中高度の値の差は，現在と比べてどのようになるでしょうか。」

Ｋさん「春分と秋分の日の太陽の南中高度の値の差は，現在と比べて（　ｂ　）と考えられます。」

Ｌさん「そうですね。これらのことから，地軸の傾きと太陽の南中高度との関係がわかりますね。」

１．小さくなる　　２．大きくなる　　３．変わらない

4　地域団体による「集団回収」量と「収集後直接資源化」量とでは、「収集後直接資源化」量の方がわずかに少ない

(イ)　本文中の［　　］に適する「Aさん」のことばを、次の①～④の条件を満たした**一文**で書きなさい。

> ①　書き出しの［リサイクル率を向上させるためには、］という語句に続けて書き、文末の［ことが重要だと考えられます。］という語句につながるように書くこと。
>
> ②　書き出しと文末の語句の間の文字数が**二十字以上三十字以内**となるように書くこと。
>
> ③　**表**と**グラフ**から読み取った具体的な内容に触れていること。
>
> ④　「分別」「資源」という二つの語句を、どちらもそのまま用いること。

Aさん　本日は、リサイクルの現状と課題について考えてみましょう。環境省によると、一般廃棄物の多くは中間処理によって大幅に減量化され、残りかすである残渣《ざんさ》は埋立《うめたて》によって処理されているそうです。それでは、リサイクルの現状はどうなっているのでしょうか。

Bさん　それを考えるために、**図**を見てみましょう。「集団回収」とは、自治体が実施している資源回収とは別に、町内会や学校PTAなどの地域団体が行っている自主的な資源の回収をいいます。また、「資源化」は、一般廃棄物から資源としてリサイクルされたものを示しています。

Cさん　集団回収も合わせると、家庭のごみが一般廃棄物の七割を占めているのですね。また、一般廃棄物の収集量や処理量に注目すると、［　　　］ことがわかりますね。

Dさん　リサイクルの現状については、一般廃棄物の収集量のうち、二〇・三パーセントが最終的に「資源化」されているということですね。このリサイクル率は、環境省によると近年二〇パーセント台で推移しているそうです。

Aさん　では、少しでもリサイクル率を向上させるために私たちにできることは何でしょうか。

Cさん　**表**を見てください。平成九年四月から本格施行された「容器包装リサイクル法」によって、家庭から出るごみのうち、分別収集の対象となったもののリサイクル状況です。

Bさん　対象によって算出方法が異なるので単純に比較はできませんが、リサイクルされている割合《わりあい》の高いものと低いものがあるようですね。

Dさん　ということは、これらのうち割合の低いもののリサイクルを進めていけばよいのでしょうね。

Bさん　そうですね。ここで、**グラフ**も見てください。**グラフ**は燃やすごみの内容物を京都市が調査した結果です。「雑がみ」とは、ミックスペーパーとも呼ばれ、その多くは**表**にある「紙製容器包装」のことです。

Dさん　本来は分別するべきものまで、こうして燃やすごみとして捨てられているのですね。汚れた紙のようにリサイクルできないものはともかく、「混ぜればごみ、分ければ資源」ということばの通り、リサイクルできるものはリサイクルにまわすことが必要ですね。

Aさん　これまでの話を総合すると、**表**と**グラフ**から読み取った内容から、リサイクル率を向上させるためには、［　　　］ことが重要だと考えられます。

Cさん　当たり前のことですが、そうしたことの積み重ねが重要なのですね。

Dさん　そうですね。また、リサイクルだけでなく、そもそもごみを出さないように無駄な消費を抑えるリデュースや、繰り返し使うリユースも重要です。これらリデュース、リユース、リサイクルの頭文字をとって「3R」と呼ぶそうです。本日の話し合いをきっかけに、3Rを意識して、限りある資源をもっと大切にしていきたいと思いました。

(ア)　本文中の［　］に入れるものとして最も適するものを次の中から一つ選び、その番号を答えなさい。

1　一般廃棄物として収集されたごみの多くは焼却されており、焼却による「減量化」が一般廃棄物の半分近くを占めている

2　収集された一般廃棄物のうち、中間処理を経ない「収集後直接資源化」量は「中間処理後資源化」量の約二倍である

3　「埋立」量のほとんどは「中間処理残渣埋立」量が占めており、一般廃棄物収集後の「直接埋立」量の十倍以上である

五

中学生のAさん、Bさん、Cさん、Dさんの四人のグループは、「総合的な学習の時間」にリサイクルの現状と課題について調べ、話し合いをしている。次の**図**、**表**、**グラフ**と文章は、そのときのものである。これらについてあとの問いに答えなさい。

図

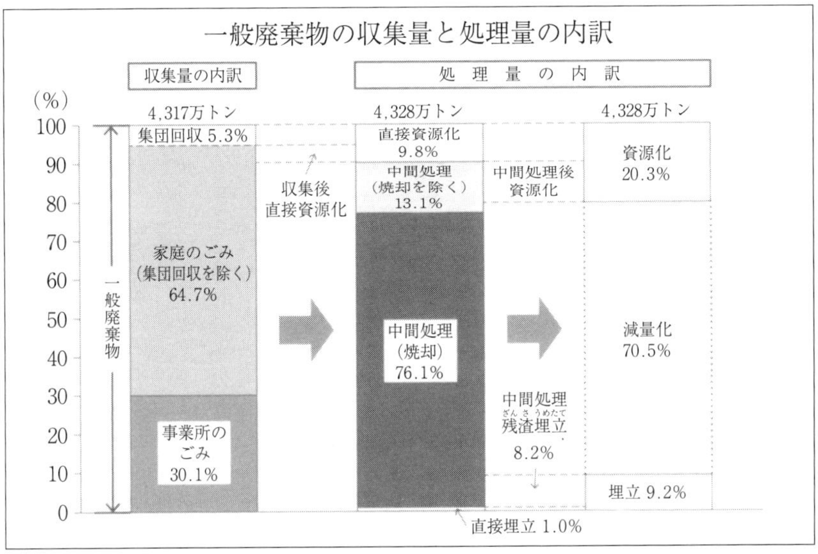

環境省「一般廃棄物の排出及び処理状況等(平成28年度)について」より作成。
図の百分率で示された数値は，四捨五入しているため，合計が100%にならないことがある。

グラフ

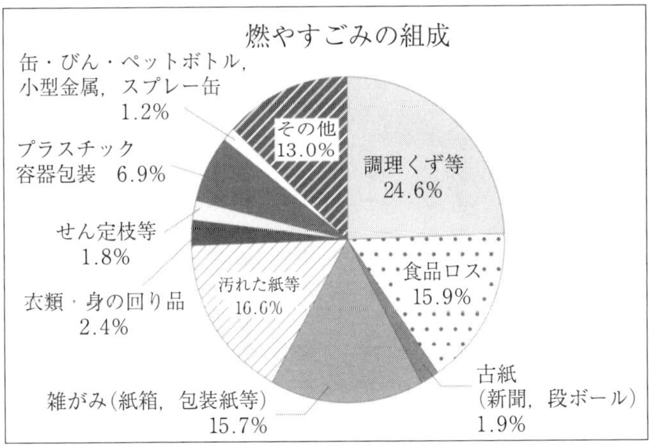

京都市「新・京都市ごみ半減プラン」(平成27年)より作成。燃やすごみの合計は約21万トン。

表

容器包装のリサイクル状況

ペットボトル	83.9%
プラスチック容器包装	46.6%
ガラスびん	71.0%
紙製容器包装	25.1%
飲料用紙容器	44.3%
段ボール	96.6%
スチール缶	93.9%
アルミ缶	92.4%

3R推進団体連絡会「容器包装3R推進のための自主行動計画2020 フォローアップ報告(2016年度実績)」より作成。

向上させようとしても消耗するだけだから。

2　「あたらしい技術」に合わせて社会の環境が整備されなければ、いくら個人の職業的な能力を高めても、それを発揮するための場がないので無駄になってしまうから。

3　「あたらしい社会」では個人の職業的な価値を高めようとするとかえってその限界が露呈されるため、無力感ばかりが意識され、他者へ依存するようになるから。

4　「あたらしい社会」では人間の能力そのものが飛躍的に高まるため、個人の職業的な価値を高めようとする努力は報われず、意味を見いだせなくなってしまうから。

(キ)　――線6「私たちがとるべき態度は、定かではない未来の予測に過剰に反応して右往左往することではない」とあるが、筆者は「私たちがとるべき態度」についてどのように述べているか。その説明として最も適するものを次の中から一つ選び、その番号を答えなさい。

1　「あたらしい技術」によって社会がますます便利になっていくという現実を全面的に受け入れ、よりよい社会を目指して、一人ひとりが科学技術の発展に貢献する必要がある。

2　社会が変化することは確実だと認識した上で、「あたらしい技術」が社会へもたらす影響について知り、今後のよりよい社会のあり方について考えていくことが重要である。

3　これからの社会では、主体と客体の転倒をもたらす「あたらしい技術」の重要性が増していくことは間違いないので、個人の能力を高めることに専念することが大切である。

4　「あたらしい技術」によってもたらされる社会の変化を食い止めるためには、小さな変化も見逃さないよう、様々な脅威に目を光らせながら柔軟に対応することが大事である。

(ク)　本文について説明したものとして最も適するものを次の中から一つ選び、その番号を答えなさい。

1　ＡＩの職場への導入が人間の働き方にどのような影響を及ぼすのか述べた上で、その働き方の変化が人間の能力を飛躍的に向上させていく可能性について、「人的資本」という観点から論じている。

2　科学技術が人間にとって便利な「道具」から、「主体と客体の関係」を転倒させてしまうほどの存在へと進化していくことへの期待感を、映画のキャッチコピーを引き合いにしながら論じている。

3　科学技術の進化によってもたらされる「あたらしい社会」の具体的な姿を、車の自動運転技術を例に説明し、希望や幸福に満ちた未来を実現するための生き方を模索していくべきだと論じている。

4　人間と一体化しつつある「あたらしい技術」によって社会がどう変わろうとしているのか説明した上で、個人の能力よりも周囲や社会などとのかかわり方に、もっと関心を向けるべきだと論じている。

られ、個人の価値が高められるから。

4　ルーティンワークは同じ作業を繰り返すため、自然と技術が高まり、個人の価値も向上するから。

(ウ)　――線**2**「『あたらしい技術』は私たちが使う『道具』というより、今やその中にどっぷりと浸かる『第二の自然』だ。」とあるが、その説明として最も適するものを次の中から一つ選び、その番号を答えなさい。

1　「あたらしい技術」は自然に取って代わろうとしており、自然を改変する「道具」というより、人間が生きていくためになくてはならないものとして存在しているということ。

2　「あたらしい技術」は使い方次第では人間を不幸にするおそれがあり、人間の生活を豊かにするための「道具」というより、危害を加えかねない存在となっているということ。

3　「あたらしい技術」は人間が意志を持って使用する「道具」というより、使用しているという実感がなくなるほど当たり前のものとして、身近に存在しているということ。

4　「あたらしい技術」は人間にとって便利な「道具」というより、人間を「道具」のように扱い、知らず知らずのうちに人間を支配するような存在となっているということ。

(エ)　――線**3**「現在の自動運転技術のことを『物足りない』と言う人もいる。」とあるが、そのことについて筆者はどう述べているか。その説明として最も適するものを次の中から一つ選び、その番号を答えなさい。

1　運転という作業のみが自動化されているに過ぎないという考え方に対して、すべてが自動化されると人間の立場が主体から客体へと変化してしまうため、手放しで喜ぶことはできないと考えている。

2　現在の技術では不測の事態が起きた際には人間の判断に頼らざるを得ないという考え方に対して、今後はその判断の機会さえ奪いかねないため、人間の主体性を否定する危険な技術だと恐れている。

3　人間の指示がなくても目的地まで自動で移動する技術にはほど遠いという考え方に対して、現在の技術とはわずかな差であり、自動車が主体的に目的地を判断する時代は間近だと心待ちにしている。

4　「道具」を使用する主体の地位から人間を転落させるには至らないという考え方に対して、不測の事態に対応できるのは人間だけであり、主体と客体の転倒などあってはならないと警戒している。

(オ)　――線**4**「そうした枠組みそのものに根本的な変革を迫ることにもなりかねない。」とあるが、筆者がそのように述べる理由を説明した次の文中の[Ⅰ]・[Ⅱ]に入れる語句として最も適するものを、本文中の▼から▲までの中から、[Ⅰ]については**六字**で、[Ⅱ]については**五字**でそれぞれ抜き出し、そのまま書きなさい。

> 現代の社会は、人間の[　Ⅰ　]を前提につくられているため、「あたらしい技術」によって起きた事故に対する[　Ⅱ　]が特定できなくなるなど、社会のあらゆる場面で対応の困難な事態が生じるおそれがあるから。

(カ)　――線**5**「『それなら、なおさら「人的資本」としての自分の価値を高めなければ。』などと考えない方がいい。」とあるが、筆者がそのように述べる理由として最も適するものを次の中から一つ選び、その番号を答えなさい。

1　「あたらしい技術」のもとでは、人間が主体であり続けることは困難であるため、従来のやり方では個人の職業的な能力をら政治の分野に至るまで、社会のあらゆるところで（注）齟齬《そご》や混乱を生じさせていくだろう。どんなに「便利になる」と言われても、私たちが「あたらしい技術」に不安を抱くのは、それによって、これまでの社会の枠組みや人間という存在そのものが大きく揺らぐことを、どこかで感じているからかもしれない。

「あたらしい技術」によって、今までにない社会が到来すること自体は明らかであり、私たちは、その入口《いりぐち》に立っているのだと言える。もはやこれまでの価値観ではやっていけないし、先の見えない時代を生き抜くための対応策が求められている。しかし、5「それなら、なおさら『人的資本』としての自分の価値を高めなければ。」などと考えない方がいい。個人の能力を高める意義を否定はしないが、「あたらしい技術」がもたらす「あたらしい社会」においては、どんなに一所懸命に自らの「人的資本」の価値を高めようとしても、疲弊するばかりということになるだろう。そんなふうに自分のことにだけ関心を向けるのではなく、むしろ自分たちを取り巻く身近な人々やそこに生きる社会との、あるいは物理的な環境や技術との関係をどのように築いていくかに、もっと目を向けることが必要なのだ。

その時、ことさらに「あたらしい技術」の脅威に警鐘を鳴らすだけでは、「何だか怖い」という不安を掻《か》き立てるだけに終わってしまうし、かといって「あたらしい技術」がバラ色の未来をもたらすという楽観論も、技術が悪用される可能性をあまりにも軽視しているという点で、どこか胡散臭《うさんくさ》い。

確かなことは、6私たちがとるべき態度は、定かではない未来の予測に過剰に反応して右往左往することではない、ということである。どんなに「変わって欲しくない」と願っても、これからの社会は変化せざるを得ないだろう。だとしたら、どのように変わって欲しいのか、そのビジョンを思い描くことこそが実践的な解につながっていくはずだ。

そのためには、今「あたらしい技術」が社会をどう変えようとしているのかを知らなければならない。

（堀内進之介《ほりうちしんのすけ》「人工知能時代を〈善く生きる〉技術」から。一部表記を改めたところがある。）

（注）ＡＩ＝人工知能。
クリエイティブ＝創造力に富んださま。
テクノロジー＝科学技術。
天空の城ラピュタ＝一九八六年公開のアニメーション映画。
ビジョン＝見通し。展望。
イレギュラー＝通常とは異なるさま。
ロジック＝論理。
マーケティング＝商品の販売を促進するための活動。
齟齬＝食い違い。

（ア）本文中の［Ａ］・［Ｂ］に入れる語の組み合わせとして最も適するものを次の中から一つ選び、その番号を答えなさい。

1 Ａ おそらく　Ｂ しかし
2 Ａ たしかに　Ｂ たとえば
3 Ａ だが　Ｂ つまり
4 Ａ もちろん　Ｂ むしろ

（イ）――線1「単純な事務作業などのルーティンワークはむしろ個人を守ってくれるものと言える。」とあるが、その理由として最も適するものを次の中から一つ選び、その番号を答えなさい。

1 ルーティンワークはＡＩの導入により精度が上がり、効率も向上するため、負担が軽くなるから。
2 ルーティンワークは仕事の範囲が明確なため、際限なく取り組む必要はなく、負担が軽いから。
3 ルーティンワークは責任がある仕事のため、やりがいが感じ

『(注)天空の城ラピュタ』のキャッチコピーそのままの世界を目《ま》の当たりにするかもしれない。

「あたらしい技術」は、既に、私たちと融合を始めている。スマホでもネットでも、2「あたらしい技術」は私たちが使う「道具」というより、今やその中にどっぷりと浸《つ》かる「第二の自然」だ。道具であれば、使うか否《いな》かを決める主体は私たちだが、そうした旧来の(注)ビジョンでは、既に「ここにあるもの」として、私たちと一体化しつつある「あたらしい技術」に対応できない。むしろ、道具だと思っていた「技術」が主体で、私たちが客体になるのが、「あたらしい技術」なのだ。

▼ 車の自動運転を例に、この主体と客体の関係を考えてみよう。AI研究者の中には、3現在の自動運転技術のことを「物足りない」と言う人もいる。その理由は、今、自動運転と呼ばれているものが本当の「自動」ではないからだ。自動になったのは運転という作業に限定され、どこに行くかという目的地は運転する人間が入力しないといけない。つまり、今の自動運転はいまだ「道具」であり、運転する人間が主体となって、自動運転という便利な道具を使っていると言える。

「本当の」自動運転であれば、車に乗り込んだだけで、車は目的地に向かって走り出す。車に乗った者の行動履歴やカレンダー機能等のデータがすべてAIによって解析されているので、いちいち入力しなくても、「今日は○月○日○曜日の○時だから、この人の行先《ゆきさき》は△△だ。」ということを、車がちゃんと把握しているわけだ。車に乗った者が自分でアクションを起こさなければならないのは、何か(注)イレギュラーな予定が入ったときだけであり、「いつもの目的地に向かおうとしているな。変更を指示してやらなくちゃ。」といった具合に修正してやればよい。こうした「本当の」自動運転においては、アクションを起こす主体は自動車であり、人間はただリアクションするだけの客体になる。［ B ］、主体と客体の関係が転倒するのだ。

現在の自動運転が「本当の」自動運転になるのは、技術的なことだけで言えば、ほんのワンステップである。「何もしないで、車が勝手に目的地に連れて行ってくれるなんて、すごく便利じゃないか。」と思うだろうか。

だが、人間が起点という意味での主体でなくなるということは、単に「便利になった」というだけでは終わらない。この問題は、思想的レベルというより、もっと身近で具体的なところに及んでくる。近代以降の社会の枠組みは、まさに、人間は主体的な意志を持つ存在であるという前提を基につくられてきた。「あたらしい技術」がもたらす主体と客体の転倒は、4そうした枠組みそのものに根本的な変革を迫ることにもなりかねない。

たとえば、犯罪者に刑罰を与えることを正当化する(注)ロジックのひとつに、応報説と呼ばれるものがある。応報とは「因果応報」の応報だが、要するに、個々人には自由意志があるということを前提に、犯罪行為をしないという選択もできたはずなのに犯罪行為をしてしまったというのは、その人がそういう意志を持ったからであり、だから責任の所在はその人にある、という論理だ。▲

では、「自動」運転で事故が起こった場合、責任は誰が負うことになるのだろうか。今までであれば、事故の責任をとって処罰されるのは車を運転していた人間、というのが社会のルールだった。なぜなら、主体である運転者には、事故を起こさない選択ができたにもかかわらず、事故を起こしてしまったからである。しかし、本当の「自動」運転の主体は、もはや車に乗っている人間ではないので、現在の法律では対応できないということになってしまう。

私たちの主体的な意志を前提としない技術が世の中を覆っていったとき、こうした問題は法律にとどまらず、(注)マーケティングかに、何があっても諦めずセーヌを描いてほしいと励ましている。

(オ) ——線5「忠正の言葉を追いかけながら、重吉は、遠い川面に視線を投げた。」とあるが、そのときの「重吉」の気持ちを説明したものとして最も適するものを次の中から一つ選び、その番号を答えなさい。

1 「忠正」から、「フィンセント」が警官に受けたひどい仕打ちを聞かされ、よそ者に冷淡なパリで自分もくやしい思いをしたことがよみがえり、涙が出そうになっている。

2 「忠正」から、「フィンセント」の本心を聞かされ、新たな夢を求めてアルルに行ったものと単純に考えていたことが思い出され、自分の未熟さに嫌気がさしている。

3 「忠正」から、「フィンセント」に伝えられた言葉を聞き、自分の知らないところでふたりが夢のために様々な思いを抱えていたことを知り、大きく心を動かされている。

4 「忠正」から、「フィンセント」がほんとうに描きたかったものはセーヌであり、それを諦めざるを得なかった事情を聞き、何もできない自分の無力さに失望している。

(カ) この文章について述べたものとして最も適するものを次の中から一つ選び、その番号を答えなさい。

1 画商としての自覚に欠ける「重吉」に対して画家の思いや苦悩を伝えようと「忠正」が懸命に話す場面を、「船の舳先のような欄干」を舞台にして、ふたりの新しい船出を象徴的に描いている。

2 「忠正」や「フィンセント」の心労を知った「重吉」が、あこがれていたパリへ徐々に失望していく過程を、よそ者に冷淡なパリを象徴する「ポン・ヌフ」を背後に感傷的に描いている。

3 日本人が異国の地で生きていくことの苦労を「重吉」に伝えようとする「忠正」の姿を、ふたりの思い出の地である「隅田川」と「セーヌ」とを重ね合わせることで、感動的に描いている。

4 「忠正」と「フィンセント」の苦悩を知り、「重吉」にとってパリの地で生きることに現実味が帯びてくる様子を、すべて受け入れるように流れる「セーヌ」の姿とともに印象的に描いている。

四

次の文章を読んで、あとの問いに答えなさい。

近年、機械でもできる単純作業は(注)AIに任せ、人間は(注)クリエイティブな仕事に集中すればいい、という観点で職場へのAI導入が語られている。しかし、アメリカの社会学者リチャード・セネットが『それでも新資本主義についていくか』で論じるように、1単純な事務作業などのルーティンワークはむしろ個人を守ってくれるものと言える。「クリエイティブな仕事」と言うと聞こえはいいが、実際のところ、クリエイティブな作業には、どこまでやってもゴールに到達することはないというハードさがつきまとう。ルーティンワークに携わる方が明らかに負担は軽いし、誰もが「芸術家」として生きる厳しさに耐えられるわけでもない。

それでも、もしかしたら「あたらしい技術」の進化によって、たとえば人間の能力そのものが飛躍的に高められ、皆が「人的資本」としての自らの価値を向上させて活躍できる時代が到来するかもしれない。[A]、今の技術のあり方を見る限り、「あたらしい技術」を使いこなし、自分が「主人公」となって活躍しているという感覚は、単なる錯覚ということになりそうだ。このまま「あたらしい技術」が進化していくならば、「主人公」は人間ではなく(注)テクノロジーの側となるだろう。やがて私たちは「機械がまだ機械のたのしさを持っていた時代　科学が必ずしも人を不幸にすることは決まってないころ　そこはまだ世界の主人公は人間だった」という

「フィンセント」は「いちばん描きたいもの」を描き上げれば、夢がかなったといえるのだろうかと思いを巡らせている。

2　理想の地だったパリに立ってはいるものの、「フィンセント」のような「ほんとうの夢」が自分にはまだないということに思い至り、早くみつけなければならないと思っている。

3　希望通りパリに来られた自分は非常に恵まれていると思う一方で、日本にもアルルにも行くことがかなわず、パリで失意の底に沈んでいる「フィンセント」に思いをはせている。

4　あこがれのパリに立って日本をなつかしく思い出し、「フィンセント」の日本への思いに共感する一方で、それはやはり「無謀な夢」であり故郷がいちばんだと思っている。

(イ)　――線**2**「その横顔には薄暮のような微笑が浮かんでいた。」とあるが、そのときの「微笑」を説明したものとして最も適するものを次の中から一つ選び、その番号を答えなさい。

1　異国に受け入れられずひとりもがいてきたことは遠い記憶であり、パリを離れる自分にはもはや無関係だと開き直った微笑。

2　異国で経験してきた苦しみやあせりはすべてセーヌに捨ててきたので、もうパリで悩むことはないだろうという安心に満ちた微笑。

3　異国に受け入れられようともがき続けた結果、日本人でありながらパリで成功したことによって得た自信をみなぎらせた微笑。

4　異国での苦しみやくやしさにやりきれない思いをすることもあるが、これからもパリで生きていこうという覚悟もにじんだ微笑。

(ウ)　――線**3**「いちばん描きたいものを、私は、永遠に描くことができません。」とあるが、ここでの「フィンセント」の気持ちをふまえて、この部分を朗読するとき、どのように読むのがよいか。最も適するものを次の中から一つ選び、その番号を答えなさい。

1　正当な理由もなくセーヌを描くことを禁じたパリの警官に怒りを抱いており、同じよそ者である「忠正」に共感してほしいと思っているので、強い調子で読む。

2　外国からパリに来た多くの印象派の画家たちが、苦労もなくセーヌを描き次々と世に認められていることに劣等感があるので、自分の力不足を恥じるように読む。

3　パリを離れることは決めているものの、未練もあるというほんとうの気持ちを「忠正」には聞いてもらいたいという思いもあるので、不意に打ち明けるように読む。

4　パリに来たばかりの頃は自分と同じように苦労をしていた「忠正」もいまでは成功者であり、自分の気持ちを理解できないと思っているので、皮肉をこめて読む。

(エ)　――線**4**「だから、あなたは舟になって、嵐が過ぎるのを待てばいい。」とあるが、そのときの「忠正」を説明したものとして最も適するものを次の中から一つ選び、その番号を答えなさい。

1　「フィンセント」にほんとうの気持ちを打ち明けられ、かつての自分と同じく、嵐の中であっても力強く浮かび続ける「舟」のように、諦めずパリに残っていてほしいと訴えかけている。

2　「フィンセント」のほんとうの気持ちを察して、自分の体験と重ね、嵐に揺られはしても決して沈まない「舟」のように、アルルに行っても希望を捨てずにいてほしいと願っている。

3　「フィンセント」のほんとうの気持ちを見抜き、かつての自分と重ね合わせながら、嵐の中を勇敢に突き進む「舟」のように、前向きな気持ちでパリを旅立ってほしいと元気づけている。

4　「フィンセント」にほんとうの気持ちを告げられ、自分はくじけてしまったが、嵐が過ぎ去るのをじっと待つ「舟」のようテオを頼ってパリに出てきて、夏を迎えた頃、夕暮れどきにセーヌ河畔をそぞろ歩きした。あふれる光とまぶしさに目を細めていると、まぶたの裏が黄色くなるような気がした。

黄色いセーヌだ、と急に思いつき、次の日、ポン・ヌフの真ん中に(注)イーゼルを立て、黄色と緑の絵の具を大量に準備して、「黄色いセーヌ」を描こうとした。すると、すぐに警官がやって来て、ここで絵を描いてはいけない、と忠告した。その日は仕方なく帰ったが、次の日、あらためて出かけていった。が、同じように警官が来て、同じことを言われた。

フィンセントは、何もしていないのに、セーヌに架かる橋の上でイーゼルを立てることを禁止されてしまった。この不名誉な出来事を、テオに話すことはできなかった。

フィンセントは打ちのめされた。セーヌに、パリに拒絶された、そんな気がした。

その日から、どうやったらパリ以外のところで絵を描いて生きていけるか、そればかりを考えて、二年間過ごしてきた。日本へ行くことがかなえばそれがいちばんよかったはずだが、それでも「自分だけの日本」をみつけにアルルへ行けることになって、ほっとしている。自分はこれから、セーヌだのパリだのにこだわることなく、アルルで自由に絵を描こうと決めている。――そう言って、フィンセントは話を締めくくった。

「その話を聞きながら、おれは気づいたんだ。フィンセントは、ほんとうはいつまでもパリにとどまりたいと願っている。けれど、この街にどうしたって受け入れられないとわかってしまったから、出ていく決心をした。……だとしたら、さびしすぎるじゃないか。」

そんな思いを胸に秘めたまま、アルルへ行ってはいけない――。

忠正は、フィンセントに言った。――セーヌに受け入れられないのなら、セーヌに浮かぶ舟になればいい、と。

嵐になぶられ、高波が荒れ狂っても、やがて風雨が過ぎれば、いつもの通りおだやかで、光まぶしい川面に戻る。

4 だから、あなたは舟になって、嵐が過ぎるのを待てばいい。たゆたえども、決して沈まずに。

――そしていつか、この私をはっとさせる一枚を描き上げてください。

そのときを、この街で待っています。

5 忠正の言葉を追いかけながら、重吉は、遠い川面に視線を投げた。

目頭が、どうしようもなく熱くなった。――なぜかはわからない。けれど、涙がこぼれてしまいそうだった。

滔々《とうとう》とセーヌは流れていた。苦しみも、悲しみも、やるせなさも、すべてをとるに足りない芥に変えて、とどまることなく流れていた。

（原田《はらだ》マハ「たゆたえども沈まず」から。一部表記を改めたところがある。）

（注）テオ＝「フィンセント」の弟。
日本橋＝現在の東京都の地名。
隅田川＝現在の東京都を流れる川。
燕尾服＝男性の洋装の礼服。
ルーブル＝ルーブル美術館のこと。パリにある国立の美術館。
モティーフ＝作品の主題。ここでは、描写する対象のこと。
印象派＝十九世紀にフランスで起こった芸術家の一派。
イーゼル＝画布などを支えて固定する道具。

(ア) ――線1「ふと、フィンセントのことを思い出した。」とあるが、そのときの「重吉」の気持ちを説明したものとして最も適するものを次の中から一つ選び、その番号を答えなさい。

1 夢みていたパリにいることが今一つ実感できない一方で、

「なんだそれは。」忠正が笑った。
「セーヌ川と隅田川じゃ、まったく違うじゃないか。」
「わかってますよ。」重吉も苦笑した。
「でも、あのとき……なぜだかわからないけれど、いまの僕たちの姿が、ほんのいっとき、見えていたような……そんな気がします。」
　それからまた、しばらくのあいだ、ふたりは黙って川面をみつめていた。やがて、忠正が独り言のようにぽつりと言った。
「つれないよなあ。……こっちはさんざん苦しんで、もがいて、あがいているっていうのに……いつだって、知らぬふりをして流れていやがる。」
　重吉は、顔を上げて忠正を見た。2その横顔には薄暮のような微笑が浮かんでいた。
「初めてこの街に来たときは、何をやってもからかわれたし、馬鹿にされたもんだ。『R《エール》』の発音がなってないとか、真っ平らで引っかかりのない顔だとか、背が低いから(注)燕尾服《えんびふく》なんぞ似合わないだとか、日本は未開の地で野蛮な人間が住んでいるだとか……まあ、散々だった。」
　馬鹿にされればされるほど、西洋人に引けをとるまいと、歯を食いしばって我慢し、フランス語の勉強を重ね、(注)ルーブルへ行って片っ端から西洋絵画を見まくった。どんどん外に出て、人に会った。自分は日本という国を背負っているのだ、絶対に負けてはならぬ、と心に誓っていた。
　それでもくやしさをぬぐい切れないときには、セーヌ川のほとりをひとりで歩いた。どこまでも、いつまでも。歩き続けるうちに朝になってしまったこともあった。くやしいことは、全部、この川に捨ててきた。それらはとるに足りない芥《あくた》になって、薄緑色の流れに消されていった。
　この街をセーヌが流れている。その流れは決して止まることはない。どんなに苦しいことがあっても、もがいても、あがいても……この川に捨てれば、全部、流されていく。そうして、空っぽになった自分は、この川に浮かぶ舟になればいい。——あるとき、そう心に決めた。
　たゆたいはしても、決して流されることなく、沈むこともない。
……そんな舟に。
「そんな戯言《たわごと》を、アルルに旅立つまえのフィンセントに話したんだ。」
　重吉は、えっ、と思わず声を漏らした。
「フィンセントに……？」
　忠正はうなずいた。
「アルルに行く前日だったかな。お前が留守のあいだに、フィンセントが店に来たんだ。アルルに行くきっかけを作ってくれたからと、わざわざ礼を言うために。」
　短い時間、ふたりは会話を交わした。忠正は、アルルに行ったら自分が描きたいと思う絵を存分に描くようにと助言した。
　フィンセントは黙って聞いていたが、突然、告げた。
——3いちばん描きたいものを、私は、永遠に描くことができません。
　不思議に思った忠正は、それは何かと尋ねた。フィンセントは、すぐには答えようとしなかったが、やがて打ち明けた。
——セーヌです。
——セーヌ？
　すぐにでも描けそうな(注)モティーフだ。実際、(注)印象派の画家たちの多くが画題に選んでいる。なぜ永遠に描けないなどと言うのだろう。
　馬鹿ばかしい理由ですが、と前置きして、フィンセントは打ち明けた。

三　次の文章を読んで、あとの問いに答えなさい。

十九世紀末、フランスのパリでは浮世絵がブームになり、「重吉《じゅうきち》（シゲ）」の仕える「林忠正《はやしただまさ》」は、画商として成功を収めていた。一方、「重吉」らの友人であるオランダ人画家の「フィンセント」は、新天地を求めてフランス南部のアルルに旅立った。ある日、「重吉」は、同業者から見下した態度をとられた「忠正」に従い、パリを流れるセーヌ川へ出た。

ポン・ヌフ――「新しい橋」という名前は十七世紀初頭に橋の完成とともにつけられてからずっと変わることはなかった――は、セーヌに浮かぶ島、シテの西側の先端を横切って、右岸と左岸をつないでいる。橋の中心に向かって石畳がかすかなカーヴを描き、橋の両側にはガス灯の柱が一定間隔で並んでいる。ちょうど橋脚の真上にふたつの灯柱が立ち、そのあいだには半円形の欄干《らんかん》と同じく半円形の石造りのベンチが一体で造られている。優雅なかたちのベンチは、ほぼ三百年もの昔から、セーヌを眺めるために立ち止まる人の到来をいつも待っていた。

橋のちょうど真ん中あたりで、忠正は、吸い寄せられるように半円形の欄干に近づいていった。重吉も、その後に続いて、船の舳先《へさき》のような欄干の近くに佇《たたず》んだ。

心地よい川風が頬《ほお》をかすめて通り過ぎてゆく。夜九時を過ぎ、ようやく太陽が退場しようとしている。その代わりに黄昏《たそがれ》が静かに迫っていた。

重吉は、日本から遠く離れた異国の地、パリに、こうして忠正とふたりでいて、セーヌに架かる橋の真ん中に立っている不思議を思った。

確かに、自分は、日本にいたとき、この街にこうしていることを夢みていた。――ということは、いま、自分は、あの頃の夢の中で生きているのだろうか。

1 ふと、フィンセントのことを思い出した。日本へ行きたいとフィンセントは言っていた。夢の国で生きてみたいのだと。

無謀な夢は、かなわなかった。その代わりに、彼はアルルへ行った。そこに自分の理想郷を創ることを夢みて。――その夢もまた、かなわなかったけれど。

それでも、彼は描いたのだ。あんなにも激しく、せつなく、自分自身を画布にぶつけて。アルルから次々に送られてきた彼の絵の切実さ、明瞭さ、まぶしさ。アルルの陽光を吸って命を与えられた絵。そんな絵を描くことが、彼のほんとうの夢だったのではないか。

(注)テオとともにアルルにフィンセントを見舞ったとき、彼はうわ言のようにつぶやいていた。――自分は「いちばん描きたいもの」を、まだ描いていないんだと。

とすれば、彼はまだ見果てぬ夢を見ているのだろうか。「いちばん描きたいもの」を描き上げたとき、そのときこそ、画家としての彼の夢がかなったといえるのだろうか。

「なあ、シゲ。……お前、この街をどう思う?」

忠正の声がした。重吉は、川面《かわも》に放っていた視線を石の欄干にもたれている忠正に向けた。

「そうですね、僕にとっては……現実のものとは思えない、夢のような街です。」

重吉は、心に浮かぶままをすなおに口にした。

「林さんと(注)日本橋《にほんばし》の茶屋で話をしたときのこと、いまでもときどき思い出します。おれはパリに行く……と林さんがはっきり言ったあのとき、なんとなく、パリの街なかを流れているセーヌ川が、(注)隅田川《すみだがわ》に重なって見えたような……。」

4　不吉な蛇と遭遇してしまい、自分や母に災いが訪れるのではないかと不安を感じているから。

(イ)　――線**2**「憂ふることなかれ」とあるが、それを説明したものとして最も適するものを次の中から一つ選び、その番号を答えなさい。

1　「叔敖」が日ごろから命あるものを大切にしていることは、天が知らなくとも「母」は知っているので、自分のあやまちを気に病む必要はないということ。

2　天は地上の出来事をよく知っており、人は日ごろの行いによって相応に報われるものだから、「叔敖」は自分の身を心配しなくてもよいということ。

3　「叔敖」は蛇を殺してしまったことを気にかけているが、誠意をもって蛇を埋葬したことを天は見てくれているので、悲しむ必要はないということ。

4　蛇を埋めてしまったことに不安を感じているようだが、日ごろからよい行いをしている「叔敖」を蛇も許してくれるから、こわがらなくてよいということ。

(ウ)　――線**3**「そのことばをよく信じけり。」とあるが、それを説明したものとして最も適するものを次の中から一つ選び、その番号を答えなさい。

1　「叔敖」は蛇に立ち向かうほど勇敢な行動をとれる人物であるから、何か災いが起きても自分たちを助けてくれるだろうと、「民」が信用しているということ。

2　「叔敖」は人々の命を守るためには手段を選ばないような人物であるから、戦が起きても自分たちを見捨てるわけがないと、「民」が信用しているということ。

3　「叔敖」は自分の命よりも蛇の命を優先するような人物であるから、自分たちを正しい道へと導いてくれるに違いないと、「民」が信じているということ。

4　「叔敖」は人々に災いが及ぶことのないよう気づかえる人物であるから、自分たちをだますような行いはするはずがないと、「民」が信じているということ。

(エ)　本文の内容と一致するものを次の中から一つ選び、その番号を答えなさい。

1　「叔敖」が他人を思いやり蛇を地に埋めたことで信望が集まったように、「穆公」には「盗人」を許し命を助けた「陰徳」によって、晋との戦でその「盗人」が活躍するという「陽報」があった。

2　「叔敖」が「母」のために蛇を殺したことで人々から非難されたように、「穆公」も「盗人」の罪を不問にした「陰徳」により、晋との戦でその「盗人」に苦しめられるという「陽報」を受けた。

3　「母」の予言どおり「叔敖」は日ごろの行いが認められて令尹となったが、「穆公」にも「盗人」に駿馬を与えた「陰徳」が原因で、その駿馬が晋との戦に勝利をもたらすという「陽報」が訪れた。

4　「母」の言ったとおり「叔敖」は命が助かっただけでなく令尹になることもできたが、「穆公」は「盗人」の罪を不問にした「陰徳」が災いして、戦が起こるという「陽報」を招いてしまった。

れるように表現している。

3　一面に広がる向日葵畑の圧倒的な存在感に、まるでこちらへ迫ってくるような錯覚に陥って海にいることさえ忘れてしまったという感動を描いている。

4　太陽に向かい咲き誇っていた向日葵の花が蕊だけを残して枯れ果てたことで、向日葵畑の背後にある海の存在感すら消えうせたことを示している。

二　次の文章を読んで、あとの問いに答えなさい。

昔、(注)孫叔敖《そんしゅくがう》といふ人、幼少のときに、外へ出《い》でて遊びければ、両頭の蛇とて、二つ頭のある蛇を見たり。日本にいふ(注)日ばかりのたぐひなるべし。そのときに、その子の母が、「なんぢはいかなる子細ありてか、**1**かくものを食はずして泣くぞ。」と問ひければ、叔敖答へて曰《い》はく、「今日われ両頭の(注)くちなはを見るほどに、明日まで命を延ぶべからず。」と言ひけるを、母もとより世に優れたる人なれば、外《ほか》のことを聞き入れずして、「まづその蛇はいづちにかある《(どこにいるのか)》。」と問ふ。叔敖が曰はく、「両頭のくちなはを見るものは必ず死すと、日ごろより聞き及びしゆゑに、他人のまたこれを見んことを恐れて、地に埋《うづ》みける。」と言ふ。母、このことばを聞きて曰はく、「**2**憂ふることなかれ、なんぢは死ぬまひぞや《(あなたは死ぬことはないでしょう)》。そのゆゑは、人として陰徳あれば陽報あり、天は高けれども、低《ひき》き地のことをよく聞けり、徳は(注)不祥に勝ち、(注)仁は(注)百禍《はくくは》を除く、といふことあれば、なんぢは死せぬのみならず、あまさへ《(そればかりか)》楚国《そこく》におこらん《(楚の国で出世するだろう)》。」と言ふ。成人して後に、はたして(注)令尹《れいゐん》といふ官人になれり。その国の民が、叔敖は蛇をさへ埋むほどの人なれば、偽りあるべからずとて、**3**そのことばをよく信じけり。

また、(注)秦《しん》の穆公《ぼくこう》、(注)駿馬《しゅんば》を失はれしとき、五人の盗人、この馬を殺して食らふ。穆公、五人を殺さずして、くすり酒をたまふ《(お与えになった)》。その後(注)晋《しん》と秦と戦あり。かの五人、命を惜しまず働く。穆公の曰はく、「陰徳陽報を得《う》とは、これこのいはれなり。」と。

(「実《じつ》語《ご》教《きょう》童《どう》子《し》教《きょう》諺《げん》解《かい》」から。)

(注)　孫叔敖＝中国春秋《しゅんじゅう》時代(紀元前八～前五世紀)の人物。
日ばかり＝蛇の一種。有毒とみなされていた。
くちなは＝蛇。
不祥＝災い。
仁＝思いやりの心。
百禍＝多くの災い。
令尹＝君主の政務を補佐する官位。
秦の穆公＝中国春秋時代の国である秦の君主。
駿馬＝足の速い、優れた馬。
晋＝中国春秋時代の国名。

(ア)　――線**1**「かくものを食はずして泣くぞ。」とあるが、「叔敖」が泣いている理由として最も適するものを次の中から一つ選び、その番号を答えなさい。

1　有毒な蛇にかまれてしまったので、明日まで生きることはできないと恐怖を感じているから。

2　天の神とされている蛇を殺してしまったので、不吉なことが起きると不安を感じているから。

3　見たものは死ぬと言われている蛇を見てしまい、自分は今日中に死ぬと恐怖を感じているから。

国語

●満点100点　●時間50分

〔注意〕　解答用紙にマス目（例：□）がある場合は、句読点などもそれぞれ一字と数え、必ず一マスに一字ずつ書きなさい。なお、行の最後のマス目には、文字と句読点などを一緒に置かず、句読点などは次の行の最初のマス目に書き入れなさい。

一

次の問いに答えなさい。

(ア)　次の1～4の各文中の――線をつけた漢字の読み方を、ひらがなを使って現代仮名遣いで書きなさい。

1　職場の人と親睦を深める。
2　緩衝地帯を通過する。
3　美術館に彫塑を搬入する。
4　新事業への進出を企てる。

(イ)　次のa～dの各文中の――線をつけたカタカナを漢字に表したとき、その漢字と同じ漢字を含むものを、あとの1～4の中から一つずつ選び、その番号を答えなさい。

a　地域のシンコウに努める。
1　コウキの目にさらされる。
2　古代国家のコウボウを描く。
3　キョコウの中の真実を見つけ出す。
4　キュウコウした土地を活用する。

b　ボクソウを刈る。
1　演説のソウコウを用意する。
2　カイソウごとに空調を管理する。
3　バンソウに合わせて歌う。
4　厳しい生存キョウソウを勝ち抜く。

c　チョウジリを合わせる。
1　新しいチョウシャが完成した。
2　改善のチョウコウが見られる。
3　チョウボの管理を行う。
4　イチョウの調子を整える薬を飲む。

d　玉ねぎを細かくキザむ。
1　キソクを守ることは大切だ。
2　コクフンを加工して菓子をつくる。
3　失敗を重ねてしまいタンソクする。
4　ソッコク判断を下す。

(ウ)　次の**例文**中の――線をつけた「で」と同じ意味で用いられている「で」を含む文を、あとの1～4の中から一つ選び、その番号を答えなさい。

例文　本を読んで感想を書く。

1　上着を脱いで手に持つ。
2　あまりに立派で驚いた。
3　自転車で坂道をくだる。
4　五分で外出の準備をする。

(エ)　次の俳句を説明したものとして最も適するものを、あとの1～4の中から一つ選び、その番号を答えなさい。

向日葵《ひまは（ワ）り》の蕊《しべ》を見るとき海消えし　　芝《しば》　不器男《ふきお》

1　花の中心にある蕊へと視点を焦点化していくことで、光り輝く大海原のような向日葵畑から輝きが失われてしまった悲しみを感覚的に表している。
2　近景へと焦点を合わせていく映像的手法を用いることで、眼前の向日葵の印象を鮮明に浮き上がらせながら海の姿も意識さ

Memo

Memo

Memo

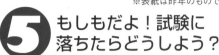

25年度用　神奈川県公立高校

6年間スーパー過去問

試水準と傾向をさぐり、合格への展望をひらく！

公立高校過去問シリーズ

■編集者　（株）声の教育社 編集部
■発行所　（株）声　の　教　育　社
〒162−0814 東京都新宿区新小川町8−15
☎03−5261−5061㈹
御不明な点は直接本社にお問い合わせ下さい。

2024年6月　第1刷発行

2025年度用

別　冊

神奈川県公立高校

書き込み式

解答用紙集

※お客様へ
解答用紙は別冊になっていますので本体からていねいに抜き取ってご使用ください。
㈱声の教育社

誰にもよくわかる 解説と解答 2024年度

神奈川県　正答率

(全日制の課程)

語

	ア	1	86.3%
		2	71.7%
		3	49.5%
	イ	1	62.8%
		2	58.9%
	ウ	1	43.2%
		2	63.3%
	ア		59.5%
	イ		53.1%
	ウ		49.1%
	ア		69.5%
	イ		58.6%
	ウ		64.2%
	エ		28.0%
	ア		65.6%
	イ		46.0%
	ウ		14.6%
	エ		37.0%
			40.0%
	ア		30.9%
	イ		49.0%
	ウ		44.0%
	ア		28.9%
	イ		31.8%
	ア		57.6%
	イ		43.3%
	ウ		21.0%

数学

1	ア			98.0%
	イ			97.7%
	ウ			89.2%
	エ			94.8%
	オ			91.9%
2	ア			89.6%
	イ			90.9%
	ウ			69.8%
	エ			76.5%
	オ			55.8%
	カ			86.2%
3	ア	i	a	92.6%
			b	90.7%
		ii		12.8%
	イ	i		57.8%
		ii		33.4%
	ウ			3.4%
	エ			18.6%
4	ア			89.1%
	イ			69.1%
	ウ			6.0%
5	ア			49.5%
	イ			48.0%
6	ア			51.3%
	イ			4.8%

会

	ア	66.9%
	イ	53.7%
	ウ	49.2%
	エ	61.0%
	オ	55.4%
	ア	50.9%
	イ	62.0%
	ウ	81.7%
	エ	65.6%
	オ	44.4%
	ア	60.3%
	イ	71.1%
	ウ	48.4%
	エ	51.7%
	オ	42.2%
	ア	71.1%
	イ	27.2%
	ウ	85.6%
	エ	50.5%
	オ	36.8%
	ア	47.1%
	イ	67.2%
	ウ	32.0%
	エ	64.4%
	オ	77.1%
	ア	41.2%
	イ	89.3%
	ウ	46.9%
	エ	28.4%
	オ	66.9%
	ア	44.5%
	イ	49.6%
	ウ	86.2%
	エ	32.0%

理科

1	ア		39.8%
	イ		37.4%
	ウ	i	66.9%
		ii	53.0%
2	ア		64.5%
	イ		75.3%
	ウ	i	72.5%
		ii	73.2%
3	ア		71.2%
	イ		73.7%
	ウ		64.5%
4	ア		39.8%
	イ		48.5%
	ウ	X	56.0%
		Y	67.3%
5	ア		44.9%
	イ		24.6%
	ウ		40.3%
	エ		48.2%
6	ア		84.2%
	イ		65.3%
	ウ		62.2%
	エ	あ	69.9%
		い	57.0%
		う	42.4%
7	ア		85.0%
	イ		71.4%
	ウ		80.2%
	エ	あ	73.4%
		い	30.2%
8	ア		54.0%
	イ		34.2%
	ウ		58.8%
	エ		47.2%

国語

一	ア	a	79.9%
		b	89.5%
		c	96.1%
		d	86.3%
	イ	a	54.5%
		b	54.5%
		c	86.4%
		d	75.9%
	ウ		65.4%
二	ア		92.9%
	イ		44.0%
	ウ		89.4%
	エ		73.7%
	オ		82.8%
	カ		79.6%
三	ア		79.2%
	イ		84.2%
	ウ		88.7%
	エ		56.7%
	オ		54.6%
	カ		52.4%
	キ		67.8%
	ク		55.1%
	ケ		65.5%
四	ア		56.9%
	イ		39.5%
	ウ		41.8%
	エ		45.1%
五	ア		61.7%
	イ		11.7%

2024年度／神奈川県公立高等学校

英語解答

1 ㈠ No.１　4　No.２　1　No.３　1

　㈡ No.１　3　No.２　4

　㈢ No.１　2　No.２　3

2 ㈠　3　㈡　3　㈢　4

3 ㈠　2　㈡　4　㈢　1　㈣　1

4 ㈠　３番目…2　５番目…5

　㈡　３番目…6　５番目…5

　㈢　３番目…1　５番目…4

　㈣　３番目…6　５番目…2

5 (例) How many times have you watched

6 ㈠　1　㈡　5　㈢　6

7 ㈠　5　㈡　3

8 ㈠　4　㈡　3　㈢　2

1〔放送問題〕

㈠No.１≪全訳≫マックス(Ｍ)：エリカ，君がどうやって数学が得意になったのかを教えてよ。／エリカ(Ｅ)：私は去年，本当に一生懸命に数学の勉強をしたんだけど，それは私の数学の先生が，それが唯一の方法だって言っていたからなのよ。／Ｍ：去年はサトウ先生とヤマダ先生の２人の数学の先生がいたよね。どっちの先生が君に数学を教えてたの？／Ｅ：サトウ先生よ。

No.２≪全訳≫Ｍ：エリカ，来月うちのクラスにニュージーランド出身の生徒が来るって知ってる？／Ｅ：ええ。実は彼女は日本にいる間，うちに滞在することになってるの。／Ｍ：それはすごい！　彼女はどのくらいの間，君の家に滞在する予定なの？／Ｅ：６か月間，うちにいる予定よ。

No.３≪全訳≫Ｍ：エリカ，今週末は何をするんだい？／Ｅ：兄〔弟〕と買い物に行くつもりよ。お母さんの誕生日が来週で，彼女のためにプレゼントを買わないといけないの。／Ｍ：へえ，それはいいね！　何を買うつもり？／Ｅ：まだ決めてないの。

㈡No.１≪全訳≫ジャネット(Ｊ)：ケン，私，「いただきます」がどういう意味か教わったの。先週，日本人の友達の家に行ったときに教えてもらったのよ。／ケン(Ｋ)：教えてくれるかい。／Ｊ：単に「さあ食べよう」っていうだけじゃないの。「食べ物に感謝します」っていう意味もあるのよ。／Ｋ：なるほど。僕も先週末，おばさんからあることを教わったよ。彼女は千葉から僕の家に来てくれたんだ。彼女は「食卓にあるものは全部食べましょう」って言った。／Ｊ：へえ，それも食べ物に敬意を示すもう１つのやり方よね？／Ｋ：そう，彼女は「こうすることで食べ物に敬意を示すことができるのよ」って言ってたよ。

　質問：「ジャネットとケンの週末について正しいものはどれか」―3．「ジャネットとケンは食べ物に敬意を払うための異なる方法を学んだ」

No.２≪全訳≫Ｊ：ケン，今日は放課後すぐに家に帰らないといけないって言ってたよね。どうしてまだここにいるの？／Ｋ：自転車の鍵をなくしちゃったんだ。それがないと家に帰れない。今日使った部屋は全部確認して，ここが最後の部屋なんだ。／Ｊ：自転車の周りは捜してみた？／Ｋ：自転車の周り？／Ｊ：うん。先月私が自転車の鍵をなくしたとき，駐輪場の地面の上でそれを見つけたの。／Ｋ：君の言うとおりかも！　駐輪場に行ってみるよ。ありがとう，ジャネット。

　質問：「ジャネットとケンについて正しいものはどれか」―4．「ケンは，自分の自転車の鍵に関するジャネットの考えが正しいかもしれないと思っている」

㈢≪全訳≫こんにちは，ユミ。ベスよ。土曜日のお出かけの件で電話したの。上野駅で待ち合わせて，美術館と動物園とお寺に行く予定だったわよね。その計画は変えられるかしら？　待ち合わせの時間は午前９時45分で，それは大丈夫。それから，美術館に行った後，科学博物館に行きましょう。その日は午前中雨が降るみたいだから，屋内にいた方がいいと思うの。動物園は次回行けばいいわ。科学博物館は美術館の道を挟んだ向かい側よ。その後，お昼を食べて，それから午後はお寺に行きましょう。その頃には晴れてるだろうから，お寺の周りを散策できるわ。私のアイデア，どう思う？　後で電話してね。じゃあね！

No.１．ベスとお出かけ／待ち合わせ：①土曜日の午前９時45分に上野駅／ベスの計画：美術館→②科学博物館→お寺／２番目の場所は最初の場所の③近くにある。

No.２．質問：「なぜベスはこのメッセージを残したのか」―３．「彼女たちが行く予定の場所を変更するため」

2〔適語選択〕

(ア)最初の文で述べられた「隣の家に引っ越してきた人」を説明する単語として neighbor「隣人，近所の人」が適切。　「誰かがうちの隣の家に引っ越してきた。その新しい隣人が今朝挨拶をしに私の家にやってきた」　course「コース，進路」　degree「度，程度」　theater「劇場」

(イ)your words「あなたの言葉」を主語とし，someone's feelings「誰かの気持ち」を目的語にとる動詞として hurt「傷つける」が適切。　「インターネット上で自分の意見を述べるときは，自分の言葉が誰かの気持ちを傷つけるかもしれないということを覚えておかなければならない」　fall「落ちる」　fold「～を折りたたむ」　miss「～を逃す，～に乗り遅れる，～がいなくて寂しく思う」

(ウ)性能のよいパソコンを低価格で販売しているというコンピューター会社を表す語として successful「成功している」が適切。　「カモメコンピューターは強力なバッテリーのついた高速コンピューターをつくって低価格で販売したので，非常に成功したコンピューター会社となった」　careful「注意深い，慎重な」　official「公式の」　similar「類似の」

3〔対話文完成―適語（句）選択〕

(ア)A：あのテーブルをドアのそばに置いてくれる？／B：そのテーブルは重そうだから，君の手伝いなしでそれを動かすのは難しそうだよ。//空所から help までが文の主語となっており，文の主語には名詞か名詞のはたらきをする語（句）を置くので，「～すること」という意味を持つ動名詞（～ing）の moving が適切。

(イ)A：お父さん，今夜は何か違うことをしてみようよ！　床で夕食を食べるのはどう？／B：それはいいね。まるで家でピクニックするみたいだ。//something や anything のような -thing の形の語に different「違った，異なる」のような形容詞をつけて修飾する場合，形容詞を後ろに置く。

(ウ)A：お誕生日おめでとうございます，ジョンソン先生。これは先生の30回目の誕生日をお祝いするパーティーです！／B：わあ，どうもありがとう，みんな。私に短いスピーチをさせてくれるかな。//'let＋人＋動詞の原形' で「〈人〉に～させる」という意味を表す。　make a speech「スピーチをする」

(エ)A：新しい野球の日本代表チームについてどう思う？／B：メンバーはすばらしいと思うけど，チームについてはよくわからないな，だって他の国のチームと２回しか対戦したことがないんだから。//空所を含む文の主語である it はその前の the team を指しており，そのチームが他の国のチームと対戦することに関する内容になっているので，against「～に対して」が適切。　during「～の間」　than「～より」　until「～まで」

4〔対話文完成―整序結合〕

(ア)A：これは僕が一番好きな果物なんだ。ジェシカ，これは英語で何ていうの？／B：watermelon「スイカ」よ。//文末に「?」があり疑問文になるとわかるので，疑問詞の what を最初に置く。これに続く疑問文の形として do you call と is it が考えられるが，is it だとこの後がうまくまとまらないので do you call として，call の後に my favorite fruit を指す it を置く。この疑問文は 'call＋A＋B'「AをBと呼ぶ」の 'B' が疑問詞 what になって前に出た形である。不要語は is。
Jessica, what do you call it in English ?

(イ)A：今週末のコンサートに向けていつ練習しようか？　サム，今日と明日だったら，君はどっちの日がいい？／B：明日がいいな。自分のギターを持ってくるよ。//語群に which「どちら」があることや，文末の today or tomorrow ? から，２つのもののうちどちらか１つを選ばせる疑問文になると判断できる。「今日と明日」から選ぶのだから，which day「どちらの日」で始め，これが主語となるので，この後に動詞の is を置く。語群や文脈から「どちらが(より)よいか」を尋ねたのだとわかるので is better とし，この後は「君にとって」という意味の for you とする。不要語は popular「人気がある」。　Sam, which day is better for you, today or tomorrow？

(ウ)A：すみません。このお寺に入るときに自分の靴をどこに置いたか忘れてしまったんです。1時間ほど前のことです。／B：拝観者の方が脱いだ靴は全てあちらの棚に置いてあります。∥‘all the＋名詞’で「全ての～，～全部」を表せる。語群中で‘名詞’に当たるのは visitors「来訪者」か shoes「靴」のいずれかだが，このまとまりに対応する述部が「あそこの棚の上にある」という内容になっているので，All the shoes「全ての靴」とする。残った語で the visitors took off というまとまりができ(take ～ off〔take off ～〕で「～を脱ぐ」)，これで shoes を後ろから修飾する。the shoes the visitors took off は，shoes の後ろに目的格の関係代名詞が省略された‘名詞＋主語＋動詞…’の形である。不要語は were。　All the shoes the visitors took off are on that shelf over there.

(エ)A：サッカーをして楽しかった？／B：うん。いくつかのルールは理解するのが難しかったけど，とても楽しかったよ。∥語群の前の it が文の主語と考えられ，これに続けられる動詞は was しかない。ここで，全体が‘it is ～ to …’「…するのは～だ」の構文の過去形になると判断できる。It was difficult to understand とまとめ，understand の目的語を some of the rules とする。不要語は I。　Though it was difficult to understand some of the rules, I had so much fun.

5〔条件作文―絵を見て答える問題〕

≪全訳≫A．ミチコは，先週末にカモメスポーツセンターで観戦した車椅子バスケットボールの試合についてアンに話した。／B．ミチコは言った。「その試合は本当におもしろかったわ。選手たちはすごい速さで動くし，車椅子がぶつかり合ってた。今では私はこのスポーツのファンなのよ」　アンは「おもしろそうね」と言って，こう尋ねた。「(例)あなたは何回車椅子バスケットボールの試合を見たことがあるの？」／C．「2回よ」とミチコは答え，こう言った。「1回は家族，1回は友達と。今週末，私と一緒に試合を見に行かない，アン？」「もちろん！　待ちきれないわ！」とアンは言った。

＜解説＞空所を含む問いかけに対し，ミチコはCの最初で Twice「2回」と回数を答えている。また，＜条件＞の①にwatched「見た」を必ず用いるとあることから，アンはミチコに，これまでに何回車椅子バスケットボールを見たことがあるかを尋ねたのだと推測できる。＜条件＞の①から「何回」を How many times とし，この後に疑問文を続ける。watched を用いることと，「これまでに何回」という‘経験’を問う内容になることから，‘経験’を表す‘have/has＋過去分詞’の現在完了形を疑問文の語順にして表す。

6〔長文読解総合―スピーチ〕

≪全訳≫❶緑か灰色か？　自然かコンクリートか？　草木とともに生きるか，それらなしで生きるか？　私たちはどちらを選ぶべきでしょう？　今日私は，緑のインフラストラクチャーについてお話しします。現代の人間生活を支えるため，都市では病院や公園，鉄道システムなどさまざまな種類の建物やサービスが必要です。こういったものがインフラストラクチャーの例です。緑のインフラストラクチャーは，自然を利用することで現代人の生活を支え，守るための方法の1つです。

❷今日では，灰色のインフラストラクチャーが原因で，町や市が変化しています。グラフ1をご覧ください。このグラフは，この48年の間にさらに150万人がカモメ川周辺の地域で暮らすようになったことを示しています。そこで暮らす人々のために灰色のインフラストラクチャーが開発され，今ではこの地域はコンクリートで覆われています。その昔，町や市にたくさんの緑があった頃は，豪雨の間も雨水が地中にとどまるため，すぐに洪水が起きるようなことはありませんでした。ところが，灰色のインフラストラクチャーのせいで自然が失われると，豪雨の間に雨水が急激に川に流れ込むようになりました。グラフ2は，カモメ川周辺地域において降雨の最盛時から洪水が発生するまでの時間を表しています。1965年から1969年の間は約10時間でしたが，1979年から1996年の間は約2時間でした。グラフ1とグラ

フ２の情報から，この地域の町や市が拡大したことや，降雨の最盛時から洪水までの時間が短くなったため，そこに住む多くの人が豪雨の間，以前よりも早く危険な状況に陥る可能性があるということがわかるでしょう。

3さて，豪雨の間に私たちの市を守ってくれるような緑のインフラストラクチャーの一例をご紹介します。こちらのレインガーデンの絵をご覧ください。それは水の管理システムです。それは地中に雨水を蓄えます。地面は草木で覆われており，地中には砕いた石が埋められています。私たちの市の大半の地域をコンクリートが覆っていますが，市内の多くの場所にレインガーデンがあれば，すぐに洪水が発生することはなくなるでしょう。①きっと緑のインフラストラクチャーは私たちの市を安全なものにしてくれるはずです。

4緑のインフラストラクチャーは，人々が都市で活動的に暮らすのに役立ちます。では，シンガポール・グリーンプラン2030をご紹介しましょう。シンガポールは国中にさらに100万本の木を植える計画をしています。シンガポールでは，緑のインフラストラクチャーが都市や都市の近くにつくられているため，人々は自宅から気軽に公園や庭園などの緑地へ歩いていけます。木々は人間のための空気をつくり，都市の空気をきれいにしてくれます。また，木々は都市に涼しい環境をつくり出します，というのも，日光の一部が地面に届かなくなるからです。人々はそういった緑地を好きな方法で利用できます。美しい花を眺めて楽しんだり，家族とピクニックをしたり，友人とスポーツをしたりできます。②自然とともに暮らすことは私たちの健康にとって有益です。緑地で時を過ごすことによって，人々は都市でより活動的になるのです。

5最後に，私たちの学校における緑のインフラストラクチャーの計画についてご紹介したいと思います。緑のインフラストラクチャーは私たちの学校生活をよりよいものにしてくれると確信しています。私は校門と校舎の間に緑地をつくりたいと考えています。木々の下で，生徒たちは友人との時間を楽しむことでしょう。また，ゴーヤのつるで校舎を覆うことで，私たちの学校に涼しい環境をつくりたいと思います。③これらを実行することにより，私はここで緑のインフラストラクチャー運動を始めたいと思っています。もし皆さんが私のアイデアを気に入ってくれたなら，どうぞ私に協力してください。

6緑か灰色か？　私は，それは正しい問いかけだとは思いません。今，私たちはこう尋ねなければなりません。どうしたら私たち全員が自然と共生するために協力できるのでしょうか？　緑のインフラストラクチャーは私たちの生活を向上させるための鍵なのです。

(ア)**<適文選択>**空所の直前の realize that ～ は「～ということがはっきりわかる」といった意味なので，空所には２つのグラフから読み取れる内容が入る。グラフ１には，カモメ川流域の人口が増え続けていることが示されており，これは１．の towns and cities in this area became larger「この地域の町や市が拡大した」という表現に合致する。また，グラフ２から，カモメ川周辺地域において降雨の最盛時から洪水が発生するまでの時間が昔よりも短くなったことが読み取れ，これは１．の後半にある，そこに住む多くの人は以前より早く dangerous situations「危険な状況」に陥るという内容に当てはまる。

(イ)**<適文選択>**①第３段落でチナツは，緑のインフラストラクチャーの一例であるレインガーデンが洪水の危険性を減らしてくれると説明した。これをふまえて，緑のインフラストラクチャーが都市を安全なものにしてくれるという自分の考えを述べたのである。　②次の文に，緑地で時間を過ごせば都市の人々はより活動的になるという内容が書かれている。自然とともに暮らすことには健康へのよい効果があり，それによって人々はより活動的になる，という流れになっている。　③次の文でチナツが please join me と，あることへの協力を呼びかけているが，これは自身が提案した my green infrastructure movement「私の緑のインフラストラクチャー運動」への協力である。Bの文中の these things は，校門と校舎の間に緑地をつくる，ゴーヤのつるで校舎を覆うという取り組みを指している。

(ウ)**<内容真偽>**a．「コンクリートだけを使って建てられた病院や駅，学校は，緑のインフラストラクチャーの例だ」…×　第1段落第1，2文などを参照。concrete「コンクリート」は nature「自然」を意味する green「緑」ではなく，gray「灰色」と表現されている。　b.「ほとんどの雨水が洗濯や洗い物に使われていたため，昔はすぐに洪水が起きることはなかった」…×　第2段落第5文参照。緑地が多く，雨水が地中にとどまったからである。　c.「レインガーデンは雨水を集め，しばらく地中にとどめておくことのできる水の管理システムである」…○　第3段落第2～4文に一致する。　d.「シンガポール・グリーンプラン2030は，シンガポールの人々が灰色のインフラストラクチャーを利用するための数多くの創造的な使い方を見つけるのに役立つ」…×　第4段落第2～4文参照。gray ではなく green が正しい。　e.「チナツが学校に緑地をつくりたがっているのは，それは緑地が生徒の生活を向上させるだろうと考えているからだ」…○　第5段落第2～4文に一致する。　f.「チナツは町や市で草木なしで暮らす方法を知らないので，方法を見つけたがっている」…×　このような記述はない。

7〔**長文読解─英問英答─対話文・記事**〕

(ア)≪**全訳**≫❶トオルとロッドは友達だ。彼らはちょうど動物園に到着したところで，正門にある地図を見ている。❷**トオル(T)**：この地図を見れば，それぞれの場所でどの動物が見られるかがわかるね。❸**ロッド(R)**：この動物園ではたくさんの動物が見られるんだね！❹**T**：君はまずどこへ行きたい？❺**R**：僕らは今ここ，正門にいるよね。まずゾウのエリアに行くのはどう？❻**T**：それはいい考えだけど，それよりもこっちへ行くのはどうかな？　もう11時だし，じきにおなかが減ってくるよ。レストランへ行くのに一番早い道を通ろう。❼**R**：そうだね。その途中でパンダを見られるよ。❽**T**：あれ，この地図には，道路工事のせいでこの道は通れないって書いてあるよ。❾**R**：わかった。じゃあそっちの道を通って，その途中にいる動物を見よう。パンダは昼ご飯の後で見ようよ。❿**T**：いいね！　パンダの後は何を見ようか？⓫**R**：この地図によると，キリンにエサをやれるんだって！　やってみようよ！⓬**T**：おもしろそうだね！　それは3時開始だね。そうすると，そこへ直接行くと少し早すぎるな。キリンのエサやりの前に，ライオンと，それからペンギンを見よう。⓭**R**：ばっちりだね！　今からわくわくするよ。あと，動物園を出る前に忘れずにゾウを見ないとね。⓮**T**：了解！さあ行こう！／**地図中の注意書き**：道路工事のため，正門とパンダエリアの間は通れません。／キリンのエサやりができます　[時間]午後3時

質問：「トオルとロッドがこの動物園で5番目に訪れる動物エリアは何か」―5.「ペンギン」　2人が訪れる動物の順番は，トラ→トリ→パンダ→ライオン→ペンギン→キリン→ゴリラ→ゾウとなる。

(イ)≪**全訳**≫リョウジは高校生だ。彼はあるイベントの記事を町のウェブサイトで読み，そのイベントのためにポスターをつくっている。彼はそのポスターをカモメ小学校のウェブサイトに載せるつもりだ。／**記事**❶カモメ海岸に集合！　そこで楽しく過ごしながら，地球を救うことができます。カモメ市ではイベントを開催する予定です。カモメ海岸清掃活動という名称です。3月5日，12日，19日，26日の日曜日，午後1時から3時まで，海岸でゴミ拾いを行っていただきます。❷このイベントへの参加は簡単です。ゴミ袋や手袋などを持参する必要はありません。ただイベントに来てもらえれば，必要な物は全て現地で調達できます。イベント中，それぞれの日にゴミ拾いコンテストに参加できます。最もたくさんのゴミを拾った方がコンテストの優勝者となり，カモメショッピングモールより特別チケットを差し上げます。そのチケットを使うと，モールで歌のレッスンかスペイン語講座，または水泳のレッスンを受講できます。他にも特典があります。どなたかとご一緒に，または2人以上の方とご一緒にカモメ海岸清掃活動に参加された場合，参加者それぞれにTシャツを差し上げます。このイベント用にデザインされたもので，再生プラスチックを原料につくられています。最後に，3月の全ての日曜日にこのイベントに来てくれた方には，特別チケットを差し上げます。そのチケットを使うと，カモメ海岸レストランで「本日の朝食」がいただけます。カモメ海岸で地球を救いましょう！／**ポスター**／カモメ海岸清掃活動／～ゴミを拾って，地球を救おう～／時間：午後1時から午後

3時／日程：3月の毎週日曜日　3月5日より／場所：カモメ海岸／海岸に来るだけ！　清掃活動に使う道具は海岸に①準備してあるからね。／すてきなプレゼントがあるよ！／・ゴミ拾いコンテストで優勝して，カモメショッピングモールで歌かスペイン語か水泳を楽しく習おう。／・グループでこのイベントに参加して②特製の服をもらおう。／・③3月の全ての日曜日にこのイベントに参加すれば，カモメ海岸レストランで「本日の朝食」を楽しめるよ。

質問：「①，②，③に入るのは何か」―3．「①準備してある　②特製の服　③3月の全ての日曜日」　記事の第2段落参照。イベントの参加に必要な物は全て準備されていること，複数人で参加するとこのイベントのためにデザインされたTシャツ，つまり特製の服がもらえること，3月の全ての日曜日にイベントに参加すると，レストランの特別チケットが受け取れることが書かれている。

8〔**長文読解総合―会話文**〕

≪全訳≫1アオイ，キョウコ，ジロウはカモメ高校の生徒だ。ある日，彼らは放課後に教室で話をしていた。そのとき，英語のホワイト先生が彼らに話しかけてきた。

2ホワイト先生(W)：こんにちは，アオイ，キョウコ，ジロウ。何をしているの？

3アオイ(A)：政治的な問題についての討論会の話をしているところです。私たちは来週市役所で行われるそのイベントに参加するんです。市内の3つの高校の生徒と，この市を訪問中の外国人学生数名が，投票について話し合います。

4W：とてもおもしろそうね！

5キョウコ(K)：私は外国から来た学生と話すのが楽しみです。ホワイト先生，ここにグラフがあります。研究者が4つの国の若者に，「あなたは政治的な問題にどのくらい関心がありますか？」と尋ねました。グラフ1から，ドイツの若者の約70%が政治的な問題に関心がある，または非常に関心があることがわかります。あまり関心がない，または関心がない日本人の若者の割合は約50%でした。これは問題だと思います。

6ジロウ(J)：若者が投票しないのは，政治的な問題に関心がないからです。投票しなかった場合，罰金を払わなければならない国もあるんですよ。

7W：すごいじゃない，ジロウ！　他に何かわかったことはある？

8J：はい。市役所から出された課題をやっていて，この興味深いグラフを見つけました。グラフ2は2010年から2022年までの日本の国政選挙の投票率を示しています。60歳代の人の投票率は常に60%を超えています。ところが，10歳代の人の投票率は50%に届いたことがありません。今，僕は本当に投票が興味深い話題だと思っています。

9W：アオイ，その討論であなたはどんな質問をするつもりなの？

10A：「若者の投票率を上げるために，政府は何をするべきでしょうか？」です。

11W：あなたの考えはどういうものなの，アオイ？

12A：政府は若者のためにもっとお金を使うべきだと思います。選挙の話題が，若者向けに政府のお金をどう使うかということだったら，より多くの若者が自分自身の将来のために投票すると思うんです。

13W：それはとてもすばらしいアイデアね。みんな，討論を楽しんできてね。

14討論会の約1週間後，アオイ，キョウコ，ジロウはホワイト先生に話しかけた。

15J：こんにちは，ホワイト先生。討論会はすごかったです！　お話しするお時間はありますか？

16W：もちろんよ。政府がやるべきことについて話し合ったのよね？　答えは見つかった？

17J：はい。僕はオーストラリア出身のある学生に，オーストラリアで投票しなかった場合には罰金を払うということについて尋ねました。彼は，それは政府が伝えるべき正しいメッセージではないと言っていました。最初，僕は罰金を払うのはいい考えだと思ったんですが，今はそうは思いません。そうではなくて，政府は投票を楽しいものにするべきです。政府は投票日に新たな祝日を設けて，投票所の近くでお祭りをすればいいと思っています。

18K：私は，政府は若者の意見に耳を傾けるべきだと発言しました。政府はどんな行動を起こすかを決める前に若者と会合を開くべきです。

19 A：私は，若者が政治的な問題について学ぶ手助けを政府がするべきだと思っていて，それは制度の仕組みを若者がわかっていないからです。うちの学校は去年模擬選挙を行い，私はたくさんのことを学びました。政府は日本の全ての高校に模擬選挙を行うよう通達するべきだと思います。

20 W：誰かがあなたたちの討論のお手伝いをしてくれたの？

21 A：はい。アメリカから来た社会科の先生が，私たちが議論を続けるのに役立つような質問をたくさんしてくれました。例えば，その先生はジロウに，なぜ罰金を払うことは他のアイデアほどよくないのかと尋ねました。私たちは彼女から，よい討論をするにはどうすればいいかを学びました。ところでホワイト先生，私たちはこの学校で政治的な問題についての討論会を開こうと計画していて，それをいつ開くかを決めないといけないんです。それを開くのは，他の生徒に政治的な問題にもっと関心を持ってもらいたいからです。

22 W：それはとてもいいアイデアね，アオイ。キョウコ，その討論でどんな経験をしたか，あなたも私たちに教えてくれない？

23 K：私は他の人のユニークな意見やその理由を聞けて本当に楽しかったです。それぞれの意見と理由はさまざまなものでした。あなたはどう，ジロウ？

24 J：僕は自分の意見と理由について他の人に話せたのが楽しかったな。そのおかげで自分の考えがよく理解できたよ。

25 W：あなたたちがすばらしい経験をしたことをうれしく思うわ！

(ア)＜要旨把握―グラフを見て答える問題＞①下線部に続けて，グラフ１の特徴が説明されている。ドイツの「非常に関心がある」と「関心がある」を合わせた割合が約70％になるのは，25.7＋44.9＝70.6となる場合で，日本の「あまり関心がない」と「関心がない」を合わせた割合が約50％になるのは，26.8＋20.2＝47となる場合である。Ｂのグラフが，この２つの条件を満たしている。　②下線部を含む文に続く２文で，グラフ２の特徴が述べられている。■で表された60歳代の人の投票率が常に60％を超えている一方で，×で表された10歳代の人の投票率が50％に届いたことがないという説明に当てはまるのは，Ｘのグラフである。

(イ)＜適文選択＞空所の後に，いつやるかを決めなくてはならないとあることや，次の文に‘未来’や‘意志’を表す will の短縮形の 'll があることなどから，３人がこれから何かを行う計画があるのだと推測できる。また，次の文からは，それを行うのは「他の生徒に政治的な問題にもっと関心を持ってもらいたいから」だとわかる。この内容に当てはまるのは３で，空所の後の部分にある it が a discussion event (on political issues)を指している。　plan to ～「～することを計画する」

(ウ)＜内容真偽＞ａ．「ジロウは討論のための課題で興味深い情報を見つけ，投票という話題に興味を持った」…○　第８段落に一致する。　ｂ．「討論のための課題をやることで，アオイは日本政府が若者のために十分なお金を使ったと学んだ」…×　第12段落第１文参照。もっとお金を使うべきだと考えている。　ｃ．「討論の間に，ジロウの意見がオーストラリア出身の学生の罰金を支払うことについての意見を変えた」…×　第17段落第２～４文参照。オーストラリア出身の学生の意見を聞いて，ジロウが考えを変えた。　ｄ．「キョウコは日本の全ての高校が模擬選挙を行うべきだと言い，アオイは政府が若者と会合を開くべきだと言った」…×　第18，19段落参照。発言者が逆である。　ｅ．「討論会の後，キョウコは誰もが同じではない意見と理由を持っていたと言った」…○　第23段落に一致する。　ｆ．「討論会の後，ジロウは他者と話すことによって自分自身の考えがわからなくなったと言った」…×　第24段落参照。他者との会話が，自分の考えをよく理解する手助けになったと言っている。

数学解答

1 (ア) 2　(イ) 2　(ウ) 1　(エ) 3
(オ) 4

2 (ア) 2　(イ) 4　(ウ) 1　(エ) 3
(オ) 4　(カ) 3

3 (ア) (i) (a)…1　(b)…4
(ii) あ…8　い…4
(イ) (i)…4　(ii)…6
(ウ) う…6　え…2　(エ) 5

4 (ア) 2　(イ) (i)…5　(ii)…3
(ウ) お…2　か…4　き…7

5 (ア) く…5　け…3　こ…6
(イ) さ…5　し…1　す…2

6 (ア) 2
(イ) せ…5　そ…2　た…9　ち…6

1 〔独立小問集合題〕

(ア)＜数の計算＞ $2-8=-6$

(イ)＜数の計算＞与式 $=-\frac{16}{20}+\frac{5}{20}=-\frac{11}{20}$

(ウ)＜式の計算＞与式 $=\frac{9(3x-y)-4(5x+2y)}{36}=\frac{27x-9y-20x-8y}{36}=\frac{7x-17y}{36}$

(エ)＜数の計算＞与式 $=\frac{10\times\sqrt{5}}{\sqrt{5}\times\sqrt{5}}+\sqrt{4^2\times5}=\frac{10\sqrt{5}}{5}+4\sqrt{5}=2\sqrt{5}+4\sqrt{5}=6\sqrt{5}$

(オ)＜式の計算＞与式 $=x^2-4x+4-(x^2-5x-24)=x^2-4x+4-x^2+5x+24=x+28$

2 〔独立小問集合題〕

(ア)＜連立方程式―解の利用＞ $ax-by=-10$……①，$bx+ay=-11$……②とする。①，②の連立方程式の解が $x=3$，$y=2$ より，解を①に代入して，$a\times3-b\times2=-10$，$3a-2b=-10$……③となり，②に代入して，$b\times3+a\times2=-11$，$2a+3b=-11$……④となる。③，④を連立方程式として解くと，③×3＋④×2 より，$9a+4a=-30+(-22)$，$13a=-52$，$a=-4$ となり，これを④に代入して，$2\times(-4)+3b=-11$，$-8+3b=-11$，$3b=-3$，$b=-1$ となる。

(イ)＜二次方程式＞解の公式より，$x=\frac{-(-5)\pm\sqrt{(-5)^2-4\times3\times(-1)}}{2\times3}=\frac{5\pm\sqrt{37}}{6}$ となる。

(ウ)＜関数―比例定数＞関数 $y=ax^2$ において，y の変域が $0\leqq y\leqq6$ となることより，$a>0$ である。よって，x の絶対値が大きいほど，y の値も大きくなる。x の変域が $-3\leqq x\leqq2$ より，絶対値が最大の $x=-3$ のとき，y の値は最大の $y=6$ であるから，$6=a\times(-3)^2$ より，$a=\frac{2}{3}$ である。

(エ)＜文字式の利用―不等式＞ 1本150円のペン x 本の代金は $150x$ 円，1冊200円のノート y 冊の代金は $200y$ 円となるから，代金の合計は，$150x+200y$ 円と表せる。これが3000円以下であることから，$150x+200y\leqq3000$ と表せる。

(オ)＜空間図形―体積＞半径が r の球の体積は $\frac{4}{3}\pi r^3$ だから，半径が 6 cm の球の体積は，$\frac{4}{3}\pi\times6^3=288\pi$ (cm³) である。

(カ)＜数の計算＞与式 $=x^2-(3y)^2=(x+3y)(x-3y)$ として，$x=143$，$y=47$ を代入すると，与式 $=(143+3\times47)(143-3\times47)=284\times2=568$ である。

3 〔独立小問集合題〕

(ア)＜平面図形―証明，角度＞(i)次ページの図1で，△ABC が AB＝AC の二等辺三角形で，底角は等しいから，②は，∠ABC＝∠ACB となる。△ACG と△ADH において，①の∠CAG＝∠DAH，④の∠ACG＝∠ADH より，2組の角がそれぞれ等しいから，△ACG∽△ADH である。　(ii)図1において，△ADH で内角と外角の関係より，∠DAH＋∠ADH＝∠DHF だから，∠DAH＋∠ADH＝61° である。また，∠CAG＝∠DAH であり，$\overset{\frown}{CF}$ に対する円周角より，∠CDF＝∠CAG

図1

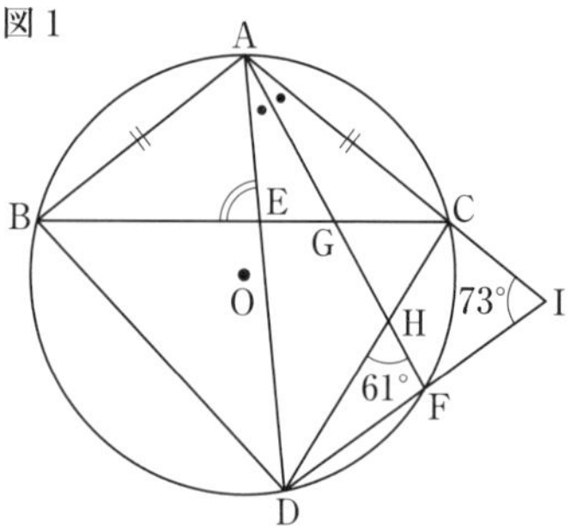

だから，$\angle CDF=\angle DAH$ である。よって，$\angle ADI=\angle CDF+\angle ADH=\angle DAH+\angle ADH=61^\circ$ となるから，$\triangle ADI$ で，$\angle EAC=180^\circ-\angle ADI-\angle AID=180^\circ-61^\circ-73^\circ=46^\circ$ となる。次に，$\angle CAG=\angle DAH=\frac{1}{2}\angle EAC=\frac{1}{2}\times 46^\circ=23^\circ$ より，$\angle CDF=\angle CAG=23^\circ$ となり，$\angle ADH=\angle ADI-\angle CDF=61^\circ-23^\circ=38^\circ$ である。$\overset{\frown}{AC}$ に対する円周角より，$\angle ABC=\angle ADH=38^\circ$ となり，$\triangle ABC$ が $AB=AC$ の二等辺三角形より，$\angle ACE=\angle ABC=38^\circ$ となる。以上より，$\triangle AEC$ で内角と外角の関係より，$\angle AEB=\angle EAC+\angle ACE=46^\circ+38^\circ=84^\circ$ となる。

(イ)**<データの活用―箱ひげ図，正しく述べたもの>**(i)A中学校とB中学校は50人だから，中央値は，通学時間を小さい順に並べたときの25番目と26番目の平均値である。また，第1四分位数は小さい方25人の中央値，第3四分位数は大きい方25人の中央値だから，第1四分位数は小さい方から13番目の値，第3四分位数は小さい方から $25+13=38$(番目)の値となる。問題の図2のA中学校において，15分未満が $4+5=9$(人)，20分未満が $9+10=19$(人)，25分未満が $19+13=32$(人)，30分未満が $32+8=40$(人)より，小さい方から13番目は15分以上20分未満の階級，25番目と26番目は20分以上25分未満の階級，38番目は25分以上30分未満の階級に含まれる。これより，第1四分位数は15分以上20分未満，中央値は20分以上25分未満，第3四分位数は25分以上30分未満だから，適する箱ひげ図はZとなる。同様にして，B中学校において，10分未満が9人，15分未満が $9+7=16$(人)，20分未満が $16+10=26$(人)，25分未満が $26+1=27$(人)，30分未満が $27+11=38$(人)より，小さい方から13番目は10分以上15分未満の階級，25番目と26番目は15分以上20分未満の階級，38番目は25分以上30分未満の階級に含まれるから，第1四分位数は10分以上15分未満，中央値は15分以上20分未満，第3四分位数は25分以上30分未満であり，適する箱ひげ図はXとなる。C中学校は60人だから，中央値は，通学時間を小さい順に並べたときの30番目と31番目の平均値である。第1四分位数は小さい方30人の中央値，第3四分位数は大きい方30人の中央値だから，第1四分位数は小さい方から15番目と16番目の平均値，第3四分位数は小さい方から $30+15=45$(番目)と46番目の平均値となる。C中学校において，10分未満が14人，15分未満が $14+9=23$(人)，20分未満が $23+12=35$(人)，25分未満が $35+11=46$(人)より，小さい方から15番目と16番目は10分以上15分未満の階級，30番目と31番目は15分以上20分未満の階級，45番目と46番目は20分以上25分未満の階級に含まれるから，第1四分位数は10分以上15分未満，中央値は15分以上20分未満，第3四分位数は20分以上25分未満であり，適する箱ひげ図はYとなる。したがって，XはB中学校，YはC中学校，ZはA中学校の箱ひげ図である。　(ii)Ⅰ…誤。通学時間が30分以上の生徒の人数は，A中学校が $7+2+1=10$(人)，B中学校が $1+7+4=12$(人)，C中学校が $5+1+1=7$(人)だから，最も多いのはB中学校である。　Ⅱ…誤。通学時間が10分以上15分未満の生徒の人数は，A中学校が5人，B中学校が7人，C中学校が9人で，その割合は，A中学校が $5\div 50=0.1$，B中学校が $7\div 50=0.14$，C中学校が $9\div 60=0.15$ だから，最も大きいのはC中学校である。　Ⅲ…正。通学時間が15分以上20分未満の生徒の人数は，A中学校が10人，B中学校が10人，C中学校が12人で，その割合は，A中学校とB中学校が $10\div 50=0.2$，C中学校が $12\div 60=0.2$ だから，全て等しい。　Ⅳ…正。各階級の階級値は，小さい方から順に7.5分，12.5分，17.5分，22.5分，27.5分，32.5分，37.5分，42.5分である。通学時間の平均値は，A中学校が $(7.5\times 4+12.5\times 5+17.5\times 10+22.5\times 13+27.5\times 8+32.5\times 7+37.5\times 2+42.5\times 1)\div 50=1125\div 50=22.5$(分)，B中学校が $(7.5\times 9+12.5\times 7+17.5\times 10+22.5\times 1+27.5\times 11+32.5\times 1+37.5\times 7+42.5\times 4)\div 50=1120\div 50=22.4$(分)，C中学校が $(7.5\times 14+12.5\times 9+17.5\times 12+22.5\times 11+27.5\times 7+32.5\times 5+37.5\times 1+42.5\times 1)\div 60=1110\div 60=18.5$(分)だから，全て25分未満である。

(ウ)**<平面図形―長さ>**右図2で，△ABCは∠ACB＝90°の直角三角形だから，三平方の定理より，$AC=\sqrt{AB^2-BC^2}=\sqrt{24^2-12^2}=\sqrt{432}=12\sqrt{3}$ となり，3辺の比は BC：AB：AC＝12：24：$12\sqrt{3}$＝1：2：$\sqrt{3}$ となる。これより，∠ABC＝60°，∠CAB＝30°となる。点Cと点Dを結ぶと，$BD=\frac{1}{2}AB=\frac{1}{2}\times24=12$ より，BD＝BC＝12となり，∠DBC＝60°だから，△BCDは正三角形である。よって，CD＝BD＝12となり，CE＝BC＝12より，△CEDはCD＝CEの二等辺三角形である。点Gが線分DEの中点より，CG⊥DEとなり，DE∥BFだから，点DからBFに垂線DIを引くと，四角形DIHGは長方形となる。したがって，DI＝GHである。また，∠BCD＝60°より，∠DCE＝∠ACB－∠BCD＝90°－60°＝30°となるから，∠CED＝∠CDE＝(180°－∠DCE)÷2＝(180°－30°)÷2＝75°である。∠EAD＝30°だから，△ADEで内角と外角の関係より，∠ADE＝∠CED－∠EAD＝75°－30°＝45°となり，DE∥BFより，∠DBI＝∠ADE＝45°である。これより，△DBIは直角二等辺三角形となるから，$DI=\frac{1}{\sqrt{2}}BD=\frac{1}{\sqrt{2}}\times12=6\sqrt{2}$ となり，$GH=DI=6\sqrt{2}$(cm)である。

図2

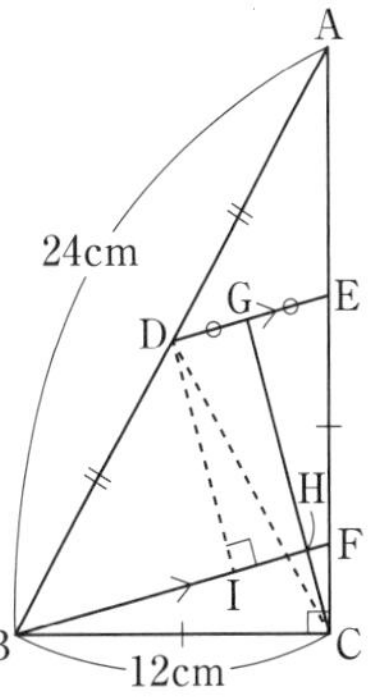

(エ)**<一次方程式の応用>**4％の食塩水300gからag取り出すと，残るのは4％の食塩水$300-a$gだから，含まれる食塩の量は，$(300-a)\times\frac{4}{100}=12-\frac{1}{25}a$(g)と表される。そこに食塩$a$gを加えると，含まれる食塩の量は$12-\frac{1}{25}a+a=12+\frac{24}{25}a$(g)となる。また，12％の食塩水は$300-a+a=300$(g)できるから，含まれる食塩の量は，$300\times\frac{12}{100}=36$(g)である。よって，含まれる食塩の量について，$12+\frac{24}{25}a=36$ が成り立つ。これを解くと，$\frac{24}{25}a=24$ より，$a=25$(g)となる。

4 **〔関数―関数 $y=ax^2$ と一次関数のグラフ〕**

≪基本方針の決定≫(ウ)　△CEFと△COGの底辺をそれぞれCF，COと見たときの高さが等しいことに気づきたい。

(ア)**<比例定数>**右図で，点Aは直線$y=-x$上の点で，x座標は－6だから，$y=-(-6)=6$より，A(－6，6)である。点Aは放物線$y=ax^2$上の点でもあるから，$y=ax^2$に$x=-6$，$y=6$を代入して，$6=a\times(-6)^2$より，$a=\frac{1}{6}$となる。

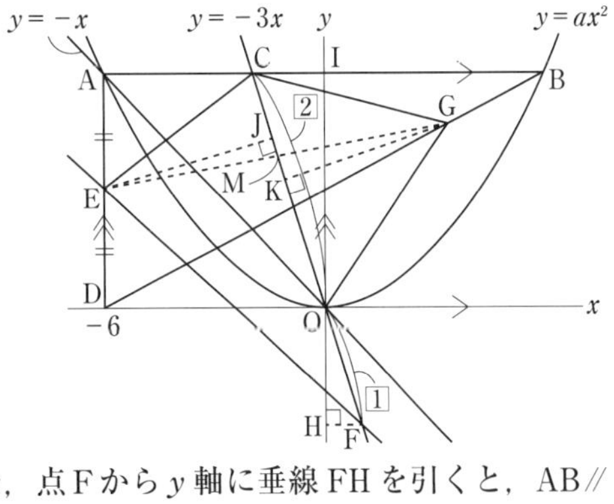

(イ)**<傾き，切片>**右図で，AD∥〔y軸〕であり，(ア)より，A(－6，6)だから，D(－6，0)である。AE＝EDより，点Eは線分ADの中点なので，点Eのy座標は$\frac{6+0}{2}=3$となり，E(－6，3)となる。また，点Fからy軸に垂線FHを引くと，AB∥〔x軸〕より，AB∥HFとなる。直線ACとy軸の交点をIとすると，△OCI∽△OFHとなり，相似比はCO：OF＝2：1である。点Cは直線$y=-3x$上の点で，点Aのy座標より，点Cのy座標は6だから，$6=-3x$，$x=-2$となり，C(－2，6)である。よって，CI＝2，OI＝6である。CI：FH＝OI：OH＝2：1だから，$FH=\frac{1}{2}CI=\frac{1}{2}\times2=1$，$OH=\frac{1}{2}OI=\frac{1}{2}\times6=3$となり，F(1，－3)である。したがって，E(－6，3)，F(1，－3)より，直線EFの傾きmは，$m=\frac{-3-3}{1-(-6)}=-\frac{6}{7}$であ

る。直線EFの式は$y=-\frac{6}{7}x+n$となり，点Fを通ることより，$-3=-\frac{6}{7}\times1+n$，$n=-\frac{15}{7}$である。

(ウ)**＜x座標＞**前ページの図で，△CEFと△COGの底辺をそれぞれCF，COと見ると，底辺の比は，CO：OF＝2：1より，CF：CO＝(2＋1)：2＝3：2である。△CEF：△COG＝3：2より，△CEF：△COG＝CF：COとなるから，△CEFと△COGの高さは等しくなる。よって，点E，点Gから直線CFに垂線EJ，GKを引くと，EJ＝GKとなる。線分EGと直線CFの交点をMとすると，∠EJM＝∠GKM＝90°，∠EMJ＝∠GMKより，∠MEJ＝∠MGKとなるから，△EJM≡△GKMである。したがって，EM＝GMより，点Mは線分EGの中点である。次に，(ア)より，2点A，Bは放物線$y=\frac{1}{6}x^2$上の点となり，AB∥〔x軸〕より，2点A，Bはy軸について対称だから，A(−6，6)より，B(6，6)となる。D(−6，0)なので，直線BDの傾きは$\frac{6-0}{6-(-6)}=\frac{1}{2}$となり，その式は$y=\frac{1}{2}x+b$とおける。点Dを通ることより，$0=\frac{1}{2}\times(-6)+b$，$b=3$となり，直線BDの式は$y=\frac{1}{2}x+3$である。これより，点Gの$x$座標を$t$とおくと，$y$座標は$y=\frac{1}{2}t+3$となり，$G\left(t,\ \frac{1}{2}t+3\right)$と表される。E(−6，3)なので，線分EGの中点Mのx座標は$\frac{-6+t}{2}=\frac{t-6}{2}$，$y$座標は$\left(3+\frac{1}{2}t+3\right)\div2=\frac{t+12}{4}$より，$M\left(\frac{t-6}{2},\ \frac{t+12}{4}\right)$となる。点Mは直線$y=-3x$上の点だから，$\frac{t+12}{4}=-3\times\frac{t-6}{2}$が成り立ち，これを解くと，$t+12=-6t+36$より，$7t=24$，$t=\frac{24}{7}$となるから，点Gの$x$座標は$\frac{24}{7}$である。

5〔データの活用—確率—さいころ〕

(ア)**＜確率＞**大，小2つのさいころを同時に1回投げるとき，それぞれ6通りの目の出方があるから，目の出方は全部で6×6＝36(通り)あり，a，bの組も36通りある。このうち，残ったカードが1枚となるのは，取り除いたカードが5枚のときで，操作2で取り除くカードは1枚なので，操作1で取り除くカードは4枚となる。これより，aは約数を4つ持つ数である。1，2，3，4，5，6のうち，約数を4つ持つのは6で，約数は1，2，3，6である。よって，残ったカードが$\boxed{4}$のカード1枚になるのは，a=6のときで，このとき，操作1で$\boxed{1}$，$\boxed{2}$，$\boxed{3}$，$\boxed{6}$のカードを取り除くので，残るカードは$\boxed{4}$，$\boxed{5}$となる。操作2で，$\boxed{5}$のカードを取り除くので，小さいさいころの出た目bは，5か，操作1ですでに取り除いたカードの数字の1，2，3，6である。したがって，残ったカードが$\boxed{4}$のカード1枚となるa，bの組は，(a，b)＝(6，1)，(6，2)，(6，3)，(6，5)，(6，6)の5通りあるから，求める確率は$\frac{5}{36}$となる。

(イ)**＜確率＞**残ったカードに$\boxed{6}$のカードが含まれる場合，a=1，2，3，4，5である。a=1のとき，操作1で残るカードは$\boxed{2}$，$\boxed{3}$，$\boxed{4}$，$\boxed{5}$，$\boxed{6}$だから，b=2，3，4，5の4通りある。a=2のとき，操作1で残るカードは$\boxed{3}$，$\boxed{4}$，$\boxed{5}$，$\boxed{6}$だから，b=3，4，5の3通りある。同様に考えると，a=3のとき，b=2，4，5の3通りあり，a=4のとき，b=3，5の2通りあり，a=5のとき，b=2，3，4の3通りある。以上より，残ったカードに$\boxed{6}$のカードが含まれる場合のa，bの組は，4＋3＋3＋2＋3＝15(通り)あるから，求める確率は$\frac{15}{36}=\frac{5}{12}$となる。

6〔空間図形—三角錐〕

(ア)**＜体積＞**展開図を組み立てると，3点C，E，Fが重なる。この点をIとすると，できる三角錐は，次ページの図1のような三角錐A-BIDとなる。∠AIB＝∠AID＝90°より，AI⊥〔面BID〕となるから，三角錐 A-BID は，底面を△BID と見ると，高さは AI＝10 である。△BID は BI＝ID＝5 の二等辺三角形だから，点 I から辺 BD に垂線 IM を引くと，点Mは辺 BD の中点となり，$\mathrm{BM}=\dfrac{1}{2}\mathrm{BD}=\dfrac{1}{2}\times6=3$ となる。△IBM で三平方の定理より，$\mathrm{IM}=\sqrt{\mathrm{BI}^2-\mathrm{BM}^2}=\sqrt{5^2-3^2}=\sqrt{16}=4$ となるので，$\triangle\mathrm{BID}=\dfrac{1}{2}\times\mathrm{BD}\times\mathrm{IM}=\dfrac{1}{2}\times6\times4=12$ となり，三角錐 A-BID の体積は，$\dfrac{1}{3}\times\triangle\mathrm{BID}\times\mathrm{AI}=\dfrac{1}{3}\times12\times10=40(\mathrm{cm}^3)$ である。

図 1

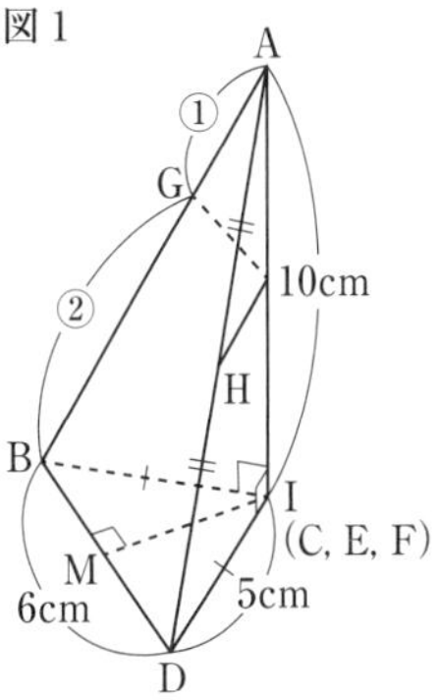

(イ)＜**長さ**＞右図 1 のように，点 G から辺 AI と交わるように点 H まで引いた線が最も短くなるとき，通る面は面 ABI と面 ADI だから，この 2 つの面を右図 2 のように展開すると，その線は線分 GH となる。2 点 G，H から BD に垂線 GJ，HK を引き，点 H から GJ に垂線 HL を引く。AI∥GJ より，IJ：JB＝AG：GB＝1：2 となり，$\mathrm{IJ}=\dfrac{1}{1+2}\mathrm{BI}=\dfrac{1}{3}\times5=\dfrac{5}{3}$ となる。AI∥HK，AH＝HD より，$\mathrm{IK}=\mathrm{KD}=\dfrac{1}{2}\mathrm{ID}=\dfrac{1}{2}\times5=\dfrac{5}{2}$ となる。四角形 HKJL は長方形だから，$\mathrm{HL}=\mathrm{JK}=\mathrm{IJ}+\mathrm{IK}=\dfrac{5}{3}+\dfrac{5}{2}=\dfrac{25}{6}$ となる。また，△ABI∽△GBJ となるから，AI：GJ＝AB：GB＝(1＋2)：2＝3：2 となり，$\mathrm{GJ}=\dfrac{2}{3}\mathrm{AI}=\dfrac{2}{3}\times10=\dfrac{20}{3}$ である。△ADI∽△HDK となるから，AI：HK＝AD：HD＝2：1 となり，$\mathrm{HK}=\dfrac{1}{2}\mathrm{AI}=\dfrac{1}{2}\times10=5$ となる。これより，LJ＝HK＝5 となるので，$\mathrm{GL}=\mathrm{GJ}-\mathrm{LJ}=\dfrac{20}{3}-5=\dfrac{5}{3}$ となる。よって，△GHL で三平方の定理より，求める線の長さは，$\mathrm{GH}=\sqrt{\mathrm{HL}^2+\mathrm{GL}^2}=\sqrt{\left(\dfrac{25}{6}\right)^2+\left(\dfrac{5}{3}\right)^2}=\sqrt{\dfrac{725}{36}}=\dfrac{5\sqrt{29}}{6}$ となる。

図 2

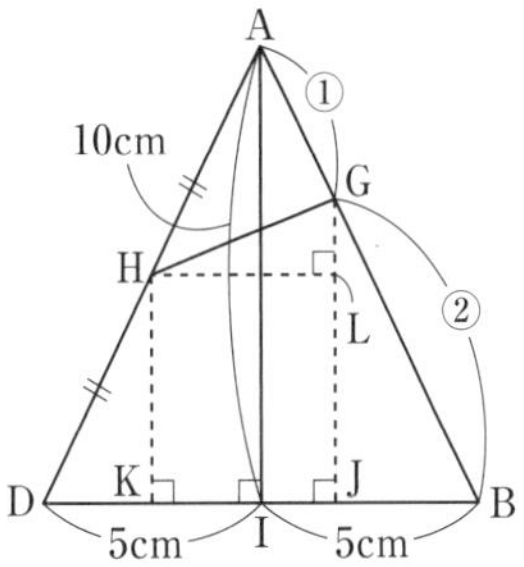

＝読者へのメッセージ＝

3(イ)では，箱ひげ図がありました。箱ひげ図は，アメリカの数学者，統計学者ジョン・テューキー(1915～2000)の著書で使われたのが最初といわれています。1970年代のことですので，かなり新しいものといえます。

社会解答

1 (ア) 5　(イ) 2　(ウ) 3　(エ) 1
(オ) 4

2 (ア) 6　(イ) 3　(ウ) 1　(エ) 4
(オ) 2

3 (ア) 4　(イ) 3　(ウ) 5　(エ) 2
(オ) 1

4 (ア) 3　(イ) 4　(ウ) 2　(エ) 8
(オ) 1

5 (ア) 2　(イ) 1　(ウ) 7　(エ) 3
(オ) 4

6 (ア) 3　(イ) 2　(ウ) 6　(エ) 1
(オ) 4

7 (ア) 3　(イ) 2　(ウ) 1　(エ) 4

1〔世界地理─西太平洋地域〕

(ア)＜**季節風と海洋**＞日本では，夏には南東から吹く暖かく湿った季節風が太平洋側に降雨をもたらす。日本列島の太平洋沖には，プレート境界に水深が8000mを超える海溝がある。また，略地図中のCの点線で示された国はツバルであり，太平洋に位置する。

(イ)＜**緯度と時差**＞Aの国(カンボジア)の南西から南東に向かって伸びる半島はマレー半島であり，マレー半島の先端付近を通る緯線は緯度０度の緯線の赤道である。略地図では，緯線は赤道から５度ごとに引かれているため，ASEAN加盟国は北緯30度から南緯15度までの範囲に位置することがわかる(X…○)。日本の標準時子午線は兵庫県明石市を通過している東経135度である。略地図は経度が５度ごとに引かれているため，日本より西にあるAの国を通る経線の経度は，東経135度線から西に向かって数えると，東経105度であることがわかる。Aの国と日本の経度差は，135－105＝30度で，経度差15度につき１時間の時差が生じるので，30÷15＝2時間の時差がある(b…○)。

(ウ)＜**フィリピンの宗教**＞Bの国はフィリピンである。フィリピンは，16世紀～19世紀末までスペインの支配を受けた。スペインは，メキシコ以南の南北アメリカ州の多くの国も植民地としており，支配地域でカトリックの布教を熱心に行ったため，スペイン支配を受けた地域では現在もカトリック信徒が多い(3…○)。なお，シャカが開いたのは仏教(1…×)，「コーラン」を教典とするのはイスラム教(2…×)，牛を神聖視するのはヒンドゥー教(4…×)である。

(エ)＜**オセアニアの島々の自然**＞Cの国であるツバルは，赤道に近いため，周辺に暖かい海が広がっており，さんご礁が発達している(1…○)。なお，フィヨルドは，氷河で削られた谷に海水が深く入り込んでできた地形で，ヨーロッパのノルウェーや，オセアニアのニュージーランド南部などに見られる(2…×)。永久凍土はロシアのシベリア地域のような極寒の地域で見られる(3…×)。梅雨は日本を含む東アジアの国々で初夏に見られる(4…×)。

(オ)＜**オーストラリアの経済**＞資料Yを見ると，オーストラリアの貿易相手は，1965年時点では欧米諸国が中心であったが，2022年時点ではアジア諸国が中心となっている。これは，aのオーストラリアが主導して1989年にAPEC〔アジア太平洋経済協力会議〕が結成されたことなどにより，オーストラリアとアジア諸国の経済的結びつきが強まったためである(a…○)。

2〔日本地理─つくば市を題材とした問題〕

(ア)＜**日本の気候**＞Pのグラフは，Q，Rに比べて年降水量が少ないため，瀬戸内の気候に属する高松市，Qは冬の降水量が多いので，日本海側の気候に属する富山市，残った太平洋側の気候の特徴を示すRはつくば市に当てはまる。

(イ)＜**関東ローム**＞つくば市の位置する関東平野には，関東ロームと呼ばれる火山灰などが堆積してできた赤土が存在する。

(ウ)＜**等高線と断面図**＞等高線は100mごとに引かれているため，Xは500mと600mの等高線の間にある。XからYに向かって進むと，600mと700mの等高線を通過した後，800mの等高線を４度にわたって通過する。800mの等高線を４度通過する際には，１度800m以上の範囲に上り，その後筑波山頂駅のある700～800mの地点まで下った後，再度800m以上の範囲まで上ることになる。４度目に800mの等高線を通過した後は，700m，600mの等高線を通過して，500mと600mの等高線の間にある[Y]に到達する。したがって，[X]と[Y]はほぼ同じ高さであり，また，800m以上の範囲を２度通過することになるので，１が当てはまる。

(エ)＜**資料の読み取り**＞資料のグラフを見ると，つくば市では1990～2020年はいずれも昼間人口の方が夜間人口よりも多く，昼夜間人口比率は100を超えている。昼夜間人口比率は(昼間人口)÷(夜間人口)×100で求められるので，1990年から2005年にかけて昼夜間人口比率が上昇しているということは，昼間人口の方が夜間人口よりも増加数が多いということになる(X…誤)。年表中の「鉄道路線」が開業したのは2005年であり，2005～20年は，資料のグラフを見ると，つくば市の夜間人口は上昇し続けている(Y…誤)。

(オ)＜**資料の読み取り**＞各国のGDPは(研究費)÷(研究費がGDPに占める割合)×100で求められる。表中の研究費の上位３か国であるアメリカ合衆国，中華人民共和国(中国)，日本のGDPは，アメリカが806013百万÷3.46×100＝23295173.4…百万より，およそ23兆ドル，中国のGDPは465287百万÷2.14×100＝21742383.1…百万より，およそ22兆ドル，日本のGDPは176961百万÷3.30×100＝5362454.5…百万より，およそ５兆ドルである。この３か国が，表におけるGDPの額の上位３か国となる(２…○)。なお，表中の国は，全て北半球にある(１…×)。表中の国のうち，EUの加盟国は，ドイツ，フランス，イタリアであり，研究費の合計は153232百万＋76952百万＋40940百万＝271124百万ドルであり，日本の研究費である176961百万ドルよりも大きい(３…×)。日本は，第二次世界大戦中の1940年に，ドイツ，イタリアと日独伊三国同盟を結んでいる(４…×)。

3 〔歴史―古代～近世の日本と世界〕

(ア)＜**聖武天皇と天平文化**＞奈良時代に東大寺の大仏をつくらせたのは，聖武天皇である。奈良時代には，西アジアやインドから中国を経由して遣唐使がさまざまな文物を日本に持ち帰り，国際色豊かな天平文化が栄えた(４…○)。なお，桓武天皇は平安京をつくった天皇であり，平安時代には唐風の文化を日本の風土・生活に合わせた国風文化が栄えた。

(イ)＜**資料の読み取り**＞地形図を見ると，田(〃)が碁盤目状に区画されており，これは資料で示された土地の区画の名残と考えられる(b…○)。奈良時代の743年に出された墾田永年私財法によって開墾地の永久私有が認められるようになったことをきっかけとして，東大寺のような大寺院は，荘園の開発を進めるようになった(c…○)。なお，荘園の南には山があり(a…×)，荘園に地頭が置かれるようになるのは1185年(d…×)である。

(ウ)＜**年代整序**＞年代の古い順に，Ⅲ(承久の乱後―鎌倉時代)，Ⅰ(鎌倉府の設置―室町時代)，Ⅱ(豊臣秀吉の全国統一―安土・桃山時代)となる。

(エ)＜**鎌倉時代の文化と世界**＞写真２は，鎌倉時代に運慶らが制作した東大寺南大門の金剛力士像である。日本が鎌倉時代であった13世紀初めに，チンギス＝ハンがモンゴル帝国を建国した。なお，ヨーロッパで宗教改革が始まったのは16世紀前半，唐が滅亡したのは10世紀初めのことである。

(オ)＜**17世紀の日本**＞17世紀は1601～1700年であり(X…○)，日本では江戸時代前期にあたる。17世紀末期～18世紀初期にかけて，徳川綱吉が江戸幕府第５代将軍だった時期を元禄時代といい，この時代には，質を落とした元禄小判が大量に発行され，物価が上昇した(a…○)。なお，士族への俸禄の支給が廃止されたのは，明治時代初期の1876年である(b…×)。天明のききんが起こったのは，江戸時代後半の18世紀後半である(c…×)。

4 〔歴史・公民総合―野球を題材とした問題〕

(ア)＜**お雇い外国人**＞お雇い外国人とは，明治時代初期，政府が殖産興業政策を進めるために欧米列強から招いた技術者や学者のことである(３…○)。なお，昭和時代初期の1932年，満州事変の調査のために国際連盟から派遣されたのは，リットン調査団である(１…×)。第二次世界大戦後，日本政府に大日本帝国憲法を改正し，新憲法を制定するように指示したのは，GHQ〔連合国軍最高司令官総司令部〕である(２…×)。江戸幕府が「鎖国」中に海外の情報を入手するために重要な役割を果たしたのは，長崎の出島にあったオランダ商館の提出するオランダ風説書である(４…×)。

(イ)＜**日本の海外支配地**＞あ．の遼東半島を通る長春以南の鉄道の権益を日本が得たのは，日露戦争の講和条約として1905年に結ばれたポーツマス条約によってである（X…正）。二十一か条の要求は，第一次世界大戦中の1915年に日本が中国に対して示したものだが，い．の朝鮮半島は1910年の韓国併合以来日本の植民地となっていた（Y…誤）。う．の台湾は，日清戦争の講和条約として1895年に結ばれた下関条約によって日本の植民地となった（Z…誤）。

(ウ)＜**高度経済成長期**＞初めて東京でオリンピックが開かれたのは，高度経済成長期の1964年である。当時は1953年に放送が始まったテレビが，一般家庭に普及した時期であった（2…○）。なお，新橋・横浜間に初めて鉄道が敷設されたのは，明治時代初期の1872年である（1…×）。義務教育の就学率が初めて90％を超えたのは，明治時代末期である（3…×）。個人による携帯電話の保有が進んだのは，20世紀末である（4…×）。

(エ)＜**労働基本権**＞労働組合が経営者側との団体交渉を行うにあたって，要求を実現させるために一斉に労働を放棄することをストライキという（Z…○）。労働組合を結成する権利は，日本国憲法第28条に書かれた勤労者の団結する権利，すなわち団結権として保障されている（b…○）。

(オ)＜**年代整序**＞年代の古い順に，Ⅰ（イタリアのエチオピア侵略の開始―1935年），Ⅱ（大西洋憲章の発表―1941年），Ⅲ（中華人民共和国の成立―1949年）となる。

5〔公民―総合〕

(ア)＜**国民経済**＞国や地方公共団体が道路や公園，水道など社会資本を整備する公共事業を行う場合，建設は企業に発注され，費用が支払われる（2…○）。なお，財（モノ）やサービスは企業によって供給され，家計は代金を企業に支払う（1…×）。消費税は家計から直接政府に流れるのではなく，代金とともに受け取った企業が政府に納税する（3…×）。紙幣を発券するのは日本銀行の役割であり，紙幣は銀行を通じて社会に流通することになる（4…×）。

(イ)＜**社会保障**＞社会保障は，日本国憲法第25条に規定されている「健康で文化的な最低限度の生活を営む権利」である生存権を国民に保障するための仕組みである（X…○）。社会保障の仕組みのうち，社会保険は，税金と保険料を財源として，必要に応じて給付を行う仕組みである（a…○）。なお，Yは自由権，Zは請求権に関する条文であり，bは公共事業についての具体例である。

(ウ)＜**為替相場**＞表を見ると，2012年に1ドル＝86.55円であったものが，2022年には1ドル＝132.56円になっており，円の価値がドルに対して低くなる円安になっていることがわかる。円の価値は，円に対する需要が下がると低くなるため，ドルの需要が円に比べて高まり，円からドルへの交換が増えると，円の価値が下がる円安になる。円安になると，日本製の商品を海外に輸出する際に，輸入する側からすると商品の価格は安くなるので，海外市場での競争上有利になる。

(エ)＜**一般銀行の業務**＞一般銀行は，お金を企業・家計に貸し付けて利子を受け取り，預金者に利子を支払う。お金の借り手から受け取る利子を，預金者に支払う利子よりも高くすることで，差額が銀行の収入となる（3…○）。

(オ)＜**日本銀行の金融政策**＞デフレーション〔デフレ〕とは，需要が供給を下回り，物価が持続的に下がることをいう。デフレを終息させるためには，企業などがお金を借りやすくし，生産が活発になるようにする必要がある。そこで市場に出回る通貨の流通量を増やすため，日本銀行は，一般銀行から国債を買い取って，代金を一般銀行に支払い，銀行の手持ちの資金を増やすことで，銀行が家計・企業に貸し出しやすくする（4…○）。

6〔公民―総合〕

(ア)＜**国際連合**＞国際連合は，紛争が起こった地域で，停戦の継続や選挙の監視などを行うPKO〔平和維持活動〕を行っている（3…○）。なお，国際連合が設立されたのは，第二次世界大戦後の1945年である（1…×）。安全保障理事会では，常任理事国の5か国のみが拒否権を持っている（2…×）。国連加盟国に核兵器の放棄は義務づけられておらず，現在も核兵器を保有している国はいくつも存在する（4…×）。

(イ)＜**南北問題，バイオマス**＞サハラ砂漠以南のアフリカ諸国には，工業化が進まず，鉱産資源などにも恵まれないことから貧しい国が多い。また，生物由来の資源をバイオマスといい，再生可能な資源の１つとして化石燃料と比べ温室効果ガスを削減する効果がある。

(ウ)＜**国務大臣**＞各省の長は国務大臣が務めるが，国務大臣は過半数が国会議員であればよく，衆議院議員も，参議院議員も，民間人にも就任する資格がある(X…誤)。国務大臣は内閣総理大臣に任命されて内閣を構成し，閣議に出席して国の行政全体に連帯して責任を負うことになる(Y…正)。弾劾裁判は，裁判官としてふさわしくない行いのあった裁判官を辞めさせるかどうかを決定するために国会が行う裁判である(Z…誤)。

(エ)＜**違憲審査制と三権分立**＞メモの最高裁判所は，日本国憲法第15条に，公務員の選定・罷免権は国民固有の権利であると規定されているため，海外在住の日本国民が，最高裁判所裁判官を罷免するかどうかを決定する国民審査に参加できないことは，国民の参政権を侵害し，憲法違反であると判断した(X…○)。日本国憲法は三権分立を採用し，権力が特定の機関に集中することで，国民の権利が侵されることがないようにしている。内閣が最高裁判所長官を指名することで，裁判所の権力が強大になりすぎないようにしている(a…○)。

(オ)＜**障がい者の権利**＞事業者が障がい者に必要かつ合理的な配慮を行い，障がい者が働きやすい環境を整えることは，障がい者の働く機会の公正を確保することにつながる(４…○)。なお，資料２は，障がい者が個人として尊重され，不当な扱いを受けないようにすることで，障がい者の平等権を保障しようとするものである(１…×)。事業者に法律で障がい者への必要かつ合理的な配慮を求めることは，公共の福祉の考え方によって事業者の経済活動の自由が制限される例である(２…×)。聴覚障がい者に対して音声のみで案内を行うことは，不合理であるといえる(３…×)。

7 〔**三分野総合―南アジアを題材とした問題**〕

(ア)＜**ネパールとブータン**＞ネパールとブータンはともにヒマラヤ山脈に位置し，アルプス・ヒマラヤ造山帯に属しているため，地震がたびたび発生している(３…○)。なお，AU〔アフリカ連合〕はアフリカ州の地域統合である(１…×)。世界で最も面積が大きい国はロシアであり，ネパールとブータンはともに隣接していない(２…×)。ネパール・ブータンともに，北部はヒマラヤ山脈による高山気候となっており，南部には温帯が広がっている。

(イ)＜**サンフランシスコ平和条約**＞1951年にアメリカ合衆国で開かれたサンフランシスコ講和会議で，サンフランシスコ平和条約が結ばれ，翌1952年に条約が発効したことで日本は独立国として主権を回復した(X…○)。しかし，この講和会議は，ソ連などの社会主義国やインドなどが反対や不参加の状態のままで結ばれた(b…○)。

(ウ)＜**フェアトレード**＞発展途上国の製品を先進国の人びとが公正な価格で購入することを，フェアトレードという(１…○)。なお，エコツーリズムとは，旅行を通じて環境に対する配慮を身につけようとする考え方(２…×)，モノカルチャー経済とは，特定の農産物や鉱産資源の生産・輸出に頼った経済(３…×)，マイクロクレジットとは，貧困層の自立支援のため，無担保・小額の融資を行う金融サービス(４…×)のことである。

(エ)＜**資料の読み取り**＞資料３を見ると，南アジアの国々にあたるインドとバングラデシュへの援助額の合計は3382.5百万＋2065.7百万＝5448.2百万ドルであり，「世界計」の額に占める割合は，5448.2百万÷17812.3百万×100＝30.5…より，30％を上回っている(X…正)。資料２から，「贈与」とは，無償資金協力と技術協力のことである。資料４を見るとスリランカへの「贈与」の額は，1506万＋742万＝2248万ドルであり，「合計」に占める割合は，2248万÷17732万×100＝12.6…より，約13％である。これに対し，ネパールへの「贈与」の額は，3350万＋1188万＝4538万ドルであり，「合計」に占める割合は，4538万÷9114万×100＝49.7…より，約50％である。したがって，一人あたりの国民総所得が小さいネパールの方が，「贈与」の額が「合計」に占める割合は大きい(Y…誤)。資料５から，「債務の罠」とは，借り手が将来にわたって，債務の返済に必要な資金を調達できるかどうかを考慮せずに融資を行うことであり，資料２より，「技術協力」は債務の発生しない「贈与」にあたる(Z…誤)。

理科解答

1 (ア) 4　(イ) 3
(ウ) (i)…1　(ii)…1

2 (ア) 2　(イ) 4
(ウ) (i)…2　(ii)…1

3 (ア) 4　(イ) 7　(ウ) 1

4 (ア) 3　(イ) 4
(ウ) X…3　Y…2

5 (ア) 3　(イ) 2　(ウ) 4　(エ) 2

6 (ア) 1　(イ) 5　(ウ) 3
(エ) あ…4　い…2　う…3

7 (ア) 4　(イ) 3　(ウ) 1
(エ) あ…2　い…4

8 (ア) 1　(イ) 1　(ウ) 3　(エ) 2

1 〔小問集合〕

(ア)＜**光の屈折**＞入射角は，光が入射する面に垂直な線と入射する光がつくる角である。よって，右図のように，プリズムを回転させると，側面Aでの入射角は小さくなり，側面Bでの入射角は大きくなる。なお，さらにプリズムを回転させて側面Bでの入射角が一定以上の大きさになると，光が空気中に出ていくことなく，境界面で全て反射する全反射が起こる。

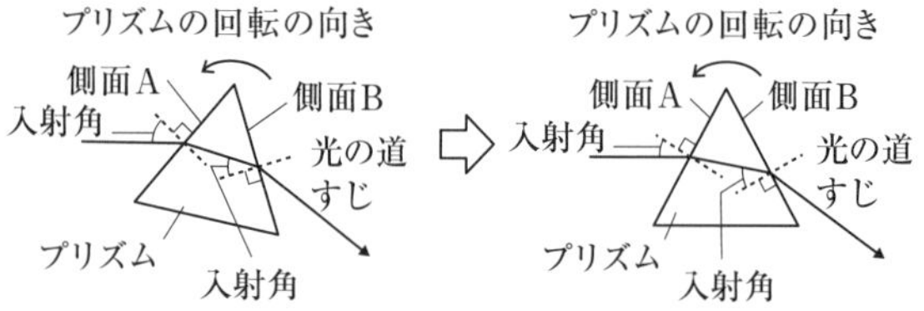

(イ)＜**輪軸**＞まず，〔仕事(J)〕＝〔力の大きさ(N)〕×〔力の向きに動いた距離(m)〕より，20Nのおもりを30cm，つまり，0.3m引き上げるために必要な仕事は，$Z=20\times0.3=6.0$(J)である。次に，大きい滑車につないだひもを引き下げるとき，大きい滑車と小さい滑車が回転する角度は等しいから，小さい滑車でおもりを引き上げる距離と大きい滑車を引き下げる距離の比は，滑車の半径の比に等しい。よって，小さい滑車の半径が20cm，大きい滑車の半径が50cmより，小さい滑車でおもりを30cm引き上げるとき，大きい滑車を引き下げる距離は，$Y=30\times\frac{50}{20}=75$(cm)である。仕事の原理より，おもりを30cm引き上げるときに手がした仕事も6.0Jだから，75cmが0.75mより，手が大きい滑車につないだひもに加えた力の大きさは，$X=6.0\div0.75=8.0$(N)となる。

(ウ)＜**作用・反作用**＞図1と比べ，図2では，Bさんの体重計の示す値は，$55.0-52.5=2.5$(kg)増加している。これは，Aさんの手がBさんの肩に加えた下向きの力によるもので，質量100gの物体にはたらく重力の大きさが1.0Nより，加えた力の大きさは，$2.5\times1000\div100\times1.0=25$(N)である。よって，AさんがBさんに力を加えたとき(作用)，AさんはBさんから，反作用として，向きが反対で同じ大きさの力を受けるので，Aさんの手がBさんの肩から受ける力は，向きが上向きで，大きさは25Nである。このとき，AさんはBさんから上向きに25Nの力を受けたので，体重計が示す値は2.5kg減少して，$57.5-2.5=55.0$(kg)を示す。

2 〔小問集合〕

(ア)＜**溶解度**＞図より，物質Aの溶解度が120gである水溶液の温度は約64℃で，物質Bの溶解度が30gである水溶液の温度は約43℃である。これより，水溶液の温度を下げていくと，約64℃で物質Aの結晶が現れ，約43℃で物質Bの結晶が現れるから，物質Aの結晶だけが確認できる温度は43℃以上64℃以下となる。よって，1～4のうち，最も適する温度は50℃である。なお，70℃では物質Aも物質Bも結晶が現れず，30℃と10℃では物質Aも物質Bも結晶が現れている。

(イ)＜**化学変化のモデル**＞化学変化の前後で原子の種類と数は変わらないので，矢印の左側と右側で，原子の種類と数は同じである。よって，炭酸水素ナトリウムと二酸化炭素，水のモデルより，炭酸ナトリウムのモデルは，◍が2個，◯が3個，●が1個でできている。よって，1～4のうち，最も適するものは4である。なお，それぞれのモデルは，◍がナトリウム原子(Na)，◯が酸素原子(O)，●が炭素原子(C)，⊙が水素原子(H)であり，炭酸ナトリウムの化学式はNa_2CO_3である。

(ウ)＜**ダニエル電池**＞亜鉛と銅では亜鉛の方がイオンになりやすい。そのため，図のダニエル電池では，亜鉛原子が電子を放出して亜鉛イオンになって水溶液中に溶け出し，亜鉛板に残った電子は導線を通って銅板へ移動する。電流の流れる向きは，電子が移動する向きと逆だから，電流は図のbの向きに流れる。そして，銅板に移動した電子は，硫酸銅水溶液中の銅イオンに受け取られ，銅イオンは銅原子になり銅板に付着する。そのため，亜鉛板の質量は減少し，銅板の質量は増加する。

3〔小問集合〕

(ア)＜**花のつくり**＞被子植物であるアブラナの花には子房があるが，裸子植物であるマツの花には子房がない。よって，最も適するものは4である。なお，アブラナもマツも種子植物なので，種子をつくる。アブラナの花には花弁やがくがあるが，マツの花には花弁やがくがない。果実は子房が変化したものなので，アブラナの花には果実ができるが，子房がないマツの花には果実ができない。

(イ)＜**細胞のつくり**＞顕微鏡で観察したときに，動物の細胞と植物の細胞に共通して見られるつくりは，核と細胞膜である。よって，表中のいには細胞膜，えには○が当てはまる。また，動物の細胞には見られないが，植物の細胞には見られるつくりは，葉緑体と細胞壁，液胞なので，あには葉緑体，うには×が当てはまる。

(ウ)＜**だ液のはたらき**＞ヨウ素液はデンプンと反応して青紫色に変化し，ベネジクト液は糖と反応して赤褐色の沈殿を生じる。よって，図のだ液を加えた試験管Aではデンプンがなくなり，だ液を加えていない試験管Bではデンプンがあるので，この2本の試験管の結果を比較することで，だ液のはたらきでデンプンがなくなったことがわかる。なお，試験管Cでは糖があり，試験管Dでは糖はない。また，2では，だ液以外のはたらきでデンプンが糖に変化した可能性があり，だ液のはたらきでデンプンが糖に変化したとはいえない。3では，どちらの試験管にもだ液を加えていないので，だ液のはたらきはわからない。4では，だ液のはたらきで糖ができたことがわかる。

4〔小問集合〕

(ア)＜**地層**＞土砂が堆積するとき，粒の大きいものほど早く沈むので，図1のa層は大きい粒のある側が下になるように堆積したと考えられる。よって，この地域の地層は，d層，c層，b層，a層の順に堆積した。その後，a層が一番上に堆積した地層に押し縮めるような大きな力がはたらくと，図2のようなしゅう曲ができる。なお，図3のようなしゅう曲は，a層，b層，c層，d層の順に堆積した地層に押し縮めるような力がはたらくとできるので，その場合はa層の外側ほど大きい粒になる。

(イ)＜**天体の観測**＞金星は地球の内側を公転している内惑星なので，地球から見て太陽と反対側にくることはないため，真夜中には観測できない。一方，火星は地球の外側を公転している外惑星なので，真夜中に観測できる。また，日食が観測できるのは，太陽－月－地球が，この順に一直線上に並んでいるときで，このときの月は新月である。以上より，a～dのうち，観測できるものはbとdである。なお，満月のときに観測できるのは，月食である。

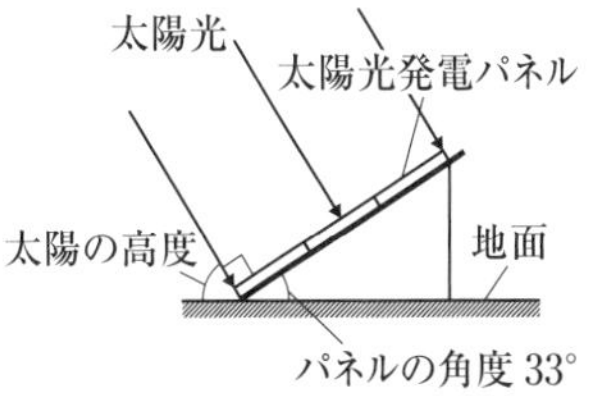

(ウ)＜**太陽光発電**＞右図のように，太陽光が太陽光発電パネルに垂直に当たるとき，太陽の高度は，180°－33°－90°＝57°である。また，沖縄県は神奈川県より緯度が低いため，太陽の年間の平均高度は，神奈川県よりも高い。よって，太陽光を太陽光発電パネルに垂直に当

てるためには，パネルの角度をより小さく設定しなければならない。

5〔電流とその利用〕

㈠＜**電流と磁界**＞磁石はＮ極が下向きで，イの向きに磁界をつくっていて，表より，回路に流れる電流の大きさが大きくなると電子てんびんの示す値が大きくなっている。よって，コイルに流れる電流の大きさが大きくなると磁石に対してコイルの反発する力が大きくなっていることがわかる。したがって，コイルは図１のイの向きに力を受け，コイルに流れる電流は，コイルの内側にアの向きの磁界をつくる。

㈡＜**磁石の力**＞回路に流れる電流の向きを逆にすると，コイルの内側にできる磁界の向きが逆になり，コイルは図１のアの向きに力を受ける。実験１では，表より，回路に流れる電流の大きさを100mAにしたとき，電子てんびんの示す値は，０mAのときより，12.48－10.80＝1.68(g)大きくなっている。よって，電流の向きを逆にして100mAの電流を流すと，電子てんびんの示す値は０mAのときより1.68g小さくなり，10.80－1.68＝9.12(g)を示す。

㈢＜**直流**＞発光ダイオードは，決まった向きにだけ電流が流れて点灯する。交流は電流の向きが周期的に変化するので，図５のように，逆向きにつないだ２個の発光ダイオードは，図７のように交互に点灯する。一方，直流は電流の向きが一定だから，図８で，発光ダイオードの＋側を電源の＋極につないだ発光ダイオードは常に点灯し，逆向きにつないだ発光ダイオードは点灯しない。よって，１～４のうち，発光ダイオードの点灯の様子を表す図として最も適するものは４である。

㈣＜**音**＞図９の音の波形は，図４の音の波形より振幅が大きく，同じ時間当たりの振動数が少ない。音の波形の振幅が大きくなったということは，音の大きさが大きくなった，つまり，コイルの振動が大きくなったということである。コイルの振動を大きくするには，流れる電流を大きくすればよいので，交流電源の電圧をより大きくする必要がある。また，音の波形の同じ時間当たりの振動数が少なくなったということは，周期的に電流の向きが変わるまでの時間が長くなったということだから，交流電源の周波数をより小さくする必要がある。

6〔化学変化とイオン〕

㈠＜**非電解質**＞電流が流れる水溶液は電解質の水溶液で，水溶液中に電解質が電離して生じたイオンがあるため，電流が流れる。グラフ１のように，砂糖水に電流が流れないのは，砂糖が非電解質で，水に溶けてもイオンが生じないためである。よって，１～４のうち，電流が流れないのは，砂糖水と同じく非電解質の水溶液であるエタノール水溶液である。なお，塩化銅水溶液，硫酸，硝酸カリウム水溶液は電解質の水溶液なので，電流が流れる。

㈡＜**塩酸の電気分解**＞塩酸は塩化水素(HCl)の水溶液で，水溶液中では水素イオン(H^+)と塩化物イオン(Cl^-)に電離している。塩酸に電流を流すと，陽イオンであるH^+は陰極に引かれ，陰極から電子を受け取り，水素(H_2)となって発生する。一方，陰イオンであるCl^-は陽極に引かれ，陽極に電子を渡して，塩素(Cl_2)となって発生する。

㈢＜**中和とイオン**＞水酸化バリウム($Ba(OH)_2$)は，水溶液中でバリウムイオン(Ba^{2+})と水酸化物イオン(OH^-)に電離している。また，硫酸(H_2SO_4)は，水溶液中で水素イオン(H^+)と硫酸イオン(SO_4^{2-})に電離している。そのため，うすい水酸化バリウム水溶液にうすい硫酸を加えると，中和により，H^+とOH^-が結びついて水(H_2O)が生じ，Ba^{2+}とSO_4^{2-}が結びついて硫酸バリウム($BaSO_4$)の沈殿ができる。よって，実験２のように，うすい水酸化バリウム水溶液にうすい硫酸を加えていくと，H_2Oと$BaSO_4$が生じ，水溶液中のBa^{2+}とOH^-は減少する(２)。完全に中和すると，イオンはなくなり，H_2Oと$BaSO_4$だけになる(１)。さらに，うすい硫酸を加えていくと，結びつくBa^{2+}とOH^-がないため，水溶液中にはH^+とSO_4^{2-}が増加する(３・４)。以上より，グラフ２の各点におけるモデルは，点Bが2，点Cが1，点Dが3，点Eが4である。

(エ)＜**中和，濃度**＞グラフ2より，点Cでは電流がほとんど流れていないので，水溶液中にはイオンがほぼなかったと考えられる。また，水酸化ナトリウム(NaOH)は，水溶液中でナトリウムイオン(Na^+)と水酸化物イオン(OH^-)に電離していて，HClはH^+とCl^-に電離している。よって，うすい水酸化ナトリウム水溶液にうすい塩酸を加えていくと，中和により，H^+とOH^-が結びついて水(H_2O)が生じ，Na^+とCl^-が結びついて塩化ナトリウム(NaCl)が生じる。グラフ3より，うすい水酸化ナトリウム水溶液とうすい塩酸は，電流の大きさが最小になる点Fで完全に中和しているが，点Fでは電流が流れているので，うすい水酸化バリウム水溶液とうすい硫酸の中和とは異なり，完全に中和したときも水溶液中にイオンが存在することがわかる。これは，うすい水酸化ナトリウム水溶液とうすい塩酸の中和で生じる塩《えん》であるNaClが，水溶液中でNa^+とCl^-に電離しているためである。そして，完全に中和したグラフ3の点Fでは，水溶液は塩化ナトリウム水溶液になっていて，流れる電流の大きさは約50mAである。したがって，グラフ1より，塩化ナトリウム水溶液に50mAの電流が流れるのは，質量パーセント濃度が4.0%のときである。

7 〔生命・自然界のつながり〕

(ア)＜**分離の法則**＞生殖細胞がつくられるとき，対になっている遺伝子は，分離の法則によって染色体とともに移動して，それぞれ別の生殖細胞に入る。毛の色と毛の長さは，互いに影響を及ぼし合うことなく遺伝するので，親の細胞で対になっている毛の色を決める遺伝子を含む染色体と，毛の長さを決める遺伝子を含む染色体は，4のように，1つの生殖細胞に1つずつ入る。

(イ)＜**遺伝の規則性**＞①より，黒色の毛の純系の遺伝子の組み合わせはAA，茶色の毛の純系の遺伝子の組み合わせはaaであり，③より，モルモットの毛の色は黒色が顕性の形質である。③ではAAとaaを親として交配するので，子は両親からAとaを受け継ぎ，遺伝子の組み合わせは全てAaになる。これより，⑤ではAaの子どうしを交配するので，孫の遺伝子の組み合わせと数の比は，右表1のように，AA：Aa：aa＝1：2：1になる。よって，孫のうち③でできる子(Aa)と同じ遺伝子の組み合わせを持つものは，$\frac{2}{1+2+1}=\frac{2}{4}=\frac{1}{2}$より，半数になる。なお，⑤でできる孫，AAとAaは黒色の毛の個体，aaは茶色の毛の個体なので，黒色の毛：茶色の毛＝(1＋2)：1＝3：1となり，黒色の毛の個体数が茶色の毛の個体数の3倍である。

表1

	A	a
A	AA	Aa
a	Aa	aa

(ウ)＜**遺伝の規則性**＞③より，モルモットの毛の色は黒色が顕性の形質，茶色が潜性の形質だから，遺伝子の組み合わせはXがAAかAaであり，Yがaaである。AAとaaの交配では，子は全てAa(黒色)になり，Aaとaaの交配では，子の数の比は，Aa(黒色)：aa(茶色)＝1：1になる。これより，毛の色が黒色の子と茶色の子ができたならば，Xの遺伝子はAaである。なお，毛の色が黒色の子のみができたならば，Xの遺伝子はAAであり，茶色の子のみができるのはaaどうしを交配させた場合である。

(エ)＜**遺伝の規則性**＞毛の色を決める遺伝子と毛の長さを決める遺伝子は別の染色体にあり，毛の色と毛の長さは互いに影響を及ぼし合うことなく遺伝するので，AABBとaabbを親として交配すると，子は両親からABとabを受け継ぎ，遺伝子の組み合わせは全てAaBbになる。③より毛の色は黒色が顕性の形質だから，Aを持つものは毛の色が黒色になり，④より毛の長さは短い毛が顕性の形質だから，Bを持つものは

表2

	AB	Ab	aB	ab
AB	AABB	AABb	AaBB	AaBb
Ab	AABb	AAbb	AaBb	Aabb
aB	AaBB	AaBb	aaBB	aaBb
ab	AaBb	Aabb	aaBb	aabb

毛の長さが短くなる。よって，AaBbは毛の色が黒色で，毛が短い個体である。また，AaBbの子がつくる生殖細胞に含まれる遺伝子はAB，Ab，aB，abの４種類で，同数できるので，AaBbの子どうしを交配したときにできる孫の遺伝子の組み合わせは，前ページの表２のようになる。したがって，毛の色が黒色で毛が短い個体はＡとＢを持ち，毛の色が茶色で毛が長い個体はＡもＢも持たないから，表２より，これらの個体数の比は，(黒・短)：(茶・長)＝９：１である。

8〔気象と天気の変化〕

(ア)＜**前線**＞日本付近を通過する温帯低気圧は，低気圧の中心から南東に温暖前線，南西に寒冷前線を伴うことが多い。よって，図１の前線Ａは温暖前線，前線Ｂは寒冷前線である。温暖前線は暖気が寒気の上にはい上がっていくため，前線付近では広い範囲に雲ができることが多い。なお，寒冷前線付近では強い上昇気流が生じて，積乱雲ができることが多い。

(イ)＜**水蒸気量**＞〔湿度(%)〕＝$\dfrac{\text{〔空気1 m}^3\text{中に含まれている水蒸気量(g/m}^3\text{)〕}}{\text{〔その気温での飽和水蒸気量(g/m}^3\text{)〕}}\times 100$より，〔空気１$m^3$中に含まれている水蒸気量(g/$m^3$)〕＝〔その気温での飽和水蒸気量(g/$m^3$)〕×$\dfrac{\text{〔湿度(\%)〕}}{100}$となる。図２のア～ウでは，気温が高いほど飽和水蒸気量は大きいので，気温も湿度も最も高いアの水蒸気量が最も多い。また，イとウでは，湿度がほぼ同じなので，水蒸気量は気温が高いイの方が多くなる。よって，多い方から順に，ア，イ，ウである。

(ウ)＜**前線**＞日本付近の低気圧は西から東へ移動することが多いので，図１の１日目の午前３時以降，横浜では，温暖前線(前線Ａ)，寒冷前線(前線Ｂ)の順に通過すると考えられる。温暖前線の通過後は風向が南寄りに変化し，気温が上がり，寒冷前線の通過後は風向が北寄りに変化し，気温が下がる。また，雨が降ると湿度が高くなる。よって，図２の気温と湿度の変化と，表の横浜の風向の変化より，横浜では，１日目の12時頃に温暖前線の通過に伴う雨が降り，２日目の10時頃に寒冷前線の通過に伴う雨が降っていたと考えられる。

(エ)＜**寒冷前線**＞図１の前線Ｂは寒冷前線で，(ウ)より，横浜を寒冷前線が通過したのは２日目の10時頃なので，２日目の３時には寒冷前線はまだ通過していない。また，寒冷前線が通過すると風向が北寄りに変化するので，表より，風向が北寄りに変化したのは，大阪は２日目の８時，熊本は１日目の24時なので，２日目の３時には寒冷前線は大阪を通過していないが，熊本は通過していると考えられる。寒冷前線は西から東へ移動するから，熊本の東側，大阪と横浜の西側にある。

国語解答

一　(ア)　a…3　b…4　c…4　d…2
　(イ)　a…1　b…4　c…2　d…3
　(ウ)　1

二　(ア)　3　(イ)　3　(ウ)　2　(エ)　1
　(オ)　4　(カ)　4

三　(ア)　1　(イ)　2　(ウ)　4　(エ)　1
　(オ)　4　(カ)　1　(キ)　2　(ク)　2
　(ケ)　3

四　(ア)　1　(イ)　2　(ウ)　4　(エ)　3

五　(ア)　3
　(イ)　［AIなどの情報技術を，］人間が自分で何かを達成するための手助けとし，人間の偶有性が確保される(34字)［ように使うことを心がけるべきだ。］

一〔国語の知識〕

(ア)＜漢字＞a.「固唾」は，緊張したときなどに口の中にたまるつばのこと。　b.「辛辣」は，他人への言動や批評が非常に手厳しい様子。　c.「逸材」は，人並みより優れた才能を持つ人物のこと。　d. 音読みは「稚拙」などの「セツ」。

(イ)＜漢字＞a.「紅潮」と書く。1は「潮流」，2は「包丁」，3は「兆候」，4は「山頂」。　b.「沿革」と書く。1は「塩分」，2は「声援」，3は「実演」，4は「沿岸」。　c.「資格」と書く。1は「司会」，2は「投資」，3は「雑誌」，4は「詩集」。　d.「推(しはかる)」と書く。1は「反省」，2は「心酔」，3は「推移」，4は「斉唱」。

(ウ)＜短歌の内容理解＞八月の正午頃，音がなく静まり返る瞬間があり，ふと見ると真夏の強い日ざしを受けて白く輝いている階段が，滝のように見えたのである。「ごとく」という直喩を用いることにより，階段の白い輝きを強調し力強く表現している。「瀑布」は，高い所から白い布を垂らしたように，直下する水の流れのことで，滝の別名である。

二〔小説の読解〕出典：髙森美由紀『藍色ちくちく』。

(ア)＜文章内容＞より子に「ダダはいつも汚ねくてしょしぃ」と言われ深く傷ついたにもかかわらず，父がわざと笑顔をつくり傷ついていないように見せようとしていることに，より子はすぐ気づいた。より子は，あのようなことを言わなければよかったと今でも思っているため，そのときの父の顔を忘れられないでいた。

(イ)＜心情＞父は，より子に恥をかかせないよう一人で馬に乗っていくつもりだったため，より子に一緒に乗っていくと言われ困惑した。しかし，馬を引いてくると，「すっかり磨き上げ」た馬に乗ってより子と一緒に向かうことができるうれしさや，少し照れくさい気持ちが込み上げてきた。

(ウ)＜心情＞より子は，馬に乗って景色を見ながら進んでいくうちに，子どものときのことが思い出され，故郷が「どんどん遠ざかる」ことがつらくなり，思わず「休まねくていんだべか」と馬の様子をきいた。嫁入りへの進行は「どんどん流れて」止めることはできないため，より子は，心の底から切なく感じていたのである。

(エ)＜心情＞より子は，子どもの頃につくってあげた菱刺しを父が今まで「一度もはいているのを見たためし」がなかった。その菱刺しを，父が「特別な日にはくべ」と決めていてくれたことが，より子はうれしかった一方で，喜んでいる自分の表情を父に見られるのは「照れくさく」感じたので，父から見えない位置に座っていてほっとしたのである。

(オ)＜心情＞より子は，より子が生まれた直後から大人になるときのことを考えていてくれた父の愛情の深さを実感し，父を「汚いだの恥ずかしいだのと批判してきた」ことを，「やっと父に謝ること」ができた。そして，より子の謝りたいという気持ちを理解したうえで，「何，謝ることがある」と言ってくれた父に対し，より子は，感謝の思いでいっぱいになったのである。

(カ)＜表現＞より子は，父とともに馬に乗りながら，父が嫁入り道具として洗濯機を用意し，より子が恥ずかしい思いをしないよう気を使ったことだけでなく，より子からもらった菱刺しの下ばきをはいていることや，生まれたばかりのより子のために箪笥をつくる木を植えたことなどから，より子に対する深い愛情に改めて気づくことになる。道中で描かれる自然の風景は，より子と父が過ごした時間を表現するとともに，故郷を離れるより子の切ない気持ちと呼応し合っている。

三〔**論説文の読解―社会学的分野―コミュニケーション**〕出典：井上雅人『ファッションの哲学』。

≪**本文の概要**≫私たちは，衣服が着ている人の感情や人となりを伝えるコミュニケーションの手段であることを感覚として知っている。ファッションは，コミュニケーションを成立させているのである。しかし，ここには言語コミュニケーションと何が違うのかという問題がある。衣服が言語として機能し意味を伝えることができるかに関しては，記号論の学者によって，衣服がつくる意味世界を言葉によって解読しようという試みがなされてきた。衣服は社会集団により意味が異なり，流行の服は変化が速いなどのことから，衣服の全てを言葉によって解読することなどできないだろう。ファッションにおけるコミュニケーションは，多様な意味の読みが可能であり，言語と比べ不完全であるが，解説や評論のような言語活動によって，ファッションは，社会と深いつながりを持つことができる。言語活動も含めたコミュニケーション全体を，ファッションにおけるコミュニケーションとしてとらえていく必要がある。

(ア)＜**接続語**＞A.「衣服を使ってのコミュニケーション」は，「不都合に縛られてしまう」うえに，伝播の過程で意味が変化するため，受け取った人が「内容を検証できなくなっている」のである。
B. 衣服が「言語とは違うシステム」である点は「現在でも基本的に変わらない」とはいえ，「現在のファッションにおけるコミュニケーション」には「マスメディアが，不可欠な存在として付随」し，「視覚的な情報に必ず言葉が添え」られ，ファッションは言語と関わりがある。

(イ)＜**品詞**＞「以上の意味」と「お気に入りの本」の「の」は，修飾を表す格助詞。「姉の作った」の「の」は，動作などの主体を表す格助詞。「寒いのに」の「の」は，逆接の意味を示す接続助詞「のに」の一部。「降ってきたのは」の「の」は，活用語を名詞化する役割を持つ準体助詞。

(ウ)＜**語句**＞「需要」は，求めること，または，経済主体が市場で物やサービスを購入しようとする欲求のこと。対義語は，物を与えること，または，物やサービスを販売しようとして市場に出すという意味の「供給」。

(エ)＜**文章内容**＞本や新聞は，文字によってメッセージを伝達するが，衣服に書かれている文字は，「単なる名前以上の意味を持つ」など，「ただ書かれたままのメッセージを伝えているわけではない」から，普遍的な言語コミュニケーションのメディアとはいえない。

(オ)＜**文章内容**＞言語コミュニケーションで伝達されている「文字に置き換えることができる情報」を衣服の「形や色の組み合わせによって」伝達でき，情報の受け手も衣服が伝達するメッセージを「正確に読み取ること」ができるならば，衣服を言語と見なせることになる。

(カ)＜**文章内容**＞「記号として読むことができる」民族衣裳とは異なり，「都会の衣服」の批評は，「常に移り変わる意味の一瞬だけを捉え」ているだけで，「恒久的な意味」があると判断することはできない。

(キ)＜**文章内容**＞衣服を使ったコミュニケーションは，伝播の過程で「発信者が込めた意味は失われ，意味が多様になってしまう」不完全なものである。しかし，意味をさまざまに解釈できるからこそ，同じファッションが，何度も「新しいもの」と見なされ，コミュニケーションとして「豊か」に活用されているといえる。

(ク)＜**文章内容**＞ファッションにおけるコミュニケーションについてマスメディアが言葉を使って行う解説や評論は，「ファッションの一瞬だけを捕らえ」ただけで「跡形もなく消えて」いく。しかし，言語活動によってファッションは「社会とより深い繋がりを持つことができる」のだから，マスメディアによる解説や評論は，無駄に見えても無駄とはいえない。

(ケ)＜**要旨**＞衣服はコミュニケーションの手段であり，ファッションはコミュニケーションを成立させているが，衣服が言語として機能し意味を伝えることができるかに関しては，何人かの学者の研究から，衣服がつくる意味世界を言葉によって解読することはできないということが明らかにされている。ファッションにおけるコミュニケーションは，言語と比べ不完全だが，言語活動によってファッションは社会と深いつながりを持つことができるから，言語活動も含めたコミュニケーション全体を，ファッションにおけるコミュニケーションとしてとらえていく必要がある。

四〔古文の読解―説話〕出典：『古事談』巻第一ノ七五。

≪現代語訳≫六条修理大夫の藤原顕季卿が，刑部丞の源義光と領地を争った。白河法皇は，これという理由も示さず裁定をされなかった。顕季は内心(このことを)恨み申し上げていたところ，ある日ただ一人で法皇の前に参上した。(法皇は,)「あの義光についての疑いはどうなったか」とおっしゃった。(顕季は)「そのことでございます。訴訟というものは，どちらの側も自分の言い分こそ道理と思うものでございますが，今回の件に関しては正否がわかりきっております。ご判断いただけないのは困ったことでございます」と申し上げた。(法皇は)また，「あれこれこのことを考えてみたが，お前は例の領地一つがなかったとしても，全く不自由しない。彼はあの一か所の領地を命懸けで確保しようとしている，と聞いている。道理だけで裁定を下せば，道理をわからずに，もしかしたら武士が邪念を起こしたりしないだろうか，と思って先延ばしにしているのだ。何も言わず例の領地は譲ってしまえと思うのだ」とおっしゃった。これを聞いた顕季は涙を流しお礼申し上げて退出した後，義光を呼び目通りを許して「あの荘園のことを，よくよく考えてみますに，私はあれとは別に荘園も少々ございますし，(治めている)国もございます。あなた様はあの荘園一つを頼りにしておられる，とのこと。お気の毒ですので，お譲り申し上げようと思うのだ」と言って，日を置かずに避文を書き，権利書も添えて，義光に与えた。義光は喜んだ様子である。座を立つと侍所に行き，即座に名前を記してこれを(顕季に)献上して退出した。その後，特に(顕季のところに)やってくることはなかった。／一，二年後，顕季が鳥羽殿から夜になって退出したときに，護衛の者がいなかった。わずかに雑色二，三人だけを連れていた。新しくつくった道の辺りから武装した武士たちが五，六騎ほど，(顕季の)車の前後にやってきた。(顕季は)恐ろしさのあまり，雑色に(誰なのかを)尋ねさせると，武士たちは「夜になってお供もなく退出なさいました。それゆえ義光様から(言われて)警護のために参上したところです」と答えた。(顕季は)ここで内心白河法皇のご判断が特別であったことを考えた。

(ア)**＜古文の内容理解＞**「理非」は，正しいことと間違っていること。顕季は，白河法皇がなかなか裁定を出してくれないことに納得がいかず，領地の争いについては自分の方が正しいのは明らかだと主張し，法皇に自分が正しいと裁定してくれるようお願いした。

(イ)**＜古文の内容理解＞**法皇は，道理からいえば顕季の主張は正しいが，道理だけで裁定すると「武士もしくは腹黒などや出来せんずらん」と，顕季の身の安全を考えて裁定を先延ばししていた。顕季は，法皇の気遣いを知り，ありがたくもったいないことだと感極まって涙が出たのである。

(ウ)**＜古文の内容理解＞**夜道で武士たちがついてきて怖くなった顕季が雑色に尋ねに行かせたところ，武士たちは，顕季が供を連れず退出したことを知って警護についてきたと答えた。領地を譲ってもらったため，義光は，顕季の動向を見守っていたのである。

(エ)**＜古文の内容理解＞**夜道で出会った武士たちは警護が目的であったが，仮に義光が悪い心を持っていれば，顕季を襲わせることも可能であった。そのことに気づいた顕季は，すぐに裁定を下さず，領地で争い恨みを買うよりは譲った方がよいとした白河法皇の判断に，心を打たれた。

五〔資料〕

(ア)ある「情報関係の研究者」は，技術の発明や改良を「考えるのが楽しい」から行うだけではなく，「人々が幸せで充実感のある生活を送ること」を大目標にしようと考えを変えた(…Ⅰ)。人間の行動が自由であるとは，他の選択肢も「あり得た」という偶有性が確保されているということである(…Ⅱ)。

(イ)「充実感を得られ，幸せに暮らす」ためには，人間は，自分で何かを達成しなければならず，AIなどの情報技術は，「人間が自分で何かを達成するのを助ける働きをするべき」である。また，AIのレコメンドやエンカレッジは便利に思えるが，無意識の自由を奪われないためには，「他でもあり得た」という偶有性を失わないようにすることが重要なのである。

Memo

誰にもよくわかる 解説と解答 2023年度

神奈川県　正答率

(全日制の課程)

英語

1	ア	1	69.6%
		2	72.4%
		3	75.2%
	イ	1	61.7%
		2	75.5%
	ウ	1	68.0%
		2	66.4%
2	ア		88.3%
	イ		87.7%
	ウ		70.5%
3	ア		36.7%
	イ		75.8%
	ウ		73.4%
	エ		78.5%
4	ア		31.5%
	イ		59.2%
	ウ		54.0%
	エ		33.0%
5			42.2%
6	ア		48.3%
	イ		38.2%
	ウ		37.9%
7	ア		68.4%
	イ		50.9%
8	ア		45.2%
	イ		44.5%
	ウ		38.3%

社会

1	ア	76.7%
	イ	50.4%
	ウ	53.2%
	エ	58.9%
	オ	53.0%
2	ア	87.1%
	イ	74.2%
	ウ	75.6%
	エ	85.2%
3	ア	36.3%
	イ	55.9%
	ウ	59.8%
	エ	72.5%
	オ	38.4%
4	ア	41.3%
	イ	47.6%
	ウ	44.6%
	エ	51.1%
	オ	47.0%
5	ア	54.3%
	イ	71.7%
	ウ	63.7%
	エ	43.1%
	オ	57.9%
6	ア	58.2%
	イ	76.7%
	ウ	72.4%
	エ	48.3%
	オ	30.1%
7	ア	42.3%
	イ	63.9%
	ウ	69.0%
	エ	46.9%

数学

1	ア			94.7%
	イ			95.2%
	ウ			85.8%
	エ			91.4%
	オ			91.5%
2	ア			92.1%
	イ			83.5%
	ウ			81.9%
	エ			63.8%
	オ			78.0%
3	ア	i	ab	67.7%
			c	89.0%
		ii		21.5%
	イ	i		71.6%
		ii		44.2%
	ウ			27.8%
	エ			8.0%
4	ア			86.9%
	イ			55.1%
	ウ			5.9%
5	ア			39.4%
	イ			34.5%
6	ア			62.5%
	イ			19.3%
	ウ			4.0%

理科

1	ア		87.0%
	イ		54.9%
	ウ		22.6%
2	ア		56.7%
	イ		40.5%
	ウ		51.9%
3	ア		76.9%
	イ		32.8%
	ウ		67.4%
4	ア		77.7%
	イ		52.4%
	ウ		30.2%
5	ア		38.5%
	イ		72.7%
	ウ		54.1%
	エ		41.4%
6	ア		18.0%
	イ		24.0%
	ウ		63.5%
	エ		46.1%
7	ア		77.1%
	イ		48.3%
	ウ	i	86.3%
		ii	24.4%
8	ア		36.1%
	イ		38.8%
	ウ		50.5%
	エ		64.8%

国語

一	ア	a	93.5%
		b	83.7%
		c	78.5%
		d	95.9%
	イ	a	86.0%
		b	75.5%
		c	88.2%
		d	72.5%
	ウ		48.8%
二	ア		82.6%
	イ		87.5%
	ウ		82.7%
	エ		89.6%
	オ		76.1%
	カ		86.2%
三	ア		88.6%
	イ		55.1%
	ウ		92.4%
	エ		68.9%
	オ		78.0%
	カ		79.8%
	キ		77.1%
	ク		50.3%
	ケ		76.1%
四	ア		83.4%
	イ		82.6%
	ウ		73.9%
	エ		74.4%
五	ア		87.0%
	イ		17.1%

英語解答

1 (ア) No.1　2　No.2　4　No.3　3
(イ) No.1　3　No.2　1
(ウ) No.1　5　No.2　2

2 (ア)　3　(イ)　4　(ウ)　3

3 (ア)　1　(イ)　3　(ウ)　2　(エ)　4

4 (ア)　3番目…3　5番目…6
(イ)　3番目…3　5番目…4
(ウ)　3番目…1　5番目…3
(エ)　3番目…6　5番目…5

5 (例) Do you know which bus goes to

6 (ア)　4　(イ)　2　(ウ)　2

7 (ア)　4　(イ)　4

8 (ア)　5　(イ)　1　(ウ)　5

1 〔放送問題〕

(ア)No.1．ジュディ(J)：夏休みは何をしていたの，ケン？／ケン(K)：僕はオーストラリアにいる友達のトムの所に行ったよ。彼は去年僕の家で過ごしたんだ。彼にまた会えてうれしかった。／J：それはよかったわね！　誰かと一緒に行ったの？／K：うん。家族と一緒に行ったよ。

No.2．J：ケン，昨日あなたのサッカーの試合を見たわ。あなたはサッカーがとても上手ね。／K：ありがとう！　どの試合も勝ちたいから，一生懸命練習しているんだ。／J：なるほど。ふだんは1日にどのくらい練習するの？／K：僕は1日に2時間練習するよ。

No.3．J：ケン，先週の京都への修学旅行は楽しかったわね！　あなたのグループは京都で何をしたの？／K：僕のグループは美術館とお寺に行って，それにすてきなレストランでお昼ご飯を食べたんだ。／J：それはよかったわね！　あなたのお気に入りの場所はどこだった？／K：お寺が一番よかったよ，きれいな庭園があったからね。

(イ)No.1．マイク(M)：アキコ，僕は日本食のつくり方を知りたいんだ。／アキコ(A)：私の家族は料理が大好きなの。今度の日曜日，私の家に来て一緒に料理をしない？／M：うん。それはいいね！　何時に君の家に行けばいい？／A：えっとね，私たちはたいてい6時に夕飯を食べるの。夕飯の2時間前には料理を始めたいわ。その時間に来られる？／M：うん，行けるよ。／A：あなたが私たちと一緒に夕飯を楽しんでくれるといいな。

質問：「マイクについて言えることは何か」―3.「彼は今度の日曜，午後4時にアキコの家族と一緒に料理を始める」

No.2．M：君はギターを弾くの，アキコ？／A：うん。私は5歳のときにギターを弾き始めたの。／M：本当に？　すごく小さいときにギターを始めたんだね！　なんで始めたの？／A：お母さんが私をギターのコンサートに連れていってくれて，すごく好きになったの。コンサートの後でお母さんが私にギターを買ってくれて，それを弾き始めたのよ。／M：そうなんだ！　僕もギターが弾けたらなあ。僕に教えてくれる？／A：いいわよ。今日から始めましょう！

質問：「アキコについて言えることは何か」―1.「彼女は5歳のときからギターを続けている」

(ウ)≪全訳≫こんにちは，僕はケイタです。先週末に起こった出来事についてお話しします。僕はテニスをするのが好きで，雨でなければ，週末はたいてい学校でテニスの練習をします。ところが先週末は雨だったので，テニスができませんでした。そこで，土曜日は家で本を読みました。そして日曜日は家族のために昼食をつくり，みんな気に入ってくれました。それは修学旅行のときに沖縄で食べた料理でした。最初はテニスができなくて残念でしたが，今は読書も料理も好きだとわかりました。雨の日が僕に，ふだんしないことをする機会を与えてくれたのです。だから，僕の友達の皆さん，嫌なことが起きても残念に思う必要はありません。それは皆さんが何か新しいことを見つける機会なのです。ありがとうございました。

No.1．ケイタのスピーチ／ケイタはふだん，週末に雨でなければ①テニスをする。／先週の土曜日，彼は②家で本を読んだ。／この前の日曜日，彼の家族は③彼のつくった昼食を食べた。

No.2．質問：「クラスの生徒たちにケイタが伝えたいことは何か」—2．「自分のやりたいことができないときは，何か別のことをやってみるとよい」

2〔適語選択〕

(ア)持ち運べない理由として heavy「重い」が適切。　「テーブルがとても重くて運べません。手伝ってもらえますか」　bright「明るい」　deep「深い」　glad「うれしい」

(イ)sunny「晴れている」とあるので weather「天気」が適切。　「明日は釣りに行くので，天気が晴れだといいな」　company「会社，仲間」　festival「祭り」　health「健康」

(ウ)‘introduce ～ (to …)’「～を(…に)紹介する」　「私の友人を紹介します。彼の名前はタロウです。彼はカモメ中学校出身です。彼はバスケットボールをするのが好きです」

3〔対話文完成—適語(句)選択〕

(ア)A：トム，君は日本語が上手だね。／B：僕は子どもの頃，家族で日本に3年間住んでいたんだ。／／トムが子どもの頃という過去の出来事なので，過去形にする。このように明確に過去を示す語句がある場合，現在完了は使えない。

(イ)A：リンゴジュースとオレンジジュース，どっちを飲みたい？／B：うーん，僕はリンゴジュースもオレンジジュースも好きだから，選ぶのが難しいな。／／選ぶのが難しいのだから，どちらも好きなのだとわかる。　‘both A and B’「AとBのどちらも，両方」

(ウ)A：私はお医者さんになって，たくさんの人を助けたいの。あなたは？／B：まだ将来何をしたいか決めていないんだ。／／決めていないのは「何」をしたいかである。what 以下は‘疑問詞＋主語＋動詞…’の語順の間接疑問。

(エ)A：どうして英語の授業が好きなの？／B：友達と英語で話して，多くのことを学べるからさ。／／by ～「～によって」などの前置詞の後に動詞を置くとき，動詞は動名詞(～ing)の形にする。

4〔対話文完成—整序結合〕

(ア)A：今度の日曜日にサッカーの試合を見に行くんだ。何か持っていった方がいいものはあるかな？／B：暑くなるだろうから，何か飲み物が必要だね。／／文頭の Is と語群の there から‘There＋be動詞＋主語…’「～がいる〔ある〕」の構文の疑問文だと考え Is there anything というまとまりをつくる。残った語からは I should bring というまとまりができ，できた2つのまとまりを，‘名詞＋主語＋動詞…’「～が…する〈名詞〉」の形になるようつなげる(目的格の関係代名詞が省略された形)。不要語は to。　Is there anything I should bring？

(イ)A：あなたがいつ家に帰ってくるか私に教えてください。／B：はい。7時に家に帰ります。／／Bの返答から，Aは時間を尋ねたと考えられる。‘tell＋人＋物事’「〈人〉に〈物事〉を話す，伝える」の形で Please tell me と始め，‘物事’の部分に‘疑問詞＋主語＋助動詞＋動詞…’という間接疑問の語順で when you will come back home というまとまりを当てはめる。不要語は goes。　Please tell me when you will come back home.

(ウ)A：エリ，瓶に牛乳は残ってる？／B：ううん。私が全部飲んじゃった。／／疑問文をつくるが，are や have で始めるとうまくつながらないので，‘do/does/did＋主語＋動詞…?’という形の一般動詞の疑問文にする。do we have と始め，動詞 have の目的語として any milk を続ける。なお，left 以下は‘過去分詞＋語句’の形で後ろから milk を修飾する過去分詞の形容詞的用法で，ここでは leave が「～を残す」という意味で用いられている。不要語は are。　leave－left－left

Eri, do we have any milk left in the bottle ?

(エ)A：わからないことがあったら，遠慮なく質問してください。／B：ありがとうございます。// 'Don't＋動詞の原形' という否定の命令文と，be afraid of ～ing「～することを恐れる」を組み合わせて英文をつくる。不要語は to。　Don't be afraid of asking questions if you have something you don't understand.

5〔条件作文―絵を見て答える問題〕

≪全訳≫A．ある日，ケイコは1人でABC公園に行こうとした。駅で彼女は男性に「バスターミナルはどこですか？」と尋ねた。その男性は「駅の西口のそばですよ」と答えた。／B．バスターミナルに着くと，赤，青，黄色の3台のバスがあった。ケイコがそこにいた女性に「ABC公園に行きたいんです。(例)どのバスがその公園に行くか知っていますか？」と尋ねた。／C．「ええ。青いバスです。ここから5つ目のバス停がABC公園です。良い1日を」とその女性は答えた。「どうもありがとうございました」とケイコは言った。

＜解説＞A，Bの流れから，ケイコは3台のどのバスに乗ったらよいかを女性に尋ねたのだと推測できる。また，女性が Yes, I do. と答えていることから，Do you ～？の形の一般動詞の疑問文で問いかけたことがわかる。これらのことと＜条件＞から，Do you know ～ と始め，'～' にはどのバスかを尋ねる内容を間接疑問('疑問詞(＋主語)＋動詞...')の形で入れる。3つのバスのうちのどれかを問うので，疑問詞には 'which＋名詞'「どの～」の形で which bus とし，これが '主語' になる。'動詞' は＜条件＞より 'go to＋場所'「〈場所〉に行く」の形を使い，goes to the park とまとめる。

6〔長文読解総合―スピーチ〕

≪全訳≫❶こんにちは，僕はカイトです。今日は，AI機器についてお話しします。僕たちは，ロボットやドローン，スマートフォンなど，さまざまなAI機器を利用しています。AI機器は，多くの情報を集め，それを記憶し，それを使って人間に与えられた仕事をします。AI機器は僕たちの生活をより良くすることができると思います。AI機器にできないこともまだたくさんありますが，僕たちの生活をもっと楽にするためにできることもあります。僕のスピーチを通して，AI機器について皆さんにもっと知ってもらい，将来どのようにAI機器を使って暮らしていくかを想像してもらいたいと思います。
❷僕は，この夏にAI機器のイベントに参加するまで，AI機器について何も知りませんでした。それはカモメ市によって開催されたイベントでした。そのイベントで，僕はさまざまなAI機器について学ぶことができました。お医者さんのように働くロボットを見ました。ある女性がロボットに体の調子が悪いと伝えると，ロボットはいくつか質問をして，体調を良くするための提案をしてくれます。カモメ市役所の男性が僕に言いました。「このロボットはお医者さんのように働けますが，①それにはできないこともあります。お医者さんの代わりはできないのです。でも，将来は病院で働くロボットがもっと増えるでしょう」　このイベントで，僕は人間の手助けができるAI機器のつくり方を考えるようになりました。
❸そのイベントに行ってから，僕はAI機器についてもっと多くのことを学び始めました。AI機器がさまざまな用途で使われていることを知りました。例えば，AI機器は農家の人の役に立っています。このグラフを見てください。日本における2010年，2015年，2020年の日本の農家数の変化と，それぞれの年に農家の人たちが何歳だったかを示しています。農家の数は少なくなり，60歳以上の農家の割合が増えました。そして今，AI機器が農家にとって大いに役立つと期待されています。
❹僕はAI機器が実際にどのようにして農家の人の手助けをしているかを知るため，別のイベントにも行きました。そこで見たあるロボットは，農家の人がトマトを収穫するのを手伝っていました。このロボットには，トマトの情報をたくさん集めるためのカメラがついています。熟したトマトの形や色を記

憶していて，いつトマトを収穫するかを決めるのです。トマトを収穫すると決めたら，アームを使ってトマトを摘みます。農家の人はロボットが収穫したトマトを店に送ります。このイベントで僕は，トマト収穫ロボットを使っている農家の人と話しました。「ロボットを使って働いてみてどう思いますか？」と僕は彼に尋ねました。彼は言いました。「ロボットと人間が全く同じ仕事をできるとは思っていません。でも，②人間のしている仕事の一部はロボットにもできます。今や，ロボットはとても重要な存在になっています。農家の仕事は大変で多くの経験も必要なので，農家になりたいという若者は減っています。農家の人の代わりにロボットが大変な仕事をできれば，農家の人の暮らしは向上するでしょう。農家になりたい若者が増えるといいと思います」
5AI機器は，僕たちの生活の中でさまざまな用途で使われています。今日の世界では，僕たちがAI機器なしで生活するのは難しいとわかりました。しかし，AI機器が完璧でないことを覚えておく必要があります。AI機器は収集した情報を全て記憶できますが，③その使い方は人間が機器に教えなければならないのです。そのため，人がその効果的な使い方を常に考えなければなりません。もっと多くのAI機器が人の手助けをするのに使われることを願っています。医者のロボットやトマト収穫ロボットのようなAI機器は，僕たちの生活を向上させることができます。そこで，将来僕たちの生活をより良くするために人間とうまく協力できるAI機器を，僕はつくりたいと思います。それが僕の夢です。聞いていただきありがとうございました。

(ア)**＜要旨把握―グラフを見て答える問題＞**続く２文で，グラフの具体的な内容が説明されている。これによると，棒グラフ全体が示す農家の数は，減少している。一方で，60歳以上の農家の割合は増加しているのだから，斜線部が示す60歳未満の数と割合は減少していることになる。

(イ)**＜適文選択＞**①次の文に，医者の代わりはできないとある。それは，ロボットにはできないことがあるからである。　②ロボットが人間と全く同じ仕事ができるとは思わない，という前の文に続けて，'逆接' の But が使われている。したがって，ロボットにもできる仕事があるという内容が当てはまる。　③直後に So「そのため」があるので，空所③の内容は So 以下の理由になっているとわかる。AI機器の効果的な使い方を考えなければならないのは，AI機器が完璧ではなく，人がAIを補わなければならないからである。なお，この文の it は，同じ文中の information を指す。

(ウ)**＜内容真偽＞**a．「カイトは，スピーチの中で聞き手にAI機器のある未来を想像してほしいと思っている」…○　第１段落最終文に一致する。　b．「カイトは自分が参加したイベントで，医者ロボットが女性に対して提案ができなかったのを見た」…×　第２段落第５文参照。提案を出している。　c．「カイトは自分が参加したイベントで，日本の農家がAI機器を使うのを好まないと知った」…×　第４段落後半参照。農家の人がその重要性を述べている。　d．「トマト収穫ロボットはトマトを店に送るなど，多くの仕事をこなしている」…×　第４段落第６文参照。店に送るのは農家の人の仕事。　e．「ロボットは農家の人のする大変な仕事をすることで，農家の生活を向上させる」…○　第４段落最後から２文目に一致する。　f．「カイトの夢は，人間の代わりになるAI機器をつくることだ」…×　最終段落最後から３，２文目参照。人間の代わりではなく，ともに働くロボットである。

7〔長文読解―英問英答―対話文〕

(ア)**≪全訳≫****1**ベッキーはオーストラリアの高校生だ。彼女はカモメ市にあるミキの家に滞在する予定だ。ミキとベッキーはお互いにスマートフォンでメッセージを送り合っている。**2**ミキ(M)：あなたに日本で会えるのが楽しみだよ！　天ぷらが食べたいって言ったよね。たった今，市内の天ぷら屋さんのリストを送ったよ。土曜日か日曜日に一緒に行かない？**3**ベッキー(B)：うん。日曜日にランチに行くのはどう？❹M：いいよ。お店を選ぼう！❺B：ランチが一番安い店に行きたいな。ランチが安ければ，他のことにお金が使えるから。日本でいろいろなことをやってみたいんだ。❻M：わかった。リストを見て。ランチの時間には割引が使えるよ。どんな天ぷらが食べたい？❼B：野菜の天ぷらが食べたいな。地元の野菜を使っているお店に行きたい。❽M：わかった。コマチに行こうよ。❾B：うん。食べ終わったら市内を案内してね。

リスト

料理店	営業時間	ランチ価格	ランチタイム割引	ミキの意見
ワカバ	日曜が定休日。	1600円	全員20％の割引を受けられる。	野菜の天ぷらがとてもおいしい。料理人が目の前で天ぷらをつくる。
モミジ	火曜が定休日。	1600円	4人以上のグループは20％の割引を受ける。	自分で自分の天ぷらをつくれる。とてもおいしい魚の天ぷらが食べられる。
カエデ	月曜が定休日。	1500円	全員10％の割引を受けられる。	魚の天ぷらがとてもおいしい。料理人が目の前で天ぷらをつくる。
コマチ	火曜が定休日。	1500円	2人以上のグループは10％の割引を受ける。	野菜の天ぷらがとてもおいしい。このレストランはカモメ市の野菜を使う。
サクラ	月曜が定休日。	1500円	4人以上のグループは10％の割引を受ける。	野菜の天ぷらがとてもおいしい。このレストランはカモメ市の野菜を使う。

質問：「空欄に入るのは何か」―4．「コマチ」　第3，4段落の内容から，日曜定休のワカバが外せる。2人で行くという条件で各店の割引後の価格を計算すると，カエデとコマチが1350円で一番安くなる。第7段落でベッキーは，地元の野菜を使ったお店に行きたいと言っているので，2人はこれらの条件を全て満たすコマチに行くとわかる。

(イ)**≪全訳≫**❶ダイスケは高校生だ。彼は学校でグリーン先生と話している。❷**グリーン先生(Mr)**：やあ，ダイスケ。何をしているんだい？❸**ダイスケ(D)**：このポスターを見ているところです。このスピーチコンテストに参加するつもりなんです。❹Mr：それはすごいね！　締め切りまであと1週間だよ。第1ラウンドに参加するための送付物は送ってあるのかい？❺D：いいえ，まだです。申込書を手に入れたばかりですが，スピーチのテーマは決めてあります。❻Mr：ほう，君のスピーチのテーマは何だい？❼D：日本文化について話します。すでに何冊かそれに関するおもしろい本を見つけていて，読んであります。次はスピーチの概要を書きます。❽Mr：うーん，原稿を最初に書いた方がいいと思うよ。原稿を書き終えたら，概要はすぐに書けるから。❾D：そうですね。そうします。その後で，スピーチの間のジェスチャーの仕方を練習します。上手にジェスチャーをすることは，英語のスピーチでは重要だと思います。❿Mr：僕もそれは大切だと思う。でも，上手に話すことの方がもっと大切だよ。だから，音声録音の前に英語で話す練習をするといい。ジェスチャーの練習をするのは，第2ラウンド用の音声録音を送った後にするべきだよ。⓫D：ありがとうございます。では，スピーチコンテストに向けてやるべきことのリストをつくります。⓬Mr：それがいいよ！　がんばって！

ポスター／カモメ市英語スピーチコンテスト2022

ラウンド	送付物	詳細	締め切り
第1ラウンド	申込書	ウェブサイトから入手 スピーチの主題を記入	9月12日まで
	スピーチの概要	50～60語	
	スピーチの原稿	400～500語	
第2ラウンド	スピーチの音声録音	5分間	9月26日まで
本戦		10月9日カモメホールにて，聴衆の前でスピーチをする。	

質問：「リストの空所①，②，③，④，および⑤に入るのは何か」―4．「①―(オ)『原稿を書くこと』　②―(イ)『概要を書くこと』　③―(ア)『英語で話す練習をすること』　④―(エ)『音声録音をすること』

⑤—(ウ)『ジェスチャーの練習をすること』」　ポスターより，９月12日は第１ラウンドの締め切り日なので，リストの「９月12日までにやること」は，第１ラウンドの送付物をそろえることになる。その順番は，第８，９段落から，原稿の方が概要より先となる。同様に，第２ラウンドの締め切り日である９月26日までに音声録音を送付することになるが，第10段落第３文から，その前に英語を話す練習がくるとわかる。また，第10段落最終文より，ジェスチャーの練習は第２ラウンドの後，本戦のある10月９日までにやるべき作業となる。

8〔**長文読解総合―会話文**〕

≪**全訳**≫❶アユミとマサオはカモメ高校の生徒だ。６月のある日，２人は放課後の教室で話をしていた。そのとき，英語のホワイト先生が彼らに話しかけてきた。

❷**ホワイト先生（Ms）**：こんにちは，アユミとマサオ。何をしているの？

❸**アユミ（A）**：９月の文化祭の話をしているんです。マサオと私は料理部に入っているんですが，私たちの部は日本のお米の未来について何かするつもりです。

❹**Ms**：お米？　それはおもしろいわね。どうしてそんなにお米に興味があるの？

❺**マサオ（M）**：もっとお米を食べるべきだと思うからです。僕の祖父は東北でお米をつくっていて，毎年おいしいお米をうちの家族に送ってくれます。祖父は，僕の家族が祖父のお米をおいしく食べていると言うと，いつも喜んでくれるのですが，彼は日本のお米の将来を心配しているんです。

❻**Ms**：あら，どうして彼はそれを心配しているの？

❼**M**：彼は，「食生活の変化で，日本の米の消費量は大きく減っている」と言っていました。

❽**Ms**：まあ，そうなの？

❾**M**：そうなんです。それを聞いた後，僕はインターネットを使ってこのグラフを見つけました。それは1962年から2020年までの，日本で１人が１年に食べたお米の量を示しています。1962年には，１人が118.3kgのお米を食べていました。2000年には1962年の量の約55％の量を１人が食べていて，2020年には１人が食べるお米の量が2000年よりも減っています。

❿**A**：マサオがこのグラフを見せてくれてから，私も興味を持ちました。それで，文化祭で日本のお米の未来に関することをしようと決めたんです。みんなに日本のお米にもっと関心を持ってもらいたくて。

⓫**Ms**：それで，あなたたちの考えはどうなの？

⓬**M**：僕は先月，米づくりのボランティア活動に参加しました。この活動は５月に始まり，８月に終わります。僕はお米の育て方を学んでいます。文化祭では，このグラフとボランティア活動で撮った写真を使って，日本のお米について発表したいんです。

⓭**Ms**：それはすごいわ！

⓮**A**：ホワイト先生，この２つのグラフを見てください。うちの学校の生徒が何を食べるのが好きかを知るために，40人の生徒に「パン，麺，お米のどれが一番好きですか？」と尋ねました。彼らの間ではパンが一番人気があって，80％以上の生徒がお米よりもパンや麺の方を好んでいます。パンや麺は小麦粉からつくられます。そこで，私は小麦粉の代わりに米粉を使って何かをつくることを考えるようになりました。

⓯**M**：ホワイト先生，もう１つのグラフを見てください。僕は40人の生徒に「朝食に何を食べますか？」と尋ねました。50％以上の人が，朝食にパンを食べています。そこで僕たちのクラブでは，米粉のパンをつくることにしました。米粉でつくられたパンを食べれば，日本の米の消費量が増えると思うんです。

⓰**A**：ですから，私たちの部は，マサオの発表で日本のお米について話し，文化祭で米粉のパンを売るつもりです。誰もが日本のお米にもっと興味を持ち，私たちの米粉パンを好きになってほしいと思いま

す。

17Ms：それはとてもいい考えだと思う。マサオの発表を聞いて，あなたたちの米粉のパンを食べるのが待ちきれないわ！

18 9月のある日，文化祭の後，アユミとマサオは放課後の教室で話をしていた。そのとき，ホワイト先生が2人に話しかけてきた。

19Ms：こんにちは，アユミとマサオ。米粉のパンはすばらしかったし，みんながマサオの発表を興味深く聞いていたわ。

20M：ありがとうございます。文化祭が終わってから，インターネットを使って米や小麦のことをさらに学びました。日本は使う小麦の約90%を輸入しています。もし外国から十分な量の小麦がこなかったら，何が起こるでしょうか？

21Ms：パンや麺類，その他の小麦粉からつくられる食べ物がとても高くなると思うわ。

22A：でも，日本人が小麦粉でつくった料理を食べるのをやめられるとは思いません，というのも，日本人の食生活は大きく変わっているし，たくさんの日本人が小麦粉でつくった食べ物を食べているからです。

23Ms：あなたの言うとおりかもしれないわね。お米はどうなの？

24M：ああ，日本では十分なお米を育てているので，もっとお米を食べるべきなんです。お米の消費量を増やす方法を考えよう。

25A：そうしましょうよ！　米粉を使った新しいレシピをつくるのもいいわね。

26Ms：今度あなたの部の部員で料理をするときは，ぜひ教えてね！

27A：もちろんです。

(ア)＜**要旨把握―グラフを見て答える問題**＞①グラフの特徴は同じ段落の後半に記されている。2000年の値は，1962年の値である118.3kgの約55%だから，118.3×0.55＝65.065より，64.6kgがこれに最も近い。また，この値は2020年の50.8kgより大きい。　②(a)のグラフの特徴は第14段落第3文にある。パンが最も人気で，パンや麺を選んだ人数が40人の80%，つまり32人を超える。また，(b)のグラフの特徴は第15段落第3文にある。朝食にパンを食べる人が40人の50%，つまり20人を超える。この2つの条件を満たすのは，Yのみである。

(イ)＜**適語句選択**＞直後に‘理由’を述べる because ～「～ので」がある。食生活の変化で小麦粉製品を好むようになったという理由から導かれる結論は，日本人が小麦を食べ続けることと考えられる。1の選択肢は stop で始まるが，文には I don’t think という否定形があるので，文全体ではやめられないという意味になる。

(ウ)＜**内容真偽**＞a.「マサオの祖父は，いつも自分のつくったお米を文化祭用にカモメ高校に送る」…×　第5段落第2文参照。高校ではなくマサオの家である。　b.「人々の食習慣の変化は日本での米の消費量を増やしたとマサオは考えている」…×　第7段落参照。米の消費量は減っている。　c.「マサオは彼のボランティア活動での経験を用いて，日本の米について発表することにした」…○　第12段落最終文に一致する。　d.「パンが生徒たちの一番好きな食べ物なので，アユミは小麦粉を使ってパンをつくった」…×　第15段落第4文参照。アユミの所属する料理部は，米粉のパンをつくることにした。　e.「米粉のパンをもっと食べることは日本での米の消費量を増やす良い方法だと，マサオは考えている」…○　第15段落最終文に一致する。　f.「米は人気がないので，アユミとマサオは小麦粉を使った新しいレシピをつくりたいと思っている」…×　第25段落参照。米粉のレシピである。

2023年度／神奈川県公立高等学校

数学解答

1 (ア) 3　(イ) 3　(ウ) 1　(エ) 4
(オ) 2

2 (ア) 2　(イ) 1　(ウ) 4　(エ) 2
(オ) 3

3 (ア) (i) (a)…3　(b)…1　(c)…4
(ii) あ…3　い…6
(イ) (i)…2　(ii)…6　(ウ) 3
(エ) う…5　え…4

4 (ア) 5　(イ) (i)…4　(ii)…1
(ウ) お…5　か…7　き…1　く…3

5 (ア) け…1　こ…1　さ…8
(イ) し…4　す…9

6 (ア) 5　(イ) 2
(ウ) せ…5　そ…7

1〔独立小問集合題〕

(ア)＜数の計算＞与式 $= -1+7=6$

(イ)＜数の計算＞与式 $= -\frac{6}{14}+\frac{7}{14}=\frac{1}{14}$

(ウ)＜式の計算＞与式 $= -\frac{12ab^2\times 6a}{3b}=-24a^2b$

(エ)＜式の計算＞与式 $= \frac{5(3x+2y)-7(2x-y)}{35}=\frac{15x+10y-14x+7y}{35}=\frac{x+17y}{35}$

(オ)＜数の計算＞与式 $=(\sqrt{6})^2+2\times\sqrt{6}\times 5+5^2-5\sqrt{6}-25=6+10\sqrt{6}+25-5\sqrt{6}-25=6+5\sqrt{6}$

2〔独立小問集合題〕

(ア)＜式の計算—因数分解＞与式 $=x^2-2x-15-2x+10=x^2-4x-5=(x-5)(x+1)$

(イ)＜二次方程式＞解の公式より，$x=\frac{-2\pm\sqrt{2^2-4\times 7\times(-1)}}{2\times 7}=\frac{-2\pm\sqrt{32}}{14}=\frac{-2\pm 4\sqrt{2}}{14}=\frac{-1\pm 2\sqrt{2}}{7}$ となる。

(ウ)＜関数—変化の割合＞関数 $y=-2x^2$ において，$x=-3$ のとき $y=-2\times(-3)^2=-18$，$x=-1$ のとき $y=-2\times(-1)^2=-2$ となるから，x の値が -3 から -1 まで増加するときの変化の割合は，$\frac{-2-(-18)}{-1-(-3)}=8$ である。

(エ)＜連立方程式の応用＞もとの3けたの自然数の百の位の数を x，一の位の数を y とすると，百の位の数と一の位の数の和が10であることから，$x+y=10$……①が成り立つ。また，十の位の数は4だから，この3けたの自然数は，$100x+40+y$ と表される。百の位の数と一の位の数を入れかえた数は，百の位の数が y，一の位の数が x になるので，$100y+40+x$ と表され，もとの自然数より396大きいことから，$100y+40+x=100x+40+y+396$ が成り立つ。これより，$-99x+99y=396$，$-x+y=4$……②となる。①＋②より，$y+y=10+4$，$2y=14$，$y=7$ となるので，もとの自然数の一の位の数は7である。なお，百の位の数は3である。

(オ)＜数の性質＞$\frac{3780}{n}=\frac{2^2\times 3^3\times 5\times 7}{n}$ となるから，$\frac{3780}{n}$ が自然数の平方(2乗)となるような最も小さな自然数 n は，$\frac{3780}{n}=2^2\times 3^2$ となる n である。よって，$\frac{2^2\times 3^3\times 5\times 7}{n}=2^2\times 3^2$ より，$n=3\times 5\times 7$，$n=105$ である。

3〔独立小問集合題〕

(ア)＜平面図形—証明，角度＞(i)次ページの図1で，DB∥AIより，同位角が等しいことと，この後に①を導いていることから，(a)は，∠AIE＝∠DHEである。また，DB∥AIより，錯角が等しいことと，②，③，④より，∠AEC＝∠BAIを導いていることから，④は，∠ABD＝∠BAIである。△AIFと△EHGにおいて，①の∠AIF＝∠EHG，⑤の∠FAI＝∠GEHより，2組の角がそれぞれ等しいから，△AIF∽△EHGである。　(ii)$\overset{\frown}{\mathrm{BE}}$に対する円周角より，∠BAE＝∠BDE＝35°である。また，線分ABは円Oの直径だから，∠AEB＝∠ACB＝90°である。よって，△ABEの内角の和より，∠ABE＝180°－35°－90°＝55°となるから，∠ABD＝55°－28°＝27°となり，∠ABC＝∠ABD＝27°より，∠DBC＝27°＋27°＝54°となる。線分AIの延長と線分CBの交点をJとすると，AJ∥DBより同位角は等しいから，∠AJC＝∠DBC＝54°となる。したがって，△ACJで内角の和より，∠CAI＝180°－90°－54°＝36°である。

図1

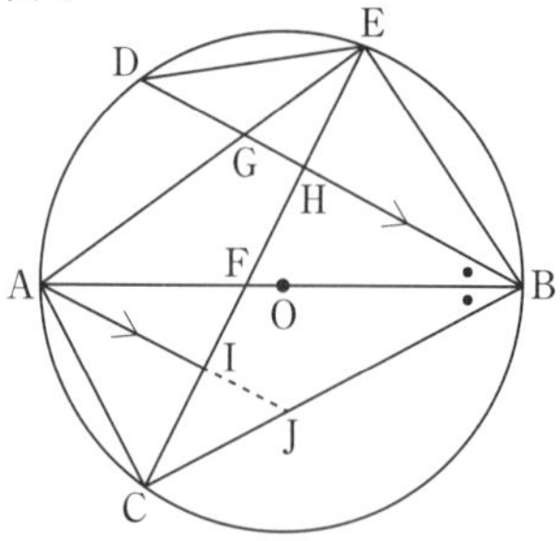

(イ)＜データの活用—箱ひげ図＞(i)資料1より，10クラスの賛成した人数は，小さい順に，13，14，17，17，17，19，21，23，24，25となり，最小値は13人，最大値は25人である。また，第2四分位数(中央値)は，5番目の17と6番目の19の平均値で，$\frac{17+19}{2}=18$(人)となる。第1四分位数は，小さい方5クラスの中央値だから，3番目の17人であり，第3四分位数は，大きい方5クラスの中央値だから，5＋3＝8(番目)の23人である。以上より，最も適する箱ひげ図は，2となる。　(ii)A…正。資料2より，議案Yに賛成した人数は，20人のクラスが3クラスで最も多いので，最頻値は20人である。　B…誤。資料2より，議案Yに賛成した人数は，20＋26＋19＋27＋25＋24＋20＋15＋24＋20＝220(人)であり，資料3より，平均値が23人だから，議案Zに賛成した人数は，23×10＝230(人)となる。議案Zの方が多い。　C…正。資料2より，議案Yに賛成した人数は，小さい順に，15，19，20，20，20，24，24，25，26，27となり，中央値は5番目の20と6番目の24の平均値で，$\frac{20+24}{2}=22$(人)となる。資料3より，議案Zに賛成した人数の中央値は21人だから，議案Yの方が大きい。　D…正。資料2より，議案Yに賛成した人数の第1四分位数は小さい方から3番目の20人，第3四分位数は8番目の25人だから，四分位範囲は25－20＝5(人)となる。資料3より，議案Zに賛成した人数の四分位範囲は6人だから，議案Yの方が小さい。

(ウ)＜関数—すれ違った時間帯＞問題の図3より，Aさんは学校を出発してから35分後に，学校から2400m離れた駅に着いている。Bさんは，Aさんと同じ時刻に学校を出発し，同時に駅に着いたから，学校を出発してから駅に着くまでにかかった時間は35分である。いちょう図書館に15分間，かもめ図書館に5分間立ち寄っているので，学校からいちょう図書館，いちょう図書館からかもめ図書館，かもめ図書館から駅の移動の時間の合計は，35－15－5＝15(分間)となる。また，問題の図2より，学校からいちょう図書館の道のりは1200＋600＝1800(m)，いちょう図書館からかもめ図書館の道のりは600m，かもめ図書館から駅の道のりは2400－1200＝1200(m)だから，Bさんが移動した道のりの合計は，1800＋600＋1200＝3600(m)である。よって，3600÷15＝240より，Bさんの移動の速さは分速240mとなる。これより，Bさんは，学校を出発してから，1800÷240＝7.5(分)後にいちょう図書館に着き，7.5＋15＝22.5(分)後にいちょう図書館を出ている。かもめ図書館までは600÷240＝2.5(分)かかるから，学校を出発してから，22.5＋2.5＝25(分)後にかもめ図書館に着き，25＋5＝30(分)後にかもめ図書館を出て駅に向かっている。このときのBさんの移動の様子を，Aさんと同じようにして表すと，右図2のようになるので，AさんとBさんがすれ違ったのは，出発してから，22.5分後から25分後までの間であることがわかる。Aさんの移動する速さは，1200÷15＝80より分速80mであるから，出発してから23分後，Aさんは，学校から1200＋80×(23－20)＝1440(m)の地点にい

図2

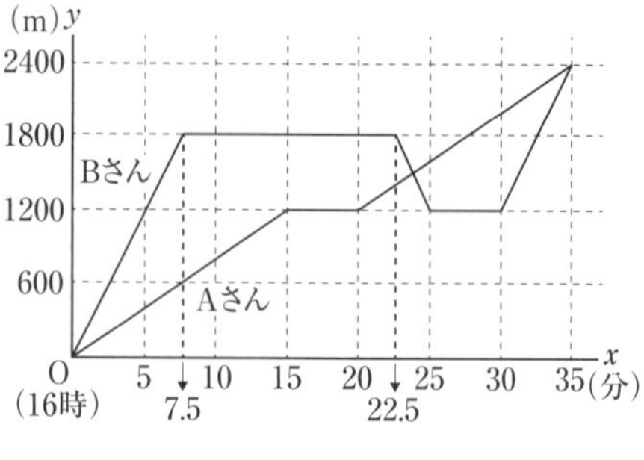

て駅に向かっている。このとき，Bさんは，学校から $1800-240\times(23-22.5)=1680$(m)の地点にいて駅とは逆の方向に向かっている。したがって，出発してから23分後は，まだAさんとBさんはすれ違っていない。2人がすれ違うのは，出発してから23分後以降なので，23分後から25分後までの間であり，すれ違った時間帯は16時23分から16時25分の間となる。

(エ)**＜平面図形─面積比＞**右図3で，辺ADの延長と線分BFの延長の交点をJとする。DF＝CF，∠DFJ＝∠CFBであり，AJ∥BCより，∠FDJ＝∠FCBであるから，△DFJ≡△CFBとなり，JD＝BCとなる。また，DG＝GA＝aとおくと，AB＝DA＝DG＋GA＝$a+a=2a$となる。AB：BC＝1：2だから，BC＝2AB＝$2\times2a=4a$となり，JD＝BC＝$4a$となる。BE：EC＝3：1だから，BE＝$\frac{3}{3+1}$BC＝$\frac{3}{4}\times4a=3a$となる。次に，〔台形ABCD〕＝Mとし，点Aと点Cを結ぶ。△ABC，△ACDは，底辺をそれぞれBC，DAとすると，AJ∥BCより高さは等しいから，△ABC：△ACD＝BC：DA＝$4a$：$2a$＝2：1となり，△ABC＝$\frac{2}{2+1}$〔台形ABCD〕＝$\frac{2}{3}M$となる。△ABE：△ABC＝BE：BC＝$3a$：$4a$＝3：4だから，△ABE＝$\frac{3}{4}$△ABC＝$\frac{3}{4}\times\frac{2}{3}M=\frac{1}{2}M$である。∠AIG＝∠EIB，∠IAG＝∠IEBより，△AIG∽△EIBとなるから，AI：EI＝GA：BE＝a：$3a$＝1：3となり，EI＝$\frac{3}{1+3}$AE＝$\frac{3}{4}$AEである。同様にして，△AHJ∽△EHBとなるから，AH：EH＝JA：BEである。JA＝JD＋DA＝$4a+2a=6a$だから，AH：EH＝JA：BE＝$6a$：$3a$＝2：1となり，EH＝$\frac{1}{2+1}$AE＝$\frac{1}{3}$AEである。よって，IH＝EI－EH＝$\frac{3}{4}$AE－$\frac{1}{3}$AE＝$\frac{5}{12}$AEとなるので，△BHI：△ABE＝IH：AE＝$\frac{5}{12}$AE：AE＝5：12となり，S＝△BHI＝$\frac{5}{12}$△ABE＝$\frac{5}{12}\times\frac{1}{2}M=\frac{5}{24}M$となる。また，点Bと点Dを結ぶと，AJ∥BCより，△BCD＝△ABC＝$\frac{2}{3}M$となり，DF＝CFより，△BDF＝△BCF＝$\frac{1}{2}$△BCD＝$\frac{1}{2}\times\frac{2}{3}M=\frac{1}{3}M$となる。△BEH：△ABE＝EH：AE＝$\frac{1}{3}$AE：AE＝1：3だから，△BEH＝$\frac{1}{3}$△ABE＝$\frac{1}{3}\times\frac{1}{2}M=\frac{1}{6}M$となり，$T$＝〔四角形CFHE〕＝△BCF－△BEH＝$\frac{1}{3}M-\frac{1}{6}M=\frac{1}{6}M$である。以上より，$S$：$T$＝$\frac{5}{24}M$：$\frac{1}{6}M$＝5：4となる。

図3

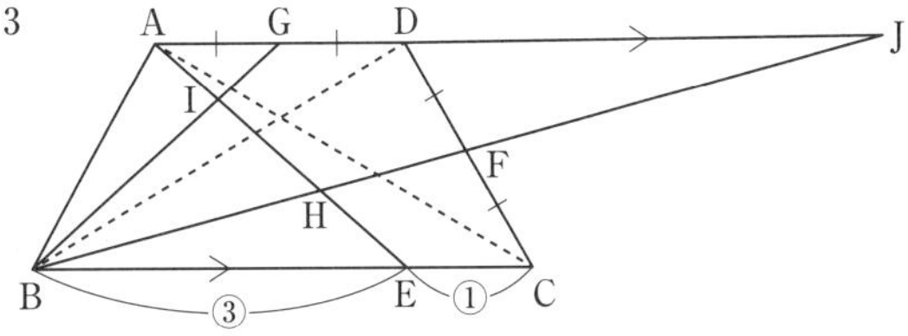

4　**〔関数─関数 $y=ax^2$ と一次関数のグラフ〕**

(ア)**＜比例定数＞**右図で，点Aは直線 $y=-x+9$ 上の点で x 座標が3だから，$y=-3+9=6$ より，A(3, 6)である。関数 $y=ax^2$ のグラフ上に点Aがあるから，$6=a\times3^2$ より，$a=\frac{2}{3}$ である。

(イ)**＜直線の式＞**右図で，点Dは関数 $y=-\frac{1}{6}x^2$ のグラフ上の点で，x 座標が－6だから，$y=-\frac{1}{6}\times(-6)^2=-6$ より，D(－6, －6)である。点Eも関数 $y=-\frac{1}{6}x^2$ のグラフ上にあり，DEは x 軸に平行だから，2点D，Eは y 軸について対称となり，E(6, －6)である。同様に，2点A，Bは

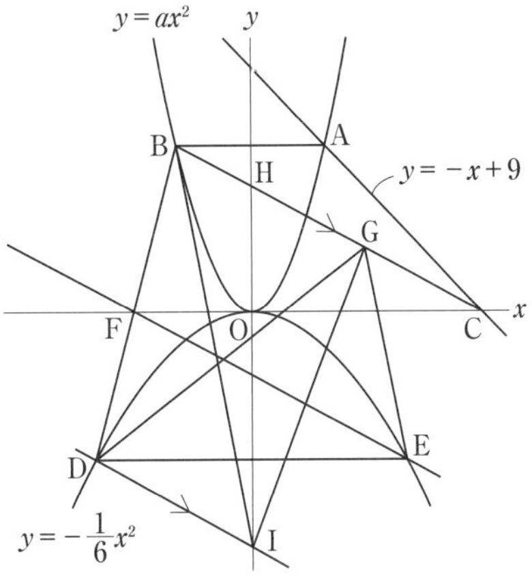

y軸について対称であり，A(3, 6)だから，B(−3, 6)である。直線BDの傾きは $\frac{6-(-6)}{-3-(-6)}=4$ となり，その式は $y=4x+k$ とおける。点Bを通ることより，$6=4\times(-3)+k$，$k=18$ となるから，直線BDの式は $y=4x+18$ である。点Fは直線 $y=4x+18$ と x 軸の交点であるから，$0=4x+18$ より，$x=-\frac{9}{2}$ となり，$F\left(-\frac{9}{2},\ 0\right)$ である。直線 $y=mx+n$ は2点E，Fを通るので，点Eを通ることより，$-6=m\times6+n$，$6m+n=-6$……㋐となり，点Fを通ることより，$0=m\times\left(-\frac{9}{2}\right)+n$，$-\frac{9}{2}m+n=0$……㋑となる。㋐−㋑より，$6m-\left(-\frac{9}{2}m\right)=-6-0$，$\frac{21}{2}m=-6$，$m=-\frac{4}{7}$ となり，これを㋑に代入して，$-\frac{9}{2}\times\left(-\frac{4}{7}\right)+n=0$ より，$n=-\frac{18}{7}$ となる。

(ウ)＜**x座標**＞前ページの図で，点Cは直線 $y=-x+9$ と x 軸の交点だから，$0=-x+9$ より，$x=9$ となり，C(9, 0)である。直線BCの傾きは $\frac{0-6}{9-(-3)}=-\frac{1}{2}$ となり，その式は $y=-\frac{1}{2}x+p$ とおける。点Cを通るので，$0=-\frac{1}{2}\times9+p$，$p=\frac{9}{2}$ となり，直線BCの式は $y=-\frac{1}{2}x+\frac{9}{2}$ である。点Gの x 座標を t とすると，直線BC上にあるので，$y=-\frac{1}{2}t+\frac{9}{2}$ となり，$G\left(t,\ -\frac{1}{2}t+\frac{9}{2}\right)$ と表される。△DEGの底辺をDEと見ると，$DE=6-(-6)=12$ であり，高さは，$-\frac{1}{2}t+\frac{9}{2}-(-6)=-\frac{1}{2}t+\frac{21}{2}$ となる。よって，$\triangle DEG=\frac{1}{2}\times12\times\left(-\frac{1}{2}t+\frac{21}{2}\right)=-3t+63$ と表される。次に，直線BCと y 軸の交点をHとすると，$H\left(0,\ \frac{9}{2}\right)$ となる。△BDG＝△BIGとなる点Iを y 軸上の負の部分にとると，BC∥DIとなる。直線BCの傾きが $-\frac{1}{2}$ より，直線DIの傾きは $-\frac{1}{2}$ だから，その式は $y=-\frac{1}{2}x+q$ とおける。点Dを通ることより，$-6=-\frac{1}{2}\times(-6)+q$，$q=-9$ となり，I(0, −9)である。よって，△BIHと△GIHの底辺をIHと見ると，$IH=\frac{9}{2}-(-9)=\frac{27}{2}$ となり，高さは，それぞれ3，t だから，$\triangle BDG=\triangle BIG=\triangle BIH+\triangle GIH=\frac{1}{2}\times\frac{27}{2}\times3+\frac{1}{2}\times\frac{27}{2}\times t=\frac{81}{4}+\frac{27}{4}t$ と表される。したがって，△BDG＝△DEGより，$\frac{81}{4}+\frac{27}{4}t=-3t+63$ が成り立つ。これを解くと，$81+27t=-12t+252$，$39t=171$，$t=\frac{57}{13}$ となり，点Gの x 座標は $\frac{57}{13}$ である。

5〔データの活用―確率―さいころ〕

(ア)＜**確率**＞大小2つのさいころを同時に1回投げるとき，目の出方は全部で $6\times6=36$(通り)あるので，a，b の組は36通りある。このうち，ブロックの個数が場所P，場所Q，場所Rとも同じになるのは，操作1で場所Pから場所Qへ2個移動し，操作2で場所Pから場所Rへ2個移動する場合か，操作1で場所Pから場所Qへ4個移動し，操作2で場所Qから場所Rへ2個移動する場合だから，$(a,\ b)=(2,\ 4)$，$(4,\ 2)$ の2通りある。よって，求める確率は $\frac{2}{36}=\frac{1}{18}$ である。

(イ)＜**確率**＞36通りの a，b の組のうち，3か所のうち少なくとも1か所のブロックが0個になる場合は，$a=1$ のとき，場所Pには2，3，4，5，6のブロック，場所Qには1のブロックがあるので，$b=1$，6の2通りある。$a=2$ のとき，場所Pには3，4，5，6のブロック，場所Qには1，2のブロックがあるので，$b=2$，6の2通りある。同様に考えると，$a=3$ のとき $b=3$，6の2通り，$a=4$ のとき $b=4$，6の2通り，$a=5$ のとき $b=5$，6の2通りある。$a=6$ のとき，場所Pのブロックの個数は0個だから，$b=1$，2，3，4，5，6の6通りある。よって，3か所のうち少なくとも1か所のブロックが0個となる場合は$2\times5+6=16$(通り)だから，求める確率は$\frac{16}{36}=\frac{4}{9}$である。

6 〔空間図形—円錐〕

(ア)<**表面積**>円錐を展開すると，右図1のようになる。側面のおうぎ形CAA′の中心角を$\angle ACA'=x$とすると，おうぎ形CAA′の$\overset{\frown}{AA'}$の長さと底面の円Oの周の長さが等しいことより，$2\pi\times10\times\frac{x}{360^\circ}=8\pi$が成り立ち，$\frac{x}{360^\circ}=\frac{2}{5}$となる。よって，側面のおうぎ形CAA′の面積は$\pi\times10^2\times\frac{x}{360^\circ}=\pi\times10^2\times\frac{2}{5}=40\pi$となる。底面の円Oの面積は，半径が$OB=\frac{1}{2}\times8=4$より，$\pi\times4^2=16\pi$である。したがって，円錐の表面積は，〔おうぎ形CAA′〕+〔円O〕$=40\pi+16\pi=56\pi$ (cm^2)である。

図1

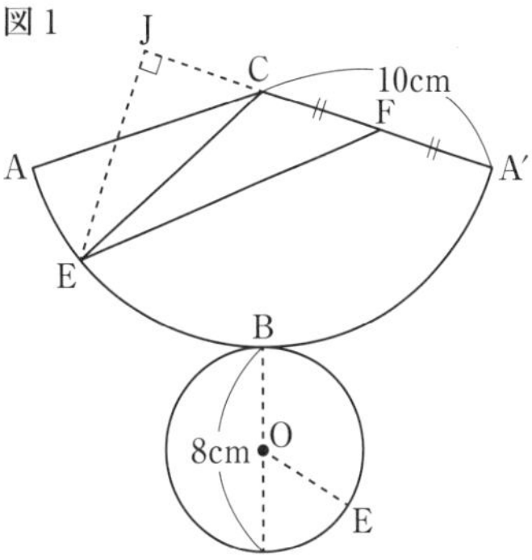

(イ)<**長さ**>右図2で，頂点Cと点Oを結び，点Dから底面の円Oに垂線DH，点Eから線分ABに垂線EIを引く。このとき，点Hは線分AB上の点となる。COは底面の円Oと垂直になるから，△ACOで三平方の定理より，$CO=\sqrt{AC^2-OA^2}=\sqrt{10^2-4^2}=\sqrt{84}=2\sqrt{21}$である。△BCO∽△BDHとなるから，CO：DH＝CB：DB＝2：1となり，$DH=\frac{1}{2}CO=\frac{1}{2}\times2\sqrt{21}=\sqrt{21}$である。また，CO∥DH，CD＝BDより，$OH=BH=\frac{1}{2}OB=\frac{1}{2}\times4=2$である。$\angle AOE=60^\circ$より，△OIEは3辺の比が1：2：$\sqrt{3}$の直角三角形だから，$OI=\frac{1}{2}OE=\frac{1}{2}\times4=2$，$IE=\sqrt{3}OI=\sqrt{3}\times2=2\sqrt{3}$となり，$IH=OH+OI=2+2=4$である。△EHIで三平方の定理より，$EH^2=IH^2+IE^2=4^2+(2\sqrt{3})^2=28$である。よって，△DEHで三平方の定理より，$DE=\sqrt{DH^2+EH^2}=\sqrt{(\sqrt{21})^2+28}=\sqrt{49}=7$(cm)となる。

図2

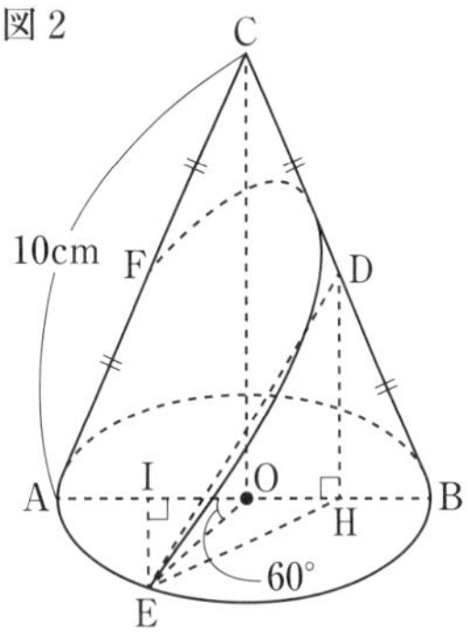

(ウ)<**長さ**>右上図2で，点Eから点Fまで側面上に引いた線が最も短くなるとき，その線は，上図1で，線分EFで表される。(ア)より，$\frac{x}{360^\circ}=\frac{2}{5}$だから，$x=144^\circ$となり，$\angle ACA'=x=144^\circ$である。また，図2で，$\angle AOE=60^\circ$だから，$\overset{\frown}{AE}$の長さは円Oの周の長さの$\frac{60^\circ}{360^\circ}=\frac{1}{6}$となり，図1で，$\overset{\frown}{AE}=\frac{1}{6}\overset{\frown}{AA'}$である。これより，$\angle ACE=\frac{1}{6}\angle ACA'=\frac{1}{6}\times144^\circ=24^\circ$となり，$\angle ECA'=144^\circ-24^\circ=120^\circ$である。点Eから線分A′Cの延長上に垂線EJを引くと，$\angle ECJ=180^\circ-120^\circ=60^\circ$だから，△ECJは3辺の比が1：2：$\sqrt{3}$の直角三角形となる。CE＝10だから，$CJ=\frac{1}{2}CE=\frac{1}{2}\times10=5$，$EJ=\sqrt{3}CJ=\sqrt{3}\times5=5\sqrt{3}$となる。$CF=\frac{1}{2}CA'=\frac{1}{2}\times10=5$だから，$JF=CJ+CF=5+5=10$となる。したがって，△EFJで三平方の定理より，求める線の長さは，$EF=\sqrt{EJ^2+JF^2}=\sqrt{(5\sqrt{3})^2+10^2}=\sqrt{175}=5\sqrt{7}$(cm)である。

2023年度／神奈川県公立高等学校

社会解答

1 (ア) 3　(イ) 6　(ウ) 5　(エ) 1
(オ) 4

2 (ア) 3　(イ) 4　(ウ) 4　(エ) 1

3 (ア) 6　(イ) 3　(ウ) 4　(エ) 2
(オ) 1

4 (ア) 4　(イ) 5　(ウ) 2　(エ) 1
(オ) 3

5 (ア) 3　(イ) 2　(ウ) 1　(エ) 4
(オ) 7

6 (ア) 2　(イ) 4　(ウ) 3　(エ) 5
(オ) 1

7 (ア) 6　(イ) 2　(ウ) 2　(エ) 3

1〔世界地理―世界の姿と諸地域〕

(ア)＜オリーブ・とうもろこし・綿花の主な生産国＞Xは，アメリカ合衆国〔アメリカ〕の生産量が最も多く，中華人民共和国〔中国〕やブラジルの生産量も多いことから，これらの国々で食用・飼料用として栽培されているとうもろこしが当てはまる。Yは，乾燥する夏にオリーブやぶどうを栽培する地中海式農業が行われている地中海沿岸の国々が上位を占めることから，オリーブが当てはまる。Zは，デカン高原で綿花栽培が盛んなインドが上位であることから，綿花が当てはまる。

(イ)＜緯線と経線＞あ．この略地図は，北緯90度の北極を中心に描かれ，緯線は赤道から30度ごとに引かれている。このことから，アフリカ大陸のギニア湾や南アメリカ大陸の北部などを通る，中心から数えて3つ目の円が緯度0度の緯線である赤道となる。Pの線は，赤道から円の外側(南)へ向かって2本目の緯線にあたるので，南緯60度となる。　い．世界の時刻は，経度180度の経線(Q)にほぼ沿って引かれた日付変更線のすぐ西側が最も進んでおり，そこから西へ行くほど遅れていく。日付変更線のすぐ西側とすぐ東側ではほぼ24時間の時差が生じることになるため，日付変更線を東から西へ越える場合は日付を1日進め，日付変更線を西から東へ越える場合は日付を1日遅らせる。Rの矢印は，日付変更線を西から東へ越えることを示しているので，この場合は日付を1日遅らせる。

(ウ)＜マオリ＞オーストラリア大陸の東に位置するAの都市を首都とする国は，ニュージーランドである。ニュージーランドには，先住民であるマオリの人々が古くから暮らしており，現在はマオリ語が英語とともに公用語とされるなど，マオリの文化や社会的地位を守る政策が進められている。なお，アイヌは日本の北海道を中心とする地域の先住民，アボリジニ〔アボリジニー〕はオーストラリアの先住民，イヌイットは主にカナダ北部の先住民である。また，ヒスパニックはラテンアメリカ(メキシコから南の中央・南アメリカ)のスペイン語圏からアメリカ合衆国に移住してきた人々とその子孫，メスチソ〔メスチーソ〕はラテンアメリカの先住民とヨーロッパ人の混血の人々を指す。

(エ)＜ブラジルの公用語と歴史的背景＞Bは，ブラジルの首都ブラジリアである。ブラジルを含む南アメリカ大陸では，15世紀後半から16世紀にかけてスペインやポルトガルが進出し，植民地化を進めた。このうちブラジルはポルトガルの植民地となったことから，現在でもブラジルではポルトガル語が公用語となっている。なお，スペインの植民地となった地域ではスペイン語が使われ，現在も南アメリカの多くの国々で公用語となっている。

(オ)＜資料の読み取り＞Ⅳの国の輸出額上位5品目のうち，工業製品(自動車，機械類)の輸出額が「輸出額の合計」に占める割合は17.4%であり，これは表2中の国の中で最も大きい(4…×)。なお，Ⅰの国の輸出額上位5品目のうち，農産物(コーヒー豆，野菜・果実，ごま，装飾用切花)の輸出額が「輸出額の合計」に占める割合は76.1%であり，5割を上回っている(1…○)。Ⅱの国の国内総生産に対する「輸出額の合計」の割合は，78億÷181億×100＝43.0…より約43%であり，これは表2中の国の中で最も大きい(2…○)。Ⅲの国の輸出額上位5品目のうち，鉱産資源(ダイヤモンド，金(非貨幣用)，銅鉱)の輸出額が「輸出額の合計」に占める割合は89.8%であり，その輸出額は43億×0.898＝38.614億で，35億ドルを上回っている(3…○)。

2〔地理―世界と日本の地域的特色，地形図〕

(ア)＜**地形図の読み取り**＞資料１の縮尺は２万５千分の１であることから，資料１上の長さが２cmであるX－Yの実際の距離は，２cm×25000＝50000cm＝500mとなる（３…×）。なお，資料１中の「仁徳天皇陵」は，方形（四角形）と円形を組み合わせた形の前方後円墳となっている（１…○）。「仁徳天皇陵」の円形になった場所の中央部に標高44mを示す標高点が見られる（２…○）。「仁徳天皇陵」の周囲に「丸保山古墳」「収塚古墳」「塚廻古墳」といった小規模の古墳が見られる（４…○）。

(イ)＜**人口ピラミッドの読み取り**＞65歳以上の人口の割合は，全体として2022年の方が2012年より大きくなっている（X…誤）。2022年における25～29歳・30～34歳の人口の割合と，2012年における15～19歳・20～24歳の人口の割合を比べると，男女ともに後者の方が大きい（Y…誤）。

(ウ)＜**資料の読み取り**＞資料３から，それぞれの区の人口密度を（人口）÷（面積）で求めると，北区の人口密度が約10177人で最も高く，資料４から，北区には「地下鉄御堂筋線」が通っている（４…○）。なお，資料３から，人口が12万人未満の区は中区，東区，美原区であるが，資料４から，「JR阪和線」はこれらの区を通っていない（１…×）。資料３から，面積が20km²以上の区は堺区，西区，南区であるが，資料４から，南区には１つの路線しか通っていない（２…×）。資料３から，最も面積が小さい区は東区であり，資料４から，東区には鉄道が通っている（３…×）。

(エ)＜**世界の気候**＞資料５より，連雲港市は温帯の温暖湿潤気候に属することから，「１年を通して気温や降水量の変化が大きく，四季の変化がはっきりして」いるカード１が当てはまる。連雲港市は経済特区に次ぐ開発地区である経済技術開発区に早くから指定され，外国からの投資や企業の設立が進められている。なお，バークレー市はカード３，ウェリントン市はカード２，ダナン市はカード４がそれぞれ当てはまる。

3〔**歴史―古代～近世の日本**〕

(ア)＜**墾田永年私財法，地頭，石高**＞あ．奈良時代には，律令制度のもとで６歳以上の男女に口分田を与える班田収授法が行われていたが，人口の増加などでしだいに口分田が不足するようになった。そのため，朝廷は開墾を奨励して農地を増やす目的で743年に墾田永年私財法を出し，新たに開墾した土地を永久に私有することを認めた。　い．源頼朝は1185年，対立していた弟の源義経を捕えることを名目に，国ごとに守護を，荘園や公領ごとに地頭を設置することを朝廷に認めさせた。う．豊臣秀吉は，統一したものさしやますを用いて全国の田畑を調査し，土地の生産量を米の体積である石高で表す太閤検地を行った。これにより，農民は土地の所有権を認められた一方，石高に応じた年貢を納入する義務を負った。

(イ)＜**奈良～平安時代の仏教文化**＞Aの期間は，奈良時代の743年から，鎌倉時代の始まりとなる1185年の間である。奥州藤原氏は，平安時代の11～12世紀に東北地方を支配し，拠点となった平泉（岩手県）に中尊寺金色堂を建立した。なお，１は鎌倉時代（13世紀），２は室町時代（15～16世紀），４は飛鳥時代（６～７世紀）のことである。

(ウ)＜**年代整序**＞年代の古い順に，Ⅱ（蒙古襲来―鎌倉時代），Ⅲ（日明貿易の開始―室町時代），Ⅰ（フランシスコ＝ザビエルの来日―戦国時代）となる。

(エ)＜**弥生時代の生活**＞資料の写真は，弥生時代に祭りのための道具として用いられたと考えられる銅鐸である。弥生時代には，大陸から伝わった稲作が東日本まで広がり，人々は収穫した米を高床倉庫にたくわえた。一部の銅鐸には，資料中に示したような絵が描かれており，当時の生活の様子を知ることができる。資料中の左の絵は稲を脱穀する様子，右の絵は高床倉庫を表していると考えられる。なお，１は旧石器時代，３は縄文時代，４は古墳時代の様子である。

(オ)＜**百姓一揆の背景，江戸時代の出来事**＞発生件数が増加した背景の共通点．江戸時代，農民は年貢の軽減や不正な役人の交代などを求めて百姓一揆を起こした。大規模なききんが発生すると，米が不足して農民の生活が苦しくなるため，百姓一揆の発生件数も増加した。え.の期間には天明のききん（1782～87年）が発生し，田沼意次の政治が揺らぐ一因となった。また，お.の期間には天保のききん（1833～39年）が発生し，大坂町奉行所のききんへの対応に不満を持った大塩平八郎が反乱を起こした。　できごと．え．の期間には，田沼意次が老中を辞めさせられた後，松平定信が寛政の改革（1787～93年）を行った。寛政の改革では，天明のききんで荒れ果てた農村を立て直すため，農民が都市へ出かせぎに行くことを制限し，江戸に出ていた農民に村へ帰ることを奨励する政策がとられた。なお，日本人の出国と入国が禁じられたのは鎖国へ向かう政策が進められた17世紀前半，株仲間の結成を奨励したのは1770～80年代に政治を行った田沼意次，幕府が下田と函館の開港を認めたのは1854年に結ばれた日米和親条約においてである。

4 〔歴史―近代～現代の日本と世界〕

(ア)＜**下関条約，ワシントン会議**＞あ．「清とのあいだで講和条約が結ばれ」とあるので，この文は日清戦争後の1895年に結ばれた下関条約について述べたものである。下関条約では，清が日本に台湾や遼東半島，澎湖諸島を譲り渡すことなどが決められた。なお，満州は中国の東北部にあたる地域であり，日本は1931年に始まった満州事変によってこの地域を占領した。　い．ワシントン会議は，第一次世界大戦後の1921～22年に開かれた，軍縮を目的とした国際会議である。この会議の結果，日本はアメリカやイギリスなどとの間でワシントン海軍軍縮条約を結び，海軍の軍備を制限することを取り決めた。なお，国際連盟は，1919年のパリ講和会議での合意に基づいて1920年に設立された。

(イ)＜**樺太・千島交換条約**＞略地図．略地図中の国境線は，1875年に結ばれた樺太・千島交換条約で定められたものである。この条約では，それまで日ロ両国の雑居地であった樺太をロシア領とし，それまで択捉島以南が日本領であった千島列島の全域を日本領とすることが定められた。なお，日露戦争の講和条約であるポーツマス条約（1905年）では，樺太の南半分（北緯50度以南）が日本領となった。　できごと．樺太・千島交換条約が結ばれた明治時代初期には，政府が全国の士族などから屯田兵を募集し，北海道に移住させて開拓や防備に従事させた。なお，ａは第一次世界大戦中の1918年，ｃは太平洋戦争末期の1945年の出来事である。

(ウ)＜**サンフランシスコ平和条約**＞下線部②の条約は，1951年に日本がアメリカやイギリスなど連合国48か国との間に結んだサンフランシスコ平和条約である。この条約に基づき，これらの国との「戦争状態」が終了し，日本は独立を回復した。なお，中華人民共和国との国交が正常化されたのは日中共同声明が発表された1972年，小笠原諸島が日本に返還されたのは1968年，日本が国際連合への加盟を認められたのはソ連との国交が回復した1956年のことである。

(エ)＜**特需景気**＞自衛隊が発足したのは1954年のことである。この少し前の1950年に朝鮮戦争が始まると，アメリカ軍は日本の本土や沖縄の基地を拠点とし，戦争に必要な物資を日本国内で調達した。そのため，日本は特需景気と呼ばれる好景気となり，経済復興が進んだ。資料２は，1956年に出された『経済白書』の一節であり，第二次世界大戦後の経済復興（「回復を通じての成長」）が終わり，高度経済成長という新しい段階に入りつつあることを述べている。なお，２は第一次世界大戦（1914～18年）中の大戦景気，３は第四次中東戦争（1973年）の影響による石油危機，４は世界恐慌の影響によって発生した昭和恐慌（1930年）について述べたものである。

(オ)＜**近代～現代の出来事と時期**＞Ａは1875～95年，Ｂは1895～1921・22年，Ｃは1921・22～1951年，Ｄは1951～1992年である。Ｃの期間にあたる1938年には，日中戦争が長引く中で国家総動員法が制定され，政府が議会の承認なしに労働力や物資を戦争に動員することができるようになった（３…○）。なお，立憲政友会が結成されたのはＢの期間にあたる1900年であり，1912年に立憲政友会の西園寺公望による内閣から，藩閥・官僚勢力を後ろ盾とする桂太郎内閣に政権が移った際には，第一次護憲運動が起こった（１…×）。また，海軍の青年将校が犬養毅首相を暗殺する五・一五事件が起こったのはＣの期間にあたる1932年のことである（２…×）。女性が初めて選挙権を得たのはＣの期間にあたる1946年のことである（４…×）。

5 〔公民―総合〕

(ア)＜**資料の読み取り**＞「為替レート」を見ると，１ドルと交換するのに必要な円の額は2020年（109円）

の方が1964年(360円)よりも少ないことから，ドルに対する円の価値は2020年の方が高い(３…○)。なお，１人の女性が一生に産む子どもの数の平均値は「合計特殊出生率」であり，1964年の方が高い(１…×)。労働力人口に占める第２次産業の就業者数の割合は，(第２次産業の就業者数)÷(労働力人口)×100より，1964年が約31%，2020年が約22%となり，1964年の方が高い(２…×)。世帯の収入(月額)に対するテレビ１台の価格の割合は，(テレビ１台の価格)÷(世帯の収入(月額))×100より，1964年が約95%，2020年が約８%となり，1964年の方が高い(４…×)。

(イ)＜**家族，労働**＞近年は，一人暮らしの単独世帯の割合が増加していること，三世代世帯(祖父母と親と子で構成される世帯)の割合が減少していることなどから，「１世帯あたりの人員」の平均値は減少している(X…正)。労働基準法では週あたりの労働時間の上限を40時間と定めており，2020年の「平均週間就業時間」は36.6時間で，上限を下回っている(Y…誤)。

(ウ)＜**価格と景気**＞日本銀行は，景気や物価を安定させるために金融政策を行っており，不況のときには一般の銀行から国債を買うことで，市場の資金量を増加させて景気の回復を促す(１…○)。なお，政府は，景気を安定させるために財政政策を行っており，好況のときには増税を行ったり公共事業への支出を減らしたりすることで，物価が上がり続けるインフレーションを抑制しようとする(２…×)。需要が供給を上回り商品の希少性が高くなると，商品の価格は上昇するため，インフレーションが起こりやすい(３…×)。電気や水道の料金などのように，価格の変動が国民生活に大きな影響を与えるものについては，市場の動きとは関係なく，国や地方公共団体が価格を決定・認可する公共料金のしくみがとられている(４…×)。

(エ)＜**株式**＞あ．資金に余裕のあるところから不足しているところへお金を融通することを金融という。金融のうち，株式会社が株式を発行して出資者(株主)から資金を集める場合のように，借り手が貸し手から直接資金を調達する方法を直接金融という。一方，銀行などの金融機関を仲立ちとして資金を調達する方法を間接金融という。　い．一定の基準を満たした企業の株式は，証券取引所などで自由に売買される。証券取引所では，売買の需要と供給に応じて株価が常に変動しながら決定される。なお，株主総会は，株式会社の最高意思決定機関であり，経営の基本方針の決定や役員の選出などを行う。　う．株式会社が倒産した場合，その会社の株式は無価値となり，株主は出資額を失うことになるが，それ以上の責任を負う必要はない。

(オ)＜**資料の読み取り**＞「年金」が「給付額の合計」に占める割合を，(年金)÷(給付額の合計)×100で求めると，1965年(約22%)に比べて2019年(約45%)は増加しており，この間に年金の給付を受けることになる高齢世代の人数が増加したと考えられる(X…誤)。「給付額の合計」が「国民所得」に対する割合を，(給付額の合計)÷(国民所得)×100で求めると，1965年(約６%)に比べて2019年(約31%)は増加しており，社会保障における政府の財政上の役割は大きくなっていると考えられる(Y…誤)。「公費」が「負担額の合計」に占める割合を，(公費)÷(負担額の合計)×100で求めると，1965年(約32%)に比べて2019年(約39%)は増加しており，社会保障の財源に占める税金(公費)の割合が大きくなっていると考えられる(Z…正)。

6〔**公民―総合**〕

(ア)＜**年代整序**＞年代の古い順に，Ⅰ(観阿弥・世阿弥が能を大成―室町時代)，Ⅲ(千利休がわび茶を完成―安土桃山時代)，Ⅱ(近松門左衛門の活躍―江戸時代)となる。

(イ)＜**三権分立**＞資料では，国の権力である立法権，執行権〔行政権〕，裁判権〔司法権〕が互いに分離していない場合，市民の自由が侵害されると述べている。これは，フランスの思想家であるモンテスキューが著した『法の精神』の一部であり，国の権力を立法権・行政権・司法権の３つに分けて，それぞれを独立した機関に担当させることで権力の濫用を防ぐ三権分立を唱えたものである。

(ウ)＜**公共の福祉と人権の制限**＞「公共の福祉」とは，社会全体の利益をいう。日本国憲法では基本的人権が保障されているが，人権の行使によって他人の人権が侵害されたり社会全体に不利益が及んだりするような場合には，「公共の福祉」の観点から例外的に人権が制限されることもある。感染症が広がるのを防ぐため，感染者を感染症法に基づいて強制的に入院させる際に，居住・移転の自由が制限されるのはその一例である。

(エ)＜**国会と選挙のしくみ**＞表１中の「議院Ａ」は衆議院，「議院Ｂ」は参議院である。衆議院の解散中に緊急の必要がある場合には，内閣の求めによって参議院の緊急集会が開かれる（ｂ…○）。政党ごとの得票数に応じて議席を配分する制度は比例代表制であり，衆議院，参議院のいずれの選挙でも取り入れられている（ｃ…○）。連立政権は複数の政党が与党となって組織される政権であり，表２中のⅡ，Ⅲ，Ⅳ，Ⅴの年には議院Ａ（衆議院）に議席を有する与党の数が複数となっている（ｅ…○）。なお，３年ごとに半数が改選されるのは議院Ｂ（参議院）である（ａ…×）。選挙に立候補する権利は被選挙権であり，議院Ａ（衆議院）は満25歳以上，議院Ｂ（参議院）は満30歳以上である（ｄ…×）。法案は出席議員の過半数の賛成で可決されるため，与党の議席数が全議席数の半数未満であるⅡの年は，与党の賛成のみで法案を可決するために十分な議席数とはいえない（ｆ…×）。

(オ)＜**環境問題と国際社会**＞1997年に採択された京都議定書では，先進国に対して温室効果ガスの排出削減を義務づけたが，当時排出量が最も多かったアメリカが早期に離脱したことや，先進国と排出量が増えつつあった発展途上国との対立などが課題となった。その後，2015年に採択されたパリ協定では，発展途上国も含めた全ての加盟国に温室効果ガスの削減目標の設定を義務づけた。

7〔**三分野総合—沖縄県をテーマとする問題**〕

(ア)＜**沖縄県の自然**＞あ．マングローブは，熱帯・亜熱帯の海岸沿いや河口付近で，満潮時に海水におおわれる場所に育つ常緑広葉樹である。日本では，鹿児島県の島しょ部と沖縄県で見られる。なお，サンゴ礁は，温かく浅い海で石灰質の骨格やからを持つ生物が積み重なってつくられた地形である。また，バナナは熱帯，なつめやしは乾燥帯で主に栽培される作物である。　い．沖縄県はしばしば台風の通り道となり，暴風雨による被害を受けやすい。そのため，沖縄の伝統的な家屋には，屋根瓦をしっくいで固め，家の周りを石垣で囲むなど，強い風や雨を防ぐ工夫が見られる。

(イ)＜**沖縄戦**＞第二次世界大戦末期の1945年３月，アメリカ軍が沖縄に上陸し，６月まで激しい地上戦が行われた（沖縄戦）。多くの民間人が戦闘に巻き込まれ，当時の県民人口の約４分の１にあたる12万人以上が犠牲となった（２…○）。なお，原子爆弾が投下されたのは広島と長崎である（１…×）。また，第二次世界大戦の終結後，捕虜としてシベリアに送られたのは，満州などの占領地にいた日本兵などである（３…×）。潜水艦が新兵器として初めて登場したのは，第一次世界大戦のときである（４…×）。

(ウ)＜**琉球王国**＞琉球王国は，東アジアや東南アジアの国々との間で，外国から輸入した商品を再び別の国へ輸出する中継貿易を行って繁栄した（２…○）。なお，１は14世紀末以降の朝鮮国，３は17世紀前半のオランダ，４は17世紀初頭の東南アジアの各地についての説明である。

(エ)＜**日米安全保障条約と国際環境**＞資料３の条約は，1960年に結ばれた日米安全保障条約（第６条）である。この条約が結ばれた時期には，アメリカを中心とする資本主義陣営（西側陣営）とソ連を中心とする社会主義陣営（東側陣営）の対立である冷戦〔冷たい戦争〕が深刻化していた（ａ…○）。資料５より，那覇から2000km以内に領土を有する国には核保有国のロシアや中国などが含まれている（ｅ…○）。なお，幕末に結んだ不平等条約が改正されたのは，明治時代のことである（ｂ…×）。資料４より，2021年の東アジアにおいて防衛費の額が最も大きい国は中華人民共和国である（ｃ…×）。資料４より，（防衛費）÷（国内総生産に対する防衛費の割合）×100で各国の国内総生産の額を計算すると，10か国中で国内総生産の額が最も小さい国はサウジアラビア（約842365百万ドル）となる。なお，日本の国内総生産の額は世界第３位である（2020年）（ｄ…×）。

理科解答

1 (ア) 2　(イ) 4　(ウ) 3

2 (ア) 6　(イ) 5　(ウ) 4

3 (ア) 4　(イ) 9　(ウ) 2

4 (ア) 7　(イ) 1
(ウ) (i)…2　(ii)…3

5 (ア) 3　(イ) 2　(ウ) 3　(エ) 1

6 (ア) (i)…3　(ii)…2　(イ) 2
(ウ) (i)…2　(ii)…1　(エ) 6

7 (ア) 1　(イ) 5
(ウ) (i) あ…1　い…3　(ii)…4

8 (ア) 3　(イ) 6　(ウ) 1　(エ) 4

1〔小問集合〕

(ア)＜**音**＞図3の音は，図2の音と比べて，振幅は同じなので音の大きさは同じだが，振動数が多いので音の高さが高い。音の高さを高くするためには，弦を張る強さを強くするか，弦の長さを短くすればよい。

(イ)＜**電流**＞電気器具を並列に接続すると，全ての電気器具に同じ大きさの電圧がかかる。また，〔電力(W)〕=〔電圧(V)〕×〔電流(A)〕より，〔電流(A)〕= $\dfrac{\text{〔電力(W)〕}}{\text{〔電圧(V)〕}}$ となるから，それぞれの電気器具に流れる電流は，ノートパソコンが $\dfrac{30}{100}=0.3$(A)，蛍光灯スタンドが $\dfrac{20}{100}=0.2$(A)，テレビが $\dfrac{120}{100}=1.2$(A)，ドライヤーが $\dfrac{1200}{100}=12$(A)である。よって，図中のコードXに流れる電流はこれらの和になるから，$0.3+0.2+1.2+12=13.7$(A)で，定格電流の15Aをこえない。

(ウ)＜**作用・反作用**＞図2で，①は磁石Bが磁石Aから受ける力，②は磁石Bにはたらく重力，⑤は磁石Aが台から受ける垂直抗力である。また，磁石の質量は磁石Bより磁石Aの方が大きいので，矢印の長さが②より長い③は磁石Aにはたらく重力であり，④は磁石Aが磁石Bから受ける力である。よって，①～⑤のうち，作用・反作用の関係になっている力の組み合わせは，それぞれが異なる物体にはたらき，大きさが同じで向きが反対である①と④である。

2〔小問集合〕

(ア)＜**アンモニア噴水**＞実験で，ビーカー内の水が丸底フラスコ内に噴き出したのは，アンモニアがスポイトでフラスコ内に入れた水に溶けてフラスコ内の圧力が下がり，水が吸い上げられたためである。これより，アンモニアが水に非常に溶けやすいことがわかる。また，フェノールフタレイン溶液はアルカリ性では赤色を示すので，アンモニアが溶けた水が赤く色づいたことから，アンモニアは水に溶けるとアルカリ性を示すことがわかる。なお，aもアンモニアの性質だが，実験の現象からはわからない。

(イ)＜**溶解度**＞表より，20℃の水100gに硝酸カリウムを32g溶かすと飽和水溶液ができる。ここに水100gを加えると，水は $100+100=200$(g)になる。60℃の水100gには硝酸カリウムが109g溶けるので，60℃の水200gには硝酸カリウムは $109\times2=218$(g)まで溶ける。はじめに32g溶かしたので，あと，$218-32=186$(g)溶かすことができる。

(ウ)＜**中和とイオン**＞うすい水酸化ナトリウム水溶液中には，水酸化ナトリウム($NaOH$)が電離したナトリウムイオン(Na^+)と水酸化物イオン(OH^-)が存在し，うすい塩酸中には，塩化水素(HCl)が電離した水素イオン(H^+)と塩化物イオン(Cl^-)が存在する。うすい水酸化ナトリウム水溶液にうすい塩酸を加えると，中和が起こり，H^+とOH^-が結びついて水(H_2O)ができる。また，フェノールフタレイン溶液は，酸性や中性では無色のままだが，アルカリ性では赤色を示すので，うすい水酸化ナトリウム水溶液は，うすい塩酸を５mL加えたところで完全に中和し，混合液は中性になったことがわかる。うすい塩酸を５mL加えるまでは，加えたH^+は全てOH^-と結びつくので，H^+の数は０のままで，OH^-の数は減少し，５mL加えたところで，H^+の数もOH^-の数も０になる。さらに，うすい塩酸を合計10mLになるまで加えると，H^+は結びつくOH^-がないので数が増加し，水酸化物イオンの数は０のまま変化しない。なお，Na^+とCl^-は結びついて塩化ナトリウム(NaCl)になるが，水溶液中では電離しているため，Na^+の数は一定で変化せず，Cl^-の数は増加する。

3〔小問集合〕

(ア)＜**顕微鏡**＞顕微鏡の倍率を高くすると，視野(見える範囲)がせまくなり，通過する光の量が少なくなるため，視野は暗くなる。

(イ)＜**血液循環**＞図で，心臓から出る血液は，肺へ向かうものと，肺以外の全身に向かうものがあるので，器官Wは肺である。また，血液が器官Yから器官Xへ流れ込んでいるので，器官Yが小腸，器官Xが肝臓で，器官Zは腎臓である。よって，器官Xである肝臓では血液中の有害なアンモニアが害の少ない尿素に変えられ，器官Zである腎臓では血液中の尿素などの不要な物質がこし出されて尿がつくられる。なお，ａは肺，ｂは小腸の説明である。

(ウ)＜**遺伝の規則性**＞遺伝子の組み合わせがAaの個体Xがつくる生殖細胞はＡかａで，遺伝子の組み合わせがaaの個体Ｙがつくる生殖細胞はａのみである。よって，個体Xと個体Ｙをかけ合わせてできる子の遺伝子の組み合わせと個体数の比は，右表のように，Aa：aa＝２：２＝１：１となる。

	A	a
a	Aa	aa
a	Aa	aa

4〔小問集合〕

(ア)＜**地震のゆれ**＞ゆれが始まった時刻が同じ地点を，19時10分05秒から５秒ごとに曲線で結ぶと，右図１のように，同心円状になる。地震のゆれは震央(震源の真上の地点)から同心円状に広がるから，同心円の中心である×印が震央と考えられる。よって，初期微動継続時間は震源からの距離が遠くなるほど長くなるので，地点Ａ～Ｃのうち，初期微動継続時間が最も長かったのは震央からの距離が最も遠い地点Ｃと考えられる。また，地震のゆれは震源に近いほど大きくなるので，地点Ａ～Ｃのうち，ゆれの大きさが最も大きかったのは震源に最も近い地点Ａと考えられる。

図１

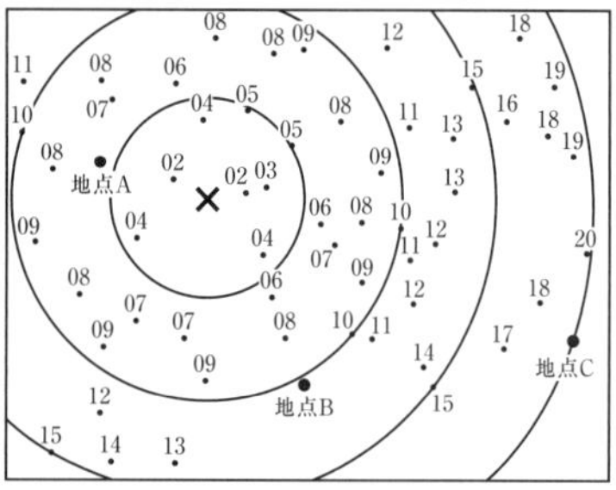

(イ)＜**湿度**＞〔湿度(%)〕＝$\dfrac{\text{〔空気1m}^3\text{中に含まれている水蒸気量(g/m}^3\text{)〕}}{\text{〔その気温での飽和水蒸気量(g/m}^3\text{)〕}}$×100で求められる。８時と17時の空気を比べると，空気１m^3当たりに含まれている水蒸気量はあまり変わらないので，気温が高い17時の空気の方が飽和水蒸気量は大きくなり，湿度は低くなる。また，８時，11時，14時，17時のうち，14時は最も気温が高く飽和水蒸気量が最も大きいが，空気１m^3当たりに含まれる水蒸気量が最も小さいため，湿度は最も低くなる。よって，求めるグラフは１である。

(ウ)＜**太陽の動き**＞(i)春分には，緯度が異なる地域でも，太陽が真東の空から昇り，真西の空に沈む。しかし，右図２のように，緯度が高くなると，南中高度は低くなる。　(ii)春分からおよそ３か月後には，南中高度が最も高くなる夏至になる。よって，春分から２か月後には，太陽は真東より北寄りから昇り，真西より北寄りに沈む。また，南中高度は春分より高くなる。

図２

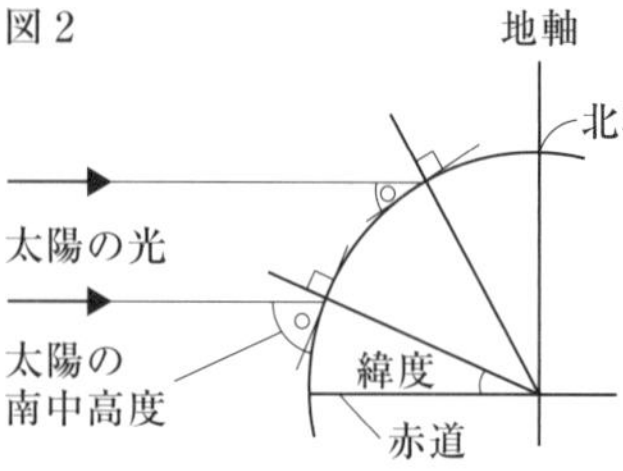

5〔電流とその利用〕

(ア)＜**電流がつくる磁界**＞電流は電源装置の＋極から出て－極に入る向きに流れるから，図1の金属棒には，奥から手前に向かう向きに電流が流れる。また，電流の向きを右ねじの進む向きに合わせると，右ねじを回す向きが磁界の向きになる。よって，手前から見ると，反時計回りの磁界ができる。

(イ)＜**物体にはたらく力**＞金属棒には，重力が下向きに，重力とつり合う垂直抗力が上向きにはたらいている。さらに，金属棒はPからQの向きに速さが増加する運動をしているので，運動の向きにも力(電流が磁界から受ける力)がはたらいている。

(ウ)＜**電流が磁界から受ける力**＞電圧を大きくすると，金属棒に流れる電流が大きくなるので，電流が磁界から受ける力が大きくなる。そのため，Qに達するまでの金属棒の速さが増加する割合が大きくなり，グラフの傾きが大きくなる。また，区間PQで速さが増加する割合が大きくなると，区間PQを通過するのにかかる時間は短くなる。そして，Qを通過後は運動の向きに力がはたらかなくなるので，速さが一定の等速直線運動をする。よって，求めるグラフは3である。

(エ)＜**エネルギー変換効率**＞まず，図3で，金属棒がPからQまで斜面を上ったときに消費した電気エネルギーは，電力量で表される。よって，〔電力量(J)〕＝〔電力(W)〕×〔時間(s)〕＝〔電圧(V)〕×〔電流(A)〕×〔時間(s)〕より，消費した電気エネルギーは，$V \times I \times t = VIt$(J)となる。次に，金属棒が得た位置エネルギーは，金属棒がされた仕事で表される。重さWNの金属棒は高さHmまで持ち上げられたから，〔仕事(J)〕＝〔力の大きさ(N)〕×〔力の向きに動いた距離(m)〕より，位置エネルギーは$W \times H = WH$(J)となる。したがって，変換効率は，電気エネルギーから位置エネルギーに変換された割合だから，〔変換効率(%)〕＝$\dfrac{WH}{VIt} \times 100$で求められる。

6 〔化学変化と原子・分子〕

(ア)＜**酸化銅の還元**＞酸化銅と炭素の混合物を加熱すると，酸化銅は還元されて銅になり，炭素は酸化されて二酸化炭素になる。図2の(i)の範囲では，酸化銅の質量が増加すると二酸化炭素の質量も増加しているので，酸化銅は全て反応して銅になり，炭素は一部が反応して二酸化炭素になり，残りの炭素は未反応で残っている。よって，試験管A内にある固体は，炭素粉末と銅である。また，(ii)の範囲では，酸化銅の質量が増加しても二酸化炭素の質量は一定である。これは，酸化銅が4.0gのとき，酸化銅と炭素粉末0.30gが過不足なく反応して二酸化炭素と銅になっていて，それ以降は酸化銅を加えても，二酸化炭素は増加せず，追加した酸化銅が未反応で残っているためである。したがって，試験管A内にある固体は，酸化銅と銅である。

(イ)＜**化学変化と物質の質量**＞図2で，発生した二酸化炭素の質量が一定になる点では，炭素粉末0.30gと酸化銅4.0gが過不足なく反応し，二酸化炭素が1.10g発生している。質量保存の法則より，このとき残った銅の質量は，(0.30＋4.0)－1.10＝3.2(g)となる。酸化銅6.0gと炭素粉末0.30gの混合物を加熱したときも，反応する酸化銅の質量は4.0gで同じなので，できる銅の質量も同じ3.2gである。

(ウ)＜**酸化と還元**＞(i)酸化鉄は酸素を奪われて鉄になるので還元される。一方，一酸化炭素は酸素と結びついて二酸化炭素になるので酸化される。　(ii)マグネシウムリボンを二酸化炭素と反応させると，二酸化炭素は還元されて炭素になり，マグネシウムは酸化されて酸化マグネシウムになるから，酸化と還元が同時に起こっている。なお，2は炭酸水素ナトリウムの熱分解，3は中和反応で，どちらも酸化と還元が同時に起こる化学変化ではない。

(エ)＜**化学反応式**＞化学反応式は，矢印の左右で原子の種類と数が等しくなるように化学式の前に係数をつける。あ，いに入れる数字をa，bとすると，酸素原子について，$1 \times 3 + a \times 1 = b \times 2$より，$3 + a = 2b$……①が成り立つ。また，炭素原子について，$a = b$……②が成り立つ。①に②を代入して，

$3+b=2b$ より，$b=3$ となるので，②より，$a=b=3$ である。よって，あにもいにも3が入る。

7〔生物の体のつくりとはたらき〕

(ア)＜**維管束**＞根から吸い上げられた水や養分は道管を通り，葉でつくられた栄養分は水に溶けやすい物質に変えられ師管を通る。道管と師管が集まって束になっている部分を維管束といい，図のアジサイのように葉脈が網目状の双子葉類の茎の横断面では，維管束は輪のように並んでいる。

(イ)＜**蒸散**＞ワセリンを塗った部分は気孔がふさがれているので，蒸散が行われない。表1より，日光を当てた装置B，Dのアジサイの蒸散が行われる部分は，装置Bでは葉の表面と茎，装置Dでは葉の表面と裏面と茎である。水の減少量は蒸散量と考えられるので，〔葉の裏面からの蒸散量〕=〔葉の表面と裏面と茎からの蒸散量〕−〔葉の表面と茎からの蒸散量〕=〔装置Dの水の減少量〕−〔装置Bの水の減少量〕$=10.0-2.0=8.0$（cm^3）となる。

(ウ)＜**対照実験**＞(i)表2のあでは，日光を当てて，ワセリンを塗らないアジサイと葉の両面にワセリンを塗ったアジサイで比較するので，比較する装置は装置Dと装置Cである。ヨウ素溶液によって，装置Dでは青紫色に染まったので光合成が行われたが，装置Cではほぼ染まらなかったので光合成がほぼ行われなかったことがわかる。また，いでは，ワセリンを塗らないアジサイで，日光を当てたものと当てないもので比較するから，比較する装置は装置Dと装置Fである。水の減少量（蒸散量）は，装置Dの方が装置Fより多いので，ワセリンを塗らないアジサイの蒸散量は日光を当てたときの方が多いことがわかる。　(ii)表1の装置Dと装置Fでの水の減少量より，装置Dの方が装置Fより蒸散量が多いので，気孔には，日光が当たると開いて蒸散を盛んに行い，日光が当たらないと閉じてほとんど蒸散を行わない性質があると考察される。また，装置Cと装置Dでのヨウ素溶液と反応させた結果より，装置Dの気孔をふさいでいないアジサイではデンプンがつくられ光合成が行われたが，装置Cの気孔をふさいだアジサイではデンプンがほぼつくられず光合成がほとんど行われなかったと考えられる。これより，光合成に必要な気体の出入りは気孔を通して行われると考察される。なお，aは装置Bと装置Dの水の減少量から考察することができるが，装置C〜Fの結果からは考察できない。また，dは，この実験からは考察できない。

8〔大地の変化〕

(ア)＜**土砂の堆積**＞粒の大きさが大きいものから順に，れき，砂，泥なので，図2より，粒の大きなものから先に沈み，粒の小さなものは遠くまで流されて沈むことがわかる。よって，実際に河口から海に流れ込んだれき，砂，泥は，3のように堆積する。

(イ)＜**地層**＞図3で，粒の大きなものほど河口から近い場所に堆積するから，D層（れきの層）は，河口から近い場所で堆積した。そして，堆積物の粒の大きさは，D層（れきの層）→C層（砂の層）→B層（泥の層）と小さくなり，B層（泥の層）→A層（砂の層）と大きくなっていることから，河口から遠くなった後に近くなった，つまり，海水面が上昇した後，下降したと考えられる。

(ウ)＜**断層，しゅう曲**＞図4の露頭Yの断層は，断層の右側の上側部分が上がっているので，地層を押す力がはたらいてできる（逆断層）。また，しゅう曲も，地層を押す力がはたらいてできる。

(エ)＜**地層の広がり**＞図5より，P地点の標高は80mで，図6より，P地点の火山灰を含む層の上面の地表からの深さは10mなので，P地点の火山灰を含む層の上面の標高は$80-10=70$（m）である。よって，この地域の地層は水平なので，S地点の火山灰を含む層の上面の標高も70mである。したがって，S地点の標高が90mより，火山灰を含む層の上面は地表から，$90-70=20$（m）の深さに出てくる。

2023年度／神奈川県公立高等学校

国語解答

一　(ア)　a…2　b…3　c…1　d…4
(イ)　a…1　b…3　c…4　d…3
(ウ)　2

二　(ア)　4　(イ)　4　(ウ)　1　(エ)　3
(オ)　2　(カ)　1

三　(ア)　3　(イ)　1　(ウ)　2　(エ)　3
(オ)　2　(カ)　4　(キ)　3　(ク)　1
(ケ)　2

四　(ア)　4　(イ)　2　(ウ)　3　(エ)　1

五　(ア)　4
(イ)　［日本における人間と自然の共生という視点で考えると，］林野と関わりながら暮らす人を増やして雑木林や農耕地を持続的に管理する(34字)［ことが必要です。］

一〔国語の知識〕

(ア)<漢字>a．「静寂」は，静かで寂しい様子。　b．「収拾」は，混乱している状態を収めまとめること。　c．「頒布」は，広く配って行きわたらせること。　d．音読みは「著作」などの「チョ」。

(イ)<漢字>a．「系統」と書く。1は「伝統」，2は「闘志」，3は「党首」，4は「沸騰」。　b．「印鑑」と書く。1は「一貫」，2は「歓声」，3は「図鑑」，4は「乾燥」。　c．「球根」と書く。1は「給食」，2は「号泣」，3は「嗅覚」，4は「気球」。　d．「施す」と書く。1は「飼育」，2は「製造」，3は「実施」，4は「申請」。

(ウ)<俳句の内容理解>「ほぐる」は，固まったものがほどける，という意味。春の朝，固まっていた植物の芽が徐々に開き伸びていく動きを，「ほぐれほぐるる」と単語を重ねることで表現するとともに，遅くまで寝ている自分とを対比させることで，植物の活発な動きを強調している。

二〔小説の読解〕出典；瀧羽麻子『博士の長靴』。

(ア)<文章内容>和也は，幼い頃に描いた空の絵を「あれはなかなかたいしたものだ」と父親が褒めてくれたことに対して，「珍しいこともあるもんだね」とふざけているように言った。しかし，本心ではうれしかったので，和也は絵を取りに行こうとしたのである。「まんざらでもない」は，内心はうれしい感情を表には出さない様子。

(イ)<文章内容>藤巻先生は，「僕」が切り出した研究の話に，「加速度をつけて」夢中になってしまった。和也の絵のことは頭からすっかり追い出されてしまったため，藤巻先生は，和也に呼ばれても顔も見ず，適当な返事をしただけだったのである。「おざなり」は，いいかげんな対応をすること。

(ウ)<心情>「僕」は，父親に絵を褒められた和也の「雲間から一条の光が差すような，笑顔」を見逃していなかった。しかし，絵とは関係のない話を切り出して先生を夢中にさせ，その結果，和也を悲しませることになってしまったことを申し訳なく思い，「僕」は，ぎくしゃくした父子関係を改善させたいと思ったのである。

(エ)<心情>和也は，「僕」と「楽しそう」に研究の話をしている父親を見て，自分が知らない別の姿があることを知った。和也は，自分や母親では「話し相手になれない」から父親が「家ではたいくつ」そうにしているのではないかと，むなしい気持ちになったのである。

(オ)<心情>「僕」は，藤巻先生は熱心な研究者なので，息子も同じ学問の道に進ませたいと考えていると思っていたのに，「得意なことを好きにやらせるほうが，本人のためになる」と言われたので「意外だった」と，和也に明かした。父親のことを「ちっともわかんない」と言う和也に，「僕」は，自分にも藤巻先生は「わからないひと」だと伝えながら，自身にも納得させるかのようにその言葉をかみしめたのである。

(カ)<表現>全体を通して，「僕」の視点から描かれている。絵に関するやりとりでは，和也の気持ちがうまく伝わらず二人がぎくしゃくしている様子が描かれている。そして和也と「僕」の会話では，父親の関心を求めつつ，自分では父親の話し相手になれないと思う和也と，息子の得意なことをやらせたいと考えている藤巻先生の姿を通して，二人が互いを思い合っていることが描かれ，花火の場面では，思い合う二人の様子が「父と息子の横顔は，よく似ている」と表現されている。

三 〔論説文の読解―哲学的分野―哲学〕出典；ハナムラチカヒロ『まなざしの革命』。

≪**本文の概要**≫私たちの多くは，自分のまなざしが固定化しているとは思っていない。深刻な事態が起こったときには，根本から自分の見方を変える必要性に迫られるが，見方を急に変えるのは難しく，物事の解釈を変える方が容易である。見方を変えることができても，次々に深刻な事態が続くと，答えが決まらない不安定な状態に耐えられず，自分の見方を正当化する情報だけを求め，自分の見方を強めていく傾向がある。私たちのまなざしが固定化した状態が社会にまで広がったものが，常識であり，社会は常識を前提に動いている。常識が根本的に覆される発明・発見や危機・混乱があると，これまでの常識のもとで積み上げてきた利益が失われることを恐れ，社会は常識を変えるのではなく，事実そのものをなかったことにしてしまうかもしれない。混乱が大きくなった社会では，新しいまなざしを生み出すために多様な情報が提示されるが，何が事実で何が正解なのか判断が難しいため，常識とは何かについて改めて考える必要がある。

(ア)＜**接続語**＞A．私たちの多くは，頑固なのは相手だと思っているので，「自分の見方を変えたい」と思うよりは，「柔軟でない相手や融通の利かない物事を変えたい」と思うのである。　B．「自分の見方を正当化」する情報などが「自分の見方をますます強め」ていき，さらには「自分と反対」の立場の相手を「敵視したり，見下したり」するようになる。

(イ)＜**熟語の構成**＞「柔軟」と「携帯」は，同じような意味の字を組み合わせた熟語。「名言」は，上の字が下の字を修飾している熟語。「送迎」は，反対の意味の字を組み合わせた熟語。「尽力」は，下の字が上の字の目的語になっている熟語。

(ウ)＜**品詞**＞「変えよう」と「起きよう」の「よう」は，意志を表す助動詞。「出かけたようだ」の「よう」は，推定を表す助動詞「ようだ」の終止形の一部。「見よう」の「よう」は，勧誘を表す助動詞。「滝のように」の「よう」は，たとえを表す助動詞「ようだ」の連用形の一部。

(エ)＜**文章内容**＞私たちは，自分にとって「不都合な状況」が生じたとき見方を変えようとするが，多くの場合「自分自身への認識」を変えるのではなく，あくまでも「表面的な物事の解釈」を「自分の欲求に合わせて都合よく」変えるだけなのである。

(オ)＜**文章内容**＞物事の解釈ではなく，自分の認識を変えることができても，「次から次へと深刻な事態」が続くと，「答えが定まらない不安定な状態」で苦しむことになる。そうなると，私たちは，「自分が見たい部分や一度信じたことにだけ」目を向けるということを繰り返し，自分の見方を強めて変えられなくしていくのである。

(カ)＜**文章内容**＞私たちのまなざしは，「小さい頃から教育されてきた知識，長年にわたって社会で信じられてきた概念，多くの人が口にする情報」に繰り返しふれることによって，気づかないうちに固定化してしまう。固定化したまなざしが社会にまで広がると「常識」と呼ばれるのである。

(キ)＜**文章内容**＞社会は常識を前提として動いているので，常識が「根本的に覆されること」が起こると，常識のもとで得ていた「利益が失われる」ことを恐れ，それを「なかったことにしようと」考える。同様に，前提となる常識が間違っている状態で危機が起こると，その前提に関与している人々は「都合の悪い事実が表に出ることを隠蔽し，歪曲し，演出しようとする」かもしれない。

(ク)＜**文章内容**＞社会の混乱が大きくなるほど，新しい常識を生み出そうとする「多様な見方」が提示される。その中には「根拠のなさそうなもの」もあれば「常識を覆すような情報」もあるが，それら全てが「妥当性を欠いた説明」とは言いきれない。また，「正反対」の主張をするあまりにたくさんの情報にあふれているため，「何が正解なのかの判断は簡単には下せなくなって」いる。

(ケ)＜**要旨**＞まず，物事の見方を変えることは難しく，「次から次へと深刻な事態が続くような状況」になることで，自分のまなざしが固定化されていく過程が説明されている。そして，「まなざしが固定化した状態」が「社会にまで広がったもの」が常識であり，常識は社会でさまざまなことの前提にされていると述べられている。さらに，常識という前提が覆るような混乱の中では，「多様な見方が並べ」られるようになり，どれが正解か判断が難しいので，「常識とは何かを改めて考える」必要があると，まとめられている。

四〔**古文の読解—物語**〕出典；『平家物語』巻第六「紅葉」。

≪現代語訳≫去る承安の頃，(高倉天皇が)天皇になられた初めの頃，御年十歳くらいにもなっておられたろうか，非常に紅葉をお気に入りになられて，北の陣に小さい山をつくらせ，櫨や楓の色美しく紅葉したものを植えさせて，紅葉の山と名づけて，一日中ご覧になってもまだお飽きにならない。

ところが，ある夜，暴風が激しく吹いて，紅葉した葉を全て吹き散らし，落ち葉がかなり乱雑である。殿守の伴のみやづこが，朝の掃除をするということでこれを全部残らず掃き捨ててしまった。残った枝や，散った木の葉をかき集めて，風が冷たかった朝なので，縫殿の陣(＝北の陣)で，酒を温めていただく(ための)薪にしてしまった。当番の蔵人が，天皇のおいでになるより先にと急いで行って見ると，(紅葉は)すっかりなくなっている。(蔵人が)「どうしたことだ」と尋ねると(殿守の伴のみやづこは)しかじかと言う。蔵人は，たいそう驚いて，「ああ大変だ。天皇があれほど執着しておられた紅葉を，こんなにしたとはあきれたことだ。知らないぞ，お前たち，今すぐ，投獄や流罪にもなり，私自身も天皇からどのようなおしかりを受けることだろう」と嘆いているところに，天皇は，いつもよりいっそう早く御寝所から出てこられるとすぐ，あちらへおいでになって紅葉をご覧になると，(紅葉が)なかったので，「どうしたのだ」とお尋ねになるが，蔵人は申し上げようがない。ありのままに申し上げる。(すると)天皇のご機嫌はことによさげでにっこりとほほ笑まれて，「『林間に酒を煖めて紅葉を焼く』という詩の心を，その者たちには誰が教えたのだ。風流にもいたしたものだな」とおっしゃって，(おしかりにならないばかりか)かえってお褒めに預かった以上は，特に天皇が罪を責めることはなかった。

(ア)**<古文の内容理解>**「飽き足る」は，十分に満足する，という意味。「叡覧」は，天皇がご覧になること。高倉天皇は，小さい山をつくらせ「色美しうもみぢたるを植ゑさせ」て一日中眺めていても満足しないくらい，紅葉を気に入っていたのである。

(イ)**<古文の内容理解>**朝の掃除に来た「殿守の伴のみやづこ」は，暴風によって紅葉した葉が落ち葉になって散らばっていたのを掃き集め，残っていた枝と一緒に酒を温める薪として燃やした。そのために，高倉天皇が楽しみにしていた紅葉が「跡かたなし」になったと知って，蔵人は大変驚いたのである。

(ウ)**<古文の内容理解>**高倉天皇は，「殿守の伴のみやづこ」の振る舞いを「林間煖酒焼紅葉」という詩の一節に書かれていたことになぞらえたものと受けとめ，風流なことをしたものだと感心した。

(エ)**<古文の内容理解>**いつもより早く紅葉の様子を見に来た高倉天皇は，紅葉がすっかりなくなっている様子を見て「いかに」と事情を尋ね，蔵人は，処罰されることを心配しながらも事情をありのままに説明した。すると，高倉天皇は「殿守の伴のみやづこ」の行動を風流なことをしたものだと褒めて，罪を責めることは誰にもなかったのである。

五〔**資料**〕

(ア)狩猟免許所持者の総数は，1975年度が約52万人なのに対し，2018年度は約21万人と半数以下に減少し，29歳以下の免許所持者は，1/9を下回っている(1・3…×)。狩猟免許所持者を年代別に見ると，1975年度は59歳以下が約9割を占めているのに対し，2018年度は59歳以下が約4割であるため，平均年齢が高くなっていることがわかる。また，野生のシカの捕獲頭数は1975年度が13000頭なのに対し，2018年度は572300頭と約44倍に増加している(2…×，4…○)。

(イ)Bさんは，資料をふまえて，日本人が自然との共生社会を続けるには，「一度自然に手を加えて雑木林や農耕地にしたら，管理し続ける必要がある」と指摘している。また，Bさんは，グラフ2から「林野と関わりながら暮らす人がとても少ない」と読み取ったDさんの意見を取り入れ，「林野と関わりながら暮らす人が少ないために，雑木林や農耕地」が放棄されていると述べている。

Memo

誰にもよくわかる 解説と解答 2022年度

神奈川県　正答率

（全日制の課程）

英　語

1	ア	1	62.2%
		2	63.1%
		3	52.1%
	イ	1	63.6%
		2	64.0%
	ウ	1	70.9%
		2	72.3%
2	ア		63.1%
	イ		75.2%
	ウ		70.9%
3	ア		73.8%
	イ		79.0%
	ウ		81.0%
	エ		66.6%
4	ア		55.0%
	イ		65.3%
	ウ		22.0%
	エ		25.5%
5			13.3%
6	ア		58.9%
	イ		54.2%
	ウ		30.8%
7	ア		34.2%
	イ		52.6%
8	ア		42.2%
	イ		45.9%
	ウ		41.9%

社　会

1	ア	51.6%
	イ	60.2%
	ウ	90.2%
	エ	59.1%
	オ	41.7%
2	ア	46.1%
	イ	76.6%
	ウ	88.5%
	エ	75.9%
3	ア	68.8%
	イ	65.4%
	ウ	54.3%
	エ	57.4%
	オ	48.4%
4	ア	72.4%
	イ	77.9%
	ウ	39.2%
	エ	62.5%
	オ	46.1%
5	ア	69.1%
	イ	62.3%
	ウ	63.0%
	エ	52.1%
	オ	68.7%
6	ア	79.9%
	イ	53.7%
	ウ	59.2%
	エ	57.6%
7	ア	62.0%
	イ	68.8%
	ウ	52.8%
	エ	76.1%

数　学

1	ア			97.3%
	イ			87.4%
	ウ			89.5%
	エ			93.6%
	オ			89.2%
2	ア			80.4%
	イ			92.3%
	ウ			78.4%
	エ			59.2%
	オ			69.6%
3	ア	i	a	80.1%
			bc	78.6%
		ii		37.8%
	イ			25.4%
	ウ			16.3%
	エ			0.7%
4	ア			87.0%
	イ			74.6%
	ウ			6.9%
5	ア			76.9%
	イ			14.7%
6	ア			52.2%
	イ			42.6%
	ウ			2.7%

理　科

1	ア	67.1%
	イ	67.1%
	ウ	50.7%
2	ア	83.3%
	イ	60.4%
	ウ	56.3%
3	ア	92.2%
	イ	70.7%
	ウ	75.1%
4	ア	31.4%
	イ	56.0%
	ウ	73.2%
5	ア	44.3%
	イ	45.5%
	ウ	50.0%
	エ	16.2%
6	ア	73.9%
	イ	77.5%
	ウ	65.1%
	エ	52.7%
7	ア	68.3%
	イ	70.5%
	ウ	76.2%
	エ	60.1%
8	ア	81.5%
	イ	26.0%
	ウ	46.1%
	エ	33.9%

国　語

一	ア	a	45.1%
		b	83.5%
		c	74.4%
		d	97.9%
	イ	a	50.6%
		b	46.5%
		c	50.0%
		d	46.8%
	ウ		80.2%
二	ア		87.6%
	イ		82.5%
	ウ		56.6%
	エ		85.2%
	オ		86.4%
	カ		84.4%
三	ア		93.4%
	イ		54.7%
	ウ		74.1%
	エ		63.5%
	オ		64.9%
	カ		44.4%
	キ		49.7%
	ク		44.9%
	ケ		41.9%
四	ア		52.3%
	イ		42.7%
	ウ		45.5%
	エ		48.0%
五	ア		82.4%
	イ		13.4%

英語解答

1　(ア)　No.1　2　No.2　3
　　　No.3　4
　(イ)　No.1　1　No.2　3
　(ウ)　No.1　5　No.2　3

2　(ア)　4　(イ)　2　(ウ)　1

3　(ア)　2　(イ)　4　(ウ)　3　(エ)　4

4　(ア)　3番目…4　5番目…3
　(イ)　3番目…6　5番目…2
　(ウ)　3番目…3　5番目…1
　(エ)　3番目…3　5番目…6

5　(例)　How long did it take to

6　(ア)　3　(イ)　2　(ウ)　8

7　(ア)　2　(イ)　2

8　(ア)　2　(イ)　4　(ウ)　5

1　〔放送問題〕

(ア)No.1．ジャック(J)：ナオミ，先週の君の誕生日パーティーはどうだった？　何をもらったの？／ナオミ(N)：よかったわ，ジャック。兄〔弟〕がギターをくれたの！　新しいギターが欲しかったから，すごくうれしい。／J：いい贈り物だね！　ふだん君はいつギターを弾くの？／N：週末に兄〔弟〕と一緒にギターを弾いてるわ。

No.2．J：ナオミ，ブラウン先生の英語の宿題は終わった？／N：ううん，まだ。行ってみたい国について書かないといけないのよね。その後，次の英語の授業でスピーチをするんでしょう？／J：そう。僕はインドに行きたいから，インドについて書くつもりだよ。君は？／N：私はオーストラリアの動物を見てみたいから，オーストラリアについて書くつもりよ。

No.3．J：ナオミ，僕はうちの学校についてのビデオをつくりたいんだ。／N：まあ，それはおもしろいわね，でもどうしてそれをつくりたいの？／J：それはね，母国にいる友人に僕の学校生活について知ってほしいからだよ。手伝ってくれないかな？／N：ええ。いくつかいいアイデアが出せると思うわ。

(イ)No.1．エミリー(E)：ケン，あなたが今読んでる本，私も読んだことがあるわ。そのお話，すごくおもしろいわよね。／ケン(K)：えっ，読んだことがあるの，エミリー？　僕は先週読み始めたんだ。日本一のチームになることを夢見ているこの高校の野球部の話を読むのが好きなんだよ。／E：ねえ，この話についての映画があるって知ってる？　来月見られるのよ。／K：ほんと？　その映画はきっとすばらしいだろうね。／E：私は友達とその映画を見に行くつもりなの。あなたも一緒に来たい？／K：もちろんさ。ありがとう，エミリー。待ちきれないな！

質問：「ケンについて言えることは何か」―1．「彼は高校の野球部についての映画を見たがっている」

No.2．E：ケン，私は今度の土曜日に何人かのクラスメイトと買い物に行くつもりなの。あなたも一緒に来たい？／K：今度の土曜日は時間があるな。どこに行くつもりだい？／E：トムにあげる物を買いに，駅の近くのお店に行くつもり。トムが来月オーストラリアに帰っちゃうって聞いた？／K：うん，聞いたよ。すごく悲しいね。よし。僕も一緒に行くよ。トムにあげるのにいいプレゼントって何かな？／E：トムが日本で過ごしたときのことを思い出すのに役立つ物を買ったらどうかしら？／K：それはいいね！　トムにメッセージも書いたらいいと思うな。

質問：「エミリーとケンについて言えることは何か」―3．「ケンは今度の土曜日にエミリーとそのクラスメイトと一緒に買い物に行くことに同意した」

(ウ)≪全訳≫こんにちは，マイク。こんにちは，ジョー。これが私たちの学校の図書館よ。約2万冊の本があるの。本を読んだり借りたりできるし，ここで勉強することもできる。この図書館は，月曜日から金曜日の午前9時から午後4時45分まで利用できるのよ。でも，毎月第1水曜日は，図書館司書の先生がいらっしゃらないの。先生がここにいらっしゃらないときは，図書館は利用できないわ。図書館内では飲食は禁止よ。放課後，ここで友達と勉強してもいいけど，もちろん大声でしゃべっちゃだめ。ふだんは2週間で10冊の本を借りられるけど，長期休暇中は希望があればもっとたくさんの本を借りられるわ。この図書館には辞書が何冊かあるの。辞書は図書館の中でしか使えないのよ。図書館内のコンピュータを使って，探している本を見つけることができるわ。図書館内の本は自分の興味のあることについてもっと詳しく知るのに役に立つわよ。例えば，日本について知りたかったら，ここで日本の芸術やお祭り，歴史についての本を見つけられるわ。

No.1．僕たちの図書館について／午前9時から午後4時45分まで図書館を利用できる。／図書館司書の先生がいるときは図書館を利用できる。（毎月第1水曜日は，先生は①不在。）／通常借りられる本の冊数は②2週間で10冊だけど，長期休暇中はもっと多くの本を借りられる。／辞書を③借りることはできない。

No.2．やあ，ジョー！　放課後，図書館に行かない？　そこで宿題をするときは④お互いに助け合おう。図書館は一緒に勉強するのに最適な場所だよ。昨日，僕らは鎌倉や京都，他にも日本のたくさんの場所へ行くことについて話したよね。図書館では，僕らの行きたい場所に関する⑤歴史を学ぶこともできるよ。

2〔対話文完成―適語補充〕

≪全訳≫鈴木先生（Mr）：ソフィア，君は2週間前に日本に着いたんだってね。どうして日本に来ることに決めたんだい？／ソフィア（S）：えっと，母国に日本人の友人が何人かいるんです。彼女たちが日本について興味深いことをいろいろと話してくれました。それで，もっと詳しく知りたくなったんです。／Mr：君は何に興味があるの？／S：日本文化です。そこから大切なことをたくさん学べると思っています。私は日本文化を大いに尊重しています。特に，剣道の稽古と着物の着つけ，俳句を詠《よ》むことに興味があります。／Mr：すごいね！　君に日本ですばらしい経験をしてもらいたいから，うちの学校の剣道部に入るのはいい考えだと思うよ。／S：それはいいですね！／Mr：さまざまな文化について学ぶことは，他の国々で暮らす人々を理解するのに役立つと思うよ。／S：私もそう思います，鈴木先生。日本ではいろんなことに挑戦してみるつもりです。

＜解説＞(ア)日本文化に興味があり，そこから大切なことをたくさん学べると考えているソフィアの思いとして，respect「～を尊敬〔尊重〕する」が適する。　(イ)鈴木先生は，日本で良い experiences「経験」をしてほしいという気持ちから，ソフィアに剣道部への参加を勧めている。　(ウ)他の国に住む人を理解する際には，different「さまざまな，違った」文化について学ぶことが役に立つ。

3〔適語（句）選択〕

(ア)主語は One of the boys「少年のうちの1人」，つまり One「1人」なので，これに合わせて be動詞は is とする。you ～ yesterday は the boys を修飾するまとまり（目的格の関係代名詞が省略されている）。　「君が昨日公園で会った少年のうちの1人は私の弟〔兄〕だ」

(イ)‘Which＋名詞＋do you like the best？’で「どの～が一番好きか」を表せる。　「どの学校行事が一番好きですか？」

(ウ)which 以下はその前の a school を修飾するまとまりで，「1980年に建てられた学校」という意味になると推測できる。「建てられた」という受け身は‘be動詞＋過去分詞’で表し，‘be動詞’は a school に合わせて was とする。　「これは1980年に建てられた学校だ」

(エ)have/has been ～ing という現在完了進行形で「ずっと～し続けている」という‘継続’を表している文なので，‘時の起点’を表す since「～以来，から」が適する。　「私は今朝10時からずっとこの本を読み続けている」

4〔対話文完成―整序結合〕

(ア)A：世界中で多くの人が英語を使っているね。／B：そうだね。英語は多くの人たちによって彼らの第一言語として話されているよ。∥English is「英語は」の後は，‘be動詞＋過去分詞’の受け身形になるように speak の過去分詞 spoken を置き，「話されている」とする。その後に by many people「多くの人々によって」を続け，as は「～として」という意味の前置詞として their first language「彼らの第一言語」の前に置く。不要語は uses。　English is spoken by many people as their first language.

(イ)A：あなたは子どもの頃，何になりたかったの？／B：医者だよ。たくさんの人たちを救うことに興味があったんだ。//Bが職業を答えているので，Aは何になりたかったのか尋ねたのだとわかる。過去の疑問文なので did you で始め，want to be「〜になりたい」を続ける。不要語は work。What did you want to be when you were a child？

(ウ)A：新しいパソコンを買いたいんだけど，どのパソコンを買えばいいか決められないんだ。／B：それなら僕に手伝わせてよ。//can't の後には，動詞の原形の decide を置く。また，同じく動詞の原形と考えられる buy の前には to か should がくると判断できるが，語群に主語となるべき I があるので，I should buy とする。残りは‘which＋名詞’の形で which one とまとめて I の前に置けば‘疑問詞＋主語＋動詞...’の間接疑問となる。この one は前に出ている‘数えられる名詞’の代わりとなる代名詞。不要語は to。　... I can't decide which one I should buy.

(エ)A：君はピアノを弾けるの？／B：少しだけね。でももっと上手に弾ければいいのにって思ってるよ。//‘I wish＋主語＋(助)動詞の過去形...’「…であればいいのに」の形の仮定法(be動詞は一般的に were を用いる)にする。I wish I were とし，be good at 〜「〜が上手だ」の比較級 be better at 〜 を用いて better at を続ける。不要語は could。　But I wish I were better at playing it.

5〔条件作文—絵を見て答える問題〕

≪全訳≫A：ユキコは「先週の日曜日，おじいちゃんの所に行ったの。おじいちゃんはカモメ村に住んでるのよ」と言った。レイカは「私はその村に行ったことがないわ。どうやってそこに行ったの？」と言った。／B：ユキコは「いつもは家族と一緒に車でおじいちゃんの家に行くの。でも，今回は1人で電車とバスで行ったのよ」と言った。レイカは「電車とバスを使ったら，そこに着くのに(例)どのくらい時間がかかったの？」ときいた。／C：ユキコは「2時間よ。バスからきれいな山を眺めて楽しんだわ。おじいちゃんにこの旅のことを話したの。次回は一緒にカモメ村を訪ねられるよ」と言った。レイカは「わあ，ぜひ行きたいわ！」と言った。

＜解説＞この問いかけに対してユキコが「2時間」と答えているので，その村まで行くのにどのくらいの時間がかかったかを尋ねる文をつくる。「(時間が)どのくらい」を尋ねる疑問詞 How long で始める。その後に‘It takes＋時間＋to 〜’「〜するのに…(時間)かかる」の文を過去の疑問文にして did it take to と続けると，空所の後の動詞の原形 get にうまくつながる。

6〔長文読解総合—スピーチ〕

≪全訳≫❶皆さん，こんにちは。私はハルカです。夏休み中に，私は調査を行いました。今日は，私の調査でわかったことをお伝えしたいと思います。

❷私の調査は，カモメ市の商店街のごみ問題に関するものでした。カモメ市には有名な場所がいくつかあるため，私たちの町を大勢の観光客が訪れます。観光客や町の人々といった多くの人が商店街でさまざまな種類の物を買って楽しんでいます。しかし中には，通りにたくさんのごみを放置していく人もいました。ニュースで，この問題を解決しようと取り組んでいる人々がいることを知り，それについて調査を行おうと決めたのです。

❸商店街に来る人の中には，ペットボトルや缶，紙，その他の物を通りに放置していく人がいました。そのため，大量のごみがあったのです。商店街のボランティアの方，例えば店主の方々が，ときどきそのごみを拾っていました。たいていは1日で20kgを超えるごみが集まりました。ボランティアの方々は，①彼らにとって通りをきれいにするのはとても大変だと言っていました。彼らが懸命に作業しても，通りにはいつもごみがありました。

❹そこで，市役所の方々と店主の方たちが集まり，この問題について話し合いました。彼らは何度も集まり，その後，ある企画を思いつきました。彼らはそれをカモメ・クリーンプロジェクトと呼ぶことに

しました。

5カモメ・クリーンプロジェクトはクラウドファンディングを利用しました。クラウドファンディングとは，ある企画を気に入ってそれを援助したいと思うたくさんの人からお金を集める方法です。このちらしを見てください。

6ちらし／カモメ・クリーンプロジェクト(2021年6月1日～8月31日)／クラウドファンディングで商店街をきれいにしよう！／私たちは観光客の方々にきれいな商店街に来て楽しんでほしいのです！／このプロジェクトにお金を寄付してください！　(お金を寄付すると，特別な券がもらえます。商店街で買い物をするとき，この特別な券を提示すると10%の割引を受けられます)／ごみ(ペットボトル，缶など)を商店街の店主にお渡しいただけます。(お金を寄付していない方からのごみもお受け取りいたします)／カモメ市と店主は，クラウドファンディングで集めたお金をごみの撤去やちらしの作成のほか，例えばごみ袋のような，ボランティアに必要な物に利用します。

7この企画はこの前の6月に始まりました。調査中，私は店主の方の1人にこの計画についてうかがいました。彼女はこう言いました。「何かを飲んだ後は，②ペットボトルや缶が手もとに残ります。私たちは人々から空になったペットボトルや缶を受け取っています。ですから，彼らはごみを持って商店街の中を歩かなくてよくなるのです。多くの人がこのプロジェクトを気に入っていますよ」

8次に，このグラフを見てください。これは，3か月間にお店が受け取ったごみの種類をパーセンテージで表したものです。40%を超えるごみがペットボトルで，ごみの約20%は缶でした。

9皆さんの中には，「どうして店主さんたちは商店街を訪れる人全員からごみを受け取ることに同意したんですか？」とお尋ねになる人もいるかと思います。なぜなら，これはお店側にとってもいいことだったからです！　自分たちのごみを店主さんに渡した後，そのお店で買い物をする人もいました。お店にしばらくとどまって，店主さんとおしゃべりをする人もいました。

10私はこのプロジェクトのことを家族に話しました。家族もこれを気に入ってお金を寄付し，特別な券をもらいました。先月，私は商店街に買い物に行きました。水を1本買いました。それを飲んだ後，空になったペットボトルをケーキ屋さんに持っていきました。祖母のための誕生日ケーキを買うのに10%割引してもらいました。このケーキ屋の店主さんは，③このお店は多くの人からたくさんのごみを受け取っていると言っていました。彼女はまた，「このプロジェクトのおかげで，多くの人が，カモメ市とこの商店街がごみ問題を解決しようと懸命に取り組んでいることを知ってくれたの。ごみ問題に関心を持ってくれる人が増えたから，今は商店街がきれいになってきているわ」と言いました。

11私が調査から学んだ一番大切なことを皆さんにお伝えしたいと思います。ごみ問題を解決するため，市役所の方々と店主の方々はお互いにさまざまな考えを語り合いました。そして彼らは，カモメ・クリーンプロジェクトというアイデアを思いついたのです。多くの人がこのプロジェクトに参加し，商店街はきれいになってきました。今，私は，「私たちが考えを共有してそれらについて話し合えば，答えを見つけられる。人々が協力すれば，問題は解決する」と考えています。ご清聴ありがとうございました。

(ア)＜**適文選択**＞①前後の，1日20kg を超えるごみを集めても，通りにはいつもごみがあったという内容から，「通りをきれいにするのはとても大変だ」というBが適する。　②「何かを飲んだ後は」に続く内容として，その容器であるペットボトルや缶が手もとに残るというAが適する。
③ごみの回収プロジェクトに参加している店の人が語った内容なので，その店ではごみをたくさん受け取っているというCが適する。

(イ)＜**適文選択**＞この前の部分でハルカは，問題を解決するために人々がさまざまなアイデアを出して話し合ったことで，良い結果につながったと説明している。これをまとめた内容として，考えを共有して話し合えば問題の答えが見つかるという2が適する。

(ウ)＜**内容真偽**＞a．「カモメ市にある多くの商店街は，ごみの撤去のためのお金を集めるために懸命に取り組んだ」…×　このような記述はない。　b．「商店街のボランティアの人たちがごみを集めたので，ごみ問題は解決した」…×　第3段落第3文～最終文参照。　c．「店主たちは，ペットボトルは受け取ったが紙は受け取らなかった」…×　グラフ参照。　d．「お金を寄付した人だけが，商店街にある店にごみを持っていくことができた」…×　第６段落（ちらし）最後から２文目参照。　e．「グラフは，瓶よりもプラスチックの方がたくさん店で受け取られたことをパーセンテージで表している」…○　グラフの内容に一致する。　f．「ハルカは，カモメ・クリーンプロジェクトのおかげでより多くの人々に彼女の町の抱える問題について知ってもらうことができたと考えている」…○　第11段落に一致する。カモメ・クリーンプロジェクトを立ち上げて周知したことで，多くの人に参加してもらうことができ，ごみ問題が改善したのだといえる。

7〔長文読解―英問英答―対話文〕

㈠≪全訳≫❶ショウとジュリアは高校生だ。彼らは同じクラスで，自分のクラスの生徒が学園祭で着るＴシャツについて話している。❷ショウ（Ｓ）：ジュリア，見てよ！　これは僕が見つけたウェブサイトなんだ。ここでＴシャツを買えるよ。❸ジュリア（Ｊ）：わあ，どれもみんな良さそうだね。うちのクラスに一番ぴったりなのはどのＴシャツかな？❹Ｓ：自分たちでＴシャツに絵を描きたいから，絵がついていないのを買おうよ。❺Ｊ：それはいい考えだね！　そうすれば，私たちのＴシャツを特別なものにできるよ！❻Ｓ：じゃあ，Ｔシャツを選ぼう。Ｔシャツを何枚買うんだっけ？❼Ｊ：うちのクラスの全員が着るから，40枚のＴシャツを買うことになるね。これを買ったらどうかな？　Ｔシャツ１枚の値段が一番安いから，これがいいよ。❽Ｓ：配達にかかる時間を見てよ！　２週間も待てない。学園祭は次の週末だから，配達時間は７日より短くないとだめだ。❾Ｊ：そうだね。じゃあ，残りの３つのＴシャツを見てみよう。40枚もＴシャツを注文するから，割引のことも忘れちゃだめだよ。❿Ｓ：これはどうかな？　合計金額が３つのうちで一番安い。⓫Ｊ：わかった。クラスのみんなに話してみよう。／**価格表**／ＴシャツＡ　価格：1100円　配達時間：10日　配送料：400円　10％割引／ＴシャツＢ　価格：900円　配達時間：４日　配送料：800円　30％割引／ＴシャツＣ　価格：600円　配達時間：14日　配送料：400円　５％割引／ＴシャツＤ　価格：800円　配達時間：３日　配送料：200円　20％割引／ＴシャツＥ　価格：700円　配達時間：６日　配送料：200円　５％割引／「価格」は「Ｔシャツ１枚当たりの価格」のことです。／40枚以上のＴシャツをご注文いただくと，割引を受けられます。／10枚以上のＴシャツをご注文いただくと，配送料のお支払いは不要です。

質問：「ショウとジュリアはどのＴシャツを選んだか」―２．「ＴシャツＢ」　第８段落と第10段落より，配達時間が７日未満のＢ，Ｄ，Ｅのうち，最も安いものを選ぶことになる。第９段落と価格表から，割引を受けられることと配送料がかからないことが読み取れるので，これをもとに計算すると，合計金額が２万5200円となるＢが最も安い（Ｄは２万5600円，Ｅは２万6600円）とわかる。

㈡≪全訳≫❶カナとメアリーは高校生だ。彼女たちはこの夏の自分たちの予定を見ている。❷カナ（Ｋ）：こんにちは，メアリー。７月22日から８月11日まで，カモメミュージアムが音楽祭を開催する予定なんだって。私と一緒に行かない？❸メアリー（Ｍ）：それはいいね！❹Ｋ：音楽祭では毎日午前中に，ギターのコンサートやピアノのコンサートや，他にもいろいろ開催されるの。私は特に『シンギング・ガールズ・イン・ニューヨーク』っていう人気ミュージカルに興味があるんだ。このミュージカルは音楽祭の期間中の毎週火曜日，木曜日，土曜日の２時に上演されるんだよ。❺Ｍ：それ，見てみたいな！　いつそのミュージアムに行こうか？❻Ｋ：そうだなあ。私は７月23日か８月10日が都合がいいな。❼Ｍ：申し訳ないけど，その日は両方とも予定があるんだ。８月１日か８月３日はどう？❽Ｋ：私は毎週木曜日の午後にテニスのレッスンがあるんだ。８月３日と４日はカモメ湖へ行くつもり。❾Ｍ：私たち，ほんとに忙しいよね。私たちの予定にぴったりの日が見つからないよ。❿Ｋ：そうだなあ，私がテニスのレッスンの１日を次の日に動かすよ，そうすればその日に音楽祭に行けるよね。⓫Ｍ：ありがとう。私は午前中のピアノのコンサートにも興味があるんだ。その日にミュージアムで午前10時に待ち合わせるのはどうかな？⓬Ｋ：わかった。待ちきれないね！

質問：「カナとメアリーはいつ音楽祭に行くつもりか」―２．「８月１日」　第７段落でメアリーが８月１日と８月３日を提案し，第10段落でカナはテニスのレッスンを次の日に動かすと言っている。

予定表では8月1日にテニスのレッスンが入っており，これを動かしてミュージアムに行くのだとわかる。

8〔長文読解総合―会話文〕

≪全訳≫**1**ヤマト，マナ，エリはカモメ高校の生徒だ。彼らは放課後に教室で話している。そのとき，彼らの英語の先生であるスミス先生が彼らに話しかけてくる。

2スミス先生(S)：あら，みんな。何の話をしてるの？

3ヤマト(Y)：こんにちは，スミス先生。僕たちの地域の子どもたちに向けたイベントについて話してるんです。

4マナ(M)：私たちの学校とカモメ小学校が協力して，この10年間毎年夏に小学生向けのイベントを開催しているんですよ。

5S：それはおもしろいわね！　どんな種類のイベントなの？

6エリ(E)：私たちはそのイベントを「遊び教室」って呼んでます。私たちの高校のボランティアが何人か小学校に行って，そこで小学生たちと一緒にダンスをするんです。小学生に運動の楽しさを発見してほしくて。

7S：なんてすてきなイベントなの！

8Y：最近，子どもたちは十分な運動をしていないんです。小学生は毎日60分以上運動する必要があるそうです。グラフ1を見てください。このグラフによると，1週間に420分以上運動している小学5年生の男子は約50%，小学5年生の女子は30%です。

9S：なるほど。

10Y：また，このグラフによると，小学5年生の男子の約8%と小学5年生の女子の13%が，1週間に60分未満しか運動していないんです！

11S：じゃあ，あなたはもっと多くの子どもたちに週に420分以上運動してほしいのね？

12Y：はい。スクリーンタイムに関するグラフ2を見てください。このグラフは，小学5年生の男子の約40%と小学5年生の女子の約30%が1日に3時間以上画面を見て過ごしていることを示しています。

13E：何時間もテレビを見たり，スマートフォンを使ったり，テレビゲームをしたりしている子どもたちは，十分な運動をしていないんじゃないかな。

14S：私もそう思うわ。

15M：私たちのイベントは，地域の子どもたちの健康を改善しようと10年前に始まりました。5年前，小学生だった頃，私はこのイベントに参加しました。そのときのことをよく覚えていますよ！

16S：それはおもしろそうね。今年の遊び教室ではどんな種類のダンスをするの？

17E：オリジナルのダンスを創作して，それを小学生たちに教えるつもりです。去年は「カモメダンス」っていうダンスを創作しました。ダンスを創作するのは私たちには難しかったけど，イベントでは小学生がそのダンスをすごく気に入ってくれてうれしかったです！　イベントに参加した後，子どもたちがお礼状を送ってきてくれたんですよ。

18S：すばらしい時間を過ごしたわね！

19Y：ええ，そうなんです！　ところが，今年は大きな問題があって。

20S：えっ，それは何なの？

21Y：それがですね，僕たちはいつもこのイベントのために小学校の体育館を使っているんですが，今年は利用できないんです。このイベントを開くために別の方法を見つけないといけないんですよ。

22S：何かアイデアはあるの？

23M：ねえ，オンラインでイベントを開いたらどうかな？　オンラインで開ければ，体育館は必要ないよね。

24S：オンラインイベント？　詳しく教えてほしいな。

25M：インターネットを通じて行うイベントです。イベントの前に，いくつか資料を用意した方がいいよね。ダンスの踊り方を説明したパンフレットをつくって，小学校に送っておくといいかな。

26 S：ああ，そのパンフレットを使えば，小学生はダンスの踊り方を理解しやすくなるわね。イベントの当日は何をするつもりなの？

27 M：高校生のボランティアはこの教室で踊ります。私がビデオカメラを持ってきて，それを使って小学生に私たちのダンスの様子をオンラインで送るようにします。

28 E：それはいい考えだね。小学生はそれを見て私たちと一緒に踊れる。それに，他の人たちも一緒にその動画を見るといいんじゃないかな。小学生が友達や家族と一緒にダンスを楽しんでくれるといいと思うんだ。

29 S：すごくいい考えね！

30 E：このイベントをもっと良くするアイデアがもう１つあるよ。

31 S：まあ，どんなアイデアかしら？

32 E：ダンスの後，小学生たちに，オリジナルのダンスをつくってくれるよう頼もうよ。それで，彼らが動画をつくって私たちに送るの！

33 Y：いいね！　小学生はきっと楽しいと思うよ！

34 E：小学生に健康でいてほしいから，この地域でこのイベントがこれからも続いてくれるといいな。そしてマナみたいに，このイベントに参加した小学生が高校生になったとき，その子たちがこのイベントを開いてくれるかもしれないよね。こういうことが地域をより良くしてくれると思うんだ。

35 Y：僕もそう思うよ。

36 M：もうイベントにわくわくしてきちゃった！

(ア)**＜要旨把握―グラフを見て答える問題＞**①直後に，週に420分以上運動している男子は約50%，女子は30%とある。また，第10段落から，週の運動時間が60分未満の男子が約８%，女子が13%いることがわかる。　②直後に，１日３時間以上画面を見ている男子は約40%，女子は約30%とある。「３時間以上」は，グラフの要素のうち 3 hours or more and less than 5 hours「３時間以上５時間未満」と 5 hours or more「５時間以上」を合わせた部分に当たる。Zは男子が23.5＋15.4＝38.9%，女子が19.4＋9.2＝28.6%となり，本文の説明と一致する。

(イ)**＜適語句選択＞**第27，28段落から，高校生が教室で踊り，その動画を見ながら小学生も一緒に踊るのだとわかる。さらにエリは，other people「他の人たち」にもそれを見てもらえたらいいと言っている。この other people が their friends or family「友達や家族」に当たり，エリが小学生やその周りの人たちにもダンスを楽しんでほしいと考えていることがわかる。

(ウ)**＜内容真偽＞**a.「カモメ小学校にはたくさんの生徒がおり，彼らは運動を教えてくれる先生をもっとたくさん必要としている」…×　このような記述はない。　b.「カモメ小学校の生徒は体育館が使えないので，十分な運動をしていない」…×　第13段落および第21段落参照。運動不足の原因は体育館が使えないからではなく，画面の見すぎが原因である。また，体育館が使えないのはイベントを開くカモメ高校のボランティアである。　c.「スミス先生は，そのパンフレットは小学生がダンスの仕方を理解するのに役立つと考えている」…○　第26段落に一致する。　d.「マナは自分が中学生だったときに参加したイベントのことを覚えている」…×　第15段落参照。中学生ではなく小学生のとき。　e.「エリは，このイベントは小学生の健康にとって良いものなので，続くことを願っている」…○　第34段落に一致する。　f.「子どもたちは友達や家族と一緒にオンラインで運動した後，お礼状を書かなければならない」…×　お礼状を書かなければならないという記述はない。

数学解答

1 (ア) 1　(イ) 4　(ウ) 3　(エ) 2
(オ) 3

2 (ア) 1　(イ) 3　(ウ) 2　(エ) 3
(オ) 4

3 (ア) (i) (a)… 3　(b)… 2　(c)… 2
(ii)… 4
(イ) (i)… 1　(ii)… 6
(ウ) あ… 5　い… 9
(エ) う… 1　え… 3　お… 1　か… 8

4 (ア) 2　(イ) (i)… 3　(ii)… 5
(ウ) き… 3　く… 1　け… 0

5 (ア) こ… 1　さ… 6
(イ) し… 5　す… 1　せ… 8

6 (ア) 2　(イ) 4
(ウ) そ… 3　た… 4

1 〔独立小問集合題〕

(ア)**＜数の計算＞**与式 $= -6-9=-15$

(イ)**＜数の計算＞**与式 $= -\frac{9}{24}+\frac{16}{24}=\frac{7}{24}$

(ウ)**＜式の計算＞**与式 $= \frac{3(3x-y)-2(x-2y)}{12}=\frac{9x-3y-2x+4y}{12}=\frac{7x+y}{12}$

(エ)**＜数の計算＞**与式 $= \frac{18\times\sqrt{2}}{\sqrt{2}\times\sqrt{2}}-\sqrt{4^2\times 2}=\frac{18\sqrt{2}}{2}-4\sqrt{2}=9\sqrt{2}-4\sqrt{2}=5\sqrt{2}$

(オ)**＜式の計算＞**与式 $= x^2-7x+10-(x^2-6x+9)=x^2-7x+10-x^2+6x-9=-x+1$

2 〔独立小問集合題〕

(ア)**＜連立方程式＞**$0.2x+0.8y=1$……①，$\frac{1}{2}x+\frac{7}{8}y=-2$……②とする。①×5より，$x+4y=5$……①′　②×8より，$4x+7y=-16$……②′　①′×4－②′より，$16y-7y=20-(-16)$，$9y=36$　$\therefore y=4$　これを①′に代入して，$x+4\times4=5$，$x+16=5$　$\therefore x=-11$

(イ)**＜二次方程式＞**解の公式より，$x=\frac{-(-1)\pm\sqrt{(-1)^2-4\times4\times(-2)}}{2\times4}=\frac{1\pm\sqrt{33}}{8}$である。

(ウ)**＜関数―*a*，*b*の値＞**関数 $y=-\frac{1}{4}x^2$ は，x の絶対値が大きいほど y の値は小さくなるので，x の変域が $-2\leqq x\leqq 4$ においては，x の絶対値が最小の $x=0$ のとき y は最大，x の絶対値が最大の $x=4$ のとき y は最小となる。$x=0$ のとき $y=0$，$x=4$ のとき $y=-\frac{1}{4}\times4^2=-4$ だから，y の変域は $-4\leqq y\leqq 0$ となる。y の変域は $a\leqq y\leqq b$ と表されているので，$a=-4$，$b=0$ である。

(エ)**＜一次方程式の応用＞**A班の生徒を x 人とすると，B班の生徒は，A班より5人少ないので，$x-5$ 人と表せる。A班の生徒はイスを3脚ずつ並べるので，A班の生徒が並べたイスの総数は $3x$ 脚である。B班の生徒はイスを4脚ずつ並べるので，B班の生徒が並べたイスの総数は $4(x-5)$ 脚である。A班の生徒が並べたイスの総数はB班の生徒が並べたイスの総数より3脚多いので，$3x=4(x-5)+3$ が成り立つ。これを解くと，$3x=4x-20+3$，$-x=-17$，$x=17$ となるので，A班の生徒は17人である。

(オ)**＜数の計算＞**与式 $=xy(x+y)=(\sqrt{6}+\sqrt{3})(\sqrt{6}-\sqrt{3})\times\{(\sqrt{6}+\sqrt{3})+(\sqrt{6}-\sqrt{3})\}=(6-3)\times2\sqrt{6}=3\times2\sqrt{6}=6\sqrt{6}$

3 〔独立小問集合題〕

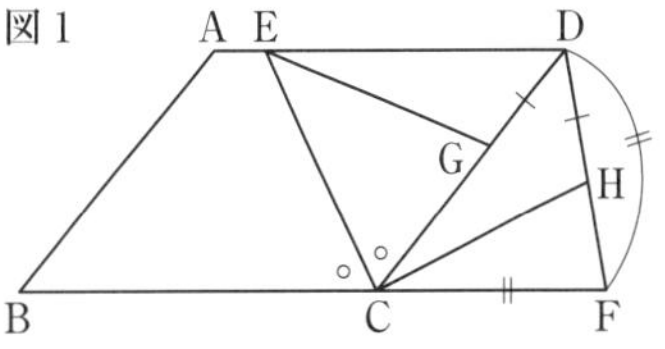

(ア)**＜平面図形―証明，角度＞**(i)右図1で，証明の④は，③の AD∥BF より錯角が等しいことから導いている。また，②の∠CDF＝∠DCF と④から，∠ADC＝∠CDF を導いているので，④は，

∠ADC＝∠DCF である。△DEG と△DCH において，①の DG＝DH，⑧の DE＝DC と，あと１つの条件から，△DEG≡△DCH となるので，あと１つの条件は，⑤の∠EDG＝∠CDH である。よって，①，⑤，⑧より，２組の辺とその間の角がそれぞれ等しいから，△DEG≡△DCH となる。

(ii)右図２で，CF＝DF だから，四角形 CFDE が平行四辺形のとき，四角形 CFDE はひし形となる。これより，∠DCE＝∠DCF となる。また，∠BCE＝∠DCE だから，∠BCE＝∠DCE＝∠DCF となる。よって，$\angle DCF=\frac{1}{3}\times 180^\circ=60^\circ$ であり，AB∥DC より同位角が等しいので，∠ABC＝∠DCF＝60° である。

図２

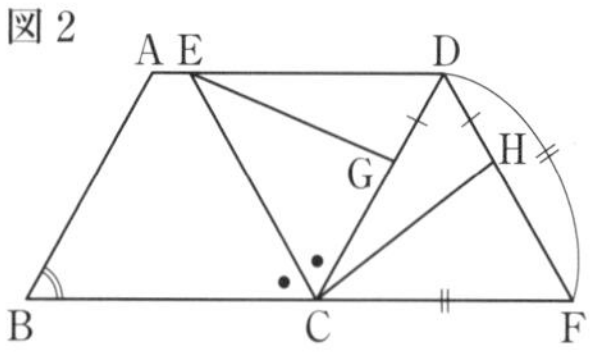

(イ)＜データの活用—ヒストグラム＞１年生は38人だから，１年生の中央値は，回数の小さい方から19番目と20番目の平均となる。22回未満が１＋３＋４＋８＝16（人），26回未満が 16＋８＝24（人）だから，19番目，20番目はともに22回以上26回未満であり，１年生の中央値は22回以上26回未満の階級に含まれる。１年生と２年生の中央値を含む階級が同じなので，２年生の中央値も，22回以上26回未満の階級に含まれる。２年生は40人なので，中央値は，回数の小さい方から20番目と21番目の平均である。１のヒストグラムは，22回未満が３＋10＋５＝18（人），26回未満が 18＋６＝24（人）だから，20番目，21番目はともに22回以上26回未満である。これより，中央値が含まれる階級は22回以上26回未満の階級であり，１年生と同じである。２～６のヒストグラムについて同様に調べると，中央値が含まれる階級は，２，５が22回以上26回未満の階級，３，４が18回以上22回未満の階級，６が26回以上30回未満の階級となるので，２年生のヒストグラムとして考えられるのは，１か２か５である。また，30回以上の生徒は，１年生は５＋２＝７（人）だから，その割合は，７÷38＝0.184…である。１，２，５のヒストグラムは，30回以上がそれぞれ，４人，９人，５＋４＝９（人）だから，その割合は，１が４÷40＝0.1，２と５が９÷40＝0.225 である。30回以上の生徒の割合は２年生の方が小さいことから，２年生のヒストグラムは１である。次に，１年生の最大値は，34回以上38回未満の階級に含まれ，１年生と３年生の最大値は等しいので，３年生の最大値も34回以上38回未満の階級に含まれる。２～６のヒストグラムで最大値が34回以上38回未満の階級に含まれているのは４，５，６である。また，１のヒストグラムから，人数が最も多い階級は26回以上30回未満の階級であり，２年生と３年生の最頻値が等しいことから，３年生においても26回以上30回未満の階級の人数が最も多くなる。４，５，６のうち26回以上30回未満の階級の人数が最も多くなっているのは４，６である。さらに，１年生の14回未満の人数は１＋３＝４（人）だから，その割合は４÷38＝0.105…である。４，６のヒストグラムは，14回未満の人数がそれぞれ２＋４＝６（人），２＋２＝４（人）で，３年生は40人だから，その割合は，４が６÷40＝0.15，６が４÷40＝0.1 となる。14回未満の生徒の割合は３年生の方が小さいので，３年生のヒストグラムは６である。

(ウ)＜平面図形—角度＞右図３で，線分 BD と線分 CE の交点を G とする。$\overset{\frown}{BC}$ に対する円周角より，∠BEG＝∠BDC であり，BE∥CD より錯角は等しいので，∠BDC＝∠EBG である。よって，∠BEG＝∠EBG である。△BGE で内角と外角の関係より，∠BEG＋∠EBG＝∠BGC なので，∠BEG＝∠EBG＝∠BGC÷２＝86°÷２＝43° となる。$\overset{\frown}{BD}$ に対する円周角より，∠BED＝∠BAD＝67° となるので，∠FED＝∠BED－∠BEG＝67°－43°＝24° である。また，△BDE で，∠BDE＝180°－∠EBG－∠BED＝180°－43°－67°＝70° となる。線分 AD は∠BDE の二等分線なので，$\angle EDF=\angle ADB=\frac{1}{2}\angle BDE=\frac{1}{2}\times 70^\circ=35^\circ$ となる。したがって，△DEF で内角と外角の関係より，∠AFE＝∠FED＋∠EDF＝24°＋35°＝59° となる。

図３

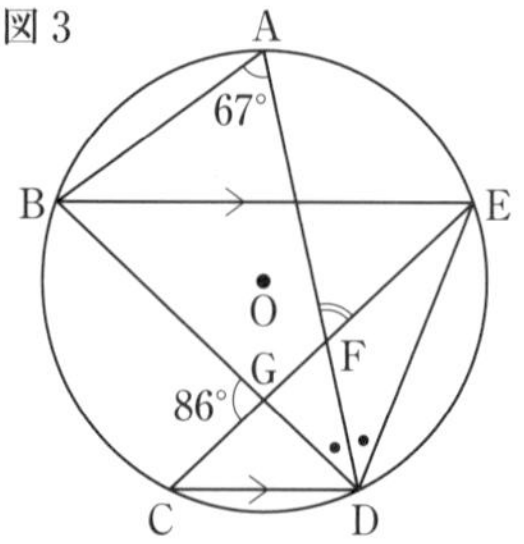

(エ)＜**平面図形—面積**＞右図4で，点BからDEに垂線BHを引く。線分ABが円Oの直径より，∠ACB＝∠ADB＝90°である。BC∥DEより同位角は等しいので，∠AED＝∠ACB＝90°となる。これより，∠AED＝∠DHBとなる。また，△AEDで，∠EAD＝180°－∠AED－∠ADE＝180°－90°－∠ADE＝90°－∠ADEとなり，∠HDB＝∠ADB－∠ADE＝90°－∠ADEだから，∠EAD＝∠HDBである。よって，△AED∽△DHBとなるので，AE：DH＝DE：BHである。∠ECB＝∠CEH＝∠BHE＝90°なので，四角形BCEHは長方形であり，BH＝CE＝1である。よって，2：DH＝3：1が成り立ち，DH×3＝2×1，DH＝$\frac{2}{3}$となるので，EH＝DE－DH＝3－$\frac{2}{3}$＝$\frac{7}{3}$となる。次に，∠AEF＝∠BHF＝90°，∠AFE＝∠BFHより，△AEF∽△BHFである。よって，EF：HF＝AE：BH＝2：1となるので，HF＝$\frac{1}{2+1}$EH＝$\frac{1}{3}\times\frac{7}{3}=\frac{7}{9}$となる。したがって，DF＝DH＋HF＝$\frac{2}{3}+\frac{7}{9}=\frac{13}{9}$となるので，△BDF＝$\frac{1}{2}$×DF×BH＝$\frac{1}{2}\times\frac{13}{9}\times1=\frac{13}{18}$(cm²)である。

図4

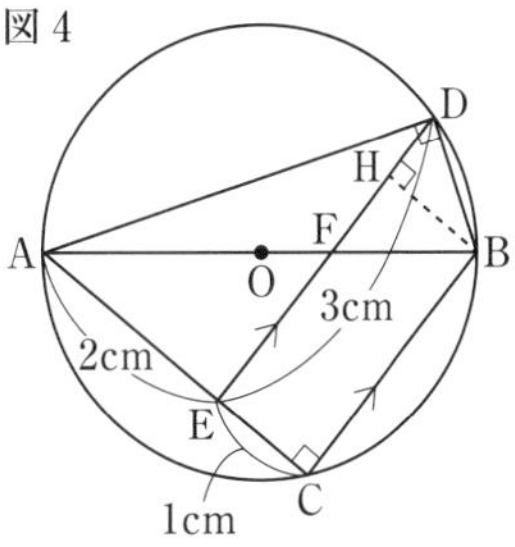

≪別解≫図4で，△AEDで三平方の定理より，AD＝$\sqrt{AE^2+DE^2}=\sqrt{2^2+3^2}=\sqrt{13}$である。△AED∽△DHBだから，AD：DB＝DE：BH＝3：1であり，DB＝$\frac{1}{3}$AD＝$\frac{1}{3}\times\sqrt{13}=\frac{\sqrt{13}}{3}$となる。よって，△ABD＝$\frac{1}{2}$×AD×DB＝$\frac{1}{2}\times\sqrt{13}\times\frac{\sqrt{13}}{3}=\frac{13}{6}$となる。また，BC∥DEより，AF：BF＝AE：CE＝2：1である。これより，△ADF：△BDF＝2：1だから，△BDF＝$\frac{1}{2+1}$△ABD＝$\frac{1}{3}\times\frac{13}{6}=\frac{13}{18}$(cm²)である。

4〔**関数—関数** $y=ax^2$ **と一次関数のグラフ**〕

(ア)＜**比例定数**＞右図で，点Aは直線$y=x+3$上にあり，x座標が6なので，y座標は$y=6+3=9$より，A(6，9)である。関数$y=ax^2$のグラフは点Aを通るので，$9=a\times6^2$が成り立ち，$a=\frac{1}{4}$となる。

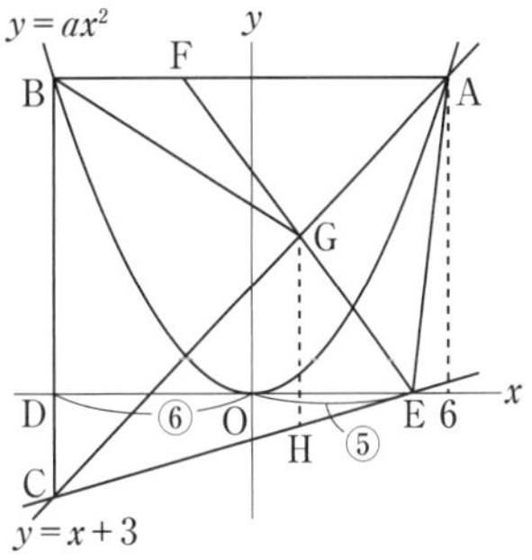

(イ)＜**傾き，切片**＞右図で，(ア)より，2点A，Bは関数$y=\frac{1}{4}x^2$のグラフ上の点となる。ABはx軸に平行なので，2点A，Bはy軸について対称となり，A(6，9)より，B(－6，9)となる。線分BCはy軸に平行だから，点Cのx座標は－6となる。点Cは直線$y=x+3$上にあるので，$y=-6+3=-3$より，C(－6，－3)となる。また，点Dのx座標も－6であり，D(－6，0)だから，DO＝6である。DO：OE＝6：5なので，OE＝5となり，E(5，0)である。直線CEの式を$y=mx+n$とするので，点Cを通ることより，$-3=m\times(-6)+n$，$-6m+n=-3$……㋐が成り立ち，点Eを通ることより，$0=m\times5+n$，$5m+n=0$……㋑が成り立つ。㋐，㋑を連立方程式として解くと，㋐－㋑より，$-6m-5m=-3-0$，$-11m=-3$，$m=\frac{3}{11}$となり，これを㋑に代入して，$5\times\frac{3}{11}+n=0$より，$n=-\frac{15}{11}$となる。

(ウ)＜**面積比**＞右上図で，直線$y=x+3$が△AFEの面積を2等分するので，△AFG＝△AEGであり，FG＝EGである。よって，点Gは線分FEの中点である。点Aのy座標が9より，点Fのy座標も9であり，E(5，0)だから，点Gのy座標は$\frac{9+0}{2}=\frac{9}{2}$である。点Gは直線$y=x+3$上にあるので，$\frac{9}{2}=x+3$より，$x=\frac{3}{2}$となり，G$\left(\frac{3}{2}，\frac{9}{2}\right)$となる。点Fの$x$座標を$f$とすると，点Gの$x$座標について，$\frac{f+5}{2}=\frac{3}{2}$ が成り立ち，$f=-2$ となるので，F$(-2,\ 9)$である。したがって，B$(-6,\ 9)$より，BF$=-2-(-6)=4$ となり，△BGF の底辺を BF と見たときの高さは，2点B，Gの y 座標より，$9-\frac{9}{2}=\frac{9}{2}$ だから，△BGF$=\frac{1}{2}\times4\times\frac{9}{2}=9$ となる。次に，点Gを通り y 軸に平行な直線と直線 CE の交点をHとする。(イ)より，点Hは直線 $y=\frac{3}{11}x-\frac{15}{11}$ 上の点であり，G$\left(\frac{3}{2},\ \frac{9}{2}\right)$より，点Hの x 座標は $\frac{3}{2}$ だから，$y=\frac{3}{11}\times\frac{3}{2}-\frac{15}{11}=-\frac{21}{22}$ となり，H$\left(\frac{3}{2},\ -\frac{21}{22}\right)$である。GH$=\frac{9}{2}-\left(-\frac{21}{22}\right)=\frac{60}{11}$ となり，これを底辺と見ると，2点C，G，2点E，Gの x 座標より，△CGH の高さは $\frac{3}{2}-(-6)=\frac{15}{2}$，△EGH の高さは $5-\frac{3}{2}=\frac{7}{2}$ となるので，△CEG$=$△CGH$+$△EGH$=\frac{1}{2}\times\frac{60}{11}\times\frac{15}{2}+\frac{1}{2}\times\frac{60}{11}\times\frac{7}{2}=30$ となる。以上より，△BGF：△CEG$=9：30=3：10$ である。

5〔データの活用―確率―さいころ〕

(ア)<確率>大小2つのさいころを同時に1回投げるとき，それぞれ6通りの目の出方があるから，目の出方は全部で $6\times6=36$(通り)あり，a，b の組は36通りある。このうち，Xの面積とYの面積が等しくなるのは，PR$=$RQ となるときだから，PR：RQ$=1：1$ である。よって，$a：b=1：1$ より，$a=b$ なので，a，b の組は$(a,\ b)=(1,\ 1)$，$(2,\ 2)$，$(3,\ 3)$，$(4,\ 4)$，$(5,\ 5)$，$(6,\ 6)$の6通りある。したがって，求める確率は $\frac{6}{36}=\frac{1}{6}$ である。

(イ)<確率>右図で，PR$=x$(cm)とすると，RQ$=$PQ$-$PR$=10-x$ となるので，Xの面積がYの面積より25cm^{2}大きくなるときを考えると，$x^2=(10-x)^2+25$ が成り立つ。これより，$x^2=100-20x+x^2+25$，$20x=125$，$x=\frac{25}{4}$ となるので，PR$=\frac{25}{4}$，RQ$=10-x=10-\frac{25}{4}=\frac{15}{4}$ である。このとき，$a：b=$PR：RQ$=\frac{25}{4}：\frac{15}{4}=5：3$ だから，$a=\frac{5}{3}b$ である。よって，Xの面積がYの面積より25cm^{2}以上大きくなるとき，$a\geqq\frac{5}{3}b$ である。36通りの a，b の組のうち，$a\geqq\frac{5}{3}b$ となるのは，$b=1$ のとき，$a\geqq\frac{5}{3}\times1$ より，$a\geqq\frac{5}{3}$ だから，$a=2$，3，4，5，6の5通りある。$b=2$ のとき，$a\geqq\frac{5}{3}\times2$ より，$a\geqq\frac{10}{3}$ だから，$a=4$，5，6の3通りある。$b=3$ のとき，$a\geqq\frac{5}{3}\times3$ より，$a\geqq5$ だから，$a=5$，6の2通りある。$b=4$ のとき，$a\geqq\frac{5}{3}\times4$ より，$a\geqq\frac{20}{3}$ だから，a の値はない。同様に，$b=5$，6のときもない。以上より，a，b の組は $5+3+2=10$(通り)だから，求める確率は $\frac{10}{36}=\frac{5}{18}$ である。

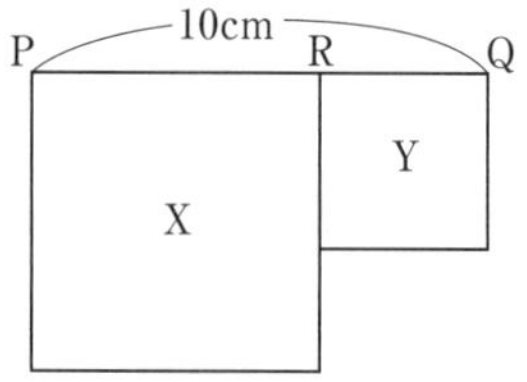

6〔空間図形―四角柱〕

(ア)<体積―三平方の定理>右図1で，点Bから辺 AD に垂線 BJ を引く。∠ADC$=$∠BCD$=90°$ だから，四角形 BCDJ は長方形となり，DJ$=$BC$=1$，AJ$=$AD$-$DJ$=4-1=3$ となる。△ABJ で三平方の定理より，BJ$=\sqrt{\text{AB}^2-\text{AJ}^2}=\sqrt{5^2-3^2}=\sqrt{16}=4$ となるので，〔台形 ABCD〕$=\frac{1}{2}\times$(BC$+$AD)$\times$BJ$=\frac{1}{2}\times(1+4)\times4=10$ である。よって，四角柱 ABCD-EFGH の体積は，〔台形 ABCD〕$\times$AE$=10\times1=10$(cm^3)となる。

図1

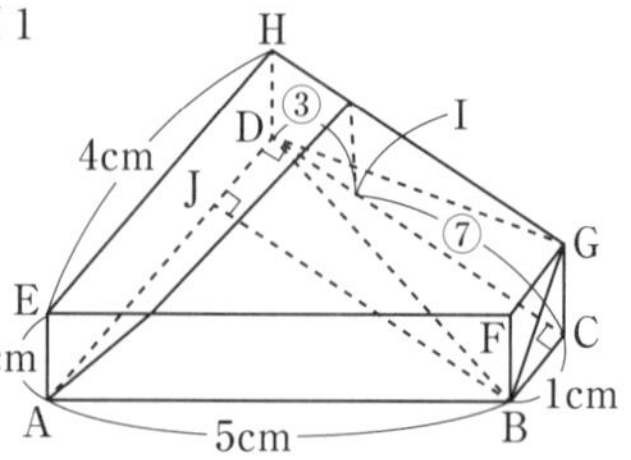

(イ)<**面積—三平方の定理**>前ページの図1で，△BJDは∠BJD＝90°の直角三角形だから，三平方の定理より，$BD=\sqrt{BJ^2+DJ^2}=\sqrt{4^2+1^2}=\sqrt{17}$ となり，同様にして，△GHDで，$GD=\sqrt{17}$ となる。よって，△BDGはBD＝GDの二等辺三角形である。また，BC＝CG＝1より，△BCGは直角二等辺三角形だから，$BG=\sqrt{2}BC=\sqrt{2}\times1=\sqrt{2}$ である。右図2で，点Dから辺BGに垂線DKを引くと，△BDGが二等辺三角形だから，点Kは辺BGの中点となり，$BK=\frac{1}{2}BG=\frac{1}{2}\times\sqrt{2}=\frac{\sqrt{2}}{2}$ となる。△BDKで三平方の定理より，$DK=\sqrt{BD^2-BK^2}=\sqrt{(\sqrt{17})^2-\left(\frac{\sqrt{2}}{2}\right)^2}=\sqrt{\frac{66}{4}}=\frac{\sqrt{66}}{2}$ となるので，$\triangle BDG=\frac{1}{2}\times BG\times DK=\frac{1}{2}\times\sqrt{2}\times\frac{\sqrt{66}}{2}=\frac{\sqrt{33}}{2}$ (cm²)である。

図2

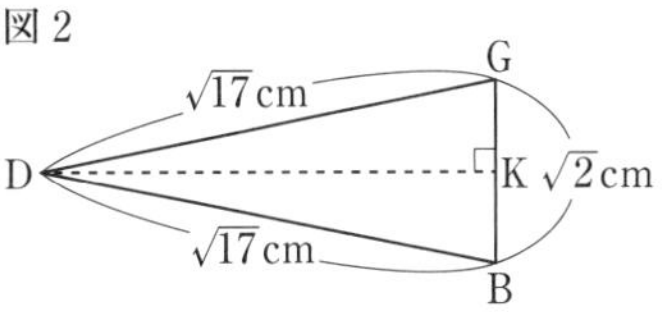

(ウ)<**長さ—相似，三平方の定理**>前ページの図1で，点Aから辺EF，辺GHと交わるように点Iまで引いた線は，面ABFE，面EFGH，面CDHG上にあるので，この3つの面を右図3のように展開する。線の長さが最も短くなるとき，その線は線分AIとなる。点AからCDに垂線ALを引くと，求める線の長さは，△ALIで三平方の定理より，$AI=\sqrt{AL^2+LI^2}$ で求められる。点FからDEに垂線FMを引き，点AからDEの延長に垂線ANを引くと，∠FME＝∠ENA＝90°である。また，△FMEで，∠MFE＝180°－∠FME－∠FEM＝180°－90°－∠FEM＝90°－∠FEMであり，∠AEF＝90°より，∠NEA＝180°－∠AEF－∠FEM＝180°－90°－∠FEM＝90°－∠FEMだから，∠MFE＝∠NEAとなる。これより，△EFM∽△AENとなり，相似比はEF：AE＝5：1である。△EFMは図1の△ABJと合同なので，FM＝BJ＝4，EM＝AJ＝3である。よって，FM：EN＝5：1より，$EN=\frac{1}{5}FM=\frac{1}{5}\times4=\frac{4}{5}$ となり，EM：AN＝5：1より，$AN=\frac{1}{5}EM=\frac{1}{5}\times3=\frac{3}{5}$ となる。四角形ANDLは長方形となるから，$AL=DN=DH+EH+EN=1+4+\frac{4}{5}=\frac{29}{5}$，$DL=AN=\frac{3}{5}$ である。CI：ID＝7：3より，$ID=\frac{3}{7+3}CD=\frac{3}{10}FM=\frac{3}{10}\times4=\frac{6}{5}$ なので，$LI=ID-DL=\frac{6}{5}-\frac{3}{5}=\frac{3}{5}$ となる。したがって，求める線の長さは，$AI=\sqrt{\left(\frac{29}{5}\right)^2+\left(\frac{3}{5}\right)^2}=\sqrt{34}$ (cm)となる。

図3

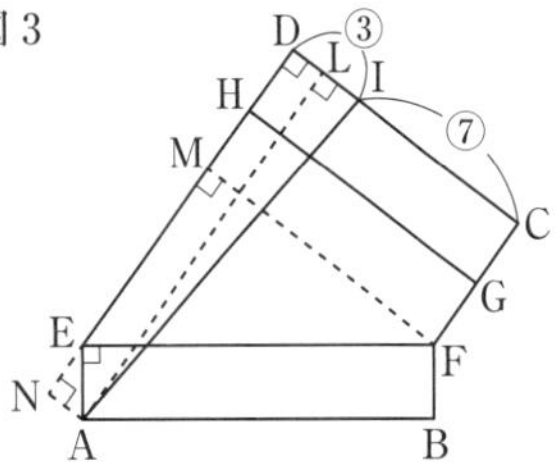

＝読者へのメッセージ＝

3(エ)，6(ウ)は，補助線の引き方がポイントとなります。1本の補助線で先が見通せるようになることはよくありますので，的確な補助線が引けるよう，いろいろな問題で練習しておきましょう。

社会解答

1 (ア) 2　(イ) 2　(ウ) 3　(エ) 4
(オ) 1

2 (ア) 6　(イ) 2　(ウ) 3　(エ) 4

3 (ア) 4　(イ) 5　(ウ) 2　(エ) 1
(オ) 3

4 (ア) 1　(イ) 2　(ウ) 1　(エ) 4
(オ) 3

5 (ア) 1　(イ) 4　(ウ) 2　(エ) 7
(オ) 5

6 (ア) 4　(イ) 8　(ウ) 3　(エ) 2

7 (ア) 3　(イ) 4　(ウ) 5　(エ) 1

1〔世界地理―世界の姿と諸地域〕

(ア)<緯度と経度>あ．0度の緯線である赤道は，アフリカ大陸の中央部やギニア湾，南アメリカ大陸の北部などを通っている。また，0度の経線である本初子午線は，イギリスのロンドンを通るpの経線である。　い．略地図中の緯線は赤道から，経線は本初子午線からそれぞれ30度ごとに引かれているので，sの緯線は南緯30度，qの経線は東経30度となる。地球上で，ある地点に対して，地球の中心を通った反対側の地点(対蹠《たいせき》点)は，赤道を挟んで反対側の緯度上で，経度が180度反対側に位置する。したがって，南緯30度の赤道を挟んで反対側の緯度は，北緯30度である。また，東経30度の180度反対側の経度は，180－30＝150より，西経150度である。

(イ)<フランスの産業>都市Aは，フランスの首都パリである。フランスには，世界的な航空機メーカーの組み立て工場があり，ドイツやイギリスなど周辺の国ぐにで製造された部品をもとに生産が行われている。なお，1は中国，3はアメリカ合衆国のサンベルトと呼ばれる地域，4はオーストラリアなどの産業の様子である。

(ウ)<各国のエネルギー源と発電>3か国の中で，2017年の水力，風力，太陽光，地熱を利用した発電量の割合の合計が最も低い国は，日本(11.3%)である(X…誤)。東日本大震災(2011年)に伴って福島県の原子力発電所で事故が発生し，その後国内の多くの原子力発電所が運転を停止したため，日本では原子力を利用した発電量の割合が大きく低下した(Y…正)。

(エ)<農産物の州ごとの生産割合>アジア州の生産割合が9割近くを占める1は，主にアジアの国々で主食となっている米である。米に次いでアジア州の生産割合が大きい2は，インドや中国などで生産量が多いバナナである。アジア州とヨーロッパ州の生産割合がともに大きく，また極端に割合の小さい州が見られない3は，世界のさまざまな地域で生産・消費されている小麦である。南アメリカ州の生産割合が最も大きい4は，ブラジルが生産量第1位であるコーヒー豆である。(2019年)

(オ)<高山気候>都市Dの位置するアンデス山脈の高地は，年間を通して涼しい高山気候に属する。したがって，1が都市Dのグラフとなる。なお，年間を通して高温で降水量が多い2は熱帯の熱帯雨林気候，温暖で夏の降水量が少ない3は温帯の地中海性気候(南半球)，年間を通して降水量が非常に少ない4は乾燥帯の砂漠気候の特徴を示すグラフである。

2〔日本地理―中部地方，地形図〕

(ア)<第1次産業と資料の読み取り>第1次産業には林業(Z)を含む農林水産業，第2次産業には鉱工業や建設業(Y)，第3次産業には商業や金融業，運輸業，サービス業(X)などが分類される。第2次産業の県ごとの就業者数は，正確に計算する必要はなく，大まかな人数を推測して正誤を判定する。富山県の第2次産業就業者数の割合や就業者数を他の県と比較すると，例えば富山県と静岡県は，第2次産業就業者数の割合がほぼ同じくらいだが，就業者数は静岡県が富山県の3倍以上であることがわかる。したがって，第2次産業の就業者数も静岡県の方が多いと考えられ，aの内容は誤りとなる。中部地方の9県の就業者数を合計すると，1137.8万人となる。各県の第3次産業就業者数の割合はいずれも60％台であることから，中部地方全体の第3次産業就業者数の割合を仮に60％として第3次産業の就業者数を算出すると，1137.8万×0.6＝682.68万より，約682.7万人となる。実際にはどの県の第3次産業就業者数の割合も60％を超えているため，正確な人数はこれよりも多くなると考えられ，bの内容は正しい。

(イ)＜**長野県のレタス生産**＞資料3から，長野県からの出荷量が多くなる夏の時期には，他の産地(茨城県，静岡県)からの出荷量は少なくなっている(2…×)。標高の高い地域が広がる長野県では，夏の冷涼な気候を生かしてレタスやキャベツなどの高原野菜を生産している(1…○)。高速道路網の整備や保冷車の普及により，資料2で述べられているように新鮮なレタスを大都市圏に届けることが可能になった(3…○，4…○)。

(ウ)＜**資料の読み取り**＞「2015年の延べ宿泊者数」に対する「2015年から2019年にかけて増加した延べ宿泊者数」の割合を計算すると，アジアは(67113－33499)÷33499＝1.0034…より約1.003，オセアニアは(170739－53517)÷53517＝2.1903…より約2.190となり，オセアニアの方が高い(3…○)。2015年の延べ宿泊者数の合計は，99350人であり，15万人に満たない(1…×)。北アメリカは2015年から2016年にかけて，ヨーロッパは2018年から2019年にかけて，オセアニアは2016年から2017年にかけて延べ宿泊者数が減少している(2…×)。ヨーロッパの2019年の延べ宿泊者数(9147人)は，2015年の延べ宿泊者数(5162人)の2倍に満たない(4…×)。

(エ)＜**地形図の読み取り**＞この地形図の縮尺は2万5千分の1であることから，地図上の8cmの実際の距離は，8cm×25000＝200000cm＝2kmとなる(4…○)。特にことわりのないかぎり，地形図では上が北となる。白馬大橋の西側には田(‖)は見られず，広葉樹林(Q)や針葉樹林(Λ)が広がっている(1…×)。消防署(Y)は，町・村役場(○)から見て北東の方位にある(2…×)。2万5千分の1の地形図では等高線は10mごとに引かれている。Pで示した地点の西にある山の中腹にある905mの標高点から等高線を数えると，Pで示した地点の標高はおよそ740mとなる(3…×)。

3〔**歴史―古代～近世の日本**〕

(ア)＜**東大寺，浄土真宗**＞あ．奈良時代の8世紀に政治を行った聖武天皇は，仏教の力によって伝染病や災害などから国家を守ろうと考え，都に東大寺を建てて大仏をつくった。なお，法隆寺は飛鳥時代に聖徳太子が建てたとされる寺院である。　い．戦国時代には，浄土真宗〔一向宗〕を信仰する武士や農民が各地で一向一揆を起こした。このうち加賀(現在の石川県)では，15世紀に一向宗の信者が守護をたおし，約100年にわたって自治を行った(加賀の一向一揆)。なお，真言宗は平安時代に空海が開いた仏教である。

(イ)＜**年代整序**＞年代の古い順に，Ⅲ(平安時代)，Ⅰ(鎌倉時代)，Ⅱ(室町時代)となる。

(ウ)＜**仏教伝来後の出来事**＞仏教は，古墳時代の6世紀に，朝鮮半島から渡来人によって日本に伝えられた。水城は，日本が白村江の戦い(663年)で唐と新羅の連合軍に敗れた後，大宰府を守るためにつくられたものである(2…○)。なお，稲作が東北地方を含む日本各地に伝わったのは弥生時代(1…×)，邪馬台国の卑弥呼が王になったのは弥生時代の3世紀(3…×)，日本最大の前方後円墳である大仙(大山)古墳がつくられたのは古墳時代の5世紀である(4…×)。

(エ)＜**江戸時代初期の出来事**＞宗門改は，江戸幕府がキリスト教の禁止を徹底するため，人びとが仏教徒であることを寺院に証明させた制度である。幕府が鎖国に向かってキリスト教の禁止と貿易の統制を進めた時期に行われるようになった。オランダの商館が長崎の出島に移されたのは，これと同時期の1641年である。なお，ロシア使節のレザノフが来航したのは1804年，長崎など九州各地の港でポルトガルとの貿易が始まったのは戦国時代の16世紀半ば，田沼意次が政治を行ったのは18世紀後半である。

(オ)＜**中世の様子**＞中世とは，おもに鎌倉時代と室町時代を指す。鎌倉時代には，寺社の門前や交通の要地に定期市が開かれるようになった。資料は，鎌倉時代に時宗を開いた一遍の生涯を描いた『一遍聖絵』の一部で，定期市でさまざまな商品が売買される様子を見ることができる。なお，Xは律令制度のもとでの税の１つである調について説明したもの，Ｚは江戸時代に大阪に多く置かれた蔵屋敷での取引について説明したものである。また，鎌倉時代には，座禅によって自らの力で悟りを開こうとする禅宗が日本に伝えられ，栄西が臨済宗を，道元が曹洞宗を開いた。禅宗(特に臨済宗)は，鎌倉幕府や室町幕府の保護を受けて栄えた。なお，ｂは安土桃山時代に豊臣秀吉が行った政策である。

4 〔**歴史─近代～現代の日本と世界**〕

(ア)＜**帝国主義**＞産業革命を経て資本主義を発展させた欧米諸国は，19世紀半ば以降，工業製品の原料となる資源や製品の市場を求めてアジアやアフリカに進出し，メモの内容にあるように軍事力によって植民地の拡大を目指した。このような考え方や動きを帝国主義という。なお，ファシズムは第一次世界大戦後のドイツやイタリアで勢力を強めた政治運動であり，民主主義を否定して個人よりも民族や国家の利益を優先する全体主義を特徴とする。民族自決は，各民族は外部からの干渉を受けずに，政治などの事柄を，自分たちで決定する権利を持つとする考え方である。冷戦は，第二次世界大戦後の世界で，アメリカなどの資本主義陣営(西側諸国)とソ連などの社会主義陣営(東側諸国)が対立した状態を示す呼称である。ルネサンスは，14～16世紀のヨーロッパで，古代ギリシャ・ローマの文化にならおうとした文学や美術の動きである。尊王攘夷は，江戸時代末期の日本で盛んになった運動で，天皇を尊び外国勢力を排除しようとするものである。

(イ)＜**日清戦争前の国際情勢**＞資料は，日清戦争(1894～95年)が起こる前の東アジアの国際関係を表した風刺画である(ｄ…○，ｃ…×，ｅ…×)。着物を着てちょんまげを結ったアの人物は日本，右側のイの人物は清を表しており，日本と清が釣り上げようとしている水中の魚は朝鮮を表している(ａ…○，ｂ…×)。また，橋の上で様子をうかがっている人物はロシアである。つまり，朝鮮を勢力下に置こうとする日本と清が対立する中，ロシアも朝鮮に関心を持っている様子を表している。

(ウ)＜**年代整序**＞年代の古い順に，Ⅰ(1941～42年─マレー半島上陸・シンガポール占領)，Ⅱ(1955年─アジア・アフリカ会議)，Ⅲ(1965年─北ベトナム爆撃(北爆)の開始)となる。

(エ)＜**19世紀半ば～後半の日本**＞日本は，1858年にアメリカなど５か国との間に修好通商条約を結んだが，これらの条約は，日本が領事裁判権(日本国内で事件を起こした外国人の裁判を，外国の領事が外国の法律に基づいて行う権限)を認め，日本に関税自主権(輸出入品にかける関税の税率を自国で自由に決める権利)がないという不平等な内容を含んでいた。そのため，19世紀後半の日本では，これらの不平等条約の改正が明治政府の大きな外交的課題となった。４で述べられている領事裁判権は，1894年に外務大臣の陸奥宗光がイギリスとの交渉に成功し，撤廃が実現した。また，関税自主権は，1911年に外務大臣の小村寿太郎によって完全回復が実現した。なお，１は「関税の税率を自由に設定することが可能であった」の部分が誤っている。２の成人男性による普通選挙(男子普通選挙)が初めて実現したのは1925年，３の「ヨーロッパでおこった戦争を背景とする好景気」とは第一次世界大戦(1914～18年)による大戦景気のことであり，どちらも19世紀の出来事ではない。

(オ)＜**近代～現代の出来事と時期**＞イギリスが香港を植民地としたのはアヘン戦争後の1842年，日本で自由民権運動が活発になったのは1870～80年代，ロシア革命が起こったのは1917年，サンフランシスコで第二次世界大戦の講和会議が開かれたのは1951年，ベルリンの壁が取り払われたのは1989年である。農地改革が始まったのは第二次世界大戦後の1946年であり，表中のＣの期間に当てはまる（３…○）。なお，初めての衆議院議員総選挙が行われたのは1890年で表中のＢの期間，治安維持法が制定されたのは1925年で表中のＣの期間，PKOに初めて自衛隊の部隊が派遣されたのは1992年で表中のＤの期間より後にそれぞれ当てはまる。

5〔公民―総合〕

(ア)**＜UNESCO，需要と供給＞**あ．UNESCO〔国連教育科学文化機関〕は，国際連合の専門機関の１つで，文化の面から世界平和に貢献することを目的として，世界遺産をはじめとする文化財の保護や識字教育などの活動を行っている。無形文化遺産は，芸能や祭礼，伝統工芸技術など，形のない文化遺産を指し，世界遺産と同様にUNESCOが登録を行い，保護を促進している。日本からは，和食や能楽などが無形文化遺産に登録されている。なお，UNICEF〔国連児童基金〕は子どもの命や健康を守るために食料援助や予防接種などの支援を行う国際機関である。　い．政府備蓄米とは，国内の米が足りなくなったときに備えて，政府があらかじめ保管しておく米である。米が足りなくなるのは，不作で供給量(売り手が売ろうとする量)が減るなどして，需要量(買い手が買おうとする量)が供給量を上回る場合である。

(イ)**＜現在の日本の経済活動＞**クレジットカードは，カード会社が一時的に商品の代金を立てかえ，その後カード会社から消費者に代金が請求されるという後払いの支払い方法である（１…×）。一般の銀行は，預金として受け入れた資金を使って融資を行っており，紙幣を発行する権限を持つのは中央銀行である日本銀行のみである（２…×）。外国の通貨に対して円の価値が高くなる円高の場合，日本からの輸出品の価格は外国にとって高くなるため，日本から外国への輸出は不利になる（３…×）。

(ウ)**＜日本の企業＞**国や地方公共団体などによって運営され，公共の目的のために活動する企業を公企業という（２…○）。日本の企業数の90％以上は，中小企業に分類される企業である（１…×）。商品の生産が少数の企業に集中する寡占の状態になると，企業間の競争が弱まり，企業によって高い価格が一方的に定められやすくなる（３…×）。労働条件の最低基準を定めた法律は労働基準法であり，労働組合法は労働組合の活動を守るための法律である（４…×）。

(エ)**＜国の財政＞**国の予算と決算は，内閣が国会に提出し，国会が議決する（Ｘ…誤）。不景気のとき，政府は公共事業の支出を増やしたり減税をしたりすることで，企業の生産活動や家計の消費を促して景気を回復させせようとする（Ｙ…誤）。累進課税は，所得が多いほど税率が高くなる仕組みであり，所得の極端な格差を緩和するはたらきがある（Ｚ…正）。

(オ)**＜資料の読み取り＞**1960年から1965年にかけて，輸出量はほぼ０のまま変化していない（ａ…×）。1970～90年の期間のうち1970～71年，1979～81年の輸出量は70万トンを上回っている（ｄ…×）。輸入量と輸出量の差は，2000年よりも2010年の方が大きくなっている（ｆ…×）。

6〔公民―総合〕

(ア)**＜臓器提供意思表示カードと資料の読み取り＞**臓器提供意思表示カードは，死後に自分の臓器を臓器移植のために提供するかどうかについて本人があらかじめ記入しておくものであり，個人が自分の生き方や生活について自由に決定する権利である自己決定権を尊重する考え方に基づくものである（ａ…×，ｂ…○）。資料３中に「本人の拒否の意思が無ければ，15歳未満でも家族の承諾があれば提供が可能」「提供しない意思表示については年齢にかかわらず有効」とあり，本人が拒否の意思を表示していた場合は提供は認められない（ｃ…×）。ｄの内容は，資料２の1に該当することから正しい説明である（ｄ…○）。

(イ)**＜日本国憲法改正の手続き＞**日本国憲法の改正手続きについては，日本国憲法第96条で定められている。憲法改正原案が国会に提出された場合，衆議院と参議院でそれぞれ総議員の３分の２以上の賛成があれば，国会が憲法改正の発議を行う。その後国民投票が行われ，有効投票の過半数の賛成があれば改正が成立する。

(ウ)＜**政治のしくみ**＞国会は，職務を果たさないなどの問題のある裁判官を罷免するかどうか判断する弾劾裁判所を設置する権限を持っている(３…○)。検察官が被疑者(罪を犯した疑いのある人)を被告人として起訴するのは，刑事裁判である(１…×)。国政における行政の長は内閣総理大臣であり，国会の指名によって国会議員の中から選出される(２…×)。都道府県知事の被選挙権は，30歳以上の国民が持つ(４…×)。

(エ)＜**安全保障理事会と資料の読み取り**＞第二次世界大戦における枢軸国はドイツ，イタリア，日本などであり，常任理事国には含まれていない(２…○)。(加盟国数)÷(非常任理事国の数)を計算すると，西ヨーロッパ・その他は 29÷2＝14.5 であり15を下回っている(１…×)。拒否権を持っているのは常任理事国であり，重要な問題については常任理事国の１か国でも反対すると決定できない(３…×)。常任理事国(５か国)と非常任理事国(10か国)を合わせると15か国，国際連合の加盟国数は193か国(2022年３月)であり，加盟国数の１割に満たない(４…×)。

7 〔**三分野総合―海上輸送を題材とする問題**〕

(ア)＜**スエズ運河**＞スエズ運河は，アフリカ大陸とユーラシア大陸の境に位置し，地中海と紅海を結ぶ運河である。スエズ運河の開通前は，ヨーロッパとアジアを船で行き来するにはアフリカ大陸の南端を回らなければならなかったが，開通によって航路が大きく短縮された。

(イ)＜**年代整序**＞年代の古い順に，Ⅲ(1871～73年―岩倉使節団の派遣)，Ⅱ(1914～18年―第一次世界大戦)，Ⅰ(1973年―第四次中東戦争)となる。

(ウ)＜**資料の読み取り**＞(ソマリア周辺海域)÷(世界計)×100 を計算すると，2013年から2019年まで10％(１割)を下回っている(ｃ…○)。2011年から2012年にかけての減少件数は，ソマリア周辺海域が 237－75＝162件，世界計が 439－297＝142件である(ｄ…○)。2010年の件数に対する2019年の件数の割合は，アフリカが 71÷259＝0.274…より約0.27，東南アジアが 53÷70＝0.757…より約0.76であり，東南アジアの方が大きい(ａ…×)。(東南アジア)÷(世界計)×100 を計算すると，2010年から2012年のいずれの年も50％(５割)を下回っている(ｂ…×)。2015年から2016年にかけての減少件数は，マラッカ・シンガポール海峡を除く東南アジアが(147－14)－(68－2)＝67件，世界計が 246－191＝55件で，マラッカ・シンガポール海峡を除く東南アジアの方が多い(ｅ…×)。

(エ)＜**人間の安全保障**＞人間一人ひとりの生存や生活，尊厳を守るという観点から，安定した生活をおびやかす紛争や貧困，干ばつによる食料不足などの問題の解決をはかろうとする考え方を，人間の安全保障という。なお，公共の福祉は日本国憲法で「社会全体の利益」といった意味で使われる言葉，法の下の平等は全ての人が差別されることなく等しく法を適用されるという原則，循環型社会は資源を繰り返し利用して環境への負担を小さくする社会である。

2022年度／神奈川県公立高等学校

理科解答

1 (ア) 6　(イ) 3　(ウ) 2

2 (ア) 3　(イ) 3　(ウ) 1

3 (ア) 3　(イ) 1　(ウ) 4

4 (ア) 1　(イ) 4　(ウ) 4

5 (ア) 2　(イ) 2　(ウ) 4
(エ) (i)…1　(ii)…4

6 (ア) 3　(イ) 1　(ウ) 3
(エ) あ…1　い…2

7 (ア) 6　(イ) 2　(ウ) 5　(エ) 4

8 (ア) 3　(イ) (i)…2　(ii)…1
(ウ) 1　(エ) X…4　Y…4

1 〔小問集合〕

(ア)＜**音の性質**＞c…適切。光が伝わる速さは約30万km/s，音が伝わる速さは約340m/s，つまり約0.34km/sと，光が伝わる速さに比べて，音が伝わる速さははるかに遅い。よって，雷が光ったとき光は一瞬で伝わるので，雷が光ってから音が聞こえるまでの時間はほぼ音が伝わる時間に等しい。そのため，雷が光ってから音が聞こえるまでの時間に音の伝わる速さをかけると，雷が発生した場所までのおよその距離が求められる。　d…適切。弦が1秒間に振動する回数(振動数)は，弦の長さを短くすると多くなり，音は高くなる。　a…不適切。もう一方の音さも鳴り始めるのは，一方の音さの振動が周りの空気を振動させ，振動が波となってもう一方の音さまで伝わるからである。　b…不適切。音は固体の中も伝わる。

(イ)＜**エネルギー**＞物体を投げ上げてから最高点に達するまで，物体の速さはしだいに遅くなるので，運動エネルギーはしだいに減少する。このとき，減少した運動エネルギーは位置エネルギーに移り変わり，運動エネルギーと位置エネルギーの和である力学的エネルギーは，一定に保たれる。

(ウ)＜**回路**＞グラフより，上の直線の回路全体の抵抗は，オームの法則〔抵抗〕=〔電圧〕÷〔電流〕より，$6.0 \div 0.6 = 10(\Omega)$，下の直線の回路全体の抵抗は，$6.0 \div 0.2 = 30(\Omega)$である。回路①は直列回路で，回路全体の抵抗は各抵抗の和になるので，回路全体の抵抗は抵抗器Aの抵抗の大きさ20Ωより大きくなる。よって，回路①のグラフは下の直線だから，抵抗器Bの抵抗の大きさは，$30 - 20 = 10(\Omega)$である。また，回路②の並列回路のグラフは上の直線で，並列回路では各抵抗器に電源の電圧と同じ大きさの電圧が加わり，回路全体を流れる電流の大きさは各抵抗器を流れる電流の大きさの和になる。したがって，電源装置の電圧の大きさが2.0Vのとき，回路全体には0.2Aの電流が流れ，抵抗器Aには$\frac{2.0}{20} = 0.1(\mathrm{A})$の電流が流れることから，抵抗器Cに流れる電流は$0.2 - 0.1 = 0.1(\mathrm{A})$である。これより，抵抗器Cの抵抗の大きさは，$2.0 \div 0.1 = 20(\Omega)$となる。

2 〔小問集合〕

(ア)＜**状態変化**＞物質が状態変化するときに体積が変化するのは，物質を構成する粒子の間隔が変化するためである。ろうが液体から固体になると，ろうを構成する粒子どうしが規則正しく並び，液体のときよりも間隔が小さくなるので，体積が減少する。なお，状態変化では粒子の数や大きさは変化しないため，質量は変化しない。

(イ)＜**質量保存の法則**＞質量保存の法則より，反応の前後で，反応に関係した物質全体の質量の合計は変わらない。この実験では，ビーカーの質量と反応前の物質全体の質量は$a+b$gであり，反応して気体が発生した後のビーカー全体の質量がc gだから，発生した気体の質量は$a+b-c$gと表せる。なお，この反応で発生した気体は二酸化炭素である。

(ウ)＜**化学反応式**＞化学反応式は，矢印の左右で原子の種類と数が等しくなるように化学式の前に係数をつける。まず，化学反応式で，水素原子(H)は矢印の左側に8個あるから，右側も8個にするため，(い)には8÷2=4が当てはまる。これより，酸素原子(O)は矢印の右側に3×2+4×1=10(個)あるから，左側も10個にするため，(あ)には10÷2=5が当てはまる。

3〔小問集合〕

(ア)＜**細胞分裂**＞図のaは分裂前の細胞で，体細胞分裂が始まると，核の中に染色体が現れる(c)。染色体は中央に集まり(b)，それぞれの染色体が2つに分かれて細胞の両端に移動する(d)。移動した染色体は細い糸のかたまりになり，細胞の真ん中に仕切りができて(e)，2つの細胞になる。

(イ)＜**対照実験**＞「光合成には二酸化炭素が必要である」ことを調べるためには，二酸化炭素の条件だけが異なり，それ以外の光合成に必要な条件は同じ試験管の結果を比較すればよい。つまり，光合成を行うオオカナダモを入れ，光を当てた試験管で，二酸化炭素を取り除いた試験管Aと二酸化炭素濃度を高くした試験管Bの結果を比較する。二酸化炭素を取り除いた試験管Aのオオカナダモからは酸素の発生が見られず，二酸化炭素濃度を高くした試験管Bのオオカナダモからだけ酸素の発生が見られることになるため，光合成には二酸化炭素が必要であることが確認できる。

(ウ)＜**生物のつながり**＞図で，記録を始めて2日後から4日後まで，ゾウリムシの個体数が減少し，シオカメウズムシが増加しているのは，2日後に加えたシオカメウズムシがゾウリムシを食べたからだと考えられる。よって，4日後からシオカメウズムシの個体数が減少したのは，エサとなるゾウリムシの個体数が非常に少なくなったからだと考えられる。

4〔小問集合〕

(ア)＜**乾湿計**＞湿球温度計では，湿球に巻かれたガーゼの水が蒸発するときに湿球から熱を奪うので，示度は乾球温度計より低くなる。しかし，湿球に巻かれたガーゼが完全に乾いていると，水の蒸発がなくなり，熱は奪われないので，ガーゼが湿っているときと比べると示度は高くなる。また，よく晴れた日はガーゼからの水の蒸発は盛んになるので，湿球温度計の示度と乾球温度計の示度の差が大きくなり，湿度は低くなる。しかし，ガーゼが完全に乾いていることに気づかずに乾湿計を用いると，湿球温度計の示度と乾球温度計の示度の差がなくなり，湿度は100%と求められる。よって，求めた湿度は本来の湿度よりも高くなる。

(イ)＜**寒冷前線**＞図より，地点Aでは，午前9時から午後9時の間に寒冷前線が通過している。寒冷前線が通過すると，風向は南寄りから北寄りに変わり，寒気におおわれるので気温は下がる。

(ウ)＜**地層**＞地層が堆積した年代を推定できる化石を示準化石という。なお，示相化石は地層が堆積した当時の環境を推定できる化石である。また，地層が逆転していないとき，地層は下のものほど古いので，図中のA層～C層は，C層，B層，A層の順に堆積した。さらに，断層はC層とB層を切断しているが，A層は切断していないから，C層とB層が堆積した後に断層ができ，その後，A層が堆積した。

5〔身近な物理現象〕

(ア)＜**凸レンズ**＞右図1のように，凸レンズの軸(光軸)に平行な光③は，凸レンズで，右側の焦点を通るように屈折し，凸レンズの中心を通る光④は直進する。また，凸レンズの手前の焦点を通る光⑤は光軸に平行になるように屈折する。そして，これらの光が1点に集まった所に物体のある1点の像ができる。よって，凸レンズを通る光②～⑥は，この物体のある1点の像ができる点に集まる。

図1

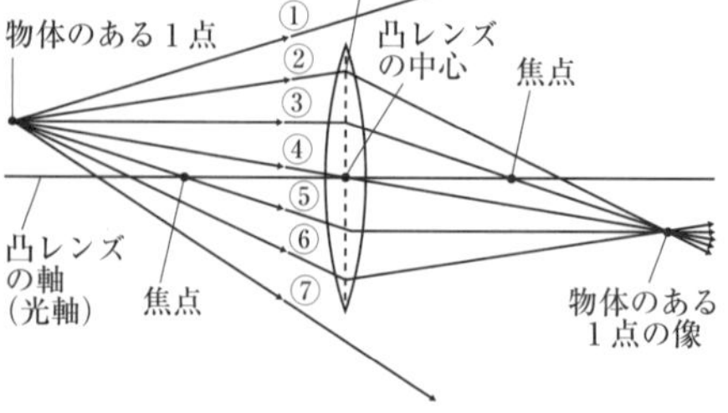

(イ)＜**凸レンズ**＞物体を凸レンズの焦点距離の2倍の位置に置いたとき，焦点距離の2倍の位置に実像

ができる。問題の図２で，凸レンズと物体との距離と，凸レンズとスクリーンとの距離が同じになっているのはＣで，それぞれの距離が40cmより，焦点距離は 40÷2＝20(cm)である。

(ウ)＜**凸レンズと像**＞〔実験１〕で，スクリーンに映る像は実像である。実像の大きさが物体の大きさよりも小さくなるのは，物体を焦点距離の２倍の位置よりも遠い位置に置いたときである。よって，(イ)より，凸レンズの焦点距離は20cmだから，問題の図２で凸レンズと物体の距離が40cmより大きいＤ，Ｅ，Ｆ，Ｇで，実像の大きさは物体の大きさより小さくなる。また，実像は物体と上下左右が逆向きとなる。

(エ)＜**虚像**＞〔実験２〕のように，物体を焦点より凸レンズに近い位置に置いたとき，凸レンズを通して見える像は虚像である。虚像は，物体よりも大きさが大きく，物体と同じ向きになる。また，右図２のように，物体のある１点から出た光のうち，凸レンズの軸に平行な光と凸レンズの中心を通る光の道すじを作図すると，凸レンズの軸に平行な光は凸レンズで屈折して右側の焦点を通り，凸レンズの中心を通る光は直進するから，これらの光は１点に集まらないことがわかる。このとき，２本の光の道すじを凸レンズの左側にのばして交わる所に虚像ができる。よって，図２より，凸レンズと物体の距離が５cmのときにできる虚像の大きさは，距離が15cmのときの虚像の大きさよりも小さくなる。

図２

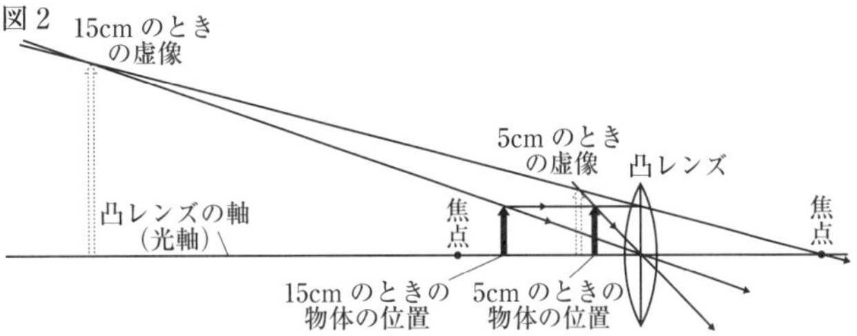

6 〔化学変化とイオン〕

(ア)＜**イオン**＞硫酸銅水溶液中では，硫酸銅($CuSO_4$)が銅イオン(Cu^{2+})と硫酸イオン($SO_4{}^{2-}$)に電離している。表の □ の結果より，この水溶液と亜鉛片は反応して，亜鉛片に固体が付着した。これは，亜鉛原子(Zn)が電子を２個放出して亜鉛イオン(Zn^{2+})となって硫酸銅水溶液中に溶け出し，放出した電子を水溶液中のCu^{2+}が受け取って銅原子(Cu)になり，亜鉛片の表面に付着したためである。この結果より，亜鉛は銅よりイオンになりやすいことがわかる。

(イ)＜**イオン**＞〔実験１〕の結果より，マグネシウムは亜鉛や銅よりもイオンになりやすいと判断したことから，マグネシウム片は，銅イオン(Cu^{2+})が存在する硫酸銅水溶液と，亜鉛イオン(Zn^{2+})が存在する硫酸亜鉛水溶液と反応して，マグネシウム原子(Mg)がマグネシウムイオン(Mg^{2+})になって水溶液中に溶け出したと考えられる。このとき，銅イオンや亜鉛イオンが電子を受け取って原子になりマグネシウム片に付着するので，表の □ に入る記号はどちらも○になる。

(ウ)＜**ダニエル電池**＞(ア)より，亜鉛は銅よりもイオンになりやすい。図２のダニエル電池では，イオンになりやすい亜鉛原子(Zn)が電子を失って亜鉛イオン(Zn^{2+})となって硫酸亜鉛水溶液中に溶け出し，亜鉛板に残った電子は導線を通って銅板へ移動する。移動した電子を，硫酸銅水溶液中の銅イオン(Cu^{2+})が受け取って銅原子(Cu)になり銅板に付着する。電子は－極から＋極へと移動するので，亜鉛板が－極，銅板が＋極となる。よって，電池の＋極で起こった化学変化は，$Cu^{2+}+2e^- \longrightarrow Cu$，－極で起こった化学変化は，$Zn \longrightarrow Zn^{2+}+2e^-$である。

(エ)＜**イオン**＞マグネシウム，亜鉛，銅の順にイオンになりやすく，亜鉛と銅を組み合わせたダニエル電池より，マグネシウムと銅を組み合わせた電池の方が高い電圧を示したことから，金属のイオンへのなりやすさの差が大きいほど電圧が高くなると考えられる。また，〔実験１〕で，金属Ｘ片と硫酸銅水溶液の反応で付着したのは銅だから，金属Ｘは銅よりイオンになりやすい。さらに，金属Ｘのイオンと硫酸イオンの水溶液に亜鉛片をひたすと亜鉛片に金属Ｘの固体が付着したことから，金属Ｘは亜鉛よりイオンになりにくいことがわかる。よって，イオンになりやすい順に，マグネシウム，亜鉛，金属X，銅となる。イオンへのなりやすさの差が大きいほど電圧が高くなるから，金属Xと銅を組み合わせた電池の電圧は，図2の亜鉛と銅を組み合わせたダニエル電池の電圧よりも低くなる。

7 〔生物の体のつくりとはたらき〕

㋐**＜タンパク質の分解＞**タンパク質は，胃液中のペプシン，すい液中のトリプシン，小腸の壁の消化酵素などによって，最終的にアミノ酸に分解される。よって，タンパク質を分解する消化酵素が含まれている消化液は，胃液とすい液である。なお，すい液にはデンプンや脂肪を分解する消化酵素も含まれ，だ液にはアミラーゼが含まれデンプンを分解する。また，胆汁には消化酵素は含まれないが，脂肪の分解を助けるはたらきがある。

㋑**＜対照実験＞**酵素液のはたらきでタンパク質が分解されたことを試験管Aと比較して調べるためには，試験管Aに入れた酵素液Ⅰ以外の条件を試験管Aと同じにしたもので実験すればよい。つまり，脱脂粉乳溶液9.0cm^3に，酵素液Ⅰ1.0cm^3のかわりに水1.0cm^3を加えた試験管を，40℃に保つ対照実験を行う必要がある。

㋒**＜分解＞**表2より，酵素液Ⅱ～Ⅳに含まれる上澄み液の体積は，酵素液Ⅰに含まれる上澄み液の体積20cm^3に対して，酵素液Ⅱは $\frac{10.0}{20.0}=\frac{1}{2}$，酵素液Ⅲは $\frac{5.0}{20.0}=\frac{1}{4}$，酵素液Ⅳは $2.5\div20.0=\frac{1}{8}$ である。また，図より，にごりの度合いが0になるまでの時間は，試験管Aの6分に対して，試験管Bは $\frac{12}{6}=2$(倍)，試験管Cは $\frac{24}{6}=4$(倍)になっている。以上より，上澄み液の体積の割合とにごりの度合いが0になるまでの時間は反比例の関係にあると考えられる。よって，試験管D中の液のにごりの度合いが0になるまでの時間は，$6\times8=48$(分)になる。

㋓**＜消化酵素＞**消化酵素が繰り返しはたらくことを確かめるためには，消化酵素がはたらいてにごりの度合いが0になった液体に脱脂粉乳溶液を加えて40℃に保ち，にごりの度合いが再び0になることを確かめ，その後，同じ操作を数回行ってもにごりの度合いが0になることを確かめればよい。

8 〔地球と宇宙〕

㋐**＜北極星＞**地球が地軸を軸として自転しているので，星は1日におよそ1回転するように見えるが，北極星は，ほぼ地軸の延長線上にあるため，ほとんど動かないように見える。

㋑**＜星の日周運動＞**地球の自転によって，北の空の星は北極星を中心に反時計回りに動いて見える。よって，図2で，北斗七星はbの向きに動いて見える。また，恒星も動いているが，地球から非常に遠くにあるので，動いていないように見える。そのため，星座の形は変わらない。

㋒**＜星の年周運動＞**星が同じ位置に見える時刻は，1か月に約2時間ずつ早くなる。北斗七星は〔観察2〕では〔観察1〕より1時間早く同じ位置に見えているから，1か月の $\frac{1}{2}$ の約15日後である。なお，北の空の星は，北極星を中心に反時計回りに1日(24時間)で1回転するように見えるので，〔観察1〕の日の午後8時に，北斗七星は図1の位置より北極星を中心に時計回りに $360°\div24=15°$ 動いた位置に見える。また，同じ時刻に見える北の空の星は，北極星を中心に反時計回りに1年(12か月)で1回転するように見える。よって，〔観察1〕の日の午後8時に見える北斗七星が，同じ午後8時に反時計回りに15°動いた位置に見えるのは，$12\times\frac{15°}{360°}=0.5$ より，半月後の約15日後である。

㋓**＜星の見え方＞**北極星の高度は，その地点の緯度と同じになる。よって，北緯43°の位置で北極星を観察すると，北極星は高度43°の位置に見える。また，赤道の緯度は0°だから，赤道上での北極星の高度は0°になり，地平線と重なる。そのため，北極星が見える限界の地域は赤道付近である。

国語解答

一 (ア)　a…3　b…1　c…3　d…2
(イ)　a…1　b…4　c…2　d…4
(ウ)　2

二 (ア)　2　(イ)　4　(ウ)　3　(エ)　4
(オ)　1　(カ)　3

三 (ア)　4　(イ)　1　(ウ)　3　(エ)　4
(オ)　2　(カ)　1　(キ)　1　(ク)　3
(ケ)　2

四 (ア)　3　(イ)　1　(ウ)　4　(エ)　2

五 (ア)　4
(イ)　［消費者には］不要な服の購入を控えるとともに，安易に手放さないよう心がける(30字)［ことが求められていると言えます。］

一〔国語の知識〕

(ア)＜漢字＞a．「煩雑」は，物事がややこしくてわずらわしいこと。　b．「罷免」は，本人の意志に関係なく公職をやめさせること。　c．「寸暇」は，ほんの少しの暇のこと。　d．音読みは「爽快」などの「ソウ」。

(イ)＜漢字＞a．「即席」と書く。1は「議席」，2は「軌跡」，3は「功績」，4は「移籍」。　b．「採択」と書く。1は「裁断」，2は「野菜」，3は「栽培」，4は「伐採」。　c．「架空」と書く。1は「佳境」，2は「担架」，3は「綿花」，4は「豪華」。　d．「研ぐ」と書く。1は「洗練」，2は「煎茶」，3は「冒険」，4は「研究」。

(ウ)＜短歌の内容理解＞一本の木に影がさす風景に悲しみを誘われ，「明るさ」があるからこそ，「悲しみ」がより強く感じられることに気づいたという思いをよんでいる。ここでの「けり」は，ある事実に初めて気づいた驚きを示す詠嘆の助動詞。

二〔小説の読解〕出典；青谷真未『水野瀬高校放送部の四つの声』。

(ア)＜心情＞「僕」は，菫さんが「インタビューを受ける前から，お店は年内で閉めるつもりだった」と言ったので，閉店は「僕らのインタビューだけが原因」ではなかったと知って安心した。しかし，菫さんが閉店を考えていたにもかかわらず，「水野瀬高校の生徒にお店の存在をもっと知って」もらうための「インタビューに応じてくれた」ことに疑問を持ち，理由を尋ねた。

(イ)＜心情＞菫さんは，「僕」たちからインタビューの連絡を受けたときの「嬉しかった」気持ちを振り返るうちに，今まで多くの「同じ制服を着た学生さん」たちが，店に「足しげく」通ってくれたことを懐かしく思い出し，温かな気持ちになって「柔らかな声」で笑ったのである。

(ウ)＜心情＞「店のことを～知ってもらうのはいいこと」だという「僕」たちの思い込みと，「僕らが期待する回答」をしようとして話を大きくしてしまった菫さんの優しさが「齟齬」を生み，「言葉が，本心から少し離れてしまう」ことになった。「僕」は，そうした事態は「日常生活でも起こり得る」ことに気づき，今回の出来事をラジオドラマを通して皆に伝えたいと強く思ったのである。

(エ)＜心情＞「僕」が，皆に自分の考えを語りながらも，「あんまり上手く，伝わらないかもしれませんが……」と自信のない様子を見せたため，南条先輩は，きちんと「伝わってる」ことを「僕」に伝えて，「僕」が勇気を持って考えを「言葉にする」ことができるよう，後押ししたのである。

(オ)＜文章内容＞「僕」は，自分の考えを「否定される」のが「怖くて，嫌」で，「自分の胸の底を探って，考えたことを言葉にするのを躊躇」してきた。だが，三人が自分の話に「真剣な顔で耳を傾けて」くれるのを見て，自分を奮い立たせて「伝えたいこと」を言葉にしたのである。

(カ)＜表現＞本文前半の場面では菫さんとのやり取り，後半の場面では放送部の皆とのやり取りを描いている。言葉や考えがすれ違っても，そのままにせずに「立ち止まって，振り返って」相手の言葉を受けとめることや，「きちんと自分の胸の底を探って，考えたことを言葉にする」ことの大切さを知り，それをラジオドラマを通して「伝えたい」と強く思うようになる「僕」の姿を描いている。

三〔論説文の読解―芸術・文学・言語学的分野―言語〕出典；小浜逸郎『日本語は哲学する言語である』。

≪**本文の概要**≫言葉は意思伝達のための「道具」であり,「手段」であるというのは,普通私たちがとっている言語観である。その言語観では,伝達すべき意思は,固定化した荷物として発信者側にあり,「言葉」という手段を通して送られて,そのまま受信者に届くということになる。だが,現実の言葉のやり取りでは,話術や書き方に高度なテクニックを用いて,相手に意思を正確に伝えようとしても思いどおりにはならない。それは,言語表現が「正確に伝える」ことを本旨としていないからである。言葉は多義性や不安定性を持つため,発話は,発話者の言葉の選択,発するときの調子,その会話が置かれた生活文脈などによって,受け手にどう受け取られるかは千差万別である。人は必ずある気分の下にあるので,会話は,いくらでも話し手と受け手の間の気持ち・情緒・感情の交錯によって,あらぬ方に展開する。したがって,言葉を発したり聞き取ったりする行為は,常に主体どうしの関係を変容させる行為という意味を持つ。だからこそ,私たちは,相手や状況に合わせて表現に気を遣う。つまり,言葉は,ただの「道具」や「手段」ではなく,話し手,聞き手の思想表出なのである。

(ア)＜**接続語**＞A.道具と手段のうち,道具は「生活にとっての有用性という観点から編み出された『モノ』のこと」であり,そして,手段とは「『目的』という言葉と対関係にある概念」である。
B.「コミュニケーションがうまく行かないのは,『手段』としての技巧がまずいからだという論理が導き出せる」が,そうはいっても,「ここで問題にしているのは,そういうレベルの話では」ない。

(イ)＜**品詞**＞「かからない」と「来ない」の「ない」は,動詞の未然形に接続しているので,打ち消しの助動詞。「寒くない」の「ない」は補助形容詞。「少ない」の「ない」は,形容詞の一部。「見たことがない」の「ない」は形容詞。

(ウ)＜**四字熟語**＞「千差万別」は,多くの物事の様子や種類にさまざまな違いがあること。「十人十色」は,好みや意見などは人によってそれぞれ違うということ。「一石二鳥」は,一つの行為によって二つの利益を同時に得ること。「三寒四温」は,冬に三日間ほど寒さが続き,次の四日間ほどは暖かい天候であることが繰り返されること。「千載一遇」は,千年に一度しかないほどの絶好の機会のこと。

(エ)＜**文章内容**＞スマホが,「小型軽量でいつでもどこでも情報収集や情報交換ができる」という便利さから,日常生活の中で多くの人に用いられているように,道具とは,「生活にとっての有用性という観点から編み出された『モノ』」である。

(オ)＜**文章内容**＞言葉はコミュニケーションのための道具・手段であるという,「ふつう私たちがとっている言語観」を前提とすると,宅配便で送る「固定した荷物」のように「伝達すべき意思」を確定し,「きちんと」した手段でそれを発信すれば,その意思は,荷物がそのまま届くように,「正確に相手に伝わった」ことになる。だが,「現実の言葉のやり取り」は,「まったくそうではない」と筆者は考えている。

(カ)＜**文章内容**＞時枝は,言語活動が実際に行われたときに,「話し手と聞き手との間に存在する心理的・生理的・物理的過程」によって言語が成立すると考えていた。そのため,「表現行為」がなくても言語には「社会的実体」があるという考えを認めてしまった場合,「主体同士の間」で交わされるやり取りの「意味や価値がないがしろに」されるのではないかと警戒していたのである。

(キ)＜**文章内容**＞「言語過程説」では,話し手が音声によって表出したものを,聞き手が「聴覚印象」として耳でとらえ,「概念」化したうえで,「話し手の言わんとすること」を理解すると考えられている。この「話し手の言語構成行為から聞き手の理解と認識までの一連のプロセス」が,「言葉の本質」であるため,聞き手の存在もまた,「言語の成立」に不可欠なのである。

(ク)＜**文章内容**＞言葉は「多義性や不安定性」を持つため,「聞き手が話し手の言葉をどう受け取るか」は,「聞き手の聞き方」に委ねられる。そして,会話における表現の仕方と,その言葉を聞き手が「どう受け取るか」によって,「主体同士の関係」が「変容」することにもなる。そのため,私たちは相手との関係を意識しながら,相手や状況に合わせて表現を選ぶのである。

(ケ)＜**要旨**＞本文は，まず「言葉は意思伝達のための『道具』であり『手段』である」という一般的な言語観に対する疑問を示している。そして，国語学者である時枝誠記の言語過程説を引用し，多くの日常会話が，「互いの気持ち・情緒・感情の交錯を無意識に目標にしている」という考えを導いて，言葉は「話し手，聞き手の思想表出」であるという結論をまとめている。

四〔**古文の読解―説話**〕出典；『十訓抄』九ノ一。

≪**現代語訳**≫仁和寺の(門主が)大御室，性信法親王の御代，成就院僧正である寛助が，まだ阿闍梨と申し上げた頃だが，白河の九重の御塔の供養があった。大御室が，「今度の供養のときに褒美があれば，必ず(あなたに)譲ろう」とお約束くださったので，(寛助は)恐縮して承りなさった。(そして)思いどおりに供養を終えられて，褒賞が行われるときになって，京極大殿のご子息が，阿闍梨で，(大御室の)お弟子でいらっしゃったのだが，大殿が，(大御室と)ご対面になった折に，「今度の褒美は，私の子どもにいただきましたぞ」と，前もってお礼を申し上げなさったので，(大御室は)何もおっしゃることができなくて，(大殿のご子息が)法眼におなりになった。／大御室は，「あの寛助阿闍梨は，どれほど残念に思うだろう」と，胸がいっぱいになる思いでいらしたが，その日，全く(寛助の)姿が見えなかったので，「そうであろう。もしや修行に出たのか。あるいは，恨めしさのあまりに(姿を見せないの)だろうか」とあれこれと思い悩んでいらしたところ，日が高くなって，(寛助が，大御室の)御前に姿を現したので，(大御室は)不思議にお思いになって，「どこへ行っておられたのか」と仰せになると，(寛助は)「新たな法眼のお祝いに参上しておりました」と，申し上げて，少しも恨んでいる様子がなかった。／大御室は，うれしく，またしみじみと感動なさって，次々の褒賞を，たくさんお譲りになって，(寛助は)僧正にまでなって，鳥羽院の御代には，(鳥羽院が，寛助を)生き仏とお思いになられたので，世の中を自分の思うとおりにして，法師関白とまでいわれなさったそうである。／たいそうりっぱな人だったのである。

(ア)＜**古文の内容理解**＞成就院僧正がまだ阿闍梨であった頃，目上の人物である大御室が，「御塔供養」のときに褒美があったならば，「必ず譲らむ」との「御約束」をしてくれたため，成就院僧正は恐縮したのである。「かしこまる」は，ここでは，恐れつつしんで承る，という意味。

(イ)＜**古文の内容理解**＞大御室は，成就院僧正の姿が見えなかったため，修行に出たのか，あるいは褒美を譲られなかったことを恨んでいるのかと思い悩んでいた。だが，日が高くなってから僧正が姿を見せたので，大御室は，どこへ行っていたのかと不思議に思ったのである。

(ウ)＜**古文の内容理解**＞大御室は，褒美を成就院僧正に譲ると約束していたのに，結局京極大殿の息子に譲ることになって，大殿の息子は法眼の位についた。成就院僧正は，褒美をもらい損ねたにもかかわらず，「恨みたる気色」もなく，大殿の息子のもとに法眼就任を祝いに行っていた。その心の広さを大御室はうれしく思い，しみじみと感動したのである。

(エ)＜**古文の内容理解**＞大御室は，「御塔供養」の褒美を，当時阿闍梨だった成就院僧正に譲る約束をしたが，その褒美は大御室の弟子である，京極大殿の息子に譲られることになり，大殿の息子は法眼になった(1…×)。成就院僧正は，褒美を譲られなかったことを恨む様子もなく，法眼になった大殿の息子のもとに祝いに行ったため，その寛容な人柄に大御室は感心して，「次々の勧賞」をたくさん譲った。後に成就院僧正は，生き仏として尊敬されて，世の中を自分の思うとおりにして，法師関白と呼ばれた(2…○，3・4…×)。

五〔**資料**〕

(ア)門倉貿易の門倉社長は，化学繊維の服は「着る人にとっては安くて快適」だが，リサイクル業者にとっては「リサイクルがとても難しい」ので，扱いにくいということを述べている。

(イ)Dさんは，「一年間で一度も着用していない服が百四十万トン近くもあること」をふまえて，「不要なものは買わない」ようにする必要があることを指摘している。また，Cさんは「資源回収に出される服の量」の増加によって，「リサイクル不能品」も増えているというBさんの発言をふまえて，「今ある服を大切にし，まだ着られるものを簡単に捨てない」ことを心がけたいと述べている。

Memo

誰にもよくわかる 解説と解答 2021年度

神奈川県　正答率

（全日制の課程）

英語

1	ア	1	75.3%
		2	59.7%
		3	79.6%
	イ	1	67.1%
		2	45.8%
	ウ	1	26.9%
		2	47.4%
2	ア		64.2%
	イ		55.0%
	ウ		52.2%
3	ア		93.0%
	イ		83.6%
	ウ		54.1%
	エ		65.9%
4	ア		57.5%
	イ		74.3%
	ウ		23.9%
	エ		46.0%
5			14.5%
6	ア		58.3%
	イ		68.4%
	ウ		46.3%
7	ア		70.1%
	イ		63.4%
8	ア		57.5%
	イ		35.1%
	ウ		33.0%

社会

1	ア		95.0%
	イ		76.6%
	ウ		83.8%
	エ		66.0%
	オ		59.3%
2	ア		71.0%
	イ		87.6%
	ウ		73.2%
	エ		89.2%
	オ		93.6%
3	ア		71.2%
	イ		74.0%
	ウ		74.3%
	エ		49.0%
	オ		77.5%
4	ア		77.2%
	イ		64.0%
	ウ		75.3%
	エ	i	74.0%
		ii	67.6%
5	ア		76.3%
	イ		82.8%
	ウ		71.9%
	エ		70.9%
6	ア		88.5%
	イ	i	83.8%
		ii	67.2%
	ウ		65.0%
	エ		83.6%
7	ア		78.6%
	イ		82.0%
	ウ		57.7%
	エ		30.4%

数学

1	ア			96.4%
	イ			92.7%
	ウ			95.7%
	エ			88.7%
	オ			90.3%
2	ア			92.3%
	イ			93.9%
	ウ			85.2%
	エ			80.0%
	オ			86.2%
	カ			46.8%
3	ア	i	ab	88.2%
			c	88.7%
		ii		7.8%
	イ			32.9%
	ウ	i		52.3%
		ii		62.9%
	エ			33.1%
4	ア			85.5%
	イ			46.5%
	ウ			5.6%
5	ア			44.5%
	イ			11.9%
6	ア			69.1%
	イ			63.6%
	ウ			3.4%

理科

1	ア	68.8%
	イ	32.6%
	ウ	50.2%
2	ア	81.7%
	イ	34.5%
	ウ	40.4%
3	ア	75.5%
	イ	51.9%
	ウ	43.6%
4	ア	63.7%
	イ	61.1%
	ウ	45.0%
5	ア	82.4%
	イ	44.7%
	ウ	66.8%
	エ	4.3%
6	ア	67.1%
	イ	64.4%
	ウ	14.8%
	エ	21.0%
7	ア	58.9%
	イ	39.4%
	ウ	87.1%
	エ	41.5%
8	ア	48.4%
	イ	50.3%
	ウ	43.4%
	エ	32.1%

国語

一	ア	1	99.6%
		2	58.0%
		3	38.7%
		4	83.6%
	イ	a	87.5%
		b	87.2%
		c	74.3%
		d	91.2%
	ウ		68.6%
	エ		49.1%
二	ア		69.6%
	イ		70.4%
	ウ		61.8%
	エ		79.3%
三	ア		62.3%
	イ		55.5%
	ウ		59.9%
	エ		79.0%
	オ		77.2%
	カ		69.3%
四	ア		73.2%
	イ		47.3%
	ウ		70.5%
	エ		69.2%
	オ		63.8%
	カ		74.3%
	キ		65.6%
	ク		44.8%
五	ア		78.4%
	イ		19.6%

英語解答

1 (ア) No.1　3　No.2　2
No.3　4
(イ) No.1　1　No.2　3
(ウ) No.1　5　No.2　science

2 (ア) famous　(イ) swimming
(ウ) language

3 (ア) 2　(イ) 1　(ウ) 3　(エ) 4

4 (ア) 3番目…1　5番目…3
(イ) 3番目…6　5番目…2
(ウ) 3番目…5　5番目…4
(エ) 3番目…4　5番目…1

5 (例) How many students watch movies

6 (ア) 6　(イ) 2　(ウ) 4

7 (ア) 4　(イ) 5

8 (ア) 3　(イ) 1　(ウ) 2

1〔放送問題〕

(ア)No.1．サラ(S)：アキラ，放課後に市立図書館に行きたいな。そこで私たちの市の歴史について学ぶつもりなんだ。図書館がどこにあるか知ってる？／アキラ(A)：知ってるよ，サラ。うちの学校の近くではないんだ。病院のそばだよ。あの図書館には僕らの市に関するおもしろい本がたくさんある。僕はあの図書館が好きなんだ。／S：それはいいわね！　学校からどうやって行けばいいのかな？／A：電車に乗れば図書館に行けるよ。

No.2．S：アキラ，明日，あなたの弟さんを動物園に連れていってあげようよ。／A：うーん，でも明日は雨みたいだよ。別の場所へ行こうよ。／S：わかった。どこへ行く？／A：美術館〔博物館〕はどうかな？

No.3．S：犬をもらったんだってね。うれしい，アキラ？／A：うん。その犬はすごくかわいいんだ。僕の祖母が昨日僕にくれたんだよ。／S：それはよかったね！　私も早くその犬に会いたいな。名前はあるの？／A：ないんだ。何て呼ぼうか考えてるところさ。

(イ)No.1．ポール(P)：ミキ，君のクラスは文化祭で何をする予定なの？／ミキ(M)：みんなで考えてるところよ。あなたのクラスはどう，ポール？／P：うちのクラスは映画をつくってるんだ。僕もクラスのみんなも映画を見るのが好きなんだ。映画をつくるのにいいアイデアがいくつかあるんだ。／M：すごい！　映画をつくるなんて大変じゃないの？／P：そうだね，でもおもしろいよ。自分たちのアイデアについていつも話し合ってるんだ。楽しいよ。／M：いい映画ができるといいわね。文化祭でそれを見たいわ。

質問：「ポールについて言えることは何か」―1．「クラスメートと映画について話すとき，彼は楽しんでいる」

No.2．P：ミキ，土曜日は何をしたの？／M：家族と一緒にカモメ球場へ野球の試合を見に行ったの。／P：ほんと？　僕はその試合を家でテレビで見てたよ！　球場には人が大勢いたでしょ？／M：うん。周りの人みんなと一緒に試合を見て楽しんだわ。／P：それはよかったね！　僕らも一緒に球場で試合を見られるといいな。／M：いいわね，そうしましょう！

質問：「ポールとミキについて言えることは何か」―3．「ポールとミキは土曜日に野球の試合を見た」

(ウ)≪全訳≫皆さん，こんにちは。来週の月曜日に研修旅行が始まります。夜7時に日本を出発し，翌日の朝にオーストラリアに到着します。到着後はおもしろいことがいろいろあります。最初に新しくできた美術館へ行き，それから大きな美しい公園に行きます。公園ですてきな写真を撮って，後で家族に見せてあげましょう。水曜日から，学校が始まります。3日間授業を受けることになっています。水曜日と木曜日は，皆さん全員で英語，歴史，音楽を勉強します。金曜日はさらにもう1つの科目を一緒に勉強します。皆さんは何の科目を勉強したいですか？　それについて明日話し合いましょう。

土曜日の朝，オーストラリアを出発し，夕方に日本に到着することになっています。

No.1．「オーストラリア研修旅行／来週の①火曜日にオーストラリアに到着します。／公園で②写真を撮影できます。／学校で③4つの科目を勉強する予定です。／土曜日に日本に到着します」

No.2．「やあ，リエ。明日，オーストラリアの学校での最終日について話し合うよね。僕は（　　）を勉強したいんだ。オーストラリアから見える星のことが知りたいんだよ。あと，オーストラリア原産の動物についても学べるといいな」―science「理科」

2〔対話文完成―適語補充〕

≪全訳≫リク（R）：おはよう，アン。／**アン（A）**：おはよう，リク。昨日公園であなたを見かけたわよ。／**R**：そうそう，僕は週末，いつもそこで走ってるんだ。いつかアメリカでバスケットボールをしたいな。アメリカには有名なチームがたくさんあるよね。／**A**：ええ。世界中のたくさんの人が，アメリカのバスケットボールチームのことを知ってるわ。／**R**：僕は放課後，チームメートと一緒にバスケットボールの練習をしてるんだ。もっとうまいバスケットボールの選手になるために，他のスポーツにも挑戦してる。例えば，僕は水泳が好きなんだ。速く走れるようになりたいから，いつも水中で脚をたくさん動かしてるよ。／**A**：まあ，他のスポーツにも挑戦してるのね！　おもしろいわね。／**R**：アメリカでプレーする前に，何をしておく必要があるかな，アン？／**A**：英語をしっかり勉強しておく必要があると思うわ。アメリカでは，いろんな国から来た人たちが1つのチームで一緒にプレーするから。／**R**：なるほど。英語はチームのみんなが話す言語だもんね。／**A**：そのとおりよ。いいバスケットボール選手になれるといいわね！

＜解説＞㈠この後アンが，アメリカのバスケットボールチームのことは世界中の多くの人が知っていると言っていることから，アメリカには famous「有名な」チームがたくさんあるのだとわかる。

㈡リクはバスケットボール以外で自分が挑戦しているスポーツの例を挙げており，この後，水中で脚を動かすと言っているので，swimming「水泳，スイミング」が適する。　㈢「英語は」と「（アメリカの）チームのみんなが話す」を結ぶ語として，language「言語」が適する。

3〔適語（句）選択〕

㈠最後に rice or bread「ごはんかパン」とあるので，「どちら」を表す Which を選ぶ。　「朝食にはごはんとパンのどちらを食べていますか」

㈡空所の直後の great は形容詞。‘look＋形容詞’「～に見える」の形。　「駅の近くにある新しい図書館はすばらしく見える」

㈢when 以下の内容から過去の文だとわかる。　drink－drank－drunk　「彼女は学校に着くと冷たい水を飲んだ」

㈣for two months「2か月間」とあるので，「ずっと～し続けている」という‘継続’の意味を表せる現在完了形（‘have/has＋過去分詞’）にする。　「私の祖父は大阪に住んでいて，私は2か月間彼に会っていない」

4〔対話文完成―整序結合〕

㈠**A**：その5人の中で一番いいテニス選手は誰かな？／**B**：アヤだね。彼女は先月，市のトーナメントで優勝したんだ。∥まず，tennis player というまとまりができる。これを修飾する部分として，good の最上級である best の前に the を置き，the best tennis player「一番いいテニス選手」とする。このまとまりの後に，「～の中で，～のうちで」を表す of を置く。最上級の後に「～の中で，～のうちで」という意味を加える場合，‘～’が主語の属する複数名詞や数詞なら of を，‘範囲’を表す単数名詞なら in を用いる。　Who is the best tennis player of the five？（不要語は in）

㈡**A**：向こうでギターを弾きながら歌っている女の子を知ってる？／**B**：うん。あの子はルミで，私の妹〔姉〕の友達なんだ。∥Do you know the girl？「（その）女の子を知っていますか」が文の骨組み。また，現在分詞（～ing）は‘名詞＋～ing＋語句’という形で「～している…」というまとまりをつくるはたらき(形容詞的用法)があるので，これを用いて the girl playing the guitar と並べる。この後に，playing the guitar と singing をつなぐ語として and を置く。 Do you know the girl playing the guitar and singing over there？(不要語は been)

(ウ)A：どうしてその本が好きなの？／B：小さな犬の目を通して書かれているからだよ。∥主語の it が the book「その本」を指しているので，これに対応する動詞は‘be動詞＋過去分詞’の受け身形を用いて is written「書かれる」とする。through は「～を通して〔通じて〕」という意味で，「小さな犬の目を通して」という意味になると推測できるので，through the eyes of a little dog と並べる。 Because it is written through the eyes of a little dog.(不要語は reading)

(エ)A：あのドアを開けてあげようか？／B：ありがとう。君はとても親切だね。∥Bがお礼を言っていることから，「～してあげましょうか」と申し出たことがわかる。これは，‘want＋人＋to ～’「〈人〉に～してほしいと思う」を疑問文にした Do you want me to ～「私に～してほしいですか」→「～しましょうか」で表せる。‘～’の部分は open that door「あのドアを開ける」とまとまる。 Do you want me to open that door？(不要語は think)

5〔条件作文―絵を見て答える問題〕

≪全訳≫A：スミス先生はクラスのみんなに，「皆さんは週末に家で家族と一緒に何をしていますか？」と尋ねた。トモヤは，「僕は家族と一緒に昼食をつくります」と答えた。／B：帰宅後，トモヤは姉〔妹〕のエミに，友人の答えたことについて話した。トモヤは，「一番多かった答えは映画鑑賞だったよ」と言った。エミは，「週末に家で家族と映画を見る生徒は何人いたの？」ときいた。／C：「15人だよ」とトモヤは答えた。彼はまた，「僕もそうしてみたいな」とも言った。「わかった。次の週末はそうしよう」とエミは言った。

＜解説＞Bでトモヤは，映画鑑賞をして週末を過ごす人が一番多かったと話し，これに続くエミの質問に対して，Cでトモヤは人数を答えている。したがって，映画鑑賞をする人がどれくらいいたのかという‘数’を尋ねる疑問文をつくればよい。‘How many＋複数名詞’で「いくつの～」が問えるので，How many students「何人の生徒が」と始める。これが主語の役割を果たすので，この後に動詞の watch，その目的語の movies の順に続ける。

6〔長文読解総合―スピーチ〕

≪全訳≫❶皆さん，こんにちは。私はハナコです。今日は食品廃棄物についてお話しします。まだ食べられるたくさんの食品が，毎日コンビニエンスストアで捨てられています。そのことを知って，私は悲しく思いました。

❷今年の元日，私は家族とともに祖母の家を訪問しました。父の兄〔弟〕と彼の家族もそこにいました。私たちは一緒に特別な夕食を楽しみました。全部の料理を食べきることはできませんでした。祖母は私にこう言いました。「①食卓に食べ物がたくさん残っているわね。ハナコ，家に持って帰って明日食べるといいわ」 私は「ありがとう」と言い，その食べ物を家に持って帰りました。翌日，家族と一緒にそれを食べました。残り物を捨てずに済んだのでよかったです。

❸先週，テレビで食品廃棄物について知りました。世界には約10億人の飢えた人々がいます。世界で生産されている食料の30％以上が廃棄されています。飢餓で苦しむ世界の人々を助けるために，食品廃棄物の問題についてもっと知りたいと思いました。

❹食品廃棄物は日本でも問題になっています。私たちはこの問題を解決しなければなりません。2015年には，日本における１人あたりの食品廃棄物の量は約51kgでした。私たちは自国における食品廃棄物を減らすべきです。私たちにできることは何でしょうか？ このグラフを見てください。

グラフ 家庭での食品廃棄物を減らすために何をしていますか？／自分のお皿の上の食べ物を全部食べる／冷凍庫を利用する／賞味期限を過ぎたからといってすぐに食品を捨てない／自分の食べる分だけ食べ物を調理する／冷蔵庫に何が入っているか把握しておく／残り物を利用して新しい料理をつくる

❺このグラフは，2019年に日本にいる3000人の人が家庭で食品廃棄物を減らすために行ったことを示しています。67.4%の人が，②自分のお皿に食べ物を残さないようにしていると答えました。これは全ての人が今日から始められることだと思います。では，その他の回答を見てみましょう。約45%の人が，冷凍庫を利用して家庭で食品を保存していました。約40%の人が，自分が食べられる量だけを調理するようにしていると答えました。27.7%の人が，冷蔵庫の中に何があるかを知っておくことは重要だと答えました。これはいい考えだと思います。私は毎日冷蔵庫の中にどんな食べ物があるか調べ，冷蔵庫のドアにそれを書いておくことを始めました。家にある食品を，よりよい方法で食べ，保存し，調理すれば，食品廃棄物を減らすことができるでしょう。

❻私たちは，どのように食品を購入するべきかを知っておく必要があります。スーパーマーケットには食料品があふれています。小売業者は店内に大量の食料品を蓄えていますが，それは私たちにいつでも③私たちが求める食べ物を提供することが重要だと考えているからです。小売業者はこうしたことをやめるべきだと私は考えます。私たちが彼らに変わることを求める前に，まずは私たちが変わらないといけません。私たちはよりよい方法で食品を購入するべきです。例えば，買いたいと思う食べ物が見つからないのなら，また次の機会にそれを探せばいいのです。2，3日は待つべきです。小売業者がその食品を再び仕入れたときに，それを買うことができるでしょう。小売業者は店内に蓄えておく食品の量を減らすべきなのです。

❼世界中の食品廃棄物の問題を解決することなどできないと皆さんは言うかもしれませんが，私はできると思います。未来の世界を変えることは可能だと私は思います。小さな行動から始めるべきです。私たちが自分にできる新しいアイデアを見つけることが大切なのです。

(ア)＜**適語句選択**＞①全ての料理を食べきれなかったとあり，祖母がそれを持って帰って食べるようにと言っていることから，たくさんの食べ物がテーブルに残っていたのだとわかる。leave「残す」の過去分詞 left が，形容詞的用法で「テーブルの上に残された」というまとまりをつくり，前の a lot of food「たくさんの食べ物」を修飾している。　②グラフより，67.4%の人が eat all the food on my plate「自分のお皿の上の食べ物を全部食べる」と答えている。これは，お皿の上の食べ物を残さないということである。　③小売業者が重要と考えていることなのだから，客の求めに応じるという内容になるAが適切。

(イ)＜**適文選択**＞世界の食品廃棄物について述べたスピーチのまとめになっている部分で，続く文でハナコは「未来の世界を変えることは可能だ」と言っている。したがって，世界中の食品廃棄物の問題を解決することなど自分にはできないと言う人もいるかもしれないが，私はできると思う，という内容になる2が適する。

(ウ)＜**内容真偽**＞a.「ハナコは，食品廃棄物を減らしたいのなら，人々はコンビニエンスストアで食べ物を買うべきではないと言っている」…×　このような記述はない。　b.「ハナコは祖母の家で特別な料理を夕食で食べ，自分の家でも食べた」…○　第2段落に一致する。　c.「ハナコは，2015年に世界で1人あたりが捨てた食品の量は51kgだったと言っている」…×　第4段落第3文参照。世界ではなく日本に関するデータである。　d.「グラフは，30%を超える人が残り物から新しい料理をつくったことを示している」…×　グラフより，26.7%である。　more than ～「～より多い」　e.「ハナコは冷蔵庫の中の食べ物を調べて，それを世界の飢えた人々に送ることを始めた」…×　第5段落最後から2文目参照。世界の飢えた人に送るとは書かれていない。　f.「ハナコは，人々が食品の買い方を変えれば，小売業者が店内に蓄える食品の量を変えるだろうと考えている」…○　第6段落後半と一致する。

7〔**長文読解―英問英答**〕

(ア)≪**全訳**≫❶ヒロトはカモメ駅でボランティアとして働いている。彼はカモメ市を訪れる人々の手助けをしている。エミリーはオーストラリアから来た旅行者である。彼女は今，ヒロトと話している。

❷エミリー(E)：すみません。昼食をとって，それから市立美術館に行きたいのですが。❸ヒロト(H)：わかりました。何を食べたいですか？❹E：日本料理が食べたいです。❺H：おすしはどうですか？　美術館の近くにおいしいおすし屋さんがありますよ。❻E：それはいいですね。食べてみたいです。そこへの行き方を教えてください。❼H：ええと，向こうにギター教室があるのが見えますか？❽E：はい，ここから見えます。❾H：ギター教室まで歩いて，右に曲がってください。病院の隣にケーキ屋さんがあります。そのケーキ屋さんのところで左に曲がってください。そのおすし屋さんは右側にあります。❿E：わかりました。では，お昼の後，市立美術館へはどうやって行けばいいですか？⓫H：おすし屋さんのすぐそばに橋があります。その橋を渡ったら左側に美術館があります。⓬E：ありがとうございます。あと，オーストラリアにいる家族のために，カモメ市の特産品を買いたいんですが。⓭H：ギター教室の隣にあるお店で，ご家族にあげるすてきな品物を買えますよ。⓮E：わかりました。では，美術館の後でそこへ行ってみます。どうもありがとうございました。⓯H：どういたしまして。よい1日をお過ごしください！

質問：「エミリーはこの地図上のどこを訪れるつもりか」―4．「(オ)→(ア)→(カ)」　第2段落より，昼食をとった後に美術館に向かうとわかる。ヒロトに勧められたおすし屋さんは，第9段落より，(オ)にある。第11段落より，昼食の後に訪れる美術館は(ア)にある。第12～14段落より，その後は(カ)にあるお店に買い物に行くとわかる。

(イ)**≪全訳≫**ユミコは将来，プロのサッカー選手になりたいと思っている。彼女はインターネットで自分の好きなサッカー選手であるカナガワ・タロウに関する記事と年表を見ている。／**記事**／カナガワ・タロウは9歳のとき，あるチームでサッカーを始めた。彼のチームにはすばらしいコーチがいた。タロウは友人とのサッカーを楽しんでいた。彼の夢は，将来子どもたちにサッカーを教えることだった。高校3年生のとき，彼は市の最優秀高校生選手に選ばれた。23歳のとき，彼はプロの選手になり，カモメビクトリーズでプレーを始めた。彼はこのチームで人気の選手となった。彼は日本代表チームでプレーした。1999年，彼の娘が生まれた。彼が32歳のとき，プロの選手として最後の試合に出場した。同年，彼の息子が生まれた。その2年後，彼の夢が実現した。彼が教えたチームの子どもたちはサッカーが好きになった。彼の息子も，この3月にカモメビクトリーズに入団した。この5月に，タロウはサッカーの指導法に関する本を書いた。／2020年7月8日／**年表**／年：タロウの人生における出来事／1969年：カモメ市に生まれる。／1978年：サッカーを始める。／1987年：市の最優秀高校生選手に選ばれる。／1992年：カモメビクトリーズに入団する。／1996年：日本代表チームの主将として，アメリカで行われた国際大会でプレーする。／2001年：プロの選手としてのプレーを終える。／2003年：サッカーのコーチになる。／2020年：息子がプロのサッカー選手になる。

質問：「2003年にタロウの人生で起きた出来事は何か」―5．「サッカーのコーチになった」　年表によると，タロウは1969年生まれで，2003年には34歳になる。記事によると，彼の夢は子どもたちにサッカーを教えることで，32歳でプロ選手を引退した2年後に夢が実現したとある。

8〔長文読解総合―会話文〕

≪全訳≫❶ナオト，サオリ，ミカはカモメ高校の生徒だ。彼らは放課後に教室で話している。そのとき，彼らの英語の先生であるグリーン先生が彼らに話しかけてくる。

❷グリーン先生(G)：あら，みんな。何をしてるの？

❸ナオト(N)：こんにちは，グリーン先生。市立図書館でのボランティア活動について話し合っているんです。

❹サオリ(S)：今週末，私たちは市立図書館で働く予定なんです。やるべき仕事がいくつかあって，私たちの一番重要な仕事は，子ども向けのプログラムです。

❺G：それは興味深いわね。もっと詳しく教えてちょうだい。

❻ミカ(M)：その図書館で働いている人たちは，子どもたちはもっとたくさん本を読むべきだと考えて

いるんです。
7 N：本よりも，インターネットやテレビゲームの方が好きな子どもが多いんじゃないでしょうか。
8 S：私もそう思っています。そういう状況を変えるために，市立図書館は毎週末に子ども向けのプログラムを開催しています。そこで働いている人たちは，子どもたちに本とふれあう経験を提供してるいるんです。
9 G：どんなことをしているの？
10 N：子どもたちに物語の読み聞かせをしています。たくさんの子どもたちが本に興味を持ってくれることを願っているんです。
11 G：それはいいわね！　私が小さい頃は，母が毎晩お話を読み聞かせてくれたわ。私は女の子と大きな鳥のお話が大好きだったの。
12 S：私の父も私にお話を聞かせてくれました！
13 M：私たちは午前９時から午後３時まで働く予定です。私たちの主な仕事は，子どもたちへの読み聞かせなんですが，他にももっと仕事があるんです。この予定表を見てください。
14 G：あら，１日のうちにやることがたくさんあるのね！　図書館の掃除から１日が始まって，最後の仕事は本棚に本を戻すことね。
15 N：はい。昼食の前には，利用者がカウンターで返却した本を回収するんです。
16 G：なるほどね。あなたたちが話してるプログラムはいつ始まるの？
17 M：図書館の掃除の後です。
18 G：じゃあ，昼食後のプログラムについて教えてくれるかしら。
19 S：親を対象とした読み聞かせの授業です。この図書館で働いている人たちは，子どもと一緒に本を読むためのいい方法を教えているんです。
20 N：図書館は本を読むための場所でしかないと思っていましたが，今では図書館は他の人たちと一緒に読書を楽しむ方法を学べる場所でもあるとわかったんです。僕たちは，図書館でたくさんの経験を積むことができるのです。
21 M：私もそう思います。
22 G：それはすばらしいことね！　いつそこへ行くの？
23 S：土曜日にその図書館へ行くことになっています。
24 G：楽しめるといいわね。後でそのことを聞かせてね。
25 翌週，３人の生徒たちは職員室へ行き，グリーン先生と話す。
26 N：こんにちは，グリーン先生。図書館で楽しい１日を過ごしてきました。
27 M：今度の週末もその図書館へ行くことになっているんです。待ちきれません！
28 S：先週末はすばらしい経験をしました。
29 M：午前中に小学校の行事があったので，図書館が予定を変更したんです。
30 G：へえ，そうだったのね。どういうふうに予定を変更したの？
31 S：これが新しい予定表です。まず，私たちは図書館の掃除をしました。それから，保護者向けのプログラムを見ました。とてもおもしろかったですよ。
32 G：あなたたちは返却された本の回収もしないといけなかったのよね？
33 M：はい，自分たちのプログラムの前にやりました。私たちのプログラムは午後２時に始まりました。子どもたちに３つのお話を読み聞かせたんです。
34 N：それに，昼食の前に本を本棚に戻しました。その日はすごく楽しかったんですよ，グリーン先生。
35 G：それはよかったわね。一番楽しかったことは何？
36 N：子どもたちに読み聞かせをしたのは本当に楽しかったです！
37 S：私も楽しかったです。それに，ほとんどの子どもたちが楽しそうにしていました。

38M：私はうまくできなくて，ちょっと残念に思っています。子どもに向けて本を読み聞かせるのが難しくて。読んでいるときに緊張してしまって，だから子どもたちの顔を見られなかったんです。友達とおしゃべりを始めてしまう子もいました。

39S：親向けのプログラムから，子どもたちの顔を見ることが大切だって学んだのよね？

40N：そうだね。読み聞かせをしているときに子どもたちの顔を見ないでいると，子どもたちはお話に興味を持てなくなっちゃうんだ。

41M：そうね。このプログラムからそれを学んだわ。

42S：今度の週末にはもっとうまくいくと思うよ。

43M：そうだといいな。私は本当はこう言いたかったの，「本からたくさんのことを学べるよ」って，でもできなかった。今度の週末にはそう言おうと思うわ。

44N：今度の週末に僕らが会う子どもたちが，僕らと一緒に本を読んで楽しんでくれるといいなって思ってるよ。何かがうまくいかなかったら，その次はやり方を変えた方がいいよね。何がよくなかったのかをわかろうとするべきだし，そうしたら，違うやり方を試してみればいい。

45M：そうだね，ナオト。

46G：それは学ぶべき大切なことよ。

47S：そうですね。このボランティア活動から，私たちはたくさんのことを学ぶことができます。私はこの図書館で別の仕事をするつもりです。この図書館でパソコンを使って本を探す方法がわからない人たちの手助けをしたいと思っています。

48M：へえ，それはすばらしいね，サオリ！

49N：この次は君の新しい仕事について僕らに聞かせてよ。

50S：うん，そうするね。

(ア)＜**要旨把握—表を見て答える問題**＞①第14～17段落参照。最初に図書館の掃除をし，最後に本を本棚に戻す。昼食の前にカウンターで返却された本を回収する。また，子どものためのプログラムは掃除の後に行う。　②第31～34段落参照。最初に掃除をし，次に親のためのプログラムを見る。午後２時に子どものためのプログラムを行い，その前に返却された本を回収する。本を本棚に戻すのは，昼食の前である。

(イ)＜**語句解釈**＞下線部③を含む文の主語の That は第44段落第２，３文のナオトの発言を指しており，これをグリーン先生は「学ぶべき大切なこと」と言っている。第44段落でナオトは，何かがうまくいかなかったという経験を次に生かすことの重要性について述べているので，１の「自分の経験から学ぶべきである」が適する。

(ウ)＜**内容真偽**＞a.「子どもたちは市立図書館の週末プログラムでよい経験をすることができる」…○　第４～８段落に一致する。　b.「ミカが幼い少女の頃，彼女は寝る前によくお話を聞いた」…×　第11，12段落参照。ミカではなく，グリーン先生とサオリである。　c.「ナオトは，学校では他の人たちと一緒に本を読めるので，図書館よりも学校の方が好きだと言っている」…×　第20段落参照。　d.「ナオト，サオリ，ミカは土曜日に，子どもと一緒に読書を楽しむためのよい方法を親たちに紹介した」…×　第19段落参照。親向けのプログラムは図書館の人が行っている。　e.「ナオト，サオリ，ミカは，子どもたちに読み聞かせをしているときは子どもたちの顔を見なければならないということを学んだ」…○　第39，40段落に一致する。　f.「グリーン先生はサオリに，図書館で新しい仕事を得て別のよい経験をするように頼んだ」…×　第47段落参照。グリーン先生が頼んだわけではない。

数学解答

1 (ア) 2　(イ) 1　(ウ) 3　(エ) 3　(オ) 4

2 (ア) 4　(イ) 2　(ウ) 2　(エ) 1　(オ) 3　(カ) 1

3 (ア) (i) (a)… 4　(b)… 1　(c)… 2　(ii) 3 cm　(イ) 2　(ウ) (i) 108　(ii) 3　(エ) (i)…$\frac{1}{10}x+\frac{3}{10}y$　(ii)…410　(iii)…451

4 (ア) 4　(イ) (i) 4　(ii) 6　(ウ) $\left(\frac{35}{9},\ \frac{5}{9}\right)$

5 (ア) 1　(イ) $\frac{4}{9}$

6 (ア) 2　(イ) 5　(ウ) $\frac{27}{2}$cm

1 〔独立小問集合題〕

(ア)＜数の計算＞与式$=-9+5=-4$

(イ)＜数の計算＞与式$=-\frac{10}{12}-\frac{9}{12}=-\frac{19}{12}$

(ウ)＜式の計算＞与式$=\frac{8ab^2\times3a}{6a^2b}=4b$

(エ)＜式の計算＞与式$=\frac{3(3x+2y)-5(x-3y)}{15}=\frac{9x+6y-5x+15y}{15}=\frac{4x+21y}{15}$

(オ)＜平方根の計算＞与式$=2^2-(\sqrt{7})^2+6\sqrt{7}+12=4-7+6\sqrt{7}+12=9+6\sqrt{7}$

2 〔独立小問集合題〕

(ア)＜因数分解＞与式$=x^2+12x+36-5x-30-24=x^2+7x-18=(x-2)(x+9)$

≪別解≫$x+6=A$とおくと，与式$=A^2-5A-24=(A-8)(A+3)$となる。Aをもとに戻して，与式$=(x+6-8)(x+6+3)=(x-2)(x+9)$である。

(イ)＜二次方程式＞解の公式より，$x=\frac{-(-3)\pm\sqrt{(-3)^2-4\times1\times1}}{2\times1}=\frac{3\pm\sqrt{5}}{2}$である。

(ウ)＜関数―比例定数＞関数$y=ax^2$について，$x=1$のとき$y=a\times1^2=a$，$x=4$のとき$y=a\times4^2=16a$だから，xの値が1から4まで増加するときの変化の割合は$\frac{16a-a}{4-1}=5a$と表せる。これが-3であるから，$5a=-3$が成り立ち，$a=-\frac{3}{5}$となる。

(エ)＜文字式の利用―不等式＞1個15kgの荷物がx個と，1個9kgの荷物がy個あるので，荷物全体の重さは，$15x+9y$ kgである。これが200kg以上だから，$15x+9y\geqq200$が成り立つ。

(オ)＜数の性質＞$\sqrt{\frac{540}{n}}=\sqrt{\frac{2^2\times3^3\times5}{n}}$となり，$n$が自然数だから，$\sqrt{\frac{540}{n}}$が自然数になるときの$\frac{540}{n}$の値は，1，$2^2$，$3^2$，$2^2\times3^2$が考えられる。このうち，自然数$n$が最も小さくなるのは，$\frac{540}{n}=2^2\times3^2$となるときだから，$\frac{2^2\times3^3\times5}{n}=2^2\times3^2$より，$n=3\times5$，$n=15$となる。

(カ)＜図形―角度＞右図で，点Aと点Cを結ぶ。$\overset{\frown}{EC}$，$\overset{\frown}{CD}$に対する円周角より，∠EAC＝∠EDC＝40°，∠CAD＝∠CED＝34°だから，∠FAD＝∠EAC＋∠CAD＝40°＋34°＝74°である。また，AD∥BCより錯角が等しいので，∠ACB＝∠CAD＝34°となり，$\overset{\frown}{AB}$に対する円周角だから，∠ADF＝∠ACB＝34°である。よって，△AFDで，∠AFD＝180°−∠FAD−∠ADF＝180°−74°−34°＝72°となる。

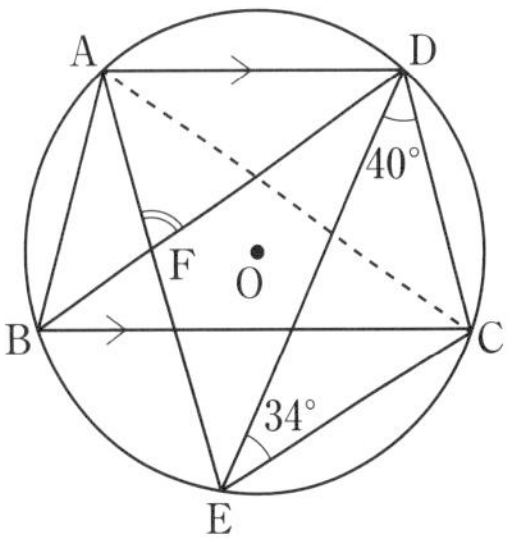

3 〔独立小問集合題〕

(ア)＜**図形—論証，長さ**＞(ⅰ)右図で，AF＝CA－CFであり，①よりAD＝CF，④よりAB＝CAだから，⑤は，AF＝CA－CF＝AB－ADとなる。CE＝BC－BEであり，①よりAD＝BE，④よりAB＝BCだから，⑥は，CE＝BC－BE＝AB－ADとなる。△ADFと△CFEにおいて，②のAD＝CF，③の∠DAF＝∠FCE，⑦のAF＝CEより，2組の辺とその間の角がそれぞれ等しいから，△ADF≡△CFEとなる。

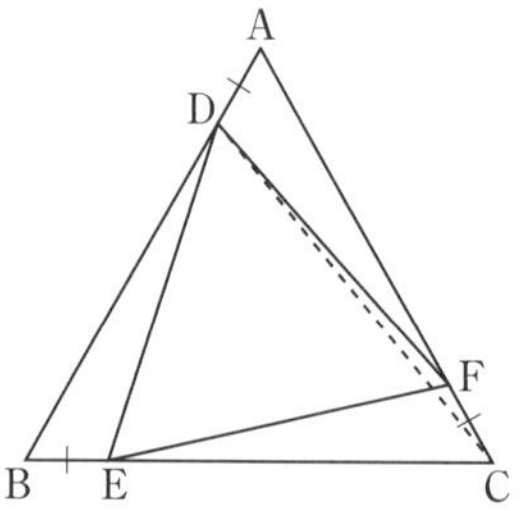

(ⅱ)右図で，AD＝BE＝CF＝x(cm)，△ABCの面積をS cm^{2}とし，点Dと点Cを結ぶ。CA＝AB＝18だから，AF＝CA－CF＝18－xとなる。△ADC，△ABCの底辺をそれぞれAD，ABと見ると，高さが等しいから，面積の比は底辺の比と等しくなり，△ADC：△ABC＝AD：AB＝x：18である。これより，△ADC＝$\frac{x}{18}$△ABC＝$\frac{x}{18}S$となる。同様にして，△ADF：△ADC＝AF：CA＝(18－x)：18だから，△ADF＝$\frac{18-x}{18}$△ADC＝$\frac{18-x}{18}\times\frac{x}{18}S=\frac{x(18-x)}{18^2}S$となる。また，△ABC：△DEF＝12：7だから，△DEF＝$\frac{7}{12}$△ABC＝$\frac{7}{12}S$となる。(ⅰ)より△ADF≡△CFEであり，同様にして，△BEDも合同だから，△ADF＝△BED＝△CFE＝(△ABC－△DEF)÷3＝$\left(S-\frac{7}{12}S\right)\div3=\frac{5}{36}S$となる。よって，△ADFの面積について，$\frac{x(18-x)}{18^2}S=\frac{5}{36}S$が成り立つ。両辺を$S$でわって解くと，$\frac{x(18-x)}{18^2}=\frac{5}{36}$，$x(18-x)=45$，$x^2-18x+45=0$，$(x-3)(x-15)=0$より，$x=3$，15となる。ここで，AD＜BDより，AD＜$\frac{1}{2}$ABであり，$\frac{1}{2}$AB＝$\frac{1}{2}\times18=9$だから，AD＜9，つまり$x<9$である。したがって，$x=3$(cm)となる。

(イ)＜**資料の活用**＞A中学校の各階級の度数は，階級が小さい方から順に，100×0.01＝1(人)，100×0.02＝2(人)，100×0.09＝9(人)，100×0.21＝21(人)，100×0.24＝24(人)，100×0.26＝26(人)，100×0.15＝15(人)，100×0.02＝2(人)となる。B中学校の各階級の度数は，階級が小さい方から順に，0人，150×0.04＝6(人)，150×0.12＝18(人)，150×0.22＝33(人)，150×0.24＝36(人)，150×0.18＝27(人)，150×0.16＝24(人)，150×0.04＝6(人)となる。A中学校の生徒は100人だから，中央値は記録を小さい順に並べたときの50番目と51番目の平均値となる。20m未満は1＋2＋9＋21＝33(人)，25m未満は33＋24＝57(人)より，50番目と51番目はともに20m以上25m未満の階級に含まれるから，中央値が含まれる階級は20m以上25m未満の階級である。B中学校の生徒は150人だから，中央値は記録を小さい順に並べたときの75番目と76番目の平均値となる。20m未満が0＋6＋18＋33＝57(人)，25m未満が57＋36＝93(人)より，75番目と76番目はともに20m以上25m未満の階級に含まれるから，中央値が含まれる階級は20m以上25m未満の階級である。よって，A中学校，B中学校の中央値は同じ階級に含まれるので，中央値が含まれる階級の階級値も同じになる(あ…正)。記録が20m未満の生徒の割合は，20m未満の各階級の相対度数の和を考えればよいから，A中学校が0.01＋0.02＋0.09＋0.21＝0.33，B中学校が0＋0.04＋0.12＋0.22＝0.38である。よって，B中学校の方が大きい(い…誤)。記録が20m以上25m未満の生徒の人数は，A中学校が24人，B中学校が36人だから，B中学校の方が多い(う…正)。A中学校は，記録が30m以上の生徒の人数が15＋2＝17(人)，25m以上30m未満の生徒の人数が26人であり，B中学校は，30m以上の生徒の人数が24＋6＝30(人)，25m以上30m未満の生徒の人数が27人だから，A中学校は25m以上30m未満の生徒の人数の方が多いが，B中学校は30m以上の生徒の人数の方が多い(え…誤)。

(ウ)**＜関数―時間，グラフ＞**(i)底面Pの方に水を入れて，底面Pから水面までの高さが板の高さの18cmになるとき，入っている水の体積は$30\times40\times18=21600$(cm^3)である。毎秒200cm^{3}の割合で水を入れるので，$21600\div200=108$より，底面Pから水面までの高さが板の高さになるのは，水を入れ始めてから108秒後である。よって，$a=108$(秒)後となる。

(ii)底面Pから水面までの高さが板の高さの18cmになった後，水は板を越えて底面Qの方に流れ込むので，底面Qから水面までの高さが18cmになるまでは，$y=18$で一定である。底面Qから水面までの高さが18cmになるとき，入っている水の体積は$30\times60\times18=32400$(cm^3)だから，$32400\div200=162$より，水を入れ始めてから162秒後である。(i)より，底面Pから水面までの高さが18cmになるのは水を入れ始めてから108秒後だから，$108\leqq x\leqq162$のとき，$y=18$である。また，水そうが完全に満たされるのは，底面Pから水面までの高さが36cmになるときだから，入っている水の体積は，$30\times60\times36=64800$(cm^3)である。$64800\div200=324$より，水を入れ始めてから324秒後だから，$x=324$のとき，$y=36$となる。このようになっているグラフは3のグラフである。

(エ)**＜連立方程式の応用＞**先週の大人の利用者数がx人，子どもの利用者数がy人で，今週は，大人が1割増加し，子どもが3割増加したから，大人の増加した人数は$x\times\frac{1}{10}=\frac{1}{10}x$(人)，子どもの増加した人数は$y\times\frac{3}{10}=\frac{3}{10}y$(人)である。増加した人数の合計が92人であることから，②は，$\frac{1}{10}x+\frac{3}{10}y=92$となる。$x+y=580$……①，$\frac{1}{10}x+\frac{3}{10}y=92$……②を連立方程式として解くと，②×10より，$x+3y=920$……②′　①－②′より，$y-3y=580-920$，$-2y=-340$　$\therefore y=170$　これを①に代入して，$x+170=580$　$\therefore x=410$　よって，先週の大人の利用者数は410人である。今週の大人の利用者数は，増加した人数が$\frac{1}{10}x=\frac{1}{10}\times410=41$(人)より，$410+41=451$(人)となる。

4　**〔関数―関数$y=ax^2$と直線〕**

(ア)**＜比例定数＞**右図で，点Aは関数$y=-x$のグラフ上にあり，x座標が-5だから，$y=-(-5)=5$より，A$(-5,\ 5)$である。関数$y=ax^2$のグラフが点Aを通るので，$x=-5$，$y=5$を代入して，$5=a\times(-5)^2$より，$a-\frac{1}{5}$となる。

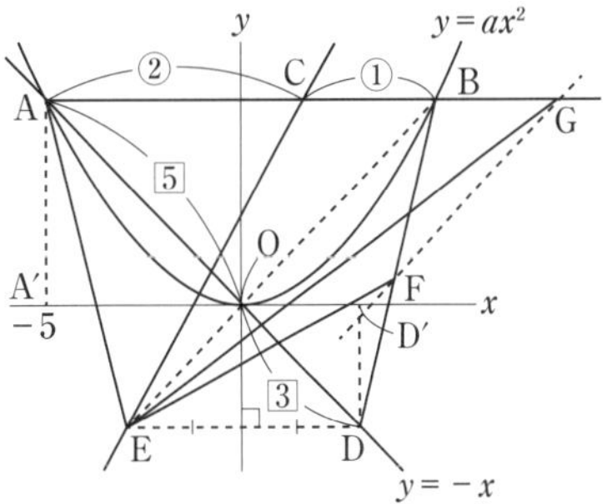

(イ)**＜傾き，切片＞**右図で，(ア)より，2点A，Bは関数$y=\frac{1}{5}x^2$のグラフ上にあって，ABはx軸に平行だから，2点A，Bはy軸について対称である。A$(-5,\ 5)$だから，B$(5,\ 5)$であり，AB$=5-(-5)=10$となる。AC：CB＝2：1より，AC$=\frac{2}{2+1}$AB$=\frac{2}{3}\times10=\frac{20}{3}$だから，点Cの$x$座標は$-5+\frac{20}{3}=\frac{5}{3}$となり，C$\left(\frac{5}{3},\ 5\right)$である。次に，2点A，Dから$x$軸に垂線AA′，DD′を引く。このとき，△OAA′∽△ODD′となるから，OA′：OD′＝AO：OD＝5：3となる。OA′＝5だから，OD′$=\frac{3}{5}$OA′$=\frac{3}{5}\times5=3$となり，点Dのx座標は3である。点Dは関数$y=-x$のグラフ上にあるから，$y=-3$となり，D$(3,\ -3)$である。2点D，Eはy軸について対称だから，E$(-3,\ -3)$となる。よって，直線CEの傾きmは，$m=\{5-(-3)\}\div\left\{\frac{5}{3}-(-3)\right\}=8\div\frac{14}{3}=\frac{12}{7}$となる。直線CEの式を$y=\frac{12}{7}x+n$とすると，点Eを通ることから，$-3=\frac{12}{7}\times(-3)+n$より，$n$

$=\dfrac{15}{7}$ となる。

(ウ)＜**座標**＞前ページの図で，線分 AB の点Bの方の延長上に，〔四角形 BCEF〕＝△GCE となる点G をとると，△AEC＝〔四角形 BCEF〕より，△AEC＝△GCE となるから，AC＝GC である。(イ)より，AC$=\dfrac{20}{3}$ だから，GC＝AC$=\dfrac{20}{3}$ となる。C$\left(\dfrac{5}{3},\ 5\right)$だから，点Gの x 座標は $\dfrac{5}{3}+\dfrac{20}{3}=\dfrac{25}{3}$ となり，G$\left(\dfrac{25}{3},\ 5\right)$である。また，点Bと点Eを結ぶと，〔四角形 BCEF〕＝△GCE より，△BCE＋△BEF ＝△BCE＋△GBE だから，△BEF＝△GBE である。これより，BE∥GF である。B(5, 5)，E(−3, −3)だから，直線 BE の傾きは $\dfrac{5-(-3)}{5-(-3)}=1$ であり，直線 GF の傾きも 1 である。直線 GF の式を $y=x+b$ とおくと，点Gを通ることから，$5=\dfrac{25}{3}+b$，$b=-\dfrac{10}{3}$ となり，直線 GF の式は $y=x-\dfrac{10}{3}$ である。次に，B(5, 5)，D(3, −3)より，直線 BD の傾きは $\dfrac{5-(-3)}{5-3}=4$ だから，その式は $y=4x+c$ とおける。点Bを通るから，$5=4\times5+c$，$c=-15$ となり，直線 BD の式は $y=4x-15$ である。点Fは直線 $y=x-\dfrac{10}{3}$ と直線 $y=4x-15$ の交点となるから，$x-\dfrac{10}{3}=4x-15$，$-3x=-\dfrac{35}{3}$，$x=\dfrac{35}{9}$ より，点Fの x 座標は $\dfrac{35}{9}$ となる。y 座標は $y=4\times\dfrac{35}{9}-15=\dfrac{5}{9}$ となるから，F$\left(\dfrac{35}{9},\ \dfrac{5}{9}\right)$である。

≪別解≫前ページの図で，△AEC の底辺を AC$=\dfrac{20}{3}$ と見ると，2点A，Eの y 座標より，高さは $5-(-3)=8$ となるから，△AEC$=\dfrac{1}{2}\times\dfrac{20}{3}\times8=\dfrac{80}{3}$ となり，〔四角形 BCEF〕＝△AEC$=\dfrac{80}{3}$ である。また，AC：CB＝2：1 より，△AEC：△BCE＝2：1 だから，△BCE$=\dfrac{1}{2}$△AEC$=\dfrac{1}{2}\times\dfrac{80}{3}=\dfrac{40}{3}$ となる。よって，△BEF＝〔四角形 BCEF〕−△BCE$=\dfrac{80}{3}-\dfrac{40}{3}=\dfrac{40}{3}$ である。2点D，Eの x 座標より DE$=3-(-3)=6$ だから，△BED は，底辺を DE と見ると高さは 8 であり，△BED$=\dfrac{1}{2}\times6\times8=24$ である。よって，△FED＝△BED−△BEF$=24-\dfrac{40}{3}=\dfrac{32}{3}$ となる。△FED の底辺を DE と見たときの高さを h とすると，$\dfrac{1}{2}\times6\times h=\dfrac{32}{3}$ が成り立ち，$h=\dfrac{32}{9}$ となる。したがって，点Dの y 座標が −3 より，点Fの y 座標は $-3+\dfrac{32}{9}=\dfrac{5}{9}$ となる。直線 BD の式は $y=4x-15$ であり，点Fはこの直線上にあるので，$\dfrac{5}{9}=4x-15$ より，$x=\dfrac{35}{9}$ となり，F$\left(\dfrac{35}{9},\ \dfrac{5}{9}\right)$である。

5 〔**確率—さいころ**〕

(ア)＜**確率**＞大，小2つのさいころを同時に1回投げるとき，それぞれ6通りの目の出方があるから，目の出方は全部で 6×6＝36(通り)あり，a，b の組も36通りある。箱Rに入っているカードが4枚となるので，b は，1，2，3，4，5，6 の中に少なくとも約数が4個ある数である。6以下の自然数で約数が4個以上ある数は，約数を1，2，3，6の4個持つ6のみだから，$b=6$ である。このとき，箱Qから箱Rに$\boxed{1}$，$\boxed{2}$，$\boxed{3}$，$\boxed{6}$の4枚のカードを入れることになる。はじめ箱Qには$\boxed{3}$，$\boxed{5}$，$\boxed{6}$のカードが入っているから，箱Pから$\boxed{1}$，$\boxed{2}$のカードを箱Qに入れることになる。よって，1＋2＝3 より，$a=3$ となる。したがって，36通りの a，b の組のうち，箱Rに入っているカードが

４枚となるのは$(a,\ b)=(3,\ 6)$の１通りだから，求める確率は$\dfrac{1}{36}$である。

(イ)＜**確率**＞$a=1$のとき，箱Ｐから$\boxed{1}$のカードを箱Ｑに入れるので，箱Ｑのカードは$\boxed{1}$，$\boxed{3}$，$\boxed{5}$，$\boxed{6}$となる。$b=1$とすると$\boxed{1}$の１枚，$b=2$とすると$\boxed{1}$の１枚，$b=3$とすると$\boxed{1}$，$\boxed{3}$の２枚，$b=4$とすると$\boxed{1}$の１枚，$b=5$とすると$\boxed{1}$，$\boxed{5}$の２枚，$b=6$とすると$\boxed{1}$，$\boxed{3}$，$\boxed{6}$の３枚を箱Ｒに入れるので，箱Ｒに入っているカードが１枚となるのは，$b=1$，２，４の３通りある。$a=2$のとき，箱Ｐから$\boxed{2}$のカードを箱Ｑに入れるので，箱Ｑのカードは$\boxed{2}$，$\boxed{3}$，$\boxed{5}$，$\boxed{6}$となる。$b=1$とすると０枚，$b=2$とすると$\boxed{2}$の１枚，$b=3$とすると$\boxed{3}$の１枚，$b=4$とすると$\boxed{2}$の１枚，$b=5$とすると$\boxed{5}$の１枚，$b=6$とすると$\boxed{2}$，$\boxed{3}$，$\boxed{6}$の３枚を箱Ｒに入れるので，箱Ｒに入っているカードが１枚となるのは，$b=2$，３，４，５の４通りある。$a=3$のとき，$3=1+2$より，箱Ｐから箱Ｑに$\boxed{1}$，$\boxed{2}$のカードを入れるので，箱Ｑのカードは$\boxed{1}$，$\boxed{2}$，$\boxed{3}$，$\boxed{5}$，$\boxed{6}$となる。$b=1$とすると$\boxed{1}$の１枚，$b=2$とすると$\boxed{1}$，$\boxed{2}$の２枚，$b=3$とすると$\boxed{1}$，$\boxed{3}$の２枚，$b=4$とすると$\boxed{1}$，$\boxed{2}$の２枚，$b=5$とすると$\boxed{1}$，$\boxed{5}$の２枚，$b=6$とすると$\boxed{1}$，$\boxed{2}$，$\boxed{3}$，$\boxed{6}$の４枚を箱Ｒに入れるので，箱Ｒに入っているカードが１枚となるのは，$b=1$の１通りある。以下同様に考えて，$a=4$のとき，箱Ｑのカードは$\boxed{3}$，$\boxed{4}$，$\boxed{5}$，$\boxed{6}$となるので，箱Ｒに入っているカードが１枚となるのは$b=3$，４，５の３通りあり，$a=5$のとき，箱Ｑのカードは$\boxed{1}$，$\boxed{3}$，$\boxed{4}$，$\boxed{5}$，$\boxed{6}$となるので，箱Ｒに入っているカードが１枚となるのは$b=1$，２の２通りあり，$a=6$のとき，箱Ｑのカードは$\boxed{2}$，$\boxed{3}$，$\boxed{4}$，$\boxed{5}$，$\boxed{6}$となるので，箱Ｒに入っているカードが１枚となるのは$b=2$，３，５の３通りある。以上より，36通りのa，bの組のうち，箱Ｒに入っているカードが１枚となるのは$3+4+1+3+2+3=16$(通り)だから，求める確率は$\dfrac{16}{36}=\dfrac{4}{9}$である。

6 〔空間図形―円錐〕

(ア)＜**体積**＞右図１で，点Ｃと点Ｏを結ぶと，線分COは底面の円Ｏに垂直になる。$OA=\dfrac{1}{2}AB=\dfrac{1}{2}\times6=3$だから，底面の円Ｏの面積は，$\pi\times3^2=9\pi$である。また，△COAで三平方の定理より，円錐の高さは$CO=\sqrt{AC^2-OA^2}=\sqrt{9^2-3^2}=\sqrt{72}=6\sqrt{2}$である。よって，円錐の体積は，$\dfrac{1}{3}\times9\pi\times6\sqrt{2}=18\sqrt{2}\pi$ (cm^3)となる。

図１

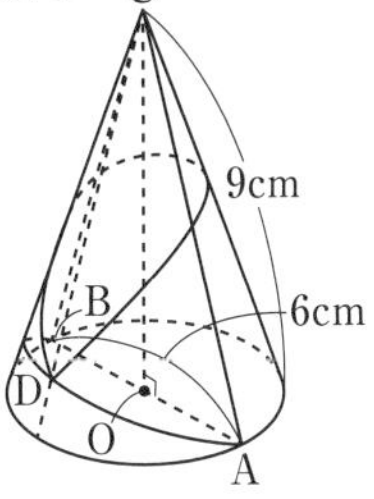

図２

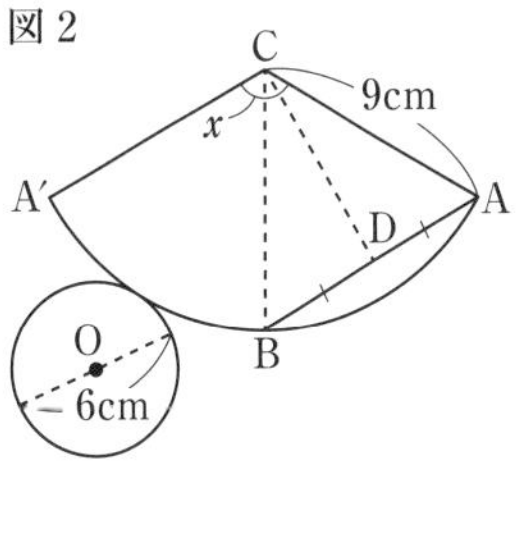

(イ)＜**面積**＞円錐を右上図２のように展開する。おうぎ形CAA′の$\overset{\frown}{AA'}$の長さと円Ｏの周の長さは等しいから，おうぎ形CAA′の中心角を$\angle ACA'=x$とすると，$2\pi\times9\times\dfrac{x}{360^\circ}=6\pi$が成り立ち，$\dfrac{x}{360^\circ}=\dfrac{1}{3}$となる。よって，おうぎ形CAA′の面積は，$\pi\times9^2\times\dfrac{x}{360^\circ}=\pi\times9^2\times\dfrac{1}{3}=27\pi$となる。(ア)より，底面の円Ｏの面積は$9\pi$cm^{2}だから，円錐の表面積は，$27\pi+9\pi=36\pi$ (cm^2)となる。

覚えておこう！

円錐の展開図において，

$\dfrac{x}{360^\circ}=\dfrac{r}{R}$

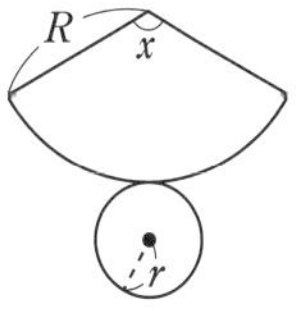

(ウ)＜**長さ**＞右上図１で，線分ABは円Ｏの直径だから，右上図２で，$\overset{\frown}{AB}=\overset{\frown}{A'B}$である。円錐の側面上に，点Ａから点Ｂまで最も短くなるように引いた線は線分ABとなる。また，(ア)より，$\dfrac{x}{360^\circ}=\dfrac{1}{3}$だから，$x=120^\circ$，つまり$\angle ACA'=120^\circ$となる。点Ｂと点Ｃを結ぶと，$\angle ACB=\dfrac{1}{2}\angle ACA'=\dfrac{1}{2}$

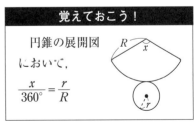

$\times 120^\circ = 60^\circ$ となり，AC = BC だから，△ABC は正三角形となる。点 D は線分 AB の中点だから，点 C と点 D を結ぶと，△ACD は 3 辺の比が $1:2:\sqrt{3}$ の直角三角形となり，$\mathrm{CD} = \frac{\sqrt{3}}{2}\mathrm{AC} = \frac{\sqrt{3}}{2} \times 9 = \frac{9\sqrt{3}}{2}$ である。次に，図 1 の円錐の側面を 2 点 C，D を通る母線で切り開いて展開すると，右図 3 のようになる。円錐の側面上に，点 D から線分 AC，線分 BC と交わるように点 D まで引いた線が最も短くなるとき，その線は線分 DD′ となる。図 2 で∠ACA′ = 120° より，図 3 で∠DCD′ = 120° である。△CDD′ は CD = CD′ の二等辺三角形だから，点 C から線分 DD′ に垂線 CH を引くと，点 H は線分 DD′ の中点となり，$\angle \mathrm{DCH} = \frac{1}{2}\angle \mathrm{DCD'} = \frac{1}{2} \times 120^\circ = 60^\circ$ となる。よって，△CDH は 3 辺の比が $1:2:\sqrt{3}$ の直角三角形だから，$\mathrm{DH} = \frac{\sqrt{3}}{2}\mathrm{CD} = \frac{\sqrt{3}}{2} \times \frac{9\sqrt{3}}{2} = \frac{27}{4}$ となり，求める線の長さは $\mathrm{DD'} = 2\mathrm{DH} = 2 \times \frac{27}{4} = \frac{27}{2}$ (cm) である。

図 3

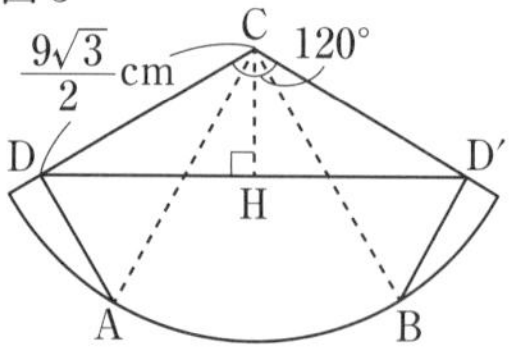

≪別解≫図 2 の側面のおうぎ形を，右図 4 のように 2 つ並べると，点 D から引いた線は線分 DD′ となる。△CBA，△CAB′，△CB′A″ は正三角形だから，3 点 B，C，A″ は同一直線上にあり，BA″ // AB′ となる。また，線分 DD′ と辺 CA，CB′ との交点をそれぞれ E，F とすると，BD : DA = A″D′ : D′B′ = 1 : 1 より，BA″ // DD′ // AB′ となるから，CE : EA = CF : FB′ = BD : DA = 1 : 1 となる。よって，△CBA，△CAB′，△CB′A″ で中点連結定理より，$\mathrm{DE} = \frac{1}{2}\mathrm{BC}$，$\mathrm{EF} = \frac{1}{2}\mathrm{AB'}$，$\mathrm{FD'} = \frac{1}{2}\mathrm{CA''}$ となり，BC = AB′ = CA″ = 9 より，$\mathrm{DD'} = \mathrm{DE} + \mathrm{EF} + \mathrm{FD'} = \frac{1}{2} \times 9 + \frac{1}{2} \times 9 + \frac{1}{2} \times 9 = \frac{27}{2}$ (cm) である。

図 4

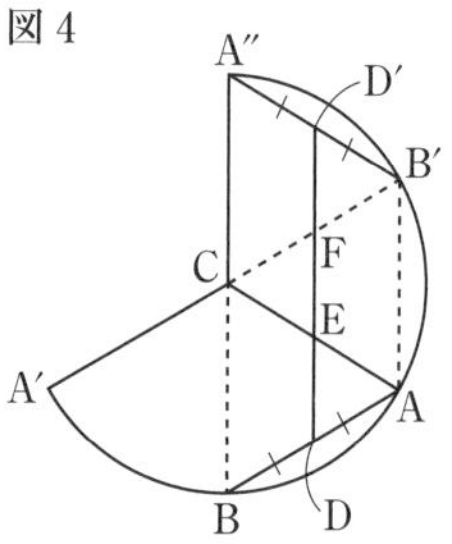

＝読者へのメッセージ＝

関数 $y = ax^2$ のグラフは放物線です。放物線は，英語でパラボラ (parabola) といいます。パラボラアンテナは放物線の形を利用してつくられています。

2021年度／神奈川県公立高等学校

社会解答

1 (ア) 3　(イ) 2　(ウ) 1
(エ) 大西洋　(オ) 4

2 (ア) 3　(イ) 2　(ウ) カルデラ
(エ) 1　(オ) 4

3 (ア) 2　(イ) 3　(ウ) 1　(エ) 6
(オ) 4

4 (ア) 1　(イ) 2　(ウ) 4
(エ) (i)…満州　(ii)…3

5 (ア) 節分　(イ) い…B　う…アイヌ
(ウ) 4　(エ) 2

6 (ア) 2　(イ) (i)…3　(ii)…3
(ウ) 4　(エ) 1

7 (ア) 3　(イ) 4　(ウ) 1
(エ) (i) (例)内閣から独立　(ii)…A

1 〔世界地理—世界の姿と諸地域〕

(ア)<**経度差と時差**>地球は1日(24時間)で360度自転するため，360÷24＝15より，経度15度ごとに1時間の時差が生じる。略地図中のカムチャッカとメキシコ，ニューヨークとローマはそれぞれ経度の差が大きいため，時差も大きくなり，詩の内容にあるようにカムチャッカが夜のときにメキシコは朝，ニューヨークが夜のときにローマは朝といった状況が生まれる。世界で最も時刻が進んでいる場所(日付変更線のすぐ西側)と最も遅れている場所(日付変更線のすぐ東側)の時差はほぼ24時間となり，「この地球ではいつもどこかで朝がはじまっている」ことになる。

(イ)<**キリスト教**>ヨーロッパや南北アメリカでは，主にキリスト教が信仰されている。キリスト教徒は，日曜日に教会で礼拝したり，食事の前に祈りをささげたりする習慣を持つ。なお，説明文のaはイスラム教についての説明である。

(ウ)<**ロシア**>ロシアは，世界最大の国土面積を持つ国である。また，原油や天然ガスなどの鉱産資源が豊富で，陸続きのヨーロッパの国々へはパイプラインを通じて輸出している。なお，b，dは中国についての説明である。

(エ)<**大西洋**>三大洋(太平洋，大西洋，インド洋)の1つである大西洋は，北アメリカ大陸と南アメリカ大陸の東側，ユーラシア大陸とアフリカ大陸の西側に位置する。

(オ)<**資料の読み取り**>(2018年の生産量)÷(2008年の生産量)を計算すると，アメリカ合衆国が約1.3，中華人民共和国が約1.6，ブラジルが約1.4，アルゼンチンが約2.0となり，アルゼンチンが最も高い(X…誤)。4か国のうち，首都が南半球にある国はブラジルとアルゼンチンであり，どちらも9月の収穫は盛んではない(Y…誤)。

2 〔日本地理—地形図，日本の諸地域〕

(ア)<**北海道の自然と歴史**>あ．泥炭地とは，枯れた植物が十分に分解されずに炭化して積もった酸性の湿地である。泥炭地が広がっていた石狩平野では，他の土地から土壌を運び込む客土によって土地改良を進め，排水設備を整備するなどして農業を行ってきた。現在の石狩平野は，日本有数の稲作地域となっている。なお，シラス台地は，火山噴出物が積もってできた九州南部の台地である。い．屯田兵は，明治時代に北海道の開拓と防備にあたった兵士である。明治政府は，開拓事業を進めるための行政機関である開拓使を設置し，全国の士族などから屯田兵を募集して移住させた。屯田兵は，ふだんは農業に従事しながら，非常時に備えて軍事訓練を行った。なお，防人は古代の律令制度のもとで九州北部の警備についた兵士である。

(イ)<**地形図の読み取り**>特にことわりのないかぎり，地形図では上が北となる。地形図2には，地形図1にはなかった大きな道路が南西から北東にかけて延びており，河川を横断する「千歳川大橋」も見られる(X…正)。地形図1の河川は大きく蛇行しているが，地形図2の河川は地形図1よりも直線的に流れており，かつて蛇行していた部分が川の東側に沼として残っている(Y…誤)。

(ウ)＜**カルデラ**＞火山の爆発や噴火による陥没などによってできた円形のくぼ地をカルデラという。阿蘇山(熊本県)のカルデラが世界最大級のものとして知られているが，他にも北海道や九州には多くのカルデラがある。

(エ)＜**日本の気候と雨温図の読み取り**＞う．aのグラフでは，6～9月の月ごとの降水量は全て150mmを上回っている。　　え，お．台風の時期はおよそ夏から秋(8～9月頃)，梅雨の時期はおよそ初夏(6～7月頃)であり，aのグラフではどちらの時期の降水量も多いことから，梅雨のない札幌市(北海道地方)ではなく，福岡市(九州地方)の降水量を表したものと判断できる。

(オ)＜**資料の読み取り**＞7347億÷32589億×100を計算すると，「地方別合計」の総額に占める北海道の割合は約22.5%となり，5割に満たない(1…×)。8999億÷32589億×100を計算すると，「品目別合計」の総額に占める鶏の割合は約27.6%となり，5割に満たない(2…×)。北海道における畜産の品目の中で最も産出額が大きいのは乳用牛である(3…×)。

3〔**歴史—古代～近世の日本と東アジア**〕

(ア)＜**平安時代と鎌倉時代の文化**＞あ．『源氏物語』は，平安時代に紫式部によって書かれた長編の物語である。なお，清少納言は同じ時期に随筆『枕草子』を書いた人物である。　　い．鎌倉時代に再建された東大寺南大門には，運慶や快慶らが制作した金剛力士像が置かれている。なお，極楽浄土へ生まれ変わることを願う浄土信仰が盛んになり，阿弥陀如来像やそれを安置する阿弥陀堂が多くつくられたのは平安時代である。

(イ)＜**弥生時代の様子**＞「後漢書」東夷伝の記述によると，倭(日本)の奴国の王が漢(後漢)に使いを送り，皇帝から金印を与えられたのは1世紀のことである。この時期の日本は弥生時代であり，稲作が西日本から東日本へ広まり，ムラや小国どうしの争いが起こるようになった。なお，1は旧石器時代，2は縄文時代，4は飛鳥時代から奈良時代を中心とする時期の様子である。

(ウ)＜**系図の読み取りと摂関政治**＞系図からは，後一条天皇と後朱雀天皇は，どちらも一条天皇と彰子の子であり，兄弟であることが読み取れる。また，平安時代，藤原氏は娘を天皇のきさきとし，その子を次の天皇に立てるという方法で勢力を伸ばした。やがて，天皇が幼いときには摂政，天皇が成人すると関白となって実権を握る摂関政治を行い，朝廷の高い官職を一族で独占した。4人の娘を天皇のきさきとした藤原道長と，その子の頼通が政治を行った11世紀前半～半ばは，摂関政治の全盛期である。なお，bは，11世紀末から始まった院政についての説明である。

(エ)＜**年代整序**＞年代の古い順に，Ⅲ(12世紀，源平の争乱)，Ⅱ(14世紀，南北朝の争乱)，Ⅰ(15世紀，応仁の乱)となる。

(オ)＜**江戸時代の文化と社会**＞歌川広重の浮世絵「東海道五十三次」は，江戸時代の19世紀初めに栄えた化政文化の代表的な作品である。五街道をはじめとする道路が整備された江戸時代には，人や物の行き来が盛んになり，やがて庶民も寺社参詣や観光などの旅を楽しむようになった。なお，1は律令制度が整った飛鳥時代から奈良時代を中心とする時期，2は明治時代，3は室町時代に関する調査についての説明である。

4〔**歴史—近代～現代の日本と世界**〕

(ア)＜**伊藤博文**＞1885年に内閣制度が創設され，伊藤博文が初代内閣総理大臣に就任した。また，伊藤はヨーロッパに留学してドイツやオーストリアなどの憲法を研究調査し，帰国後はこれらの憲法を参考に，大日本帝国憲法の草案を中心となってまとめた。なお，西郷隆盛は征韓論を主張して政府を去った後に西南戦争を起こした人物，板垣退助は自由民権運動の中心となり後に自由党を結成した人物，大隈重信は自由党と同時期に立憲改進党を結成した人物である。

(イ)＜**大正時代の生活**＞表中のAの期間は，1890～1923年を示している。米騒動が起こり原敬内閣が成立したのは1918年のことであり，野口英世がエクアドルで黄熱病の研究を行ったのも同じ時期である。なお，日本でテレビ放送が始まったのは1953年，日米安全保障条約の改定を巡る反対運動(安保闘争)が起こったのは1960年のことである。

(ウ)＜**年代整序**＞表中のBの期間は，1923～64年を示している。年代の古い順に，Ⅱ(1936年，二・二六事件)，Ⅲ(1945年，日本の敗戦)，Ⅰ(1951年，サンフランシスコ平和条約)となる。

(エ)＜**満州国，近代の世界の出来事**＞(i)「満州」は，中国の東北部にあたる地域である。1931年，日本の関東軍は，奉天郊外の柳条湖で南満州鉄道の線路を爆破し(柳条湖事件)，これを中国軍の行動であるとして軍事行動を開始した。この満州事変によって満州の大部分を占領した関東軍は，翌年「満州国」の建国を宣言し，清の最後の皇帝であった溥儀を元首とした。　(ii)日清戦争が始まったのは1894年，世界恐慌が始まったのは1929年である(X…×，Y…○)。また，五・四運動が起こったのは1919年であり，その年までに中国からの入国者数は１万人を超えている(a…○)。日中戦争が始まったのは1937年であり，アメリカ合衆国からの入国者数は1938年から1939年にかけて増加している(b…×)。

5〔**公民―総合**〕

(ア)＜**節分**＞節分は，現在では立春の前日を指し，毎年２月３日前後にあたる。節分に行われる豆まきは年中行事の１つで，季節の変わり目に災厄や邪気をはらう意味がある。

(イ)＜**法の下の平等に関する法律**＞い．1985(昭和60)年に制定された男女雇用機会均等法は，雇用における性別による差別をなくすための法律であり，採用や昇進，賃金などでの差別を禁じている。労働者を募集・採用するにあたっては，男女のいずれかのみを対象としたり，性別によって選考基準を変えたりすることを禁止し，性別に偏りなく均等な機会を与えることを義務づけている。なお，Aは，1999年に制定された男女が対等な立場で個性や能力を発揮しながら活動できる社会を目指す男女共同参画社会基本法の内容である。　う．アイヌの人々は，北海道や樺太，千島列島などに古くから暮らしていた先住民族である。明治時代以降，日本への同化政策によってアイヌ固有の生活や文化の維持は困難となり，アイヌの人々への差別も強まった。昭和時代の終わり頃からアイヌの伝統の尊重を求める動きが広がり，1997(平成９)年にアイヌ文化振興法が制定された。その後，2019年には「アイヌの人々の誇りが尊重される社会を実現するための施策の推進に関する法律(アイヌ民族支援法)」が制定され，アイヌ文化振興法は廃止された。

(ウ)＜**地方財政と資料の読み取り**＞表中で自主財源に該当するのは地方税であり，東京都の財政収入の総額に占める地方税の割合は約７割(69.4%)である(１…×)。日本全体の地方公共団体の財政収入の総額は101兆3453億円である(２…×)。地方公共団体の間の財政格差を抑えるための資金に該当するのは地方交付税であり，東京都には配分されていない(３…×)。

(エ)＜**市場と独占**＞企業が協定によって価格を一定の水準以上に維持する行為は，「公正かつ自由な競争」を妨げており，独占禁止法の目的に反している(X…正)。市場メカニズムが正しく機能している場合，「消費者は，ニーズに合った商品を選択することができ，事業者間の競争によって，消費者の利益が確保される」とある(Y…誤)。

6〔**公民―総合**〕

(ア)＜**効率と公正**＞「効率」は，お金や物，労力などが無駄なく使われているかという観点である。「公正」は，決定の手続きや過程，結果などが，一部の人にとって不当なものになっていないかという観点である。したがって，２が「効率」の考え方，１，３，４が「公正」の考え方となる。

(イ)＜**日本国憲法と基本的人権**＞(i)日本国憲法の改正手続きについては，第96条で定められている(X

…誤)。日本国憲法第25条で，全ての国民が「健康で文化的な最低限度の生活を営む権利」を有することを定め，生存権を保障している(Y…正)。　(ii)「事例」の内容は，新規に薬局を開設する場合に既存の薬局から一定以上の距離をとらなければならないという法律の規定について，最高裁判所が違憲判決を下したものである。この規定は，自由に職業を選んで営業する職業選択の自由に反していると考えられる。

(ウ)**＜国会と選挙＞**予算に基づいて政策を実施するのは内閣の役割である(a…×)。かつては性別や納税額によって選挙権が制限されていたが，現在は満18歳以上の全ての男女に選挙権が認められている(c…×)。

(エ)**＜資料の読み取りと地方自治＞**資料の第16条では，「自転車利用者」が自転車損害賠償責任保険等に加入しなければならないことを定めているが，「当該自転車利用者以外の者が，当該利用に係る自転車損害賠償責任保険等に加入している」場合には，「自転車利用者」本人が加入する必要はないとしている。つまり，「当該自転車利用者以外の者が，当該利用に係る自転車損害賠償責任保険等に加入していない」場合には，「自転車利用者」本人が加入しなければならない(Y…×)。直接請求権の１つである条例の制定・改廃請求は，内閣総理大臣ではなくその地方公共団体の首長に対して行う(b…×)。

7　**〔三分野総合—滋賀県を題材とする問題〕**

(ア)**＜地形図の読み取り＞**特にことわりのないかぎり，地形図では上が北となるので，「湖西線」はほぼ南北方向に設けられている(X…誤)。この地形図の縮尺は２万５千分の１であることから，等高線は10mごとに引かれている。「八王子山」の山頂付近にある神社(⛩)は，標高340〜350m付近に位置している(Y…正)。

(イ)**＜琵琶湖＞**滋賀県にある琵琶湖は，日本最大の湖である。大津市は，琵琶湖の南西端に近い場所に位置する。なお，霞ヶ浦は茨城県にある湖である。また，滋賀県は内陸県であり，日本海や大阪湾には面していない。

(ウ)**＜室町時代＞**資料２中の「正長元年」「徳政」「酒屋や土倉」「民衆の蜂起」などの語句や，借金の証明書を破棄するという行動などから，室町時代の土一揆に関する内容だと判断する。資料２は，土一揆が起こったときの様子を記した記録である。室町時代は，大きな時代区分では中世に含まれる(X…○)。室町時代には，馬を用いて荷物を運搬した馬借と呼ばれる運送業者が活躍した(a…○)。なお，bの株仲間は江戸時代の同業者組織である(b…×)。

(エ)**＜司法権の独立＞**(i)公正で中立な裁判を行うため，裁判所は国会や内閣から独立を保ち，これらから干渉を受けることはない。この原則を，司法権の独立という。　(ii)司法権の独立を保つため，裁判官は在任中の身分が保障されており，心身の故障や国会議員による弾劾裁判，最高裁判所の裁判官に対する国民審査による場合を除いて，罷免されることはない(A…○)。国民審査は，裁判官を選出する制度ではなく，最高裁判所の裁判官の任命が適切であるかどうかについて国民が判断する制度である。

理科解答

1 (ア) 3　(イ) 3　(ウ) 1

2 (ア) 4　(イ) 5　(ウ) 2

3 (ア) 5　(イ) 3　(ウ) 4

4 (ア) 4　(イ) 1　(ウ) 2

5 (ア) 4　(イ) X…90　Y…1

(ウ) 3

(エ) あ…2

い…(例)合力とつり合っている

6 (ア) 5　(イ) 1

(ウ) (i)…2　(ii)…3

(エ) あ…3　い…2

7 (ア) 4　(イ) 3　(ウ) 1

(エ) (i)…1　(ii)…4

8 (ア) 4　(イ) 6　(ウ) 2　(エ) 5

1 〔小問集合〕

(ア)＜**陰極線**＞蛍光板を光らせる粒子は電子で，真空放電管の内部で－極から＋極に向かって流れている。また，電子は－の電気を帯びているので，電極板X，Yをそれぞれ電源につなぐと，電子の流れである陰極線(電子線)は＋極である電極板Xの側に曲がる。

(イ)＜**回路と電力**＞〔電力(W)〕＝〔電圧(V)〕×〔電流(A)〕より，電圧が同じとき，電力は電流が大きいほど大きくなる。つまり，電力の大きさの関係は，回路を流れる電流の大きさの関係に等しい。回路Bは抵抗が同じ2つの電熱線が直列につながれているので，回路全体の抵抗は各部分の抵抗の和になり，回路Aの抵抗より大きくなる。抵抗は電流の流れにくさを表すので，回路全体に流れる電流の大きさは，回路Aより小さくなる。また，回路Cは2つの電熱線が並列につながれているので，回路全体の抵抗は回路Aの抵抗より小さくなるため，回路全体に流れる電流の大きさは大きくなる。したがって，回路全体に流れる電流の大きさの関係は，回路B＜回路A＜回路Cとなるので，電力の大きさの関係は，b＜a＜cである。

(ウ)＜**凸レンズと像**＞物体と同じ大きさの実像ができるのは，物体を凸レンズの焦点距離の2倍の位置に置いたときである。よって，図の凸レンズの焦点距離は，20÷2＝10(cm)である。また，焦点距離が15cmの凸レンズで，物体と凸レンズとの距離を20cmにすると，物体は，焦点の位置と焦点距離の2倍の15×2＝30(cm)の位置の間に置かれている。このとき，実像は焦点距離の2倍の位置より遠くにできるので，凸レンズとスクリーンの距離は20cmより長くなる。

2 〔小問集合〕

(ア)＜**状態変化と粒子**＞熱湯をかけると，袋の中のエタノールは液体から気体に状態変化する。このとき，エタノールの粒子の数は変化しないが，粒子の運動が激しくなり，粒子どうしの間隔が大きくなるので体積が大きくなる。

(イ)＜**化学反応のモデル**＞化学変化の前後で，原子の種類と数は変化しない。また，酸化銀(Ag_2O)を加熱すると，銀(Ag)と酸素(O_2)に分解する。この化学変化を，カードを用いて表すと，まず，酸素は原子が2個結びついた分子として存在するので，矢印の右側に酸素原子のカードを2枚加える。次に，矢印の左側にも酸素原子のカードが2枚になるようにするには，酸化銀がもう1個必要なので，銀原子のカードを2枚，酸素原子のカードを1枚加える。このとき，矢印の左側で銀原子のカードの数は4枚になるので，右側も銀原子のカードが4枚になるように3枚加える。よって，銀原子のカードが2＋3＝5(枚)と，酸素原子のカードが2＋1＝3(枚)必要である。

(ウ)＜**電池**＞電圧計は，＋端子を電源装置の＋極側に，－端子を－極側にそれぞれつないだとき，針が右にふれる。よって，図で，電圧計の針が右にふれたことから，＋端子につないだ金属板①が＋極，－端子につないだ金属板②が－極なので，電流は導線中を金属板①から金属板②の向きに流れている。電子の流れる向きは，電流の流れる向きと逆なので，電子は導線中を金属板②から金属板①の向きに流れている。また，金属板①には電子が移動するので，金属板①の表面ではうすい塩酸中の水素イオンが電子を受け取り，水素が発生する。なお，－極の金属板②では，金属原子が電子を放出して金属イオンとなって水溶液中に溶け出している。

3〔**小問集合**〕

(ア)**＜顕微鏡の使い方＞**顕微鏡で観察を始めるときは，対物レンズを最も低倍率のものにする。これは，低倍率の方が見える範囲が広いので，観察したいものを見つけやすいからである。また，ピントは接眼レンズをのぞきながら，対物レンズとプレパラートの距離を離しながら合わせる。これは，対物レンズとプレパラートがぶつかるのを防ぐためである。よって，適しているのはAとCである。なお，プレパラートと対物レンズを近づけるときは，ぶつからないように横から見ながら行う。

(イ)**＜植物の種類＞**種子植物であるエンドウもシダ植物であるイヌワラビも維管束がある。よって，bの茎とeの茎(地下茎)はどちらも維管束を持つ。なお，aはやくで，花粉をつくる所で，dとfは胞子のうで，胞子をつくる所である。また，cは根で，水を吸収する所だが，gは仮根で，からだを土や岩に固定する役割がある。

(ウ)**＜心臓のつくり＞**図1の心臓の4つの部屋は，上の2つが心房，下の2つが心室である。心室と血管の間の弁は，図2の②のように，心室が広がり，心房から血液が流れ込むときは閉じていて，③のように，心室が縮み，肺や全身へ血液が送り出されるときは開いている。なお，左心房には肺から戻った血液が流れ込み，全身から戻った血液が流れ込むのは右心房である。また，左心室からは酸素を多く含む血液が全身へ流れ出すが，右心室からは二酸化炭素を多く含む血液が肺へ流れ出す。心房と心室の間にある弁は，図2の①のように，心房が広がり，全身や肺から戻った血液が流れ込むときは閉じていて，②のように，心房が縮み，心室へ血液を送り出すときは開いている。

4〔**小問集合**〕

(ア)**＜地震＞**小さなゆれ(初期微動)を観測してから大きなゆれ(主要動)を観測するまでの時間を初期微動継続時間といい，震源から遠くなるほど長くなる。これは，初期微動を起こすP波の方が，主要動を起こすS波よりも速く伝わるため，震源から遠くなるほどP波とS波の到着時刻の差が大きくなるためである。なお，マグニチュードの値が1大きくなると，放出されるエネルギーは約32倍になり，値が2大きくなると1000倍になる。現在，日本における震度は0から7まで，10段階に分けられている。また，地震が起こると，初期微動を伝えるP波と主要動を伝えるS波は震源で同時に発生する。

(イ)**＜火成岩＞**深成岩はマグマが地下深くで長い時間をかけて冷えて固まってできるため，そのつくりは大きな鉱物が集まった等粒状組織になる。また，白っぽい色の鉱物を多く含む深成岩は花こう岩で，はんれい岩は黒っぽい色の鉱物を多く含む深成岩である。なお，火山岩のつくりは，小さな粒の集まり(石基)の中に，比較的大きな鉱物の結晶(斑晶)が散らばっている斑状組織である。

(ウ)**＜太陽の動き＞**棒の影は太陽と反対側にでき，太陽の高度が高いほど影の長さは短くなる。夏至の日には，太陽は真東より北寄りから昇り，真西より北寄りに沈むので，棒の影は，朝にはCにでき，夕方にはDにできる。なお，春分の日には，太陽は真東から昇り，南の空を通って真西に沈むので，棒の影はAからBに移動する。また，棒の影の長さが，昼の12時に最も長くなるのは，太陽の南中高度が最も低い冬至の日で，午前8時に最も短くなるのは，太陽の高度が最も高い夏至の日である。

5〔**運動とエネルギー**〕

(ア)**＜台車の運動＞**図2で，5打点ごとのテープの長さがしだいに長くなっていることから，台車が一定時間に移動する距離は大きくなっている。よって，台車は速さが増す運動をしていた。

(イ)**＜台車の運動＞**1秒間に50打点する記録タイマーを使っているので，5打点するのにかかる時間は，1÷50×5＝0.1(秒)である。よって，図2の④のテープの長さは9.0cmだから，このときの平均の速さは9.0÷0.1＝90(cm/s)となる。一方，①から⑦までのテープの長さの合計は，3.0＋5.0＋7.0＋9.0＋11.0＋12.8＋13.2＝61.0(cm)で，かかった時間は，0.1×7＝0.7(秒)である。よって，平均の速さは，61.0÷0.7＝87.1…より，約87cm/sなので，④のテープの速さの方が速い。

(ウ)**＜台車の運動＞**図1で，おもりがいすにつくまで，糸が台車を引く力は，おもりにはたらく重力に等しい。つまり，台車には一定の大きさの力がはたらき続けるので，台車の速さは一定の割合で増加する。一方，おもりがいすにつくと，台車には糸が引く力がはたらかなくなるので，台車の速さは増加しなくなり，一定となる。よって，おもりがいすにつく瞬間の台車の運動が記録されているのは，図２で，テープの長さの増加量が2.0cmより小さくなった⑥のテープと考えられる。

(エ)**＜運動と力＞**台車が静止しているときは，台車にはたらく重力，垂直抗力，糸が台車を引く力の３つの力がつり合っている。おもりを手で下向きに一瞬引くと，糸が台車を引く力だけが一瞬大きくなるので，台車は上向きに運動を始める。すぐに手をはなすと，３つの力は，再びつり合った状態になるので，台車は慣性によって速さが一定の運動を続ける。このとき，糸が台車を引く力は，重力と垂直抗力の合力とつり合っている。

6　〔身の回りの物質〕

(ア)**＜溶解度＞**実験１より，物質Ａは，30℃の水100gに20g加えると一部が溶け残ったことから，グラフで，30℃における溶解度が20gより小さいホウ酸である。また，実験２より，物質Ｄは30℃の水100gに，20＋30＝50(g)が全て溶けたことから，30℃における溶解度が50gより大きいショ糖である。

(イ)**＜溶解度＞**(ア)より，物質Ｂと物質Ｃは硝酸カリウムか塩化ナトリウムである。また，実験１，実験２より，水100gに加えた物質の量は50gである。この水溶液を60℃まで加熱すると，グラフより，60℃における溶解度が50gより大きい硝酸カリウムは全て溶けるが，50gより小さい塩化ナトリウムは一部が溶け残るので，物質Ｂと物質Ｃを区別することができる。なお，10℃まで冷却するとどちらも溶け残りがあるため，区別できない。また，30℃の水を100g加えると水は200gになり，これは，200÷２＝100(g)の水に，物質を50÷２＝25(g)加えたことと同じになる。硝酸カリウムも塩化ナトリウムも30℃における溶解度は25gより大きく，どちらも全て溶けるので，区別できない。水を200g加えても同様で，どちらも全て溶けるので，区別できない。

(ウ)**＜結晶，濃度＞**(i)塩化ナトリウムの結晶は，２のような立方体である。なお，１はミョウバン，３は硝酸カリウムの結晶である。　(ii)質量パーセント濃度は，水溶液の質量に対する溶質の質量の割合である。また，飽和水溶液は物質がそれ以上溶けなくなるまで溶けた水溶液だから，塩化ナトリウムは溶解度まで溶けている。水が蒸発すると，溶けきれなくなった物質は結晶として出てくるので，塩化ナトリウムが溶解度まで溶けていることは変わらない。つまり，濃度は変わらない。

(エ)**＜濃度＞**グラフより，硝酸カリウムの溶解度は，30℃では約45g，10℃では約22gである。よって，30℃の水100gに硝酸カリウム30gは全て溶けるが，10℃まで冷却すると，一部が結晶として出てきて，水溶液中に溶けている質量は22gとなる。そのため，10℃のときの濃度は，〔質量パーセント濃度(%)〕＝ $\dfrac{〔溶質の質量(\mathrm{g})〕}{〔溶媒の質量(\mathrm{g})〕+〔溶質の質量(\mathrm{g})〕}\times 100$ より，$\dfrac{22}{100+22}\times 100=18.0\cdots$ となり，約18%である。また，冷却する前後で，同じ量の水に溶けている硝酸カリウムの質量は減少するので，冷却した後の濃度は冷却する前に比べて小さくなる。

7　〔植物の生活と種類，生命の連続性〕

(ア)**＜植物の分類＞**アサガオは種子植物で，被子植物の双子葉類だから，子葉は２枚，根は主根と側根からなる。また，アサガオの花弁は１つにくっついているので合弁花である。なお，根のつくりがひげ根なのは，単子葉類である。

(イ)**＜遺伝の規則性＞**卵細胞は減数分裂によってつくられるので，染色体の数は体細胞(30本)の半分の15本になる。また，卵細胞などの生殖細胞ができるとき，対になっている遺伝子はそれぞれ別の生殖細胞に入る(分離の法則)。よって，遺伝子の組み合わせがABである個体がつくる卵細胞のうち，Ａを持つものとＢを持つものの数の比は１：１となる。

(ウ)**＜遺伝の規則性＞**遺伝子の組み合わせは，葉の色が緑色の純系がCC，黄緑色の純系がDDである。緑色の純系がつくる生殖細胞の遺伝子はＣのみ，黄緑色の純系がつくる生殖細胞の遺伝子はＤのみだから，かけ合わせてできる種子の遺伝子の組み合わせは全てCDになる。できた種子には優性形質(顕性形質)が現れるので，わかったことの４より，種子から育てたアサガオの葉の色が全て緑色になったことから，遺伝子Ｃによる形質は遺伝子Ｄによる形質に対して優性である。

(エ)＜**遺伝の規則性**＞(i)対立形質を持つ純系どうしをかけ合わせると，子の代には優性形質だけが現れ，孫の代には，優性形質と劣性形質(潜性形質)が３：１の比で現れる。また，わかったことの１より，アサガオは自然の状態で自家受粉する。よって，表の株Ｚで，昨年栽培した並葉の株から採取した種子を今年栽培した結果，並葉と丸葉の数の比が３：１になったことから，並葉が優性形質で，丸葉が劣性形質であることがわかる。なお，アサガオの「葉の形」を並葉にする遺伝子をＲ，丸葉にする遺伝子をｒとすると，並葉の純系の遺伝子の組み合わせはRR，丸葉の純系の遺伝子の組み合わせはrrになる。並葉の純系と丸葉の純系がつくる生殖細胞の遺伝子は，それぞれＲとｒだから，かけ合わせてできる子の遺伝子の組み合わせは全てRrになる。さらに，Rrがつくる生殖細胞の遺伝子はＲまたはｒだから，孫の遺伝子の組み合わせと数の比は，右表１のように，RR：Rr：rr＝１：２：１となる。ここで，Ｒはｒに対して優性だから，Ｒを持つRRとRrは並葉に，Ｒを持たないrrは丸葉になり，並葉：丸葉＝３：１になる。　(ii)(i)より，遺伝子の組み合わせは，並葉がRRとRr，丸葉はrrである。自家受粉するとき，RRでは，Ｒを持つ生殖細胞のみがつくられるから子は全てRRになり，rrでは，ｒを持つ生殖細胞のみがつくられるから子は全てrrになる。Rrでは，(i)より子は並葉：丸葉＝３：１になる。よって，遺伝子の組み合わせは，株Ｗと株Ｙはrr，株ＸはRR，株ＺはRrである。これより，４では，rrとRrをかけ合わせるので，右表２より，子はRr：rr＝２：２＝１：１となり，並葉：丸葉＝１：１となる。したがって，最も適するのは４である。なお，１では，rrとRRをかけ合わせるので，子は全てRrとなり，全て並葉となる。２では，rrとrrをかけ合わせるので，子は全てrrとなり，全て丸葉となる。３では，RRとRrをかけ合わせるので，右表３より，子はRR：Rr＝２：２＝１：１となり，全て並葉となる。

表１

	R	r
R	RR	Rr
r	Rr	rr

表２

	r	r
R	Rr	Rr
r	rr	rr

表３

	R	R
R	RR	RR
r	Rr	Rr

8〔気象とその変化〕

(ア)＜**前線，気圧配置**＞１月22日の天気図で，低気圧から南西に伸びているのは寒冷前線で，南東に伸びているのが温暖前線である。また，１月24日の天気図の気圧配置は，日本列島の西の大陸側に高気圧があり，東の太平洋側に低気圧がある西高東低になっている。なお，南高北低は夏の特徴的な気圧配置である。

(イ)＜**雲の動き**＞１月22日の天気図で，日本の南の海上にある低気圧の前線付近には雲ができているので，この天気図に対応する雲画像はＣである。同様に，23日の天気図の前線の位置から，この天気図に対応する雲画像はＢである。さらに，24日の雲画像は，日本海側にすじ状の雲が現れていることから，24日の天気図に対応する雲画像はＡである。

(ウ)＜**霧**＞日本海上にすじ状の雲が発生するのは，シベリア気団から吹き出す冷たく乾燥した空気が，あたたかい日本海上を通る間に多量の水蒸気を含むためである。これより，川霧が発生したとき，川の水温は気温より高いため，水面からの水の蒸発により，水面付近の空気が含む水蒸気量は多かったといえる。この空気の温度が早朝に下がり，露点以下になると，含みきれなくなった水蒸気の一部が水滴になって川霧が発生したと考えられる。

(エ)＜**水蒸気量**＞霧は湿度が100％を下回ると消えるので，朝８時の湿度は100％である。よって，朝８時の空気１m^3中に含まれる水蒸気量は，グラフより，気温3.1℃での飽和水蒸気量に等しく，約6.0g/m^3である。また，気温9.3℃での飽和水蒸気量は約9.0g/m^3で，12時の湿度は50％だから，このときの空気１m^3中に含まれる水蒸気量は，$9.0\times\frac{50}{100}=4.5$(g/$m^3$)となる。したがって，a：b＝6.0：4.5＝４：３である。

2021年度／神奈川県公立高等学校

国語解答

一 (ア) 1 あいさつ　2 しょうあく　3 せきべつ　4 と
(イ) a…2　b…1　c…3　d…4
(ウ) 1　(エ) 4

二 (ア) 2　(イ) 1　(ウ) 3　(エ) 4

三 (ア) 2　(イ) 3　(ウ) 4　(エ) 3
(オ) 1　(カ) 2

四 (ア) 3　(イ) 1　(ウ) 1　(エ) 4
(オ) Ⅰ 知りたい情報
Ⅱ 個々の要素の位置関係
(カ) 2　(キ) 4　(ク) 3

五 (ア) 2
(イ) ［モーダルシフトを進めていくと，］エネルギー消費量が減少し，二酸化炭素排出量も減るため，環境問題の解決につながる(39字)［という効果があると考えられます。］

一〔国語の知識〕

(ア)**＜漢字＞**1．人に出会ったり，別れたりするときに述べる言葉や動作のこと。　2．手に入れて支配すること。　3．別れを惜しむこと。　4．音読みは「遂行」などの「スイ」。

(イ)**＜漢字＞**a．「円柱」と書く。1は「演奏」，2は「円滑」，3は「疎遠」，4は「岩塩」。　b．「登録」と書く。1は「登頂」，2は「宝刀」，3は「冬眠」，4は「党首」。　c．「規則」と書く。1は「観測」，2は「約束」，3は「細則」，4は「休息」。　d．「納」と書く。1は「修復」，2は「給油」，3は「欠席」，4は「納豆」。

(ウ)**＜品詞＞**「すでに」と「特に」の「に」は，副詞の一部。「穏やかに」の「に」は，形容動詞「穏やかだ」の連用形の活用語尾。「景色に」の「に」は，格助詞。「寒いのに」の「に」は，逆接の接続助詞「のに」の一部。

(エ)**＜俳句の内容理解＞**鵙は秋の空を飛びながら鳴いている。その鳴き声が書斎にいる自分にも聞こえてくる。書斎にいる自分と，空高く飛ぶ鵙との存在の対比を自分は確かに意識した，という意味の俳句である。

二〔古文の読解―説話〕出典；『今昔物語集』巻第十二ノ第十七。

≪現代語訳≫尼は嘆き悲しんで，(絵仏を)力の及ぶかぎり東西あちらこちらを探し求めるけれども，探し出すことができない。そういうことでこのことを嘆き悲しんで，放生を実行しようと思って，摂津の国の難波の辺りに行った。川の辺りをうろうろする間に，市から帰る人が多い。見ると荷物を入れた箱を木の上に置いている。(箱の持ち主である)主人(の姿)は見えない。尼が聞いたところ，この箱の中にいろいろな生き物の声がする。これは鳥や獣などを入れているのだなあと思って，必ずこれを買い取って放してやろうと思って，しばらくとどまって箱の持ち主が来るのを待つ。／ややしばらくして箱の持ち主が来た。尼はこの持ち主に出会って言うことには，「この箱の中にいろいろな生き物の声がする。私は放生のために来ている。これを買おうと思うのであなたを待っていたのだ」と。箱の持ち主が答えて言うことには，「これは全く生き物を入れたものではない」と。尼はやはり意志を固くしてこれを買いたいと求めると，箱の持ち主は，「生き物ではない」と言い争う。そのときに市にいる人たちが集まってきて，このことを聞いて言うことには，「すぐにその箱を開けてそれがうそか本当かを見るべきだ」と。それなのに箱の持ち主はほんの少しの間立ち去るようにして，箱を捨てて姿を消した。探したけれども行方はわからない。早くも逃げたのだなあとわかって，その後，箱を開けて見ると，中に盗まれた絵仏の像がいらっしゃる。尼はこれを見て，涙を流して喜び感動して，市にいる人たちに向かって言うことには，「私は，前にこの仏の像をなくして，毎日毎晩探し求めて恋しく思い申し上げていたところ，今思ってもいなかったがお会い申し上げた。うれしいことよ」と。市に集まっていた人たちはこの話を聞いて，尼を褒めて尊んで，箱の持ち主が逃げたことを当然だと思って，(箱の持ち主を)憎み非難した。尼はこれを喜んで，ますます放生を行って帰った。仏をもとの寺にお連れ申し上げて，安置し申し上げた。／このことを思うと，仏が，箱の中で声を出して尼に聞かせなさったのが，しみじみと心引かれて尊いことである。

(ア)＜**古文の内容理解**＞尼は，盗まれた絵仏を探し求めたが，絵仏は見つからず，嘆き悲しんで，放生を行おうと決めて，難波の辺りにやってきた。その場で生き物の声がする箱を見つけたので，尼は，その箱を必ず買い取ろうとしたのである。

(イ)＜**古文の内容理解**＞尼は，生き物の声がする箱を買い取りたいと言い，箱の持ち主は箱の中に生き物はいないと主張して言い争いになったので，市に集まった人々は，すぐ箱を開ければ生き物がいるかいないかわかると言ったのである。

(ウ)＜**古文の内容理解**＞箱を開けると，中には盗まれた絵仏が入っていた。尼が，この絵仏を探していて，見つけることができてうれしいと話したので，市に集まった人々は，尼のひたむきな信仰心を褒めたたえ，絵仏を盗んだ箱の持ち主が逃げるのは当然だと思い，盗人を非難したのである。

(エ)＜**古文の内容理解**＞盗まれた絵仏を見つけることができなかった尼は，放生を行おうと思って，難波の辺りにやってきた（１…×）。生き物の声がしていた箱を買い取ろうとする尼と，箱に生き物はいないと主張する箱の持ち主が言い争いになったが，箱を開ければ真実は明確になることを周りにいる人々が主張すると，箱の持ち主は姿を消した（２，３…×）。仏が生き物の声を出して知らせたので，箱の中に絵仏が入っていたことが判明し，尼は，ますます放生を行い，もとの寺に帰って絵仏を安置した（４…○）。

三〔**小説の読解**〕出典；吉川永青『憂き夜に花を』。

(ア)＜**心情**＞弥兵衛は，江戸の町や人々を活気づけようとして花火の打ち上げを計画しているのに，茶屋や屋台や船宿の人たちは賛同してくれない。みんなの態度を不満に思っていたが，時世が悪いという理由以外に自分の気づいていない理由があるのではないかと，弥兵衛は思い始めたのである。

(イ)＜**心情**＞元太は，弥兵衛が世の中のために花火を打ち上げようとしていることを茶屋や屋台の人たちが理解してくれず，情けなく思っている。そのうえ，鍵屋の仲間である市兵衛にも「口動かしてる暇があったら，手ぇ動かせ」と言われていら立ったのである。

(ウ)＜**心情**＞弥兵衛は，自分のしていることが正しいと信じてきたが，自分の正しいと思っていることを他の人たちにもやれと強制できないことに気づいた。市兵衛は，弥兵衛に「他人にも同じであれと押し付ける」態度をもう一度見つめ直してほしいと考えていたが，自分がはっきりと言わなくても，弥兵衛は感じ取ってくれたと思ったのである。

(エ)＜**心情**＞苦しいときには歯を食いしばって踏ん張って江戸の町や人々を活気づけるという弥兵衛の考え方は正しかったけれども，「自分が正しいからと言って，他人にも同じであれと押し付ける」だけではみんなの賛成を得られないのだと，弥兵衛は気がついたのである。

(オ)＜**心情**＞市兵衛は，世の中に明るさを取り戻すために損害もかまわず自分ができることを懸命にすると決意した弥兵衛の気持ちを理解して，「この上なく穏やかな声」でその覚悟を確認したのである。

(カ)＜**表現**＞鍵屋の仲間とのやり取りの中で，弥兵衛が，正しさを他の人々に押しつけていた自分の振る舞いを見つめ直し，他人の事情や気持ちを考えて行動することが大切だと気づく様子が，江戸っ子独特の会話を通して描かれている（…２）。

四〔**論説文の読解―社会学的分野―情報**〕出典；吉見俊哉『知的創造の条件』。

≪**本文の概要**≫ネット上の膨大な情報を利用する利便性と，情報の編集可能性の拡大は，私たちの知的生産のスタイルを大きく変えた。ネット情報と本に書かれている内容との質的な違いは，まず作者性にある。本の内容に関しては作者が責任を負うけれども，ネット情報は，複数の人がチェックしているので，みんなが共有して責任を取ることになる。そして，ネット情報と本の内容との質的な違いの二つ目は，構造性にある。ここで，「情報」と「知識」の違いを押さえなければならない。「情報」は要素であり，「知識」は情報が集まって形づくられる体系である。必要な情報を即座に得るには，ネット検索は優れているが，ネット検索を便利に利用すればするほど，自分が何を知りたいのか，情報からどういう知識を身につけようとしていたのかを考える能力を失うことにつながる。インターネット検索や，さらにAIの最大のリスクは，情報と知識の違いを曖昧にしてしまうことにある。本を読む際に重要なのは，情報を手に入れることではなく，さまざまな概念や事実といった情報を体系づける作者の独自の論理展開をたどり，読み取ることである。ネット検索で得られるのは単なる情報にすぎないが，本からは，知識の構造を読み取ることができる。

(ア)＜**接続語**＞A．インターネット検索は，「ちょうどいい具合のリンゴの実」がどこにあるかを簡単に教えてくれるが，もっといえば，AIは，ユーザーがネット検索する前に，ユーザーが目的を達成するにはリンゴが適切であるということまで教えてくれる。　B．ネット検索は，短時間で自分の求めていた情報に行き当たる可能性が高いので，「ある単一の情報を得るには，ネット検索のほうが読書よりも優れている」といえる。

(イ)＜**文章内容**＞レポートや記事を書くときには，「ネット情報の利用はあくまで補助的で」直接文献を調べたり，現場で取材したりして書くべきであるという意見がある。一方，変化に追いついていくためには，「ネット検索で得た情報をもとに」書いてもよいという意見もある。さらに，参照する情報が書物であってもネット情報であっても，「本質的な差はない」という意見もある。

(ウ)＜**文章内容**＞ネットの情報は，たくさんの利用者が「集合的に作り上げる」という側面があり，「複数の人がチェックして」いるので，ある程度は正しさを保つことができる。

(エ)＜**文章内容**＞情報は，そのままでは知識とは呼べず，「既存の情報や知識と結びついてある状況を解釈するための体系的な仕組み」となって初めて知識といえる。知識というのは，情報やデータの単なる集まりではなく，「様々な概念や事象の記述が相互に」結びついた結果，体系となったもののことである。

(オ)＜**文章内容**＞Ⅰ．インターネット検索をすれば，「ちょうどいい具合のリンゴの実」を手に入れることができる。つまり，瞬時に「知りたい情報」を得ることができる。　Ⅱ．瞬時に「知りたい情報」を得ることに慣れると，「個々の要素の位置関係」を考えて知識の体系の仕組みを知ることができなくなってしまうのである。

(カ)＜**文章内容**＞本を読む際に最も重要なのは，「著者がそれらの記述をどのように結びつけ，いかなる論理に基づいて全体の論述に展開しているのかを読みながら見つけ出していくこと」である。読書をすることで，それぞれの著者が理論を組み立てて体系化していく過程を読み取れるのである。

(キ)＜**文章内容**＞読者は，読書を通じて，「最初に求めていた情報」にたどり着くまでにさまざまな事例や関連する情報と出会えることがあり，その場合，検索システムで断片化されている情報ではなく，構造化された知識を学べるのである。

(ク)＜**要旨**＞ネット検索で得られる情報と本との違いの一つは，誰が情報に責任を負っているかという「作者性」であり，もう一つは情報の「構造性」である。ネット検索で得られる「情報」は断片的なものであるのに対し，読書では情報を体系的に結びつけた「知識」を得られるのである。

五〔**資料**〕

(ア)平成30年度の国内貨物の「総輸送量」は，平成５年度と比べて四分の三弱になっている（1…×）。平成30年度の「鉄道」の貨物輸送量は，「船舶」の貨物輸送量の十分の一強である（3…×）。平成30年度は平成５年度と比べて，「航空」の貨物輸送量が一割弱増加している（4…×）。

(イ)グラフ１から，船舶や鉄道には，航空や自動車と比べてエネルギー消費量を抑えられるという利点があることがわかる。グラフ２から，自動車による輸送は他の輸送方式と比べると二酸化炭素の排出量が非常に多いことがわかる。二酸化炭素は，地球温暖化やそれに伴う異常気象の発生という問題の要因であるので，モーダルシフトを進めると，環境問題の解決の第一歩になる。以上の内容をおさえて，「環境問題」という語句を使い，条件を満たすように文をつくる。

Memo

誰にもよくわかる 解説と解答 2020年度

神奈川県　正答率

(全日制の課程)

英語

大問	小問		正答率
1	ア	1	73.5%
		2	72.3%
		3	21.2%
	イ	1	71.7%
		2	77.1%
	ウ	1	55.8%
		2	33.1%
2	ア		54.0%
	イ		39.7%
	ウ		67.2%
3	ア		52.0%
	イ		45.0%
	ウ		67.5%
	エ		79.5%
4	ア		61.1%
	イ		48.1%
	ウ		46.8%
	エ		46.7%
5			13.3%
6	ア		65.2%
	イ		54.8%
	ウ		36.6%
7	ア		33.2%
	イ		56.2%
8	ア		28.1%
	イ		49.9%
	ウ		29.5%

社会

大問	小問		正答率
1	ア		27.1%
	イ		49.6%
	ウ		61.4%
2	ア		53.8%
	イ		54.6%
	ウ		57.8%
	エ		52.7%
3	ア		48.0%
	イ		67.2%
	ウ		61.0%
	エ		59.2%
	オ		69.9%
4	ア		52.7%
	イ		62.4%
	ウ		36.5%
	エ	i	65.2%
		ii	54.9%
5	ア		94.1%
	イ		95.4%
	ウ		58.8%
	エ		62.5%
	オ		68.3%
6	ア		84.0%
	イ		54.8%
	ウ	i	18.1%
		ii	58.1%
		iii	77.9%
7	ア		61.2%
	イ		55.9%
	ウ		67.9%
	エ		38.4%

数学

大問	小問		正答率
1	ア		92.8%
	イ		97.4%
	ウ		95.5%
	エ		85.0%
	オ		91.0%
2	ア		90.9%
	イ		90.5%
	ウ		83.3%
	エ		82.7%
	オ		72.3%
	カ		52.5%
3	ア	i a	93.5%
		i b	88.9%
		ii	39.1%
	イ	i	40.7%
		ii	54.9%
	ウ		5.1%
	エ		20.8%
4	ア		89.0%
	イ		49.7%
	ウ		3.9%
5	ア		66.8%
	イ		12.3%
6	ア		50.6%
	イ		34.6%
	ウ		0.5%

理科

大問	小問	正答率
1	ア	63.4%
	イ	33.9%
	ウ	23.8%
2	ア	53.6%
	イ	73.2%
	ウ	68.8%
3	ア	71.9%
	イ	70.3%
	ウ	54.9%
4	ア	44.7%
	イ	59.8%
	ウ	30.8%
5	ア	81.4%
	イ	74.1%
	ウ	78.4%
	エ	51.3%
6	ア	81.3%
	イ	54.3%
	ウ	42.7%
	エ	20.1%
7	ア	55.9%
	イ	76.3%
	ウ	74.5%
	エ	58.2%
8	ア	58.7%
	イ	13.8%
	ウ	44.0%
	エ	48.5%

国語

大問	小問		正答率
一	ア	1	92.7%
		2	94.0%
		3	90.5%
		4	79.2%
	イ	a	36.3%
		b	67.3%
		c	52.1%
		d	80.3%
	ウ		97.7%
	エ		70.0%
二	ア		62.6%
	イ		61.9%
	ウ		79.1%
	エ		73.8%
三	ア		63.8%
	イ		79.3%
	ウ		89.1%
	エ		59.9%
	オ		79.3%
	カ		68.7%
四	ア		89.8%
	イ		76.1%
	ウ		76.3%
	エ		60.2%
	オ		45.7%
	カ		74.8%
	キ		55.8%
	ク		74.5%
五	ア		69.1%
	イ		26.4%

2020年度／神奈川県公立高等学校

英語解答

1 (ア) No.１　4　No.２　3　No.３　1
　(イ) No.１　2　No.２　4
　(ウ) No.１　6　No.２　restaurant

2 (ア) afraid　(イ) strongest
　(ウ) voice

3 (ア) 2　(イ) 3　(ウ) 1　(エ) 4

4 (ア) ３番目…6　５番目…2
　(イ) ３番目…6　５番目…5
　(ウ) ３番目…3　５番目…5
　(エ) ３番目…1　５番目…2

5 (例) What music do you listen to

6 (ア) 3　(イ) 1　(ウ) 8

7 (ア) 2　(イ) 3

8 (ア) 1　(イ) 2　(ウ) 4

1 〔放送問題〕

(ア)No.１．ポール(Ｐ)：ユキ，君の北海道への家族旅行について教えてよ。／ユキ(Ｙ)：いいよ，ポール。私たちが写ったこの写真を見て。きれいな湖で楽しく過ごしたわ。／Ｐ：へえ，この写真，君はうれしそうに写ってるね。この湖で何をしたの？／Ｙ：4 湖の周りを散歩して，お昼を食べたの。

No.２．Ｐ：君はピアノを弾くのが上手だね，ユキ。／Ｙ：ありがとう，ポール。毎週金曜日にピアノのレッスンを受けてるのよ。／Ｐ：すごいね！　ピアノの練習を始めてどのくらいになるの？／Ｙ：3 ４歳からピアノを習ってるわ。

No.３．Ｐ：ユキ，今度の土曜日にリカと一緒にテニスをするんだってね。僕も仲間に入れてもらえるかな？／Ｙ：もちろんよ。あなたのお兄〔弟〕さんもテニスが好きなのよね。彼にも仲間に加わらないかきいてみてよ。／Ｐ：オーケー。４人グループならテニスをするのにぴったりだね！　何時に始めようか？／Ｙ：1 それについては後でリカと相談しよう。

(イ)No.１．ミホ(Ｍ)：ジャック，私には理科の宿題がすごく難しくて。あなたはもう終わった？／ジャック(Ｊ)：うん，終わったよ，ミホ。あんなの a piece of cake だったよ。／Ｍ：a piece of cake って？　私は食べ物の話はしていないわ。宿題のことをきいてるのよ。／Ｊ：わかってるさ。あっ，a piece of cake ってどういう意味かわかってる？／Ｍ：いいえ，一度も聞いたことないわ。どういう意味なの？／Ｊ：何かがものすごく簡単だっていう意味だよ。

　Ｑ：「ジャックについて言えることは何か」―２．「彼は宿題を簡単に終わらせることができた」

No.２．Ｍ：ジャック，ロンドンにいる友達が来月私の所に来るの。彼女を私たちの町のすてきな場所に連れていきたいわ。あなたも一緒に来ない？／Ｊ：もちろんさ。彼女をどこに連れていくつもりなの？／Ｍ：彼女は日本の歴史に興味があるから，市の博物館に連れていこうかな。彼女がそこで日本の歴史について学べるといいな。／Ｊ：それはいいね。あの博物館は僕のお気に入りの場所だよ。彼女は日本語が話せるの？／Ｍ：ううん，話せないの。だから，日本の歴史について英語で話すことになるわ。それがちょっと不安なの。／Ｊ：問題ないさ，ミホ。僕が手伝うよ。

　Ｑ：「ミホについて正しいのはどれか」―４．「日本の歴史について英語で話すことを心配している」

(ウ)≪全訳≫皆さん，こんにちは。私はアキコです。来週の月曜日，アメリカ出身の新入生が私たちの学校に入ってきます。彼女の名前はエマといいます。彼女は英語を話しますが，中国語と日本語も話せます。エマはスポーツが大好きです。アメリカではバスケットボールをやっていましたが，日本では新しいスポーツに挑戦したいと思っています。そういうわけで，彼女は私たちの学校のサッカー部に入るつもりです。エマはいろいろな種類の日本の料理を食べてみたいと思っています。どなたか彼女の助けになってくれる人はいますか？　皆さんお気に入りの日本の料理を，エマと一緒に味わってください。エマは５か月間，私たちと一緒に過ごし，新年を迎える前にこの学校とお別れすることになっています。

No.１.「アメリカから新入生がやってきます！／エマは①７月20日の月曜日にかもめ高校にやってきます。／彼女は②３か国語を話します。／彼女は日本で③サッカーを始めるつもりです。／彼女は12月20日に私たちの学校を去ります」

No.２.「エマへ／君が僕らの学校に入ってくれてうれしいよ！　僕は学校の近くにあるいい（　　）を知ってるんだ。その店で君におすしを食べてみてほしいな。きっと気に入ると思うよ。／フミヤ」―restaurant「レストラン」

2〔対話文完成―適語補充〕

≪全訳≫タク(T)：明日の英語の授業で，自分の将来の職業についてスピーチをすることになってるんだ。キャシー，君は将来何になりたいの？／キャシー(C)：私はライオンの飼育に興味があるから，動物園で働きたいな。私，ライオンが好きなの。／T：へえ，そうなんだ？　ライオンは大型動物を殺して食べるよね，だから僕はライオンが怖いよ。どうして君はライオンが好きなの？／C：だってかっこいいじゃない！　ライオンは大きいでしょ。それに，いつも協力してたくさんの他の動物を捕まえてる。だから，ライオンは全部の動物の中で一番強いって私は思ってるの。じゃあ，タク，今度はあなたの将来の職業について教えてよ。／T：僕はミュージシャンになって大勢の人のために歌を歌いたいんだ。／C：すごい！　あなたは声がきれいだから，きっとすばらしいミュージシャンになると思うわ。／T：ありがとう，キャシー。明日はがんばってね。／C：あなたもね。

(ア)大型動物を殺して食べるライオンに抱く感情として，afraid「怖がる，恐れている」が適する。be afraid of ～「～を怖がる，恐れる」　(イ)体が大きいことや，たくさんの動物を狩ることは，ライオンがstrong「強い」と考える理由になっている。直前にthe，直後にof allがあるので，最上級のstrongest「最も強い」にする。　(ウ)いいミュージシャンになれると考える理由として，きれいなvoice「声」を持っている，とする。

3〔適語(句)選択〕

(ア)be動詞のareに対応する主語が入る。複数の物について「誰の鉛筆か」と尋ねる内容なので，thatの複数形のthoseが適する。　「あれらは誰の鉛筆ですか」

(イ)主語のMt. Fuji「富士山」は人から「見られる」ものなので，‘be動詞＋過去分詞’の受け身形が適する。　「あなたの教室から富士山が見えますか」

(ウ)‘動詞＋人＋to不定詞’の形をとれるのは，選択肢の中ではtellのみ。　‘tell＋人＋to不定詞’「〈人〉に～するように言う」　「スズキ先生は私たちに，今週は昼食を持参するようにと言った」

(エ)This is a camera.「これはカメラだ」が文の骨組みで，空所以下はcameraを修飾するまとまりになっている。cameraが先行詞なので，‘物’を先行詞とする主格の関係代名詞whichが適する。「これは日本で人気のあるカメラだ」

4〔対話文完成―整序結合〕

(ア)A：あの写真を見てもいいですか？／B：もちろんです。ご覧ください！　これは世界で最も美しい山の１つですよ。//‘one of the＋最上級＋複数名詞’で「最も～な…の１つ」。‘最上級’はmost beautiful，‘複数名詞’はmountains。inは「～の中で」という‘範囲’を表す前置詞としてthe worldの前に置く。　This is one of the most beautiful mountains in the world.（不要語はpicture）

(イ)A：寝る前は何をしてるの？／B：ふだんはテレビでニュースを見てるよ。//‘do＋主語＋動詞の原形...’という疑問文をつくる。‘主語’はyou，‘動詞の原形’はdo「～をする」。beforeはここでは前置詞として用いられており，後ろにはgo to bed「寝る，床につく」を動名詞(～ing)にした

going to bed を置く。 What do you do before going to bed？(不要語は watching)

(ウ)A：君の家族は夏休み中にどこへ行くか決めた？／B：うん。沖縄へ行くつもりなんだ。∥Bが訪問する予定の場所を答えているので，「どこへ行くか決めたか」と尋ねる文になるとわかる。Has your family の後に過去分詞として decided を置き，'have/has＋過去分詞' の現在完了をつくる。「どこへ行くか」は，ここでは '疑問詞＋to不定詞' の形で where to go と表す。前置詞の during「～の間」は summer vacation の前に置く。 Has your family decided where to go during summer vacation？(不要語は been)

(エ)A：どうしてそんなにうれしそうなの？／B：おばあちゃんからの特別なメッセージのついたEメールをもらったんだ。∥an に続く単語として，e という母音で始まる e-mail を置く。with は「～のついた」という意味の前置詞として用い，with a special message「特別なメッセージのついた」として e-mail の後ろに置き，これを修飾するまとまりをつくればよい。 I received an e-mail with a special message from my grandmother. (不要語は enjoyed)

5〔条件作文―絵を見て答える問題〕

≪全訳≫A：チカは夜中にがんばって勉強していた。勉強した後は，音楽を聴いてくつろぎたいと思っていた。／B：翌日，学校で，彼女は友人のケンにこう言った。「勉強した後，何か音楽を聴きたいって思って。あなたはくつろぎたいときにどんな音楽を聴くの？」／C：彼はこう答えた。「アメリカのポップミュージックさ。僕のお気に入りのバンドを教えてあげるよ」「ありがとう」とチカは言った。

＜解説＞Cでケンが自分の好きな音楽のジャンルを答え，お気に入りのバンドを教えると言っていることから，「どんな音楽を聴くか」といった内容が適する。「どんな音楽」は What music のほか，What kind of music「どんな種類の音楽」でも表せる。目の前の相手に尋ねているので，listen to「～を聴く」を疑問文にして do you listen to とすればよい。

6〔長文読解総合―スピーチ〕

≪全訳≫❶こんにちは，僕はリョウです。3か月前，インターネットである女の子に関する話を読みました。彼女はある国際会議でスピーチをしました。そのスピーチの中で，彼女はこう言いました。「若い人たちが地球のためにできることがたくさんあるのです」 彼女は世界中の若者に力を与えています。僕は彼女の言葉を信じています。僕は生徒で，小さなことですが地球のためになることを実行できました。今日は，僕が家族と一緒にしたことについてお話しするつもりです，そしてこのスピーチの後で皆さんにも彼女の言葉を信じてもらえたらと思っています。

❷レジ袋はとても便利です。レジ袋は軽くて耐水性があり，安いです。①けれども，レジ袋にはたくさんの問題があることをご存じでしょうか？ 例えば，プラスチックごみのせいで動物や魚が死んでいるのです。多くの国々は現在，こういったことに対する解決策を見出そうとしています。僕たちは使うレジ袋の枚数を減らすべきだと思います。みんながレジ袋を使わずに暮らすよう努力してくれることを願っています。

❸そこで1つ質問です。皆さんはどのくらいの頻度でレジ袋をもらっていますか？ グラフ1を見てください。これは2014年に日本で人々がどのくらいの頻度でレジ袋を受け取ったかを表しています。

❹約30％の人が1日に1枚，または2枚以上のレジ袋をもらっており，中には1日に3枚かそれ以上受け取った人もいます。ところが，約50％の人は週に1枚くらいしかもらわないか，あるいはめったにもらっていません。これは，およそ半数の人が多くの枚数の袋をもらわなかったということです。②その人たちは，もらうレジ袋の数を減らすために何かをしていたのです。僕も，自分にできることを見つけたいと思いました。そのとき僕は自分が使うレジ袋の枚数を把握していませんでしたが，それを知りたいと思ったのです。そこで，家族と話し合いました。

❺今年の1月，僕の家族は，もらうレジ袋の数を減らすための4週間の企画に取り組み始めました。グ

ラフ２を見ると，僕たちが各週に受け取ったレジ袋の枚数がわかります。母はふだんから自分の買い物袋を利用していたので，この企画の期間中に２枚しかレジ袋をもらいませんでした。姉〔妹〕と僕は，この企画を始めるにあたって，自分の買い物袋を持ち歩くようになりました。僕は，１週目，２週目，３週目は自分の買い物袋を店に持っていくのを忘れたことがあり，何枚かレジ袋をもらってしまいましたが，最後の週はレジ袋を１枚ももらわずに済みました。父は，２週目の終わりまでは毎日１枚レジ袋をもらっていました。父はお店でコーヒーやお茶を買ったときにレジ袋をもらっていたのです。２週目の終わりに，僕と姉〔妹〕は父に水筒を渡しました。父は家からコーヒーやお茶を持っていくのにその水筒を使うようになり，次の週にはもらう袋の枚数が減っていきました。最後の週，僕の家族がもらったレジ袋はたったの２枚でした！

6僕がこれまでの人生で使ってきたレジ袋は多すぎました。この企画は，そのことを知るいい機会だったと思います。この家族企画を始める前，僕は家族が毎日もらうレジ袋の枚数について考えたことさえありませんでした。今は自分の買い物袋を持ち歩いているので，僕たちがレジ袋をもらうことはめったにありません。③また，僕たちそれぞれが他にも地球のためにできることを実行し始めました。母は家族の古着を材料にして買い物袋をつくり，それをとても楽しんでいます。父の会社は，川を守る活動をしているボランティア団体に協力しています。現在，父はその企画に真剣に取り組んでいます。姉〔妹〕と僕は，地球の未来について他の人たちと話し合うようになりました。

7地球のために何をするべきかと考えるとき，皆さんの中には大がかりで難しいことをしようとする人がいるかもしれません。しかし，そんな必要はないのです。まずはちょっとした簡単なことを実行してください。皆さんの小さなアイデアが大きく広がり，将来地球を救うかもしれません。もう一度，あの少女の言葉を繰り返したいと思います。「若い人たちが地球のためにできることはたくさんあるのです」

㈠＜**適文選択**＞①空所の前ではレジ袋の長所が挙げられているが，空所の後では生き物が死ぬという悪い点が挙げられている。よって，But「しかし」という‘逆接’で始まり，「レジ袋には問題点もある」と述べるＢが適する。　②空所の前に，約半数の人がレジ袋を少ししか受け取っていないとある。こうした人を They で受け，彼らがプラスチックごみを減らすために何かしたというＡを当てはめると，「僕も自分にできることを見つけたい」という空所の後の文にうまくつながる。③空所の後で，環境保全のために家族それぞれが行っている取り組みが紹介されているので，自分の家族がレジ袋の削減以外にも地球のためにできることを始めたというＣが適する。

㈡＜**要旨把握―図を見て答える問題**＞第５段落第３文より，母が４週間でもらった枚数は２枚，第５文から，僕が最後の週にもらった枚数はゼロ，最終文から，最後の週に家族全員でもらった枚数は２枚とわかる。この条件を満たすのは１．のみである。

㈢＜**内容真偽**＞ａ．「リョウはクラスメイトたちに，その少女が会議で行うスピーチを聞いてほしいと思っている」…×　第１段落第３文参照。少女のスピーチはすでに終わっている。　ｂ．「リョウはクラスメイトたちに，彼らが１週間でもらったレジ袋の枚数について尋ね，グラフを作成した」…×　第３段落参照。リョウがつくったグラフではない。　ｃ．「家族企画の間，リョウの父はコーヒーやお茶を入れるための自分用の水筒を買った」…×　第５段落最後から３文目参照。リョウと姉〔妹〕が渡した。　ｄ．「家族企画の前，リョウは自分がもらっているレジ袋の枚数を知らなかった」…○　第６段落第３文と一致する。　ｅ．「リョウはクラスメイトたちに自分の母がつくった買い物袋をあげるつもりだ」…×　このような記述はない。　ｆ．「リョウはクラスメイトたちに，地球のために小さくて簡単なことを実行し始めてほしいと思っている」…○　第７段落第３文と一致する。

7 〔長文読解―英問英答〕

㈠≪**全訳**≫**1**マユミとサキは日曜日に野球の試合を見に市の球場へ行くつもりだ。その球場はカモメ駅の近くで，２人はそこで待ち合わせたいと思っている。彼女たちはスマートフォンを使ってお互いにメッセージを送り合っている。❷マユミ（M）：サキ，私はモミジ駅でオレンジ線に乗ったよ。あなたは今どこ？❸サキ（S）：私はアヤメ駅で電車に乗ったよ。❹M：車両点検のせいで，オレンジ線はサクラ駅とカモメ駅の間で止まってる。❺S：ほんと？　じゃあ，その２駅の間は電車が使えないね。バスで行くのはどう？　私はサツキ駅からバスに乗ろうかな。あなたもバスで行ったら？❻M：うん，そうする。あなたは別のバスを使った方がいいよ，あなたが乗ろうとしているバスの路線は車が多いから。それだとすごく時間がかかるかも。❼S：わかった。じゃあ，あなたと一緒のバスに乗るね。❽M：オーケー。私はもうすぐ駅に着くから，あなたがそこに着いたら電話してね。

Q：「マユミとサキはどこでバスに乗るつもりか」―２．「サクラ駅」　第５段落でサキはサツキ駅からバスに乗ると言ったが，第６～８段落のやり取りの後，マユミがバスに乗る駅で待ち合わせ，一緒にバスに乗ることにしている。路線図より，マユミはオレンジ線で，サキはイエロー線でサクラ駅まで行って合流し，そこから一緒にバスに乗るとわかる。

(イ)**≪全訳≫**マイクはカモメ米店で何袋かお米を買いたいと思っている。彼は価格表を見ながら電話で店員と話している。／価格表：サニーライス…１kg 入りの袋：1000円，２kg 入りの袋：1800円，５kg 入りの袋：4250円，10kg 入りの袋：8000円／フラワーライス…１kg 入りの袋：800円，２kg 入りの袋：1500円，５kg 入りの袋：3500円，10kg 入りの袋：6500円／●配達料は１か所につき1000円となります。合計で１万2000円分を超えるお米をお買い上げの場合，配達料のお支払いは不要です。／●当店で初めてお米をご注文いただく場合，特別プレゼントを差し上げます！

マイク（M）：もしもし。僕はマイク・ブラウンといいます。お米を注文したいのですが。／**店員（S）**：かしこまりました。お客様は当店でお米をご注文いただくのはこれが初めてですか？／M：はい，そうです。／S：わかりました。何をお求めですか？／M：サニーライスの10kg 入りの袋を１つと，２kg 入りの袋を２つください。／S：承知いたしました，ブラウン様。お米をもう１袋ご注文いただくと，配達料がかからなくなりますよ。／M：えっ，そうなんですか？　じゃあ，フラワーライスの１kg 入りの袋を１つ買います。／S：どうもありがとうございます，ブラウン様。当店よりプレゼントとして，サニーライスの１kg 入りの袋をお１つ差し上げます。ですから，合計で16kg のお米をお送りいたします。それでよろしいですか？／M：ええ，もちろんです。ありがとうございます。

Q：「マイクは合計でいくら払うことになるか」―３．「１万2400円」　表によると，サニーライスの10kg 入りの袋は１つ8000円，２kg 入りの袋は１つ1800円，フラワーライスの１kg 入りの袋は１つ800円。配達料はかからず，サニーライスの１kg 入りの袋はプレゼントなので無料である。よって，8000＋1800×２＋800＝12400（円）となる。

8 〔長文読解総合―会話文〕

≪全訳≫❶マナブ，リョウコ，カズキはグリーン先生の授業で，いい話し合いをするための方法について学んでいる。彼らは同じグループで話し合っている。

❷**グリーン先生（G）**：今日は皆さんに都市計画を立ててもらいます。いい話し合いをしましょう。

❸**マナブ（M）**：リョウコとカズキは町に何があってほしいと思う？

❹**リョウコ（R）**：私は，町にショッピングモールがあったらいいと思う。

❺**カズキ（K）**：町にショッピングモールがあると，その周りに車が増えすぎるかもしれない。それはよくないよ。

❻M：町にショッピングモールがあれば，たくさんの人がそこで買い物を楽しむようになる。家の近くにある昔ながらの小さなお店では物を買わなくなるかもしれない。僕はそういう店のことが心配だな。

❼K：あれ，僕たちみんな考え方が違うんだね。この町には，いろんなグループの人たちが暮らしたり

働いたりしてる。彼らはみんなそれぞれ違う物を欲しがったり必要としたりしているってことだね。

8 R：そうだね。私はこの町にショッピングモールがあればうれしい，でも，いらないって思う人もいるのはわかるよ。だから，いい都市計画を立てるために，いろんな観点から町を見てみないと。

9 G：みんな，意見は共有できたかしら？　よりよい話し合いをするために，このふせんを使ってみましょう。これを使えば，簡単にアイデアを共有できるわよ。

10 K：わかりました。この町に必要だと思うものをふせんに書いて，この紙に貼ったらどうかな？　1枚のふせんに1つのアイデアを書こう。

11 3人の生徒は自分の考えをふせんに書く。

12 R：最初に私の考えを説明するね。私はショッピングモールがあったらいいと思う。それに，町に大企業があるのもいい考えだと思う。

13 M：僕は保育園が必要だと思う。大きな公園もいいね。

14 K：今，日本では4人に1人が65歳以上だって知ってるかい？　2060年には，日本にいる人の約40%が65歳以上になる。だから，大きな病院が必要だ。広い道路もつくるべきだと思う。

15 G：みんなのグループでは，6つのそれぞれ違った意見が出たのね。ふせんを移動させて，似ているアイデアを1つの囲みの中に入れてみましょう。

16 R：わかりました。ショッピングモールと企業があれば，大勢の人がこの町で働くようになる。そうすると納税者が増えるから，町は裕福になる。だから，この2つは同じ囲みに入れるべきだよ。

17 M：保育園と病院は似ていると思うな，だってどっちも支援を必要としている人の役に立つからね。

18 K：僕もそう思う。じゃあ，その2つを1つの囲みに入れよう。公園には木や花がたくさんあって，環境にいいと思うよ。

19 M：いいね。広い道路があれば，町の中を移動しやすくなるよ。

20 R：オーケー。じゃあ，大きな公園と広い道路はそれぞれ別の2つの囲みに入れよう。さあ，私たちのアイデアが4つの違った囲みの中に入ったよ。

21 G：よくできたわね。じゃあ，もしこの囲みの中にあるものが全部この町にあったら，町は完璧になるのかしら？

22 K：うーん。それは難しいですね。完璧になるとは言えないと思います。

23 G：そうね。じゃあ，この紙を使ってもう1つ作業をしてみましょう。この記号をご覧なさい。記号Aと記号Bの使い方を説明するわね。もし1つの囲みの中にあるアイデアが別の囲みの中のアイデアと調和していたら，その2つの囲みの間に記号Aを置くの。もし1つの囲みの中のアイデアが別の囲みの中のアイデアと調和していなければ，その2つの囲みの間に記号Bを置くのよ。

24 M：わかりました。広い道路は保育園，病院と調和すると思う，だってこの3つは町にいるたくさんの人にとって大きな支援となるからね。大きな道路を利用すれば，子どもを保育園に連れていったり，お医者さんに行ったりするのが簡単になるよ。

25 R：あと，広い道路があれば，買い物や仕事にも行きやすくなるから，これはショッピングモールや企業とも調和するよ。

26 K：君たち2人に賛成だよ，でも車は環境にはよくないよね。広い道路は必要だけど，大きな公園とは調和しないね。

27 R：なるほど。私は，公園はショッピングモールや企業と調和しないと思う。ショッピングモールや企業の人たちが公園に来ると，その人たちが公園にごみを放置していくかもしれない。それは悪いことだと思う。

28 K：リョウコ，僕には違う考えがあるよ。もし僕が企業で働いているとしたら，公園でお昼を食べたいと思うな。公園は美しくあるべきだから，ごみ問題については考える必要があるよ。企業にできることがあると思うんだ。例えば，企業に勤めている人たちが公園の清掃をするとか。

29 M：それはおもしろいね！　この２つの囲みの間には両方の記号を置こう。公園については，僕にもう１つ考えがあるんだ。子どもたちは公園で遊べるし，お年寄りは公園で友達とおしゃべりを楽しめるから，公園は子どもとお年寄りにとっていいものだよね。だから，公園は保育園や病院と調和する。

30 R：確かにそうだね。これ以上はもうアイデアはない？　わかった，紙に記号を置く作業は終わったね。

31 G：すばらしいわ！　あなたたちのつくった紙を見ると，あなたたちのグループが何について話し合ったかがわかるわね。

32 M：誰にとってもいい町を設計するのって難しいんだね。

33 K：うん，そうだね。でも，ふせんを使ってアイデアを整理できたから，いい話し合いができたよ。

34 R：いろんなアイデアが出てきたら，２つの囲みの間に２種類の記号を置いたよね。あれは意見を共有するのにいい方法だったと思う。

35 M：ほんとだね。話し合いをするときには，たくさんの異なる意見を共有するのが大切だっていうことがわかったよ。そうすると，よりよい答えが見つかるんだね。

(ア)**＜適文選択＞**空所に続けてリョウコは，「だからさまざまな観点が必要だ」といった内容の発言をしている。さまざまな観点が必要だと思うのは，自分は町にショッピングモールがあればいいと思っているが，そうでない人もいるということがわかっているからである。

(イ)**＜要旨把握―図を見て答える問題＞**第16段落で「ショッピングモールと企業」が，第17，18段落で「保育園と病院」がそれぞれまとめられ，第20段落では「大きな公園」と「広い道路」が分けて分類された。また，第24段落より，「広い道路」と「保育園と病院」の間には調和を表す記号Ａが，第25段落より，「広い道路」と「ショッピングモールと企業」の間にも記号Ａが，第26段落より，「広い道路」と「公園」の間には不調和を表す記号Ｂが，第27～29段落より，「公園」と「ショッピングモールと企業」の間に記号ＡとＢの両方が，第29段落より，「公園」と「保育園と病院」の間には記号Ａが，それぞれ置かれたとわかる。

(ウ)**＜内容真偽＞**ａ.「リョウコはショッピングモールがあるといいと思っているが，その周りに車が増えすぎるかもしれないと心配している」…×　第４，５段落参照。車が増えすぎることを心配しているのはカズキである。　ｂ.「マナブは，町にショッピングモールができると，昔ながらの小さな店がたくさんの商品を売るのが難しくなるかもしれないと考えている」…○　第６段落と一致する。　ｃ.「カズキは，現在，日本人の約40％が65歳以上だと言っている」…×　第14段落第１，２文参照。現在はおよそ４人に１人である。　ｄ.「３人の生徒は，この町に大企業があれば，町が裕福になって広い道路をつくれるということで意見が一致している」…×　第16段落参照。大企業と広い道路の関係は読み取れない。　ｅ.「グリーン先生は，生徒たちの求めている６つのものが全てこの町にあれば，この町は完璧になるだろうと言っている」…×　第21～23段落第１文参照。グリーン先生は，完璧とは言えないというカズキの意見に同意している。　ｆ.「リョウコは公園のごみは問題だと考えているが，カズキは公園を美しくするために企業には何かができるはずだと言っている」…○　第27，28段落と一致する。　ｇ.「マナブは，よい答えをすばやく見つけるためには，ふせんを使わずに意見を共有すべきだと考えている」…×　このような記述はない。

数学解答

1 (ア) 4　(イ) 2　(ウ) 2　(エ) 4
(オ) 1

2 (ア) 2　(イ) 4　(ウ) 2　(エ) 1
(オ) 3　(カ) 2

3 (ア) (i) (a)… 1　(b)… 3
(ii) 点Fと点H
(イ) (i) 5　(ii) 4
(ウ) $\dfrac{45}{2}$cm²
(エ) (i)… 4　(ii)… $y=\dfrac{144}{x}$

4 (ア) 3　(イ) (i)… 4　(ii)… 3
(ウ) 7：19

5 (ア) 6　(イ) $\dfrac{4}{9}$

6 (ア) 6　(イ) 5
(ウ) $3+\dfrac{3\sqrt{3}}{2}$cm

1〔独立小問集合題〕

(ア)＜**数の計算**＞与式 $=2+9=11$

(イ)＜**式の計算**＞与式 $=-\dfrac{52a^2b}{4a}=-13ab$

(ウ)＜**平方根の計算**＞与式 $=\sqrt{2^2\times7}+\dfrac{49\times\sqrt{7}}{\sqrt{7}\times\sqrt{7}}=2\sqrt{7}+\dfrac{49\sqrt{7}}{7}=2\sqrt{7}+7\sqrt{7}=9\sqrt{7}$

(エ)＜**式の計算**＞与式 $=\dfrac{4(3x-y)-3(x-2y)}{12}=\dfrac{12x-4y-3x+6y}{12}=\dfrac{9x+2y}{12}$

(オ)＜**平方根の計算**＞与式 $=2+2\sqrt{2}+1-5\sqrt{2}-5+4=2-3\sqrt{2}$

2〔独立小問集合題〕

(ア)＜**連立方程式の応用**＞$ax+by=10$……①，$bx-ay=5$……②とする。①，②の連立方程式の解が $x=2$，$y=1$ だから，解を①に代入して，$2a+b=10$……③となり，②に代入して，$2b-a=5$，$-a+2b=5$……④となる。③，④を連立方程式として解いて，③×2－④より，$4a-(-a)=20-5$，$5a=15$，$a=3$ となり，これを③に代入して，$6+b=10$ より，$b=4$ となる。

(イ)＜**二次方程式**＞解の公式より，$x=\dfrac{-(-5)\pm\sqrt{(-5)^2-4\times1\times(-3)}}{2\times1}=\dfrac{5\pm\sqrt{37}}{2}$ となる。

(ウ)＜**関数―変化の割合**＞関数 $y=-\dfrac{1}{3}x^2$ で，$x=3$ のとき $y=-\dfrac{1}{3}\times3^2=-3$，$x=6$ のとき $y=-\dfrac{1}{3}\times6^2=-12$ だから，x の値が3から6まで増加するとき，x の増加量は $6-3=3$，y の増加量は $-12-(-3)=-9$ であり，変化の割合は $\dfrac{〔y\text{の増加量}〕}{〔x\text{の増加量}〕}=\dfrac{-9}{3}=-3$ となる。

(エ)＜**一次方程式の応用**＞子ども1人の入園料を x 円とする。大人1人の入園料が子ども1人の入園料より600円高いことより，大人1人の入園料は $x+600$ 円と表せる。大人1人の入園料と子ども1人の入園料の比が5：2だから，$(x+600):x=5:2$ が成り立つ。これを解いて，$(x+600)\times2=x\times5$，$2x+1200=5x$，$-3x=-1200$ より，$x=400$(円)となる。

(オ)＜**数の性質**＞$\dfrac{5880}{n}=\dfrac{2^3\times3\times5\times7^2}{n}$ だから，$\dfrac{5880}{n}$ が自然数の平方(2乗)となる最も小さい自然数 n は，$\dfrac{2^3\times3\times5\times7^2}{n}=2^2\times7^2$ となる n である。よって，$n=2\times3\times5$ より，$n=30$ である。

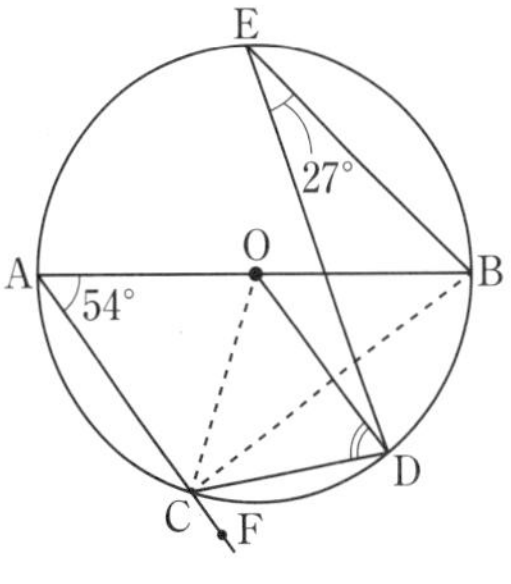

(カ)＜**図形―角度**＞右図で，点Oと点Cを結ぶ。△OACはOA＝OCの二等辺三角形だから，∠OCA＝∠OAC＝54°であり，∠AOC＝180°－∠OAC－∠OCA＝180°－54°－54°＝72°となる。また，$\overset{\frown}{DB}$ に対する円周角と中心角の関係より，∠DOB＝2∠DEB＝2×27°＝54°である。よって，∠COD

＝180°－∠AOC－∠DOB＝180°－72°－54°＝54°である。△OCD は OC＝OD の二等辺三角形だから，∠ODC＝(180°－∠COD)÷2＝(180°－54°)÷2＝63°となる。

≪別解≫前ページの図で，$\overset{\frown}{DB}$ に対する円周角と中心角の関係より，∠DOB＝2∠DEB＝2×27°＝54°だから，∠CAO＝∠DOB となり，同位角が等しいから，AC∥OD である。よって，線分 AC の延長線上に点Fをとると，錯角が等しいので，∠ODC＝∠FCD となる。点Bと点Cを結ぶと，線分 AB が円Oの直径より，∠ACB＝90°である。また，$\overset{\frown}{DB}$ に対する円周角より，∠DCB＝∠DEB＝27°となる。したがって，∠FCD＝180°－∠ACB－∠DCB＝180°－90°－27°＝63°となるから，∠ODC＝63°である。

3 〔独立小問集合題〕

(ア)＜図形―論証，点＞(i)右図1で，∠ADB＝∠ACB であることは，$\overset{\frown}{AB}$ に対する円周角が等しいことから導ける(ⓐ…$\overset{\frown}{AB}$)。また，③は線分 BE が∠CBD の二等分線であることから導いているので，∠CBE＝∠DBE である(ⓑ…∠CBE＝∠DBE)。

図1
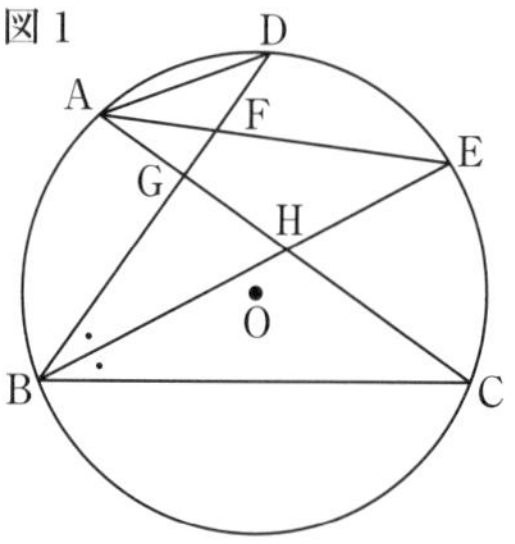

(ii)2点A，Bを含む4つの点を通る円が円Oとは異なるので，図1で，点A，点B以外の点は，点C，点D，点Eではない。また，2点A，B以外の2つの点が，点Fと点G，点Gと点Hとすると，3点B，G，F，3点A，G，Hが同一直線上にあるので，2点A，B以外の点は，点Fと点G，点Gと点Hでもない。よって，考えられるのは点Fと点Hである。$\overset{\frown}{CE}$ に対する円周角より，∠HAF＝∠CBE であり，BE が∠CBD の二等分線より，∠CBE＝∠HBF である。したがって，∠HAF＝∠HBF となるので，4点A，B，F，Hは1つの円周上にある。

(イ)＜資料の活用＞1月は，31日ある。ヒストグラムの度数の合計は，Aが4＋7＋8＋9＋2＋1＝31(日)，Bが3＋5＋14＋8＋1＝31(日)，以下同様にして，Cが30日，Dが30日，Eが31日，Fが30日だから，1月のヒストグラムとして考えられるのは，A，B，Eである。このうち，寒暖差が10℃以上の日があって，12℃以上の日がなかったのは，B，Eである。また，平均値は，A～Fのヒストグラムの中で，6℃以上8℃未満，8℃以上10℃未満，10℃以上12℃未満の階級に度数が集中し，12℃以上14℃未満，14℃以上16℃未満の日もあったAが最も大きいと考えられる。BとEでは，8℃以上10℃未満，10℃以上12℃未満の階級の度数が多いEの方が，平均値が大きいと考えられる。よって，平均値が2番目に大きいのはEとなり，1月のヒストグラムはEである。Eは，度数の合計が31日より，中央値は，寒暖差を小さい順に並べたときの16番目の値となる。6℃未満は2＋2＝4(日)，8℃未満は4＋13＝17(日)より，16番目の値は6℃以上8℃未満の階級にあるので，中央値は6℃以上8℃未満の階級にあり，説明に合う。寒暖差が4℃未満の日は4日以内であり，これも説明に合う。次に，11月は30日あるから，11月のヒストグラムとして考えられるのは，C，D，Fである。このうち，寒暖差が4℃未満の日が4日以内なのはDだから，11月のヒストグラムはDである。11月は，寒暖差が2.1℃の日があることから，2℃以上4℃未満の階級の度数は1日以上であり，Dは説明に合う。最頻値は，10日あった4℃以上6℃未満の階級の階級値で，これも説明に合う。なお，寒暖差の平均値は，Aが(5×4＋7×7＋9×8＋11×9＋13×2＋15×1)÷31＝9.06…(℃)，Bが(3×3＋5×5＋7×14＋9×8＋11×1)÷31＝6.93…(℃)，以下同様にして，Cが5.86…℃，Dが6.4℃，Eが7.90…℃，Fが6.6℃となり，2番目に大きいのはEとなる。

(ウ)＜図形―面積―相似＞右図2で，∠BEA＝∠BAC＝90°，∠EBA＝∠ABC より，△EBA∽△ABC だから，BE：BA＝AB：CB であり，BE：15＝15：25 が成り立つ。これより，BE×25＝15×15，BE＝9 となるから，△ABE で三平方の定理より，AE＝$\sqrt{AB^2-BE^2}=\sqrt{15^2-9^2}=\sqrt{144}=$

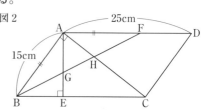

図2
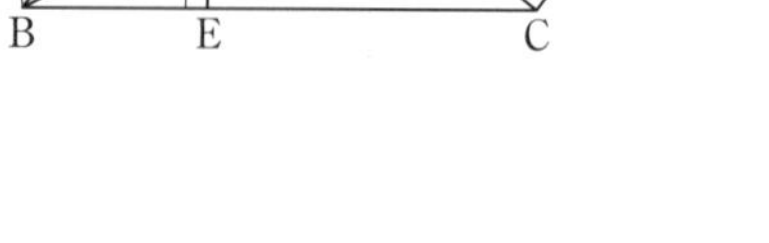

12となる。また，AF＝AB＝15だから，△ABF＝$\frac{1}{2}$×AF×AE＝$\frac{1}{2}$×15×12＝90となる。次に，∠BGE＝∠FGA，BC∥ADより∠BEG＝∠FAGだから，△BEG∽△FAGとなる。これより，BG：FG＝BE：FA＝9：15＝3：5となるので，BG＝$\frac{3}{3+5}$BF＝$\frac{3}{8}$BFと表せる。同様にして，△BCH∽△FAHとなるから，BH：FH＝BC：FA＝25：15＝5：3より，BH＝$\frac{5}{5+3}$BF＝$\frac{5}{8}$BFとなる。GH＝BH－BG＝$\frac{5}{8}$BF－$\frac{3}{8}$BF＝$\frac{1}{4}$BFとなるから，GH：BF＝$\frac{1}{4}$BF：BF＝1：4である。したがって，△AGH：△ABF＝GH：BF＝1：4だから，△AGH＝$\frac{1}{4}$△ABF＝$\frac{1}{4}$×90＝$\frac{45}{2}$(cm^2)となる。

(エ)**＜関数—回転数，関数の式＞**歯数が24の歯車Pを，1秒間に6回転させるので，2つの歯車がかみ合っている部分を通過する歯の数は，1秒間に24×6＝144である。よって，歯車Qの歯数が36のとき，歯車Qは144÷36＝4(回転)する（(i)…4）。また，歯車Qの歯数がxのとき，歯車Qは1秒間に144÷x＝$\frac{144}{x}$(回転)するから，$y=\frac{144}{x}$となる$\left(\text{(ii)}\cdots y=\frac{144}{x}\right)$。

4〔**関数—関数 $y=ax^2$ と直線**〕

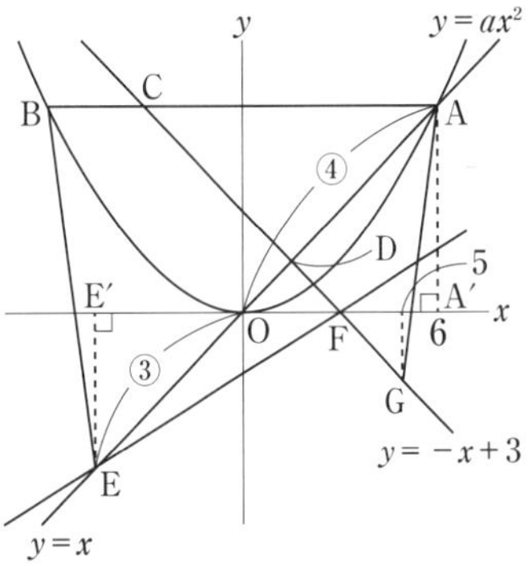

(ア)**＜比例定数＞**右図で，点Aは直線$y=x$上にあり，x座標が6だから，$y=6$となり，A(6，6)である。点Aは曲線$y=ax^2$上の点でもあるから，$y=ax^2$に$x=6$，$y=6$を代入して，$6=a\times6^2$より，$a=\frac{1}{6}$である。

(イ)**＜傾き，切片＞**右図で，点A，点Eからx軸にそれぞれ垂線AA′，EE′を引くと，△AOA′∽△EOE′となり，相似比はAO：OE＝4：3である。これより，OA′：OE′＝4：3となるので，OE′＝$\frac{3}{4}$OA′＝$\frac{3}{4}$×6＝$\frac{9}{2}$となり，点Eのx座標は$-\frac{9}{2}$である。点Eは直線$y=x$上にあるから，$y=-\frac{9}{2}$となり，E$\left(-\frac{9}{2},\ -\frac{9}{2}\right)$である。また，点Fは直線$y=-x+3$と$x$軸の交点だから，$y=0$を代入して，$0=-x+3$，$x=3$となり，F(3，0)である。よって，直線EFの傾きmは，$m=\left\{0-\left(-\frac{9}{2}\right)\right\}\div\left\{3-\left(-\frac{9}{2}\right)\right\}=\frac{9}{2}\div\frac{15}{2}=\frac{3}{5}$となる。これより，直線EFの式は$y=\frac{3}{5}x+n$となる。点Fを通るから，$x=3$，$y=0$を代入して，$0=\frac{3}{5}\times3+n$より，$n=-\frac{9}{5}$となる。

(ウ)**＜面積比＞**右上図で，S＝△ADG＝△ACG－△ACDである。A(6，6)であり，ABはx軸に平行だから，点Cのy座標は6である。点Cは直線$y=-x+3$上にあるので，$6=-x+3$，$x=-3$となり，C(－3，6)である。点Gは直線$y=-x+3$上にありx座標が5だから，$y=-5+3=-2$より，G(5，－2)である。点Dは2直線$y=x$，$y=-x+3$の交点だから，$x=-x+3$より，$x=\frac{3}{2}$となり，$y=\frac{3}{2}$となるから，D$\left(\frac{3}{2},\ \frac{3}{2}\right)$である。AC＝6－(－3)＝9であり，これを底辺と見ると，2点A，Gのy座標より△ACGの高さは6－(－2)＝8，2点A，Dのy座標より△ACDの高さは$6-\frac{3}{2}=\frac{9}{2}$となるので，△ACG＝$\frac{1}{2}$×9×8＝36，△ACD＝$\frac{1}{2}\times9\times\frac{9}{2}=\frac{81}{4}$であり，$S=36-\frac{81}{4}=\frac{63}{4}$となる。一方，$T$＝〔四角形BEDC〕＝△ABE－△ACDである。2点A，Bは曲線$y=\frac{1}{6}x^2$上にあり，ABはx軸に平行だから，2点A，Bはy軸について対称な点である。A(6，6)だから，B(－6，6)

となり，AB＝6－(－6)＝12である。E$\left(-\frac{9}{2},\ -\frac{9}{2}\right)$だから，辺ABを底辺と見ると，2点A，Eの$y$座標より△ABEの高さは$6-\left(-\frac{9}{2}\right)=\frac{21}{2}$となり，△ABE＝$\frac{1}{2}\times12\times\frac{21}{2}=63$となる。これより，$T=63-\frac{81}{4}=\frac{171}{4}$となる。以上より，$S:T=\frac{63}{4}:\frac{171}{4}=7:19$である。

5〔確率―カードと図形〕

(ア)**＜確率＞**袋P，袋Qにはそれぞれ6枚のカードが入っているから，それぞれの袋からカードを1枚ずつ取り出すとき，取り出し方は全部で6×6＝36(通り)ある。このうち，選んだ2個の点がともに平面ABCD上にあるのは，2つの袋から，B，C，Dのいずれかで異なるカードを取り出す場合だから，(袋P，袋Q)＝(B，C)，(B，D)，(C，B)，(C，D)，(D，B)，(D，C)の6通りある。よって，求める確率は$\frac{6}{36}=\frac{1}{6}$である。

(イ)**＜確率＞**右図で，選んだ2点および点Aの3点を結んでできる三角形のうち，3辺の長さが全て異なる三角形は，点Aと点Bと点Gを結んでできる三角形のように，1辺が立方体の辺，1辺が正方形の対角線，1辺が立方体の対角線となる三角形である。このような三角形は，△ABG，△ABH，△ACE，△ACG，△ADF，△ADG，△AEG，△AFG，△AGHがある。36通りの取り出し方のうち，△ABGとなる取り出し方は(袋P，袋Q)＝(B，G)，(G，B)の2通りある。△ABHとなる取り出し方は(袋P，袋Q)＝(B，B)の1通りある。同様に考えて，△ACE，△ACG，△ADF，△ADG，△AEG，△AFGとなる取り出し方はそれぞれ2通り，△AGHとなる取り出し方は1通りある。よって，3辺の長さが全て異なる三角形となる取り出し方は2×7＋1×2＝16(通り)だから，求める確率は$\frac{16}{36}=\frac{4}{9}$である。

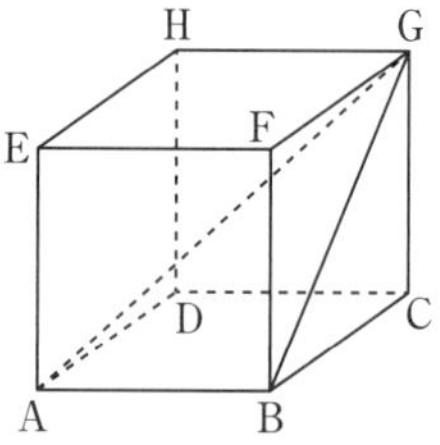

6〔空間図形―三角錐〕

(ア)**＜表面積＞**右図1の展開図を組み立ててできる三角錐の表面積は，図1の五角形ABCDEの面積である。AB＝BC＝CD＝6，∠B＝∠C＝90°より，四角形ABCDは正方形だから，その面積は，$6^2=36$である。また，AD＝AB＝6となるから，DE＝EA＝6より，AD＝DE＝EA＝6となり，△ADEは正三角形である。点Eから辺ADに垂線EJを引くと，△AEJは3辺の比が$1:2:\sqrt{3}$の直角三角形になるから，EJ＝$\frac{\sqrt{3}}{2}$EA＝$\frac{\sqrt{3}}{2}\times6=3\sqrt{3}$となり，△ADE＝$\frac{1}{2}$×AD×EJ＝$\frac{1}{2}\times6\times3\sqrt{3}=9\sqrt{3}$となる。よって，五角形ABCDEの面積は〔正方形ABCD〕＋△ADE＝$36+9\sqrt{3}$となるから，三角錐の表面積は，$36+9\sqrt{3}$cm^{2}である。

図1

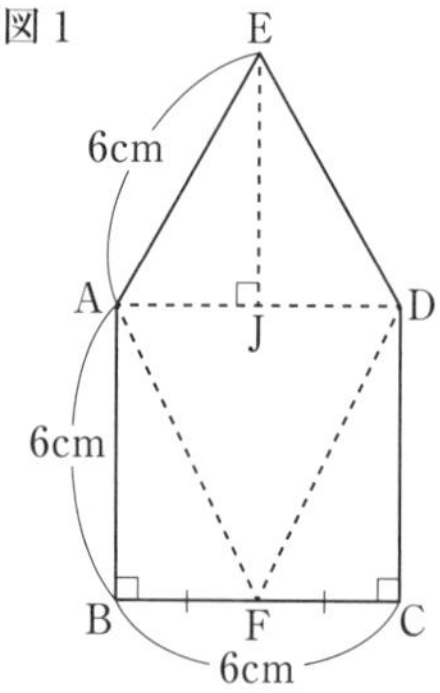

(イ)**＜体積＞**3点B，C，Eが重なる点をIとすると，右上図1の展開図を組み立ててできる立体は，右図2のような三角錐IADFとなる。図1で，∠B＝∠C＝90°より，図2で，∠AIF＝∠DIF＝90°だから，IF⊥〔面ADI〕となる。また，図1で，(ア)より△ADE＝$9\sqrt{3}$であり，BF＝CF＝$\frac{1}{2}$BC＝$\frac{1}{2}\times6=3$だから，図2で，△ADI＝$9\sqrt{3}$，IF＝3となる。よって，三角錐IADFの体積は，$\frac{1}{3}$×△ADI×IF＝$\frac{1}{3}\times9\sqrt{3}\times3=9\sqrt{3}$(cm^3)である。

図2

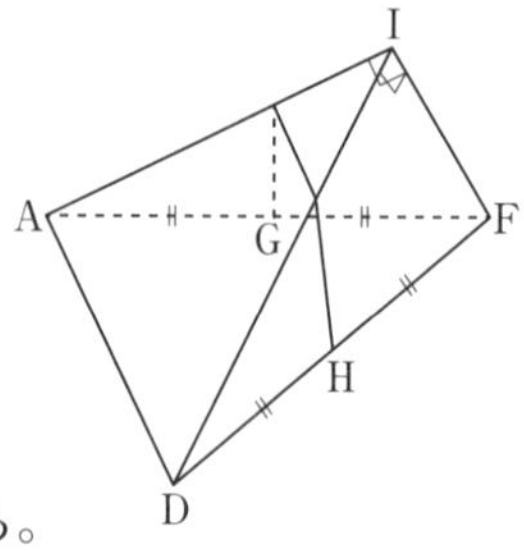

(ウ)**＜長さ＞**右上図2で，点Gから辺AI，辺DIと交わるように点Hまで引いた線は，面AFI，面ADI，面DFIを通るので，この3つの面を次ページの図3のように展開する。この線が最も短く

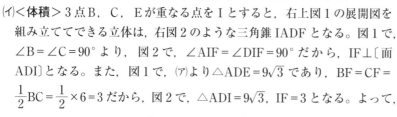

なるとき，その線は線分 GH で表される。点 F と点 F′ を結ぶと，△ADI が正三角形であり，△AFI ≡ △DF′I なので，図形の対称性から，FF′ // AD となる。また，FG = GA，F′H = HD だから，FF′ // GH // AD となり，GH と FD の交点を K とすると，FK = KD である。よって，△FAD で中点連結定理より，$\mathrm{GK} = \frac{1}{2}\mathrm{AD} = \frac{1}{2} \times 6 = 3$ となる。また，△FDF′ で中点連結定理より，$\mathrm{KH} = \frac{1}{2}\mathrm{FF'}$ となる。ここで，$\angle \mathrm{FIF'} = 360^\circ - \angle \mathrm{AIF} - \angle \mathrm{AID} - \angle \mathrm{DIF'} = 360^\circ - 90^\circ - 60^\circ - 90^\circ = 120^\circ$，IF = IF′ だから，点 I から FF′ に垂線 IL を引くと，FL = F′L，$\angle \mathrm{FIL} = \angle \mathrm{F'IL} = \frac{1}{2}\angle \mathrm{FIF'} = \frac{1}{2} \times 120^\circ = 60^\circ$ となる。これより，△FIL は 3 辺の比が $1 : 2 : \sqrt{3}$ の直角三角形だから，$\mathrm{FL} = \frac{\sqrt{3}}{2}\mathrm{IF} = \frac{\sqrt{3}}{2} \times 3 = \frac{3\sqrt{3}}{2}$ となり，$\mathrm{FF'} = 2\mathrm{FL} = 2 \times \frac{3\sqrt{3}}{2} = 3\sqrt{3}$ となる。したがって，$\mathrm{KH} = \frac{1}{2} \times 3\sqrt{3} = \frac{3\sqrt{3}}{2}$ となる。以上より，求める線の長さは，$\mathrm{GH} = \mathrm{GK} + \mathrm{KH} = 3 + \frac{3\sqrt{3}}{2}$ (cm) である。

図 3

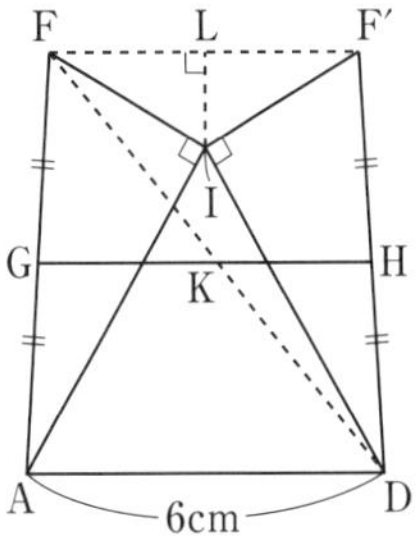

社会解答

1 (ア) 5　(イ) 8　(ウ) 1

2 (ア) フォッサマグナ　(イ) 2
(ウ) 4　(エ) 3

3 (ア) 601年から700年まで　(イ) 2
(ウ) 1　(エ) 6　(オ) 4

4 (ア) 4　(イ) 2　(ウ) 3
(エ) (i)… 1　(ii)… 4

5 (ア) 1　(イ) 2　(ウ) 2
(エ) あ…利子　い…A　(オ) 4

6 (ア) 3　(イ) 3
(ウ) (i) あ…主権　い…B　(ii)… 1
(iii)… 4

7 (ア) 3　(イ) 1　(ウ) 2
(エ) (i) (例)雇用を生み出す　(ii)… C

1 〔世界地理—世界の姿と諸地域〕

(ア)＜**正距方位図法と緯線**＞あ．略地図は，中心(北極点)からの距離と方位が正しく表される正距方位図法で描かれている。よって，この地図では，地図の中心以外の2地点間の距離や方位を正しく表すことはできないので，P地点から見たQ地点の方位も正しく表していない。　い．A～Cの緯線のうち，アフリカ大陸のギニア湾や南アメリカ大陸の北部を通るBが赤道であり，Aは南緯30度，Cは北緯30度の緯線となる。0度の緯線である赤道の長さは，地球を一周したときの長さであり，緯線のうちで最も長い。その他の緯線は赤道と平行に引かれていて，高緯度に行くにつれて短くなる。したがって，A～CのうちBが最も長いのはBであり，AとCは緯度がどちらも30度であることから長さは等しい。

(イ)＜**資料の読み取り**＞表1より，「世界全体」で仏教を信仰する人々の数は75億5026万×0.071＝5億3606万8460人より約5億3607万人，都市ア(デリー)を首都とする国(インド)でヒンドゥー教を信仰する人々の数は13億3918万×0.798＝10億6866万5640人より約10億6867万人である(b…○)。表3より，工業製品(機械類)と鉱産物(鉄鉱石，原油)の合計は41103百万ドルであり，総額に占める割合は，41103百万÷191127百万×100＝21.50…より約21.5％となる(d…○)。全体に占める各項目の割合を示すのに適しているのは円グラフや帯グラフであり，折れ線グラフは数値の変化を表すのに適している(e…×，f…○)。表1より，都市イ(プレトリア)を首都とする国(南アフリカ共和国)では，キリスト教(プロテスタント，カトリック，他のキリスト教)を信仰する人々の割合の合計は79.7％となり，人口の5割を上回っている(a…×)。表2より，都市ウ(ブラジリア)を首都とする国(ブラジル)の鉄鉱石の生産量が「世界計」に占める割合は，262000千÷1430000千×100＝18.32…より約18.3％である(c…×)。

(ウ)＜**シリコンバレー**＞都市エは，アメリカの太平洋岸に位置するサンフランシスコ周辺を指している。サンフランシスコ郊外のサンノゼ付近には，情報通信技術〔ICT〕やコンピュータなどに関連する企業や研究施設が集中しており，この地域はシリコンバレーと呼ばれている。

2 〔日本地理—日本の姿，地形図〕

(ア)＜**フォッサマグナ**＞フォッサマグナは，中部地方を南北に走る大地溝帯(大規模な溝状の地形)であり，この地域には断層(地盤の割れ目がずれ動いたもの)が集まっている。フォッサマグナの西端は，新潟県糸魚川市と静岡県静岡市をつないだ線(糸魚川－静岡構造線)にあたると考えられている。フォッサマグナの東側と西側では地形や地質が大きく異なっており，日本列島はフォッサマグナを境として東日本と西日本に分けることができる。

(イ)＜**北陸地方の都市と気候**＞都市．北陸地方は，中部地方の日本海側に位置する地域であり，新潟県，富山県，石川県，福井県が含まれる。金沢市は，石川県の県庁所在地である。なお，札幌市は北海道の道庁所在地，仙台市は宮城県の県庁所在地，名古屋市は愛知県の県庁所在地である。　　グラフ．日本海側の気候に属する金沢市は，冬に北西から吹く季節風の影響で冬の降水量が多い。したがって，ｂが金沢市のグラフである。なお，ａは，夏の降水量が多い太平洋側の気候に属する名古屋市のグラフである。名古屋市のほかに仙台市も太平洋側の気候に属するが，東北地方にある仙台市は，年間を通じてａよりも気温が低い。

(ウ)**＜資料の読み取り＞**65歳以上の人口は，（人口）×（65歳以上の人口の割合）÷100で求めることができ，グラフから読み取った数値をもとに計算すると，全ての年で８千人を超えている（４…○）。なお，折れ線グラフから，65歳以上の人口の割合は上昇し続けている（１…×）。出生率が低下しているかどうかは，このグラフからは読み取れない（２…×）。平成27年の65歳以上の人口の割合は30.5％なので，64歳以下の人口の割合は69.5％となり，65歳以上の人口は64歳以下の人口よりも少ない（３…×）。

(エ)**＜地形図の読み取り＞**ア．地形図上でアの駅の位置を確認すると，新黒部駅から２つ目の駅であり，アの駅のさらに１つ先の駅（新黒部駅から３つ目の駅）の近くには市民会館がある。これらを目印に案内図を見ると，新黒部駅から２つ目の駅は荻生駅であり，荻生駅のさらに１つ先の駅（東三日市駅）付近に市民会館があることが確認できる。なお，電鉄黒部駅は新黒部駅から４つ目の駅である。　イ．地形図と案内図の両方に示されている新黒部駅を基準にしてイの位置を考える。地形図上で，新黒部駅に立ち，市民会館がある方向（線路がのびている方向）を向くと，イは左手前方に位置する。同様に，案内図上で新黒部駅に立って市民会館がある方向を向き，「天池」と「西小路」の位置を確認すると，「天池」は左手前方，「西小路」は右手前方に位置することがわかる。したがって，イは「天池」の交差点となる。

3　〔歴史―古代～近世の日本と世界〕

(ア)**＜世紀＞**「世紀」とは，西暦年を100年ごとに区切って年代を表す方法である。紀元１年から100年までが１世紀，101年から200年までが２世紀となる。したがって，７世紀は601年から700年までである。

(イ)**＜古代～近世の出来事＞**あ．663年（白村江の戦い）～1185年（壇ノ浦の戦い）のＡの期間にあたる奈良時代（８世紀）には，地方ごとに地理や産物，伝承などを記した『風土記』がまとめられた。　い．1185年（壇ノ浦の戦い）～1467年（応仁の乱）の期間に，Ⅲの足利尊氏は，1333年に鎌倉幕府を滅ぼし，1338年に室町幕府を開いた。　　う．1615年（大阪夏の陣）～1840年（アヘン戦争の勃発）のＣの期間に，江戸幕府は諸藩を通じ，全国の土地と人々を支配する幕藩体制をとっていた。

(ウ)**＜年代整序＞**年代の古い順に，Ⅰ（701年－飛鳥時代末期），Ⅱ（1016年－平安時代中頃），Ⅲ（1167年－平安時代末期）となる。

(エ)**＜16世紀の日本と世界＞**Ｂは，1467年（応仁の乱）～1615年（大阪夏の陣）の期間である。資料の屛風には，十字架が取りつけられたキリスト教の教会やヨーロッパ人が描かれている。これは，戦国時代の16世紀に日本に来航するようになった南蛮人（スペイン人やポルトガル人）の様子を描いた南蛮屛風である。16世紀の世界では，カトリック教会のローマ教皇による免罪符（買うと罪が許されるとされた証書）の販売を批判して，ルターやカルバンらが宗教改革を行った。なお，Ｘは江戸時代に朝鮮から日本に派遣された朝鮮通信使についての説明である。また，十字軍の遠征が行われたのは11～13世紀，元が２度にわたって日本に攻めてきた元寇は鎌倉時代の13世紀のことである。

(オ)**＜江戸時代の文化＞**Ｃは1615年（大阪夏の陣）～1840年（アヘン戦争の勃発）の期間であり，江戸時代にあたる。江戸時代の17世紀末～18世紀初め，商業の発達した上方の都市を中心に，町人を担い手とする元禄文化が栄えた。この頃，井原西鶴は浮世草子と呼ばれる小説を書き，町人や武士の生活を描いた。なお，1は平安時代の国風文化，2は室町時代の北山文化，3は鎌倉時代の文化についての説明である。

4〔歴史―近代～現代の日本と世界〕

(ア)＜**年代整序**＞Aは，1853年(ペリーの来航)～1895年(三国干渉)の期間である。Ⅰ～Ⅲは，年代の古い順に，Ⅲ(1858年－日米修好通商条約をはじめとする安政の五か国条約の締結)，Ⅱ(1871年－岩倉使節団の派遣)，Ⅰ(1894年－領事裁判権の撤廃を定めた日英通商航海条約の締結)となる。

(イ)＜**大正時代の生活**＞Bは，1895年(三国干渉)～1931年(満州事変)の期間である。この時期にあたる大正時代には，雑誌や新聞の発行部数が大きく伸び，また1925年にはラジオ放送が始まった。なお，1は高度経済成長期にあたる1960年前後，3は文明開化が進んだ明治時代初期の1870年代，4は第二次世界大戦末期の1944～45年の様子である。

(ウ)＜**日中戦争と国家総動員法**＞Cは，1931年(満州事変)～1965年(日韓基本条約の締結)の期間である。1937年，北京郊外で日本軍と中国軍が衝突する盧溝橋事件が起こり，これをきっかけに日中戦争が始まった。当時の中国は，辛亥革命によって1912年に成立した中華民国である。日中戦争が長引くと，政府は戦時体制の強化をはかるため，1938年に国家総動員法を定めた。これにより，議会が制定した法律に基づかずに政府が労働力や物資を戦争に動員することができるようになり，議会が持つ法律の制定に関する機能は大きく制限されることになった。なお，アメリカ合衆国との間に太平洋戦争が始まったのは1941年であり，また1940年に日本はドイツ，イタリアと日独伊三国同盟を結んでおり，ドイツと日本との間にCの期間には戦争は起こっていない。軍隊の指揮については，大日本帝国憲法で天皇の権限であると定められていた。

(エ)＜**日中共同声明と毛沢東，資料の読み取り**＞(i)Dは，1965年(日韓基本条約の締結)～2002年(日朝首脳会談)の期間である。この期間中に日本と中華人民共和国が共同で行ったこととしては，1972年の日中共同声明の発表，1978年の日中平和友好条約の締結がある。資料中に「両国間にこれまで存在していた不正常な状態に終止符を打つ」といった文言があることから，これは両国の国交の正常化を定めた日中共同声明であると判断できる。日中共同声明は，当時日本の総理大臣であった田中角栄と，中華人民共和国の政治を建国当初から主導していた毛沢東によって発表された。なお，蔣介石は，毛沢東の率いる共産党と内戦で戦った国民党の指導者であり，共産党が勝利して1949年に中華人民共和国を建国すると，国民党を率いて台湾に逃れた。　(ii)貿易黒字は(輸出した額)－(輸入した額)で求めることができ，その値は1985年よりも1993年の方が小さいことがグラフから読み取れる(Y…○)。1985年には，輸出した額(約15兆円)が輸入した額(約6兆円)の約2.5倍となっている(X…×)。1980年代，自動車などの輸出を伸ばした日本の貿易黒字が拡大すると，アメリカなどとの間で貿易摩擦が深刻化した(b…○)。日本で主要なエネルギー源が石炭から石油に変わったのは高度経済成長期(1950年代半ば～1970年前半)のことである(a…×)。

5〔公民―総合〕

(ア)＜**インターネット**＞インターネット上に書き込んだ個人情報が拡散したり，書き込んだ情報をもとに第三者によって個人情報が特定されたりすることがある(X…正)。インターネットを通じた通信販売によって商品を購入するインターネット・ショッピングが普及している(Y…正)。

(イ)＜**医療費の負担と社会保障制度**＞「事例」の領収書を見ると，「負担割合　30%」と書かれており，実際にかかった医療費のうち，患者本人が負担するのは30%であることがわかる。これは，社会保険の1つである医療保険の仕組みである。人々は毎月保険料を支払い，病院にかかったときには一部の負担のみで治療を受けることができる。社会保険は，日本の社会保障制度を構成する4つの柱(社会保険，公的扶助，社会福祉，公衆衛生)の1つである。なお，社会資本は，道路や学校など，生活や産業の基盤となる公共施設のことである。循環型社会は，廃棄物を最小限に抑え，使える資源を繰り返し利用していく社会である。情報社会は，情報が大きな価値や役割を持つようになった社会である。

(ウ)**＜資料の読み取り＞**女性では，非正規雇用で働く65歳以上の人の数は169万人であり，これは15～24歳の145万人に次いで少ない（2…×）。

(エ)**＜利子，日本銀行の役割＞あ**．資金の借り手が貸し手に支払う報酬を利子〔利息〕という。銀行から資金を借り入れた場合，借り入れた金額（元金）に利子を加えて返済する必要がある。　**い**．日本の中央銀行である日本銀行は，紙幣（日本銀行券）を発行する「発券銀行」，政府の資金の出し入れを行う「政府の銀行」，一般の銀行に対して資金の貸し出しや預金の受け入れを行う「銀行の銀行」という3つの役割を持っている。なお，Bは，独占禁止法の運用を行う公正取引委員会についての説明である。

(オ)**＜価格や景気の変動＞**生産者が1人や少数である場合，他の生産者との価格競争が弱まるため，生産者は価格を引き上げやすくなる（b…○）。不況の際には，減税を行って企業や家計が使える資金を増やすことで，消費が増え，景気の回復につながることが期待できる（d…○）。なお，供給量が需要量よりも多い場合，商品が余るため価格は下がり，生産者は供給量を減らそうとする（a…×）。好況の際には，消費が拡大して商品の需要量が増えるため，物価が上がり続けるインフレーションが発生しやすくなる（c…×）。

6　**〔公民―総合〕**

(ア)**＜日本国憲法の人権＞**犯罪を犯した疑いによって抑留・拘禁され，その後裁判で無罪の判決を受けた場合，国にその補償を求めることができる。これを刑事補償請求権といい，日本国憲法が人権を守るために保障する請求権の1つである（X…誤）。

(イ)**＜国や地方の政治のしくみ＞**地方公共団体の住民は，一定以上の署名を集めることによって政治上の請求を行う直接請求権を認められている。議会の解散を請求するためには，有権者の3分の1以上（有権者が40万人以下の地方公共団体の場合）の署名を集める必要がある。

(ウ)**＜国際社会と日本，資料の読み取り＞**(ⅰ)**あ**．国際社会における主権とは，他国の干渉を受けることなく自国を統治する権利である。主権を持つ国家どうしは互いに対等であり，これを主権平等の原則という。国の主権が及ぶ範囲を領域といい，領域は領土・領海・領空から構成されている。
い．領海は海岸線から12海里（約22km）の範囲である。その外側で，海岸線から200海里（約370km）までの水域を排他的経済水域という。排他的経済水域内では，漁業資源や鉱産資源を沿岸国が自国のものとして管理・開発などを行うことが認められている。　(ⅱ)戦争や内戦で生活が壊された地域や発展途上国などの経済や社会の発展を助けるため，日本などの先進国の政府による政府開発援助〔ODA〕や，非政府組織〔NGO〕による援助活動が行われている（X…正）。自衛隊は，1992年に成立した国際平和協力法〔PKO協力法〕に基づいて1990年代から国際連合の平和維持活動〔PKO〕に参加しているほか，2003年に起こったイラク戦争では，特別に制定された法律に基づいて2004年にイラクに派遣された（Y…正）。　(ⅲ)日本では，政府から支出された医療関連支出の割合（9.2％）が，家計などから支出された医療関連支出の割合（1.7％）の5倍を上回っている（1…×）。家計などから支出された医療関連支出の割合は，インドよりも日本やアメリカ合衆国の方が低い（2…×）。乳児死亡率が10人を下回っている4か国（日本，韓国，フランス，アメリカ合衆国）ではいずれも，政府から支出された医療関連支出の割合が，家計などから支出された医療関連支出の割合を上回っている（3…×）。

7　**〔三分野総合―ニューヨークを題材とする問題〕**

(ア)＜**時差**＞最初に，日本とニューヨークの時差を求める。日本の標準時子午線である東経135度とニューヨークの標準時子午線である西経75度の経度差は，135＋75より210度である。経度15度につき１時間の時差が生じることから，日本とニューヨークの時差は，210÷15より14時間である。日付変更線をまたがずに位置関係を見た場合，西へ行くほど時刻は遅れるため，日本よりも西にあるニューヨークの時刻は，日本よりも14時間遅れている。次に，日本を出発したときの時刻をニューヨークの時刻に直すと，12月28日午前10時の14時間前であるから12月27日午後８時となる。ニューヨークまでの飛行時間が13時間なので，ニューヨークに到着した時の時刻は13時間後の12月28日午前９時となる。

(イ)＜**国際連合**＞い．第41条には「兵力の使用を伴わないいかなる措置を使用すべきかを決定することができ」とあるが，第42条では，第41条の措置では不充分な場合には「国際の平和及び安全の維持又は回復に必要な空軍，海軍または陸軍の行動をとることができる」とあることから，経済的な措置に加えて軍事的な措置をとることが可能であると考えられる。　　う．世界人権宣言は，1948年に国際連合で採択され，人権の尊重を人類の普遍的な価値とした。なお，児童〔子ども〕の権利に関する条約は，子どもの持っている権利と，その保護を定めた条約で，1989年に国際連合で採択された。

(ウ)＜**アメリカ独立戦争**＞アメリカ独立戦争が起こったのは1775年であり，1868年に明治政府が誕生する前後の明治維新の時期よりも前である。

(エ)＜**ニューディール政策**＞カードで説明された事業は，1929年から始まった世界恐慌において，景気回復をはかるために，1933年にルーズベルト大統領がとったニューディール〔新規まき直し〕政策の１つである。このような公共事業を行うことにより，雇用を生み出して失業者を減らすねらいがあった。グラフを見ると，1929年から大きく上昇していた失業率が1933年頃から下がり始めており，政策の効果が出ていると判断できる。

2020年度／神奈川県公立高等学校

理科解答

1　(ア)　4　(イ)　4　(ウ)　2
2　(ア)　4　(イ)　6　(ウ)　3
3　(ア)　1　(イ)　5　(ウ)　3
4　(ア)　3　(イ)　1
　(ウ)　(ⅰ)…4　(ⅱ)…2
5　(ア)　5　(イ)　(ⅰ)…1　(ⅱ)…3
　(ウ)　5　(エ)　X…2　Y…1
6　(ア)　(ⅰ)…2　(ⅱ)…1　(イ)　$2.7cm^3$
　(ウ)　X…(例)塩素が水に溶けた
　(エ)　3
7　(ア)　6　(イ)　X…3　Y…2
　(ウ)　2　(エ)　1
8　(ア)　6　(イ)　(ⅰ)…2　(ⅱ)…4
　(ウ)　午前4時　(エ)　X…4　Y…5

1 〔小問集合〕

(ア)＜エネルギー＞下降するジェットコースターは位置エネルギーが運動エネルギーに移り変わり，最も低い位置で運動エネルギーが最大になるので，速さは最大になる。また，摩擦や空気の抵抗がなければ，位置エネルギーと運動エネルギーの和である力学的エネルギーは一定に保たれる。しかし，実際には摩擦や空気の抵抗などによって，力学的エネルギーの一部は熱エネルギーや音エネルギーなどの別のエネルギーに移り変わるため，力学的エネルギーは減少する。

(イ)＜電流と磁界＞方位磁針のN極が北を指すのは，地球の北極付近にS極があるからである。磁力線はN極から出てS極に向かうから，地球の南極付近(N極)から出て，北極付近(S極)に向かっている。また，電流の向きに右ねじの進む向きを合わせると，磁界は右ねじを回す向き(右回り)にできる。図2で，N極が指す磁界の向きは，真上から見ると左回りになっているから，電流の向きはbである。

(ウ)＜力の大きさとばねののび＞100gの物体にはたらく重力の大きさを1Nとすると，200g，150g，70gのおもりにはたらく重力の大きさは，それぞれ2.0N，1.5N，0.70Nである。グラフより，ばねAは0.80Nの力で4.0cmのび，2.0Nの力のときののびがa cmだから，0.80：2.0＝4.0：aが成り立つ。これを解くと，0.80×a＝2.0×4.0より，a＝10(cm)となる。同様に，ばねBは0.80Nの力で6.0cmのび，1.5Nの力でb cmのびるから，0.80：1.5＝6.0：bより，b＝11.25(cm)となり，ばねCは0.80Nの力で12cmのび，0.70Nの力でc cmのびるから，0.80：0.70＝12：cより，c＝10.5(cm)となる。よって，a＜c＜bである。

2 〔小問集合〕

(ア)＜密度＞空気は窒素と酸素の混合物だから，空気の密度は，窒素の密度1.17g/Lより大きく，酸素の密度1.33g/Lより小さい。同じ条件で比べたとき，同じ体積の空気よりも重い気体は，密度が空気の密度より大きい気体である。よって，表の5種類の気体のうち，空気より重い気体は，酸素と二酸化炭素，塩素である。

(イ)＜蒸留＞表より，温度が低いときに得られた1本目の液体にはエタノールが多く含まれ，温度が高くなってから得られた3本目の液体にはエタノールがほとんど含まれていなかったことから，エタノールが水よりも低い温度で蒸発していることがわかる。なお，エタノールや水の沸点は，この実験からはわからない。

(ウ)＜還元＞たたら製鉄は，砂鉄(酸化鉄)と炭素を用いて鉄をつくる製鉄法で，酸化物から酸素を取り除く化学変化を還元という。同様に，酸化銅(CuO)を炭素(C)で還元することで，銅(Cu)をつくることができる。化学反応式は，矢印の左側に反応前の物質の化学式，右側に反応後の物質の化学式を書き，矢印の左右で原子の種類と数が等しくなるように化学式の前に係数をつける。

3 〔小問集合〕

(ア)＜無性生殖＞図のように，茎の一部の先に新しい個体をつくる方法は，体細胞分裂によって新しい個体をつくる無性生殖(栄養生殖)である。無性生殖によってつくられた新しい個体は，もとの個体と全く同じ遺伝子を持つ。そのため，オランダイチゴA，B，Cの葉の細胞1個に含まれる染色体にある遺伝子は，全て同じである。

(イ)＜**セキツイ動物**＞表で，子が水中で生まれるＢとＥは魚類か両生類で，親が肺で呼吸しないＥが魚類だから，Ｂは両生類である。体温を一定に保つことができる恒温動物は鳥類とホニュウ類で，胎生ではないＡは鳥類である。残るＣとＤはハチュウ類かホニュウ類で，胎生ではないＤがハチュウ類だから，Ｃがホニュウ類である。以上より，適しているのは５である。なお，１はホニュウ類，２はハチュウ類，３は鳥類，４は両生類の特徴である。

(ウ)＜**花のつくり**＞図１のａは雌花，ｂは雄花，図２のｃは柱頭，ｄはやく，ｅは子房である。マツでは雌花のりん片の胚珠で受粉が行われ，アブラナではめしべの柱頭で受粉が行われる。なお，花粉がつくられるのはｂとｄ，受精が行われるのはａとｅである。また，胚珠があるのはａとｅで，マツは子房がなく胚珠がむき出しで，アブラナの胚珠は子房につつまれている。

4 〔小問集合〕

(ア)＜**前線**＞図で，左側の前線は寒冷前線で，寒気が暖気の下にもぐり込みながら進み，右側の前線は温暖前線で，暖気が寒気の上にはい上がって進む。よって，地表面ではＸ側からＹ側に向かって，寒気，暖気，寒気がある。また，前線面の傾斜は，寒冷前線より温暖前線の方が緩やかになる。

(イ)＜**雲のでき方**＞図のフラスコ内がくもるのは，ピストンを引いて空気が膨張したときである。これは，空気には膨張すると温度が下がる性質があるためで，温度が下がることで露点に達し，空気中の水蒸気の一部が凝結して細かい水滴ができ，フラスコ内がくもったのである。また，この実験のように，空気が膨張するのは，空気が上昇するときである。

(ウ)＜**プレートの移動**＞(i)海山Ａがハワイ島付近でできてから海山Ｂまで移動し，現在の海山Ａの位置まで移動した距離は3500＋2500＝6000(km)つまり，6000×1000×100＝600000000より，６億cmで，プレートは１年で8.5cm移動する。よって，この距離を移動するのにかかった年数は，６億÷8.5＝60000万÷8.5≒7058万より，およそ7000万年前である。　(ii)約7000万年前は中生代の終わり頃で，恐竜が繁栄した年代である。なお，生命が誕生したのは約38億年前，人類が誕生したのはおよそ700万年前である。

5 〔身近な物理現象〕

(ア)＜**音の伝わり方**＞実験１で，容器内の空気を抜いていくと音が徐々に小さくなり，やがて聞こえなくなったことから，空気が音を伝えていることがわかる。真空中では音を伝えるものがないので，音は伝わらない。また，音が空気中を伝わるときは，音源の振動が波となって伝わっていく。空気の振動によって耳の中の鼓膜が振動し，うずまき管に振動が伝えられる。うずまき管では振動が刺激の信号に変えられ，その信号が神経を通って脳に伝わり，音を聞くことができる。

(イ)＜**音の波形**＞(i)音の大きさは，弦の振幅が大きくなるほど大きくなり，音の高さは，弦が１秒間に振動する回数(振動数)が多いほど高くなる。また，音の波形は，音の大きさが大きくなるほど振幅(山の高さ)が大きくなり，音の高さが高くなるほど振動数(山の数)が多くなる。よって，弦を強くはじくと，弦の振幅が大きくなるため，音の大きさが大きくなり，波形の振幅も大きくなる。しかし，弦の長さが変わらないとき，音の高さは変わらないので，波形の振動数も変わらない。　(ii)ことじの位置をａの側に近づけ，はじく弦の長さを短くすると，音の高さは高くなるので，振動数が多くなる。しかし，音の大きさは同じだから，振幅は同じである。

(ウ)＜**音の高さ**＞振動数が多いほど音は高い。表で，弦の太さと弦を張る強さが同じ条件Ⅱと条件Ⅲでは，弦の長さが長い条件Ⅲの方が振動数は少ないため，音が低い。よって，Ｂが適している。また，弦の長さと弦の太さが同じ条件Ⅰと条件Ⅱでは，弦を張る強さが強い条件Ⅱの方が振動数が多いから，音が高い。よって，Ｃが適している。

(エ)＜**弦を張る強さ**＞条件Ⅳ～Ⅵでは，弦の長さは全て同じなので，弦の太さと発生した音の振動数について考えればよい。表より，振動数が同じ(音の高さが同じ)である条件Ⅳと条件Ⅵでは，条件Ⅵの方が弦の太さが太いので，弦を張る強さは条件Ⅵの方が強い。また，弦の太さが同じ条件Ⅴと条件Ⅵでは，条件Ⅴの方が振動数は多い(音が高い)ので，弦を張る強さは条件Ⅴの方が強い。以上より，弦を張る強さが弱いものから強いものへ順に並べると，条件Ⅳ＜条件Ⅵ＜条件Ⅴとなる。

6〔化学変化とイオン〕

(ア)**＜塩化銅の電気分解＞**実験１で，うすい塩化銅水溶液に電流を流すと，塩化銅が電気分解されて，陰極には銅が付着する。銅は金属だから，薬さじなどでこすると金属光沢が出る。なお，陽極から発生する気体は塩素である。

(イ)**＜水の電気分解＞**表１より，電圧をかけた時間が２倍，３倍になると，たまった水素と酸素の体積も２倍，３倍となっていることから，電圧をかけた時間とたまった気体の体積は比例することがわかる。よって，電圧を２分間かけたときにたまる気体の体積は，水素が$1.2cm^3$，酸素が$0.6cm^3$だから，電圧を９分間かけたときにたまる気体の体積は，水素が$1.2\times\frac{9}{2}=5.4(cm^3)$，酸素が$0.6\times\frac{9}{2}=2.7(cm^3)$である。したがって，たまった水素の体積と酸素の体積の差は，$5.4-2.7=2.7(cm^3)$となる。

(ウ)**＜塩酸の電気分解＞**実験３のように，うすい塩酸に電圧をかけると，溶質である塩化水素が電気分解されて陰極に水素，陽極に塩素が発生する。発生する水素と塩素の体積は同じだが，水素が水に溶けにくいのに対し，塩素は水に溶けやすいため，水に溶けてたまる量が少なくなる。

(エ)**＜塩化ナトリウム水溶液の電気分解＞**実験１の水溶液中では，塩化銅が銅イオン(Cu^{2+})と塩化物イオン(Cl^-)に電離していて，電流を流すと陰極に銅(Cu)が付着し，陽極から塩素(Cl_2)が発生する。実験２の水溶液中では，水酸化ナトリウムがナトリウムイオン(Na^+)と水酸化物イオン(OH^-)に電離していて，電流を流すと陰極から水素(H_2)，陽極から酸素(O_2)が発生する。実験３の水溶液中では，塩化水素が水素イオン(H^+)とCl^-に電離していて，電流を流すと陰極からH_2，陽極からCl_2が発生する。うすい塩化ナトリウム水溶液中では，塩化ナトリウム(食塩)がNa^+とCl^-に電離している。よって，実験１～３より，水溶液中で電離している陽イオンがNa^+のときは陰極からH_2，陰イオンがCl^-のときは陽極からCl_2が発生すると考えられる。

7〔動物の生活と生物の変遷〕

(ア)**＜刺激と反応＞**実験１において，左手の皮膚で受け取った刺激は，皮膚で刺激の信号に変えられ，刺激の信号は，図３の皮膚→感覚神経Ｂ→脊髄→Ｃの経路で脳に伝わる。脳では刺激の信号に対する判断が行われ，命令の信号が出される。命令の信号は，脳→Ｄ→脊髄→運動神経Ｆの経路で筋肉に伝わり，反応が起こる。

(イ)**＜刺激と反応＞**皮膚で刺激を受けてから隣の人の手をにぎる反応は，(ア)より，皮膚→感覚神経Ｂ→脊髄→Ｃ→脳→Ｄ→脊髄→運動神経Ｆ→筋肉の経路で伝わる。これに対して，Ｋさんが最後の人の右手が挙がったのを目で見て，脳で判断して筋肉に命令を出し，筋肉が動いてストップウォッチを止める反応は，目→感覚神経→脳→Ｄ→脊髄→運動神経Ｆ→筋肉の経路で伝わるので，皮膚で刺激を受けてから隣の人の手をにぎる反応の経路とは異なる。よって，これらの反応にかかる時間も異なると考えられる。

(ウ)**＜刺激と反応＞**実験２②の反応は，刺激の信号が，目→感覚神経→脳→脊髄→運動神経→筋肉の経路で伝わって起こる。自転車で走っているときの反応で，この実験２②の反応が起こる経路に相当するのは，障害物があることに気づいてから，脳から出された命令の信号が運動神経を通って筋肉に伝わり，ブレーキをかけるまでである。

(エ)**＜刺激と反応＞**実験２の表の記録１は光の刺激を受けてから反応するまでの時間を表し，記録２は音の刺激を受けてから反応するまでの時間を表している。これらの反応が起こるまでの経路のうち，脳が判断して命令の信号を出してから反応が起こるまでの経路は同じである。また，表より，記録１より記録２の時間の方が全て短い。よって，この表から，反応するまでにかかる時間は，光の刺激より音の刺激の方が短いという仮説が立てられる。

8〔地球と宇宙〕

(ア)**＜月の見え方＞**月は太陽の光を反射して輝いて見える。そのため，太陽と地球，月の位置関係が変化すると，地球からは月の輝いている面をいろいろな角度から見ることになり，月は満ち欠けするように見える。図１のように，月の左側が細く輝いて見えるのは，地球から見て，月の左側に太陽の光が当たり，光が当たっている部分があまり見えないときである。図２で，このときの月の位置は６である。

(イ)<**さそり座の見え方**>(i)さそり座は夏の代表的な星座で，北半球では夏の真夜中に南中する。夏は地球の地軸の北極側が太陽の方に傾いているので，図３で，夏の地球の位置は２である。　(ii)(i)より，さそり座が真夜中に南中するときの地球の位置は，図３の２である。このとき，右図のように，さそり座は，地球から見て太陽と反対側にある。また，図１で，さそり座のアンタレスは午前６時に東の空の低いところに見えているから，さそり座は太陽とほぼ同じ方向にある。よって，図３で，さそり座と太陽が同じ方向に見える地球の位置は４である。

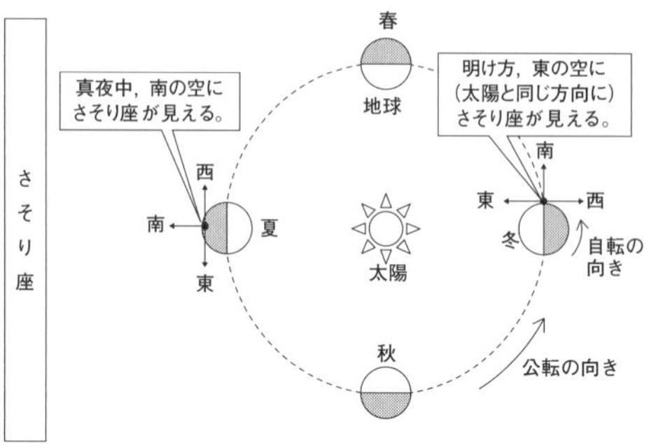

(ウ)<**星の見え方**>同じ場所で観察したとき，同じ時刻に観察した星の位置は，地球の公転によって，１か月後には東から西へ360°÷12＝30°動いて見える。また，星は１日のうち，地球の自転によって，１時間当たり東から西へ360°÷24＝15°動いて見える。したがって，１日のうちで，星が西へ30°動くのにかかる時間は，30÷15＝２(時間)なので，１か月後に，アンタレスが同じ位置に見えるのは，午前６時の２時間前の午前４時である。

(エ)<**惑星の見え方**>図１は，太陽が昇る前のスケッチなので，地球から見て，金星は太陽の右側にある。よって，図４のＡ～Ｄのうち，このときの金星の位置は，地球から見て太陽の右側にあるＤである。また，金星と木星は惑星だから，太陽の光を反射して輝いて見える。金星は地球の内側を公転しているので，太陽と地球，金星の位置関係が大きく変化し，地球から金星の輝いている面をいろいろな角度から見ることになる。そのため，金星は満ち欠けするように見える。一方，火星や木星は地球の外側を公転しているため，火星や木星がどの位置にあっても，地球からは火星や木星の輝いている面が大部分見えることになり，ほとんど満ち欠けしない。特に，木星は火星よりもさらに外側を公転していて，地球からの距離は火星よりも遠いため，木星は欠けて見えることはない。

国語解答

一 (ア) 1 ゆうかん 2 しっそう
3 しゅんびん 4 ほころ
(イ) a…1 b…4 c…2 d…3
(ウ) 4 (エ) 2

二 (ア) 1 (イ) 4 (ウ) 2 (エ) 3

三 (ア) 3 (イ) 1 (ウ) 2 (エ) 1
(オ) 3 (カ) 4

四 (ア) 1 (イ) 3 (ウ) 2 (エ) 1
(オ) Ⅰ 分かりやすい
Ⅱ 妄信的な考え方
(カ) 4 (キ) 4 (ク) 2

五 (ア) 3
(イ) [家庭用水の使用量が減った主な理由は,]節水便器などの技術が進歩するとともに，人々の節水に対する意識も高まった(35字)[からだと考えられます。]

一〔国語の知識〕

(ア)＜漢字＞1．勇ましく思い切って行動すること。　2．非常に速く走ること。　3．頭がよくて，判断や行動がすばやいこと。　4．音読みは「破綻」などの「タン」。

(イ)＜漢字＞a．「急務」と書く。1は「緩急」，2は「休暇」，3は「打球」，4は「請求」。　b．「埋蔵」と書く。1は「銅像」，2は「肝臓」，3は「増補」，4は「冷蔵」。　c．「妥協」と書く。1は「即興」，2は「協賛」，3は「競泳」，4は「供給」。　d．「敬(う)」と書く。1は「政策」，2は「衛星」，3は「敬礼」，4は「早計」。

(ウ)＜品詞＞「電子辞書が欲しい」と「映画が見たい」の「が」は，述語の対象を示すはたらきをする格助詞。「速いが」と「訪ねたが」の「が」は，接続助詞。「我が国」の「が」は，連体修飾語をつくる格助詞で，「の」に置き換えることができる。

(エ)＜短歌の内容理解＞はるかに響きわたるような夕焼けは，しばらく時がたつと遠くなってしまった，という意味。「轟くごとき」は，実際の音ではなくて，夕焼けの赤さを表現している。

二〔古文の読解―仮名草子〕出典；『伊曾保物語』下三十四。

≪現代語訳≫盗人が，僧の袖を引きとめて，怒って申したことは，「私はあなたを当てにすると言ったけれども，そのかいがない。(私のために)お祈りをなさらないのか」と申したところ，僧が答えて言うことには，「私はその日からわずかの間の暇もなく，あなたのことを祈っています」とおっしゃるので，盗人が申したことには，「あなたは出家の身として，うそをおっしゃるものだなあ。その日から悪念ばかりが起こります」と申したところ，僧は計略を立てて，「急に喉が渇いてしかたがない」とおっしゃるので，盗人が申したことには，「ここに井戸がございますよ。私が上から縄をつけて，(あなたを)井戸の底へお入れしましょう。満足するまで水をお飲みになって，上がりたいとお思いになりますならば，引き上げ申そう」と約束して，その井戸へ(僧を)押し入れた。その僧が，水を飲んで，「上げてください」とおっしゃるときに，盗人は力を出してえいやと(縄を)引くけれども，全く上がらない。どうしてかと思って，うつ伏せになって(井戸を)のぞいて見ると，どうして上がるはずがあろうか，その僧は，そばにある石にしがみついているので，盗人が怒って申したことには，「それにしてもあなたは愚かな人だなあ。その様子では，どうして祈祷も効果があるだろうか(いや，ないだろう)。その石をお放しください。簡単に引き上げ申そう」と言う。僧が，盗人に申したことには，「だからこそ，私があなたのために祈っても，このようでございますよ。どんなに祈ったとしても，まずあなたが悪念の石から離れなさいませんから，あなたのように強い悪念(を持つ人)は，善人になることが難しいのでございます」と申されたので，盗人はうなずいて，その僧を引き上げ申し，足元にひれ伏して，「もっともなことであるなあ」と言って，それ以来髪を切って出家し，すぐに僧の弟子となって，貴い善人となった。

(ア)＜古文の内容理解＞僧は，盗人のために悪念が消えるように祈り続けていると言うけれども，盗人自身は，まだ悪念ばかりが起こってしまい，効果がないので，「祈っている」というのはうそだと思っているのである。

(イ)＜**古文の内容理解**＞突然，僧が喉が渇いたと言ったので，盗人は，僧を井戸に下ろして，心ゆくまで水を飲んでもらおうと考えたのである。

(ウ)＜**古文の内容理解**＞井戸から引き上げようとしているのに，僧が石にしがみついているので，盗人は，僧を引き上げることができなかった。盗人は，僧を愚かな人だと思い，愚かな人がいくら自分のために祈ったとしても，何の効果も期待できないだろうと考えたのである。

(エ)＜**古文の内容理解**＞盗人は，僧の祈りの力を当てにして悪念を払いのけ，善人になりたいと思っていたが，僧の祈りの効果が感じられず，僧に不満を抱いた。僧は，はかりごとをして，盗人自身が悪念にとらわれているのでいくら自分が祈っても効果はなく，盗人自身から悪念を捨て去ることが大切だと諭した。それを聞いて盗人は，心を改めて出家し，僧の弟子になった。

三 〔**小説の読解**〕出典；野中ともそ『洗濯屋三十次郎』。

(ア)＜**心情**＞三十次郎が兄から聞いた父の言葉は，三十次郎は頼りないけれども，父の予想もつかないような者になるかもしれないから，その将来を見守ってやろうというものであった。父の言葉を思い出して，三十次郎は，父が自分を評価してくれたと感じてうれしくもあるし，照れくさくもあったのである。

(イ)＜**心情**＞長門は，洋二郎が息子の三十次郎の将来を気にかけていたことを初めて知った。洋二郎は，いつも長男ばかりをかわいがっているように見えたが，実は三十次郎も含め「家族」を見ていたのであった。思いもしなかった洋二郎の新しい側面を見た気がしている長門が自分の気持ちを確かめるように，ゆっくりと読むのがよい。

(ウ)＜**文章内容**＞中島クリーニング店の崩壊を止めたのは，実は三十次郎の存在であったのかもしれないと，長門は思ったけれども，それを直接三十次郎本人には言うことなく，自分の胸の中に納めておこうとして，「あまさが歯にしみまして」と答えた。

(エ)＜**心情**＞長門は，最初はスワトウのハンカチに牧子の悲しみを読み取っていたが，三十次郎との会話を経て，「家族の日々」を思い起こさせるものがあるように感じ始めた。洋二郎も牧子も，三十次郎のことを気にかけていたし，家族はつながっていたのだと長門は思った。

(オ)＜**心情**＞長門は，職人として染みは抜かなければならないと考えているが，三十次郎は，「じゃましない染み」なら抜かなくてもいいと考えているし，店長になる今も自分の考えを変えるつもりもない。三十次郎のそうした頑固なところは父親譲りだと感じ，長門は，染みのことでは相いれないものはあるけれども，洋二郎を支えたのと同じように，三十次郎のそばにいて支えていこうと思ったのである。

(カ)＜**要旨**＞三十次郎がハンカチを染めたことと，それを巡る家族のエピソードを通して，洋二郎が三十次郎を認め見守ろうとしていたことを，長門は初めて知った。

四 〔**論説文の読解―自然科学的分野―科学**〕出典；中屋敷均『科学と非科学』「科学は生きている」。

≪**本文の概要**≫科学は，生物のように変化していき，より適応したものが生き残り，さらに成長し，進化していく。これは，科学の最大の長所である。この科学の性質は，科学的知見の何ものも「不動の真理」ではないことも示す。科学的知見には，ある仮説がどの程度確からしいのかという確度の問題が存在するだけである。我々は，「原理的に不完全な」科学的知見に対しては，より正確な判断のために，その科学的知見の確からしさについて，正しい認識を持つべきであり，確からしさを正確に把握し厳しく区別していく必要がある。しかし，専門家ではない者が科学的知見の確からしさを判断するというのは，現実的には難しい。そこに権威主義が忍び寄ってくる。人々は，権威にすがりつき安心したいので，権威のある者が認めた科学的知見を正しいと思ってしまう。また，この権威主義は，科学の生命力を損なう側面も持つ。権威主義者は，自分の信じていた世界が崩壊することを恐れ，自分の価値の外にある考え方を認めようとしなくなるため，科学は変化できなくなる。科学を支える理性主義の根底にあるものは，権威主義とは正反対で，物事を先入観なしにあるがままに見て，自らの理性で，科学の意味や仕組みを考えることである。科学的に生きるということは，信頼に足る情報を集め，真摯に考えることであり，個々の自由な考え方の中から，より適したやり方や仮説が生き残って，次の世界を担っていくことになる。

(ア)＜**接続語**＞A．大きな業績は，権威主義に利用されやすいとはいうものの，ノーベル賞を獲得するにも，有力な科学雑誌に掲載されるためにも，専門家の厳しい審査があって，それに耐えるだけの確かさを，その知見が持っていることは，認められる。　B．専門家の存在や意見は認められるが，専門家がいうのだから間違いないというような，権威主義による科学的知見の判定は，どこか危険なものである。

(イ)＜**文章内容**＞科学的知見が，選別されていくうちに，その有用性や再現性の高い仮説が生き残り，さらによりよく現実を説明できるものに変化していくことは，生物界で環境に適応できるものが生き残っていくことと同じである。

(ウ)＜**文章内容**＞科学は，進化し成長するものだから，100パーセント正しいという科学的知見が存在することはないのである。

(エ)＜**文章内容**＞科学的知見に対しては，その確からしさを正確に把握して区別し判断していけばいいのだが，判断するための情報をどのように集めたらよいのか，また専門家でも意見の分かれる問題をどのように判断したらよいのかということは多く，専門家ではない者が，そうした問題を理解し，専門家たちを上回る判断をすることは，現実的には困難である。

(オ)＜**文章内容**＞Ⅰ．「権威の高さと情報の確度を同一視して判断するというやり方」の利点は，「分かりやすい」ことである。　Ⅱ．「権威が言っているから正しい」というのは，本質的には「妄信的な考え方」である。

(カ)＜**文章内容**＞権威が失墜することに，人々は信頼できるものが失われることへの恐怖を感じる。また，権威主義者は，信じる価値が崩壊することを恐れて，自分の構築する体系から外れるものを認めない。これらの恐怖感によって権威主義は，科学の変化していくという性質を損なっていく。

(キ)＜**文章内容**＞「ランダム」は，手あたり次第，という意味。科学にとって唯一大切なことは，「信頼に足る情報を集め，真摯に考える」ことである。どれが正しいと明確にいえることはないのだから，それぞれに進む人々の中から，より適したやり方や仮説が生き残っていくのである。

(ク)＜**要旨**＞ある意味，科学は「生きて」いて，生物のように変化を生み出し，より適応力の高いものが生き残る，すなわち，変化することが，科学の最大の長所である（1…×）。科学の専門家の意見はもちろん尊重されるべきだが，これが権威主義と結びつくと，専門家の意見だから正しいと思い込むだけになってしまう（3…×）。科学的に生きるためには，信頼に足る情報を集め，真摯に考えることが唯一の大切なことであり，科学は変化するものだと認識するならば，個々の自由な営みから，よりよいものが生き残っていくことに人々は関係することができる（2…○）。ただし，「すべての人が『科学』に寄与しなければならない」わけではない（4…×）。

五〔**資料**〕

(ア)家庭用水の使用量のグラフ中で，平成27年度の「風呂・シャワー」の使用量は，「トイレ」の使用量の二倍弱になっている（1…×）。平成27年度の「洗濯」の使用量は，「風呂・シャワー」の使用量の三分の一強になっている（2…×）。平成27年度は平成14年度と比べて，家庭用水の使用量全体に占める「炊事」の使用量の割合が，約20パーセント減少している（4…×）。

(イ)便器や洗濯機などの水利用機器は，節水機能や用途によって水量を調節できる機能がついて，進歩している。また，人々の節水に対する意識が変化してきて，関心を持つ人が増えている。この二点を押さえて，字数を守り，「技術」「意識」の二語を使い，条件を満たすように文をつくっていく。

Memo

誰にもよくわかる 解説と解答 2019年度

神奈川県　正答率

(全日制の課程)

英語

1	ア	1	57.7%
		2	33.9%
		3	53.0%
	イ	1	71.8%
		2	73.2%
	ウ	1	38.4%
		2	35.9%
2	ア		52.7%
	イ		62.3%
	ウ		14.2%
3	ア		54.9%
	イ		88.6%
	ウ		44.7%
	エ		55.1%
4	ア		63.7%
	イ		56.5%
	ウ		24.1%
	エ		27.0%
5			14.9%
6	ア		60.6%
	イ		62.9%
	ウ		48.2%
7	ア		68.2%
	イ		62.8%
8	ア		54.6%
	イ		46.5%
	ウ		29.0%

社会

1	ア	i	47.7%
		ii	37.7%
	イ	i	55.1%
		ii	48.6%
	ウ		24.3%
	エ		26.6%
2	ア		21.7%
	イ		88.6%
	ウ	i	34.8%
		ii	67.2%
		iii	49.1%
		iv	40.3%
3	ア		33.5%
	イ		53.1%
	ウ		35.5%
	エ		57.8%
	オ		20.1%
	カ		22.7%
4	ア		45.7%
	イ		36.5%
	ウ		49.4%
	エ		34.7%
	オ	i	24.2%
		ii	57.0%
5	ア		51.2%
	イ	i	57.5%
		ii	21.5%
	ウ	i	34.7%
		ii	26.8%
	エ		44.1%
6	ア	i	15.6%
		ii	65.4%
	イ		69.5%
	ウ		26.2%

数学

1	ア	98.1%
	イ	98.3%
	ウ	98.8%
	エ	98.2%
	オ	95.2%
2	ア	94.3%
	イ	88.6%
	ウ	78.8%
	エ	79.9%
	オ	89.0%
	カ	95.0%
3	ア	40.3%
	イ	2.1%
	ウ	6.8%
4	ア	84.2%
	イ	29.7%
	ウ	2.0%
5	ア	43.9%
	イ	7.8%
6	ア	73.0%
	イ	46.3%
	ウ	1.7%
7	ア	77.5%
	イ	7.4%
	ウ	2.4%

理科

1	ア	88.4%
	イ	47.3%
	ウ	14.6%
2	ア	69.1%
	イ	63.9%
	ウ	50.5%
3	ア	72.3%
	イ	81.2%
	ウ	44.3%
4	ア	74.9%
	イ	84.8%
	ウ	18.0%
5	ア	66.8%
	イ	65.4%
	ウ	56.7%
	エ	28.2%
6	ア	53.7%
	イ	75.1%
	ウ	68.7%
	エ	66.9%
7	ア	69.3%
	イ	82.9%
	ウ	71.3%
	エ	45.5%
8	ア	82.8%
	イ	58.7%
	ウ	51.3%
	エ	58.0%

国語

一	ア	1	73.9%
		2	39.2%
		3	16.2%
		4	65.6%
	イ	a	25.1%
		b	53.7%
		c	62.2%
		d	76.3%
	ウ		93.4%
	エ		35.5%
二	ア		84.0%
	イ		77.2%
	ウ		59.4%
	エ		65.5%
三	ア		67.2%
	イ		65.0%
	ウ		78.7%
	エ		51.4%
	オ		58.3%
	カ		65.9%
四	ア		91.0%
	イ		66.2%
	ウ		58.0%
	エ		60.7%
	オ		55.6%
	カ		47.6%
	キ		81.8%
	ク		66.7%
五	ア		28.2%
	イ		11.7%

2019年度／神奈川県公立高等学校

英語解答

1 (ア) No. 1　1　No. 2　4　No. 3　2
　(イ) No. 1　4　No. 2　3
　(ウ) No. 1　3　No. 2　weather

2 (ア) born　(イ) example
　(ウ) continue

3 (ア) 1　(イ) 2　(ウ) 1　(エ) 4

4 (ア) 3番目…6　5番目…5
　(イ) 3番目…6　5番目…1
　(ウ) 3番目…3　5番目…4
　(エ) 3番目…1　5番目…2

5 (例) will we be able to see them?

6 (ア) 5　(イ) 4　(ウ) 6

7 (ア) 3　(イ) 3

8 (ア) 2　(イ) 5　(ウ) 4

1 〔放送問題〕

(ア)No. 1．メアリー(M)：ケンジ，数学の宿題もう終わった？　私には難しすぎるよ。／ケンジ(K)：僕は昨夜2時間かけてやったけど，終わらせられなかったよ。／M：じゃあ，今日タナカ先生にあの宿題についてきいてみたらどうかな？／K：1 そうだね。お昼に先生の所へ行ってみよう。

No. 2．M：ケンジ，あなたのお兄さんは今，アメリカにいるそうね。／K：うん，先週アメリカで勉強し始めたんだ。／M：本当？　すばらしい経験ができるといいね。お兄さんは何を勉強してるの？／K：4 兄は映画制作に興味があって，映画のつくり方を学んでるんだ。

No. 3．M：ケンジ，11月に学園祭があるよね。楽しいだろうな。／K：そうだね。来週，クラスで学園祭について話し合いをするよ。何かアイデアはある？／M：私は食べ物をつくって販売したいな。去年は何をしたの？／K：2 大勢の人の前で，はやりの歌を歌ったよ。

(イ)No. 1．フランク(F)：ミキ，先週末は何をしてたの？／ミキ(M)：えっとね，弟のタロウと科学博物館へ行ったよ。／F：それはいいね！　弟さんは何歳なの？／M：12歳だよ。この春に中学生になるんだけど，学校の理科クラブに入りたいんだって。／F：それはすごいね！　弟さんは何に興味があるの？／M：家でよく星を観察してるよ。星についてもっと詳しく知りたがってるの。

　Q：「ミキの弟のタロウについて正しいものはどれか」―4．「タロウは中学校に入ったら理科クラブに入りたいと思っている」

No. 2．F：ミキ，昨夜のサッカーの試合，テレビで見た？　すごくおもしろかった！／M：ううん，見なかった。今朝はバスケの朝練で早く登校しなきゃならなかったから，昨夜は早く寝たの。／F：どうして授業の前に練習があったの？　試合があるの？／M：うん。今週末に大事な大会があるの。うちのチームは強くないから，毎日朝と放課後に猛練習しないとね。／F：なるほど。君のチームが大会で優勝できるといいね。幸運を祈ってるよ，ミキ。／M：ありがとう，フランク。

　Q：「ミキについていえることは何か」―3．「ミキはテレビでサッカーの試合を見ずに早く寝た」

(ウ)≪全訳≫皆さん，こんにちは。「一番楽しみたい学校行事は何ですか」という質問にお答えいただきありがとうございました。回答についてお話ししたいと思います。25名の生徒がマラソン大会を選びました。この大会は10年前に始まり，私たちは川沿いを走ります。音楽会を楽しみたいという生徒はもっと大勢いました。それぞれのクラスが全校生徒の前で音楽を演奏します。音楽会の前の1か月間は，とてもがんばって練習しなければなりません。また，85名の生徒が修学旅行を楽しみたいと思っています。皆さんは来年の10月，沖縄に行って美しい海を楽しむことになっています。フェスティバルを楽しみたいという生徒は135名でした。体育祭と文化祭の2つのフェスティバルがあります。どちらの方がより人気があるでしょうか？　それは体育祭です！　75名の生徒がこちらを選びました。来月，5月25日に体育祭があります。晴れるといいですね。雨の場合は，翌週に行います。こういった全ての学校行事をみんなで楽しみましょう！

No.１．合計が300人で，選んだ人数はそれぞれ，「マラソン大会」が25人，「修学旅行」が85人，「学園祭」と「体育祭」が合わせて135人，「その他」が10人なので，300－(25＋85＋135＋10)＝45(人)となる。また，「体育祭」を選んだ生徒が75人いるので，「文化祭」を選んだ人数は，135－75＝60(人)である。

No.２．「当日，(　　)がよくない場合は，体育祭の日程は変更となります」―weather「天気，天候」　「雨の場合は，翌週に行います」と言っているので，「天気がよくない」とすればよい。

２〔対話文完成―適語補充〕

≪全訳≫ショウヘイ(Ｓ)：君は中国語をとても上手に話せるんだってね。中国に住んでたの？／ボブ(Ｂ)：うん，僕は中国で生まれて，10歳までそこに住んでたんだ。／Ｓ：中国に住んでた頃について，どんなことを覚えてる？／Ｂ：友達といろんなことをして楽しんだよ。例えば，サッカーや野球やゲームをしたりね。すごく楽しかった。／Ｓ：そこに親友が大勢いたんだね？／Ｂ：そうさ。今でも中国語でＥメールのやりとりを続けてるよ。／Ｓ：へえ，君たちは長い間友情が続いてるんだね。すごい！

(ア)「中国で(　　)，10歳までそこに住んでいた」という文脈なので，born が適する。　be born「生まれる」　(イ)続けて中国の友達としたことの具体例が挙げられており，For に続いているので，example「例」を入れて For example「例えば」とすればよい。　(ウ)この後，ショウヘイはボブの言葉を聞いて「長い間ずっと友達でいるんだね」と言っているので，continue「～を続ける」を補って，メールのやりとりが続いているという内容にすると，自然な会話になる。

３〔適語(句)選択〕

(ア)主語は one of the birds「鳥のうちの１羽」で，I bought yesterday「昨日私が買った」は後ろからそれを修飾するまとまりである。主語が単数で，now「今」のことを表す文なので，be動詞の３人称単数現在形 is が適する。　「今，昨日買った鳥のうちの１羽がさえずっている」

(イ)空所の前の as に注目して，‘as ～ as …’「…と同じくらい～」の形にする。　「そのネコはいつ母ネコと同じくらい大きくなったのか」

(ウ)「タクヤが10歳だったとき」とあり，この文の動詞が was という過去形なので，これに合わせて read の過去形 read を選ぶ。　read－read－read　「タクヤは10歳の頃，有名なサッカー選手の書いた本を読んだ」

(エ)「２月の有名なお祭り」と「大勢の人がその町を訪れる」をつなぐ語として，「～の間に」という‘期間’を表す during を選ぶ。なお，between は「(２つのもの)の間に」という意味なので，ここでは不適切。　「２月の有名な祭りの期間中，大勢の人がこの町を訪れる」

４〔対話文完成―整序結合〕

(ア)Ａ：サヤカ，君が一番好きな食べ物は何？／Ｂ：私はおすしが一番好きよ。//Ｂが I like ～ the best. と答えていることから，最も好きな物を尋ねているとわかる。答えは「おすし」なので，what food「何の食べ物」で始め，続けて疑問文の語順で do you like とする。　Sayaka, what food do you like the best?(不要語は eat)

(イ)Ａ：週末はどうだった？／Ｂ：家族と動物園に行ったよ。妹〔姉〕はそこで動物を見てうれしそうだったな。//‘look＋形容詞’「～(の様子)に見える」を使って My sister looked happy「妹はうれしそうだった」とし，その後に‘感情の原因’を表す to不定詞の副詞的用法で to see the animals「動物を見て」とまとめる。　My sister looked happy to see the animals there.(不要語は at)

(ウ)Ａ：お誕生日おめでとう，アヤコ！　これはあなたへのプレゼントよ。／Ｂ：ありがとう，ママ。すてき。こんな時計が欲しかったの。//want to ～ で「～したい」。ここでは‘～’に動詞の原形 have を置き，wanted to have とまとめる。have の目的語は a watch で，like はここでは「～のような」の意味の前置詞として用いて this の前に置き，a watch like this「このような時計」

とする。 I've wanted to have a watch like this.(不要語は something)

(エ)A：木の下で歌っている背の高い女の子の名前を知ってる？／B：うん。あの子の名前はマイコだよ。∥Bの発言から，Aが名前を尋ねたのだとわかる。'*A* of *B*'「*B*の*A*」の形で the name of the tall girl「その背の高い女の子の名前」とまとめればよい。 Do you know the name of the tall girl singing under the tree?(不要語は about)

5〔条件作文―絵を見て答える問題〕

≪全訳≫A：アキはカナ公園で花を鑑賞していた。彼女は友達のルーシーにも花を見てほしいと思った。ルーシーは翌週，オーストラリアから来日することになっていた。／B：アキは案内の人にこう言った。「ここにあるお花について質問があります。友達と一緒にまたここに来たいと思っているのですが。来週，お花を見ることはできますか？」／C：彼はこう答えた。「はい，できますよ。来週まできれいに咲いているでしょう」 アキは言った。「じゃあ来週来ます。ありがとうございました」

＜解説＞Aから，来週，友達のルーシーが来ることと，アキがルーシーに花を見せたがっていることがわかる。これを受けて，「来週」に続くアキの問いかけとして適切なのは，来週，花が見られるかという内容。未来のことを尋ねるので will で始まる疑問文にし，条件から主語を we「私たち」とする。また，able と see「～を見る」を含むという条件があるので，be able to ～「～できる」を使って will we be able to see ～？とする。見るのは these flowers「これらの花」だが，前の文に出ているので，繰り返しを避けるために them「それら」とするのがよい。

6〔長文読解総合―スピーチ〕

≪全訳≫1皆さん，こんにちは。私はサチです。今年の夏，私は高校生議会に参加しました。それは私の市が毎夏開催する行事で，私は昨年も参加しました。毎年，私の市の高校から約30名の生徒が3日間この行事に参加します。今年は3つのグループに分かれ，それぞれのグループが私たちの市をよりよくするための方法について話し合いました。私は農業に関するグループでした。今日はこの行事についてお話ししたいと思います。

21日目，私たちのグループはこの市の農場経営者を訪ねました。私たちは農家の方の農作業のお手伝いをしたり，その方とお話をしたりしました。彼が育てた野菜を食べる機会もありました。その野菜は本当に新鮮でおいしかったです。彼はおいしい食べ物を育てるためにがんばり，私たちの市のもっと多くの人たちが地元産の食べ物を食べてくれることを願っています。

3農家の方とお話しした後，私たちは地元産の食べ物の生産と消費に関心を持ちました。つまり，私たちの市で栽培されたりつくられたりした食べ物を買って食べるということです。地元で食べ物を生産し，消費することにはたくさんの利点があります。農作物の直売所で食べ物を買うと，誰がそれを育てたのかを知ることができます。農家の方と話す機会があれば，彼らが食べ物をどんなふうに育てているかや，それをどんなふうに調理できるかを教わることもできます。こういったことは，私たちが口にする食べ物が安全だと感じるのに役立ちます。今，私は食べ物がどこから来るのか，そして農家の方々がどんなふうにそれを栽培しているかを知りたいと思っています。私たちは毎日食べる食べ物にもっと興味を持つべきです。

4その農家の方は，食品が移動する距離についても話してくださいました。①私たちの食べる食品が外国から来るとすれば，それは長い距離を移動することになります。これはたくさんのエネルギーを利用しており，地球にはよくありません。この図をご覧ください。この図は大豆が移動する2つの異なる距離を示しています。この図において，アメリカと，私たちの市にある豆腐工場との間の距離は1万9968キロメートルあり，これは245.9キログラムの二酸化炭素を産出しています。私たちの市の農地と豆腐工場との間の距離は3.4キロメートルで，これは0.6キログラムの二酸化炭素を産出しています。私たちは自分の市の大豆を原料としてつくった地元の食品を食べるべきだと思います。私たちの市の農地から運んできた方が，アメリカから運んでくるよりも二酸化炭素の産出量が少ないので，その方が地球にとってよいのです。②皆さんは，地元の食べ物を選ぶことが地球にとってよいことだと思いますか？　私はそう思います。地元の食べ物を食べれば，食べ物が栽培される場所とそれが食べられる場所との間の距離が縮まるのです。私たちの未来のために，二酸化炭素の産出量の少ない食品を食べたいと思います。
5次に，このグラフをご覧ください。このグラフは日本の食料自給率に関するものです。このグラフは，1960年には日本の食料自給率が約80パーセントだったことを示しています。2015年には，およそ40パーセントでした。残りは外国から来ているということです！　日本の食料自給率は下がっています。地元の食べ物に関心を持ち，それをもっと食べるようにすれば，日本の食料自給率は上がるかもしれません。
6翌日，私たちのグループは地元で食べ物を生産し，消費することについて話し合いました。私たちは，市内で暮らす人たちにもっと地元の食べ物を食べてもらいたいと思います。地元の食べ物に対して私たちにできることは何でしょうか？　③私たちは市内の人たちに，地元の食べ物についてもっと知ってもらいたいのです。そこで，何らかのイベントを行うのがいいのではないかと考えました。いくつかアイデアがあります。市内で暮らす人たちが市の農場経営者の方々を訪問し，一緒に作業をし，地元の食べ物を食べるというものです。また，フードフェスティバルを開催し，そこで地元の新鮮な食べ物を販売する予定です。インターネットを利用して，地元で食べ物を生産し，消費することの利点を皆さんに知ってもらうつもりです。
7最終日に市議会に行き，そこで私たちのアイデアをお伝えしました。市長は私たちのアイデアに賛成してくれました。市長は，「君たちの考えはとても気に入りましたよ，そしてそのアイデアを利用してみたいと思います。来年もまた市議会に来てください」と言ってくださいました。私たちはそれを聞いてうれしく思いました。来年もまたこのイベントに参加して，私たちの市をもっとよくするために，さらにいろいろなことに挑戦してみたいと思います。ご清聴ありがとうございました。

㋐**＜適文選択＞**①空所の前で「食べ物が移動する距離」という話題を示し，空所の後には「これはたくさんのエネルギーを使い，地球によくない」とあることから，空所の直後の This は，食べ物が長い距離を移動してくるという，Cの内容を指していると判断できる。　②空所の後で「私はそう思う」と賛成の意思を示していることから，「あなたは～だと思うか」と問いかける形になっているAが適する。　③空所の前で地元産の食べ物について問いかけているので，これに対する考えを述べるBが適する。

㋑**＜適文選択＞**空所の後に「その方が地球にとってよい」とあり，その理由として，アメリカから輸入するよりも地元の農場から運んでくる方が，産出される二酸化炭素量が少ないと説明されている。よって，地元産の大豆を使った食べ物を食べるべきだと主張する４が適する。

㋒**＜内容真偽＞**a.「今年，サチは初めて高校生市議会に参加した」…×　第１段落第４文参照。去年も参加している。　b.「初日の農場体験を通じて，サチは地元で食べ物を生産し，消費することに興味を持った」…○　第２段落～第３段落第１文と一致する。　c.「1995年，日本は食料の約40パーセントを外国から輸入していた」…×　グラフ参照。1995年の食料自給率は約40パーセントなので，残りの約60パーセントは輸入に頼っていたことになる。　d.「サチは，人々は将来のために長い距離を運ばれてきた食品を食べるべきだと考えている」…×　第４段落参照。　e.「２日目，サチのグループは自分たちの市の地元の食べ物について話し合い，何をすべきかについて考えた」…○　第６段落第１～４文と一致する。　f.「この市の市長は，農業団体の考えを理解するために，インターネットを利用するつもりである」…×　このような記述はない。

7〔**長文読解―英問英答**〕

㋐**≪全訳≫**❶アカリは高校生で，16歳である。今，彼女は母親と話している。アカリはピアノのレッスンを受け始めたいと思っている。❷アカリ(A)：お母さん，駅でこのチラシをもらって，ここにあるピアノのレッスンの１つを受けたいんだけど。❸母(M)：あら，いいじゃない。どのくらい通いたいの？❹A：毎週木曜日のレッスンを受けたいな。❺M：何時がいいの？❻A：放課後，午後４時30分から５時のレッスンに行きたいな。❼M：いいわよ。ピアノを弾くのってすごく楽しいわよ！❽A：ありがとう，お母さん。❾M：いつから始めたいの？❿A：来月，５月からがいいな。

案内

ピアノのレッスン　月謝			
	木曜日か金曜日 月２回のレッスン 30分のレッスン	毎週火曜日か 木曜日 30分のレッスン	毎週月曜日， 木曜日か土曜日 60分のレッスン
３～６歳	4000円	7000円	10000円
７～12歳	4500円	8000円	12000円
13～15歳	5000円	9000円	14000円
16～18歳	5500円	10000円	16000円
19歳以上～	6000円	11000円	18000円
・初回の月謝は半額です。 ・最初の月には楽譜代として3000円のお支払いが必要になります。			

Q：「アカリは５月にいくら支払うことになるか」―３．「8000円」　本文第１，４，６段落より，アカリは16歳で，毎週木曜日に30分のレッスンを受ける。これをもとに表を見ると，初回の月である５月に支払う金額は，１万円の半額の月謝である5000円と，楽譜代3000円を合わせた8000円とわかる。

(イ)≪全訳≫❶マリとユミはカモメスタジアムで行われるコンサートに行く予定である。スタジアムはカモメ駅の近くにある。２人はそこへ電車で行く予定だ。５つのルートがある。２人はキタ駅から出発するつもりだ。❷マリ(M)：インターネットでキタ駅からカモメ駅まで行くルートが５つ見つかったよ。どのルートで行こうか？❸ユミ(Y)：ルートAはどう？❹M：うーん，それだと１時間くらいかかるし，３回も乗り換えないといけないよ。❺Y：うまく乗り換えられないと，もっと時間がかかっちゃうね。❻M：そうだね。じゃあ別のルートにしよう。乗り換えが一番楽なのはどのルートかな？❼Y：これだと思う。乗り換えは１回で済むけど，800円くらいかかるね。❽M：じゃあその他の３つのルートを見てみよう。２回乗り換えないといけないね。ここにある乗り換え駅に行ったことある？　私は１度だけサクラ駅に行ったことがあるよ。❾Y：私はカワ駅に行ったことある。そこでよく乗り換えるんだ。❿M：へえ，それはいいね。このルートにしよう。600円より多くかからないし，あなたは乗り換えの仕方がわかってるしね。⓫Y：うん，そうしよう。

Q：「彼女たちはどのルートを利用するか」―３．「ルートC」　第８～10段落から，２人は乗り換えが２回で，カワ駅を通り，運賃が600円より多くならないルートを選んだとわかる。

8 〔長文読解総合―会話文〕

≪全訳≫❶ナオト，ケイコ，マリの３人はカモメ高校の生徒である。彼らは放課後，教室で話している。すると，オーストラリア出身で彼らに英語を教えているブラウン先生が教室に入ってきて彼らに話しかける。

❷ブラウン先生(B)：やあ，みんな。何してるんだい？

❸ナオト(N)：防災に関する宿題をやってるんです。

❹B：へえ，詳しく教えてくれよ。

❺ケイコ(K)：ちょうど防災訓練について話していました。

❻B：私は先週末，近所の中学校で行われた防災訓練に参加してきたよ。近所の人たちと一緒にその学校まで歩いていって，災害に備えてどんな準備をすればいいか教わったんだ。

❼K：学校の近くに住んでいる人を対象に，学校でそうしたイベントを行っている都市は多いですよね。

私も去年参加しました。
8 N：ほんと？　僕は防災訓練について聞いたことはあるけど，参加したことは1度もないんだ。ケイコはそのイベントでどんなことをしたの？
9 K：防災セットをつくったの。その中に薬，水や食料，ラジオとか，そういった物を入れたわ。
10 B：洪水や地震の後，救援物資がすぐに届かない場合もあるからね。2，3日は援助がなくても暮らせるよう，防災セットを持っておくべきだよ。緊急時には，ラジオが便利なんだ。テレビが見られなかったり，インターネットが利用できないときでも，ラジオが市に関する情報を流してくれるからね。
11 マリ（M）：私は先月，カモメ市の防災訓練に参加しました。そこで，洪水や地震などの危険な状況で生き延びるための方法を教わりました。私は家族と毎年参加しているんですよ。
12 B：すごいね！　君もそこで大切なことを教わったんだね？
13 M：はい。今年はそのイベントで防災地図をつくりました。
14 K：私も去年，別のイベントで防災地図をつくったわ。
15 N：防災地図って何？
16 K：危険な場所や，災害時に重要となる場所を教えてくれる地図のことよ。近所に住んでる人たちと，それを共有すべきだと思うの，だって私たちが危険な状況で一緒に生き延びるために重要な情報がそこに書いてあるから。
17 N：マリ，ケイコ，防災地図のつくり方を僕に教えてくれない？
18 M：もちろん。学校の近くの地図がいるね。
19 K：コンピュータ室に行って，インターネットで地図を入手しましょう。
20 彼らはコンピュータ室で地図を入手する。マリとケイコはナオトに防災地図のつくり方を説明する。
21 N：見て，僕の家はここ。学校から歩くと，10分かかるんだ。それで，まず何をすればいい？
22 M：学校の近くにある危険な場所を見つけないといけないね。何かわかる？
23 N：そうだなあ，学校の近くにスズメ川があるよね。雨がたくさん降ると，あの川沿いを歩くのは危険だな。
24 K：この橋を見て。洪水や大地震が起きたら壊れちゃうかも。
25 B：そうだね。じゃあ，この道は使えないね。
26 K：カエデ通りには建物がたくさんあって，中にはものすごく古い建物もあるわ。あれも，大地震が起きたら倒壊するかも。
27 M：ナオト，こういう危険な場所に黒いシールを貼るんだよ。
28 N：わかった。
29 M：次に，病院のような重要な場所や，公園みたいに安全な場所に白いシールを貼ろう。
30 N：サクラ通り沿いには病院があるし，うちの近くにはツバメ公園があるな。
31 K：ツバメ公園は大きい公園だから，緊急時には大勢の人がそこにいられるわね。
32 N：ここは僕の家族が緊急時に集合するのにいい場所だな，だってここは避難場所になってるし，僕の家からそこまでほんの数分しかかからないからね。
33 M：それはいい考えだね。それに，この公園には給水所もある。地下に貯水槽があるから，緊急時にはそこから水を入手できる。このことは覚えておいた方がいいし，この公園にはシールを貼るべきだね。
34 K：あっ，この公園の正面にはお店もあるわ。役に立ちそうね。
35 N：わかった。そこに白いシールを貼るよ。
36 M：最後に，危険な状況になった場合，うちの学校からどの道を通るのが一番いいかを選ぶんだよ。
37 K：ナオト，学校にいるときに地震が起きたら，あなたはどの道を通る？　一番いい道を見つけて，私たちに教えて。このペンを使っていいわよ。

38 N：そうだなあ，この道を通って公園に行こうかな。そこで家族に会えるよ。

39 B：そうだね。ナオト，今夜君の家族にこの地図を見せるといい。危険な状況になったときにどうするかを家族と話し合うのはとても大切だよ。

40 N：そうですね。今夜そのことについて話し合ってみます。

41 K：私たちの学校の周りには他にも危険な場所があると思うの。学校の周りを歩いて，そういうところをみんなで探してみない？

42 N：それはいい考えだね！　そうすれば，さらにいい地図をつくれるよ。

43 M：困った状況になったら，お互いに助け合わないとね。私たちみたいな生徒だって，市内に住む人たちのために何かできると思う。

44 B：そのとおりさ。カモメ市防災訓練のようなイベントで講習を受けると，どうやって助け合ったらいいかについて考えるきっかけになるね。そういうことが私たちの地域社会をより強固なものにするんだ。君たちには緊急時に必要な物について考えたり，防災について家族や友人，近所の人たちと話し合ったりしてほしい。考えはみんなで共有しようね。

45 M：次回はカモメ市防災訓練にみんなで一緒に参加しよう。

46 N：今度は僕も絶対参加するよ。今日はいろいろと勉強になったなあ。

(ア)＜**適文選択**＞空所の前では，防災地図について説明している。また，空所の後には，防災地図には災害時に一緒に生き延びるために重要な情報が書かれている，とある。together「一緒に」とあることから，自分だけでなく他の人たちとも防災地図の情報を共有することが大切だという内容が入ると判断できる。　‘share＋物＋with＋人’「〈物〉を〈人〉と共有する」

(イ)＜**要旨把握**＞第23～25段落より，スズメ川と橋の付近は危険なので●，第26段落より，建物の倒壊の恐れがあるカエデ通りも●，第31～35段落より，ツバメ公園とその正面にある店には○が貼られるとわかる。また，第32，38段落より，災害時の避難先は自宅ではなくツバメ公園だとわかる。これらを総合し，●のある所を避けてツバメ公園に向かう道を選べばよい。

(ウ)＜**内容真偽**＞a.「ケイコとマリは一緒にカモメ市防災訓練に参加し，災害に備えるための講習を受けた」…×　第7段落および第11段落参照。市の防災訓練に参加したのはマリだけで，ケイコは近所の学校で行われた防災訓練に参加している。　b.「ブラウン先生は，救援物資は数日では届かない場合があると言い，重要な場所はどこかを知るため，人々は防災地図をつくらなくてはならないとも言った」…×　前半の内容は第10段落に一致するが，ブラウン先生が防災地図をつくらなくてはならないと述べている場所はない。　c.「ケイコは市のイベントで防災セットをつくり，また援助がなくても暮らせるように，ナオトとマリにもそれをつくってほしいと言った」…×　第9，10段落参照。後半はケイコではなくブラウン先生が話した内容である。　d.「ナオトは学校から公園までの最も安全な道がわかったので，それを家族に見せて緊急時にどうするべきかを話し合うつもりだ」…○　第38～40段落と一致する。　e.「ケイコとナオトとマリは学校周辺を歩いた後，危険な場所を全て見つけた」…×　第41段落参照。まだ行っていない。　f.「ブラウン先生は，他者のことを考え，お互いに助け合うことは地域社会をより強固にすると考えている」…○　第44段落第2，3文と一致する。

数学解答

1 (ア) 1　(イ) 2　(ウ) 3　(エ) 2
(オ) 4

2 (ア) 1　(イ) 2　(ウ) 1　(エ) 4
(オ) 3　(カ) 3

3 (ア) 66°　(イ) 6：11
(ウ) (ⅰ)…$\dfrac{x+8}{6}=\dfrac{x-5}{5}$　(ⅱ)…70

4 (ア) 5　(イ) (ⅰ)…2　(ⅱ)…4
(ウ) $\dfrac{33}{14}$

5 (ア) 2　(イ) $\dfrac{11}{36}$

6 (ア) 5　(イ) 4　(ウ) $2\sqrt{10}$ cm

7 (ア) (ⅰ)…3　(ⅱ)…1
(イ) (例) AB∥CP　(ウ) $\dfrac{13\sqrt{3}}{3}$ cm

1〔独立小問集合題〕

(ア)＜数の計算＞与式 $=-7-13=-20$

(イ)＜数の計算＞与式 $=-\dfrac{21}{35}+\dfrac{15}{35}=-\dfrac{6}{35}$

(ウ)＜式の計算＞与式 $=-\dfrac{32ab^2}{4b}=-8ab$

(エ)＜平方根の計算＞与式 $=\sqrt{3^2\times7}+\dfrac{42\times\sqrt{7}}{\sqrt{7}\times\sqrt{7}}=3\sqrt{7}+\dfrac{42\sqrt{7}}{7}=3\sqrt{7}+6\sqrt{7}=9\sqrt{7}$

(オ)＜式の計算＞与式 $=x^2+8x+16-(x^2-9x+20)=x^2+8x+16-x^2+9x-20=17x-4$

2〔独立小問集合題〕

(ア)＜因数分解＞与式 $=x^2-8x+16+8x-32-33=x^2-49=x^2-7^2=(x+7)(x-7)$
≪別解≫$x-4=X$ とおくと，与式 $=X^2+8X-33=(X+11)(X-3)=(x-4+11)(x-4-3)=(x+7)(x-7)$ となる。

(イ)＜二次方程式＞解の公式より，$x=\dfrac{-(-8)\pm\sqrt{(-8)^2-4\times3\times2}}{2\times3}=\dfrac{8\pm\sqrt{40}}{6}=\dfrac{8\pm2\sqrt{10}}{6}=\dfrac{4\pm\sqrt{10}}{3}$ となる。

(ウ)＜関数—変域＞x の変域 $-3\leqq x\leqq2$ における関数 $y=-\dfrac{2}{3}x^2$ のグラフは，右図のようになる。よって，x の絶対値が最大である $x=-3$ のとき y は最小で，$y=-\dfrac{2}{3}\times(-3)^2=-6$ となる。また，$x=0$ のとき y は最大で，$y=0$ だから，y の変域は $-6\leqq y\leqq0$ となり，$a=-6$，$b=0$ である。

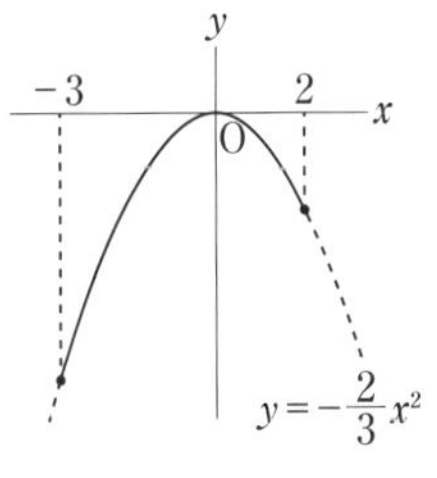

(エ)＜文字式の利用＞a 円の商品の3割引きの価格は $a\times\left(1-\dfrac{3}{10}\right)=\dfrac{7}{10}a$(円)，$b$ 円の商品の3割引きの価格は $b\times\left(1-\dfrac{3}{10}\right)=\dfrac{7}{10}b$(円)である。よって，12月に a 円の商品2つと b 円の商品1つを購入したときの代金の合計は，$\dfrac{7}{10}a\times2+\dfrac{7}{10}b=\dfrac{7}{10}(2a+b)$ 円と表せる。これが5000円より少なかったことから，$\dfrac{7}{10}(2a+b)<5000$ となる。

(オ)＜数の性質＞$5\sqrt{3}=\sqrt{5^2\times3}=\sqrt{75}$，$8=\sqrt{8^2}=\sqrt{64}$ だから，$\sqrt{64}<\sqrt{75}<\sqrt{79}$ より，$8<5\sqrt{3}<\sqrt{79}$ である。

(カ)＜資料の活用—標本調査＞無作為に抽出した500個の中の6個が不良品であったことから，工場で製造された製品の $\dfrac{6}{500}$ が不良品であると考えられる。よって，30000個の製品には，$30000\times\dfrac{6}{500}=360$ より，およそ360個の不良品が含まれていると考えられる。

3 〔独立小問集合題〕

(ア)**＜図形—角度—円周角＞**右図1で，点Oと点Cを結ぶ。△OBCはOB＝OCの二等辺三角形だから，∠OCB＝∠OBC＝46°より，∠BOC＝180°－46°×2＝88°である。$\overset{\frown}{\mathrm{BC}}$に対する円周角と中心角の関係より，∠BAC＝$\frac{1}{2}$∠BOC＝$\frac{1}{2}$×88°＝44°となり，△ABCはAB＝ACの二等辺三角形なので，∠ABC＝∠DCB＝(180°－∠BAC)÷2＝(180°－44°)÷2＝68°となる。よって，△BCDで，内角の和は180°だから，∠BDC＝180°－∠DBC－∠DCB＝180°－46°－68°＝66°となる。

図1

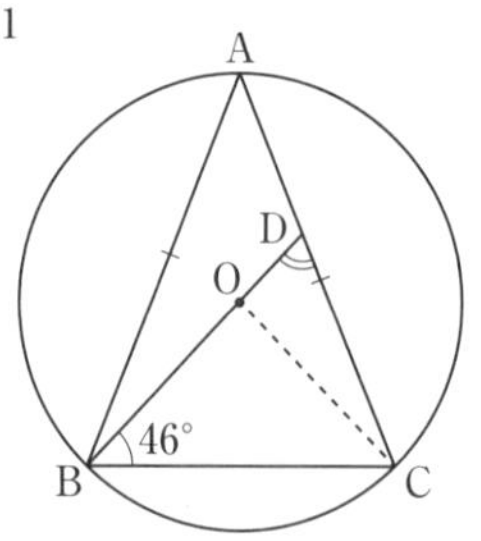

(イ)**＜図形—面積比—相似＞**右図2で，点Dと点Eを結ぶ。AD＝DB，AE＝EFだから，△ABFで中点連結定理より，DE∥BF，DE＝$\frac{1}{2}$BFとなる。また，DE∥BFより，△DCE∽△HCFとなるから，DE：HF＝EC：FC＝2：1となり，HF＝$\frac{1}{2}$DE＝$\frac{1}{2}$×$\frac{1}{2}$BF＝$\frac{1}{4}$BFとなる。これより，HB＝BF－HF＝BF－$\frac{1}{4}$BF＝$\frac{3}{4}$BFである。さらに，△EGD∽△BGHとなるから，DG：HG＝DE：HB＝$\frac{1}{2}$BF：$\frac{3}{4}$BF＝2：3となる。よって，△BGD：△BGH＝2：3だから，△BGH＝$\frac{3}{2}$△BGD＝$\frac{3}{2}S$となり，△BDH＝△BGD＋△BGH＝$S+\frac{3}{2}S=\frac{5}{2}S$である。2点E，Hを結ぶと，DE∥BFより，△BEH＝△BDH＝$\frac{5}{2}S$となるから，△EGH＝△BEH－△BGH＝$\frac{5}{2}S-\frac{3}{2}S=S$である。また，△BEH：△HEF＝BH：HF＝$\frac{3}{4}$BF：$\frac{1}{4}$BF＝3：1となるから，△HEF＝$\frac{1}{3}$△BEH＝$\frac{1}{3}\times\frac{5}{2}S=\frac{5}{6}S$である。したがって，$T$＝〔四角形EGHF〕＝△EGH＋△HEF＝$S+\frac{5}{6}S=\frac{11}{6}S$である。以上より，$S:T=S:\frac{11}{6}S=6:11$となる。

図2

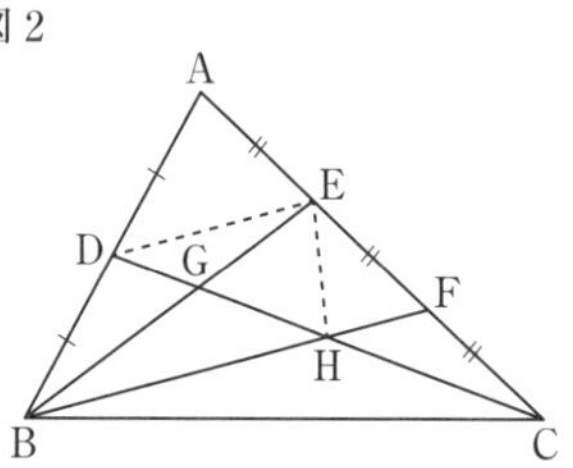

(ウ)**＜一次方程式の応用＞**みかんを1人に6個ずつ分けると8個たりないことから，みかんが$x+8$個あると6個ずつ分けることができるので，子どもの人数は$\frac{x+8}{6}$人と表せる。また，1人に5個ずつ分けると5個余ることから，$x-5$個のみかんを5個ずつ分けることができるので，子どもの人数は$\frac{x-5}{5}$人とも表せる。よって，方程式は，$\frac{x+8}{6}=\frac{x-5}{5}$となる。これを解くと，$5(x+8)=6(x-5)$，$5x+40=6x-30$，$-x=-70$，$x=70$となるので，みかんの個数は70個である。

4 〔関数—関数$y=ax^2$と直線〕

(ア)**＜比例定数＞**右図において，線分ACはy軸に平行で，点Aのx座標は－3だから，点Cのx座標は－3となり，C(－3，－2)となる。点Cは放物線$y=ax^2$上にあるから，$x=-3$，$y=-2$を代入して，$-2=a\times(-3)^2$より，$a=-\frac{2}{9}$となる。

(イ)**＜直線の式＞**右図で，点Aは放物線$y=\frac{1}{3}x^2$上にあり，x座標は－3だから，$y=\frac{1}{3}\times(-3)^2=3$より，A(－3，3)となる。(ア)よりC(－3，－2)だから，AC＝3－(－2)＝5となり，AD：DC＝2：1よ

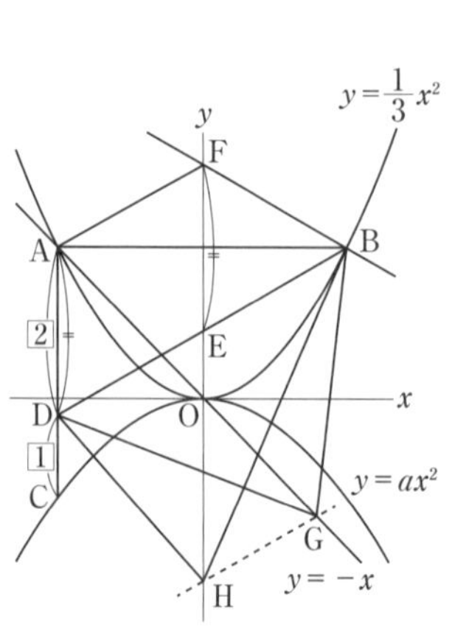

り，$AD=\frac{2}{2+1}AC=\frac{2}{3}\times5=\frac{10}{3}$となる。よって，点Dの$y$座標は$3-\frac{10}{3}=-\frac{1}{3}$だから，$D\left(-3,\ -\frac{1}{3}\right)$となる。また，$EF=AD=\frac{10}{3}$となる。点Bは放物線$y=\frac{1}{3}x^2$上の点で，$x$座標は3だから，$y=\frac{1}{3}\times3^2=3$より，B(3, 3)となる。2点B，Dの$x$座標がそれぞれ3，−3より，点Eは線分BDの中点であるから，点Eのy座標は$\left\{3+\left(-\frac{1}{3}\right)\right\}\div2=\frac{4}{3}$となり，点Fの$y$座標は$\frac{4}{3}+\frac{10}{3}=\frac{14}{3}$となる。これより，直線BFの切片は$\frac{14}{3}$なので，$n=\frac{14}{3}$となる。直線BFの式を$y=mx+\frac{14}{3}$とすると，点Bを通ることから，$3=m\times3+\frac{14}{3}$，$-3m=\frac{5}{3}$，$m=-\frac{5}{9}$となる。

(ウ)**<点の座標―等積変形>**前ページの図で，AD＝EF，AD∥FEより，四角形ADEFは平行四辺形だから，$AD=\frac{10}{3}$を底辺と見ると，点Aのx座標が−3より，高さは3であり，$\square ADEF=\frac{10}{3}\times3=10$となる。△EBFは，底辺を$EF=\frac{10}{3}$と見ると，点Bの$x$座標が3より，高さは3だから，$\triangle EBF=\frac{1}{2}\times\frac{10}{3}\times3=5$となる。よって，〔四角形ADBF〕＝□ADEF＋△EBF＝10＋5＝15となるから，△BDG＝〔四角形ADBF〕＝15となる。そこで，y軸上の点Eよりも下側に，△BDH＝15となる点Hをとる。このとき，△BDG＝△BDHだから，BD∥GHである。H(0, h)とすると，点Eのy座標が$\frac{4}{3}$より，$EH=\frac{4}{3}-h$と表せる。EHを底辺と見ると，2点D，Bのx座標がそれぞれ−3，3だから，△DEH，△BEHの高さはともに3であり，$\triangle BDH=\triangle DEH+\triangle BEH=\frac{1}{2}\times\left(\frac{4}{3}-h\right)\times3+\frac{1}{2}\times\left(\frac{4}{3}-h\right)\times3=4-3h$となる。したがって，$4-3h=15$が成り立ち，$-3h=11$，$h=-\frac{11}{3}$より，$H\left(0,\ -\frac{11}{3}\right)$である。B(3, 3)，$D\left(-3,\ -\frac{1}{3}\right)$より，直線BDの傾きは$\left\{3-\left(-\frac{1}{3}\right)\right\}\div\{3-(-3)\}=\frac{5}{9}$だから，直線GHの傾きも$\frac{5}{9}$となり，直線GHの式は$y=\frac{5}{9}x-\frac{11}{3}$である。点Gは，2直線$y=-x$と$y=\frac{5}{9}x-\frac{11}{3}$の交点だから，その$x$座標は，2式から$y$を消去して，$-x=\frac{5}{9}x-\frac{11}{3}$，$-\frac{14}{9}x=-\frac{11}{3}$より，$x=\frac{33}{14}$となる。

5〔確率―さいころ〕

(ア)**<確率>**大，小2つのさいころを1回投げたとき，それぞれ6通りの目の出方があるから，出た目の数の組は，全部で，6×6＝36(通り)あり，a，bの組も36通りある。このうち，残ったカードが5と書かれているカード1枚だけになるのは，1，2，3，4と書かれている4枚のカードを取り除くときだから，$n=1+2+3+4=10$となる。$a>b$のとき，$a-b=10$となるa，bの組はなく，$a\leqq b$のとき，$a+b=10$となる組は$(a,\ b)=(4,\ 6)$，(5, 5)の2通りある。

よって，求める確率は$\frac{2}{36}=\frac{1}{18}$となる。

(イ)**<確率>**残ったカードに書かれている数の中で最小の数が3になるとき，少なくとも1，2と書かれている2枚のカードが取り除かれる。残るカードが3，4，5と書かれている3枚のカードの場合，$n=1+2=3$となり，$a>b$のときは$(a,\ b)=(4,\ 1)$，(5, 2)，(6, 3)の3通り，$a\leqq b$のときは(1, 2)の1通りより，3＋1＝4(通り)ある。残るカードが3，4と書かれている2枚のカードの場合，$n=1+2+5=8$となり，$a>b$のときはなく，$a\leqq b$のときは(2, 6)，(3, 5)，(4, 4)の3通りある。

残るカードが3，5と書かれている2枚のカードの場合，$n=1+2+4=7$となり，$a>b$のときはなく，$a \leqq b$のときは(1，6)，(2，5)，(3，4)の3通りある。残るカードが3と書かれているカード1枚のみの場合，$n=1+2+4+5=12$となり，$a>b$のときはなく，$a \leqq b$のときは(6，6)の1通りある。

よって，$4+3+3+1=11$(通り)となり，(ア)よりa，bの組は全部で36通りあるから，求める確率は$\frac{11}{36}$となる。

6 〔空間図形―三角柱〕

(ア)<**表面積―三平方の定理**>右図1で，△ABCは∠ABC＝90°の直角三角形なので，三平方の定理を用いると，

$AC=\sqrt{AB^2+BC^2}=\sqrt{3^2+4^2}=\sqrt{25}=5$となる。

よって，三角柱の表面積は，

2△ABC＋〔長方形ABED〕＋〔長方形BCFE〕＋〔長方形CADF〕

$=2\times\left(\frac{1}{2}\times3\times4\right)+3\times2+4\times2+5\times2=12+6+8+10=36(\text{cm}^2)$となる。

図1

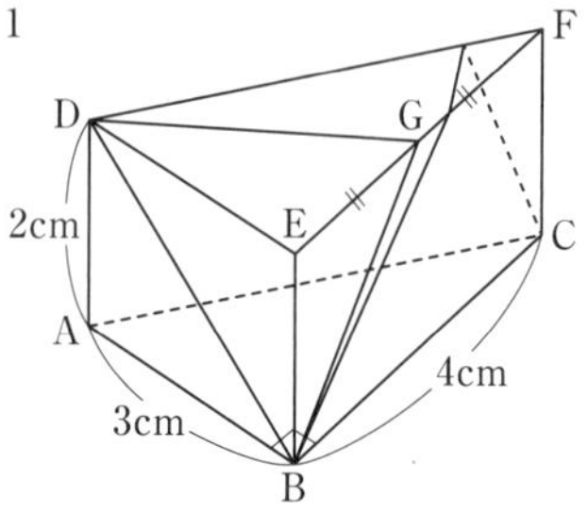

(イ)<**面積―三平方の定理**>右上図1で，$EG=\frac{1}{2}EF=\frac{1}{2}\times4=2$となる。$EB=EG=2$より，△BEGは直角二等辺三角形だから，$BG=\sqrt{2}EB=\sqrt{2}\times2=2\sqrt{2}$である。△BEDで三平方の定理を用いると，$DB=\sqrt{BE^2+DE^2}=\sqrt{2^2+3^2}=\sqrt{13}$となり，同様に，$DG=\sqrt{13}$となる。

図2

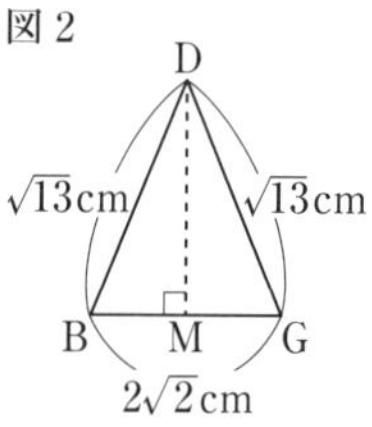

よって，△BDGは，右図2のようなDB＝DGの二等辺三角形となる。

頂点Dから底辺BGに垂線DMを引くと，点Mは底辺BGの中点となるから，

$BM=\frac{1}{2}BG=\frac{1}{2}\times2\sqrt{2}=\sqrt{2}$となり，△DBMで三平方の定理を用いると，$DM=\sqrt{DB^2-BM^2}=\sqrt{(\sqrt{13})^2-(\sqrt{2})^2}=\sqrt{11}$となる。

したがって，$\triangle BDG=\frac{1}{2}\times BG\times DM=\frac{1}{2}\times2\sqrt{2}\times\sqrt{11}=\sqrt{22}(\text{cm}^2)$である。

(ウ)<**長さ―最短経路―三平方の定理**>右上図1のように，点Bから辺EF，DFと交わり，点Cまで引いた線の長さが最も短くなるとき，その線は，右図3の面BCFEと面DEFと面C′ADFの展開図上で，線分BC′として表せる。図3のように，点C′から辺DEに垂線C′Hを引き，辺CFの延長と線分C′Hの交点をIとする。C′H∥FEより∠C′IF＝90°だから，∠C′IF＝∠DEF＝90°，∠C′FI＝∠DFE＝90°－∠IFDより，△C′IF∽△DEFである。相似比はC′F：DF＝2：5だから，C′I：DE＝2：5より，$C'I=\frac{2}{5}DE=\frac{2}{5}\times3=\frac{6}{5}$となり，IF：EF＝2：5より，$IF=\frac{2}{5}EF=\frac{2}{5}\times4=\frac{8}{5}$となる。また，四角形HEFIは長方形より，HI＝EF＝4，$HE=IF=\frac{8}{5}$だから，$HC'=HI+C'I=4+\frac{6}{5}=\frac{26}{5}$，$HB=HE+EB=\frac{8}{5}+2=\frac{18}{5}$となる。

図3

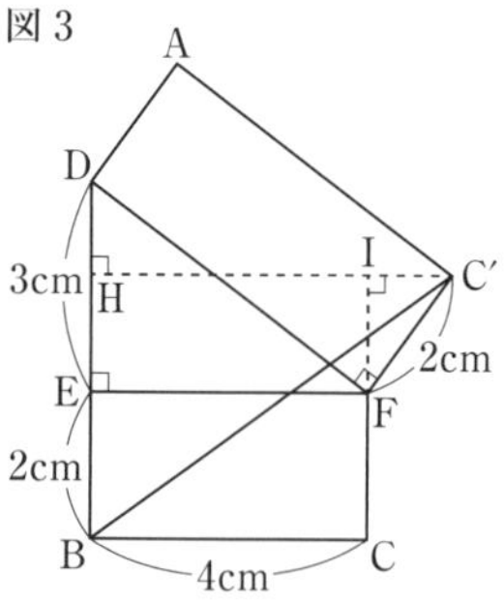

よって，△BC′Hで三平方の定理を用いると，$BC'=\sqrt{HB^2+HC'^2}=\sqrt{\left(\frac{18}{5}\right)^2+\left(\frac{26}{5}\right)^2}=\sqrt{40}=2\sqrt{10}(\text{cm})$となる。

7〔**平面図形—円**〕

(ア)**＜論証—相似＞**右図1で，$\angle BAC=\angle BPC$ となるのは，$\overset{\frown}{BC}$ に対する円周角が等しいからである。$\angle AQB=\angle PQC$ となるのは，対頂角が等しいからである。

図1

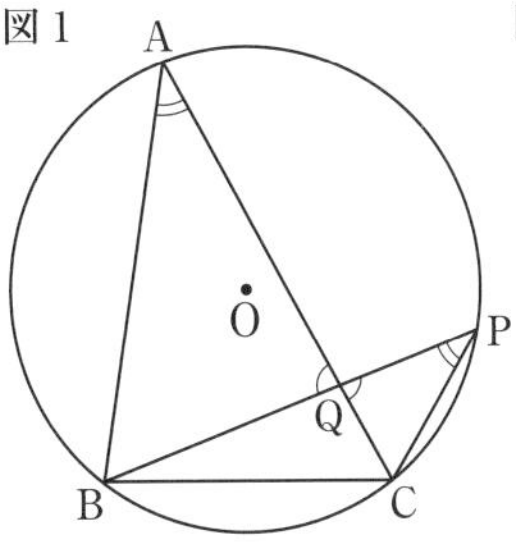

図2

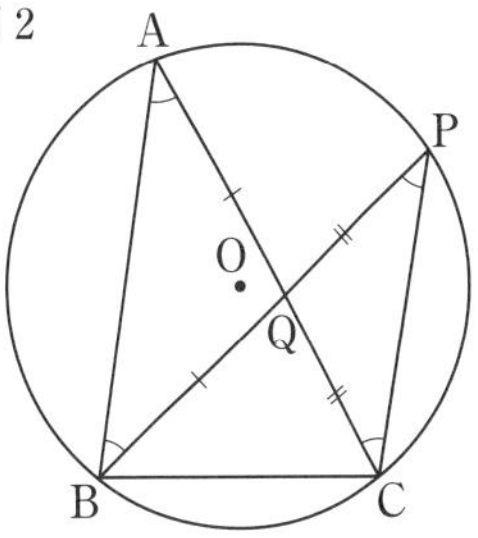

(イ)**＜条件＞**右図2のように，$\triangle ABQ$ と $\triangle PCQ$ がそれぞれ $AQ=BQ$，$PQ=CQ$ の二等辺三角形になるときを考える。このとき，$\angle BAQ=\angle ABQ$，$\angle PCQ=\angle CPQ$ であり，(ア)より $\angle BAQ=\angle CPQ$ だから，$\angle ABQ=\angle CPQ$ となる。これより，錯角が等しいので，AB を含む条件は，$AB /\!/ CP$ である。

(ウ)**＜長さ—相似，三平方の定理＞**右図3で，$CQ=x$(cm)とすると，$AQ=8-x$ となる。$\triangle CBQ$ で三平方の定理を用いると，$BQ^2=BC^2-CQ^2=5^2-x^2=25-x^2$ となり，同様に $\triangle ABQ$ で，$BQ^2=AB^2-AQ^2=7^2-(8-x)^2=-15+16x-x^2$ となる。よって，$25-x^2=-15+16x-x^2$ が成り立ち，$-16x=-40$ より，$x=\dfrac{5}{2}$ となる。これより，$AQ=8-x=8-\dfrac{5}{2}=\dfrac{11}{2}$，$BQ=\sqrt{25-x^2}=\sqrt{25-\left(\dfrac{5}{2}\right)^2}=\sqrt{\dfrac{75}{4}}=\dfrac{5\sqrt{3}}{2}$ となる。また，(ア)より $\triangle ABQ \backsim \triangle PCQ$ で，$AQ:PQ=BQ:CQ$ だから，$\dfrac{11}{2}:PQ=\dfrac{5\sqrt{3}}{2}:\dfrac{5}{2}$ が成り立ち，$\dfrac{5\sqrt{3}}{2}PQ=\dfrac{11}{2}\times\dfrac{5}{2}$ より，$PQ=\dfrac{11\sqrt{3}}{6}$ となる。よって，$BP=BQ+PQ=\dfrac{5\sqrt{3}}{2}+\dfrac{11\sqrt{3}}{6}=\dfrac{13\sqrt{3}}{3}$(cm)となる。

図3

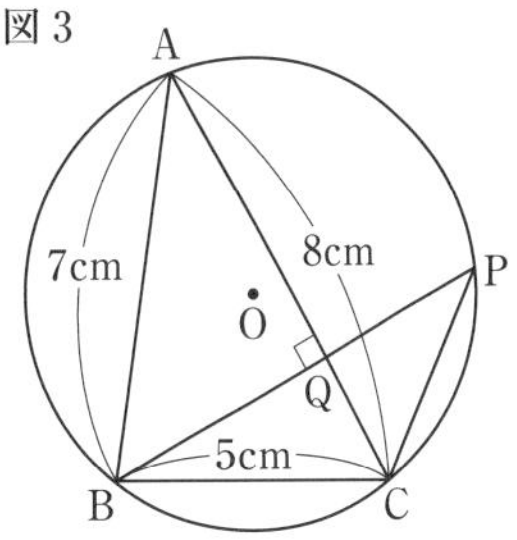

社会解答

1 (ア) (i)…4 (ii)…3
(イ) (i)…1 (ii)…2 (ウ) 3
(エ) 6

2 (ア) 3 (イ) 2
(ウ) (i)…2 (ii)…4 (iii)…2 (iv)…3

3 (ア) 3 (イ) あ…口分 い…B
(ウ) 1 (エ) 2 (オ) 3
(カ) う…(例)独占すること え…A

4 (ア) 4 (イ) 4 (ウ) 3 (エ) 5
(オ) (i) く…吉田 け…B (ii)…4

5 (ア) 2 (イ) (i)…1 (ii)…1
(ウ) (i)…4 (ii)…6 (エ) 2

6 (ア) (i)…7 (ii)…2
(イ) え…クーリング お…C (ウ) 4

1 〔世界地理―世界の姿と諸地域〕

(ア)＜地球上の位置関係と時差＞(i)スペインから西(地図上で左)へ向かって船で出発すると，略地図Ⅰの左側と略地図Ⅲの右側に広がる大西洋を渡る。略地図Ⅲに示された南アメリカ大陸を陸づたいに南下，Qを通過した後，略地図Ⅲの左側と略地図Ⅳの右側に広がる太平洋を横断する。Rを通り，西へと向かうと，略地図Ⅱの右側に広がるインド洋に出る。略地図Ⅱに示されたアフリカ大陸を陸づたいに南下し，Pを通過して北上すると，略地図Ⅰのスペインに至る。　(ii)日付変更線は，地球上で日付の境界を設定するため，ほぼ180度の経線に沿って引かれた線である。世界の時刻は，日付変更線のすぐ西側が最も進んでおり，そこから西へ行くほど遅れていき，日付変更線のすぐ東側が最も遅れている。日付変更線のすぐ西側とすぐ東側では，ほぼ24時間の時差が生じることになる。したがって，日付変更線を東から西へ越える場合は日付を１日進め，日付変更線を西から東へ越える場合は日付を１日遅らせる。

(イ)＜緯線と経線，原油＞(i)う．本初子午線はイギリスのロンドンを通る０度の経線で，アフリカ大陸の西部やギニア湾などを通過する。　え．赤道は，アフリカ大陸ではギニア湾やケニアなど，南アメリカ大陸ではブラジルのアマゾン川河口付近やエクアドルなどを通る。したがって，略地図Ⅱ，略地図Ⅲともに北(上)から２本目の緯線が赤道で，その一本下のｃ，ｄはともに南緯20度の緯線だとわかる。　(ii)ナイジェリアとベネズエラは，世界の中でも原油の産出量が多い国である。両国とも，輸出額に占める原油の割合が非常に大きく，原油の輸出収入に頼ったモノカルチャー経済となっている。

(ウ)＜アルゼンチンの気候と農業＞グラフⅠ．ブエノスアイレスは南半球に位置するため，冬に当たる６～８月頃の気温が最も低くなる。また，温暖〔温帯〕湿潤気候では夏の降水量が多いため，ブエノスアイレスでは12～２月頃の降水量が多くなる。なお，Ｚは夏の降水量が少ない南半球の地中海性気候の，Ｗは北半球の温暖〔温帯〕湿潤気候の，Ｙは北半球の地中海性気候の特徴を表している。　農業の様子．ブエノスアイレスはアルゼンチンの首都である。アルゼンチン北部を流れるラプラタ川流域にはパンパと呼ばれる平原地帯が広がっており，牧畜や小麦栽培などが盛んに行われている。

(エ)＜資料の読み取り，中国とベトナムの位置＞略地図Ⅳより，Ａは中国の首都ペキン，Ｂはベトナムの首都ハノイである。グラフⅡについて，2013年から2017年にかけての日系企業の拠点数の増加率を計算すると，中国は(32349－31661)÷31661×100＝2.17…より約2.2％，ベトナムは(1816－1309)÷1309×100＝38.73…より約38.7％となる。

2 〔日本地理―日本の工業と資源，地形図〕

(ア)＜資料の読み取り，日本の石炭の主な輸入先＞あ．1970年と2010年のそれぞれについて，出荷額の合計に対する鉄や石油など産業の基礎素材を製造するものの割合を計算する。1970年は，11300÷

(11300＋2700＋4600)×100＝60.75…より約60.8％，2010年は28300÷(28300＋34300＋19400)×100＝34.51…より約34.5％で，2010年の割合は1970年に比べて減少している。　い．日本は，国内で使用する石炭のほぼ全てを輸入に頼っており，最大の輸入相手国はオーストラリアである。また，中国は世界最大の石炭産出国となっている。

(イ)＜**再生可能エネルギー**＞太陽光や地熱，風力などのように，自然の力を利用して繰り返し使えるエネルギーを再生可能エネルギーという。地熱は，火山活動で熱せられた地下水や水蒸気を利用したエネルギーである。再生可能エネルギーには，石油や石炭，天然ガスといった化石燃料のように枯渇の心配がなく，発電時に二酸化炭素を排出しないという利点がある。

(ウ)＜**水城，地形図の読み取り**＞(i)7世紀後半，朝鮮半島では新羅が唐と結んで百済を滅ぼした。この時期に日本で政治を行っていた中大兄皇子は，百済を救援するために大軍を送ったが，唐と新羅の連合軍に敗れた(白村江の戦い)。この戦いの後，唐や新羅の襲来に備えるため，西日本の各地に山城がつくられるとともに，大宰府を防衛するための水城が築かれた。　(ii)まず，地形図Ⅰ中のP地点が地形図Ⅱ中でどこに位置するか確認する。線路(西鉄天神大牟田線)と高速道路(九州自動車道)が交差する場所の近くであることや，「下大利三丁目」の地名などを手がかりに探すと，地形図Ⅱ中の左下方に，P地点に該当する場所があることがわかる。特にことわりのないかぎり，地形図では上が北となるので，P地点はA地点から見て南西に位置する。　(iii)地形図Ⅰは，一辺の長さが8cmで，縮尺は1万分の1である。したがって，一辺の実際の距離は，8cm×10000＝80000cmとなる。次に，80000cmの距離の地形図Ⅱ上での長さを求める。地形図Ⅱの縮尺は2万5千分の1なので，80000cm÷25000＝3.2cmとなる。　(iv)縮尺が2万5千分の1である地形図Ⅱでは，主曲線(等高線の細い線)が10mごと，計曲線(等高線の太い線)が50mごとに引かれている。B地点の南西に「216」と書かれた標高点があり，そこからB地点へ向かって等高線を数えていくと，B地点のすぐ外側に引かれているのが400mの計曲線だとわかるので，B地点の標高は410mだと判断できる。

3 〔歴史―古代～中世の日本と世界〕

(ア)＜**1世紀の世界**＞奴国の王が中国(漢)の皇帝に使節を派遣し，「漢委奴国王」と記された金印を授けられたのは1世紀のことである。1世紀には，地中海地域を統一したローマが共和制から帝政に変わり，ローマ帝国となった。また，西アジアのパレスチナでは，イエスがユダヤ教をもとにキリスト教を開いた。なお，インダス文明が誕生したのは紀元前2500年頃，ムハンマド〔マホメット〕がイスラーム〔イスラム教〕を開いたのは7世紀のことである。

(イ)＜**墾田永年私財法**＞あ．律令制のもとでは，戸籍に基づいて6歳以上の男女に口分田が支給された。い．資料Ⅰは，「今後は，自由に私有することを認め，三世一身のような期限を設けることなく，永久に返納させてはならない」という意味で，奈良時代に出された土地の永久私有を認める墾田永年私財法の一部である。人口の増加などによって口分田が不足するようになると，朝廷は723年に三世一身法を出し，新たに開墾した土地の私有を三世代または本人一代に限って認め，開墾を勧めた。しかし効果が薄かったため，743年に墾田永年私財法を出した。

(ウ)＜**年代整序**＞年代の古い順に，4(8世紀－奈良時代)，3(13世紀－鎌倉時代)，5(15世紀－戦国時代)，1(16世紀－安土桃山時代)，2(19世紀－江戸時代末～明治時代)となる。

(エ)＜**後醍醐天皇の政治**＞資料Ⅱは，後醍醐天皇が行った建武の新政によって政治や社会が混乱し，都で夜討ちや強盗，偽りの天皇の命令などが横行していることを批判する「二条河原落書」の一部である。建武の新政は，足利尊氏らの協力を得て1333年に鎌倉幕府を滅ぼした後醍醐天皇が始めた，天皇を中心とする政治である。しかし，武家社会の慣習が否定され，貴族が重視されたため，武士の不満を招いた。尊氏が武家政治の復活を目指して挙兵したため，新政は２年ほどで崩壊した。

(オ)＜**勘合貿易**＞勘合貿易〔日明貿易〕は，室町幕府第３代将軍の足利義満によって15世紀初めに開始された。この貿易で，日本は銅や硫黄，刀剣などを明に輸出し，明からは銅銭や生糸などを輸入した。

(カ)＜**座と楽市・楽座**＞う．Xの期間は室町時代から安土桃山時代にあたり，商人や手工業者が座と呼ばれる同業者団体をつくり，大寺社や貴族などの保護を受けて，製造・販売の独占や税の免除などの特権を認められていた。資料Ⅲは，こうした座の特権を室町幕府が認めたもので，下線部では，油座に所属しない者の油器を破壊して，油座の商人の独占権を保護している。織田信長は，資料Ⅳの楽市・楽座令を出し，座による営業の独占を否定して自由な営業を認め，商工業の発展を図った。え．徳政令は，借金の帳消しを命じる法令である。資料Ⅳ中には「徳政令が実施されたとしても，この町では免除する」とあるので，この町では徳政令が実施されず，借金の帳消しが行われることはない，という意味になる。

4 〔歴史―近世～現代の日本と世界〕

(ア)＜**アヘン戦争と江戸幕府**＞あ．アヘン戦争は，1840年にイギリスと清との間で起こった戦争である。イギリスが清に密輸していたアヘンを清政府が取り締まったことから，イギリスは艦隊を送って清を攻撃し，勝利した。　い．江戸幕府は，1825年に異国船打払令を出し，日本に近づく外国船を砲撃することを命じていた。しかし，アヘン戦争で清がイギリスに敗れたことが伝わると，幕府は方針を改め，日本に寄港した外国船に水や燃料を与えて立ち去らせることとした。

(イ)＜**19世紀の綿織物業**＞グラフは，19世紀にイギリスとインドの間で盛んに取引されていた綿織物に関するものである。インドでの支配地域を拡大していたイギリスは，産業革命によって大量生産が可能になった綿織物をインドへ輸出するようになった。したがって，輸出額がしだいに増加しているBが「イギリスから東の方向へ向かった輸出額の推移」となる。一方インドでは，イギリスから安い綿織物が大量に流入したことにより，伝統的な綿織物産業が打撃を受けた。したがって，輸出額がしだいに減少しているAが「アジアから西の方向へ向かった輸出額の推移」となる。こうした状況の中，インドではイギリスに対する不満が高まり，1857年にはインド大反乱が起こった。

(ウ)＜**年代整序**＞年代の古い順に，b(1894年－甲午農民戦争)，a(1895年－三国干渉)，c(1905年－ポーツマス条約)となる。

(エ)＜**第一次世界大戦と日本**＞資料Ⅰ．第一次世界大戦(1914～18年)では，ドイツ，オーストリアなどを中心とする同盟国と，イギリス，フランス，ロシアを中心とする連合国の２つの陣営が戦った。日本は，1902年に結んでいた日英同盟を理由として連合国側で参戦し，中国の山東半島にあったドイツの根拠地を攻撃した。　資料Ⅱ．第一次世界大戦後の1921～22年，アメリカのワシントンで軍縮を目的とした会議(ワシントン会議)が開かれた。資料Ⅱは，このとき結ばれた四か国条約の内容で，太平洋地域の領土保全や日英同盟協約の終了などを定めている。

(オ)＜**サンフランシスコ平和条約，国際連合発足以降の出来事**＞(i)く．1951年，日本はアメリカなど48か国との間にサンフランシスコ平和条約を結び，独立を回復した。このときの内閣総理大臣吉田茂が首席全権として条約に署名している。　け．サンフランシスコ平和条約と同時に日米安全保障条約が結ばれ，日本国内に置かれた基地にアメリカ軍が引き続き駐留することなどが取り決められた。　(ii)国際連合が発足したのは，第二次世界大戦が終結した1945年のことである。朝鮮戦争は，第二次世界大戦後の1950年に始まった。なお，日中戦争が始まったのは1937年，日本が国際連盟を脱退したのは1933年，日ソ中立条約が結ばれたのは1941年である。

5 〔公民―総合〕

(ア)＜**日本の憲法**＞大日本帝国憲法が発布されたのは1889年で，最初の帝国議会が開かれたのはこれより後の1890年である(b…×)。天皇を「日本国の象徴であり日本国民統合の象徴」としているのは日本国憲法で，大日本帝国憲法において天皇は，国を統治する元首と定められた(d…×)。

(イ)**＜知る権利と情報公開法，人権の保障と検察審査会＞**(i)日本国憲法に規定のない「新しい人権」のうち，知る権利は，国や地方公共団体が持つ情報を国民が受け取る権利である。知る権利を保障するため，国の行政機関が持つ文書を，市民の開示請求に応じて公開することを定めた情報公開法が制定された。開示請求は，行政機関の長に対して行うことが定められている。なお，請求権は，人権が侵害された場合に国に救済を求める権利で，日本国憲法で規定されている。　(ii)う．日本国憲法で保障されている自由権(身体の自由)の１つに「法定手続きの保障」があり，現行犯の場合を除いて，裁判官が出す令状がなければ逮捕されないことが定められている。　え．検察審査会は，検察官が不起訴とした事件について，その判断が妥当であったかを審査する機関である。満20歳以上の国民の中から選ばれた11人の検察審査員が審査を行う。検察審査会で「起訴相当」などの議決がなされた場合，検察官は起訴すべきかどうか再度検討する。また，同じ事件について「起訴相当」の議決が２度なされた場合は，必ず起訴される仕組みになっている。

(ウ)**＜財政の役割，歳入と歳出の推移＞**(i)国や地方公共団体は，人々から税金を集めて，それを公共事業や社会保障などに支出している。このような経済活動を財政という。４は，日本銀行が景気や物価を安定させるために行う金融政策の説明である。　(ii)グラフⅠ．現在の日本では，歳入の５～６割を租税収入が占め，３～４割を公債金収入が占めている。また，歳出の増加に租税収入が追いつかないため，近年では毎年多額の公債(国債)が発行されている。そのため，長期的に見ると租税収入の割合は減少傾向にあり，公債金収入の割合は増加傾向にある。　グラフⅡ．社会保障関係費は，少子高齢化の進展によって近年大きく増加し，現在では歳出のうち最も多い３割強を占めている。また，多額の国債発行に伴って返済費用である国債費も増加しており，現在では歳出の２割強を占めている。

(エ)**＜効率と公正，多数決＞**お．「効率」は，資源や労力などが無駄なく使われ，最大の利益をもたらすようになっていることを大切にする視点である。「公正」は，適正な手続きを踏むことで，機会や結果が一部の人にとって不当なものにならないように配慮する視点である。　か．多数決は，多数の人が賛成する意見を採用する決定方法である。３つ以上の案について多数決をとる場合，賛成の票を最も多く集めた案に投票した人の数よりも，その他の案に投票した人の数が上回ることは起こり得る。

6〔**公民―総合**〕

(ア)**＜為替相場，資料の読み取り＞**(i)あ，い．為替相場は，異なる通貨どうしを交換する際の交換比率であり，各国の通貨が売買される外国為替市場での需要・供給の関係などに応じて変動する。一般的に，外国為替相場で多く売られた通貨は供給が増えるので価値が下がり，多く買われた通貨は需要が増えるので価値が上がる。表の為替相場の年平均を見ると，2014年の１ドル＝0.7537ユーロから，2015年には１ドル＝0.9017ユーロに変化し，2014年から2015年にかけてドルに対するユーロの価値が下がったことがわかる。このことから，ユーロをドルに替える動きがあったことが読み取れる。　う．ユーロの価値が低くなった場合，ユーロを通貨とするEU〔ヨーロッパ連合〕の商品はドルを通貨とするアメリカ合衆国〔アメリカ〕にとって安くなるため，EUからアメリカへの輸出は有利になる。反対に，アメリカの商品はEUにとって高くなるため，アメリカからEUへの輸出は不利になる。　(ii)(輸出額)－(輸入額)で貿易黒字の額を計算すると，2007年が142千億円，2009年が54千億円となる(a…○)。また，(輸入額)－(輸出額)で貿易赤字の額を計算すると，2011年が３千億円，2013年が88千億円となる(d…○)。なお，2007年と2009年は輸出額の方が輸入額よりも多いので貿易黒字，2011年と2013年は輸入額の方が輸出額よりも多いので貿易赤字である（b，c…×）。

(イ)**＜クーリング・オフ，クレジットカード＞**え．クーリング・オフは，訪問販売や電話勧誘などの販売方法で商品を購入した場合に，一定期間内であれば消費者が無条件で契約を解除できる制度である。クーリング・オフを行う場合は，書面によって売り手に通知する。　お．クレジットカードは，買い物をした際にカード会社が一時的に代金を立て替え，その後カード会社から購入者に代金が請求されるという後払いの決済方法である。現金のやり取りをせずに買い物ができるため，インターネット・ショッピングなどで盛んに使われているが，入力したカード番号などの情報がインターネット上に流出するといった事故も起こっている。

(ウ)**＜地球温暖化防止への取り組み＞**か．1992年，ブラジルのリオデジャネイロで開かれた国連環境開発会議〔地球サミット〕において気候変動枠組条約が結ばれた。これは，地球温暖化を防止するために，その原因となる温室効果ガスの濃度を安定化させることを目指した条約である。なお，京都議定書は，1997年に京都で開かれた気候変動枠組条約第３回締約国会議において採択された文書で，先進国の温室効果ガスの排出削減を定めた。　き．地球温暖化が進行すると，南極大陸などの氷が解けることによる海面の上昇や，異常気象による農作物への影響，生態系の変化などが起こると考えられている。なお，紫外線の増大は，フロンガスによるオゾン層の破壊が原因で引き起こされる。

理科解答

1 (ア) 2　(イ) 1　(ウ) 5

2 (ア) 4　(イ) 3　(ウ) 6

3 (ア) 2　(イ) 3　(ウ) 4

4 (ア) 2　(イ) 1　(ウ) 6

5 (ア) 6　(イ) 4　(ウ) 5

(エ) あ…(例)船にはたらく重力と浮力の2力がつり合った

い…4

6 (ア) 2　(イ) 1　(ウ) 3

(エ) X…4.0　Y…3

7 (ア) (ⅰ)…1　(ⅱ)…3　(イ) 4

(ウ) 4　(エ) 5

8 (ア) 3　(イ) 1

(ウ) (ⅰ) 43.1°　(ⅱ)…1

(エ) a…2　b…3

1 〔小問集合〕

(ア)**＜エネルギー変換＞**白熱電球もLED電球も，電気エネルギーを光エネルギーに変換して利用している。しかし，白熱電球は，LED電球に比べ，電気エネルギーが光エネルギーに変換される割合が小さく，熱エネルギーとして放出される割合が大きい。

(イ)**＜光の屈折＞**図2で，カードは半円形レンズと接しているので，カードからの光が点Oに進み，点Oから空気中に出るとき，右図のように，光は境界面に近づくように屈折する(入射角＜屈折角)。このとき，矢印の方向から観察している人には，光が直進してきたように見えるので，レンズを通して見たカードの位置は右にずれて見える。また，光の屈折では，カードと像の左右は入れかわらないので，1のように見える。

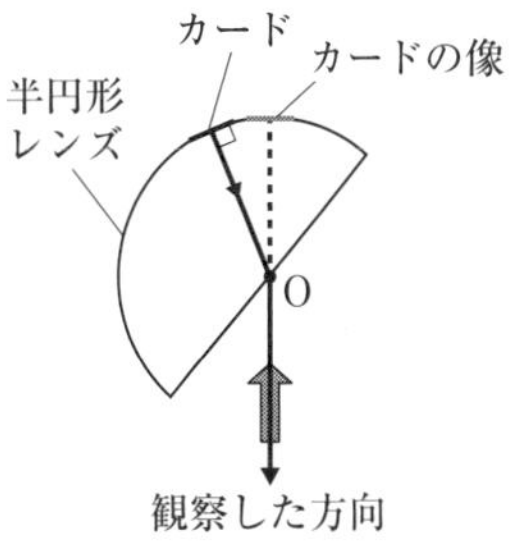

(ウ)**＜電流＞**電池1個のときに比べ，同じ電圧の電池2個を，直列につなぐと回路に流れる電流の大きさは2倍になり，並列につなぐと1個のときと同じになる。また，抵抗1個のときと比べ，抵抗値の等しい抵抗2個を，並列につなぐと抵抗の大きさは$\frac{1}{2}$になるから，回路に流れる電流の大きさは2倍になり，直列につなぐと抵抗の大きさは2倍になるから，回路に流れる電流の大きさは$\frac{1}{2}$になる。よって，電池1個に抵抗1個をつないだ回路に流れる電流に比べ，Aの部分に流れる電流の大きさは$2\times2=4$(倍)になり，Bの部分に流れる電流の大きさは$1\times\frac{1}{2}=\frac{1}{2}$(倍)になる。したがって，Aの部分に流れる電流の大きさは，Bの部分に流れる電流の大きさの$4\div\frac{1}{2}=8$(倍)である。

2 〔小問集合〕

(ア)**＜ガスバーナー＞**ガスの量を変えずに空気の量を調節し，炎を青色の安定した状態にするには，空気の量をふやすために空気調節ねじを開けばよい。図で，調節ねじXが空気調節ねじ，調節ねじYがガス調節ねじで，調節ねじX，Yはどちらも A方向に回すと閉じ，B方向に回すと開く。よって，調節ねじYが回らないようにおさえて，調節ねじXをB方向に回す。

(イ)**＜質量保存の法則＞**化学変化の前後で，化学変化に関係した物質全体の質量の合計は変化しない(質量保存の法則)。これより，反応前の全体の質量は$a+b$，反応後の全体の質量は$c+d$で表されるから，これらの質量の関係は$a+b=c+d$となる。

(ウ)**＜中和＞**うすい塩酸中では塩化水素(HCl)が水素イオン(H^+)と塩化物イオン(Cl^-)に，うすい水酸化ナトリウム水溶液中では水酸化ナトリウム($NaOH$)がナトリウムイオン(Na^+)と水酸化物イオン(OH^-)に電離している。このとき，塩酸中に含まれるH^+とCl^-の数は等しく，水酸化ナトリウム水溶液中に含まれるNa^+とOH^-の数も等しい。これらの水溶液を混ぜると，中和によりH^+とOH^-が結びついて水(H_2O)ができる。また，Cl^-とNa^+が結びついて塩化ナトリウム($NaCl$)という塩ができるが，水溶液中では電離しているため，イオンとして存在している。表より，試験管Cの水溶液が緑色で，中性になったことから，塩酸と水酸化ナトリウム水溶液はちょうど中和し，塩酸$3.0cm^3$中のH^+の数と水酸化ナトリウム水溶液$3.0cm^3$中のOH^-の数が等しく，Cl^-とNa^+の数も等しいことがわかる。よって，試験管Eでは水酸化ナトリウム水溶液が$3.0cm^3$より多いため，水溶液中のCl^-の数はNa^+の数よりも少ない。なお，酸性を示す試験管A，BではH^+は存在しているが，中性を示す試験管Cとアルカリ性を示す試験管D，EではH^+は存在していない。酸性の試験管Aでは，中和によってH^+がOH^-と結びつき，H^+の数は減少したため，H^+の数はCl^-の数より少ない。試験管Cは中性なので，水溶液中にH^+とOH^-は存在しない。試験管Dはアルカリ性なので，水溶液中にH^+は存在しない。

3〔小問集合〕

(ア)＜**顕微鏡**＞顕微鏡で観察するときは，はじめは最も低い倍率の対物レンズを用いる。これは，低倍率の方が見える範囲が広いので，観察したいものが見つけやすいからである。また，ピントを合わせるときは，まず，横から見ながら対物レンズとプレパラートを近づけ，その後，接眼レンズをのぞいて，対物レンズとプレパラートを遠ざけながらピントを合わせる。対物レンズとプレパラートを近づけながらピントを合わせると，対物レンズとプレパラートがぶつかって破損するおそれがある。

(イ)＜**生物の数量関係**＞肉食動物が減ると，草食動物は食べられる数が減るので，増える(a)。草食動物が増えると，植物は食べられる数が増えるので減り，肉食動物はえさが増えるので増える(b)。その後，草食動物はえさが減り，食べられる数が増えるので，減る(d)。そして，草食動物が減ると，肉食動物はえさが減るので減り，植物は食べられる数が減るので増える(c)。このように，それぞれの生物は増減を繰り返しながら，やがてもとのつり合いのとれた状態に戻る。

(ウ)＜**植物のなかま分け**＞タンポポとサクラはどちらも双子葉類で，根は主根と側根からなるため，根の違いだけではなかま分けができない。しかし，タンポポは合弁花類，サクラは離弁花類なので，花弁の違いでなかま分けができる。なお，イヌワラビはシダ植物で，根・茎・葉の区別があるが，ゼニゴケはコケ植物で，根・茎・葉の区別がないため，根の有無でなかま分けができる。また，ユリは単子葉類で，根はひげ根であり，タンポポとサクラは双子葉類で，根は主根と側根からなるため，ユリとタンポポ，ユリとサクラはどちらも根の違いだけでなかま分けができる。

4〔小問集合〕

(ア)＜**火山の形**＞Aのように傾斜がゆるやかな火山のマグマはねばりけが弱く，比較的穏やかな噴火が多く，火山灰は黒っぽいものが多い。これに対し，Bのように盛り上がった形の火山のマグマはねばりけが強く，激しく爆発的な噴火が多く，火山灰は白っぽいものが多い。

(イ)＜**前線面**＞温度の異なる2つの空気は，すぐには混じり合わない。また，冷たい空気はあたたかい空気より密度が大きい。そのため，図の右側の冷たい空気は，左側の空気の下にもぐり込む。

(ウ)＜**地震**＞地点Xと震源の距離をx kmとすると，速さが6.0km/sのP波と4.0km/sのS波が地点Xまで伝わるのにかかった時間は，それぞれ$\frac{x}{6}$秒，$\frac{x}{4}$秒である。これより，地点Xでは，地震が発生してから$\frac{x}{6}$秒後にP波が到着して初期微動が起こり，$\frac{x}{4}$秒後にS波が到着して主要動が起こったことになる。よって，図より，P波とS波の到着時刻の差(初期微動継続時間)は$26-11=15$(秒)なので，

$\frac{x}{4}-\frac{x}{6}=15$が成り立ち，これを解くと，$\frac{x}{12}=15$より，$x=180$(km)となる。

5〔**身近な物理現象**〕

(ア)＜**水圧**＞水圧はあらゆる向きからはたらき，その大きさは水面から深い所ほど大きくなる。よって，水圧の大きさを示す矢印の長さが，上面から側面，下面と深くなるほど長くなる6が適している。

(イ)＜**浮力**＞水中の物体にはたらく浮力は上向きにはたらく力なので，浮力の大きさは，〔浮力の大きさ(N)〕=〔空気中でのばねばかりの値(N)〕−〔水中でのばねばかりの値(N)〕で求めることができる。よって，表より，物体Xは，図1のaの位置におけるばねばかりの値が0.50N，dの位置でのばねばかりの値が0.30Nなので，求める浮力の大きさは，0.50−0.30=0.20(N)となる。

(ウ)＜**浮力と密度**＞密度は，〔密度(g/cm^3)〕=〔物質の質量(g)〕÷〔物質の体積(cm^3)〕で求められるから，物体X～Zの質量と体積を求める。まず，空気中でのばねばかりの値，つまり，図1のaの位置におけるばねばかりの値が物体にはたらく重力の大きさであり，100gの物体にはたらく重力の大きさは1Nである。よって，表より，それぞれの物体の質量は，物体Xと物体Zが0.50×100=50(g)，物体Yが0.40×100=40(g)となる。次に，物体の水中にある体積が大きいほど，浮力は大きくなる。表より，物体が図1のdの位置におけるそれぞれの物体にはたらく浮力の大きさは，(イ)より物体Xが0.20N，物体Yが0.40−0.20=0.20(N)，物体Zが0.50−0.40=0.10(N)だから，浮力の大きさが等しい物体Xと物体Yは体積が等しく，物体Zは物体X，Yより体積が小さいことがわかる。以上より，物体Xと物体Zは質量が同じで，体積は物体Xの方が大きいから，密度はX＜Zとなり，物体Xと物体Yは体積が同じで，質量は物体Xの方が大きいから，密度はX＞Yである。したがって，物体X～Zの密度の大きさの関係は，Z＞X＞Yとなるから，この中で密度が最も大きいのは物体Zである。

(エ)＜**浮力**＞船が水に浮き，静止したのは，船にはたらく下向きの重力と上向きの浮力の大きさが等しくなり，つり合ったためである。よって，水に浮いて静止した船にはたらいている浮力は，鉄150gにはたらく重力と同じ大きさの1.5Nである。

6〔**化学変化と原子・分子**〕

(ア)＜**水素**＞混合物に塩酸を加えたときに発生した気体に火をつけると，音を立てて燃えたことから，この気体は水素である。水素は，鉄粉と塩酸の反応により発生する。なお，硫黄に塩酸を加えても反応しない。

(イ)＜**硫化水素**＞鉄と硫黄の混合物を加熱すると，鉄と硫黄が化合して硫化鉄ができる。鉄，硫黄，硫化鉄のうち磁石に引きつけられるのは鉄だけだから，磁石に引きつけられる物質がなかったことから，鉄は全て硫化鉄になっていることがわかる。硫化鉄が塩酸と反応すると，卵の腐ったような特有のにおいがある硫化水素が発生する。なお，2は水素，3は酸素，4は塩素の性質である。

(ウ)＜**鉄と硫黄の化合**＞鉄と硫黄が化合して硫化鉄ができる。硫化鉄は，鉄原子と硫黄原子が1：1の個数の比で化合している。よって，この反応をモデルで表すと3のようになる。

(エ)＜**反応する物質の質量**＞鉄粉3.5gと硫黄2.0gが過不足なく反応するので，鉄粉の質量が2倍の7.0gになると，過不足なく反応する硫黄の質量も2倍の4.0gになる。また，図2で，点(3.5，2.0)，(7.0，4.0)を通る直線より，上にある点の質量の組み合わせでは，鉄粉が全て反応して硫黄が残り，下にある点の質量の組み合わせでは硫黄が全て反応して鉄粉が残る。磁石に引きつけられるのは鉄だから，直線より下にある点d，eの質量の組み合わせの鉄粉と硫黄を入れた試験管D，Eで磁石に引きつけられる物質がある。

7〔**動物の生活と生物の変遷**〕

(ア)＜**消化と吸収**＞デンプンは，だ液に含まれるアミラーゼという消化酵素のはたらきで麦芽糖などに分解される。なお，ペプシンやトリプシンはタンパク質を分解する消化酵素で，リパーゼは脂肪を分解する消化酵素である。また，デンプンが分解されてできたブドウ糖は，小腸にある柔毛から吸収される。

(イ)＜**対照実験**＞だ液がデンプンを糖に変化させていることを確かめるので，だ液以外の条件は全て同じで，だ液のかわりに水を入れたものを用意する。水ではデンプンが分解されず，糖ができていないので，ヨウ素液の変化は青紫色，ベネジクト液の変化は変化なしになる。

(ウ)＜**考察**＞ヨウ素液が青紫色に変化したのは，まだ，デンプンが全て分解されていないもので，ヨウ素液の変化がなかったのは，デンプンが全て分解されたものである。表で，ヨウ素液の変化が6分までは青紫色になっているが，8分以降は変化がなかったことから，デンプンが全て分解されるのに6分間より長い時間が必要であったことがわかる。なお，2分後よりも6分後の方が残っているデンプンが少ないので，青紫色は薄くなっている。

(エ)＜**仮説**＞実験3では，だ液がデンプンを全て分解するのに必要な時間を調べたので，だ液の量を変えて行った実験では，だ液の量の変化により，デンプンを全て分解するのに必要な時間がどのように変化するかが調べられる。よって，デンプンを全て分解するのに必要な時間に関する仮説②と仮説③を検証することができる。なお，実験3では糖の量は調べていないので，仮説①を検証することはできない。

8 〔地球と宇宙〕

(ア)＜**太陽の動き**＞図1で，油性ペンの先の影が点Oにくるようにして●印を記録すると，透明半球の中心にいる観察者から見た太陽の位置を記入したことになる。また，透明半球には，東から西の方向に太陽の位置が等間隔で記録される。これは，地球が西から東の方向に一定の速度で自転していることによる見かけの動きである。

(イ)＜**太陽の動き**＞太陽は一定の速さで動いているため，地点Xは，同じ緯度の地点Yより南中時刻(太陽が真南にくる時刻)が10分遅いとき，日の出や日の入りの時刻も10分遅くなる。したがって，日の入りの時刻は，地点Yの方が地点Xより10分早い。

(ウ)＜**緯度**＞〔夏至の日の太陽の南中高度〕＝90°－(〔観察した地点の緯度〕－23.4°)より，地点Xの緯度をx°とおくと，この日の南中高度が70.3°だったことから，70.3°＝90°－(x°－23.4°)が成り立つ。これを解くと，x°＝43.1°となるから，図2より，Kさんが観察を行った都市は札幌である。

(エ)＜**地軸の傾き**＞冬至の日の太陽の南中高度は，〔冬至の日の太陽の南中高度〕＝90°－(〔観察した地点の緯度〕＋23.4°)より，現在の夏至と冬至の日の太陽の南中高度の値の差は，{90°－(〔緯度〕－23.4°)}－{90°－(〔緯度〕＋23.4°)}＝46.8°である。地軸の傾きが26.0°になると，〔夏至の日の太陽の南中高度〕＝90°－(〔緯度〕－26.0°)，〔冬至の日の太陽の南中高度〕＝90°－(〔緯度〕＋26.0°)となるので，太陽の南中高度の値の差は，{90°－(〔緯度〕－26.0°)}－{90°－(〔緯度〕＋26.0°)}＝52.0°と大きくなる。また，春分と秋分の日の太陽の南中高度は，どちらも〔春分と秋分の日の太陽の南中高度〕＝90°－〔緯度〕で求められるから，春分と秋分の日の太陽の南中高度の値の差は0°になる。この差は，地軸の傾きが変わっても変わらない。

国語解答

一 (ア) 1 しんぼく 2 かんしょう
3 ちょうそ 4 くわだ
(イ) a…2 b…1 c…3 d…4
(ウ) 1 (エ) 2

二 (ア) 3 (イ) 2 (ウ) 4 (エ) 1

三 (ア) 1 (イ) 4 (ウ) 3 (エ) 2
(オ) 3 (カ) 4

四 (ア) 3 (イ) 2 (ウ) 3 (エ) 1
(オ) Ⅰ 主体的な意志 Ⅱ 責任の所在
(カ) 1 (キ) 2 (ク) 4

五 (ア) 4
(イ) ［リサイクル率を向上させるためには,］紙製容器包装やプラスチック容器包装を分別して資源にする(27字)［ことが重要だと考えられます。］

一〔国語の知識〕

(ア)＜漢字＞1．仲良くすること。 2．対立したものの間に立って，緊張を和らげること。 3．彫刻と塑像のこと。 4．音読みは「企画」などの「キ」。

(イ)＜漢字＞a．「振興」と書く。1は「好奇」，2は「興亡」，3は「虚構」，4は「休耕」。 b．「牧草」と書く。1は「草稿」，2は「階層」，3は「伴奏」，4は「競争」。 c．「帳尻」と書く。1は「庁舎」，2は「兆候」または「徴候」，3は「帳簿」，4は「胃腸」。 d．「刻」と書く。1は「規則」，2は「穀粉」，3は「嘆息」，4は「即刻」。

(ウ)＜品詞＞「読んで」と「脱いで」の「で」は，「読む」の連用形「読み」，「脱ぐ」の連用形「脱ぎ」に接続する接続助詞「て」が，動詞の連用形が撥音便化したことに伴って濁音化したもの。「立派で」の「で」は，形容動詞「立派だ」の連用形活用語尾。「自転車で」の「で」は，手段・方法を表す格助詞。「五分で」の「で」は，期限・範囲を表す格助詞。

(エ)＜俳句の内容理解＞「向日葵の蕊」を見つめていると，向日葵の背後に広がっている海が視界から消えていく，という意味の句である。

二〔古文の読解〕出典；『実語教童子教諺解』。

≪現代語訳≫昔，孫叔敖という人が，幼少のときに，外へ出て遊んでいたところ，両頭の蛇という，二つの頭を持っている蛇を見た。日本でいう日ばかりの種類であるのだろう。そのときに，その子(＝孫叔敖)の母が，「あなたはどのような事情があって，このように物を食べないで泣くのか」と尋ねたときに，孫叔敖が答えて言うことには，「今日私は両頭の蛇を見たので，明日まで命を延ばすことができない」と言ったので，母はもとから非常に優れている人であるので，ほかのことを聞き入れないで，「まずその蛇はどこにいるのか」と尋ねる。孫叔敖が言うことには，「両頭の蛇を見る者は必ず死ぬと，日頃から聞き及んでいたので，他人がまたこれを見るようなことを恐れて，地面に埋めた」と言う。母は，この言葉を聞いて言うことには，「心配することはない，あなたは死ぬことはないでしょう。その理由は，人間として陰徳(＝人に知られないようにして施す徳)があると陽報(＝はっきりと現れる報い)があり，天は高いけれども，低い地上のことをよく聞いていて，徳は災いに勝ち，思いやりの心は多くの災いを除く，ということがあるので，あなたは死なないだけではなく，そればかりか楚の国で出世するだろう」と言う。(孫叔敖は)成人した後に，思ったとおり令尹という役人になった。その国の民衆は，孫叔敖は蛇をまでも埋めるほどの人であるので，偽りがあるはずがないとして，その言葉をよく信じた。

また，秦の穆公が，駿馬を失くされたとき，五人の盗人が，この馬を殺して食べた。穆公は，五人を殺さないで，薬酒をお与えになった。その後晋と秦が戦った。あの五人は，命を惜しまず働いた。穆公が言うことには，「陰徳が陽報を得るというのは，こういうことである」と。

(ア)＜古文の内容理解＞なぜ泣くのかと母に問われた孫叔敖は，今日，自分は両頭の蛇を見たが，両頭の蛇を見た者は死ぬと世の中で言われているので，自分も明日までに死んでしまうと思って泣いていると答えた。

(イ)＜**古文の内容理解**＞孫叔敖の母は，天は地上のことをよく見ていて，人に知られず徳を施すと必ず良い報いがあるものだから，孫叔敖が蛇を埋めたことは陰徳に当たり，死ぬこともないし，そればかりか出世するだろうと言ったのである。

(ウ)＜**古文の内容理解**＞孫叔敖は，幼い頃，他の人が死んではいけないと思って両頭の蛇を埋めたような，人のためを思って行動する人物だから，役人になっても民衆のために行動するはずだと民衆は思ったのである。

(エ)＜**古文の内容理解**＞孫叔敖は，幼い頃から人のためを思って行動できる人物であり，陰徳のある者は陽報があるという言葉どおりに令尹となり，民衆の支持を得た。秦の穆公も，駿馬を食べた五人の盗人を処罰せず許したことで，盗人は命を惜しむことなく晋との戦で活躍したのである。

三〔**小説の読解**〕出典；原田マハ『たゆたえども沈まず』。

(ア)＜**心情**＞パリに行きたいと思っていた重吉の夢は実現し，現実にパリにいるけれども，重吉は，まだ自分が夢の中にいるように感じている。一方で，フィンセントは，自分の理想郷をつくることを夢見てアルルに行き，重吉からするとすばらしい絵を送ってきたが，「いちばん描きたいもの」を描き上げたときが彼の夢がかなったときだといえるのかと，重吉は考えを巡らせている。

(イ)＜**心情**＞「薄暮」は，薄明かりの残る夕暮れ時のこと。忠正は，はっきりとはわからない微笑を浮かべていた。忠正は，パリの街に来たものの馬鹿にされて悔しい思いをしたが，その悔しさをセーヌ川に流せばよいと思うようになった。忠正は，セーヌ川に浮かぶ舟のように，流れにまかせて沈むことなく，このパリで生きていけばよいと思うようになったのである。

(ウ)＜**心情**＞フィンセントは，本当はパリにとどまりたいと思っているが，パリに受け入れられないと感じて，アルルに行き自由に絵を描こうと決めた。忠正の話を聞いて，フィンセントは，自分の本当の気持ちを忠正になら話せると思って「突然，告げ」ているので，朗読者は，忠正に打ち明けるように読めばよい。

(エ)＜**文章内容**＞忠正は異国の地で暮らす苦しさをセーヌ川に流し，自分は，何があっても決して沈むことなく，セーヌ川に浮かぶ舟のように生きればよいと決心した。忠正は，フィンセントにも，アルルに行っても，沈むことのない舟のように自分の思いどおりの絵を描いてほしいと思い，フィンセントを励ましているのである。

(オ)＜**心情**＞忠正は，フィンセントの本当の気持ちをくみ取り，アルルに行こうとしているフィンセントを励ました。重吉は，自分の知らないところでの忠正とフィンセントのやりとりを聞いて，自分の夢を大切にしようとしている二人の思いを感じ，涙がこぼれそうになるぐらいに感動したのである。

(カ)＜**要旨**＞夢だったパリにいるけれども，まだ夢の中にいるような気持ちでいる重吉であったが，忠正とフィンセントのやりとりを聞いて，セーヌ川に浮かぶ舟のように沈むことなく自分の道を歩いていけばよいと考えるようになった（4…○）。

四〔**論説文の読解―自然科学的分野―技術**〕出典；堀内進之介『人工知能時代を〈善く生きる〉技術』。

≪**本文の概要**≫近年，単純作業はAIに任せ，人間はクリエイティブな仕事に集中すればよいという意見もあるが，クリエイティブな仕事は，ゴールも見えずハードである。「あたらしい技術」を使いこなし，人間が「主人公」で活躍するというのは，単なる錯覚である。「あたらしい技術」は，すでに人間と融合を始めており，いわば「第二の自然」となっている。人間が主体となって道具を使いこなすのではなく，道具が主体としてはたらき，人間は客体になるという今までの関係が転倒したものになるのが，「あたらしい技術」である。車の自動運転を例に考えると，本当の自動運転では今まで行き先を決めていたのは人間であったが，車自体が行き先を決めるようになる。人間が主体でなくなるということは，単に便利になったということではすまない。人間が主体的な意志を持つ存在だということから成り立つ近代以降の社会の枠組みが，機能しなくなるからである。「あたらしい技術」が今までにない社会をつくることは明らかであり，私たち人間は，今までの価値観だけでは対処できないし，生き抜くための対応策を考えなければならない。自分の個人的な能力を磨くというよりも，自分を取り巻く人々や社会との，あるいは物理的な環境や技術との関係をどのように築いていくか，ビジョンを思い描いていかなければならない。

(ア)**＜接続語＞**A.「あたらしい技術」の進化で，人間の能力そのものが高くなり，皆が活躍できる時代が到来するかもしれないけれども，今の技術のあり方から見れば，とてもそうした期待は持てない。　B.「本当の」自動運転とは，行動を起こす主体は車であり，人間は客体になるということであり，言い換えれば「主体と客体の関係が転倒する」ということである。

(イ)**＜文章内容＞**クリエイティブな作業は，どこまでやってもゴールは見えないが，ルーティンワークは，するべきことが明確に決まっているので，働く者からすると，「負担は軽い」のである。

(ウ)**＜文章内容＞**「あたらしい技術」は，私たち人間が主体的に扱うか否かを決める「道具」ではなく，スマホやネットのように，自分がその「あたらしい技術」の中にいるのが当たり前だと感じて，自分が使う「道具」だという意識も持たない，いわば自然環境のようなものである。

(エ)**＜文章内容＞**「現在の自動運転技術」は，運転という作業が自動化されたにすぎないと考える人もいるけれども，運転の全てが自動化されれば，人間が起点という意味での主体ではなくなってしまうため，単に便利になったと喜ぶだけではすまない。それは例えば，運転の主体が責任を負うという現在の法律では，自動運転時の事故に対応できないからである。

(オ)**＜文章内容＞**現代の社会は，人間が「主体的な意志」を持つ存在であるという前提をもとにつくられているので(…Ⅰ)，人間が行動の主体であれば，事故が起こったときも，事故の「責任の所在」はその人にあると明確にできるけれども，「あたらしい技術」によって起きた事故に関しては，誰が責任を取ればよいのかがわからなくなるのである(…Ⅱ)。

(カ)**＜文章内容＞**「あたらしい技術」によって，今までにない社会が到来することは明らかであり，その中では人間がいつも主体になれるとは限らないので，自分の能力を磨いても対応できるとは限らないし，それでは疲れ切るだけである。

(キ)**＜文章内容＞**社会が変わっていくのは間違いないことだから，どのような社会に「変わって欲しいのか，そのビジョンを思い描くこと」が重要である。自分を取り巻く人々や自分が生きている社会と，自分がどのような関係を築いていくかを考えていくことが，大切なことである。

(ク)**＜要旨＞**AIを職場に導入させて，人間はクリエイティブな仕事に集中すればよいということが語られているが，これは必ずしも人間の能力を飛躍的に向上させることにはつながらない(1…×)。科学技術が，人間にとって便利な道具から，むしろ技術が主体となり人間が客体となるような方向に変わるかもしれないが，これは必ずしも便利でよいことだとはいえない(2…×)。車の自動運転技術のあり方は，技術が主体であり，人間は客体になるという本来の関係を転倒したものであり，これは今までの社会の枠組みを揺るがすもので，不安を抱かせるものである(3…×)。人間と融合を始めている「あたらしい技術」は，社会を変化させることは間違いないので，人間は，個人の能力を高めるというよりは，自分が社会とどう関わっていけばよいのかという視点から，新しいビジョンを描いていくようにしなければならない(4…○)。

五〔**資料**〕

(ア)焼却による「減量化」は，一般廃棄物の約七割を占めている(1…×)。中間処理を経ない「収集後直接資源化」量は，「中間処理後資源化」量の約半分である(2…×)。「中間処理残渣埋立」量は，一般廃棄物収集後の「直接埋立」の量の約八倍である(3…×)。

(イ)「紙製容器包装」や「飲料用紙容器」，「プラスチック容器包装」のリサイクル状況が低いので，これらを分別して，ゴミとして燃やすことなくリサイクルに回して，資源として利用することを考えるという内容をまず押さえ，条件をきちんと満たすように文をつくっていく。

Memo

解答用紙編

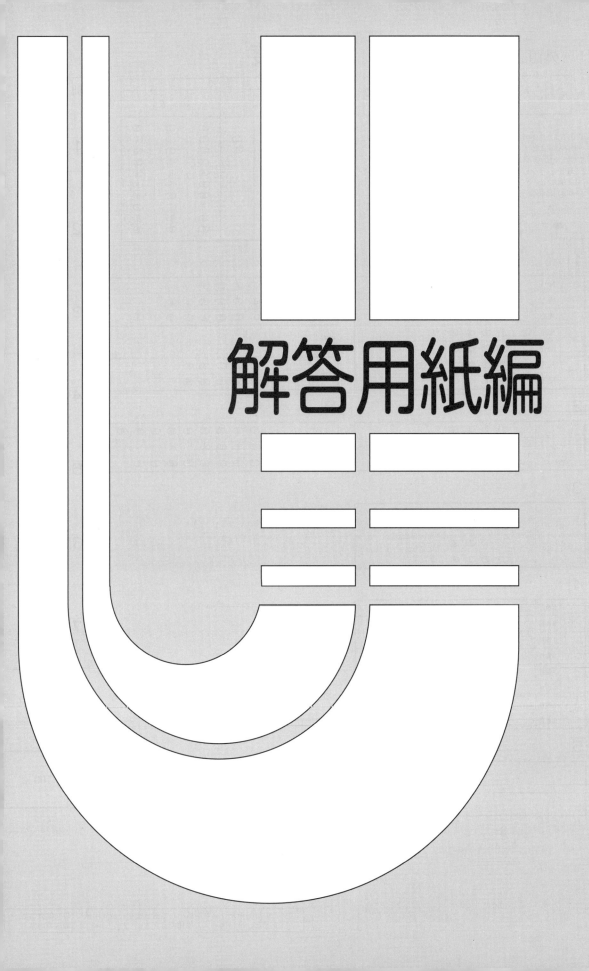

I　外国語(英語)　解答用紙　2024年度

氏名	

受検番号						
⓪	⓪	⓪		⓪	⓪	⓪
①	①	①	①	①	①	①
②	②	②	②	②	②	②
③	③	③		③	③	③
④	④	④		④	④	④
⑤	⑤	⑤		⑤	⑤	⑤
⑥	⑥	⑥		⑥	⑥	⑥
⑦	⑦	⑦		⑦	⑦	⑦
⑧	⑧	⑧		⑧	⑧	⑧
⑨	⑨	⑨		⑨	⑨	⑨

注意事項

1　HBまたはBの鉛筆(シャープペンシルも可)を使用して，◯の中を塗りつぶすこと。
2　答えを直すときは，きれいに消して，消しくずを残さないこと。
3　数字や文字などを記述して解答する場合は，解答欄からはみ出さないように，はっきり書き入れること。
4　解答用紙を汚したり，折り曲げたりしないこと。

良い例	悪い例
●	線　小さい　はみ出し　丸囲み　レ点　うすい

1

(ア)	No. 1	① ② ③ ④
	No. 2	① ② ③ ④
	No. 3	① ② ③ ④
(イ)	No. 1	① ② ③ ④
	No. 2	① ② ③ ④
(ウ)	No. 1	① ② ③ ④ ⑤ ⑥
	No. 2	① ② ③ ④

2

(ア)	① ② ③ ④
(イ)	① ② ③ ④
(ウ)	① ② ③ ④

3

(ア)	① ② ③ ④
(イ)	① ② ③ ④
(ウ)	① ② ③ ④
(エ)	① ② ③ ④

4

(ア)	3番目	① ② ③ ④ ⑤ ⑥
	5番目	① ② ③ ④ ⑤ ⑥
(イ)	3番目	① ② ③ ④ ⑤ ⑥
	5番目	① ② ③ ④ ⑤ ⑥
(ウ)	3番目	① ② ③ ④ ⑤ ⑥
	5番目	① ② ③ ④ ⑤ ⑥
(エ)	3番目	① ② ③ ④ ⑤ ⑥
	5番目	① ② ③ ④ ⑤ ⑥

5

a wheelchair basketball game ?

6

(ア)	① ② ③ ④
(イ)	① ② ③ ④ ⑤ ⑥
(ウ)	① ② ③ ④ ⑤ ⑥ ⑦ ⑧

7

(ア)	① ② ③ ④ ⑤
(イ)	① ② ③ ④ ⑤

8

(ア)	① ② ③ ④ ⑤ ⑥ ⑦ ⑧ ⑨
(イ)	① ② ③ ④
(ウ)	① ② ③ ④ ⑤ ⑥ ⑦ ⑧

問	配点
1	各3点 計21点
2	各2点 計6点
3	各3点 計12点
4	各4点 計16点
5	5点
6	各5点 計15点
7	各5点 計10点
8	各5点 計15点
計	100点

(注) この解答用紙は実物を縮小してあります。Ｂ４用紙に141%拡大コピーすると、ほぼ実物大で使用できます。(タイトルと配点表は含みません)

I　数　学　解答用紙　**2024年度**

氏名	

注意事項

1　ＨＢまたはＢの鉛筆(シャープペンシルも可)を使用して，◯の中を塗りつぶすこと。
2　答えを直すときは，きれいに消して，消しくずを残さないこと。
3　解答用紙を汚したり，折り曲げたりしないこと。

良い例	悪い例		
●	線	小さい	はみ出し
	丸囲み	レ点	うすい

受検番号						
⓪	⓪	⓪		⓪	⓪	⓪
①	①	①	①	①	①	①
②	②	②	②	②	②	②
③	③	③		③	③	③
④	④	④		④	④	④
⑤	⑤	⑤		⑤	⑤	⑤
⑥	⑥	⑥		⑥	⑥	⑥
⑦	⑦	⑦		⑦	⑦	⑦
⑧	⑧	⑧		⑧	⑧	⑧
⑨	⑨	⑨		⑨	⑨	⑨

1

(ア)	① ② ③ ④
(イ)	① ② ③ ④
(ウ)	① ② ③ ④
(エ)	① ② ③ ④
(オ)	① ② ③ ④

2

(ア)	① ② ③ ④
(イ)	① ② ③ ④
(ウ)	① ② ③ ④
(エ)	① ② ③ ④
(オ)	① ② ③ ④
(カ)	① ② ③ ④

3

(ア)	(i)	(a)	① ② ③ ④
		(b)	① ② ③ ④
	(ii) あい	あ	⓪ ① ② ③ ④ ⑤ ⑥ ⑦ ⑧ ⑨
		い	⓪ ① ② ③ ④ ⑤ ⑥ ⑦ ⑧ ⑨
(イ)	(i)		① ② ③ ④ ⑤ ⑥
	(ii)		① ② ③ ④ ⑤ ⑥
(ウ) う√え		う	⓪ ① ② ③ ④ ⑤ ⑥ ⑦ ⑧ ⑨
		え	⓪ ① ② ③ ④ ⑤ ⑥ ⑦ ⑧ ⑨
(エ)			① ② ③ ④ ⑤ ⑥ ⑦ ⑧

4

(ア)		① ② ③ ④ ⑤ ⑥
(イ)	(i)	① ② ③ ④ ⑤ ⑥
	(ii)	① ② ③ ④ ⑤ ⑥
(ウ) おか/き	お	⓪ ① ② ③ ④ ⑤ ⑥ ⑦ ⑧ ⑨
	か	⓪ ① ② ③ ④ ⑤ ⑥ ⑦ ⑧ ⑨
	き	⓪ ① ② ③ ④ ⑤ ⑥ ⑦ ⑧ ⑨

5

(ア) く/けこ	く	⓪ ① ② ③ ④ ⑤ ⑥ ⑦ ⑧ ⑨
	け	⓪ ① ② ③ ④ ⑤ ⑥ ⑦ ⑧ ⑨
	こ	⓪ ① ② ③ ④ ⑤ ⑥ ⑦ ⑧ ⑨
(イ) さ/しす	さ	⓪ ① ② ③ ④ ⑤ ⑥ ⑦ ⑧ ⑨
	し	⓪ ① ② ③ ④ ⑤ ⑥ ⑦ ⑧ ⑨
	す	⓪ ① ② ③ ④ ⑤ ⑥ ⑦ ⑧ ⑨

6

(ア)		① ② ③ ④ ⑤ ⑥
(イ) せ√そた/ち	せ	⓪ ① ② ③ ④ ⑤ ⑥ ⑦ ⑧ ⑨
	そ	⓪ ① ② ③ ④ ⑤ ⑥ ⑦ ⑧ ⑨
	た	⓪ ① ② ③ ④ ⑤ ⑥ ⑦ ⑧ ⑨
	ち	⓪ ① ② ③ ④ ⑤ ⑥ ⑦ ⑧ ⑨

問	配点
1	各3点 計15点
2	各4点 計24点
3	(ア)の(i)は各2点 (ア)の(ii)，(エ)は各5点 (イ)は各3点 (ウ)は6点 計26点
4	(ア)は4点 (イ)は両方できて5点 (ウ)は6点 計15点
5	各5点 計10点
6	(ア)は4点 (イ)は6点 計10点
計	100点

(注) この解答用紙は実物を縮小してあります。Ｂ４用紙に141％拡大コピーすると、ほぼ実物大で使用できます。(タイトルと配点表は含みません)

V 社 会 解答用紙 2024年度

氏名	

受検番号						
⓪①②③④⑤⑥⑦⑧⑨	⓪①②③④⑤⑥⑦⑧⑨	⓪①②③④⑤⑥⑦⑧⑨	①②	⓪①②③④⑤⑥⑦⑧⑨	⓪①②③④⑤⑥⑦⑧⑨	⓪①②③④⑤⑥⑦⑧⑨

注意事項

1 HBまたはBの鉛筆(シャープペンシルも可)を使用して，⬭の中を塗りつぶすこと。
2 答えを直すときは，きれいに消して，消しくずを残さないこと。
3 解答用紙を汚したり，折り曲げたりしないこと。

良い例	悪い例
⬬	線　小さい　はみ出し　丸囲み　レ点　うすい

1

(ア)	① ② ③ ④ ⑤ ⑥ ⑦ ⑧
(イ)	① ② ③ ④ ⑤ ⑥ ⑦ ⑧
(ウ)	① ② ③ ④
(エ)	① ② ③ ④
(オ)	① ② ③ ④ ⑤ ⑥

2

(ア)	① ② ③ ④ ⑤ ⑥
(イ)	① ② ③ ④
(ウ)	① ② ③ ④
(エ)	① ② ③ ④
(オ)	① ② ③ ④

3

(ア)	① ② ③ ④
(イ)	① ② ③ ④
(ウ)	① ② ③ ④ ⑤ ⑥
(エ)	① ② ③ ④ ⑤ ⑥
(オ)	① ② ③ ④ ⑤ ⑥

4

(ア)	① ② ③ ④
(イ)	① ② ③ ④ ⑤ ⑥ ⑦ ⑧
(ウ)	① ② ③ ④
(エ)	① ② ③ ④ ⑤ ⑥ ⑦ ⑧ ⑨
(オ)	① ② ③ ④ ⑤ ⑥

5

(ア)	① ② ③ ④
(イ)	① ② ③ ④ ⑤ ⑥
(ウ)	① ② ③ ④ ⑤ ⑥ ⑦ ⑧
(エ)	① ② ③ ④
(オ)	① ② ③ ④

6

(ア)	① ② ③ ④
(イ)	① ② ③ ④
(ウ)	① ② ③ ④ ⑤ ⑥ ⑦ ⑧
(エ)	① ② ③ ④
(オ)	① ② ③ ④

7

(ア)	① ② ③ ④
(イ)	① ② ③ ④ ⑤ ⑥
(ウ)	① ② ③ ④
(エ)	① ② ③ ④ ⑤ ⑥ ⑦ ⑧

問	配　点
1	各3点 計15点
2	(イ)は2点 他は 各3点 計14点
3	(ア)は2点 他は 各3点 計14点
4	(ア)は2点 (イ),(ウ),(オ)は 各3点 (エ)は4点 計15点
5	各3点 計15点
6	(イ)は2点 他は 各3点 計14点
7	(ア),(イ)は 各3点 (ウ)は2点 (エ)は5点 計13点
計	100点

(注) この解答用紙は実物を縮小してあります。B４用紙に141％拡大コピーすると、ほぼ実物大で使用できます。(タイトルと配点表は含みません)

理 科 解答用紙 2024年度

氏名	

受検番号						
⓪	⓪	⓪		⓪	⓪	⓪
①	①	①	①	①	①	①
②	②	②	②	②	②	②
③	③	③		③	③	③
④	④	④		④	④	④
⑤	⑤	⑤		⑤	⑤	⑤
⑥	⑥	⑥		⑥	⑥	⑥
⑦	⑦	⑦		⑦	⑦	⑦
⑧	⑧	⑧		⑧	⑧	⑧
⑨	⑨	⑨		⑨	⑨	⑨

注意事項

HBまたはBの鉛筆(シャープペンシルも可)を使用して，◯の中を塗りつぶすこと。

答えを直すときは，きれいに消して，消しくずを残さないこと。

解答用紙を汚したり，折り曲げたりしないこと。

良い例	悪い例
●	線　小さい　はみ出し　丸囲み　レ点　うすい

1

(ア)		① ② ③ ④
(イ)		① ② ③ ④ ⑤ ⑥ ⑦ ⑧
(ウ)	(i)	① ② ③
	(ii)	① ② ③ ④

2

(ア)		① ② ③ ④
(イ)		① ② ③ ④
(ウ)	(i)	① ②
	(ii)	① ② ③ ④

3

(ア)	① ② ③ ④
(イ)	① ② ③ ④ ⑤ ⑥ ⑦ ⑧
(ウ)	① ② ③ ④

4

(ア)		① ② ③ ④
(イ)		① ② ③ ④ ⑤ ⑥
(ウ)	X	① ② ③ ④
	Y	① ② ③ ④

5

(ア)	① ② ③ ④
(イ)	① ② ③ ④ ⑤ ⑥
(ウ)	① ② ③ ④
(エ)	① ② ③ ④

6

(ア)		① ② ③ ④
(イ)		① ② ③ ④ ⑤ ⑥
(ウ)		① ② ③ ④
(エ)	あ	① ② ③ ④
	い	① ② ③ ④
	う	① ② ③ ④ ⑤

7

(ア)		① ② ③ ④
(イ)		① ② ③ ④
(ウ)		① ② ③ ④
(エ)	あ	① ② ③ ④
	い	① ② ③ ④

8

(ア)	① ② ③ ④
(イ)	① ② ③ ④ ⑤ ⑥
(ウ)	① ② ③ ④ ⑤ ⑥
(エ)	① ② ③ ④

問	配 点
1	(ア),(イ)は各3点 (ウ)の(i)は1点 (ウ)の(ii)は2点 計9点
2	(ア),(イ)は各3点 (ウ)の(i)は1点 (ウ)の(ii)は2点 計9点
3	各3点 計9点
4	(ア),(イ)は各3点 (ウ)のXは1点 (ウ)のYは2点 計9点
5	各4点 計16点
6	(ア),(イ)は各3点 (ウ)は4点 (エ)は各2点 計16点
7	(ア)～(ウ)は各4点 (エ)は各2点 計16点
8	各4点 計16点
計	100点

(注) この解答用紙は実物を縮小してあります。Ｂ４用紙に141%拡大コピーすると、ほぼ実物大で使用できます。(タイトルと配点表は含みません)

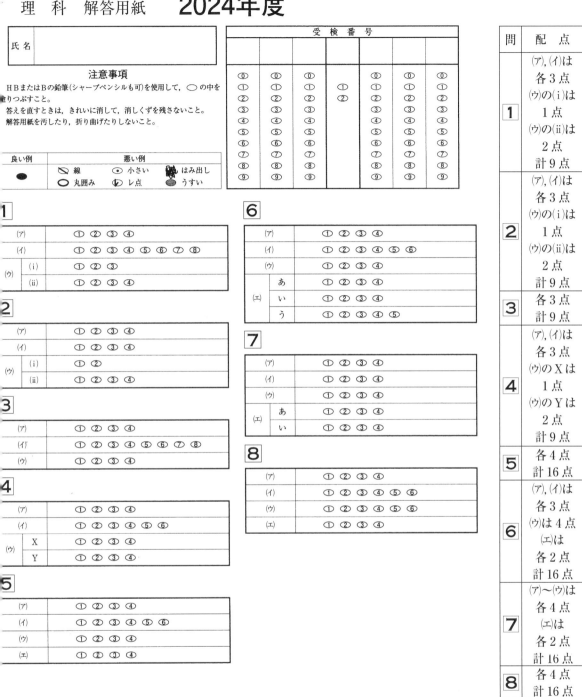

Ⅱ　国語　解答用紙

二〇二四年度

氏名	

受検番号						
⓪〜⑨	⓪〜⑨	⓪〜⑨	①②	⓪〜⑨	⓪〜⑨	⓪〜⑨

受検番号は左から書くこと。

注意事項

1　ＨＢまたはＢの鉛筆（シャープペンシルも可）を使用して，◯の中を塗りつぶすこと。
2　答えを直すときは，きれいに消して，消しくずを残さないこと。
3　数字や文字などを記述して解答する場合は，解答欄からはみ出さないように，はっきり書き入れること。
4　解答用紙を汚したり，折り曲げたりしないこと。

良い例	悪い例		
●	線	小さい	はみ出し
	丸囲み	レ点	うすい

一

(ア) a	(ア) b	(ア) c	(ア) d	(イ) a	(イ) b	(イ) c	(イ) d	(ウ)
①②③④	①②③④	①②③④	①②③④	①②③④	①②③④	①②③④	①②③④	①②③④

二

(ア)	(イ)	(ウ)	(エ)	(オ)	(カ)
①②③④	①②③④	①②③④	①②③④	①②③④	①②③④

三

(ア)	(イ)	(ウ)	(エ)	(オ)	(カ)	(キ)	(ク)	(ケ)
①②③④	①②③④	①②③④	①②③④	①②③④	①②③④	①②③④	①②③④	①②③④

四

(ア)	(イ)	(ウ)	(エ)
①②③④	①②③④	①②③④	①②③④

五

(ア)	(イ)
①②③④	＊解答欄は左にあります。

五

(イ)

ＡＩなどの情報技術を、

ように使うことを心がけるべきだ。

	一	二	三	四	五	計
配点	(ア)，(イ)は各２点　(ウ)は４点　計 20 点	各４点　計 24 点	(ア)〜(ウ)は各２点　他は各４点　計 30 点	各４点　計 16 点	(ア)は４点　(イ)は６点　計 10 点	100 点

（注）この解答用紙は実物を縮小してあります。Ｂ４用紙に141％拡大コピーすると、ほぼ実物大で使用できます。（タイトルと配点表は含みません）

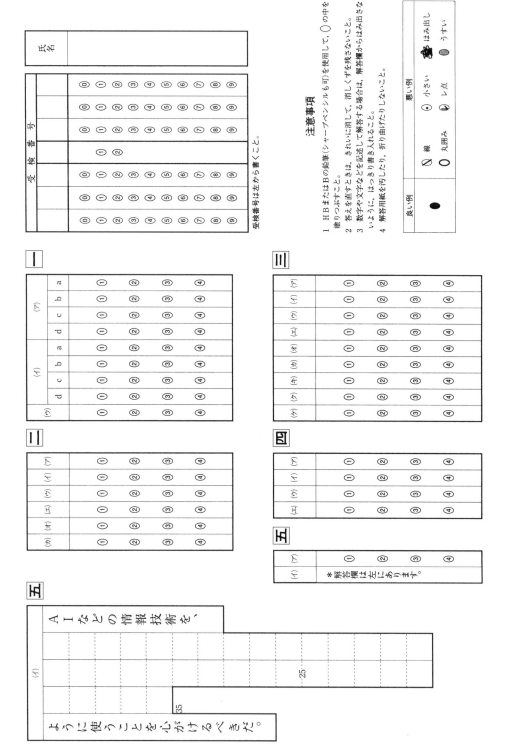

I　外国語（英語）　解答用紙　**2023年度**

氏名	

受検番号						
⓪	⓪	⓪		⓪	⓪	⓪
①	①	①	①	①	①	①
②	②	②	②	②	②	②
③	③	③		③	③	③
④	④	④		④	④	④
⑤	⑤	⑤		⑤	⑤	⑤
⑥	⑥	⑥		⑥	⑥	⑥
⑦	⑦	⑦		⑦	⑦	⑦
⑧	⑧	⑧		⑧	⑧	⑧
⑨	⑨	⑨		⑨	⑨	⑨

注意事項

1　ＨＢまたはＢの鉛筆（シャープペンシルも可）を使用して，◯の中を塗りつぶすこと。
2　答えを直すときは，きれいに消して，消しくずを残さないこと。
3　数字や文字などを記述して解答する場合は，解答欄からはみ出さないように，はっきり書き入れること。
4　解答用紙を汚したり，折り曲げたりしないこと。

良い例	悪い例
●	線　小さい　はみ出し　丸囲み　レ点　うすい

1

(ア)	No. 1	① ② ③ ④
	No. 2	① ② ③ ④
	No. 3	① ② ③ ④
(イ)	No. 1	① ② ③ ④
	No. 2	① ② ③ ④
(ウ)	No. 1	① ② ③ ④ ⑤ ⑥ ⑦ ⑧ ⑨
	No. 2	① ② ③ ④

2

(ア)	① ② ③ ④
(イ)	① ② ③ ④
(ウ)	① ② ③ ④

3

(ア)	① ② ③ ④
(イ)	① ② ③ ④
(ウ)	① ② ③ ④
(エ)	① ② ③ ④

4

(ア)	3番目	① ② ③ ④ ⑤ ⑥
	5番目	① ② ③ ④ ⑤ ⑥
(イ)	3番目	① ② ③ ④ ⑤ ⑥
	5番目	① ② ③ ④ ⑤ ⑥
(ウ)	3番目	① ② ③ ④ ⑤ ⑥
	5番目	① ② ③ ④ ⑤ ⑥
(エ)	3番目	① ② ③ ④ ⑤ ⑥
	5番目	① ② ③ ④ ⑤ ⑥

5

the park ?

6

(ア)	① ② ③ ④
(イ)	① ② ③ ④ ⑤ ⑥
(ウ)	① ② ③ ④ ⑤ ⑥ ⑦ ⑧

7

(ア)	① ② ③ ④ ⑤
(イ)	① ② ③ ④ ⑤

8

(ア)	① ② ③ ④ ⑤ ⑥ ⑦ ⑧ ⑨
(イ)	① ② ③ ④
(ウ)	① ② ③ ④ ⑤ ⑥ ⑦ ⑧

問	配　点
1	各3点 計21点
2	各2点 計6点
3	各3点 計12点
4	各4点 計16点
5	5点
6	各5点 計15点
7	各5点 計10点
8	各5点 計15点
計	100点

（注）この解答用紙は実物を縮小してあります。Ｂ４用紙に141％拡大コピーすると、ほぼ実物大で使用できます。（タイトルと配点表は含みません）

Ⅲ　数　学　解答用紙　　**2023年度**

氏名	

受検番号						
⓪	⓪	⓪		⓪	⓪	⓪
①	①	①	①	①	①	①
②	②	②	②	②	②	②
③	③	③		③	③	③
④	④	④		④	④	④
⑤	⑤	⑤		⑤	⑤	⑤
⑥	⑥	⑥		⑥	⑥	⑥
⑦	⑦	⑦		⑦	⑦	⑦
⑧	⑧	⑧		⑧	⑧	⑧
⑨	⑨	⑨		⑨	⑨	⑨

注意事項

1　HBまたはBの鉛筆(シャープペンシルも可)を使用して，◯の中を塗りつぶすこと。

2　答えを直すときは，きれいに消して，消しくずを残さないこと。

3　解答用紙を汚したり，折り曲げたりしないこと。

良い例	悪い例
⬬	線　小さい　はみ出し　丸囲み　レ点　うすい

1

(ア)	① ② ③ ④
(イ)	① ② ③ ④
(ウ)	① ② ③ ④
(エ)	① ② ③ ④
(オ)	① ② ③ ④

2

(ア)	① ② ③ ④
(イ)	① ② ③ ④
(ウ)	① ② ③ ④
(エ)	① ② ③ ④
(オ)	① ② ③ ④

3

(ア)	(i)	(a)	① ② ③ ④
		(b)	① ② ③ ④
		(c)	① ② ③ ④
	(ii)	あ	⓪ ① ② ③ ④ ⑤ ⑥ ⑦ ⑧ ⑨
	あい	い	⓪ ① ② ③ ④ ⑤ ⑥ ⑦ ⑧ ⑨
(イ)	(i)		① ② ③ ④
	(ii)		① ② ③ ④ ⑤ ⑥
(ウ)			① ② ③ ④ ⑤ ⑥
(エ)		う	⓪ ① ② ③ ④ ⑤ ⑥ ⑦ ⑧ ⑨
う：え		え	⓪ ① ② ③ ④ ⑤ ⑥ ⑦ ⑧ ⑨

4

(ア)			① ② ③ ④ ⑤ ⑥
(イ)	(i)		① ② ③ ④ ⑤ ⑥
	(ii)		① ② ③ ④ ⑤ ⑥
(ウ)		お	⓪ ① ② ③ ④ ⑤ ⑥ ⑦ ⑧ ⑨
		か	⓪ ① ② ③ ④ ⑤ ⑥ ⑦ ⑧ ⑨
$\frac{おか}{きく}$		き	⓪ ① ② ③ ④ ⑤ ⑥ ⑦ ⑧ ⑨
		く	⓪ ① ② ③ ④ ⑤ ⑥ ⑦ ⑧ ⑨

5

(ア)	け	⓪ ① ② ③ ④ ⑤ ⑥ ⑦ ⑧ ⑨
$\frac{け}{こさ}$	こ	⓪ ① ② ③ ④ ⑤ ⑥ ⑦ ⑧ ⑨
	さ	⓪ ① ② ③ ④ ⑤ ⑥ ⑦ ⑧ ⑨
(イ) $\frac{し}{す}$	し	⓪ ① ② ③ ④ ⑤ ⑥ ⑦ ⑧ ⑨
	す	⓪ ① ② ③ ④ ⑤ ⑥ ⑦ ⑧ ⑨

6

(ア)		① ② ③ ④ ⑤ ⑥
(イ)		① ② ③ ④ ⑤ ⑥
(ウ)	せ	⓪ ① ② ③ ④ ⑤ ⑥ ⑦ ⑧ ⑨
せ$\sqrt{そ}$	そ	⓪ ① ② ③ ④ ⑤ ⑥ ⑦ ⑧ ⑨

問	配　点
1	各3点 計15点
2	各4点 計20点
3	(ア)の(i)の(a),(b)は両方できて3点 (c)は2点 (ア)の(ii)は4点 (イ)の(i)は2点 (ii)は3点 (ウ)は5点 (エ)は6点 計25点
4	(ア)は4点 (イ)は両方できて5点 (ウ)は6点 計15点
5	各5点 計10点
6	(ア)は4点 (イ)は5点 (ウ)は6点 計15点
計	100点

(注)この解答用紙は実物を縮小してあります。Ｂ４用紙に141%拡大コピーすると、ほぼ実物大で使用できます。(タイトルと配点表は含みません)

社　会　解答用紙　2023年度

氏名	

注意事項

1　ＨＢまたはＢの鉛筆(シャープペンシルも可)を使用して，◯の中を塗りつぶすこと。
2　答えを直すときは，きれいに消して，消しくずを残さないこと。
3　解答用紙を汚したり，折り曲げたりしないこと。

良い例	悪い例		
●	線	小さい	はみ出し
	丸囲み	レ点	うすい

受検番号						
⓪	⓪	⓪		⓪	⓪	⓪
①	①	①	①	①	①	①
②	②	②	②	②	②	②
③	③	③		③	③	③
④	④	④		④	④	④
⑤	⑤	⑤		⑤	⑤	⑤
⑥	⑥	⑥		⑥	⑥	⑥
⑦	⑦	⑦		⑦	⑦	⑦
⑧	⑧	⑧		⑧	⑧	⑧
⑨	⑨	⑨		⑨	⑨	⑨

1

(ア)	① ② ③ ④ ⑤ ⑥
(イ)	① ② ③ ④ ⑤ ⑥ ⑦ ⑧
(ウ)	① ② ③ ④ ⑤ ⑥
(エ)	① ② ③ ④
(オ)	① ② ③ ④

2

(ア)	① ② ③ ④
(イ)	① ② ③ ④
(ウ)	① ② ③ ④
(エ)	① ② ③ ④

3

(ア)	① ② ③ ④ ⑤ ⑥ ⑦ ⑧
(イ)	① ② ③ ④
(ウ)	① ② ③ ④ ⑤ ⑥
(エ)	① ② ③ ④
(オ)	① ② ③ ④ ⑤ ⑥ ⑦ ⑧

4

(ア)	① ② ③ ④
(イ)	① ② ③ ④ ⑤ ⑥
(ウ)	① ② ③ ④
(エ)	① ② ③ ④
(オ)	① ② ③ ④

5

(ア)	① ② ③ ④
(イ)	① ② ③ ④
(ウ)	① ② ③ ④
(エ)	① ② ③ ④ ⑤ ⑥ ⑦ ⑧
(オ)	① ② ③ ④ ⑤ ⑥ ⑦ ⑧

6

(ア)	① ② ③ ④ ⑤ ⑥
(イ)	① ② ③ ④
(ウ)	① ② ③ ④
(エ)	① ② ③ ④ ⑤ ⑥ ⑦ ⑧
(オ)	① ② ③ ④ ⑤ ⑥

7

(ア)	① ② ③ ④ ⑤ ⑥ ⑦ ⑧
(イ)	① ② ③ ④
(ウ)	① ② ③ ④
(エ)	① ② ③ ④ ⑤ ⑥

問	配　点
1	(ア), (イ), (エ)は各3点 (ウ)は2点 (オ)は4点 計15点
2	(ア), (イ)は各3点 (ウ), (エ)は各4点 計14点
3	各3点 計15点
4	各3点 計15点
5	(ア)は2点 他は各3点 計14点
6	各3点 計15点
7	(ア)は2点 (イ), (ウ)は各3点 (エ)は4点 計12点
計	100点

(注) この解答用紙は実物を縮小してあります。Ｂ４用紙に141%拡大コピーすると、ほぼ実物大で使用できます。(タイトルと配点表は含みません)

Ⅳ　理　科　解答用紙　2023年度

氏名	

受検番号						
⓪	⓪	⓪		⓪	⓪	⓪
①	①	①	①	①	①	①
②	②	②	②	②	②	②
③	③	③		③	③	③
④	④	④		④	④	④
⑤	⑤	⑤		⑤	⑤	⑤
⑥	⑥	⑥		⑥	⑥	⑥
⑦	⑦	⑦		⑦	⑦	⑦
⑧	⑧	⑧		⑧	⑧	⑧
⑨	⑨	⑨		⑨	⑨	⑨

注意事項

1　HBまたはBの鉛筆(シャープペンシルも可)を使用して，◯の中を塗りつぶすこと。
2　答えを直すときは，きれいに消して，消しくずを残さないこと。
3　解答用紙を汚したり，折り曲げたりしないこと。

良い例	悪い例		
●	線	小さい	はみ出し
	丸囲み	レ点	うすい

1

(ア)	① ② ③ ④
(イ)	① ② ③ ④
(ウ)	① ② ③ ④ ⑤ ⑥

2

(ア)	① ② ③ ④ ⑤ ⑥
(イ)	① ② ③ ④ ⑤ ⑥
(ウ)	① ② ③ ④

3

(ア)	① ② ③ ④
(イ)	① ② ③ ④ ⑤ ⑥ ⑦ ⑧ ⑨
(ウ)	① ② ③ ④ ⑤ ⑥ ⑦ ⑧

4

(ア)		① ② ③ ④ ⑤ ⑥ ⑦ ⑧ ⑨
(イ)		① ② ③ ④
(ウ)	(i)	① ② ③ ④ ⑤ ⑥
	(ii)	① ② ③ ④ ⑤ ⑥

5

(ア)	① ② ③ ④
(イ)	① ② ③ ④
(ウ)	① ② ③ ④
(エ)	① ② ③ ④

6

(ア)	(i)	① ② ③ ④
	(ii)	① ② ③ ④
(イ)		① ② ③ ④ ⑤
(ウ)	(i)	① ②
	(ii)	① ② ③
(エ)		① ② ③ ④ ⑤ ⑥

7

(ア)			① ② ③ ④
(イ)			① ② ③ ④ ⑤ ⑥
(ウ)	(i)	あ	① ② ③ ④
		い	① ② ③ ④
	(ii)		① ② ③ ④ ⑤ ⑥

8

(ア)	① ② ③ ④
(イ)	① ② ③ ④ ⑤ ⑥ ⑦ ⑧
(ウ)	① ② ③ ④
(エ)	① ② ③ ④ ⑤ ⑥

問	配　点
1	各3点 計9点
2	各3点 計9点
3	各3点 計9点
4	(ア),(イ)は各3点 (ウ)は両方できて3点 計9点
5	各4点 計16点
6	(ア),(ウ)はそれぞれ両方できて各4点 (イ),(エ)は各4点 計16点
7	(ア),(イ),(ウ)の(ii)は各4点 (ウ)の(i)は両方できて4点 計16点
8	各4点 計16点
計	100点

(注) この解答用紙は実物を縮小してあります。Ｂ４用紙に141%拡大コピーすると、ほぼ実物大で使用できます。(タイトルと配点表は含みません)

II

国語解答用紙

二〇二三年度

氏名	

受検番号						
⓪	⓪	⓪		⓪	⓪	⓪
①	①	①	①	①	①	①
②	②	②	②	②	②	②
③	③	③		③	③	③
④	④	④		④	④	④
⑤	⑤	⑤		⑤	⑤	⑤
⑥	⑥	⑥		⑥	⑥	⑥
⑦	⑦	⑦		⑦	⑦	⑦
⑧	⑧	⑧		⑧	⑧	⑧
⑨	⑨	⑨		⑨	⑨	⑨

受検番号は左から書くこと。

注意事項

1 HBまたはBの鉛筆(シャープペンシルも可)を使用して，◯の中を塗りつぶすこと。

2 答えを直すときは，きれいに消して，消しくずを残さないこと。

3 数字や文字などを記述して解答する場合は，解答欄からはみ出さないように，はっきり書き入れること。

4 解答用紙を汚したり，折り曲げたりしないこと。

良い例	悪い例
●	線　小さい　はみ出し　丸囲み　レ点　うすい

一

(ア) a	(ア) b	(ア) c	(ア) d	(イ) a	(イ) b	(イ) c	(イ) d	(ウ)
①	①	①	①	①	①	①	①	①
②	②	②	②	②	②	②	②	②
③	③	③	③	③	③	③	③	③
④	④	④	④	④	④	④	④	④

二

(ア)	(イ)	(ウ)	(エ)	(オ)	(カ)
①	①	①	①	①	①
②	②	②	②	②	②
③	③	③	③	③	③
④	④	④	④	④	④

三

(ア)	(イ)	(ウ)	(エ)	(オ)	(カ)	(キ)	(ク)	(ケ)
①	①	①	①	①	①	①	①	①
②	②	②	②	②	②	②	②	②
③	③	③	③	③	③	③	③	③
④	④	④	④	④	④	④	④	④

四

(ア)	(イ)	(ウ)	(エ)
①	①	①	①
②	②	②	②
③	③	③	③
④	④	④	④

五

(ア)	(イ)
①	＊解答欄は左にあります。
②	
③	
④	

五

(イ)

日本における人間と自然の共生という視点で考えると、

25

35

ことが必要です。

配点	計	一	二	三	四	五
	100点	(ア)，(イ)は各2点 (ウ)は4点 計20点	各4点 計24点	(ア)〜(ウ)は各2点 他は各4点 計30点	各4点 計16点	(ア)は4点 (イ)は6点 計10点

(注) この解答用紙は実物を縮小してあります。B4用紙に141%拡大コピーすると、ほぼ実物大で使用できます。(タイトルと配点表は含みません)

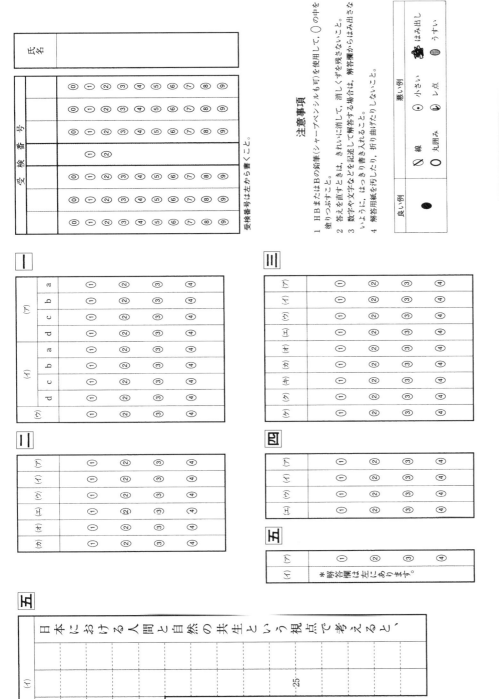

I　外国語(英語)　解答用紙　2022年度

氏名	

受検番号						
⓪	⓪	⓪		⓪	⓪	⓪
①	①	①	①	①	①	①
②	②	②	②	②	②	②
③	③	③		③	③	③
④	④	④		④	④	④
⑤	⑤	⑤		⑤	⑤	⑤
⑥	⑥	⑥		⑥	⑥	⑥
⑦	⑦	⑦		⑦	⑦	⑦
⑧	⑧	⑧		⑧	⑧	⑧
⑨	⑨	⑨		⑨	⑨	⑨

注意事項

1　ＨＢまたはＢの鉛筆(シャープペンシルも可)を使用して，◯の中を塗りつぶすこと。
2　答えを直すときは，きれいに消して，消しくずを残さないこと。
3　数字や文字などを記述して解答する場合は，解答欄からはみ出さないように，はっきり書き入れること。
4　解答用紙を汚したり，折り曲げたりしないこと。

良い例	悪い例		
●	線	小さい	はみ出し
	丸囲み	レ点	うすい

1

(ア)	No. 1	① ② ③ ④
	No. 2	① ② ③ ④
	No. 3	① ② ③ ④
(イ)	No. 1	① ② ③ ④
	No. 2	① ② ③ ④
(ウ)	No. 1	① ② ③ ④ ⑤ ⑥
	No. 2	① ② ③

2

(ア)	① ② ③ ④
(イ)	① ② ③ ④
(ウ)	① ② ③ ④

3

(ア)	① ② ③ ④
(イ)	① ② ③ ④
(ウ)	① ② ③ ④
(エ)	① ② ③ ④

4

(ア)	3番目	① ② ③ ④ ⑤ ⑥
	5番目	① ② ③ ④ ⑤ ⑥
(イ)	3番目	① ② ③ ④ ⑤ ⑥
	5番目	① ② ③ ④ ⑤ ⑥
(ウ)	3番目	① ② ③ ④ ⑤ ⑥
	5番目	① ② ③ ④ ⑤ ⑥
(エ)	3番目	① ② ③ ④ ⑤ ⑥
	5番目	① ② ③ ④ ⑤ ⑥

5

get there when you used the train and the bus ?

6

(ア)	① ② ③ ④ ⑤ ⑥
(イ)	① ② ③ ④
(ウ)	① ② ③ ④ ⑤ ⑥ ⑦ ⑧

7

(ア)	① ② ③ ④ ⑤
(イ)	① ② ③ ④ ⑤

8

(ア)	① ② ③ ④ ⑤ ⑥
(イ)	① ② ③ ④
(ウ)	① ② ③ ④ ⑤ ⑥ ⑦ ⑧

問	配　点
1	各3点　計21点
2	各2点　計6点
3	各3点　計12点
4	各4点　計16点
5	5点
6	各5点　計15点
7	各5点　計10点
8	各5点　計15点
計	100点

(注)　この解答用紙は実物を縮小してあります。Ｂ４用紙に141%拡大コピーすると、ほぼ実物大で使用できます。(タイトルと配点表は含みません)

数　学　解答用紙　2022年度

氏名	

受検番号						
⓪①②③④⑤⑥⑦⑧⑨	⓪①②③④⑤⑥⑦⑧⑨	⓪①②③④⑤⑥⑦⑧⑨	①②	⓪①②③④⑤⑥⑦⑧⑨	⓪①②③④⑤⑥⑦⑧⑨	⓪①②③④⑤⑥⑦⑧⑨

注意事項

HＢまたはＢの鉛筆(シャープペンシルも可)を使用して，◯ の中を塗りつぶすこと。

2 答えを直すときは，きれいに消して，消しくずを残さないこと。

3 解答用紙を汚したり，折り曲げたりしないこと。

良い例	悪い例
●	線　小さい　はみ出し　丸囲み　レ点　うすい

1

(ア)	① ② ③ ④
(イ)	① ② ③ ④
(ウ)	① ② ③ ④
(エ)	① ② ③ ④
(オ)	① ② ③ ④

2

(ア)	① ② ③ ④
(イ)	① ② ③ ④
(ウ)	① ② ③ ④
(エ)	① ② ③ ④
(オ)	① ② ③ ④

3

(ア)	(i)	(a)	① ② ③ ④
		(b)	① ② ③ ④
		(c)	① ② ③ ④
	(ii)		① ② ③ ④
(イ)	(i)		① ② ③ ④ ⑤ ⑥
	(ii)		① ② ③ ④ ⑤ ⑥
(ウ) あい		あ	⓪ ① ② ③ ④ ⑤ ⑥ ⑦ ⑧ ⑨
		い	⓪ ① ② ③ ④ ⑤ ⑥ ⑦ ⑧ ⑨
(エ) うえ/おか		う	⓪ ① ② ③ ④ ⑤ ⑥ ⑦ ⑧ ⑨
		え	⓪ ① ② ③ ④ ⑤ ⑥ ⑦ ⑧ ⑨
		お	⓪ ① ② ③ ④ ⑤ ⑥ ⑦ ⑧ ⑨
		か	⓪ ① ② ③ ④ ⑤ ⑥ ⑦ ⑧ ⑨

4

(ア)		① ② ③ ④ ⑤ ⑥
(イ)	(i)	① ② ③ ④ ⑤ ⑥
	(ii)	① ② ③ ④ ⑤ ⑥
(ウ) き：くけ	き	⓪ ① ② ③ ④ ⑤ ⑥ ⑦ ⑧ ⑨
	く	⓪ ① ② ③ ④ ⑤ ⑥ ⑦ ⑧ ⑨
	け	⓪ ① ② ③ ④ ⑤ ⑥ ⑦ ⑧ ⑨

5

(ア) こ/さ	こ	⓪ ① ② ③ ④ ⑤ ⑥ ⑦ ⑧ ⑨
	さ	⓪ ① ② ③ ④ ⑤ ⑥ ⑦ ⑧ ⑨
(イ) し/すせ	し	⓪ ① ② ③ ④ ⑤ ⑥ ⑦ ⑧ ⑨
	す	⓪ ① ② ③ ④ ⑤ ⑥ ⑦ ⑧ ⑨
	せ	⓪ ① ② ③ ④ ⑤ ⑥ ⑦ ⑧ ⑨

6

(ア)		① ② ③ ④ ⑤ ⑥
(イ)		① ② ③ ④ ⑤ ⑥
(ウ) √そた	そ	⓪ ① ② ③ ④ ⑤ ⑥ ⑦ ⑧ ⑨
	た	⓪ ① ② ③ ④ ⑤ ⑥ ⑦ ⑧ ⑨

問	配　点
1	各3点 計15点
2	各4点 計20点
3	(ア)の(i)の(a)は2点 (b), (c)は両方できて3点 (ア)の(ii)は4点 (イ)は両方できて5点 (ウ)は5点 (エ)は6点 計25点
4	(ア)は4点 (イ)は両方できて5点 (ウ)は6点 計15点
5	各5点 計10点
6	(ア)は4点 (イ)は5点 (ウ)は6点 計15点
計	100点

(注) この解答用紙は実物を縮小してあります。Ｂ４用紙に141％拡大コピーすると、ほぼ実物大で使用できます。(タイトルと配点表は含みません)

V 社 会 解答用紙 2022年度

氏名	

受検番号						
⓪	⓪	⓪		⓪	⓪	⓪
①	①	①	①	①	①	①
②	②	②	②	②	②	②
③	③	③		③	③	③
④	④	④		④	④	④
⑤	⑤	⑤		⑤	⑤	⑤
⑥	⑥	⑥		⑥	⑥	⑥
⑦	⑦	⑦		⑦	⑦	⑦
⑧	⑧	⑧		⑧	⑧	⑧
⑨	⑨	⑨		⑨	⑨	⑨

注意事項

1 HBまたはBの鉛筆(シャープペンシルも可)を使用して，◯の中を塗りつぶすこと。
2 答えを直すときは，きれいに消して，消しくずを残さないこと。
3 解答用紙を汚したり，折り曲げたりしないこと。

良い例	悪い例
●	線　小さい　はみ出し　丸囲み　レ点　うすい

1

(ア)	① ② ③ ④ ⑤ ⑥ ⑦ ⑧
(イ)	① ② ③ ④
(ウ)	① ② ③ ④
(エ)	① ② ③ ④
(オ)	① ② ③ ④

2

(ア)	① ② ③ ④ ⑤ ⑥
(イ)	① ② ③ ④
(ウ)	① ② ③ ④
(エ)	① ② ③ ④

3

(ア)	① ② ③ ④
(イ)	① ② ③ ④ ⑤ ⑥
(ウ)	① ② ③ ④
(エ)	① ② ③ ④
(オ)	① ② ③ ④ ⑤ ⑥

4

(ア)	① ② ③ ④ ⑤ ⑥
(イ)	① ② ③ ④ ⑤ ⑥
(ウ)	① ② ③ ④ ⑤ ⑥
(エ)	① ② ③ ④
(オ)	① ② ③ ④

5

(ア)	① ② ③ ④ ⑤ ⑥ ⑦ ⑧
(イ)	① ② ③ ④
(ウ)	① ② ③ ④
(エ)	① ② ③ ④ ⑤ ⑥ ⑦ ⑧
(オ)	① ② ③ ④ ⑤ ⑥ ⑦ ⑧

6

(ア)	① ② ③ ④
(イ)	① ② ③ ④ ⑤ ⑥ ⑦ ⑧
(ウ)	① ② ③ ④
(エ)	① ② ③ ④

7

(ア)	① ② ③ ④
(イ)	① ② ③ ④
(ウ)	① ② ③ ④ ⑤ ⑥
(エ)	① ② ③ ④

問	配点
1	各3点 計15点
2	(ア),(エ)は各3点 (イ),(ウ)は各4点 計14点
3	(ア)は2点 他は各3点 計14点
4	(ア)は2点 (イ),(ウ),(オ)は各3点 (エ)は4点 計15点
5	(ア)〜(エ)は各3点 (オ)は4点 計16点
6	(ア)〜(ウ)は各3点 (エ)は4点 計13点
7	(ア),(イ)は各3点 (ウ)は5点 (エ)は2点 計13点
計	100点

(注) この解答用紙は実物を縮小してあります。Ｂ４用紙に141%拡大コピーすると、ほぼ実物大で使用できます。(タイトルと配点表は含みません)

理　科　解答用紙　2022年度

氏名	

受検番号						
⓪①②③④⑤⑥⑦⑧⑨	⓪①②③④⑤⑥⑦⑧⑨	⓪①②③④⑤⑥⑦⑧⑨	①②	⓪①②③④⑤⑥⑦⑧⑨	⓪①②③④⑤⑥⑦⑧⑨	⓪①②③④⑤⑥⑦⑧⑨

注意事項

ＨＢまたはＢの鉛筆(シャープペンシルも可)を使用して，◯の中を
りつぶすこと。

答えを直すときは，きれいに消して，消しくずを残さないこと。

解答用紙を汚したり，折り曲げたりしないこと。

良い例	悪い例
●	線　小さい　はみ出し　丸囲み　レ点　うすい

1

(ア)	① ② ③ ④ ⑤ ⑥
(イ)	① ② ③ ④
(ウ)	① ② ③ ④ ⑤ ⑥

2

(ア)	① ② ③ ④
(イ)	① ② ③ ④ ⑤ ⑥
(ウ)	① ② ③ ④

3

(ア)	① ② ③ ④ ⑤ ⑥
(イ)	① ② ③ ④ ⑤ ⑥
(ウ)	① ② ③ ④

4

(ア)	① ② ③ ④
(イ)	① ② ③ ④
(ウ)	① ② ③ ④

5

(ア)		① ② ③ ④
(イ)		① ② ③ ④ ⑤ ⑥
(ウ)		① ② ③ ④
(エ)	(i)	① ② ③ ④
	(ii)	① ② ③ ④

6

(ア)		① ② ③ ④
(イ)		① ② ③ ④
(ウ)		① ② ③ ④
(エ)	あ	① ②
	い	① ② ③

7

(ア)	① ② ③ ④ ⑤ ⑥
(イ)	① ② ③ ④
(ウ)	① ② ③ ④ ⑤
(エ)	① ② ③ ④

8

(ア)		① ② ③ ④
(イ)	(i)	① ② ③ ④
	(ii)	① ② ③
(ウ)		① ② ③ ④
(エ)	X	① ② ③ ④ ⑤ ⑥
	Y	① ② ③ ④ ⑤ ⑥ ⑦ ⑧

問	配　点
1	各３点　計９点
2	各３点　計９点
3	各３点　計９点
4	各３点　計９点
5	(ア)～(ウ)は各４点　(エ)は両方できて４点　計16点
6	(ア)～(ウ)は各４点　(エ)は両方できて４点　計16点
7	各４点　計16点
8	(ア)，(ウ)は各４点　(イ)，(エ)はそれぞれ両方できて各４点　計16点
計	100点

(注)　この解答用紙は実物を縮小してあります。Ｂ４用紙に141％拡大コピーすると、ほぼ実物大で使用できます。(タイトルと配点表は含みません)

Ⅱ 国語解答用紙

二〇二二年度

氏名	

受検番号						
⓪	⓪	⓪		⓪	⓪	⓪
①	①	①	①	①	①	①
②	②	②	②	②	②	②
③	③	③		③	③	③
④	④	④		④	④	④
⑤	⑤	⑤		⑤	⑤	⑤
⑥	⑥	⑥		⑥	⑥	⑥
⑦	⑦	⑦		⑦	⑦	⑦
⑧	⑧	⑧		⑧	⑧	⑧
⑨	⑨	⑨		⑨	⑨	⑨

受検番号は左から書くこと。

注意事項

1 ＨＢまたはＢの鉛筆(シャープペンシルも可)を使用して，⬭の中を塗りつぶすこと。
2 答えを直すときは，きれいに消して，消しくずを残さないこと。
3 数字や文字などを記述して解答する場合は，解答欄からはみ出さないように，はっきり書き入れること。
4 解答用紙を汚したり，折り曲げたりしないこと。

良い例	悪い例
●	線　小さい　はみ出し　丸囲み　レ点　うすい

一

(ア) a	(ア) b	(ア) c	(ア) d	(イ) a	(イ) b	(イ) c	(イ) d	(ウ)
①	①	①	①	①	①	①	①	①
②	②	②	②	②	②	②	②	②
③	③	③	③	③	③	③	③	③
④	④	④	④	④	④	④	④	④

二

(ア)	(イ)	(ウ)	(エ)	(オ)	(カ)
①	①	①	①	①	①
②	②	②	②	②	②
③	③	③	③	③	③
④	④	④	④	④	④

三

(ア)	(イ)	(ウ)	(エ)	(オ)	(カ)	(キ)	(ク)	(ケ)
①	①	①	①	①	①	①	①	①
②	②	②	②	②	②	②	②	②
③	③	③	③	③	③	③	③	③
④	④	④	④	④	④	④	④	④

四

(ア)	(イ)	(ウ)	(エ)
①	①	①	①
②	②	②	②
③	③	③	③
④	④	④	④

五

(ア)	(イ)
①	＊解答欄は左にあります。
②	
③	
④	

五

(イ)

消費者には

20

30

ことが求められていると言えます。

配点	計	一	二	三	四	五
	100点	(ア)，(イ)は各２点 (ウ)は４点 計20点	各４点 計24点	(ア)～(ウ)は各２点 他は各４点 計30点	各４点 計16点	(ア)は４点 (イ)は６点 計10点

（注）この解答用紙は実物を縮小してあります。Ｂ４用紙に141％拡大コピーすると、ほぼ実物大で使用できます。（タイトルと配点表は含みません）

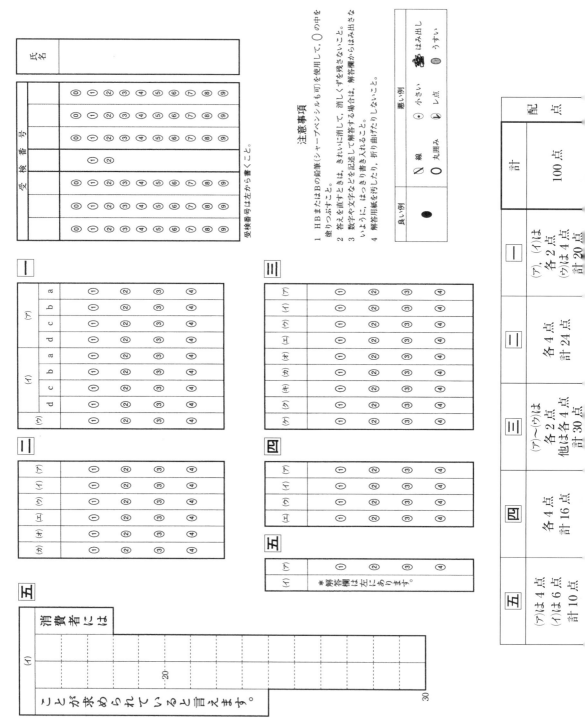

外国語(英語)　解答用紙　2021年度

氏名	

受検番号						
⓪	⓪	⓪		⓪	⓪	⓪
①	①	①	①	①	①	①
②	②	②	②	②	②	②
③	③	③		③	③	③
④	④	④		④	④	④
⑤	⑤	⑤		⑤	⑤	⑤
⑥	⑥	⑥		⑥	⑥	⑥
⑦	⑦	⑦		⑦	⑦	⑦
⑧	⑧	⑧		⑧	⑧	⑧
⑨	⑨	⑨		⑨	⑨	⑨

注意事項

HBまたはBの鉛筆(シャープペンシルも可)を使用して，◯の中を塗りつぶすこと。

答えを直すときは，きれいに消して，消しくずを残さないこと。

数字や文字などを記述して解答する場合は，解答欄からはみ出さないように，はっきり書き入れること。

解答用紙を汚したり，折り曲げたりしないこと。

良い例	悪い例		
●	線	小さい	はみ出し
	丸囲み	レ点	うすい

1	(ア)	No. 1	① ② ③ ④
		No. 2	① ② ③ ④
		No. 3	① ② ③ ④
	(イ)	No. 1	① ② ③ ④
		No. 2	① ② ③ ④
	(ウ)	No. 1	① ② ③ ④ ⑤ ⑥
		No. 2	＊解答欄は次頁にあります。

2	(ア)	＊解答欄は次頁にあります。
	(イ)	＊解答欄は次頁にあります。
	(ウ)	＊解答欄は次頁にあります。

3	(ア)	① ② ③ ④
	(イ)	① ② ③ ④
	(ウ)	① ② ③ ④
	(エ)	① ② ③ ④

4	(ア)	3番目	① ② ③ ④ ⑤ ⑥
		5番目	① ② ③ ④ ⑤ ⑥
	(イ)	3番目	① ② ③ ④ ⑤ ⑥
		5番目	① ② ③ ④ ⑤ ⑥
	(ウ)	3番目	① ② ③ ④ ⑤ ⑥
		5番目	① ② ③ ④ ⑤ ⑥
	(エ)	3番目	① ② ③ ④ ⑤ ⑥
		5番目	① ② ③ ④ ⑤ ⑥

5	＊解答欄は次頁にあります。

6	(ア)	① ② ③ ④ ⑤ ⑥
	(イ)	① ② ③ ④
	(ウ)	① ② ③ ④ ⑤ ⑥ ⑦ ⑧

7	(ア)	① ② ③ ④ ⑤
	(イ)	① ② ③ ④ ⑤

8	(ア)	① ② ③ ④ ⑤ ⑥
	(イ)	① ② ③ ④
	(ウ)	① ② ③ ④ ⑤ ⑥ ⑦ ⑧

I　外国語(英語)　解答用紙　2021年度

1 (ウ)	No. 2	

2 (ア)	

2 (イ)	

2 (ウ)	

5	with their families at home on weekends ?

問	配点
1	各3点 計21点
2	各2点 計6点
3	各3点 計12点
4	各4点 計16点
5	5点
6	各5点 計15点
7	各5点 計10点
8	各5点 計15点
計	100点

(注) この解答用紙は実物を縮小してあります。B４用紙に128%拡大コピーすると、ほぼ実物大で使用できます。(タイトルと配点表は含みません)

数　学　解答用紙　2021年度

氏名	

受検番号						
⓪①②③④⑤⑥⑦⑧⑨	⓪①②③④⑤⑥⑦⑧⑨	⓪①②③④⑤⑥⑦⑧⑨	①②	⓪①②③④⑤⑥⑦⑧⑨	⓪①②③④⑤⑥⑦⑧⑨	⓪①②③④⑤⑥⑦⑧⑨

注意事項

ＨＢまたはＢの鉛筆(シャープペンシルも可)を使用して，〇の中を塗りつぶすこと。

答えを直すときは，きれいに消して，消しくずを残さないこと。

数字や文字などを記述して解答する場合は，解答欄からはみ出さないように，はっきり書き入れること。

解答用紙を汚したり，折り曲げたりしないこと。

良い例	悪い例
●	線　小さい　はみ出し　丸囲み　レ点　うすい

1	(ア)	① ② ③ ④
	(イ)	① ② ③ ④
	(ウ)	① ② ③ ④
	(エ)	① ② ③ ④
	(オ)	① ② ③ ④

2	(ア)	① ② ③ ④
	(イ)	① ② ③ ④
	(ウ)	① ② ③ ④
	(エ)	① ② ③ ④
	(オ)	① ② ③ ④
	(カ)	① ② ③ ④

3	(ア)	(i)	(a)	① ② ③ ④
			(b)	① ② ③ ④
			(c)	① ② ③ ④
		(ii)		＊解答欄は次頁にあります。
	(イ)			① ② ③ ④ ⑤ ⑥
	(ウ)	(i)		＊解答欄は次頁にあります。
		(ii)		① ② ③ ④
	(エ)	(i)		＊解答欄は次頁にあります。
		(ii)		＊解答欄は次頁にあります。
		(iii)		＊解答欄は次頁にあります。

4	(ア)		① ② ③ ④ ⑤ ⑥
	(イ)	(i)	① ② ③ ④ ⑤ ⑥
		(ii)	① ② ③ ④ ⑤ ⑥
	(ウ)		＊解答欄は次頁にあります。

5	(ア)	① ② ③ ④ ⑤ ⑥
	(イ)	＊解答欄は次頁にあります。

6	(ア)	① ② ③ ④ ⑤ ⑥
	(イ)	① ② ③ ④ ⑤ ⑥
	(ウ)	＊解答欄は次頁にあります。

Ⅲ　数　学　解答用紙　2021年度

3 (ア)(ii)	cm

3 (ウ)(i)	$a =$

3 (エ)	(i)		(ii)		(iii)	

4 (ウ)	F (，)

5 (イ)	

6 (ウ)	cm

問	配 点
1	各３点 計15点
2	各４点 計24点
3	(ア)の(i) (a), (b) 両方でき ２点 (c)は２ (ア)の(ii) ４点 (イ)は５ (ウ)の(i) ３点 (ウ)の(ii) ２点 (エ)は 全部でき ５点 計23点
4	(ア)は４ (イ)は 両方でき ５点 (ウ)は５ 計14点
5	各５点 計10点
6	(ア)は４ (イ), (ウ) 各５点 計14点
計	100点

（注）この解答用紙は実物を縮小してあります。Ｂ４用紙に128%拡大コピーすると、ほぼ実物大で使用できます。（タイトルと配点表は含みません）

V　社　会　解答用紙　2021年度

氏名	

受検番号						
⓪	⓪	⓪		⓪	⓪	⓪
①	①	①	①	①	①	①
②	②	②	②	②	②	②
③	③	③		③	③	③
④	④	④		④	④	④
⑤	⑤	⑤		⑤	⑤	⑤
⑥	⑥	⑥		⑥	⑥	⑥
⑦	⑦	⑦		⑦	⑦	⑦
⑧	⑧	⑧		⑧	⑧	⑧
⑨	⑨	⑨		⑨	⑨	⑨

注意事項

1　ＨＢまたはＢの鉛筆(シャープペンシルも可)を使用して，◯の中を塗りつぶすこと。

2　答えを直すときは，きれいに消して，消しくずを残さないこと。

3　数字や文字などを記述して解答する場合は，解答欄からはみ出さないように，はっきり書き入れること。

4　解答用紙を汚したり，折り曲げたりしないこと。

良い例	悪い例
●	線　小さい　はみ出し　丸囲み　レ点　うすい

1		
	(ア)	①　②　③　④
	(イ)	①　②　③　④
	(ウ)	①　②　③　④
	(エ)	＊解答欄は次頁にあります。
	(オ)	①　②　③　④

2		
	(ア)	①　②　③　④
	(イ)	①　②　③　④
	(ウ)	＊解答欄は次頁にあります。
	(エ)	①　②　③　④
	(オ)	①　②　③　④

3		
	(ア)	①　②　③　④
	(イ)	①　②　③　④
	(ウ)	①　②　③　④
	(エ)	①　②　③　④　⑤　⑥
	(オ)	①　②　③　④

4			
	(ア)		①　②　③　④
	(イ)		①　②　③　④
	(ウ)		①　②　③　④
	(エ)	(i)	＊解答欄は次頁にあります。
		(ii)	①　②　③　④

5		
	(ア)	＊解答欄は次頁にあります。
	(イ)	＊解答欄は次頁にあります。
	(ウ)	①　②　③　④
	(エ)	①　②　③　④

6			
	(ア)		①　②　③　④
	(イ)	(i)	①　②　③　④
		(ii)	①　②　③　④
	(ウ)		①　②　③　④
	(エ)		①　②　③　④

7		
	(ア)	①　②　③　④
	(イ)	①　②　③　④
	(ウ)	①　②　③　④
	(エ)	＊解答欄は次頁にあります。

V 社 会 解答用紙 **2021年度**

1 (エ)	

2 (ウ)	

4 (エ)(i)	

5 (ア)	

5 (イ)	い		う	

7 (エ)	(i)	6 10	(ii)	

問	配点
1	各3点 計15点
2	各3点 計15点
3	各3点 計15点
4	(ア)は2点 他は 各3点 計14点
5	(ア), (ウ), (エ)は 各3点 (イ)は 両方できて 3点 計12点
6	各3点 計15点
7	(ア), (ウ)は 各3点 (イ)は2点 (エ)は 両方できて 6点 計14点
計	100点

(注) この解答用紙は実物を縮小してあります。B４用紙に128%拡大コピーすると、ほぼ実物大で使用できます。(タイトルと配点表は含みません)

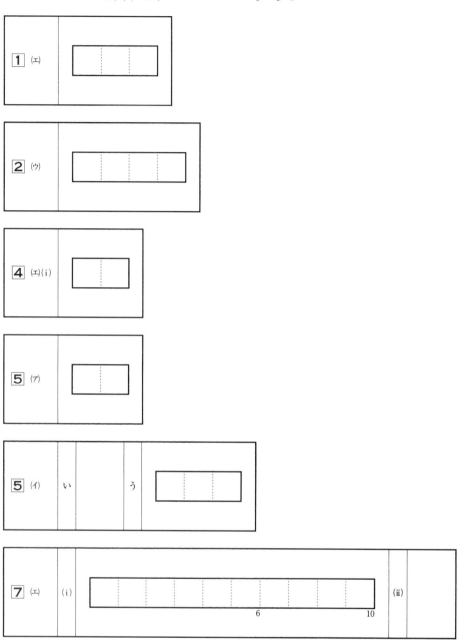

/ 理　科　解答用紙　**2021年度**

氏名	

注意事項

ＨＢまたはＢの鉛筆(シャープペンシルも可)を使用して，◯の中を塗りつぶすこと。

答えを直すときは，きれいに消して，消しくずを残さないこと。

数字や文字などを記述して解答する場合は，解答欄からはみ出さないように，はっきり書き入れること。

解答用紙を汚したり，折り曲げたりしないこと。

良い例	悪い例		
●	⊘ 線	⊙ 小さい	はみ出し
	◯ 丸囲み	レ点	うすい

受検番号						
⓪	⓪	⓪		⓪	⓪	⓪
①	①	①	①	①	①	①
②	②	②	②	②	②	②
③	③	③		③	③	③
④	④	④		④	④	④
⑤	⑤	⑤		⑤	⑤	⑤
⑥	⑥	⑥		⑥	⑥	⑥
⑦	⑦	⑦		⑦	⑦	⑦
⑧	⑧	⑧		⑧	⑧	⑧
⑨	⑨	⑨		⑨	⑨	⑨

1	(ア)		① ② ③ ④
	(イ)		① ② ③ ④ ⑤ ⑥
	(ウ)		① ② ③ ④
2	(ア)		① ② ③ ④ ⑤ ⑥
	(イ)		① ② ③ ④ ⑤
	(ウ)		① ② ③ ④
3	(ア)		① ② ③ ④ ⑤ ⑥
	(イ)		① ② ③ ④
	(ウ)		① ② ③ ④
4	(ア)		① ② ③ ④
	(イ)		① ② ③ ④
	(ウ)		① ② ③ ④
5	(ア)		① ② ③ ④
	(イ)	X	＊解答欄は次頁にあります。
		Y	＊解答欄は次頁にあります。
	(ウ)		① ② ③ ④
	(エ)	あ	＊解答欄は次頁にあります。
		い	＊解答欄は次頁にあります。
6	(ア)		① ② ③ ④ ⑤ ⑥
	(イ)		① ② ③ ④
	(ウ)	(i)	① ② ③
		(ii)	① ② ③
	(エ)	あ	① ② ③ ④ ⑤
		い	① ② ③
7	(ア)		① ② ③ ④ ⑤ ⑥
	(イ)		① ② ③ ④
	(ウ)		① ② ③ ④
	(エ)	(i)	① ②
		(ii)	① ② ③ ④
8	(ア)		① ② ③ ④
	(イ)		① ② ③ ④ ⑤ ⑥
	(ウ)		① ② ③ ④ ⑤ ⑥
	(エ)		① ② ③ ④ ⑤

Ⅳ　理　科　解答用紙　　**2021年度**

5 ⑴	X	cm/s	Y	

5 ㈤	あ		い	（12字）からです。

問	配点
1	各3点 計9点
2	各3点 計9点
3	各3点 計9点
4	各3点 計9点
5	㈠,㈢は 各4点 ㈡,㈤は それぞれ 両方できて 各4点 計16点
6	㈠,　㈡は 各4点 ㈢,　㈤は それぞれ 両方できて 各4点 計16点
7	㈠,㈡,㈢は 各4点 ㈤は 両方できて 4点 計16点
8	各4点 計16点
計	100点

（注）この解答用紙は実物を縮小してあります。Ｂ４用紙に128%拡大コピーすると、ほぼ実物大で使用できます。（タイトルと配点表は含みません）

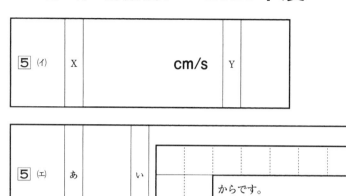

II

国語解答用紙　二〇二一年度

氏名	

受検番号

⓪①②③④⑤⑥⑦⑧⑨	⓪①②③④⑤⑥⑦⑧⑨	⓪①②③④⑤⑥⑦⑧⑨	①②	⓪①②③④⑤⑥⑦⑧⑨	⓪①②③④⑤⑥⑦⑧⑨	⓪①②③④⑤⑥⑦⑧⑨

受検番号は左から書くこと。

注意事項

1　ＨＢまたはＢの鉛筆(シャープペンシルも可)を使用して，◯の中を塗りつぶすこと。
2　答えを直すときは，きれいに消して，消しくずを残さないこと。
3　数字や文字などを記述して解答する場合は，解答欄からはみ出さないように，はっきり書き入れること。
4　解答用紙を汚したり，折り曲げたりしないこと。

良い例	悪い例
●	線　丸囲み　小さい　レ点　はみ出し　うすい

一

(ア)	1	＊解答欄は次頁にあります。
(ア)	2	＊解答欄は次頁にあります。
(ア)	3	＊解答欄は次頁にあります。
(ア)	4	＊解答欄は次頁にあります。
(イ)	a	①②③④
(イ)	b	①②③④
(イ)	c	①②③④
(イ)	d	①②③④
(ウ)		①②③④
(エ)		①②③④

二

(ア)	①②③④
(イ)	①②③④
(ウ)	①②③④
(エ)	①②③④

三

(ア)	①②③④
(イ)	①②③④
(ウ)	①②③④
(エ)	①②③④
(オ)	①②③④
(カ)	①②③④

四

(ア)	①②③④
(イ)	①②③④
(ウ)	①②③④
(エ)	①②③④
(オ)	＊解答欄は次頁にあります。
(カ)	①②③④
(キ)	①②③④
(ク)	①②③④

五

(ア)	①②③④
(イ)	＊解答欄は次頁にあります。

Ⅱ 国語解答用紙 二〇二一年度

一

(ア)

1

2

3

4 （げる）

四

(オ)

Ⅰ

Ⅱ

五

(イ)

モーダルシフトを進めていくと、

40

30

という効果があると考えられます。

（注）この解答用紙は実物を縮小してあります。B4用紙に125%拡大コピーすると、ほぼ実物大で使用できます。（タイトルと配点表は含みません）

配点	計	一	二	三	四	五
	100点	各2点 計20点	各4点 計16点	各4点 計24点	(ア)は2点 (オ)は両方できて4点 他は各4点 計30点	(ア)は4点 (イ)は6点 計10点

外国語(英語)　解答用紙　2020年度

氏名	

受検番号						
⓪	⓪	⓪		⓪	⓪	⓪
①	①	①	①	①	①	①
②	②	②	②	②	②	②
③	③	③		③	③	③
④	④	④		④	④	④
⑤	⑤	⑤		⑤	⑤	⑤
⑥	⑥	⑥		⑥	⑥	⑥
⑦	⑦	⑦		⑦	⑦	⑦
⑧	⑧	⑧		⑧	⑧	⑧
⑨	⑨	⑨		⑨	⑨	⑨

注意事項

ＨＢまたはＢの鉛筆(シャープペンシルも可)を使用して，◯の中を塗りつぶすこと。

答えを直すときは，きれいに消して，消しくずを残さないこと。

数字や文字などを記述して解答する場合は，解答欄からはみ出さないように，はっきり書き入れること。

解答用紙を汚したり，折り曲げたりしないこと。

良い例	悪い例
●	線　小さい　はみ出し　丸囲み　レ点　うすい

1	(ア)	No. 1	① ② ③ ④
		No. 2	① ② ③ ④
		No. 3	① ② ③ ④
	(イ)	No. 1	① ② ③ ④
		No. 2	① ② ③ ④
	(ウ)	No. 1	① ② ③ ④ ⑤ ⑥
		No. 2	＊解答欄は次頁にあります。

2	(ア)	＊解答欄は次頁にあります。
	(イ)	＊解答欄は次頁にあります。
	(ウ)	＊解答欄は次頁にあります。

3	(ア)	① ② ③ ④
	(イ)	① ② ③ ④
	(ウ)	① ② ③ ④
	(エ)	① ② ③ ④

4	(ア)	3番目	① ② ③ ④ ⑤ ⑥
		5番目	① ② ③ ④ ⑤ ⑥
	(イ)	3番目	① ② ③ ④ ⑤ ⑥
		5番目	① ② ③ ④ ⑤ ⑥
	(ウ)	3番目	① ② ③ ④ ⑤ ⑥
		5番目	① ② ③ ④ ⑤ ⑥
	(エ)	3番目	① ② ③ ④ ⑤ ⑥
		5番目	① ② ③ ④ ⑤ ⑥

5	＊解答欄は次頁にあります。

6	(ア)	① ② ③ ④ ⑤ ⑥
	(イ)	① ② ③ ④
	(ウ)	① ② ③ ④ ⑤ ⑥ ⑦ ⑧

7	(ア)	① ② ③ ④ ⑤
	(イ)	① ② ③ ④ ⑤

8	(ア)	① ② ③ ④
	(イ)	① ② ③ ④
	(ウ)	① ② ③ ④ ⑤ ⑥ ⑦ ⑧

I　外国語（英語）　解答用紙　**2020年度**

1 (ウ)	No. 2	
2 (ア)		
2 (イ)		
2 (ウ)		
5	when you want to relax ?	

問	配 点
1	各３点 計21点
2	各２点 計６点
3	各３点 計12点
4	各４点 計16点
5	５点
6	各５点 計15点
7	各５点 計10点
8	各５点 計15点
計	100点

（注）この解答用紙は実物を縮小してあります。Ｂ４用紙に128％拡大コピーすると、ほぼ実物大で使用できます。（タイトルと配点表は含みません）

数　学　解答用紙　2020年度

氏名	

受検番号						
⓪①②③④⑤⑥⑦⑧⑨	⓪①②③④⑤⑥⑦⑧⑨	⓪①②③④⑤⑥⑦⑧⑨	①②	⓪①②③④⑤⑥⑦⑧⑨	⓪①②③④⑤⑥⑦⑧⑨	⓪①②③④⑤⑥⑦⑧⑨

注意事項

HBまたはBの鉛筆(シャープペンシルも可)を使用して，◯の中を塗りつぶすこと。
答えを直すときは，きれいに消して，消しくずを残さないこと。
数字や文字などを記述して解答する場合は，解答欄からはみ出さないように，はっきり書き入れること。
解答用紙を汚したり，折り曲げたりしないこと。

良い例	悪い例
●	線　小さい　はみ出し　丸囲み　レ点　うすい

1		
	(ア)	① ② ③ ④
	(イ)	① ② ③ ④
	(ウ)	① ② ③ ④
	(エ)	① ② ③ ④
	(オ)	① ② ③ ④

2		
	(ア)	① ② ③ ④
	(イ)	① ② ③ ④
	(ウ)	① ② ③ ④
	(エ)	① ② ③ ④
	(オ)	① ② ③ ④
	(カ)	① ② ③ ④

3				
	(ア)	(i)	(a)	① ② ③ ④
			(b)	① ② ③ ④
		(ii)		＊解答欄は次頁にあります。
	(イ)	(i)		① ② ③ ④ ⑤ ⑥
		(ii)		① ② ③ ④ ⑤ ⑥
	(ウ)			＊解答欄は次頁にあります。
	(エ)	(i)		＊解答欄は次頁にあります。
		(ii)		＊解答欄は次頁にあります。

4			
	(ア)		① ② ③ ④ ⑤ ⑥
	(イ)	(i)	① ② ③ ④ ⑤ ⑥
		(ii)	① ② ③ ④ ⑤ ⑥
	(ウ)		＊解答欄は次頁にあります。

5		
	(ア)	① ② ③ ④ ⑤ ⑥
	(イ)	＊解答欄は次頁にあります。

6		
	(ア)	① ② ③ ④ ⑤ ⑥
	(イ)	① ② ③ ④ ⑤ ⑥
	(ウ)	＊解答欄は次頁にあります。

Ⅲ　数　学　解答用紙　**2020年度**

3 (ア)(ii)	点　　　と点	
3 (ウ)	cm²	
3 (エ)	(i)	(ii)
4 (ウ)	S　:　T　=　　:	
5 (イ)		
6 (ウ)	cm	

問	配
1	各3 計15
2	各4 計24
3	(ア)の(i 各2 (ア)の(ii 両方で 3点 (イ)は 各3 (ウ)は5 (エ)は 両方で 5点 〔(エ)は部 点あり 計23
4	(ア)は4 (イ)は 両方で 5点 (ウ)は5 計14
5	各5 計10
6	(ア)は4 (イ), (ウ) 各5 計14
計	100点

（注）この解答用紙は実物を縮小してあります。Ｂ４用紙に128％拡大コピーすると、ほぼ実物大で使用できます。（タイトルと配点表は含みません）

社　会　解答用紙　2020年度

氏名	

受　検　番　号						
⓪①②③④⑤⑥⑦⑧⑨	⓪①②③④⑤⑥⑦⑧⑨	⓪①②③④⑤⑥⑦⑧⑨	①②	⓪①②③④⑤⑥⑦⑧⑨	⓪①②③④⑤⑥⑦⑧⑨	⓪①②③④⑤⑥⑦⑧⑨

注意事項

HBまたはBの鉛筆(シャープペンシルも可)を使用して，◯の中をりつぶすこと。

答えを直すときは，きれいに消して，消しくずを残さないこと。

数字や文字などを記述して解答する場合は，解答欄からはみ出さないように，はっきり書き入れること。

解答用紙を汚したり，折り曲げたりしないこと。

良い例	悪い例
●	線　小さい　はみ出し　丸囲み　レ点　うすい

1	(ア)	①②③④⑤⑥
	(イ)	①②③④⑤⑥⑦⑧
	(ウ)	①②③④

2	(ア)	＊解答欄は次頁にあります。
	(イ)	①②③④⑤⑥⑦⑧
	(ウ)	①②③④
	(エ)	①②③④

3	(ア)	＊解答欄は次頁にあります。
	(イ)	①②③④⑤⑥
	(ウ)	①②③④
	(エ)	①②③④⑤⑥
	(オ)	①②③④

4	(ア)		①②③④
	(イ)		①②③④
	(ウ)		①②③④⑤⑥
	(エ)	(i)	①②③④
		(ii)	①②③④

5	(ア)	①②③④
	(イ)	①②③④
	(ウ)	①②③④
	(エ)	＊解答欄は次頁にあります。
	(オ)	①②③④

6	(ア)		①②③④
	(イ)		①②③④
	(ウ)	(i)	＊解答欄は次頁にあります。
		(ii)	①②③④
		(iii)	①②③④

7	(ア)		①②③④⑤⑥
	(イ)		①②③④
	(ウ)		①②③④
	(エ)	(i)	＊解答欄は次頁にあります。
		(ii)	＊解答欄は次頁にあります。

V　社　会　解答用紙　**2020年度**

2 (ア)					
3 (ア)	年から　　年まで				
5 (エ)	あ		い		
6 (ウ)(i)	あ		い		
7 (エ)	(i)	4　8	(ii)		

問	配点
1	(ア)は3点 (イ)は5点 (ウ)は4点 計12点
2	(ア)は2点 他は 各4点 計14点
3	各3点 計15点
4	(ウ)は2点 他は 各3点 計14点
5	(ア), (イ)は 各2点 (ウ)は4点 (エ)は 両方できて 3点 (オ)は3点 計14点
6	(ア), (ウ)の(ii)は 各2点 (イ)は3点 (ウ)の(i)は 両方できて 3点 (ウ)の(iii)は 4点 計14点
7	(ア), (ウ)は 各4点 (イ)は3点 (エ)は 両方できて 6点 〔(エ)は部分 点あり〕 計17点
計	100点

（注）この解答用紙は実物を縮小してあります。Ａ４用紙に115%拡大コピーすると、ほぼ実物大で使用できます。（タイトルと配点表は含みません）

理　科　解答用紙　2020年度

氏名	

受検番号

⓪	⓪	⓪		⓪	⓪	⓪
①	①	①	①	①	①	①
②	②	②	②	②	②	②
③	③	③		③	③	③
④	④	④		④	④	④
⑤	⑤	⑤		⑤	⑤	⑤
⑥	⑥	⑥		⑥	⑥	⑥
⑦	⑦	⑦		⑦	⑦	⑦
⑧	⑧	⑧		⑧	⑧	⑧
⑨	⑨	⑨		⑨	⑨	⑨

注意事項

ＨＢまたはＢの鉛筆(シャープペンシルも可)を使用して，◯の中を塗りつぶすこと。

答えを直すときは，きれいに消して，消しくずを残さないこと。

数字や文字などを記述して解答する場合は，解答欄からはみ出さないように，はっきり書き入れること。

解答用紙を汚したり，折り曲げたりしないこと。

良い例	悪い例
●	線　小さい　はみ出し　丸囲み　レ点　うすい

1		
(ア)		① ② ③ ④
(イ)		① ② ③ ④
(ウ)		① ② ③ ④ ⑤ ⑥

2		
(ア)		① ② ③ ④ ⑤ ⑥
(イ)		① ② ③ ④ ⑤ ⑥
(ウ)		① ② ③ ④

3		
(ア)		① ② ③ ④
(イ)		① ② ③ ④ ⑤
(ウ)		① ② ③ ④

4		
(ア)		① ② ③ ④
(イ)		① ② ③ ④ ⑤ ⑥
(ウ)	(i)	① ② ③ ④ ⑤
	(ii)	① ② ③

5		
(ア)		① ② ③ ④ ⑤ ⑥
(イ)	(i)	① ② ③ ④
	(ii)	① ② ③ ④
(ウ)		① ② ③ ④ ⑤ ⑥
(エ)	X	① ② ③
	Y	① ② ③

6		
(ア)	(i)	① ② ③ ④
	(ii)	① ② ③ ④
(イ)		＊解答欄は次頁にあります。
(ウ)	X	＊解答欄は次頁にあります。
(エ)		① ② ③ ④ ⑤ ⑥

7		
(ア)		① ② ③ ④ ⑤ ⑥
(イ)	X	① ② ③
	Y	① ② ③
(ウ)		① ② ③ ④
(エ)		① ② ③ ④

8		
(ア)		① ② ③ ④ ⑤ ⑥ ⑦ ⑧
(イ)	(i)	① ② ③ ④
	(ii)	① ② ③ ④
(ウ)		＊解答欄は次頁にあります。
(エ)	X	① ② ③ ④
	Y	① ② ③ ④ ⑤

Ⅳ　理　科　解答用紙　**2020年度**

6 (イ)		cm^3

6 (ウ)	X	□□□□□□□□□□ (10)	ため

8 (ウ)		時

問	配 点
1	各 3 点 計 9 点
2	各 3 点 計 9 点
3	各 3 点 計 9 点
4	(ア), (イ)は 各 3 点 (ウ)は 両方でき 3 点 計 9 点
5	(ア), (ウ)は 各 4 点 (イ), (エ)は それぞ 両方でき 各 4 点 計16点
6	(ア)は 両方でき 4 点 (イ), (ウ), (エ) 各 4 点 計16点
7	(ア), (ウ), (エ) 各 4 点 (イ)は 両方でき 4 点 計16点
8	(ア), (ウ)は 各 4 点 (イ), (エ)は それぞ 両方でき 各 4 点 計16点
計	100点

（注）この解答用紙は実物を縮小してあります。Ｂ４用紙に128%拡大コピーすると、ほぼ実物大で使用できます。（タイトルと配点表は含みません）

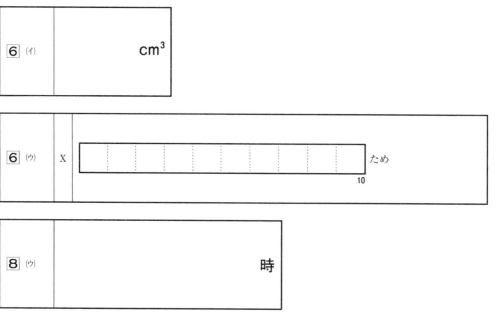

国語解答用紙 二〇二〇年度

氏名

受検番号

⓪	⓪	⓪		⓪	⓪	⓪
①	①	①	①	①	①	①
②	②	②	②	②	②	②
③	③	③		③	③	③
④	④	④		④	④	④
⑤	⑤	⑤		⑤	⑤	⑤
⑥	⑥	⑥		⑥	⑥	⑥
⑦	⑦	⑦		⑦	⑦	⑦
⑧	⑧	⑧		⑧	⑧	⑧
⑨	⑨	⑨		⑨	⑨	⑨

受検番号は左から書くこと。

注意事項

1　ＨＢまたはＢの鉛筆(シャープペンシルも可)を使用して，⬯の中を塗りつぶすこと。
2　答えを直すときは，きれいに消して，消しくずを残さないこと。
3　数字や文字などを記述して解答する場合は，解答欄からはみ出さないように，はっきり書き入れること。
4　解答用紙を汚したり，折り曲げたりしないこと。

良い例	悪い例		
⬮	線	小さい	はみ出し
	丸囲み	レ点	うすい

一

(ア)	1	＊解答欄は次頁にあります。
	2	＊解答欄は次頁にあります。
	3	＊解答欄は次頁にあります。
	4	＊解答欄は次頁にあります。
(イ)	a	① ② ③ ④
	b	① ② ③ ④
	c	① ② ③ ④
	d	① ② ③ ④
(ウ)		① ② ③ ④
(エ)		① ② ③ ④

二

(ア)	① ② ③ ④
(イ)	① ② ③ ④
(ウ)	① ② ③ ④
(エ)	① ② ③ ④

三

(ア)	① ② ③ ④
(イ)	① ② ③ ④
(ウ)	① ② ③ ④
(エ)	① ② ③ ④
(オ)	① ② ③ ④
(カ)	① ② ③ ④

四

(ア)	① ② ③ ④
(イ)	① ② ③ ④
(ウ)	① ② ③ ④
(エ)	① ② ③ ④
(オ)	＊解答欄は次頁にあります。
(カ)	① ② ③ ④
(キ)	① ② ③ ④
(ク)	① ② ③ ④

五

(ア)	① ② ③ ④
(イ)	＊解答欄は次頁にあります。

II　国語　解答用紙　二〇二〇年度

一
(ア)
1
2
3
4　(び)

四
(オ)
I
II

五
(イ)
家庭用水の使用量が減った主な理由は、
25
35
からだと考えられます。

（注）この解答用紙は実物を縮小してあります。B４用紙に125％拡大コピーすると、ほぼ実物大で使用できます。（タイトルと配点表は含みません）

配点	計	一	二	三	四	五
	100点	各２点 計20点	各４点 計16点	各４点 計24点	(ア)は２点 (オ)は両方できて４点 他は各４点 [illegible]	(ア)は４点 (イ)は６点 計10点

外国語（英語）　解答用紙　2019年度

氏名	

受検番号						
⓪	⓪	⓪		⓪	⓪	⓪
①	①	①	①	①	①	①
②	②	②	②	②	②	②
③	③	③		③	③	③
④	④	④		④	④	④
⑤	⑤	⑤		⑤	⑤	⑤
⑥	⑥	⑥		⑥	⑥	⑥
⑦	⑦	⑦		⑦	⑦	⑦
⑧	⑧	⑧		⑧	⑧	⑧
⑨	⑨	⑨		⑨	⑨	⑨

注意事項

ＨＢまたはＢの鉛筆（シャープペンシルも可）を使用して，◯ の中をりつぶすこと。

答えを直すときは，きれいに消して，消しくずを残さないこと。

数字や文字などを記述して解答する場合は，解答欄からはみ出さないように，はっきり書き入れること。

解答用紙を汚したり，折り曲げたりしないこと。

良い例	悪い例		
●	線	小さい	はみ出し
	丸囲み	レ点	うすい

1	(ア)	No. 1	① ② ③ ④
		No. 2	① ② ③ ④
		No. 3	① ② ③ ④
	(イ)	No. 1	① ② ③ ④
		No. 2	① ② ③ ④
	(ウ)	No. 1	① ② ③ ④ ⑤ ⑥
		No. 2	＊解答欄は次頁にあります。

2	(ア)	＊解答欄は次頁にあります。
	(イ)	＊解答欄は次頁にあります。
	(ウ)	＊解答欄は次頁にあります。

3	(ア)	① ② ③ ④
	(イ)	① ② ③ ④
	(ウ)	① ② ③ ④
	(エ)	① ② ③ ④

4	(ア)	3番目	① ② ③ ④ ⑤ ⑥
		5番目	① ② ③ ④ ⑤ ⑥
	(イ)	3番目	① ② ③ ④ ⑤ ⑥
		5番目	① ② ③ ④ ⑤ ⑥
	(ウ)	3番目	① ② ③ ④ ⑤ ⑥
		5番目	① ② ③ ④ ⑤ ⑥
	(エ)	3番目	① ② ③ ④ ⑤ ⑥
		5番目	① ② ③ ④ ⑤ ⑥

5	＊解答欄は次頁にあります。

6	(ア)	① ② ③ ④ ⑤ ⑥
	(イ)	① ② ③ ④
	(ウ)	① ② ③ ④ ⑤ ⑥ ⑦ ⑧

7	(ア)	① ② ③ ④ ⑤
	(イ)	① ② ③ ④ ⑤

8	(ア)	① ② ③ ④
	(イ)	① ② ③ ④ ⑤ ⑥
	(ウ)	① ② ③ ④ ⑤ ⑥ ⑦ ⑧

I　外国語（英語）　解答用紙　**2019年度**

1	(ウ)	No. 2	

2	(ア)	

2	(イ)	

2	(ウ)	

5	Next week,

問	配点
1	各３点 計21点
2	各２点 計６点
3	各３点 計12点
4	各４点 計16点
5	５点
6	各５点 計15点
7	各５点 計10点
8	各５点 計15点
計	100点

（注）この解答用紙は実物を縮小してあります。Ｂ４用紙に128％拡大コピーすると、ほぼ実物大で使用できます。（タイトルと配点表は含みません）

数 学 解答用紙 2019年度

氏 名	

受検番号						
⓪	⓪	⓪		⓪	⓪	⓪
①	①	①	①	①	①	①
②	②	②	②	②	②	②
③	③	③		③	③	③
④	④	④		④	④	④
⑤	⑤	⑤		⑤	⑤	⑤
⑥	⑥	⑥		⑥	⑥	⑥
⑦	⑦	⑦		⑦	⑦	⑦
⑧	⑧	⑧		⑧	⑧	⑧
⑨	⑨	⑨		⑨	⑨	⑨

注意事項

HBまたはBの鉛筆(シャープペンシルも可)を使用して，◯の中を
りつぶすこと。

答えを直すときは，きれいに消して，消しくずを残さないこと。

数字や文字などを記述して解答する場合は，解答欄からはみ出さな
ように，はっきり書き入れること。

解答用紙を汚したり，折り曲げたりしないこと。

良い例	悪い例		
●	線	小さい	はみ出し
	丸囲み	レ点	うすい

(ア)	① ② ③ ④
(イ)	① ② ③ ④
(ウ)	① ② ③ ④
(エ)	① ② ③ ④
(オ)	① ② ③ ④

2	(ア)	① ② ③ ④
	(イ)	① ② ③ ④
	(ウ)	① ② ③ ④
	(エ)	① ② ③ ④
	(オ)	① ② ③ ④
	(カ)	① ② ③ ④

3	(ア)		＊解答欄は次頁にあります。
	(イ)		＊解答欄は次頁にあります。
	(ウ)	(i)	＊解答欄は次頁にあります。
		(ii)	＊解答欄は次頁にあります。

4	(ア)		① ② ③ ④ ⑤ ⑥
	(イ)	(i)	① ② ③ ④ ⑤ ⑥
		(ii)	① ② ③ ④ ⑤ ⑥
	(ウ)		＊解答欄は次頁にあります。

5	(ア)	① ② ③ ④ ⑤ ⑥
	(イ)	＊解答欄は次頁にあります。

6	(ア)	① ② ③ ④ ⑤ ⑥
	(イ)	① ② ③ ④ ⑤ ⑥
	(ウ)	＊解答欄は次頁にあります。

7	(ア)	(i)	① ② ③ ④ ⑤ ⑥
		(ii)	① ② ③ ④ ⑤ ⑥
	(イ)		＊解答欄は次頁にあります。
	(ウ)		＊解答欄は次頁にあります。

Ⅲ　数　学　解答用紙　2019年度

3 (ア)	∠BDC ＝ [　　　]°	
3 (イ)	S　:　T　＝　　　:	
3 (ウ)	(i)	(ii)
4 (ウ)		
5 (イ)		
6 (ウ)	cm	
7 (イ)		
7 (ウ)	cm	

問	配
1	各3 計15
2	(ア), (イ 各3 (ウ)～(オ 各4 計22
3	(ア)は 4 (イ), (ウ 各5 〔(ウ)は部 点あ 計14
4	(ア)は 4 (イ)は 両方で 5 点 (ウ)は 5 計14
5	各5 計10
6	(ア)は 4 (イ), (ウ) 各5 計14
7	(ア)は 両方で 2 点 (イ)は 4 (ウ)は 5 計11
計	100点

（注）この解答用紙は実物を縮小してあります。Ｂ４用紙に128％拡大コピーすると、ほぼ実物大で使用できます。（タイトルと配点表は含みません）

社 会 解答用紙 2019年度

氏 名	

受 検 番 号						
⓪	⓪	⓪		⓪	⓪	⓪
①	①	①	①	①	①	①
②	②	②	②	②	②	②
③	③	③		③	③	③
④	④	④		④	④	④
⑤	⑤	⑤		⑤	⑤	⑤
⑥	⑥	⑥		⑥	⑥	⑥
⑦	⑦	⑦		⑦	⑦	⑦
⑧	⑧	⑧		⑧	⑧	⑧
⑨	⑨	⑨		⑨	⑨	⑨

注意事項

ＨＢまたはＢの鉛筆(シャープペンシルも可)を使用して，◯の中をりつぶすこと。

答えを直すときは，きれいに消して，消しくずを残さないこと。

数字や文字などを記述して解答する場合は，解答欄からはみ出さなように，はっきり書き入れること。

解答用紙を汚したり，折り曲げたりしないこと。

良い例	悪い例
●	⊘ 線　⊙ 小さい　はみ出し ◯ 丸囲み　レ点　うすい

(ア)	(i)	① ② ③ ④ ⑤ ⑥
	(ii)	① ② ③ ④
(イ)	(i)	① ② ③ ④
	(ii)	① ② ③ ④
(ウ)		① ② ③ ④ ⑤ ⑥ ⑦ ⑧
(エ)		① ② ③ ④ ⑤ ⑥ ⑦ ⑧

(ア)		① ② ③ ④
(イ)		① ② ③ ④
(ウ)	(i)	① ② ③ ④
	(ii)	① ② ③ ④
	(iii)	① ② ③ ④
	(iv)	① ② ③ ④

3

(ア)	① ② ③ ④
(イ)	＊解答欄は次頁にあります。
(ウ)	① ② ③ ④ ⑤
(エ)	① ② ③ ④
(オ)	① ② ③ ④
(カ)	＊解答欄は次頁にあります。

4

(ア)		① ② ③ ④
(イ)		① ② ③ ④
(ウ)		① ② ③ ④ ⑤ ⑥
(エ)		① ② ③ ④ ⑤ ⑥ ⑦ ⑧
(オ)	(i)	＊解答欄は次頁にあります。
	(ii)	① ② ③ ④

5

(ア)		① ② ③ ④ ⑤ ⑥
(イ)	(i)	① ② ③ ④
	(ii)	① ② ③ ④
(ウ)	(i)	① ② ③ ④
	(ii)	① ② ③ ④ ⑤ ⑥
(エ)		① ② ③ ④

6

(ア)	(i)	① ② ③ ④ ⑤ ⑥ ⑦ ⑧
	(ii)	① ② ③ ④
(イ)		＊解答欄は次頁にあります。
(ウ)		① ② ③ ④

V　社　会　解答用紙　　2019年度

3 (イ)	あ	田	い	

3 (カ)	う		え	

4 (オ)(i)	く	内閣 ※名字のみ書くこと	け	

6 (イ)	え	・オフ	お	

問	配点
1	各3点 計18点
2	(ウ)の(iv) 2点 他は 各3点 計17点
3	(ア),(エ),(オ) 各2点 (イ)は 両方でき 3点 (ウ)は3 (カ)は6 計18点
4	(ア)〜(エ) 各3点 (オ)の(i) 両方でき 3点 (オ)の(ii) 2点 計17点
5	各3点 計18点
6	(ア)の(i),(ii (ウ)は 各3点 (イ)は 両方でき 3点 計12点
計	100点

（注）この解答用紙は実物を縮小してあります。Ａ４用紙に115%拡大コピーすると、ほぼ実物大で使用できます。（タイトルと配点表は含みません）

理　科　解答用紙　　2019年度

名	

受検番号						
⓪	⓪	⓪		⓪	⓪	⓪
①	①	①	①	①	①	①
②	②	②	②	②	②	②
③	③	③		③	③	③
④	④	④		④	④	④
⑤	⑤	⑤		⑤	⑤	⑤
⑥	⑥	⑥		⑥	⑥	⑥
⑦	⑦	⑦		⑦	⑦	⑦
⑧	⑧	⑧		⑧	⑧	⑧
⑨	⑨	⑨		⑨	⑨	⑨

注意事項

またはBの鉛筆(シャープペンシルも可)を使用して，◯の中を
ぶすこと。
を直すときは，きれいに消して，消しくずを残さないこと。
や文字などを記述して解答する場合は，解答欄からはみ出さな
に，はっきり書き入れること。
用紙を汚したり，折り曲げたりしないこと。

い例	悪い例
●	線　小さい　はみ出し 丸囲み　レ点　うすい

(ア)	①　②　③　④
(イ)	①　②　③　④
(ウ)	①　②　③　④　⑤　⑥

(ア)	①　②　③　④
(イ)	①　②　③　④
(ウ)	①　②　③　④　⑤　⑥

(ア)	①　②　③　④
(イ)	①　②　③　④
(ウ)	①　②　③　④

(ア)	①　②　③　④
(イ)	①　②　③　④
(ウ)	①　②　③　④　⑤　⑥

(ア)		①　②　③　④　⑤　⑥
(イ)		①　②　③　④　⑤
(ウ)		①　②　③　④　⑤
エ)	あ	＊解答欄は次頁にあります。
	い	＊解答欄は次頁にあります。

(ア)		①　②　③　④
(イ)		①　②　③　④
(ウ)		①　②　③　④
エ)	X	＊解答欄は次頁にあります。
	Y	＊解答欄は次頁にあります。

7	(ア)	(i)	①　②　③　④
		(ii)	①　②　③　④
	(イ)		①　②　③　④
	(ウ)		①　②　③　④
	(エ)		①　②　③　④　⑤　⑥

8	(ア)		①　②　③　④
	(イ)		①　②　③　④
	(ウ)	(i)	＊解答欄は次頁にあります。
		(ii)	＊解答欄は次頁にあります。
	(エ)	a	①　②　③
		b	①　②　③

Ⅳ　理　科　解答用紙　　**2019年度**

5 (エ)	あ	ところで船は水に浮き，静止したと考えられる。 20	い	

6 (エ)	X	g	Y	

8 (ウ)	(i)	°	(ii)	

問	配点
1	各3点 計9点
2	各3点 計9点
3	各3点 計9点
4	各3点 計9点
5	(ア),(イ),(ウ) 各4点 (エ)は 両方でき 4点 計16点
6	(ア),(イ),(ウ) 各4点 (エ)は 両方でき 4点 計16点
7	(ア)は 両方でき 4点 (イ),(ウ),(エ) 各4点 計16点
8	(ア),(イ)は 各4点 (ウ),(エ)は それぞれ 両方でき 各4点 計16点
計	100点

（注）この解答用紙は実物を縮小してあります。Ｂ４用紙に128%拡大コピー
すると、ほぼ実物大で使用できます。（タイトルと配点表は含みません）

国語　解答用紙　二〇一九年度

氏名

受検番号

⓪	⓪		⓪	⓪	⓪	⓪
①	①	①	①	①	①	①
②	②	②	②	②	②	②
③	③		③	③	③	③
④	④		④	④	④	④
⑤	⑤		⑤	⑤	⑤	⑤
⑥	⑥		⑥	⑥	⑥	⑥
⑦	⑦		⑦	⑦	⑦	⑦
⑧	⑧		⑧	⑧	⑧	⑧
⑨	⑨		⑨	⑨	⑨	⑨

受検番号は左から書くこと。

注意事項

1　ＨＢまたはＢの鉛筆(シャープペンシルも可)を使用して，〇の中を塗りつぶすこと。

2　答えを直すときは，きれいに消して，消しくずを残さないこと。

3　数字や文字などを記述して解答する場合は，解答欄からはみ出さないように，はっきり書き入れること。

4　解答用紙を汚したり，折り曲げたりしないこと。

良い例	悪い例
●	線　小さい　はみ出し　丸囲み　レ点　うすい

一

(ア)	1	＊解答欄は次頁にあります。
(ア)	2	＊解答欄は次頁にあります。
(ア)	3	＊解答欄は次頁にあります。
(ア)	4	＊解答欄は次頁にあります。
(イ)	a	①　②　③　④
(イ)	b	①　②　③　④
(イ)	c	①　②　③　④
(イ)	d	①　②　③　④
(ウ)		①　②　③　④
(エ)		①　②　③　④

二

(ア)	①　②　③　④
(イ)	①　②　③　④
(ウ)	①　②　③　④
(エ)	①　②　③　④

三

(ア)	①　②　③　④
(イ)	①　②　③　④
(ウ)	①　②　③　④
(エ)	①　②　③　④
(オ)	①　②　③　④
(カ)	①　②　③　④

四

(ア)	①　②　③　④
(イ)	①　②　③　④
(ウ)	①　②　③　④
(エ)	①　②　③　④
(オ)	＊解答欄は次頁にあります。
(カ)	①　②　③　④
(キ)	①　②　③　④
(ク)	①　②　③　④

五

(ア)	①　②　③　④
(イ)	＊解答欄は次頁にあります。

Ⅱ 国語 解答用紙 二〇一九年度

一
(ア) 1 2 3 4 （てる）

四
(オ) Ⅰ Ⅱ

五
(イ)
リサイクル率を向上させるためには、
20
30
ことが重要だと考えられます。

（注） この解答用紙は実物を縮小してあります。B４用紙に125％拡大コピーすると、ほぼ実物大で使用できます。（タイトルと配点表は含みません）

配点	計	一	二	三	四	五
	100点	各２点 計20点	各４点 計16点	各４点 計24点	(ア)は２点 (オ)は両方できて４点 他は各４点	(ア)は４点 (イ)は６点

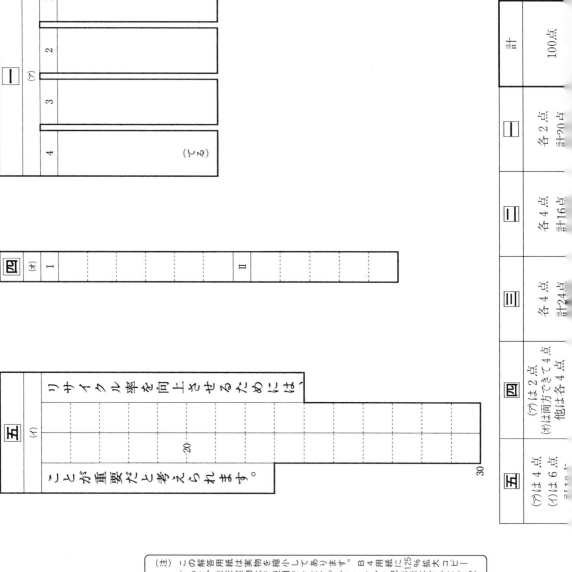

Memo

Memo